北京市犯罪学研究会
Beijing society of criminology

犯罪学研究

Research in Criminology

（第三辑）

陈涛　张伟珂　主编

中国出版集团有限公司
研究出版社

图书在版编目 (CIP) 数据

犯罪学研究 . 第三辑 / 陈涛，张伟珂主编 .
北京 : 研究出版社 , 2024. 12. -- ISBN 978-7-5199
-1801-9

Ⅰ . D917-53

中国国家版本馆 CIP 数据核字第 20240QX416 号

出 品 人：陈建军
出版统筹：丁　波
责任编辑：张立明

犯罪学研究（第三辑）
FANZUIXUE YANJIU（DI-SAN JI）
陈　涛　张伟珂　主编
研究出版社 出版发行
（100006　北京市东城区灯市口大街100号华腾商务楼）
北京建宏印刷有限公司印刷　新华书店经销
2025年1月第1版　2025年1月第1次印刷
开本：710mm × 1000mm　1/16　印张：48.25
字数：1020千字
ISBN 978-7-5199-1801-9　定价：158.00元
电话（010）64217619　64217612（发行部）

北京市犯罪学研究会2024年度学术会议
暨“第三届新型犯罪治理理论与实践研讨会”征文

编　委　会

犯罪学视野下我国现阶段的犯罪治理与研究

当下中国，随着经济社会发展，各种传统与现代的越轨现象交织，行政违法与刑事犯罪攀高不下，对国家、社会及生活在其间的不同个体与群体，造成了诸多危害。由此，认识犯罪、研究犯罪，进而推动更有效地治理犯罪，便成为实践部门与学界的必然使命与长久任务。

一、中国现阶段犯罪形势

纵深审视中国历史，绵亘久远，古今穿透性、联结性极强；横向比较华夏“四至”，经济文化等多方面的不平衡的特点又十分突出。为此，传统与现代交织，成为当代中国的鲜明特色。这种特殊的历史交错场景，有着一种独特的时代魅力，但也带来了诸多矛盾与困惑，伴随其间的各种越轨行为、犯罪行为，也折射出斑驳陆离的传统与现代“同框”的复杂影像。中华人民共和国成立后，以改革开放伊始的1980年为界，我国的犯罪状况大体可分为两大阶段：改革开放前的传统社会，总体平稳、自然犯为主、线下单一路径；改革开放后的转型社会，持续上升、行政犯为主、线上线下一体。在此社会背景下，我国改革开放后的犯罪走势呈“一降一升”的“反向双柱”现象，即杀人、抢劫、强奸、暴力伤害等传统的刑事犯罪持续下降，涉网犯罪、电信诈骗犯罪、食品药品与环境犯罪等新型行政犯罪、公害犯罪则呈多发高发态势，这也与世界大多数发达国家曾经历的发展阶段和犯罪规律相似。虽然在各种新型犯罪的“哄抬”下，全国的刑事案件逐年趋升，但因严重危及民众人身安全的“自然犯罪”大幅下降，多年来，全国社会安全总体稳定，社会治安秩序平稳可控，群众的安全感、社会治安满意度都较高。① 中国成为世界上社会安全指数最高的国家之一。②

然而，改革开放至今的几十年间，我国总体上处于“摸着石头过河”、持续艰辛探索的历史阶段。在国家安全领导体制和法治体系、战略体系、政策体系不断完善，平安中国建设不

---

① 多年来，在政法机关与社会多方力量的共同努力下，中国成为命案发案率最低、刑事犯罪率最低、枪爆案件最少的国家之一，每10万人口的命案是0.5起。10年来，刑事案件、安全事故等“五项指数”大幅下降。2021年，杀人、强奸等八类主要刑事犯罪、毒品犯罪、抢劫抢夺案件、盗窃案件的立案数和一次死亡3人以上较大的交通事故数，较2012年分别下降了64.4%、56.8%、96.1%、62.6%和59.3%（参见《新京报》，2022年10月19日）。

② 2021年，据国家统计局调查，人民群众的安全感达到了98.6%，较2012年提升11个百分点。

断迈向更高水平的同时,随着经济社会的深度转型和快速发展,我国发展也随之进入了战略机遇和风险挑战并存、不确定难预料因素明显增多、与传统社会差别巨大的社会转型期、利益调整期、矛盾多发期。正如亨廷顿所论,“在欧洲和美国,现代化进程已经持续了几个世纪,在一个时期内只解决一个问题或应付一项危机。然而,在非西方国家的现代化进程中,中央集权化、国家整合、社会动员、经济发展、政治参与以及社会福利等诸项问题,不会依次,而是同时出现在这些国家面前”。① 公共安全与社会治安方面,在传统刑事犯罪稳步下降的同时,各类非传统犯罪、新型案、事件连年攀升,各种“黑天鹅”“灰犀牛”事件随时可能发生,且境内因素与境外因素交织、传统安全因素与非传统安全因素交织、虚拟社会与现实社会交织、敌我矛盾与人民内部矛盾交织,总体呈现刑事犯罪高发、犯罪手段升级、对敌斗争复杂的局面。犯罪特征方面,犯罪主体由自然个体向组织单位转变、犯罪方式由体能型向智能型转变、犯罪手段由单纯线下向线下线上复合型转变、犯罪类型由自然犯罪向行政犯罪转变、犯罪区域由一地作案向跨区域犯罪转变等多重变化明显。由此,社会管理的难度、难以预料的风险、网上斗争的激烈程度、执法工作面临的压力,都前所未有,犯罪防控形势不容乐观。

二、中国犯罪治理的探索

历史悠久、绵亘不断的传统中国,在兴亡迭代中沉淀形成了独具特色的犯罪治理理念与制度。在百家诸论基础上,儒学历经“先秦子学—汉唐经学—宋明理学—明清实学”之后,渐至独尊。其所尊崇的天人合一、礼仁一体、内圣外王、崇尚中和的特质,自然衍生出“外儒内法”的治国方略,形成了应然层面的“德主刑辅”“预防为主”“综合为治”的犯罪治理思想,影响深远。部分做法,甚至绵延至今。

中华人民共和国成立后,自二十世纪八十年代初,伴随艰难探索的改革开放,我国经济社会快速发展的同时,各种治安案件与刑事案件也日渐攀高。为了强化犯罪治理,1983 年,全国人大常委会通过并施行《关于严惩严重危害社会治安的犯罪分子的决定》《关于迅速审判严重危害社会治安的犯罪分子的程序的决定》。1983—2001 年间,全国集中进行了三次“严打”②、多次专项整治活动,一定程度上遏制了犯罪持续蔓延、恶性发展的局面,保证了社会治安秩序的相对稳定。但其产生的负面效应及对法治的冲击,不容小觑。第一次“严打”后犯罪的回潮,亦使决策者开始充分重视犯罪的综合治理,重视打击、改造、预防的一体化。在深入总结经验的基础上,1991 年,全国人大常委会通过并施行《关于加强社会治安综合治理的决定》,初步搭建了一个综治的战略框架,随后开始进行了行动层面的治理实践,“打防结合、预防为主”的指导思想逐渐形成。“党委统一领导、政府主要负责、社会适度参与”的

① [美]塞缪尔.亨廷顿:《变化社会中的政治秩序》,王冠华、刘为等译,上海人民出版社 2008 年版。

② 第一次严打,打击重点为抢劫、强奸、杀人、盗窃等犯罪;第二次严打,打击重点是青少年犯罪、人口拐卖犯罪、毒品犯罪;第三次严打,主要打击黑恶势力犯罪。

中国犯罪治理模式——“社会治安综合治理”，成为多年来维护中国社会治安持续稳定的一项巨大系统工程。①

从历史传承而言，以政府力量为主、调度各种社会力量参与犯罪防控，一直是传统中国控制犯罪、控制社会的经典方式。而现代犯罪治理，是国家正式力量和社会非正式力量协同解决犯罪问题的诸多方式的总和，是各方针对犯罪问题采取联合行动的过程，目的在于限制、消除产生犯罪的原因、条件，有效防控犯罪。② 为此，将现代治理理论引入我国当下的犯罪治理实践，似乎并不明显违和。但现代治理的实质在于建立在市场原则、公共利益和高度认同之上的合作。它所拥有的管理机制主要不是依靠政府的威权，而是合作网络的权威。从而，其权力向度是多元的、相互的、发散的，而非一元的、单向的、集中的。目前，具有中国特色的社会治安综合治理工作，在取得巨大成就的同时，尚存在诸多有待与时俱进、提升改善之处：

其一，犯罪治理的战略设计层面，有待进一步丰实、完善。其中，随着经济社会的发展，综治模式亦须逐步升级，明确并大力推进社会治安综合治理的社会化、市场化、信息化、法治化的发展方向。同时，迄今为止，各层级的政法机关，尚未建立专门的犯罪预防机构，而在很多发达国家，早已有专司犯罪事前预防的国家层面的“犯罪预防委员会”或“犯罪预防局”且有专门的经费支撑。其二，犯罪治理的制度建设层面，重“硬”法轻“软”法、相关行政立法与刑事立法衔接不畅的局面尚未根本改观。其三，犯罪治理的参与主体层面，在社会治安的面上控制和各种类罪的点位打击中，整体上仍然以政府层面的正规控制为主、社会层面的非正式控制为辅，以致作为国家正式力量代表的警察系统等防控有余、作为社会非正式力量的保安公司及社会自治组织等参与不足。犯罪控制主体上的多元化和网络化亟待加强。其四，犯罪治理的方式方法层面，“运动型”执法情形依然较为普遍，常态常效工作、个案处理工作尚待细密、扎实。国家正式力量系统内的行政命令方式与社会领域的自治协商方式以及国家正式力量同社会非正式力量之间的平等磋商等协同治理机制，尚待探索完善，从而持续推动我国犯罪控制方法上的多元化和社会化。其五，犯罪治理的科学评估层面，涉及罪前预防、罪中控制、罪后矫正的各种犯罪治理决策与治理行动的科学评估制度及适格的第三方评估机构，亦相当缺乏。为此，犯罪控制效果评价上的客观数据与主观感受相结合、官方评价与社会评价相结合、结果评价与过程评价相结合的多元化与立体化评估制度亟待建设。

由上种种观之，在现实建构层面，若想使根源于极端自由主义和公共选择理论的治理理论在我国犯罪控制领域发挥其实然作用，远非短期之功，需要我们躬耕深植、下大力气、表里偕行，智慧解决好其本土化问题。

---

① 2018年3月，根据中共中央印发的《深化党和国家机构改革方案》，不再设立中央社会治安综合治理委员会及其办公室，有关职责交由中央政法委员会承担。

② 师索：《犯罪治理：一种基础理论的解构》，载《中国刑事法杂志》2014年第5期。

三、中国犯罪学的时代应对

党的二十大报告强调,要提高公共安全治理水平、完善社会治理体系,“强化社会治安整体防控,推进扫黑除恶常态化,依法严惩群众反映强烈的各类违法犯罪活动”。犯罪学是以犯罪为研究对象的科学。为此,发挥犯罪学的实证研究、综合交叉研究、全链条多维度研究的优势,加强对中国现阶段犯罪问题全面深入的专项研究,促进公共安全体系的完善、社会治安整体防控体系的强化,健全共建共治共享的犯罪治理体系,进而显著提升犯罪治理效能、完善重大风险防范化解体系、助力社会大局稳定,为新时代的国家发展提供良好的社会治安环境,十分紧迫和必要。

(一)犯罪学基础研究的夯实

历经一百多年的发展,无论是在国外还是国内,犯罪学都已成长为一门独立的学科。①但与欧美国家犯罪学的深厚积淀相比,我国的犯罪学研究还较为薄弱,基础性研究更是较为匮乏。同时,因法学、社会学、心理学为其三大支撑学科,犯罪学自身内在的综合交叉性特点就非常明显。若研究深入、融合恰切,就会产生很好的成果,较好地阐释清楚一些犯罪问题。但若研究浅薄、东挪西借,就会非牛非马四不像,遑论产生有价值的成果了。《易经》云,“形而上者谓之道,形而下者谓之器”。在对犯罪现象、犯罪原因、犯罪对策的研究中,一些形而上层面的基本概念辨析、犯罪原因理论阐释、学科专业体系架构以及形而下层面的分类数据库建设等,目前在学界虽已初有建树,但总体上还都较为稚嫩、匮乏。其中,概念、理论方面,多以洋学中用的“搬运”为主,本土产出尚待发力;②而典型案例数据库、类型犯罪数据库、旨在补充犯罪明数的被害人调查数据库、涉案物品危害评估数据库、各种连续多年跟踪研究的数据库等犯罪学研究的基石,亦支离破碎,亟待研究机构、实战部门、科技公司等的联手开发与体系化建构。否则,我国的犯罪学发展,将会累积方向性不明、话语权不强、依附性明显等问题。对近缘学科和立法执法实践有强力影响的学术成果更是难以产生。

---

① 我国的犯罪学因起步较晚、影响较小,在众多院校被长期视为刑法学的研究方向之一,远逊于国外的显学地位。2005 年,中国人民公安大学犯罪学系(目前升格为犯罪学学院)开办犯罪学专业本科,授予法学学士学位。在《普通高等学校本科专业目录(2012 年)》特设专业中,“犯罪学”归属于法学学科门类下的“公安学类”一级学科之下,“犯罪学”首次提升为独立的二级学科。

② 目前,国内教材的犯罪学理论,几乎皆为生发于国外的犯罪生物学理论、犯罪心理学理论、犯罪社会学理论。国内储槐植教授提出的“犯罪场”理论,对犯罪预防有所丰富,但更多是对国外环境犯罪学、犯罪情境预防理论的补充与完善;谓为我国犯罪治理国家模式的“社会治安综合治理”,有其理论层面的古为今用的新发展,但总体上,其政策性、实践性色彩更为浓厚。本土性、原创性的犯罪学理论,亟待实证研究基础上的艰苦探寻。

(二)犯罪学实证研究的强化

犯罪学的知识体系形成与刑法学的发展有着密切关联，至今仍呈现一定的依附性。但总体上，学界普遍认为，犯罪学知识体系应与立法现实和司法实践保有必要的张力、持有独立的审视性甚至批判性。不过，若实现上述目标，犯罪学研究者需要切实发挥并用好与其他社会科学的思辨研究、经验研究等研究方法相区别的实证研究方法，做到对犯罪现象的分析、对犯罪原因的探寻，都能有扎实的数据支撑；在此基础上，再进一步加强思辨研究与实证研究的结合、定性分析与定量分析的结合，并借助各种新型软件分析工具，显著提高研究成果的科学性、精准性；进而，超越分门别类的、"片面深刻"的传统研究方式，经由方法交叉、理论借鉴、问题驱动、文化交融等不同层次的交汇融合研究，实现对犯罪问题进行整体性、综合性、立体性的跨学科研究。若此，研究者对犯罪现状中的犯罪特点、犯罪规律等的总结与提炼，对各类犯罪原因的发掘与阐释，才会更具科学性与说服力。但环顾目前我国犯罪学界，有影响力的实证研究成果尚不多见。现有的实证研究中，不同程度存在数据采集的"实证性"不足、研究方法的规范性不足、实证与思辨的互补性不足、研究主体的知识面不足、研究结论的科学性不足等问题。① 综观本次研究会征文中的投稿，有不少视角独特、言之有物的好文章，但基本上都是刑事法学的思辨性研究方法引导下的规范性研究，具有犯罪学特色的实证研究，成文寥寥。为此，与犯罪学研究会的研究宗旨相对应，以后历年的年会征文活动中，希冀各位作者能够继续积极参与，并结合各自的法律工作，加大实证研究力度，共同推动我国犯罪学的实证研究，走向深入、形成风气。

(三)法秩序统一视角下犯罪治理规则的探讨与厘定

经济社会的发展阶段和发展状况，直接影响着犯罪的演变与形态。随着现代中国社会的不断改革、快速发展，犯罪也在不断"变身""变脸"。传统的直接危害人身安全的自然犯罪逐渐式微，而直接或间接危及财产安全、社会秩序的法定犯罪则不断盘旋上升。学界所称的经济犯罪、行政犯罪、技术犯罪、公害犯罪等，亦为学者对此阶段不同形态犯罪的多维度解读与贴标。随着犯罪的复杂化、跨界化，无论是执法司法部门、立法修法机构，还是理论研究人员，单纯用某一个部门法来应对犯罪，都已捉襟见肘、踯躅难行。由此，"法秩序的统一性"，凸显其对越轨行为治理中知与行的统领价值。"所谓法秩序的统一性，是指由宪法、刑法、民法等多个法领域构成的法秩序之间互不矛盾，更为准确地说，在这些个别的法领域之间不应作出相互矛盾、冲突的解释。"②在此情势下，以"法秩序的统一性"为观照，立足于某一部门法，同时"左顾右盼"、兼顾近缘的民事法和行政法，一定程度上还要注意实体法与程

---

① 李春雷等：《食品药品与环境资源犯罪分析报告》，中国人民公安大学出版社 2021 年版，第 22 页。

② 王骏：《违法性判断必须一元吗？——以刑民实体关系为视角》，载《法学家》2013 年第 5 期。

序法的互鉴与互嵌,以致古为今用、洋为中用的横向纵向的比较研究与往返穿梭,甚至于为了实现表层的“案结事了”或深层的天理、国法和人情的内在允谐而自然不自然地“伸缩适用”现有法条,已然成为部分部门法研究者和执法司法人员自觉不自觉的常态做法。在此境况下,“法学”门类之下天然具有跨学科、跨专业性且超然于各个部门法的犯罪学,就有了极好的用武之地。犯罪现象实际上是一种特殊的“黑色产业”,通过犯罪学研究来挖掘各类灰色黑色产业链、找寻犯罪原因及规律,进而从“问题”角度而非“部门”或“领域”角度,提出科学地应对和解决之道,具有一定的犯罪经济学意义和公共政策学价值。由此,犯罪治理实践中大量的立法执法问题,亦增添了一个新的观察视角与解决进路。比如,针对大量刑民交叉案件中的“刑民协同”原则的选择、行政处罚与刑事处罚并用中的处罚衔接、“法秩序的统一性”视角下行政政策与刑事政策的协同、刑事法律的制度构建和理论研究中的事后打击为主的自由秩序型与事前预防为主的风险规制型的抉择等问题,以及犯罪治理中正规主体的角色定位、非正规主体的合法性、具体事务的边界、参与主体之间的合作机制等问题,都可充分发挥犯罪学研究者实证研究、综合研究的优势,协同相关部门和领域的研究者与实践人,对上述疑难问题做出深度研判与较为妥当的处置。2018 年中国犯罪学学会闭幕词曾对与会学者的研讨进行了精到总结:“要在刑事法之前研究犯罪,聚焦犯罪现象;要在刑事法之上研究犯罪,归纳犯罪趋势;要在刑事法之中研究犯罪,总结犯罪特点;还要在刑事法之后研究犯罪,评估刑罚效果。简而言之,要坚持一体化、全方位、多学科、综合性地对犯罪特别是现代新型犯罪展开研究。”在很大程度上,这也是我们所有犯罪学人在今后的民事违约、行政违法、刑事犯罪的研究工作中,所应一体坚持的理念与方向。

北京市犯罪学研究会会长
中国人民公安大学教授

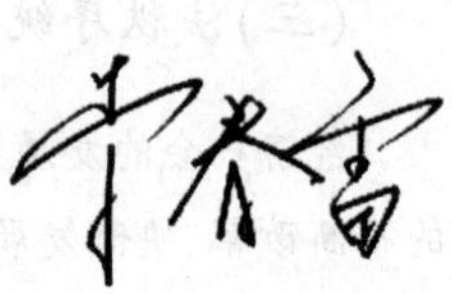

目录 contents

上篇　轻罪治理

一、治理体系与路径

二、轻罪治理的程序视角

三、前科消灭与附随后果

中篇　各科专论

一、经济犯罪

二、网络与人工智能犯罪

三、环食药知犯罪

四、毒品犯罪

上篇

轻罪治理

一、治理体系与路径

轻罪治理背景下社会公益服务的实践与路径探索

上海市徐汇区人民检察院课题组*

摘要：轻罪治理是推动国家治理体系和治理能力现代化的必然选择，而社会公益服务制度与轻罪案件的衔接作为构建和完善轻罪治理工作的创新机制之一，对强化认罪认罚实质化认定、修复受损社会关系、发展新时代"枫桥经验"具有重要作用。但在司法探索与实践中，轻罪案件适用公益服务还存在法律依据不周备、实务操作不完善两方面的问题。推动轻罪治理工作行稳致远，应当健全公益服务法律法规及实施细则、合理统筹办案期限、优化考察评价体系、完善监督配合机制，形成具有一定示范引领价值的治罪与治理模式。

关键词：轻罪治理；不起诉；公益服务；悔罪

党的二十大报告把基本实现国家治理体系和治理能力现代化作为当前我国发展的总体目标之一。2010 年至今，危险驾驶罪、高空抛物罪等轻罪入刑，且自 2013 年起，我国严重暴力犯罪呈下降趋势，判处三年以下有期徒刑的轻微犯罪持续上升，"随着我国刑法不断扩张、犯罪形势和结构不断变化以及刑事法制体系的健全完善，轻罪治理成为检察机关推动国家治理体系和治理能力现代化的时代命题"①。对于日常型、高发型的轻罪案件，"一罚了之"只是隔靴搔痒，为坚持和发展新时代"枫桥经验"，实现源头预防和综合治理，多个省区市公安、检察机关在司法实践中不断探索不起诉案件适用公益服务的工作模式。2023 年最高人民法院、最高人民检察院、公安部、司法部联合出台《关于办理醉酒危险驾驶刑事案件的意

---

* 课题组成员：吕颢（1975—），男，浙江嵊州人，上海市徐汇区人民检察院副检察长。
洪萍（1980—），女，江苏常州人，上海市徐汇区人民检察院第二检察部副主任。
战策（1993—），女，山东龙口人，上海市徐汇区人民检察院第六检察部检察官助理。
陆倩慧（1997—），女，江苏启东人，上海市徐汇区人民检察院第六检察部检察官助理。

① 明文建、张琦、张金凤：《关于完善轻罪治理机制的思考——以行刑双向衔接为视角》，载《检察工作》2023 年第 6 期，第 32 页。

见》(以下简称《醉驾意见》),从国家层面确认了醉驾案件“自愿公益服务制度”。具体来讲即醉驾案件情节显著轻微、情节轻微及宣告缓刑的犯罪嫌疑人、被告人自愿参与社会公益活动,通过劳动表现来考察其认罪悔罪等情况,同时将公益服务评价结果作为撤销案件、相对不诉或适用缓刑的考量依据。[①] 但是,以危险驾驶为代表的轻罪案件与社会公益服务相衔接这一机制,无论在立法规范还是司法适用上都缺乏一定周备性,其法律依据、具体流程、评价标准、监督保障等还较为粗疏,应然效果的发挥也受到限制。本文尝试从轻罪治理的角度出发,立足于司法实践中公益服务机制的适用困境,从完善实施规范和健全配套措施等方向,为轻罪案件适用社会公益服务探索新思路。

一、探索轻罪案件适用公益服务的意义

(一)完善轻罪治理工作,推进社会治理现代化

伴随法治国家的建设,我国立法逐渐“轻罪化”(刑事立法层面尚未明确界定“轻罪”,本文所述“轻罪”以通说“法定最低刑三年以下有期徒刑”为界定标准),[②]也就是把部分由民法、行政法调整或处罚的行为升格为犯罪,预备行为、帮助行为正犯化。与之相对,我国犯罪结构发生深刻变化,轻罪案件占比从1999年的不足55%上升到近年来的85%以上,成为犯罪治理的主要对象。在这一时代背景和法治背景下,“刑事价值预防性转向和社会管理法的特征逐渐清晰”,[③]犯罪治理亟待从厉而不严向严而不厉转型。社会公益服务能够在法治轨道上建立一种柔性罪罚关系,不同类型犯罪配置不同的社会服务内容,释放轻罪案件占用的大量司法资源,“削弱过剩的刑罚附随效应对非罪主体利益的剥夺”。[④] 同时,轻罪案件多发生在社区邻里、日常生活间,直接关系基层治理。社会公益服务将犯罪嫌疑人置于有关机关、街道、社区和群众的监督和帮助之中,以无偿劳动回报社区与社会,充实基层社会治理力量,推动刑事诉讼模式向更有利于国家治理现代化的方向转型,这是新时代“枫桥经验”的重要体现。

(二)契合法律精神,兼顾合法性与可行性

从我国刑事政策上看,“凡是适用其他法律足以抑制某种违法行为、足以保护合法权益时,就不要将其规定为犯罪;凡是适用较轻的制裁方法足以抑制某种犯罪行为、足以保护合

---

① 参见苗生明:《醉酒型危险驾驶的治罪与治理——兼论我国轻罪治理体系的完善》,载《中国刑事法杂志》2024年第1期,第15-16页。

② 参见张明楷:《刑法学》(第5版),法律出版社2016年版,第92页;周光权:《转型时期刑法立法的思路与方法》,载《中国社会科学》2016年第3期,第142页。

③ 何荣功:《我国轻罪立法的法系思考》,载《中外法学》2018年第5期,第1207页。

④ 简筱昊、段甜甜:《公益服务换取醉驾不起诉的定位与完善》,载《政法学刊》2021年第8期,第74页。

法权益时,就不要规定较重的制裁方法"。[①] 大多轻罪案件缘起一时冲动、一时侥幸,社会危险性较小,一律科处重刑既不符合刑法的谦抑性也有悖于宽严相济刑事司法政策。

从域外立法样本来看,英国 1972 年《刑事司法法》创立社会服务令,适用对象主要是已满 16 周岁的轻微犯罪人,法官可以判令被告人进行不低于 40 小时不超过 240 小时的无偿公益劳动,作为刑罚执行措施,它可以与缓刑等制度相结合。[②]《德国刑事诉讼法》第 153 条 a 规定,在处理轻罪案件时,在征得管辖法院同意的前提下,检察院在作出不起诉处理决定时,可以对被不起诉人处以惩罚性措施,包括提供最长 6 个月的社区服务。[③] 在美国,如果案件起诉不利于联邦利益,为节约司法资源,检察机关可以行使起诉裁量权决定审前转处,以进行最长 18 个月的社区服务替代起诉,犯罪嫌疑人完成社区服务考察将被取消指控,否则被退回起诉。[④]

在我国,轻罪案件适用社会公益服务符合宽严相济刑事司法政策的要求,现行司法解释性质的《醉驾意见》也明确规定符合条件的醉驾案件可以适用公益服务。同时,根据《中华人民共和国刑法》第 37 条、《中华人民共和国刑事诉讼法》第 177 条第 2 款的规定,对不起诉案件选择适用训诫、赔礼道歉、赔偿损失、责令具结悔过等实体刑罚以外的处罚措施。从刑事司法政策和法律规定来看,将社会公益服务作为实体刑罚以外"非刑罚化"帮教措施具有合法性,且域外轻罪案件适用公益服务已经形成较为成熟的立法样本,为这一制度在我国的运行提供了实践样本,使得其同时具有可行性。

(三)强化认罪认罚,实现治罪与治理并重

认罪认罚从宽制度实行以来,有效发挥了刑事案件审前繁简分流的功能,但也暴露出形式化的弊病,比如犯罪嫌疑人为谋求轻缓结果,口头或书面表示认罪认罚,内心却未真正认识到自身违法行为的危害性,检察机关也无法准确识别其是否真诚悔罪。而社会公益服务与考察、出罪、缓刑相衔接,将有效督促犯罪嫌疑人将"口头上的认罪"变为"行动上的认罚",使司法机关直观确认犯罪嫌疑人的悔改意图,强化认罪认罚从宽制度的实质化认定和落实效果。

促进治罪之余,社会公益服务还能够缓和、修正或消除犯罪对社会关系带来的伤害,实现犯罪嫌疑人人格和社会角色的归位,取得治罪与治理的双重效果。一方面,"轻罪案件采

---

① 张明楷:《论刑法的谦抑性》,载《法商研究》1995 年第 4 期,第 55 页。

② 参见贾佳:《轻罪治理背景下增设社会服务刑研究》,载《辽宁警察学院学报》2023 年第 4 期,第 88 页。

③ 参见李昌珂:《德国刑事诉讼法典》,中国政法大学出版社 1995 年版,第 73 页。

④ 参见揭萍、冯琳婷、廖宁:《轻罪治理背景下审前社会服务令的制度构建》,载《青少年犯罪问题》2023 年第 5 期,第 7 页。

用标准化、格式化的快速结案模式”,①可能导致犯罪人反省不足,被害人对不起诉决定产生误解,认为检察机关适用法律错误、存在包庇犯罪的行为,甚至可能引发信访纠纷。② 社会公益服务通过公益劳动、志愿服务等弥补已损坏的社会和谐秩序,有效实现对犯罪嫌疑人的教育和改造作用,增强不起诉案件被害人的获得感。另一方面,轻微犯罪群体数量庞大,刑罚后果之外还要承担施加在就业、入学、子女成长上的等一系列不利后果,影响其回归社会、家庭和睦。社会公益服务为犯罪嫌疑人提供了以承担社会责任来认罪、悔罪甚至出罪的机会,降低了标签效应给行为人带来的负面影响。

二、轻罪案件适用社会公益服务的实践探索

本文以 S 市 X 区人民检察院醉驾案件适用社会公益服务机制的探索为例,就当前轻罪案件适用公益服务的现状展开研究。

2024 年 3 月,S 市 X 区人民检察院从醉驾案件着手,制定《办理醉酒危险驾驶不起诉案件适用公益服务工作指引》(下称《工作指引》);同年 4 月,联合 S 市 X 区公安分局、X 区 K 街道办签署《关于醉酒危险驾驶案件适用公益服务协作备忘录》(下称《备忘录》)。《工作指引》及《备忘录》明确了自愿公益服务的适用标准、适用程序、法律处理和配套机制建设,初步构建了自愿公益服务与危险驾驶刑事案件办理相互衔接的醉驾治理体系。

(一)秉持自愿为先原则

《工作指引》明确要求适用公益服务应当遵循犯罪嫌疑人自愿原则,包括自愿接受或同时接受安全驾驶教育、交通志愿服务或社区公益服务。符合适用公益服务条件的醉驾案件,检察官履行公益服务“告知”程序时,要向犯罪嫌疑人说明其可以自愿从事公益服务接受考察。S 市 X 区人民检察院制作《公益服务承诺书》作为《工作指引》的附件,规定犯罪嫌疑人自愿接受公益服务的,应当向检察机关书面承诺。总体而言,公益服务的启动程序初步形成“告知 + 自愿”的基本样态。

公益服务作为一种社会帮教手段,必须将“自愿性”作为制度启动的基础,犯罪嫌疑人只有发自内心认同、接受公益服务,宽缓处理的司法决定才更有公信力,检察机关追求的公共利益才能最大程度实现。如果在执行中异化为任务摊派,认罪态度和悔罪表现的考察评价就会沦为一纸空谈。因此,《工作指引》开篇树立“自愿原则”,要求检察官对“自愿性”向犯罪嫌疑人履行说明义务,并以“承诺书”的形式保障“自愿”。

---

① 冀洋:《我国轻罪化社会治理模式的立法反思与批评》,载《东方法学》2021 年第 3 期,第 137 页。

② 参见石柏非、陈卫国、闫艳:《非刑罚处罚刑事适用的优化路径》,载《政治与法律》2010 年第 4 期,第 104 页。

(二)设置合理服务时长

根据S市检察机关繁简分流工作指导意见,普通轻罪案件被划分至简案,符合速裁程序适用条件的,一般自受理之日起十日内审结;其他案件一般自受理之日起二十日内审结。基于此,《备忘录》对不同内容的公益服务设置不同的最低时长和完成期限,例如,X区公安分局安排的公益服务一般在七日内完成,其中,安全驾驶教育至少要进行一次线下集中学习或总时长不少于4小时,交通志愿服务每日不少于1小时,总时长不少于5小时。

S市X区人民检察院从简案快办角度出发,经与负责组织公益服务的公安机关、社区街道沟通协调,对适用速裁程序的轻罪案件,考虑到10天办案期限中检察机关告知、讯问、审查、具结等程序的期限需求,最终将公益服务考察期限控制在7天左右,同时确立公益服务最低次数及时长标准。这样既在规定的办案期限内完成公益服务考察,具有可操作性,又能够保证犯罪嫌疑人接受或从事相当时间和数量的法治教育、无偿劳动,体现一定教化性。

(三)注重法益修复与法治教化

《工作指引》及《备忘录》依据犯罪嫌疑人侵犯的不同社会关系,设立不同类型的服务内容,通过开展与其侵犯社会关系相关联的公益服务,及时修复受损的社会关系。为保证公益服务类型的多样性、适配性,S市X区人民检察院采取不穷尽列举方式,如交通志愿服务包括但不限于道路交通秩序维护、协管及交通安全宣传等;参与社区公益服务的,可由街道根据犯罪事实、犯罪嫌疑人住所地、职业等决定,包括但不限于弱势群体帮扶、市容环境维护等。

制度试行后,S市X区人民检察院已对受案的8起醉酒危险驾驶案件适用一项或多项公益服务,其中7起案件的犯罪嫌疑人接受安全驾驶教育和从事交通志愿服务后,依法对其相对不起诉;1起案件的犯罪嫌疑人从事社区公益服务后,经街道考察优秀,依法建议适用缓刑。上述犯罪嫌疑人通过公益服务悔罪赎罪,发挥个人优势回馈社会,使得刑法的适用更接近其惩罚与预防相结合的本质目的。①

(四)落实服务跟踪与评价核查

S市X区人民检察院对犯罪嫌疑人公益服务进行全方位监督与考察,在考察期内,检察机关采用不定时巡查、现场或远程视频监管等方式对公益服务情况跟踪监督,强化过程管理。犯罪嫌疑人参加公益服务结束后,由开展公益服务的单位出具《公益服务考察报告》,检察院、法院将其作为适用认罪认罚制度、作出不起诉决定的考量因素。犯罪嫌疑人对考察

---

① 参见老河口市人民检察院课题组:《认罪认罚案件相对不起诉引入社会志愿服务探索》,载《广西政法管理干部学院学报》2023年第2期,第4页。

评价有异议的,检察机关应当复查,并将复查结果告知犯罪嫌疑人。检察官经审查认为公益服务未完成且考察评价不合格的,应当由犯罪嫌疑人说明情况,如有必要,可再次启动公益服务程序;如无必要或其仍不服从安排、表现不良,不再适用不起诉处理。

犯罪嫌疑人完成公益服务后,S市X区人民检察院通过"家门口的听证"形式,至街道党群服务中心召开案件相对不起诉公开听证,将醉驾案情和公益服务情况进行介绍,听取市人大代表、人民监督员、公安机关、犯罪嫌疑人及其辩护人的意见,做好拟不起诉释法说理和轻罪治理政策宣讲工作。经各方评议,同意基于案件情节轻微及犯罪嫌疑人自愿从事交通志愿服务等因素作出的拟不起诉意见。公益服务、公开听证、轻罪治理的程序衔接使犯罪嫌疑人的认罪态度和悔罪表现通过公益服务这一具象制度为公众所察,确保不起诉决定公平公正。

三、轻罪案件适用社会公益服务的现实反思

轻罪案件适用公益服务具有正当性和必要性,多个地区的公检法系统先行先试,取得良好效果,但也暴露出社会公益服务制度法律依据不周备、实务操作不完善两方面的问题。为保证这一制度的顺利运行,有必要对这些问题作出回应。

(一)公益服务法律规定还需完善

《醉驾意见》及其《理解与适用》对社会公益服务制度的适用范围、服务内容、主观意愿、考量因素做出了原则性的指引,但在司法实践中还需要细化操作规程,并进行适当的制度安排。首先,《醉驾意见》规定可以将公益服务作为法定不起诉、相对不起诉、宣告缓刑的考量因素,但尚未明确如何考量。考量结果一旦运用,就赋予了检察机关极大的不起诉自由裁量权,需要思考当中是否会出现同案不同判的现象,是否会存在司法恣意的可能,是否会隐藏权力寻租的风险。其次,犯罪嫌疑人参与社会公益服务以自愿为前提,但这种主观意志的确认仍需要条件保障。比如,行为人趋利避害,受不起诉决定的驱使参与公益服务,换取更有利于自身的处理结果,这种"自愿性"则有待商榷。再比如,社会公益服务是行为人在司法机关、行政机关及公益组织等指示、监督下参与完成的,自主性受到一定质疑。[①] 最后,《醉驾意见》规定了醉酒危险驾驶适用社会公益服务,但故意轻伤害,掩隐、帮信类电信网络犯罪,污染环境类犯罪等其他轻罪尚未有法律或相当层级的解释对衔接公益服务作出规定。《醉驾意见》明确了危险驾驶罪的公益服务方式,但各类轻罪案件公益服务的服务内容和评价模式还处于立法空白状态,仅有各地检察机关出台的工作指引作参照。

---

① 参见简筱昊、段甜甜:《公益服务换取醉驾不起诉的定位与完善》,载《政法学刊》2021年第8期,第80页。

(二)案件办理期限还需灵活调整

一方面,犯罪嫌疑人在不足10天甚至更短的考察服务期内,难以完全认识自身犯罪行为的危害性,通过公益劳动强化悔罪态度、减少再犯可能性的警示、教育作用受限,可能出现敷衍了事凑时长、走过场的现象。另一方面,社会公益服务是一种帮教措施,也是一项社会治理行动,过短的服务期可能与其所犯罪行的帮教力度不匹配,或不足以凸显对其所犯罪行的法治教育效果,也无法抚平被害人的心理创伤。

(三)考察评价体系还需合理设计

犯罪嫌疑人服务期内表现的考察结果关乎案件的实体处理结果,而科学合理的评价体系关乎社会公益服务制度能否实现其作用,关乎能否"让人民群众在每一个案件中感受到公平正义",目前的考察评价体系主要存在两个问题。一是采取何种考察方式。当下主要有时长制、积分制两种考核方式,S市X区人民检察院出台的《工作指引》主要采用时长制,也有部分地区如浙江瑞安检察机关采取积分制,即犯罪嫌疑人需要完成积分奖惩表中规定的所有社会服务内容,完成一定时长且取得一定得分者为合格。两种考察模式如何选择和设计才能更好地适应轻罪治理的需求,存在较大的思考空间。二是如何应对负面评价。从正面评价来说,犯罪嫌疑人自愿参加且表现良好,可以获得宽缓处理的机会,但如果犯罪嫌疑人不愿意参加,或是参加后又反悔的,或其表现不能体现认罪悔罪的,并未明确应一律从严把握还是分类处置。过程评价在司法决定中的运用标准和,目前还没有明确的法律依据指引。

(四)公益服务监督网络还需优化

公益服务涉及司法机关、行政机关、公益组织、当事人等多方主体的权益。一方面,虽然犯罪嫌疑人有选择参加或不参加公益服务的权利,但轻罪案件能否适用公益服务则由检察机关审查决定,是否不起诉和宣告缓刑也由检察机关决定或建议,客观上存在权力滥用的可能。另一方面,《考察报告》虽然不具有法律强制力,但它是作出宽缓处理结果的重要依据之一,可能出现相关单位为谋求不正当利益帮助犯罪嫌疑人出具虚假合格证明,或因沟通不畅导致相关单位对公益服务配合不足、监管不力的情况。因此,权力制约监督机制是公益服务制度设计中的底线与红线,织密"监督网"、拧紧"安全阀"是公益服务行稳致远的关键。

四、轻罪案件适用公益服务的对策路径

(一)明确公益服务具体实施细则

完善国家层面的法律法规能够最大程度改变司法不统一的局面,避免各地出现同案不同判现象。由此,一方面,醉酒危险驾驶适用公益服务已经制定国家层面的司法解释性质的

文件,要继续细化操作规则,挤压司法恣意的空间。另一方面,要建立健全其他轻罪案件适用公益服务的法律法规,让社会公益服务制度在有法可循、有章可依的轨道上规范运行。

(1)严格把握公益服务适用的前置条件。检察机关经审查,在轻罪案件已经满足法定不起诉、相对不起诉、宣告缓刑的前提下,如果直接作出上述决定能够实现更大的社会公共利益或更符合人民群众对公平正义的期待,可以直接作出决定。但如果视情况还需要对犯罪嫌疑人进一步考察或矫治的,可以告知其有自愿申请参加公益服务的机会,并将公益服务表现作为司法处理结果的参考之一。如果案件不属于轻罪范畴或违反适用不诉禁止性规定的,则不能直接适用社会公益服务制度。

(2)充分保障参与公益服务的"自愿性"。一方面,检察机关在告知犯罪嫌疑人存在申请公益服务的通道时,应当阐明公益服务的性质不同于附条件不起诉,参与公益服务不必然取得不起诉、缓刑的结果,其有自愿申请或不申请公益服务的自主选择权。如果参加公益服务确有难以克服的现实困难,不能据此直接认定其认罪悔罪意识不强。另一方面,依靠法律文书和辩护律师为"自愿性"上"双保险"。在S市X区人民检察院制定的《公益服务承诺书》的基础上,为充分尊重和保障犯罪嫌疑人的"自愿性",可以尝试邀请辩护律师或者法律援助律师到场,见证犯罪嫌疑人签署承诺书,或是邀请人民监督员到场监督。①

(3)因罪施策精准设置服务内容。检察机关应当依据犯罪嫌疑人所犯罪行的不同属性和类型安排与其履行能力相适应的公益服务清单,《醉驾意见》及其《理解与适用》对醉酒危险驾驶的公益服务内容作了规定与说明,不再赘述。其他轻罪案件,如电信网络诈骗相关犯罪,可以让犯罪嫌疑人参与学校、社区"反诈"宣传行动,探访孤寡老人、志愿劳动等,帮助其认识到电信网络诈骗的危害性和劳动致富的重要性。再如故意轻伤害犯罪,可以让其参与公共卫生清扫、社区义工、流浪动物救助等,帮助其认识到冲动伤人、武力处事的错误性,修复受损的人际关系、邻里关系。

(4)审慎运用考察结果。经开展公益服务的有关单位、组织出具《公益服务考察报告》,确认犯罪嫌疑人公益服务质效合格的,如无其他必须起诉或实刑的情况,检察机关应当及时适用不起诉程序或提出缓刑建议,法院也应当将考察结果作为认罪悔罪的考量因素,确保公益服务考察结果运用到位。如果有关单位、机构认为犯罪嫌疑人服务不合格,检察机关应当通过考察报告、实地走访、调取监控、询问等方式全面审查犯罪嫌疑人的表现,有证据证明其悔罪态度、规则意识较差,存在再犯危险性的,应依法作出起诉决定或实刑建议,并在审查报告中载明负面评价的事实与证据。

(二)合理统筹轻罪办案期限设置

"简案快办"是优化司法资源配置,提升"四大检察"监督办案质效的重要指导理念。但

① 参见张立:《拟被不起诉人员参与社会公益服务机制研究》,载《人民检察》2023年第4期,第60页。

适用公益服务的轻罪案件有其特殊性,其实际是给符合一定出罪或宽缓处理条件的犯罪嫌疑人一次以劳动悔罪的机会;要达到认识自身错误、修复社会关系的目的,就需要付出一定的时间与劳动。为更好实现公益服务制度的初衷,建议对可以直接适用不诉、建议缓刑的轻罪案件适用 10 天的速裁程序办案期限;对符合法定不诉、相对不诉、建议缓刑,但有必要适用公益服务进行考察的轻罪案件适用 20 天的办案期限,从而延长公益服务时间,充分发挥教化作用;对少数符合适用公益服务条件但有必要对犯罪嫌疑人作深度帮教的个别轻罪案件,经报请部门负责人、主管检察长同意,可以按照《中华人民共和国刑事诉讼法》第 172 条的规定,适用一个月的办案期限,确保犯罪嫌疑人已经通过劳动真诚悔罪,具备回归社会的条件。

（三）优化公益服务科学评价体系

当前,各地大多以是否达到一定时长,是否发生不良表现为尺度来确定公益服务结果,考核评价的精准度还不够。参考部分地区的先例,除将公益服务考察报告作为考察依据以外,可以尝试建立公益服务量化评价机制,形成公益服务量化评价表,将公益服务置于各方监督评价当中。规定最低服务时长(如犯罪嫌疑人是老弱病残孕特殊群体,可酌情减少时长;对不同犯罪类型和情节进一步细化时长分配,比如危险驾驶罪可根据血液酒精含量的不同区间设定不同的服务总时长,交通肇事罪可根据被害人有无过错和是否达成赔偿谅解设定不同的服务总时长),同时对照劳动表现、服务效果、抽查结果等指标进行赋分,设定宽缓处理的最低得分标准。公安机关、检察机关不定期抽查犯罪嫌疑人的公益服务情况,对抽查结果、悔罪表现进行打分评价;开展公益服务的单位、机构对犯罪嫌疑人的服务表现和效果打分;“针对特定人群的社区服务、助老服务等,被服务人员的评价也纳入分数评估中”。① 除基本分数外,如果犯罪嫌疑人在检察机关规定的公益服务外还有其他创新形式的服务,比如醉驾嫌疑人主动进入餐饮娱乐场所现身说法、制作文明驾驶公益视频并在社交媒体上发布甚至见义勇为等,也可以作为加分项予以评价。

对于负面评价,不能一概而论。如果犯罪嫌疑人无正当理由拒不参与公益服务,可以认为其认罪悔罪意识不强,不再从宽处理。如果犯罪嫌疑人自愿参与公益服务,无正当理由又反悔的,或是服务过程中出现脱岗、散漫、不服从安排等违反纪律要求的,应当由其本人说明情况,如果其认识到错误并愿意改正,且检察机关认为确有必要的,可以再次启动公益服务或酌情减分、延长服务时长。如果犯罪嫌疑人在公益服务过程中,两次以上表现不良或违法违纪,可以实行一票否决制,不再适用不起诉或建议缓刑。

---

① 老河口市人民检察院课题组:《认罪认罚案件相对不起诉引入社会志愿服务探索》,载《广西政法管理干部学院学报》2023 年第 2 期,第 4 页。

(四)健全公益服务监督配合机制

相对完善的监督配合机制既能够确保犯罪嫌疑人在考察期内切实履行公益服务任务,接受全流程、全方位的监管,获得客观公正的评价结果,也能够确保行政机关、司法机关、公益机构等各方在公益服务前端启动、中端运行和终端评价过程中,行使权力不越红线、难越红线。

(1)强化检察裁量权监督,提升公益服务正当性。[①] 充分利用公开听证制度和人民监督员制度保障权力正当运行,在犯罪嫌疑人签署公益服务承诺文书时邀请人民监督员监督,保障其自愿性;在拟作出司法决定的听证会上邀请人民监督员、相关机构、辩护人等参与并发表意见,使公益服务过程、评价、结果接受社会监督,避免司法恣意。

(2)引入被害人监督机制,全面评价悔罪表现。[②] 尝试将犯罪嫌疑人进行公益服务的情况告知被害人,让其接受被害人的监督,同时为被害人提供反馈渠道,并将公益服务评价与结果告知被害人,听取其意见,从而保证悔罪考察的客观公正,真正实现息诉止争。

(3)建立回避和申诉机制,避免公益服务流于形式。检察机关应在犯罪嫌疑人参与公益服务前调查核实,确保负责开展公益服务的单位、机构不存在可能影响犯罪嫌疑人参与公益服务公正性的特殊关系;相关单位及犯罪嫌疑人本人也可以主动申请回避,经检察机关确认,更换其他公益服务组织。犯罪嫌疑人完成公益服务规定内容后,如果认为相关单位、机构出具的公益服务评价报告不符合事实,应当赋予其申诉权利。[③] 检察机关发现相关单位、机构为谋求不正当利益提供虚假报告,应依法追究相关责任人责任;涉嫌公职人员职务犯罪问题线索的,移送监察机关调查处置;如果犯罪嫌疑人参与提供虚假报告,依法追究其伪证责任,认定其悔罪表现不良,依法提起公诉或建议实刑。

(4)强化动态督查,数字赋能公益服务。检察机关应不定期通过调取监控或实地走访对犯罪嫌疑人的公益服务质量和效果进行抽查,动态掌握其日常表现,发现态度不端、衣着不整、行为散漫的应及时提醒纠正。尝试开发或依托已有的志愿服务类 APP,建立侦查、检察、社区等单位机构公益服务线上监管模式,“实现在系统上可查询、追踪犯罪嫌疑人公益服务的打卡签到、轨迹定位、监管记录”,[④]保证公益服务过程与评价结果的公正性、一致性,防范暗箱操作的风险。

---

① 参见张立:《拟被不起诉人员参与社会公益服务机制研究》,载《人民检察》2023 年第 4 期,第 60 页。

② 参见老河口市人民检察院课题组:《认罪认罚案件相对不起诉引入社会志愿服务探索》,载《广西政法管理干部学院学报》2023 年第 2 期,第 6 页。

③ 参见简筱昊、段甜甜:《公益服务换取醉驾不起诉的定位与完善》,载《政法学刊》2021 年第 8 期,第 81 页。

④ 魏干:《醉驾案件社会公益服务评价机制的理论证成与实践路径——以“金东经验”为样本》,载《中国检察官》2021 年第 18 期,第 40 页。

犯罪治理变革视角下轻罪治理体系的构造

王化宏　王　林*

摘要：在法治化背景下，积极倡导现代化的轻罪治理，以确保其符合现代法治原则。在轻罪案件的处理中，必须对传统的刑罚和诉讼制度进行改革创新，高度重视且充分发挥检察机关侦查监督和审查起诉的职能。同时，持续不断地探索新的方法和措施，以实现对案件的合理过滤和科学分流。此外，还需要努力完善高质量、高效率的案件办理机制，积极探索适应轻罪特点的刑事诉讼程序，为轻罪治理需求提供具体措施，为构建具有中国特色的轻罪诉讼制度做出积极贡献。

关键词：基层检察；轻罪治理；附条件；监督；大数据

随着我国刑事犯罪结构的演变，轻罪治理问题正日益成为当前广泛关注的焦点议题。与重罪案件相比，轻罪往往具备简单性、较低的社会危害性和较小的人身危险性等特征。然而，由于轻罪案件数量庞大，对治理能力提出了更高的要求。因此，迫切需要探索科学合理的轻罪治理模式，以实现对轻罪和重罪案件的分流和专门化处理。这不仅符合罪责与刑罚相一致原则，也是优化司法资源配置的必然选择。

一、“法定＋裁量”区分模式

目前，我国尚未建立区分轻罪和重罪的层次结构，仅在罪刑之比上反映了犯罪的“轻重”差异。对于犯罪构成的模式、标准和界限，理论界和实务界存在不同看法。① 在犯罪分级方面，存在着“轻罪与重罪二分”“轻罪”与“轻罪”“重罪”与“重罪”三分说等不同观点。各种犯罪分级模式取决于对犯罪阶层的划分标准与边界的不同理解。换言之，当确定罪行严重程度时，若以法定刑和宣告刑为基准进行区分，在相同基准下，对于一年、三年、五年等

---

* 王化宏(1983—)，男，贵州金沙人，贵州省毕节市威宁县人民检察院党组书记、检察长。
王林(1999—)，男，贵州威宁人，贵州省毕节市威宁县人民检察院工作人员。

① 参见张杰：《行刑衔接视阈下轻罪出罪路径优化探析》，载《法学论坛》2024 年第 2 期，第 38 页。

犯罪阶层的划分(即犯罪严重程度的量化)也会导致不同的结果。

(一)轻罪划分的层次递进

我国刑法中的轻罪与重罪犯罪结构的分层次序,为我们评估整体社会治安状况和犯罪态势提供了关键基础。然而,由于立法者和司法机关在划分犯罪严重程度时的视角不同,导致划分的起点存在差异。立法者更多考虑将犯罪与社会整体管理相结合,而司法机关则需兼顾现实情况,包括司法资源分配和行政费用等问题。① 因此,从司法角度看,区分犯罪严重程度的层次,需要考虑更多现实因素,如案件处理流程和管辖级别,在讨论犯罪分类时,则应采用更系统、细致的方法来划分轻罪。为此,笔者提出了一种创新的"两步走"策略,旨在确保犯罪分级的准确性和可操作性。

首先,从立法层面出发,以法定刑为标准,对犯罪的严重程度进行明确分类,为法律实施提供清晰界限,保障司法公正。其次,基于法定刑的分类,进一步考虑案件具体情境,运用法官的裁量权。此种轻罪划分模式为"法定+裁量"双轨并行,法定刑提供评判标准,裁量权允许法官根据具体情况进行处理。这种双轨模式构建了完整的轻罪划分框架,兼顾法律的严格性和灵活性,有助于构建更公正、合理、适应性强的刑事法律体系,更好地为社会治理和公民权益保护服务。

在我国现行法律制度下,对轻罪进行分类与界定是一项复杂而烦琐的任务。这包括对法律条文的详细解读,以及在司法实践中正确把握犯罪的性质和程度。② 为了确保刑法的明确适用,我国应采用更系统、更全面的方法对轻罪进行界定。

首先,应将三年以下的法定刑规定在轻罪范围内。这一步至关重要,将直接影响到下一步的基础。三年有期徒刑显然是一个相对明确的标准,它经过综合考虑历史资料和现行立法规则后得出。我国刑法理论界对刑罚适用的认识不一,但多数学者都主张以三年有期徒刑作为判断标准。他们认为,这一方法能更好地反映过去十年中轻罪与重罪比率的变动,大致保持在八比二的水平,是衡量社会治安状况的重要指标。

其次,在以三年为界限的基础上,进一步的完善和细化还有待于深入研究。这意味着,对于一些具体罪行,法官可以根据自己的判断,对最长不超过三年的监禁作出判决。这类犯罪通常是一种较为复杂的情形,既可以适用多个量刑等级,也可以因案情的不同而不断调整。在这种情况下,则不能一概而论。因此,我们应提出一系列可供法官参考的判定准则或要件,使其在进行裁量时有清晰的参照。其中,对犯罪行为的认定标准或因素,应包括犯罪

---

① 参见熊亚文:《功能主义刑法的消极面向及其体系展开》,载《法制与社会发展》2024 年第 2 期,第 30 页。

② 参见万春、周光权、姚建龙等:《犯罪治理现代化大家谈》,载《国家检察官学院学报》2024 年第 2 期,第 17 页。

性质、行为人的态度、案件的社会影响、犯罪人的犯罪历史等方面。① 通过这些标准和要素,法官可以更清楚地了解个案的具体情况,从而作出更公平、更合理的判决。同时,也应对这些标准和要素进行量化,使司法人员在进行自由裁量时有一个客观的参考依据。在量刑时,如果认定某一案例满足一定的条件,则可将其定为较轻的罪行,并对行为人予以较轻的处罚。

通过“法定+裁量”层次递进的方法,对轻罪行为进行细化,能更好地与现实生活相适应,更能体现法治精神。同时,这种分类方式对于提高民众对法制的信任,推动社会和谐与安定具有重要意义。②

(二)裁量轻罪的判断要素参考

对于轻罪的认定问题,笔者建议应当根据以下三个方面进行判断:

第一,是否被采取过非拘押的强制性手段。对于是否采取强制措施,应当根据犯罪嫌疑人的人身危险性、可能判处的处罚轻重以及案件的性质等进行确定。因此,有观点主张,刑罚的强度实质上是一种分层的概念。一般情况下,只有在人身危险性大、量刑重的情况下,方可采用羁押性强制措施。虽然逮捕的一种前提是可以处以徒刑或更高的刑罚,也就是说,对可以判处三年以下有期徒刑的轻微犯罪也可以实施抓捕,但笔者认为,随着法治的不断发展,对于轻犯罪的控制一定会成为今后一段时期内的重点工作。因此,随着拘押率不断降低,对拘押性强制措施,如抓捕,的呼声也随之高涨,一般只有在需要拘押或人身危险程度较高时才会采用。③ 同时这也是判断刑事案件严重程度的一个主要依据。

第二,主动招供,认罪认罚。2018 年,最高人民法院、最高人民检察院、公安部、国家安全部、司法部联合下发《关于适用认罪认罚从宽制度的指导意见》,其中对犯罪嫌疑人的供述和量刑提出了明确的要求,即以犯罪嫌疑人的供述、辩解、赔偿方式为依据。若被告人主动投案自首,主动赔偿,及时、有效地追回了被害人的全部财产,就说明其人身危险性较小,可以对其进行较轻的处罚。

第三,对刑事调解制度的应用问题。当前,我国刑事诉讼以“轻罪”为主要的犯罪主体,因而成为司法机关判定“轻罪”的主要根据。以修复社会关系和关注被害人的人性关怀为重点,是提高司法公信力的重要途径。从总体上讲,特别是迅速程序的本质在于事实清楚,证据确实充分,对轻微犯罪具有威慑功能。此外,此类案件犯罪情节相对较轻,庭审时间相

---

① 参见刘艺:《检察机关在行刑反向衔接监督机制中的作用与职责》,载《国家检察官学院学报》2024 年第 2 期,第 38 页。

② 参见张勇:《轻罪的界定标准与分类治理》,载《社会科学辑刊》2024 年第 2 期,第 60 页。

③ 参见苗生明:《醉酒型危险驾驶的治罪与治理——兼论我国轻罪治理体系的完善》,载《中国刑事法杂志》2024 年第 1 期,第 16 页。

对较短,而且在程序上也更易适用,特别是在应用速裁程序的情况下,它的程序和认罪认罚从宽制度有着密切的联系,极大提升了审判效率,节省了诉讼费用,能够作为定罪和量刑的一个重要依据。①

将符合上述标准的犯罪定性为"轻罪"可为今后的司法工作提供有目的的防范与治理措施。目前,我国的犯罪格局正发生着巨大变革,在绝大多数刑事案件已被轻罪占据的情况下,加大对轻罪的管理力度,对于促进我国高质量发展和中国式现代化建设具有十分重要的意义。作为一个系统性工程,其对犯罪机制、刑罚体系和诉讼程序的划分也提出了更高的要求。

二、出罪模式之实体进路

(一)准确理解并激活刑法出罪机制

在当今法治国家的法律框架中,刑法的制定和应用是维护社会秩序、保护公民合法权益的重要手段。尤其是我国的刑法体系,通过其细致的规定和明确的条款来规范人们的行为,确保社会的安定与和谐。《刑法》第13条的但书条款就像一面镜子,映照出了我们处理犯罪行为的审慎态度。② 但书条款被视为刑法中一个微妙而又至关重要的节点,它不仅为司法实践提供了一个明确的指导原则,也为那些因犯罪情节轻微、造成社会危害不显著的个体或团体开辟了一条相对宽容的出路。这种宽容并非无原则的宽容,而是基于法律公正、合理以及人性化考量后得出的宽容。它要求法官在裁决时必须严格遵循法律规定的程序,同时也要充分考虑到案件的具体情况,避免"一刀切"的处理方式,以确保每一次判决都能体现出法律的人文关怀和公平正义。

该种机制不仅使得犯罪嫌疑人免受无端的惩罚,还有助于营造一个更加宽松和谐的社会环境。当法律的触角延伸至那些可能仅造成小损害但未触及社会根本利益的行为时,它展现了法律的弹性和前瞻性,避免了过度执法或不当执法的问题。这样一来,通过合理的法律设计,我们既能够有效地惩治犯罪行为,又不至于过分侵害无辜者。更重要的是,这种出罪设计不仅是对个体权利的尊重,更是对法治精神的诠释。它鼓励司法人员在处理案件时既要有足够的法律知识,又要有一颗理解和同情的心。③ 在这个过程中,法律不仅区分了罪与非罪,更强调了对人性尊严的珍视,对社会正义的不懈追求。通过这样的法律机制,我们可以期待一个更加公正、有序、宽容的社会,在这里每个人都能感受到法律的温暖,每个人的

---

① 参见陈兴良、张明楷、周光权:《刑法典编纂:基本理念与技术设计》,载《中国法律评论》2024年第1期,第63页。

② 参见刘浩:《轻罪规范的适用立场及其实现》,载《法学》2024年第1期,第96页。

③ 参见樊崇义、徐歌旋:《轻罪案件附条件不起诉制度研究》,载《内蒙古社会科学》2024年第1期,第137页。

权益都能得到应有的保障。

1.《刑法》第 13 条在轻罪治理中的应有之义

从法的起源上讲,我国《刑法》第 13 条确立的犯罪人制度的内核是根植于“法不问俗务”的传统观念,这一点与刑事立法本身所蕴含的谦抑价值是一致的。这样可以在刑法制度中对犯罪的打击范围进行有效限制,将不属于重大刑事犯罪的案例或行为,用其他法或者伦理进行评估,防止单纯用刑法进行评估或处罚。只有如此,才能确保对此类犯罪的处罚符合其现实的危害程度,才能确保司法资源的合理配置与使用。

但是,在我国目前的形势下,这一制度并未被完全启动和运用,在司法实践中的运用也比较少。造成这一问题的原因很多:首先,对我国《刑法》第 13 条规定的入罪机理一直没有清晰认知,比如,“情节特别轻微”的判定标准以及对“危害不大”的界定,有何种特殊根据;其次,两高均没有就此问题出台相应的法律解释,也没有出台可为司法实务借鉴的典型和指导案例;最后,加之我国现行《刑事诉讼法》第 13 条关于刑事责任追究制度的具体内容,使得司法实践中存在诸多问题。①

然而,在目前的形势下,由于刑事立法上的重大变化,特别是在轻罪数量日益增多的情况下,《刑法》第 13 条所具有的“入罪”作用更为突出。在刑事诉讼中,保护刑事诉讼主体的合法权益,是刑事诉讼制度建设中一个不容忽视的问题。因此,在我国《刑法》第 13 条规定犯罪构成要件的基础上,通过对犯罪构成要件的研究与实施,对于推进我国刑法现代化,提高我国法治水平具有十分重大的现实意义。通过对相应的制度进行改进,确定其适用的规范,使其在惩罚重罪的同时,也要进行恰当的法制教育和警告,使其达到法律的效果和社会效益的统一。

2. 以适用标准的明确化提升出罪机制理解适用的准确性

第一,厘清《刑法》第 13 条对该罪的成立条件,并对其进行定性。从一定程度上讲,由于《刑事诉讼法》缺乏对《刑法》第 13 条的具体规定,司法实践便对其进行了较为严格的规定,致使司法机关对其的运用较为审慎。因此,为了更好地利用该条文的开罪功能,同时也为了防止其被误用,有必要对其进行详细的“列举 + 否定”的解释,从而扭转在刑事诉讼中长期存在的“不敢用”和“不愿用”的犯罪构造。② 与此同时,它还可以帮助法官更好地执行罪刑法定,准确判断有关犯罪,体现个案公平。

第二,在此基础上,结合《刑事诉讼法》第 13 条关于该罪成立要件的具体应用,提出若干具有可操作性的指导案例,以期为司法实践提供借鉴。作为一个成文法国家,虽然判决案例不属于我国的法律渊源,但是它对我们来说却有着非常重要的作用。该制度在实际操作中

① 参见陈兴良:《论未来刑法学的十大着力点》,载《法治研究》2024 年第 1 期,第 26 页。

② 参见周光权:《短期自由刑的适用控制与轻罪治理策略》,载《北京理工大学学报(社会科学版)》2024 年第 1 期,第 132 页。

起到了"风向标"的功能,指导着基层的审判实务,使其准确把握、运用特定的规则,及时找到并弥补错误。

因此,在《刑法》第13条规定的法律适用范围还不够清晰的情况下,应当在确定其适用范围的同时,进一步完善对其犯罪构成的认识与应用,并通过发布具有代表性判例的形式加以完善。①

(二)推动完善刑罚制裁体系

1. 以合理分配罚金刑推动轻罪量刑协调

相较于自由刑,财产刑在刑罚体系中占比较小,其初衷在于通过经济剥夺手段遏制与惩治贪污等经济犯罪。然而,鉴于现代社会人权、民主与平等理念的深化,刑事处罚趋向轻缓化,我国财产刑的适用空间相较于自由刑显得更为有限。因此,未来刑事立法应拓宽财产刑的适用范围,尤其是针对非贪腐类犯罪及过失犯罪,以公正与公平为导向,顺应国际轻刑化趋势,但需审慎推进,避免一蹴而就。同时,为防止"空判"现象损害司法权威及纵容轻罪者逃避应有惩罚,应建立罚金刑的量刑调整机制,针对罚金难以执行或不足以体现惩罚效果的情况,灵活转换为自由刑或其他适当处罚,确保刑罚的实效性与公正性。此举不仅契合我国"轻罪"治理的现实需求,也是完善刑法体系、保障司法公正的重要举措。

2. 以缓刑配置的精准性强化轻罪治理的有效性

实践中,外地户籍的罪犯因居住地接收问题难以获得本地社区矫正机会。同时,法官对人身危险性和再犯可能性的评估存有不确定性,因而对适用缓刑态度谨慎,担心承担不利后果。社会舆论对缓刑的负面看法也会影响法官决策,加剧其在适用缓刑上的犹豫。②

《刑法》第72条设定了严格的缓刑条件,强调对犯罪性质、人身危险性及主观恶性的评估,因此,不应仅依据社会舆论决定缓刑适用。随着社区矫正制度的发展,法官更多依赖矫正评估结果,结合嫌疑人社会背景、家庭环境及犯罪后表现进行综合判断,以确保量刑公正。2020年,《关于规范量刑程序若干问题的意见》发布,其中细化了量刑阶段的社会调查评估,有助于缓解立法模糊带来的赔偿责任及公众意见的不确定性,支持司法机关作出合理量刑。为最大化发挥缓刑效果,需转变观念,改革刑罚执行机制。对于符合形式标准的轻罪或过失犯罪,定罪时应侧重主观故意及具体情境,而非一概排除实刑。这有助于正确运用缓刑,避免"一刀切"。同样,缓刑的适用应避免泛滥,需根据个案具体情况分析,确保每个缓刑裁定公平合理,体现法律精神与人文关怀。

(三)阶梯式探索轻罪前科消灭制度

为缓解现有刑事档案制度的家庭"株连效应",并促进轻罪治理、重刑人员重返社会及

---

① 参见孙道萃:《微罪体系的构建:从依附向独立》,载《政法论坛》2023年第6期,第123页。

② 参见何荣功:《轻罪立法的实践悖论与法理反思》,载《中外法学》2023年第4期,第943页。

预防再犯,学术界持续关注相关议题。相较于仅具“威慑”作用的传统“以案定刑”,轻罪治理更契合现代法治社会需求,在预防犯罪、社会治理及矛盾化解方面具有重要意义。然而,短期内实现轻罪消除仍面临挑战,主要问题在于我国对轻罪前科排除的时间限制尚不完善。一方面,为确保轻罪犯罪人“悔罪”,需设置考察期以防利用犯罪记录规避惩罚;但若要求一定时间内无新犯罪记录才能清除案底,则可能导致案底长期影响犯罪者及其家庭的生活与就业。另一方面,若不设考察期,则可能鼓励为清除案底而再犯更严重罪行,违背轻罪前科清除初衷。因此,建立轻罪前科清除机制需综合考量多种因素。目前,该领域尚处于探索阶段,可借鉴少年刑事档案封存制度,先行封存犯罪记录,并逐步构建轻罪案底清除机制。

三、轻罪治理程序的规范构造

(一)建立诉讼程序分流机制

1. 侦查立案、审查起诉以及裁判阶段的分流

从检察机关的角度出发,应赋予其对轻微犯罪更大的立案与调查自由度,作为司法介入的“入口”。特别是对于由“治安案件”引发的情况,需明确界限,避免将民事和经济纠纷纳入刑事司法程序。在此基础上,应全面调查与分析公诉案件,确保司法实践的一致性。

现实中,常遇到引起广泛关注且具争议的罪名,对此类案件应进行归纳总结,提炼共性问题,并结合具体案情统一立案标准,避免因标准不一致导致的不当扩大化。此外,现行刑法体系中应强化“轻罪”的诉前分流机制。例如,在刑事程序中,可将认罪作为不起诉的主要依据之一:对于情节轻微且认罪的案件,在符合《刑事诉讼法》规定的条件下,应适用不起诉;对于已立案侦查的轻罪案件,可依据认罪态度决定处理方式。在刑事诉讼中,应根据不同情形,分别适用简易程序和快速审理程序。

2. 强制措施配套分流及相应情形下社区矫正功能的发挥

除了公诉分流和量刑分流以外,还有一种适用于刑事强制措施。若强制措施未能达到相符的转介,但经过复核后决定不予公诉,或由法庭判决免除处罚,不再以犯罪论处,就会出现“倒挂”情形,即原本已经采取了刑事强制措施,而现在却撤销,转为管制、缓刑,甚至是无罪释放。因此,笔者认为,我国在刑事诉讼中对羁押性强制措施的适用要采取谨慎的立场。要从人身危险性、行为危害性和认罪悔罪三个角度来审视。第一,对于不能抓捕的,要依照最高检关于“能不能不捕”的规定,依法不起诉。第二,在对犯罪嫌疑人实施拘留的过程中,必须对其进行严格的监督。

在调查阶段,如果侦查机关对已发现的较轻犯罪,没有采取逮捕或其他羁押性强制措施,则要根据法律规定适时进行修正。针对被判处管制、缓刑、单处罚金或被判处相对不起诉等情况,笔者建议,应当对其实施社区矫正,以预防其重犯。刑事立法的目的在于实现刑罚与预防双重作用。然而,刑法的作用也存在一定的限制,尤其在适用缓刑、管制等轻缓化

措施时,其威慑作用将大大减弱。在这种情况下,对罪犯进行社区矫正,既可以强化其原有的惩罚作用,也可以起到促进罪犯重新融入社会的作用。特别是在社会矫正中,心理咨询、心理治疗和生活辅导功能,有助于在矫治中既"刚"又"柔",达到完全杜绝重新违法行为的目的。

(二)实现轻罪案件的快速办理

1. 建立轻罪案件快速办理的侦捕诉联动与监督机制

公安与检察机关各有职能分工,通常在案件完成侦查并移送审查逮捕或起诉后,检察机关才介入。尽管这一流程有助于程序正义,但也导致检察机关在取证上的被动与延迟,退查补充侦查会延长审理时间,降低效率。

在侦查阶段,取证工作的有效性对案件进展至关重要。因此,应建立侦查、起诉、审判各阶段的快速处置机制。在必要时,可在侦查阶段引入检察机关,检察机关对轻微刑事案件依申请提前介入,指导公安机关依法高效侦查。公安机关应向检察机关通报轻罪案件的立案、强制措施适用及当事人和解等情况,并持续跟踪。通过适时干预与监督,实现侦查、逮捕与起诉的有效衔接,这对于轻罪案件的高效管理具有重要的现实意义。

2. 基于现有制度框架搭建完善轻罪案件协商机制

当前,随着法治理念深入人心,我国刑事诉讼制度正处于深刻转型期,致力于效率与公正的双重提升。认罪认罚从宽与刑事和解制度作为司法改革的亮点,正逐步成为推动司法公正与效率平衡的重要力量。认罪认罚从宽制度通过鼓励犯罪嫌疑人、被告人自愿认罪认罚,简化诉讼流程,这样既减轻了司法负担,又促进了司法和解,实现了法律效果与社会效果的统一。而刑事和解制度,则强调当事人间的直接对话与协商,通过恢复性司法途径,实现矛盾化解与案件处理的双赢,彰显了司法的人文关怀与效率追求。

以上制度植根于国际刑事司法实践,并结合我国国情创新发展,体现了对当事人意愿的尊重及对正义与效率平衡的不懈追求。未来,为进一步优化这些制度,需将协商与恢复性司法理念融入轻罪案件处理,对符合条件的案件采取快速审理措施,同时加强制度宣传与培训,确保司法人员准确理解与运用,从而推动刑事诉讼制度现代化进程,为构建和谐社会提供坚实的法治保障。

轻罪时代背景下基层社会治理法治化问题探讨

海日古丽·亚森*

摘要:在社会的复杂变迁中,轻罪成为社会治理领域不可忽视的对象,而基层社会治理法治化更是成为法治建设的重要组成部分。轻罪时代的到来要求我们既要清楚轻罪治理的需求,也要清楚基层社会法治化的需求,更要通过制度创新、科技赋能、社区参与和评估与反馈机制等手段实现基层社会治理法治化,完善基层社会治理体系,推行轻罪治理的法治化、科学化,从而提升轻罪时代背景下基层社会治理法治化的效能。

关键词:轻罪时代;基层社会治理;法治化;现实要求;治理路径

"法网如同渔网,治罪的数量不仅取决于水中鱼的数量,也取决于渔网以及网眼的大小。相对于外国的大法网,我国的刑法是小法网,而相比于外国立法定性不定量的小网眼,我国立法定性又定量的入罪门槛就是大网眼,两者相对比的结果便是我国的犯罪率低而外国的犯罪率高。当然,还要考虑统计标准或口径的差异,在我国的刑事法网之外还有一张更大的治安法网,外国的犯罪率应等同于我国的犯罪率加治安违法率。也须明白,再大的渔网也抓不尽水中的鱼,违法犯罪的黑数是客观存在的,进入违法犯罪统计的仅是明数。"①

"随着全面依法治国战略的深入实施,我国社会治理正步入崭新的阶段。尤其是《刑法修正案(八)》以来,刑法立法开始迈向轻罪的构建之路。犯罪门槛下降和轻罪数量增加成为刑法立法的重要特色",②并且可以预测到,未来这种立法趋势将进一步强化。对此,不少学者给予了褒扬,比如一贯倡导"严而不厉"刑罚结构的储槐植教授指出这是我国刑法开始走向现代化的标志,在我国,刑法现代化就是"严而不厉"的刑罚结构的调整过程。③

---

* 海日古丽·亚森(1999—),女,新疆乌鲁木齐人,新疆大学法学院刑法方向在读硕士研究生、法学院丝绸之路经济带国家法律研究中心助理研究员。

① 卢建平:《轻罪时代的犯罪治理方略》,载《政治与法律》2022年第1期,第51页。

② 何荣功:《我国轻罪立法的体系思考》,载《中外法学》2018年第30期,第5页。

③ 参见储槐植:《走向刑法的现代化》,载《井冈山大学学报(社会科学版)》2014年第4期,第5页。

一、问题的提出

在现代社会的复杂变迁中,轻罪现象的凸显已成为社会治理领域不可忽视的议题。“轻罪与重罪不仅发挥着定义罪刑程度的功能,也用于区分刑事犯罪与违反秩序的行为;这还意味着,除了这两类罪行之外不存在其他的犯罪。此外,轻罪和重罪还对应不同的程序,两者的区分具有诉讼法上的意义。”①随着我国刑法修正案的逐步推进,轻罪化立法趋势日益明显,如高空抛物、抢夺公交车方向盘等行为的刑事化,显示了法律对社会边缘问题和新型犯罪现象的积极回应。“构建中国特色轻罪诉讼制度体系以解当务之急,其前提和基础是轻重分离。基于重大改革要于法有据的原则,这一问题应该通过立法解决,首先是在实体法上解决,然后程序法跟进。”②然而,这一趋势是否真正推动了基层社会治理法治化,引发了学者的广泛讨论与反思。

第一,轻罪化是不是对劳动教养制度的替代。轻罪化立法无疑强化了法律对社会行为的规制,旨在通过明确的法律边界来引导公民行为,防止社会失范。它在一定程度上填补了劳教制度废止后的法律真空,为社会边缘行为和新型犯罪提供了法律应对。然而,这种立法的实质效果却存有争议:轻罪化仅仅是劳教制度的另一种变相形式,还是真正的刑罚轻缓?解决该争议便要重新审视刑法的功能以及其在社会治理中所担任的角色。

第二,轻罪化立法可能带来的过度刑事化倾向,引发了学者对刑法谦抑性的质疑。以高空抛物罪为例,它在打击危险行为的同时,也可能对个体行为产生过度束缚,引发公众对个人自由与社会安全之间如何进行平衡的担忧。这促使我们深入思考,是否应以更细致、更具前瞻性的视角来重新定义刑法在社会治理中所扮演的角色,以避免对个体权利的不当限制。

第三,积极刑法观的局限性也在此背景下凸显。它过分强调刑法的预防功能,而忽视了社会、教育等多元手段在社会治理中的作用。这种单一依靠刑法的思维模式,可能导致社会治理手段的失衡,无法实现真正的多元化共治。

国内外关于轻罪治理的研究已有一定的积累和进展。国外学者在犯罪治理领域的研究较为深入,尤其在轻罪的预防、控制以及刑事政策制定等方面,提出了许多前沿理论和有效方法。同时,国外的法治实践也为我国提供了丰富的经验,尤其是在轻罪案件的快速审理和非刑事化处理机制方面,为缓解司法资源压力、提高司法效率提供了可供借鉴的途径。随着法治国家、法治政府、法治社会建设的持续推进,研究者们从法律、社会学、心理学等多个角度出发,对轻罪治理的法律规范、社会机制、心理干预等方面进行了系统的探讨和实证分析。特别是在轻罪发生的原因、预防机制的构建以及社会协同治理等方面,提出了不少观点和建

---

① 杨楠:《我国轻罪立法的实践与反思——以刑法修正案(十一)为视角》,载《东方法学》2022 年第 6 期,第 132 页。

② 卢建平:《为什么说我国已经进入轻罪时代》,载《中国应用法学》2022 年第 3 期,第 136 页。

议。然而,不可否认的是,国内在轻罪治理的实践操作、效果评估以及案例研究方面仍显不足,缺乏系统性和长效性的研究成果,仍有较大的提升空间。轻罪时代对基层社会治理法治化提出了新的挑战,也带来了理论与实践上的探索空间。

二、轻罪时代的概念界定

在深入探讨轻罪时代对基层社会治理法治化影响之前,有必要对这一概念进行明确的定义和解读。轻罪时代的概念并非简单的轻罪数量增多,而是指在社会结构、科技发展和法治观念变迁的共同作用下,刑法的调整趋势以及由此引发的社会治理模式转变的时代特征。

第一,轻罪时代是一个法律调整的阶段,它标志着刑法在应对社会变迁时的一种策略性选择。轻罪化立法,即通过增设或调整轻刑罪名,将更多社会失范行为纳入刑法范畴,旨在以更为精细的法律网格,对社会行为进行更积极的指导和规范。轻罪立法是刑法对频发的社会风险进行积极治理的表现。"从《刑法修正案(六)》到《刑法修正案(十一)》,我国的刑法修订都涉及轻罪设计。"①这种趋势体现了刑法的适应性,即随着社会问题的演变,法律需要适时调整,以确保其在社会治理中的有效性和针对性。

第二,轻罪时代的内涵还延伸至社会治理模式的变革。在这一时代背景下,司法资源的分配、社区矫正的实施、预防犯罪的策略都面临着新的挑战。传统的重刑主义不再适应快速变化的社会现实,而更加强调预防、矫治和教育的社会化手段逐渐得到重视。轻罪时代的社会治理法治化,强调的是刑事司法与社会服务、社区参与的深度融合,以期在维护法律权威的同时,实现社会治理的精细化和人性化。

第三,轻罪时代的概念蕴含了对刑法谦抑性的考量。刑法谦抑性,即主张在不影响社会治理目标的前提下,尽量减少刑法的适用,以避免对社会生活的过度干预。在轻罪时代,我们既要关注是否真正实现了刑罚的适度,防止过度刑事化,也要思考如何通过刑法的引导,推动社会形成自我约束和自我修复的能力。

第四,轻罪时代的来临反映了一种社会价值观的转变。随着公众对个人权利的日益重视、对社会公平和效率的需求提升,对轻罪的法律应对也应体现对个体尊严的尊重和对社会和谐的追求,对于轻罪犯罪人可持一种更加宽容的态度,避免其被打上终身性的"犯罪标签"、被社会边缘化。② 这意味着,轻罪时代的法治化必须兼顾公正与效率,兼顾法律的刚性与社会的柔性。

通过以上的分析,轻罪时代的概念可概括为:在法律适应性、社会治理模式转变、刑法谦抑性以及社会价值观演变的交织下,通过刑法的轻罪化调整,以更精细、更人性化的方式应对社会问题,实现基层社会治理法治化的时代特征。这一界定不仅为后续章节的讨论提供

---

① 骆冰:《风险社会下轻罪立法的必然现实与应然转变》,载《争议解决》2024 年第 5 期,第 9 页。

② 参见徐立、成功:《轻罪时代前科制度的内在诟病及其应对》,载《河北法学》2023 年第 5 期,第 25 页。

了明确的理论框架,也为理解轻罪现象的社会意义提供了全新的视角。

三、基层社会治理法治化的内涵和特征

基层社会治理法治化,是轻罪时代背景下法治建设的重要组成部分,它不仅仅是对传统社会治理模式的法律化,更是法治理念、制度设计、科技应用与社区参与的深度融合。轻罪时代,刑事司法应对犯罪逐渐从偏重事后惩罚的威慑效力向注重事前预防、多方协同、深化诉源精准治理、多措并举的"治罪"与"治理"相结合的标本兼治观念转变。① 这一过程中,法治的实质内容、实施机制以及效果评估都体现了鲜明的时代特征和实践需求。在新时代背景下,基层社会治理法治化被认为是提高社会治理水平和保障公平正义的关键途径之一。②

内涵上,基层社会治理法治化强调的是以法治原则为指导,全面、深入地运用法律手段解决社会问题,维护社会秩序,保护公民权益,促进社会公正。它包括但不限于公正公开的决策过程、严格的执法行动、有效的司法救济,以及广泛的法律教育和宣传。法治化不仅仅是对行为的约束,更是对社会关系的调整,对个体权利的保障,对社会公正的追求。

特征上,基层社会治理法治化展现出以下六点。第一,法治理念的更新。在轻罪时代,法治理念从传统的秩序维护和犯罪惩罚,转向了预防为主、教育为辅、社区矫正和参与式治理的多元化视角。这要求在处理轻罪行为时,更加注重其教育和矫治功能,而非仅仅依赖刑罚。第二,制度创新的实践。随着轻罪化立法的推进,基层社会治理的制度设计应与时俱进,例如,设立适应轻罪特点的司法机制,如快速审理程序、轻微犯罪记录封存制度,以及强化社区矫正体系,提升其教育矫治效果。第三,科技赋能的提升。利用大数据、人工智能等技术,可以实现社会治理的精细化,如预测和预防犯罪、优化司法资源配置、提高社区矫正的效率。这些技术的应用不仅提升了治理效能,还为公民提供了更为便捷、个性化的服务。第四,社区参与的深化。在基层社会治理法治化进程中,社区的角色被重新赋予价值,强调居民的自我管理、自我服务和自我教育,形成了多元共治的格局。社区参与不仅有助于促进居民的法律意识,还能形成预防犯罪的社区文化,降低再犯率。第五,法治效果的评估与反馈。在轻罪时代,法治效果的评估不再局限于简单的犯罪率和刑罚执行率,而是考虑社会效果、公民满意度、社区安全感等多元指标。同时,评估结果应反馈到制度设计和政策调整中,实现法治的动态优化。第六,法律与社会的互动。轻罪时代的法治化既要遵循法律的内在逻辑,又要关注社会的实际需求,动态平衡法律的刚性和社会的柔性。法律应在尊重传统与适应变迁之间寻找平衡点,以确保在维护秩序的同时,不损害公民的基本权益。这些特征共同

---

① 参见周洁、胡坤:《轻罪时代刑事司法柔性治理》,载《北京科技大学学报(社会科学版)》2024 年第 3 期,第 89 页。

② 参见王玉辉:《基层社会治理法治化路径研究》,载《产业与科技论坛》2024 年第 13 期,第 27 页。

构成了一幅基层社会治理法治化的全景图,它们相互交织,共同推动了法治在基层社会的深入实践。

四、轻罪时代对基层社会治理法治化的现实要求

在轻罪时代,基层社会治理法治化面临着前所未有的挑战和现实要求。这一阶段的特征,既体现在法律对社会行为的精细化规制,又体现在社会治理模式的转型,以及对法治理念的更新。在这一背景下,基层社会治理法治化需要在多个维度上进行深度调整,以应对轻罪现象带来的复杂性和多元性。

第一,轻罪时代对法律资源的分配提出了新课题。随着轻罪化立法的推进,基层司法机构承担了更多处理轻罪案件的任务。这要求司法资源的配置更加科学合理,既要确保对轻罪行为的及时有效处理,又要避免对资源的过度消耗,以应对可能出现的司法效率问题。例如,通过设立专门的轻罪法庭,采用快速审理程序,以及利用信息技术进行案件管理,优化资源配置,提高司法效率。

第二,轻罪化对社区矫正和预防犯罪提出了新要求。在价值观日益重视个体权利和社区和谐的背景下,社区矫正应更多地发挥教育和矫治功能,而非单纯的惩罚。这需要创新矫正手段,如引入心理干预、社会工作服务,以及运用科技手段实现个性化矫正。同时,预防犯罪工作也需从源头入手,通过开展法治教育,提高公民法律意识,培育健康的社区文化,从而降低轻罪发生的可能性。社区参与是基层社会治理法治化的重要补充。在轻罪时代,社区不再是被动接受法律管理的对象,而是法治建设的积极参与者。通过建立多元共治机制,鼓励居民参与社区决策,形成预防轻罪的社区治理网络,这样可以有效防止轻罪发生,同时增强社区的凝聚力和自我修复能力。

第三,科技在基层社会治理法治化中的角色愈发重要。大数据、人工智能等技术的应用,不仅可以提高司法效率,还可以实现对轻罪行为的精准预测和干预,如通过风险评估工具,提前识别潜在的犯罪行为,从而采取预防措施。同时,通过科技手段收集和分析社区数据,可以为政策制定和资源配置提供科学依据,实现社会治理的精细化。

第四,在轻罪时代的挑战中,基层社会治理法治化必须注重法治与社会的动态平衡。在强调刑法谦抑性的同时,应防止轻罪的过度刑事化,以免对个体自由产生过度干预。这要求在立法和司法实践中,对轻罪的界定、定罪量刑以及后续的恢复性司法措施,都需谨慎把握,确保法律的刚性和社会的柔性得以妥善结合。

轻罪时代对基层社会治理法治化提出了更新法治理念、创新制度设计、科技赋能以及深化社区参与的现实要求。只有在这些方面不断探索和实践,基层社会治理法治化才能在应对轻罪挑战的同时,实现社会公正、效率与和谐的平衡,为构建法治社会奠定坚实基础。在未来的研究和实践中,这些现实要求将为基层社会治理法治化提供持续的理论指导和实践导向。

五、轻罪治理的实务分析

(一)轻罪案件处理流程

轻罪案件的处理流程,是轻罪治理实务操作中的核心环节,其科学性、合理性、有效性直接关系到轻罪治理结果的优劣。在法治社会的框架下,轻罪案件处理流程需要贯穿法律规范的执行、司法公正的体现及社会效果的反馈等多个层面,构建一个环环相扣、步步为营的治理链条。首先,轻罪案件的识别与登记是处理流程的起点,这一环节要求执法人员准确辨识轻罪行为,及时进行案件记录,保证案件信息的完整与准确。接着是案件的初步审理,包括对犯罪嫌疑人的询问、对证据材料的收集以及对案件性质的初步判断,但是,初步审理阶段应当充分考虑轻罪嫌疑人的权利保障,避免任何形式的人权侵犯。而后,案件将进入更为深入的调查阶段,调查人员需深挖案件背景,综合运用法律、心理学、社会学等多学科知识,力求还原事实真相。

在调查阶段完成后,轻罪案件将进入审判阶段。此时,法官将依据事实和法律,对案件进行全面审查,并作出判决。在法治社会中,判决的公正性和合理性至关重要,判决结果不仅要表明司法权的公信力,还应兼顾对轻罪犯的教育与改造。在判决的执行环节则涉及对轻罪犯的刑罚执行,包括社区矫正、罚款、行政拘留等多种形式,执行过程旨在实现对轻罪犯的惩罚与教育相结合,促使轻罪犯重新融入社会。最后,后续跟踪与评估环节是对轻罪案件处理流程的完善和反思,通过对轻罪犯后续行为的观察,评价治理措施的效果,进而调整和优化处理流程。

(二)轻罪治理的实务难点

轻罪治理在实务操作过程中存在的一些问题,不仅影响了轻罪治理的效果,也挑战了法治社会的治理能力。一方面,法律规范的不完善和执行难度大是轻罪治理面临的主要难点。由于轻罪行为类型多样,且法律规定的界限不够明确,导致在实际操作中难以准确判定和适用法律。因此,需要对相关法律条款进行细化和完善,提高法律规范的适用性和针对性。另一方面,轻罪治理的资源配置不均和社会支持体系的缺乏,也是实务操作中常见的难题。此外,社会对轻罪犯的偏见和歧视,也会影响轻罪犯的正当权益和社会再融入。针对这些难点,需要政府、法律机构、社会组织和公民个体等多元主体的共同努力,一方面要加强法律执行力度,另一方面要构建完善的社会支持系统,为轻罪治理提供坚实的社会基础。

六、轻罪时代背景下基层社会治理法治化的路径论证

在轻罪时代,基层社会治理法治化面临着更新理念、创新制度、科技应用与社区参与的多重任务。“以此为基础,回应中国式现代化良法善治之要求,构建治罪与治理并重的轻罪

治理体系,因应刑事一体化理论之基本要义,健全轻罪治理不同阶段的配套机制。”①

(一)法治理念的更新是基层社会治理法治化的核心

在轻罪时代,法治应当从单一的秩序维护和惩罚行为转向预防为主、教育为辅的新型治理模式。这需要将刑法谦抑性原则贯穿于立法、司法、执法的全过程,确保法律的适用既有力又适度。例如,通过引入恢复性司法理念,鼓励轻罪案件中的和解与补偿,减少犯罪对个人和社会的负面影响。同时,法律的宣传与教育应更加注重引导公民形成守法意识,而非仅仅依赖法律的威慑力。

(二)制度创新是基层社会治理法治化的关键

为了适应轻罪化立法的现实,应当构建一套以效率和公正为核心的轻罪处理机制。第一,设立专门的轻罪法庭,推行简易程序和快速审理,以减轻司法系统的压力。第二,建立轻微犯罪记录封存制度,保护轻罪者的社会融入,减少二次犯罪的风险。第三,改革社区矫正体系,要强化教育与矫治功能,引入专业社会工作者,以帮助轻罪者更好地回归社会。第四,构建轻罪预防机制。在法治社会的宏观背景下,轻罪预防机制构建的理论基础呈现多元化特征,既融汇了传统法学理论,也借鉴了社会学、心理学等学科的研究成果。从轻罪的本质出发,轻罪预防机制不仅仅着眼于对已发生犯罪的惩戒,更强调对潜在犯罪的预防,力图从源头上减少犯罪行为的发生。在此视域中,轻罪预防机制的构建首先需要对轻罪行为的成因进行深究,这不仅关系到法律规范的制定和执行,更涉及社会文化、经济发展、政治体制等多方面因素。其次,轻罪预防机制的构建还需依托现代法治理念,特别是对法律效能与社会治理的现代理解。在此基础上,需要关注到法律与社会控制的协同效应,借助法治力量强化社会规范,建立健全的社会监督体系。此外,轻罪预防机制的构建还需要注重人性的善恶复杂性,尊重人的尊严和权利,确保预防策略的实施不会侵犯个体的基本权益。因此,轻罪预防机制的构建是一个涉及法律、社会、心理等多个层面的综合过程,需要制定者深刻理解并平衡各种社会因素与法律规范,以确保策略的科学性、合理性和有效性。

(三)科技赋能是基层社会治理法治化的重要手段

大数据和人工智能等技术的应用,可以实现对轻罪行为的精准预测和干预,提高社会治理的智能化水平。例如,通过数据分析预测社区的犯罪风险,提前采取预防措施;运用人工智能进行个案评估,为量刑提供科学依据;利用数字化工具进行社区矫正的管理和跟踪,提升矫正效果。科技的应用不仅提升了效率,也使社会治理更加科学和个性化。将轻罪治理

---

① 步洋洋、王成成:《中国式现代化背景下轻罪治理的生成逻辑与完善路径》,载《中国人民公安大学学报(社会科学版)》2024年第1期,第1页。

体系建设与数字治理相结合,服务建设智慧城市,构建更完善的城市治理信息网络系统,推进城市治理的敏捷化、精细化和智能化。同时,将轻罪治理与街乡治理相结合,加强基层治理、筑牢治理基础,进一步推动城市治理的重心和配套资源向街道和社区下沉,提高基层治理专业化水平。①

(四)社区参与是基层社会治理法治化的强大动力

社区作为社会组织的基本单元,其在轻罪预防中的作用不容忽视。社区层面的轻罪预防措施应当紧扣其特定的地理位置、人口结构和社会文化特征,发挥其独特的社会治理优势。在轻罪时代,应当鼓励社区居民参与决策过程,形成多元共治的格局。基于社区的法律教育和普法工作是预防轻罪的重要环节,需要通过定期组织法律知识讲座、案例分析会等形式,增强社区居民的法治意识,提高他们遵守法律的自觉性。其次,社区应加强对边缘群体的关怀和帮助,借助社会工作专业力量,为他们提供心理咨询、职业指导以及经济援助等服务,从而降低这一群体因生活压力导致轻罪行为发生的概率。除此之外,社区还应该加强内部治安管理,组建志愿者巡逻队伍,加强对公共区域的监控,及时发现并制止可能的违法行为。社区还可以通过举办文化娱乐活动,丰富居民的精神生活,增强社区凝聚力,从而营造积极健康的社区氛围,减少轻罪的滋生土壤。在此过程中,社区与警务机关、司法机构的紧密合作也是不可或缺的要素,以确保社区轻罪预防措施能够得到法律职能部门的有力支持和专业指导。需要指出的是,在某种意义上,社区参与的深化,为短期自由刑的非监禁化执行和管制等限制自由刑的广泛适用提供了保障,因而也具有十分重要的意义。②

(五)评估与反馈机制是基层社会治理法治化的持续动力

通过引入多元化的评估标准,动态评价法治实施的成效。评估结果应反哺于政策制定和制度完善,形成法治实践的闭环,不断优化基层社会治理法治化的路径。轻罪时代背景下的基层社会治理法治化路径包括更新法治理念、制度创新、科技赋能以及社区参与。这些路径的实施旨在实现基层社会治理的精细化、人性化和高效化,以更好地应对轻罪现象的挑战,促进社会的和谐与进步。

---

① 参见张朝霞、王滨、刘哲等:《轻罪治理的框架、实践与展望》,载《人民检察》2023年S1期,第32页。

② 参见陈兴良:《轻罪治理的理论思考》,载《中国刑事法杂志》2023年第3期,第18页。

刑事一体化视野下轻罪治理体系建构路径探究

徐兴锦*

摘要:近年来,轻罪案件数量大幅增长,轻罪综合治理需求突出,与重罪案件相比,轻罪案件所涉行为往往游离在罪与非罪的模糊地带,更加考量立法边界、治理尺度和执法温度。以刑事一体化为出发点建立轻罪治理新格局,对有效应对新型风险和缓解社会不安现实需求具有重要意义。有必要依托我国理论发展和实践运用现状,紧扣体系建构难点堵点,增强立法规范的有效性、系统治理的实效性,调动各方力量参与社会共治,推动轻罪治理体系建构、一体协调和畅通运作。

关键词:轻罪;轻罪治理;治理体系;路径

一、问题审思:当前刑法体系下我国犯罪治理实践现状

当前犯罪结构趋于轻罪化,这一现状从我国刑事立法活跃化态势中可见一斑,纵观1997年《刑法》及前后11个修正案,不难发现法定最高刑为三年以下有期徒刑的罪名个数逐渐增多,“刑法规制社会生活的深度、广度、强度都呈现大幅度拓展”。① 从近年检察机关的起诉罪名中可以直观看出,危险驾驶、盗窃、帮信等轻罪案件数量不断增长且位居前列,杀人、放火等暴力犯罪案件持续下降,检察机关作出相对不起诉决定的案件比例也呈现上升趋势。数据变化的背后其实是社会、经济、政治、文化等多重因素交汇影响下的犯罪形态变化。随着科学技术的高速发展,数据化、信息化、网络化等新型领域取得重大突破,同时社会剧烈转型也带来了更多的风险挑战,网络犯罪、金融风险、食品药品安全等新型风险事故频发,刺激着公众的安全神经,社会不安感迅速蔓延。面对风险的不确定性与危害结果的不可预估性

---

* 徐兴锦(1996—),女,贵州威宁人,贵州省金沙县人民检察院第二检察部检察官助理。

基金项目:本文系2024年中国刑事诉讼法学研究会“刑事诉讼法制完善”立项候选课题研究成果。

① 周光权:《短期自由刑的适用控制与轻罪治理策略》,载《北京理工大学学报(社会科学版)》2024年第1期,第134页。

这一大背景,①如何预防和消除不稳定因素成为社会各界关注的问题。无论是立法转向还是风险转变,都在提醒我们轻罪治理已然成为亟需探讨的核心问题,必须重新审视之前秉持的刑事政策,促进单一"治罪"向系统"治理"模式转变。

二、需求透视:构建轻罪治理体系的正当性和必要性

轻微犯罪多为偶发性、过失性犯罪,行为人主观恶性小、社会危害性不大、再犯可能性低,传统的重罪思维应对方式已经不能完全适应新时代犯罪治理新形势、新情况的需要。②当前国家对社会转型期出现的新问题仅通过立法介入予以回应,综合治理权运用不充分,类型化轻罪治理机制尚未建立。在该过渡时期,如何通过现代法治方式系统治理新型轻罪问题是必须直面的问题。及时顺应时代和案发规律变化,充分把握治理体系与社会发展适配度,检视发展中各类关系调整规范的缺失,廓清轻罪治理体系构建的现实需求,持续更新司法理念,完善刑事治理路径,探索构建一个深度融合、协同共治的新型治理体系对满足当前和今后一个时期的治理需求具有价值正当性和现实必要性。

(一)轻罪治理的理据支撑

法治现代化赋予了刑法参与社会治理的新机能,从价值层面剖析,轻罪治理体系建构的正当性毋庸置疑。首先,轻罪治理与全面推进依法治国具有内在逻辑的一致性,都把以人民为中心作为根本价值遵循。轻罪案件发案率高、贴近群众生活,有效打击和治理轻罪,强化人权法治保障,体现的是人民利益、反映的是人民意愿、维护的是人民权益,有助于提升人民群众获得感、幸福感、安全感。③ 其次,法治化、体系化划定轻罪行为规制领域,有利于填补犯罪治理中刑法与行政法的处罚间隙,促进社会治理全方位无死角。④ 再次,它是实现宽严相济刑事政策的重要手段,是贯彻罪刑相适应原则的有力保障,它旨在根据行为人的主观恶性、社会危害性等实施适当地、个别化地处理,做到宽严有度。最后,轻罪治理是社会风险预防性刑法理念的积极实践,能够有效应对新型社会治理问题和治理压力,有利于加固预防堤坝,提高犯罪预防效果。

(二)供需失衡的影响检视

在轻罪化背景下,犯罪结构体系与社会发展需要的互适性和匹配度逐渐失衡,刑法犯罪预防、人权保障功能效应大大削弱。从风险预防维度出发,新型犯罪类型层出不穷,犯罪手

---

① 参见宋华:《轻罪治理背景下检察机关工作机制的变革进路》,载《法治》2021 年第 49 期,第 80 页。

② 参见孙春雨:《因应犯罪结构变化协力推动轻罪治理》,载《人民检察》2023 年第 11 期,第 30 页。

③ 参见曾军翰:《法治现代化语境下的轻罪治理》,载《人民论坛》2023 年第 17 期,第 64 页。

④ 参见王充:《构建轻罪治理模式,助力社会治理"无死角"》,载《人民论坛》2018 年第 4 期,第 96 页。

段不断翻新,社会不安定因素倍数增长,对社会治理提出了更高挑战。就法益保护而言,在网络技术高速发展的带动下,虚拟货币、个人信息等新型法益不断涌现,个人权益保护意识高涨,现行治理体系却逐渐应对乏力。从需求功能导向来看,在社会不安和未知恐慌的刺激下,公众对安全保护提出了更高诉求,对良法善治的期望值上升,内涵更丰富、水平更高的公平正义成为公众的新期待。从治理对象角度出发,犯罪结构的深层次蜕变,壮大了轻微犯罪体系,使得刑法治理的主要对象变成了基数庞大的轻罪,增加了办案压力。面对供给严重不足的困境,如何调整犯罪治理策略来对实践中数量庞大的轻罪进行有效治理,是当前必须回应的关键问题,积极适应和匹配当前社会治理新形势新局面迫在眉睫。

(三)体系重构的现实需求

在推进国家治理体系和治理能力现代化的进程中,各地很早就对轻罪案件的过滤分流展开了各种有益尝试,如设立轻罪案件检察部、简案快办组,会签轻案快速办理机制等。在全面深化司法体制改革时期,认罪认罚从宽制度入法更是推进轻罪治理的一把利器,速裁、简易程序等多元并存审理格局有效促进了轻重分离、快慢分道。劳动教养制度的废除打破了原先的三级犯罪治理体系,构建了一套从轻罪设定、惩戒措施到刑罚执行各阶段、全方位的治理体系,对解决转型阶段的各种问题不失为一计良策。必须紧跟时代发展步伐,恪守发展规律,立足于我国治理实际,主动应对各种新型风险,积极回应公众新需求新期待,通过社会治理机制创新,构建一个能够解决多法交叉、治理真空地带问题的治理体系。基于以上现实需求,大力呼吁社会治理转型重构,轻罪治理体系概念应运而生。

三、困境剖析:构建轻罪治理体系面临的困难和挑战

随着社会经济快速发展,我国犯罪结构发生了根本性改变,面对社会转型带来的各种现实问题,探索构建适合我国当下社会生活事实和法益保护的轻罪治理体系是大势所趋。当前我国轻罪治理尚处于探索起步阶段,①概念界定不清晰、理论储备相对薄弱、实践运用样本不足,存在观念滞后、标准不明、配套措施不全、协同治理不足等难点。

(一)理论观念滞后

传统的犯罪打击、社会维稳观念影响深远,“有罪必罚”治罪色彩浓厚。司法机关对于羁押强制措施的过度依赖,对犯罪追诉、有罪判决的片面追求,以及减刑、假释、暂予监外执行的低适用率等现象,无不表明重打击的惯性思维在一定程度上存在,“构罪即捕”“一诉了之”等重刑主义观念没有彻底扭转,对于刑罚的依赖程度仍然比较严重。

---

① 参见蒋人文、李庆森:《我国轻罪治理体系的本土完善及域外镜鉴——基于对美国轻罪治理的考察》,载《广西政法管理干部学院学报》2023年第6期,第57页。

(二)治理体系混杂

我国目前尚未确立轻重分层理论,轻罪治理理论应用不充分,犯罪治理层次化和类型化缺失。行政违法与刑事犯罪界限模糊,轻罪概念界定不清晰,轻微犯罪入罪标准不明,规范形式混杂、体系结构单薄、治理范围不清、对象边界模糊等问题突出。学界对于分层标准、规制模式等的认识莫衷一是,短期内难以得出有效结论,立法规制层面难以达成一致。

(三)保障措施不全

1. 轻罪治理任务加重

立法者通过增设轻罪将高空抛物、危险驾驶等诸多不规范行为纳入刑法涵摄范畴,及时回应了社会治理新需求,但也不可避免地衍生出新的问题,如犯罪门槛降低导致大部分纠纷进入司法程序,形成"诉讼爆炸"困局,加剧了司法资源的紧缺,加大了司法机关的办案压力。

2. 程序分流效果不佳

实践中试图通过程序选择促进繁简分流,以减小办案压力。各地检察机关通过设立简案组、轻案工作室等模式来办理绝大多数三年以下有期徒刑案件;审判机关采取速裁程序、简易程序或集中审理模式来达到快速处理案件的目的。不可否认的是,批量化、流水线式的工作模式提高了案件办理效率,但也极大地加重了程序分流压力,这无疑陷入了"一边做减法,一边做加法"的形式误区,且司法的威慑功能、教育改造目的发挥成效有待商榷。

3. 短期自由刑颇受诟病

随着轻罪时代的到来,在当前及今后一段时期内短期自由刑的适用必将维持在相当数量。我们承认其正当性,但随着监所收容过剩,其弊端也显露无遗:一方面,由于其刑期短、严厉性弱、威慑效果有限,导致教育改造不深入、不彻底,犯罪预防效果大打折扣;另一方面,由于执行场所设施不全,混合关押可能引起罪犯"交叉感染",传授犯罪方法,强化犯罪意识。①

4. 轻罪标签效应失衡

犯罪标签效应,即对犯罪人科处刑罚后施加限制性信用惩戒所引发的一系列后果,如限制从事特定职业,不予颁发律师执业、会计从业等资格证书。实践中此类规范性评价内容不一、体系杂乱、适用失衡、罪刑不均。将轻微违法行为纳入司法程序放大了刑罚弊端,无差别作用于各类犯罪所导致的"刻板效应"也形成新的不稳定因素,"轻罪轻罚"的预设初衷与无差别、终身性的前科评价存在抵牾。入刑造成行为人及其近亲属社会福利、执业就业等方面的利益减损,社会对罪犯的防范心理、品格定义、负面评价等无疑增加了社会对立,成为再犯罪的诱因。

---

① 参见周光权:《短期自由刑的适用控制与轻罪治理策略》,载《北京理工大学学报(社会科学版)》2024年第1期,第133页。

（四）协同治理不足

轻罪治理体系的建构有赖于立法、执法、司法等一体推进，联动协同。轻罪门槛降低为多法衔接在轻罪治理领域开辟了作为空间，但由于当前配套制度不健全、后续跟进保障缺失，使得推进过程阻碍重重，各治理主体之间存在思想认识不统一，精准治理观念不强，矛盾化解不到位、衔接配合不顺畅，考核导向不协调、诉源治理不深入、协同治理效果不佳等问题。

四、实践选择：破解轻罪治理难题的实现路径

如何满足时代发展与实践需求，破解轻罪治理难题，已然成为国家治理的新命题。轻罪治理体系是在预防、惩治、教育、改造轻型犯罪的相关理念、政策、规范指引下，集各社会主体智慧于一体，广泛参与立法、执法、司法等各种措施的集合，主要包括：在理念层面上推行轻罪治理的政策理念；在立法上构建轻罪入罪、量刑、处罚标准体系；在司法上发挥程序分流、实体有别的诉讼功能；在治理上发挥前端预防、靶向施策作用。轻罪治理以社会稳定和公共利益为价值追求，旨在减少社会对抗，突出公益导向，维护社会和谐稳定。在新时期新节点上，必须跳出单纯的犯罪分层形式标准的思维桎梏，廓清轻罪治理内涵外延，明晰治理目标任务设定，理清轻罪体系的应然走向，并同步调整配套衔接制度，以犯罪性质作为基本遵循，形成涵盖前端预防到末端治理的全链条治理体系，①促进分类、精准、综合治理。

（一）立法轻罪化

严密法网是刑法功能导向的应有之义，“出于治理需求进行立法扩张有其内在的正当性”，②轻罪立法既为轻罪治理设定了合法路径，也回归了刑法罪刑法定基本立场。③ 轻罪立法标准的划定无疑是核心技术难题，不同的分层标准将直接决定其治理的对象、范围，从而直接影响轻罪治理的功能设定和总体安排。因此，以立法的形式固定轻罪的范围和边界，首要任务必然是科学设定划界标准，厘定犯罪结构层次布局。循序渐进逐步推进轻罪立法规范化、体系化，通过制定统一规范指引，明晰分层分类体系，探索完善配套制度，将轻罪惩戒和后续治理纳入体系统筹，发挥规范引领作用，避免陷入“于法无据”而放纵犯罪的尴尬境地。

---

① 参见徐岱、王沛然：《中国轻罪治理体系规范检视与路径选择》，载《学术论丛》2022 年第 10 期，第 269 页。

② 武叙言：《刑事一体化视野下出罪结构化路径探究》，载《河南工程学院学报（社会科学版）》2023 年第 4 期，第 78 页。

③ 参见孙道萃：《轻罪治理的刑法审思与改进》，载《广西大学学报（哲学社会科学版）》2023 年第 4 期，第 143 页。

1. 坚持罪刑法定原则——坚守实质法益保护初衷

增设轻罪是我国刑法应对犯罪结构变化的有效途径，也是我国未来刑事法治的总体趋势。刑法作为权利救济的最后手段，因其制裁方式的严厉性、手段的终极性和处罚的不可修复性，只有在其他手段对控制某危害行为或者保护某种法益无法发挥作用时，才具有介入的正当性。立足社会发展现实需要，考虑将生活中某类问题上升到规范层面的必要性，根据法益保护理论要求，综合评估将特定行为纳入法律规制的可行性，科学审慎输出规范依据源头。从社会危险性、法益类型、犯罪形态等角度对罪名轻重合理分类，并预留自主修正和调节的空间，增强事后调整的灵活性和可操作性，严禁将可以由其他手段调整的行为纳入犯罪评价范畴，避免造成本末倒置局面。

2. 贯彻罪刑相适应原则——转变重刑主义观念

轻罪治理的法治诉求之一是扭转传统刑法重打击的单一逻辑，“反对重刑配置应当是现代刑事立法的题中之义”。[①] 充分发挥刑法保障人权的功能性价值，顺应社会轻刑化趋势，严格适用死刑，增加罚金等财产刑的适用，激活刑法条文中的“但书”条款以及有关从轻、减轻或者免除处罚的规定。这既是贯彻罪刑相适应原则的生动体现，也符合法律规范一般预防的价值功能，逐步推动轻重分离，丰富刑罚制裁手段，顺应罪刑均衡要求，发挥刑法“指挥棒”“价目表”功能，使行为人能够预先对行为、罪责、后果产生合理预期。

（二）司法宽缓化

轻罪治理的内涵之一是彰显宽恕精神，体现轻罪案件刑事司法的宽和理念。从刑法的价值导向来看，“刑罚惩治不是目的，教育预防才是初衷”；[②]单靠刑罚不能从根本上解决犯罪问题，轻罪立法也不是唯一选项，与其陷于轻罪立法扩张的正当性争纷，不如突出刑事司法的谦抑性，推动刑法功能定位由事后惩罚向事前预防转变，治理侧重由“结果本位”向“行为本位”偏移。[③]

1. 贯彻宽严相济刑事政策

司法资源具有有限性，程序性出罪理应是推动轻罪治理的一大有效途径。以宽严相济刑事政策为指导，统筹发挥“严打”“宽教”作用，依法公正行使司法裁量权，扩大认罪认罚从宽、不起诉制度客观分流作用，减少司法诉累，做到繁简分流、轻案快办。规范轻罪案件捕诉标准，慎用羁押强制措施，保障轻罪被追诉人诉讼权利，注重对行为人的教育软化、矫正预防，构建一种宽缓对抗格局。探索完善“不起诉 + ”系列工作模式，积极适用“不起诉 + 赔偿

---

① 周光权：《法定刑配置的优化：理念与进路》，载《国家检察官学院学报》2022 年第 4 期，第 47 页。

② 高勇：《轻罪论》，黑龙江大学 2018 年博士学位论文，第 38 – 39。

③ 参见付玉明、焦建峰：《区隔、因应与弥合：论刑罚与行政处罚的界域衔接》，载《东南大学学报（哲学社会科学版）》2023 年第 1 期，第 58 页。

谅解”“不起诉 + 社区矫正”“不起诉 + 行政处罚”等配套措施，做好案件办理“后半篇文章”。依托未成年人附条件不起诉制度的现实土壤和实践基础，探索建立轻罪附条件不起诉制度，科学设置考察方式和期限，对考察结果开展实质性审查，引导轻罪行为人改过自新、回归社会。

2. 畅通行刑双向衔接

处罚宽缓化和治理分层化是社会治理的应然路径，在轻罪治理仍未脱离传统刑法理念规制，尚未形成一整套契合自身逻辑的轻罪治理体系的现状下，畅通转处机制无疑是一项权宜之策。目前我国采取二元处罚模式，行政处罚、刑罚二者的共通之处在于均具有制裁性，区别则在于手段的严厉程度。不可否认厘清行政违法与刑事不法之间的界限是解决好行刑衔接的逻辑前提，但当务之急是有效处理刑罚与行政处罚适用中罪刑均衡或罚过相当问题，以需罚性为目标导向弥合二者之间的冲突与空白。严格落实轻罪不起诉后的非刑罚责任，一要加强协作配合，建立常态化、系统性的行刑双向衔接机制，促进信息互通互享，优化数据提取、双向推送、跟踪督办功能，通过座谈交流、案例研讨等多种形式凝聚共识促进沟通协调。二要强化监督落实，充分发挥检察机关主导作用，完善案件移送反馈机制，强化检察意见反馈和处理结果监督，对“应移未移”“应罚未罚”情形依法追责。三要增强检察意见刚性，发挥府检联动作用，争取党委政府的支持，将行刑衔接工作纳入目标考核范畴，提高各单位工作配合度和积极性，推动行刑衔接工作落地见效。

3. 构建多元制裁体系

随着恢复性司法理念不断深入，探索更加开放的刑罚处罚和执行措施来逐步替代短期自由刑，推动以监禁刑为主的刑罚体系走向多元制裁体系，既是罪刑相适应基本原则的内在要求，也是出于司法实际的前瞻性考虑。近年来我国未成年人、老年人、网络经济类犯罪增长，提高非监禁刑的适用是大势所趋。必须及时调整轻罪处罚策略，拓宽不起诉裁量空间，发挥不起诉的经济性、恢复性价值，对大量轻罪案件作不起诉处理，对进入审判环节的案件，审慎适用监禁刑，多宣告缓刑或单处罚金。将财产犯、经济犯、秩序犯等案件纳入法益恢复考量，对老年人、未成年人等弱势群众作不起诉处理或判处缓刑，彰显教育挽救方针和司法关怀理念；对经济类犯罪适用罚金刑进行惩罚性赔偿、收缴违法所得资金，用财产弥补财产法益，扭转犯罪分子的金钱观、价值观，落实分配正义原则。

（三）治理多元化

构建基层轻罪治理体系化实践样板，必须充分认识新时代“枫桥经验”的重要意义，主动适应时代变化要求，正确处理新形势下人民内部矛盾，运用法治思维和社会力量解决涉及群众切身利益的矛盾和问题，推动多元治理向法治引领和矛盾疏导端口发力。

1. 犯罪预防前置化——强化诉源治理

诉源治理是法治建设的关键，推动基层社会治理现代化的核心要义是让法治思维深入人心。[①] 推动治理重心和资源向基层下沉,一要创新宣传工作思路,加大法治宣传力度。以法治副校长制度为抓手,将新媒体传播理念融入法治宣传中,使宣传内容接地气,宣传方式有新意,多措并举撒法治文化种子,形成全民知法、全民守法良好局面。二要积极参与社会治理,预防和减少违法犯罪。轻罪类型具有明显的地域特色,并直观反映区域倾向性、普遍性问题和治理重心,为快速研判社会治理突出问题和主要矛盾提供了有效样本。聚焦社会治理高频问题,深化同类问题的规律性认识,为精准提出社会治理检察建议提供方向和遵循。三是数字赋能促进法律监督和轻罪治理质效同步提升。数字治理是司法为民执政理念的具体体现,健全轻罪治理算法模型,注重挖掘数据治理资源,统筹推进数据共享、风险预防、要素碰撞、机制重塑,加大强化群众诉求中法律监督线索的发现、筛查、梳理和转化的力度,提升运用大数据参与社会治理的能力和水平。

2. 中端履职多元化——深化矛盾化解

治罪向治理转变的基本逻辑是深化矛盾纠纷多元化解,强调运用更多社会力量解决问题,从而限制甚至消除犯罪产生的原因和条件。[②] 轻罪治理是一项系统工程,要将轻罪治理融入区域社会治理大局,创新源头化解机制,整合基层纠纷化解资源力量,"完善社会矛盾纠纷多元预防调处化解综合机制"。[③] 发动村支两委、社会组织等各类主体积极参与,发挥监督协同、社会参与重要价值,形成共建共治共享社会治理格局。坚持人民中心思想,遵循"及时发现、正确处理、努力矫正"原则,聚焦社会关系,掌握维稳动因,梳理纠纷滋生原因,促使矛盾纠纷尽早发现、正确处理、就地化解。主体层面,鼓励基层干部、社会组织、人民群众等主体广泛参与社会事务,形成"党政领导、部门协调、社会参与、多调衔接、各方联动"工作体系。客观方面,把好刑事入口关,搭建一体化调解平台,引入专业社会力量,共筑矛盾化解新高地。形式方面,发挥基层群众自治组织、人民调解委员会作用,利用村规民约、社会公约、"三调联动"[④]等从源头上解决问题,推动多元联动依法和解,不依赖司法程序实现犯罪预防、教育改造目的。

3. 末端修复规范化——优化制度保障

一是完善社会服务制度,为实践运行提供制度支撑。我国目前制度语境中的社会服务仅限定在社区矫正中,社会服务是通过一定时长进行无偿的公益性劳动或服务以实现对犯

---

① 参见李敏、袁璐:《"枫桥经验"视野下轻罪治理路径创新》,载《中国检察官》2023 年第 21 期,第 38 页。

② 参见俞育标:《新"枫桥经验"视阈下我国轻罪治理模式的现实检视与完善进路》,载《司法警官职业教育研究》2022 年第 4 期,第 59 页。

③ 习近平:《坚定不移走中国特色社会主义法治道路为全面建设社会主义现代化国家提供有力法治保障》,载求是网 https://mp.weixin.qq.com/s/CRZQuM2PqwfAI8f3BiX_0Q,访问时间:2024 年 5 月 12 日。

④ "三调联动"是指人民调解、司法调解、行政调解的有机结合。

罪人的教育矫正,与作为社区矫正方式之一的公益活动存在相通之处。[①] 不论将其作为审前分流考察方式还是程序终结后的补救修复手段,都与轻罪治理价值取向相契合。实践中各地因罪制宜开展了一系列有益探索,如要求非法捕捞水产品行为人增殖放流,放火、滥伐、盗伐林木行为人补植复绿、生态修复,电信诈骗行为人开展"反诈"宣传,危险驾驶者开展文明交通劝导。根据罪行类别确定不同的社会服务内容,在本质上也是一种损害修复的社会服务形式。社会服务因所具有的否定性评价和一定程度的人身自由约束而表现出强制性,又因未脱离正常生产生活而具有柔和性、轻缓性,将社会公益服务确立为末端修复的实体依据,既是惩戒手段的自然延伸,也是践行法益恢复、矫正治理司法理念,推动轻罪治理的有效路径。作为一种教育矫正手段,它具有过程延续性和效果的不确定性,离不开各社会组织的支持、配合与监督验效,因此,有必要探索会签考察方案、审查和监督办法,形成多元主体协作长效机制。

二是削弱轻罪附随后果,帮助犯罪人回归社会。推动建立轻微犯罪记录封存制度,逐步探索建立附条件轻罪前科消除制度,形成覆盖处罚前后完整的期望激励制度,使之与社会危害性相协调,并将其作为弥合犯罪人与社会之间的信任鸿沟和督促其重返社会的有益佐证。由前科者根据需要向法院申请启动审查程序,对其设置一定期限的考察期和相应的考验办法,并对诉后日常表现开展监督考察,以悔过表现、人身危险性作为实质评价依据。[②] 将人身危险性评估贯穿于审查全过程,期限届满经审查合格者可对其消除前科记录,破除权益受限和就业歧视藩篱,减少刑罚带来的附随后果,消除入刑带来的"标签化"影响,激励犯罪人积极改造更好地融入社会,跑好轻罪治理的"最后一公里"。

---

① 参见揭萍、冯琳婷、廖宁:《轻罪治理背景下审前社会服务令的制度构建》,载《青少年犯罪问题》2023年第5期,第5-6页。

② 参见李永超:《轻罪治理视域下犯罪前科的制度重塑与消除限度》,载《山东法官培训学院学报》2023年第6期,第67-69页。

轻罪治理视域下非羁押人员教育监管制度路径刍议

——以 W 市 L 区检察院实践为分析样本

李海燕*

摘要:随着宽严相济政策有效贯彻,犯罪嫌疑人在非羁押状态受审成为常态。当前,非羁押人员监管工作面临部分办案人员理念尚未完全转变、监管教育措施较为落后、立法存在缺失等问题。W 市 L 区检察院在总结非羁押人员数字监管经验基础上,制定实施办法,并联合 T 县检察院开发"e 鹿顺"非羁押监管教育多跨场景应用,有效实现非羁押人员实质监管。通过在构建量化评价指标、加强配套措施建设、防范数字监管风险、明确部门监管职责等方面持续深化,进一步完善非羁押人员教育监管路径。

关键词:轻罪治理;非羁押强制措施;教育监管;量化评价;实质监管

2021 年 6 月,《中共中央关于加强新时代检察机关法律监督工作的意见》明确要求,"严格依法适用逮捕羁押措施,促进社会和谐稳定"。当前,犯罪嫌疑人在非羁押状态下受审已成常态,如何科学管控非羁押人员、确保诉讼顺利进行,值得认真思考。相对不起诉在案件繁简分

---

* 课题组成员:李海燕(1982—),女,浙江永嘉人,浙江省温州市鹿城区人民检察院党组成员、副检察长,研究方向为刑法学、检察学。

张伟(1990—),男,浙江温州人,浙江省温州市鹿城区人民检察院办公室主任,研究方向为检察学、计算机。

李丝丝(1988—),女,浙江苍南人,浙江省温州市鹿城区人民检察院办公室副主任、研究方向为刑法学、检察学。

潘伟峰(1993—),男,浙江永嘉人,浙江省温州市鹿城区人民检察院第八检察部五级检察官助理,研究方向为刑法学、检察学。

基金项目:2023 年度浙江省人民检察院专题调研重点课题"非羁押人员教育监管制度路径刍议"(项目编号:zjdy202381)。

流、庭审实质化、轻罪治理现代化等方面发挥着越来越重要的作用。但相对不起诉在前期考察程序缺失、后续帮教缺乏立法支持、配套措施有待完善等问题较为突出，尤其是不起诉决定一旦作出就无法约束被不起诉人。① 不捕不诉，不代表相关行为人无需对自己的违法犯罪付出任何代价，也不是变相纵容犯罪，同样不羁押也不代表相关行为人违法犯罪不用付出任何代价。在这种背景下，亟须完善非羁押人员监管教育制度与相对不起诉制度的衔接安排。

一、非羁押人员教育监管的实践难题

（一）部分办案人员理念尚未根本性转变

随着宽严相济刑事司法政策的不断深化，新形势下推进高质效办案、做优刑事检察、深化社会治理等方面的要求越来越高。当前，检察机关在确保依法从严惩处严重犯罪、情节恶劣犯罪的同时，对轻微犯罪案件办理，还要注重把握羁押必要性审查，依法保障犯罪嫌疑人的人权和诉讼权益。需要注意的一个现实是，目前"重打击轻保护""重实体轻程序"等理念仍有待改变，适用羁押性强制措施依然是许多办案人员的第一选择，特别是对外省籍的犯罪嫌疑人难以落实"同城待遇"，较难兼顾降低诉前羁押率与保障诉讼程序顺利进行，担心采取非羁押强制措施会增加犯罪嫌疑人脱逃风险，可能发生串供、翻供，增加诉讼难度，引发被害人申诉，甚至犯罪嫌疑人在非羁押期间再犯罪导致被问责。因此，从降低风险和诉讼经济角度出发，检察机关多会倾向适用羁押性强制措施以保证后续诉讼活动的顺利推进，从而出现"够罪即捕""以捕代侦"等不合理现象。

（二）非羁押人员教育监管措施较为落后

从实践来看，采取非羁押强制措施能够有效防止适用逮捕等强制措施带来的长期羁押对当事人可能造成的不公，避免羁押期间同案犯产生的"交叉感染"，能够有效节约政府财政支出，缓解日益紧张的司法资源。但是，这种最佳理想效果的呈现，需要相配套的教育监管措施来保障。当前，非羁押人员教育监管措施建设方面主要存在以下几个问题：一是采取取保候审、监视居住等非羁押措施的监管教育工作大多仍处于人工管控阶段，对非羁押人员的管理大多仍采取定期线下报到为主、线上签到为辅的方式，无法实时掌握非羁押人员位置，非羁押人员外出请假管理不便，存在一定脱逃隐患；二是公安机关、检察机关对非羁押人员分别管理、分别统计，人员数量口径不统一，掌握数据不一致，影响上级机关对辖区底数的掌握和后续据以作出决策的精准度；三是考评数据分析不足，分析较为简单粗放，难以做到精准管理、高效管理。教育监管配套措施的落后，不利于宽严相济政策的落实和非羁押人员自身权益的保障。

---

① 参见李辞：《论附条件不起诉与酌定不起诉的关系》，载《法学论坛》2014 年第 4 期，第 118 页。

(三)非羁押人员教育监管规范存有缺失

2022年9月,最高人民法院、最高人民检察院、公安部、国家安全部联合发布《关于取保候审若干问题的规定》。该规定顺应我国犯罪结构和刑罚结构逐渐轻缓化趋势,主要从扩大取保适用范围、提高适用比率、规范工作衔接等“供给侧”方面发力,但对被取保候审人如何进行教育监管、具体监管要求等“执行侧”方面关注不足,导致实践中多由承办检察官关注非羁押人员动态,没有起到良好教育监管作用,甚至出现对非羁押人员作相对不起诉的效果还比不上行政处罚的威慑力。就这方面而言,域外德国的暂缓起诉制度可供借鉴。所谓暂缓起诉制度,是指检察机关对轻罪可以暂时不予起诉而对被追究人提出适当的命令和要求,以此抵消对公共利益的侵害。另《关于取保候审若干问题的规定》专门明确被追诉人取保候审期间不得进入的“特定的场所”、不得会见或者通信的“特定的人员”以及不得从事的“特定的活动”,使得相关监管工作愈发细碎繁杂,如若由从事审判起诉的检察机关主导完成,则会加剧基层办案压力。

二、非羁押人员数字监管的创新发展

近年来,以大数据、区块链、轨迹定位等代表的数字技术快速崛起,一些地方检察机关主要运用数字技术在强化刑事诉讼非羁押监管方面进行广泛的创新实践探索,如浙江杭州的“非羁码”、山东东营的“电子手环”、江苏无锡的“云羁押”等监管模式均取得不错成效,提升刑事诉讼领域的数字治理能力。

(一)浙江杭州“非羁码”模式

(1)管控模式。根据被监管对象执行地域的不同,形成办案机关和执行机关共同管控的双列管模式以及由办案机关单独管控的单列管模式。① 双列管模式下,非羁押人员活动范围限于杭州市内,承办检察官或主办民警可根据非羁押人员情况,选择便宜的派出所就近执行,执行的派出所民警负责接收非羁押人员,并承担日常监管职责,随着诉讼过程进行,执行机关始终承担监管职责。单列管模式下,非羁押人员因实际生活或工作需要,需要离开杭州市域范围内,无法依托“非羁码”为其提供杭州以外便宜的派出所就近执行,只能由承办检察官或主办民警承担监管职责,且监管职责会随着诉讼过程推进,流转至下一级办案机关。

(2)功能模块。一是监督管理模块。包含位置打卡、行踪报告以及传讯考察。非羁押人员通过按时位置打卡向监管人员报告活动轨迹,监管人员还可向非羁押人员下达指令,要求在规定时间内到规定场所接受传讯,作为考察日常表现依据。有事需要临时离开所居住的

① 参见谢添、李洋:《刑事诉讼非羁押人员数字监控的实践与探索——以浙江省杭州市西湖区“非羁码”使用为视角》,载《中国检察官》2021年第7期,第34页。

市、县,需要事先申请,得到批准后方能离开,未经允许擅自离开限定区域将触发系统预警,通知监管人员及时采取措施。二是量化考核模块。非羁押人员初始分值为60分,“非羁码”后台监管程序会根据日常表现情况自动赋分,同时辅之以人工动态管理,60分及以上赋绿码,30分至60分赋黄码,30分以下赋红码。如,非羁押人员积极退赔、退赃,取得被害人谅解等,可获得10—30分加分;若未经允许擅自离开限定范围、进入禁止场所、伪造证据、进行串供等将被扣除10—70分。当非羁押人员不服从监管措施,甚至有脱逃危险,监管人员视情况予以没收保证金、依法责令具结悔过、罚款,情节严重的,甚至可予以拘留甚至逮捕。

(二)山东东营“电子手环”模式

(1)运行机制。东营市检察机关创设非羁押人员智慧监管平台与电子手环相结合的“云上”监管模式。① 办案机关在征得犯罪嫌疑人同意的前提下,可以对具有一定社会危险性但依法不适合羁押的,以及社会危险性尚不明确但认罪认罚的犯罪嫌疑人,要求其24小时佩戴“电子手表”,同时在非羁押人员智慧监管系统设定一定区域的电子围栏,通过外出提醒、违规预警、定时打卡和不定时抽检等多重功能,并对数据轨迹进行留痕管理,实现管理者对非羁押人员进行实时管理。非羁押人员在电子围栏设定的区域内被适度监控下,能够最大限度回归社会和正常工作生活。

(2)全天候监管。非羁押人员24小时佩戴电子手环不存在现实困难,且电子手环使用较为便捷,并不需要非羁押人员具备较高文化水平,大面积应用对当地数字化管理水平要求不高,因此智慧监管平台与电子手环相结合的“云上”监管模式能实现全天候的监管、无遗漏的推行,几乎可以应用于全国各地符合非羁押措施的人员。

(3)完善社会支持体系。构建“1+N”网格工作机制,对于出现多次预警的重点监管人员,办案机关积极争取属地基层社区支持,将人员信息纳入“网格通”基层数据治理系统,实现线下落地监管,协同发力。考虑到非羁押人员可能存在学习工作问题,无法正常融入社会生活,检察机关联合各方单位,先后创建“黄河口未成年人关爱中心”“刑事执行人权保障中心”等六个帮扶基地,让非羁押人员感受“法治温度”。

(三)江苏无锡“云羁押”平台

(1)构建评估处置体系。建立社会危险性量化评估机制,结合具体要素区分为高中低三级危险性,尤其是对中低风险可不批准逮捕的犯罪嫌疑人,告知相关义务,在自愿基础上实行非羁押监管,即“云羁押”。通过人脸识别、设置电子围栏、定时打卡、不定时抽检、违规预警等措施,进行动态监管,并综合日常表现情况,给予绿色、黄色、红色三色等级评价。

---

① 参见周长军、李震:《非羁押诉讼中被追诉人的监管模式研究》,载《山东警官学院院报》2022年第5期,第8页。

(2)区分监管措施。对具有一定社会危险性、但依法不宜羁押的犯罪嫌疑人、被告人,可综合考虑全案情况,研判分类处置。如自身患有严重疾病、系生活不能自理者的唯一抚养人、处于怀孕或哺乳期的妇女等,也可使用非羁押监管措施,但需运用电子手环进行更为严格的电子智能监管。

(3)丰富应用场景。系统融入远程提审、视频通话、被监管人同意及申辩程序等功能,后续将上线积分评估、可视化管理、权限解除等模块,连接嵌入羁押必要性审查、认罪认罚从宽制度、听证等小程序应用,实现深化互动,充分保障非羁押人员合法权益。

从终端设备情况看,主要有以山东东营"电子手环"为代表的专业电子设备形式、以浙江杭州"非羁码"为代表的电子监管 App 形式以及尚在探索阶段江苏无锡的"云羁押"形式(即实质上无终端设备)。然而,"非羁码""电子手环""云羁押"等的应用重点在于对非羁押人员的行为监管,确保非羁押人员能在非羁押期内按照监管要求完成司法配合事宜,主要为保障诉讼活动顺利进行,但非羁押人员是否已正确认识犯罪行为,是否作出真诚悔改,特别是作出不起诉决定后是否能有效回归社会,是否避免再次犯罪等方面都欠缺必要全面的评估,存在"一放了之"现象。此外,实践表明当前技术监管模式仍存在一定技术风险。如,过度获取非羁押人员信息还存在信息泄露、流散等法律风险隐患;又如,大部分城市尚未建立起类似杭州"城市大脑"的智慧管理系统,无法广泛应用"非羁码"等问题。

三、非羁押人员教育监管制度的实践探索

2022 年,W 市 L 区检察院聚焦当前非羁押人员监管教育不足、监管教育效果不佳等问题,制定《关于加强监管教育深化非羁押强制措施适用的实施办法(试行)》(以下简称《实施办法》),积极开展非羁押人员教育监管制度探索。通过引入法律学习、公益服务等活动,丰富非羁押候审期间教育感化手段,由强制措施决定机关或执行机关负责落实监管考评职责。检察机关结合考评结果和案件实际,认为不适宜继续采取非羁押强制措施的,依法变更强制措施,认为表现良好、认真悔改的,视情况作出不起诉决定或适用缓刑等从轻处罚的建议。自 2022 年 5 月制度推行以来,截至 2023 年 10 月底,已有 600 多人自愿接受监管教育,诉前羁押率从同期的 35.4%降至 18.84%,非羁押案件审结率从同期的 72.97%提升至 97.4%。工作探索获当地党委主要领导充分肯定,要求全域全诉讼流程推行,并在全省检察机关重点工作推进会上作经验交流,工作机制被转发推广。

(一)健全教育感化方式,实现惩防一体

(1)自愿申请。非羁押人员希望参加教育学习、公益服务等活动的,可以向非羁押强制措施决定机关和执行机关提出申请,经审核后,纳入决定机关和执行机关的监督管理考核,完成与所犯罪行相匹配的任务。决定机关和执行机关为非羁押人员开展活动提供必要的便利。

(2)日常考评。非羁押强制措施的侦查机关、执行机关根据工作要求,可以对非羁押人员的日常监管、教育学习、公益服务等进行考评,并结合案件实际,向检察机关提出相对不起诉、适用缓刑等从轻处罚的建议。检察机关也可根据非羁押人员监管表现,提出相对不起诉、适用缓刑等从轻处罚的建议。

(3)有效监管。检察机关在作出继续适用取保候审、监视居住等非羁押强制措施决定后,非羁押人员可以遵照有利于工作、生活原则,自愿选择向侦查机关或者户籍所在地派出所及时报到,并将相关报到凭证提交决定机关即检察机关。必要时,检察机关进行真实性核实。非羁押人员在出现变更联系方式、离开户籍所在地市域范围等情况时,及时向侦查机关或户籍地派出所、检察机关报备许可。对非羁押人员为企业经营者的,贯彻有利于企业经营原则,在法律允许范围内为跨区域活动、社交等方面提供便利。对单位内部管理不健全、生产经营存在违法事项等可能存在犯罪风险,及时向检察机关报备,协同主管部门推进企业高质量发展。

(4)动态评估。非羁押人员在审查起诉期间自愿选择完成学习教育、公益服务等事项,检察机关对犯罪嫌疑人在非羁押期间的表现进行动态审查,完成情况将作为认定社会危险性、作出最终处理决定等方面的参考依据。原则上,非羁押人员要向检察机关提供相关证明材料,必要时,由检察机关介入核实。

(5)结果运用。检察机关结合日常考评材料,对犯罪嫌疑人开展羁押必要性审查,认为其不适宜继续采取非羁押强制措施的,应依法变更强制措施。适用非羁押措施人员在审查起诉期间自愿通过开展社会公益服务、完成固定时长学习教育、开展慈善捐赠等活动,社会效果良好的,检察机关可以依据相关证明材料认定其认罪悔罪、修复受损法益的重要参考,视情依法提出相对不起诉、适用缓刑等从轻处罚的建议。相关评估材料形成后作为起诉量刑依据的,应当随案件一并移送法院。同时,检察机关加强沟通联系,争取审判支持,确保工作形成管理闭环。

(二)细化分层分类措施,做到精准施策

注重因人施策、因地制宜,针对不同群体设定不同监督管理措施,充分落实自愿选择原则,推动适用非羁押强制措施人员教育感化最大化。

(1)按照共性特征,完善普遍适用方式。对适用非羁押强制措施人员,针对性加强所涉罪名相关领域法律知识的学习,认识犯罪行为的危害性,引导其用自身行动参与社会公益服务,如慈善募捐、志愿义工、平安巡防等活动,积极修复社会关系,重新融入正常生活。

(2)按照年龄结构,区别不同监管措施。对未成年犯罪嫌疑人,引入亲职教育、普法宣教、专业帮教等多种方法,辅助监督管理;对六十周岁以上老年犯罪嫌疑人,视情增加家属告知、法律援助、审前辅导、诉讼陪同等环节,吸收居委会、近亲属等力量介入,加强监督管理。

(3)按照犯罪类型,设定不同服务项目。积极贯彻修复性司法理念,即检察机关在办案

中更加注重运用非刑罚方式,如开展生态修复、依法经营、损害赔偿等工作,将司法的重心放在恢复被破坏的法益,而非一味地严厉惩罚犯罪。对可以有效修复社会关系、及时填补受损害法益的,选取替代性、有效性、同等性的履行方式完成修复。包括对破坏资源犯罪的犯罪嫌疑人,设置补植复绿、增殖放流、动物园管理等修复性服务;对危险驾驶、交通肇事等案件,设置交通劝导等公益型服务。

(三)注重借助数字手段,推进实质监管

2023 年 6 月,在教育监管制度基础上,L 区检察院联合 T 县检察院出台《关于强化涉罪未成年人帮教矫治高水平打造"e 鹿顺"区域未检品牌的实施办法(试行)》,在未成年人检察领域先行先试,打造非羁押教育监管数字化应用,后续逐步拓展到刑事检察领域。两院联合开发的"e 鹿顺"非羁押监管教育多跨场景应用(以下简称"e 鹿顺"应用),依托统一线上平台完成非羁押对象监管工作,并打通统一业务系统 2.0 和浙江检察 App,实现个案非羁押管理,成功获评《法治日报》主办的"2023 年政法智慧检务创新案例"。当前教育监管主要有以下方式。

(1)智能监管。"e 鹿顺"应用集合考勤打卡、手环监管(特定对象)、请销假管理、违规预警、传讯管理等常规监管功能,实现非羁押人员的日常管理工作;配合"动态评估"模块,实现监管机构对监管对象的阶段性监管行为履行情况过程性评价。

(2)个性方案。检察机关视情况可以会同未成年人保护组织、其就读学校、工作所在企业、居住地社区(街镇)、专业社工团队等单位共同制定个性化帮教考察方案,全程动态跟踪,并建立档案。

(3)学习教育。构建多样化、个性化学习资源,通过"学习任务""知识测试"模块实现非羁押人员的日常学习管理和学习成果评价,结合系统推送的反诈信息、禁毒信息、公益诉讼信息等,由非羁押人员定期通过系统提交思想心得,将思想矫正结果书面化,量化评价学习,成果供办案参考。

(4)公益服务。联合社会组织、志愿组织设立指定公益服务任务,配合 GPS 定位、人脸签到等数字化方式,实现公益服务全过程管理,并由受委托第三方机构对服务结果赋分考核、评估评价,较为客观地反映非羁押人员参与公益服务的质效。

(5)未成年人评价。根据犯罪情节、手段、主观恶性、认罪态度等情形,对涉罪未成年人设置不同期限的考察期和不同等级的积分。L 区与 T 县两地加强帮教矫治协作,实现双方积分互认。联合学校、家庭共建帮教体系,以积分制约束涉罪未成年人行为习惯,同时定期开展考察谈话,及时掌握其思想行为表现,及时录入更新帮教档案。

(6)积分激励、量化考核。设置量化评价指标,构筑积分体系,从修复社会关系赔偿损失、参加社会服务、环境生态修复等予以加分激励、发生违规违纪等扣分惩罚等维度。帮教积分包括必修积分、选修积分和附加积分。必修积分是指在考察期内必须修满的积分;选修

积分是指在考察期内涉罪未成年人根据意愿选择并完成的积分;附加积分是指在考察期内向检察机关提供民事、行政、公益诉讼、违法犯罪等线索并查证属实后给予的额外加分。

(7)帮教矫治场所。为不影响正常学习工作,一般应从便宜涉罪未成年人角度,选取考察帮教场所。对于在读的涉罪未成年人,一般应选择就读学校作为考察帮教场所。对于有固定工作并以此作为生活来源的涉罪未成年人,一般应选择其所在的企业作为考察帮教场所。对于年满十六周岁、无固定工作、无主要生活来源、无有效监护条件涉罪未成年人,检察机关可联合当地帮教条件良好、社会责任感强的企业、劳动职业技能培训学校设立帮教基地,进行考察帮教。其他户籍及在辖区有固定住所的涉罪未成年人,加强与社区矫正机构的联系,以所在的社区、街镇为单位进行考察帮教。

(8)评估机制。帮教考察工作建立评估机制,组建第三方监管评估团,负责对涉罪未成年人的帮教活动实施监督和评估。第三方监管评估团成员应由未成年人保护组织、学校、企业、社区(街镇)、妇联等相关人员组成。

(9)诉前分流。根据量化评估的结果,进行诉前分流。帮教考察期内,涉罪未成年人达到相应等级积分要求的,检察机关可以视情况缩短考察期;未达到相应等级积分要求的,检察机关可以根据涉罪未成年人在考察期内的表现,视情况延长考察期或变更拟处理决定。对于附条件不起诉的涉罪未成年人,应在法律规定的考察期内动态调整。对拟适用缓刑人员,直接通过系统发送数据给司法局进行社区矫正评估。检察机关结合考评结果和案件实际,作出相应量刑建议,同时将相关材料线上推送法院,形成一体化管理。

四、非羁押人员教育监管制度的优化路径

(一)构建量化评价指标

当前,对非羁押人员教育监管方面的量化评估标准较为模糊。大多限于定性分析,由办案机关视情况予以加分或者扣分,或给出的定量指标较少,无法全面准确反映非羁押人员社会危险性、教育监管的具体效果,承办检察官的主观判断可能带来评价结果的尺度不一,无法经受法律和社会的考验。

为此,可以在原有必修积分、选修积分和附加积分的基础上,进一步拟定具有操作性的量化评估表,通过数字化、表格式的方式进行精准评估、科学分类,实现对非羁押人员教育监管成果的量化评估更加合理和精准。如,需要对不同年龄、不同类型犯罪案件非羁押人员,设置细分正向指标和负向指标,幅度可以设置为“-5—5”之间,初始赋值幅度可根据统计程序性软件和以往办理案件经验进行分析,为数据赋值的合理性提供实证性标准和经验参照。设置赋值幅度而非固定数值,主要理由在于检察官作为承载主观情感和经验世界价值诉求的裁量主体,但必须留有一定的自由裁量余地。最后,通过同类相加、异类相减的运算规则得出分数,作为非羁押人员教育监管后续量化评估的直接依据。

(二)加强配套措施建设

制约非羁押人员教育监管制度高效落实的关键还是配套措施不足。当前《实施办法》、“e鹿顺”应用中教育监管措施较为有限,主要包括社区公益服务、法律学习教育、亲职教育、交通劝导等,在个体化差异上没有细化分类,无法满足不同群体监管需求,教育监管效果待深化。具体要在以下四个方面发力。

(1)引进社会力量共同参与,破解监管教育水平、力量不足等问题。针对当前东部地区涉罪人员通常是外来人员,而外来人员中“三无”人员占据大多数,即无固定住所、无固定工作,无固定收入,相对管理难度较大,存在脱逃风险或难以充分有效监管。检察机关可以联系当地一些社会责任感较强的企业,招聘非羁押人员作为职工,为其提供固定工作岗位和食宿条件,在保证同工同酬前提下,检察机关可以联合企业对非羁押人员采取措施,开展一定软化监管。

(2)探索建立赔偿保证金预缴制度,保障赔偿类案件诉讼顺利进行。通过制度设计,在犯罪嫌疑人自愿基础上,检察机关设立专门账户提存赔偿金,将赔偿意愿及赔偿金是否及时到位作为考察犯罪嫌疑人认罪认罚和作出不捕不诉的重要依据。

(3)引入公开听证,强化外部监督。可以结合案件具体情况,召集案件的当事人、诉讼参与人,邀请人大代表、政协委员、律师、专家学者等,参加犯罪嫌疑人相对不起诉的公开听证,全面听取各方意见和建议,检察机关做好释法说理工作,以公开促公正,提高司法的效率和公信力。

(4)加强刑行衔接,确保不起诉后续处罚均衡。对被不起诉人(单位)需给予适用非刑罚处罚的措施,检察机关可以围绕训诫、责令具结悔过、赔礼道歉、赔偿损失、提出检察意见等形式,进一步同相关行政主管机关健全行刑反向衔接机制,并在后续加强跟踪落实,要求在一定期限内书面反馈执行情况,确保不同处理之间的处罚均衡。

(三)防范数字监管风险

当前,数字监管存在技术风险。随着数字化、智能化监管探索的不断深入,目前最大隐患在于数据安全问题。同时,在数字监管过程中,可能存在数据黑箱、外泄等风险,甚至存在数字算法漏洞、算法歧视的可能性,亟需做好相关的技术风险防范。

有鉴于此,在发展数字化监管应用过程中,要坚持两方面原则。一方面,坚持“管用够用”原则。致力于核心功能的实现,不要盲目追求技术开发,不研发宽泛、无限制的技术应用,应立足于实际业务需要和辖区基本条件而开展探索研发,避免浪费有限的资源。另一方面,坚持“能用好用”原则。特别在监管主体方面,拥有丰富监管经验和技术的公安机关应承担起非羁押数字监管功能完善和日常监管的重任,实现数据加密处理、传输,账户要做到分级管理,严格限制权限,操作记录由系统实时留痕保存。另外,基于刑事诉讼数字化办案一体化的进程和检察机关法律监督的需求,将数字监管置于“政法一体化”系统当中,将数字监督纳入法律监督视野,按权限、级别实现共享也是当前改革的趋势。①

(四)明确部门监管职责

当下,涉及非羁押人员的监管职责还存在错位履行现象。实践中,具体对非羁押人员进行监管的主体通常是居住地派出所。虽然《实施办法》、“e 鹿顺”应用旨在强化检察机关对非羁押人员的教育监管,列明公安机关和检察机关的教育监管职责,然而对非羁押人员的日常监管究竟是执行监管行为还是监督行为,事关公安机关和检察机关的权责界限,实际上难以区分。

为保障非羁押人员教育监管的正常运行,各主体间的权责划分有待厘清。首先,根据法律规定,取保候审和监视居住等非羁押强制措施的执行机关是公安机关,故其有权对非羁押人员进行日常监管。其次,检察机关和审判机关既是取保候审和监视居住的决定机关,又是逮捕的决定机关,因此对非羁押人员在监管期间是否违反取保候审和监视居住的相关规定,判断需要进行逮捕的,检察机关和审判机关均有权调取相关数据进行调查核实,决定是否逮捕。再次,作为宪法明确规定的国家法律监督机关,检察机关有权对公安机关对非羁押人员的监管执行情况进行调查了解,调取相关数据,监督是否有违法行为。最后,检察机关监管秉持审慎原则,而应立足刑事诉讼流程教育监管需要,防止公权力过度扩张,除上述职责需要外,不应过多获取非羁押人员的相关监管信息,对获取的与履行职责相关信息应及时销毁,防止个人隐私泄露。

---

① 参见何德辉:《非羁押数字监管的困境与出路》,载《人民检察》2023 年第 4 期,第 51 页。

轻罪治理的刑法规范体系反思与建构

许钟灵[*]

摘要:犯罪附随后果的泛化和轻罪短期监禁刑的支配地位使得我国当前的刑罚结构属于“又严又厉”的模式。反思我国当前的轻罪治理体系,在坚持刑罚与行政处罚相区分的二元立法体制的前提下,轻罪立法只是为了强化刑法参与社会治理。然而,风险预防和避免重刑的轻罪立法目的背离了轻罪立法的应然功能。站在国家治理体系和治理能力现代化的理想高度来把握轻罪立法的方向,一方面,应当对涉及人身自由的刑罚进行司法化改造,另一方面,在制裁体系层次化的前提下,以未成年人领域和危险驾驶罪等高发轻罪的前科消灭为突破口,逐步建立前科消灭制度。

关键词:刑罚结构;轻罪立法;功能性反思;人身自由罚;犯罪分层

一、我国的刑罚结构与轻罪立法

我国的刑罚体系本身属于“严而不厉”模式,但是由于犯罪附随后果的泛化和轻罪短期监禁刑的主导,使得我国当前的刑罚结构属于“又严又厉”模式。

(一)“严而不厉”的犯罪结构

立法上,我国刑法正在朝着法网严密化、刑罚轻刑化的趋势发展。首先,《刑法修正案(十一)》中新增的轻罪占比较大。修正案涉及新增罪名的条文有13条,其中有8个条文的最高法定刑为三年以下有期徒刑,新增轻罪数量占总新增罪名的61.5%,占总修改条文的27.6%。其次,新增罪名而非修改罪名体现出刑法的扩张趋势。“新增”是指从无到有的转变,是增加原来没有的规定,而“修改”是在原有罪名的基础上进行调整和完善,不涉及扩张。

司法上,也全面揭示了我国刑事司法的轻罪化发展趋势。首先,绝大多数犯罪包含了一

---

* 许钟灵(1995—),女,福建晋江人,厦门大学法学院刑法学博士生,研究方向为刑法、轻罪治理。
基金项目:福建省哲学社会科学重点项目“数字法治政府建设研究”(项目编号:FJ2023MGCA041)。

档轻罪的法定刑,或者即使没有包含轻罪的法定刑,但是能够在具备减轻或者免除处罚情节时适用轻刑。其次,我国的犯罪结构变化呈现出“双降双升”趋势。近年来,严重暴力犯罪数量与重刑率下降,轻微犯罪数量和轻刑率上升,尤以《刑法修正案(八)》新增的危险驾驶罪为甚。[①] 有鉴于此,从刑罚本身来看,我国的刑罚结构属于“严而不厉”。[②]

(二)当前“又严又厉”的刑罚结构

诚然,现有的刑罚制裁体系本身不可谓之“厉”,但是我国轻罪的犯罪附随后果过于严苛,且轻罪的短期监禁刑仍发挥主导作用,使得轻罪治理的应有效果难以发挥。从这个角度来看,我国当前的刑罚结构属于“又严又厉”。

1. 犯罪附随后果的风险泛化

“层层加码”和“逐步严苛”两个词语恰当地概括了我国犯罪附随后果的特征。“层层加码”是指犯罪附随后果由层级不一的主体规定。这类犯罪附随后果由不同层级的主体作出行政规范性文件加以规定,其不仅没有限制作出规定的主体,而且下级主体所作的规定甚至可能比上级主体所作的更加严厉,甚至各层级主体作出的规定还可叠加适用。“逐步严苛”是指,相比于旧法而言,新的法律、行政法规等增设的犯罪附随后果在严厉程度和适用主体范围上有过之而无不及。[③] 犯罪附随后果的相关规定逐渐从对被告人职业、资格的限制转向对社会福利、保险、救济、生活保障方面的限制。

不仅传统犯罪的附随后果过于严厉,而且网络时代的犯罪附随后果更是难以消除。网络媒体对于犯罪行为的渲染和扩大效应加剧了被告人与非被告人之间的疏离感,“放大了他者化的对立冲突”,[④]这种对立甚至会延伸至现实社会中,对被告人重新回归社会和被其他群体接纳造成严重阻碍。互联网时代的到来使得犯罪记录的收集和传播易如反掌,而与之相反,犯罪信息的更正、撤回与删除却是难上加难。[⑤] 在我国,查阅个体犯罪记录不受查阅主体、事项、程序等的限制,任何主体只要知道他人姓名就可以不受限制地在裁判文书网上获取其犯罪记录。这在一定程度上突破了《关于建立犯罪人员犯罪记录制度的意见》的规定,使得中国裁判文书网成为“隐性的全国犯罪记录数据库”。而且数字化记忆改变了合理

---

① 参见刘传稿:《犯罪化语境下的轻罪治理——基于〈刑法修正案(十一)〉的分析》,载《北京联合大学学报(人文社会科学版)》2021 年第 2 期,第 21 页;卢建平:《轻罪时代的犯罪治理方略》,载《政治与法律》2022 年第 1 期,第 51 – 52 页。

② 参见储槐植:《再说刑事一体化》,载《法学》2004 年第 3 期,第 76 – 78 页。

③ 参见张明楷:《轻罪立法的推进犯罪与附随后果的变更》,载《比较法研究》2023 年第 4 期,第 12 页。

④ 参见吴志远:《离散的认同:网络社会中现代认同重构的技术逻辑》,载《国际新闻界》2018 年第 11 期,第 114 页。

⑤ See Bronwyn Naylor, James B. Jacobs, “The Eternal Criminal Record”, *Monash University Law Review*, vol. 41, 2015, p. 510。

的记忆机制,使得犯罪个体的信息成为永不消逝的记忆,仿佛无期限生活在严酷的"数字圆形监狱"中,失去了重新开始生活的机会。

2. 短期监禁刑占据主导地位

轻罪的短期监禁刑包括拘役和有期徒刑。随着《刑法修正案(八)》和《刑法修正案(九)》增设危险驾驶罪、使用虚假身份证件、盗用身份证件罪和代替考试罪这三项法定最高刑仅为拘役的犯罪,拘役刑的适用率显著升高。以危险驾驶罪为例,2021 年适用拘役刑的人数是 2011 年的近 4 倍。① 此后,《刑法修正案(十一)》又增设了最高刑期为一年有期徒刑的妨害安全驾驶罪、危险作业罪和高空抛物罪。连同 1979 年刑法中已经存在的侵犯通信自由罪,我国现行刑法中共有四个法定最高刑为一年有期徒刑的罪名,三个法定最高刑为拘役的罪名。

在立法活跃化的背景下,轻罪犯罪人数迅速增长,而轻罪适用最多的刑种是短期监禁刑,这就导致短期监禁刑的适用在我国刑法制裁体系中占据绝对的主导地位。

我国刑法规定的非监禁刑包括管制和罚金。管制的适用率呈现逐年下降趋势。在罚金刑配置比重中,并科罚金刑占比最大,其次是复合罚金刑,而选科罚金刑占比最小。换言之,在绝大多数情形下罚金刑只是配合监禁刑适用,而非"单处"罚金。在 2019 年之前,定罪免刑方式的适用率处于较稳定的状态,但是之后几年持续下降。根据相关统计,2021 年比前一年的定罪免刑适用率下降了一半之多。② 除了法定的非监禁刑之外,我国某些地区也对危险驾驶、交通肇事、故意伤害等轻微刑事案件适用社会公益服务进行了一定的探索。③ 但是这些探索只局限于部分地区的试点,没有进行合法性和合理性的充分论证,也尚未配备完善的程序。

二、我国轻罪立法的功能性反思

我国刑法中的轻罪大多属于增设新轻罪,这些轻罪多位于"妨害社会管理秩序罪"章节。由此可见,轻罪立法的作用在于风险预防以及防止滥用重罪,具有回应性意义,而非具有结构转向意义、建设性意义的改重罪为轻罪。④

---

① 参见牛忠志、于鸿峣:《当代中国轻罪制裁体系的系统反思与优化》,载《河北学刊》2023 年第 3 期,第 197 页。

② 2020 年定罪免刑适用率为 0.78%,2021 年则下降到 0.45%。参见 2016 - 2022 年《中华人民共和国最高人民法院公报》。

③ 参见丁国锋、罗莎莎、马胜伟:《一批嫌犯被不起诉后均未再犯 南京检察完善轻罪治理体系做好"后半篇文章"》,载《法治日报》2023 年 2 月 7 日,第 4 版;浙江省瑞安市人民检察院课题组、宣章良:《醉驾附条件相对不起诉之探讨——以"瑞安模式"为蓝本的分析》,载《犯罪研究》2020 年第 5 期,第 55 页;王柏洪、魏干:《"醉驾"案件社会公益服务评价机制研究》,载《浙江检察》2021 年第 2 期,第 36 页。

④ 参见周树超:《犯罪分层制度的检讨与启示》,载《犯罪研究》2023 年第 2 期,第 44 - 45 页;何荣功:《我国轻罪立法的体系思考》,载《中外法学》2018 年第 5 期,第 1203,1213 页。

（一）通过增设轻罪预防风险的反思

“日常生活的浪潮将新的犯罪现象冲刷到了立法者脚前”，①为了应对新的犯罪现象，我国近年来增设了不少轻罪。轻罪立法支持者提出，《刑法修正案（十一）》增设的轻罪对司法机关在法律规范缺位时如何适用法律作出了指引，从而防止司法机关违反罪刑法定原则将某些罪行“拔高”认定为重罪。② 可是，某些判决错误地理解了事前的罪刑法定，这仍然是对于罪刑法定原则的违背。经分析某市人民法院审理的“全国首例高空抛物案”的判决理路可以发现，该判决也许是为了宣传效果而错误地理解了从旧兼从轻原则。笔者认为，该种情况下的高空抛物行为既不符合以危险方法危害公共安全罪的构成要件，又不符合高空抛物罪的构成要件，无论《刑法修正案（十一）》是否增设高空抛物罪，都应当将该情况认定为无罪。退一步讲，即使该行为既符合以危险方法危害公共安全罪又符合《刑法修正案（十一）》增设的高空抛物罪的构成要件，那么根据《刑法》第 291 条之二第 2 款的规定，应该以重罪即以危险方法危害公共安全罪定罪。当前轻罪立法的目的并非为了解决人身自由罚的司法化，而是为了更好地契合国家的风险治理需要和公众的安全期待。③ 从上述高空抛物罪的典型案例可见一斑。

（二）通过增设轻罪避免重刑的反思

增设轻罪的支持者对重刑主义的辩白是，增设轻罪有利于遏制司法机关遇到难以定罪的情况就想着适用重罪的冲动。④ 然而，由于轻罪与重罪的实质差异逐渐缩小，轻罪理论已无法为刑事立法提供正当性支撑，⑤轻罪数量的设置问题并不能掩盖重刑主义的弊病。

1. 古代严刑峻法的流弊

《韩非子·内储说上·重轻罪》里记载了商鞅的重刑主义思想，其提到“重罪者，人之所难犯也；而小过者，人之所易去也。使人去其所易，无离其所难，此治之道”“行刑重其轻者，轻者不至，重者不来，是谓以刑去刑也”。其含义为，轻罪适用重刑的目的是预防人们犯重罪，最后达到天下无罪的理想状态。然而，第一，人只能是目的本身，决不能把任何人仅仅用

---

① 米夏埃尔·库比策尔、谭淦：《德国刑法典修正视野下的刑事政策与刑法科学关系研究》，载《中国应用法学》2019 年第 6 期，第 183 页。

② 参见周光权：《论通过增设轻罪实现妥当的处罚——积极刑法立法观的再阐释》，载《比较法研究》2020 年第 6 期，第 44－46 页。

③ 参见张永强：《预防性犯罪化立法的正当性及其边界》，载《当代法学》2020 年第 4 期，第 105 页。

④ 参见杨楠：《我国轻罪立法的实践与反思》，载《东方法学》2022 年第 6 期，第 132 页。

⑤ 参见周光权：《论通过增设轻罪实现妥当的处罚——积极刑法立法观的再阐释》，载《比较法研究》2020 年第 6 期，第 49 页。

作手段,①这种为了预防其他人犯重罪而用重刑对待犯轻罪的人的做法,是将犯罪人当成手段来对待,不符合人是目的的价值标准。第二,天下无罪的状态是不可能的,因为按照意大利犯罪学家菲利在其著作《犯罪社会学》中提出的"犯罪饱和律",只要社会上存在一定量的引起犯罪的个人、物理和社会因素,就必然引起一定量的犯罪。②

2. 现代重刑主义的隐见

现代社会虽然不再盛行严刑峻法,但是重刑主义以一种更加隐秘的方式存在。当社会中出现具有极大社会危害性的问题时,国家和社会民众往往寄希望于用重刑矫正社会。在网络时代,重刑主义的观念体现得更加淋漓尽致。美国的政治学家阿尔蒙德将现代公民比喻成"沉睡的狗",因为在日常生活中,普通公民们与政府决策者缺乏互动,公民不关心政府的决策,而政府决策者也以一种自认为合适的方式治理社会。③ 一旦发生一些吸引公众眼球的事件,例如一些作案手段极其残忍的故意杀人案件、被害人是儿童的性侵案件,"沉睡的狗"就会苏醒并以"判处重刑、死刑"等言论影响社会舆论,同时经由网络技术的推动迅速席卷整个社会,在某种程度上干涉和影响司法进程。

笔者认为,重刑主义是由于我国司法上长期存在重刑的传统,而非轻罪罪名太少所导致。刑罚的强度应当与本国的状况相适应,在国家动荡不安的时候,重罪重刑能够起到震慑作用;在国家社会发展处于平稳时期,就应适当降低刑罚的强度。反对重刑主义是现代刑法立法的题中之义,是法治化的要求。为此,刑罚的设置应当与被告人的罪行相适应,且在防止犯罪所需的最小限度内。④ 也即从法经济学的视角,刑罚产生最佳效果的时候是刑罚的恶果大于犯罪所带来的好处之时,除此之外的一切刑罚都是多余的。⑤ 不断提高某些罪的法定刑会带来如下弊端:其一,轻易提高刑罚不仅会使得刑罚对于国民的威慑力下降,而且容易引发刑罚越来越重的恶性循环;⑥其二,过重的刑罚配置会影响刑罚教育改造功能的发挥,对罪犯重新回归社会造成阻碍。

三、我国轻罪立法的理想面貌

通过何种路径完善我国的轻罪治理体系,固然需要结合轻罪立法的功能性反思来考虑,但是,更应当站在国家治理体系和治理能力现代化的理想高度来把握轻罪立法的方向。

---

① 参见[德]康德:《实践理性批判》,韩水法译,商务印书馆2009年版,第144页。

② 参见[意]恩里科·菲利:《犯罪社会学》,郭建安译,商务印书馆2018年版,第66-67页。

③ 参见[美]加布里埃尔·A. 阿尔蒙德、西德尼·维巴:《公民文化:五国的政治态度与民主》,马殿军等译,浙江人民出版社1989年版,第571页。

④ 参见周光权:《法定刑配置的优化:理念与进路》,载《国家检察官学院学报》2022年第4期,第50页。

⑤ 参见[意]贝卡利亚:《论犯罪与刑罚》,中国大百科全书出版社1993年版,第42页。

⑥ 参见[日]松原芳博:《刑法总论重要问题》,王昭武译,中国政法大学出版社2014年版,第10页。

(一)人身自由罚司法化改造

依据1998年10月我国政府签署的《公民权利和政治权利国际公约》第9条第1款的规定,非经司法程序不得剥夺任何人的自由。虽然我国至今仍未批准该公约,但是根据国际法上"公约必须履行"的要求,在签署公约之后,即使公约尚未被批准,国内法的相关规定也不能与公约相抵牾。这就意味着,凡是剥夺人身自由的人身自由罚,都应当被纳入司法审查的范围。从世界通例来看,无论是区分行政违法与刑事犯罪的二元论,还是不区分违法与犯罪的一元论,对涉及剥夺人身自由的处罚都应当由居中裁判的法院来裁决。① 在如何进行司法裁决上,大部分国家采取将剥夺人身自由的处罚纳入刑事司法体系的做法。《刑法修正案(十一)》出台之后,沉疴已久的收容教养制度迎来变革,被教育矫治措施替代。而治安拘留是我国另一项饱受质疑的未经司法裁决就剥夺他人人身自由的处罚。这一违背法治原则的人身自由罚盖因行政处罚追求效率与刑罚追求规范严格的不同特点所致。因此,关于是否应当将治安拘留纳入刑罚体系以实现人身自由罚司法化的学术探讨如火如荼。

在支持的观点当中,激进的观点极力主张"只定性不定量"的"大刑法"结构,其认为最理想的办法是将治安拘留措施剔除出《治安管理处罚法》的范围,然后制定一部能够包含治安拘留措施的统一刑法典。② 缓和的观点认为,不需要制定统一刑法典,只需要缩短行政拘留的期限,就可以达到限制行政机关权力的效果。③ 还有学者认为,如果将《治安管理处罚法》中除第36条、第58条以及第75条之外的其余条文全部纳入刑法的范畴,《治安管理处罚法》将面临形同虚设的局面,司法机关也难以承受如此繁重的工作。④ 笔者认为,无论是短期剥夺人身自由的治安拘留,还是短期、长期自由刑,都是对公民享有的自由权的剥夺。短期剥夺人身自由的治安拘留由于不受司法审查,缺乏监督制约机制,与规范公权力、保障人权的法治目标背道而驰。而笔者所提倡的轻罪立法仍然坚持二元制模式,但并非将所有可以由行政法或其他规范调整的行为全部升格修改为犯罪,而是只将涉及人身自由罚的治安处罚行为司法化。部分现行被配置行政拘留措施的行为与刑法所划分的十类行为只存在量的区别,因此,可以为后者增设新的法定刑幅度;至于其他难以明确纳入刑法分则所划分的十类行为中的,有必要将其作为新的犯罪类型予以规定。有学者提出的改造方案是将治安拘留的审批权从公安机关转移至检察机关。⑤ 笔者认为,公安机关和检察机关的性质、地

---

① 参见时延安:《犯罪化与惩罚体系的完善》,载《中国社会科学》2018年第10期,第116-117页。

② 参见刘仁文:《后劳教时代的法治再出发》,载《国家检察官学院学报》2015年第2期,第149页。

③ 参见叶希善:《犯罪分层研究——以刑事政策和刑事立法意义为视角》,中国人民公安大学出版社2008年,第328页。

④ 参见张金璇:《论我国轻罪制度的构建与路径》,武汉大学2017年硕士论文,第29页。

⑤ 参见魏东、周树超:《我国"轻微罪"立法与司法的理性思考》,载《贵州大学学报(社会科学版)》2022年第1期,第102页;周树超:《犯罪分层制度的检讨与启示》,载《犯罪研究》2023年第2期,第47-48页。

位决定其与案件有直接利害关系,如果由公安机关和检察机关作为影响公民个人基本权益的人身自由罚等处罚措施的最终决定者,往往会背离裁决者应持有的中立立场,不自觉地优先维护国家、社会利益。① 根据笔者的设想,应当由法院行使人身自由罚的裁决权。

(二)制裁体系的层次化建构

不过度惩罚报复是现代法治应谨守的诫命,而对犯罪分层制度的探讨是为解决日益严重的犯罪附随后果泛化问题提供的科学基础。

1. 犯罪分层的必要性

虽然我国刑法中没有明确的犯罪分层标准,但是我国的刑事实体法、刑事程序法和刑事政策中无不蕴含着区分轻重犯罪的精神。根据贝卡利亚的"罪刑阶梯理论",最高和最低的罪刑阶梯无形之间包括了所有侵害公共利益的、被称之为犯罪的行为,而区分每一级阶梯的标准是犯罪对社会的危害程度。② 言下之意,犯罪与刑罚相对称的理想状态即是重罪适用重刑、轻罪适用轻刑。因此,划定轻罪范围是轻罪治理的前提,而对犯罪进行分层是区分轻罪重罪的核心问题。

2. 犯罪分层的具体展开

我国的犯罪分层模式分成"实质标准说"和"形式标准说",前者的共同特征是以犯罪的内在特质为标准判断行为的严重程度,例如犯罪性质、犯罪情节、社会危害程度、犯罪目的、犯罪手段等;后者依托犯罪行为所对应的刑罚为标准区分犯罪的轻重等级,例如法定刑的幅度、刑种等,且多选择以有期徒刑这一刑种作为界分轻重犯罪的标准。③ 另外,还有少部分学者主张"综合标准说",既关注犯罪行为本身的实质,又考虑刑法的相关形式规定。④ 还有学者在选择"综合标准说"之后,进一步细分以何种标准为主,以何种标准为辅。⑤

笔者认为,第一,"实质标准说"所主张的犯罪本身的严重程度包含了一些需要综合考虑的因素,有赖于裁判者行使高度的自由裁量权,不具有客观性和明确性。第二,犯罪分类还涉及管辖权、刑事强制措施等程序问题,而"实质标准说"所提出的需要考虑犯罪性质、犯罪手段、犯罪目的等因素的判断标准因人而异,在刑事诉讼的不同阶段可能会由于主体间认识的差异而产生不同的结论。第三,犯罪性质与罪行的轻重没有必然关系,否则,立法者对被普遍认为的犯罪性质最严重的危害国家安全罪所配置的最高法定刑,就不得低于普通刑事犯罪所配置的最高法定刑,但是,现实情况事与愿违。由于"综合标准说"也需要结合实

---

① 参见陈瑞华:《司法权的性质》,载《法学研究》2000 年第 5 期,第 53 页。

② 参见[意]贝卡利亚:《论犯罪与刑罚》,中国大百科全书出版社 1993 年版,第 66 - 67 页。

③ 参见郑丽萍:《轻罪重罪之法定界分》,载《中国法学》2013 年第 2 期,第 133 页;凌萍萍、焦冶:《我国刑事立法中的轻罪标准设置研究》,载《西南民族大学学报(人文社科版)》2019 年第 1 期,第 86 页。

④ 参见敦宁、韩玫:《论我国轻罪范围的划定》,载《河北法学》2019 年第 2 期,第 112 页。

⑤ 参见郭理蓉:《轻罪刑事政策研究》,中国法制出版社 2023 年版,第 162 页。

质标准进行判断,所以,“实质标准说”具有的弊端同样适用于“综合标准说”。因此,较为合理的是根据“形式标准说”来判断。立法者为个罪配置法定刑时并不是随意而为,而是综合考虑了“实质标准说”所主张的各类因素,所以,法定刑在配置之后就具有了明确性和稳定性特征,对犯罪进行分层完全不需要在法定刑以外考虑其他因素。

由于刑罚有法定刑和宣告刑之分,形式标准说内部也相应存在“法定刑标准说”和“宣告刑标准说”两个分支。采用“宣告刑标准说”则意味在审判之前的侦查、审查起诉环节无法依据犯罪的轻重实现区别对待,这有可能导致完全背离犯罪分层设计的初衷。法定刑标准更具有明确性,能够从刑事诉讼流程一开始就赋予主体独立预判的可能性,更好地实现保障人权。因此,笔者主张法定刑标准。

“法定刑标准说”所主张的轻重罪的区分数值主要有 1 年、3 年和 5 年,高于这类刑期标准的犯罪为重罪,反之为轻罪。笔者认为,将 3 年有期徒刑作为轻罪和重罪的分界线是合理的。第一,刑法和刑事诉讼法理论上一般以 3 年有期徒刑作为轻罪与重罪的分界线;一些主流的刑法学教材当中将最高法定刑为 3 年以下有期徒刑的犯罪视为轻罪;①2020 年 10 月 15 日,时任最高人民检察院检察长在向全国人大常委会报告人民检察院适用“认罪认罚从宽制度”的适用情况时,使用 3 年以下有期徒刑作为确定轻罪案件的标准。第二,结合司法实践数据,根据 2022 年全国法院司法统计公报的数据显示,被判处 3 年有期徒刑以下刑罚的犯罪人在刑事案件被告人中占比约为 85.6%;2023 年 2 月 15 日,最高人民检察院副检察长在最高人民检察院举行“做优新时代刑事检察”的新闻发布会上提到,过去五年,我国判处有期徒刑三年以下的轻罪案件占 85.5%”。② 第三,选择以 3 年有期徒刑为标准,能够保证轻罪的数量。在我国刑法分则设置的 469 个罪名中,以 3 年为界分点的罪名在占比上接近总数的 2/3。

3. 前科消灭制度逐步建立

犯罪分层的目的在于对轻重程度各异的犯罪在前科消灭制度的适用上表现出差异。前科消灭是指犯罪人在受到惩罚之后的一定期间内被视为已经获得更生权(the right of rehabilitation),已经获得更生权的人不再有向相关机关报告自己前科的义务。③ 前科消灭制度的要义在于注销犯罪记录并恢复因犯罪而失去的法定权利或资格,也就是消除与恢复的有机结合。前科消灭的实质是一种修复式司法理念,也就是调和犯罪人和社会共同体的关系,期待共同体能够接纳犯罪人,促进和帮助犯罪人改过、更生。但与世界主流趋势相反,我国

---

① 参见张明楷:《刑法学》(第 6 版),法律出版社 2021 年版,第 120 页;冯军:《刑法总论》,中国人民大学出版社 2008 年版,第 126 页。

② 参见《2023 年 2 月 10 日最高人民检察院“做优新时代刑事检察”新闻发布会文字实录》,载最高人民检察院网 https://www.spp.gov.cn/spp/xsjc/22xwfbh_sp.shtml,访问日期:2024 年 9 月 6 日。

③ 参见翟小波:《信息作为惩罚——为被遗忘权辩护》,载《环球法律评论》2022 年第 2 期,第 8 页。

刑法第 100 条规定了前科报告义务制度。

可以预见的是,随着立法活性化时代的到来,轻罪的数量将越来越大,数量庞大的轻罪所引发的犯罪附随后果也将日益严重。但是,长期以来我国刑法对前科消灭制度的整体性需求不足,原因主要有两方面:一是前科消灭制度在有效整治社会治安方面的作用差强人意;二是未成年人领域已经建立了与前科消灭制度相似的犯罪记录封存制度。有基于此,对于轻罪前科消灭制度的建立不可毕其功于一役,而应当循序渐进。第一,我国未成年人领域的前科消灭制度已经处于探索阶段,可以继续完善相关制度,并作为经验推广到成年人领域。笔者认为,无论是成年人还是未成年人,前科报告制度对其的作用效果并无二致,所以在前科消灭适用主体上无需作出区分。第二,危险驾驶罪的案件量多年来稳居诸罪之首,可以建立此高发型轻罪的前科消灭制度为突破口,进一步推进其余高发型轻罪的前科消灭制度的全面建立。对于危险驾驶罪等高发型轻罪适用前科消灭制度,但对于某些特殊类型的犯罪以及重罪的前科仍然予以保留。①

① 参见《最高人民法院工作报告》,载中华人民共和国最高人民法院公报网站,http://gongbao.court.gov.cn/ArticleList.html?serial_no=wx,访问日期:2023 年 08 月 24 日。

轻罪治理背景下拘役刑罪犯回家常态化机制完善

张佩如*

摘要:司法实践中拘役刑罪犯执行期间回家制度存在适用的内驱力、外驱力、自驱力不足及规范操作性不强、配套措施不完善、客观上“适用难”等问题。拘役刑执行偏惩罚而轻感化的现状,使得在构建治罪与治理并重的轻罪治理体系时代背景下,完善拘役刑罪犯回家常态化机制有着十分现实的意义。应秉持轻罪治理刑事一体化理念,思想上转变重监管轻感化的执法观念;实体上明确拘役刑罪犯回家的条件及法律后果;程序上完善拘役刑罪犯回家的保障审批流程;监督上建立全流程检察监督机制;立法上强化法条适用的外驱力等方面完善拘役刑罪犯回家常态化机制。打通拘役刑轻罪治理“最后一公里”,在执刑环节从侧重治罪监管向与治理感化并重转变,实现受刑人不能犯、不敢犯、不愿犯的“三不犯”最佳教育改造效果,提升拘役刑轻罪社会治理效能。

关键词:轻罪治理;拘役刑;执行期间回家;常态化机制

当前,我国刑事犯罪结构和犯罪治理形势发生了深刻变化,轻微犯罪已成为刑事治理的主要对象。拘役刑是适用于轻微犯罪的一种短期剥夺犯罪人人身自由,并由公安机关就近执行教育改造的刑罚方法。实践中,拘役刑在轻微犯罪案件中的适用量大面广,但在执行期间,被判处拘役的犯罪分子每月可以回家一天至两天的回家制度却没有得到充分的重视和有效保障,几乎处于“沉睡状态”。在提倡秉持刑事一体化理念构建治罪与治理并重的轻罪治理体系的当下,有必要进一步完善行刑环节拘役刑执行期间回家制度,打通拘役刑轻罪治

---

* 张佩如(1985—),男,安徽泗县人,安徽省枞阳县人民检察院党组副书记、副检察长,研究方向为刑事司法。

基金项目:2024年度安徽省检察理论研究立项重点课题“中国推进轻罪治理现代化的检察进路”阶段性研究成果(项目编号:WJ2024A09)。

理"最后一公里",从侧重治罪监管向与治理感化并重转变,实现受刑人不能犯、不敢犯、不愿犯的"三不犯"最佳教育改造效果,提升拘役刑轻罪社会治理效能。

一、轻罪拘役刑罪犯回家难:刑法第 43 条沉睡原因分析

《中华人民共和国刑法》(以下简称《刑法》)第 4 条第二款规定"在执行期间,被判处拘役的犯罪分子每月可以回家一天至两天",即被判处拘役刑罪犯回家制度有明确的法律规定。但司法实践中,这一条款却罕有适用,即便能"享受"往往也是参加亲人葬礼等特殊情形①,而不具有普适性。为什么这一法条的适用率不高? 主要是因为条款适用的外驱力、内驱力、自驱力不足及现有规范的操作性不强、配套措施不完善,客观上"适用难"。

(一)法律非强制性规定,适用外驱力不足

《刑法》第 43 条第二款规定拘役罪犯执行期间回家是"可以"回家而非"应当"回家。"可以"则也可以"不可以",法律上的选择性而非强制性规定,造成执行机关严格执法的外驱动力不足。

(二)执行机关审慎担心,适用内驱力不足

"放罪犯回家"则罪犯要离开管理严格的监管场所,不可避免地可能会存在一些监管风险,出于规避监管安全等风险的审慎考虑,执行机关对这一条款的适用存在顾虑,积极适用的内驱动力不足。

(三)罪犯权利意识淡薄,适用自驱力不足

拘役罪犯"每月可以回家一天至两天"应当理解为拘役罪犯的一项权利。② 司法实践中,作为权利主体的拘役罪犯对执行期间享有的"回家权"却鲜有主动主张,或不知有,或不敢提,或不愿争。个别因特殊情况提出的申请被否定后,囿于身处被监管的境遇,也不敢理直气壮地伸张权利,拘役罪犯"回家权"的行使来自权利主体的自驱动力亦不足。

(四)配套措施不完善,客观上"适用难"

拘役刑罪犯回家制度可追溯至 1979 年《刑法》第 38 条第二款的规定,1997 年《刑法》修订时对该条款内容未作任何改动。目前,拘役刑罪犯回家制度除《刑法》第 43 条第二款的规

---

① 参见雒呈瑞、张松海:《保障拘役罪犯的"回家权"——南京玄武:唤醒又一"沉睡条款"》,载《检察日报》2024 年 3 月 17 日,第 1 版。

② 参见杨辉明、李培昌、骆首鸣:《拘役罪犯回家生活权落实困境与破解》,载《人民检察》2017 年第 7 期,第 60 页。

定外,公安部2008年7月1日施行并于2013年11月修订的《看守所留所执行刑罚罪犯管理办法》(以下简称《办法》)及2001年针对北京市公安局关于加拿大籍罪犯在拘役期间回家问题请示的批复《关于对被判处拘役的罪犯在执行期间回家问题的批复》(以下简称《批复》)对拘役罪犯回家的适用条件、批准程序及法律后果等方面作了原则性规定,但申请权保障、回家后监管、法律监督等方面的具体操作规范及配套措施未细化,可操作性不强,客观上造成司法实践中"适用难"。

(1)回家的条件未细化。《办法》未规定回家的具体条件,《批复》规定:"是否准许被判处拘役的罪犯回家,应当根据其在服刑期间表现以及准许其回家是否会影响剩余刑期的继续执行等情况综合考虑。"但服刑期间的表现、是否会影响剩余刑期的继续执行等情况如何进行调查评估等量化考核、评估机制条件不明确。

(2)回家的程序不完善。《办法》《批复》规定,由罪犯本人提出申请,管教民警签署意见,经看守所所长审核后,报所属公安机关批准。外国籍罪犯申请的,应报设区的市一级以上公安机关批准,作出批准决定的应报上一级公安机关备案。前述规定虽对申请、审核、批准、备案等主体作出了明确规定,但作为权利主体拘役刑罪犯的权利告知、何时可以申请及权利救济、公示监督等具体程序环节的规定不完善。

(3)回家的监管制度缺失。《办法》《批复》规定,对准许回家的拘役罪犯,看守所应当发给回家证明,并告知应当遵守的相关规定和按时返回监管场所及不按时返回的法律责任。但拘役刑罪犯回家期间由谁及如何监管和表现反馈等配套制度措施,《办法》和《批复》均未提及。

(4)回家的场所比较狭隘。《办法》规定"外国籍罪犯探亲时不得出境",《批复》进一步细化规定"在决定机关辖区内有固定住处的,可允许回固定住处;没有固定住处的,可在决定机关指定的居所"。《批复》将回家的场所限定在决定机关辖区内,即便仅指向外国籍罪犯,但在人员流动大、交通便捷的当下,也过于狭隘,不合时宜。

(5)回家的检察监督机制不完善。《办法》在总则部分规定"看守所对罪犯执行刑罚的活动依法接受人民检察院的法律监督";《批复》规定"准许回家的决定抄送同级人民检察院"。除准许回家的决定抄送同级人民检察院外,前期各环节是否要及应当抄送哪些材料、检察机关如何开展法律监督的规定不明确,全流程检察法律监督机制不完善。

二、轻罪治理的现实需求:唤醒保障拘役刑罪犯"回家权"

刑罚的最终目的在于预防犯罪,不能为了处罚而处罚。短期剥夺罪犯自由而使之感受到一定痛苦,是拘役刑的本质,却不是其最终目的。《刑法》赋予拘役刑罪犯"回家权"是对轻罪犯罪人的改造坚持惩罚与教育感化相结合,以更好实现消除其再犯可能性并去恶从善刑罚的手段。实践中,拘役刑执行偏惩罚而轻教育感化的现状,使得在提倡构建治罪与治理并重的轻罪治理体系的当下,唤醒拘役刑罪犯"回家权"有着十分现实的意义。

(一)彰显刑罚的教育感化功能,利于预防犯罪目的的实现

刑罚预防犯罪目的的实现须借助惩罚功能,惩罚功能既是确定刑罚目的的前提,也是实现刑罚目的的中介因素。行刑过程中刑罚的教育感化功能,与赖以实现特殊预防的限制再犯条件功能、个别威慑功能三者有机结合才能使罪犯从思想上摒弃犯罪,使受刑人从不能再犯到不敢再犯,最终达到不愿再犯的最佳预防犯罪效果。① 拘役刑罪犯"回家权"是行刑过程中刑罚教育感化功能的重要体现,与发挥其它两个功能的剥夺人身自由不可偏废。通过拘役罪犯执行期间回家,在短期剥夺罪犯人身自由的同时,发挥"家"的感化作用,使严格监管、监管教育、亲情感化融合发挥教育改造功效,促使罪犯从思想根源上彻底摒弃犯罪,有利于实现拘役刑对轻罪犯罪人预防再犯目的效益的最大化。

(二)彰显司法的人文关怀,利于罪犯更好地改造复归社会

"法非从天下,非从地出,发于人间,合乎人心而已。"每个法条的背后都有其深远考量,允许犯罪行为、情节较轻被判处拘役的罪犯在执行期间每月可以回家,不仅是我国传统司法智慧的体现,也是法治文明和法治进步的表现;不仅彰显了司法人文关怀,释放了司法善意,也更有助于对罪犯的教育改造。回家可以让拘役罪犯对承受剥夺性、限制性的痛苦和与家人团聚的温馨形成强烈对比,促使他们真正认识到只有不再犯罪,才能享受本来拥有的权益,以更好地改造和唤醒向善的本心,不愿再以身试法。这即满足了国法的要求,又合乎天理、顺应人情,在法与情的有机融合作用下,互补共促拘役罪犯悔过自新。

另一方面,从刑罚的价值上讲,拘役犯执行期间回家的待遇也体现了我国刑罚的人道主义精神,使罪犯可以与家庭和社会保持一定的联系,有利于犯罪分子接受来自家庭和社会方面的教育,同时也可以使其有机会帮助家庭、公司等解决生活生产方面的困难,这对促进罪犯的改造和复归社会具有积极意义。如2024年4月份,安徽省枞阳县人民检察院办理的一起因醉驾被判拘役致使企业经营陷入困境的拘役执行期间回家监督案,企业负责人得以回家安排好企业经营事务,并表示:"回去一趟后心里踏实多了,也处理好了一些生产经营的事情,现在我更有信心把企业做好,非常感谢检察院和看守所的关心帮助,今后我一定悔过自新,通过经营好自己的企业来回馈社会。"②

(三)精准落实宽严相济刑事政策,利于轻罪治理体系构建

当前,我国犯罪治理已迈入轻罪时代。党的二十大报告强调,"推进多层次多领域依法

---

① 参见张明楷:《刑法学(第5版)》,法律出版社2016年版,第518页。

② 汪根圣、方旺兴:《帮扶"陷困企业"保障罪犯"回家权"》,载《新安晚报》2024年4月22日,第A102版。

治理,提升社会治理法治化水平”。为贯彻落实党中央部署,最高人民检察院《2023 - 2027年检察改革工作规划》明确提出构建治罪与治理并重的轻罪治理体系。轻罪治理体系的现代化改革是主动顺应刑事犯罪结构新变化,紧跟犯罪治理新形势的重要举措,是一项贯穿于刑事诉讼各个环节的系统工程。轻罪拘役刑目的效果需要立法、审判、行刑三者协同一致,才能得以实现。判处拘役刑体现了对轻罪的从宽治罪效果,但在行刑环节保障好拘役罪犯的“回家权”是对量大面广拘役刑轻罪进行综合治理的重要抓手。完整准确全面贯彻宽严相济刑事政策,要做到严中有宽、宽中有严、宽严有度、宽严审时。① 监禁发挥对拘役刑罪犯短期剥夺人身自由“严”的惩治,回家则发挥教育感化“宽”的感召,制度性保障拘役刑罪犯常态化回家不仅是完整准确全面贯彻宽严相济刑事政策的要求,更是在拘役刑执行环节精准落实“严中有宽”的重要体现。拘役刑罪犯“回家权”的完善,对于轻罪治理体系的构建有着十分重要的意义。

三、治罪与治理并重:拘役刑罪犯回家常态化机制完善

“回家”是为了更好地回归社会,拘役刑罪犯常态化回家符合轻罪治理体系构建的精神内核。既然法有明文规定,则不该止于“纸面”任其“沉睡”,也不应是特殊情形下的个例,须从根源破解,统一操作规范,完善相关制度予以“唤醒”,充分释放司法善意,发挥感化教育的积极作用,以增强《刑法》第43条第二款适用的外驱力、内驱力、自驱力和可操作性,实现拘役刑罪犯执行期间回家规范化、制度化、常态化。在构建治罪与治理并重的轻罪治理体系时代背景下,根据《办法》及《批复》等现有规定,对拘役刑罪犯回家常态化机制建设建议从以下四个方面完善。

(一)理念上转变重监管轻感化的执法观念,增强制度适用的内驱力

对待犯罪分子,我国刑事政策一贯坚持教育为主,惩罚为辅,教育与挽救相结合的方针。对于拘役刑罪犯,刑法规定执行期间“每月可以回家一天至两天”正是体现了教育与挽救相结合、宽严相济的刑事司法政策以及法律的人性化。深刻理解这有别于有期徒刑执行方式的立法本意,精准把握此优惠待遇是对犯罪情节较轻、有悔罪表现拘役犯的奖励,一方面能够激励拘役刑罪犯,有助于看守所的日常管理;另一方面可以让他们感受到司法的公平、公正,体会到社会的宽容,使他们怀着一颗感恩的心接受改造。公安、检察等执法机关应树立“有法必依”的执法理念,增强拘役刑回家制度适用的内驱力,切实重视和保障拘役刑罪犯的“回家权”,常态化落实拘役刑罪犯执行期间回家制度。

---

① 参见马克昌:《宽严相济刑事政策研究》,清华大学出版社2012年版,第75页。

(二)制度上细化完善相关配套机制措施,增强制度适用的可操作性

1. 实体上明确拘役刑罪犯回家条件及法律后果

(1)反向设置不批准回家的限制性情形。以允许回家为原则,反向设置不批准情形。基于实践中拘役刑罪犯回家制度执行的现实困境和构建轻罪治理体系的现实需求,在放宽以允许回家为原则的同时,有必要加强对能否允许回家的风险管控,反向设置明确的不批准限制情形。关于不批准的限制情形,可以围绕拘役刑罪犯的社会危险性和服刑期间的表现进行设置:①拒不认罪,无悔罪表现的;②有自杀、自残倾向或者逃跑等危险,可能导致无法按时返回,影响剩余刑期执行的;③共同犯罪或者关联犯罪中尚有涉案人员未到案或者诉讼未终结,回家期间可能实施串供、隐匿、毁灭证据、妨碍证人作证等行为,影响其他刑事诉讼活动正常进行的;④有故意犯罪前科,回家期间可能实施打击报复等新的违法犯罪行为,影响社会安全稳定的;⑤服刑期间触犯监规,不服管教,情节严重的;⑥不适宜回家的其他情形。

(2)明确拘役刑罪犯申请回家的时间条件。"在执行期间,被判处拘役的犯罪分子每月可以回家一天至两天"。从文义上理解,即被判处拘役的犯罪分子在执行期间每个月都可以回家一天至两天。但从拘役刑的教育改造效果及罪犯服刑期间表现的量化考核等方面考虑,有必要限定一定的服刑期满后才可以申请回家,如服刑期满 20 天后才可以申请。同时,根据《办法》关于"罪犯回家时间不能集中使用,不得将刑期末期作为回家时间,变相提前释放罪犯"的规定,也有必要反向设定不批准回家的刑期条件,如剩余刑期不满 5 天的。

(3)修改拘役刑罪犯回家的住所条件。修改回家场所在"决定机关辖区内"的"一刀切"限制性规定,分两种情形分别设定:一是不离开决定机关辖区的,有固定住所的允许回固定住所,没有固定住所的可以由拘役刑罪犯亲属提供宾馆等临时场所作为回家场所;二是离开决定机关辖区的,应当有固定住所且一天至两天内可以往回,可以由拘役刑罪犯提出与家人共同生活的住所为回家场所。

(4)完善拘役刑罪犯回家风险评估机制。拘役刑罪犯回家风险评估机制,可由作出生效判决裁定的法院和看守所综合评估认定。一是对于拘役刑罪犯有无悔罪表现、是否可能影响其他刑事诉讼活动正常进行、是否可能实施自杀、自残、逃跑等行为、是否可能实施打击报复等影响社会安全稳定行为等不适宜回家的社会危险性,作出生效判决裁定的法院应附意见函说明情况,在送交执行时一并送达看守所。二是服刑期间看守所对拘役刑罪犯是否服从管教、是否真心悔罪改过、是否会实施自杀、自残、逃跑等行为、是否会实施新的犯罪等风险应作全面评估,综合法院意见函及罪犯服刑期间的表现作出是否准许回家的风险评估决定。

(5)严格拘役刑罪犯服刑期间表现量化考核机制。目前,拘役刑罪犯服刑期间的具体表现,看守所已具备相对成熟的量化考核机制,可以根据看守所对拘役罪犯开展的认罪服法、遵守监规、接受教育等日常考核情况进行综合量化评价。

（6）明确拘役刑罪犯回家期间的法律后果。《办法》规定："罪犯回家时间不能集中使用，不得将刑期末期作为回家时间，变相提前释放罪犯。"从文义上理解"变相提前释放"即"刑期末期作为回家时间"则罪犯不用再返回看守所服刑，言下之意是回家期间计入已服刑期。但还应进一步明确，回家期间包括在途时间。

（7）严格拘役刑罪犯回家的法律责任。根据《办法》《批复》规定，按时返回监管场所的，继续服刑；在回家期间逃跑的，按照《刑法》第316条的规定以脱逃罪追究刑事责任。除此之外，应增加规定，对于回家期间违反法律法规应受治安管理、刑事等处罚的，依法从严惩处，并于拘役刑执行完毕时由相关机关依法执行或按刑法规定数罪并罚。

（8）明确拘役刑罪犯回家期间意外、伤害等事故责任。拘役刑罪犯回家期间遭受不可抗力、交通事故等意外事故或自伤、自残、自杀的，风险自担，司法机关不承担相关责任。遭受或实施伤害等违法犯罪行为的，依照相应法律规定处理。

2. 程序上完善拘役刑罪犯回家的保障审批流程

（1）建立拘役刑罪犯回家权益告知制度。拘役刑罪犯入所服刑时，看守所应书面告知其在执行期间每月可以回家一天至两天的权益、条件等规定，对于作出生效判决裁定法院附意见函说明不宜允许回家的，应说明情况并听取意见。同时，看守所应在拘役刑执行监室墙上张贴执行期间回家的条件、申请审批程序、法律责任后果等制度规定。

（2）完善拘役刑罪犯回家申请审批程序。《办法》《批复》对拘役刑罪犯回家的申请、审核、批准、备案等主体作出了明确规定，但应进一步完善规定公开透明的申请、调查、评估、公示、批准等程序环节。拘役刑执行期间回家作为拘役犯的一项权利，应赋予拘役犯自主选择权，由拘役犯本人决定是否向看守所提出回家申请。看守所受理申请后，应启动相关调查审查程序，查明拘役罪犯是否存在不适宜回家的情形，并结合拘役犯服刑期间的表现综合评估是否准许。审查结果在监室公示不少于2天，经公示无异议的，按规定权限报审核、审批及备案。对于不批准回家的，应将不批准理由通知申请人；对于批准回家，由看守所制发准许回家决定书，并发放回家证明。

（3）引入拘役刑罪犯回家担保机制。参照刑事诉讼程序中的取保候审制度，引入担保机制，对获准回家的拘役刑罪犯实行保证人担保或者保证金担保。担保的条件、责任、义务、监管、禁止性规定等具体操作规范可参照两高两部《关于取保候审若干问题的规定》进行设定：明确保证金的数额及缴退；保证人的条件及责任义务；回家期间应当遵守的强制性规定，以及违反强制性规定则不能再申请回家的法律后果；回家期限届满必须按时返回看守所继续服刑等。

（4）强化拘役刑罪犯回家期间的监管。实践中妨碍拘役刑罪犯回家制度落实的重要原因在于执行机关担心发生风险事故。可以规定拘役刑罪犯回家期间的监管主体是当地派出所，住所地的（村）居委会配合监管。获准回家的拘役刑罪犯，首先应持回家证明到派出所、（村）居委会报道，每日报告具体活动情况，回家期满由派出所结合（村）居委会的意见出具回家期间表现情况材料。

《办法》《批复》规定:"回家期间表现不宜继续准许回家的,看守所提出建议报原决定机关决定。"对于"不宜继续准许回家"的情形,由监管派出所判别并及时控制罪犯和通报执行刑罚的看守所按规定办理。

(三)法律监督上建立全流程检察监督机制

1. 检察机关实行全流程同步法律监督

检察机关作为刑罚执行的监督机关,应对拘役刑罪犯回家实行全流程同步法律监督。看守所应将拘役刑罪犯回家权益告知、拘役刑罪犯回家的申请、调查、评估、公示、批准、备案、回家监管、出回所等所有环节程序形成的材料及时抄送检察机关,相关审议会议应商请检察机关派员参加提出意见,强化检察机关全流程同步监督。

2. 拘役刑罪犯回家权利救助

拘役刑罪犯对不批准回家申请有异议的,可以向检察机关申请监督。重点监督看守所民警是否存在有申请不予受理、申请符合条件而不予批准或者申请不符合条件而予以批准等情况,并严格防止监管场所民警以权谋私情况发生。

3. 定期开展法制宣传教育,提高拘役刑罪犯权益意识

拘役刑罪犯回家权的落实,检察机关应主动作为,定期开展法制宣传教育,加强与拘役刑罪犯的沟通,了解他们的改造情况及思想状况,提高拘役刑罪犯自我权益意识,增强拘役刑回家制度适用的自驱力。强化对拘役刑罪犯回家制度落实的监督,确保符合条件的拘役刑罪犯在服刑期间回得去、管得住、出所放心、回所安心。

(四)立法上强化法条适用的外驱力

刑法亦可遵循原则上"应当"回家并反向设置限制性条件,以限缩公安批准机关过宽的决定权,增强法条适用的外驱力。"在执行期间,被判处拘役的犯罪分子每月可以回家一天至两天"可改述为"在执行期间,被判处拘役的犯罪分子每月应当被允许回家一天至两天,不符合条件的除外"。不符合条件的情形由司法解释具体列举式规定。

预防刑法观视野下轻罪出罪机制的优化

赵思远*

摘要：在预防刑法观的指导下，为预防风险社会的风险转化为实害，立法活动呈现出轻罪化立法的倾向，犯罪圈不断地扩大，轻罪数量飙升，无形中加大犯罪附随后果的负面影响，为顺应刑事政策的要求，出罪机制的优化成为应有之义。积极预防刑法观导致单项入罪思维，继而忽略出罪思维的养成；但书规定作为实体出罪的主要路径未能发挥应有功能；出罪程序单一，起诉裁量权范围过下加剧出罪难问题。将比例原则融入预防刑法观可实现立法扩张的限制以及出罪思维的养成，明晰但书规定的标准能推动但书规定应有功能的发挥，激发出罪程序的适用，保障程序出罪路径的畅通。

关键词：出罪机制；预防刑法观；但书规定；程序出罪

自党的十八届三中全会提出"国家治理体系与治理能力现代化"的重大命题以来，以习近平同志为核心的中共中央明确提出"坚持在法治轨道上推进国家治理体系和治理能力现代化"。[①] 在积极刑法立法观的主导下，刑法罪名的增多与刑罚手段的扩张，使得既有犯罪圈不断扩大，继而引起入罪率急剧升高，轻罪的治理已经成为当下中国社会治理的重要特征，[②]司法活动逐渐向着入罪思维转向，而忽略出罪机制的优化。法的转型应当以社会结构的变化为基础。当今社会已经进入轻罪化时代，轻罪数量飙升，逐渐扩大的犯罪圈使得犯罪治理的"瓶子"开始膨胀，如果"瓶口"再不扩张，必然导致"瓶子"的破裂，为此需要对现有的实体出罪机制和程序出罪机制作出双重的优化，以适应社会治理要求的变化。

---

* 赵思远(1999—)，男，浙江杭州人，华东政法大学刑事案例研究中心学术秘书，研究方向为积极刑法观。

① 本报评论员：《在法治轨道上推进国家治理体系和治理能力现代化——论学习贯彻习近平总书记在中央全面依法治国工作会议上重要讲话》，载《人民日报》2020年11月22日，第1版。

② 参见刘艳红：《人性民法与物性刑法的融合发展》，载《中国社会科学》2020年第4期，第118页。

一、双重出罪机制的现有困境

(一)预防刑法观形成的单向入罪思维

乌尔里希·贝克指出:"在现代化进程中,生产力的指数式增长,使危险和潜在威胁的释放达到了一个我们前所未知的程度。"①现代社会在发展的进程中催生出许多新生和不安全的因素,安全和自由都成为公民所要追求的目标,但是两者之间存在紧张的关系,没有安全就没有自由,而所谓的自由就是建立在安全的基础上,为了安全就必须放弃部分自由,积极预防一般性风险演变为现实危害与危险成为刑法体系的首要任务,刑法作为最为严厉的手段成为风险防控的重要力量,增设新罪成为风险防控的主要方式,以实现风险防控的目的,其正在或已经成为社会发展的安全保障法,积极预防性刑法真的能达到我们所想达到的预防风险的目的吗?积极刑法观虽然在一定程度上能实现预防风险的目的,但是积极刑法观容易被异化,一旦在轻罪飙升的现代社会中被异化,那么就会完全堵塞轻罪的出罪道路,对轻罪的治理将会是灾难性的破坏。

有罪必罚的异化包含着对社会危险性量化考量的忽略和刑罚权扩大两个极端,一方面,在极端的工具主义看来,有罪必罚是确保刑法地位与严厉性程度的重要表征与主要方式,刑法被极端工具化后,就会逐渐将所有具有社会危害性的行为纳入打击的范围内,而忽略了对社会危害性进行量化的考量,那么出罪的路径也就被堵死,但是罪刑法定原则并不是只有一面,有罪不罚有时候也是对犯罪的一种理性认识。另一方面,犯罪化的扩张不仅仅是一个抽象的问题,更是一个惩罚过多的现实问题。当刑法条文被嵌入预防功能时,条文背后的旨趣与政策的反响当然会贯彻到司法工作人员上,由此贯彻立法意旨促成积极的刑事司法。当司法工作人员被贯彻此观念后,司法工作人员的思维就会从二元的出罪入罪体系转变为只关注入罪的处罚体系,而忽略出罪的可能。由此可以看出,犯罪圈的扩大、有罪必罚的思想都是单向入罪的表象和体现,正是因为风险社会中需要打击各种隐性的风险,才会出现单向入罪的病症。

(二)但书规定出罪功能被束缚

在轻罪治理的现代化社会,想要但书规定发挥其应有的出罪功能,那么就必须厘清但书规定本身及其运用过程中出现的困境,主要存在是否具有出罪功能和如何运用的争议。

首先,但书规定是否具有出罪的功能一直都具有理论上的争议,有的学者认为在行为已经符合犯罪构成的前提下,不能再划出一块情节显著轻微危害不大的范围,即但书规定不应当存在,其存在会影响犯罪构成体系。还有学者认为情节显著轻微危害不大这一要求过于

---

① [德]乌尔里希·贝克:《风险社会》,何博闻译,译林出版社2004年版,第15页。

模糊，无法提供更加精确的判断标准，①那么此条款就无法准确适用，就失去出罪的功能。如果但书条款本身连是否具有出罪功能都具有争议，那么在轻罪治理中，如何使得情节显著轻微、社会危害性不大的行为予以出罪？

其次，但书条款如何运用在理论上也有很大的争议，有学者认为某一行为符合犯罪构成要件，但社会危害性程度低，情节显著轻微危害不大的，可以直接引用但书条款进行出罪，②易言之，符合但书规定的行为已经具备了某个犯罪的构成要件，但由于"情节显著轻微危害不大"，因而得以出罪。③ 而反对的学者认为，犯罪概念不是认定犯罪的具体标准，我国刑法第13条"但书"条款也不是宣告无罪的具体标准，司法机关只能根据刑法规定的犯罪成立条件认定行为是否构成犯罪；在犯罪构成以外引入社会危害性的实质判断，混淆了犯罪概念与犯罪构成的位阶和功能关系，与犯罪构成系认定犯罪的唯一标准相矛盾。④ 可见但书规定其本身的作用以及在实践中如何运用，在理论产生巨大的争议，体现出但书条款适用的无序，从而进一步导致但书规定运用的困境，那么轻罪出罪的其中一条道路也即将被堵死。

但书规定的滥用会导致有悖于司法公正的实现，一方面但书规定条文的表述过于模糊与抽象，无法在刑法条文中明确表达，成为总则中统领分则的规定，使得民众对法律规范所构筑秩序的可预期值下降，并对立法合理性与正当性产生怀疑。另一方面，在司法领域长期对但书条款的出罪功能进行随意解释与滥用，必然导致司法工作人员在办案中养成思维定式：不再重视对犯罪构成的逐层拆解，而是将"情节显著轻微、危害不大"条款作为出罪处理的万能标准。因此会形成粗糙的办案模式，不利于精细化刑法思维方式的养成，也不利于对轻罪案件进行的妥当处理。

（三）程序出罪无法补足实体出罪

我国的出罪机制与域外的"漏斗式"不同，我国的司法机制仍然是"圆筒型"的司法机制。所谓的"漏斗型"司法机制就是需要通过司法程序过滤罪犯，实现出罪功能，而"圆筒型"司法机制就是在犯罪事实清楚、证据确实充分的条件下，公安机关侦查终结的案件一般都会进入审查起诉阶段，检察机关审查起诉的案件一般都会进入审判阶段，进入审判阶段的案件一般都会以有罪判决告终。⑤ 也就是说一旦陷入司法程序中，很难从司法程序中解脱出来，可以看出"圆筒型"司法机制的入罪功能很强。我国公检法对于逮捕、侦查终结提起公诉及进行有罪判决的证明标准采一元论，都包含"事实清楚""证据充分"这样的描述，再

---

① 参见夏伟：《"但书"出罪运行机制实证研究》，载《中国法学》2023年第3期，第241页。

② 参见高铭暄、马克昌：《刑法学（上编）》，中国法制出版社1999年版，第74页。

③ 参见刘科：《司法解释中的但书规范：性质、识别方法与完善思路》，载《政治与法律》2023年第1期，第83页。

④ 参见王昭武：《犯罪的本质特征与但书的机能及其适用》，载《法学家》2014年第4期，第71页。

⑤ 参见史立梅：《论醉驾案件的程序出罪》，载《中国法学》2022年第4期，第258页。

加之法院内部的审委会讨论制、检法的考核制度等方面制约,行为人一旦被立案侦查,基本就意味着被逮捕、起诉甚至定罪处刑。① “圆筒型”司法机制如此之强的入罪功能与当今社会轻罪化的趋势之间的矛盾只会越来越明显,轻罪化社会背景下,司法机制的功能必须从入罪功能逐渐转向出罪功能,才能满足运用程序出罪来平衡实体入罪的紧迫要求。

出罪的程序过于匮乏,难以满足程序出罪的要求。刑事和解程序没有被充分利用,刑事和解能够导致刑法规定的犯罪行为在司法上不作为犯罪处理或者获得刑罚宽缓的待遇。刑事和解制度是一个对犯罪行为实质出罪化机制。② “现行《刑事诉讼法》对刑事和解的适用采取了相对稳妥做法,即主要适用于轻罪案件和过失犯罪案件,而排除重罪案件适用刑事和解程序”。③ 还有学者认为刑事和解制度仅限于轻罪案件适用,以达成刑事和解为事由出罪,能够较大限度实现法益恢复和促使被追诉人回归社会的作用。④ 可见刑事和解就是主要针对轻微犯罪案件设置的专门出罪程序,这已经形成了共识,但是在实践中,刑事和解适用率特别低下,据学者统计,在公诉环节,某省刑事案件和解比率约为1.16%,甚至有的基层检察院三年未通过不起诉方式办结过刑事和解案件。⑤ 究其原因主要还是司法权归属于国家,不允许当事人意思自治。在民事诉讼领域,尊重双方当事人意思自治,双方当事人可以就案件的争议达成和解,但是在刑事诉讼领域,由于犯罪行为侵犯的是社会法益,国家强制力强行介入,就导致双方当事人不能按照意思自治达成和解。即使双方当事人达成和解协议,侦查机关也必须向检察机关审查起诉,最后提出从宽处理建议,意味着最终能终止案件的只有检察机关和审判机关,这是导致刑事和解适用率低下的原因之一。

二、现有出罪机制优化路径之缺陷

针对我国轻罪率飙升的现象,学界对轻罪出罪机制的优化提出多条路径,主要包括政策出罪说,认为轻罪出罪机制的优化应当从刑事政策入手,优化出罪机制。单一程序出罪说,认为实体上的出罪机制优化路径与预防刑法观存在矛盾,应当选择程序优化路径来优化出罪机制。不予立案出罪说,认为出罪机制的优化可以将出罪的阶段前移至侦查机关立案阶段。

政策出罪说认为由于“少捕慎诉慎押”的刑事政策的内涵是以人权保障为核心的实质

① 参见陈小彪、张婉悦:《轻罪立法扩张及其司法应对》,载《中国刑警学院学报》2023年第5期,第20页。

② 参见莫晓宇:《和谐社会视野下的中国刑事和解机制之构建》,载《人民检察》2006年第23期,第11页。

③ 吕晓刚:《刑事和解制度调解机制研究》,湘潭大学出版社2019年版,第153页。

④ 参见陈光中、葛琳:《刑事和解初探》,载《中国法学》2006年第5期,第10页。

⑤ 参见吴卫军、乔明祥:《公诉环节刑事和解制度运行状况实证分析——以四川省检察机关不起诉为例》,载《河北大学学报(哲学社会科学版)》2017年第5期,第154页。

出罪,通过贯彻“少捕慎诉慎押”刑事司法政策,从源头上减少犯罪的输入。逮捕的适用必须进行社会危害性考量,并且要求侦查机关不能只积极收集有罪的证据,忽视或者没有收集不应当逮捕的证据。该学说还认为应当以构建羁押实质审查机制,检察机关应当对羁押必要性进行审查,羁押必要性审查应当以相当性为核心,相当性与可能判处的刑罚相挂钩,按照罪刑法定原则确定是否符合相当性原则,而后再辅之以社会危害性进行综合考量,从而决定是否适用羁押措施。虽然贯彻“少捕慎诉慎押”的刑事司法政策能降低逮捕等强制措施对犯罪人的负面影响,确实可以在一定程度上保障人权,但是贯彻少捕慎诉审查的刑事司法政策以及刑事强制措施的宽缓化并不能有效地优化出罪机制。“少捕慎诉慎押”作为一项重要的刑事司法政策,是针对当前社会状况和司法实践所做出的调整和完善,其核心确实是人权保障,但是仅仅将该项司法政策与人权保障为核心就与实质出罪之间相联系,是否过于牵强,人权保障和实质出罪两者之间的关系并没有如此紧密,可以说政策的实质出罪是为了保障人权,但是不能说政策的保障人权是为了实质出罪。更何况其中只有“少捕”“慎押”两个方面都强调的是减少刑事强制措施的适用,而刑事强制措施并不是出罪机制,减少强制措施的适用只能保障在侦查和惩罚不融合,不能保障涉嫌轻罪的犯罪人出罪,并且“慎诉”的要求是在检察机关提起诉讼时加以限制,减少轻罪犯罪人的起诉率。这可以从两个角度来看,第一个角度检察机关适用不起诉制度,对涉嫌轻罪的犯罪人予以出罪,对出罪机制的构建有一定的效果。第二个角度检察机关是对入罪进行必要的限制,谨慎地对涉嫌轻罪的犯罪人进行起诉,那么这个角度对出罪机制的构建却没有很大的效果。

单一程序出罪学说则认为在积极刑法观主导下预防刑法发展,制裁结构有向着一元发展的趋势,过于强调立法层面的实体出罪与立法趋势存在扞格,①实体出罪路径已经力不从心,应当选择程序出罪作为出罪机制优化的路径。笔者认为此种观点值得商榷,按照单一程序出罪学说的想法即因为积极刑法观就是为了扩大处罚范围,预防风险,但是如果仍然在实体上强调出罪,那么就是要求刑法缩小处罚的范围,两者之间会产生矛盾,但是两者之间并没有矛盾,实体上的出罪是刑法谦抑性的表现,同时也是罪刑法定原则的要求。谦抑性要求刑法是保护社会法益的最后手段,只有当其他手段保护不充分时,才可以动用刑罚,要求的是迫不得已的情况下才可以采用,重视宽容精神而控制处罚。② 可以看出谦抑性强调的是克制刑罚的滥用,并不要求缩小刑罚的处罚范围,故与积极刑法观扩大处罚犯罪并没有不可调和的冲突,相反是对积极刑法观的控制,有利于积极刑法观在我国有序地展开和落地。我国刑法第 13 条规定犯罪的概念,但是后半部分规定了但书规定,可以看出前者要求入罪,而后者要求出罪,那么是不是我国对犯罪概念的规定出现矛盾？显然这样的规定就是为了保

---

① 参见王迎龙:《轻罪治理背景下出罪模式研究——实体与程序路径的双重反思》,载《比较法研究》2023 年第 4 期,第 29 页。

② 参见马克昌:《外国刑法总论(大陆法系)》,中国人民大学出版社 2009 年版,第 42 页。

障实体出罪,防止司法工作人员的单一入罪思维而已,那么积极刑法观与实体出罪并没有不可调和的矛盾,两者之间的关系应当是用实体出罪来调控积极刑法观刑罚权扩大的限度,避免压缩公民自由权利,故实体出罪仍然应当引起重视,进行优化和提升。

不予立案出罪说认为可以在侦查机关立案阶段,构建不予以立案的路径优化出罪机制。刑事立案是刑事诉讼的起点,在轻罪的案件中,若在立案阶段进行审查后,发现确实具有不需要立案的情形,那么就不予立案,①虽然从理论上来看确实这一程序出罪的效率是较高的,但是想要达到这一状态的一个前提就是侦查机关具有对案件进行审查的能力。而侦查机关对案件只是负责查清案件事实,并抓捕犯罪嫌疑人,显然侦查机关不具有对案件的审查能力,并且如果侦查机关具有对案件的审查能力,那么侦查机关与检察机关的部分职能就会重合,就会打破分工负责、相互制约的平衡状态。其次,在侦查阶段不予以立案进行出罪这一方式,将处理权过多地放给侦查机关,容易出现本应立案的情况却不予立案。并且在实际情况中,被害人的报案并不是很准确,如果赋予侦查机关过多的不予立案权,将会在一定程度上放纵犯罪的发生,更何况侦查机关所承担的任务仅仅只是对案件进行侦查,只有在侦查以后才能确定案件所涉及的情节是否满足轻微罪,如果不加以侦查即可对案件进行不予立案,过于马虎,并且其出罪带来的收益与不予立案导致的危害成本之间,后者或许会大于前者,得不偿失。有学者认为这种担忧可以由侦查机关将不予立案的情况告知同级监察机关,经过审查后,认为确有必要立案的,再予以立案。在理论上看起来确实可以避免侦查机关不予立案导致放纵犯罪发生的困境,但是在实践中仍然起不到很好的效果,案件的侦查刻不容缓,多一个程序也许就会放纵一次犯罪,侦查机关在申报的过程中并没有对案件进行立案,而没有立案何来的侦查,没有对案件进行侦查,犯罪嫌疑人就有喘息的机会,那么仍然会放纵犯罪的发生,在检察机关审查后再予以立案,有何意义?

现有出罪机制的优化路径并不能及时取得良好的效果,破局的关键应当从积极刑法观入手,将比例原则与积极刑法观相融合,防止积极刑法观异化而引起单向入罪思维,疏通出罪渠道,而后通过实体出罪机制和程序出罪的并行优化,完成出罪机制优化的任务。通过印证但书规定的出罪功能,明确但书规定的适用标准,进行实体出罪机制的优化,通过加大不起诉裁量权行使的范围,激活刑事和解程序的应用,实现程序出罪机制的优化。

三、双重出罪机制的优化

(一)预防刑法观与比例原则的融合

比例原则嵌入积极预防刑法观,能有效实现对其的控制。比例原则重在解决国家权力

---

① 参见夏宜琨、李影:《轻罪立法背景下程序出罪的正当性与路径》,载《中共南宁市委党校学报》2023年第2期,第40页。

与公民权利之间的黄金比例分割,并合理引导公权力的正确行使。① 比例原则作为建构“目的手段”理性基准的方法论应当被预防刑法观所吸纳,②比例原则的规范结构主要包含四项子原则:目的正当性原则、适当性原则、必要性原则、均衡性原则。③ 在积极预防刑法观被应用于轻罪化趋势的背景下,应当对刑法目的与刑罚手段之间的关系按照四项子原则的要求进行审查,确保其间的正当性。

首先,目的正当性原则强调刑罚权的行使目的是要保护社会法益,是手段合理性审查的前提。预防目的的体现其实并不是司法活动,而是在立法活动中体现得更为突出,若立法活动违背目的正当性原则,就会异化为象征性立法,无法发挥立法的规制功能以及社会法益的保护功能,并且如果立法都违背目的正当原则,那么何谈保障司法活动中的目的正当?故必须坚持立法的科学性。其次是适当性原则,其所强调是的手段和目的之间的关联性,如果刑罚的适用不能保护法益,或刑罚的适用将会引起更为严重的犯罪行为发生,那么刑罚就不是保护该种法益的有效手段,④刑法通常已经先行预设刑罚的手段有助于法益保护目的的达成。因此,如果要对某种行为科处刑罚,只要证明该行为对法益有侵害或有侵害的危险即可,⑤也就是说审查适当性原则就是审查行为的法益侵害性,这就要求司法机关在办理轻罪案件时,要对法益侵害量的考量,对于法益侵害不大的行为予以出罪,以保障轻罪案件的出罪率,使得“轻罪变轻”。再者是审查必要性原则,必要性原则所要求是所采用的手段是最低限度的手段,必要性原则的核心任务是限制手段的检验和选取,确保所采取措施对其他法益的限制不会超过实现特定公共利益所必需的程度。⑥ 如果风险的防范带来的损害大于风险,那么就是对必要性原则的“背叛”。刑事制裁本身就是一种恶,会剥夺犯罪人的权利,只有当需要排除更大的恶时,才可以动用刑罚。可见审查适当性原则,其实是审查是否需要动用刑罚,也就是前置法和刑法的选择问题,故只有当其他规范体系出现失灵时才可以考虑刑法的具体配置及其适用问题。⑦ 最后是对均衡性原则的审查,均衡性原则要求保护该法益所获得的利益超出包含制约国民自由在内的禁止以及处罚的成本。⑧ 刑法应主要禁止那些危害他人的危险性和严重性超过执行法律的损害的行为,刑罚也是需要成本的,所有轻微违法行为都被刑法所打击,那么必然导致刑罚的成本大于所要保护的法益的价值,过重的刑罚

---

① 参见刘权:《目的正当性与比例原则的重构》,载《中国法学》2014 年第 4 期,第 147 - 148 页。

② 参见刘双阳:《数据犯罪刑事治理逻辑的消极预防转向与实践展开》,载《当代法学》2023 年第 5 期,第 80 页。

③ 参见刘权:《比例原则》,清华大学出版社 2022 年版,第 20 页。

④ 参见张明楷:《法益保护与比例原则》,载《中国社会科学》2017 年第 7 期,第 103 页。

⑤ 参见陈晓明:《刑法上比例原则应用之探讨》,载《法治研究》2012 年第 9 期,第 95 页。

⑥ 参见冷传莉:《比例原则私法化的体系定位与调整对象》,载《比较法研究》2023 年第 4 期,第 109 页。

⑦ 参见刘浩:《积极刑法立法观的规范体现与合理限度》,载《地方立法研究》2023 年第 5 期,第 30 页。

⑧ 参见[日]松原芳博:《刑法总论重要问题》,王昭武译,中国政法大学出版社 2015 年版,第 12 页。

成本必然导致得不偿失。降低特定犯罪的出罪门槛,可以保障均衡性原则的实现,降低特定犯罪的出罪门槛,提升出罪率,确保刑罚的成本低于法益保护所获得收益,保障均衡性原则的实现。

(二)但书规定出罪功能的释放

1. 出罪功能的认定

但书规定是否具有出罪的功能,学界主要有两种观点,即出罪标准说和入罪限制说,前者主张但书具有在犯罪构成要件外出罪的功能,①后者则主张在犯罪构成要件内考虑但书规定的内容,因此符合但书规定的行为原本就不符合犯罪构成,因而不构成犯罪。② 事实上,但书功能被定位为入罪限制还是出罪标准,都能满足对轻罪治理的司法限缩要求,只是两者在路径的选择上不同,出罪标准说认为但书规定可以直接作为出罪的依据,而入罪限制说认为但书规定不能直接作为出罪的依据,而是将其认定为不符合构成要件。出罪标准说似乎更为合理。在轻罪立法中,最为常见的罪状表述即"情节严重",如高空抛物罪,不仅有高空抛物的行为,同时必须符合"情节严重"的要件,"情节严重"由此具有区分罪与非罪的特定功能,③"情节显著轻微"中的情节是指与犯罪有关的情节,行为在形式上符合犯罪构成要件,但实质上未达到犯罪标准,则可以适用于"但书"规定。"危害不大"是通过评估法益侵害的大小,从而确定是否为犯罪,其并不是没有造成危害结果,而是危害结果不符合量化要求。可以看出情节是否严重的衡量前提是要先考量行为在形式上是否符合犯罪的要求,如果行为在形式上都不符合犯罪的要求,那么何必考量情节是否达到标准。

2. 但书规定标准明晰

在司法实践中经常出现但书规定的滥用现象,究其原因还是对但书规定的标准认定不清,随意适用但书规定,为有效保障但书规定的适用,厘清但书规定的标准是必要的。那么首先何为情节显著轻微?情节显著轻微的情节应当是与犯罪有关的情节,而不应当是与量刑有关的情节,因为但书规定所要做的就是对形式上符合犯罪构成要件的行为进行出罪,那么就不会走到量刑这一环节,故不能包括与量刑有关的情节。显著轻微则是但书规定中对情节的量化考察,只有满足情节显著轻微,才能将显著轻微的行为排除出犯罪的范畴,其考察的角度应当是犯罪情节的轻微性。危害不大凸显的是对法益没有较大的危害结果,值得注意的是对法益没有造成较大的危害结果并不是没有造成危害结果,若将其误认,则会大面

---

① 参见储槐植、张永红:《善待社会危害性观念——从我国刑法第13条但书说起》,载《法学研究》2002年第3期,第97页。

② 参见陈兴良:《但书规定的法理考察》,载《法学家》2014年第4期,第60-61页。

③ 参见杜文俊:《论我国轻罪案件出罪机制的逻辑与路径》,载《华东师范大学学报(哲学社会科学版)》2023年第5期,第92页。

积缩小但书规定的适用面积。

(三)程序出罪功能的放大

贯彻少捕慎诉慎押刑事司法政策,纾解"圆筒型"司法机制导致出罪困难的窘境。笔者认为我国不需要效仿英美法系国家构建"漏斗型"的司法机制,我国本身的刑事政策足以改变现有"圆筒型"司法机制在轻罪治理下的困境。少捕慎诉慎押刑事司法政策主张可捕可不捕的不捕,可诉可不诉的不诉,可押可不押的不押。① 其对我国司法机关长期的影响,入罪倾向明显,出罪思维淡薄观念的改变具有举足轻重的作用。少捕慎诉慎押强调的不是对犯罪的惩罚,而是对符合条件的犯罪给予相应的宽缓处理,只要在司法观念上贯彻少捕慎诉慎押的思维,司法机关在办案过程中就会不断在规范和实际情况之间来回考量,确保每一个轻罪案件得到妥善的处置,同时也能转变原本的入罪观念,适应轻罪化社会的治理要求。

刑事和解程序仅限于轻罪案件适用,能较大限度地实现法益的恢复,也能保障犯轻罪的犯罪人能顺利地再度社会化,故刑事和解程序在轻罪出罪机制中的地位是不可忽视的。刑事和解制度没有取得应有的效果,主要原因还是刑事和解的实质是国家公权惩罚向民间私权自决的部分让渡,这就决定了刑事和解程序适用范围的有限性,以及司法适用上的限制性。② 应当在轻罪治理中改变现有的司法观念,贯彻少捕慎诉慎押的刑事司法政策。触犯轻罪的犯罪人并不会导致严重法益侵害,应当允许双方当事人进行和解,司法机关不应过多介入当事人双方合意的过程,而应当将工作重心放在对刑事和解协议的审查,确保刑事和解协议的合法性、合理性,使得双方当事人达成合理的刑事和解,协调法益的保护和犯罪人特殊预防之间的平衡。其次刑事和解程序应当适当扩大,将刑事和解程序贯穿于侦查、起诉、审判全部环节,在任一阶段,有关机关均应当配合当事人进行和解,并提供相应帮助,一旦双方当事人需要进行和解的,司法机关就应当听取意见,对和解过程进行审查,易言之,侦查机关、检察机关和审判机关都可以对轻罪案件开展刑事和解程序。

---

① 参见刘艳红:《刑事一体化视野下少捕慎诉慎押实质出罪机制研究》,载《中国刑事法杂志》2023 年第 1 期,第 38 页。

② 参见张应逸:《认罪认罚从宽制度下刑事和解程序的适用》,载《上海公安学院学报》2022 年第 4 期,第 43 页。

二、轻罪治理的程序视角

轻罪治理视域下相对不起诉之检视

吴兴亮　邛　晶　李书杰*

摘要:在高质效办好每一个案件的背景要求下,轻罪治理已是时代课题,相对不起诉成为检察机关处理轻微刑事案件的一种高效率、高质量解法。但在司法实践中,检察机关相对不起诉权的行使仍然存在适用边际尚未明确、监督体系仍不完善、非刑处罚还需加强、社会服务有待统一的问题。要明确适用边际以规范相对不起诉的实践运作,完善监督体系以提升相对不起诉的案件质效,落实非刑处罚以增强相对不起诉的司法效果,统一社会服务以深化相对不起诉的治理成效,进而推动中国特色轻罪治理体系的构建。

关键字:相对不起诉;适用边际;监督体系;非刑处罚;社会服务

2023 年 8 月,最高人民检察院印发了《2023－2027 年检察改革工作规划》,将"构建治罪与治理并重的轻罪治理体系"列为检察改革任务之一。在此背景下,有必要对我国检察机关相对不起诉权进行检视,充分认识其运行的现实意义,找出其在具体司法活动中的实践困境并予以完善,以推动中国特色轻罪治理体系的构建,助力国家治理体系和治理能力现代化目标的实现。

一、相对不起诉的现实意义

(一)推动刑事犯罪案件有效分流

2019 年 1 月,习近平总书记在中央政法工作会议上指出:"要深化诉讼制度改革,推进

---

* 吴兴亮(1982—),男,贵州遵义人,贵州省金沙县人民检察院党组成员、副检察长。

邛晶(1987—),女,贵州绥阳人,贵州省金沙县人民检察院第一检察院部主任。

李书杰(1991—),男,贵州大方人,贵州省金沙县人民检察院书记员。

基金项目:本文系 2024 年中国刑事诉讼法学研究会"刑事诉讼法制完善"候选项目《轻罪治理视域下相对不起诉之检视》(项目编号:17)的最终成果。

案件繁简分流、轻重分离、快慢分道。"刑事犯罪案件的分流,是指司法机关通过对轻微刑事犯罪和重大刑事犯罪进行区分,采取差异化的刑事司法政策,对案件进行分散处理。从字面上理解,重大刑事犯罪是指犯罪情节较为重大,需要承担较为重大刑事责任的犯罪行为,反之,轻微刑事犯罪则是指犯罪情节较为轻微,只需承担较为轻微刑事责任的犯罪行为。当然重大或轻微是需要衡量标准的,但目前我国司法理论界及实务界尚未统一对该标准的认识。较为主流的一种观点认为,除未成年人、孕妇、老年人外,只有轻微的犯罪行为才能适用缓刑。因而以我国《刑法》第72条"对于被判处拘役、三年以下有期徒刑的犯罪分子可以宣告缓刑"的规定为据,将宣告刑期为拘役、三年以下有期徒刑的犯罪行为认定为轻微刑事犯罪,而宣告刑期为三年以上有期徒刑的犯罪行为则认定为重大刑事犯罪。

近年来,我国社会在高速发展的同时,互联网、公共安全等领域的一系列风险挑战也伴随而来。为了应对各种风险挑战,在积极主义刑法观的引导下,我国以制定刑法修正案的方式,将醉酒驾驶机动车等轻微危害行为纳入刑法规制的范畴,加大了轻微危害行为的违法成本与处罚力度。2021年1月,中共中央印发了《法治中国建设规划(2020-2025年)》,提出"制定和修改法律法规要着力解决违法成本过低、处罚力度不足问题"的要求。基于此,预计未来将有更多轻微危害行为被吸收至刑法体系当中。

轻微刑事犯罪范围的扩张,给我国目前的司法工作带来了一些挑战,最明显的是刑事案件数量的激增,进一步加剧了我国基层审判机关长期以来人少案多的矛盾。检察机关相对不起诉权的行使正是应对这些挑战最有效的方式之一。检察机关在审查起诉环节对没有起诉必要的轻微刑事犯罪案件作相对不起诉处理,可以有效减少流入基层审判机关的案件数量,减轻基层审判机关办案人员的负担,让其有更多精力去办理重大疑难复杂的案件,推动社会公平正义的实现。

(二)实现轻微刑事犯罪积极治理

公平正义是社会治理的灵魂。日本刑法学家西原春夫在《日本刑法与中国刑法的本质差别》一文中指出:"在实际效果上远甚于刑罚的行政制裁相当严重,将这种行政制裁不是交由法院,而是交由行政机关裁量的话,就会违反保障程序公正的宪法精神。"①就我国而言,因行政处罚缺乏办理刑事案件的"侦查机关侦查、检察机关审查、审判机关审判"的分工监督机制,被处罚人的法定权利并不能得到有效保障。程序正义是实体正义的前提,没有程序正义作为保障,实体正义就无法实现。我国不断将轻微危害行为入刑,构建轻微刑事犯罪体系,其目的除了通过加大惩处和威慑力度来规范社会秩序之外,还有避免目前我国行政处罚所存在的弊端以确保司法工作程序正义的综合考量,以推进实现国家治理体系和治理能力现代化的伟大目标。然而立法仅仅是实现这一目标的开端,其最终还是要通过具体的司法活动来落实。

---

① 赵秉志主编:《刑法评论》(第7卷),法律出版社2005年版,第123页。

轻微危害行为的入刑,并不是为了对行为人进行报复。刑法作为维护社会秩序的最后屏障,消极治罪只是其所采取的手段,积极治理才是最终的价值追求。但并不只有审判机关的定罪判刑才能达到该目的,检察机关作出的相对不起诉决定同样可以,其效果甚至比前者更好。检察机关积极行使相对不起诉权,对符合条件的轻微刑事案件作相对不起诉处理,既能促使行为人认罪悔罪,又未给其打上罪犯的标签,有利于其更好融入社会而不被排斥,在让其感受到法律严肃的同时,也感受到司法的善意与温度,进而充分发挥检察机关轻微刑事犯罪治理的社会治理功能。

(三)促进刑罚附随后果折中消除

刑罚附随后果,又称犯罪附随后果,是指行为人在实施犯罪行为后除承担刑法规定的相应刑事责任之外,其自身及亲属还需承担的其他法律法规及规章制度所附加的各类后果。如我国《征兵政治考核工作规定》第 8 条规定,曾被刑事处罚、行政拘留或者收容教养的,涉嫌违法犯罪正在被调查处理或者被侦查、起诉、审判的,及家庭成员、主要社会关系成员有危害国家安全行为受到刑事处罚或者正在被侦查、起诉、审判的,组织、参加、支持民族分裂、暴力恐怖、宗教极端等非法组织的,是邪教、有害气功组织或者黑社会性质的组织成员的公民,不得征集服现役。以上对于入伍的限制仅为我国现存的刑罚附随后果之一,此外,尚有入党、求职等诸多方面的限制。这些限制不仅存在于体制之内,在一些大型公司,有犯罪记录的人也不能入职为正式员工。而且在我国现行法律体系内,并无对刑罚附随后果消除的规定,所以一个人一旦被定罪,刑罚附随后果将会与其终身相伴,甚至其人与骨皆已朽后,还将伴随其子孙,可谓“刑罚也有涯,附随也无涯”。

刑罚附随后果的适用一定程度上增加了犯罪成本,对犯罪具有重要的威慑和预防功能,其有一定的积极意义,但在一定程度上也带来了消极的社会效应。如在很多轻微刑事案件中,行为人并不惧于承担刑罚本身,却对刑罚附随后果甚为抵触,为了避免承担刑罚附随后果,执着于上诉和申诉,增加了司法负担和司法成本。对此,检察机关相对不起诉权的行使恰能起到积极的作用。我国《刑事诉讼法》第 12 条规定:“未经人民法院依法判决,对任何人都不得确定有罪。”因此,检察机关对轻微刑事案件作出的相对不起诉决定实际上是对行为人的有罪行为作出的无罪化处理,既是无罪化处理,当然也就不存在需要承担的刑罚附随后果。这在一定程度上可以消除行为人的抵触情绪和抵触行为,促使其自愿认罪认罚,对减轻司法负担和节约司法成本有重大的意义。

二、相对不起诉的实践困境

(一)适用边际尚未明确

我国《刑事诉讼法》第 177 条规定:“对于犯罪情节轻微,依照刑法规定不需要判处刑罚或者免除刑罚的,人民检察院可以作出不起诉决定。”这为检察机关行使相对不起诉权提供了标准:在审查认定实施犯罪的行为人的行为已具备刑法规定的犯罪要件,构成了犯罪,应当承担刑事责任的前提下,如果其犯罪情节轻微,依照刑法规定不需要判处刑罚或者可以免除刑罚,则检察机关可以作相对不起诉处理。

我国刑法中仅规定了境外犯罪、残疾人、正当防卫、紧急避险、预备犯、中止犯、从犯、胁迫犯、自首、重大立功等十种普适性的应当或者可以免除刑罚的情形,以及针对行贿罪、挪用公款罪、拒不支付劳动报酬罪、非法种植毒品原植物罪、贪污罪、介绍贿赂罪等七种具体性的应当或者可以免除刑罚的情形。2010 年 2 月,最高人民法院发布了《关于贯彻宽严相济刑事政策的若干意见》,其中第 14 条进一步明确:“对于情节较轻、社会危害性较小的犯罪,或者罪行虽然严重,但具有法定、酌定从宽处罚情节,以及主观恶性相对较小、人身危险性不大的被告人,可以依法从轻、减轻或者免除处罚。”但在司法实践中,检察机关办案人员针对具体的犯罪行为,该如何评判行为人犯罪情节的轻重、主观恶意性及人身危害性的大小、是否可以作相对不起诉处理并无统一的标准。

(二)监督体系仍不完善

权力的行使离不开监督。虽然我国法律赋予了检察机关相对不起诉权,但如果没有完善的监督体系对其进行制约,一旦该项权力被滥用,将会导致一些犯罪行为得不到应有的惩处,人民群众的合法权益得不到维护,社会公平正义也就无从谈起。尤其是在目前我国检察机关相对不起诉权的适用边际还比较模糊的现状下,缺乏有效监督的相对不起诉权容易走向两个极端:一方面部分过于保守的检察官对一些本该作相对不起诉处理的案件不敢作出相对不起诉决定,另一方面部分过于激进的检察官对一些不该作相对不起诉处理的案件随意作出相对不起诉决定。

在我国现行法律体系中,制定了一系列针对检察机关相对不起诉权行使的监督规定。如我国《刑事诉讼法》第 179 条至第 181 条及《人民检察院刑事诉讼规则》第 378 条至第 387 条规定了移送审查起诉机关、被害人、被不起诉人对检察机关作出的不起诉决定存在异议时的处置权利和处置路径;《人民检察院刑事诉讼规则》第 388 条至第 389 条规定了对检察机关不起诉决定错误的撤销和纠正;最高人民检察院 2007 年 6 月发布的《人民检察院办理不起诉案件质量标准(试行)》规定了检察机关作相对不起诉处理案件的质量评判标准。但这些规定均是针对检察机关作出相对不起诉决定后的事后监督,缺乏事前的预防,且侧重于司法机关及案件当事方对检察机关相对不起诉权行使的监督,没有广泛引入社会力量,未能形成有效的监督体系。

(三)非刑处罚还需加强

检察机关对行为人做相对不起诉处理,不意味着行为人不需要再承担任何法律责任。

我国《刑法》第37条规定:“对于犯罪情节轻微不需要判处刑罚的,可以免予刑事处罚,但是可以根据案件的不同情况,予以训诫或者责令具结悔过、赔礼道歉、赔偿损失,或者由主管部门予以行政处罚或者行政处分。”即对于免予刑事处罚的刑事案件,可以对行为人作出非刑处罚,而检察机关作出的相对不起诉决定,正是对行为人免予刑事处罚的方式之一。《刑事诉讼法》第177条则进一步将刑法规定的“可以”明确为“应当”,并明确非刑处罚由检察机关提出检察意见后移送有关主管机关处理,有关主管机关处理后将处理结果及时通知检察机关。

在司法实践中,仍存在少量需要进行非刑处罚的相对不起诉案件,但检察机关未提出检察意见移送有关主管机关处理的情况。而在大部分检察机关已提出检察意见移送有关主管机关处理的相对不起诉案件中,因部分罪名对应的非刑处罚涉及法律法规众多,处罚种类不一,检察机关办案人员由于对相关法律法规的了解不足,提出的非刑处罚意见仅为“需要对某某给予行政处罚、行政处分或者没收违法所得,现移送你单位处理”。① 由于未明确非刑处罚的具体种类及幅度,以致相关主管机关作出非刑处罚时可能存在一定的随意性。此外,我国现行法律法规对有关主管机关落实检察机关非刑处罚检察意见的约束力有限。2021年9月,最高人民检察院印发了《关于推进行政执法与刑事司法衔接工作的规定》,其中第11条规定:“有关单位在要求的期限内不回复或者无正当理由不作处理的,经检察长决定,人民检察院可以将有关情况书面通报同级司法行政机关,或者提请上级人民检察院通报其上级机关。必要时可以报告同级党委和人民代表大会常务委员会。”但通报或报告后当如何处理则缺乏进一步的规定,导致检察机关提出的非刑处罚检察意见难以落实。检察机关作出的相对不起诉决定并非对犯罪的简单原谅,而是为了治理犯罪,但如检察机关作出相对不起诉决定后不作非刑处罚或随意非刑处罚,则容易使行为人及社会公众对检察机关作出的相对不起诉决定产生误解,进而让其司法效果大打折扣。

(四)社会服务有待统一

为了避免检察机关作出相对不起诉决定后出现对行为人“不刑不罚”的情况,对行为人进行非刑处罚的行刑反向衔接措施应运而生。但在我国犯罪结构呈现明显的轻罪化趋势的背景下,作为一种惩罚性措施的行刑反向衔接,对于刑法从治罪向治理转变功能的发挥仍有一定的局限。对此,我国各地方检察机关积极探索“相对不起诉+社会公益服务”机制,将参与社会公益服务情况作为对轻微刑事犯罪案件行为人司法处理的重要依据。

“相对不起诉+社会公益服务”是在行为人认罪认罚的基础上,在其参与社会公益服务后,检察机关对其服务成效予以评估,并根据评估结果决定是否对其作相对不起诉处理,其在域外早已有之。如美国实行的审前分流程序本身就是一种附条件不起诉,其允许检察机

① 刘斌、韩虎:《相对不起诉非刑罚责任衔接问题探析》,载《中国检察官》2023年第17期,第40页。

关对完成社会服务、参加治疗课程等情况下的初次犯罪或非暴力犯罪的行为人决定不起诉或撤回起诉。诚然,"相对不起诉+社会公益服务"促使行为人在修复社会关系的同时也减轻了社会治理的压力,具有积极的社会意义,但在我国,除2023年12月最高人民法院、最高人民检察院、公安部、司法部联合发布的《关于办理醉酒危险驾驶刑事案件的意见》第18条规定"可以将犯罪嫌疑人、被告人自愿接受安全驾驶教育、从事交通志愿服务、社区公益服务等情况作为作出相关处理的考量因素"外,我国刑事诉讼法及其余司法解释均无将相对不起诉与社会公益服务挂钩的规定。由于"相对不起诉+社会公益服务"没有统一的法律依据作为支撑,在我国各地的实践中,"相对不起诉+社会公益服务"的操作各有不同。以服务时长为例,湖北省荆门市东宝区"服务时长设定在30至100个小时之间,检察机关根据犯罪嫌疑人参加社会公益服务期间的表现,可对服务时长进行动态调整";①而江苏省南京市玄武区"检察院建议量刑一个月的案件,轻罪人员的服务时长可能是30个小时,120小时封顶"。②

三、相对不起诉的完善对策

(一)明确适用边际,规范相对不起诉的实践运作

2011年5月,在我国《刑法修正案(八)》将醉酒驾驶机动车行为纳入危险驾驶罪的制裁范畴后,各省级地方相继出台相关会议纪要,制定了行为人触犯该刑法规定后诉与不诉的详细标准。如2022年3月,湖南省高级人民法院、湖南省人民检察院、湖南省公安厅联合发布了《关于办理醉酒驾驶机动车刑事案件若干问题的会议纪要》,明确醉酒驾驶机动车无造成他人轻伤及以上后果的、未造成交通事故后逃逸的、未在诉讼期间拒不到案或者逃跑的等十二种情节,且认罪悔罪,酒精含量在160mg/100ml以下的,可以不起诉或者免予刑事处罚。这对明确相对不起诉的适用边际有积极的借鉴意义,即由最高人民法院、最高人民检察院、公安部经过会商,共同制定各类轻微刑事犯罪案件相对不起诉标准的指导性文件,或由省级地方审判机关、检察机关、公安机关经过会商,共同制定各类轻微刑事犯罪案件相对不起诉标准的指导性文件,报最高人民法院、最高人民检察院、公安部核准后予以施行。在其中明确对各类轻微刑事犯罪案件的案件性质、犯罪情节及对社会危害程度的区分,设置检察机关可以作相对不起诉处理的对应兜底条款,以规范相对不起诉的实践运作,促进相对不起诉应用尽用,最大限度发挥检察机关相对不起诉权的社会功能。

在明确相对不起诉的适用边际后,还应进一步完善相关法律法规,减少相对不起诉的适

---

① 《"拟不起诉+社会公益服务" 助力社会治理新格局》,载东宝检察微信公众号 https://mp.weixin.qq.com/s/eEruasvHpwTmwzmMLGJcbg,访问日期:2024年7月20日。

② 《这些人犯罪却不被起诉,凭什么?》,载中国新闻周刊微信公众号 https://mp.weixin.qq.com/s/rc4aSSY13Dx69EBaOj2czw,访问日期:2024年7月20日。

用限制。如我国刑法及刑事诉讼法中均没有规定刑事附带民事诉讼案件中检察机关不能作相对不起诉处理，但最高人民检察院2007年6月发布的《人民检察院办理不起诉案件质量标准(试行)》则将需要检察机关提起附带民事诉讼作为不应作出相对不起诉决定的情形加以规定。在司法实践中，刑事附带民事诉讼案件的确比较复杂，处理难度比较大，因而该规定的制定有一定的现实考量，但在轻罪治理的社会背景下，则有必要对类似规定予以改进。如经检索中国裁判文书网发现，检察机关提起公诉的刑事附带民事公益诉讼的有关生产、销售油条行为的生产、销售不符合安全标准的食品罪案件中，审判机关判决适用的刑罚大部分为拘役和缓刑。若非刑事附带民事公益诉讼的需要，就犯罪情节、主观恶性、人身危害性来考量，该类案件是否有提起公诉的必要是值得商榷的。对此，2022年12月最高人民检察院、公安部联合发布的《关于依法妥善办理轻伤害案件的指导意见》中第17条“对犯罪嫌疑人自愿认罪认罚，愿意积极赔偿，并提供了担保，但因被害人赔偿请求明显不合理，未能达成和解谅解的，一般不影响对符合条件的犯罪嫌疑人依法作出不起诉决定”的规定具有一定的参考价值。案件当事人双方并未达成和解谅解，检察机关依然可以将案件作相对不起诉处理，在检察机关作出相对不起诉决定完成刑事诉讼流程后，被害方提起民事诉讼的权利并未被剥夺，仍可以单独就民事部分提起诉讼。推而言之，对于需要检察机关提起附带民事公益诉讼的刑事案件，检察机关亦可在作出相对不起诉决定后单独就民事公益部分提起诉讼。

(二)完善监督体系，提升相对不起诉的案件质效

完善相对不起诉监督体系，应当从事前监督和事后监督两个层面来落实，并在必要环节广泛引入社会力量参与其中。

1. 事前监督的完善

一是证据审查。检察机关在办理案件过程中，应全面审查案件证据，充分分析行为人的犯罪情节、主观恶性、社会危险性，考量诉与不诉的社会效果，如可作相对不起诉处理的，要在案件审查报告中对案件事实、适用法律及不诉理由进行详细阐述和充分论证。

二是案件审批。目前我国检察机关相对不起诉审批流程大致是检察官提出相对不起诉建议后，由部门负责人、分管副检察长及检察长依次审批决定，疑难复杂的案件还会经检察官联席会议讨论后，提交检察委员会讨论决定。在轻罪扩张的社会背景下，优化审批权限、减少办案流程已成为司法机关办理案件的必然选择，但对于检察机关作相对不起诉处理的案件，原有的审批流程则应当予以维持，从而统一办案标准，防止相对不起诉权被滥用。

三是组织听证。听证的目的是让大众参与进来，就行为人的犯罪情节、主观恶性及人身危险性听取多方的意见，让办案过程在阳光下运行。检察听证在我国检察机关办理案件，尤其是相对不起诉案件的办理中已被广泛运用，参与听证的各方主要是检察机关办案人员、侦查机关办案人员、人民监督员以及以人大代表或政协委员为主的听证员，这是有一定不足的。首先被害人和行为人未能参与其中，不能充分听取案件各方当事人的意见，不利于其充

分理解检察机关的司法目的。其次由于侦查机关办案人员执法办案立场的不同及人民监督员、听证员法律知识的有限,其所提出建议的可参考价值有待衡量。对此,可以引入律师及法官参与听证,促使听证工作发挥实质性作用。

四是发布公告。对于一些检察机关经审查后拟作相对不起诉处理的争议较大的案件,可实行发布公告的方式:在正式作出相对不起诉决定前15天内,以纸质及网络等线上线下相结合的方式发布公告,以10天为公告期面向社会征求意见和建议,在公告期满后综合收集到的意见和建议,再决定是否作相对不起诉处理。

五是宣布决定。检察机关作相对不起诉处理的案件,除涉及被害人隐私等特殊情况的案件外,均应结合案件实际选择合适的场所,公开宣布不起诉决定,在宣布时就案件事实、法律责任、不诉理由等进行释法说理,一方面帮助行为人消除不良影响以促进社会关系的恢复,另一方面发挥教育警示作用以实现"办理一案治理一片"的效果。

2. 事后监督的设计

一是异议处置。对此,我国《刑事诉讼法》及《人民检察院刑事诉讼规则》中关于移送审查起诉机关、被害人、被不起诉人对检察机关作出的不起诉决定存在异议时的处置权利和处置路径的规定已十分完备。

二是文书公开。最高人民检察院2021年发布的《人民检察院案件信息公开工作规定》第18条规定了检察机关应当在人民检察院案件信息公开系统上发布不起诉决定书,检察机关不起诉决定书公开的最大意义,就是打破司法工作的封闭性,更好接受社会监督。但通过12309中国检察网检索可发现,大部分地区公开的相对不起诉决定书的数量十分有限,更有甚者从未公开。对此,可以将相对不起诉决定书的公开时效及比值纳入检察机关案件质量主要评价指标,以考核作为指挥棒来督促检察机关及时公开相对不起诉决定书,自觉接受社会监督。

三是质量评查。检察机关内部、地方党委政法委、上级检察机关应遵循司法规律,设置科学合理的指标,定期组织案件质量评查,针对检察机关作相对不起诉处理的案件,重点评查案件的事实认定是否清楚、法律适用是否准确、不诉理由是否充分,促使检察机关正确行使相对不起诉权。

(三)落实非刑处罚,增强相对不起诉的司法效果

检察机关针对需要进行非刑处罚的相对不起诉案件提出检察意见并移送有关主管机关处理,是落实非刑处罚的必要前提。对此,可以将非刑处罚检察意见分析纳入相对不起诉案件审查报告的内容中,要求检察机关办案人员每案必须分析是否需要提出非刑处罚检察意见。在明确落实非刑处罚的前提后,需进一步明确落实非刑处罚的措施。首先是明确检察意见的内容。检察机关应当参照提起公诉案件的量刑建议书内容,在检察意见书中明确非刑处罚的具体种类及幅度,以确保检察意见的规范性、科学性和可操作性,对此,需要检察机

关办案人员不断提升自身法律素养,熟悉各个刑法罪名对应的相关法律法规。同时在作出相对不起诉决定前,通过与有关主管机关会商的方式,明确非刑处罚的种类及幅度。其次是监督检察意见的落实。检察机关在向有关主管机关移送的检察意见书中,应当明确回复时限,并在移送后进行跟踪监督。如有关主管机关未落实检察意见中的非刑处罚且无正当理由的,可根据 2021 年 6 月中共中央印发的《关于加强新时代检察机关法律监督工作的意见》第 10 条的规定,通过制发检察建议督促其落实,至于督促后仍然拒不落实的情况,可以探索“像公益诉讼案件那样提起诉讼”①的方式,通过审判机关裁决来强制落实。

此外,《人民检察院刑事诉讼规则》第 372 条规定了检察机关不起诉决定书的主要内容应包括被不起诉人的基本情况、案由和案件来源、案件事实、不起诉的法律根据和理由、涉案财物的处理情况及有关告知事项。检察机关作出相对不起诉决定的不起诉决定书作为刑事案件司法程序的终结性文书,与审判机关的刑事判决书一样具有向社会公众宣传法律知识、传播法律信仰的作用。因此,应当在相对不起诉案件不起诉决定书的主要内容中增加对被不起诉人已进行的非刑处罚情况或对被不起诉人拟进行的非刑处罚意见,一方面督促检察机关履行提出非刑处罚检察意见的职能,另一方面消除行为人及社会公众对检察机关作出的相对不起诉决定的误解,强化相对不起诉的司法效果。

(四)统一社会服务,深化相对不起诉的治理成效

首先,应从法律层面对社会公益服务予以明确。在我国各地方检察机关“相对不起诉 + 社会公益服务”的实践运行基础上,进一步总结经验,根据实体与程序的要求,从立法层面将轻微刑事犯罪案件相对不起诉与社会公益服务挂钩予以明确,从而增强该项工作的权威性。

其次,在赋予社会公益服务以“合法性”的身份后,还应对其操作措施予以细化。一是适用范围方面。对于符合我国《刑事诉讼法》第 177 条规定可以作相对不起诉处理的案件,可充分考虑行为人的身体条件与经济条件,并征求行为人个人意愿,决定是否适用“相对不起诉 + 社会公益服务”。二是服务内容方面。各地方可根据自身实际,结合行为人的专业特长,合理安排行为人参与所在辖区或指定单位的交通执勤协助、环境卫生保持、公共秩序维护、法律政策宣传等社会公益服务。三是时长设置方面。根据行为人的犯罪事实和犯罪情节,设立其参与社会公益服务的时长最高为 120 小时,并设置其每天参与社会公益服务不得少于 5 小时。四是开展程序方面。检察机关确定适用“相对不起诉 + 社会公益服务”后,制发工作联系函及服务考核评价表等程序性文书交行为人,行为人持函到所在辖区或指定单位报道后,由所在辖区或指定单位安排其从事相关社会公益服务。五是考核评价方面。检察机关制发的服务考核评价表应设置规范合理的考核评价指标和考核评价等次,明确达到

---

① 王红梅、赵江伟:《“慎诉”政策背景下相对不起诉制度完善研究》,载《贵阳市委党校学报》2022 年第 6 期,第 53 页。

何种等次对行为人可以作相对不起诉处理,低于何种等次对行为人须提起公诉处理。待行为人在时限内完成所需社会公益服务时长后,由所在辖区或指定单位对其服务成效进行考核评价。检察机关在充分审核考核评价结果的客观性与公正性后,以之作为参考对案件进行下一步处理。

轻罪案件酌定不起诉扩张适用问题研究

吕　玥*

摘要：近年来我国进入轻罪时代，轻罪立法趋势明显，轻罪案件比例增加，在此背景下需要畅通程序出罪机制，酌定不起诉在轻罪案件中的扩张适用引发关注。然而酌定不起诉法定适用范围过窄，适用程序极为复杂，起诉法定主义主导下检察机关起诉裁量权饱受质疑，酌定不起诉难以实现扩张。轻罪立法之下新增轻罪自带"犯罪情节轻微"天然属性，酌定不起诉的扩张适用有利于防止犯罪附随后果扩张，节省诉讼资源，贯彻恢复性司法理念，提高轻罪治理效能，具有理论正当性和现实必要性。为实现轻罪案件酌定不起诉扩张适用，应当进一步扩大酌定不起诉案件适用范围，改进酌定不起诉运行控制程序，完善酌定不起诉监督制约机制。

关键词：轻罪治理；酌定不起诉；程序出罪；扩张适用

一、问题提出

自《刑法修正案(八)》规定醉驾入刑以来，我国刑事立法整体呈现为"积极刑法立法观"。2011 年之后历次刑法修正中轻罪化趋势明显，以帮信罪和高空抛物罪为代表的法定最高刑只有 3 年甚至 1 年有期徒刑的新罪入刑，大量轻微行政违法行为上升为刑事犯罪，犯罪门槛下降和轻罪数量增加成为刑法立法特色，并呈现出逐步强化的趋势。① 近年来，我国刑事犯罪结构发生显著变化，以故意杀人罪、抢劫罪、强奸罪等为代表的严重暴力犯罪发案率持续下降，轻罪案件占比大幅上升，自 2013 年以来，刑期为 3 年以下有期徒刑的案件占比稳定在 80% 以上，我国整体上已经进入"轻罪时代"。② 轻罪治理需要更加宽缓和灵活的刑

---

* 吕玥(1999—)，男，河南南阳人，中南财经政法大学法学院 2022 级硕士研究生，研究方向为刑事诉讼法学。

基金项目：本文系中南财经政法大学中央高校基本科研业务 2024 年度研究生科研创新平台项目"轻罪治理背景下程序出罪问题研究"阶段性成果(项目编号：202410661)。

① 参见何荣功：《我国轻罪立法的体系思考》，载《中外法学》2018 年第 5 期，第 1204 页。

② 参见卢建平：《为什么说我国已经进入轻罪时代》，载《中国应用法学》2022 年第 3 期，第 135 页。

事程序,但与之相矛盾的是,我国刑事诉讼法并没有完备的程序出罪机制。轻罪具有较低的刑事违法性和社会危害性,大量轻微违法案件入刑后,在直筒型“流水线式”的刑事追诉模式下难以实现程序出罪,最终被定罪量刑,罪犯本人及其近亲属也需要承受较重的犯罪附随后果,这与刑法参与社会治理的功能和刑法的谦抑性原则产生严重矛盾。①

由于我国程序出罪方式较为匮乏,法定不起诉在轻罪治理中基本没有适用空间,附条件不起诉仅适用于未成年犯罪嫌疑人,存疑不起诉需要满足证据不足的严苛条件,特殊不起诉又仅限于几类法定特殊案件。解释论是法律研究的主要方法,在不改变立法的情况下,学者们在现行法律框架内积极探索程序出罪空间,酌定不起诉作为程序出罪的典型机制逐渐进入学者视野。实践中部分地方司法机关也在探索酌定不起诉在轻罪案件中的扩张适用,但在实际运行中却遇到了法律依据不足、裁量权扩张存疑、内部科层监督严格等问题。本文尝试归纳轻罪适用酌定不起诉的现实困境与制约因素,解决酌定不起诉在轻罪案件适用中的理论障碍和实践难题,为酌定不起诉在轻罪治理中的扩张适用提供解决方案。

二、酌定不起诉扩张适用的制约因素

自 1996 年刑事诉讼法创设酌定不起诉制度以来,有关该制度适用问题的讨论经久不息。从学者总结的理论问题和实践经验来看,制约酌定不起诉扩张适用的因素主要有以下四方面。

(一)酌定不诉适用范围的法律限制过窄

其一,现行法律中酌定不起诉的范围规定过窄,理论上亦存在较大争议。根据《刑事诉讼法》第 173 条第 2 款之规定,酌定不起诉的条件是“犯罪情节轻微,依照刑法规定不需要判处刑罚或者免除处罚”。有关该条文的理解,理论界众说纷纭,目前主要有两派对立观点。第一,以主流教科书为代表的“实体法前提说”认为,酌定不起诉的适用以“依照刑法规定不需要判处刑罚或者免除处罚”为前提。这对应《刑法》第 37 条“对于犯罪情节轻微不需要判处刑罚的,可以免予刑事处罚”,其中《刑法》规定“免除处罚”的情形为固定 9 种,满足实体法前提之后再行判断是否构成“犯罪情节轻微”,主要参照犯罪嫌疑人年龄、一贯表现、犯罪动机和目的、犯罪手段、危害后果和悔罪态度等。② 第二,“程序法独立适用说”认为,酌定不起诉独立于《刑法》第 37 条之规定,不以免除处罚对应的具体实体规范作为适用前提。《刑事诉讼法》第 173 条第 2 款“依照刑法规定”应区别理解:“依照刑法规定不需要判处刑罚”可以根据刑事司法政策酌定免除处罚,而“依照刑法规定免除刑罚”必须依照刑法具体条文

---

① 参见何荣功:《轻罪立法的实践悖论与法理反思》,载《中外法学》2023 年第 4 期,第 960 页。

② 参见《刑事诉讼法学》编写组:《刑事诉讼法学》(第 4 版),高等教育出版社 2022 年版,第 280 页。

实现法定免除处罚。[①] 部分学者在两派对立观点之中又走出了“第三条道路”，即根据“免除处罚”和“免予刑事处罚”分情况决定：“免除处罚”对应刑法具体条文规定，而“免予刑事处罚”则对应适用《刑法》第37条，只要满足犯罪情节轻微，就可以作为独立免除刑罚事由。[②] 这实际上就将酌定不起诉从“半酌定半法定”变为“以酌定为主”。[③] 此外，有关“犯罪情节轻微”的界定也存在巨大争议，一种观点认为需要同时满足罪名轻和犯罪情节也轻两个条件，另一种观点认为无论重罪轻罪，只看是否符合“犯罪情节轻微”。[④] 虽然理论上争议极大，但是从学界通说和实务操作来看，“实体法前提说”实际上占据了主导地位，甚至成为通说。刑法所规定的16种免除处罚情节所对应的案件极其少见，如果严格按照“实体法前提说”，在公共利益考量尚未引入立法的情况下，检察机关办案过程中基本没有任何自由裁量权。[⑤]

其二，与轻罪治理相关的司法解释文件过度压缩了酌定不起诉的适用范围。2023年12月13日《最高人民法院、最高人民检察院、公安部、司法部关于办理醉酒危险驾驶刑事案件的意见》（以下简称《新醉驾意见》）出台，对醉酒型危险驾驶罪的入罪标准进行了重构。首先，血液酒精含量达到80毫克/100毫升以上的，公安机关要根据具体情节判断是否立案，情节显著轻微、危害不大，不认为是犯罪的，不予立案。其次，血液酒精含量不满150毫克/100毫升的，且不具有《新醉驾意见》第10条规定的15种情形，可以认定为情节显著轻微、危害不大，并做法定不起诉。此外，检察机关还可以综合全案因素行使起诉裁量权，对于情节轻微的可以作出酌定不起诉决定，而根据法律体系解释基本规则，只要醉驾嫌疑人有第10条规定的加重情节，就必须定罪处罚。换言之，第10条加重情节排斥第13条酌定不起诉的适用。最后，血液酒精含量超过180毫克/100毫升的不得适用缓刑，《刑法》第72条规定缓刑的适用条件之一就是“犯罪情节较轻”。由此可知，《新醉驾意见》实际将醉酒型危险驾驶罪划分了四档标准：第一，80毫克以下不属于犯罪；第二，80毫克到150毫克且不具有《新醉驾意见》第10条规定的15种法定加重情形的属于法定不起诉；第三，150毫克到180毫克且不具有《新醉驾意见》第10条规定的15种法定加重情形的属于酌定不起诉；第四，180毫克以上必须起诉。可见，在《新醉驾意见》规定之下，酌定不起诉的犯罪只剩下30毫克的自由裁量空间，几乎等同于在醉酒型危险驾驶罪中删除了酌定不起诉，司法解释文件过分压缩了酌定不起诉的适用空间。

---

① 参见黄京平：《论酌定不起诉的程序性出罪机能——以程序规范和实体规范的关系为重点》，载《苏州大学学报（哲学社会科学版）》2023年第2期，第72页。

② 参见郭烁：《酌定不起诉制度的再考查》，载《中国法学》2018年第3期，第232页。

③ 参见赵兴洪：《酌定不起诉的时代命运》，载《中国刑事法杂志》2022年第3期，第79页。

④ 参见陈光中：《论我国酌定不起诉制度法建议》，载《中国刑事法杂志》2001年第1期，第80页。

⑤ 参见谢小剑：《少捕慎诉慎押背景下裁量不起诉适用的发展与完善》，载《中国刑事法杂志》2023年第1期，第79页。

(二)起诉法定主导下裁量权难以扩张

我国刑事起诉制度一直奉行"起诉法定主义为主,起诉便宜主义为辅"的原则,检察官的起诉裁量受到严格限制。起诉法定主义又称"起诉强制",其基本要求是有充分证据证明有犯罪事实发生,需要追究刑事责任且符合起诉条件的,检察机关应当依法起诉。① 起诉法定主义以刑法报应主义为理论基础,正义的至高性决定了刑法谴责和刑事制裁的不可回避性。自1997年《刑法》修订以来,从严打击犯罪成为刑事司法政策的主流,《刑法》第2条规定刑法的任务是通过刑罚手段同一切犯罪行为作斗争,保护国家和人民的利益,罪刑法定原则也要求法律明文规定为犯罪行为的,要依照法律定罪处刑。起诉法定主义要求"构罪即诉",是对实体法"有罪必罚"理念的程序呼应,因而成为起诉制度的主导原则。② 此外,我国长期保持重刑主义历史文化传统,社会整体观念向来强调严厉打击各种违法犯罪行为,检察机关每年批捕和起诉的犯罪嫌疑人数量也是评判工作绩效的重要标准。虽然这种社会观念近年来有所改观,但刑事法律作为社会治理的重要惩罚手段依旧没有实质性改变,检察机关作出不起诉决定依然遭受社会、政府,尤其是被害人及其家属的不理解,这进一步制约了酌定不起诉的扩张适用。

(三)科层制管理下酌定不诉程序复杂

2012年以前,所有酌定不起诉案件均需由承办检察官制作审查报告上报公诉部门负责人,由分管负责起诉工作的检察长提请检委会审议,经过检委会讨论一致通过方可作出不起诉决定,不起诉决定书还要报上一级检察机关备案,检察机关内部还要针对不起诉案件写报告、做汇报以应对上级专项检查。③ 此外,实践中一直存在批捕后必然起诉的情况,虽然批捕和起诉属于两个完全独立的程序,但是批捕的刑期要求和社会危险性条件就已经对"犯罪情节轻微"作出否定性评价。换言之,采取取保候审几乎是酌定不起诉的必备要素,在羁押率长期高位运行的情况下,酌定不起诉的适用空间被极大压缩。④ 2012年《人民检察院刑事诉讼规则》取消了检委会批准的限制,改为直接由检察长决定,2018年后,检察机关又开展了"捕诉合一"和员额制改革等多项内部管理改革,但酌定不起诉审批繁杂的情况仍未得到实质改善,程序上又增加了检察官联席会议讨论通过的环节,如《江苏省检察机关检察官联

---

① 参见陈岚:《论检察官的自由裁量权——兼析起诉便宜原则的确立及其适用》,载《中国法学》2000年第1期,第122页。

② 参见罗欣、彭之宇:《酌定不起诉的价值辩证与制度改良》,载《中国刑事法杂志》2010年第1期,第87页。

③ 参见赵鹏:《酌定不起诉之现状考察及完善思考》,载《法学》2011年第9期,第155页。

④ 参见刘甜甜:《解构与重建:论酌定不起诉从宽的困境消解》,载《中国刑事法杂志》2020年第5期,第147页。

席会议规定(试行)》第3条规定"拟作撤销或不起诉处理的案件"应当提交检察官联席会议讨论,防止案件出错。部分省市虽然没有作出限制性规定,但是由于不起诉涉及检察官本人及其所在检察机关的绩效考核,检察官为了分散自身责任风险,只要案件略有争议就提请部门负责人召开联席会议讨论,导致不起诉案件程序适用更为复杂。

(四)检察官起诉自由裁量权饱受质疑

酌定不起诉意味着检察官行使不起诉权终止对犯罪嫌疑人的刑事追诉,其在赋予司法人员更多自由裁量权的过程中,也面临对其滥用权力的质疑。① 绝对的权力只会导致绝对的腐败,检察机关起诉裁量权的扩张隐藏着权力滥用的风险,一方面犯罪嫌疑人可以通过行贿换取不起诉,另一方面被害人一方也可以通过行贿让检察官对犯罪嫌疑人提起公诉,酌定不起诉最终可能异化为司法审查前的变相刑罚,甚至沦为富人"花钱买刑"的工具,20世纪免于起诉的实践乱象就是起诉裁量权滥用的有力证明。② 但是,从实践来看,检察机关自由裁量权的主要问题在于运行不规范而不是权力滥用。其一,检察机关作出不起诉决定的内部审批极为严格,层层把关之下权力滥用空间已经被极大压缩;其二,检察机关作出不起诉决定极为慎重,往往要听取公安机关、被害人、辩护律师等多方意见,召开听证会来最大限度保障程序公开;其三,被害人如果对检察机关不起诉决定不服,可以向上级检察机关申诉或直接自诉,公安机关不服的也可以申请复议。上述方面可以有效制约权力滥用,但是办案投诉率、信访率等也是检察官绩效考核的重要指标,有的检察官疲于释法说理,为防止被害人投诉和公安机关的质疑往往选择一诉了之。

三、轻罪案件酌定不起诉扩张适用的理论基础与实践理性

(一)轻罪立法背景下酌定不起诉扩张适用具有理论正当性

长期以来我国一直保持行政违法和刑事犯罪二元制裁体系,大量普通违法行为通过行政处罚的方式解决,刑法重罪重刑化突出,整体呈现出"厉而不严"的特征。基于强化刑法参与社会治理、完善刑法立法结构的考量,理论界和实务界对轻罪立法的呼声日益高涨,新近刑法修正案中也不断增设新型轻罪,主要呈现出三个特征。第一,行政违法犯罪化。以备受争议的危险驾驶罪为例,作为典型的抽象危险犯,只要血液中酒精含量达到80毫克/100毫升即构成该罪,部分地区甚至采用"刑拘直诉"的方式专门处理醉驾。但危险驾驶罪在有效遏制醉驾、飙车等严重危害交通安全行为的同时,每年也将30余万人打上犯罪烙印,这无

---

① 参见王迎龙:《轻罪治理背景下出罪模式研究——实体与程序路径的双重反思》,载《比较法研究》2023年第4期,第27页。

② 参见王华伟:《轻微犯分流出罪的比较考察与制度选择》,载《环球法律评论》2019年第1期,第173页。

异于司法和个人的“两败俱伤”。[①] 第二,象征性与情绪化立法。近年来发生的冒名顶替上大学、高空抛物致人伤亡、侮辱烈士、食用野生动物以及恶性催收债务等事件刺痛了公众神经,为安抚公众情绪,刑法以社会现实问题为契机增设新罪,如冒名顶替罪、高空抛物罪、侵害英雄烈士名誉罪、非法催收债务罪等,将刑法调整范围扩展至新的领域。第三,只规定构成要件,取消罪量要件。一方面刑法规定“情节显著轻微,危害不大”作为非罪事由,另一方面新增轻罪很少出现“情节严重”“数额较大”等罪量要件描述。

轻罪立法的本质是将一般违法行为犯罪化的过程,主要目的在于弥补行政处罚畸轻和刑事处罚畸重的极端困境,解决的是罪与非罪的问题,但在法理上却难以证成轻罪立法的合理性。首先,象征性立法和情绪性立法中的大部分行为本质上属于发生概率极低但社会影响极为恶劣的个案,并不具有一般预防的必要性,不需要刑法积极介入。其次,刑法的基本方法论在于解释学而非立法论。刑事立法具有较强的稳定性,文字化的刑法条文必然伴随抽象化特点,为应对社会生活中千奇百怪的事件,刑法学者必须对刑法条文进行解释,能够通过解释将其纳入其他规范涵摄范围内就不得轻言修法。因此,积极立法观从本质上就与刑法基本研究方法相背离。最后,轻罪立法在本质上无法和普通违法行为划清界限,有刑罚权过分扩张适用的嫌疑。以高空抛物罪为例,根据司法解释规定,对意图杀害、伤害不特定人群实施高空抛物行为的,该行为需要达到与放火、爆炸、决水等危害行为相当的程度才可以成立以危险方法危害公共安全罪。考虑到实践中高空抛物行为往往仅对不特定单一个体造成伤害,难以对公共安全造成实质性危害,因此,该罪名的设立实际上成为以危险方法危害公共安全罪的过渡罪名。《刑法》第114条规定的是具体危险犯,高空抛物罪则成为抽象危险犯,进而降低了高空抛物行为的入罪门槛。[②] 尽管《刑法》第291条规定了“情节严重”作为高空抛物罪的罪量要素,但是作为安抚公众情绪的象征性立法,这种“严重”的判断标准实际上也相应降低,同理,《刑法》第133条之二新增的妨害安全驾驶罪也存在同样问题。

综上所述,轻罪立法实质上是将原本属于行政法规制范围的行为上升为刑事犯罪,其在立法之初就自带“犯罪情节轻微”的本质属性,结果上降低了刑法入罪门槛,加剧了公民受到刑事追诉的风险。根据并合主义刑罚理论,较低的法定刑意味着从报应刑角度考虑轻罪案件的需罚性大幅降低,而在象征性立法目的之下,轻罪多发挥宣示作用却不具备特殊预防必要性,因而具有出罪必要性。[③] 酌定不起诉的核心判断标准是“犯罪情节轻微”,由于轻罪入罪自带“情节轻微”的本质属性,天然地具有扩张适用酌定不起诉的实体法必要性,这就意味着司法人员在办理该类案件过程中应当重点考察是否满足不起诉条件,更多地以酌定不起诉的方式对轻罪案件进行程序出罪。

---

① 参见周光权:《论刑事一体化视角的危险驾驶罪》,载《政治与法律》2022年第1期,第15页。

② 参见杨楠:《我国轻罪立法的实践与反思》,载《东方法学》2022年第6期,第129页。

③ 参见史立梅:《论醉驾案件的程序出罪》,载《中国法学》2022年第4期,第262页。

(二)轻罪治理体系下酌定不起诉扩张适用具有现实必要性

任何制度设计都是体系性的存在,轻罪立法必然会带来司法连环效应,作为目前最主要的程序出罪模式,酌定不起诉的扩张适用具有现实必要性。

第一,完善轻罪治理体系,提高轻罪治理效能。轻罪治理并非仅仅依靠轻罪立法实现,还需要构建完善的司法程序。近年来司法机关推行认罪认罚从宽改革、少捕慎诉慎押和宽严相济的刑事政策都强调"慎诉"的问题,在犯罪结构逐渐向轻罪化转变的重要阶段,一味坚守起诉法定主义、采取刑罚化处置方式并非最优解决办法。通过酌定不起诉扩大适用,在诉讼程序中将部分没有惩罚必要的案件分流出去,更有利于缓和国家、社会和公民之间的矛盾冲突,提高社会治理效能。

第二,符合恢复性司法理念。如果说立法新增轻罪天然地具有酌定不诉理论基础,那么对于其他法定刑在3年以上但预期宣告刑3年以下的罪名则不具备酌定不诉的天然属性,但是从刑罚的目的来说,通过刑罚的方式未必可以达到改造和预防的效果,反而会激化社会矛盾。大部分轻罪案件犯罪嫌疑人主观恶性较小、认罪态度良好、矛盾纠纷具有可化解性,以酌定不起诉为条件推动犯罪嫌疑人具结悔过、退赃退赔可以实现受损法益的良好修复,不需要将其置于国家和社会对立面。①

第三,防止犯罪附随后果扩张。中国社会自古以来就对犯罪分子有着根深蒂固的负面评价,公民一旦犯罪,其制裁效果远重于刑罚本身,甚至出现了犯罪直接后果和犯罪附随后果轻重"倒挂"的异常现象。② 轻罪治理的主要矛盾就在于,推进刑法结构转型和轻罪化并没有错,但是刑罚的附随后果太过严重,而且可以预见到短期内我国无法建立犯罪记录消除制度,那么最终的后果必然是刑法朝"又严又厉"的方向恶性发展。因此,需要扩大酌定不起诉范围,防止公民被轻易贴上犯罪标签。

第四,节省诉讼资源。近年来轻罪案件数量大幅增长,为节约诉讼资源,实现案件繁简分流,刑事诉讼法进行了速裁程序改革,但是仅适用于刑期1年以下的认罪认罚案件,大量3年以下的案件仍需要经过一系列复杂程序。酌定不起诉的扩张适用可以将部分没有必要起诉的案件分流出去,缩短诉讼时间,节省司法机关人力、物力、财力,将更多精力投放在疑难、复杂案件中。

四、轻罪案件酌定不起诉扩张适用的完善路径

(一)扩大酌定不起诉案件适用范围

第一,有关《刑事诉讼法》第173条第2款规定的解释问题是限制酌定不起诉扩张适用

① 参见卞建林:《慎诉的理论展开与制度完善》,载《法学》2022年第10期,第130页。

② 参见张明楷:《轻罪立法的推进与附随后果的变更》,载《比较法研究》2023年第4期,第13页。

的理论难题,笔者认为对该条款的理解应当把握两点:

一是独立适用《刑法》第 37 条判断犯罪情节是否轻微。现有理论中的"实体法前提说"过分限制了酌定不起诉的适用范围,而"程序法独立适用说"又赋予了检察机关几乎完全的裁量权,两者走向对立极端。笔者认为,对该条文的理解应当走向第三条道路。法定"免予处罚"条款必然可以作为酌定不起诉的判断标准,但是《刑事诉讼法》第 173 条第 2 款中的"依照刑法规定不需要判处刑罚"显然对应《刑法》第 37 条,因此,检察机关根据实体法规范就享有了更多的起诉裁量权,只要犯罪情节轻微,检察机关就可以综合各种因素考虑是否启动酌定不起诉。

二是犯罪情节轻微的判断。首先,轻罪类型没有必然限制,犯罪情节轻微不仅针对法定刑 3 年以下的轻罪,预期宣告刑 3 年以下的轻罪也可以作为酌定不起诉目标;其次,刑法中类似"情节严重""严重危及公共安全"等以严重与否作为罪量要素的罪名更具有酌定不起诉的必要性,检察机关应当着重审查情节是否达到入罪门槛,即使符合相应严重程度,也可以通过其他因素判断其社会危害性和起诉必要性;最后,综合考量犯罪嫌疑人犯罪后的表现,将悔罪态度、退赃退赔情况、被害人是否谅解、是否刑事和解等多种因素纳入酌定不起诉的考量条件,充实被害人不起诉利益。

第二,以司法解释文件的形式扩张酌定不起诉在具体案件类型中的适用范围。

《最高人民检察院关于充分发挥检察职能服务保障"六稳""六保"的意见》第 9 条规定:落实"少捕""少押""慎诉"的司法理念,坚持依法能不诉的不诉,依法行使不起诉裁量权,逐步扩大酌定不起诉在认罪认罚案件中的适用,鼓励和促使更多的犯罪嫌疑人、被告人认罪服法,化解社会矛盾,减少社会对抗,提升司法效率,确保办案效果。由于酌定不起诉在理论上具有高度抽象性且存在争议,实践中检察机关办案多参照具体司法解释和法律法规。笔者建议,未来在最高检联合或单独制定的具体罪名案件司法解释文件中应当以明文规定的方式提示检察机关行使酌定不起诉权,具体有以下三种方法:其一,注意规定式,可以在从轻、从宽或免除处罚相关条款中加入类似"对于犯罪情节轻微,危害不大的,可以不起诉"或"可以适用酌定不起诉"话语,以提示办案人员适用酌定不起诉条款;其二,综合考量式,以单独条款设计酌定不起诉,附带相关考量因素作为起诉裁量权行使之参照,如制定"检察机关可以综合考量犯罪嫌疑人的行为动机、主观恶性、认罪悔罪态度、危害后果等因素,认为情节轻微危害不大的,可以作出不起诉处理"等类似条款;其三,情形列举式,如设计"犯罪嫌疑人有下列情形之一,可以认定为犯罪情节轻微,可以依照刑事诉讼法第一百七十七条第二款的规定作出不起诉决定"条文规定,并将犯罪情节轻微的表现细化为明确款项,帮助办案人员判断是否属于犯罪情节轻微。

(二)改进酌定不起诉运行控制程序

目前限制检察机关扩大酌定不起诉适用范围的重要制度性障碍就是检察机关内部的不

起诉运行控制程序，应当对此做出改进，让检察官敢于行使不起诉权，具体包括以下三个方面：

第一，改革检察机关内部考核指标。建议取消不起诉数量上限，降低不起诉后被害人申诉、公安机关复议对检察官绩效考核的负面影响。同理，由于检察机关作出不起诉决定也会对公安办案人员绩效考核造成影响，在起诉裁量权扩大的同时检察机关应当协同公安机关同步修改考核指标。

第二，赋予员额检察官更多不起诉决定权。目前不起诉案件由员额检察官主办、检察官助理协办，在案多人少的情况下，基本上是检察官助理在办案过程中提出案件有酌定不起诉的必要，并由员额检察官做第一步审查工作，上报部门负责人二次审查，再由检察官联席会议第三次讨论审查通过，再经分管副检察长第四次审查同意，最后报检察长第五次审查决定是否通过。整个过程层层审批讨论、逐级汇报通过，相当繁琐。笔者建议，员额制改革以后员额检察官的办案能力已经有所保障，建议赋予员额检察官更多不起诉决定权，取消检察官联席会议作为不起诉的前置程序，部门负责人审批决定后只需报检察长备案，不再由检察长作出决定。

第三，尊重检察官不起诉自由裁量权。不同的人知识背景、成长环境、道德要求千差万别，对于案件认识必然存在一定区分度，既然要扩大检察官的不起诉裁量权，就应当对检察官依法履职表示充分的尊重和接纳。即使被害人投诉或公安机关复议，只要检察官的不起诉决定在合理裁量区间内，且已经尽到注意义务的，都是刑事政策所支持的。但是，如果检察官的裁量行为明显超出法律规定且具有极端个人化倾向，也要严肃追责。

（三）完善酌定不起诉监督制约机制

不起诉具有刑事诉讼程序的终局效力，一方面扩张酌定不起诉适用有利于畅通程序出罪机制，但是另一方面也要警惕其中可能隐藏的权力滥用与腐败风险，完善监督制约机制。笔者认为可以从以下三个方面入手：

第一，统一常见轻罪案件裁量标准。地方检察机关可以就本地区办理的高发轻罪案件制定相应的不起诉标准或操作指南，统一不起诉裁量尺度，保证检察官行使不起诉权有法可依、有规可循。

第二，加强酌定不起诉公开释法说理。检察官办理不起诉案件要保证程序公开透明，接受被害人、犯罪嫌疑人、上级领导等多方监督，在不起诉裁量过程中应当认真听取被害人一方意见，做好释法说理工作，但也不得将被害人同意作为不起诉决定的必要条件，防止被害人借机“挟持”犯罪嫌疑人“漫天要价”，导致起诉裁量权陷入虚设的危险状态。对于案件争议较大，但检察官认为有不起诉必要的，应当召开听证会听取各方意见，审慎作出不起诉决定。

第三，健全各方不服不起诉决定救济机制。目前对于检察机关不起诉决定的救济机制主要有公安机关复议、被不起诉人申诉、被害人申诉和被害人自诉4种途径,其中前三种途径全部由检察机关内部自行审议,目前绝大部分不起诉决定都经过了检察机关内部集体决定,可见这种救济机制的制约作用十分有限,实践中鲜有发生下级检察院不起诉决定被上级推翻的情况,最终基本演化为职务犯罪投诉或信访。笔者建议设置不起诉案件被害人自诉司法审查机制,当被害人不服检察机关作出的不起诉决定时,可以向法院提起自诉,法院在立案过程中应当重点审查检察机关作出不起诉决定的合法性与合理性,如果不起诉决定明显违法或者显失合理,应当受理被害人自诉。

非刑罚处罚视角下我国轻罪附条件不起诉的适用逻辑与规范续造

王卫 韩怡*

摘要：非刑罚处罚因受制于相对不起诉的框架，作为一种自下而上、自生自发的制度试验，具有法律定位模糊、可能被选择性适用、考察效果存疑等缺陷。建议建立正式的轻罪案件附条件不起诉制度，以搭建出起诉——附条件不起诉——相对不起诉——绝对不起诉的轻罪案件四层处理模式，并引入协商性司法理念推动刑事司法现代化转型。同时平衡兼顾治理效果与办案效率，利用数字手段革新附条件不起诉监管考察方式，设置监督考察清单作为协商蓝本，并整合好以检察机关为主导的社会化支持体系以建立完善的轻罪附条件不起诉体系。

关键词：轻罪治理；附条件不起诉；非刑罚处罚；检察监督

近20年来，我国刑事案件总量不断增加，但刑事犯罪结构发生重大变化，起诉严重暴力犯罪从16.2万人降至6万人，醉驾、侵犯知识产权、破坏环境资源等新型危害经济社会管理秩序犯罪大幅上升，被判处三年有期徒刑以下刑罚的轻罪案件占比从54.4%上升至83.2%。① 轻罪案件庞大的绝对数量和在刑事案件中不断提升的比例，使其治理日益成为社会治理的重要问题。

近年来，学界开始讨论在轻罪案件处理中引入附条件不起诉制度的可能性，最高人民检察院（下文简称最高检）也做出了一些初步规划。2023年下半年，最高检印发的《2023—2027年检察改革工作规划》在完善准确适用宽严相济刑事政策机制的一段中表示，将“研究

* 王卫（1968—），男，江苏无锡人，江苏省无锡市锡山区人民检察院党组书记、检察长。

韩怡（1992—），女，江苏盐城人，江苏省无锡市锡山区人民检察院四级检察官助理。

① 《最高人民检察院关于人民检察院适用认罪认罚从宽制度情况的报告》，载中华人民共和国最高人民检察院网，https://www.spp.gov.cn/zdgz/202010/t20201017_482200.shtml，访问日期：2023年12月28日。

完善附条件不起诉制度”。本文将结合非刑罚处罚在探索中成功的经验和遭遇的困境,探讨为实现轻罪治理,构建附条件不起诉制度的必要性与实现路径。

一、检察机关不起诉案件非刑罚处罚的基本逻辑

非刑罚处罚的内涵有狭义与广义之分,前者可追溯至《中华人民共和国刑法》第37条所规定的:“对于犯罪情节轻微不需要判处刑罚的,可以免予刑事处罚,但是可以根据案件的不同情况,予以训诫或者责令具结悔过、赔礼道歉、赔偿损失,或者由主管部门予以行政处罚或者行政处分。”后者则包含司法机关对犯罪分子直接适用或者建议主管部门适用的刑罚之外的其他处理方法。随着各种新型犯罪形态的出现,传统的非刑罚处罚措施配套性需要增强。自2022年起,最高检在2023年6月召开全国检察机关普通犯罪检察工作会议对轻罪治理做出进一步规划之后,多地检察机关开展了新一轮非刑罚处罚的探索。

(一)检察机关不起诉案件非刑罚处罚的价值廓清

1. 社会治理效果最大化的现实需要

非刑罚处罚解决了轻罪案件不诉了结的问题,在起诉与不起诉之间留下了推动社会治理的空间。在酌定不起诉范围内,非刑罚处罚案件虽已达到起诉标准,但是介于“罪”与“非罪”的边缘,综合案情可以免除刑罚。与起诉相比,非刑罚处罚后可强化不起诉犯罪嫌疑人对被害人进行赔礼道歉和经济赔偿的动力,总体上更加有利于修复社会关系。完成任务获得不起诉之后,犯罪嫌疑人就可以免受定罪和刑事处罚,这对于行为人顺利回归社会、减少再次犯罪具有积极意义。而与直接不起诉相比,非刑罚处罚能够让犯罪嫌疑人通过参与教育引导、公益服务,受到感化和挽救,矫正错误观念和不良行为方式,更加有效地预防犯罪。

2. 贯彻宽严相济刑事政策的重要举措

2021年,中央全面依法治国委员会将“坚持少捕慎诉慎押刑事司法政策”列为年度工作要点之一,正式将少捕慎诉慎押由刑事司法理念上升至一项重要的刑事政策。最高人民法院《关于贯彻宽严相济刑事政策的若干意见》指出,要切实做到宽严并用、宽严相济,对于社会危害性大、主观恶性大、人身危险性大或者具有从重处罚情节的,要依法从严惩处,对于社会危害性小、主观恶性相对较小、人身危险性不大或者具有从宽处罚情节的,要依法从宽惩处。在贯彻宽严相济的刑事政策时,应当坚持区分不同的犯罪情形,综合考量犯罪从宽情节与从严情节,真正做到罪责相适应。通过认罪认罚从宽制度,以非刑罚处罚的方式对轻罪案件附加条件,绝大多数犯罪嫌疑人可以通过接受非刑罚处罚措施而避免被定罪的结局,也无需承受刑事处罚所带来的附随性后果。

3. 强化检察机关审前主导的必然要求

检察机关作为国家的法律监督机关,不仅要履行公诉权、监督权以及量刑建议权等基本检察职能,而且要在实现国家治理体系与治理能力现代化的过程中积极参与社会治理,以实

现社会治理参与主体的多元化。① 2021 年 6 月，党中央印发《关于加强新时代检察机关法律监督工作的意见》，要求检察机关根据犯罪情况和治安形势变化，准确把握宽严相济刑事政策，落实认罪认罚从宽制度，严格依法适用逮捕羁押措施，促进社会和谐稳定。检察机关对轻微刑事案件适用相对不起诉体现“审前分流”作用，以认罪认罚从宽制度配套非刑罚处罚则进一步在我国刑事诉讼中注入更多协商性、恢复性司法元素，将原本在刑罚执行环节才发挥的教育、矫正和治疗功能，提前到起诉环节加以实现，有利于进一步发挥检察机关审前主导作用，以检察机关法律监督的力量更加有效推动社会综合治理、服务社会发展大局。

(二)检察机关不起诉案件非刑罚处罚的类型

1. 传统措施

可以细分为训诫、责令具结悔过、赔礼道歉、赔偿损失等教育民事措施和行政处罚、行政处分等行政措施。随着经济社会发展，新型的犯罪不断出现，传统措施应对能力显得不足，尤其是在认罪认罚从宽制度推进以来，教育、民事等非刑罚处罚措施与认罪认罚的内容有所重合，明确的单独适用变得更少。行政措施的适用则存在行刑衔接等问题。为了激活传统措施，有些检察机关采取了“不起诉 + 集中训诫”、专业人士公开听证等方式推动被不起诉人真诚悔罪，降低再犯罪风险；也有一些地区采取创新工作举措以提高行刑衔接的顺畅度，如江苏检察机关推动构建公检法司共同参与的“一站式”轻罪治理中心模式；②上海市嘉定区检察院升级“两法衔接信息共享平台”，新增不起诉案件反向衔接功能，实现不同系统、不同技术标准的执法司法数据一键转化和导入。③

2. 社会志愿服务

即近年来在各地纷纷出现的“认罪认罚 + 志愿服务 + 相对不起诉”机制，在危险驾驶、盗窃、故意伤害等轻微刑事案件中得到广泛尝试，具体方法有法治学习、法治宣传、社区服务等，在企业环境污染案件中还有设置生态修复资金账户以实现生态修复“异地补偿”④、补植复绿、增殖放流、巡山管护⑤等。如 2017 年瑞安市检察院联合当地公安局、司法局、“爱心顺风车”公益组织，允许部分符合条件的醉驾犯罪嫌疑人参加 30 小时以上的社会公益服务，由

---

① 参见刘恒源：《成年人轻罪案件附条件不起诉的现实需要，理论基础与制度构建》，载《南海法学》2023 年第 2 期，第 7 页。

② 参见丁国锋、玄晓霞：《江苏江阴：探索建设“一站式”轻罪治理中心》，载中华人民共和国最高人民检察院网，https://www.spp.gov.cn/spp/zdgz/202309/t20230907_627586.shtml，访问日期：2023 年 9 月 7 日。

③ 参见刘亭亭：《深化行刑反向衔接，消除追责盲区 – 检察机关不断加强检察监督与行政执法衔接工作》，载《检察日报》2024 年 2 月 28 日，第 2 版。

④ 参见史兆琨：《不起诉后处罚，如何既有力度又有温度》，载《检察日报》2022 年 5 月 14 日，第 1 版。

⑤ 参见徐本鑫、刘彩群：《环境犯罪非刑罚处罚措施的适用问题研究》，载《江西理工大学学报》2019 年第 4 期，第 28 页。

公益组织具体组织实施并出具评估报告,司法局出具抽查报告,检察院根据报告最终作出不起诉决定。① 再如无锡市锡山区检察院在轻微醉驾案件考察中设置包括交通志愿服务、社区劳动等社会公益服务内容,并利用"检察机关不起诉案件非刑罚化处罚平台"App,通过被考察人的"打卡",对"站马路"任务实施监督考察。③

二、非刑罚处罚适用的困境检视

如前所述,基于社会治理效果最大化、宽严相济刑事政策以及强化检察机关审前主导作用的现实考量,非刑罚处罚措施具有与轻罪认罪认罚制度结合的法理逻辑。遗憾的是,非刑罚处罚在实践中仍暴露出诸多适用困境,尤其表现在法律定位模糊、选择性适用以及监督考察效果存疑等,亟待思考。

(一)非刑罚处罚措施在不起诉中的法律定位模糊

非刑罚处罚措施,尤其是志愿服务,自创设初始就一直面临着合法性的拷问。非刑罚处罚措施本身并不是法律所规定的出罪手段,而只是附随在相对不起诉的框架中运行,有些地区在不起诉案件中将非刑罚处罚前置,有些则置于不起诉宣告之后。如此,非刑罚处罚措施究竟应作为相对不起诉的前提条件之一,抑或不起诉后的附随义务,不免存疑。

如果作为相对不起诉的前提条件,即视犯罪嫌疑人完成非刑罚处罚的情况决定是否对其不起诉,质言之,即代表着犯罪嫌疑人不完成非刑罚处罚就不满足相对不起诉的条件。但是在非刑罚处罚探索开展之前,以及在未开展该项探索的地区,这些案件原本就符合相对不起诉"犯罪情节轻微,依照刑法规定不需要判处刑罚或者免除刑罚"的条件。在非刑罚处罚探索的地区,犯罪嫌疑人反而要完成额外的任务才能获得不起诉,两相比较,有增设义务的嫌疑。

如果将非刑罚处罚作为不起诉后的附随义务,即检察机关在审查起诉阶段通过认罪认罚与犯罪嫌疑人达成非刑罚处罚合意之后就作出正式不起诉决定,非刑罚处罚的实行在不起诉决定正式做出之后。然而不起诉决定一旦做出,即使犯罪嫌疑人不履行非刑罚处罚义务,检察机关也无法再对其采取强制措施,非刑罚处罚的履行没有法律机制能够予以保证。

(二)非刑罚处罚适用有随意性

非刑罚处罚随意性适用体现在两个方面。一是适用案件范围有随意性。具体对哪些相对不起诉的案件应该适用附加非刑罚处罚,以及适用何种非刑罚处罚并没有明确的设定。因非刑罚处罚的"探索"性质,检察机关向公安、司法行政部门、第三方组织等寻求的合作均

---

① 参见浙江省瑞安市人民检察院课题组:《醉驾附条件相对不起诉之探讨以瑞安模式"为蓝本的分析》,载《犯罪研究》2020 年第 5 期,第 50 页。

带有协商性质，出于减少“添麻烦”的考虑，对于相对难以管控的犯罪嫌疑人可能反而不对其适用非刑罚处罚，从而简单不诉了之，而要求相对容易管控的犯罪嫌疑人从事参加志愿服务、接受法治教育等非刑罚处罚活动，这导致了人身危险性与处罚后果的倒错，加剧了同案不同办的问题。

二是非刑罚处罚的具体措施使用有随意性，考察手段针对性不足、设置不够合理。适用相对不起诉本质上是一种裁量权，决定对被不起诉人给予何种及多大幅度的非刑罚处罚，同样需要综合考量罚责一致、预防行为人再犯的实际效用等因素，实质上也是行使裁量权。“裁量要有法律法规依据和标准”，①而目前缺乏这种依据和标准。

（三）期限过短导致监督考察效果存疑

相对不起诉没有考验期的规定，检察机关在审查起诉期限内必须作出不起诉决定。非刑罚处罚受制于相对不起诉的程序框架，无法设定专门的监督考察期限。

一些地方检察机关在探索醉驾案件附条件不起诉改革的过程中，将对醉驾行为人监督考察的期限设定为一个月以下，并确立了数十个小时的志愿服务时间。从有效实施监督、考察、矫正、教育等措施的角度来看，上述期限过于短暂，限制了检察机关监督考察的效果。②还有一些修复性和预防性措施需要较长时间才能完成，如责令补植复绿，非经较长期限无法判断评估恢复原状的效果。

过短的考察期限、模式化流程化的服务内容，无法保证犯罪嫌疑人受到效果良好的教育矫正，也无法让监督考察组织对犯罪嫌疑人展开较为充分的考察评估，无法辨别犯罪嫌疑人人身危险性大小和认罪悔罪态度是否良好。最终可能导致非刑罚处罚“走过场”。

（四）治理效果与办案效率难以平衡

“轻罪时代的犯罪治理，理念上应该突出轻、快、宽。”③然而在轻罪案件的非刑罚处罚中，办案的社会效果与办案效率之间存在着一定矛盾。

从犯罪嫌疑人的角度来说，比起直接不起诉，接受额外的非刑罚处罚安排不可避免地会延长案件的处理流程，在非刑罚处罚中需要面对更长的审查起诉期限，犯罪嫌疑人的权益处于不确定状态。这种给犯罪嫌疑人更多诉累的做法，与我国在轻罪案件大量增加的背景下，为了尽快修复社会矛盾、减少当事人程序负担、促进社会和谐稳定，而大量采取的繁简分流、“速裁”“案件比”考核、“实体从宽，程序从简”认罪认罚等轻罪案件办理快速化的做法有所冲突。

对办案检察官来说，对不起诉案件附加非刑罚处罚比直接起诉或不起诉要花费额外的

---

① 刘斌、韩虎：《相对不起诉非刑罚责任衔接问题探析》，载《中国检察官》2023 年第 9 期，第 39 页。

② 参见陈文聪：《醉驾案件附条件不起诉制度研究》，载《比较法研究》2022 年第 6 期，第 84 页。

③ 卢建平：《为什么说我国已经进入轻罪时代》，载《中国应用法学》2022 年第 3 期，第 140 页。

时间和精力。虽然不对案件提起公诉可以减少审判环节的司法成本,但是在检察环节中,不起诉案件需要经检察长批准、送达被害人、接受可能的申诉等一系列程序,还会成为后期上级评查的重点对象,从而增加因案卡填录错误、卷宗整理等微小问题被通报批评的概率,对轻罪案件反而是直接提起公诉显得更加便捷。再叠加非刑罚处罚的监督考察程序,以及根据各地检察机关要求,加入的移送行政机关、公开听证以及志愿服务监督等新程序,非刑罚处罚不起诉案件中检察官的程序负担将变得更重。很多轻罪案件的起诉与相对不起诉之间并没有明晰的界限,在基层大量案件堆积的结案压力之下,检察官很可能会选择办案效率更高的程序,即一诉了之。

三、非刑罚处罚下轻罪案件附条件不起诉制度的建设路径

非刑罚处罚是相对不起诉制度在实践智慧指导下进行的扩容,通过司法实践进行的"创设",实际上达到了附条件不起诉的部分功效。上述讨论的非刑罚处罚的这些局限性,部分来源于缺乏对制度的清晰法律设计。

(一)轻罪案件附条件不起诉制度的必要性

轻罪案件附条件不起诉制度的建立不仅能够弥补非刑罚处罚在相对不起诉框架下的缺陷,还能推动我国刑事诉讼模式进一步向现代化转型。在成年人轻罪案件中引入附条件不起诉制度不仅是检察机关行使公诉权这一本质职能的体现,而且是检察机关深入参与社会治理的一种方式。①

1. 清晰的制度安排将赋予非刑罚处罚措施明确的法律定位

在附条件不起诉中,非刑罚处罚措施的完成情况将作为检察机关决定是否最终不起诉的依据,排除了为犯罪嫌疑人创设额外义务的嫌疑,执行强制性也得到了保证。完善的制度构建将减少司法过程中的执行偏差,通过法律规定予以明确的轻罪附条件不起诉执行程序与配合方式,让公安、司法行政等机关,以及第三方机构的参与有据可依。明确界定适用案件罪名种类、法定刑等,可以避免办案人员自由裁量空间过大,避免制度的选择性适用。更长的考验期则为检察机关对犯罪嫌疑人展开更为充分的监督、考察和评估提供了条件,在足够的考察期和人力物力支持下,过去因时间过长或资源不足而无法落实的监督考察项目可以得到实施。

2. 协商性司法理念的引入将推动刑事司法现代化转型

建立成年人轻罪附条件不起诉制度将部分程序权利让渡给犯罪嫌疑人,让其在刑事程序中获得一定的主体地位,不再完全被动地等待案件处理结果。相对于直接起诉或不起诉,

---

① 参见刘恒源:《成年人轻罪案件附条件不起诉的现实需要,理论基础与制度构建》,载《南海法学》2023年第2期,第7页。

附条件不起诉要求犯罪嫌疑人自愿付出更多时间精力完成考察内容换取不起诉，犯罪嫌疑人也可以选择不参与附条件不起诉而直接接受刑事处罚，这种选择权让犯罪嫌疑人在程序上实现其真实意愿，契合了刑事诉讼模式的转型要求。这样的“非刑罚处罚”作为附条件不起诉的条件，既无增设义务嫌疑，又可保证实施的强制性。

（二）轻罪附条件不起诉制度的构造

建立正式的轻罪附条件不起诉制度，明确其法律定位、适用对象、考验时长等，搭建更加完善的刑事诉讼体系。

1. 搭建四层模式

目前各地探索中的非刑罚处罚的适用对象囊括了本应该分开的两种类型的轻罪案件：一种是相对更加轻微的，本就可以做相对不起诉处理的案件。这些案件中仅需要让犯罪嫌疑人在不起诉决定做出前完成如赔礼道歉、具结悔过、接受集中训诫等非刑罚措施，以实现不起诉减轻司法负担和社会治理效果的双重获益；另一种是相对不那么轻微的，需要更长考察时间、更多监管力量以确认附加条件履行情况，从而决定是否能做不起诉处理的案件。对后者，应该建立起正式的轻罪案件附条件不起诉制度对其适用。

将轻罪案件的处理模式纳入由重至轻的起诉——附条件不起诉——相对不起诉——绝对不起诉的四层模式中，赋予附条件不起诉案件中的非刑罚处罚措施作为不起诉考验条件的明确的法律定位，赋予相对不起诉案件中的非刑罚处罚措施作为“处罚体系”一环的法律定位。附条件不起诉制度适用于作相对不起诉处理过于轻纵、诉至法院又过当的案件。

2. 设置适用范围

从最高刑期来说，成年人的轻罪附条件不起诉应该参照未成年人的附条件不起诉，限定可能被判处一年以下有期徒刑、管制、拘役或单处罚金的条件。现在有些观点认为应该扩张到三年以下，理由是未成年人附条件不起诉最高刑期限定在一年以下是一种新法的试点，当初做出严格设置是防止检察机关滥用起诉裁量权①，现在时机已经成熟，应当扩大至三年，并已有江苏省检察院于 2024 年 1 月出台《江苏省检察机关关于推进轻罪治理工作的指导意见（试行）》将轻罪案件界定为可能判处三年有期徒刑以下刑罚的案件和可能判处三年有期徒刑以上刑罚，但属于过失犯罪或者犯罪性质较轻的案件。笔者认为，江苏的指导意见针对的是本省内的轻罪案件而非附条件不起诉案件，两者概念并不等同，实际为前者包含后者的关系；且附条件不起诉要求“符合起诉条件”，在其作为一项新制度运行的初期，不宜将范围过于拓展，使得人民群众对公平正义的期待无法对标。

其次从罪名范围来说，对未成年人适用附条件不起诉是基于其世界观人生观价值观尚未定型，有教育感化的可能性和可行性，值得付出更多的司法成本进行挽救。而成年人缺少

---

① 参见张军、姜伟、田文昌：《新控辩审三人谈》，北京大学出版社 2014 年版，第 339 页。

未成年人的这种特殊地位,对其"轻罪"的标准应做实质性解释,因此应该明确附条件不起诉可适用的具体罪名,控制标准是实质上轻于未成年人罪名,以符合立法系统性精神。

最后,可以参照未成年人附条件不起诉制度,在成年人的轻罪附条件不起诉制度中设置六个月至一年的考验期,以避免考察时间过短。

(三)轻罪案件附条件不起诉制度的优化路径

为了使轻罪案件附条件不起诉制度更加平滑地投入司法实践,实现制度的效果最大化,避免空有程序设置而少有运用,或空有顶层设计但实际给基层司法带来困难,必须做好社会效果与办案效率的兼顾平衡。要贯彻最高检提出的"高质效办好每一个案件"司法理念,努力实现办案质量、效率和效果有机统一于公平正义,可以通过程序创新和技术创新等方式来解决效果与效率的问题,实现轻罪案件高质效办理。

1. 科技革新附条件不起诉监管考察方式

附条件不起诉可以说是一种"准不起诉"状态,将成年人的轻罪附条件不起诉限定为可能被判处一年以下有期徒刑、管制、拘役或单处罚金,轻罪案件附条件不起诉犯罪嫌疑人的人身危险性可以认为低于其他等待案件侦查、审查或判决的犯罪嫌疑人,因此可以尝试将取保候审的限制放宽。根据我国《刑事诉讼法》第 71 条,被取保候审的犯罪嫌疑人、被告人除了传讯时及时到案、不得干扰证人作证、不得毁灭、伪造证据或者串供等义务之外,还有未经批准不得离开所居住的市、县,住址、工作单位和联系方式发生变动的应在二十四小时以内向执行机关报告等义务。在轻罪案件六个月至一年的考察期内,笔者认为,为了减少较长的考察期造成的额外诉累,可以取消限制离开所在设区市等规定,仅限制出境,亦不要求定时定点报到,避免对犯罪嫌疑人的出行造成影响,让其将时间精力更好投入于行为矫正与社会服务。

在更加宽松的强制措施下,针对犯罪嫌疑人各地移动不利于监管,可以充分利用数字手段完成监督考察。非羁押数字监管是目前司法系统一个新兴热门领域,有众多创新举措,如电子手环、非羁码等。在轻罪附条件不起诉考察期间,可以将附条件不起诉犯罪嫌疑人纳入数字监管平台,利用人脸识别、电子围栏等技术进行可视化实时监控、数据信息互通可查。将数字监管与移动终端结合,融入积分管理、及时沟通等模块,用 APP、小程序等形式让犯罪嫌疑人可以自行与监督机构提前预约任务完成时间。为保护隐私,一般情况下对犯罪嫌疑人的位置采取只监控不显示的技术处理,仅在需要"打卡"完成任务时进行地点比对。

协调好各地相关机关与机构,包括司法机关、行政机关、社会团体等,形成全国性的线上监督考察体系。各政法部门均可查看上一环节强制措施适用情况,也可在职权范围内设定具体案件的强制措施执行、期限,实现非羁押人员全流程动态监管。通过执行措施全程跟踪、线上监督管理,最后由办案检察机关评估考核,对符合条件的完成不起诉宣告。

2. 协商司法下形塑监管考察清单

考察内容是附条件不起诉制度最重要的内容,既是对被不起诉人施加的责任,又是落实并强化其教育矫正和防止再犯的重要手段。若要实现提升轻罪社会治理效果与效率最大化的平衡,需要对监管考察内容进行科学设计。具言之,当前应设计出一套监管考察项目清单,并大力推动轻罪案件认罪认罚从宽处理协商实质化,将清单作为犯罪嫌疑人与司法机关协商时的蓝本。结合社会危险性量化评估,根据犯罪的社会危害程度设置犯罪嫌疑人所需完成的附加项目总分,在完成总分的前提下,让犯罪嫌疑人与司法机关协商确定具体项目,让犯罪嫌疑人有一定框架下的自主选择空间。

就清单内容而言,应该以有效考察犯罪嫌疑人自觉悔改意愿、降低人身危险性为目标,并结合不同案件类型设定,包括基础性义务和专门性义务①。参考未成年人附条件不起诉,2019年《人民检察院刑事诉讼规则》第475条设置了遵纪守法等基本规定,第476条设置了戒瘾治疗、心理辅导、公益劳动、不得进入特定场所、向被害人赔礼道歉、赔偿损失、接受相关教育、预防再犯的禁止性规定等矫治和教育措施。可以结合轻罪成年人特点加以借鉴。具言之,在成年人轻罪附条件不起诉中,要根据人身危险性设定一些通用的基础义务,如考验期内遵守法律法规、完成法治教育、定期汇报思想状况、不出入特定场所等;针对悔改意愿设定一些弥补社会损失的义务,如赔礼道歉、弥补损失、参与或购买社会服务等;针对案件种类设定特殊性义务,如在污染环境案件中设定补植复绿、增殖放流、城市保洁、环保宣传;在故意伤害案件中设定助老、助残、助孤、社区或者乡村服务;在交通肇事、危险驾驶案件中设定交通疏导、劝导及交通规则宣传;在诈骗、帮信案件中设定反诈宣传等。

3. 形塑检察机关主导的多元支持机制

发挥检察机关在轻罪附条件不起诉中的主导作用。根据附条件不起诉监督考察程序在刑事诉讼公诉阶段的法律定位,检察机关应始终保持主导,全程跟踪并定期抽查犯罪嫌疑人表现情况。在社会化支持体系建立的基础上,仍由原案检察官负责认定犯罪嫌疑人表现并最终决定是否提起公诉是比较适当的。

整合司法行政机关社区矫正力量。附条件不起诉与社区矫正适用对象有相似之处,均罪行较轻、社会危险性较小、有悔罪表现,也都需国家机关监管、社会力量参与。自2003年社区矫正工作试点以来,我国社区矫正工作已经有20年的历史。作为社区矫正执行主体的司法行政机关,拥有正规化、专业化的刑事执行队伍,建成了较为完善的场地、设施和装备系统,积累了丰富的矫正经验。② 基于成本维度,借助司法行政机关已有的执行体系,可以提高资源利用率。将遵守法律法规、服从监督、不能实施违法犯罪活动等监管条件委托司法所执行,并充分利用社区矫正合作社会组织、社会工作者等作为辅助开展心理辅导、公益劳动等活动,考验期满的,由司法行政机关出具考察报告。

---

① 参见陈瑞华:《轻罪附条件不起诉制度研究》,载《现代法学》2023年第1期,第159页。

② 参见司绍寒:《关于将未成年人附条件不起诉监督考核纳入社区矫正的思考》,载《犯罪与改造研究》2023年第4期,第23页。

整合其他机关及社会力量。充分利用党政机关、其他司法机关、群团组织,借助社工团体、心理咨询机构、基层自治组织、公益性组织、志愿者团体等社会支持力量,在具体的执行项目中提供支持或服务,作为监管体系的补充力量。

轻罪治理现代化视角下检察职能优化路径研究

宋 伟*

摘要：当前，我国刑事犯罪正处于案件数量快速上升期，重罪案件占比持续下降，轻罪案件不断增多，犯罪结构发生重大变化，轻罪治理已成为全面依法治国的重要环节。轻罪检察实践中存在理念未更新、不捕不诉裁量权有待规范、"两法衔接"效用不充分、量刑建议精准性不高、矛盾化解机制不健全、社区矫正执行监督不全面、数字化手段治理不足等问题。为适应犯罪结构新变化、犯罪治理新形势，检察机关应从转变理念、完善工作机制、严格规范不捕不诉裁量权、强化"两法衔接"制度落实、深化认罪认罚从宽制度、强化社会综合治理、加强社区矫正执行监督、借力数字赋能治理等方面，推进检察环节轻罪治理，助推国家治理体系和治理能力现代化。

关键词：轻罪；治理；检察职能；优化

轻罪治理作为一项系统工程，是我国积极适应犯罪结构轻刑化趋势的必由之路，是推进国家治理体系与治理能力现代化的重要组成部分，是因应当前人民对法治需求变化的实践路径。党的二十大报告提出，到2035年基本实现国家治理体系和治理能力现代化。最高人民检察院党组书记、检察长应勇指出，要重视和加强轻罪治理体系的理论研究和司法实践探索，推进国家治理体系和治理能力现代化。检察机关应当加强新时代轻罪治理体系的研究，坚持治罪与治理并重，以能动司法赋予轻罪治理新的时代内涵，在促进国家治理体系和治理能力现代化建设中充分发挥作用。

---

* 宋伟(1986—)，男，广西富川人，广西壮族自治区钟山县人民检察院检委会专职委员，第三检察部主任。

一、轻罪治理命题的提出

(一)轻罪治理的时代背景

习近平总书记在《坚定不移走中国特色社会主义法治道路 为全面建设社会主义现代化国家提供有力法治保障》中指出:"坚持在法治轨道上推进国家治理体系和治理能力现代化。法治是国家治理体系和治理能力的重要依托。只有全面依法治国才能有效保障国家治理体系的系统性、规范性、协调性,才能最大限度凝聚社会共识。"只有发挥法治在促进国家治理体系和治理能力现代化中的效能,才能使中国式现代化得到保障。当前我国刑事犯罪态势发生着巨大变化,呈现出以轻罪为主的态势,针对以轻罪为主的犯罪结构转变,迫切需要加强轻罪治理体系的研究,完善轻罪治理制度,强化轻罪治理,推动国家治理体系和治理能力现代化。①

(二)轻罪治理的实践考量

近年来,我国刑事立法逐渐体现出轻刑化立法的积极刑法观,从《中华人民共和国刑法修正案(八)》以及后续修正案的内容来看,有关危险驾驶罪等罪名内容的修改,体现了刑事立法的动态转向。立法机关根据经济社会发展需要,展现出了轻刑化的立法理念,为刑事司法提供了有力指引,并奠定了轻罪治理的理论基础。

最高人民检察院《刑事检察工作白皮书(2023)》指出,2018 年至 2022 年底,严重暴力犯罪在数量上和犯罪总数占比上都呈下降趋势;各种犯罪中,判处有期徒刑三年以下的轻罪案件占 85.5%;网络犯罪危害日趋严重,2022 年起诉帮助信息网络犯罪活动罪 12.9 万余人,起诉数量占到第三位;检察机关全面准确贯彻宽严相济刑事政策,刑事案件总量不断攀升,轻罪大幅上升、重罪大幅下降的特征明显;被判处轻缓刑人数日益增加,认罪认罚从宽制度已全面稳定适用;依法把握不批捕、不起诉的标准和条件,办案质效进一步提升;对轻微犯罪依法从宽处理,以"无逮捕必要"不捕 26.6 万人,同比上升 22.5%,以犯罪情节轻微不诉 49.8 万人,同比上升 12.6%;在依法严格把握逮捕条件基础上,开展羁押必要性审查 178827 人次,提出变更建议或者直接变更 29755 人次,诉前羁押率 26.8%。由此可见,轻罪案件已经成为我国刑事案件的主要组成部分,同时,在犯罪形势结构的转变中也体现出了司法机关司法理念的转变。

轻罪治理已经成为关乎国家长治久安、关乎法治建设和国家治理大局的时代命题。②检察机关在轻罪治理中应发挥职能优势,充分履行"四大检察"职能,以检察之治助力轻罪治理。

---

① 参见赵星海、符鑫:《轻罪治理的检察路径思考》,载《中国检察官》2023 年第 9 期,第 36 页。

② 参见王守安:《以轻罪治理现代化为切入点在推进国家安全体系和能力现代化中强化检察担当》,载《人民检察》2022 年第 12 期,第 5 页。

(三)轻罪治理的基本面向

1. 推动梯次治理

"惩罚犯罪应该总是以恢复秩序为目的""一个良好的立法者关心预防犯罪,多于惩罚犯罪"。我国刑法和刑诉法中都明确规定,其最终目的是保障社会主义建设的顺利进行。我国检察机关作为法律监督机关,负有惩罚犯罪、保护人权、统筹协调各种利益关系、保证法律统一正确实施等职责。履职活动本身就是国家治理的重要组成部分。检察机关应把握罪与非罪、违法与犯罪界限,加强轻微犯罪治理,落实宽严相济刑事政策。这就要求在办案时既要把案件办好,又要注意化解案件衍生的矛盾,不能机械办案、就案办案,探索梯次治理,区别轻罪与重罪治理模式,通过治罪推动治理。

2. 追求三个效果有机统一

习近平总书记指出:"坚持以法为据、以理服人、以情感人,努力实现最佳的法律效果、政治效果、社会效果。"三个效果有机统一,本质上强调的是对司法活动的法律认同、社会认同和情理认同,是通过司法推动实现治理的前提。三个效果不统一,法律、社会、情理方面对司法办案不认同,就会衍生其他矛盾纠纷,不仅不能推动治理,反而会阻碍正常的治理。这就要求司法把三个效果有机统一作为根本遵循,心怀"国之大者",从政治上看,从治理的角度干,既要彰显法律的内在精神,又要妥善处理个案中的政治、经济、社会关系,还要确保司法活动与党的政策目标相符;既要防止就案论案、机械司法,又要防止借社会效果、政治效果的名义脱离法律进行裁判,进而取得社会高度认同。

3. 遵循社会发展规律

治理治罪要与国家治理体系和治理能力相统一。若对经济社会发展的大势不了解、对治理治罪规律不掌握,很难做好治理治罪工作。实践中有些检察人员对部分刑事司法政策把握不准,主要是因为其对刑事司法政策的发展历史及规律不熟悉。只有认识到新中国建立以来刑事政策从"惩办到宽大相结合"到"严打"再到"宽严相济"的演变过程,才会理解宽严相济是自提出后一直沿用至今的刑事司法政策,进而在适用中更加准确把握宽严相济的内涵要求,并与轻罪治理紧密结合起来。

4. 强化司法公开

刑事司法作为国家治理的组成部分,其模式随着国家治理模式的变化也呈现出不同特征,尤其是在当前形势下:功能上,从过去的压力维稳型转变为压力疏导型,表现为司法政策的调控从严打转变为宽严相济;模式上,从一元化向多元化犯罪治理模式转型,在诉讼模式上就是速裁、简易、普通程序的分层诉讼;方式上,更加注重社会力量的作用,通过社会力量的综合运用预防减少犯罪,表现为司法活动的进一步公开透明,比如近年来倡导的司法公开、检察听证、人民监督员、特约检察员介入司法活动等。

(四)轻罪治理的检察实践趋势

刑事检察承担着追诉犯罪、诉讼监督等重要职能,关系着国家安全、社会稳定和人民安居乐业。“高质效办好每一个案件”成为新时代新征程中检察履职办案的基本价值追求。近年来,检察机关坚持法治理念,将惩治犯罪与保障人权并重、严格依法办案、罪刑法定、法律面前人人平等等基本原则作为监督办案的基本遵循;坚持人民至上,深化落实一系列具有鲜明时代特征、满足人民群众更高需求的新理念;坚持治罪与治理并重,全面准确贯彻宽严相济刑事政策,对严重犯罪该严则严,对轻微犯罪依法少捕慎诉慎押,稳步提升认罪认罚从宽制度的适用质效,推动完善中国特色轻罪治理体系,在促进社会治理方面取得明显成效。①

检察机关作为法律监督机关,是国家治理的重要参与者,其职能和工作模式随着刑事政策及犯罪治理需求在不断变化,具体到实践中,当前轻罪治理呈现四个趋势。一是羁押模式由“构罪即捕”转向“少押慎押”。羁押是强制措施,不是刑罚方式。最高人民检察院要求,要把依法少捕慎诉慎押作为办理轻微犯罪案件的具体工作要求。随着科技的进步,过去是羁押为主,现在大量的轻刑案件未必羁押。人脸识别、实时定位、大数据筛查等现代科技的广泛应用,使得侦办案件对羁押措施的依赖程度大大降低。二是控辩模式由对抗转向协商。过去对抗比较突出,现在强调控辩的协商问题,集中体现在认罪认罚方面。认罪认罚从宽使合作协商成为主流,检察机关更注重与律师沟通,共同开展认罪教育和量刑协商工作,以实现最佳办案效果。三是审查模式由封闭转向公开。过去二审较多的是书面审查,现在强调扩大开庭范围。随着证据开示、听证、刑事案件律师辩护覆盖等制度的确立,审查模式已由书面审查向诉讼化审查转变,这要求进一步提高证据审查的亲历性。四是监督模式由单一转向系统。监督与被监督是对立又统一的关系,应本着理性监督的原则,深化落实侦查监督与协作配合机制,推动监督模式由单向监督向监督与协作转变。同时,要推动由个案监督向类案监督转变,并做好法律监督与数字化的深度融合,推进数据赋能类案法律监督,提升新时代法律监督质效。

二、轻罪治理检察实践中的问题检视

(一)轻罪治理理念未更新

部分检察人员对当前犯罪结构已发生显著变化的形势并没有进行充分认识与把握,未能顺应当前犯罪结构变化所带来的社会治理要求,治罪与治理并重的理念未更新,办案环节

① 参见戚永福、曹瑞璇:《轻罪治理的中国面向:内涵廓清、实践检视及路径选择》,载《青少年犯罪问题》2023年第9期,第20页。

中落实宽严相济刑事司法政策不全面到位，对平等保护理念的落实还需进一步强化，对轻罪治理的重要性认识不足，积极性和主动性不够，无法充分适应犯罪治理工作新形势新任务的要求。有些检察人员在办案过程中过多注重犯罪惩治，仍存在"构罪即捕""构罪即诉"的倾向，致使犯罪嫌疑人的合法权益未能得到有效维护。不同地区检察人员对同一类型、同一情节的轻罪案件处理把握不统一，对同一罪名的羁押必要性把握存在较大差异，对羁押强制措施的适用尺度明显不统一，"同罪不同押"的问题突出，未能在办案中推动社会关系的修复，促进社会治理。

(二)轻罪案件不捕不诉裁量权有待规范

检察机关办案人员普遍存在对适用逮捕的社会危险性条件把握不准的顾虑和构罪即诉的倾向，对于从宽的政策把握更注重审查法律依据，对于法定从轻情节的认定和适用较为一致，对于酌定从宽情节则把握更为严格，尤其是对不起诉的运用更为审慎。对捕前犯罪嫌疑人"社会危险性""应当逮捕""释法说理"情况未进行充分考量，实质化、亲历性审查力度不够，对非羁押强制措施的适用不到位。捕后羁押必要性审查开展不多，尤其是依职权开展较少，导致捕后羁押动态跟踪审查不足，变更强制措施力度不大。对一些介于严重违法与轻微犯罪交叉地带的行为，如何把握出罪、入罪标准，检察实践中各地标准不统一，存在认识分歧。随着不捕率、不诉率持续上升，相对不起诉人数的增长速度远高于其他不起诉情形。不同地区不捕不诉理念、标准相差较大，对有关轻罪入刑、出罪的部分法律的理解和适用把握不一，这在一定程度上引起公众对公正性的疑虑，尤其是在同案同情节不同处理决定方面，没有充分认识到统一规范适用不捕不诉裁量权是轻罪治理取得长远效果的基础。

(三)行政执法与刑事司法反向衔接效用发挥不充分

检察机关在落实《关于推动行政执法与刑事司法衔接工作的规定》以来，"两法衔接"工作得到有效推进，正向衔接有序高效开展，但反向衔接仍然存在较大突破空间。实践中，"两法衔接"工作中既存在有案不移、有案难移、以罚代刑等正向衔接问题，也存在不刑不罚、应移未移、应罚未罚等反向衔接问题，尤其是对于一些网络犯罪、跨区域犯罪等，不能有效对被不起诉人进行行政处罚，从而导致责任承担上出现盲区。有些地区检察机关作出不起诉决定后向行政机关提出的检察意见的回复率和采纳率较低，未能充分体现行政执法与刑事司法反向衔接制度的作用。

(四)认罪认罚量刑建议精准性不高

与法院审判人员相比，由于长期形成的重定罪、轻量刑的司法惯性，检察官对量刑的规律把握不够，对量刑的方法掌握不准，量刑工作经验较为欠缺，很多时候满足于法院只要对起诉案件作出有罪判决即可。在精准量刑建议工作推行后，大多也是提出幅度刑的量刑建议,对轻罪案件提出确定刑的量刑建议数量相对少。对精准量刑的认识不清和经验不足,导致多数检察官量刑建议工作的能力和经验比较欠缺,很难适应认罪认罚从宽制度下量刑建议精准化的要求。

(五)轻罪案件矛盾化解机制不够健全

当前,检察机关刑事案件的矛盾化解工作机制还不够健全,是否对在办案件开展矛盾化解以及矛盾化解的程度等主要取决于检察官的主观意愿和职业操守,这使得轻罪案件的矛盾化解工作缺少考核标准,导致部分轻罪案件难以达到"三个效果"的有机统一,在检察机关作出不捕、不诉决定后,当事人又申请复议、复核。检察人员没有充分释法说理,没有通过多元方式就地化解矛盾;未能最大限度推动涉法涉诉信访案件在法治轨道上解决,以引导群众理性表达诉求,推动信访案件的化解;未能推动形成线上及时处理、线下面对面办理的新格局;整合矛盾纠纷化解资源和力量不到位,社会矛盾纠纷多元预防调处化解综合机制有待进一步完善。

(六)轻罪案件社区矫正执行监督不全面及时

随着我国犯罪结构轻刑化的变化,社区矫正人员数量日益增长,轻罪治理中的社会问题即是轻缓刑的适用所导致的社区矫正监管问题。从社区矫正执行的检察人员数量、监督方式等来看,检察机关对轻罪案件社区矫正人员的监督还不够全面及时。社区矫正制度设置的初衷是通过社会工作方法矫正罪犯的犯罪意识和行为恶习,促使罪犯顺利回归社会。轻罪治理所带来的轻缓刑的适用,势必会导致司法行政机关社区矫正案件量大幅上升,人案矛盾将更为突出,社区矫正执法规范性问题将更为突出。如何适应轻罪案件结构变化,加强社区矫正执行监督,促进社区矫正执法规范化,也成为当前检察机关重要的履职监督问题。

(七)运用数字化手段促进轻罪治理不足

当前,在检察机关办理的轻罪案件中,传统检察方式和信息化技术的融合不够,司法办案工作中运用大数据的思维、意识、能力方面还不强,用大数据服务轻罪治理、促进办案等方面还不充分,探索应用数字赋能轻罪治理检察工作成效不明显,高效精准监督不足,未能满足当前检察信息化、数字化的需求,以数字化手段赋能检察轻罪治理工作存在短板。因此,需要加强建设数字化平台以推动轻罪治理中的逮捕社会危险性评估、量刑建议辅助、非羁押电子监管、类案监督等工作。

三、轻罪治理现代化视角下检察机关职能优化路径

轻罪治理作为新时代命题,既是中国式法治现代化的重要内容,也是国家治理体系和治理能力现代化的必然要求。检察机关应将轻罪治理作为全面依法治国,深入推进国家治理

体系和治理能力现代化的重要切入点和着力点,转变司法理念,在检察履职中坚持实体与程序并重、治罪与治理结合、信息技术与检察业务融合,不断提升轻罪治理质效,以轻罪治理现代化促进国家治理现代化,服务保障中国式现代化建设。①

(一)转变轻罪治理检察监督理念

检察机关在监督办案中,应坚持以习近平法治思想为引领,坚持以人民为中心的发展思想,坚持治罪与治理并重理念,努力让人民群众在每一个司法案件中都能感受到公平正义。"高质效办好每一个案件"是检察履职办案的基本价值追求,检察机关应持续全面准确落实宽严相济刑事政策,坚持治罪与治理并重,高质效办好每一个案件,更加准确把握宽与严的关系,该严则严,当宽则宽,充分考虑社会治安形势需要、人民群众切身感受、惩治犯罪的实际需要,对危害国家安全犯罪、严重暴力犯罪持续加大打击力度,始终保持"严"的震慑;更加准确把握轻与重的关系,对犯罪性质虽不严重但情节恶劣的案件,该捕即捕,依法追诉,从重打击;更加准确把握大与小的关系,再小的案件也关系民生、民心,任何一个案件都蕴含法治精神、法律价值、司法规律,坚持"小案"不"小办",努力让人民群众通过身边的每一个案件感受到检察机关维护公平正义的努力。②

(二)完善轻罪治理检察工作机制

1. 健全轻罪案件快办机制

推行繁简分流工作机制,既是办案高质效的选择,也是轻罪治理的要求。轻罪治理要注重健全配套机制,为繁简分流工作提质增效。一是构建全流程刑事和解机制。对于轻微侵犯人身权利、财产权利案件,可结合本地实际构建刑事和解前置机制,推动和解工作前置化、全程化。对犯罪嫌疑人认罪认罚、已达成和解协议但因客观原因无法赔偿到位的,可探索分期付款制度。二是社会公益服务前置。对符合不起诉条件、拟作不起诉处理的案件,将犯罪嫌疑人社会公益志愿服务前置,避免因社会公益服务致使办案期限延长。高效率简案快办,实现一站式流转。努力在实体从宽和程序从快方面优化机制,充分体现治理效能。三是完善简案快办机制。明确简案繁案标准,进一步简化轻罪案件办理工作流程、缩短办案期限。加大速裁程序适用力度,对认罪认罚轻罪案件集中移送、集中起诉、集中审理、集中具结,构建"全流程"简化速裁模式,提升办案效率。

2. 完善非羁押诉讼动态管理机制

扩大在全流程推进认罪认罚情形下的非羁押诉讼,充分体现程序从宽。侦查阶段要通

---

① 参见苗生明:《醉酒型危险驾驶的治罪与治理——兼论我国轻罪治理体系的完善》,载《中国刑事法杂志》2024年第2期,第8页。

② 参见陈国庆:《轻罪治理的司法对策》,载《中国法治》2024年第4期,第7页。

过加强公检衔接,在侦查初期尽量促成犯罪嫌疑人认罪认罚后,商侦查机关进入直诉程序。在审查逮捕环节,犯罪嫌疑人认罪认罚不具有社会危险性的,依法作出不捕决定。完善羁押必要性持续审查机制,避免“一押到底”。健全认罪认罚案件的捕诉衔接和诉审衔接机制,应将犯罪嫌疑人在审查逮捕环节认罪认罚情况及后续非羁押强制措施执行情况,作为审查起诉阶段的重点审查内容。提起公诉后,对于无羁押必要的,应当及时提出变更强制措施的建议。强化捕后羁押必要性审查,建立捕后动态管理机制。完善非羁押管理机制,探索智能监管方式,有效破解审前羁押率高的司法难点。

(三)严格规范不捕不诉裁量权行使

不捕率、不诉率是检察机关案件质量评价指标中的中性指标,检察机关在作出不捕、不诉决定时,应遵循司法规律,严格依法办案,注重办案的政治效果、法律效果和社会效果有机统一。① 突出逮捕保障诉讼的基本职能,准确把握逮捕条件和不捕类型,防止将逮捕标准等同于起诉标准,杜绝以证据不足不批捕替代不构成犯罪不批捕。进一步健全监督制约机制,落实不捕、不诉公开听证,理由说明,听取公安机关、被害人以及人民监督员意见等制度,强化对不捕不诉检察权的监督,防止检察权力的滥用。对于可能判处有期徒刑三年以上,拟因无逮捕必要作出不逮捕决定的案件,以及拟作出相对不起诉的案件,原则上都应当听证,同时加强向上级检察机关的报备。强化上级检察机关对下级检察机关的指导作用,重点关注不捕率、不诉率指标的异常情况,定期加强对不捕、不诉案件情况的分析研判与监督检查。

(四)强化“两法衔接”制度落实

1.完善行政执法与刑事司法反向衔接机制

按照最高人民检察院《关于推动行政执法与刑事司法衔接工作的规定》,检察机关对于作出不起诉决定,且需要建议行政执法机关给予行政处罚的轻罪案件,应当向行政执法机关提出检察意见,同时将检察意见抄送同级司法行政机关。为形成监督合力,刑检部门应与行政检察、公益诉讼检察部门加强沟通,完善内部信息共享及移送制度。对于需要提出检察意见的情形,应进一步明确具体标准,以便办案人员对标准进行统一把握适用,提高同类轻罪不起诉案件在行政处罚上的统一适用性。

2.强化行政执法与刑事司法衔接力度

建立检察监督与行政执法常态化联络机制,完善联席会议、信息共享、情况通报等制度。做优“正向衔接”,与行政执法部门加强相关线索的分析研判,杜绝有案不移、以罚代刑。强化“反向衔接”,将需要给予行政处罚或党纪政务处分的被不起诉人依法移送有关主管机

① 参见陈哲韬、刘方权:《犯罪结构轻罪化的程序回应——以检察罚的证成进路为视角》,载《广西政法管理干部学院学报》2023年第5期,第70页。

关,避免不刑不罚、一放了之;对办案中发现的普遍性、区域性的深层次社会治理问题,向相关行政主管部门制发检察建议并督促其回复、整改,助推社会治理。持续跟进作出不起诉决定案件的后续行政处罚情况,同时坚持问题导向,融合推进刑事执法和行政执法对违法犯罪的打击合力。

(五)深化落实认罪认罚从宽制度

1. 推进量刑协商实质化

积极开展控辩量刑协商,推进量刑协商实质化,切实保障辩护权,确保认罪认罚的自愿性、真实性、合法性。加强与公安机关、法院的沟通协调,明确办理案件的政策把握、法律适用原则。特别是对一些关键问题,如完善认罪认罚从宽案件取证规程和证据标准,加强认罪认罚自愿性审查,完善社会调查评估机制等,在全面实行认罪认罚从宽制度中应着力解决和把握。进一步完善对认罪认罚从宽制度适用情况的考察,不仅要考察嫌疑人是否认罪认罚,也要考察被害人是否表示同意,还要考察适用认罪认罚从宽制度作出不起诉决定后当事人(尤其是被不起诉人)提出申诉的情形,确保认罪认罚从宽制度真正发挥作用。充分应用量刑辅助系统,提高量刑建议科学性、规范性。

2. 建立分类分级量刑标准体系

充分考虑案件性质、社会危害性和人身危险性,并结合行为人主观恶性、情节表现,确定是否从宽以及从宽的幅度。建立分级从宽量刑机制,对在不同诉讼阶段认罪认罚的犯罪嫌疑人、被告人,综合考量确定从宽的幅度,并给予不同程度的量刑减让比例,在刑罚评价上鼓励早认罪。提升量刑建议精准化水平,提升检察官对量刑规律的把握水平,在量刑协商环节充分听取诉讼参与人的意见,在审查报告中专设量刑建议论证内容,对所提出量刑建议的客观性、合理性进行分析研判。定期对刑事案件判决情况进行梳理,总结类案的量刑规律和特点,并运用大数据智能辅助系统进行同案类推,辅助审查量刑建议精准度,促进量刑的均衡化。

(六)强化社会综合治理

1. 加强涉案矛盾实质性化解

认真落实最高人民检察院《关于充分发挥检察职能作用　深入推进信访工作法治化的意见》,树立"涉案矛盾纠纷一次性实质解决"理念,把预防化解矛盾、修复社会关系、保护公共利益作为履职办案的重要任务,做实做细诉源治理。一是要充分听取被害人意见,保证被害人有充分发表意见的机会,征求他们对案件处理的意见,确保其合法权益得以实现。二是要向被害人充分阐明作出处理决定的理由,通过检察听证等方法,摆事实、讲法律、谈依据,通过听证员、人民监督员等人员的参与,把案件和法律向被害人说清讲透并获得认同。三是探索多元救助机制。推动建立多元化救助机制。对符合司法救助条件的当事人积极开展司法救助,及时化解社会矛盾。坚持"应救尽救",联合民政、社保、教育、妇联等相关单位构建全方位的司法救助与社会救助衔接机制,维护被害人合法权益。

2. 夯实社会支持体系建设

坚持恢复性司法理念,积极探索建立轻罪治理社会支持体系,建立自愿公益服务联络机制,联合司法行政部门、社会工作部门、人社部门、街道社区等各方力量,推动做好安置帮教、社会保障等工作,强化对从宽处理人员的教育引导,依法促进轻罪罪犯回归社会、融入社会,修复社会关系,减少社会对立,预防和减少再犯罪。通过对非羁押人员各项诉讼权利的保障,解决实际困难,进行心理疏导,消除对抗情绪,化解社会矛盾,加速认罪服判,促进其顺利回归社会。整合社会力量,通过协调相关单位提供技能培训、就业安置等通道,构建非羁押诉讼的社会支持体系。

(七)加强社区矫正执行全面监督

随着轻罪治理的深入,作为一种非监禁刑罚执行方式,社区矫正在轻微犯罪案件执行中的角色将会日益凸显。因此,社区矫正将成为检察机关加强轻微犯罪案件执行监督的重点领域。刑事执行是刑事诉讼活动的最后阶段,是实现刑罚的重要环节。为确保轻微犯罪案件执行的正确实施,检察机关应当全面深化社区矫正执行监督,加强轻罪案件社区矫正执行环节的监督,健全以日常检察为主,以巡回检察、专项检察为辅的检察监督模式,完善监督工作机制,把好轻罪治理在诉讼领域执行环节的最后一关。可以探索建立信息平台,定期深入辖区内司法所,通过查阅执行工作档案、与社区矫正对象谈话、走访相关单位等方式,及时发现解决轻罪案件社区矫正中的问题,切实加强对社区矫正决定、通知、交付、变更、解除各执法环节的法律监督,强化对轻微犯罪社区矫正执行的法律监督。

(八)借力数字化手段赋能轻罪治理

检察机关应不断强化数字赋能,推进数据整合,聚焦数字应用,以科技手段提升轻罪治理质效,以智能化检察监督开辟轻罪治理新路径。数据整合是数字检察的基础,重在应用是数字检察的目的。要沿着"数字赋能监督,监督促进治理"的数字检察路径,推进数字检察融入轻罪治理;大力推动大数据、智能化与检察工作的结合,全面提升检察监督质效。如全面推行电子手环、非羁押强制措施信息化监管平台等系统的应用,实现对非羁押人员一对多、点对面的"数字化"动态高效监管。充分发挥数据要素跨行业、跨区域、跨系统、跨部门的优势,探索建立多样化的轻罪治理大数据监督模型,以个案特征为基础总结类案规律,以智能化手段提升轻罪治理精准度,赋能轻罪治理提质增效。

轻罪治理现代化的检察路径

朱丽萍　吴珊珊　贾婷婷*

摘要:近年来,我国犯罪结构发生深刻变化,为实现从“治罪”到“治理”,检察机关应积极探索轻罪治理现代化的检察路径。司法实践中,因轻微犯罪记录封存制度有待完善、轻重犯罪分层缺失、轻罪的“但书”条款未被完全激活等因素的影响,检察机关开展轻罪治理工作存在困难。可通过完善轻微犯罪记录封存制度、明确犯罪轻重分层、规范“但书”条款等方式,更好地实现轻罪治理现代化。

关键词:轻罪治理;犯罪附随结果;检察机关

一、轻罪治理的相关概念及现状

(一)轻罪的概念界定

研究轻罪治理相关问题的前提是对“轻罪”的概念进行界定,如此,不管是统计分析还是提出应对之策均会减少很多纷争与矛盾。对于“轻罪”及“重罪”的概念界定和区分,我国刑法及相关司法解释并未提及,仅存在于司法实践和学术研讨中,何为“轻罪”,也各有观点。法定刑标准观点认为,轻罪的认定应以法定刑为标准。法定刑的设立是刑法对犯罪行为的预设,具有明确、统一的特点,以法定刑作为轻罪标准,可更好地使司法机关妥善行使自由裁量权。① 当然法定刑标准说内部也存在以三年还是五年为限的不同观点。宣告刑标准观点认为,轻罪的认定应以宣告刑为标准。宣告刑是法院对具体案件情节、犯罪人认罪态度、社会危险性进行综合考虑之后作出的,既依照刑法等相关法律法规依法判决,又依据司法实践情况考虑具体案情,相较于将法定刑作为轻罪认定标准而言,更具合理性。② 折中标

* 朱丽萍(1987—),女,安徽淮南人,淮南市谢家集区人民检察院第一检察部三级主任科员。
吴珊珊(1989—),女,安徽淮南人,淮南市谢家集区人民检察院第一检察部书记员。
贾婷婷(1988—),女,安徽田家庵人,安徽省淮南市谢家集区人民检察院书记员。

① 参见陈兴良:《轻罪治理的理论思考》,载《中国刑事法杂志》2023 年第 3 期,第 4 页。

② 参见卢建平:《为什么说我国已经进入轻罪时代》,载《中国应用法学》2022 年第 3 期,第 133 页。

准的观点认为,“轻罪”的概念应当结合犯罪性质(罪名)和法定刑来综合判定,主要理由是部分犯罪性质恶劣,即使最终被处以较轻处罚也不应当被认定为“轻罪”,比如危害国家安全类犯罪、危害公共安全类的大部分犯罪,故意杀人、抢劫、强奸等恶性犯罪。

刑罚是犯罪轻重的度量衡。刑法规定的犯罪,多数具有多个量刑档次,单从罪名看,该类犯罪既有可能是轻罪,也可能是重罪,因具有减轻处罚情节而在法定刑以下判处的,根据法定刑标准说,不属于轻罪治理的范畴,这显然与当下轻罪治理的内涵不符。而根据折中说的观点,轻刑不等于轻罪,重罪也可能轻刑,需要先根据犯罪性质确定是否属于轻罪范畴,对“可能”属于轻罪范畴的还需要再结合法定刑判定是否属于真正的“轻罪”,不利于司法实践处理轻罪治理问题。罪之轻重主要在于刑罚之轻重,宣告刑的轻重是对犯罪行为性质、主观恶性和社会危害性的综合判定,最具实际参考意义,也利于统计,实践中更容易操作。因此,笔者比较认同第二种观点,并将宣告刑为三年以下有期徒刑、拘役、管制或单处罚金,或者可以相对不起诉的犯罪案件界定为轻罪案件。

(二)轻罪治理的必要性

“治罪”即以刑罚的方式治理犯罪。从广义理解,“治罪”实际上是“治理”的手段或者方式之一,二者应当是一种被包含与包含的关系。所谓“轻罪治理”不仅仅是不打击或者减少打击力度的问题,更应当包括犯罪预防、法治意识的提高,甚至道德水平的提升等系统治理问题。犯罪治理是社会治理的一部分,犯罪本身就是社会治理问题中最为严重的病灶。刑罚作为社会治理最为严厉的方式,应当是社会治理的最后一道保障。

从近十几年的刑事修法来看,危险驾驶、拒不支付劳动报酬、袭警、高空抛物、危险作业等轻刑犯罪的增设,二十余个死刑罪名的取消,坦白从宽、认罪认罚制度的增加,表明刑事处罚的范围随着时代的发展、实际的需要在慢慢扩大,刑法从“严厉”走向“严密”。2024 年,应勇检察长在最高人民检察院工作报告上指出,“针对轻罪数量持续增长、占比持续上升,检察机关协同各方推进轻罪治理”。面对当前我国犯罪结构轻罪化趋势明显的情况,轻罪治理显得尤为重要。在我国迈入“轻罪化时代”的当下,检察机关应在新时代“枫桥经验”的指引下,积极创新轻罪治理模式,为新时代检察工作提质增效。

刑事立法、司法政策的变化是一定时期内社会发展变化需求引起的。现如今法定犯扩张,以“治罪”方式实现社会治理所取得的效果是显而易见的,例如醉驾入刑后,经过近十年的严查严惩,酒后驾驶行为明显减少,“喝酒不开车,开车不喝酒”的观念深入人心。但是,刑罚的附随后果也随之而来,以前科制度为例,刑罚附随后果不仅表现在累犯等从重处罚上,更表现在从业限制、落户限制等,甚至影响子女的职业方向。经大量、长期积累,刑罚附随后果在一定程度上可能成为致使社会不稳定的潜在因素和新的社会治理问题。因此,轻微犯罪记录封存制度应运而生。轻罪案件从“治罪”向“治理”模式的转变凸显其重要和必要,在检察工作现代化的背景下,检察机关能动推进轻罪治理现代化势在必行。

(三)轻罪治理的现状

检察机关在轻罪化的时代背景下,在检察工作现代化的驱动下,积极能动履职,探索出了一系列轻罪治理的新模式,最高人民检察院印发的《2023－2027年检察改革工作规划》中再次明确提出要构建治罪与治理并重的轻罪治理体系。

(1)程序方面,推动形成繁简分流、从简从快办理的新格局。全面贯彻宽严相济刑事政策,设立认罪认罚从宽制度,对轻刑案件开展羁押必要性审查全覆盖,从适用简易程序办理到加大速裁程序适用再到一站式办理、单轨制运行,对轻罪案件在程序上进行繁简分流。

(2)对轻罪案件践行"少捕慎诉慎押"理念,不断完善梯次治理模式。司法实践对醉酒驾驶的处理,从一律从严掌握,少有不诉处理,到无法定从重情节,酒精含量150mg/100ml以下,可相对不起诉,再到2023年醉驾新规出台,150mg/100ml以下视情节刑事立案的处理变化,是梯次处理模式的实践经验。对其他多发轻罪案件,比如盗窃、掩饰隐瞒犯罪所得、帮助信息网络犯罪活动、非法捕捞水产品、非法狩猎、虚开增值税专用发票等类型案件,各地检察机关也有建立不起诉审查标准,实行阶梯式、分层式处理等实践和探索。

(3)推进行刑反向衔接机制建设,做好不起诉后半篇文章。轻罪化时代背景下,随着刑事政策的变化、检察机关的推进,不起诉案件增多,不起诉后不处罚的情况也随之增多,犯罪成本或者说后果比违法成本低的"不公平"现象开始引起重视,"不刑不行"还是"不刑也行",在实务和理论界引起较大争论。为全面落实《中共中央关于加强新时代检察机关法律监督工作的意见》,顺应时代呼声,最高人民检察院印发《关于推进行刑双向衔接和行政违法行为监督构建检察监督与行政执法衔接制度的意见》,全面推进行刑反向衔接工作。北京、上海、重庆等地也陆续发布了反向衔接的相关工作指引,明确了审查事项,划分了(不)移送处罚情形等等,进一步提升了行刑反向衔接的专业性和精准性。

(4)引入公益服务机制,探索轻罪治理新路径。针对可诉可不诉、可缓可不缓的轻罪案件,检察机关通过与其他相关部门、社区、社会组织建立自愿服务协作机制,让犯罪嫌疑人自愿参与社会服务,对经评估合格的作不起诉或缓刑处理,相关的实践从危险驾驶罪逐渐扩大到盗窃、掩饰隐瞒犯罪所得、帮助信息网络犯罪活动等犯罪类型。

二、检察机关开展轻罪治理遇到的难点问题

随着网络科技的发展,各种新型犯罪层出不穷,当前社会越来越多的轻微犯罪行为被纳入刑法的规制范围,我国的犯罪结构出现明显变化,轻罪范围逐渐扩大化。最高人民检察院发布的2024年1月至6月全国检察机关主要办案数据显示:2024年上半年,因犯罪情节轻微不起诉、判处三年有期徒刑以下刑罚的轻罪案件占比超过85%。我国已经进入"轻罪时代",犯罪结构整体上呈现出轻罪化趋势,但仍然存在以下三方面的问题。

(一)轻微犯罪记录封存制度有待完善

犯罪附随后果是指犯罪人在刑罚执行完毕后,依据相关法律规章制度的规定,对其和近亲属的部分权利、资质的限制和剥夺。① 犯罪不仅会给犯罪者带来刑事处罚,还会产生一定的附随后果。这种后果具有严厉性,不仅影响犯罪者本人,还可能附带影响其近亲属。② 从犯罪附随后果的严厉性范围来看,法律未规定消灭时效、对犯罪前科特定权利的限制,生活中除犯罪前科者外,其近亲属也可能承担由此带来的不必要的社会压力、周围人的负面评价等。

我国《刑法》第100条规定了前科报告制度,依法受过刑事处罚的人,在入伍、就业的时候,应当如实向有关单位报告自己曾受过刑事处罚,不得隐瞒。这条规定就意味着行为人一旦具有犯罪记录,不论犯罪行为的轻重都会留下案底,具有犯罪前科。前科人员需承担长期的报告义务,在日后就业、参军时都必须报告其犯罪经历。③ 同时根据相关法律法规,受过刑事处罚的人还可能被开除党籍、开除公职、限制就业等。如《公务员法》规定,因犯罪受过刑事处罚的人员属于不得录用为公务员的情形。随着近年来就业压力的增大,工作竞争性也越来越强。犯罪者在刑罚执行完毕,回归社会寻找就业机会时,往往因具有犯罪前科记录难以获取理想的工作,甚至在其降低预期薪酬待遇、工作需求后,仍出现不予录用的情况,重返社会难度加大,当其难以获取生活来源时,便存在再犯可能性。④ 与此同时,其近亲属也不可避免地因犯罪者受过刑事处罚而遭受社会对其连带的负面评价。除生活上周围人的议论外,犯罪人的近亲属也可能在上学、就业、职业选择等方面失去很多机会。对于轻罪来说,这样的附随结果太过严厉,产生的负面影响过重,不具有合理性。刑罚附随后果的负面影响不亚于刑罚本身。尤其是在犯罪人已经遭受刑事处罚的前提下,还要承受犯罪附随后果带来的现实中来自各方面的有形或无形的限制,实在有违比例原则。

2024年,中共二十届三中全会通过《中共中央关于进一步全面深化改革、推进中国式现代化的决定》(以下简称《决定》),明确提出要建立轻微犯罪记录封存制度。该制度使轻微罪案件的被告人获得重返社会的机会,其近亲属升学和就业等权利不会遭受限制,有利于刑法人权保障机能的实现,适应了轻罪治理体系的需要。但需要思考如何贯彻落实轻微犯罪记录封存制度,同时,对适用对象和范围、申请程序、封存程序及时限等问题,也需进一步完善。

---

① 参见彭文华:《我国犯罪附随后果制度规范化研究》,载《法学研究》2022年第6期,第171页。

② 参见严励、方正:《轻罪治理背景下犯罪附随后果规范化探赜》,载《犯罪研究》2023年第6期,第12页。

③ 参见张继钢:《社区矫正人员权利的法律监督保障》,载《广西政法管理干部学院学报》2012年第4期,第64页。

④ 参见肖亚楠、刘兆芬、刘欣:《基层检察机关开展轻罪治理的难点及对策》,载《人民检察》2023年第22期,第53页。

(二)轻重犯罪分层的缺失

犯罪分层是指按照一定的标准,对不同程度的犯罪所作的类型划分。习近平总书记在中央政法工作会议中明确提出要“深化诉讼制度改革,推进案件繁简分流、轻重分离、快慢分道”。这句话体现出犯罪分层,程序分流的思想,①也成为司法机关犯罪治理的风向标。但目前,我国刑法尚未规定轻罪概念,也无明确的犯罪分层标准。而在国外,犯罪分层是较为通行的做法,犯罪的等级划分以犯罪行为的刑罚轻重、社会危害性为标准。犯罪轻重分层是有必要的,从刑事程序方面来看,它可以决定繁简程序的分流。从刑事制裁模式方面来看,它能影响管辖、强制措施采取等选择。比如说对于重罪,一般倾向于采取羁押类的强制措施;而对于轻罪则基本上以非羁押化的强制措施为原则,羁押化的强制措施为例外。如果犯罪分层规范化、法制化,轻重罪有其明确的划分标准,则可以对犯罪实行分层治理,精准施策。

1. 轻重罪没有明确的划分标准

我国长期受重刑主义传统法律文化的影响,尚未对轻罪与重罪的区分标准进行明确的规定,但学界关于轻罪的概念、标准与范围等问题的讨论始终存在。因对轻罪概念的不同理解和对犯罪与刑罚关系的观点差异,理论上学者们在确定是以宣告刑还是法定刑,以及以一年、三年或五年作为轻罪的界定标准上存在分歧,导致轻罪和重罪的界定标准依然存在争议。但当前轻罪数量持续增长、占比持续上升,已成为犯罪治理的主要对象,我国已经进入轻罪治理时代。从长远来看,我国立法应当对轻罪与重罪的划分标准作出具体规定,通过轻重罪的犯罪分层,适用不同的刑事诉讼程序与审查方式,以提高诉讼效率;同时从宽严相济的刑事司法政策角度来看,区分轻罪与重罪也有利于对犯罪进行分类、分层治理,更好地预防犯罪。

2. 轻罪处罚缺乏明确统一的量化标准

目前,我国尚未以法律条文之规定明确轻重罪的界定。同时依据相关法律法规、司法解释、规范性文件等的规定,司法人员在办理案件时并无可参考执行的统一量化标准。② 由于轻罪量刑的具体适用条件在立法层面没有详细的规定,使案件在实践中的自由裁量标准不统一。例如就危险驾驶罪而言,在 2023 年 12 月两高两部《关于办理醉酒危险驾驶刑事案件的意见》出台之前,各个地区系统内部规定的,在没有其它严重情节情况下可作出相对不起诉决定的血液酒精含量,就存在不一致的标准。

---

① 参见《习近平在中央政法工作会议上强调:全面深入做好新时代政法各项工作促进社会公平正义保障人民安居乐业》,载《公安教育》2019 年第 2 期,第 1 页。

② 参见冀洋:《我国轻罪化社会治理模式的立法反思与批评》,载《东方法学》2021 年第 3 期,第 125 页。

(三)轻罪的"但书"条款未被完全激活

《刑法》第13条规定,"但是,情节显著轻微危害不大的,不认为是犯罪"。"但书条款"在司法实践中发挥着举足轻重的出罪保障作用,本质上是为了更好的保障人权,对于部分形式上符合犯罪构成要件,但结合证据、犯罪情节、主观恶性等综合考量,在实质上没有处罚必要性的轻罪可以适用"但书"对其进行出罪处理。这既确保了法律在判断行为是否构成犯罪时的准确性和公正性,更有利于实现刑法的目的和功能。"但书"条款作为刑事出罪的总括性依据,在轻罪治理现代化的背景下其出罪价值不容忽视。然而,司法实践中"但书"条款却存在适用率低、适用不当等难题,进而沦为刑法条文的"僵尸条款"。在犯罪结构发生深刻变化的当下,《刑法》第13条"但书"条款的出罪功能的合理运用,在轻罪案件数量及比重持续增多的背景下,可更好地推进轻罪治理现代化。

1."但书"条款适用率过低

"但书"条款作为我国刑法的出罪依据,顺应目前轻罪治理时代的趋势。但通过实证研究表明,"但书"条款在我国司法实践中的适用率极低,呈现出逐年递减趋势,运用"但书"条款撤销案件或者不起诉、中止审理、宣告无罪的案件数量占比较小。我国的"但书"适用主体包括侦查机关、检察机关和审判机关。司法实践中,受终身追责制、信访压力等因素的影响,加之对"但书"条款并无明确具体的适用标准,司法工作人员在行使自由裁量权时往往以"稳妥"为主,不会积极主动适用"但书"条款办理案件。① 因此,在部分情况下,某些案件情节及社会危害性达不到立案或起诉标准的案件,被立案或者起诉,造成司法资源的浪费。

2.存在重打击的惯性思维

当前,侦查机关受回应群众期待、打击犯罪工作的压力等因素的影响,"构罪即捕""有罪必诉""一押到底"的陈旧办案观念和做法并未因适应时代发展而发生彻底改变。② 此外,轻罪监禁刑适用率仍然过高。我国的非监禁刑主要包括缓刑、管制、单处附加刑、免于刑事处罚等种类,但是监禁刑仍为犯罪的主要治理手段,对于日益增长的轻罪数量,非监禁刑罚的适用率无疑是偏低的,有待进一步提高。监禁刑将犯罪人与社会隔离,在封闭性场所进行监禁教育,其在对犯罪人的教育改造,防止其危害社会方面,相较于非监禁刑具有独特的优势。但是,对于广大轻微犯罪人来说,监禁刑的弊端更加突出,会使其再社会化加难。将犯轻罪者与犯重罪者同等看待,表明犯罪治理方式没有跟上时代发展的要求,这与宽严相济的刑事政策以及我国进入"轻罪时代"的趋势是不符的。毫无疑问,轻罪化与轻刑化应当是同时推进的,在轻罪数量不断增加的形势下,刑罚应当逐渐轻缓化,提高非监禁刑的适用比例。

---

① 参见刘美麟:《轻罪行为依据"但书"出罪的实体法路径探讨》,吉林大学2023年硕士论文,第15页。

② 参见孙春雨:《因应犯罪结构变化协力推动轻罪治理》,载《人民检察》2023年第11期,第32页。

三、实现轻罪治理现代化的完善建议

（一）完善轻微犯罪记录封存制度

为落实宽严相济刑事政策，加强轻罪治理体系的实践探索，推进轻罪治理现代化，维护社会和谐稳定，使有前科的人彻底走出之前所犯轻罪带来的负面影响，恢复其和家人正常的社交、工作和生活，在《决定》明确提出建立轻微犯罪记录封存制度后，应通过立法予以完善。首先，明确规定轻微犯罪记录封存制度的适用范围，将重罪、轻罪和微罪的划分标准予以统一。将犯罪记录的封存领域局限在行为人社会危险性较小，再犯可能性较低，刑期较短的罪名，且被判处3年以下有期徒刑、管制、拘役或者定罪免刑的均可适用，有学者认为行政处罚也可包含在内。① 其次，可为轻微犯罪记录封存制度的顺利运行设置一定的考验期。根据行为人所犯罪名、不法程度，科学设置考验期。考验期满后依据行为人的悔罪程度、行为表现、社会危害性等因素，综合判定行为人的犯罪记录是否封存。最后，为节约司法资源，犯罪记录的封存方式可为考验期满后，犯罪记录自动封存。与此同时，也可依据实践情况，规定行为人及亲属可向法院申请犯罪记录封存。

（二）明确犯罪的轻重分层，推进轻罪治理体系建设

1. 明确轻重罪划分标准

对轻重罪的划分应以刑罚的严厉程度及社会危害性为标准，这符合轻罪轻罚、重罪重罚的司法理念。因此，可以宣告刑三年以下有期徒刑的刑罚处罚为界定标准。从实体法上看，依据《刑法》第5条之规定，“刑罚的轻重，应当与犯罪分子所犯罪行和承担的刑事责任相适应”；第72条之规定，对符合缓刑适用条件的被判处拘役、三年以下有期徒刑的犯罪分子，可以宣告缓刑。从程序法上看，依据《刑事诉讼法》第222条之规定，“基层人民法院管辖的可能判处三年有期徒刑以下刑罚的案件，案件事实清楚，证据确实、充分，被告人认罪认罚并同意适用速裁程序的，可以适用速裁程序，由审判员一人独任审判”。因此，笔者认为将三年以下有期徒刑的刑罚处罚作为轻罪界定标准合乎我国现有实体法及程序法之规定。司法实践中，以法定刑还是宣告刑作为轻重罪的划分标准存在争议。部分学者认为以法定刑为划分标准，既可避免法官滥用自由裁量权，又符合罪刑法定原则，更利于增强群众对司法机关的信任。但笔者认为应以宣告刑三年以下有期徒刑的刑罚处罚作为轻罪划分依据。司法实践中，司法机关对案件事实、定罪量刑情节、犯罪人悔罪程度、社会危害性等进行综合考量来判处刑罚。此宣告刑相较于立法预判的法定刑而言，更符合案件具体情况，可较为全面地反映

① 参见蔡道通、冯明昱：《轻罪治理图景下前科消灭制度的本土建构》，载《贵州师范大学学报（社会科学版）》2024年第3期，第141页。

罪行的轻重及犯罪人认罪态度等。以宣告刑作为轻罪划分标准,可更好地在轻罪犯罪人得到处罚的同时,减少因不能回归社会而再次犯罪、处于社会对立面的不利于社会和谐稳定情况的出现,将治罪与治理并重的轻罪治理体系贯穿刑事诉讼的全过程。

2. 统一轻罪处罚的量化标准

以法律条文明文规定的形式对轻罪的犯罪情节作出具体规定,规范起诉裁量标准。检察机关应及时更新司法理念,积极推进轻罪治理现代化,妥善行使起诉裁量权,"能不诉的不诉",依据司法实践具体情况完善酌定不起诉、存疑不起诉和附条件不起诉的轻罪案件范围及适用条件。积极推动案件繁简分流,提升轻罪案件治理水平。

(三)规范"但书"条款在轻罪案件中的适用

1. 明确"但书"条款的适用

科学界定"但书"条款的适用条件及具体内容。依据我国法律法规及相关司法解释之规定,"但书"条款具有模糊性及不确定性。司法从业者并不能从"但书"条款中获取清晰且明确的信息,需结合案件情节、社会危害性等综合考虑。例如在《刑法》第13条中规定了犯罪的概念:"一切危害国家主权、领土完整和安全……都是犯罪,但是情节显著轻微危害不大的,不认为是犯罪"。司法实践中,"但书"条款的出罪功能更宜适用于轻罪案件。因此,笔者认为,可以列举的形式明确"但书"条款的适用条件,充分体现其存在所蕴含的刑法谦抑性。

2. 司法机关及时更新理念,积极协调治罪与治理关系

在轻罪案件中,将治罪与治理贯穿刑事诉讼的全过程。检察机关应强化轻罪治理的检察担当,规范开展不捕不诉和羁押必要性审查工作。针对个案具体情节、犯罪人认罪态度和法益侵害性,检察机关积极行使起诉裁量权,当宽则宽、该严则严、宽严相济、宽严有度,高质效办好每一个案件。检察机关在办理轻罪案件时既不能"一捕了之"也不能在不起诉后"不诉了之",应在检察办案中积极开展矛盾纠纷化解工作,推动诉源治理。

论现代化“枫桥式”基层轻罪治理的检察综合履职模式

——以“汇心检察”为研究对象

何青云　孙　伟　蒋思思*

摘要：犯罪结构轻罪化在反映立法能动性的同时也带来了犯罪人数激增、犯罪矫治效果下降、附随后果严重等问题，需要以现代化轻罪治理体系加以因应。检察综合履职与基层社会综合治理的融合是构建现代化“枫桥式”基层轻罪治理体系的重要路径，可在高质效办理轻罪案件的同时提升基层社会综合治理水平，以基层共管共治预防轻罪发生、做好轻罪人员矫治。“汇心检察”通过将检察听证、社区矫正、法治宣传、线索采集等检察业务送入基层社区，有利于人民群众对检察工作进行监督，让人民群众近距离感受检察工作带来的公平正义，也有助于建立起检察机关与基层社区之间的双向治理合力，从而践行新时代“枫桥经验”，建立起有效的基层轻罪治理体系。

关键词：基层轻罪治理体系；检察综合履职；高质效办案；汇心检察

一、犯罪结构轻罪化趋势对刑事司法体系带来的挑战与因应

党的十八大以来，随着依法治国、平安中国建设的不断深入推进，我国已经成为世界上治安状况最佳的国家之一，严重暴力刑事犯罪的发案率不断下降，陈年命案不断破获，人民群众的整体安全感获得提升。随之而来的是犯罪结构轻罪化趋势日趋显现，建设中国式现代化轻罪治理体系已成为放在检察机关面前的重要课题。且当前，我国正处于迈向建国百年奋斗目标的关键时期，各种复杂社会矛盾随着经济社会的发展而产生，优化创新社会利益

* 何青云(1965—)，女，浙江余姚人，上海市徐汇区人民检察院检委会专职委员。
孙伟(1987—)，男，浙江宁波人，上海市徐汇区人民检察院第三检察部检察官。
蒋思思(1997—)，女，四川武胜人，上海市徐汇区人民检察院第三检察部检察官助理。

协调机制、矛盾调处机制、诉求表达机制等成为历史必然。在这种背景下,检察机关必须紧紧扣住时代脉搏,因势利导,深入探索能动司法的新路径。推进轻罪治理既要回应社会关切,顺应新时代人民群众对美好生活的向往和追求,也要尽可能转化社会对立面,减少刑罚的负面效果,增强人民群众对公平正义的实际感受,从而夯实社会稳定的民心基础。

(一)我国犯罪结构轻罪化的具体表现与治理难点

第一,随着我国经济社会高速发展,涌现出的各种新矛盾新问题需要通过法律手段加以解决,这一快速发展转型的大背景决定了我国必须不断完善刑事罪名体系,以能动立法回应网络化、数字化、城市化社会中的各类新型危害行为,通过扩张性立法来遏制犯罪高发态势。近年来已在立法上将不少原先认为仅违反行政法规的行为以及未规定刑事罚则的行为规定为犯罪,在刑法中大量增设轻罪罪名并调整法定刑量刑档次,使得可判处三年以下有期徒刑的轻罪罪名占比不断上升,在今后相当一段时期内,回应社会需要增设新的罪名仍然会是刑事立法的核心任务。这一立法取向反映了当代刑事立法的能动性、回应性与人道性,但大量轻罪罪名的增设也带来犯罪人数不断上升、犯罪附随后果严重、刑罚一般预防效果较差等问题。例如在"断卡"行动实施以来,帮助信息网络犯罪活动和掩饰、隐瞒犯罪所得罪的犯罪人数一直处于高位,打击力度不可谓不重,但仍难以体现轻罪罪名的犯罪遏制力。

第二,从司法办案角度看,近年来分析发现"严重暴力犯罪和重刑犯罪在所有刑事诉讼判决中的占比大幅下降,以醉酒驾驶、帮助信息网络犯罪活动、掩饰、隐瞒犯罪所得等为代表的轻罪案件和社会危害性相对较小的经济犯、行政犯犯罪数量大幅上升,检察机关的不起诉率和法院判处三年以下有期徒刑及以下刑罚的案件占比持续上升。"①轻罪案件数量的大幅上升导致判刑人员数量激增,轻罪罪犯因其前科遭受就业歧视等不公待遇,难以回归社会,且易再次实施犯罪。

第三,从犯罪人的角度来看,大量轻罪案件的行为人往往并不具有强烈的危害社会故意,而是由于学历水平低、法治意识淡薄、贪图小利等原因走上犯罪道路,其主观恶性与人身危险性相对于严重暴力犯罪分子显然更低。这些犯罪行为人的宣告刑一般较轻,使得其在看守所、监狱或者社区矫正机构接受改造的时间也相应较短,如何做到处罚的罪责刑相适应与矫治预防再犯相统一是一个难题。因此,从犯罪综合治理的角度来看,提升轻罪治理水平不能仅依赖于增设轻罪罪名的刑事立法供给,更要通过司法办案能动履职加强社会治理体系建设,铲除滋生犯罪的土壤,加强犯罪预防。对于检察机关而言,要履行法律监督机关的职责,从实质上化解社会矛盾、高质效办好每一个案件出发,在案件办理上首先打牢案件事实证据基础,其次在法律适用上善于深刻领悟具体法律条文蕴含的法治精神,从纷繁复杂的

① 王守安:《以轻罪治理现代化为切入点在推进国家安全体系和能力现代化中强化检察担当》,载《人民检察》2022 年第 23 期,第 4 页。

案件事实中准确把握法律关系,最终在案件处理上做到天理国法人情的有机统一,努力实现最佳办案效果,并且以群众看得见的方式,让包括犯罪分子在内的社会公众都能感受到法律的公平正义。

(二)以新时代“枫桥经验”构建现代化轻罪治理体系

在犯罪结构轻罪化时代,刑事法律制度建设需要从“有没有”向“好不好”转变,不仅要严格公正依法办案、惩治犯罪,更要通过多种治理手段预防、分流、妥善处理刑事案件;既要通过刑事打击抓末端、治已病,更要通过诉源治理抓前端、治未病。现代化轻罪治理体系与重罪治理着重彰显刑罚严厉性、强调刑罚一般预防作用、依赖司法打击职能的传统理念不同,它不再片面强调刑法的惩罚功能,而是在适用与轻罪相适应的刑罚同时,改善过于严苛且社会成本过高的诉讼体系,以更低的治理成本实现更好的刑事司法效果。建设中国式现代化轻罪治理体系可从以下两方面出发。

首先,在目标上要促进治罪与治理相融合。治罪通过刑罚体现法律对犯罪的惩治、报应和威慑功能,维护法治的公正和权威;治理则侧重于跳出案件本身看案件,从案件背后发现导致犯罪的社会问题,加强对社会矛盾的化解,修补社会关系,保障社会秩序。将治罪与治理相融合才能兼顾打击犯罪与预防犯罪:通过治理消除犯罪滋生背后隐藏的社会问题,通过治罪解决已经发生的犯罪。

其次,在实践中要用好新时代“枫桥经验”这一法宝,将检察办案融入基层社会治理体系中,实现整体社会治理效能的现代化。“枫桥经验”是我国几十年来基层社会治理成功经验的总结,基层治理的法治化、现代化离不开对该地区本土社会文化、地理环境、经济发展情况、人口结构、文化水平等内生禀赋与内在动力因素的综合利用。新时代“枫桥经验”在继承和发展传统“枫桥经验”的基础上,又有了新时代的新内涵、新特点:“一是从辐射范围看,新时代‘枫桥经验’是我国新时代城乡一体化社会治理共同遵循的典范。二是从实质成效看,新‘枫桥经验’已演变为‘矛盾不上交、平安不出事、服务不缺位’的新‘三不’多方位工作目标。三是从治理模式看,新‘枫桥经验’更加注重社会自治组织等多元化力量参与社会治理的能动性、组织性和全面性。四是从基本理念看,新‘枫桥经验’标志着以‘政府权力本位’为重心的社会管理理念向以‘社会权利本位’为重心的社会治理理念的转变。”①新时代“枫桥经验”的要义在于司法机关深入基层参与基层社会治理,通过社会综合治理消减社会矛盾、清除犯罪土壤,从而降低司法成本,提升司法效果,让人民群众感受到更多的公平正义。结合不同区域特点,检察机关在践行新时代“枫桥经验”时存在不同具体进路,例如在浙江绍兴,检察机关以扎根乡镇的检察室为载体,紧密联系乡镇农村群众,强化了检察机关参与乡村社会的管理力度。而在现代化城市中,检察机关如何在人口密度高、人员流动大、

---

① 周红云:《从社会管理走向社会治理的逻辑与概念》,载《团结》2014 年第 7 期,第 29 页。

社会传媒发达的城市环境下发展与践行“枫桥经验”,建立与城市背景相契合的轻罪治理体系则是一个更为复杂的问题。

二、探索将检察综合履职融入城市基层社会综合治理的轻罪治理体系——以“汇心检察”为例

建设轻罪治理体系不仅要求检察机关依法办理每一起刑事案件,还要求其推动社会治理,防范化解犯罪风险,加强法治教育。全国各级检察机关在践行新时代“枫桥经验”、建设基层轻罪治理体系的过程中开展了大量实践探索,其中,依托检察综合履职将检察工作融入基层社会综合治理是各地实践的共通精髓,而在上海这一国际大都市环境下开展轻罪体系化治理需要进行更加创新的探索。近年来上海市徐汇区人民检察院设立了“汇心检察”检察服务基层治理工作平台,依托平台在辖区13个街镇内开设了包含检察听证、支持起诉、线索受理、法律服务等综合工作内容的“汇心检察”工作室。工作室内包括院领导在内的59名检察官带领检察官助理分别设立工作团队下沉基层,自成立以来通过走访调研等形式,收集小区改建、消防隐患、居民纠纷等各类问题100项,办结答复42项,导入检察办案程序12项,联合处置46项,成为新时代检察机关与人民群众面对面的窗口。“汇心检察”平台在运行过程中结合新时代“枫桥经验”,创新开展了以下轻罪治理综合工作。

(一)将检察听证搬进基层社区,让百姓近距离参与法治进程

一方面,检察听证是践行新时代“枫桥经验”、贯彻全过程人民民主理念的重要举措,在化解社会矛盾、促进诉源治理、提升办案质效、接受人民群众监督等方面具有重要作用,有助于让人民群众在每一个司法案件中近距离感受到司法机关的公平正义。高质效开展检察听证工作能“保障人民群众的知情权、参与权和监督权,通过参加听证的各方主体的交互作用,共同促进矛盾纠纷的实质性化解”。[①] 徐汇区人民检察院在开展检察听证工作中,创新探索将听证地点搬到离百姓最近的地方,依托“汇心检察”平台与工作室在社区党群服务中心、办公园区、学校等场所开展检察听证,“零距离”向人民群众释法说理,进行普法教育,将法治理念送到百姓身边。在选择听证案件时摸准人民群众的法治需求,精心选取多发与关注度高的案件以强化法治宣传效果,例如在学校开展掩饰、隐瞒犯罪所得案件拟不起诉听证,向广大青年学子宣讲警示“两卡”犯罪,防止涉世未深的学生陷入犯罪泥潭。在具体实施过程中,由检察长带头垂范组织开展社区听证活动,建立规范化听证预案,利用“汇心检察”深入基层的优势,打通办案、监督和治理的界限。将检察听证广覆盖、高强度嵌入群众身边的做法立足于打击刑事犯罪的职能,向前拓展可做好刑事犯罪预防文章,向后拓展可做好修复

---

① 闵钐:《把握“枫桥经验”历史逻辑　以高质效法律监督助力基层社会治理》,载《中国检察官》2023年第15期,第12页。

破损的社会关系文章,既大大提升了检察办案的法治宣传力度,也让更多群众获得了鲜活的法治教育。正如一位现场旁听的同学所抒发的感想:"检察官在作出最后处理决定前,非常尊重听证员意见,这样的态度让我感受到了司法的公正。"①"汇心检察"对听证工作的高水平探索促使检察干警的工作作风、能力在人民群众的公开监督下不断提升。

另一方面,"枫桥经验"的成功离不开人民群众的广泛参与,也需要同步提升人民群众的法治及公共参与意识,正如学者所言:"基层强调灵活性与独立性,治理强调法治思维,因此,公民应当具有公共精神、权利意识和法治观念。"②"枫桥经验"在基层治理实践中的应用离不开公民、社区、企业等社会主体的积极参与,在"百姓家门口"开展的检察听证使广大人民群众能够有更多机会近距离体验参与检察办案,获得法治教育,从而使得基层社区更加理解认可检察机关的办案活动,提升对犯罪的认识与防治意识。同时,徐汇检察院在听证结束后多次开展"人大代表面对面"等听取社情民意的专门活动,吸纳了社会各界的意见和看法,使得司法决策更加民主和科学。这种公开化、多元化的听证参与机制有助于反映社会公众的利益和诉求,增加公众对司法活动的参与支持度,让社会公众能够直接参与到司法过程中来,使得司法结果更加符合社会公平正义的要求。"汇心检察"将鲜活的法治案例送入离群众最近的基层社区,通过每一场听证推动基层群众共管共治,预防身边的多发轻罪案件,助力政府、司法机关与人民群众一同完善基层治理,铲除轻罪滋生土壤。

(二)以检察综合履职化解社会矛盾,修复犯罪损害的社会关系

轻罪案件虽然处刑较轻,但对于社会关系的损害却并不轻。如何在轻罪案件办理中既给予犯罪人一条自新之路,又能有效弥补犯罪带来的社会关系损害并防止再犯是一个难题。"汇心检察"通过引入基层调解、司法救助、不起诉前社会服务考察等手段,以检察综合履职维护被害人权益,促使轻罪犯积极改过,从而有效化解轻罪附随的社会矛盾。针对轻微刑事案件行刑衔接难点,徐汇区检察院与区司法局、康健街道办事处签订了《行刑反向衔接社会化考察协同工作机制》,探索将被不起诉人自愿参与社会公益服务、接受法治教育等作为社会化考察指标,辅以公开听证等手段,以此作为检察机关是否提出行政处罚检察意见的参考和依据,让轻罪治理迈向精细化、规范化。如在危险驾驶案件的处理中,检察机关在考量行为人血液酒精含量等犯罪情节后决定予以相对不起诉的同时,同步建议公安机关对犯罪嫌疑人进行行政处罚、督促其从事交通志愿服务等措施,起到了相应的惩戒效果,再辅以公开听证教育引导公众不要对危险驾驶行为存在侥幸心理,向社会公众表明了检察机关依法持续治理醉驾行为的态度。

---

① 朱陆奇:《听证会上的普法课》,载《检察日报》2024年3月25日,第1版。

② 丁慧、代瑞婷:《基层治理的三维内在要素——以"枫桥经验"为切入点》,载《辽宁师范大学学报(社会科学版)》2019年第4期,第33页。

(三)拓宽案件线索来源渠道,按需送法下基层社区

一方面,"汇心检察"通过扎根基层建设工作室开拓案件线索来源。基层在发生案件时就会想到向检察机关寻求法治支持,解决了检察机关线索获取难的问题。对于还未达到犯罪程度但存在犯罪风险隐患的领域,"汇心检察"用足用好民事、行政、公益诉讼检察职能,提前消灭此类社会矛盾隐患问题,避免其向刑事案件转化。另一方面,结合社区情况,按需送法下基层社区,实现了基层与检察机关的双向良性互动。"汇心检察"平台为基层提供了按需点单的法治服务"菜单",其中包含了防范电信网络诈骗与网络犯罪、未成年人保护、民营企业商业秘密与知识产权保护、劳动者保护、社区矫正知识等丰富内容,并通过拓展法治宣传渠道来实现对轻罪乃至其他社会问题的预防解决。检察机关在获得案件线索的同时也用贴近老百姓的方式讲好案件背后的法治故事、检察故事,以契合百姓需求的方式做好案例宣传、舆论引导、价值引领等工作。

三、在推进基层轻罪治理体系现代化进程中让人民群众感受到公平正义

公平正义是人类社会的永恒追求,也是构建和谐社会的重要基石。之前的法学理论研究关注于平衡"实体正义"与"程序正义"之间的关系,要求在检察办案中既要追求实体正义,也要保证程序正义。但在新时代下,办案仅仅达到"实体正义"和"程序正义"难言达到了群众对法治正义的要求。仅仅按照法律办结案件并不能等同于让人民群众感受到公平正义,新时代的公平正义不仅要由"答卷人"司法机关自我认同,更要由"评卷人"人民群众首肯认可。人民群众评判案件办得好不好,是不是实现了公平正义,除了案件实体公正、程序公正,关键还要看结果——关涉自身的实际问题有没有解决、合法诉求有没有得到满足。在司法实践中,一些案件虽然按照法定程序办理,实体处理结果也符合法律规定,但当事人却没能感受到公平正义,反复申诉上访。出现这样的情况,往往是因为当事人关注的具体、细节问题没有得到充分重视和有效沟通,检察机关没有将法理情寓于办案中。

(一)以高质效办案让人民群众在轻罪案件办理中感受公平正义

面对新时代下人民群众对正义感受的更高要求,检察机关既要通过履职办案实现公平正义,也要让公平正义更好更快实现,还要让人民群众真正、切实"感受到"公平正义。该理念的实质即公平正义不仅是写在法律条文里的公平正义,也是蕴含在每一个案件实体处理与程序运转中的公平正义,更是人民群众可感可触可见的公平正义。从司法者角度来看,实体正义、程序正义均是纯粹客观的概念,但从当事人及群众角度来看,正义更是一个兼具主体参与和主观感受的概念,假如当事人期盼司法解决的问题没有得到解决,参与者在司法过程中没有得到充分的尊重,那么他们便难以在具体司法过程中感受到公平正义。随着经济社会的发展和人民群众生活水平的蒸蒸日上,人民群众的法治意识在逐步增强,对公平正义的期待也越来越高,他们不仅关心涉及本人权益的案件处理结果公平正义与否,也高度关注

社会整体的公平正义。实践中，绝大多数案件发生在群众身边，每一起案件都连着民心、政治，关乎人民群众对公平正义的感受。因此，在中国式检察现代化道路上，我们不能仅考虑客观意义上的正义，更要努力通过制度设计让人民群众感受到正义。

从检察机关的职责来看，案件是检察机关最重要的法治“产品”，也是群众感受检察机关履职质量的最直观途径，只有用功夫把好案件证据关、事实关、法律关才能打好案件质量的基础，做到轻罪不轻纵。另一方面检察机关更要以为民初心做好办案的“后半篇文章”，注重化解人民群众涉法涉检诉求，通过群众信访“件件有回复”、信访积案化解、公开听证、民事和解等落实新时代“枫桥经验”的有效举措，努力使每一起案件案结事了、矛盾化解、问题解决，实实在在以履职办案解决人民群众操心事烦心事揪心事，才能让人民群众在轻罪案件办理中感受到公平正义。

要实现这一目标，首先需要检察机关高质效办好每一个案件。“高质效办好每一个案件”既“高”在质量上，也“高”在效率上，既要确保在实体上实现公平正义，也要确保在程序上让公平正义更好更快实现，最终还要“高”在效果上，体现为办案质量、效率与公平正义的有机统一。高质量办案要求案件处理准确、公正，在检察办案的各个环节都必须严格依照法律规定和程序进行，确保事实清楚、证据确凿、定性准确、量刑适当。同时，还要注重保护当事人的诉讼权利、辩护权利、申诉权利等合法权益，确保每个当事人都能在司法程序中得到平等对待。高效率办案缩短了案件处理周期，减少了当事人的等待时间和司法成本，使得犯罪人可以更快回归社会。群众可以感受到的公平正义结果，浸润在每一个办案细节中，浸润在办案检察官的一举一动、一言一行中。只有通过摆事实、讲理据、谈法律、说人情，方能解开群众的法结、情结、心结，真正消弭积怨、化解矛盾、促进和谐，让人民群众感受到公平正义。传统的检察办案往往局限在办公室、工作区，没有深入基层社区让群众获得对检察办案的直观感受，这就需要拓展检察办案的公开性，通过如“汇心检察”式的公开办案、听证进社区让群众获得直观法治教育。

（二）以检察综合履职推动完善基层轻罪治理体系

在高质效办好每一个案件的基础上，进一步提升基层轻罪治理体系必须推动社会治理创新，构建共建共治共享的社会治理格局，加强社会矛盾纠纷的调解和处理，及时解决人民群众的合理诉求。在案件办理时不能仅考虑一个案件的处理结果，更要考虑如何借一案治理一片，提升社会整体的治理水平。通过“四大检察”融合履职护航经济、改善民生、提高群众生活质量、增强社会安全感等措施，让人民群众在实际生活中真正感受到公平正义的存在和价值，人民群众获得感、幸福感、安全感的提升是让公平正义可感可触的最终目标。同时，籍检察履职加强社会主义核心价值观的教育和实践，引导人们树立正确的法治理念和道德观念，自觉维护公平正义，共同营造和谐美好的社会环境，减少社会违法犯罪的土壤，拓展检察机关发现社会治理问题的渠道，形成检察机关与基层政府、社会团体、人民群众一同发现问题、解决问题的双向良性互动。

轻罪治理背景下逮捕社会危险性量化评估机制建设研究

周　剑　朱　磊*

摘要:轻罪治理现代化对于逮捕社会危险性量化评估机制建设产生重要影响。构建科学合理的逮捕社会危险性量化评估机制,需要重视社会危险性条件的核心地位,依法推进非羁押强制措施的适用,以社会危险性量化评估试点工作为实践基础,在重罪轻罪区分治理路径下明确社会危险性量化评估的区分性、实质性、变动性的判断规则,统一规范指标体系和评估方法,持续推动审查逮捕程序诉讼化改革,充分发挥羁押必要性审查和非羁押强制措施的正向功能。

关键词:轻罪治理;逮捕;社会危险性;量化评估;羁押必要性

一、问题的提出

当前,刑事案件犯罪结构发生显著变化,轻罪案件的占比大幅度提高,轻罪案件的羁押必要性显著降低,"少捕慎诉慎押"司法理念应运而生,既是刑事法治发展的需要,也是认罪认罚从宽制度发展的必然,更与我国刑事法律沿革和宽严相济刑事政策的发展一脉相承。作为国家法律监督机关,检察机关在犯罪治理中具有特殊地位和重要权能,应当重视和发挥检察机关在轻罪治理中的关键作用,①提升轻罪治理水平,促进轻罪治理科学发展。2021年6月,党中央印发的《关于加强新时代检察机关法律监督工作的意见》明确提出,要根据犯罪情况和治安形势变化,准确把握宽严相济刑事政策,落实认罪认罚从宽制度,严格依法适用

---

* 周剑(1983—),江苏句容人,江苏省常州市人民检察院第一检察部主任。

朱磊(1991—),江苏常州人,江苏省常州市人民检察院第一检察部四级检察官助理。

① 戚永福、曹瑞璇:《轻罪治理的中国面向:内涵廓清、实践检视及路径选择》,载《青少年犯罪问题》2023年第5期,第14页。

逮捕羁押措施，促进社会和谐稳定。这成为检察机关推进轻罪治理的基本遵循和重要指引。①

司法实践中，对于轻微犯罪落实慎捕、慎重羁押有着特殊功用。由于犯罪嫌疑人犯罪情节较轻、主观恶性不大，对其减少羁押强制措施适用，在加强司法人权保障的同时，有利于促进其改造，更好地帮助其回归社会。羁押需要耗费大量司法资源，若羁押率居高不下，原本有限的司法资源就会更加紧张，降低轻微犯罪羁押比例，有利于节约司法资源并实现优化配置，②将这部分资源分配到重罪案件办理上。减少羁押适用，能够减轻犯罪嫌疑人的敌意和对抗，从而有利于减少社会对立面，促进社会和谐稳定。新时代人民群众在民主、法治、公平、正义、安全、环境等方面有内涵更丰富、水平更高的新需求，现在人民群众的法治理念与权利意识明显增强，对羁押是否合理、是否必要愈加关注。司法机关有责任回应人民群众在新时代对公平正义、对司法办案更高水平、更高期待的新要求。有必要通过审慎把握逮捕标准，减少审前羁押，最大限度维护诉讼当事人合法权益，让人民群众感受到中国刑事司法的文明进步。

在新的历史条件下，应坚持以人为本，在社会控制与人权保障之间寻求最佳的平衡。无论从我国整体法治水平的提高，对人权保障的加强，还是从国际趋势来看，逮捕开始逐渐回归强制措施的本来功能。逮捕作为一种强制措施，其功能和作用主要在于保障诉讼程序的顺利进行。在国外的司法实践中，是否决定逮捕，主要的考量因素是犯罪嫌疑人的行为是否妨害诉讼程序的顺利进行。然而，在我国，逮捕的功能一定程度被异化，成了一种打击犯罪的手段。采取逮捕并非为了惩罚犯罪，而是为了保证犯罪嫌疑人不能实施危害社会、干扰诉讼活动以及自杀、逃跑等逃避诉讼的行为，保障诉讼活动的顺利进行，防止发生新的社会危险。在逮捕和捕后羁押的各种条件中，对社会危险性的准确评估是保障人权、落实司法比例原则理念的关键。③ 司法实务长期以来倾向于在一种抽象的层面来理解逮捕的社会危险性，但抽象的危险性是不足以作为逮捕依据的，量化评估实际上是希望在一个具体的意义上来把握社会危险性，只有在有具体的证据证明存在某一具体的危险时，才有适用逮捕的可能性。

量化评估是犯罪预测的一种表现形式，最有效便捷的方式是通过风险评估工具进行预测。从域外经验来看，包括社会危险性评估在内的风险评估主要有两种方法：一种是基于主观经验判断的临床评估，另一种是依靠数理统计技术开展的精算评估。精算评估方法在美

---

① 王守安：《以轻罪治理现代化为切入点，在推进国家安全体系和能力现代化中强化检察担当》，载《人民检察》2022 年第 23 期，第 3 页。

② 参见姜昕、卢建平、吴宏耀、刘辰、崔议文：《轻罪治理现代化的推进路径》，载《人民检察》2023 年第 1 期，第 8 页。

③ 参见孙谦：《改革背景下逮捕的若干问题研究》，载《中国法学》2017 年第 3 期，第 80 页。

国和英国发展较为成熟,譬如美国联邦审前风险评估工具(PTRA)和英国青少年司法委员会推行的Asset和AssetPlus。精算评估工具的研发需要庞大的案件数据作为分析对象,以发现哪些因素对社会危险性有显著影响,并通过已建立的概率模型计算在这些因素的共同影响下社会危险性的发生概率。从理论上而言,社会危险性量化评估研究,更侧重运用统计的方法归纳、总结可能影响结果的客观性要素以及要素之间的关系。① 从世界范围来看,对逮捕适用的科学化、智能化、定量化是大趋势。智能化量化评估犯罪嫌疑人的社会危险性,并且公开量化过程和量化结果,可以提升审查逮捕的透明度,提升犯罪嫌疑人、被害人、社会公众对批捕决定的认可度,起到监督检察官办案的同时,提升司法公信力的效用。② 社会危险性量化评估采取司法实证研究与统计学、大数据技术结合的方法,明确社会危险性包含的人身危险性要素、诉讼可控性要素,对犯罪嫌疑人进行大数据画像,确定在社会危险性评估中案内、案外的客观数据要素及相关影响权重,为批捕决定的作出提供客观的决策建议模型。这项工作创造性地将其他学科成果引入对审查逮捕制度的研究中,使对犯罪嫌疑人的社会危险性评估工作更加客观化、科学化、标准化,以看得见的数字方式量化看不见的司法标准,是司法数据运用于司法实践的探索。因此,构建一种规范统一、科学合理的逮捕社会危险性量化评估机制,既是准确具体把握社会危险性情形判断的有益探索,也是提高轻罪治理现代化程度的必由之路,更是维护社会公正、促进良善司法的必然举措。

二、轻罪治理对于逮捕社会危险性量化评估机制建设的影响

(一)理念树立:逮捕社会危险性条件的核心地位

传统"构罪即捕"的理念造成大量嫌疑人被羁押,实际上社会成本是很高的,既有每年百余万人被羁押候审的关押成本,也有原本可以正常生产、工作创造社会价值的缩减。从国家治理体系和治理能力现代化的高度,刑事司法有必要从依赖单一羁押手段向多种手段综合运用转变,提高治理社会化、法治化、智能化、专业化水平。近年来,检察机关在全面分析当前犯罪发展趋势和结构变化基础上,明确提出全面贯彻落实宽严相济刑事司法政策和认罪认罚从宽制度,坚持"少捕慎诉慎押"的司法理念。在2023年全国两会上,最高人民检察院(下文简称最高检)工作报告中明确提出,要"深化落实少捕慎诉慎押司法理念,提升认罪认罚从宽案件办理质效,推动非羁押强制措施多用、用好"。从"严厉打击"到"宽严相济刑事司法政策",再到"少捕慎诉慎押司法理念",我国刑事司法理念不断适应社会发展的调整

① 参见王贞会:《审查逮捕社会危险性评估量化模型的原理与建构》,载《政法论坛》2016年第2期,第70页。

② 参见王瓒瑜:《新刑诉法背景下逮捕必要性量化评估机制之构建》,载《法制与社会》2013年第33期,第2页。

需要,为我国现阶段的轻罪治理工作提供了理论支撑。[①] 一般而言,少捕慎诉慎押刑事司法理念主要是针对轻罪轻刑案件,这不仅是宽严相济刑事政策在轻罪案件中的体现,同时也是公正与效率兼顾之要求。相较于重罪重刑案件,轻罪轻刑案件立足于行为主义刑法立场,侧重对行为的社会危害性考量。但是,从根源和本质上看,少捕慎诉慎押刑事司法理念倾向于羁押和审查起诉环节,尤其是针对逮捕措施的适用,其更多地要求考量社会危险性条件。

1979 年和 1996 年的《中华人民共和国刑事诉讼法》(以下简称为"刑诉法")虽然规定了适用逮捕的社会危险性条件,即"采取取保候审、监视居住等方法,尚不足以防止发生社会危险性的",但在语境上被称为"逮捕必要性",涵义模糊、实务中难以操作。2012 年刑诉法修改时把逮捕分为"径行逮捕"和"一般逮捕",把一般逮捕的社会危险性细分为五种类型。2015 年 10 月,最高检和公安部联合发布《关于逮捕社会危险性条件若干问题的规定(试行)》,构建了社会危险性司法审查的判断标准,[②]为实践提供遵循指导,这些规定也被后来的《人民检察院刑事诉讼规则》《公安机关办理刑事案件程序规定》所吸收。2018 年,全国人大常委会将认罪认罚改革的试点经验上升为法律规范,将犯罪嫌疑人、被告人认罪认罚的情况,确立为评估社会危险性的重要因素。

从立法条文演进看,在逮捕制度中,社会危险性条件经历了从无到有、从边缘到核心地位的转变。然而,现行立法并未明确对社会危险性进行客观量化评估,以及采用何种方式、何种程序对涉案人员的社会危险性条件进行有效考察。因而,司法实践对社会危险性的判断很大程度依赖于办案人员的主观认知和自由裁量。[③] 这种不确定性源自立法上的模糊性,尤其是刑事诉讼立法对社会危险性量化评估的缺失。

(二)配套保障:非羁押强制措施适用的依法推进

在轻罪比例上升而重罪比例下降的司法态势下,降低以逮捕为代表的审前羁押率是势所必然,其不仅可以优化司法资源配置,还可以更好地贯彻宽严相济刑事政策,从而实现繁简分流。近年来,检察机关在减少不必要的羁押,扩大取保候审非羁押强制措施适用上持续发力,推动诉前羁押率大幅下降,取保候审适用率提升,在确保依法惩治犯罪的同时,人权司法保障得到进一步强化。一方面,侦查机关对越来越多的无逮捕必要案件不再提请审查逮捕,更多地采用取保候审强制措施,"关起来"才能"管得住"的执法思维逐步转变,检察机关受理提请批捕率从 2018 年的 70.3% 下降至 2022 年的 41.1%;受理审查起诉时的取保候审

---

① 代桂霞、冯君:《轻罪治理的实证分析和司法路径选择》,载《西南政法大学学报》2021 年第 23 卷第 5 期,第 2 页。

② 参见黄利民:《少捕慎诉慎押刑事司法政策的理解把握与保障措施建设》,载《人民检察》2022 年第 16 期,第 5 页。

③ 王贞会:《我国逮捕制度的法治化进程:文本、问题与出路》,载《社会科学战线》2019 年第 1 期,第 5 页。

适用率从2018年的40.22%上升到2022年的65%。另一方面,检察机关越来越重视对逮捕必要性的审查把握,在刑事案件总量上升的同时,检察机关批准和决定逮捕的人数从2018年的105.7万人下降到2022年的49.4万余人,不捕率由2018年的22.1%上升到2022年的43.4%,诉前羁押率由2018年的54.9%下降到2022年的26.7%。2022年9月21日,两高两部联合印发《关于取保候审若干问题的规定》,对取保候审的条件做出重要修改,即对"采取取保候审足以防止发生社会危险性"从"可以"修改为"应当"适用取保候审,取保候审的适用由此更加刚性。

同时,许多地方检察机关会同公安机关积极探索利用电子手环、"非羁押码"等信息化手段加强对取保候审等非羁押强制措施的执行监管,有效提升非羁押强制措施保障诉讼顺利进行的力度和有效性,推动扩大非羁押强制措施适用。据不完全统计,目前全国已有超过110个地方的检察院、公安机关应用相关信息化手段,保障4万余人次的非羁押强制措施执行工作,有效保障了诉讼的顺利进行。但是仍有部分地区非羁押监管方式相对落后,以及来自案件的压力影响评估犯罪嫌疑人社会危险性。比如,对于一些社会危险性较低但未能足额赔偿损失的犯罪嫌疑人,往往来自被害人或者采取取保候审措施不能得到很好执行等,不可避免地采取羁押方式。

(三)实践基础:社会危险性量化评估试点工作的有益探索

一直以来,如何准确评估犯罪嫌疑人的社会危险性,是长期困扰办案实践的难题之一。为此,最高检第一检察厅自2021年12月起指导各地开展了社会危险性量化评估试点工作,就如何更加准确、科学、规范地评估犯罪嫌疑人的社会危险性进行探索创新。2023年9月,最高检下发《关于深化推进社会危险性量化评估试点工作的通知》,确定在全国38个市县级院部署开展试点工作,其中5个地级市院,33个县级院。目前,从全国各地司法实践来看,一些地区正在通过探索建立社会危险性量化评估模型和制定配套规范性文件等方式,使逮捕措施的适用更加公正、客观、科学。比如,江苏省常州市武进区检察院在前期制定《常州市武进区社会危险性量化评估体系》的基础上,联合常州市公安局武进分局、武进区司法局出台《社会危险性量化评估工作指引(试行)》,明确公安机关对拟提请审查逮捕的犯罪嫌疑人,应当对照《社会危险性量化评估体系》对其社会危险性作出初步评估,并将相关证据附卷移送。司法行政机关应及时指派值班律师参与社会危险性量化评估,必要时可就对犯罪嫌疑人采取非羁押措施对其所在社区有无影响开展调查评估。检察机关在办理审查逮捕案件时,应结合公安机关提供的证据、自行获取的证据以及司法行政机关提供的调查评估意见,对犯罪嫌疑人的社会危险性开展实质性审查、评估。

各地在扎实推进试点工作的同时,注意收集、整理特殊类型案件,通过对个案、类案的深入研究剖析,总结发现影响社会危险性评价的重要案内外因素,归纳提炼羁押审查方法重点,为下一步升级完善量化评估体系、推进羁押制度健全完善积累实践样本、打好实证研究基础。但总体上，各地评价社会危险性的标准仍不统一，同时存在评价随意性问题，量化评估社会危险性的证据依赖于公安机关提供，而公安机关提供的证据往往更多倾向于逮捕和起诉，故而存在证据获取的相对失衡，导致量化评估的公正性和科学性受损，其实施效果也有所折扣。

三、新时代逮捕社会危险性量化评估机制建设的路径思考

（一）区分性：统一规范指标体系和评估方法

逮捕社会危险性量化评估指标和方法应当依法、规范、客观、科学，具有针对性和可操作性。

（1）在指标体系设计上，紧紧围绕《刑事诉讼法》《人民检察院刑事诉讼规则》《最高人民检察院、公安部关于逮捕社会危险性条件若干问题的规定（试行）》《人民检察院　公安机关羁押必要性审查、评估工作规定》中关于逮捕社会危险性和羁押必要性审查的相关规定，以科学性、合理性、必要性为原则，对具体评估指标进行分类、细化、量化，并根据实际效果，实行动态调整。适度拓展评估维度，结合案件类别、罪名、刑期、诉讼阶段等，探索类型化、差异化指标体系。积极探索将犯罪嫌疑人的案外社会性信息纳入评估范围，如能够说明犯罪嫌疑人社会关联程度的家庭情况、职业背景、经济条件、社会交往、生活习惯、活动轨迹等。但要注重对所获取的个人信息保护，防止出现因为进行收集评估指标信息导致个人隐私泄露的情况。根据实践经验，可以将社会危险性分为两级指标，一级指标即自然属性、社会属性、案情属性和保障措施四大项，二级指标围绕一级指标细分小项。其中自然属性包括与犯罪嫌疑人婚姻、家庭、身心状况等方面相关的指标，比如年龄、教育程度、是否存在身体残疾或精神障碍等。社会属性主要包括职业、资产、信用记录等信息，比如是否有固定职业、收入和住所，日常表现优劣、有无前科劣迹等。案情属性是可以表现犯罪嫌疑人社会危险性程度高低的犯罪过程主客观表现指标及犯罪后悔罪表现指标，比如自首、立功、坦白、认罪认罚、积极赔偿退赃、被害人谅解、他人过错、防卫或避险过当、从犯、预备、中止、未遂、教唆犯、预谋犯罪、手段残忍、故意犯罪、数罪并罚、重点打击犯罪类型、犯罪期间、犯罪对象等。保障措施是指体现不逮捕犯罪嫌疑人后，其实施妨碍案件诉讼过程顺利行为可能性的指标，主要包括担保情况、担保人评估、建议保障措施等，比如是否具备采取取保候审、监视居住措施的条件，密谋其他犯罪、毁灭证据，接触相关诉讼人、威胁恐吓被害人或证人或举报人，有自杀自残经历、经传唤不到案或逃跑、看守所表现恶劣、暴力抗击抓捕等。

（2）评估社会危险性应当遵循“量化＋经验”的基本方法，结合两者综合评估，依法审慎运用司法裁量权。围绕社会危险性量化评估的一级、二级指标，分别设置正向、负向指标，赋值量化各项指标，各项指标的权重以及是否采取逮捕羁押措施的阈值由各地根据自身办案实践、人员素质能力以及当地经济社会发展水平、社会综合治理能力等自行设定并动态调

整,然后就具体个案中犯罪嫌疑人全部指标数值进行加减计算,接着比对计算结果与事先设置好的风险等级,通过定性打分与定量打分相结合的方式,判定具体犯罪嫌疑人的社会危险性等级,以此得出是否适用逮捕的初步意见。得出初步意见后,结合法律条文的理解适用和办案经验进行综合判断,注意保持类案平衡处理。尤其要以充分贯彻宽严相济刑事政策为要,结合案件内外合理因素以及社会接纳程度,加强价值判断,最终得出是否适用逮捕的结论。应用于逮捕决定时,分值建议统一采取百分制,数值表达应根据风险程度逐步增大,100分为最高风险。在25分以下为绿色,表示安全,无需担保可做不逮捕决定;在25-50分之间为黄色,表示提供担保的情况下可做不逮捕决定;在50-75分之间为橙色,启动预警分析,主观判定。在75分以上为红色,启动逮捕处理。

(3)结合"数字检察"战略,积极探索社会危险性量化评估的信息化数字化应用。可以通过信息化手段,挖掘、利用全国检察业务应用系统上的办案数据,抓取、识别案件卷宗、关联案件中与被评估人社会危险性有关的数据信息,自动按照预设权重对社会危险性作出量化评估,结果供承办检察官参考。在此基础上,可以积极探索拓展数据来源,挖掘、利用政法一体化跨部门办案平台、公安机关警务信息综合应用平台、裁判文书网以及其他行政部门、社会机构数据等,探索基于大数据的社会危险性量化评估体系。社会危险性评估涉及案内因素的审查判断和案外信息的综合评价,需要公安机关、司法行政机关以及相关社会机构的协助配合。应当加强与相关单位的沟通协调,争取理解支持,形成工作合力。可以依托侦监协作机制,借助公安机关信息优势,提升量化评估质量;可以结合律师辩护全覆盖工作,吸纳辩护律师参与试点工作,丰富完善指标设置;可以学习借鉴监狱管理部门在量化评估方面积累的经验,拓展量化评估指标体系和应用场景;可以加强与相关行政机关、社会机构的沟通联络,积极拓展数据来源,全面、立体开展评估工作。

(二)实质性:持续推动审查逮捕程序诉讼化改革

为使社会危险性审查落到实处,应当构建诉讼化的逮捕审查框架,将审查模式由以书面审查为主变更为以听证审查为主,[①]努力实现审查由实体到程序、由形式到实质的转变。同时,凝聚多方合力,力求做到社会危险性量化评估全面化。

(1)探索逮捕社会危险性量化评估听证诉讼化办理。认真贯彻落实《人民检察院羁押听证办法》,将社会危险性量化评估与检察听证制度结合起来,构建一种侦查机关、辩护律师、犯罪嫌疑人充分参与的模式,重点围绕犯罪嫌疑人的社会危险性开展听证,侦辩双方就犯罪嫌疑人的认罪悔罪态度、一贯表现,以及是否可能继续犯新罪、是否可能伪造、毁灭证据和串供、是否可能打击报复被害人等发表意见并出示相关证据,检察机关结合社会危险性量化评估结果并综合双方意见综合判断犯罪嫌疑人是否有必要羁押。经检察机关许可,在有

---

① 聂友伦:《逮捕的实质化审查与诉讼化改革》,载《中国人民大学学报》2023年第37期,第80页。

需要的案件中犯罪嫌疑人家属和被害人可以参加并发表意见，符合条件的允许双方进行调解。同时，对重大、敏感、争议较大或者存在信访隐患的案件，可以邀请人大代表、政协委员、人民监督员和律师代表、专家学者代表作为听证员，以提升审查结论的中立性和权威性。同时，可以将审查逮捕案件的听证申请程序前置至侦查环节，对于拟提请批准逮捕的案件，公安机关应及时告知犯罪嫌疑人及其辩护人自犯罪嫌疑人被采取刑事拘留措施之日起，辩护人可以向检察机关递交听证申请材料，检察机关受理审查逮捕案件时同步受理听证申请，以此解决审查逮捕环节办案期限短、各方意见难以实质性听取的问题。将过去该环节封闭式、单向性的审查流程转变为检察机关居中审查，公安机关、辩护律师、人民监督员等充分发表意见诉求的"诉讼化"模式，有效提升审查逮捕环节的对抗性和公正性。

(2)保障律师有效参与，强化外部协作配合。以"审查起诉阶段辩护律师全覆盖""值班律师提供实质法律帮助"等实践经验为基础，探索建立审查逮捕阶段值班律师介入制度。明确值班律师介入的对象主要是审查逮捕阶段经社会危险性量化评估后具有中等社会危险性的犯罪嫌疑人。检察机关对中等社会危险性的犯罪嫌疑人，应当主动告知犯罪嫌疑人的辩护律师或提请值班律师主动介入案件，并查阅卷宗，①对检察机关的办案提出相关意见。犯罪嫌疑人提出申请取保候审的，值班律师应当告知其取保候审、监视居住、逮捕等强制措施的适用条件和相关法律规定，并协助提供相关材料，人民检察院在审查逮捕阶段应当及时审查，并听取值班律师的辩护意见，记录在案并附卷，未采纳值班律师意见的，应当说明理由。检察机关和公安机关应当依托侦查监督与协作配合办公室，定期或根据工作需要适时召开联席会议，共同分析研判审查逮捕中出现的新情况、新问题，加强对重大、疑难、敏感案件和新型案件的证据收集、法律适用、刑事政策等问题的研究，强化类案指导，必要时以发布会议纪要、指导意见等方式明确个案逮捕标准，分析研判一段时期内刑事案件的规律、特点，就专项活动相关事宜进行会商。充分发挥警检"数据融通"优势，最大限度获取犯罪嫌疑人身份信息，在此基础上，向公安机关充分传导"社会危险性量化评估理念"，引导公安机关在侦查阶段即充分开展社会危险性评估，对明显无社会危险性的案件不予报捕。推动司法行政部门、公安机关形成社会调查前移机制，对于拟报捕的案件在侦查阶段即对犯罪嫌疑人开展社会调查，全面获取嫌疑人生活信息。

(三)变动性：充分发挥羁押必要性审查和非羁押强制措施的正向功能

社会危险性具有的易变动的特点要求检察机关充分发挥羁押必要性审查制度和非羁押强制措施的正向功能。

(1)对批准逮捕的案件实施捕后动态跟踪制度，持续开展社会危险性量化评估，及时启

---

① 李昌林：《践行少捕慎诉慎押保障被追诉人人身自由的中国实践》，载《人权法学》2022年第5期，第42页。

动羁押必要性审查程序,避免"一捕了之"。进一步更新办案理念,严格贯彻落实《人民检察院　公安机关羁押必要性审查、评估工作规定》,从捕后变化性、社会危险性和取保候审条件三方面进行客观公正的审查与考察。探索羁押必要性审查"三审三听"机制,"三审"即审查定罪事实、量刑情节、外部评估因素;"三听"即听取犯罪嫌疑人及辩护人、被害人、犯罪嫌疑人所在单位、社区等人员的意见,准确评估其社会危险性,与公安机关联动掌握案件进展,跟踪社会危险性变化情况。对证据固定、无社会危险性的犯罪嫌疑人,及时主动提出变更强制措施意见。同时,加大对径行逮捕、外地籍犯罪人员的羁押必要性审查工作力度。径行逮捕后的嫌疑人,只要不存在羁押必要的,例如羁押期间内满足认罪认罚、和解谅解、退赃退赔、哺乳怀孕疾病等其他不适宜继续羁押等情况的,则应及时变更为非羁押强制措施。对于是否符合取保候审条件的考察应克服户籍偏见,综合外地籍犯罪人员在本地工作、生活的时间、融入程度以及其近亲属是否长期在本地生活等方面进行更全面、更深入、更客观的考察,着重考察犯罪的事实、性质,可能判处的刑罚,脱保可能获得的收益与可能付出的代价等因素,对其是否具有脱保、重新犯罪风险等方面进行审查,以作出更公正的决定。强化羁押必要性审查检察建议的执行刚性,明确除非有关机关能够出示被追诉人尚需继续羁押的充分证据,其必须在收到检察建议多少个工作日内执行。此外,还应明确不执行、不按规定执行或怠于执行检察建议的法律后果。

(2)针对非羁押人员社会危险性程度,分层分类探索适用"电子手表(脚环)""非羁码""非羁押 APP"、电子监控、非羁押诉讼帮教基地等配套监管措施,有效降低诉前羁押率,积极稳妥扩大非羁押强制措施的适用。研究搭建非羁押人员跨部门协同管理工作平台,在保持公安机关、检察机关、审判机关、司法行政机关角色独立的基础上,打破各单位之间的数据壁垒,设置定位、安全及权限、智能台账、设备流转管理等多个系统,并根据各单位的职能配置相应监管权限,实现业务协同、数据流转、设备流转管理,确保在全部刑事诉讼环节对非羁押人员实行统一闭环管理。强化工作指引,对非羁押监管措施的适用范围、启动、流转、解除以及非羁押人员请假等工作流程予以明确。制作配套文书,保障非羁押人员知情权,确保监管工作规范有序。完善脱管惩戒机制,加强对脱逃脱管行为的惩处,根据非羁押人员不同程度的违规行为设置不同等级的警报,监管人员根据警报等级的不同,分别对相关人员进行训诫提醒、警示教育等措施,同时将相关情况记录在案并随案移送,将非羁押人员的被监管表现作为量刑考量因素。同时,完善执行情况的反馈机制,及时监管被执行人遵守法律的情况并做出是否继续执行替代措施的中期鉴定报告,以便作出是否再次羁押的决定。①

---

① 任延武、马骏:《羁押必要性审查的实践不足与完善》,载《广西警察学院学报》2019 年第 32 期,第 5 页。

三、前科消灭与附随后果

轻罪治理下前科消灭制度的探索与构建

张春琴　刘　虹　郝　禹*

摘要：当前，轻罪犯罪现象日益突出，如何有效治理并帮助犯罪人员回归社会成为重要议题。无差别的固化适用前科制度，会导致前科人员因前科记录而在社会生活中遭受歧视和排斥，难以正常工作和生活，增加再犯风险。前科消灭制度作为一种旨在消除犯罪人员犯罪记录、促进其融入社会的措施，具有重要研究价值和实践意义。本文通过分析轻罪治理下前科消灭制度建立的理论基础和现实基础，论证了我国当前可适用前科消灭制度的原因。但构建前科消灭制度是一项系统而复杂的工程，本文就前科消灭的适用范围、程序、标准及加强前科消灭制度的社会支持、建立前科消灭制度的监督机制四个方面进行一些思考，以期能够为前科消灭制度的构建提供有益的参考和借鉴，为轻罪治理体系的完善贡献一份力量。

关键词：轻罪治理；前科消灭制度；社会融入；预防再犯罪

随着法治建设的不断深入和犯罪治理体系的逐步完善，轻罪治理作为犯罪预防与矫正体系中的一环，重要性日益凸显。然而，在实际操作中，前科制度作为犯罪者的一种标签，常常给他们带来了长期深远的负面影响。这些影响不仅体现在法律层面，在心理层面和社会层面也造成了巨大的压力，使得犯罪者难以真正融入社会，实现自我救赎。前科制度的存在，本意是为了维护社会的公平正义，确保犯罪者能够承担相应的法律责任。然而，随着时间的推移和社会的进步，我们逐渐认识到，单纯的惩罚和制裁并不能从根本上解决犯罪问题。相反，它可能会加剧犯罪者的逆反心理，增加再犯风险，甚至导致犯罪者陷入恶性循环。因此，在轻罪治理的语境下，探讨和构建前科消灭制度，成为一个亟待解决的问题。

---

* 张春琴(1981—)，女，内蒙古巴彦淖尔人，内蒙古自治区巴彦淖尔市乌拉特中旗人民检察院党组书记、检察长。

刘虹(1993—)，女，内蒙古巴彦淖尔人，内蒙古自治区巴彦淖尔市乌拉特中旗人民检察院第三检察部主任。

郝禹(1993—)，男，内蒙古巴彦淖尔人，内蒙古自治区巴彦淖尔市乌拉特中旗公安局情报指挥中心主任。

一、当前前科制度暴露的弊端

(一)法律层面的问题

一是过度标签化。前科制度往往给犯罪者打上了一个长期的、难以摆脱的标签。这种标签化不仅限制了犯罪者的法律权利,如就业、教育等,更在心理层面造成了巨大的压力。犯罪者常常因为前科记录而遭受歧视和排斥,难以融入社会。

二是法律适用不均。在不同地区、不同案件中,前科制度的适用存在较大差异。这种差异不仅导致了法律适用的不公平,也影响了犯罪治理的效果。

三是缺乏动态调整机制。前科记录往往是一成不变的,缺乏根据犯罪者改造情况进行动态调整的机制。导致一些已经改过自新的犯罪者仍然受到前科记录的束缚,无法真正融入社会。

(二)社会层面的问题

一是社会歧视。前科制度加剧了社会对犯罪者的歧视和排斥。犯罪者往往因为前科记录而难以找到合适的工作、住所等,导致他们无法正常地生活和工作。

二是再犯风险增加。前科记录给犯罪者带来的长期负面影响,往往使他们感到绝望和无助,从而增加再犯的风险。一些犯罪者可能会因为无法融入社会而重新走上犯罪的道路。

三是社会负担加重。前科制度导致大量的犯罪者无法融入社会,成为社会的负担。他们可能需要依赖社会福利、救助等来维持生计,增加了社会的经济负担。

(三)心理层面的问题

一是心理负担加重。前科记录给犯罪者带来了沉重的心理负担。他们常常感到自卑、焦虑、无助等,这种心理负担往往会影响他们的身心健康和改造效果。

二是自我认同危机。前科记录导致犯罪者在社会中无法找到自己的位置和价值,从而产生自我认同危机。他们可能对自己的身份、角色等产生困惑和迷茫,从而失去改造的动力和信心。

二、前科消灭制度国内外适用情况

前科消灭制度,顾名思义,就是在符合一定条件的情况下,消除犯罪者的前科记录,使其能够重新融入社会,享有与普通人同等的权利和机会。这一制度的提出,旨在通过消除前科记录带来的负面影响,为犯罪者提供一个改过自新、重新做人的机会。同时,也有助于减轻社会的负担,提高犯罪治理的效率和效果。

前科消灭制度在全球范围内已经被广泛应用,目前已经有 50 多个国家在立法上确认了该制度，主要包括日本、越南、俄罗斯、德国等国家。这些国家对前科消灭制度的规定及适用条件上存在不同，比如：俄罗斯、韩国等国家要求行为人需要被审判机关宣告有罪，且被实际判处刑罚，犯罪记录在经过法定程序后就可以被消除；德国和日本等国家则只需要审判机关对行为人进行有罪宣告或判决，在经过法定条件和程序后，犯罪记录就会被消灭。我国虽在多年前就有学者提倡前科消灭制度，但并未实施，且法律上也没有对前科消灭制度进行规定，只有部分省区所辖地区自行探索试行过该制度，但并未延续或扩大适用该制度。

三、轻罪治理下前科消灭的理论基础

（一）人权保护理论

人权保护理论是前科消灭制度的重要理论基础之一。根据这一理论，每个人都有平等、尊严和自由的权利，不应因过去的错误而受到长期的、不公正的惩罚。前科消灭制度正是基于这一理念，通过消除犯罪者的前科记录，保护其平等、尊严和自由的权利，使其能够重新融入社会，实现自我价值。

（二）恢复性司法理论

恢复性司法理论强调犯罪不仅是对法律的违反，更是对社区关系的破坏。因此，犯罪的治理不应仅仅局限于对犯罪者的惩罚，而应更多地关注如何修复被破坏的社区关系，使犯罪者能够重新回归社会。前科消灭制度正是恢复性司法理念的具体体现，它通过消除前科记录，为犯罪者提供一个改过自新、重新做人的机会，有助于修复社区关系，实现社会的和谐稳定。

（三）预防再犯理论

预防再犯理论认为，犯罪治理的最终目的是预防犯罪的再次发生。前科消灭制度通过消除犯罪者的前科记录，减轻其心理负担，提高其社会融入能力，从而降低再犯的风险。此外，前科消灭制度还能够激励犯罪者积极改造自己，树立正确的价值观和行为准则，进一步降低再犯的可能性。

（四）社会公平理论

社会公平理论认为，每个人都应享有平等的权利和机会，不应因过去的错误而受到长期的、不公正的待遇。前科消灭制度正是基于这一理念，通过消除犯罪者的前科记录，实现其在法律和社会层面的平等对待。这不仅有助于维护社会的公平正义，也有助于提高犯罪治理的效率和效果。

(五)教育改造理论

教育改造理论认为,犯罪者并非天生的罪犯,而是可以通过教育和改造回归社会的。前科消灭制度正是基于这一理念,通过消除前科记录,为犯罪者提供一个重新开始的机会。同时,前科消灭制度还能够激励犯罪者积极接受教育和改造,提高自身素质和能力,为回归社会打下坚实的基础。

以上这些理论为前科消灭制度的实施提供了有力的支撑和指导,有助于我们更好地理解和推动前科消灭制度的构建和发展。

四、当前我国建立前科消灭制度的现实可行性

(一)犯罪结构发生改变,犯罪形势好转,为前科消灭制度的建立提供了现实基础

随着法治社会的逐步推进,我国刑事犯罪结构发生了显著变化,这一变化主要体现在严重暴力犯罪数量的显著下降和轻罪案件占比的大幅上升中①。根据中国社会科学院法学研究所发布的《法治蓝皮书》中的数据,全国检察机关起诉的严重暴力犯罪数量从 1999 年的 16.2 万人下降至 2023 年的 6.1 万人,严重暴力犯罪在全国检察机关起诉案件中的占比也从 1999 年的 25.1% 下降至 2023 年的 3.6% 。而判处三年徒刑以下刑罚的轻罪案件人数占比从 1999 年的 54% 上升为 2023 年的 82.3.%②。上述数据直接反映了轻罪案件已成为我国刑事案件的主要组成部分。而全国 110 接报刑事、治安警情的同比下降(2023 年同比下降 13.8%),以及全国道路交通事故起数和死亡人数的同比下降(分别同比下降 11.5% 和 16.7%)③,从侧面反映出了我国治安状况的改善和刑事犯罪形势的好转。这些数据反映了我国社会治理能力的提升和法治建设的成效,也为我国建立前科消灭制度提供了有力的数据支撑和现实依据。

(二)未成年人犯罪记录封存制度为前科消灭制度提供了初步的法律基础

虽未成年人犯罪记录封存制度与前科消灭制度在内涵及外延上均有所区别,但值得看到的是:1. 在未成年人犯罪具有初犯、偶犯、激情犯,主观恶性较小,经过教育和改造,回归社会的可能性较大的现实特点的基础上,未成年人犯罪记录封存制度应运而生。纵观轻罪案件的罪犯,大多也正好具备未成年人罪犯的特点,这在法律创设所依据的现实基础上提供了支持。2. 未成年人犯罪记录封存制度明确了犯罪记录封存的条件,即"犯罪的时候不满十八

---

① 闫利国:《刑事诉讼法治对国家和社会治理的依托保障》,载《人民检察》,2023 年第 2 期,第 133 页。

② 卞建林:《轻罪治理的程序响应》,载《中国刑事法杂志》,2024 年第 2 期,第 34 页。

③ 张天培:《公安机关"夏季行动"打击治理》,载《人民日报》2023 年 10 月 12 日,第 9 版。

周岁,被判处五年有期徒刑以下刑罚的,应当对犯罪记录予以封存”。这一规定为法律规定前科消灭制度所涉刑罚种类即轻重范围提供了参考。3. 未成年人犯罪记录封存制度要求封存的犯罪记录不得向任何单位和个人提供,但司法机关为办案需要或有关单位根据国家规定进行查询的除外①。该条查询与保密要求,为罪犯在合理考察期后,如何适用前科消灭的内容、程序、时限等方面提供了有益参考。

(三)司法实践的探索,为前科消灭制度提供了经验价值

近年来,我国一些地方法院和检察院已经开始对前科消灭制度进行探索和实践。例如,2009 年,山东省乐陵市率先实行失足未成年人“前科消灭制度”,通过多部门联合签发的《实施意见》和《实施细则》,明确了前科消灭的适用范围、程序和条件,通过详细调查和评估未成年犯罪人的情况,对符合条件者发放前科消灭证书,持有前科消灭证书的未成年人在复学、升学、就业等方面享有与其他人同等的权利,不再受到前科标签的困扰。该探索取得了较好的社会效应,赢得了社会各界的广泛支持和认可,这为前科消灭制度在全国推广提供了有益的经验和借鉴。

五、轻罪治理下前科消灭制度的构建策略

在轻罪治理的背景下,构建前科消灭制度是一项复杂而系统的工程,需要综合考虑法律、社会、心理等多个方面的因素。

(一)明确前科消灭的适用范围

一是要明确犯罪类型。创设前科消灭制度,我们的目的是使轻罪犯罪者更好融入社会,杜绝因犯罪前科的不良影响导致其再犯的可能性,但绝不是牺牲社会稳定来单纯地强调人权。首先,未成年人犯罪记录封存制度适用的刑期范围为五年以下有期徒刑,成年人相对未成年人,是具有完全刑事责任能力的个体,其对自身行为应有更强管控能力。且结合我国刑事犯罪情况来看,2023 年判处三年以下有期徒刑案件占比达 80% 以上,对该部分人员实行前科消灭可以体现宽严相济的刑事政策,故我们可以考虑,将判处三年以下有期徒刑案件作为前科消灭的适用范围。其次要将不适用前科消灭制度的犯罪排除在外,比如对于危害国家安全、涉毒涉黑、严重暴力犯罪等主观恶性较大、社会危害性较为严重的犯罪类型,不论其判处刑罚的期限长短,都要明确规定其不适用前科消灭制度,保留前科记录有助于维护社会安定。

二是要明确犯罪者条件。前科消灭要明确犯罪者条件,这是确保该制度公平、公正且有效实施的关键。具体而言,在评价犯罪性质时,需要罪犯所犯罪行的主观恶性不大,为初犯、

---

① 参见郭志强:《论前科消灭制度之构建》,天津工业大学 2022 年硕士论文,第 17 页。

偶犯、犯罪行为造成社会危害较小。在评价刑期执行情况时,要关注刑期执行期限内罪犯的表现情况,是否有违反相关法律法规问题,对自己的犯罪行为是否积极悔过,是否积极赔偿被害人损失等。在评价刑期执行完毕后一定期限内的表现时,要要求犯罪者在一定期限内表现良好,没有再次犯罪的行为并对其再犯可能性大小进行评估,同时要征求其所居住地村委或居委会等意见,了解其日常表现情况,进行综合评估。

(二)明确前科消灭的程序及标准

何时启动前科消灭、如何启动前科消灭及什么样的情况可以作出前科消灭决定,是我们探讨前科消灭制度建立最为核心的问题。

一是明确前科消灭的考验期。前科消灭不应是对所有轻罪罪犯理所应当的进行适用,而应该是附条件的适用。在主刑及附加刑执行完毕后,应设立一定期限的考验期,以便掌握其再犯可能性及现实表现等情况,从而决定是否适用前科消灭制度。考验期不应是一概而论的,分段式设置考验期更为妥当。例如:对单独宣告有罪以及单处罚金刑的犯罪者,考验期可以设为6个月;对判处缓刑、管制、拘役以及1年以下有期徒刑的犯罪者,考验期可以设为1年;对判处1年以上有期徒刑至3年以下有期徒刑的犯罪者的考验期可以适当延长至2至3年。在考验期内,如果犯罪者有再次犯罪或表现不佳等问题,可以结束考验期,直接决定不适用前科消灭制度。

二是明确前科消灭的评估程序。评估程序应遵循公开、公正、透明的原则,确保评估结果的准确性。评估程序应包括申请与受理、材料审查、综合评估、决定与公示这几个环节。一是前科消灭的启动,应是犯罪者在考验期结束后,符合前科消灭的犯罪者或近亲属,主动向作出生效判决的法院申请,并同时提交判决书、释放通知书、考验合格证明等材料。二是法院应当对提交的材料进行审查,确认是否符合受理条件。符合受理条件的,法院要开展全面审查,一方面对申请人提交的材料真实性予以审查,着重审查其遵纪守法证明、民事义务履行情况证明、工作与生活表现等证明;另一方面法院要在审查材料的基础上,组织专门的评估机构或人员对犯罪者进行综合评估,并根据评估结果决定是否给予前科消灭。三是法院应该根据评估结果作出是否进行前科消灭的决定,并将决定结果及时通知申请人。如果决定结果为同意前科消灭的,应将结果进行公示,接受社会监督。

三是明确评估的标准。为了确保前科消灭的公正性和有效性,要建立一套科学、合理的评估标准。具体而言,评估标准可以包括以下方面:第一考察犯罪者在前科考验期间是否严格遵守国家法律法规,是否有新的犯罪行为发生;第二犯罪者是否按照法律的规定积极履行了民事义务,如赔偿被害人损失、缴纳罚金情况等;第三考察犯罪者在工作、生活中的表现,了解其社会适应能力和再社会化程度。第四评估犯罪者是否真诚悔罪,及对其再犯风险大小进行评估,确保前科消灭不会对社会安全造成潜在威胁。

四是明确前科消灭的结果。应将前科消灭与犯罪记录封存予以区别,如作出同意犯罪者前科消灭的决定，那么其犯罪记录将作出彻底的消除，等同于自始未发生，而非只是查不到的保密性要求。

（三）加强前科消灭制度的社会支持

一是加强法治教育，提高公众认知度。1. 通过举办法律知识讲座、发放宣传手册等方式，帮助前科人员了解前科消灭制度的具体规定、申请流程和前科消灭的法律后果，增强其法律意识和维权能力，促进其真诚悔罪，改过自新，树立信心，融入社会宣传教育，提高社会对前科消灭制度的认知度和接受度。2. 利用电视、广播、网络等平台向社会公众宣传前科消灭制度，重点宣传前科消灭制度的意义、目的和实际效果等，提高公众对该制度的认知度，通过讲述前科人员成功回归社会的案例，展示他们通过努力改变命运，为社会做出贡献的积极形象，消除公众对该制度实施后社会安全稳定的顾虑，同时消除对犯罪者的歧视观念，从内心深处认可前科消灭对促进犯罪者融入社会，实现社会综合治理的积极效果。

二是加大就业培训，搭建就业平台。针对前科人员的就业需求，相关职能部门可提供针对性的职业技能培训和创业指导，通过开设职业技能培训班等形式，帮助前科人员掌握一技之长，提高就业信心和就业竞争力，同时鼓励企业和社会组织为他们提供实习和就业的机会，促进他们顺利就业，助力其更好融入社会。

三是建立心理辅导机制，开展心理健康教育。在司法系统内部或社区中，建立专门的心理辅导机构，为前科人员提供心理咨询服务，通过专业的心理辅导和干预措施，帮助前科人员克服心理障碍，增强自信心和社会适应能力。同时要建立长期服务机制，为已经消灭前科的犯罪者提供心理辅导服务，帮助他们调整心态、树立信心、更好地适应社会。

（四）建立前科消灭制度的监督机制

一是加强司法机关内部监督。确立检察机关为前科消灭制度的监督机关，负责监督前科消灭制度的执行情况。前科专门评审机构在作出是否消灭某一犯罪者的前科决定后，要将相关材料及结果报检察院备案，接受检察机关的监督。检察机关在发现前科消灭制度执行过程中存在违法行为或不当决定时，可以向相关司法机关提出检察建议，要求重新审查或纠正。

二是融入社会监督范畴。鼓励社会各界对前科消灭制度进行监督。可以通过公开信息、接受举报等方式让公众参与到监督中来，保证前科消灭制度公平、公正实施。

前科消灭制度的实施并非一蹴而就，它需要在立法、司法、执法等多个层面进行精心设计和严格实施。我们需要在保护公众安全与维护个人权益之间找到恰当的平衡点，既要确保那些真正值得宽恕的人得到应有的机会，也要防止制度被滥用，从而真正实现社会的公平正义。

轻罪治理视域下前科消灭制度的构建

孙艺佳*

摘要:我国刑法结构呈现出轻罪化的趋势,具有轻罪前科记录的犯罪人员大量增多。对于轻罪犯罪人员来说,因前科记录产生的附随性后果具有较大的现实弊端,表现在违背公平正义的法治理念、不符合罪责刑相适应原则、突破罪责自负的法律规则等方面。我国构建轻罪前科消灭制度具有现实紧迫性。在具体构建规则上,应当排除严重暴力型犯罪、危害国家安全犯罪、涉黑涉恶涉恐类犯罪、毒品犯罪等社会危害性大的犯罪类型,适用主体限于轻罪人员,同时应设置前科消灭考验期,消灭程序以法院自主启动为原则、犯罪人员提出申请为例外,前科消灭后与犯罪前科有关的一切法律后果不复存在。

关键词:轻罪;前科消灭;罪责自负;考验期;权利限制

近年来,在积极刑法观的引导下,我国的刑法结构呈现出轻罪化的趋势。在立法层面,犯罪治理从"厉而不严"向"严而不厉"转变,犯罪圈呈扩大化的趋势,轻罪罪名大量增设于刑法之中;在司法层面,犯罪的法定刑认定幅度有所下降,实际判处三年以下有期徒刑的犯罪数量呈上升趋势,无论是检察机关起诉的重罪案件,还是法院最终判处的重罪人数,其在整个司法实践中的占比都处于低位。随着目前轻罪案件的增多,轻罪犯罪人员随之大量出现,当这部分人员由于犯罪前科记录被贴上犯罪标签时,也在无形中被推向了社会的对立面,成为社会新的不稳定因素。既然轻罪时代已经无法避免地到来了,那么如何避免犯罪标签化给大量轻罪人员带来的过度负面影响,关于轻罪前科消灭制度的思考与研究就具有十分重要的意义。本文虽然立足于轻罪治理视域下,但并未有意探讨在此背景下轻罪的立法或认定,而是在当前我国刑事法治呈现出的轻刑化趋势之下,探讨轻罪前科消灭制度的构建路径,从而更好地配合轻罪时代的犯罪治理。

---

* 孙艺佳(1997—),女,河北邢台人,石家庄市中级人民法院研究室法官助理,研究方向为刑法学、刑事政策学。

一、轻罪前科消灭制度的背景

一方面,从轻罪立法的进程来看,越来越多的轻罪罪名被写入刑法中。在我国的前七部刑法修正案中,轻罪罪名只增加了3个。但从2010年开始,刑法领域对于轻罪的关注开始体现在立法领域。《刑法修正案(八)》增设危险驾驶罪,《刑法修正案(九)》增设非法利用信息网络罪、帮助信息网络犯罪活动罪等14个轻罪罪名,《刑法修正案(十)》增加了侮辱国旗、国徽、国歌罪,《刑法修正案(十一)》增设了高空抛物罪、妨害安全驾驶罪等8个罪名,其中有三个罪名的最高刑仅为一年有期徒刑。强化轻罪立法是刑法积极参与社会治理的体现,也是完善我国现有法律体系的需要,但轻罪治理模式的实现需要配套制度的保障,确保轻罪治理效能可以得到最大限度的发挥,因而有必要建构轻罪前科消灭制度,给予大量轻罪犯罪人员重新回归社会的机会。① 另一方面,从司法实践的数据来看,轻刑化成为法院裁判的一大趋势。根据最高检、最高法发布的数据统计,严重暴力犯罪呈现连年下降的趋势,起诉人数占比从1999年的25%下降至2022年的3.9%,而近五年法院判处三年以下有期徒刑刑罚的案件每年的占比均在85%左右,轻罪案件的比重持续增大。②

综上来看,无论是刑法中规定的轻罪数量,还是法院判决的轻罪案件,轻罪已经在我国犯罪结构中占据了相当大的比例,轻罪化成为刑事司法实践不可避免的趋势,但这同时也意味着社会上具有轻罪前科记录的人员将会大量增多。当越来越多的轻罪人员被打上犯罪的标签,这类人群的社会治理问题也相继出现,这对于大量轻罪人员回归社会会产生很大程度的阻碍,无论对其个人今后的生存发展,又或是社会对这类人群的治理,目前都还没有较好的解决措施。随着轻罪人群的数量增大,如何有效应对如此庞大的犯罪人员回归社会后所带来的影响,是当前需要研究的课题。

二、轻罪前科消灭制度的现实弊端

刑罚具有惩罚与教育的功能,其中的教育功能意在帮助犯罪人改过自新回归社会,但轻罪的前科制度却存在一些"矫枉过正"的嫌疑③,将本来社会危害性不大的群体置于犯罪的标签下,对其重新融入社会产生了一定的阻碍,反而更加不利于维护社会的稳定。④ 犯罪人员除了接受宣告刑之外,还要承担一系列因为犯罪前科而产生的"隐形"惩罚。对于轻罪的犯罪人员来说,相比于短暂的自由刑,伴随终身的权利限制或剥夺具有更大的惩罚性。具有

---

① 参见方涛、冯卫国:《轻罪立法时代的前科消灭制度构建:现实障碍与解决路径》,载《江苏警官学院学报》2021年第6期,第18页。

② 参见张婧:《我国建立前科消灭制度刍议》,载《犯罪与改造研究》2023年第3期,第36–37页。

③ 参见俞育标:《轻罪治理视阈下成年人犯罪记录封存制度初探》,载《上海市法学研究》集刊(第18卷),第150页。

④ 参见薛培、白文俊:《前科报告义务不宜一刀切》,载《检察日报》2014年3月31日,第3版。

犯罪前科的人员负有前科报告义务,这也就意味着轻罪犯罪分子即使仅被判处几个月的拘役,其在入伍、就业时也面临着种种限制。我国有多达40部法律剥夺甚至限制了有犯罪前科人员从事特定职业的资格,例如《中华人民共和国公务员法》规定永久禁止有过犯罪前科的人员报考公务员,《中华人民共和国注册会计师法》对刑罚执行完毕人员申请注册会计师的,规定了5年的禁止期限。除此之外,有犯罪前科的人员还可能面临开除公职、吊销执照、限制落户等刑罚外的惩罚。大部分轻罪犯罪人员需要承担的自由刑期限可能最多只有三年,但因犯罪前科记录而带来的社会性惩罚却是终身性的,其对于轻罪犯罪人员来说已经足够严厉。

刑法第100条虽然规定了犯罪人员的前科报告义务,但该义务履行后可能带来的不公正待遇,未如实报告犯罪前科可能产生什么样的法律后果,以及当大量轻罪人员回归社会后,其因前科记录无法正常工作、生活时又应当如何进行救济等问题,刑法或相关司法解释都没有具体规定,这也在无形中创造了排斥、歧视轻罪人员的空间。无形的权利剥夺与选择限制对于这些轻罪人员来说,更像是一种"枷锁",将其牢牢束住,使其在社会上处处受限,犯罪前科不像宣告刑有具体的结束期限,其所附加在犯罪人员身上的负面影响会一直存在。[①] 轻罪前科制度不仅不利于大量轻罪犯罪人员及时回归社会,更是给整个社会在犯罪治理方面增加了成本,犯罪前科制度本应发挥的社会防卫功能,从长期性后果来看很可能适得其反,反而引发诸多社会问题。

(一)违背公平正义的法治理念

犯罪前科记录给轻罪犯罪人群带来终身的负担,其过重的惩罚与较轻的罪行之间不相匹配,有违公平正义的法治理念。当前以帮助信息网络犯罪活动罪、高空抛物罪等为主的轻罪,其特点是此类犯罪人员人身危险性并不高,再犯可能性通常也不大,通过让其承担应有的刑事责任,能够让此类轻罪的犯罪人群改过自新,足以发挥刑罚应有的威慑与教育作用。刑罚并非越重对于犯罪人群的改造效果越好,大量轻罪的犯罪人员在已经承担了其应承受的刑罚后,如果继续通过犯罪前科记录惩罚其今后的生活,大量轻罪人员正常生活的权利都会被无情剥夺,甚至要终身承受犯罪所带来的负面影响。而当前社会由于信息网络的发达,前科记录给轻罪犯罪人员所带来的负面影响甚至会被成倍地放大。特别是一些具有特殊身份的人员被判处刑罚后,社会舆论的关注会加重犯罪标签的负面效应,此类人员可能会因为生活中偶然触碰的违法犯罪行为(如交通肇事、醉驾等),遭受终身的标签歧视,甚至被剥夺一些正当权利,很多人也会因此失去为社会继续创造价值的机会。犯罪前科记录于轻罪犯

① 参见肖鹏:《我国刑事法网的基本现状及发展趋势——兼评积极主义刑法观》,载《河北法学》2021年第10期,第149页。

罪人员来说，既不符合刑法中的比例原则，也有悖于公平正义的法治理念。①

(二)不符合罪责刑相适应原则

轻罪人员的前科制度不符合罪责刑相适应原则，犯罪前科记录给轻罪人员造成过重的惩罚性后果。犯罪前科记录对于所有犯罪人员无差别地施加负面影响，前科记录不会因为犯罪人员所犯罪行的轻重而有所差异，其所产生的附随效果具有一致性。② 轻罪区别于重罪的一个特征在于其社会危害性、人身危险性等因素相对较小，但面对本不严重的罪行，却要和重罪人群一样被刻上犯罪的烙印，受到终身犯罪标签的惩罚。虽然轻罪和重罪的刑罚程度不同，但犯罪的社会惩戒性在轻罪和重罪方面并未存在本质差别。轻罪与重罪本就是刑法领域为分类犯罪而做出的区分，无论是行为性质方面还是犯罪刑罚方面的差别，也仅存在于整个司法系统的认定中，一旦离开司法系统的评价后，轻罪与重罪在社会层面的差别就会被极大地缩小，对于轻罪与重罪的评价都将以“犯罪”来替代，因犯罪前科记录而产生的负面效果将平等地影响到轻罪与重罪的犯罪人员，罪行的轻重在社会层面被“抹平”，取而代之的是社会层面所认定的同样的人身危险性。③

显然，犯罪前科制度这种无差别的对待方式，有违刑法中的罪责刑相适应原则，不同程度的犯罪行为却要面对同样的刑法评价，犯罪前科制度的正当性与科学性值得质疑。刑罚的尺度应当与犯罪行为的危害性保持一致，在科处刑罚保护社会公共利益的同时，刑罚也应有所限制，自由刑叠加前科报告义务及隐形的社会排斥，导致刑罚的严厉程度已经远超轻罪犯罪人员应受的制裁，因而前科制度对于轻罪犯罪人员适用的合理性值得反思。

(三)突破罪责自负的法律规则

犯罪人员的前科记录会株连家庭成员，导致其被动承受犯罪带来的不利影响，突破了罪责自负的法律规则。犯罪是承担刑事责任的前提，“无犯罪则无刑事责任”，没有实施犯罪行为的人就谈不上承担刑事责任。④ 中国古代的连坐制度虽然早已被废弃，但前科记录给犯罪人员亲属甚至整个家庭成员带来的权利限制与间接惩罚，仍有着古代连坐制度的影子，这显然与现代刑法所强调的罪责自负、反对株连的规则有所冲突。

轻罪犯罪人员的前科记录不仅影响自己的就业、生活，其负面影响还会波及亲属，对亲

---

① 参见梁云宝：《我国应建立与高发型微罪惩处相配套的前科消灭制度》，载《政法论坛》2021 年第 4 期，第 33－34 页。

② 参见周峨春、郭子麟：《轻罪前科消灭制度构建》，载《重庆理工大学学报(社会科学)》2022 年第 9 期，第 163 页。

③ 参见陈庆安：《〈刑法修正案(十一)〉的回应性特征与系统性反思》，载《政治与法律》2022 年第 8 期，第 118－119 页。

④ 参见马克昌：《刑罚通论》，武汉大学出版社 2017 年版，第 3－8 页。

属的权利产生限制。在就业、升学、入伍、升职甚至个人荣誉等方面,犯罪人员的亲属都会因为前科记录的存在而受到影响。例如在公务员考试的报考过程中,如果直系亲属存在犯罪前科记录,哪怕只是轻罪的记录,都会因此被拒绝录用;在一些特殊行业的招录、军校警校报考等方面,家庭成员甚至主要社会关系成员存在刑事处罚记录的,都会被直接拒绝录用。① 亲属的犯罪记录对于家庭成员在户籍迁移、积分落户、福利保障等关乎个人生存等方面也会产生不同程度的阻碍,即使犯罪人员的刑期结束,但刑罚的附随后果即犯罪记录,依然会导致整个家庭成员在未来失去正常生活的权利。

三、轻罪前科消灭制度的构建路径

随着社会上轻罪人员的增多,前科记录所产生的负面影响也越来越明显,但犯罪前科不能仅有记录制度,也应当设置消除制度,改变"只增不减"带来的诸多问题,因此下文将对轻罪前科消灭制度的具体构建路径展开研究,以期从根本上解决犯罪记录对轻罪人员所附加的负面效应。

(一)制度构建的理论基础

轻罪前科消灭制度在实现刑法预防功能的基础上,为轻罪罪犯回归社会减少阻碍。轻罪前科消灭制度建立后,犯罪记录也如自由刑一般被赋予了存在的期限,让轻罪犯罪人员意识到,只要认真悔改且积极表现,就有机会消除犯罪记录重新回归社会,给予轻罪犯罪人员改过自新的机会;同时也是向社会发出积极的信号,大量轻罪犯罪人员的社会危害性并不大,社会不应因其有过犯罪行为而"一棒子打死",满足条件消除犯罪记录的轻罪人员应当获得与正常人同等的权利,社会的理解与支持在制度的推进方面同样至关重要。②

本文所提出的轻罪前科消灭制度,是借鉴刑事诉讼程序中"未成年人犯罪记录封存制度"而提出的设想,由于该制度仅适用于未成年人,且对于犯罪前科记录也只停留于"有限地封存"层面,而非真正的犯罪记录消灭。③ 有学者提出将犯罪记录封存制度的适用范围扩大至整个犯罪人群,通过"记录封存"代替"前科消灭"。④ 但犯罪记录由于其特殊性,单纯的封存意味着前科记录仍然存在,只是可以查看的主体有所限缩,本质上犯罪人员仍要受到前科记录的限制。况且只要犯罪记录存在,就会有记录外溢的风险,其对于犯罪人员带来的污名化风险以及种种不利后果,实际上都仍有发生的可能,并且当需要封存的犯罪记录越来越

---

① 参见《征兵政治审查工作规定》《公安机关录用人民警察政治考察工作办法》等相关规定。

② 参见喻少如、索肖娟:《完善配套制度设置提升轻罪治理效能》,载《检察日报》2022年11月25日,第3版。

③ 参见陈荣鹏:《轻罪前科消灭制度完善探究》,载《重庆行政》2021年第2期,第61-62页。

④ 参见李勇、曹艳晓:《中国式微罪记录封存制度之构建》,载《中国检察官》2023年第7期,第33-34页。

多时,管理主体承担的封存压力也会不断增加,没有从根本上解决犯罪前科记录的弊端。①轻罪犯罪前科的封存制度无论对于轻罪犯罪人员的管理,还是社会治理成本与资源控制,都不是最优选择。犯罪前科记录不应只做"加法",也可以在必要的时候做做"减法",当犯罪前科已经有效发挥其功能、完成其使命后,便可以通过前科消灭制度为犯罪人员"减负"。因此,本文基于当前实践中轻罪人员不断增多的司法现状,提出建构轻罪前科消灭制度,以实现犯罪惩治与权利保护的有机统一。

轻罪前科应以消灭为原则,以封存为例外。确立有条件的轻罪前科消灭制度,限制轻罪前科制度的适用范围。轻罪的犯罪前科不宜一刀切地消灭或留存,而是通过设置一定的条件,保证满足条件的轻罪人员能够消灭前科记录。从我国司法现状来看,应最大限度为轻罪犯罪人员提供前科记录的消灭机会,不宜再附加更多的前科消灭条件,在其完成刑罚的改造后鼓励其以正常人的身份回归社会,只有特殊情况不适宜直接消灭犯罪前科的,再适用犯罪记录封存制度,保证轻罪前科消灭制度建构的目的得以充分实现,进一步促进此类犯罪人员的再社会化。②

(二)制度构建的具体规则

第一,轻罪前科消灭制度适用的犯罪类型,应排除严重暴力型犯罪、危害国家安全犯罪、涉黑涉恶涉恐类犯罪、毒品犯罪等社会危害性大的犯罪类型。前述犯罪人员本身的主观恶性就较大,需要借助犯罪前科记录对其进行一定的预防,降低这类人员的再犯可能性,因此前述犯罪人员不适用前科消灭制度,反而应当采取当严则严的政策。对于罪行较轻、危害后果不严重等罪行较轻的犯罪类型,由于其社会危害性较低,此类人群的再犯可能性也较小,通过犯罪记录对其进行预防的必要性也较小,可以通过犯罪前科记录消除的方式,降低社会的治理成本,为其减少不必要的负担。

其一,严重暴力型犯罪,其犯罪手段具有较强的暴力性,例如故意杀人罪、强奸罪等犯罪,对人身财产安全往往会造成严重危害,需要通过犯罪前科记录进行权利限制。③其二,危害国家安全犯罪,这类犯罪是刑法分则中社会危害性最大的犯罪,其所侵害的法益是国家的主权、领土完整和安全,此类犯罪人员主观恶性大,对国家及社会有着极强的敌视思想,需要通过犯罪前科制度限制此类犯罪人员的活动,剥夺其一部分权利,否则此类人员极有可能在刑罚结束后继续从事犯罪活动。其三,涉黑涉恶涉恐类犯罪,此类犯罪多是有组织、有预

---

① 参见崔志伟:《积极刑法立法背景下前科消灭制度之构建》,载《现代法学》2021年第6期,第164-165页。

② 参见徐立、成功:《轻罪时代前科制度的内在诟病及其应对》,载《河北法学》2023年第5期,第38-39页。

③ 参见山东省高级人民法院课题组、傅国庆、马磊:《司法大数据视角下的严重暴力犯罪及其社会矛盾分析》,载《法律适用(司法案例)》2017年第10期,第81-82页。

谋的犯罪,对于经济、社会的发展具有严重破坏性,犯罪人员的再犯可能性高,不适宜消灭犯罪前科。

第二,轻罪前科消灭制度的主体限于轻罪人员,即法院的宣告刑为三年以下有期徒刑、拘役、管制、单处附加刑及免予刑事处罚的犯罪人员,将累犯、惯犯等再犯可能性大的犯罪人员排除在外。一方面,被判处三年有期徒刑以下刑罚的犯罪人员数量大,有进行前科消灭的现实紧迫性。特别是在当前轻罪罪名大量增加后,很多人一念之差走上了犯罪的道路,轻罪时代出现的大量"罪犯"其标签所具有的危险性已经大幅降低,重罪时代所赋予"罪犯"标签下的刻板印象也随着社会的变化发生性质的改变。另一方面,被判处三年有期徒刑以下刑罚的轻罪犯罪人员社会危害性较小,再社会化需求大。有些轻罪犯罪人员甚至是过失犯、偶犯、初犯,在其接受了宣告刑的惩罚后就不必再让其背负犯罪的标签,这类人群再次犯罪的可能性也相对较小,社会不需要通过犯罪前科这一制度限制其未来的发展。应当注意的是,本文所提出的前科消灭制度不应当包括被法院判处三年以上有期徒刑、无期徒刑、死刑及死缓的犯罪人员,此类人员所犯罪行严重,人身危险性大,需要保留犯罪记录帮助司法机关及时预防并识别潜在的犯罪行为,同时也是对此类犯罪人员的警示,应当将其犯罪记录加以保留。

第三,轻罪前科消灭制度应设置前科消灭考验期,即轻罪人员在刑罚执行完毕后的一定期限内如果没有重新犯罪,则可以适用轻罪前科消灭制度,社会不能再以犯罪人的身份对待此类人群。可以比照刑法中关于累犯的规定设置前科消灭考验期,即在刑罚执行完毕、缓刑考验期结束或者被判处免于刑事处罚后的一定期限内,经过这个期限的考察后,可以消灭其犯罪记录;但若在此考验期内发现其仍有人身危险性或再犯可能性,可以选择延长犯罪记录的保留时间,等满足相关条件后再实行前科消灭。那么,对于前科消灭考验期的具体期限应当根据犯罪人员被判处刑罚的种类及期限进行确定。例如,被判处免于刑事处罚、单处附加刑的,犯罪前科消灭考验期设置为1年;被判处管制、拘役的,犯罪前科消灭考验期设置为3年;被判处三年以下有期徒刑的,犯罪前科消灭考验期设置为5年。

第四,轻罪前科消灭制度的适用应以法院自主启动为原则,以犯罪人员提出申请为例外。经过前科消灭考验期后,符合条件的犯罪人员,由做出有罪判决的法院主动启动犯罪前科消灭程序,撤销犯罪人员的前科记录,将其所涉及的犯罪信息进行销毁。法院启动消灭前科记录的方式,更有助于保护犯罪人员的合法权益,避免出现有些犯罪人员因不熟悉前科记录消灭程序、不方便申请等原因,导致其犯罪前科无法及时被撤销。对于前科消灭程序存在异议的,或者犯罪人员是青少年、老年人、妇女等特殊群体时,允许犯罪人员本人或者其近亲属向法院提出前科记录消灭的申请,法院根据犯罪人员的具体情况决定前科记录的消除。①

第五,轻罪前科消灭制度实施后的法律后果,犯罪人员视为未实施过犯罪行为,与犯罪

① 参见陈致远:《前科消灭制度的评析与构建》,载《法制与经济》2017年第1期,第114-115页。

前科有关的一切法律后果不复存在。在构建轻罪前科消灭制度的同时,应当对刑法总则中的前科报告制度进行修改,在第100条增加条款“对于符合犯罪记录消灭条件的轻罪人员,不再履行前款规定的报告义务”,进一步配合轻罪前科消灭制度的落实;同时,其他部门法以及相关法规也应同步做出调整,对已经消除犯罪前科记录的人员不得区别对待,保证其正当的就业、受教育等方面的权利不再受到限制。

浅议中国式现代化背景下轻罪前科消灭制度的构建

洪　静　谭朝波*

摘要：在中国式现代化要求全面推进法治现代化的背景下，轻罪时代的来临带来了庞大的轻罪群体，自我犯罪身份认同感较低、人身危险性和主观恶性较小，僵硬的前科持续带来的种种不利后果导致"惩罚过剩"问题突出，给社会治理带来巨大的隐患风险。而通过确定立法模式、适用要件、完善配套措施等方面构建的本土轻微犯罪前科消灭制度，契合中国式现代化的价值内涵、符合宽严相济的刑事政策、较犯罪记录封存制度更具优越性，将成为解决当前犯罪治理问题的关键所在，促进前科人员重返社会同时兼顾减少和遏制再犯罪可能性的任务，是轻罪时代轻微犯罪前科消灭制度的治本之道。

关键词：中国式现代化；轻罪治理；前科消灭制度；前科

习近平总书记在党的二十大报告中指出："在新中国成立特别是改革开放以来长期探索和实践基础上，经过十八大以来在理论和实践上的创新突破，我们党成功推进和拓展了中国式现代化。"中国式现代化要求全面推进法治中国建设，实现形式法治与实质法治融合的"良法善治"，以推动中国式法治现代化。

随着轻罪时代的来临，传统的以重刑化为特征的"犯罪之制"出现了明显的弊端，正在发生的"重罪－轻罪"向"重罪－轻罪－微罪"的结构变化，因前科规定的僵化诱发了轻微犯罪"不轻微"等新问题，急速庞大的轻微犯罪群体因前科制度"只增不减"而加剧了复归社会的难题。尤其是，刑法的严厉惩罚对犯罪者的子女等亲密关系者产生了负面影响，引发了社会的广泛批评，给社会治理带来了严重隐患①。客观来说，这与中国式法治现代化要求贯彻

---

* 洪静(1993—)，女，贵州金沙人，贵州省金沙县人民检察院第一检察部检察官助理。
谭朝波(1985—)，男，贵州金沙人，贵州省金沙县人民检察院第四检察部检察官助理。

① 参见卢建平：《为什么说我国已经进入轻罪时代》，载《中国应用法学》2022 年第 3 期，第 132 页。

和保障人权的理念不相符合。因此,作为解决问题办法的前科消灭制度尽管不是新议题,但将其置于中国式现代化进程和轻罪时代的背景下就具有了全新的理论意义和时代价值,从而构成了本文着重探讨的内容。

一、中国式现代化轻罪治理前科消灭制度构建的必要性

尽管我国现行法律体系尚未明文规定前科制度,但它却体现在立法、司法等各个层面,例如《中华人民共和国刑法》(以下简称为"《刑法》")第100条所规定的"前科报告义务"。前科制度在预防犯罪和惩治罪犯方面发挥着至关重要的作用。然而,在当前背景下,继续沿用之前僵硬的前科制度将阻碍轻罪治理的推进和法治的进步,与当前主流的积极刑法观念相悖①。有鉴于此,为了顺应我国法治环境的现代化变革与发展,有必要针对轻罪构建前科消灭制度。

(一)"一刀切式"的前科制度存在问题

前科是指行为人曾因犯罪被司法机关宣告受过刑事处罚的事实,是犯罪记录的客观体现,是刑罚的延续。对受刑公民而言,前科构成了一种持续的负面评价。虽然前科制度有其存在的合理性,但在轻罪治理时代,其给曾犯轻罪的"前科携带者"带来的负面影响远大于犯罪本身的社会影响,导致了"轻罪不轻"的现象,进而引发了一系列负面效应,具体表现为以下三个方面。

(1)在量刑与行刑方面。对于性质恶劣的罪犯,国家实施前科制度以约束其行为是正当且必要的。但针对轻微刑事犯罪的当事人来说,若再次犯罪就涉及存在前科问题,径行限制或剥夺罪犯享受从轻处罚、减刑或假释的权利,其采用的措施严厉程度远超犯罪行为的严重程度,有违比例原则。

(2)在复归社会方面。前科制度对于曾犯轻罪的个体会产生持续且深远的影响,由于部分法律会规定公民在入职某些单位时需出具"无犯罪记录证明",这直接导致"前科携带者"被排除在外,有前科的公民会被取消某种资格、剥夺某种身份。除此之外,社会生活中仍有许多不成文的规定限制他们的就业,这样的隐形歧视往往会限缩他们正常生活、工作的权利与资格。长此以往,这种由前科带来的社会排斥可能导致他们再次走上犯罪道路,进而推高了我国的犯罪率。如2018年四川省监狱调研时发现,有34.33%的罪犯在刑满释放后又再次犯罪,其原因在于回归社会后"找工作被歧视""无法满足入职时开具无犯罪记录证明的要求"等。

(3)在回归家庭方面。前科制度还会影响"前科携带者"近亲属的工作、学习和生活,导

---

① 参见翼洋:《我国轻罪化社会治理模式的立法反思与批评》,载《东方法学》2021年第3期,第124页。

致其家庭成员特定权利、资质的限制乃至剥夺。① 比较典型的是《征兵政治审查工作规定》第9条明确提出:"具有家庭主要成员、直接抚养人、主要社会关系成员或者对本人影响较大的其他亲属被刑事处罚或者开除党籍、开除公职情形的情况,不得被征集为对政治条件有特别要求的单位征集的新兵。"这不仅违反了罪刑法定原则和罪责自负的精神,也让"前科携带者"背负严重的附随性惩罚和沉重的心理负担。众多家庭成员因深受犯罪行为人罪行所带来的深远影响,导致家庭关系破裂,这与社会法治的持续进步与发展背道而驰。

(二)设立前科消灭制度的重大积极意义

对"前科携带者"而言,建立轻罪前科消灭制度一方面有助于其重返社会,减轻复归社会的压力与阻碍。该制度为行为人去除"标签化",能进一步拓宽"前科携带者"的就业面,大幅度提高他们的就业率。且大大降低社会民众对"前科携带者"的抵御和排斥,提升民众对他们的接受度和包容度,从而为当事人恢复正常生活创造一个温暖的环境。另一方面前科消灭制度还能去除家庭成员、主要社会关系成员等亲属的附随性惩罚,让亲属真诚积极地接受"前科携带者"回归,从实际上、心理上帮助他们恢复以往的正常生活。

对社会而言,轻罪前科消灭制度的构建对于降低犯罪率和促进社会和谐具有重要意义。轻罪的当事人一般主观恶性相对较低,他们在受到刑事处罚后,对法律的敬畏程度相比于犯罪时有所提升,再次犯罪的可能性较小。但是前科制度却限制了他们重新就业和正常生活,这使得部分"前科携带者"逐步成为犯罪亚文化群体,因此,前科消灭制度在帮助轻罪者重新回归社会方面发挥着关键作用,是减少和防止他们再次犯罪的有效途径。如此一来,我国的犯罪率将会大大降低,从而推动和谐社会的建设和发展。

二、中国式现代化轻罪治理前科消灭制度构建的可行性

(一)契合中国式现代化的价值内涵

目前,我国已开启全面建设社会主义的现代化国家,在这一背景下,必须加快推进建设形式法治和实质法治相互融合的"良法善治",从而推动我国走向中国式法治现代化。而针对轻罪特设的前科消灭制度体现了公平、正义的法律价值和立法理念,与中国式法治现代化的制度背景和时代潮流相吻合,与中国式法治现代化的价值内涵相契合。并且,我国《宪法》中明确规定"国家尊重和保障人权",前科消灭制度与宪法理念相契合,同时也是党中央"以人为本"执政理念和刑法"保障人权功能"的根本体现。在当前的法律体系中增设前科消灭制度,能够与现行《刑法》相互衔接、相互协调,具有极强的可实施性。

① 参见罗翔:《犯罪附随性制裁制度的废除》,载《社会科学文摘》2023年第10期,第115页。

（二）符合宽严相济的刑事政策

宽严相济刑事政策是我国基本刑事政策，早在先秦时代就有“刑罚世轻世重”“宽猛相济”的政策，①经魏晋、隋唐至明清沿用不断，即刑罚轻重应视情况而定，对不同时期的不同犯罪，适用刑罚也应区分。这一原则同样应体现在轻罪治理中，在“轻罪化”趋势下，轻罪人员社会危害性与人身危险性较轻，是教育感化的重点对象。区分重罪罪犯与轻罪罪犯，并对其面临的犯罪附随后果加以区分，与宽严相济刑事政策中的区别对待理念相符②。该政策旨在震慑犯罪、维护法律权威，同时减少社会对抗面，将消极因素转为积极因素，实现法律效果和社会效果的统一。这与轻罪前科消灭制度构建的目的相符，体现了教育改善原则，有利于维护社会稳定。

（三）较犯罪记录封存制度更具优越性

部分学者建议我国建立犯罪记录封存制度，以参照未成年人前科消灭制度。该制度的构建思路在于通过隐瞒、抹除、不公开等方式封存犯罪记录，限制公开并避免行为人被记入人事档案，帮助行为人顺利升学、就业，减少社会歧视。然而，该制度虽能阻断部分社会的非规范性评价，但法律特别规定了某些部门、行业在特别情况下仍可查阅行为人的犯罪记录，该制度就显得“毫无用武之地”。此外，犯罪记录封存制度与司法公开之间的矛盾也需进一步解决。实际上，该制度更侧重于保护罪犯的隐私权。但不得不说，未成年人犯罪记录封存制度对我国今后前科消灭制度的模式选择具有指导意义。随着轻罪时代的来临，轻微犯罪群体日益庞大，若无法突破现有解决方案，前科将持续阻碍他们复归社会，导致“惩罚过剩”问题加剧，社会治理隐患增多。因此，即便扩大犯罪记录封存制度的适用范围至成年人罪犯，也只是暂时缓解问题，故在中国式现代化的大背景下构建针对轻微犯罪的前科消灭制度才是解决问题的根本途径。

三、轻罪前科消灭制度的本土构建

（一）确定立法模式

前科消灭制度，作为刑法体系中的一项重要内容，主要关注犯罪人实体权利与义务的界定。尽管实施这一制度需要遵循一定的程序，但其核心目标在于消除犯罪带来的负面社会影响，使我国刑法体系更加全面和完整。前科消灭的设立本质上是为了消除犯罪所带来的不当的附随后果，完善我国刑法规范的内容，使我国刑法规范不仅对入罪与出罪、定罪与执

① 马克昌：《宽严相济刑事政策视野下前科消灭制度的构建》，载《法学家》2008年第5期，第67页。

② 参见孙万怀：《宽严相济刑事政策应回归为司法政策》，载《法学研究》2013年第3期，第15页。

行有所规定,同时对于缺失的犯罪后的不利后果的处理也有了规定。考虑到“前科”等核心概念的内在联系,为了保持法律适用的连贯性和便捷性,将前科消灭制度纳入刑法典中统一规定是更为合适的做法。这样做不仅有助于构建统一的刑罚消灭制度体系,如时效、赦免等,还能促进相关法律之间的协同作用,提高司法效率,节约司法资源。

(二)轻罪前科消灭适用的要件

为避免前科消灭制度理论沦为“空中楼阁”,在深入探讨其基础理论研究之际,亦应清晰界定前科消灭的具体适用条件。

1. 轻罪前科消灭的对象条件

前科消灭制度的适用范围应严格限定于轻罪领域。而将轻罪界定为最高法定刑在三年以下是较为合理的,这一观点在学理上得到大多数人的支持,即司法机关只能消灭被判处法定最高刑是三年以下有期徒刑或者拘役的罪犯的前科记录。这样一来,那些被宣告刑而非法定刑为三年以下有期徒刑或拘役的犯罪人,就不能适用该制度。其主要原因在于我国刑事立法始终秉持着“罪责刑相适应原则”,由于触犯轻罪的行为人主观恶性不强,其犯罪活动也不会造成严重的社会后果,因此所受到的刑事处罚程度较低。将重罪排除在前科消灭制度的适用范围之外,不仅符合前科消灭制度的初衷,还能够继续适用前科制度对重刑犯加以约束。需要特别注意的是,“前科”一词所涵盖的范围不仅限于因触犯轻罪而受到刑事处罚的记录,它还包括了与刑事诉讼程序相关的其他记录,如司法机关对行为人不予刑事处罚、不追究刑事责任、不起诉、采取刑事强制措施等情形。这一全面的定义有助于确保行为人的前科得到彻底消除,从而避免因前科处理不当而引发的潜在问题。

2. 轻罪前科消灭的实质条件

前科消灭制度的目的并非将行为人完全置于法律监管之外,而是为了在保障个体权益的同时,实现社会整体利益的平衡。为此,该制度应设定详细的标准来评估行为人是否满足前科消灭的条件。如参照我国《刑法》中关于缓刑适用的规定,即行为人需满足犯罪情节较轻、有悔罪表现、没有再犯罪的危险,且宣告缓刑不会对其所在社区造成重大不良影响四个条件。而要确保行为人真正满足这些条件,最具有可行性的方法便是设置考验期,即法律设置一定的期限来考察行为人是否真正地改过自新。在考验期内,如果行为人又再次实施违法犯罪活动,不论其主观层面是故意还是过失,司法机关都可以认为该行为人并未认真反省与改正,其人身危险性有所提高,从而将他的前科记录予以留存。

关于考验期的时长,应根据犯罪行为的严重程度来确定。如参照《刑法》的相关规定,对于法定最高刑为一年以下有期徒刑或拘役的,考验期设定为六个月为宜;而对于法定最高刑为一年以上有期徒刑的,考验期则应设定为一年。在考验期内,行为人的前科记录会被暂时封存,允许其正常参与社会生活和工作。然而,一旦出现新的犯罪行为,司法机关将立即撤销其前科消灭的资格。

3. 前科消灭的限制条件

根据我国当前犯罪活动的特点，为防止前科消灭制度的滥用而削弱刑法对犯罪的惩治作用，在法律中设立前科消灭的限制条件确有必要。具体而言，对于多次犯罪的累犯（含一般累犯和特殊累犯）以及惯犯不宜适用前科消灭制度。原因在于，这些犯罪主体在接受刑事处罚后，仍选择再次犯罪，显示出较低的悔罪态度和较高的再犯风险。在这种情况下，刑罚的矫治和预防效果在他们身上并不明显。因此，需要依靠前科制度来对他们形成持续的法律监督和社会监督，通过法律警示和社会压力，实现刑法惩治犯罪、预防犯罪的目的。

（三）需完善前科消灭制度的配套措施

在轻罪前科消灭制度立法化的同时，也应当完善相关的配套措施，以更好地推动轻罪前科消灭制度的实行。

（1）完善我国现有的从业禁止规定。出于社会预防目的，对具有前科的人员进行从业资格的限制是必要的。然而，这种限制应当适度，避免过度剥夺其就业权利从而给他们贴上永久性的"犯罪标签"①。以涉嫌醉酒驾驶的人员为例，他们在交通行业的工作可能会受到直接影响，但在婚恋职业等领域则不应受到限制。因此，应根据不同类型、不同严重程度的违法犯罪行为，合理设定从业禁止的时限，确保处罚与行为之间具有逻辑性和正当性。同时，相关行业或部门在制定禁止性规定时，应确保不与法律相冲突，以维护法律的统一性和权威性。

（2）做好与前科消灭制度相矛盾的法律制度的衔接。针对我国刑法体系中前科报告义务与前科消灭制度间的矛盾，可通过完善前科报告义务的相关规定来实现二者的衔接。如在《刑法》第 100 条后增设条款，即"前科消灭以后，免除其报告义务"。此外，针对《刑法》中的累犯、再犯制度，也可进行相应的调整，以消除其与前科消灭制度在法律效力上的冲突。如在现行累犯、再犯制度规范后增加"前科消灭以后，不得以已经消灭的前科作为构成累犯、再犯的条件，不得以已经消灭的前科为由加重处罚"等内容。最后，考虑到《中华人民共和国刑事诉讼法》中的公开审判制度也会对前科消灭制度的预期效果产生不利影响，也可进行一定调整，如对旁听条件进行一定限制，要求旁听人员不得携带录音录像设备、签署保密书等，以降低犯罪人在前科消灭后面临的风险。

（3）依托信息专网建设改革户籍与人事制度。户籍制度作为国家对居民基础信息进行登记与管理的重要行政手段，其目的在于维护社会秩序和提供准确的人口数据。而对犯罪人员的前科情节进行记载，是随着时间逐步进出的附加功能，与户籍制度设立之初的目的并不契合。户籍制度与人事档案要求对社会公众的社会活动等情况进行全面、如实地记载，显

---

① 参见王志远：《犯罪控制策略视野下犯罪附随后果制度的优化研究》，载《清华法学》2023 年第 5 期，第 69 页。

然与前科消灭欲达到的目的相背离。为了解决两种制度与前科消灭之间的潜在冲突,应对两者进行区分管理。如建立信息专网将犯罪信息单独记录、单独保存、单独处理。对犯罪信息查询的程序应当规范、明确,以保证此类信息的安全,同时也减轻前科人员的心理负担。

(4)强化网络个人信息保护。在数字化时代,互联网信息传播的速度和广度远超以往,这使得前科信息的消除变得异常困难。为保护个人隐私权益并促进前科人员的社会再融入,应规范轻微刑事犯罪裁判文书公开等,并将已消除的前科记录纳入个人信息保护体系。具体而言,一旦前科记录被正式消除,相关人员应有权向互联网平台提出删除相关信息的请求。若平台未能积极响应并履行其责任,应与信息的散播者共同承担法律责任。通过这种方式减少前科信息在互联网的流通,进而降低前科人员对重新融入社会的障碍。

附条件前科消灭制度的路径刍议

杨杰辉　温望望*

摘要：面对刑事一体化视野下的微罪扩张、犯罪标签化影响下的轻重倒挂、社会多元化需求下的治理困境，对前科制度存废之争的内在机理开展理性回溯，对域内外前科消灭制度的正当性、必要性和可行性进行逻辑证成，借助社会学理论探索前科消灭制度助力社会高效有序运转的路径。通过前科消灭制度的立法体系建构、规范运行保障、配套机制完善、精神文化支撑等举措，为前科人员铺就一条复归社会之路。

关键词：轻罪治理；前科消灭；结构功能主义；犯罪矫治

2024年7月18日，党的二十届三中全会审议通过《中共中央关于进一步全面深化改革、推进中国式现代化的决定》，提出"建立轻微犯罪记录封存制度"。轻罪扩张背景下，大批行为人携犯罪"标签"重回社会，前科制度弊端日益显现。本文立足于社会系统的平衡稳定视角，结合轻微犯罪记录封存制度理论与实践，探索轻罪治理背景下前科消灭制度的构建路径。

一、轻罪治理背景下前科制度运行的现状描摹

（一）刑事一体化视野下的微罪扩张

（1）立法层面。自1997年《中华人民共和国刑法》（以下简称为"《刑法》"）颁布以来，《刑法》共进行13次实质修正，包括一部单行刑法和12部刑法修正案，罪名已达483个。目前，《刑法》中未对犯罪分层进行明确规定，多数学者坚持法定刑说，以最高刑一年、三年为界形成"微罪—轻罪—重罪"三层刑法体系。以《刑法修正案（八）》危险驾驶罪入刑为标志拉开微罪序幕，此后增设使用虚假身份证件、妨害安全驾驶等罪，当前立法体系中法定最高

* 杨杰辉（1978—），男，江西高安人，浙江工业大学法学院教授，法学博士，研究方向为监察法学；温望望（1990—），女，浙江瑞安人，浙江省瑞安市人民法院审判管理办公室副主任。

刑为1年有期徒刑或以下刑罚的罪名8个。笔者在人民法院案例库及中国裁判文书网就8个微罪罪名进行检索,以醉驾为例,入刑以来已有上百万人因此背负犯罪前科(见表1)。

表1 我国《刑法》微罪罪名概况

罪名	入刑时间	法定刑	入库数量	公开裁判文书数量
侵犯通信自由罪	1979年	一年以下有期徒刑或者拘役	0	5
偷越国(边)境罪	1997年	一年以下有期徒刑、拘役或者管制,并处罚金	5	5935
危险驾驶罪	2011年	拘役,并处罚金	52	1587351
代替考试罪	2015年	拘役或者管制,并处或者单处罚金	2	1617
使用虚假身份证件、盗用身份证件罪	2015年	拘役或者管制,并处或者单处罚金	0	861
危险作业罪	2021年	一年以下有期徒刑、拘役或者管制	3	368
妨害安全驾驶罪	2021年	一年以下有期徒刑、拘役或者管制,并处或者单处罚金	3	86
高空抛物罪	2021年	一年以下有期徒刑、拘役或者管制,并处或者单处罚金	1	203

2. 司法层面。微罪和轻罪的分流,不仅是犯罪现象的自然演变结果,也是犯罪结构调整在刑法上的"投射",还是犯罪治理走向精细精准的表现。与立法趋势相契合的是刑事司法上出现重罪案发率与重刑适用率的下降、轻微犯罪数与轻刑率上升的"双降双升"显著变化(见表2)。因司法数据统计口径差异,仅以2017年-2023年为例,判处1年以下有期徒刑、拘役、管制或单处附加刑的罪犯占比达33.3%(见图1)。其中,危险驾驶罪的结案数呈逐年上升趋势,2021年审结案件数达34.8万件,2023年又同比上升15.25%,跃居刑事案件首位,占比将近全体刑事案件的30%,属于典型的高发型微罪。

表2 2011年-2023年刑事案件被告人判决生效情况统计表

<table>
<tr><th>年份</th><th>生效判决人数</th><th>宣告无罪不负刑事责任</th><th>免予刑事处罚</th><th>3年以上</th><th>1年以上3年以下</th><th>不满1年</th><th>拘役</th><th>缓刑</th><th>管制</th><th>单处附加刑</th></tr>
<tr><td>2011年</td><td>1051638</td><td>891</td><td>18281</td><td>244495</td><td colspan="2">365037</td><td>76683</td><td>309297</td><td>14829</td><td>22125</td></tr>
<tr><td>2012年</td><td>1154133</td><td>727</td><td>18974</td><td>254335</td><td colspan="2">395574</td><td>112766</td><td>335302</td><td>12853</td><td>23602</td></tr>
</table>

续表

年份	生效判决人数	宣告无罪不负刑事责任	免予刑事处罚	3 年以上	1 年以上 3 年以下	不满 1 年	拘役	缓刑	管制	单处附加刑
2013 年	1158609	825	19231	204494	405032	133044	356523	14641	24819	
2014 年	1184562	778	19253	184475	430664	145086	368129	12226	23951	
2015 年	1232695	1039	18020	189384	467993	157915	363517	11768	23059	
2016 年	1220645	1076	19966	167725	467074	165161	366321	9463	23859	
2017 年	1270141	1634	20684	294295	211592	204718	158860	347989	7372	22997
2018 年	1430091	1319	16711	223474	295127	276566	198508	401127	7503	9756
2019 年	1661235	1685	21593	267078	392378	294356	258293	409103	5860	10889
2020 年	1528034	1223	11942	258919	372777	254123	214958	401697	3908	8487
2021 年	1715922	980	7698	255531	392667	329062	275450	444332	3139	7063
2022 年	1431585	720	4096	201114	339833	247587	229301	399042	2441	7451
2023 年	1660251	855	4331	223750	348148	264440	250658	556422	2221	9426

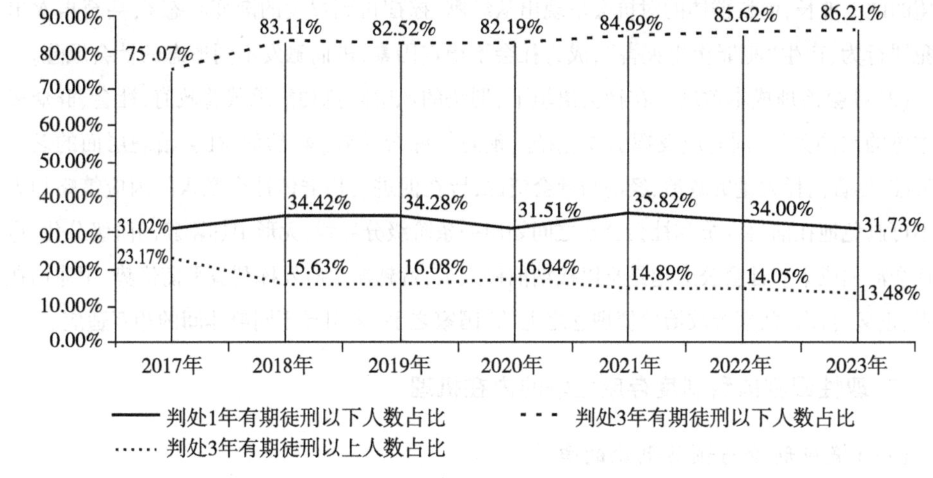

图 1　2017 年 –2023 年被告人具体刑期占比情况

(二)犯罪标签化影响下的轻重倒挂

(1)附随后果泛化。在刑事层面,受过刑事处罚再次犯罪,可能面临定罪和量刑上的不利后果,如累犯、再犯;在民事层面,犯罪行为人的民事权利受限制,如收养子女、荣誉收回等;在行政层面,不符合行政许可对各项权益或资格获得所设定的条件,如担任法官、检察官、律师等。在北大法宝网以“受过刑事处罚”检索,截至 2024 年 6 月 30 日,涉及行业准入限制、行业剔除限制等法律法规 495 件,其中法律 54 项、行政法规 11 项、司法解释 59 项、部门规章 307 项、党内法规制度 17 项、团体规定 11 项、行业规定 36 项,附随后果规定繁杂。

(2)救济措施阙如。刑罚制裁短暂,但前科效应持续终身。前科人员在受到规范性附随后果的责难后,还要遭受社会非规范性评价的影响,包括有形的活动限制与无形的社会负面评价,导致在回归社会后遭受各种歧视或不公平待遇。我国前科报告制度,属于典型的“无盾条款”,行政机关以及非国家机关可直接依据犯罪记录的有无而作出限制权利的决定,实践中不少单位将能否提供无犯罪证明的举证施加给全体人员,如最具代表性的政审制度使其家属在入学、入伍、就业等方面的权利受限或被剥夺。但前科人员无法就伴随终身的否定性评价提出异议或救济,也没有任何方式能恢复或提前恢复其丧失和受限制的权利和资格。

(三)社会多元化需求下的治理困境

(1)再社会化难度加大。微罪前科人员与社会隔绝的时间相对较短,不易形成“监狱人格”,其中不乏社会精英分子,本应更容易快速适应社会实现再社会化,但前科的显性制度设计和隐性社会排斥交错,逐渐被群体化地剥离出来。① 在社会资本与社会声誉流失的现实下,微弱的情感依附、消极的自我认知及强烈的社会歧视长期交互建构,随着道德约束与越轨欲望的此消彼长,前科群体的对抗会呈现出从缄默、摇摆再到爆发的渐变状态②,甚至再次出现犯罪行为,产生“犯罪次生灾害”,成为社会不稳定因素,进而触发不同形态的社会风险。

(2)社会治理成本愈增。在社会语境下,刑法的风险防范功能承载着政府、社会、群众多元主体的共同关注,同时应发挥引领、治理、预防等综合功效。③ 然而,社会治理层面的乏力与失准,尽管消耗大量的政治、经济与社会资源,旨在促进前科群体社会融入的因应策略却大都不可避免地在前科人员和社会公众之间划出一条阶级分界线,无形中加剧新的阶级分化,愈增社会治理成本。社会公众越是难以接纳前科人员,就越需政府发挥利益平衡优势,用建构在公平、正义、自由、共享等政治价值理念之上的“国家之手”来引导不同群体间的相互适应。

二、理性回溯前科制度存废之争的内在机理

(一)报应刑论与预防刑论的争鸣

前科在刑法意义上主要表现为再犯时所引发的规范评价的严厉与具体量刑的增加,而

① 参见李勇、曹艳晓:《中国式微罪记录封存制度之构建》,载《中国检察官》2023 年第 7 期,第 32 页。

② 参见孙超群:《过度的羞耻与渐变的对抗:烙印群体何以融入社会》,载《探索与争鸣》2024 第 2 期,第 74 页。

③ 参见王华伟:《社会恢复视域下微罪治理的检视与重塑》,载《中国法律评论》2023 年第 4 期,第 207 页。

前科消灭则为消灭这种效应提供救济途径。就刑法理论角度而言,涉及大陆法系国家长期存在的“报应刑论”与“预防刑论”分歧。报应论主张,刑罚意义在于对犯罪人施加痛苦来抵消犯罪人所犯罪行以实现正义。但当行为人前科反映的恶果已受到否定评价,若还要承受各种不利附随后果,且“断崖式”地对其应有的资格与享有的权利给予剥夺或限制,终身无法解除,难以寻求到合理根据。预防论主张,刑罚目的可分为一般预防和特殊预防。前科存续有利于防止犯罪人及社会其他人员再犯罪。然而,一般预防论刑罚思想的渊源是重刑震慑论,意味着将轻微犯罪人作为他人不犯罪的工具。特殊预防论前提是准确评估犯罪人的再犯危险性,教育矫正效果无法衡量。综上,既有前科制度难以发挥一般预防与特殊预防的效果,刑罚正当性值得质疑,配置、裁量和执行方面亦不合理。

(二)行政权与司法权的衡平

自废除劳动教养制度后,行政制裁措施的严厉性极速降低,轻微犯罪人如何处遇成为亟须解决的问题。有学者认为,前科制度本质是行政处罚,虽以刑事处罚作为实施前提,但却主要分散在行政法律规范中,以剥夺、终止或限制被处罚的人从事一定职业或活动的权利、资格为内容的行政处罚,在立法初衷、法律功能、适用模式等方面都与犯罪附随后果存在相似之处。显然,针对不断涌现出来的新职业、新领域,限制从业规范愈加充盈,权力边界愈加模糊。同时,行政权具有天然扩张性,当行政执法不能有效治理的行为被纳入刑事规制体系下,将出现运行模式的行政化、微罪定罪的宽泛化、处罚程度的趋重化等趋势。审视现有规定,发现任一地方政府都可以前科事实为由对他人就业予以限制,任何层级的公权力甚至私权利主体均可对他人的资格予以剥夺,挤压司法权空间。①

(三)刑法谦抑主义与风险社会理论的博弈

保护社会利益是刑法首要价值,但不可能永久高于个人价值,两者价值需要平衡。② 基于个人本位立场要坚持刑法谦抑主义的基本原理,基于社会本位立场要有效管控风险社会中日益增多的风险。刑法的谦抑主义为保护人权而设立,内在思想主张在一定的范围内行使刑罚权并且主张轻刑,反对刑罚的擅断与残酷。事实上,前科消灭制度从诞生开始,就倾向于让部分并未造成严重后果的犯罪行为人,重拾回归社会的能力,与人权保障不谋而合。无可否认,随着风险社会来临,刑法规制目的从矫正走向预防,规制对象从客体实害犯转向个体危险犯。前科保留论在一定程度上契合民意对自身安全的期待及风险防控的关注,要求前科人员始终带有烙印从而可时刻识别风险。但有犯罪记录的人与人格、品德之间并不具备“因 A 而推导出 B”的因果关系,导致刑罚效应溢出,引发风险恶性循环。

---

① 参见崔志伟:《积极刑法立法背景下前科消灭制度之构建》,载《现代法学》2021 年第 6 期,第 163 页。

② 参见徐立、成功:《轻罪时代前科制度的内在诟病及其应对》,载《河北法学》2023 年第 5 期,第 33 页。

三、域内域外图景中前科消灭制度的逻辑证成

(一)理论探源:前科消灭的正当性考量

(1)哲理依据。犯罪人实施犯罪,国家对其判定有罪并处以刑罚,是第一次否定,而通过前科消灭,恢复其相应的资格与权利,是对犯罪行为否定之否定,使前科人员恢复正常的生活状态,实现自我发展、自我完善,即符合哲学上辩证唯物主义的运动观及否定之否定规律。故此,只有前科制度而无前科消灭制度不符合事物发展的基本逻辑,缺乏刑罚执行的反馈环节,削弱刑罚适用的整体效果。

(2)法理依据。前科消灭制度的存置在于平衡国家刑罚权行使与公民人格权保护之间的关系。一方面,微罪罪犯所受前科报延续已明显超过比例原则,也不符合罪责自负原则,容易导致立法泛滥与司法恣意,前科消灭制度为其改变现实境遇,能够公平参与竞争。另一方面,前科消灭制度带有较为明显的国家功利性,是彰显仁德、抚慰心灵、维护稳定的柔性手段,契合国家尊重和保障人权的需要。

(3)刑理依据。前科制度诞生于重罪重罚时代,但实质上刑罚威慑力并不会随着刑罚的加重而无止期地增加,而是存在边际效应。在罪责相适应范围内,刑罚轻重与威慑力成正比,而一旦超出限度,威慑力就呈现递减趋势。①《刑法》持续将宽严相济刑事政策落实在刑事立法上,覆盖至刑罚裁量制度、刑罚执行制度等方面,在一定期限内保留,在满足条件时消灭前科。

(二)规律探微:前科消灭的必要性分析

(1)刑法结构现代化的形塑。现代法治的题中之义是限制国家权力对公民个人权利的侵损,在刑法领域体现为国家与个人关系“从国家理性向个体理性的转变”。② 在法治进程中,微罪扩张将构成我国刑法结构现代化的关键性评判指标。因此,在未来一段时期内微罪增设带来的附随后果泛化,将会催生前科消灭制度。

(2)司法工作现代化的需求。司法工作现代化,最关键的是司法理念现代化。加快推进刑事司法理念现代化,要求刑事司法领域牢固树立治罪和治理并重的理念,正确处理好打击和防范、惩治和教育、特殊预防和一般预防、专项治理和系统治理等关系,切实加强人权保障,把习近平总书记“法治建设既要抓末端、治已病,更要抓前端、治未病”的要求落到实处。

---

① 参见江必新:《宽严相济——新时期我国刑事司法政策之理性抉择》,载《人民司法》2007 年第 21 期,第 12 页。

② 时延安、王熠珏:《中国刑法的现代化与理论建构——对四十年的历史回顾与反思》,载《中国刑事法杂志》2018 年第 3 期,第 103 页。

(3)社会治理现代化的选择。多元化社会思潮的冲击使个人利益在市场经济活动中发生复杂博弈行为,各种错误思想观念扭曲价值观,社会治理多元主体利益诉求不一,对社会治理的要求变得复杂,故社会治理现代化的核心任务就是在满足主体自身利益的同时理顺群体之间的利益关系,调适社会结构。美国著名社会学者帕森斯提出"将社会系统视作不同角色相互影响的动态模型"契合这种需要。

(三)实践探本:前科消灭的可行性探究

(1)本土先行先试。在2012年《中华人民共和国刑事诉讼法》确立未成年人犯罪记录封存制度之前,我国不少地区开展前科消灭制度探索。如2003年,河北省长安区法院在全国率先提出构建未成年人犯罪前科消灭制度;2007年,四川省彭州市法院开启"污点不入档案"机制;2010年,山东省德州市法院全面推广前科消灭,符合条件的未成年人及法定代理人可提出前科消灭的书面申请;同年,《浙江省未成年人保护条例》规定,对违法和轻微犯罪的未成年人试行违法和轻罪记录消灭制度。概言之,这些前科消灭探索,都针对14周岁以上未成年人,且限于轻微犯罪,但有如免除前科报告义务、前科人员提出申请启动、法院审查决定等经验。

(2)域外经验借鉴。放眼域外,俄罗斯的前科消灭制度构建最为彻底和详尽,即根据前科人员罪刑严重程度划分不同的前科消灭考察期,无论罪轻罪重,只要满足法定条件都可通过法定程序消除其前科记录,在消灭方式上亦分成前科消灭和前科撤销。法国最早创立前科消灭制度,又称"复权"制度,适用主体包括未成年人、成年人和法人,对自然人犯罪和法人犯罪设置不同的前科消灭条件,根据前罪判处的刑期来划定不同消灭考察期,并在启动程序上分成依职权与依申请。美国没有关于前科消灭的综合性联邦法律,但有单行法对前科消灭相关问题进行规定,大多通过"清白法案",对符合要求的犯罪记录自动删除。

四、治理视域下微罪前科消灭制度的积极探索

以社会学家帕森斯为代表的结构功能主义学说已成为当代法学研究广泛采用的分析范式,其主张社会是一个具有特定结构的系统,系统之内有不同场域的子系统,依据一定的规律而存在并相互作用,借助纵向分化和横向交换实现社会高效有序运转。轻罪治理背景下的微罪前科消灭制度构建涉及立法、司法、行政、社会、文化等,引入结构功能主义进行梳理分析,搭建AGIL结构模型,从适应、目标、整合、维模4个层次探索优化路径,具有一定的适恰性。(见图2)

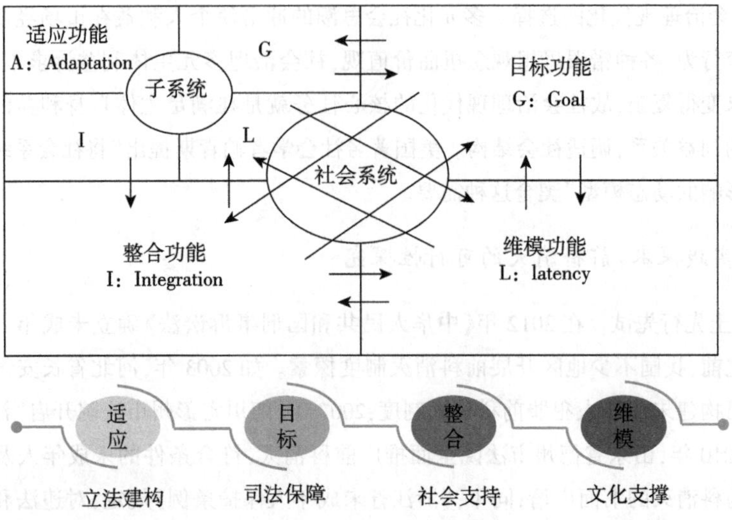

图2　结构功能主义 AGIL 模型概况

前科消灭制度作为一种现代社会系统,若要实现良法善治目标,需发挥立法、司法等法律制度和伦理道德、社会文化的作用。其中,"立法设计"应承载"适应"功能(A),即将前科消灭制度写入法律,提供正当合法的资源供给;"司法保障"需承载"目标"功能(G),即依据法定权限及程序推进前科消灭制度运行,以实现保障人权和预防犯罪的"双赢";"社会支持"宜承载"整合"功能(I),协调内部各部分的耦合关系,健全以规范为中心的制度安排;"文化支撑"能承载"维模"功能(L),在文化层面上为前科消灭制度提供价值认同。

(一)适应功能:前科消灭制度的立法体系建构

适应功能,即内部结构与外部资源之间的适应性运行。虽然我国已逐步探索未成年人犯罪记录封存等机制,但尚未在国家立法层面构建前科消灭制度。

(1)探索立法模式。域外前科消灭制度立法模式有三种:一是刑法典模式,如俄罗斯、日本等国;二是单行刑法模式,如美英两国有独立专门法案;三是刑事诉讼法模式,如保加利亚、法国。我国是成文法国家,可在刑法总则中增设"前科消灭"一章,与时效、赦免等各项规定相衔接。同时,考虑到我国目前尚不能构建全面前科消灭制度,需将适用范围限定为8个微罪,并结合宣告刑设定渐进性步骤。一方面,微罪具有确定性,以罪行的社会危害性、人身危险性为依据设定刑罚区间,不会因个案的轻判将重罪纳入前科消灭适用范围。另一方面,微罪案件基数大,具备再社会化潜质,先行探索前科消灭制度,易被社会公众接受。

(2)破解规范冲突。前科消灭制度与我国部分实体法律有一定冲突。一方面,与前科报告制度不匹配。前科报告创设初衷是为防止前科人员给单位造成损失,进一步加强教育和监督。因此,不能直接删除该条款,应将其纳入前科消灭制度框架,明确为"未消灭前科时应当如实报告,而前科消灭后则自动免除报告义务”。另一方面,前科消灭制度与累犯、再犯制度的衔接。消灭后前科可能会作为累犯、再犯评价,这一定程度上混淆前科消灭与犯罪记录封存的差异,未能彻底撕掉前科人员“标签”,故需明确前科消灭后不能再构成累犯、再犯,也不能从重处罚。

(3)清理失当规则。一方面,整合前科效应。现有从业禁止规定的立法正当性,源于《刑法》第37条第三款规定。而《刑法》从业禁止规定期限为3－5年,其他法律、行政法规、行政规章等作出终身剥夺规定,有下位法违反上位法之嫌,故应调适相关规定,剔除绝对规定、取消无关职业、限缩剥夺范围。另一方面,清理牵连色彩。分配正义要求任何人都不因他人犯罪受到株连,故需系统摸排现有涉前科人员亲属的歧视性规定,科学评估犯罪行为与家庭成员的关联性,逐步废除并禁止对其家属进行就业限制、报考限制、积分扣减等违宪违法内容。

(二)目标功能:前科消灭制度的规范运行保障

目标达成功能,即确定需要达成的主要目标和次要目标。前科消灭制度要从静态的规范制度走向动态的司法实践,需进一步细化运行程序及具体规则。

(1)分层式设计消灭程序。依据前科消灭的来源、适用方式的不同,可分为法定消灭、裁定消灭、赦免消灭。法定消灭指只要满足法定条件,无需特定程序前科自动消灭,赦免消灭则是国家基于各种原因对犯罪人的罪责或刑罚的宽恕。我国可考虑多轨并行的消灭程序,但面对相对较为复杂的裁定消灭,一般由前科人员或相关关系人向有关部门提出撤销申请,后续通过调阅材料等方式听取意见,根据前科人员的表现情况及其他条件进行个性化考核、评审,再作出是否撤销前科的裁定或决定。结合我国司法实践,设计前科裁定消灭程序如下(见图3)。

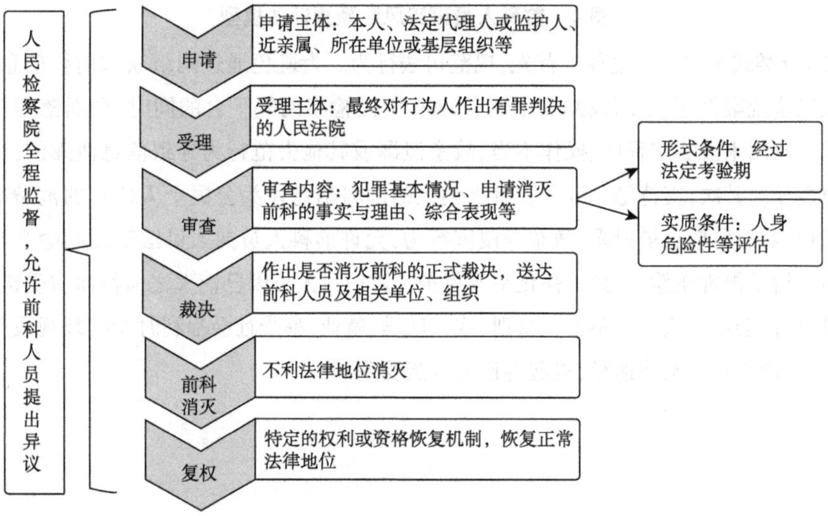

图3　前科消灭制度程序运行概况

(2)分阶式考量消灭条件。一方面,前科消灭须经历一定的考验期,即满足形式条件。结合轻罪宣告刑作如下分阶设置:定罪免刑的,从有罪判决宣告或生效之日起满 6 个月;单处附加刑的,考察期间为 1 年;被判处缓刑、管制、拘役的,考察期间为 2 年;1 年以下有期徒刑的,考察期间为 3 年。未成年人前科应以消灭为原则、以保留为例外,并灵活缩减 1/2 或 1/3 期限。另一方面,前科消灭须满足一定的实质条件,综合考量前科人员的犯罪动机、悔罪态度、改造情况、人身危险性、有无犯新罪等因素。故,如图 4 所示,搭建再犯风险预测评估模型,从"犯罪表现的事前了解、改造表现的事中考察、社会表现的事后评估"3 个维度提炼量化评估正负向指标,并划分低中高三档风险等级,形成明确预测报告。

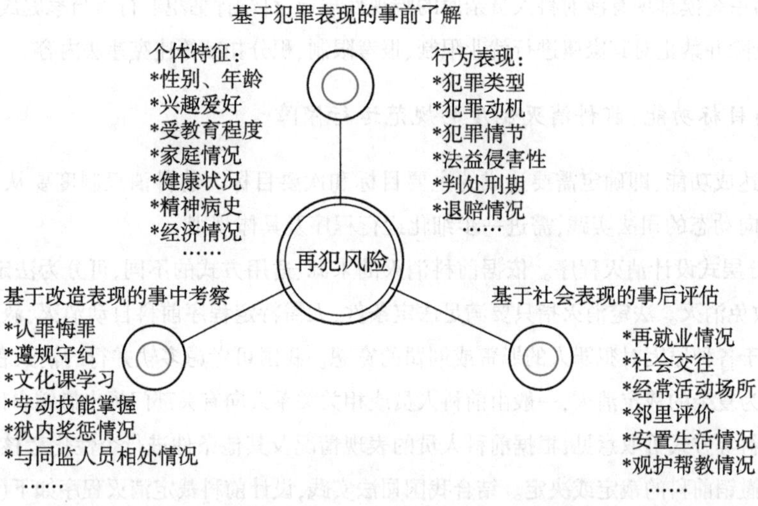

图 4 前科人员再犯风险预测评估模型

(3)分类式拓展救济途径。首先,规范司法行为。为避免通过网络获取前科信息,可在建设人民法院案例库、中国裁判文书网、12309 中国检察网等平台的同时,全面落实隐名处理要求。对因未按法定程序、操作不当、故意泄漏或其他失范行为导致信息泄露的,依法追究法律责任。其次,支持隐私维权。将已消灭的前科信息作为公民个人信息的范畴纳入隐私权保护,对前科信息被泄露、散布等侵害行为,允许前科人员向人民法院提起隐私权侵权之诉请求给予损害赔偿。再次,强化平等保护。对前科人员因已消灭之前科而遭受机关、企事业单位、社会组织或个人不公正待遇,或在就学、就业、享受社会福利时受到歧视或变相歧视的,为其提供有效救济途径,提起诉讼的应当受理。①

① 参见彭新林:《中国前科消灭制度构建论纲》,载《西部法学评论》2008 年第 6 期,第 98 页。

(三)整合功能:前科消灭制度的配套机制完善

整合功能,即以制度规范为中心,协调多元主体的内生机理,保障社会系统有序运行。就前科消灭制度而言,需健全共建共治共享的社会治理体系。

(1)推进户籍档案改革。现行户籍制度记载公民的违法犯罪以及服刑情况,给前科人员新生带来制度障碍。故需进一步推进户籍制度改革,全面梳理、逐一剥离各项附加的约束,把记载公民前科信息的材料独立于户籍记载之外。同时,现有人事档案制度仍没有将关于犯罪记录的档案单独保存,如《干部人事档案工作条例》明确将违规违纪违法处理处分类材料纳入干部人事档案,政审考察机关依法查询被考察对象的人事档案时即可发现前科信息,导致前科、档案、政审等制度交错。故需加快建立案籍分管制度,将犯罪记录的登记管理从人事档案制度中剥离,避免出现前科记录已消灭而档案仍然记载的现象。

(2)规范犯罪记录查询。站在国家立场,犯罪记录登记范围越广泛,越利于开展司法统计分析以及制定和调整公共政策,但也将公民自由限制到狭小范围。故应将登记功能与公示功能分离,助力前科人员复归社会。一方面,立足《公安机关办理犯罪记录查询工作规定》,由公安部建立犯罪人员信息查询平台,形成以公安机关为主导、以司法机关为补充的国家犯罪记录管理制度,对符合法定条件的有前科者实现前科自动消灭。另一方面,严格限制犯罪记录查询权限,规范犯罪记录的使用目的和使用方式。在个人征信方面,可允许查阅犯罪记录,但应对记录进行分级处理,制定科学合理的分类评价和处遇政策。①

(3)完善社会帮教体系。刑满释放人员帮教制度日益完善。如《中华人民共和国监狱法》第38条规定,刑满释放人员依法享有与其他公民平等的权利,但对就业安置、思想帮教、行为管理等方面规定较笼统。故建议以立法促进安置帮教,对刑满释放后的安置帮教措施作出明确规定,解决部门间的职责交叉、责任不清等问题,建立相应的监督、追责、反馈及奖励机制。此外,鼓励社会力量参与安置帮教,逐步建立过渡性的安置基地或经济实体,建立安置帮教基金,及时提供物质帮助、医疗救助、社会救济、心理疏导、就业培训等服务。建立区县、街乡、村居三级管理格局,制定帮教计划和安置举措,防止重新犯罪。

(四)维模功能:前科消灭制度的精神文化支撑

维模功能,强调共同价值体系在系统维护中的重要性。前科消灭与我国传统文化观念存在一定契合,需仰仗赖以生存的文化环境。

(1)淡化报应型文化观念。我国刑法文化蕴涵着强烈的"压制性文化品格",具体表现为重刑主义、工具主义等,如"善有善报,恶有恶报"等观念意识深入人心,成为左右民意倾

---

① 参见吴睿佳、王瑞君:《论犯罪信息的社会信用化——目标、利益及方法的冲突与调和》,载《犯罪研究》2020年第6期,第70页。

向的潜意识因素。受传统法律文化影响,公众对犯罪的认知固化,认为所有前科人员都“罪大恶极”。但法定犯时代的到来意味着刑罚功能由单纯的事后防范转向事前预防,微罪具有相对较轻的可谴责性、行为的易预防性、罪责的轻微性,迥异于自然犯具有的“自体恶”,如果仍将刑罚视为单纯“以暴制暴”的工具,会出现事实上的不公正和随意性。因此,要积极淡化社会的报应文化观念,提升前科消灭制度的社会认可度。

(2)贯穿恢复性司法理念。在刑事诉讼中,怨恨心理使得被害人难以谅解犯罪人,遑论有利于犯罪人的前科消灭。而恢复正义理论提倡被害人、社会对司法权的有效参与,使得正义的实现方式不再只是惩罚与服从,而是社会关系的积极互动,更好恢复被犯罪行为所破坏的社会关系。对被害人而言,需在损害赔偿、精神补偿上达成有效方案,在双方诉求之间寻找平衡点,防止被害人因犯罪所造成的损失与创伤难以抚慰。对犯罪人而言,通过责任承担改善自我的认知能力与行为习惯,提高自身对欲望的自制力和越轨的自控力。对社会而言,一定程度上修复被损害的社会秩序,尽最大可能让社会关系恢复到犯罪行为发生前的状态。

(3)重塑现代化法治文化。现代化是多层面,涉及人类思想和行为所有领域的变革。[①] 我国法律文化在五千多年历史中逐渐成形,并在中国特色社会主义事业被赋予时代特色。其中,天下为公、天下大同的社会理想,民为邦本、为政以德的治理思想,厚德载物、明德弘道的精神追求,富民厚生、义利兼顾的经济伦理,实事求是、知行合一的哲学思想,执两用中、守中致和的思维方法,讲信修睦、亲仁善邻的交往之道等理念被习近平文化思想所吸收。需深刻理解和把握这些精神要义,加以创造性转化与创新性发展,凝聚文化认同与共识。

① [美]亨廷顿:《变化社会中的政治秩序》,王冠华译,上海人民出版社2008年版,第30页。

犯罪附随后果的适用隐忧与规范路径
——以轻罪的司法治理为视角

刘　鹏*

摘要：犯罪附随后果是指对犯罪者的权利克减和义务添附，是一种刑罚体系外的准资格刑。但轻罪时代严苛且宽泛的犯罪附随后果与其以犯罪人复归社会为主、预防犯罪为辅的正当性依据相背反。通过分析犯罪附随后果的产生机制，并在司法层面有针对性地预防犯罪、重塑社会公众犯罪观、畅通出罪渠道以及构建前科消灭制度，或阻断犯罪附随后果直接作用于行为人，或弱化犯罪附随后果对犯罪人的负面影响，以卸除犯罪附随后果给轻罪犯罪人戴上的沉重枷锁。

关键词：轻罪立法；犯罪附随后果；前科消灭制度；司法治理

一、问题的提出

当今时代，人工智能和大数据技术被广泛应用，导致社会风险增加，潜在的或显性的社会失范行为层出不穷。刑法为实现其在社会治理中的安全和稳定价值，立法趋势向积极预防主义转变并逐渐成为主流。① 近年来，我国刑事立法呈现出明显的活跃化和前置化趋势，自 1997 年系统修订《中华人民共和国刑法》（以下简称"《刑法》"）至今，我国的罪名数量由最初的 413 个增至 483 个，且多为轻罪。

轻罪亦是罪，其被刑法规范评价为犯罪后所附随的一系列后果和重罪并无多大区别。对犯罪者而言，相较于短期的自由刑，这种长期的、无法消除的附随后果，才更让人痛苦且消极影响更甚。可以说，犯罪附随后果的制裁强度与犯罪人所犯轻罪存在罪责不相适应的问题，进而导致犯罪者难以复归社会，甚至与犯罪附随后果预防再犯的初衷背道而驰。犯罪附

* 刘鹏（1995—），男，江西樟树人，攀枝花市东区人民检察院四级检察官助理，研究方向为刑事法律、司法制度。

① 参见刘艳红：《积极预防性刑法观的中国实践展开—以〈刑法修正案（十一）〉为视角的分析》，载《比较法研究》2021 年第 1 期，第 62 页。

随后果并非新问题,也不是轻罪化带来的唯一隐忧,只不过在轻罪语境下被放大,有学者言:“刑罚体量轻而附随后果苛重的倒挂现象阻碍着轻罪治理体系的构建”。[①] 总体而言,轻罪立法利大于弊,绝对不能因噎废食,“不应以附随后果的严厉性为根据否认轻罪立法”。[②] 顶层制度设计发生变化之后,随之而来的必然是具体落实层面配套措施的跟进,轻罪化带来的阵痛也必须由司法治理来解决,最大限度抵消和弱化犯罪圈扩大所带来的消极影响。

二、犯罪附随后果的理论探赜

(一)犯罪附随后果的概念

关于犯罪附随后果的定义,有不同理解。有学者指出,刑罚附随后果是指基于法律法规规定,在行为人终局性刑法非难结束之后,针对犯罪人或其亲属所创设的限制权利行使或增加义务负担的不利后果。[③] 有学者强调,由于犯罪行为并不必然会受到刑罚惩罚,而且概括性适用的附随后果不是以是否受到刑事处罚作为触发条件,而是以是否实施犯罪行为作为触发条件,所以应当采用“犯罪附随后果”一词。有学者进而主张,犯罪附随后果存在广义和狭义之分。广义的犯罪附随后果是指犯罪人因犯罪行为所附随的一切不利后果,既包括社会地位降低、名誉受损等犯罪本身所附带的非规范性后果,还包括非刑事法律以及行业规章所创设的规范性后果。后一种规范性后果即为狭义的犯罪附随后果。[④]

通过对上述关于犯罪附随后果概念观点的对比,可以看到,犯罪附随后果理应具备两方面的特点,一是后果的负担性。犯罪附随后果中的后果应当是一种不利后果,而这种不利性的判断应当是以一般人为标准的;二是后果与犯罪(或刑罚)的关联性。既然将其称为犯罪附随后果,就应当强调该后果与犯罪(或刑罚)之间的关联性,即该后果应当是伴随犯罪(或刑罚)而产生的。应当看到的是,在司法实践中,并非只有在法律法规中才存在犯罪附随后果的规定,规范性文件甚至社会公众的道德观念均能够对犯罪人进行权利克减和义务添附,使其无法享受与普通人相同的待遇,增加该类人员的生存成本。

(二)犯罪附随后果的性质

理论上对于犯罪附随后果的具体定性主要存在四种学说。一是保安处分说,该学说认为保安处分的一般要件是合目的性和合理性,而犯罪附随后果与保安处分在内容和价值上

---

① 邹子铭:《轻罪扩张背景下犯罪附随后果研究》,载《法学杂志》2023 年第 6 期,第 153 页。

② 张明楷:《轻罪立法的推进与附随后果的变更》,载《比较法研究》2023 年第 4 期,第 1 页。

③ 李若愚、孟令星:《法定犯时代背景下犯罪附随后果的解构和重建》,载《湖北警察学院学报》2021 年第 1 期,第 148 页。

④ 陈子培、冯卫亚:《积极刑法观下犯罪附随性后果的路径选择》,载《铁道警察学院学报》2022 年第 3 期,第 92 页。

存在相同性，所以，犯罪附随后果应当属于保安处分。① 二是资格刑说，该学说认为由于附随后果并未在刑法典之中加以规定，所以，附随后果的实质就是附属刑法规范所规定的资格刑。② 三是行政资格罚说，其主张行政资格罚是行政处罚的一种，是限制或者剥夺行政违法者某些特定行为能力和资格的处罚。从设定方式和后果来看，其同附随后果十分相似。③ 四是刑法体系外的准资格刑说，该派学者通过对资格刑说和行政资格罚说这两种观点的否定得出自身观点。其从设置处罚的规范性质的角度对资格刑说进行反驳，认为尽管犯罪附随后果限制犯罪人享有或正常行使一定权利资格的制裁方式与资格刑的制裁方式极为相似，但资格刑仍属于刑罚的种类，当由刑法进行规定，现行刑法所规定的资格刑只有剥夺政治权利和驱逐出境两种资格刑。④ 而犯罪附随后果具有明显的非刑罚性特点，实践中绝大部分犯罪附随后果也并非基于刑法规范而产生。因此，犯罪附随后果不属于资格刑。另外，其从受处罚的相对人的角度对行政资格罚说进行反驳，认为犯罪附随后果的相对人属于"刑事违法人"，而不属于行政处罚的相对人，故而，它也不属于行政资格罚。

相较而言，刑法体系外的准资格刑说更具有合理性，因犯罪附随后果的设定方式和引发后果兼具资格刑和行政资格罚的特色，故而，犯罪附随后果是一种准资格刑。但其采用"刑法体系外"的限定缺乏准确性，在刑法中同样存在关于犯罪附随后果的规定，所以，宜将其改称为刑罚体系外的准资格刑。

（三）犯罪附随后果的正当性根据

犯罪附随后果意味着权利克减或者义务添附。基于实现公平和正义的需要，这种负担性不利后果的创设均应当存在一定的正当性根据，不能凭空设立。犯罪附随后果与刑罚存在密切联系。在讨论犯罪附随后果的正当性根据时，不少学者也从报应和预防的角度进行理解，认为犯罪附随后果是以预防犯罪作为正当性根据的。其目的是防止行为人再犯，以实现社会防卫，即以保护公共利益为理由，"特别牺牲"行为人的个人权利。⑤ 但是这样的观点存在一定的问题。首先，并非所有的犯罪附随后果均是基于犯罪预防的需要而设立的；其次，犯罪附随后果并不以行为人的人身危险性为适用条件；最后，如果以人身危险性作为犯罪附随后果的正当性根据，就容易导致该负担性不利结果的泛化，造成对公民正当权利的不当侵害。

---

① 参见李若愚、孟令星：《法定犯时代背景下犯罪附随后果的解构和重建》，载《湖北警察学院学报》2021 年第 1 期，第 152 页。

② 参见李荣：《我国刑罚体系外资格刑的整合》，载《法学论坛》2007 年第 2 期，第 66 页。

③ 马克昌：《刑罚通论》，武汉大学出版社 1999 年版，第 710 页。

④ 参见张伟珂：《资格刑类型扩充论——以〈刑法修正案(八)〉为视角》，载《新疆警官高等专科学校学报》2011 年第 4 期，第 21 页。

⑤ 参见徐久生、师晓东：《犯罪化背景下犯罪附随后果的重构》，载《法学研究》2019 年第 6 期，第 68 页。

应当看到的是,犯罪附随后果的承担主体存在一定的特殊性,即该类人员虽然实施了犯罪行为但已经承担完被判处的刑罚。一方面,具体个案的刑罚严厉程度,已经对行为人所实施的犯罪行为的社会危险性进行了评估与回应。按照刑罚的终局性特点,不应再以该犯罪行为的社会危害性和行为人的人身危险性作为在刑罚之外产生其他不利后果的普遍理由。另一方面,我国刑法采用的市民刑法和敌人刑法不同。敌人刑法观主张将威胁或破坏社会秩序者视为敌人,对其可以突破比例原则施加严厉惩罚。① 而在市民刑法理念的指导下,即便是实施犯罪行为的行为人,同样不会失去市民的身份,对其不应当采取摒弃或者毁灭的做法,而应当尽力矫正和挽救。综合而言,对于曾受刑罚的人员,相较于报应和预防,更应当重视其复归社会的需求。② 应当形成这样一种社会观念:大量的轻罪犯罪并不具有严重的社会危害性。③ 因此,犯罪附随后果的正当性根据应当是以犯罪人复归社会需求为主的。

但对此也存在例外情形,即需要设置犯罪附随后果的领域存在特殊性。这里的特殊性分为两类,一是需设置犯罪附随后果的领域十分重要;具有人身危险性的犯罪人一旦进入该领域,便容易造成较为严重的后果,如涉及国家秘密的职业。二是基于情景预防原理,需设置犯罪附随后果的领域与犯罪人前科所涉及的犯罪存在密切联系,并将犯罪人与特殊领域进行分离。综上所述,在特殊情形下,出于预防犯罪的考虑,可以设置合理的犯罪附随后果。因此,犯罪附随后果的正当性根据应当是以犯罪人复归社会需求为主,以预防犯罪为辅。

三、犯罪附随后果的适用与轻罪立法的现实冲突

轻罪立法所要直面的首要问题是在犯罪圈不断扩大的客观事实下,如何纾解广泛适用且过于严苛的附随后果。我国《刑法》在为具体犯罪设置刑罚时充分考虑了犯罪的社会危害性,因此,单从法定刑配置的角度来看,并不会出现制裁与行为危害性之间的较大失衡。但作为刑罚体系外的准资格刑,犯罪附随后果的设置本就存在一定的乱象,当下又处于轻罪时代,其威慑过度、制裁过重的问题愈发凸显。这种附随后果既来源于《刑法》和其他部门法的负面的规范性评价,更来源于社会道德、风俗习惯等非正式规范对犯罪人自由与权利的减损和义务增添的非规范性评价。

(一)犯罪附随后果使轻罪立法"既严又厉"

晚近以来,刑事立法新增行为犯、抽象危险犯等轻微犯罪,承载着将我国刑法结构从"厉而不严"向"严而不厉"转向的美好愿景。轻罪的增多严密了刑事法网,实现了"严而不厉"

① 参见万毅:《敌人刑事诉讼法?——〈刑事诉讼法修正案〉"一国两制"立法模式质评》,载《华东政法大学学报》2012 年第 5 期,第 82 页。

② 参见王瑞君:《"刑罚附随性制裁"的功能与边界》,载《法学》2021 年第 4 期,第 54 页。

③ 参见周光权:《积极刑法立法观在中国的确立》,载《法学研究》2016 年第 4 期,第 39 页。

中的“严”。但与轻罪的法益侵害程度所不成比例的、严苛的犯罪附随后果让轻罪不等于轻罚。犯罪附随后果实际上是在刑罚之外给犯罪人施加的额外的惩罚，其通常表现为，行为人一旦被定罪，可能面临较为严厉的权利剥夺和限制等后果，如终生不能从事某种职业、不能取得某种资格。

在既有立法模式下，刑事法网的“不厉”仅仅只是针对具体轻罪所科处的刑事制裁而言。但是，“在前科消灭制度长期缺位的情况下，既有的轻罪无论刑罚再轻都难言‘不厉’”。①

诚然，与动辄十年以上有期徒刑、无期徒刑乃至死刑的犯罪相比，法定最高刑为三年有期徒刑或拘役的犯罪不可谓之“厉”，但对犯罪人而言，其因犯罪而遭受的不利后果并不局限刑罚本身，对其影响更为负面的反而是延伸到刑罚执行完毕后的犯罪附随后果，毕竟对于轻罪犯罪人而言，刑罚最多剥夺其自由三年，而犯罪附随后果一般确实影响其一生，乃至后代。我们应当坚持一种“长期主义”的犯罪治理观念，实现刑事法网从“厉而不严”向“严而不厉”的应然性结构转变。然而，在犯罪附随后果仍然十分严厉的情况下，增设轻罪可能导致一种刑事法网从“厉而不严”转向“既严又厉”的局面，这与我国轻罪立法初衷背道而驰。

（二）犯罪附随后果阻碍犯罪人再社会化

“再社会化是指当个体所处的生活环境或所承担的社会角色发生变化时，为了更好地适应新的变化，进行再学习的过程。”②被判处自由刑的犯罪人，在经过一段时间的监禁后，需要一定的适应过程方能复归社会。

司法实践中，规定犯罪附随后果的规范性文件数量众多、涉及面广且杂乱无章。经笔者以“受到刑事处罚”“受过刑事处罚”“被判处刑罚”“受刑事处罚”为关键词在北大法宝上进行全文检索发现，包括法律、行政法规、部门规章等，现行有效的各类中央法规共 900 余部，包括地方政府规章、地方规范性文件等，现行有效的各类地方性法规共 6000 余部。虽未精确计算，但粗略估计上述文件中至少半数文件中规定了对适用对象资格限制或剥夺的犯罪附随后果，且内容涉及法律、经济金融、科教文卫等各方面。③ 犯罪人再社会化的一个重要途径是就业，就业不仅能够为其提供必要的生活成本，还包括社会环境、基本社交，可以说，实现就业是犯罪人复归社会的第一步和重要一步。然而，犯罪附随后果绝大多数是对犯罪

① 徐岱、王沛然：《中国轻罪治理体系规范检视与路径选择》，载《社会科学战线》2022 年第 10 期，第 269 页。

② 刘慧萍、曹梅娟：《再社会化及其评估方法研究现状》，载《中国老年学杂志》2021 年第 16 期，第 3595 页。

③ 如《陕西省警务辅助人员条例》第 13 条规定，对于受过刑事处罚或者涉嫌犯罪尚未查清的，不得聘为辅警；广东省相关部门于 2012 年发布《关于进一步做好农民工积分制入户和融入城镇工作的意见》，其中规定，五年内曾受过刑事处罚的，扣 100 分。

人就业的限制,而且这种限制是全方位的,涵盖但不限于公务员岗位、社会公益性岗位、特殊工作岗位等。再者,社会对犯罪人的“标签化”和“污名化”,使得即便没有任何规范性文件规定对犯罪人的从业禁止,但只要用人单位知晓其曾犯罪的事实,“即便是打零工,用人单位……一般也会拒绝录用”①。犯罪附随后果宛如一张严密的大网,细小的网眼堵死了犯罪人通往新生的道路。正如学者所言,犯罪附随后果更容易使轻罪犯罪人丧失工作、生活的机会和信心,从而产生不必要的负面效应。②

(三)犯罪附随后果不利于预防再犯

关于刑罚的正当性根据,我国采取的是将责任报应和预防目的相结合的并和主义。在具体犯罪中,犯罪人被处以刑事制裁是责任刑的体现,而犯罪附随后果的依据则是对犯罪人的特殊预防。但如前文所论证,在犯罪附随后果的严苛性已经使犯罪人丧失再社会化的可能后,是否能够实现其预防再犯的目的呢。重庆市南川监狱统计,在2015年至2017年的402名再犯中,无业者人数达291人,占72.4%;③同样,2018年,四川省监狱在调研时发现:本省34.33%罪犯再次犯罪是因为回归后在找工作时被歧视。④ 可见,犯罪附随后果的创设不仅没有预防犯罪,反而因其在就业上对犯罪人复归社会产生的巨大阻力而在一定程度上滋生再犯。

犯罪学家基于上述现象,发展出了“一般压力理论”,用来解释包括社会经济压力源在内的环境因素会如何迫使人做出越轨行为。其核心思想是:不同形式的客观或主观压力可以致人犯罪或越轨。法律对行为的影响,很大程度上取决于人们依法律所要求的方式行事的能力。而且,个人的情况及其所处的社会经济情景,都会削弱他的守法能力。违法行为不只是人们权衡成本收益后而做出的自主决定,也是因为人们缺乏能力或机会来更好地应对并遵守法律。传统方法试图通过威慑来改变人的行为,用惩罚的负面经验吓唬人远离犯罪,犯罪附随后果的运用便是如此,但现实却往往事与愿违。诚如学者断言:犯罪人员社会回归与安置困难,国家治理难度提升,并形成恶性循环。⑤

(四)犯罪附随后果有违罪责自负原则

现存的犯罪附随后果的承担主体包括两类人员,一是犯罪人本人,二是犯罪人的亲属

① 高梅书:《出狱人身份的污名赋予、应对策略及动力研究——基于J省T市26名出狱人的深度访谈》,载《中国社会心理学评论》2018年第2期,第100页。

② 彭文华:《我国犯罪附随后果制度规范化研究》,载《法学研究》2022年第6期,第173页。

③ 参见龚道联:《对402名再犯罪者犯罪原因的调查》,载《犯罪与改造研究》2017年第7期,第28页。

④ 参见四川省监狱管理局课题组:《四川省刑释人员重新犯罪问题探析》,载《犯罪与改造研究》2020年第5期,第3页。

⑤ 参见刘艳红:《民刑共治:国家治理体系与治理能力现代化路径》,载《法学论坛》2021年第5期,第44页。

(主要是近亲属)或相关人员。并且,以犯罪人亲属作为承担主体的犯罪附随后果既包括规范性的附随后果,也包括非规范性的附随后果。前者如政审制度,它的存在使得“一人犯罪,三代株连”。从一些规定可以看出,犯罪人的犯罪行为会对相关人员造成连带性的不利后果,直接影响相关人员的政审、就业,对其人生轨迹产生严重的消极影响。后者如,广东省茂名市某区仅因一户家庭中有人系电信诈骗在逃人员,即对该户家庭实施停水、停电,并在其房屋四周喷涂“电诈逃犯户”字样。① 实际上,现实存在的具有连带属性的非规范犯罪附随后果是十分广泛的,不仅包括上述将犯罪人及其亲属予以明确标记的显性不利后果,还包括存在于社会公众内心对犯罪人及其近亲属排斥和歧视的隐性不利后果,会对其工作、生活、社交等各方面带来恶性影响。

从现代法治的罪责自负的理念来看,以犯罪人本人作为承担主体的犯罪附随后果不存在问题,问题较大的是以犯罪人亲属及相关人作为承担主体的犯罪附随后果。罪责自负原则要求因行为产生的制裁的对象只能是行为人本人,除此之外,任何亲情关系、地缘关系等因素均不能成为使个人对他人行为承担责任的理由。而在当下的大部分犯罪附随后果中,刑罚效果的株连却大有死灰复燃之势,这无疑是对现代法治精神的背叛。基于公民公平正义观念的要求,无辜人员不得因他人行为受到制裁,即便是出于犯罪预防的目的,也不能突破罪责自负的原则,牺牲无辜个人的合法利益。此类带有株连性质的犯罪附随后果的创设,其合理性受到严重质疑。②

四、犯罪附随后果的司法规制路径

轻罪治理的重要性或特殊性在于,在积极刑法观影响下,刑法前置化与未然化,将许多之前不构成犯罪或者仅仅是行政违法的行为规定为犯罪,这必然导致犯罪的概念发生变化。“犯罪”不仅是指侵害法益的行为,更多凸显的是对危害法益的风险的否定,对一般预防的肯定,其所反映的社会危害性已大不如前。那么,与之相关的、建立在“重刑主义”之下的犯罪附随后果也应当随之进行观念更新和制度规范。

考察犯罪人犯罪附随后果的形成路径和作用机制,会发现这样一个逻辑构造:行为人行为越轨→构成犯罪→产生附随后果→犯罪信息被社会获知→社会排斥→再社会化难。下述对策建议实际上都是以隔断或弱化这一逻辑结构中的某一环节,进而消除或者减轻犯罪附随后果。

(一)强化公众刑罚感知力,预防犯罪

无越轨行为则无犯罪,无犯罪则无附随后果。消除犯罪附随后果影响的根源在于规制

① 参见魏文彪:《喷涂“电信逃犯户”是连坐执法的变种》,载《人民法治》2019年第5期,第67页。

② 参见陈兴良:《轻罪治理的理论思考》,载《中国刑事法杂志》2023年第3期,第15页。

潜在犯罪人的行为,对犯罪进行一般预防。为了让刑法真正兼顾人权保障与惩治犯罪,司法不能只停留在评价惩罚是否公平合理的表层,而应当深层次思考如何通过能动司法塑造行为、在实践层面减少轻罪时代不断增加的犯罪人数,进而缩减犯罪附随后果的适用。

一般预防理论以人为理性动物,又以自私的特性为基础,认为犯罪与否是人在趋利避害后做出的自我选择。运用公众对刑罚的恐惧心理来压制、威慑个体的犯罪欲望是行之有效的犯罪预防手段。社会科学表明,威慑的作用是主观的,它完全取决于潜在犯罪者的认知。然而,论及各种新增罪名的具体类型和相应刑罚时,人们通常对其确定性和严厉性没有合理的概念,公众的感知与现实中刑罚的确定性和严厉性并不相符。持续推动的轻罪立法和接连颁布的刑法修正案是前端立法者要做或已经做了的事情,而威慑作用是主观的并具体到每个人的,故而,使威慑作用能够完整地传导到普通民众和潜在犯罪嫌疑人的内心,是司法应当承担的任务。

一是针对日益增多的刑事法律条文对社会公众进行释法说理,使其对不断扩大的犯罪圈中的具体罪名和构成要件具有违法性认识;二是确保司法的确定性,司法机关应对新增法律条文严格遵照执行并在一定的范围内统一入罪和裁判标准;三是向公众宣传司法活动,宣传信息是传导的重要载体,即便没有亲身经历,通过宣传报道感受到他人实施犯罪后被司法机关制裁的痛苦,亦能够对其进行心理威慑。

(二)畅通出罪通道,减少附随后果适用

刑事立法降低了轻罪的入罪门槛,增加了社会失范行为构成犯罪的可能性,有进必有出,畅通出罪通道亦是轻罪司法治理的重要途径。主要有以下三方面。

一是激活"但书条款"。刑法正逐步从"后置法"向"前置法"转变,突出对实害发生前的风险预防。如此一来,轻罪的犯罪行为与《刑法》第13条规定的"情节显著轻微危害不大"的犯罪行为的界限变愈加模糊,司法裁判者对该条款的适用愈加束手束脚。有必要对其规范内涵加以阐释,以激活该条款之适用从而为轻微违法犯罪行为的出罪提供路径。一是合理界定"情节"范围。"情节"应当包括主观情节和客观情节。并且,除定罪情节以外,还应包括自首、立功等量刑情节,以及行为手段、目的、方法等表征不法和责任的情节。二是综合考量"显著轻微"。情节"显著轻微"是指行为本身的微不足道,应以行为僭越社会相当性的程度为标准进行考察,包括行为的手段、时间、地点、动机、目的等,综合判断。三是判断"危害不大"时坚持法益保护主义,以行为是否侵害或威胁具体刑法条文所保护的法益为标准。

二是扩大不起诉的适用。目前我国不起诉制度有五种,其中核准不起诉适用条件严格,须经最高检核准,至今尚无适用,附条件不起诉适用于未成年人犯罪。目前适用于轻罪案件的不起诉主要是另外三种,而因法定不起诉和存疑不起诉涉及公安机关的绩效考核,这两类不起诉制度现实适用情况也较少,检察机关完全具有自决权的只剩下相对不起诉,因此,必须在合法范围内扩大相对不起诉的适用。

三是认定犯罪坚持实质解释论。实质解释论主张:“只能将值得处罚的法益侵害行为解释为符合构成要件的行为。”[①]对于新增罪名的理解和运用,侧重考察行为的实质社会危害性,为司法上的合理限缩提供理论借鉴。例如,就高空抛物罪而言,要严格把握高空抛物的“时间”“空间”“高度”等客观条件,综合判断是否具有法益侵害或危险;妨碍安全驾驶罪中,要对“使用暴力”“危及公共安全”做严格解释,将未危及公共安全的轻微妨碍行为排除在犯罪之外。2023 年 12 月发布的《关于办理醉酒危险驾驶刑事案件的意见》中第 12 条第 2、3、4 款规定的行为,便是由于不具有法益侵害性或者保护了更为重要的法益而出罪,这就是实质解释论在司法适用中的生动体现和可借鉴范本。

(三)转变公众观念,弱化罪犯标签

“中国社会和国人自古以来对犯罪和罪犯就有根深蒂固的负面评价。”[②]对犯罪附随后果的非规范性评价与我国长期以来对罪犯的传统看法和污名化有关,我国普通民众习惯性将“罪犯”视为“十恶不赦之人”,并倾向于对犯罪嫌疑人处以具有及时性、现实处罚性的自由刑。根据标签理论,污名这种强有力的消极标签会极大地改变一个人的自我概念和社会身份,在社会面前,个人更倾向于用消极的方式而不是积极的方式去面对被贴上的标签,如此初级越轨(初犯)就容易诱发次级越轨(再犯)。[③] 刑事司法政策与其说是由事实驱动的,不如说在很大程度上是由公众情绪和政治本能驱动,以迎合公众情绪对安全和社会治理的需求。因此,必须让公众意识到:轻微犯罪社会危害性小、犯罪概念已不同以往。才能弱化社会对轻罪犯罪人的罪犯标签和“污名化”。而没有了社会排斥,就无法形成犯罪附随后果创设的完整链条,罪犯在就业、住房和教育方面也就没有额外的歧视和阻碍。鉴于此,司法部门可在构建庭审实质化、庭审公开、司法文书公开、常态化普法教育等方面做出努力,必定能够潜移默化转变公众的“重刑主义”观念。

(四)构建前科消灭制度,促进罪犯再社会化

为有犯罪记录者消除就业、住房及教育歧视的各种举措,都基于一个重要的想法,它影响着那些需要通过获得就业、住房和教育机会重回生活正轨、避免再次犯罪的罪犯:人需要有正常的社会和经济条件来支持自己过守法的生活。前科消灭制度的建立,能有效阻隔社会对犯罪人前科经历的获知,破除犯罪人就业障碍,为其守法和融入社会提供机会选择。

前科消灭制度是指曾经被定罪或者判刑的人,在具备法定条件时,注销其犯罪记录的制

---

① [日]前田雅英:《現代社会と実質的犯罪論》,东京大学出版会 1992 年版,第 23 页。
② 黄太云:《一般违法行为犯罪化倾向的系统反思》,载《法律科学》2022 年第 1 期,第 163 页。
③ 参见[美]约翰.J.麦休尼斯:《社会学基础》,风笑天等译,商务印书馆 2022 年版,第 299 页。

度。[①] 我国当前绝大多数的犯罪附随后果均未规定明确的适用期限,犯罪附随后果的适用多变成终身制裁,而如果不加限制或区分地将之适用于所有犯罪人,明显违背均衡原则,对轻罪犯罪人极不公平。无论是权利还是义务,不应当只能产生,而不能变更和消灭。正如学者而言,我国只有前科制度,而没有前科消灭制度,这无疑是一种制度的缺陷。[②] 因此,在构建犯罪附随后果体系时,应当针对上述使用对象的区分标准,为故意犯罪、过失犯罪、重罪、轻罪等不同的适用对象配置不同考察期限长度的前科消灭规定。就重罪、轻罪前科消灭制度的设置而言,可以考虑,对犯重罪的行为人原则上应当终身保留犯罪记录,但允许在特殊情况下进行前科消灭;对于轻罪犯罪人原则上应当设置前科消灭的规定,在刑法执行完毕后,经过一段时间的考验期,就可以销毁其犯罪记录。

当然,前科消灭不是完全、自始消灭,而是附条件的消灭。犯罪附随后果分为规范性和非规范性附随后果,消灭的只是非规范性附随后果和除《刑法》规定之外的规范性附随后果。换言之,如若前科消灭后,行为人再犯,消灭的前科在《刑法》领域再度启动,在量刑上依然发挥着作用。毕竟,前科消灭侧重的是对犯罪人刑罚外的附随后果的清除,而前科在再犯量刑时的从重量刑是基于对其的特殊预防,应当予以保留。

---

① 参见房清侠:《前科消灭制度研究》,载《法学研究》2001 年第 4 期,第 80 页。

② 参见敦宁:《醉驾治理的司法困境及其破解之策》,载《法商研究》2021 年第 4 期,第 45 页。

中 篇

各科专论

一、经济犯罪

私募基金型非法集资犯罪治理新论

石会燕*

摘要:私募基金作为现代资产管理的重要组成部分,在促进市场经济活力,提升经济发展水平方面发挥着重要作用。私募基金不设前置审批,监管较为宽松,导致私募基金行业乱象丛生,特别是涉非法集资犯罪引发巨大金融风险。在厘清私募基金基础知识之上,总结私募基金型非法集资犯罪可分为纯粹"伪私募型"和"合规瑕疵型"两种样态,提出联席建库、分类处置、合规管理、强基固本等治理建议,推动私募基金行业健康良性发展。

关键词:私募基金;非法集资;数据穿透;科技监管

私募基金作为现代金融体系中资产管理的重要方式,私募基金管理人的数量、私募基金产品的类型和规模都呈现出迅猛发展之态势。根据中国证券投资基金业协会(以下简称"中基协")官网数据,截至 2024 年 7 月末,我国已登记私募基金管理人数量为 2.07 万家,已备案私募基金数量为 15.05 万只,管理基金规模达到 19.69 万亿元。作为资本市场投资端的重要力量,私募基金在服务实体经济、助推高科技和高成长型中小企业发展,满足居民财富管理需求等方面发挥着重要的作用。但私募基金行业"井喷式"发展的同时,行业违法违规现象也逐渐增多。根据上海金融法院发布数据显示,自 2016 年来,上海法院审结的涉私募基金案件远高于一般金融案件。通过中国裁判文书网搜索"私募基金"刑事案件一审判决书,自 2017 年以来,全国各地法院共审理涉私募基金刑事案件达 648 件,其中,私募基金型非法集资案件占比高达 70% 以上。2023 年 5 月,最高人民检察院发布了以金融犯罪为主题的第四十四批指导性案例,其中,张业强等人涉私募基金非法集资典型案例对司法实践中正确区分合法私募与非法集资作出指导。2023 年 7 月国务院颁布《私募投资基金监督管理

---

* 石会燕,女,安徽公安学院侦查学教授,研究方向为经济犯罪侦查与反恐怖融资。

基金项目:2022 年度安徽省高校科研重点项目"创新驱动发展背景下的安徽省知识产权刑事保护研究"(项目编号:2022AH053086);2022 年度安徽省高等学校质量工程项目"知识产权犯罪侦查教学创新团队"(项目编号:2022cxtd023)。

条例》(以下简称《私募条例》),对私募基金行业监管作出原则性规定。这一基本法性质的行政法规的出台,也充分表明了监管部门强化私募基金监管的立场和防范化解私募领域风险的决心。为全面贯彻落实《私募条例》,进一步完善行业规则体系,促进私募证券基金规范运作,2024 年 4 月 30 日,中基协发布《私募证券投资基金运作指引》(以下简称为《运作指引》),内容覆盖私募证券基金的募集、投资、运作等各环节,在保障私募基金行业健康发展,维持证券期货市场秩序方面有了更加明确的标准和抓手。

非法集资活动在我国存续已久,"具有屡禁不止、翻新迭代、手段多样、涉及面广、涉众性强、危害性大等特点,严重危害正常金融秩序,影响社会稳定"。[①] 从近年来公安机关破获的私募基金型非法集资案件来看,借用"私募"旗号的"伪私募""乱私募",私募基金违规公开或者变相公开募集资金,规避合格投资者要求、不履行登记备案义务等引发的非法集资犯罪案件频频发生。本文在厘清私募基金相关专业知识的基础上,分析私募基金型非法集资犯罪的样态与原因,并对进一步加强对私募基金型非法集资犯罪刑事打击力度及促进私募行业健康良性发展提出相关建议。

一、私募基金的实质性分析

基金作为金融资管的一种集合投资方式,种类繁多。其中私募基金也涉及多种类型,不同类型的私募基金因其运作模式、盈利方式等的不同,形成的法律关系也各不相同。对私募基金相关基础知识进行厘清,有助于对私募基金型非法集资犯罪的准确剖析。

(一)何为私募资金

私募基金最早源自美国的《1933 年证券法》。该法虽未对何为私募基金作出明确规定,"但其在第 4(2)条进行特别说明'发行人不涉及任何公开发行的交易'"。[②] 通过"私募"在英文中的两种表述方式"private placement"或"private offering",也可以看出,"私募"强调"非公开发行",是相对于"公开募资"的一种"私下募资"。我国《私募投资基金监督管理暂行办法》(以下简称《私募监管办法》)第二条对何为私募基金作出了规范性表述,"私募投资基金(简称私募基金),是指在我国境内以非公开方式向投资者募集资金设立的投资基金"。《私募条例》第二条对私募基金的外延及形式进行了进一步的明确和扩大。

根据中基协关于私募基金类型和产品类型的说明,以投资标的底层资产为分类标准,我国私募基金可分为私募证券基金、私募股权基金(创投基金)、其他私募投资基金、私募资产配置基金等四种类型。前三种类型的私募基金在各自的类型中又可分为基金和基金中基金

---

① 参见中国银保监会打非局:《非法集资全链条治理及相关对策研究》,载《防范和处置非法集资课题研究成果汇编》2020 年第 1 期,第 1 页。

② 参见杨柏国:《中国私募证券法律规制研究》,华东政法大学 2011 年博士论文,第 16 页。

(FOF)两种类型。私募FOF是作为分散投资,降低系统性风险而设置的金融工具,不直接持有标的资产,但在"专项经营"原则下,可以通过母基金投资于本类私募基金。私募证券基金具有公开性,直接在二级市场进行资金管理与运作,而私募股权基金投资主要面向未上市的股权类非标准资产,且在"募、投、管、退"全环节具有非公开性。私募资产配置基金则可同时投资于一、二级市场。

(二)私募基金的实质性认定

依据现有私募基金相关法律规范,可以从以下六个方面来认识私募基金的实质。

一是募集方式具有非公开性,即不得公开宣传、公开推介。《中华人民共和国证券投资基金法》(以下简称《证券基金法》)规定,"非公开发行证券不得采用广告形式"。因此私募基金的募集不得借用任何可以面向不特定群体的形式进行,只能通过非公开形式,分阶段面向少数机构投资者或者个人募集,且销售与赎回都是私下与投资者协商进行。

二是募集对象具有特定性。募集对象必须是经过严格资格审查后的合格投资者。即募集对象既要满足法定资产规模或者收入水平条件,又要满足基金对应的风险识别承担能力条件。

三是投资风险具有共担性。募集人与投资者"共享收益、共担风险"。作为私募基金产品经营的利益风险共担体。私募基金管理人不得做出保证最低收益的刚性兑付之承诺。

四是投资人数具有限定性。目前私募基金的组织形式以合伙企业、公司或者信托契约型为主。根据相关法律规定,以信托契约、股份公司、普通合伙为组织形式的私募基金,投资者人数累计不得超过200人。以有限责任公司、有限合伙企业为组织形式的私募基金,投资者人数累计不得超过50人。且不得采用多只基金嵌套来突破法律规定的人数限制。

五是实缴规模具有稳定性。根据今年8月1日开始实行的《运作指引》要求,私募基金的初始实缴募集资金规模不得低于1000万元,且不得通过投资者短期赎回基金份额等方式规避实缴规模要求。私募证券投资基金上一年度日均基金资产净值低于500万元,或者连续60个交易日出现基金资产净值低于500万元情形的,随着延续时间的长短要求必须进入披露或清算环节。

六是私募运营具有法定性。私募基金运营虽无需审批,但必须履行登记、备案等手续。私募基金管理人开展业务活动、设立私募基金并进行对外投资,应当首先向中基协申请私募基金管理人登记,并在登记完成后才可以募集资金。而私募基金募集完成,宣告成立后必须及时在中基协私募管理业务综合报送平台(AMBERS系统)进行备案,并在备案完成后才可以对外进行投资。

(三)私募基金募集行为的相关规范

2016年中基协发布了《私募投资基金募集行为管理办法》(以下简称《募管办法》),作为私募基金行业募集行为自律管理的基本准则,该办法充分体现了证监会对私募基金监管的"重自律、明底线、促发展"之三原则,也首次系统性地构建起一套适用于私募基金募集全环节的、专业性的、可操作的行业标准和业务规范。根据《募管办法》规定,私募基金管理人要完成一个基金产品的合规募集,一般应当履行六项义务①,经过十三个步骤②,并且在募集过程的不同阶段,宣传推介的面向群体不仅不同,还具有递进性。在初始宣传阶段,面向不特定对象,宣传内容仅限于私募管理人的品牌、投资策略、管理团队的信息;递进至推荐产品阶段,面向适当性匹配的特定对象,宣传内容为具体私募基金产品;只有递进至募集资金阶段,才能面向确认后的合格投资者募集资金,签署基金合同。以上三个阶段是具有先后顺序的递进关系,三个阶段对应不同的对象,不可以出现错位。如果在募集资金阶段没有向合格投资者募集,而向不合格的特定对象募集,或者在推荐产品阶段不对应特定对象,而是向不特定公众推荐,都可能引发刑事法律风险。

二、私募基金与非法集资关系分析

基于前文所述私募基金的特点,我们可以看出,第一,私募基金依据《证券投资基金法》《私募监管办法》《私募条例》《募管办法》《私募投资基金登记备案办法》等合规,经向中基协登记、备案而设立,在备案范围内经营,具有合法性;第二,私募基金必须非公开、分阶段地面向特定合格投资者募集,不具备公开性与社会性;第三,私募基金不能承诺保本付息或给予回报,是明示需要承担风险的投资行为,因而也不具备利诱性。因此,在合规经营情况下,私募基金不会形成非法集资行为。另外,从国内私募基金行业发展现状来看,在募资端,合规私募基金一般能较好地坚持私募原则,不存在公开或者变相公开向公众募资之行为。因为,一旦突破私募基金"私"的本质,就会因明显违背私募规定而被曝光。在投资端,私募证券基金运营与公募证券基金运营较为相似,募集资产的投资方向明确,资产使用透明,一般不会引发较大的违法违规问题。但私募股权基金是权益性基金,是封闭运作的长期性基金,因而所投资产透明度较低,基金管理人极易违规操作,混业经营,关联嵌套,出现把"股权投资"做成只有银行才能从事的"贷款或者变相贷款",从而引发非法集资风险。

(一)私募基金型非法集资犯罪的行为模式

从公安部通报来看,当前私募基金型非法集资犯罪的行为模式主要有两种。

---

① 六项义务:(1)确定特定对象。(2)对投资者进行适当性匹配。(3)明示资金风险。(4)确认合格投资者。(5)强制设置投资冷静期。(6)建立回访确认制度。

② 十三个步骤:设计基金产品、确定募集主体、开立募集结算资金专用账户、基金管理人推介、确认特定对象、基金风险评级、投资者适当性匹配、基金推介、基金风险揭示、合格投资者确认、签署基金合同、投资冷静期、回访确认。

一是打着私募基金的幌子,实质上从事非法集资活动的"伪私募"。根据《证券基金法》相关规定,私募基金投资既可以是股票、股权、债券等金融资产,也可以是房地产、艺术品等非金融资产。法律未对投资合同约定的投资标的样态作出明确的限定,于是经营资产透明度较低的私募股权基金被大肆借壳滥用。"伪私募""名股实债"的"伪股权投资",往往承诺刚性兑付以取得投资者信任,一旦出现兑付困难,便搞"借新还旧",①实质上形成非法集资刑事法律风险。

二是"个别私募机构突破私募基金行业最重要的合格投资者底线,采取公开宣传的方式,从事非法集资犯罪活动"。② 当前我国私募基金存在内控质量低、盈利能力弱、资金募集难等问题。虽然《募管办法》对募集资金做出了严格规范,但现实中,私募基金募资主要通过管理人及第三方机构以产品销售的形式完成,在销售业绩的利诱下,必然会出现突破非公开性限制,向更多客户推销的行为,适当性审查自然不会得到严格执行。另外,一些私募基金管理人在其管理的某一只私募基金投资失败以后,为了维持私募基金管理人的整体运转和品牌形象,往往"拆东墙补西墙",擅自突破不同基金产品之间的资金隔离运作红线,依赖后续私募基金产品投资者资金的不断输血,企图侥幸度过危机,往往也实质性形成非法集资刑事法律风险。

(二)私募基金型非法集资犯罪的认定

依据认定非法集资行为的"非法性""公开性""社会性""利诱性"这"四性"标准,我们可将私募基金型非法集资犯罪分为纯粹的"伪私募型"与"合规瑕疵型"两种样态来分别进行论述。

1. 纯粹"伪私募型"非法集资犯罪的认定

所谓"伪私募"是"指利用私募基金之名、行非法集资之实,背离私募基金行业本质的行为"。③ 即"私募"只是其非法集资的外壳或工具,行为实质必然与非法集资之行为表现高度吻合。侦查实践中,"伪私募""伪股权"进行非法集资的常见表现为,设立"创业投资""股权投资"等名义的机构,但不履行登记备案手续,伪装成私募基金进行宣传推广及募资活动。根据中国私募基金刑事法律风险报告④显示,样本数据中"全部涉刑的私募基金管理人案例中只有63.53%在中基协进行了登记,全部涉刑的私募基金案例只有13%在中基协进行了备案"。未履行登记备案手续,则从行为初始就具有了非法性的嫌疑。通过网站、电话、微

① 刘健钧:《构建私募基金法规体系需处理好八大关系》,载《金融杂志》2024年第2期,第59页。

② 李玉坤:《公安部经侦局揭开部分私募基金违法手段》,载百度 https://baijiahao.baidu.com/s?id=1633142018539742730,访问日期:2024年8月10日。

③ 时方、冯雨宁:《私募基金涉集资犯罪刑法规制研究》,载《经济刑法》2023年第2期,第200页。

④ 参见洪灿:《私募基金刑事法律风险与合规管理》,中国检察出版社2020版,第121页。

信、讲座、推介会、分析会、撒网式代销、推荐等方式向不特定对象宣传则具有了公开性。模糊化合格投资者要求和人数限制,以“新股发行”“原始股内部认购”等诸多名目,设置较低投资数额下限,吸纳“散户”资金,则具有了社会性。在投资合同中注明或口头承诺回购、担保、年化收益率等刚性兑付方式,以预期利润为引诱,承诺还本付息或者给付回报,则具有了利诱性。相对于合规经营的私募基金而言,“伪私募”“伪股权”实质上是突破私募基金“私”的本质和投资风险自负的底线,以私募基金为名从事非法集资活动,符合判定非法集资“四性”要求,司法实践中认定相对容易。

2.“合规瑕疵型”非法集资犯罪的认定

所谓“合规瑕疵型”私募基金,笔者认为是指虽然向中基协履行登记、备案手续,具备合规私募的形式,但在基金经营活动中会利用关联嵌套的金融工具、复杂的股权结构及产品设计,实质上游走于合规与非吸之间的私募基金。在侦查实践中,这类“合规瑕疵型”私募基金涉及非法集资的常见表现为:规避合格投资者要求,降低合格投资者标准,组织不合格投资者私下协议代持基金份额、“拼单”“团购”;将私募基金份额或者收益权进行拆分转让、同一融资项目设立多只私募基金,借助“混账核算、分离定价”变相资金池运作模式,掩盖单只基金的财务状况,则具有了社会性。除私募基金认购合同外,通过另行签订补充协议或者口头承诺回购、担保、年化收益率等刚性兑付方式,以预期利润为引诱,承诺还本付息或者给付回报,则具有了利诱性。这一类型私募基金涉非法集资的认定难点在“非法性”的认定。最高检公布的张业强案对此做出了针对性指导。“对于‘非法性’的认定,要注意正确认识私募基金登记备案的性质”①,不能仅从其已登记备案,就认定合法,而要根据募资实际过程、投资使用具体情况来综合判断。

三、私募基金型非法集资犯罪高发原因分析

私募基金型非法集资犯罪高发与国内经济运行环境及监管体系存在漏洞有关,也与行业未构建起完善的合规体系及良性系统生态有关。

(一)私募基金的高盈利性与投资者投机心理的耦合

在新经济、新动能的推动下,大量新富群体涌现,这些高净值群体经历资本市场洗礼后投资行为与心态更趋向于寻求专业财富管理机构,以期获得更高投资回报。相较于传统金融产品的低回报,以风险定价的股权投资的高风险与高回报率极大满足了这一群体的投资需求。据《中国证券投资基金业年报2023》显示,截至2022年末,私募股权投资基金的各类投资者中,居民投资者数量占比达到73.73%。而相较于合规私募基金的封闭性和对投资人

---

① 张晓津、贝金欣、王拓:《高质效办好每一个案件推动金融犯罪穿透式打击、全链条治理》,载《中国检察官》2023年第8期,第5页。

的高标要求,一些未经登记的"伪私募"迎合了一些普通投资者的趋利心理,利用现代传播媒介宣传造势,编造虚假股权投资项目,承诺高收益与保本保底,以"凑单""拼单""打折销售"等规避合格投资者规定,引诱投资者投资。非法集资借壳"私募基金"的伪装,更加增加了投资者对高回报率实现可能性的内心确认,从而陷入非法集资的泥沼。

(二)私募基金募集难与从业人员法律风险意识差的共振

自2019年以来,私募基金募集难的问题就已显现。根据中基协2024年7月私募基金登记备案数据显示,股权创投基金产品的备案规模同比呈现下降趋势,大部分私募基金面临募资压力。特别是中小型机构由于其内控质量低、专业化水平不高,盈利能力不强,面临的募资压力更大。从已发案件来看,有些私募从业人员为了募集资金,拉高业绩,不惜动用亲戚朋友的资金,为自己的投资者客户做配套,拼凑投资份额。有些私募基金管理人通过多层嵌套、上下关联或借助通道方等"障眼法"开展私募基金业务。另一方面,当前私募基金从业人员总体年龄结构趋向年轻化。据《中国证券投资基金业年报2023》显示,私募基金管理人高管年龄主要集中在30－39岁,大学本科学历占比50%以上。大量缺少金融服务经验和金融周期风险经历的年轻人进入基金行业,既缺乏对市场和专业的敬畏,更缺乏对风险和法治的敬畏,在面临募集难问题时,难免行差踏错,引发非法集资刑事法律风险。

(三)低标准、轻监管与行业自律不健全的错位

对私募基金是否纳入金融监管的争论,一直存在。国际上是将"是否向公众募资"作为是否要纳入监管的判断标准。我国未将私募基金纳入需要严格准入与监管的范畴。即设立私募基金管理机构和发行私募基金,无需行政审批。私募基金管理人与基金产品只需在中基协进行登记和备案即可。而地方证监部门依据中基协提供的登记、备案数据对本辖区私募机构经营状况进行监督。由于私募基金登记备案的非强制性导致部分私募游离于监管之外。私募机构的登记备案行为作为行业自律性行为,少备案、不备案或虚假备案比比皆是。对已发案件分析,"涉案私募基金未向中基协备案或无法确定备案情况的案件占比达88.88%"。[①] 另外,私募基金虽在我国发展已有一段时间,但私募行为形成的法律关系定位一直不明确,从业人员参差不齐,行业自律意识淡漠,行业自律规范不健全。加之有些私募机构的刻意规避,致使监管错位或流于形式。

四、私募基金型非法集资犯罪治理建议

私募基金作为创新资本形成的有力工具,是推动我国实体经济转型与现代金融体系构建的重要抓手。只有明确私募基金的内涵与本质属性,厘清私募基金型非法集资犯罪不同

① 参见洪灿:《私募基金刑事法律风险与合规管理》,中国检察出版社2020版,第197页。

样态的实质,形成集“刑事打击、行政监管、行业自律”于一体的分类分层、精准施策的治理规范共识,才能在其犯罪治理层面形成有效约束,推动行业治理水平提升。

(一)联席建库:强化联席交流协作,构建私募基金型非法集资数据库

建立由金融工作委员会牵头,各职能部门参与,协作互通的私募基金行业风险防范联席工作机制。打破壁垒、互通信息,推动一元数据到多元数据的归集,一元管理到多元治理的转变,在预警防范、执法联动、案件移送,推进私募基金型非法集资治理工作全过程无缝衔接,实现多赢格局。

构建私募基金型非法集资行为数据库。整合外部互联网感知数据、私募基金行业自律数据、行政监管数据,以及公安内部信息资源、110警情及经侦接报案数据等,建立一个以私募基金行业风险预警监测为主体的结构化、标准化数据库。利用网络前沿技术进行数据深度挖掘,广泛从企业网站、私募基金论坛、各类自媒体等渠道收集关于私募基金的海量数据信息,并将搜集的数据与已入库数据进行碰撞、比对、分析,预警研判私募基金涉非法集资可疑行为,为构建“AI新警务”模式及预警大模型积累数据资源。

(二)分类处置:提升私募基金型非法集资犯罪治理能力

侦查实践中,对私募基金型非法集资犯罪的治理要以现有规则体系与法律规范为依据,以非法集资犯罪成立的“四性”要件为标准,对“伪私募型”和“合规瑕疵型”私募基金涉非法集资行为进行分类处置,通过“穿透式侦查”,进行准确定性。

对于纯粹的“伪私募”“伪股权”型非法集资行为,可在《防范和处置非法集资条例》框架下,进一步强化各相关职能部门的防范处置职责,进一步明确各部门联动措施,依托非法集资预警平台,部署开展全行业大排查。发现相关私募基金管理人是否存在未登记备案,是否为异常机构、失联机构;高管人员是否有非法集资前科;在证监部门是否有不良处罚记录;是否公开宣传;是否规避注册地,异地经营等异常行为。对于发现具有“爆雷”风险或“已爆雷”的私募机构,联席部门配合公安机关及时开展相关处置工作,避免出现涉众涉稳事件,以维护社会稳定。

对于“合规瑕疵型”非法集资行为,要对“拼单团购”、多层嵌套、混业经营等违规行为,切实通过“穿透式侦查”,深度核查募集资金的来源及流向,以查证其涉嫌非法集资的实质。一是依托经侦数据化实战资金分析平台和分析工具,穿透分析募集资金来源,排查资金募集范围,并对投资人出资账户进行多层穿透,判断是否存在“拼单团购”等突破合格投资人条件的异常行为;二是对股权结构进行穿透分析,查证是否存在私募基金管理人高管关联控股行为;三是穿透分析募集资金的真实用途与流转路径,判断是否存在“募新还旧”资金池运作等异常行为等。

(三)强化监管:提升私募基金监管的规范化和法治化

强化私募基金行业合规管理,要求私募机构必须制定和执行合规管理制度,防范合规风险。根据《证券公司和证券投资基金管理公司合规管理办法》第二条的相关规定,私募基金合规管理体系的构建首先需要在立法层面和监管层面进一步完善私募行业法律规范,让私募机构和从业人员有规可依。作为兼具类金融和投资属性的私募基金管理公司,其本身并未被纳入持牌机构的监管范畴,相对于持牌机构来说,也没有太多的行业准入限制,这直接导致私募机构任意设立、违法经营,非法集资和失联现象严重。因此,必须转变监管思路和定位,尽快完善私募基金法规体系,引导合规治理。2023 年《私募条例》的出台,确立私募基金监管的基本规则框架,今年 8 月正式实施的《运作指引》,进一步明确了私募基金投资领域、投资方式、合格投资者标准、资金募集、基金管理、基金信息披露等多个环节和方面的规则,但在私募基金行为监管、差异化监管、科技监管等方面还要进一步抓好指引性文件的落实,引导私募基金管理人与从业人员自律管理,构建行业诚信体系,提升金融监管的透明度和法治化水平;同时还要注重加强金融科技人才培养,优化人才结构,推动行业行稳致远。

(四)强基固本:加强基础建设,做实宣传引导

强化经侦基础建设,推动队伍建设专业化、职业化。进一步推动高新技术人才专项招募工作,外引一批具有“金融 + 数据建模”研判技能的复合型专业性人才,提升证券领域犯罪侦查的新质公安战斗力;同时,在公安机关内部选拔一批具有金融数据侦查基础的人员,通过定向委培、定期培训的方式,内强现有警力专业素养。加强私募基金行业阵地控制。依托私募基金型非法集资数据平台,将有经济犯罪前科劣迹人员、在金融证券行业有不良记录人员、受到行政监管处罚人员等需要重点关注的人员进行入库管理,不定期与私募基金从业登记人员进行关联比对,做好背景调查。加大对私募基金型非法集资典型案例的曝光披露,充分利用多种媒体传播工具及时对私募基金型非法集资犯罪手段特征进行预警提示,提高群众识别和防范的能力。

私募基金作为金融创新资本组成的关键力量,其价值已得到充分证实。对私募基金型非法集资犯罪进行分类打击处置及行业合规,可促进行业生态净化。同时要强化治理理念,加强对私募基金行业数字监管,通过多源数据融合,机器智能深度学习,大规模实时计算等对私募基金型非法集资行为进行即时感知,全域感知,提高预警预测能力。当然,私募基金行政监管部门更需要转变监管思路,坚持审慎监管的大原则,强化行为监管、综合监管,以实现私募基金行业良性循环发展。

外汇领域违法犯罪的治理困境与纾解方案

邹玉祥*

摘要:当前,我国外汇领域违法犯罪存在以下突出情况:一是以变相买卖外汇为代表的违法犯罪行为总量居高不下;二是资金跨境转移手段愈加复杂、隐蔽。面对违法犯罪的新情况,以刑法和刑事诉讼法为代表的部门法在司法适用中正面临着新的挑战。一方面,刑法规范存在供给不足的问题,无论是在处罚范围还是在处罚力度上,都难以应对该领域的众多违法犯罪行为;另一方面,刑事诉讼环节的案件侦办难度提升,跨境对敲型非法买卖外汇案件的取证难度大。对此,建议建立"协同共治"的监管理念,确保行政执法与刑事司法的有效联动;完善刑法罪名体系,严密刑事法网;提升打击涉虚拟货币案件的工作质效,坚决维护外汇市场稳定和国家经济金融安全。

关键词:外汇;协同治理;非法买卖外汇

中央金融工作会议指出,要全面加强金融监管,有效防范化解金融风险。外汇市场是我国金融市场的重要组成部分,加强外汇市场管理,依法打击外汇领域违法犯罪,防范和化解汇率超调风险,既是保持人民币汇率在合理均衡水平上平稳运行的重要举措,也是维护国家金融安全的重要内容。近年来,受美国等发达经济体的货币政策以及地缘政治冲突等因素的影响,非美货币普遍承压,其中亚洲货币贬值加快,日元、泰铢、越南盾等亚洲国家货币币值遭遇不同程度的下跌。① 在跨境资金流动形势日益复杂,人民币汇率波动加大的背景下,企业与个人套利或避险的意愿增强,资本投机的灰色空间扩大,外汇领域违法犯罪活动明显呈上升态势。因此,本文立足于司法实践中的典型案例,试图准确识别当前外汇领域违法犯罪的突出情况和潜在风险,系统分析现行外汇管理法规体系面临的新挑战,并尝试提出有针

* 邹玉祥,男,中国社会科学院法学研究所助理研究员,法学博士,研究方向为行政刑法学、经济犯罪、单位犯罪。

① 参见陈植:《央行再度收紧离岸市场人民币流动性"稳汇率"决心迫使投机资本离场》,载《21世纪经济报道》2024年6月21日,第3版。

对性的对策建议,以期为维护外汇市场稳定和防范输入性风险提供学理支撑。

一、我国当前外汇领域违法犯罪的突出情况

(一)以变相买卖外汇为代表的违法犯罪行为总量居高不下

总体来看,为了规避正规换汇渠道的额度限制以及监管措施,企业和自然人通过外汇掮客利用虚拟货币、离岸账户或地下钱庄等违法方式转移资金的行为仍大量存在。根据公开资料显示,自2019年后,国家外汇管理局各分支机构发布的处罚案例总量骤然提升,累计罚没金额更是逐年攀升。在众多违法犯罪行为中,外汇掮客的作用愈发凸显。2023年12月,最高人民检察院、国家外汇管理局联合印发了8件典型案例,几乎每个案例都有外汇掮客的参与,其在违法犯罪行为的发展过程中起到了重要的推动作用。此外,自然人分拆逃汇的案件较为严重,理论和实务界对该行为的定性存在争议,同案不同判的现象时有发生。

(二)资金跨境转移手段愈加复杂、隐蔽

随着金融科技和网络通信技术的飞速发展,犯罪手段由传统的“倒买倒卖外汇”模式转变为了“对敲型”模式,跨境对敲型非法买卖外汇是当前非法买卖外汇的典型表现。实践中,违法犯罪人员主要通过地下钱庄、虚拟币交易、注册空壳公司、虚假贸易、非法移机境外的境内商户POS机刷卡等方式完成资金的非法汇兑。在此类案件中,人民币和外币一般不进行物理上的跨境流转,表面上资金在境内外单向循环,实质上属于变相买卖外汇行为。与传统模式相比,“对敲型”模式转移资金手段更加隐蔽、专业性更强,对侦查取证、审查证据的要求更高。①

二、外汇领域违法犯罪的治理难题

随着人民币国际地位的提高和金融业高水平对外开放的推进,企业和个人的换汇需求在不断扩大,外汇监管也在长期经受着较大压力。面对违法犯罪的新情况,以刑法和刑事诉讼法为代表的部门法在司法适用中正面临着新的挑战。

(一)刑法规范供给不足

外汇领域违法犯罪案件之所以频发,是因为实践中确实存在大量的灰色外汇交易需求。但是,我国现行刑法在外汇领域仅有逃汇罪、骗购外汇罪和非法经营罪三个罪名,无论是在处罚范围还是在处罚力度上,都难以应对该领域的众多违法犯罪行为,具体表现如下。

---

① 参见张晓津、贝金欣、王拓:《强化行刑衔接协同惩治涉外汇违法犯罪——最高人民检察院、国家外汇管理局惩治涉外汇违法犯罪典型案例解读》,载《人民检察》2024年第4期,第43页。

其一,不以营利为目的的非法买卖外汇行为难以受处罚。尽管相关的单行刑法和司法解释规定,非法买卖外汇,扰乱市场秩序,情节严重的以非法经营罪定罪处罚,但学界通说观点认为,非法经营罪处罚的重点是经营者,即需要行为人以营利为目的从事提供产品或服务的市场经营行为,①单纯地用自有资金进行外汇场外交易尚不构成本罪。② 实践中也通常持这种观点,如(2017)粤01刑初49号刑事判决书中载明,被告人仅是将自有资金(港币)通过黑市兑换成人民币,并非以买进卖出为手段赚取差价,其行为不具备以营利为目的的市场交易属性,不属于非法经营行为,故不构成非法经营罪。可见,外汇场外交易的购买者也即现实需求者难以被非法经营罪所评价。理论界和实务界对非法经营罪这一"口袋罪"的善意限缩,却不当放纵了外汇领域违法犯罪的原始需求。

其二,个人实施的分拆逃汇行为既不构成逃汇罪,也难以被评价为骗购外汇罪。逃汇罪的立法目的在于禁止外汇在未经监管的情况下发生地理上的转移。自然人以分拆的方式逃避限额监管,擅自将境内的外汇非法转移至境外,该行为虽然具备了逃汇罪的不法特征,但逃汇罪的犯罪主体只能是公司、企业或其他单位,自然人实施的逃汇行为仅构成行政违法。实践中,为了遏制和打击此种逃汇行为,进一步维护金融管理秩序,部分法官选择以骗购外汇罪定罪处罚。③ 但是从严格意义上说,骗购外汇罪仅打击特定的骗购行为,如使用伪造、变造的海关签发的报关单、进口证明、外汇管理部门核准件等凭证和单据,或重复使用前述文件等,个人通过分拆方式套取外汇的行为不符合特定的骗购特征。此外,《中华人民共和国外汇管理条例》第39条、第40条,《个人外汇管理办法》第7条等规定都在前置法层面有意区分了"以分拆手段等逃汇行为"和"使用虚假或无效单据等骗购行为"之间的差异。这也就意味着,骗购外汇罪也不能合法且有效地处罚自然人实施的分拆逃汇行为,该行为在刑法层面缺少合适的规范约束。

(二)刑事诉讼环节的案件侦办难度提升

在大量的跨境对敲型非法买卖外汇案件中,行为人将传统直接买卖外汇操作行为割裂开来,人民币和外汇之间的买卖在境内外银行账户上分别进行,作案手法隐蔽,取证困难。④尤其是在以虚拟货币为换汇媒介的案件中,由于虚拟货币具有匿名交易、去中心化、无国界的特点,加之网络本身的开放性、不确定性、隐蔽性,因此难以对应到实际交易人的身份信息。尽管虚拟货币交易在我国明确受禁止,但实践中,在我国境内专门兑换、交易虚拟货币

---

① 参见杨兴培,吕鼎:《论非法经营罪的司法适用——以非法买卖外汇为视角》,载《法治社会》2018年第6期,第60页。

② 参见陈兴良:《相似与区别:刑法用语的解释学分析》,载《法学》2000年第5期,第34页。

③ 参见龙天鸣:《个人套汇行为的非罪化宣示——基于刑法解释论与刑事政策的分析》,载《经济刑法》2021年第21辑,85页。

④ 参见王东海:《"对敲"型非法买卖外汇的司法认定》,载《中国检察官》2020年第6期,第52页。

行为难以禁绝，利用虚拟货币作为支付结算工具实施洗钱、非法买卖外汇等犯罪案件数量呈现上升态势。虚拟货币交易平台及其服务器多设在境外，且大部分换汇客户和账户在境外，证言调取难度大，资金流水也难以取证，众多因素导致实践中有境外证据的案件相对较少。① 在最高人民检察院和国家外汇管理局公布的典型案例中，徐某悦等人非法经营案是唯一一件有境外证据移送的案件。此外，非法买卖外汇往往涉及海量资金交易数据，且涉案银行账户资金交易记录、买卖外汇人员数量众多，作案时间长，外汇数额通常因涉外证据难以固定、利率变化、交易信息庞杂等因素而难以精准认定。②

三、外汇领域违法犯罪的纾解方案

（一）建立"协同共治"的监管理念

在专业化分工日趋精细的现代社会，某一领域的风险与问题往往无法靠单一治理手段就能有效解决，而是需要多元化、系统性的社会治理体系，以共建共治共享为原则，合理配置治理力量、有机调整治理结构，以实现对社会风险与问题的科学治理。同理，面对资金跨境流通需求不断加剧的现实状况，必须做到全链条、全领域的综合治理，建立"协同共治"的监管理念，确保行政执法与刑事司法的有效联动。

行政执法的本质在于管理，可通过权力运行的灵活性和主动性实现对现有秩序的及时维护，并可根据社会发展及时调整监管策略。刑事司法则强调保障性，是对已被违反之规范效力的重新确证，对前置法秩序的再次重塑。尽管刑事手段具有更强的威慑性，但惩罚不是目的，以刑罚为后果的威慑应秉持克制和谦抑，并以反向推动行政治理效果最大化为首要目标。反之，一旦越过行政治理走向前端，则会侵蚀行政手段的治理效果并可能导致法律因民众的麻木而丧失其规制作用。因此，在外汇领域违法犯罪全链条治理中，应以行政治理为先导，以刑事治理为保障，充分发挥各种治理手段的优势，构建防范化解系统性金融风险的立体治理机制。

在行政治理层面，应统筹推进外汇管理改革开放发展，强化外汇领域风险监测、预警和评估，提升监管精准性和有效性。应持续释放外汇管理改革效能，丰富外汇便利化政策，推进跨境贸易便利化，满足多样化用汇需求。持续深化外汇市场双向开放，健全外汇市场产品体系，丰富境内外汇市场参与主体，推广普及汇率避险工具，提升企业汇率风险管理能力，有力增强外汇市场韧性，从而更好地服务于实体经济发展和国家改革开放大局，合理引导庞大的购汇与换汇需求，使其在法治轨道内、合理监管下安全有序地得到满足。与此同时，外汇管理部门等行政机构应加强与公安机关、检察机关等司法部门的合作力度，定期召开联席会

---

① 参见谢杰：《区块链技术背景下金融刑法的风险与应对》，载《人民检察》2017 年第 8 期，第 64 页。

② 参见张晓津、贝金欣、王拓：《强化行刑衔接协同惩治涉外汇违法犯罪——最高人民检察院、国家外汇管理局惩治涉外汇违法犯罪典型案例解读》，载《人民检察》2024 年第 4 期，第 43 页。

议,共同分析金融犯罪的最新动向以及提出相应对策,推动信息互通、线索互移、成果共享。对符合刑事立案条件的违法行为,及时移交公安部门处理,并同步移送相关证据材料,提升执法司法办案合力。

在刑事治理层面,应进一步严密刑事法网,扎紧制度牢笼,提升违法犯罪行为的成本,严厉打击外汇违法犯罪活动。可以考虑调整外汇犯罪的罪名体系,填补外汇犯罪的处罚漏洞,提高对外汇犯罪新手段的侦查能力,充分发挥刑罚的惩治和预防功能。此外,检察机关还应加大对金融、外汇等部门转移的可疑交易信息和交易记录的排查力度,精准打击非法跨境汇兑活动。当前的外汇犯罪与部分上游违法行为勾连紧密,多起案例是在查处电信网络诈骗、网络赌博、洗钱等涉及资金出境的犯罪案件过程中被连带发现的。对于案件中涉及的行政违法线索,应及时向行政执法机关移送,推进外汇领域违法犯罪的协同共治,坚决维护外汇市场稳定和国家经济金融安全。

(二)完善罪名体系,严密刑事法网

当前,在外汇领域违法犯罪的综合治理之中,亟须进行改革的便是刑法的外汇犯罪罪名体系,因为其已无法有效且周延地保障既有的外汇监管秩序。

首先,应通过刑法修正的方式,扩大逃汇罪的主体范围,将自然人主体纳入其中。从行为的实质危害性上看,个人分拆逃汇数额较大或多次逃汇的行为与单位逃汇行为具有相同的法益侵害性,均严重破坏了金融管理秩序。尽管《外汇管理条例》第39条也强调追究包括个人在内的逃汇行为的法律责任,其中包括刑事责任,但我国刑法对个人逃汇行为没有规定相应罪名。实践中,个人逃汇案件较为严重,确有必要在今后的立法修改中扩大逃汇罪的主体范围,将个人逃汇数额较大以及多次逃汇的行为作为处罚对象。① 考虑到个人与单位之间行为能力差异巨大的事实,有必要为个人逃汇行为配备与单位犯罪相区别的立案标准,从而将处罚范围限定在合理区间内。

其次,笔者认为应增设非法买卖外汇罪,专门用于处罚非法买卖或变相买卖外汇的行为,不再适用《关于惩治骗购外汇、逃汇和非法买卖外汇犯罪的决定》第四条之规定。一方面,非法经营罪在外汇领域会造成处罚漏洞。非法经营罪的主要规制对象是具有市场交易属性的行为,其无法处罚不以营利为目的的非交易性行为,而这种行为对外汇管理秩序的侵害同样严重。另一方面,非法经营罪不能完整、准确地评价非法买卖外汇行为的性质。非法经营罪属"扰乱市场秩序罪"一章中的罪名,该罪的保护对象为市场秩序。典型的扰乱市场秩序罪均是以市场交易过程中的某一环节为手段,通过诱骗交易对象、打击竞争对手、破坏市场准入规则或自由交易规则等方式违规牟利的行为。然而,非法买卖外汇行为实际上侵害的是国家的外汇管理秩序而不是市场交易秩序,其并没有利用现有的市场交易途径,更遑

---

① 参见罗开卷,马骏:《论金融犯罪的立法及完善》,载《铁道警察学院学报》2016年第3期,第93页。

论对既有的交易方式产生动摇或贬损。如果继续用非法经营罪评价非法买卖外汇行为，则会导致评价重心的不当偏移，难以实现维护外汇管理秩序的规范需求。

（三）提升打击涉虚拟货币案件的工作质效

在侦办以虚拟货币为媒介的非法买卖外汇案件中，侦查机关应当加强与外汇管理部门的合作，构建由外汇管理机关、检察机关和侦查机关共同组成的联席会议，共同就侦查方向、取证规范、法律适用等问题提出意见。在此过程中，应充分用好用足国际刑事司法协助、内地与港澳地区区际刑事司法协助等机制，加大对境外证据的取证力度。与此同时，根据涉虚拟货币案件的证据特征，构建以境内证据为主的证据体系，将侦办案件的突破口放在跨境资金链路的查明上。具体而言，应加强对异常交易情况账户的监控，重点搜集虚拟货币交易哈希值、银行交易明细、第三方支付平台交易记录、通信软件聊天记录等客观证据，重点讯问涉案人员的分工情况、各节点的操作方式以及获利方式，对比犯罪嫌疑人、被告人供述及辩解，逐一查明涉案资金的跨境流转方式以及涉案人员的参与度，合理分析外汇掮客在犯罪中的作用，准确认定犯罪事实。

此外，无论是行政执法部门还是刑事司法部门，都应该不断提升队伍的专业化水平。应丰富执法和司法人员在数字时代背景下的知识储备，加快专项领域的专家团队建设，尝试引入新设备、新技术，进一步提高涉虚拟货币等数字化领域的取证能力。加强与高校和科研院所的合作交流，围绕实践中存在的法律适用疑难问题展开专题研究，从理论以及思想观念上寻求创新和突破。

二元期权交易行为的刑事规制路径研究

——基于94份刑事判决书的样态分析

王东方　张　熙*

摘要：二元期权交易行为处于违法与犯罪之间的灰色地带。对涉二元期权交易行为的94份刑事判决书展开样态分析得出，当前二元期权交易行为的刑事规制路径主要有开设赌场罪、诈骗类犯罪、非法集资类犯罪和非法经营罪四种。在进一步分析罪与非罪、此罪与彼罪的界限后，梳理出较为合理的刑事规制路径，即当前金融市场上的二元期权交易行为均属违法，但是否构成犯罪还需结合刑法规定，从非法经营罪与开设赌场罪、诈骗类犯罪与非法集资类犯罪两个维度把握，并从法律层面与社会层面分别提出治理建议。

关键词：二元期权；非法经营罪；开设赌场罪；诈骗罪；非法集资类犯罪

一、问题的发现

近年来，金融市场出现许多新型金融产品，从而引发超越服务实体经济功能的过度投机，破坏了我国社会主义市场经济秩序，而二元期权就属于这类新型金融产品。二元期权又称全有全无期权，其交易模式与传统期权类似，即投资者购买一种标的资产，根据标的资产在约定时间内的涨跌来确定投资者是否能获得收益。但其又与传统期权存在明显不同，二元期权的投资者一旦购入标的资产，就不能再买入或者卖出标的资产，只有获得约定收益和一无所有两种结果。①

根据交易场所的不同，二元期权可被划分为场内与场外两种，场内二元期权在交易所内挂牌交易并依法接受国家有关主管部门的监管，场外二元期权的交易则依托互联网上的二

* 王东方，男，浙江省舟山市人民检察院第三检察部副主任，研究方向为刑事检察；张熙，男，浙江省舟山市人民检察院第三检察部四级检察官助理，研究方向为刑事检察。

① 参见万国华、李铭：《我国二元期权交易的法律规制路径研究》，载《金融监管研究》2016年第12期，第35页。

元期权交易平台。[①] 由于国家有关主管部门对互联网交易的监管能力不足,场外二元期权不能像场内二元期权一样受到官方严格监管,故其公平性与透明性均相对较低,暗箱操作行为与欺诈行为层出不穷。因而我国证监会在2016年4月正式发布关于场外二元期权交易的风险警示,[②]将其定义为不具有服务实体经济功能、无增值性且创造风险的投机工具,与受到严格监管的期权交易存在本质不同,类似于赌博。正如风险警示所言,从抽象的行为模式上看,期权交易与赌博基本一致,均为碰运气的射幸行为,具有对赌性,而二元期权作为一种特殊期权,更处于合规与犯罪之间的灰色地带,与刑事犯罪界限模糊。合法的期权交易行为可起到承担价格风险、服务实体经济的积极作用,而名为期权交易实为违法犯罪的行为不但不能发挥积极作用,还具有一定程度的社会危害性,触犯刑法。故有必要从刑事角度出发,归纳并分析当前刑法视域下二元期权交易行为的合理规制路径。

二、样态的分析

为归纳当前刑法对二元期权交易的规制路径,本文以"二元期权"为关键词,在北大法宝司法案例库中检索以二元期权交易行为为犯罪手段的生效裁判文书,共检索到94份生效裁判文书,涉及四种罪名,其刑事规制路径如下。

(一)开设赌场罪

94份裁判文书中,有32份裁判文书对平台经营者适用了开设赌场罪,占比34%,其中以最高人民法院指导性案例146号陈某豪、陈某娟、赵某海开设赌场案[③]为代表。审判机关认为,在二元期权交易平台中,投资者不存在真实的交易对象,且是否盈利只取决于投资者是否买对期权标的资产的涨跌方向,与涨跌幅度无关,导致投资者"买涨买跌"行为与赌客"买大买小"行为性质相同,买对涨跌方向投资者即盈利,买错涨跌方向本金则全归平台所有,平台实际扮演着赌场庄家的角色,故这类二元期权交易平台实为披着期权交易外衣的赌场。

(二)诈骗类犯罪

在94份裁判文书中,以诈骗罪为主的诈骗类犯罪出现30次,占比31.9%。例如,在孙

---

① 参见李盛仁:《对二元期权的介绍及思考》,载《债券》2014年第8期,第70页。

② 参见《最近我看到很多网站宣传,做外汇、股票等二元期权交易,操作简单方便还可赚大钱,请问我可以参与吗?》,载中国证券监督管理委员会官网,2016年4月18日,http://www.csrc.gov.cn/csrc/c106299/c1600711/content.shtml.

③ 参见江西省吉安市中级人民法院(2018)赣08刑初21号刑事判决书;江西省高级人民法院(2019)赣刑终93号刑事判决书。

某伟等人诈骗案①中,孙某伟等人虚构某二元期权交易平台可进行投资的事实,引诱投资者进场投资,投资者资金在通过第三方支付平台汇入平台的银行账户后,被多笔多次转入孙某伟等人银行账户用于消费支出。审判机关认为孙某伟等人客观上使用了欺骗方法,通过骗取手段非法占有投资者财物,主观上具有非法占有投资者财物的目的,符合诈骗罪的构成要件,故以诈骗罪追究孙某伟等人的刑事责任。

(三)非法集资类犯罪

根据样态分析结果,非法集资类犯罪共出现30次,其中非法吸收公众存款罪16次,组织、领导传销活动罪11次,集资诈骗罪3次。因集资诈骗罪属于特殊的诈骗罪,故不再赘述。在李某豫等人非法吸收公众存款案②中,李某豫等人经营某二元期权交易平台,供投资者进行比特币涨跌买卖,以高回报吸引投资并承诺保本付息,所吸收资金用于平台维护、人工费用和投资者返利等。在刘某顺等人组织、领导传销活动案③中,刘某顺等人要求投资者以购买二元期权的方式加入投资,按照一定顺序将投资者组成层级,以投资数额作为返利依据,引诱投资者继续投资。

(四)非法经营罪

在94份裁判文书中,另有5份裁判文书适用非法经营罪惩治平台经营者,其中以黎某然等人非法经营案④为代表。该案中,黎某然等人在未取得境内证券、期货、外汇交易资格的情况下,向投资者宣传某二元期权,组织二元期权交易并从中获得盈利佣金,属于未经国家有关主管部门批准,非法经营期权业务,扰乱社会主义市场经济秩序,从而构成非法经营罪。

综上所述,当前刑法对易涉嫌刑事犯罪的二元期权交易行为,主要有开设赌场罪、诈骗类犯罪、非法集资类犯罪和非法经营罪四种规制路径。虽然最高人民法院公布了指导性案例,但二元期权交易的行为模式多样,指导性案例未能对这类犯罪行为的定罪提供完全的指导,有必要进一步分析、理解与把握罪与非罪、此罪与彼罪,梳理出合理的刑事规制路径。

三、现象的诊断

为进一步分析二元期权交易行为,本文将从二元期权的基础概念入手,先分析二元期权

---

① 参见辽宁省葫芦岛市龙港区人民法院(2020)辽1403刑初96号刑事判决书;辽宁省葫芦岛市中级人民法院(2021)辽14刑终72号刑事判决书。

② 参见浙江省杭州市滨江区人民法院(201)浙0108刑初267号刑事判决书。

③ 参见江西省武宁县人民法院(2017)赣0423刑初31号刑事判决书。

④ 参见广东省佛山市三水区人民法院(2018)粤0607刑初74号、(201)粤0607刑初689号刑事判决书和广东省中山市第一人民法院(2018)粤2071刑初814号刑事判决书。

交易行为在罪与非罪之间的界限，后通过分析各罪名的适用条件，理清此罪与彼罪之间的界限。

（一）二元期权交易行为在罪与非罪之间的界限

期权交易与赌博在抽象行为模式上基本相同，均为对赌性质的射幸行为，两种行为中的行为人能否盈利和盈利程度，亦均取决于预先设定的某个事件在未来能否发生以及该事件在未来的发生程度。① 然而，相比赌博，期权交易具有一定的经济功能，期权交易因其具备的价格发现和风险管理功能，能够在市场经济稳定的情况下，推动市场经济的发展，因而属于合法交易行为。而二元期权相较于传统期权，产品的设计逻辑更加简单，交易方式更加便捷，所以更符合一般公众的投资需求和投资水平，加之二元期权的产品范围广、投资回报快、收益率较高，因而一经出现便在金融市场上受到广泛欢迎。

虽然二元期权具有方便、快捷、回报高、种类多等多种优势，但也必须认识到二元期权有场内与场外之分。增加流动性是市场经济发展的内在要求，但市场经济发展同样要求保障交易的稳定实现。为了实现对冲与套利，投机性是二元期权交易行为的内在需要，但监督的缺失只会造成不受控制的大规模投机，从而提高机会成本、损害实体经济，甚至引发大型金融危机，因此有必要加强对二元期权交易行为的监督。然而，根据国内外实例，相较于受合法交易场所与监督机构的管理与监督的场内二元期权，场外二元期权交易平台的经营者出于逐利等原因，在合约设计上省略了必要的合约要素，增大了交易风险，导致其不具备价格发现和风险管理的功能，当然不能实现国家对期权交易要服务实体经济发展的要求。甚至根据对94份生效裁判文书的分析，相当一部分涉案二元期权不存在真实的交易对象，属于资金未真实入市的虚假交易。

综上，在证监会已针对二元期权向公众警示风险的情况下，当前我国金融市场上的二元期权均属违法，如二元期权交易造成较大危害结果的，还需要正确适用刑法，追究刑事责任。

（二）二元期权交易行为在此罪与彼罪之间的界限

1. 非法经营罪：非法经营期权业务的理解与把握

经营者经营二元期权交易平台，组织投资者在平台进行二元期权交易，是否属于非法经营期权业务，从而构成非法经营罪，法律界对此有两种观点。一种观点认为，虽然此类交易在形式上具有“未经国家有关主管部门批准”的要素，但此类交易的资金未真实进入金融市场，此类交易实际不具有风险管理和价格发现的经济功能，不能服务实体经济，属于完全虚假的期权交易，不构成非法经营期权业务。另一种观点则认为，非法经营罪系法定犯，行政违法是刑事违法的前提，根据期货交易的相关法规，未经国务院或国务院证券监督管理部门

① 冯果、余猛：《期货交易与赌博的法律关系之辨》，载《中国法律评论》第2021年第2期，第195页。

的批准,组织期货交易及相关活动,即属于非法经营期货业务,只要二元期权交易满足未经国家有关主管部门批准的形式要求,二元期权形式上属于期权合约,就可以构成非法经营罪。①

本文支持第一种观点,认为二元期权交易在资金未真实入市的情况下,不能构成非法经营罪。根据期权交易的相关法规,需结合形式要件与目的要件认定期权交易,二元期权交易属于通过电子撮合进行期权合约的集中交易,满足形式要件,且投资者以投资牟利为目的,具备期权交易的目的要件,故二元期权交易确实可以看作期权交易。② 然而,在事实层面上,只有在交易资金真实入市的情况下,期权交易才能起到风险管理与服务实体经济的作用,从而促进市场经济的发展;在资金未真实入市的情况下,所谓的期权交易只是投资者与经营者之间的交易,而非投资者与投资者之间的交易,因而从期权交易的本质上看,此类二元期权交易实质上不属于期权交易。同时,在规范层面上,并非所有非法经营行为都能构成非法经营罪,非法经营罪要求非法经营行为具有合法性可能,故非法经营期权业务的非法性也并非全无限制要求,资金未真实入市的二元期权交易完全不具有风险管理和服务实体经济的功能,所以不具有合法外衣。此外,资金未真实入市也不能影响我国社会主义市场经济秩序,所以从犯罪构成上看也没有侵犯到非法经营罪的犯罪客体。因此,在交易资金真实入市的情况下,经营者组织二元期权交易,才属于非法经营期权业务,经营者客观上未造成其他危害结果的,应以非法经营罪追究经营者刑事责任。

2. 开设赌场罪:二元期权交易平台的理解与把握

在指导性案例中,陈某豪等人受幕后实际控制者周某坤的委托,负责龙某网站的日常经营管理,龙某网站虽然以交易二元期权为业,但未经有关部门批准,属于场外二元期权交易。客户选择某一外汇交易品种,通过点击"买涨"或"买跌"下单交易,买定离手,不可更改,再根据该外汇交易品种在约定时间内的涨跌情况确定盈亏。客户盈亏程度与该外汇交易品种的实际涨跌幅度无关,如买对涨跌方向则盈利,额外获得交易金额的76% - 78%,买错涨跌方向则亏损,交易金额全归龙某网站所有。

审判机关认为,一方面,龙某网站不存在真实的期权交易行为,投资者只是根据网站导出的外汇数据下单,不存在真实的交易对象,交易行为中也不存在真实的权利行使、转移和抛弃环节,龙某网站不具有风险管理和价格发现的经济功能,无益于实体经济的发展;另一方面,投资者盈亏幅度与交易品种的涨跌幅度脱钩,真实的期权交易平台只是一个交易中介平台,赚取投资者交易行为的手续费,投资者盈亏与交易品种的涨跌幅度挂钩,而龙某网站

① 参见庄永廉、田宏杰、曲新久、邓金山、杨恋、刘梦洁:《搭建虚假期货交易平台骗取投资者财物如何定性》,载《人民检察》2021 年第 18 期,第 38 - 39 页。

② 洛锦勇、李莹:《利用大宗商品交易平台实施诈骗的认定及处罚》,载《人民司法》2019 年第 8 期,第 21 页。

投资者盈亏与交易品种涨跌幅度脱钩，买对涨跌方向的投资者获利76% –78%，买错涨跌方向的投资者全部亏损，使陈某豪等人获得远高于手续费的收益。因此，陈某豪等人经营龙某网站，组织二元期权交易的行为，是一种以期权交易之名行赌博之实的赌博行为，是一种"猜大小、赌输赢"的网络赌博行为，故对陈某豪等人以开设赌场罪论处。

陈某豪等人开设赌场案指明了资金未真实入市的二元期权交易行为的规制路径。龙某网站的交易资金没有实际接入国内金融市场，亦未通过非法手段逃避金融监管接入国外金融市场，其经营行为不会影响到市场经济秩序，更谈不上危害市场经济秩序。期权交易与赌博均是碰运气的射幸行为，对赌是期权交易的本质属性，①期权交易是因为其风险管理和服务实体的经济功能才合法化，故未实际接入金融市场的期权交易就丧失了合法性基础，而简化规则、要件等因素的二元期权又将对赌属性进一步凸显，所以将二元期权交易平台认定为赌场。因此，在资金未真实入市的情况下，如经营者未造成其他危害结果，应以开设赌场罪追究经营者的刑事责任，同时需要仔细研究该二元期权的交易规则，以实现精准量刑。

3. 诈骗罪：诈骗行为模式的理解与把握

样态分析结果一定程度上反映出金融市场中经营者常通过骗取手段非法占有投资者财物的客观事实，体现了加强金融监管的重要性。而判断经营者行为是否满足诈骗罪的犯罪构成，可结合客观证据将经营者行为分成营销与敛财两阶段具体考察。

(1)营销阶段。经营者在二元期权交易的营销阶段，涉嫌使用虚构事实、隐瞒真相的骗取手段，使投资者陷入错误认识的，经营者行为就倾向于认定诈骗罪。经营者诱骗投资者进场投资的手段包括但不限于隐瞒交易平台未经国家有关主管部门批准的事实、虚构交易平台容易盈利的假象、虚构经营者多年从事金融证券交易的经历、隐瞒交易资金可进入经营者个人账户的事实、隐瞒平台交易规则不合理的事实等等。同时，诈骗类犯罪作为骗取占有型犯罪，要求投资者因骗取手段陷入错误认识，且错误认识持续到经营者非法占有投资者财物。本文认为，对投资者因骗取手段陷入错误认识的认定，应结合经营者的营销告知内容与后台操作行为综合判定。经营者没有在营销阶段告知交易平台真实情况的，应认定投资者不明真相陷入错误认识；根据经营者的告知内容可推定投资者对平台性质有所认识，但经营者利用其对平台的控制权暗中修改后台数据，进行暗箱操作的，也应认定投资者不明真相陷入错误认识。

(2)敛财阶段。期权交易虽然具有对赌性质，但在合法经营的期权交易平台，具有对赌博弈关系的双方是投资者与投资者，而非投资者与经营者，平台经营者只允许赚取投资者交易的手续费。如经营者蓄意做亏投资者，将投资者亏损据为己有，存在"吃客损"行为时，经营者行为就倾向认定为诈骗罪。分析经营者"吃客损"的行为模式，可以从以下四个角度出

---

① [荷]彼得·科斯罗夫斯基：《金融赌博与过度投机》，载《上海师范大学学报((哲学社会科学版))》2012年第1期，第26页。

发:一是结合经营者虚构事实、隐瞒真相的行为分析,经营者为做亏投资者,通常隐瞒真实交易杠杆、真实交易规则以及经营者具有交易数据修改权的事实。二是分析经营者错误引导投资的行为,经营者可能组织人手伪装身份向投资者提供建议,恶意引导投资者追涨杀跌、频繁交易从而造成投资者亏损,虽然在正常的金融分析中,分析师也会有失误和错判,但分析师通常及时终止投资,不会反其道行之,鼓励投资者加大投资。三是分析部分投资者未亏损的缘由,如投资者由于投资金额较少、交易时间较短属于试探性投资才没有亏损,则可从侧面证明此类交易必亏的事实。四是分析交易资金的去向,经营者亏损最终流入经营者个人账户,并被用于经营者个人花销的,进一步证明经营者非法占有投资者亏损的主观恶意。

综上,针对可能涉嫌诈骗罪的二元期权交易平台经营者,要结合客观证据从营销与敛财两个阶段分析经营者行为是否满足诈骗罪的犯罪构成,并协调诈骗罪与其他罪名的适用。

4. 非法集资类犯罪:非法集资行为模式的理解与把握

非法集资类犯罪是指行为人未经国务院有关部门批准或违反金融管理规定,通过许诺还本付息或者给予其他投资回报,向社会不特定对象吸收资金的犯罪行为,具有非法性、利诱性、社会性和公开性四个基本特征。① 非法集资类犯罪是一类罪名,罪名分布于刑法多个章节。根据样态分析结果,涉二元期权交易的非法集资犯罪行为主要涉及非法吸收公众存款罪,组织、领导传销活动罪和集资诈骗罪三种罪名。三种罪名合计出现30次,反映出二元期权交易与非法集资纠缠不清的刑事司法现状,而认清非法吸收公众存款罪的基础性特征,分清组织、领导传销活动罪与集资诈骗罪的界限,才能理清三种罪名的关系,对涉嫌非法集资的二元期权交易行为准确定罪量刑。

(1)非法吸收公众存款罪的理解与适用。非法吸收公众存款罪与其他两种罪名的核心区别就在于经营者实施非法集资行为,是为了交易平台的存续与发展。从三罪的行为模式与量刑规定上看,非法吸收公众存款罪可看作最基础的非法集资犯罪,具有基础性。② 实务中可结合经营者对吸收资金的使用,判断经营者行为是否构成非法吸收公众存款罪。在经营者以高回报等噱头吸引投资者进场投资后,投资者资金主要用于平台交易,经营者营利也主要用于交易平台的维护,投资者提现又未被经营者以服务器维护等理由阻拦,可认为经营者的主观意图是获取平台经营收益。同时,区分非法吸收公众存款罪与组织、领导传销活动罪不在于经营者是否要求投资者发展下线,非法吸收存款罪的经营者也会鼓励投资者发展下线,但目的也是扩大规模从而获取更大收益,所以通常也不具有严密的组织管理关系。

(2)组织、领导传销活动罪与集资诈骗罪的理解与区分。两种罪名只有存在明显的排他

① 田扬畅、付顺顺:《虚拟货币犯罪实证研究——以中国裁判文书网367个判例为样本》,载《浙江警察学院学报》2021年第5期,第92页。

② 王筱:《组织、领导传销活动罪与集资诈骗罪之竞合——基于“纯资本运作”传销语境下的分析》,载《江西警察学院学报》2020年第1期,第38页。

关系时,才会存在明显的界限,①而组织、领导传销活动罪与集资诈骗罪本质上都是一种非法集资行为,不存在明显的排他关系,但从量刑上看,组织、领导传销活动罪明显轻于集资诈骗罪,所以定罪时必须审慎,避免出现刑法惩治犯罪功能的萎缩。本文认为,应坚持从两罪的犯罪构成出发区分两罪。首先,客观层面上,实际骗得财物是集资诈骗罪的客观构成要素,但经营者是否实际骗得财物不是成立组织、领导传销活动罪的必要条件,虽然传销组织本身必然带有通过非法集资获取不正当利益的目的,但组织、领导传销活动罪更重在惩治通过传销进行非法集资的行为本身,所以是一种行为犯。其次,主观层面上,成立组织、领导传销活动罪不以实际骗得财物为必要条件,反映到主观层面就是行为人主观上具有非法牟利的目的,而非非法占有目的,也即非法牟利与非法占有之分是两罪在主观层面的区别。除传统区分方式以外,可从市场价值规律出发,驳斥经营者有关市场因素造成投资者亏损的抗辩,通过对比该平台投资者的整体亏损情况与合法交易平台投资者的整体亏损情况,侧面证明经营者是否具有非法占有目的,区分组织、领导传销活动罪与集资诈骗罪。

综上所述,当前金融市场上的二元期权交易行为均属违法行为,但是否构成犯罪还需结合刑法规定把握。在对二元期权交易平台经营者的罪名适用上,存在两个维度的取舍分析,判断适用非法经营罪还是开设赌场罪,与判断适用诈骗类犯罪还是非法集资类犯罪,并不处于同一维度。如何理解与把握非法经营期权交易,二元期权交易平台在何种情况下异化为赌场,是非法经营罪与开设赌场罪适用冲突的关键;对经营者适用诈骗类犯罪还是非法集资类犯罪,则要考察经营者行为是否满足诈骗类犯罪或非法集资类犯罪的构成要件。例如,经营者通过非法手段将交易资金投入国外金融市场,同时蓄意做亏投资者、将投资者亏损据为己有的,构成非法经营罪与诈骗罪的想象竞合,根据想象竞合择一重原则按诈骗罪处理,同时应在裁判文书中对非法经营罪予以宣告,以作刑事谴责;又如,投资者主观上对该二元期权交易平台类似于赌场有一定认识,仍然投资交易,但经营者通过修改后台数据非法占有投资者亏损的,开设赌场罪就不足以评价该投资者的财产损失,应以诈骗罪一罪追究经营者的刑事责任。简而言之,在经营者未非法集资的情况下,需根据交易资金是否真实入市和经营者是否具有非法占有目的,科学适用非法经营罪、开设赌场罪与诈骗类犯罪;如经营者在组织二元交易的同时涉嫌非法集资,经营者行为可能同时触犯数种罪名,需结合经营者的客观犯罪事实科学适用刑法。

四、建议的提出

社会上的种种矛盾纠纷归根到底源于社会矛盾本身,不能指望法律治理所有社会问题,更不能将所有社会问题求解于刑法。因此,治理二元期权,不仅要在法律层面严加治理,更要在社会层面多方发力,才能对其实现有效治理,引导金融市场健康发展。

---

① 张明楷:《犯罪之间的界限与竞合》,载《中国法学》2008年第4期,第95页。

(一)法律层面:立法机关与司法机关双轮驱动

法律层面的治理需要立法机关与司法机关同轴贯通,凝聚合力。首先,立法机关要以法律的形式明确期货、期权等金融衍生产品要服务实体经济的根本宗旨,将根本宗旨作为合法与非法的政策基准线,确保期权这类金融衍生产品具有实际的风险管理和价格预测的经济功能,以发挥服务实体经济发展的实际作用。还要以法律的形式规范"期货交易""期权交易"等专有名词的使用,加强对市场主体登记、广告投放以及互联网信息接入的管理,通过规范专有名词的使用,方便投资者判断此类金融衍生产品是否合法,从而避免误入投资陷阱,涉足场外二元期权交易。其次,司法机关要通过司法解释、典型案例、会议纪要等形式及时归纳总结对二元期权交易的刑事规制路径,指导办案人员科学适用刑法惩治涉二元期权交易的犯罪行为,并及时组织办案人员总结新时期互联网金融犯罪规律,研究掌握互联网金融犯罪的薄弱环节,加强司法机关之间的协调配合,培养现代证据思维,更新知识结构,提升办案水平。

(二)社会层面:引导投资与监管经营双向发力

对二元期权交易的社会治理需要从投资者与经营者这一交易链的两端同时出手,既加强对投资者的宣传引导,又加强对经营者的监督管理。首先,金融行业协会、监管机构与司法机关要坚持进行全面、深入、持续的普法宣传。通过互联网等多种传播媒介向社会广大投资者普及相关法律法规、投资知识、维权方式,以案释法,有针对性地向投资者普及犯罪分子常用的犯罪行为模式,增强投资者的投资能力、风险意识与维权意识,引导投资者依法、积极、有效维权。其次,监管机构要提升自身监管能力,加大对二元期权交易的监管力度。针对部分在国外注册成立、在国内开展业务的二元期权交易平台,我国监管机构还需加强与外国监管机构的合作,要求对方加强对此类平台的约束管理,涉嫌刑事犯罪的,还需通过国际刑事司法途径予以协调解决。同时金融交易场所也要在国家有关主管部门的引导与监管下,适时推出场内二元期权,严格依法设计二元期权合约,在适应投资者投资能力的同时,利用二元期权流动性强、波动性高的特点服务国民经济发展。

涉虚拟货币网络金融犯罪中的证据难点及实务应对

刘　扬　李冰倩*

摘要：涉虚拟货币网络金融犯罪具有非接触性、长链条化、技术壁垒高等复杂特点，在实务证明中面临着电子取证难、跨境侦查难、鉴定报告证明难等现实问题。对此，国家应当注重犯罪侦防对策，通过完善电子数据收集程序、建立侦查协作机制、培养精尖技术人才，遏制涉虚拟货币网络金融犯罪态势。同时，区块链技术的不可篡改性自带证据鉴真作用，如果能大力发展区块链存证技术，将降低证据保全的成本，促进刑事诉讼提质增效。

关键词：虚拟货币；电子数据；跨境证据；区块链存证

一、涉虚拟货币网络金融犯罪类型及其特点

虚拟货币是电子信息技术的产物，是指非中央银行发行，不具有法偿性和强制性等基础货币特征，但可以作为支付手段、流通手段的电磁数据。现代金融体系的虚拟货币主要基于算法产生，在借助互联网信息技术广泛流通的同时，也滋生了多种类型犯罪，严重危害了公民财产安全和国家金融秩序。最高人民检察院举行的"充分发挥检察职能作用　依法服务保障金融高质量发展"新闻发布会上，最高人民检察院第四检察厅厅长张晓津提出："当前金融犯罪案件数量有所下降，但仍高位运行，利用私募基金，区块链、虚拟币、新能源、影视投资等市场热点的新型案件明显增加。"①涉虚拟货币网络金融犯罪类型庞杂，具有非接触式、长链条化、技术难度高的显著特点，给犯罪的侦查与证据的收集带来挑战。

---

* 刘扬（1985—），男，北京德恒律师事务所合伙人、全国刑委会副秘书长。

李冰倩（2001—），女，北京德恒律师事务所实习生、中国政法大学刑法学研究生。

① 《最高检召开"充分发挥检察职能作用　依法服务保障金融高质量发展"新闻发布会》，载中华人民共和国最高人民检察院官网，https://www.spp.gov.cn/zdgz/202312/t20231228_638653.shtml，2024 年 4 月 10 日访问。

(一)实践中高发涉虚拟货币网络金融犯罪类型

当前,虚拟货币犯罪主要依托互联网开展,类型复杂多样,所涉罪名包括但不限于侵犯财产罪、破坏社会主义市场经济秩序类罪和妨害社会管理秩序罪。结合虚拟货币特点和实务办案经验,可以按照虚拟货币在犯罪中所发挥的作用,区分以虚拟货币为噱头、为对象、为工具的网络犯罪,以更好厘清涉虚拟货币网络犯罪的共同特征。

1. 以"虚拟货币"为噱头的犯罪

实际上,虚拟货币虽已诞生十余年,但在国内尚属于新兴概念,许多犯罪其实与虚拟货币本身并无关系,也不存在真实的交易平台与市场。犯罪分子只是利用虚拟货币的神秘概念和大众的投机心理,将各种虚拟货币包装成"风险小、收益大"的投资工具吸引不明真相的投资者,此种犯罪与传统犯罪并无区别,犯罪流程中的"虚拟货币"只存在于招募人员的话术中,即使有交易平台也是为吸引被害人加大投资而专门设立的虚假平台,代表是组织、领导传销活动罪和电信网络诈骗罪。因此侦查重点与虚拟货币本身关联不大,要注重于对骗局、骗术的判断和对全链条犯罪成员的打击。

2. 以"虚拟货币"为对象的犯罪

以虚拟货币为对象的犯罪与虚拟货币本身息息相关,此处又可区分平台犯罪与个人犯罪。就平台犯罪而言,自2013年起,我国陆续发布了《关于防范比特币风险的通知》等系列规范性文件,明令禁止虚拟货币相关非法金融活动。因此,无论是在国内设立虚拟货币交易平台,还是代理在国外具有金融资质的交易平台在国内经营均为非法,可能涉及非法经营罪、擅自设立金融机构罪。自国内打击虚拟货币相关交易后,币安、火币等国内知名虚拟货币交易平台纷纷转移至境外,但实践中面向国内提供虚拟货币交易服务的平台屡禁不止。对此类平台展开定向打击的证据难题之一就是平台服务器在境外,境外取证受国际刑事司法协助条约和国内刑事诉讼法双重规则的制约,违法取证存在证据被排除的风险。个人犯罪大多是由虚拟货币不菲的财产价值滋生的金融犯罪,如集资诈骗罪和职务侵占罪,由于我国许多法院尚不承认虚拟货币属于刑法意义上的财物,以上犯罪在实务中通常被认定为非法获取计算机信息系统数据罪。

3. 以"虚拟货币"为工具的犯罪

以虚拟货币为工具的犯罪大多属于已经形成上下游链条的黑灰产业犯罪。虚拟货币不属于犯罪链条的重点,往往因为去中心化和匿名性特点被犯罪分子当做洗钱工具使用。上游犯罪可能涉及电信、诈骗、网络赌博、毒品交易等犯罪,下游犯罪分子通过虚拟货币多手交易将非法所得转移至境外。虚拟货币的不易监管导致犯罪即使被侦破,被害人的损失也难以挽回。区块链技术本身不带有非法特性,是滥用技术的犯罪分子使得虚拟货币成为滋生和助长网络金融犯罪的重要土壤。根据上游犯罪性质的不同,将"虚拟货币"作为洗钱工具,又可能涉及洗钱罪、帮助信息网络犯罪活动罪和掩饰、隐瞒犯罪所得、犯罪所得收益罪。

(二)涉虚拟货币网络金融犯罪特点

涉虚拟货币网络金融犯罪种类多、社会危害性大、打击难度高,要求侦查人员不仅要具备网络侦查和协作能力,还要熟知虚拟货币交易的特点与底层逻辑,才能及时捕捉犯罪线索,专项打击犯罪。因为涉虚拟货币网络犯罪具有非接触性、链条式、跨境化、专业壁垒较高的特点,在证据收集、处理、选用方面也存在相应的破解难题。

1. 非接触性

互联网的发展,不仅使得人与人的沟通跨越了地域限制,也使得犯罪的样态产生了异变和升级。虚拟货币犯罪是借助互联网技术的典型"非接触式犯罪"。非接触式犯罪是指犯罪脱离了时间和地域限制,在整个犯罪过程中,犯罪人与被害人、其他犯罪人之间都不存在直接接触。此类犯罪对象广泛、危害严重、侦查难度大,证据难以收集和固定。① 在常规的犯罪侦查中,犯罪证据的收集是围绕着犯罪人、被害人和犯罪现场展开的,从犯罪时间和空间入手可以还原整个案发过程。但非接触式犯罪使得犯罪人和被害人群体人数大大增加,犯罪空间范围扩大甚至跨越国界,对证据的收集和保管提出了极大挑战。在证据种类方面,涉虚拟货币网络金融犯罪相较于传统犯罪的物证和书证,更重视对电子数据和鉴定报告的使用。电子数据的采集和鉴定报告的生成环节一旦存在薄弱点,就会成为非法证据排除的线索。

2. 网络链条式

涉虚拟货币网络金融犯罪多呈现网络链条式特点,上下游联系密切、分工协作,涉案人数众多、金额巨大,且各个环节人员分散各地,整体打击难度较大。以实践中高发的虚拟货币电信网络诈骗犯罪为例,在上游链条,存在以虚拟货币投资吸引被害人注入资金的话务组;在中游链条,存在制作虚拟货币交易假平台,控制涨跌的程序组;在下游链条,为将骗取的钱财转移,存在通过收购银行卡、抵扣充值、虚假兑换等手段进行虚拟货币多手交易,掩饰资金走向的跑分组。整个链条层级分明、分工严密,更为关键的是上中游链条犯罪成员多位于境外,难以追捕。所收集的证据也以电子数据为主,查封和取证较为困难。即使案件被侦破,被害人的被骗资金也难以追寻。

3. 跨境犯罪化

我国监管部门否认虚拟货币的货币属性,严格禁止任何单位和个人在我国境内设立交易所、发行代币,提供支付结算服务。因此,国内众多知名虚拟货币交易平台陆续转移至境外。相关平台虽然已整体搬迁至境外,但在利益诱导之下,并没有停止向国内市场提供虚拟货币交易服务,导致涉虚拟货币网络金融犯罪依然猖獗。案发后,大量的犯罪证据存储于境

---

① 参见申蕾:《非接触式犯罪案件侦查中的证据问题变迁研究》,载《北京警察学院学报》2023 年第 4 期,第 89 页。

外平台服务器,为司法工作人员侦查取证制造障碍。另外,部分涉及诈骗的平台犯罪中,掌握电子数据的平台即涉案犯罪嫌疑人,案发后为毁灭证据平台会自行关停服务器、消除交易数据,使得司法机关在后续的调查取证中遭遇关键证据缺失的困难。[①] 被害人自行提供的虚拟货币交易数据又因为利益相关、未遵循合法取证程序而难以采用,使司法证明陷入两难境地。

4. 专业壁垒较高

虚拟货币具有金融产品和电磁数据的双重属性,非从业者难以厘清其中的运行逻辑和交易惯例,对侦查人员、检察人员、辩护人员、审判人员的专业性要求较高。此类案件中最为关键的证据是记载虚拟货币流转情况的电子数据,这也是实务中辩护人质证的重点。例如,用户在任何一家交易所从事交易的第一步,都是注册充值,交易所会为每一名用户分配一个钱包地址,用户通过平台外其他钱包将虚拟货币充值到分配的地址上,平台随即显示用户的钱包内有对应的金额。为了方便交易所及时按照用户指令挂单,交易所用户钱包的金额会定期归集到交易所的主钱包当中。交易所通常有数个主钱包地址,用户看到自己在交易所钱包中有相应的虚拟货币,是指用户在交易所归集钱包中享有的权益。用户交易完成后,需要将交易所中的币提到自己其他钱包当中时,可向交易所发出指令,输入自己其他钱包的地址,经交易所审核后,通过交易所的主钱包地址将数字货币转到用户钱包地址当中,而并非从交易所最初分配给用户的钱包地址转到用户其他钱包地址。侦查人员只有熟悉上述交易逻辑,才能有针对性地收集所承办案件需要的电子数据,以防止遗漏和缺失。由于对虚拟货币交易市场的了解有限,侦查人员收集证据时可能面临取证不足、程序违法、证据遗失等问题,陷入空有案件线索难以查明案件事实的困境。

二、涉虚拟货币网络金融犯罪实务中存在的证据难点

根据《中华人民共和国刑事诉讼法》的规定,用以定罪的证据应当确实、充分,需经法定程序查证属实且排除合理怀疑。证据是刑事审判的核心,涉虚拟货币网络金融犯罪基于其特殊性,在证据的收集、保存和证明方面都与传统犯罪存在差异。笔者将从辩护视角入手,以实务案例为佐证,分析现行涉虚拟货币网络金融犯罪中不同种类的证据难点。

案例一:本案被告人系某知名区块链公司的高管,被指控利用职务便利,捏造事实,将供应商账户替换为本人账户,骗取该公司内部账户虚拟货币后变现,涉嫌职务侵占罪,后变更起诉为非法获取计算机信息系统数据罪。

案例二:本案被告人系国外某知名网络金融平台的国内代理人,未经我国相关部门批准,利用线上群聊、广告、线下宣介会等多种途径吸引国内消费者注册该平台账户并进行金融交易,从而赚取客户佣金,因涉嫌非法经营罪被起诉。

---

① 参见孙宇:《涉虚拟货币犯罪的刑事法规制困境及出路》,载《青少年犯罪问题》2021 年第 5 期,第 79 页。

(一)取证不足,无法排除合理怀疑

理想状态下,被告人供述、被害人陈述、证人证言相互印证,可以还原出案件的真相。但事实是,由于立场的天然对立,案卷中三者中的两者往往是矛盾、冲突的,此时更多需要依靠客观证据对案件事实进行佐证。涉虚拟货币网络犯罪技术壁垒较高,对侦查人员的金融专业水平要求较高。如果证据收集不到位,则不能排除合理怀疑,应对被告人进行定罪。

在案例一中,被告人被指控利用职务便利侵占公司财物,虚拟货币是否具有财产属性将决定被告人构成职务侵占罪还是非法获取计算机信息系统数据罪,目前学界多数观点认为虚拟货币具有财物属性,该案应当以职务侵占罪起诉。同时,职务侵占罪处罚的是侵占"本单位财物"的行为,为防止个人财产与公司财产混同,公诉机关需要证明财物客观归属于公司。而本案资金流转过程不清晰,多处证言显示公司账户与实际控制人账户交易密切。在缺少公司虚拟货币账户交易明细的情况下,难以追究到公司财物的最终来源。虚拟货币犯罪案件的特殊性在于,我国禁止虚拟货币相关交易,境外投资人欲在国内开展虚拟货币经营活动,会寻找国内代理人代为注册公司。实际控制者会负责公司最初的注资和后期运营的资金支出,一般由代理人申请后直接拨付款项维持公司的日常运转。因此,不能仅根据营业执照确定公司所有权归属,要切实找寻公司的实际控制人和资金的最终来源。在侦查初期,涉案电子数据的收集如果不能完整体现涉案公司虚拟货币的流转过程,判断资金最终来源是实际控制人的钱包还是公司的正常盈亏,则不能证明被告人侵占的是单位财物。

(二)取证程序违法,电子数据真实性存疑

涉虚拟货币网络金融犯罪最为关键的定罪证据是区块链数据。根据交易惯例,用户在买入或卖出虚拟货币时,该交易信息会被分布式储存在区块链网络中,并同步广播至链上节点,基于区块链技术的不可篡改性,该交易信息能够全面而清晰地反映交易流程。一旦发生争议,可通过查询区块链交易数据,梳理资金流转过程,查清案件事实。① 区块链证据属于《刑事诉讼法》第50条的电子数据,需要遵守电子数据调证、鉴真、非法证据排除的规定。

1. 电子数据取证程序违法

案例一中,被害公司实际控制人同时是知名虚拟货币交易平台波场和火币的实际控制人,本案关键证据——被告人转移公司虚拟货币至本人钱包的区块链证据,系被害公司"向币安、火币公司申请调取的"。根据《公安机关办理刑事案件电子数据取证规则》《关于办理刑事案件收集提取和审查判断电子数据若干问题的规定》,完整的电子数据调取流程为:二名以上侦查人员经办案部门负责人批准,开具《调取证据通知书》后,在符合条件的人员见

---

① 参见谢登科、张赫:《电子数据区块链存证的理论反思》,载《重庆大学学报(社会科学版)》2024年第4期,第5页。

证的情况下,向有关单位和个人调取电子数据。同时,侦查人员需要注明调取电子数据的相关信息,找寻符合条件的人员担任见证人,并对相关活动进行同步录像。案例一中被害公司自行收集、调取、提交的区块链数据被作为定罪证据使用。但被害人不属于调取电子证据的适格主体,也缺乏《调取证据通知书》、见证人等法定调取电子证据的必备要件。其作为本案利害关系人,难以保证电子证据的客观性,存在利用虚拟数字货币领域专业知识伪造、扩大损失的可能。与此同时,火币、币安等交易平台未经法定程序私自提供涉嫌公民个人信息的区块链交易数据给被害公司,甚至可能涉嫌侵犯公民个人信息罪。

2. 电子数据真实性存疑

电子数据的真实性包括"电子数据载体的真实性""电子数据的真实性"和"电子数据内容的真实性"三个层面。[①] 对电子数据鉴真,就是对电子数据三个层面真实性核验的过程。依据《最高人民法院关于适用〈中华人民共和国刑事诉讼法〉的解释》和《关于办理刑事案件收集提取和审查判断电子数据若干问题的规定》,实务中辩护人需审查电子数据原始介质是否移送和保存,审查电子数据内容是否增加、删除和修改,审查电子数据与案件的关联性及收集提取过程是否可以重现,一旦三性中有一项得到否定回答则不能将该电子数据作为定案证据。案例二中,技术公司提供给公安机关用以展现资金流转过程的链上数据存在严重错误:第一,从技术公司发现和梳理案件线索的一般操作来看,需要先掌握充币地址,才能掌握汇集地址、提币地址,案例二中,现有证据没有体现技术公司获取充币地址的过程,因此所谓的汇集地址、提币地址、中转地址无法形成证据链,在客观真实性上存疑;第二,案例二中平台共有千余个充币地址,共转给汇集地址数千万虚拟货币,但汇集地址向提币地址和仅有的六个中转地址转账数额远远超过该数额,说明两个问题,一是涉案平台的汇集地址除了处理充币地址转来的用于炒汇的业务,还存在其他业务和收入;二是超出的虚拟货币究竟来源何处无法认定,无法证明被告人收到的虚拟货币来源于充币地址,即无法证明被告人收到的虚拟货币来源于被害人。基于此,笔者作为辩护人对链上数据分析报告的真实性提出了质疑,并反映给了主审法院。

(三)境外证据合法性欠缺

电子数据需要依托原始介质存在,如不能及时提取和保全,将对后续的侦查工作带来不利的影响。随着国家加强对虚拟货币金融市场的管控,大量虚拟货币交易所搬迁至境外,并宣称不再对中国大陆提供业务,公安机关无法直接现场调取证据,向境外交易平台取证又涉

① 褚福民:《电子证据真实性的三个层面——以刑事诉讼为例的分析》,载《法学研究》2018 年第 4 期,第 121 页。

及境外证据的移送和保全问题,案件侦查难度增加。① 案例一中提及的币安、火币、交易所总部和服务器均位于境外,也被禁止向中国大陆用户提供服务,因此其提交的电子数据系境外证据。对于境外电子数据的收集、使用更需谨慎。就境外证据的适用问题,《最高人民法院关于适用〈中华人民共和国刑事诉讼法〉的解释》第 77 条进行了详细规定,人民法院应对材料来源、提供人、提供时间以及提取人、提取时间等进行审查,且如果境外证据系诉讼当事人自行提交的,还需所在国机关进行认证。上述司法解释对境外证据的证明力与证据能力做出了详细规定,法院需一并审查证据收集主体和提取方式的合法性。同时,案例一属于网络犯罪,根据《人民检察院办理网络犯罪案件规定》第 59 条,境外证据的移交、保管、转换等程序需要连续、规范。而在案例一中,有关被告人虚拟数字货币账户、交易记录、承兑记录的电子数据不仅是被害公司自行提交,还是从境外收集的证据,既未载明司法解释要求的提取人、提取时间等信息,又未审查证据移交、保管的连续、规范性,未经公证核验,在收集程序上存在重大缺陷,应当予以非法排除。

(四)鉴定报告存在重大瑕疵

因为涉虚拟货币网络犯罪技术壁垒较高,涉及专业金融知识,侦查人员难以直接从纷繁复杂的电子数据中直接得出关键结论,往往需要委托司法鉴定机构出具链上数据分析报告作为定案根据。基于对司法鉴定机构专业能力和分析水平的信任,侦查人员和公诉人往往只会重视司法鉴定报告的结论。但是承担辩护职能的辩护人会从司法鉴定的委托主体、鉴定范围、使用检材和鉴定结论方面进行全盘审查。在案例一中,辩护人委托专家出具意见书,发现全案的司法鉴定报告均为公安机关派出机构委托制作的,违反了《公安机关办理刑事案件程序规定》第 248 条的规定,鉴定委托主体严重不适格。同时,虚拟货币流向鉴定属于电子数据鉴定,而司法鉴定报告中称接受委托“对资金流进行鉴定”,司法鉴定机构的业务范围不包含电子数据鉴定,根据《司法鉴定程序通则》第 15 条规定,“委托鉴定事项超出本机构司法鉴定业务范围的,司法鉴定机构不得受理”。该案司法鉴定报告存在重大瑕疵,难以准确、如实地反映案件事实。

(五)行政认定函依据法律层级不足

法定犯往往具有违反行政法规和构成刑事犯罪的双重属性,案例二中的非法经营罪是典型的法定犯。由于司法工作人员的金融知识有限,在具体案件中会依据行政主管机关出具的认定函作出判断。侦查人员向当地的证券监督管理局出具了协助调查函,证券监督管理局复函认定涉案平台不具备金融交易资质,公诉人员将此复函作为认定被告人涉嫌非法

---

① 参见邓宁江:《虚拟货币洗钱犯罪分析及治理对策研究》,载《北京警察学院学报》2023 年第 6 期,第 96 页。

经营罪的证据。但是根据刑法第96条的规定,该复函效力层级过低。案例二中出具复函的国家外汇管理局是国务院组成部门中国人民银行的内设机构,中国证券监督委员会属于国务院直属事业单位。该复函属于部门规范性文件,不属于法律和行政法规,不符合刑法所依据的“国家规定”。因效力层级不够,以此为依据作出的结论可以认定被告人行政违法,但不能直接认定其构成刑事犯罪。

三、涉虚拟货币网络犯罪证据完善建议

证据是定罪量刑的关键,若因程序违法、技术所限等各种原因导致所收集的证据被排除或不予采信,则不利于打击犯罪,会造成无法弥补的司法后果。涉虚拟货币网络金融犯罪目前存在证据收集、证明难点。为应对上述问题,各主管部门应当通力协作,以区块链证据为核心,建立起集人才培养、线索发现、证据收集为一体的犯罪侦防体系。同时,区块链存证技术的发展潜力逐渐显现。区块链技术的不可篡改性运用于刑事诉讼,可起到电子数据保存及鉴真的作用,推进司法机关数字化改革。

(一)区块链证据收集严格遵守法定程序

程序性瑕疵会影响对实体证据证明力的判断。侦查人员在收集区块链证据时应当严格遵守法律法规对于取证、见证、保管等流程的规定,及时审查电子数据的真实性。在审查流程上体现为:一是对电子数据存储介质进行全面审查,保证其来源、特征、使用和保管方式得当,所承载数据未经篡改;二是运用区块链专业知识对数据整体进行审查,判定证据是否受到污染,防止数据收集存在遗漏;三是对数据内容真实性进行审查,对虚拟货币交易哈希值进行验证,确定交易真实性。最后,根据《关于办理刑事案件收集提取和审查判断电子数据若干问题的规定》,审查后认为电子数据取证程序违法,电子数据严重缺失、电子数据真实性存疑,难以排除合理怀疑的,若不能补正或合理解释,则应予以排除。[①] 无论是侦查人员、检察人员还是辩护人均应重视对电子数据的全面审查,才能最大限度保证司法公正在法律共同体的努力下实现。

(二)建立多部门犯罪侦防机制

针对链条长、隐秘性强、侦破难度大的虚拟货币网络犯罪,需要以“四专两合力”为指导原则,建立多主体联动的侦查协作机制。第一,公安机关为主导,联合人民银行、工信部、国家外汇管理局等部门,设立涉虚拟货币网络金融犯罪联动响应机制,多部门各司其职,加强对异常交易信息的动态监测,发现异常信息后及时预警,识别交易双方的真实身份和资金流转链条;第二,公安机关可以主动对接全球各大知名虚拟货币交易所,与其建立常态化合作

---

① 参见奚玮:《我国电子数据证据制度的若干反思》,载《中国刑事法杂志》2020年第6期,第137页。

关系，在案发后第一时间向各大交易所调取电子数据，以防证据灭失；[①]第三，拓宽国际协助渠道，与境外虚拟货币交易所所在国签订合作协议，完善境外证据的收集移送制度。各方主体形成合力，从事前预防、事中响应、事后救济三阶段围绕虚拟货币网络犯罪的上下链条逐个击破，营造公平公正的金融市场秩序。

（三）加强前沿犯罪技术人才培养

人才培养是解决虚拟货币专业技术壁垒高、侦查难度大问题的有效途径。首先，针对区块链领域侦查、鉴定人才短缺现象，可以拓宽政企合作路径，通过与国内知名区块链服务公司合作化解证据鉴真难题，为电子数据的取证、鉴定等程序提供决策参考。同时，公安机关要建立一支打击虚拟货币网络金融犯罪专业专职的队伍。虚拟货币犯罪多发生于经济发达地区，此类案件频发地区公安机关具有丰富的侦查实战经验，可以建立跨地域多层级侦查协作模式，带动其他地区司法公正人员侦查水平提升。[②] 最后，除注重提升现役侦查人员职业技能外，也需对在校学生积极开展培训，引入虚拟货币等新型犯罪手段的课程教学与实训项目，为疑难复杂案件的侦破储备人才。

（四）挖掘区块链存证技术的证明潜力

事实上，区块链技术在为案件侦破带来挑战的同时，也能在电子数据保存、鉴真方面发挥正向力量。区块链证据是基于区块链技术生成的原生型数据，即前文中提到的利用虚拟货币实施诈骗、洗钱、非法获取计算机系统数据、侵犯公民个人信息罪等犯罪的在案发时已经形成的链上数据，经取证溯源可以还原交易过程。[③] 针对区块链数据，侦查人员在取证时要严格遵守取证规则，防止电子数据被污染或篡改。

区块链存证是与区块链证据不同的提取、保存证据的方式。区块链证据是随着虚拟货币交易同步产生的，而区块链存证中的电子数据生成过程本身与区块链无关，区块链存证只是保存、固定电子数据的技术方法，并不会产生证明案件事实的新证据。简而言之，区块链存证技术是一种对电子数据鉴真的方法，运用区块链的底层逻辑证实电子数据未经篡改。[④] 区块链技术在司法证明中的潜力已经得以展现。规范层面，2018 年最高人民法院《关于互联网法院审理案件若干问题的规定》第 11 条规定了运用区块链技术收集、固定的电子数据，

---

① 参见孙梓翔、于彤：《虚拟货币洗钱犯罪治理难点与打击策略研究》，载《江西警察学院学报》2022 年第 3 期，第 33 页。

② 参见马忠红：《以电信诈骗为代表的新型网络犯罪侦查难点及对策研究——基于 W 省的调研情况》，载《中国人民公安大学学报（社会科学版）》2018 年第 3 期，第 86 页。

③ 参见刘品新：《论区块链证据》，载《法学研究》2021 年第 6 期，第 133 页。

④ 参见谢登科、张赫：《电子数据区块链存证的理论反思》，载《重庆大学学报（社会科学版）》2024 年第 4 期，第 1 页。

能证明真实性的,互联网法院应当确认。2021 年最高人民法院《人民法院在线诉讼规则》第 16 条至第 19 条,细化了区块链证据的效力认定、审查流程、补正规则等内容。① 2022 年最高人民法院《关于加强区块链司法应用的意见》明确要建立与社会各界共享的区块链联盟。实践层面,区块链存证技术已在市场监管、知识产权保护领域发挥巨大作用,北京互联网法院、杭州互联网法院、广州互联网法院等法院均已构建确保电子证据安全存储、传输和访问的区块链存证平台,能够保全电子证据的合法性、真实性和安全性。② 区块链技术引领智慧司法,电子证据入链的一般流程为:第一步,当事人根据自身情况选择合法存证平台保存电子证据;第二步,存证平台同步生成电子证据的哈希值并存入区块链;第三步,用户获取存证编号;第四步,一旦发生纠纷,当事人可上传原始数据和存证编号,法官利用存证链平台在线计算哈希值,以判断电子证据是否发生篡改。③ 该流程大大保证了入链电子证据的真实性。大力支持和发展区块链存证技术,是"区块链 +"规划在司法领域运用的体现,能够有效帮助刑事诉讼程序的顺利推进,具有广阔的发展空间。

---

① 参见刘品新:《论区块链证据》,载《法学研究》2021 年第 6 期,第 131 页。

② 参见聂勇浩、张炘:《基于区块链的电子证据保全模式研究——以广州互联网法院为例》,载《档案学研究》2021 年第 5 期,第 31 页。

③ 参见刘品新:《论区块链存证的制度价值》,载《档案学通讯》2020 年第 1 期,第 23 页。

自洗钱入罪的司法适用难题及其争议厘定

孙圣淇*

摘要:《刑法修正案(十一)》将自洗钱纳入刑法调整,打破了我国长期施行的“他洗钱”的法律框架,这也给洗钱罪的司法适用带来前所未有的新挑战。特别表现在提供资金账户属于自洗钱还是他洗钱模式,“为掩饰、隐瞒”的具体内涵理解以及自洗钱与上游犯罪的竞合适用等问题。2024 年 8 月 19 日,“两高”联合发布《关于办理洗钱刑事案件适用法律若干问题的解释》以回应我国打击洗钱犯罪的现实需求为目的,应该对自洗钱侵犯的法益内涵理解为金融管理秩序法益。根据立法本意和禁止重复评价原则,主张提供资金账户属于他洗钱而不适用自洗钱行为,从而防止不适当地扩大洗钱罪的适用范围。修订后的“为掩饰、隐瞒”与修订前的“明知”,对行为人主观上的认识状态的要求具有同质性,即行为人主观上要有“罪错”,洗钱罪的主观要件仍然是故意。对于自洗钱与上游犯罪的竞合适用问题,应坚持数罪并罚的基本原则。

关键词:洗钱罪;自洗钱;上游犯罪;金融管理秩序

一、问题的提出

我国的洗钱罪于 1997 年《刑法》增设,其后经历过 2001 年《刑法修正案(三)》、2006 年《刑法修正案(六)》两次修订,对洗钱罪的上游犯罪类型进行拓展,但在此段时期并未对洗钱罪进行有效的打击。直到 2021 年《刑法修正案(十一)》对洗钱罪的罪状进行了大幅的修改,打破了我国长期适用的“他洗钱”单一模式,删除了原法律条文中的“明知”以及第 1 款第(2)至(4)项规定的“协助”等限定术语,将自洗钱入罪。对于第 191 条第 1 款中第 2 项的“提供资金账户”,在我国长期惩治“他洗钱”模式下洗钱活动的刑事规制过程中,在司法认定上不会产生歧义,但在《刑法修正案(十一)》出台后,则需要在“自洗钱”模式下来重新厘清“提供资金账户”司法认定问题;此外,删除“明知”术语同时,将原先规定的“为掩饰、隐

---

* 孙圣淇(2000—),男,吉林白山人,中国人民公安大学法学院 2023 级硕士研究生,研究方向为刑法学。

瞒”的表述调整至现在第191条第1款规定之首,所带来的问题是对洗钱罪的认定需不需要考虑主观要件;以及将自洗钱入罪之后,自洗钱于上有犯罪的竞合适用问题,究竟该数罪并罚,还是应从一重罪处罚。本文将针对以上争议依次进行论述,以期得出妥当结论,为洗钱罪的司法适用提供清晰思路。

二、自洗钱入罪的司法适用争议

通过梳理裁判案例进行分析,发现洗钱罪在司法适用中存在以下争议:“提供资金账户”应该如何进行认定,其主体是否仅限于第三人;将“明知”删除后,取而代之的是“为掩饰、隐瞒”是否意味着我国的洗钱罪在使用过程中不需要考虑行为人主观“明知”;罪数方面,自洗钱入罪后,对洗钱行为和上游犯罪之间的竞合该如何进行处断,坚持数罪并罚还是坚持择一重罪处罚。

(一)“提供资金账户”行为方式适用存疑

《刑法修正案(十一)》对刑法第191条洗钱罪的犯罪构成要件进行修改,删除第1款第2、3、4项“协助”的表述,将“自洗钱”纳入刑法规制。而对该条款第1项中的“提供资金账户”规定未做任何变动,原本为“他洗钱”的“提供资金账户”类型是否可以兼容“自洗钱”,产生了争议。我国有学者认为,如果从《刑法修正案(十一)》将自洗钱入罪的整体框架看,这可以说是残留的他洗钱术语,有些不协调,这是立法者的疏漏和技术失误,但无关紧要。① 但在适用法律时应坚持实然规定,而不是用来猜测、怀疑法律,这是司法实践中应坚持的基本立场。

首先,针对“提供资金账户”是否属于自洗钱行为,理论中主要包括两种学说。肯定说认同将“提供资金账户”用于规制“自洗钱”行为,行为人将七种上游犯罪所得通过特定形式转换并存入“资金账户”时,其行为本质与“自洗钱”行为相吻合,此时并不能将之看作上游犯罪的自然延伸。因此,如果在法律解释视域下排除“提供资金账户”的行为方式,可能引发刑罚体系中的漏洞和不足。② 探讨“提供资金账户”是否构成自洗钱行为,否定说提出了不同的观点,认为“提供资金账户”更多强调他人的帮助、辅助行为。根据文义解释,“提供资金账户”意指由上游犯罪行为人以外的第三方,为上游犯罪本犯提供自己或他人的金融账户,协助其转移赃款的行为。为上游犯罪行为本犯提供资金账户存放违法所得的行为,否定说将其定性为上游犯罪完成之后,对非法所得的一种自然控制、占有状态,并未达到掩饰、隐瞒犯罪所得的来源及性质的地步,因此不能被认定为洗钱罪。③ 综上所述,肯定说侧重于行

---

① 吴诗昕:《洗钱罪立法修正与适用问题审思》,载《江西警察学院学报》2021年第3期,第23页。

② 黎宏:《“自洗钱”行为认定的难点问题分析》,载《法学评论》2023年第3期,第122页。

③ 王新:《洗钱罪的司法认定难点》,载《国家检察官学院学报》2022年第6期,第66页。

为人通过财产变换形式将非法所得“存入”资金账户的行为；而否定说强调上游犯罪本犯使用自己的资金账户属于自然延伸行为。仅从行为人为自己使用为目的，提供自己的资金账户的行为的角度而言，否定说在逻辑上更具有合理性。

其次，“提供资金账户”并非仅展现为一种形态，而是存在多种类型，需要分情形进行讨论。一方面，出于洗钱犯罪行为模式的复杂性，行为人借助他人资金账户实施犯罪行为的情形并不罕见，尽管自洗钱的特征之一是上游犯罪行为人与洗钱行为人身份的重合性，洗钱行为人使用自己资金账户进行洗钱犯罪的行为当然可以认定为自洗钱行为。如果该账户并非洗钱行为人，比如是与行为人存在特定关系的人的账户、与行为人无关主体的账户或者行为人非法获取的账户等，其认定标准很难统一。另一方面，“自洗钱”上游犯罪的不同，“提供资金账户”也呈现不同的变化。由于洗钱罪上游犯罪的犯罪模式比较复杂，此时“提供资金账户”的行为可能是上游犯罪客观行为的一部分。以受贿罪为例，受贿罪行为人以资金账户接收贿赂价款的行为在此时一并被评价为贿赂罪的客观要件，同时也构成以“提供资金账户”的方式进行洗钱，行为人的一个行为同时构成受贿罪和洗钱罪。由此可见，将“自洗钱”纳入刑法规制也造成了“提供资金账户”认定方面的争议与分歧。

(二)“为掩饰、隐瞒”的主客观要件之争

《刑法修正案(十一)》中删除了“明知”的规定，将“为掩饰、隐瞒”调整到第一款的首句，这一修改给司法实践带来了巨大的变化。在过去，洗钱罪的行为人需要“明知”其洗钱的对象是上游犯罪所得或收益，其要足够认识到犯罪对象的具体情况。① 此次修改虽然不再要求“明知”，但仍然对行为人的主观提出了要求。而“为掩饰、隐瞒”在学界存在着理论争议，造成司法适用上的疑难。

对于“为掩饰、隐瞒”的性质问题，学界目前主要存在三种学说，分别是主观目的说、主观故意内容说和客观要件说。“主观目的说”认为，从行为人的主观认识出发，“为掩饰、隐瞒”是对行为人犯罪动机与犯罪目的的表达，暗含在认定洗钱罪时对“明知”要件的考察。②此观点认为“为掩饰、隐瞒”是洗钱犯罪行为的目的，此目的应当同目的犯的主观超过要素相类似，③这种“目的”并不需要行为人做出相应的行为，只要行为人有这个想法，就会成立某种犯罪。最典型的是绑架罪。只需要能够证明行为人绑架被害者后向被害者相关人勒索钱财的目的即可。然而，对于洗钱罪而言，洗钱罪不仅要求行为人客观实施了掩饰、隐瞒七种上游犯罪的行为，并且主观上也要对其来源和性质有一定的了解，其主观相对应的客观行

---

① 王新：《我国刑法中“明知”的含义与定义：基于刑事立法和司法解释的分析》，载《法制和社会发展》2023 年第 1 期，第 67 页。

② 刘艳红：《洗钱罪删除“明知”要件后的理解与适用》，载《当代法学》2021 年第 4 期，第 11 页。

③ 敦宁、白昆冬：《自洗钱行为入罪的理论诠释与问题分析》，载《公安学研究》2021 年第 2 期，第 69 页。

为是构成犯罪的必要条件,并非同目的犯的“目的”一样。“主观故意内容说”认为,“为掩饰、隐瞒”的性质是洗钱罪的故意内容。在此需要说明的是,《刑法修正案(十一)》将“明知”修改为“为掩饰、隐瞒”,主要是为了排除自洗钱行为入罪障碍,这并不意味着修改了洗钱罪的主观认知,修订后的“为掩饰、隐瞒”与修订前的“明知”,对行为人主观上的认识状态的要求具有同质性,即行为人主观上要有“罪错”,洗钱罪的主观要件仍然是故意。首先,从司法实践来看,如果将洗钱罪认定为目的犯,根据刑法基本理论,行为的目的是犯罪构成的重要原因,且并无与该目的对应的客观行为。① 既然主客观不一致,司法人员在对目的进行证明时,将会提高其证明难度。其次,从洗钱行为可以被看作是为了实现目的的一种手段行为,也可说明洗钱罪不属于目的犯。上游犯罪的本犯无论采取自洗钱还是他洗钱的模式,其目的都是将“黑钱洗白”即出于将其犯罪所得转移后进行使用的目的。最后,修改后的变化并没有对洗钱罪主观方面的犯罪故意进行变化,无论是从“为掩饰、隐瞒”进行解释,还是对洗钱罪的五种行为方式进行分析时,行为人的主观方面都应被认定为故意。客观要件说认为,从洗钱的本质特征看,对于洗钱犯罪行为客观层面核心要素的认定为掩饰、隐瞒资金的来源和性质,而非将其置于目的犯讨论范围。从学理角度出发,将该罪划定为目的犯的范畴不仅无助于对洗钱罪的深化理解,反而会加重司法人员在举证过程中的负担。② 但将其理解为客观要素也存在诸多不妥之处。通过对洗钱罪的法条进行文义解释,“为掩饰、隐瞒”与“有下列行为之一”在法条中是并列出现的,不难看出前者所表示的是主观要素,而后者是表示行为的客观要素。③ 除此之外,根据体系解释,第 191 条第 1 款第 5 项的兜底条款将掩饰、隐瞒行为规定为认定犯罪的主观方面,因此而不必关注具体的行为手段。综上,客观要件说也不成立。

(三)自洗钱行为刑法评价的罪数问题

司法实践中,法官对于上游犯罪过程中触犯洗钱罪的认定处理问题上仍存在分歧,主要存在以下三种处理方式:将上游犯罪与洗钱罪数罪并罚,或认为构成上游犯罪与洗钱罪的想象竞合,又或以牵连犯、吸收犯进行处罚,以洗钱罪一罪来处理。不同的认定方法导致其在定罪量刑中也存在不同的判断标准,因此有必要展开梳理并做出理性思考。

在某案件中,法院认定祁某在实施贩卖毒品的过程中同时触犯了洗钱罪,贩卖毒品属于洗钱罪的上游犯罪,祁某的一个行为同时触犯了两个罪名,对其以贩卖毒品罪和洗钱罪数罪

---

① 王新、冯春江、王亚兰:《自洗钱行为立法的争议、理论与实践依据》,载《当代金融研究》2020 年 2 期,第 23 页。

② 王新:《洗钱罪的司法认定难点》,载《国家检察官学院学报》2022 年第 6 期,第 69 页。

③ 罗海妹、张建兵:《“自洗钱”行为入刑的理解和司法认定》,载《中国检察官》2021 年第 24 期,第 41 页。

并罚。在另一案例中,徐某某因向上游走私犯罪活动提供资金账户并收取账款,被判定同时符合洗钱罪和走私罪帮助行为,徐某某的一个行为同时符合两个罪的构成要素,法院以想象竞合进行处理,判处其构成洗钱罪。在案例二和案例三中,行为人都在上游犯罪的前提下,实施了洗钱罪,但判决却不尽相同。一个是以数罪并罚处置,一个是从一重处断。关于"从一重处断"条款的适用,学界主要通过想象竞合犯、牵连犯、吸收犯处断一罪。认同想象竞合的学者主要从行为人的一个行为构成多个犯罪角度出发,如实施贪污罪的国家工作人员直接将公款从公用账户汇往境外的,构成贪污罪与洗钱罪的想象竞合,应从重处罚。① 支持牵连犯的学者将七种上游犯罪解释为洗钱罪的原因行为,上游犯罪与洗钱罪之间存在牵连关系,应当按照刑法一般理论从重处罚。② 主张吸收犯的学者认为上游犯罪本犯的自洗钱行为是上游犯罪的延续,洗钱这一后续行为被吸收,应当择一重定罪处罚。③

三、法益视角下自洗钱入罪司法适用困境的破解

(一)理论依据:以法益理论破解自洗钱司法适用难题

我国理论界对于洗钱罪的保护法益尚未达成一致观点,主要存在"双重或多重法益说""单一法益说"以及"不确定法益说"三种观点。第一,"双重或多重法益说",洗钱罪保护的法益是具有层次和位阶的复杂客体。该说认为洗钱罪主要侵犯的是国家正常的金融管理秩序,是直接针对金融系统的破坏性犯罪,干扰了金融监管机构对金融市场的有效监管;洗钱犯罪也侵犯了司法机关的正常活动,为司法机关追踪和打击上游犯罪制造了困难,只是对该法益的侵害相对间接。④ 第二,"单一法益说",洗钱罪仅保护单一法益,具体又存在两种观点,即保护金融管理秩序⑤以及保护司法机关正常活动观点。有学者认为,与窝藏、转移、收购、销售赃物罪相比较,洗钱罪也属于对司法活动的妨害,是对非法所得所作的进一步掩饰和隐瞒也属于妨害司法的赃物罪。⑥ 然而,该观点忽视了洗钱罪所属的犯罪章节,如果立法者认可洗钱罪与掩饰、隐瞒犯罪所得罪保护均是保护司法机关的正常活动,将二者分置不同章节则是多此一举。第三,"不确定法益说"处于中立地位,认为洗钱罪既可能侵害国家金融管理秩序,也可能妨害司法机关的正常活动,同时还可能妨害社会管理秩序,导致无法对洗钱罪的保护法益作出明确界定。⑦

---

① 参见张明楷:《刑法学》(第6版),法律出版社2021年版,第1023页。

② 参见赵金成:《洗钱犯罪研究》,中国人民公安大学出版社2006年版,第212页。

③ 参见陈浩然:《反洗钱法律文献比较与解析》,复旦大学出版社2013年版,第10页。

④ 参见高铭暄、马克昌主编:《刑法学》(第10版),高等教育出版社、北京大学出版社2022年版,第420页。

⑤ 参见刘宪权:《金融犯罪刑法理论与实践》,北京大学出版社2008年版,第417页。

⑥ 卢勤忠:《我国洗钱罪立法完善之思考》,载《华东政法学院学报》2004年第2期,第68页。

⑦ 参见张明楷:《刑法学》(第6版),法律出版社2021年版,第1023页。

此外,有少数观点认为,洗钱罪中的洗钱手段既有金融手段,也有非金融手段,其中在五种具体洗钱行为中,前四种主要是利用金融手段的洗钱行为,因而是本来意义上的洗钱,第五种主要是非金融手段的洗钱行为,在非金融手段中不可能侵害金融管理秩序,进而认为洗钱罪是对先前整个犯罪行为的掩饰和隐瞒,而对犯罪行为进行掩饰和隐瞒的行为于赃物犯罪一样,最终是对司法机关追究犯罪行为的正常活动的侵害,即洗钱罪保护的法益是司法机关的正常活动,而不包括金融管理秩序。① 然而,这一理解是没有理解立法中兜底条款设置的含义,洗钱罪中第 5 项兜底条款行为的设置并非将洗钱行为扩张至非金融手段,而是意味着未来新的金融手段出现时,可以通过兜底条款的扩张解释将其囊括进去。事实上,洗钱罪的客观行为往往比窝藏、转移、收购、销售赃物的犯罪行为更为复杂隐蔽,其更多地依靠金融机构等中介机构完成。②

本文赞同洗钱罪保护金融管理秩序的观点。从刑法体系来看,依据我国刑法罪名的组合方式来看,我国刑法罪名章节的安排是以法益类型展开的,因此对法益的确定应当首先考虑罪名所在的体系位置。洗钱罪被归置于我国《刑法》体系中破坏金融管理秩序一节,该位置安排彰显了立法者对洗钱罪保护法益的独特性及重要价值的认可,凸显了立法者对于传统赃物罪与洗钱罪不同法益保护的甄别。同时,第 191 条列明的洗钱罪的行为方式仅包括金融领域,并非囊括社会生活中所有的洗钱行为。③ 从反洗钱司法实践来看,随着我国互联网经济的迅速发展以及经济全球化的深度融合,上游犯罪及洗钱犯罪的行为方式越发复杂,我国的金融监管力度也不断加大。传统洗钱罪的行为方式比较单一,主要利用金融账户通过形式的转换达到掩饰、隐瞒犯罪所得的目的;而随着犯罪分子洗钱方式的迭代升级,洗钱犯罪的上游犯罪也逐渐向偷税漏税、电信诈骗等犯罪领域蔓延,反洗钱义务主体也逐渐延伸至非金融机构,同时引发了对洗钱犯罪侵犯法益的质疑。对此,笔者建议调整对金融管理秩序的认定视角。具言之,可以将当前行为为本位、以金融工具为手段的思路,转变为以结果为导向、重视监管失效的视角,从洗钱行为后果出发,审视洗钱行为将上游违法所得洗白,进而未经监管流入经济循环的过程,并且重视对大量非法资金无序涌入经济活动,对金融秩序的稳定性和健康发展的不利影响,把握洗钱罪的本质。④

(二)法益侵害性的证否:排除“提供资金账户”行为方式之适用

首先,对于提供资金账户是否属于自洗钱行为,本文采取“否定说”的观点。一方面,从

---

① 张翔飞:《洗钱罪构成要见探析》,载《宁波大学学报(人文科学版)》2001 年第 3 期。

② 参见邓宇琼、许成磊:《危害金融安全、利益和管理秩序犯罪司法适用》,法律出版社 2005 年版,第 203 页。

③ 参见刘宪权:《金融犯罪刑法学原理》,上海人民出版社 2017 年版,第 428 页。

④ 时方:《我国洗钱罪名体系的适用困局与法益认定》,载《环球法律评论》2022 年第 2 期,第 128 页。

文义解释看,“提供”一词是指主动给予,表示主动给予或供给所需的物品或信息,常用于描述人们为他人或团体提供帮助、支持、资源等。如果将上游犯罪的本犯也列入“提供资金账户”的主体,则“提供”会包含“使用”之意,具有类推解释的倾向。① 除此之外,一般认为,在洗钱的完整流程里,包括以下三个阶段:存放(Placement)、分层(Layering)、整合(Integration),提供资金账户一般仅涉及洗钱罪的存放阶段,只有将该账户用于黑钱“漂白”时,才能以洗钱罪予以规制。如果将掩饰、隐瞒犯罪所得的行为方式比喻为物理手段和化学手段,单纯将犯罪所得置于资金账户的行为通常被认定为掩饰、隐瞒犯罪所得、犯罪所得收益罪,也就是物理上的掩饰、隐瞒行为;而化学意义上的掩饰、隐瞒行为是指利用提供的资金账户进行转账、交易等实质改变黑钱形态的场合,可以将其认定为洗钱行为,从而追究其刑事责任。

其次,禁止重复评价原则要求排除“提供资金账户”的适用。在刑法的适用过程中,为确保法律的公正与准确,禁止重复评价原则要求法院在定罪量刑时,必须避免对同一犯罪构成事实进行重复和多次的法律评价,对该规则的违反多见于贪污贿赂犯罪。

例如在姜某军等洗钱案中,被告人姜某军利用职务影响力,将公款非法转移至其个人控制的资金账户,这一行为已经满足贪污罪的构成要件。② 如果进一步探讨该行为中涉及的“提供资金账户”这一环节独立构成洗钱罪时,属于刑法上禁止的重复评价范畴。洗钱罪与其对应的上游犯罪在犯罪形式上关系紧密,存在“提供资金账户”属于上游犯罪行为方式之一的情形,而在此情形下对违法所得的事实占有和控制,不能评价为掩饰、隐瞒行为。如果当然将上游犯罪行为与自洗钱行为作为多个行为进行多次评价,可能违反重复评价原则,导致刑罚的严苛之势。③④ 行为人对于上游犯罪既遂所得的不正当利益的实质控制和占有的自然延续,应当视为刑法上的事后不可罚行为,如果不加区别地将自洗钱行为都作为洗钱罪再次单独评价,可能导致刑罚的严苛趋势。

最后,提供资金账户行为本身不具备明显的犯罪指向性,更多属于日常生活中的中性行为。该行为本身不能直接证明犯罪所得的来源和性质发生了实质性变化,也无法直接认定其对金融监管系统的破坏,以提供资金账户认定行为人的明知要素存在适用模糊地带。因此,对于提供资金账户触犯洗钱罪的认定,应当考察是否存在资金转移、转换行为,进而将隐匿财产来源的资金投入金融市场进行流通,对金融系统的稳定运行产生威胁,从而增加司法机关的追缴难度,构成洗钱罪。案例四为该观点提供了佐证,徐某明知他人想要使用其资金账户从事非法集资活动,仍向其提供并帮助转移资金,构成洗钱罪。

---

① 王新:《我国刑法中“明知”的含义与定义:基于刑事立法和司法解释的分析》,载《法制和社会发展》2023 年第 1 期,第 67 页。

② 参见张明楷:《刑法学》(第 6 版),法律出版社 2021 年版,第 1023 页。

③ 山东省滨州市滨城区人民法院(2018)鹿 1602 刑初 358 号刑事判决书。

④ 何荣功:《洗钱罪司法适用的观察、探讨与反思》,载《法学评论》2023 年第 3 期,第 135 页。

综上所述,从立法本意、禁止重复评价原则和法益认定视角来看,对"自洗钱"行为的认定应当排除适用"提供资金账户"这一行为方式。

(三)概括性的法益认知:修正的主观故意内容说的具体适用

如上所述,尽管学术界对于"为掩饰、隐瞒"这一表述应当归于洗钱行为的客观特征还是行为人的主观意图视角存在分歧,但并不意味着对洗钱罪的认定就不需要考虑主观要件。这只是降低对洗钱行为对象事实的证明标准,不影响洗钱罪的主观要件,并未改变洗钱罪的主观方面依然是故意的事实。这里的"为掩饰、隐瞒"是对行为人主观认识的表达,"为了"既像是犯罪动机,又像是犯罪目的,但无论是什么,要认定行为人是否"为掩饰、隐瞒",都必须对其掩饰和隐瞒的是什么犯罪所得及其收益有所认识,才能够符合"为掩饰、隐瞒"这一要件。①

在司法实践中,首要考量因素是行为人是否具有故意,意图掩饰或隐瞒犯罪所得及衍生收益的真是来源和性质。上游犯罪达到既遂状态后,如果行为人进一步实施了对犯罪所得及收益来源和性质的"清洗"或"漂白"行为,致使上游犯罪所得的赃款在性质上发生了根本的"转变",可以据此对洗钱罪的主观故意要素进行认定。如果上游犯罪行为人将犯罪所得交付情人使用、偿还之前的债务,或只是进行单纯的隐藏、藏匿,在这种情况下,由于其只是上游犯罪的自然延伸的状态,没有侵害新的法益,未发生化学形态的变化,不具有掩饰、隐瞒其来源和性质的效果。在对洗钱罪的界定时,我国刑法对洗钱罪与传统赃物犯罪作出了明确区分。洗钱罪特指通过掩饰、隐瞒犯罪所得及其收益的来源和性质,危害金融安全的行为;相较之下,单纯的对赃物进行地点转移以逃避司法机关追查的行为,并不构成洗钱罪,应当归类于相关的赃物犯罪。② 除此之外,根据 2024 年 8 月 19 日"两高"联合发布《关于办理刑事案件适用法律若干问题的解释》(以下简称《解释》)的规定,在认定行为人主观要件时,应当结合多重因素综合考虑,始终坚持罪刑法定原则,根据行为人所接触、所接收的信息,犯罪所得及其收益的种类、数额及其资金账户等异常情况进行综合的审查判断。

有观点认为,对于"为掩饰、隐瞒"的认定问题上,司法机关应该以"数额"为标准加以区分,从洗钱罪明文规定的四项行为作为基础,将小额的日常消费情形进行排除,并且在犯罪构成要件上,此类行为也不具有掩饰、隐瞒的目的,不应当在主观上加以认定。然而,此种观点缺乏明确的判断标准且难以操作,即便是"小额消费",只要具备"为掩饰、掩瞒"的主观心理,就没有理由将其排除。况且,"积少成多"小额消费如果是多次实施,也会达到大额标准。其次,应当将主观故意理解为概括性认识,即认识到上游犯罪的类型,无需认识到具体性质

---

① 刘艳红:《洗钱罪删除"明知"要件后的理解与适用》,载《当代法学》2021 年第 4 期,第 11 页。

② 参见赵秉志主编:《破坏金融管理秩序犯罪疑难问题司法对策》,吉林人民出版社 2000 年版,第 427 页。

和罪名。在司法实践中,应当根据其身份背景、职业经历、与上游犯罪人的关系、交往情况、资金账户的异常情况等进行综合分析,按照社会一般人的认识能力,能够形成对上游犯罪的概括性认识仍帮助转移资金的,应认定为洗钱罪。

综上,对于洗钱罪的主观方面内容应该依据洗钱罪的本质,从该行为是否引起新的法益侵害,将其理解称概括性的认识,从而判断掩饰、隐瞒的目的。

(四)法益保护的周延性:以数罪并罚作为自洗钱司法惩治的基本原则

关于自洗钱与上游犯罪的竞合适用问题,需要从罪数理论、刑事立法目的等进行多视角分析,认为应该以数罪并罚作为自洗钱司法惩治的基本原则。

我国学术理论界倾向于将法益作为罪数认定的核心考量要素。如果行为人实施的数个行为分别侵害了数个法益,在一般情况下构成数罪;但是,如果仅以一罪便可对法益予以必要且充分保护,则应仅成立一罪。① 如果后行为没有侵犯新的法益,也没有加剧或扩大对原法益侵害,就应将其视为无需进行刑法处理的事后行为。② 虽然洗钱罪是依赖于上游犯罪所出现的犯罪类型,但其本质属于将黑钱洗白的"化学反应",该行为还构成对金融管理秩序的妨害,具有独立的法益侵害性。其次,理论界有观点认为洗钱罪以传统赃物犯罪为基础,将其视为上游犯罪的衍生或依附。具体来说,当上游犯罪实施主体进行自洗钱时,此时往往将其视作对上游犯罪的自然延伸,因此可以被上游犯罪所吸收,将其作为无需独立处罚的事后行为;此外,由于刑法对上游犯罪的本犯已经做出刑法处理,再对处于下游位置的洗钱罪论处,与刑法要求的禁止重复评价原则相悖。③ 然而上游犯罪的构成要件无法完全囊括对洗钱犯罪行为的认定,需要依据不同犯罪的构成要件循环往复评价,是为数罪,基于此,坚持数罪并罚原则不仅会提高公民对反洗钱的认识,也与我国严厉打击洗钱犯罪的现实需求相适应。

对于上文中所提及的想象竞合犯,"自洗钱"入罪标志着洗钱行为与上游犯罪行为独立开来,二者分属不同犯罪类型,不再符合想象竞合犯的前提条件,因此不构成想象竞合犯。对于是否构成牵连犯,是自洗钱入罪后能否适用"从一重处断"中应重点考虑的问题。如上文所述,实施上游犯罪的行为人又进行自洗钱的,符合"多个行为侵犯数个法益"的情形,应当按照牵连犯的一般理论从一重处罚,或者在后犯罪行为的手段或结果超出了一罪的构成要件的情况下,对其进行数罪并罚。对于是否构成吸收犯,我国有学者认为,上游犯罪的行为人自行进行洗钱,应被视为上游犯罪的延续,该种后续行为被上游犯罪所吸收,仅选择处

---

① 郭莉:《罪数判断标准研究》,载《法律科学》2010 年第 5 期,第 76 页。

② 参见陈兴良:《刑法总论精释》(下),人民法院出版社 2016 年版,第 701 页。

③ 参见王新:《反洗钱:概念与规范诠释》,中国法制出版社 2012 年版,第 209 页。

罚较重的罪名进行定罪①。吸收犯的特征是一个犯罪行为是另一犯罪行为的必经阶段、当然结果而被另一个犯罪行为所吸收。然而,从洗钱罪与上游犯罪的发展关系来看,洗钱罪并不一定成为上游犯罪的后续行为,行为人在实施了上游犯罪后可能只采取简单隐藏、直接消费等多种处理方式,因此洗钱行为并不必然是上游犯罪的必经阶段。其次,从洗钱罪的发展历程看,我国洗钱罪的特定七种上游犯罪是根据国内与国际形势进行逐步扩容的,自"9·11事件"爆发以后,我国将恐怖活动犯罪纳入洗钱罪的上游犯罪类型中,洗钱已经具备独立属性,升级为非传统性安全的问题。因此,对于洗钱罪的评价,应该站在宏观的角度把握,不再单单是与上游犯罪的依附关系,其难以被上游犯罪所吸收,不构成吸收犯的处罚类型。

刑法目的论视域下,自洗钱犯罪在司法实践中呈现出愈加繁复的犯罪趋势,自洗钱入罪是对此现象在立法层面的有力回应。反观惩治自洗钱犯罪的司法实务,司法工作人员大部分较为重视其上游犯罪而忽视下游犯罪,无益于评价被本罪所减损的法益这不利于对洗钱罪侵害的法益进行评价,也不利于打击洗钱犯罪,与我国刑事立法目的相抵触。

---

① 参见陈浩然:《反洗钱法律文献比较与解析》,复旦大学出版社2013年版,第10页。

提供资金账户型洗钱的认定问题研究

程思溢[*]

摘要:“提供资金账户”面临着主体和性质存在争议、客观行为方式不明确、与上游犯罪的关系不清等问题。以金融管理秩序作为洗钱罪法益,分析可知,上游犯罪者可以成为提供资金账户的主体,提供资金账户的客观行为不仅表现为“他人为自己提供”“自己为他人提供”,还包括“自己为自己提供”“让他人为自己提供”。提供资金账户的性质是洗钱的帮助行为,因而其通常不能被独立评价为洗钱罪。评价该行为与上游犯罪的关系,要以上游犯罪实际取得犯罪所得为节点;只有提供资金账户是上游犯罪完成的必要条件时,行为人才成立上游犯罪的共犯;上游犯罪本犯在取得上游犯罪所得后提供资金账户的,应数罪并罚。

关键词:提供资金账户;洗钱罪;认定问题

一、“提供资金账户”认定问题之归纳

我国之前在司法实践中惩治的是“他洗钱”的行为,规定了洗钱罪的犯罪主体只能由上游犯罪本犯之外的第三方构成。为契合顶层制度设计框架,应对 FATF 公布评估结果的整改压力,《刑法修正案(十一)》删除了洗钱罪四项具体行为中后三项罪状的“协助”要件,将上游犯罪者本人实施的洗钱行为(即“自洗钱”)纳入洗钱罪的惩罚范围。然而,不同于其他样态,“提供资金账户”的表述被修正案所保留,除了更改“账户”为“账户”并未发生其他变化,这引起了学界对于该项规则适用主体和客观行为方式是否变动的思考。

笔者以“提供资金账户”“洗钱”为关键词在威科先行法律信息库检索,至 2024 年 7 月 30 日,得到 505 个样本案例,其中仅实施提供账户行为的有 41 例,同时协助转移资金行为的案例有 464 例。从中可知,如果行为人只提供账户,而没有实施后续的转账、取现行为,则难以被认定为洗钱罪,这涉及“提供资金账户”的性质问题,即其是否能够独立被评价为洗钱罪。另外,从最终判处的罪名看,这些样本案例有部分被论以洗钱罪的上游犯罪,这说明部

---

* 程思溢,女,中国人民公安大学法学院 2023 级硕士研究生,研究方向为刑法学。

分提供账户行为或为上游犯罪所包容评价。基于上述分析,笔者归纳出提供资金账户型洗钱在理论和实践中存在以下问题。

(一)提供资金账户的主体存在争议

理论界就提供资金账户的主体存在肯定说和否定说两种争议。肯定说认为上游犯罪本犯可以成为提供资金账户的主体。其主张从法益角度看,上游犯罪者提供资金账户某些情况下同样会侵害洗钱罪的保护法益,不能将其遗漏在洗钱罪的规制范围之外。而且在实践中存在上游犯罪人利用不知情第三人为自己提供资金账户进行洗钱的情况,这在应当认定本犯构成自洗钱。① 反之,否定说认为上游犯罪本犯不能作为提供的主体。该说认为从罪质构造看,"提供"行为具备帮助属性,只能由上游犯罪本犯以外的人实施。如果本犯能作为"提供"的主体,那么"提供"的含义就延伸到"使用",存在类推解释的嫌疑。② 上游犯罪者提供资金账户的行为应被界定为不可罚的事后行为,其已经因实施上游犯罪而受到刑事处罚,就不能再以位于下游的洗钱罪论处,否则会违反禁止重复评价原则。总结上文,肯定说从洗钱罪的法益角度入手,论述了提供资金账户存在侵害洗钱罪法益的情况;而否定说则聚焦于"提供"语义的理解,援引赃物犯罪的传统理论否定提供资金账户主体包括上游犯罪本犯。

(二)提供资金账户客观行为方式不明确

从上游犯罪本犯视角,提供资金账户原本有两种解释,即"他人为自己提供"和"自己为他人提供"。"他人为自己提供"指他人为上游犯罪者提供资金账户,"自己为他人提供"是指上游犯罪本犯为其他洗钱罪上游犯罪者提供资金账户。尽管这两种解释均属于"他洗钱"范畴,但由于提供的主体不同,会影响对上游犯罪者的罪数评价。在"他人为自己提供"的情况下,上游犯罪者构成上游犯罪一罪;而在"自己为他人提供"的情况下,上游犯罪者同时触犯了洗钱罪和另一上游犯罪。

而在"自洗钱"入罪的背景下,逻辑上还存在"自己为自己提供""让他人为自己提供"的可能,这两种方式能否解释为提供资金账户存在争议。"自己为自己提供"的争议在上文中已经阐释,这里不再赘述。"让他人为自己提供"是指上游犯罪本犯指示第三人为其提供资金账户,此情况的争议在于本犯是否能以提供资金账户认定洗钱罪。如谷某贩卖、运输毒品一案中,谷某指使陶某提供其名下的农业银行账户帮助接收毒资,并从银行柜台取现,其被判处贩卖、运输毒品罪和洗钱罪。有学者认为这里本犯使用他人账户属于接收毒资的管道,并不能成立提供资金账户型洗钱罪,只有本犯与第三人通谋时,通过认定第三人构成"提供

---

① 参见吴卫:《提供资金账户型自洗钱行为的司法认定》,载《人民法院报》2024年2月22日,第6版。

② 参见王新:《洗钱罪的司法认定难点》,载《国家检察官学院学报》2022年第6期,第65页。

资金账户”，本犯因此成立洗钱罪的共犯。由此观之，该学者不认可本犯构成提供资金账户型洗钱罪。而巫某洗钱案[①]观点与之相反，认为本犯与第三人通谋时成立洗钱罪的正犯。分析上述争议可知，认定“让他人为自己提供”时本犯是否构成“自洗钱”，学界关注的除了第三人的作用，还有提供账户行为本身的作用，即其性质问题。

（三）提供资金账户的性质存在争议

上文查阅的案例显示，仅提供账户的行为只在8%的案例中被认定为洗钱罪，其他案件中犯罪人还实施了协助转移资金的行为，由此引发提供资金账户能否独立构罪的探讨。肯定说依据“帮助行为正犯化说”，认定提供资金账户的性质是实行行为，进而主张仅提供账户的行为构成洗钱罪。[②] 否定说依据“化学反应说”“资金断点说”“转移转换说”，主张仅提供账户的行为没有起到合法化赃款的作用，也没有导致资金流断点，未造成新的法益侵害，因此其不构成洗钱罪。[③]

具体来说，该行为的定性依据以下四种学说。

1. 化学反应说

该学说将赃物犯罪分成两类，“化学反应”即对赃物实施动态的漂白行为，而“物理反应”是简单进行物理空间上的转移、窝藏“黑钱”行为。提供资金账户处于洗钱罪的预备阶段，仅为赃款提供了物理上的处所，并非动态漂白行为，没有达到掩饰、隐瞒的效果。该学说的合理性在于强调行为对于金融系统的利用。但是其缺陷在于采取比喻方式解释洗钱罪，具有抽象性特征，在实践中难以判断，其分类仅关注行为外在表现形式，忽视了洗钱的本质。以跨境转移资产为例，其虽然可能采取“物理”外观，比如利用轮船转移赃款到境外，但本质上掩饰、隐瞒了赃款的来源和性质。

2. 转换说

该学说认为洗钱罪必须能够转变财产存在或来源的属性。因此，典当、租赁、买卖、收入混同等行为属于洗钱罪，而提供资金账户及后续的转款行为都只是对赃款的转移，并未侵犯金融管理秩序，因此其不成立洗钱罪。这一观点依据的基本原理是成立的，但是该分类与洗钱罪的法益并不对应。举例来说，行为人将巨额赃款在数个账户之间拆分、重组被归入转移类行为，侵犯了金融管理秩序，而虚报收入、赌博等转换类行为却不一定侵犯金融管理秩序。

---

① 参见广西壮族自治区象州县人民法院(2022)桂1322刑初325号刑事判决书。

② 参见杨方泉：《洗钱犯罪“提供资金账户”的适用偏差及纠正》，载《法治社会》2023年第5期，第110页。

③ 参见王新：《〈刑法修正案(十一)〉对洗钱罪的立法发展和辐射影响》，载《中国刑事法杂志》2021年第2期，第61页。

3. 资金断点说

该学说认为必须切断赃款与上游犯罪之间的关联,将犯罪所得及收益转账或取现,才能给司法机关追查判案带来难度,造成资金流断点。而提供账户行为只是简单地收取黑钱,不会妨碍司法机关追查犯罪所得及收益,故不构成洗钱罪。该学说有一定逻辑上的合理性,但其缺乏事实依据。资金流本身的定义就是不中断的,即使其能被中断,临界点也是不确定的。

4. 帮助行为正犯化说

该学说依据账户在洗钱罪中的重要性,认为既然刑法将提供资金账户规定为洗钱罪的行为方式之一,在行为人具备洗钱罪主观要件时,其提供账户行为就应受到规制。该学说将提供资金账户一律认定为犯罪,提供了明确可操作的标准,但是其过于绝对化、形式化,脱离洗钱罪的保护法益,忽略了只有将赃款来源合法化的提供账户行为才能被处以洗钱罪。根据上述分析,以"化学反应说""转换说""资金断点说"或"帮助行为正犯化"说为依据确定"提供资金账户"的性质,都存在缺陷,需要寻求更合适的依据解决提供资金账户的认定争议。

(四)提供资金账户与上游犯罪关系不明

上游犯罪往往需要资金账户来收取犯罪所得,提供资金账户如果发生在上游犯罪实施过程中很可能被其所吸收,账户提供者则构成上游犯罪的共犯。而如果是上游犯罪本犯提供资金账户,根据提供资金账户行为发生的时间,还存在对其按照一罪还是数罪处断的问题,对这一问题学界存在吸收犯、牵连犯、想象竞合和数罪并罚四种观点。

有学者在分析上述问题时并未解释上游犯罪与洗钱罪区分的时间节点,参考传统赃物犯罪,默认洗钱罪以上游犯罪既遂为前提。① 而在司法实践中,同样存在着本应按上游犯罪共犯处置却被论以洗钱罪的乱象。以姚某薇洗钱案②为例,长期从事毒品犯罪的邓某让其侄女姚某薇提供微信收款码接受毒资,而姚某薇知道是毒资仍予以接收并帮助转移,其本应构成毒品犯罪共犯,却被判处洗钱罪。因此,要解决提供资金账户与上游犯罪的关系,必须先探讨洗钱罪是否以上游犯罪既遂为前提。对于这个问题有肯定说、否定说和部分否定说三种观点。肯定说认为,洗钱罪的犯罪对象与其他赃物犯罪相同,既然赃物犯罪成立于上游犯罪既遂后,那么洗钱罪也应如此。③ 否定说与肯定说的观点相反,认为构成洗钱罪不以上游犯罪既遂为前提,因为在时间跨度较大的连续犯罪、集团犯罪中,同时实施上游犯罪和洗

① 参见何荣功:《洗钱罪司法适用的观察、探讨与反思》,载《法学评论》2023 年第 3 期,第 132 页。

② 参见湖南省常德市桃源县人民法院(2021)湘 0725 刑初 335 号刑事判决书。

③ 参见 2022 年最高人民检察院发布的检察机关惩治洗钱犯罪典型案例,马某益受贿、洗钱案。

钱罪的情况高发,若洗钱罪不被独立评价会导致处罚漏洞。① 而部分否定说认为洗钱罪不限于上游犯罪结束,但是应在上游犯罪产生所得及收益之后。②

二、"提供资金账户"理论基础之剖析

根据上文,现有的学说不能准确界定提供资金账户的性质。同时,如何解释洗钱罪的本质取决于如何理解洗钱罪的保护法益。举例来说,如果认为金融管理秩序是洗钱罪的法益,则洗钱必须利用金融系统;而如果认为洗钱罪保护的是司法机关的正常活动,则洗钱行为并不必须采取金融手段,诸如以物换物的行为也能起到掩饰隐瞒的作用。因此,要解决上述问题,厘清洗钱罪的保护法益势在必行。

关于洗钱罪的法益学界目前有四种观点。金融秩序说认为,洗钱罪保护的是金融管理秩序;③司法作用说认为洗钱罪以司法机关的正常活动为法益;④复杂客体说是目前的通说,其认为洗钱罪不仅保护金融安全这一主要法益,而且保护司法秩序这一次要法益;⑤第四种观点认为,洗钱罪保护的是金融管理秩序和其上游犯罪的法益。⑥ 其中前两种观点认为洗钱罪的法益是单一的,后两种观点认为洗钱罪具有双重法益。笔者主张采取金融秩序说,即洗钱罪侵害的客体应该是国家的金融管理秩序,否定将司法秩序纳入洗钱罪的保护范围,同时上游犯罪的法益不应该被洗钱罪保护。为了充分说明这一观点,笔者将分三步进行阐释。

第一,阐述金融管理秩序是洗钱罪的保护法益,以此否认司法作用说。众所周知,洗钱罪是典型的、严重的金融犯罪,其对于金融安全的破坏是不可估量的。因此,它被规定在刑法分则"破坏金融管理秩序罪"一节中。而我国的罪名体系严格按照同类客体划分,虽然"破坏金融管理秩序"表述的是行为的性质和结果,但结果恰恰是对保护法益的反面表述,说明立法者认为其侵犯金融管理秩序。《中华人民共和国反洗钱法》第 1 条规定"为了预防洗钱活动,维护金融秩序,遏制洗钱犯罪及相关犯罪",这一立法目的表述佐证了上述观点。金融安全否定论的学者认为金融秩序不是洗钱罪的保护法益,主要有两点理由。第一,个人的洗钱行为对金融安全造成的侵害可能是轻微的、不确定的,不值得刑法介入。这种观点忽视了洗钱罪作为累积犯侵犯的是集体法益,不应该被采纳。具体来说,"累积犯"是指个别符合构成要件的行为不会对法益产生实际侵害,而同类行为大量的积累会产生实害。当人

① 参见浙江省杭州市中级人民法院(2020)浙 01 刑终 18 号之二。

② 参见张磊:《洗钱罪的成立应当以上游犯罪人实际控制犯罪所得为前提》,载《政治与法律》2023 年第 11 期,第 73 页。

③ 参见刘宪权:《金融犯罪刑法理论与实践》,北京大学出版社 2008 年版,第 417 页。

④ 参见李云飞:《洗钱危害的二维性及对客体归类的影响》,载《中国刑事法杂志》2013 年第 11 期,第 48 页。

⑤ 参见王作富主编:《刑法分则实务研究》第 5 版(上),中国方正出版社 2013 年版,第 111 页。

⑥ 参见张明楷:《洗钱罪的保护法益》,载《法学》2022 年第 5 期,第 79 页。

们说洗钱罪侵犯的是金融安全,不是说任意一个具体洗钱行为都能破坏金融秩序,造成直接、显性的结果,而是从宏观角度,大量的洗钱行为会使金融机构变相服务于犯罪,进而危害金融管理秩序。第二,并非所有的洗钱行为都能侵犯到金融管理秩序,尽管洗钱罪前 4 项行为样态是通过金融机构实施,但第 5 项“以其他方法掩饰、隐瞒”的兜底条款是以非金融手段实施。这种观点不具有合理性,因为它颠倒了法益和客观构成要件的关系。具体来说,应该先确定保护法益,再根据法益确定罪名的构成要件,而不是根据自己对于行为类型的划分,去否定金融秩序作为洗钱罪的法益。另外,根据刑法的解释原理,在解释兜底条款时应该遵守同类解释规则,即一个抽象、一般的概念应该服从前面具体的概念。洗钱罪的前 4 项具体方式都使用金融手段掩饰、隐瞒赃款的来源和性质。既然如此,对于第 5 项的兜底条款的其他手段应该解释为其他金融手段而不是非金融方式。

第二,阐释司法秩序不应纳入洗钱罪法益范畴的原因,以此否认复杂客体说。司法机关的正常活动其实是传统赃物犯罪的保护法益。尽管洗钱罪和赃物犯罪都是对黑钱的违法处置,有相似的行为方式与对象,但不能因此认为洗钱罪具有与赃物犯罪相同的法益。一方面,如果认为洗钱罪的保护法益同时包括金融秩序和司法活动,同时立法将“自洗钱”规定为犯罪,就会导致一种矛盾,即上游犯罪的本犯对于赃物犯罪缺乏期待可能性,因而不会构成掩饰、隐瞒犯罪所得、犯罪所得收益罪,但能够成立属于特殊赃物犯罪的洗钱罪。换言之,若洗钱罪的保护法益涵盖司法机关的正常活动,难以说明为何“自洗钱”成立犯罪,而“自掩隐”不成立犯罪。另一方面,传统赃物犯罪中也存在着同时侵犯金融安全和司法活动的情形,例如甲帮盗窃犯乙跨境转移赃款的行为,从保护法益的角度,这种行为也能构成洗钱罪,但是司法实践中只能以掩饰、隐瞒犯罪所得、犯罪所得收益罪论处。尽管有学者以两罪的上游犯罪种类不同来解释这一问题,但这种解释过于形式化,说服力不足。以上两个问题可以反映出,复杂客体说会让司法者难以处理洗钱罪和赃物犯罪的关系。不能否认的是,洗钱行为通常都会妨害司法,但是解释者不能把实际发生的多数情况强加于规范,认为洗钱罪的法益包括司法机关的正常活动。

第三,明确洗钱罪的法益不包括上游犯罪保护的法益,以此否定第四种观点。支持“上游犯罪法益论”的学者认为洗钱行为具有将犯罪收益投资于再犯罪的可能性,实施洗钱行为的个人或组织可能会再次、连续地实施洗钱罪的上游犯罪,此时洗钱行为就是其上游犯罪的预备行为,侵犯了上游罪名的法益。[①] 这种观点并不可取。按照这种逻辑推理,不仅洗钱行为会成为上游犯罪的预备行为,所有的事后犯罪如赃物犯罪、伪证罪都会侵害上游犯罪的保护法益,那么法益保护论将演变成一种纯粹的逻辑推论,变得过度实质化和精神化,不利于发挥其立法批判和解释限定的功能。从法理上考量,将洗钱行为作为上游犯罪的再犯预备行为是说不通的。洗钱罪的行为对象是上游犯罪的犯罪所得及其产生的收益,因此洗钱罪

---

① 参见张明楷:《洗钱罪的保护法益》,载《法学》2022 年第 5 期,第 81 页。

至少是在上游犯罪所得及其收益产生后发生，上游犯罪不可能处于预备阶段。因此，该论断因违背预备犯形态论和教义学原理而不成立。综上所述，笔者主张洗钱罪的保护法益是金融管理秩序。

三、"提供资金账户"争议之厘清

洗钱罪保护法益之明确无疑为厘清"提供资金账户"的争议提供了抓手。但是，"提供资金账户"的争议之所以存在，还因为这一行为本身具有复杂性，根据上游犯罪本犯、第三人所起作用的不同，实施的时间变化，以及是否伴随其他转移资产的行为，会影响"提供资金账户"的刑法评价。因此，在回应上述争议的时候应当具体问题具体分析，充分考虑各种因素。

（一）上游犯罪者可以成为提供资金账户的主体

关于上游犯罪者提供资金账户能否构成洗钱罪，本文认为肯定说具有合理性。一方面，法律保留提供资金账户的表述时，没有限定其实施主体为他人，即沿袭该规定存在将上游犯罪本犯解释为其主体的空间。具体来说，"提供"一词尽管多被认为有帮助作用，但也具有其他含义，如刑法第 142 条之一妨害药品管理罪规定"在药品申请注册中提供虚假的证明、数据、资料、样品"，提供即是提出、提交的含义，不具有帮助的意思与效果，据此不能将"提供"仅界定为帮助性质。另一方面，从法益保护的角度，本犯提供资金账户在某些情况下不属于不可罚的事后行为，具有造成危害金融管理秩序的危险性质，不能完全被上游犯罪包含评价。具体来说，有以下两种情况，一是上游犯罪本犯"非正常"利用账户的行为，如开设多账户分散转移赃款、变换财产形式存入账户、将赃款在多个账户间频繁划转等，这些行为能起到使赃款来源合法化的作用，不能被简单理解为上游犯罪的延续；二是上游犯罪本犯与他人具有洗钱的共同故意，事先谋划由他人提供账户来接收赃款时，双方成立洗钱罪的共犯。于本犯而言，此种情形可能属于自洗钱。如果将本犯排除出提供资金账户的主体，会助长其实施上述行为的嚣张气焰，不利于打击犯罪。

（二）"提供资金账户"包括"自己为自己提供""让他人为自己提供"

1. "自己为自己提供"能解释为"提供资金账户"

根据上文，本犯具有成为提供资金账户主体的可能，从刑法解释的角度可以进一步佐证这种观点。"提供"是指"提出、提示、供给"等含义，在文义上能包含向自己提供，而且立法者没有参考间谍罪中"为敌人指示轰击目标"、妨害信用卡管理罪中"为他人提供伪造的信用卡"等表述，将"提供资金账户"修改为"为他人提供资金账户"，为这种解释留下了空间。但是，并非所有"自己为自己提供"行为都能构成洗钱罪，上游犯罪本犯仅使用自己账户接收赃款的行为属于事实上控制和占有违法所得，保持了上游犯罪的违法状态，因而不属于洗钱罪。例如，以银行卡作为贿赂的案件中，受贿人取得银行卡时犯罪已经既遂，银行卡内存款就是犯罪所得。上游犯罪者为使用银行卡存款将其转移到其他账户中,从而进行其他支付操作几乎不可避免,此时其行为因不具有期待可能性不能被评价为洗钱罪。

2. 提供资金账户能理解为"让他人为自己提供"

具体细分为两类,让知情第三人为自己提供和让不知情第三人为自己提供。对于后者,此时第三人处于被利用的工具地位,因而上游犯罪者成立洗钱罪的间接正犯。[①] 争议焦点集中在对于前者,上游犯罪人是否构成洗钱罪。笔者认为需要结合具体情境,首先需要判断双方是否就洗钱罪存在通谋关系,另一方面需要具体分析账户发挥的作用,在双方存在通谋,且该提供账户的行为超出上游犯罪评价范围时,例如存在上游犯罪者要求将第三人账户中的款项再转至其他账户的情形,可以认定双方构成洗钱罪的共犯,此时上游犯罪人属于自洗钱;但若该提供账户的行为没有超出上游犯罪的评价范围,则本犯不能构成洗钱罪,比如上游犯罪者只要求第三人提供账户的情况。

(三)提供资金账户的性质是洗钱的帮助行为,通常不能被独立评价为洗钱罪

虽然提供账户是大多数洗钱行为必不可少的一环,但是不可否认的是,这种行为本身是日常生活中的一种中性行为,很难仅根据这一客观行为推测账户提供者的主观心态。例如提供账户行为可能出于对上游犯罪人的信任,不代表账户提供者知道或应当知道收取款项属于上游犯罪所得及收益。洗钱罪的一般流程包括处置、分层化、整合,提供资金账户仅处于处置阶段,通常作为其他洗钱行为的过程性行为,对于金融管理秩序的法益侵害较小。如果行为人只是提供资金账户,并未存入赃款,客观上并未造成法益侵害;如果提供资金账户后存入赃款,但并未实施后续的转移资金行为,此时黑钱刚刚固定在账户中,尚未在金融系统中发生动态转换,不能起到掩饰、隐瞒犯罪所得及其收益来源和性质的作用,司法机关可以通过技术手段确认该资金的流向。因此,通常来说仅提供资金账户的行为不能被评价为洗钱罪。而之所以将该样态规定为洗钱罪的法定行为方式之一,是为了处断"非正常"的提供账户行为,例如行为人将巨额现金在多个账户之间频繁划转的行为。

(四)厘清提供资金账户与上游犯罪的关系

1. 以上游犯罪实际取得犯罪所得为节点评价其与上游犯罪的关系

一方面,在连续、持续犯罪以及在集团犯罪中,本犯完全有可能一边进行上游犯罪一边实施洗钱犯罪,所以没有必要将上游犯罪的既遂作为洗钱罪的前提条件。另一方面,不能认为洗钱罪能无限制地在上游犯罪过程中成立。洗钱罪作为特殊的赃物犯罪是上游犯罪的事

---

① 参见赵宇翔:《自洗钱入罪后的司法识别与处断规则》,载《法律适用》2023 年第 10 期,第 123 页。

后帮助犯。[①] 在上游犯罪过程中接收资金属于帮助上游犯罪完成的手段或工具行为,应该认定为上游犯罪的共犯。比如受贿人让行贿人将物品转化为现金向其行贿的情况,在物品转化为现金前受贿罪的犯罪对象还没产生,此时无法判断行为人是否具有洗钱的主观要件。因此,洗钱行为的实施者成立的是贿赂犯罪共犯而不是洗钱罪。引入上游犯罪产生所得及收益这一时间节点能够兼顾到单次犯罪和连续犯罪、集团犯罪的特殊情况。一次犯罪需要以上游犯罪既遂为前提(以实际控制犯罪所得为条件),而连续犯罪只要取得部分犯罪所得就可以实施洗钱罪。因此,本文支持部分否定说的观点,主张上游犯罪人实际控制犯罪所得及其收益是洗钱罪成立的前提条件。

有学者基于此认为,以上游犯罪实际取得犯罪所得为分界点,此前,上游犯罪者提供账户成立上游犯罪,他人提供则成立上游犯罪的共犯;此后,上游犯罪者提供账户成立数罪,其他行为人实施构成洗钱罪。这一观点似乎具有合理性,但依然存在如下两个问题:第一,时间并不是影响提供资金账户与上游犯罪关系的唯一因素,该行为本身的作用也不能忽视;第二,如果是上游犯罪本犯提供资金账户,还存在对其按照一罪还是数罪处断的争议。下文将一一展开论述。

2. 只有提供资金账户是上游犯罪完成的必要条件时,行为人才成立上游犯罪的共犯

即使提供资金账户的行为发生在上游犯罪人实际控制犯罪所得之前,行为人[②]也并不必然成立上游犯罪的共犯,需要根据提供账户行为在上游犯罪中起到的作用具体判断。举例来说,非法集资犯罪人使用资金账户收取犯罪所得通常是完成集资的必要环节,此时该账户起到的作用是与受害人之间的资金结算工具,不是用于掩饰隐瞒赃款的来源,因此账户提供者应该被认定为上游犯罪共犯。反之,提供资金账户的行为不是完成前置犯罪的必备要件时,行为人使用资金账户接收违法所得的行为独立于上游犯罪构成要件,此时提供资金账户与前置犯罪结果之间不具有因果关系,如果该提供账户行为侵犯了金融管理秩序,应评价为洗钱罪。例如,甲将乙走私的黄金转换为现金并存入资金账户的行为应该论以洗钱罪。

3. 上游犯罪本犯在取得上游犯罪所得后提供资金账户的,应数罪并罚

在排除该行为是上游犯罪帮助行为的前提下,提供账户行为与上游犯罪是独立的两个行为,由此排除想象竞合的可能。而两者之所以不成立牵连犯或是吸收犯,是因为此种情况下提供账户行为不是上游犯罪的简单延续。以上游犯罪是非法吸收公众存款罪为例,行为人提供账户是为了漂白赃款,而上游犯罪是为获得受害者财产,两者无主次之分,且事后的提供账户不是获取公众存款的手段,其与上游犯罪之间不存在高度关联性,因此两罪不是牵连或吸收关系,不应该从一重罪论处。根据上文分析,此情况下的提供账户行为因侵害金融

---

① 参见杨方泉:《洗钱犯罪"提供资金账户"的适用偏差及纠正》,载《法治社会》2023 年第 5 期,第 109 页。

② 此处的行为人限定为上游犯罪本犯之外的第三人。

秩序无法被上游犯罪涵盖,能够起到非法收入合法化的作用,提升了犯罪查处的难度,其与上游犯罪是两个独立的犯罪构成,按照罪刑法定原则,应当数罪并罚。这同样契合《刑法修正案(十一)》将"自洗钱"纳入洗钱罪的要求,有助于实现反洗钱的立法意图,提高洗钱罪的司法适用率,改善"重上游轻下游"的实务观念。综上所述,笔者主张上游犯罪本犯在取得上游犯罪所得后提供资金账户的,应当数罪并罚。

论洗钱罪扩张背景下自掩隐的入罪问题

刘文培*

摘要:解决自掩隐是否入罪问题的前提是明确自洗钱的入罪机理,应从总体国家安全观的高度重释洗钱罪的保护法益,认识到自洗钱所侵犯的金融管理秩序,与上游犯罪所侵犯的法益之间不具有同一性,因此自洗钱入罪。基于此,可以明确自掩隐的入罪逻辑,由于掩饰、隐瞒犯罪所得、犯罪所得收益罪具有打击传统赃物犯罪及洗钱犯罪双重属性,所以自掩隐与自洗钱具有相同规范构造的部分也应入罪。从解释论上,应将"明知""代为销售""协助"等术语解释为对本犯和第三人的一并规定。

关键词:自洗钱;洗钱罪;掩饰、隐瞒犯罪所得、犯罪所得收益罪;事后行为

2020年,《中华人民共和国刑法修正案(十一)》通过,其删除了洗钱罪规定中的"明知",并将行为方式中的"协助"术语删除,消除了"自洗钱"入罪的文本障碍("自洗钱"是指本犯在实施上游犯罪后,又实施了掩饰、隐瞒自己犯罪所得及其收益的来源和性质的行为),由此将自洗钱纳入规制范畴,却未对"掩饰、隐瞒犯罪所得、犯罪所得收益罪"(以下简称为"掩隐罪")的罪状做相应修改。因此产生了亟待解决的争议问题,即掩隐罪作为广义的规制洗钱犯罪的罪名,是否应当随着自洗钱的入罪,也将"本犯自己实施的掩饰、隐瞒行为"(以下简称为"自掩隐")纳入规制范畴。换言之,掩隐罪的犯罪主体是否也需要包括本犯的问题仍存疑问。如果本犯在实施了洗钱罪中规定的上游犯罪之外的其他犯罪后,又对犯罪所得及其收益进行了化学意义上的掩饰、隐瞒,若因为不满足洗钱罪所要求的上游犯罪种类而不构成洗钱罪,那么该行为是否能以掩隐罪定罪处罚的问题仍需探究。而上述争议产生的主要原因在于我国理论界和实务界对自洗钱规范构造的认知分歧以及自洗钱与自掩隐关系的理解偏差。探析自洗钱入罪机理,明确自洗钱的规范构造以及理顺自洗钱与自掩隐的关系,成为解决自掩隐是否入罪争议的重要前提。

---

* 刘文培(2002—),女,中国人民公安大学法学院23级硕士研究生,研究方向为刑法学。

一、自掩隐是否入罪的理论争议

目前学界就自掩隐是否入罪的问题,主要存在肯定说、否定说和折中说三个观点。

肯定说认为自洗钱入罪背景下,如果不将自掩隐行为也入罪,将出现体系上的矛盾,因为掩隐罪属于洗钱犯罪的规制体系,作为我国反洗钱罪名体系中的一般性条款,应当与洗钱罪保持一致,自掩隐应当入罪。

否定说的学者从法条原文出发,结合法益和法解释学规则,认为本犯实施化学意义上掩隐、隐瞒行为,不应当入罪。如有学者结合法律并未修改第 312 条的现状,提出"明知""协助"作为自洗钱入罪的障碍,也应该构成自掩隐入罪的障碍,并根据掩隐罪的保护法益,认为掩隐罪就其本质而言就是侵犯司法秩序,即使行为方式类同于洗钱罪,也不能适用自洗钱的相关规定。① 也有学者结合"禁止类推解释"原则,认为自掩隐适用自洗钱的规定一同入罪,属于类推解释,因为二者并不具有相同的保护客体。②

折中说的学者从洗钱罪和掩隐罪的关系入手,认为洗钱罪的行为性质属于"化学意义"上的掩饰、隐瞒,而掩隐罪的行为性质包括"物理意义以及化学意义"上的掩饰、隐瞒,仅化学意义上的掩饰、隐瞒行为应当入罪。如有学者认为"第 312 条的规定是从传统赃物犯罪演化而来,犯罪情形中包括了对犯罪所得'窝藏、转移'等传统的赃物犯罪行为,因此即便将来认为第 312 条的规定包括'自洗钱',在认定时也应当区分'自窝赃'和'自洗钱'的不同,对'自窝赃'不作单独处理";③也有学者提出本犯所进行的掩饰、隐瞒行为能够使赃款赃物从来源和性质上与上游犯罪相区分,那么具有此种属性的掩饰、隐瞒行为的性质就不仅仅是上游犯罪的自然延伸,而具有洗钱犯罪的属性,也应入罪。④

综上所述,肯定说的学者认为掩隐罪应当与洗钱罪保持一致,因此自掩隐也一同入罪。否定说的学者认为,自洗钱与自掩隐相互独立,二者无交叉关系,自掩隐的保护法益并不包括金融管理秩序,因此自洗钱即使入罪,自掩隐也不能随之入罪。但是,折中说的学者认为,自洗钱侵犯了金融管理秩序,并不仅仅是上游犯罪的附属,因此可以突破事后不可罚的限制,构成洗钱罪。而掩隐罪作为广义上规制洗钱的罪名,自掩隐包含自洗钱,因此仅在本犯实施化学意义上的掩饰、隐瞒手段时入罪即可。

总之,上述学者的观点无非是围绕自洗钱本身的规范构造以及自洗钱与自掩隐的关系等争议焦点展开论述。本文也基于这两个争议焦点予以分析论证。

---

① 参见张明楷:《自洗钱入罪后的争议问题》,载《比较法研究》2022 年第 5 期,第 91 页。

② 参见魏东:《洗钱罪不法的规范判断》,载《政治与法律》2024 年第 3 期,第 74 页。

③ 张义健:《〈刑法修正案(十一)〉的主要规定及对刑事立法的发展》,载《中国法律评论》2021 年第 1 期,第 55 页。

④ 参见王新:《〈刑法修正案(十一)〉对洗钱罪的立法发展和辐射影响》,载《中国刑事法杂志》2021 年第 2 期,第 61 页。

二、自洗钱入罪机理探析

上述关于自掩隐是否入罪的争议，焦点在于“自洗钱本身的规范构造”以及“自洗钱与自掩隐的关系”两个问题的讨论上，但这两个问题并非独立关系，“自洗钱与自掩隐关系”的探讨需要建立在“自洗钱本身规范构造”的明确上，而要明确“自洗钱本身的规范构造”，离不开对自洗钱入罪机理的探讨。

（一）自洗钱不可罚的传统认识

《刑法修正案（十一）》颁布之前，学界立足于传统赃物犯罪理论，认为洗钱罪是上游犯罪的下游犯罪，二者存在阶段性、附属性的关系，因此以“事后行为不可罚”理论解释自洗钱的不可罚性。该理论认为，“事前行为”与“事后行为”是一个链条上的不同行为阶段，事后行为不可罚的内在依据需要追溯到事前行为之中，结合二者关系予以辨明，若事前行为完全囊括事后行为且事前行为已经承受刑罚处罚时，事后行为已然具有不可罚的内在合理性，因此对事后行为的评价实际上由事前行为所承载，在整体性评价原则之下最终决定了事后行为“不可罚”。换言之，事前与事后行为具有“共罚性”，事后行为并非“不可罚”而是“不另罚”。①

就自洗钱而言，学界认为自洗钱是上游犯罪发展的后续阶段，本质上是本犯实施的附属行为以保证上游犯罪的法益侵害状态，其“可罚性”已被上游犯罪所包含，因此自洗钱不可罚。基于此认识，我国 1997 年《中华人民共和国刑法》仅设置了“他洗钱”的定罪模式，并未将“自洗钱”行为入罪。

然而，随着国际国内实践的发展以及学界对法律理论研究的深入，传统赃物犯罪理论的局限性越发明显，尤其是自洗钱入罪后，明确了自洗钱的可罚性，这与传统的认识相冲突，说明了仅仅将洗钱罪视为上游犯罪的自然延伸，已不能满足理论和实践发展的现实需要。为此，有学者提出“事后不可罚”理论不能仅从行为关系角度判断事后行为能否从事前行为的罪刑之中获得共罚特性，应当透视到法益侵害的实体层面，考察二者是否具有“法益侵害同一性”。② 法益侵害的同一性应当定义为法益种类和法益载体的同一性，而非内容的重叠。③ 而法益种类和法益载体的同一性并非要求事前与事后行为所犯罪名相同，而是要求事后行为侵害的法益根源于事前行为，二者侵犯的法益具有同质性关联，其深层涵义是事后行为所

---

① 参见陈伟：《事后不可罚行为与自洗钱入罪的规范适用》，载《环球法律评论》2024 年第 3 期，第 163 页。

② 参见陈伟：《事后不可罚行为与自洗钱入罪的规范适用》，载《环球法律评论》2024 年第 3 期，第 165 页。

③ 参见庄劲：《罪数的理论与实务》，中国人民公安大学出版社 2012 年版，第 63 页。

侵犯的法益从地位上并不优先于事前行为所侵犯的法益,且未超出事前行为所侵害法益的辐射范围,无评价的必要。① 因此,自洗钱是不是上游犯罪的事后行为,关键在于自洗钱与上游犯罪是否具有"法益侵害同一性",该问题的重点在于对洗钱罪保护法益的重新理解。

(二)洗钱罪保护法益的重释

本文认为,虽然学界对洗钱罪的保护法益众说纷纭,但均存在不可忽视的理论缺陷。如主张洗钱罪保护法益仅包括"金融管理秩序"的观点忽视了时代的发展,目前金融机构不再是洗钱的唯一工具,单一法益不足以规制洗钱犯罪;主张洗钱罪保护法益仅包括"司法机关正常活动"的观点忽视了洗钱罪在立法中的体系安排,仅从构成要件推导保护法益,而未从保护法益解释构成要件;主张洗钱罪保护法益应当为"金融管理秩序"和"上游犯罪保护法益"的观点影响了洗钱罪的确定性,如果新增一个上游犯罪,就将此上游犯罪的保护法益纳入洗钱罪的保护范畴,该不确定性将无法有效发挥刑法的预防功能,且此时的洗钱罪将会沦为几类上游犯罪保护法益的集合体,从而消除了其存在的独立意义。因此,基于洗钱罪在刑法中的体系安排、洗钱手段的多样化发展以及我国反洗钱罪名体系的适用,洗钱罪的保护法益应认定为"金融管理秩序"和"司法机关的正常活动"。

同时,还应重新看待"金融管理秩序"的地位。第一,"金融管理秩序"应当占据主导地位,该地位已然在法律中予以明确。1997年《刑法》将洗钱罪纳入"破坏金融管理秩序罪"中单独规定,从立法意义上明确了洗钱罪的主要保护法益为"金融管理秩序";第二,"金融管理秩序"法益的地位已经提升到总体国家安全保护的战略高度。总体国家安全观的贯彻落实要求洗钱罪充分发挥保护"金融管理秩序"的作用,以保护经济、金融安全,维护社会稳定,加强反洗钱、反恐怖融资、反逃税国际合作,因此保护金融管理秩序法益已然成为落实总体国家安全观的重要组成部分。

"金融管理秩序"过于抽象,细化后才能作为主要法益发挥作用。有学者将"金融管理秩序"分为表里两层,表层法益是禁止金融系统为非法活动服务,深层法益是保护金融安全,维护公民对金融系统的信任。② 笔者同意该观点,应从表里两层细化"金融管理秩序",不仅从手段本位出发,限制洗钱罪的成立范围,又从本质上体现了打击洗钱犯罪所欲达成的实质目的,反映了对该罪保护法益的实质理解。如此细化又能映射我国金融安全的重要性,反洗钱作为我国总体国家安全的重要内容,能够实现传统与非传统安全联合保护,不仅能维护经

---

① 参见陈伟:《事后不可罚行为与自洗钱入罪的规范适用》,载《环球法律评论》2024年第3期,第168页。

② 参见张明楷:《洗钱罪的保护法益》,载《法学》2022年第5期,第80页。

济、社会安全,还能实现打击恐怖主义的重要目标。①

在重新理解洗钱罪保护法益的基础上,自洗钱的入罪机理也随之明确。自洗钱不再基于赃物犯罪的传统认识被认定为上游犯罪的后续行为,因其侵犯了新的法益,即“金融管理秩序”,而该法益与上游犯罪所侵犯的法益不具有同一性,因此自洗钱被纳入洗钱罪,予以定罪处罚。其一,“金融管理秩序法益”并不根源于第191条规定的上游犯罪所侵犯的法益,就表层涵义而言二者并不具有“同质性”,且“金融管理秩序”法益超出了上游犯罪所侵犯法益的辐射范围,具有“评价必要性”;其二,“金融管理秩序”法益的内涵包括“金融安全”,而我国全面贯彻“总体国家安全观”要求以经济安全为基础,经济安全的核心内容在于防范金融风险,保障金融安全,结合国际国内联合打击洗钱犯罪的条约和政策倾向,可以确定“金融管理秩序”法益,尤其是其中所内含的“金融安全”法益,已经成为国际合作及国内治理的重要保护对象。而“金融管理秩序”法益地位的提高,意味着事前行为所侵犯的法益并不具有“价值优位性”。因此,上游犯罪所侵犯的法益不能囊括自洗钱所侵犯的法益,二者并不具有“法益侵害同一性”,也就不具备“共罚性”,自洗钱应当入罪。

(三)自洗钱规范构造的确认

本文认为,在自洗钱中,对“来源和性质”的掩饰、隐瞒应当排除物理意义上的掩饰、隐瞒“物”本身的行为。其一,从文义解释来看,《刑法》第191条关于洗钱的定义是“为掩饰、隐瞒…的来源和性质”,这样的表述意味着洗钱行为必须使赃款赃物产生化学意义上的“洗白”效果;其二,从第191条列举的五种洗钱行为类型来看,前四种均具有化学意义上的“洗白”效果,从来源和性质上将赃款的痕迹抹除,而不是简单地把赃款这个“物”本身掩盖。第五种兜底条款也需要根据同类解释规则,认定化学意义上具有“洗白”效果的掩饰、隐瞒行为才属于“其他方法”,从而以洗钱罪定罪处罚。②

而本犯在实施上游犯罪之后,通过化学意义上的掩饰、隐瞒手段,实现了对赃款赃物性质的转变,此时的洗钱行为从阶段上已经不属于上游犯罪的后续行为,而开启了一个新的法益侵害阶段,不仅妨碍了司法秩序,更重要的是使金融系统成为犯罪分子洗白赃款的工具,侵犯了国民对金融系统的信赖,更不利于保护金融安全,因此侵犯了“金融管理秩序”法益。该新型法益的侵犯,使上游犯罪所侵犯的法益不能囊括自洗钱所侵犯的法益,二者不再具有法益侵害同一性,也就不再具有共罚性。因此自洗钱能够突破“事后行为不可罚”理论的限制,本犯实施洗钱行为也构成洗钱罪。

综上,自洗钱的规范构造是指,本犯在实施了上游犯罪后,又进行了化学意义上的掩饰、

① 参见王新:《洗钱罪的基础问题辨析——兼与张明楷教授商榷》,载《法学评论》2023年第3期,第114页。

② 参见黎宏:《“自洗钱”行为认定的难点问题分析》,载《法学评论》2023年第3期,第126页。

隐瞒行为,使赃款赃物产生了"化学反应",侵犯了新的法益,即金融管理秩序,因此自洗钱并不属于上游犯罪的自然延伸,可以突破事后不可罚的限制,构成洗钱罪。

三、自掩隐入罪逻辑阐释

(一)掩隐罪的双重属性

我国的掩隐罪不仅具有打击传统赃物犯罪的属性,还具有反洗钱的次生属性。

第一,立法已然确认掩隐罪具有反洗钱的次生属性。从立法历程来看分为三个阶段:第一阶段,掩隐罪和洗钱罪还处于泾渭分明的状态。如 1979 年《刑法》中"窝赃、销赃罪"是我国最初的赃物犯罪规定,该罪名在 1997 年被修改为"窝藏、转移、收购、销售赃物罪",并被列入"妨害司法罪",同时此次修订还专门规定了"洗钱罪",二者无竞合关系;第二阶段,二者共同构成反洗钱罪名体系。如 2006 年的《中华人民共和国刑法修正案(六)》不仅将第 191 条的上游犯罪扩充到七种,还修订了第 312 条的犯罪对象、行为方式和法定刑等内容,实现了洗钱行为的全覆盖,变相扩充了洗钱罪上游犯罪的范围。① 该修订是为了加入 FATF,满足其所要求的洗钱罪中规定的上游犯罪数量。2009 年《关于审理洗钱等刑事案件具体应用法律若干问题的解释》的规定也聚焦于洗钱犯罪体系,并非仅涉及洗钱罪。这反映了掩隐罪的立法初衷是将掩隐罪纳入洗钱体系,与第 191 条"洗钱罪"、第 349 条"窝藏、转移、隐瞒毒品、毒赃罪"共同发挥打击洗钱犯罪的作用;②第三阶段,强调了掩隐罪具有反洗钱的次生属性。如全国人大宪法和法律委员会负责人汇报《刑法修正案(十一)(草案)》的修改情况时指出,《刑法修正案(十一)》"作上述修改以后,我国刑法第一百九十一条、第三百一十二条等规定的洗钱犯罪的上游犯罪包含所有犯罪"。③ 因此,掩隐罪具有反洗钱的次生属性,已然通过立法得以确定。

第二,通过反洗钱罪名体系打击洗钱犯罪,是司法实践中的通常做法。其一,《中国反洗钱报告》(2022 年)关于"打击洗钱犯罪的工作取得新突破"的论述中,将洗钱罪、掩隐罪的批捕与起诉数量,以及犯罪宣判数量统一纳入数据分析,作为我国反洗钱工作推进的成果支撑;其二,《中国反洗钱报告》中统计的以"掩隐罪"审结的案件,是"洗钱罪"对应数据的 53

---

① 参见王新:《洗钱罪的基础问题辨析——兼与张明楷教授商榷》,载《法学评论》2023 年第 3 期,第 114 页。

② 参见王新:《洗钱罪的基础问题辨析——兼与张明楷教授商榷》,载《法学评论》2023 年第 3 期,第 115 页。

③ 参见周光权:《全国人民代表大会宪法和法律委员会关于〈中华人民共和国刑法修正案(十一)(草案)〉修改情况的汇报——2020 年 10 月 13 日在第十三届全国人民代表大会常务委员会第二十二次会议上》,载《中华人民共和国全国人民代表大会常务委员会公报》2021 年第 1 期,第 135 页。

倍左右[①],反映了掩隐罪在打击洗钱犯罪中发挥了巨大作用。

第三,我国将掩隐罪纳入反洗钱罪名体系,以打击洗钱犯罪的做法,已然获得 FATF 的认可。其一,FATF 在 2007 年和 2019 年两次对我国反洗钱工作的评估中,考察的都是反洗钱罪名体系,而非仅考察洗钱罪,说明 FATF 认可了我国反洗钱罪名体系中三个法条相互配合,共同打击洗钱犯罪的现状;其二,FATF 还针对我国反洗钱罪名体系提出了整改意见,《中华人民共和国刑法修正案(七)》修改第 312 条的犯罪主体,增加单位犯罪主体,就是对 FATF 整改意见的回应;[②]其三,FATF 的后续评估与意见均建立在反洗钱罪名体系上。FATF 在 2019 年提出我国"未将自洗钱入罪"及"存在惩治洗钱罪的起点金额"等问题。[③] 为此,2021 年《关于审理掩饰、隐瞒犯罪所得、犯罪所得收益刑事案件适用法律若干问题的解释》中取消了掩隐罪两个档次法定刑的数额标准,《刑法修正案(十一)》也将自洗钱入罪,而后 2021 年 FATF 对我国"洗钱犯罪化"项目的评级也变成了"大致合规"。因此,掩隐罪在反洗钱罪名体系中发挥着打击洗钱犯罪的作用,该次生属性得到了国际国内的双重认可。

综上所述,我国刑法第 312 条虽然被规定在"妨害司法罪"项下,但是从国内立法旨意、司法实践及国际态度体现出"掩隐罪"能够打击传统赃物犯罪和洗钱犯罪,应认可其具有双重属性。

(二)自掩隐与自洗钱的关系

掩隐罪也囊括了同时侵犯金融管理秩序的情况,但是其主要保护法益仍为司法机关的正常活动。刑法将"掩饰、隐瞒犯罪所得、犯罪所得收益罪"规定在第六章"妨害社会管理秩序罪"中,根据体系解释,掩隐罪的保护法益主要是"国家对犯罪所得、犯罪所得收益的司法追查权"[④],即"司法机关的正常活动"[⑤]。同时,根据上述分析和论证,掩隐罪在国际国内反洗钱工作的现实要求下,具备了打击洗钱犯罪的次生属性。

掩隐罪所规制的行为既包括物理意义上的掩饰、隐瞒行为,又包括化学意义上的掩饰、隐瞒行为。其一,《刑法》第 312 条规定了掩隐罪所规制的行为包括"窝藏、转移、收购、代为销售或者以其他方法掩饰、隐瞒"。从文义解释来看,"窝藏"是指将犯罪所得及收益藏至隐

---

① 参见中国人民银行反洗钱局 2022 年反洗钱报告,载中国人民银行网 http://www.pbc.gov.cn/fanxiqianju/135153/135282/index.html,访问日期:2024 年 9 月 1 日。

② 参见王新:《洗钱罪的基础问题辨析——兼与张明楷教授商榷》,载《法学评论》2023 年第 3 期,第 115 页。

③ 参见王新:《洗钱罪的基础问题辨析——兼与张明楷教授商榷》,载《法学评论》2023 年第 3 期,第 116 页。

④ 参见周光权:《刑法各论》(第 4 版),中国人民大学出版社 2021 年版,第 460 页。

⑤ 参见高铭暄、马克昌主编:《刑法学》(第 10 版),北京大学出版社、高等教育出版社 2022 年版,第 569 页。

秘位置,使司法机关不能获取;“转移”是指将犯罪所得及收益运送到他处,使司法机关不能查获;“收购”是指以出卖为目的收买犯罪所得及其收益;“代为销售”是指代替犯罪人将犯罪所得及其收益卖出的行为;其二,2021 年的《关于审理掩饰、隐瞒犯罪所得、犯罪所得收益刑事案件适用法律若干问题的解释》第十条也补充了构成掩隐罪的“其他方法”,如“居间介绍买卖,收受,持有,使用,加工,提供资金账户,协助将财物转换为现金、金融票据、有价证券,协助将资金转移、汇往境外等”。因此,根据法条表述及司法解释的内容,“掩饰、隐瞒”行为的性质既包括物理意义又包括化学意义。一方面,“窝藏、转移”“收受、持有、使用、加工”等行为通过隐匿、谎称等方式使犯罪所得及收益的空间位置不为他人所知,或者通过改变物体的外部形状,实现与原赃款赃物相区别的效果,避免被司法追缴,这属于对“物”本身的掩饰、隐瞒,即物理意义上的掩饰、隐瞒;另一方面,通过销售、资金转移成票据,或者转移到境外等方式,不仅隐匿了渠道,还改变了赃款赃物原有的性质,加大了司法机关的追缴难度,这属于化学意义上的掩饰、隐瞒。

自掩隐与自洗钱存在相同的规范构造。自掩隐是指本犯在实施上游犯罪后,又对赃款赃物进行物理或化学意义上的掩饰、隐瞒,其与掩隐罪仅在行为主体上存在差别,因此当然继承了掩隐罪中保护法益的双重属性以及掩饰、隐瞒行为的性质。自掩隐所侵犯的法益不仅包括“司法机关的正常活动”,还包含了侵犯“金融管理秩序”的情况。结合掩饰、隐瞒行为的性质,可以认定自掩隐具有双层规范构造,具体为:本犯实施物理意义上的掩饰、隐瞒行为时,侵犯了司法机关的正常活动;本犯实施化学意义上的掩饰、隐瞒行为时,在侵犯司法机关正常活动的基础上,还侵犯了金融管理秩序。而自洗钱的规范构造是指,本犯对上游犯罪产生的赃款赃物的性状及来源进行掩饰、隐瞒,只是上游犯罪的种类限制在七种之内,其使赃款赃物产生了“化学反应”,侵犯了新的法益,即金融管理秩序。综上,自掩隐的规范构造包含了自洗钱的规范构造,区别仅在上游犯罪。

在自掩隐与自洗钱规范构造的重合范围内,“事后行为不可罚”理论应当具有相同的适用逻辑。具体到自掩隐行为,一方面,本犯实施物理意义上的掩饰、隐瞒行为,虽然侵犯了司法机关的正常活动,但该法益根源于上游犯罪所侵犯的法益,从表面上具有同质性,若从深层含义上考察,则该法益与上游犯罪所侵犯的法益相比不具有价值优位性,且该法益并未超过上游犯罪所侵犯法益的辐射范围,不具有评价必要性;另一方面,本犯实施的掩饰、隐瞒行为使赃款赃物产生了化学反应,切断了赃款赃物与上游犯罪的关系,侵犯了新的法益,即金融管理秩序,使自掩隐行为不再是上游犯罪的自然延伸,失去了“不可罚”的合理性。例如,本犯在实施除洗钱罪上游犯罪之外的其他犯罪后,又将赃款汇往境外,隐匿了渠道,改变了赃款原有的性质,侵犯了金融管理秩序法益,应予以入罪。

综上所述,基于自掩隐的双层规范构造,只有本犯实施的是化学意义上的掩饰、隐瞒行为,才能突破事后行为不可罚理论的限制,以掩隐罪定罪处罚。同时,由于七种法定上游犯罪的本犯实施化学意义上的掩饰、隐瞒行为已经被自洗钱所规制,所以自掩隐应当作为自洗钱的一般规定,当本犯实施除洗钱罪上游犯罪之外的其他犯罪之后,又进行化学意义上的掩饰、隐瞒时,才应认定为掩隐罪。

四、自掩隐入罪后的规范解释方法

自洗钱入罪后,立法机关的工作人员作出如下解释:“根据《刑法修正案(十一)》对洗钱罪的修改,‘自洗钱’行为可以按照刑法第一百九十一条洗钱罪定罪处罚。同样,作为广义的洗钱犯罪,刑法第三百一十二条‘掩饰、隐瞒犯罪所得、犯罪所得收益罪’也适用‘自洗钱’行为可以独立定罪。从文义表述看,刑法第三百一十二条‘掩饰、隐瞒犯罪所得、犯罪所得收益罪’的规定与‘自洗钱’单独定罪并不存在矛盾。因此,《刑法修正案(十一)》没有对其进行修改。‘自洗钱’行为可以按照洗钱罪定罪处罚后,‘自洗钱’单独定罪也一并适用于刑法三百一十二条‘掩饰、隐瞒犯罪所得、犯罪所得收益罪’。”①上述解释体现了立法者的主观目的,即使立法并未修改掩隐罪的罪状,也可通过解释将自掩隐纳入掩隐罪规制范畴。

自掩隐行为与第312条所规定的内容并无冲突,可以将自掩隐行为解释进第312条所规定的内容当中。第一,自掩隐行为所侵犯的客体与第312条规定的掩隐罪所侵犯的客体相同;第二,自掩隐行为指的是本犯掩饰、隐瞒犯罪所得及其收益的行为,与第312条所规定的行为类型并不矛盾。第312条所规制的行为,如“窝藏、转移”“持有,使用,加工”等,实际上并未将本犯和第三人进行明显区分,虽然行为方式中存在“代为销售”“协助”等术语,但仍可解释为掩隐罪一并规定了本犯和第三人的行为方式,由此将本犯纳入掩隐罪的规制范畴;第三,“明知”可解释为本犯和第三人都应当具备的主观要件,本犯的“明知”是不用证实的,固有的主观要件,而第三人的“明知”则需要证据予以证实。

同时,第312条当中的“明知”不应当被删除。一方面,删除“明知”后,第312条原本规制的他掩隐行为从法条层面失去了主观要件的要求,容易在实践中引起争议。正如第191条删去“明知”后,他洗钱是否仍将“明知”作为犯罪主观要件的认定内容存在很大争议,为此,2024年8月20日开始施行的《最高人民法院、最高人民检察院关于办理洗钱刑事案件适用法律若干问题的解释》规定了他洗钱的主观要件为“知道或应当知道”,明确了他洗钱主观要件的内容,以回应实践需要;另一方面,上述司法解释对主观要件认定内容的补充也证实了“明知”的删除并不一定真正妨碍自洗钱的入罪,否则也不会在最新司法解释中重申他洗钱的主观要件内容。与其删去“明知”后,再以司法解释的方式予以补充,不如一开始就将“明知”解释为本犯和第三人都应当具备的主观要件,维持法律的稳定性。

因此,从解释论层面,可以将“掩隐罪”罪状中的“明知”解释为本犯和第三人都应当具备的主观要件,“代为销售”“协助”等术语也可解释为“掩隐罪”一并规定了本犯和第三人的行为方式,以此将自掩隐行为解释进第312条所规定的内容之中。

---

① 许永安:《中华人民共和国刑法修正案(十一)解读》,中国法制出版社2021年版,第144页。

涉众型经济犯罪案件提起公诉后面临的疑难问题及对策思考

石帮成　刘代乾　龙　映*

摘要：涉众型经济犯罪案件具有涉案人员众多、遍布区域广，作案时间跨度长，涉案金额鉴定难等特征，难以在侦查过程中一次性查清犯罪嫌疑人、被害人及涉案金额，案件在提起公诉后面临疑难问题，集中体现在新增犯罪嫌疑人、被害人、程序困难与涉案金额变动，如何解决新增人员参与分配处置涉案财产、参与处置时间起点、进入诉讼程序方式、厘清众多参与人的身份等问题，本文试图从新增事实的管辖确定及分类处理、涉案金额的处理程序、分配时间的细分选择等对策上解决的面临的疑难问题，探索更优的案件办理之路。

关键词：涉众型经济犯罪；新增事实；财产处置分配；追赃挽损；提质增效

一、涉众型经济犯罪的概念及特点

涉众型经济犯罪并非一个刑事犯罪罪名，也并非规范的法律术语，而是实务中对刑法中部分涉及当事人众多的经济犯罪案件的总称。在我国，该概念最早于 2006 年 11 月 23 日，时任公安部经济犯罪侦查局负责人在涉众型经济犯罪专题新闻发布会上首先提出，2018 年出台的司法解释对“涉众型经济犯罪”进行了相对正式的定义，指“基于同一法律事实、利益受损人数众多、可能影响社会秩序稳定的经济犯罪案件，包括但不限于非法吸收公众存款，

---

* 石帮成（1983—），男，贵州松桃人，贵州省毕节市人民检察院百里杜鹃检察室副主任、一级员额检察官，研究方向为刑事检察。

刘代乾（1986—），男，贵州威宁人，贵州省毕节市人民检察院百里杜鹃检察室办公室负责人，二级助理检察员，研究方向为刑事检察。

龙映（1991—），女，贵州金沙人，贵州省金沙县人民检察院专职检委会委员、四级员额检察官，研究方向为刑事检察。

集资诈骗,组织、领导传销活动,擅自设立金融机构,擅自发行股票、公司企业债券等犯罪。”①随着市场经济及信息网络的不断发展,涉众型经济犯罪也持续入侵人民群众的生活,“2018 年至 2019 年第一季度,全国公安机关共立非法集资、传销等涉众型经济犯罪案件近 1.9 万起,涉案金额 4100 亿元,涉案金额超过百亿元、涉及投资者超过百万人的‘双百案件’屡有发生。”②

涉众型经济犯罪具有以下特点:

(一)参与人数众多,层级多,分布广泛

涉众型经济犯罪案件中,部分案件系以犯罪嫌疑人周边亲友为圆心开始发散,通过熟人介绍的方式层层吸收更多参与人;部分案件通过线上线下吸引不特定人员参与。犯罪嫌疑人更看重参与人的资金,对参与人的身份、年龄等没有限制,可以说是“资合性”大于“人合性”,层层宣传,拉拢“下线”,使得涉众型经济犯罪案件具有参与人人数众多,层级多,且分布于不同行业、不同地域的特点。普通案件中往往都发展出三个以上层级,部分跨省跨国案件中,存在的层级及分支数量更是令人咋舌。在此类案件侦办过程中,参与人的寻找成为一个难题,若从人员着手,很多参与人与其上线联系弱,甚至未曾谋面,对最终资金流向更不清楚;若从账目入手,在庞大且繁杂的数据清理中,难免遗漏部分参与人。在采取线上宣传方式的案件、跨国犯罪案件中,这一特点更为突出,给本就时间有限的侦查带来更大压力。

(二)名目多、蔓延快,迷惑性强

在巨大的利益诱惑下,犯罪分子不断翻新犯罪手段,消费返利、投资理财产品、金融互助、旅游康养……众多新兴领域都可以成为涉众型经济犯罪的掩饰外衣。在创新经济繁盛的今天,新兴项目对普通人的吸引力更胜从前,稍有不慎就会掉入陷阱,高额的回报率、发展下线的抽成诱惑,使得入局的人们带着赚“人头费”抑或带着亲友一起发财的心理,成为犯罪分子的积极宣传工具。犯罪层层蔓延,信息差层层加大,案发早期很多低层级的参与人甚至都不知道自己的“投资项目”已然崩盘。

(三)舆情复杂,易引发群体性事件

涉众型经济犯罪案件中,大部分参与人受高额利润诱惑,投资数额较大,在有老退休工人、城镇居民和低收入群体中的老人等“三老”人员参与的案件中,参与人更是将自己的退休金、“棺材本”倾囊投入。导致此类案件中参与人往往对投资回报心理期待值高、抗风险

---

① 《最高人民检察院、公安部关于公安机关办理经济犯罪案件的若干规定》第七十八条,2018 年 1 月 1 日起施行。

② 2019 年 5 月 13 日公安部网站载《重拳打击非法集资等涉众型经济犯罪》。

能力低、损失金额大,一旦投资失败,参与人遭受心理、经济双重打击,常通过人员聚集、舆论炒作等方式向司法机关施压,以求全面挽回资金损失,引发新的社会问题。

二、涉众型经济犯罪案件起诉后发生变化面临的困难

(一)新增犯罪嫌疑人时的处理难题

涉众型经济案件不仅是投资参与者人数多,犯罪嫌疑人通常也为团队化作案,有较多成员,成员之间多为分层次联系,很多成员之间单线联系,或通过网络联系、互不相识的情况较为普遍,给"顺线追踪打击"带来阻碍;同时,部分案件跨地域甚至跨国作案,客观上也需要更多侦办时间,导致犯罪嫌疑人难以及时被抓获归案。案件起诉后才发现新增犯罪嫌疑人的情形较为普遍。

新增犯罪嫌疑人在异地有其他类型的犯罪事实时,由何地公安机关负责侦查存在争议。公安机关办理刑事案件程序规定以最初受理的公安机关管辖,必要时由犯罪地公安管辖,但就"必要时"理解不一。最初受理公安机关认为原犯罪事实已查清,"有必要"由犯罪地的公安机关管辖其他犯罪,有利于调查取证及案件侦破;犯罪地公安机关则认为最初受理的公安机关通过异地取证侦查侦破案件,并案处理有利于查清犯罪事实及追诉,"没有必要"由犯罪地公安机关管辖。

(二)新增参与人带来的程序困难与涉案金额变动问题

前面谈到,从公安机关侦办角度出发,整理被害人、参与人的过程中难免遗漏,而从参与人的角度而言,也有以下几个导致其未能及时报案的原因:部分参与人对司法机关的查处行动持消极甚至抗拒态度,寄望于犯罪嫌疑人能不受刑事追究,尽早恢复经营为自己挽回损失;部分参与人信息滞后,对于自己参与的项目已涉嫌犯罪后知后觉,未能及时与司法机关取得联系;部分参与人则有懒惰心态,认为查处犯罪是司法机关的职责,需要由司法机关积极主动来联系自己,不愿意主动作为、主张自己的权利。

被害人、参与人的增加会导致相关犯罪嫌疑人的涉案金额处于变化之中,在判决生效后发现新增涉案金额,意味着原先判处刑期不当,此时有些罪犯甚至已服刑完毕,如何通过诉讼程序解决上述问题,是实践中面临的又一难题。

(三)新增的参与人如何参与分配处置涉案财产问题

在庭审时未能加入审理的参与人,庭审后出现并申报损失,除可能影响被告人的涉案金额外,也会给涉案财产分配处置带来新问题。新增参与人的追赃挽损利益是否会因其加入诉讼程序较晚而受到影响?如允许其参与分配,应当如何平衡新增参与人与前期已认定的参与人的分配份额,应当以何种程序向其分配涉案财产,现行法律亦缺乏明确规定。

（四）涉案财产处置分配的时间问题

按照《中华人民共和国刑法》第64条要求，“对被害人的合法财产，应当及时返还。”但“及时”的具体时间节点放在哪里，现有法律规定并未明确。而司法机关与被害人之间存在一定的冲突——面对庞杂的涉众型经济犯罪案件，司法机关更希望能在判决尘埃落定后再行处置涉案财产，以更好地保证处置的正确性、稳定性；而被害人在遭受巨大的经济损失，加之担心后续参与分配人更多，自己的利益不能到保障的情况下，显然更希望能早日挽回损失，拿回自己的财物。

（五）新增人员的“混淆”身份问题

一方面，“被害人”角色定位不清，实践中一般对有经济损失的人员列为被害人，但也有列为证人、集资参与人等的，对于是否赋予该部分人员以被害人的权利义务存在混乱；同时，也有观点认为，若根据其所保护的法益严格界定，部分罪名并不存在“被害人”这一角色，如非法吸收公众存款罪，其保护的为单一法益，即国家的金融管理秩序，公私财产并不在其法益保护所指范围。2019年两高一部《关于办理非法集资刑事案件若干问题的意见》中，将投资者称为集资参与人，①可以说是对此观点的一种赞同；另一方面，案件中存在部分被害人角色转换的情形，如集资诈骗案中，部分人员在参与初期，在不了解项目真实情况，带着投资盈利的主观目的参与出资，为纯粹的被害人，随着其了解的深入、主动性的增强，其行为逐渐向犯罪嫌疑人靠拢，转变为帮助犯甚至正犯，此时该部分人员还能否认定为被害人，也值得商榷。

三、涉众型经济犯罪案件起诉后发生变化的对策建议

（一）新增犯罪嫌疑人的管辖确定及分类处理

1. 新增犯罪嫌疑人在异地有其他犯罪事实的，由哪处公安机关管辖

笔者认为由最初受理的公安机关管辖为宜，对于新增犯罪嫌疑人不同种类的犯罪事实，可以通过委托异地公安机关取证及派驻取证结合。这样确定管辖权能够发挥并案处理的优势，一方面仅需要增加部分证据，无需再行立案从头侦查，效率较高；另一方面由原司法机关统一把握审查、判决尺度，有利于对被告人及其他参与人权利保护。

2. 追究新增犯罪嫌疑人的刑事责任，是否通过另行提起诉讼的方式，根据公安机关对案件的侦查情况区分

（1）如遗漏的犯罪嫌疑人相关事实能在较短时间内查明理清，能及时追加起诉的，则宜

---

① 2019年1月30日公布《最高人民法院最高人民检察院公安部关于办理非法集资刑事案件若干问题的意见》第十条：集资参与人，是指向非法集资活动投入资金的单位和个人，为非法集资活动提供帮助并获取经济利益的单位和个人除外。

在原案判决前及时追加起诉。一方面可以节约司法资源,加快办理进度;一方面将相关犯罪嫌疑人涉及的财产一并纳入分配,能更好地平衡众多被害人的利益,有利于追赃挽损。

(2)如遗漏的犯罪嫌疑人相关事实难以在短时间内理清。前案程序不宜久拖,否则对被害人权利实现都有负面影响,则宜另行提起诉讼。同时,在量刑时,应当考虑前后案件整体上的平衡。

(二)新增被害人、集资参与人及涉案金额的处理程序

在选择何种诉讼程序的问题上,可以根据已审理被告人的判决生效情况,分三种情况处理:

第一,查清被害人、参与人投资金额的证据,在判决未生效的情况下,可以补充起诉或者变更起诉,将新增人员纳入诉讼程序处理。

第二,若判决已生效,新增事实未影响已判被告人刑期,新增事由可以通过书面质证后,从资产处置分配方面追加被害人及参与人,通过后续处置挽回其损失。此种情形通过书面质证简化程序能尽快实现被害人们挽回损失的诉求,采取书面质证的方式也并不违反现行法律规定,同样能保障被告人的诉讼权利实现,相对取得效益与公平之间的平衡。

第三,判决生效,新增事实影响已判被告人的刑期。这种情况下,新增事实导致原判决"认定事实错误",符合启动审判监督程序的条件,且对被告人量刑影响重大,应由检察机关或人民法院启动再审程序,撤销原判决,重新启动刑事诉讼程序。

(三)新增的参与人如何参与分配处置涉案财产

实务中存在两种观点:一种观点认为再次开庭,列明被害人身份,通过法庭举证的形式对相关证据进行质证、认定后,将补充的被害人纳入财产分配接受范围;另一种观点认为无需再次开庭,由法检进行庭外协商、认定后,将补充的被害人纳入财产分配接受范围。笔者认为,应当根据新增被害人、参与人是否影响案件起诉时认定的犯罪数额,分情形处理:

1. 新增被害人后,会导致起诉时认定的犯罪数额增加的情形

此种情况下,新的被害人实际上带来了新的犯罪事实,将会影响犯罪嫌疑人的量刑,在法院未宣判的情况下,仍应开庭对新增证据进行出示、质证后,再将新增被害人纳入财产分配范围。

2. 虽新增被害人,但在前期起诉时,新被害人相关的犯罪数额已认定在内,只是未明确被害人的情形

此种情形下,可简化程序,通过法院、检察院庭下对相关证据进行核实后,将新增被害人纳入财产分配范围,理由为此种情形下犯罪嫌疑人定罪量刑未受影响,且通过简化程序能尽快实现被害人们挽回损失的诉求,相对取得效益与公平之间的平衡。

(四)涉案财产处置分配时间的细分选择

处理时间节点的选择上,应从兼顾准确与民生出发,综合考虑、分类处理。毕竟,涉众型经济案件往往不仅仅是刑事案件,还是“民生案件”,不少参与人投入的是自己的“养老钱”“救命钱”,而该类案件作案时间跨度大、犯罪嫌疑人反侦查意识强,导致在立案侦查之后,追赃挽损效果也不尽人意。具体两种分类方式为:

1. 按照所查封、扣押的财物是否易贬值进行分类

对于易贬值的财物,包括继续存放会直接导致财物失去交换价值的易腐烂、霉变物品,如生鲜等;因行业风向变化、旧款价格下跌等原因价值将会削减的财物,如需及时出手的房产、车辆、基金等;消极行动将导致犯罪嫌疑人负债增加的财物,如正在履行中的合同,继续履行可增加犯罪嫌疑人资产,不继续履行将导致亏损。

对于上述物品,应先行处置后等待分配。通过拍卖、合同履行等方式及时将实物转化为资金款项,保全价值、避免损失。这一思路,系对《最高人民法院关于适用〈中华人民共和国刑事诉讼法〉的解释》第439条规定的发散,同时,笔者认为,相关规定在实务中需要一些突破。前述解释中规定的先行处置,除对物品性质有所要求外,还需满足“经权利人申请或者同意”及“经院长批准”两个条件,但在实践中,涉众型经济案件中查获的财物应经哪个“权利人”申请或同意,存在操作困难:若由最终将会获得该财产的被害人作为权利人,则存在被害人人数过多,且每名被害人最终能获得的财产数额不明确的问题;若将此处的“权利人”解释为最后持有或处分财产的犯罪嫌疑人,则司法机关对相关财产的处置要受限于其是否同意,显然又不合理。故我们认为,在对涉案财物先行处置时,应更加关注程序的严格性,规范相关物品登记、拍卖、资金保管、转移程序,对于其启动方式,则应由法院依职权启动,以此保证先行处置的效率及流畅,不悖该制度初衷。

2. 按照被害人对资金的需求程度进行分类

部分被害人经济基础较好,在案件中受到的经济损失虽带来损害,但不至影响基本生活;部分被害人因经济基础较差、投入资金超出自身能力、遭受疾病及不可抗力等,生活陷入困境,对追赃挽损的现实需求强烈。对于后一种被害人,应更多考虑民生,为避免漫长的诉讼进程影响被害人生计,同时维护其他被害人合法权益,可以采取“提前预支”的方式,在审判前提前向符合条件的被害人分配涉案财产。该种分配方式在事实给予了部分受害人因其个人原因而优先于其他被害人的受偿权,将给其他被害人的受偿带来不利影响,故使用时应审慎,需考虑以下限制:

(1)避免权利滥用,应由被害人或其指定人员提出书面申请,并对自身经济情况(包括收入情况、遭受疾病或灾害后所需费用等)负担证明责任;

(2)涉案财产分配数额应以保障申请人家庭基本生活为限,同时不得高于申请人在案件中投入的资金;

(3)除被害人系以实物投资的情形外,一般不向其分配实物;向被害人返还其本人投资的实物的,应做好价格评估;

(4)判决确定被害人最终可分配得涉案财产数额后,执行分配时应将“提前预支”的部分计入。

“被害人”的地位认定综合前后表现考虑

首先,笔者认为,涉众型经济犯罪各具体罪名中,无论出资的参与人是否在名义上列为“被害人”,均不影响其有权参与涉案财产分配。一方面,参与人以自己的合法资产参与投资活动,尽管相关活动不符合国家金融管理规定,但若因此剥夺参与人追回损失的权利,其过错与受到的惩罚不相匹配;另一方面,即使学理上可能认为非法吸收公众存款罪等部分罪名中不存在“被害人”这一角色,但相关罪名的外观表现却是相似的(如非法吸收公众存款罪与高利放贷型的集资诈骗罪),参与人的主观心态与投资行为也基本一致,如仅因学理上的划分争议就将“被害人”与非被害人的参与人的资金区别开来,显然也有失公允。当然,“被害人”将比纯粹的出资人获得更有的诉讼权利,如对判决不服时有请求检察机关抗诉的权利、申请刑事申诉的权利等,本文暂不对该点展开讨论。

其次,应综合出资参与人在全案前后的表现,确定是否允许其参与分配涉案财产。《最高人民法院、最高人民检察院、公安部关于办理非法集资刑事案件若干问题的意见》第10条在对集资参与人的权利保障进行规定时,明确“集资参与人,是指向非法集资活动投入资金的单位和个人,为非法集资活动提供帮助并获取经济利益的单位和个人除外。”若综合全案,相关参与人已转变为经济犯罪活动的帮助者,则不应再向其分配涉案财产,而应根据查明的事实甄别是否追究其刑事责任;及时部分参与者事实上并未完全回收投资款,也无需考虑其经济损失,毕竟在其转变为经济犯罪活动的帮助者时,其投资款就随之转变为对犯罪活动的自愿投入。

最后,让新增参与人加入诉讼,并参与财产分配时,应遵循两个原则:一是全面接收,尽管新增参与人会给正在进行的诉讼程序带来新枝节,拖慢诉讼进程,但在案件尚在追诉时效内的情况下,司法机关并无法定理由拒绝受理;二是“区别”对待,对于新增参与人相关证据应严格把握,同种作案模式下的证据标准不应低于原有集资参与人,否则应视情不予认定身份,或在分配涉案财物时适当降低份额。此处考量的原因主要为,无论是前文中分析的哪一种参与人未能及时加入诉讼的原因,实际上均有其主观因素影响,或执迷不悟或慵懒消极,在案件涉及人数众多,且难以全面挽损的情况下,尽管司法机关仍要公正地保护每个人,但对于积极主张权利、推动司法发挥积极作用的参与人与消极对待权利、增加司法不必要成本的参与人亦应有所区别,否则绝对的“一碗水端平”反而会造成实质上的不公平,这与考虑与民事诉讼中的诉讼时效制度精神契合,“法律不保护权利上的睡眠者”。

涉众型经济犯罪背景下被害人财产权益保护机制的优化研究

李丹妮*

摘要：在涉众型经济犯罪领域，由于涉及人数众多、案件复杂，往往导致被害人财产权益保护不到位，具体表现为被害人身份界定模糊，追回财产和获得赔偿的权利行使存在显著阻碍。通过分析涉众型经济犯罪背景下被害人身份认定的问题，揭示现行法律在保障受害者权益方面的不足，并对比国内外相关法律制度和司法实践，探讨被害人在经济犯罪案件中行使权利的现状，特别是在信息获取和财产追回方面的制度性障碍和实践困境。提出优化被害人身份认定机制、完善财产追回及赔偿制度、增强司法透明度和提升公众参与度的策略，以强化对被害人财产权益的保护。

关键词：涉众型经济犯罪；被害人；身份认定；涉案财物处置

一、引言

当今社会，涉众型经济犯罪俨然已经发展成为一种社会问题，它不仅对被害人的财产权益构成了严重威胁，更对社会秩序造成了破坏。涉众型经济犯罪并不是刑法典中某一具体罪名，它涵盖刑法分则第三章和第五章的部分罪名，公安部在 2006 年 11 月召开的涉众型经济犯罪专题新闻发布会中首次提出用“涉众型经济犯罪”这一名词，来作为行为人为谋取不法利益，违反国家经济法规和刑事法律，侵害不特定多数被害人的经济利益，破坏社会主义市场经济秩序，依照刑法应受刑罚处罚的一类犯罪的统称。①“主要包括非法吸收公众存款、集资诈骗、传销、非法销售未上市公司股票经济犯罪活动，在证券犯罪、合同诈骗犯罪、假

---

* 李丹妮(2000—)，女，内蒙古自治区巴彦淖尔市人，中国人民公安大学 2023 级硕士研究生，研究方向为刑事诉讼法学。

① 参见李辰：《涉众型经济犯罪案件中的被害人权益救济》，载《人民检察》2013 年第 15 期，第 37 页。

币犯罪、农村经济犯罪活动中也有类似涉众因素存在”。[①]

随着大众对短期利益的追求加剧,经济领域的灰色地带中涉众型经济犯罪频发,风险突出,导致大量“金融难民”倾家荡产、债台高筑。此类犯罪的受害人数众多,短期内无视甚至打压的解决方式只会导致其演变成为社会不稳定因素。如何保护涉众型经济犯罪中的被害人财产权益,合理解决其赔偿诉求,是亟待解决的现实问题。

二、涉众型经济犯罪中被害人财产权益保护的实践问题

(一)被害人诉讼地位确定难

在处理涉众型经济犯罪案件时,是否将遭受损失的投资人视为被害人这一问题存在争议。有观点认为,投资人只要因犯罪行为遭受经济损失,就应被视为被害人。[②] 但也有观点认为,应取决于具体罪名。例如,在集资诈骗案中,投资人的财产权益因诈骗行为直接受到侵害,因此应被视为被害人。但在非法吸收公众存款罪或非法经营罪中,犯罪行为损害的是市场经济秩序和金融管理制度,并非直接侵害投资人财产,因此投资人不应被视为被害人。此外,在集资诈骗、非法吸收公众存款、传销和非法经营等复杂案件中,投资人既是受害者,也在某些环节中客观上参与了违法行为,导致确认其被害人身份更加困难。[③]

进一步来说,如果在涉众型经济犯罪案件中赋予投资人被害人地位,就必须保障其相应权利,这将显著加重办案机关的负担。因此,在某些案件中,通常不将投资人视为被害人,但这种做法往往引发投资人的强烈不满,并促使他们要求确认自己的被害人地位。

(二)被害人参与诉讼难

在公诉案件中,被害人往往扮演次要和被动的角色,司法部门常将精力集中于惩罚犯罪,常忽视被害人的诉讼参与权。我国涉众型经济犯罪案件中,被害人参与机制的法律规定尚不健全。例如,在立案阶段,公安部门因对事件了解不足,常以民事纠纷、管辖问题等为由不予受理报案,且被害人缺乏有效救济途径,部分受害人就会对公安机关失去信任,不愿报案。但当案件进入诉讼程序后,其他被害人又向公安机关报案,导致多次追加起诉。[④] 在诉讼过程中,因被害人人数众多,公安、检察机关无法及时告知案件进程和涉案财物处置情况,不仅影响被害人知情权,还易引发误解和不满,导致涉诉信访问题。

---

① 莫洪宪、敬力嘉:《被害人保护与涉众型经济犯罪治理——以风险分配为视角》,载《人民检察》2017年第11期,第52页。

② 参见任克勤、严小妮:《涉众型经济犯罪被害人研究的基本问题》,载《广州市公安管理干部学院学报》2019年第29卷第3期,第9页。

③ 参见张珩:《非法吸收公众存款罪的难点问题》,载《中国刑事法杂志》2010年第12期,第42页。

④ 参见王伟、马迎辉、杨鹏飞:《涉众型经济犯罪专业化公诉样本》,中国检察出版社2014年版,第33页。

被害人因直接利害关系,往往希望积极参与庭审。但庭审设施和旁听席位有限,加之诉讼效率要求,所有被害人参与庭审既不现实也不必要。我国刑事诉讼法缺乏类似民事诉讼的代表人制度,增加了案件处理的不确定性,不利于保障受害人的程序参与权。

(三)被害人获得合理赔偿难

涉众型经济犯罪案件中,财产问题是核心,直接影响被害人能否实现民事赔偿。追回财产对受害人至关重要,因为这些损失通常涉及养老金、教育基金,甚至是高额借贷。然而,现实中执法和司法部门通常只能依靠追赃手段挽回少部分损失。

对于涉案财产在实践中主要存在审前阶段追赃有限,所查封、扣押、冻结的财产较少远不能弥补被害人的经济损失、涉案财产处置机制不健全,保值、变现困难等问题,以及难以保障被害人在涉案财产处置环节中基本的程序参与权、知情权等合法权利的行使。例如"在涉众型非法集资犯罪案件被移送至刑事执行阶段时,法院常根据早期收集的集资人资料,依照各自的投资额比例进行资金返还。在缺少财产线索的情况下,执行程序通常会终止。集资人由于不享有被害人地位,因此无法作为执行申请人进行权利主张,也就无法要求恢复相关财产的执行程序"①使得被害人连基本损失都难以追回,更无法获得合理的赔偿。

三、有关被害人财产权益保障在其他国家中的立法体现

就相关制度方面来看,一些国家已经建立了相对完善的受害人权益保障机制。例如,美国的《被害人权利保障法》明确规定了被害人的权利,包括接受公正的审判、参与诉讼过程、获得赔偿等。此外,在美国还专门设有像被害人权益保护局这样的专门机构,负责处理与被害人权益相关的问题。这些制度的存在,为被害人提供了强有力的法律保障。美国在《欺诈行为法》中明确规定,任何人在欺诈行为中获得的利益,都应当被追回并归还给受害人。②

从实践层面来看,英国的《刑事司法法》规定,法院在判决赔偿金时,应考虑被害人的损失、被告人的财务状况以及可能影响赔偿金额的其他因素。这种以被害人为中心的赔偿制度,旨在确保被害人能够得到公正的赔偿。英国的《刑事司法法》规定,受害人在刑事诉讼中有权获得公平的赔偿。这种通过司法程序进行的保护方式,既能保障受害人的权益,也能促进社会的公正。我国可以借鉴其通过司法程序进行解决的方式。③

近年来,在被害人程序参与权利保障上一些国家在理论和实践上都有着积极的探索,以美国和德国为例,美国的《2004 年全民公正法》中规定犯罪受害者享有合理、准确、及时获得与犯罪有关的程序通知的权利、不被排除在法庭程序之外的权利、合理听证权等等。德国在

---

① 曹雪梅:《涉众型非法集资案件被害人权益保护研究》,兰州大学出版社 2022 年版,第 46 页。

② 参见陈华丽:《刑事被害人权利保障研究》,知识产权出版社 2012 年版,第 93 页。

③ 参见杨正万:《刑事被害人问题研究》,中国人民公安大学出版社 2002 年版,第 45 页。

《被害人权利改革法》中规定了被害人的信息知悉权、审判程序参与权等。我国可以借鉴国外的做法,结合现代化方式,全面保障被害人程序参与权。①

四、涉众型经济犯罪案件中保护被害人财产权利面临的实际挑战

(一)涉众型经济犯罪中投资人的身份争议

实践中,涉众型经济犯罪中的投资人到底是证人、被害人,还是两者兼具,存在很多争议。模糊的法律地位极大地影响了投资人挽回损失的维权效果。

1.“集资参与人说”

由于难以界定投资人是被害人还是证人,实践中就出现了直接其称为“集资参与人”,以回避投资人身份认定问题的做法。2019 年《最高人民法院、最高人民检察院、公安部关于办理非法集资刑事案件若干问题的意见》中使用了集资参与人的概念。例如该解释第 5 条规定:“以吸收的资金向集资参与人支付的利息分红等回报……集资参与人本金尚未归还的,所支付的回报可予折抵本金;涉案财物不足全部返还的,按照集资参与人的集资额比例返还。”②

将投资人简单归类为“集资参与人”并未明确其在诉讼中的具体法律地位,不能解决实际问题,反而可能加剧矛盾。在我国《刑事诉讼法》中,诉讼参与人如犯罪嫌疑人、被告人、被害人和证人等他们的法律地位都是明确的。这些明确的身份对应着各自的权利和义务,保证了诉讼活动的有效进行。但是,把投资人称作“集资参与人”并没有为他们在诉讼中提供一个清晰的法律地位,这一称呼会让投资人认为自己既非被告人也非被害人,从而感到自己被排除在诉讼之外。同时,“集资参与人”这个词也容易引起误解,投资人可能会被看作是知情参与非法集资的人,甚至是共犯,对于那些已经因为非法集资遭受财产损失的投资人来说实在难以接受。

2.“证人说”

有人认为,集资参与人应作为证人,而不是被害人。从刑法条文来看,集资参与人不是刑法所保护的对象。这一理由主要认为非法吸收公众存款罪该罪名被列在《中华人民共和国刑法》关于“破坏金融管理秩序罪”一节之下,此归类意味着其主要侵害的是金融秩序的整体性,而非单个集资参与者的资产权益。③ 从这个角度出发,非法吸收公众存款的行为,其犯罪客体的单一性决定了集资参与人并不构成典型的被害人群体。国务院颁布的《防范

---

① 参见陈华丽:《刑事被害人权利保障研究》,知识产权出版社 2012 年版,第 101 页。

② 《最高人民法院 最高人民检察院 公安部关于办理非法集资刑事案件若干问题的意见》,载最高人民检察院 https://www.spp.gov.cn/spp/zdgz/201901/t20190130_406993.shtml,访问日期:2024 年 8 月 30 日。

③ 参见金艳:《涉众型经济犯罪被害人权利保障研究》,延边大学出版社 2022 年版,第 47 页。

和处置非法集资条例》、中国银行保险监督管理委员会、中国证券监督管理委员会等都在相关规定中对社会公众进行告知,凡参与有关非法金融活动的应自行承担风险。“风险自负”原则在一定范围内证实了,在非法集资犯罪中,参与者个人的财产权益并不是法律保护的主要对象。涉众经济犯罪案件频发与部分参与者的投机心态关系密切。有些人即便知道集资活动非法,也会因为高额回报的诱惑而参与其中,只有当无法收回投资时才求助于公安司法机关。所以有观点认为,如果把这些知情投机的参与者也视为受害人来保护,这既不公平,也可能助长投机行为,反而不利于防止此类犯罪的发生和减少损失。

把参与集资的个体视作受害者,不仅会提升诉讼的成本,同时也会减缓诉讼的进程。而将其定位成证人,则诉讼程序就会简化很多,可以节约诉讼时间和成本。①

3.“被害人说”

该观点主张将参与集资的个体视作涉众经济犯罪中的受害者。其根据在于:“非法集资行为不仅违反了国家的金融管理秩序,同时也直接损害了参与者的财产权益。”②并且2022年,最高人民法院发布的《关于审理非法集资刑事案件应用法律问题的解释》进一步明确:“非法吸收或者变相吸收公众存款,给存款人造成直接经济损失数额在50万元以上的,应当依法追究刑事责任”③这表明“扰乱金融秩序”的行为之一就是导致存款人遭受直接经济损失,表明在国家金融管理秩序中也考虑了集资参与人的财产权益。因此,当这些参与集资的个体因经济损失而向公安司法机关求助时,他们应被认定为具有受害人身份。

(二)被害人行使程序参与权的阻力

1. 程序法相关规则的缺失

在实践中,被害人在公安机关立案后常面临法律未明确规定权利救济程序的困境。他们的行动通常仅限于向执法机关提交案件并登记损失。在侦查阶段,受害人只能被动配合侦查机关的调查。如果侦查行为存在违法情况,如不当冻结或遗漏财产等,受害人缺乏正式途径表达诉求或申诉。在现行法律架构下,涉案财产的系统调查和论证程序明显不足,且相关诉讼阶段的规定不支持受害人在庭审中直接对被告提出经济补偿请求。这些因素使受害人在刑事司法程序中处于被动地位,难以主动运用法律手段保护自身权益。

2. 传统“重犯罪,轻财产”的办案理念

在我国刑事司法体系中,司法机关对犯罪事实的深入调查和犯罪嫌疑人刑责的精确追

---

① 参见李佳敏:《集资参与人之被害身份认定研究》,西南政法大学出版社2021年版,第53页。

② 孙恬静:《非法集资案件中集资参与人诉讼地位的认定——兼论集资参与人诉讼权利的程序保障》,载《北方金融》2019年第7期,第63页。

③ 《最高人民法院关于修改〈最高人民法院关于审理非法集资刑事案件具体应用法律若干问题的解释〉的决定》,载最高人民法院 https://www.court.gov.cn/zixun/xiangqing/346901.html,访问日期:2024年9月11日。

究是办案的重点。但在涉众型经济犯罪案件中对财产的追回和恢复对被害人来说更为重要,但现行的办案理念和流程往往未能给予充分考虑,对被害人的财产权益的保护在刑事诉讼中经常被边缘化。由于司法机关在对涉案财物的处理和执行过程中缺乏独立的监督机制,导致被害人在追索财产损失时处于弱势地位。

(三)涉案财产刑事处置过程中对被害人财产权益的损害

1. 审前财产处置缺乏统一标准

在案件侦办过程中,"有些侦查机关为了追求案件的破案率,采取不破不立'先破后立'的程序,滥用侦查权,在刑事立案之前就对涉案财物进行扣押,违反程序规定,对涉案财物利益相关人的财产权造成了严重侵犯。"①

此外,退还犯罪所得的操作在各地并不统一。根据现行法律规定,退赃通常在刑事审判结束后,依据生效判决处理涉案财产。然而,在财产权归属明确且不影响审理的情况下,公安机关有时会在审理前退赃。然而,诉讼前退赃与审理后退赃的具体标准在不同地区并不统一,导致一些地区选择审前退赃,而另一些地区则选择审后退赃。这种不一致的退赃模式限制了利害关系人参与退赃程序并发表意见的机会。

2. 审后财产处置粗犷缺乏救济

在刑事诉讼中,涉案财物的保管不当时有发生。例如,警方扣押的欠条等证物因记录不全或移送不当,在检察院审查起诉期间,相关利害关系人发现欠条未列入扣押清单,也未随案件转送等。利害关系人提出异议,对公安机关的行为进行投诉的情况并不少见。这不仅会导致案件退回补充侦查,延误审理进程,还损害了公安司法机关的公信力。

在非法集资等涉众型经济犯罪案件中查扣财物数量众多、种类繁杂,往往涉及股权、工程项目等经营性资产。"囿于职能及专业限制,一些办案机关或多或少存在'重查轻管''一查了之'以及'处置方式单一粗糙'等问题,容易引发被投资企业资金链断裂、在建项目'烂尾'等后果,不利于实现追赃挽损效果的最大化。"②

五、完善被害人财产权益救济途径

(一)被害人的身份肯定

我国刑法和刑事诉讼法均注重恢复因犯罪行为而受损的权利,例如刑法中规定有"赔偿经济损失""责令赔偿损失""刑事追缴退赔"等内容,刑事诉讼法也规定了经济损失赔偿和

---

① 高一飞、张露:《刑事诉讼涉案财物处置公开机制的构建》,载《河南财经政法大学学报》2016 年第 31 卷第 6 期,第 119 页。

② 陆卫民:《刑事案件涉案财物处置问题研究》,载人民法院报 https://www.chinacourt.org/article/detail/2024/01/id/7772867.shtml,访问日期:2024 年 9 月 11 日。

财产相关程序。“集资参与人”这一术语是针对特定犯罪新创的概念，缺乏明确的法律依据，与罪刑法定原则相悖。根据被害人中心主义和投资人财产权益实际受损的客观性，在刑事诉讼中应将投资人界定为被害人。

1. 被害人中心主义

无论在现代刑事学的理论框架内，还是在司法实践活动中，制度的构建和执行常围绕着犯罪者及其行为展开。这一现象被一些学者描述为“犯罪中心主义”，①也就是，将研究和审判的重点放在犯罪的具体行为和犯罪者本身。但对于像集资诈骗这样被害人与加害人互动关系明显的犯罪，被害人在犯罪研究中的地位应该凸显。②

在集资诈骗、非法吸收公众存款、非法经营等案件中，投资者可能出于各种目的主动将资金交给犯罪分子。从投资人角度看，集资诈骗案中的投资人因意思错误而主动交付钱财，遭受损失，显然属于被害人；在非法吸收公众存款案中，投资人基于真实意思签订投资协议，认为投资行为合法，但未正确认识犯罪行为的整体违法性。当犯罪行为构成非法经营或非法吸收公众存款罪时，投资人因对行为性质的误解而遭受财产损失，仍应视为被害人。

2. 根据法益侵害说看待参与人

“对程序被害人进行界定时，应考虑结合犯罪构成和因果关系，犯罪事实对受害者所造成的负面影响是否应归责于行为人。”③对于涉众型经济类犯罪，其独特性体现在，出资人作为实际遭受损失的当事人，在犯罪过程中与集资方的互动性更加频繁、主动性更为显著、影响也更为复杂。

在现实中，尽管集资人可能无意损害投资者财产，但在进行非法集资时，应预见到无法返还本金和利息的风险。当集资人资金链断裂，无法偿还债务时，投资者因损失而成为受害者，这是法律认定受害者存在的基础。此外，投资者的财产损失可视为法律保护的副作用法益，即法律不仅保护直接受侵害的对象，也涵盖受犯罪影响的其他法益。④

由于投资者难以通过自身或其他途径实现救济，其权益保护尤为重要。实践中，投资者通常与筹资方签订贷款或理财合同，理论上可据此要求筹资方承担民事责任。然而，在非法集资活动后期，筹资方往往已耗尽资金，即使法院作出有利判决，执行也极为困难。此外，非法集资通常涉及数千名投资者，涉案金额巨大，超出民事救济能力。⑤ 因此，刑法应成为涉众经济犯罪的最终法律保障。

---

① 参见高维俭：《刑事三元结构论》，北京大学2004年博士论文，第167页。

② 参见唐韵：《集资诈骗犯罪治理中被害人中心主义的提倡》，载《甘肃政法大学学报》2022年第1期，第39页。

③ 刘妍彤：《非法集资犯罪中被害人身份的认定》，中国社会科学院2020年硕士论文，第11页。

④ 参见时方：《非法集资犯罪中的被害人认定——兼论刑法对金融投机者的保护界限》，载《政治与法律》2017年第11期，第45页。

⑤ 参见焦舒：《非法集资犯罪中投资人相关问题研究》，上海财经大学2022年硕士论文，第32页。

(二)强化被害人程序参与权

1. 建立被害人代表诉讼制度实现被害人参加权

涉众型经济犯罪案件往往涉及大量受害者,要求所有受害者出庭既不现实也无必要。因此,可借鉴民事诉讼的理念和司法实践经验。《最高人民法院关于适用〈中华人民共和国刑事诉讼法〉的解释》第224条规定,若被害人人数众多且案件不涉及附带民事诉讼,被害人可推选代表参加庭审。起草小组进一步解释:"允许被害人推选代表参加或旁听庭审,人民法院也可指定代表"。然而,有观点认为,刑事诉讼法未明确规定代理诉讼,且限制被害人出席庭审的做法缺乏法律依据。经审慎考量,最终删除了"人民法院可指定代表"的表述,改为允许被害人自行选举代表出席庭审。①

2. 扩充被害人各诉讼阶段中知情权的内容

在多数涉众型经济犯罪中,早期案件处理通常由地方政府牵头部门主导,因在未发现犯罪迹象前,提前告知集资参与人可能影响涉案财物的查控。因此,知情权的扩展主要体现在公安机关接手后的刑事诉讼阶段。首先,案件处理初期,检察机关应建立与被害人代表的联系机制,对公安机关立案决定、管辖信息及被害人诉讼权利应书面通知,并及时解答被害人提出的问题。由检察院代替被害人与公安机关沟通,可有效减少冲突,赋予被害人一定的监督权,防止公安机关错误处置涉案财物。其次,在审查起诉和审判阶段,依然应依靠这一联系机制。检察院在提起公诉时,应重视被害人的财产退赔需求,并持续向其通报案件进展。在刑事判决中,法院应明确后续退赔工作的负责机关,并要求其与被害人建立联系机制,与检察院的工作做好衔接,避免遗漏。

3. 增加被害人信息获取的渠道

社交平台如微博和微信公众号的迅猛发展,已经重塑了过往由纸质媒介唯一的信息传播格局,催生了当下信息披露的多样化渠道。在不同的诉讼阶段,针对不同的公众对象,我们应当采取适宜的方式,以确保当事人的知情权得到满足。

(1)传统的书面通知形式,这包括执行通知书、存款冻结或解冻通知、财产保管通知、拍卖通知以及流通证券相关的通知等。这些书面文件传统而正式,是司法机关通知当事人的基本手段。

(2)互联网信息公开,这适应了现代信息社会的需要。针对刑事案件的当事人,司法机关可以通过门户网站提供涉案财产的处置信息。互联网信息公开要求内容全面、及时更新、栏目合理安排。

(3)微博、微信和官方客户端平台的应用。这些新媒体平台具有高度的移动性和关注

---

① 姜启波,周加海,喻海松等:《〈关于适用刑事诉讼法的解释〉的理解与适用》,载《人民司法》2021年第7期,第32页。

度,代表着司法机关与高科技的融合。它们的信息面向社会公众进行公开,发布文字的同时可以附带图片、视频以及链接等,具有丰富的形式和内容。

(三)完善对涉案财产的刑事处置措施

1. 加强涉案财物处置信息的公开

确保全面送达涉案财物清单及受害人权利说明。案件审查立案后,应立即以明确的文档形式,将财物清单及受害人权利详细信息送达所有相关方。建立开放透明的涉案财物处理系统,在法院官方平台实时更新扣押、审理、执行等环节信息,主动向受害人和公众公开。

组织法律知识普及活动。定期举办受害人法律解读座谈会,由承办法官解释涉案财物处理的法律条文,并提供追缴财产的具体建议。① 这些措施旨在增强涉案财物处置信息的公开性,保障受害人及公众的知情权,提升司法透明度与公众信任。

2. 规范涉案财物处置公开的方式

筛选信息内容。遵循"最大限度公开"原则,司法机关应在主动公开前,将信息分为两类:需告知当事人的和社会公众应知的。在不同诉讼阶段,公安司法机关应根据对象筛选提供相应信息。互联网公开信息应分类明确,便于监督管理,确保及时查证、修改和撤回。

按原则公开信息。确定公开内容后,应遵循比例原则,最大限度公开信息,同时尽量减少对个人隐私的侵害;便民原则,确保信息获取便捷;效率原则,保证信息传达的有效性。选择合适的发布媒介,确保时效性,"迟到的正义非正义",信息公开若超出合理期限,其价值将丧失。

3. 建立刑事涉案财物庭审实质化程序

应完善涉案财物查明及控制机制。侦查和检察机关应全面收集涉案财物的来源、性质、权属和价值的证据,并制定详细的财产清单。针对财物的权属及性质,应充分听取控辩双方及受害人的意见,进行举证、质证。对于已查扣的财物,特别是通过网络查控的财物,检察机关和法院应在措施到期前委托侦查机关继续冻结、扣押、保管,并通知利害关系人。对不宜保存、易贬值的财物,应听取利害关系人的意见后先行处置变现。检察机关在提起公诉时,应根据查明的涉案财物及相关证据提出具体处理建议。完善涉案财物的先行处置机制,建立侦查和审查起诉阶段的完整处置流程,确保工作有效实施。②

六、结论

现实中,受害人难以满足挽回损失的诉求,反映了权利保护机制面临的系统性难题。这

① 参见肖鹏:《涉众型经济犯罪被害人财产权益保护机制研究》,江西财经大学2019硕士论文,第30页。

② 参见张洪亮,罗登亮:《保障受害人权益维护社会公正之机制完善——以涉众型经济犯罪案件为研究对象》,载《四川行政学院学报》2017年第6期,第63页。

些问题体现在制度供应有限与需求旺盛的冲突,以及权益诉求与保护措施不足的紧张关系。为解决这些问题,应从受害人身份界定、程序参与、损失挽回、权利救济等方面进行综合考量。首先,需明确受害人的身份认定,尤其在非法集资案件中,区分受害人与证人、犯罪人是保障其合法权益的基础。此外,应保障受害人在刑事诉讼中的参与权,既体现对其人格权的尊重,也有助于维护社会稳定。应完善涉案财物的处置程序,建立有效的监督管理机制,确保处置工作的透明有序。在此过程中,必须保障被害人的知情权,对财物权属和处理进程的相关问题应及时通知受害人。

涉众型经济犯罪中受害人财产权利的保护面临众多挑战。需要通过立法、司法及执法实践的改革和完善,方能切实提升受害人财产权益保护的有效性,进一步维护经济秩序和社会稳定。

电影众筹投资案的刑法定性研究

郑新怡*

摘要:对于电影众筹投资行为,司法实践中存在以民事欺诈、非法吸收公众存款罪与集资诈骗罪认定的裁判分歧。对此,基于对非法集资犯罪行为利诱性与社会性的厘清,明确电影众筹投资行为属于犯罪行为而非民事欺诈。在此基础上,鉴于主观要件区分方案存在司法困境以及基于信任法益构建的区分方案存在逻辑缺陷,应当重构主客观相统一的区分方案,坚持非法占有目的的主观要件区分标准且用法益指导解释犯罪的客观方面构成要件,据此认定电影众筹投资行为成立集资诈骗罪。

关键词:电影众筹投资;非法集资;集资诈骗罪;非法占有目的

一、问题的提出

近些年来,电影市场进入了飞速发展的阶段,电影类型百花齐放,电影数量不可胜计,动辄上亿的票房诱惑着越来越多的人投资电影,打着融资名义骗取财物的犯罪行为也随之而来。虚构不存在的电影项目骗取他人财物的行为容易被识破,犯罪分子改进诈骗方式,以影视公司的名义从电影主出品方或联合出品方处购买真实的电影投资份额,转而溢价出卖给个人投资者,所获取的投资款仅小部分用来拍摄制作电影,主要用于日常消费或公司正常运营的开支,投资者投入几十万甚至数百万几乎血本无归(以下简称电影众筹投资案)。这种电影众筹投资的模式大同小异,但对于行为人的责任和涉嫌的法律风险在司法实践中却意见不一。

案例一:某友公司无金融资质,从某达影视公司购买10%的涉案电影份额,在网络上与商某取得联系后,宣称自己拥有涉案影片全部版权,电影上映后预期票房为30亿,与商某签订电影合作投资协议书。某友公司收到集资款后,部分用于拍摄电影,剩余部分与宣发公司平分。电影上映后票房不到6000万,商某遭受巨大损失。2020年上海市杨浦区人民法院以

---

* 郑新怡(2001—),女,安徽马鞍山人,中国人民公安大学2023级硕士研究生,研究方向为刑法学。

合同存在欺诈为由,依法撤销合同。①

案例二:2018 年起,曹某等人先后经营数家公司,分别 A 公司和 B 公司购买《光某化日》与《90 某兵》两部电影的部分份额。此后出售上述两部电影的部分份额。经审计,曹某等人经营的上述公司先后与方某等 126 名投资人签订协议,将原投资成本为 1.4 亿的《光某化日》和 1.25 亿的《90 某兵》分别定为 2.5 亿和 2.8 亿,募集资金 1,200 余万元,曹某等人仅将 300 余万元用于电影投资,其余部分被用于支付渠道商高额返佣、公司运营成本等费用。2022 年上海市宝山区人民法院对本案作出判决,曹某以集资诈骗罪被判处刑罚。②

案例三:2018 年,张某臣被一微信名为"后来"的女性身份网友加了微信后,该女网友反复声称投资电影很赚钱,并向他推荐了电影《某蛋爸爸》,允诺可以获得 3 - 5 倍的收益,于是张某臣投资 30 万元。案发后查明,"女网友"为南昌帝某网络科技有限公司业务员,负责在网上随机添加微信培养两性感情,诱骗被害人投资江西星某园影业有限公司的电影项目。两公司均无金融资质。星某园影业有限公司在收到投资款后仅部分用于拍摄电影,大部分返佣给代理商南昌帝某网络科技有限公司、用于公司内部开销和供私人支配。2022 年江西省南昌市中级人民法院对此案作终审判决,涉案人员均以非法吸收公众罪判处刑罚。③

同样是影视公司认购部分电影份额后,通过第三方代理商转让给不特定投资人,投资款用于向代理商返佣和公司的正常运营,却出现了同案不同判的现象。之所以出现这种分歧,主要是因为司法机关对电影众筹投资案的事实构造把握不准确,对于非法吸收公众存款罪和集资诈骗罪的界限认识不清。因此对于电影众筹投资案件的定性研究对于司法实践和非法集资犯罪理论研究都具有积极意义。

二、电影众筹投资案的民刑界定:非法集资行为规范特征的细化

2022 年施行的《最高人民法院关于审理非法集资刑事案件具体应用法律若干问题的解释》(以下简称《解释》)第 1 条明确非法集资为违反国家金融管理法律规定向社会公众吸收资金的行为。《解释》赋予了非法吸收公众存款罪在非法集资犯罪体系中的基础地位,如果某个非法集资活动符合了刑法上规定的其他罪名,就直接以这些罪名定罪。《解释》第 7 条也重申了这一点,当行为人以非法占有为目的实施了具有非法性、利诱性、公开性、社会性的活动,就不再定非法吸收公众存款罪,而是以集资诈骗罪论处。④ 其中非法性作为辅助性标准,相关交易活动被认定为构成公开集资行为时才需要讨论该行为是否经过有权机关批准

---

① 参见民事判决书(2019)沪 0110 民初 21733 号。

② 参见刑事判决书(2022)沪 0113 刑初 294 号。

③ 参见刑事裁定书(2020)赣 01 刑终 258 号。

④ 参见彭冰:《非法集资行为的界定——评最高人民法院关于非法集资的司法解释》,载《法学家》2011 年第 6 期,第 40 页。

或者是否合法。公开性以公开宣传为原则，口口相传为例外，在司法实践中并无太多争议。① 有鉴于此，笔者将在《解释》规定的基础上，重点从利诱性、社会性两个方面对非法集资活动与一般的交易活动的区分作出阐述。

(一)非法集资具有利诱性

市场经济下，无论是商品还是资本的交易，总有一方是以获取资金为目实施吸收资金的行为，而另一方则为了获取交易标而提供资金。为实现吸收资金的目的，行为人往往会围绕标的物进行诸如广告宣传、技术研发等迎合市场需求的经营活动。但向社会承诺在一定期限内以货币、实物、股权等方式还本付息或者给付回报的行为却有别于正常的经营活动，《解释》之所以警惕这种利诱他人投资以获取投资款的行为，正是因为其已经超出一般交易活动中鼓励公众投资应有的范畴。对于利诱性，可以从以下三方面进行理解。

首先，吸收资金者实施了利诱行为。吸收资金者当下无法提供实质的商品或服务，为了打消资金提供者的顾虑，行为人通常会塑造良好的企业形象，极力鼓吹标的物的未来收益，以口头或者书面的形式保证将来给付回报，甚至给出保本方案，让投资者坚信自己会稳赚不赔。有时候行为人为放长线钓大鱼，可能会以利息、分红等名义先给付部分回报，在投资者彻底放下戒备以后抛出更具有诱惑性的投资项目，以吸收更大数额的资金。

其次，吸收资金者利诱他人产生投资目的。彭冰教授认为资金提供方获取未来收益的目的是区分集资交易与其他类型交易的关键因素。② 但笔者认为，凭借受害人的主观目的来推定行为人有罪并不恰当。因为资金提供者的目的可以是多重的，如购房合同中，虽然房屋开发商提出以回购等方式来变相承诺给付回报，但买方实际上并不在乎附属服务，只是因为房价合适而签订买卖合同，那么显然买方没有获取未来收益的投资目的。换言之，如果吸收资金者的利诱行为并没有使资金提供者产生投资目的，不宜认定为集资交易。

再次，吸收资金者的利诱行为与资金提供者的投资行为之间存在因果关系。吸收资金者以未来给付回报为由利诱他人提供资金。当一方的利诱行为和另一方基于投资目的提供资金的行为之间存在确定的因果关系时，可以认定行为人构成非法集资。需要注意的是，为获取未来收益提供资金并不等同于投资，当下流行的商品预售符合上述行为模式，但似乎实践中不会将其认定为集资。这是因为，集资行为中的投资所期待获取的未来收益并非标的物本身，而是以标的物为载体产生的各种利润或收益。

---

① 参见刘为波：《关于审理非法集资刑事案件具体应用法律若干问题的解释》的理解与适用，载《人民司法》2011 年第 5 期，第 25 页。

② 参见彭冰：《非法集资行为的界定——评最高人民法院关于非法集资的司法解释》，载《法学家》2011 年第 6 期，第 44 页。

(二)非法集资具有社会性

社会性指向社会公众即社会不特定对象吸收资金。该表述存在一定的模糊性,学界对此的理解也莫衷一是。有学者认为“公众是不特定对象或特定的多数对象,单位内部虽然是特定对象,但如果数量特别多,波及范围广,也可以成立非法集资犯罪”;①也有学者认为“公众只能是不特定的多数人,否则扩大本罪的外延”,②而司法实践中通常将投资者的数量多寡作为标准,以至非法吸收公众存款罪入罪门槛很低,有出入人罪之虞。对此,想要准确把握社会性的内涵,必须回归到非法集资犯罪的立法目的。

一方面,从保护公民权益来看,正因为非法集资让大量缺乏投资经验的社会公众面临难以承受的损失风险,刑法才将其作为犯罪予以规制。在非法集资活动中,集资者与不特定的社会公众之间不存在密切关系甚至是一般联系,这意味着他们不会从集资者处受到保护,于是大批投资者受到有组织有计划的利诱,将自己置于财产损失的风险之下。利益本位的集资者在利用信息不对称的优势诱使投资者进行投资后,站在投资者的角度,一般会出现奥尔森困境。奥尔森困境是集体行动的悖论,尽管投资者的财产面临着一损俱损的风险,但成员怀着侥幸心理,相信总有人会去履行监管职责而怠于履行自身职责,从而导致监督不足,投资风险增大。

另一方面,从惩罚犯罪来看,非法集资行为因其逃避监管,在法的框架之外滋生各种违法犯罪问题而被刑法纳入规制范围中。相当多的侵占型经济诈骗犯罪出现,行为人借用合法经营的形式掩盖非法集资的本质,面向公众吸收资金后占为己有,拒不返还,给投资者带来巨大损失。一旦投资失败,集资的社会性带来的是全盘的崩溃。③ 金融市场的系统化和网络化决定其不能像民间借贷那样双方主体坐下来慢慢协商谈判,投资者的恐慌与质疑迅速扩散延伸,金融秩序赖以稳定运行的信用基础受到破坏,金融秩序相应紊乱,最终导致整个社会的不稳定。

对社会公众的内涵做更宽泛的理解有助于消除法律条文的不确定性,也能更好地应对金融犯罪愈演愈烈的问题。如果机械的以投资人的数量作为认定标准,反而不能很好地适应实践需要。吴英案中,虽然被告人分别与11名受害人一一接触,其对象特定,而且人数距离相关文件规定的人员数量相差甚远。④ 但其间接吸引而来的高达数百人,跨越多个省市,社会影响广泛,认定为“社会性”并无不妥。总之,如果投资者普遍不具有投资经验,抗风险

① 谢望原、张开骏:《非法吸收公众存款罪疑难问题研究》,载《法学评论》2011年第6期,第139页。

② 叶良芳:《从吴英案看集资诈骗罪的司法认定》,载《法学》2012年第3期,第19页。

③ 参见林越坚:《非法集资与民间借贷的刑民界分》,载《财经科学》2013年第1期,第41页。

④ 参见刑事判决书(2009)浙金刑二初字第1号。人员数量参见2001年《全国法院审理金融犯罪案件工作座谈会纪要》规定的30户、150户。

能力差,又或是集资人行为辐射面连集资人自己都无法预料和控制的,应当认定为向社会公众集资。①

(三)小结:电影众筹投资案是非法集资犯罪

电影众筹投资案中行为人未经有关部门依法许可,在无金融资质情况下,声势浩大地用各种方式对外进行宣传。不管是何种具体手段,让更多的人知晓电影项目一定是他们开展后续活动的前提。② 电影众筹投资案符合非法性和公开性这一点不容置疑,其能否认定为集资犯罪关键在于是否具有利诱性和社会性。

其一,电影众筹投资案是行为人利诱他人投资电影的过程,具有利诱性。行为人大肆宣扬电影高收益,声称电影上映后进行分红,如果没有保本就回购份额。显然吸收资金者的行为是赤裸裸的利诱行为。此外,不同于一般的商品预售,电影投资的收益不在于电影本身,而是来源于电影票房、广告植入费等。可以说,电影投资带来的只能是未来收益而非当下的回报,这一点经过吸收资金者的无限放大和吹嘘,足以让资金提供者产生投资目的。

其二,电影众筹投资行为具有社会性。通过网络,涉案公司完成了与被害人建立信任关系、推荐电影项目、进行资金往来等一系列行为,但可能双方从未实际接触过,涉案公司与投资者之间不存在特定关系,且投资者数量多,分散范围极广。涉案公司的行为具有网络行为的巨大辐射力,连他们自己也无法预料传播范围会有多广,受骗群众会有多少。显然,电影众筹投资诈骗行为具有社会性。

综上,电影众筹投资诈骗行为具有利诱性、非法性、社会性和公开性,不是一般的交易活动,而是非法集资犯罪行为。

三、电影众筹投资案的罪名适用:集资诈骗罪与非法吸收公众存款罪区分标准的重构

当行为被划归到非法集资犯罪的范畴内时,司法人员对于行为具体构成何罪又是一筹莫展。非法吸收公众存款罪作为非法集资犯罪的基础性罪名,在司法实践中近乎被滥用。③而集资诈骗罪作为非法集资犯罪圈中唯一的侵占型经济诈骗犯罪,处罚力度不断增强,适用起来却相当随意。因此,针对学界对于两罪主张的几种区分标准,有必要一一进行辨析,解决两罪的区分难题。

---

① 参见刘为波:《关于审理非法集资刑事案件具体应用法律若干问题的解释》的理解与适用,载《人民司法》2011 年第 5 期,第 26 页。

② 参见王闲乐,王擅文:《一场电影投资骗局卷走 2.81 亿》,载《解放日报》2024 年 5 月 23 日,第 7 版。

③ 参见刘宪权:《刑法严惩非法集资行为之反思》,载《法商研究》2012 年第 4 期,第 119 - 120 页。

(一)主观要件区分方案的司法困境

"非法占有为目的"的主观要件区分方案,得到学界的普遍支持。叶良芳教授认为"两罪根本区别在于主观目的的不同"。① 李勤教授也指出"两罪的区分只能依靠主观目的来完成"。② 实务界出台的司法解释和相关文件也支持这一方案,如2017年最高人民检察院《关于办理涉互联网金融犯罪案件有关问题座谈会纪要》中提到"是否具有非法占有目的,是区分非法吸收公众存款罪和集资诈骗罪的关键要件"。

以非法占有目的作为区分两罪的标准有其合理性,但在这一标准之下愈发明显的主观归罪问题和刑事推定问题也值得重视。贝卡利亚(Greta Beccaglia)认为将犯罪时怀有的意图作为衡量犯罪的真正标尺是错误的。一旦司法人员把工作重心放在证明行为人有无非法占有目的上,因着司法人员的自身素养和专业水准的参差不齐,其可能会在无意中采取先主观后客观的思维方式,行为人的命运将面临不同法庭不同结局的窘境。③

司法解释采取的刑事推定作为一门涉及实体和程序的复杂技术,在适用过程中一旦出现偏差,直接影响司法效能。从实体上看,其本身逻辑就未必合理。一般来说,某一确定存在的客观情形是为"基础事实",用基础事实来证明另一个事实的存在,这个待证事实就是"推定事实"。基础事实与推定事实之间一定存在某种常规的联系。④ 但《解释》列举的客观情形与"非法占有目的"之间是否存在常规联系还需斟酌,如"将集资款用于违法犯罪活动的"从逻辑角度来说并不能得出行为人具有"非法占有为目的"的结论。从程序上来说,基础事实的存在与真实是推定事实真实的前提,但司法机关通常难以保证基础事实的可靠性。如对于将集资款用于购房买车的行为,控方认为其是肆意挥霍,可以认定其具有非法占有目的,但若吸收资金者本身就财力雄厚、出手阔绰,那么其购房买车的行为可能是投资而非挥霍。为避免推定被人类的相反经验所轻易推翻,司法机关不得不花费大量的司法资源去查明基础事实的具体细节。⑤

对于主观要件区分方案伴随的诸多司法实践问题,只有正视理论不充分、司法认定障碍等问题,才能更好地发挥主观要件区分方案的积极作用。

(二)基于信任法益构建的区分方案的逻辑缺陷

近年来,越来越多的学者对非法占有目的的区分标准进行反思,主张要将两罪放到金融

---

① 叶良芳:《从吴英案看集资诈骗罪的司法认定》,载《法学》2012年第3期,第16页。

② 李勤:《非法吸收公众存款罪与集资诈骗罪区分之间——以"二元双层次"犯罪构成理论为视角》,载《东方法学》2017年第2期,第149页。

③ [意]切萨雷·贝卡利亚:《论犯罪与刑罚》,黄风译,中国方正出版社2003年版,第19页。

④ 参见沈丙友:《诉讼证明的困境与金融诈骗罪之重构》,载《法学研究》2003年第3期,第137页。

⑤ 参见李明:《诈骗罪中"非法占有目的"的推定规则》,载《法学杂志》2013年第10期,第16页。

系统这一语境里进行考察，根据二者所侵犯信任模式的不同进行界分，这一学说也被称之为信任法益侵犯说。该说认为，在金融市场中，投资者对于依法获得金融从业许可的金融机构的信任本质上是对其背后系统成熟的法律法规和市场规则的信任，这是一种系统性信任，也可以称之为规则信任。[①] 这种区分方案为学界提供了崭新的思路和更广阔的视野，但在逻辑上存在一定的缺陷。

以信任法益侵害说里极具代表性的信任类型区分说为例，支持该观点的学者认为，融资者使用诈骗方法骗取投资者资金后占为己有的行为破坏的是"一对一"结构的人格信任，构成集资诈骗罪，而面向社会公众高息揽储后用于放贷等纯资本运营的行为破坏了"一对多"结构的规则信任，构成非法吸收公众存款罪。[②] 笔者认为，此判断存在诸多矛盾。

首先，集资诈骗罪侵犯的是系统性信任而非"一对一"的信任。信任类型区分说认为，诈骗是一对一的交往行为，侵犯的是投资者对集资者的人格信任，法律将此类行为规定为集资诈骗罪。但如前文所述，集资诈骗罪具备社会公开性，这与该观点所声称的"一对一"信任结构有矛盾。笔者认为，所谓的"人格信任"本质上是发生在一个特定空间里的传统信任，与金融领域的信任并不一样。金融系统是一个复杂的体系，市场主体只是灵活个体，真正把控全局、稳定秩序的是错综复杂的各种专业权威、行业资格、官方认证等各种专业系统背书。人们对于这份规则的信心以及追随构成了金融市场的信任基础。

其次，该理论违背了罪责刑相适应原则，颠倒了罪刑阶梯的结构。规则信任是一对多的关系结构，具有社会性，而人格信任是一对一的关系结构，指向特定交易主体。诚然，特定交易主体背信弃义损坏人格信任具有一定的社会危害性，但相比较于存在陌生人社会中的规则信任的大范围崩溃，其社会危害性要小很多。犯罪和刑罚有其自身的阶梯结构，法益侵害性越严重，惩罚犯罪的手段就应当越强硬。[③] 按照该理论，破坏人格信任的集资诈骗罪的可谴责性应当小于破坏规则信任的非法吸收公众存款罪。这一结论显然不符合刑法规定和法理基础，集资诈骗罪作为侵占型的经济犯罪，其法定最高刑为无期徒刑，与非法吸收公众存款罪是重罪与轻罪的关系。

信任类型区分说的观点漏洞较大，但这是一个理论的探索过程。信任法益的确是两罪既有共性又有个性的地方，如果能厘清两罪侵犯的信任类型和具体模式，对于两罪的区分具有积极意义。

---

① 参见梁译如：《非法吸收公众存款罪与集资诈骗罪的区分适用：基于信任法益》，载《河北法学》2021年第8期，第174页。

② 参见蓝学友：《论集资诈骗罪与非法吸收公众存款罪的体系性区分——基于金融系统的两种信任类型》，载《西南政法大学学报》2021年第5期，第120页。

③ 参见[意]切萨雷·贝卡利亚：《论犯罪与刑罚》，黄风译，中国方正出版社2003年版，第17页。

(三)重构主客观相统一的区分方案

无论是主观要件区分方案还是基于信任法益构建的区分方案,都有一个共同的缺陷:违背主客观相统一的原则。主观要件区分方案过于强调主观构成要件,忽视客观;基于信任法益构建的区分方案本质上区分两罪侵犯客体的不同,回避了行为人主观上是否具有非法占有目的的问题,忽视主观。只有从主观和客观两个方面对两罪进行全面评价,才能准确的区分非法吸收公众存款罪和集资诈骗罪。

1. 坚持非法占有目的的主观要件区分标准

虽然"非法占有目的"要件面临着广泛的实践争议,但其在集资诈骗罪的认定以及与非法吸收公众存款罪的区分中发挥着不可替代的作用。非法吸收公众存款罪中的行为人具有事实上支配或控制他人存款的意图,但由于其准备归还,所以不具有非法占有的目的;而集资诈骗罪则除了事实上支配、控制他人资金外,还不准备归还,即具有不法所有的意图,所以不同于非法吸收公众存款罪。从不法所有目的出发,该主观要件具有此罪与彼罪的机能。笔者认为,想要发挥主观要件区分方案应有的功能,应当着眼于刑事司法推定的完善。在厘清非法占有目的内涵的基础上,司法机关在推定的过程中,必须遵循以下原则。第一,综合认定原则,《解释》采取的正是综合性判断,当行为符合司法解释列举的情形时,"可以"而非"应当"认定行为人具有非法占有目的。因此,对案件的基础性事实查证是首要工作,推定是规则与方法,基础性事实与推定事实之间具有常规但并非必然联系的联系,所以即便司法解释抽象概括并列举出了常见的七种情形,也应当经得起逻辑的检验,不能机械照搬照用司法解释的内容。[①] 第二,善于使用反证推翻推定。由于司法机关进行刑事推定本质上是降低其证明责任,为保障人权,应当鼓励被控诉人通过反证来推翻基础性事实,继而推翻推定事实。

2. 用法益指导解释犯罪的客观方面构成要件

法益具有重要的刑法解释功能,对犯罪构成要件内容的解释,首先应当明确犯罪所侵犯的客体即保护的法益。传统的秩序法益观认为集资诈骗罪是包括公私财产所有权和金融管理秩序在内的复杂客体,非法吸收公众存款罪则是国家金融管理秩序的简单客体。[②] 随着新时代国家金融改革的深化,秩序法益观已然背离了金融刑法当下的价值追求,而秩序导向下的利益法益观成为我国金融刑法法益的应然追求。[③] 利益法益观之下,非法吸收公众存款罪和集资诈骗罪作为金融犯罪自然都保护以信用利益为基础的金融秩序,两罪的区别在

---

① 参见何荣功:《民事欺诈与刑事诈骗的类型化区分》,载《交大法学》2023 年第 1 期,第 117 页。

② 参见高铭暄,马克昌:《刑法学》,北京大学出版社、高等教育出版社 2007 年版,第 18 页。

③ 参见钱小平:《中国金融刑法立法的应然转向:从"秩序法益观"到"利益法益观"》,载《政治与法律》2017 年第 5 期,第 44 - 45 页。

于集资诈骗罪不仅保护金融信用利益法益,还保护公私财产利益。从规范目的来看,“数额较大”作为结果构成要件被规定在集资诈骗罪刑法条文中,《解释》第 8 条也以投资者财产损失数额大小作为量刑的具体标准。可以看出,集资诈骗罪所直接保护的公私财产所有权是主要客体,以信用利益为基础的金融秩序则是次要客体。而非法吸收公众存款罪则仅强调对以信任为基础的金融秩序的保护。

法益在侧重面上的差异决定了两罪在客观行为方面的差异。集资诈骗罪将对公私财产权的保护放在主要位置,而非法吸收公众存款罪对于公私财产权的保护只是金融秩序保护的附随效果。因此,相较于非法吸收公众存款罪而言,集资诈骗罪具有欺骗事实更关键、欺骗程度更深的特点。集资诈骗行为人虚构隐瞒关键事实,全程控制交易,达到使他人产生错误认识并且处分财物的程度,这属于刑事意义上的诈骗。非法吸收公众存款罪中行为人也可能虚构部分事实,隐瞒个别真相,但其吸收资金前有真实的合同交易背景,吸收资金后也履行合同约定义务,这种基于真实交易的欺诈更多的是民事上的欺诈。[①]

(四)小结:电影众筹投资案构成集资诈骗罪

主客观相统一的区分方案从法益出发,坚持主观要件区分方案的法定地位,兼顾犯罪的主观方面与客观方面,对于区分此罪与彼罪有着重要意义。

从主观方面来看,电影众筹行为人具有非法占有目的。在电影众筹投资案中,电影项目真实存在,行为人对于集资款的调配使用明显失衡。众所周知,电影制作需要投入大量资金,行为人投入小部分甚至不投入资金,本意上是放任电影粗制滥造,没有质量的电影当然不会带来收益。此外,对于集资者有履行意愿但暂时没有履行能力的辩解,应当查证其具体运营情况,有影视公司在电影亏损严重的情况下,仍然包装自身形象,开发新的电影项目继续集资,循环往复最终导致资金链断裂,这实际上是庞氏骗局的翻版,应当认定其具有非法占有目的。

从客观方面来看,电影众筹投资案不仅造成投资人财产损失,还破坏了以信用利益为基础的金融秩序。

首先,金融领域是一个高风险高收益的领域,投资者负担更高的风险注意义务,融资者则承担较低的风险提示义务。但为了避免有心者钻交易习惯的空子,法律规定了融资者的重要信息披露义务,对于影响交易成功与否的关键信息,融资者不得隐瞒。电影众筹投资案中,缺乏经验的个人投资者对于影视公司提供的相关证明文件和虚增的电影成本内容没有信息识别的能力,上千万的溢价导致投资人的投资成本大大提高,一旦票房不理想,投资人遭受的损失也是成倍的。电影投资总成本作为投资的关键信息,直接影响投资人的投资决定。因此投资人基于对电影投资总成本的错误认识投入更多的资金获取较少的电影份额,

---

① 参见陈兴良:《民事欺诈和刑事欺诈的界分》,载《法治现代化研究》2019 年第 5 期,第 7－9 页。

可以认定影视公司使用了诈骗方法。

其次,电影众筹投资行为侵犯了集资诈骗罪所保护的双重法益。涉案影视公司无论是虚构金融业务资质还是依法取得准入资格,总会在经营过程中滥用信用,非法处分和利用集资款,拒绝及时公开相关重要信息,造成投资人财产损失,对金融信用利益造成实际损害,破坏金融秩序的稳定。

综上,电影众筹投资案中行为人主观上有非法占有的目的,客观上实施诈骗行为,侵犯公私财产所有权和以信用利益为基础的金融秩序的复杂客体,构成集资诈骗罪。

四、结语

电影众筹投资案的定性讨论表明了在投资需求越来越多的时代背景下,传统的罪与非罪、此罪与彼罪的理论并不能够完美契合具体个案的解决。只有对电影众筹投资案进行系统研究,明确一般民事行为与非法集资犯罪在本质上的差异,在坚持和完善主观要件区分方案的基础上,厘清非法吸收公众存款罪与集资诈骗罪在主客观层面的差异,才能准确认定电影众筹投资案的性质,摆脱同案不同判的司法困境。

背信损害上市公司利益罪的立法检视与司法适用

王岳佳*

摘要:金融犯罪是资本市场深化改革中的重点打击对象。本文通过对背信损害上市公司利益罪的立法背景、法条问题、司法适用等方面的详细分析,探讨了其在资本市场中的现实意义和存在的司法适用障碍。背信损害上市公司利益罪的法条模糊性和竞合型犯罪问题,揭示了法条中存在的重复立法和解释困难。尽管历经修改,背信损害上市公司利益罪在司法适用中仍存在兜底条款的理解和前置法的衔接不足等具体问题。因此,应当加强对背信行为的法律规制和司法解释,以促进对上市公司利益的有效保护,维护资本市场的健康发展。

关键词:背信损害上市公司利益罪;金融犯罪;非公允关联交易

伴随着我国资本市场进一步深化改革,金融市场在为经济带来新活力的同时,也使得新型金融违法犯罪层出不穷。有别于传统犯罪的特征,金融犯罪具有连锁性、渗透性、放射性等特点,特别是在企业中,还具有隐蔽性与封闭性的特征,使得金融犯罪往往难以被察觉,而在进行追责时,公司与股东往往已经发生严重损失。《刑法修正案(十二)》中,格外强调对金融犯罪相关立法的调整与完善。但是,背信损害上市公司利益罪仍旧在司法适用中存在一定困难,因此有必要对其进行一定的检视,解决本罪司法适用障碍,加强对公司高管犯罪的惩治力度。

一、背信损害上市公司利益罪的立法背景

上市公司的经营管理者、控股股东以及实际控制人对上市公司往往享有较大的权力,他

* 王岳佳(1999—),女,北京朝阳人,美国西北大学普利兹克法学院法学硕士,研究方向为刑法学。

们对于公司的生产经营活动具有控制权,因此直接决定着公司的生死存亡。① 但现实中,某些上市公司的控股股东、实际控制人与经营管理者为谋取自身非法利益,违背其应对上市公司承担的忠实义务,无视上市公司以及广大中小股东利益,通过种种非法手段如直接侵吞或转移公司资金,违规为关联方提供担保,私设账户抽逃上市公司资金等方式掏空上市公司。这些行为不仅严重损害了上市公司与其中小股东的利益,更扰乱证券市场秩序,破坏社会经济安全与稳定。基于此,《刑法修正案(六)》为了适应时代的发展,规制上市公司,特别是其高管与控股股东的行为,专门规定了背信损害上市公司利益罪。

然而在《刑法修正案(六)》出台后至今的十六年里,可检索到被判决成立背信损害上市公司利益罪的刑事案例仍然数量较少。尽管该罪现存判决文书较少,但背信损害上市公司利益的行为并不少见。曾在 2008 年涉嫌造假评估报告并以不合理对价购买资产的亿某信通,近年来又陷入大股东以挪用资金、违规担保等一系列手段掏空上市公司的窘境,最终导致该公司被提起证券虚假陈述诉讼。② 这些行为就极有可能涉及背信损害上市公司利益罪。然而现实中,根据亿某信通所披露信息,其时任董事长以行贿罪被司法机关追究刑事责任。③

证券犯罪发生率逐渐增长,资本市场违法活动已经具有严重的社会危害性。2020 年,最高人民法院印发《关于为创业板改革并试点注册制提供司法保障的若干意见》(下文简称《意见》),在第 6 款中特别强调,"依法从严惩处证券犯罪活动""依法从严惩处违规披露、不披露重要信息、内幕交易、利用未公开信息交易、操纵证券市场、背信损害上市公司利益等金融犯罪分子,严格控制缓刑适用,依法加大罚金刑等经济制裁力"。《意见》提及背信损害上市利益罪,可见该罪名仍旧在证券犯罪中具有重要地位,因此对该罪的司法适用研究可以促进对于证券犯罪的预防与打击,具有高度现实意义。

二、背信损害上市公司利益罪的立法问题

(一)法条概念模糊性

背信损害上市公司利益罪的法条诞生于证券市场高速发展的 21 世纪初期,其初期的制定目的是对于需要进行刑事处罚的商事行为规制,故法条构成本身就具有一定的复杂性与模糊性。本罪中的每一项犯罪构成要件都需要法官对其进行详尽的实质性判断,如"利用职务便利","造成公司重大损失"等,一旦不满足其中任意一个构成要件,司法人员就会放弃

---

① 参见宋建波、文雯、王德宏等:《管理层权力、内外部监督与企业风险承担》,载《经济理论与经济管理》2018 年第 6 期,第 97 页。

② 参见中国证券监督管理委员会黑龙江监管局行政处罚决定书〔2021〕1 号。

③ 参见赵毅波:《亿阳信通回应邓伟涉嫌单位行贿开庭:此前信息披露不完整》,载新京报 https://www.bjnews.com.cn/detail/155019599214381.html,最后访问日期:2024 年 5 月 21 日。

适用本罪。此外,法条中不仅出现应当给予合理解释的短语,如“高级管理人员”等影响犯罪构成要件判断的,却又无法在《刑法》中直接予以释明,可能需要进行前置法溯源的词汇;还出现了如“明显不公平的条件”等存在一定主观价值判断因素的词汇。这些语句严格来讲无法直接适用于法院说理当中,对它们的不同解释会影响司法人员的判断。此外,法条第2款和第3款对控股股东与实际控制人的相关规定也存在一定的模糊性,法条强调了上市公司控股股东或者实际控制人对上市公司董事、监事、高级管理人员的“指使”,也使得部分司法实践中认为必须形成上市公司控股股东或实际控制人,上市公司董事、监事、高级管理人员与上市公司三方关系才可构成背信损害上市公司利益罪,对于“指使”一词的解释也将影响对于上市公司控股股东或者实际控制人的相关法律适用问题。此外,对于学界中在研究本罪中几乎默认的本罪规制核心“非公允关联交易”和司法实践中提出的本罪规制核心应是“掏空行为”这一问题,无论何种理论观点都并未在法条中得到支持,而仅仅是学者专家与司法人员对于本罪的推论。这些法条自身的问题也使得本罪的司法适用障碍重重。

背信损害上市公司利益罪历来因其所打击犯罪的限制性较多而备受争议,本罪的入罪门槛较高,包括对于犯罪主体“上市公司董事、监事、高级管理人员”的穷尽式枚举,以及犯罪对象“上市公司”的强调。有学者认为,“从事非公允关联交易的主体不仅包括了以上主体,还包括了持有上市公司5%以上股份的法人、其他组织,控股股东、实际控制人所共同控制的除上市公司及其控股子公司以外的法人或者其他组织,控股股东、实际控股人所能够控制的秘书、司机以及其他一般管理人员等,其他还有诸如关联法人的董事、监事和高级管理人员,董事、监事、高级管理人员所属人士的关系密切的家庭成员等。”①甚至本罪对于上市公司的强调也被认为本罪对所规制的公司范围限制实质上违反了刑法平等原则,也限制了本罪的司法适用。② 检索过程中发现的某案例似乎论证了这一观点,在“钟某职务侵占案”中,辩护人为上诉人所做轻罪辩护,即认为钟某通过虚构关联公司之间交易侵占公司资金的行为,应当构成背信损害上市公司利益罪,而法院最终以钟某实际控制的上市公司在香港上市,不符合犯罪主体要求而驳回。③ 本文在承认本罪打击范围过分狭隘导致其司法适用困难的同时,也认可由于刑法谦抑性问题,本罪在司法适用时容易陷入两难境地,即适用范围过大可能不利于民商事行为的自治性,而过分狭隘的适用范围又会使得本罪失去用武之地。

(二)竞合型犯罪化

随着证券犯罪的出现数量不断增加,上市公司高管的背信行为不仅会影响公司的利益

---

① 陈亦聪、武俊桥:《上市公司非公允关联交易的法律规制——以刑事责任为中心》,载《证券市场导报》2011 第8期,第67页。

② 参见张明楷:《刑法修正的原则与技术——兼论〈刑法修正案(十二)(草案)〉的完善》,载《中国刑事法杂志》2023年第5期,第10页。

③ 参见钟方军职务侵占罪二审刑事裁定书(2020)皖06刑终第181号。

与发展,对于广大中小投资者与证券市场的秩序更造成巨大冲击与混乱,对此类犯罪进行针对性立法似乎极具必要性。出于法益保护的目的,我国为此设立了“背信损害上市公司利益罪”这一新罪,以期填补立法上的空白,《刑法修正案(六)》中的相关规定就是体现。然而不可否认的是,本罪的设立与一些法条存在严重的重合,将部分行为重复性立法,即所谓的“竞合型犯罪化”问题,其本质上是一种从“有”到“有”的立法过程。① 证券犯罪一直是竞合型犯罪问题的高发地带,将旧有犯罪行为重新确认为新有罪名是资本市场迅猛发展下的立法产物。本罪仅有部分犯罪行为与其他犯罪行为存在竞合,而非完全的竞合型犯罪。如为亲友牟利罪,可以被背信损害上市公司利益罪中的“以明显不公平的条件,提供或者接受资金、商品、服务或者其他财产”的内容所包括。司法实践中也出现了对于上市公司高管将上市公司资金提供给关联公司使用的观点冲突,其本质就是在于挪用资金罪实质上与背信损害上市公司利益罪中的“无偿向其他单位或者个人提供资金、商品、服务或者其他资产”的规定产生部分竞合。因此对于这种行为,也可能存在被多个法律规范所评价的状况。事实上,学者们认为背信损害上市公司罪与非公允关联交易息息相关并非毫无根据,恰恰是本罪的具体行为规定有参考非公允关联交易所设置之嫌,使得本罪呈现出竞合型犯罪化的趋势。

本罪的竞合型犯罪问题还体现在“上市公司的控股股东或者实际控制人,指使上市公司董事、监事、高级管理人员实施前款行为的,依照前款的规定处罚。”有学者认为这属于共犯的正犯化,并增加了不必要的重复犯罪化,因为即使没有前述规定,依据我国《刑法》中关于主犯、组织犯的规定以及教唆犯的规定,对于指使他人实行背信损害上市公司利益行为的人,应当认定为教唆犯,并一般按照主犯论处。② 这一观点确有争议,具体到本条文中,也有部分学者认为此规定属于法律拟制。③

背信损害上市公司利益罪独立成罪后,一方面相关行为确实得到了全面规制,另一方面也出现了同一行为可能触犯数条法律规范的状况,在法条自身的复杂性基础上,不仅导致了公众对于本罪的迷惑,也造成了司法机关的适用障碍。如果公众对行为的可罚性存在认知障碍,那么相应的权利便难以被保障,特别是本罪与民商事行为息息相关,而自由与自治是相关主体的重要权利。如果司法机关对法条的适用存在理解误区,在证券犯罪打击困难的背景下,结合法律规范的交叉背景,确会极大地加重正确使用法律的难度。不可否认,在资本市场迅猛发展的当下,如果对相关犯罪行为放任自流会造成更大的损失,但对于本罪的竞合型犯罪问题确也存在讨论空间。

---

① 参见夏伟:《竞合型犯罪化反思》,载《当代法学》2021 年第 35 卷第 4 期,第 19 页。

② 参加彭鲁军、姜沅伯、周莹盈等:《控制人损害上市公司利益行为之法律规制研究》,载《证券法苑》2020 年第 29 卷第 2 期,第 333 页。

③ 参加杨高峰:《背信损害上市公司利益罪定罪标准的理论展开》,载《政治与法律》2009 年第 4 期,第 33 页。

(三)与前置法衔接不足

本罪条文中的"违背对公司忠实义务"的规定,属于典型的空白罪状。"当承认空白的犯罪构成时,犯罪的构成部分内容不可能完全由刑法规范直接获得,而只能通过刑法规范的指引而导向相应的行政性法律规范。"①"忠实义务"这一词汇似乎只得以《公司法》中关于忠实义务的相关规定作为参照。然而,这背后还有需要厘清的逻辑。首先,我国《公司法》第147条、第148条之关于忠实义务的规定本身就具有一定的概括性,而第148条更仅仅是采取列举的立法方式明确了违背的公司忠实义务的行为类型,并未准确地给予公司忠实义务概念界定。

董事忠实义务这一概念是从英美法系中吸收借鉴而来的。尽管英美法系并未对这一概念以成文法的形式进行规定,在早期实践案例中已经形成对其内涵的一致观念,即忠实义务指避免董事等对公司经营权具有影响力职务之人在进行公司相关经营活动时避免与公司利益发生冲突。然而随着时间发展,人们已经逐渐倾向于认为"利益冲突"交易本身并不是一种犯罪,也并不必然地侵犯公司权益。此后,司法实践逐渐转向了禁止不公平的利益冲突行为这一审查标准,其实质上就是强调对于忠实义务的违反要重点进行实质性审查,而非程序性审查。然而,我国《公司法》中关于忠实义务的规定主要是从程序层面进行了界定,如"违反公司章程规定","未经董事会同意"等用语,都明显强调了我国公司法对于程序限定层面的判断。这一情况也会引申出另一个问题:如果一项交易符合我国《公司法》的程序性要求,却违背了我国《刑法》对于公平问题的实质性要求,那么依据刑法谦抑性,是否还应当判处其刑事处罚?仅从交易的程序性和实质性判断问题出发,就可以理解《公司法》中对忠实义务的规定为何不可直接引入《刑法》当中,而二者之间的衔接问题将必然造成背信损害上市公司利益罪的司法适用困难。

无论如何理解背信损害上市公司利益罪所侵犯的法益,在法条明确要求"致使上市公司利益遭受重大损失"的前提下,就应当承认证监会涉案公司与相关人员具有行政处罚的权力。然而,我国《证券法》当中并未有任何法规对背信行为有相关的法则规定,换言之,证监会无法以背信行为为由,对上市公司及其相关行为人作出行政处置。实践当中,证监会也无法对此类案件置之不理,因此往往会以"信息披露违法"为由,对作为信息披露义务主体的上市公司及对信息披露违法负有责任的相关人员进行行政处罚,这显然是一种不具备法理依据的权宜之法。然而,信息披露违法不是背信行为的必要前置措施,作为受到证监会监督的上市公司及其董监高,存在违规行为却无法被证监会行政处罚是不合理的。因此,行政法规的相关处置极其重要,特别是在对金钱利益的罚没与从业禁止层面。当然,我国《证券法》难以对本罪进行相关行政规制也与本罪尚存在许多重大疑难问题亟待解决有关,但行政

① 时延安:《刑法规范的结构、属性及其在解释论上的意义》,载《中国法学》2011年第2期,第108页。

立法的缺失事实上也使得背信行为更加难以进入刑事领域。

三、背信损害上市公司利益罪的司法适用

(一)对兜底条款准确理解并明确罪名规制范围

背信损害上市公司利益罪规定了具体的犯罪行为,然而由于其与民商事行为交织的复杂性,犯罪行为难以在当下被完全穷尽。立法机构基于此考虑,为本罪设定了兜底性条款,即"采用其他方式背信损害上市公司利益的"。然而由于本罪没有出台相关司法解释,且一定程度上被冷置多年,本条中规定的"其他方式"究竟包括何种手段,而该条款有应当如何进行解释尚有争议。在"余某等违规披露、不披露重要信息、背信损害上市公司利益罪案"中,法院在说理过程中认为,该条款列举的前五项系公司高级管理人员通过与关联公司不正当交易"掏空"上市公司的行为,因此该兜底条款的解释应当采用相当性解释,即限制在其他通过与关联公司不正当交易"掏空"上市公司的行为,而非所有损害公司利益的行为。①"刘某背信损害上市公司利益案"中,法院在审理的过程中并未强调刘某的"掏空"动机,本案的争议点恰恰在于刘某是为公司未来发展而实施相关行为,并未有"掏空"公司的主观意识。② 这一观点的争议即在于是否"掏空"是兜底条款的理解关键点,而对于"掏空"一词又应当如何进行理解;此外一般背信罪中除了侵占行为外往往还包括了毁弃行为,那么毁弃上市公司的其他行为是否可以构成该罪? 回答这些问题对于本罪的适用具有重大意义,伴随着时代的发展,高管法律意识加强的同时,其犯罪手段也趋向于复杂化和隐蔽化,因此兜底条款的理解问题是促进本罪适用的关键。

本罪的种种司法适用困境与争论,归根到底是对于本罪设立初衷所想要规制的犯罪问题核心的理解之争。在本罪的适用初期司法实践中,对于"王某背信损害上市公司利益案"③,王某出现将上市公司资金供他人还房贷等明显不具有经营权限的资金决策行为,本文赞成应认定其构成挪用资金罪,法院却最终判决王某构成背信损害上市公司利益罪。出现这种司法适用问题的本质就在于对本罪规制犯罪行为的核心出现理解误差。学界在研究初期常常强调本罪所规制的目标是非公允关联交易行为,而随后的几例相关司法判决中,尽管法官并未在判决文书中直接写出非公允关联交易等相关词汇,可以看出法院基本采信了这一观点,认定构成背信损害上市公司利益罪的关键构成要件之一是是否出现非公允关联交易行为。如"何某背信损害上市公司案"中,法院在说理过程中强调何某的犯罪方式是以明显不合理价格购买股权。④

---

① 参见刑事判决书(2016)粤04刑初第131号。

② 参见刑事判决书(2017)皖0208刑初第10号。

③ 参见刑事裁定书(2010)陕刑二终字第20号。

④ 参见刑事判决书(2010)卢刑初字第142号。

然而近年来,司法实践中出现了强调本罪核心规制目的是规制掏空行为的观点。在“余某等违规披露、不披露交易信息案”中,法院认定为粉饰业绩进行的非公允关联交易不属于背信损害上市公司利益罪的行为之一,因为其不属于“掏空”行为,这实质上对该罪规制非公允关联交易的观点进行了部分否定。在“秦某背信损害上市公司利益案”中,裁判文书中同时出现了关联交易与掏空行为的关键词。可以推测,法院在说理过程中有可能存在对非公允关联交易与掏空行为存在混同情况。会计学中对于非公允关联交易一词有精确的定义,偏向于对于交易本身的关联性与非公允性的客观价值判断,这种交易通常具有公司意志的色彩。① 而掏空行为所包含的范围仍然是学界研究的重要课题,其更强调掏空的主观目的性,掏空行为通常是大股东的个人行为。② 非公允关联交易是掏空行为的最主要表现,但不是掏空行为的唯一表现。掏空可以是非公允关联交易的一种目的,但不是非公允关联交易的唯一目的。要解决本罪的核心规制问题,就必须对司法实践中所倾向的“掏空”行为和学界所研究的“非公允关联交易”进行一定的辨析与选择。对该问题的回答会有助于厘清本罪的构成要件,并且将其与其他罪名更好地进行区分。

大体而言,本文倾向于赞同目前司法实践中对于“采用其他方式损害上市公司利益的”这一兜底性条款中“掏空”的强调。对于不具有掏空目的的非公允关联交易,典型如“余某等违规披露、不披露重要信息案”中,上市公司高管以粉饰业绩为目的,采取虚构财务报表数据的行为方式所实施的非公允关联交易,不应构成背信损害上市公司利益罪。有观点对这一案件进行质疑,认为循环转账粉饰业绩的行为应当归于背信损害上市公司利益罪,这其实是忽视了本罪构成中对“上市公司利益遭受重大损失”的强调,也是对本罪对上市公司代理问题的规制防范考虑的不理解。忽视对“掏空”的强调会使得非公允关联交易轻易入罪,不当地扩大了刑法打击面。更重要的是,本罪实际强调上市公司高管对于公司生产经营中的处分权与决策权,仅仅是循环转账虚构业绩的行为,并不代表着上市公司高管行使了处分权与决策权,该行为也因此不能造成对上市公司的直接利益损失。

本罪兜底性条款的理解与本罪规制核心这一抽象概念有密不可分的关系。在对本罪规制核心进行讨论前,需要对非公允关联交易与掏空行为的审计学定义再作梳理。有学者近年来提出,非公允关联交易是“交易动机不合理或者利用非公允的交易价格操纵利润,侵害少数股东或公众投资者利益的交易行为”。③ 从定义而言,非公允关联交易强调关联交易的客观性,即必须有公司关联方参与。此外,非公允的判断也具有一定的客观标准,如与市场

---

① 参见章卫东、杨青莹、王超:《非公允关联交易、审计师声誉与会计信息透明——来自中国上市公司的经验证据》,载《江西社会科学》2015 年第 35 卷第 2 期,第 204 页。

② 参见张瑞君、徐鑫、王超恩:《大股东股权质押与企业创新》,载《审计与经济研究》2017 年第 32 卷第 4 期,第 64 页。

③ 翁坚克:《非公允关联交易审计失败反思》,载《财会通讯》2019 年第 1 期,第 91 页。

价格不符,产生侵害性交易结果,具有不合理动机。非公允关联交易的不合理动机是多样的,包括粉饰报表,运用舞弊虚构等方式上市、获取贷款,逃税避税,掏空公司等主观目的。① 而掏空行为是近年学界提出的新概念,指大股东以转移公司利益为目的而进行的行为。掏空行为的具体表现仍然是学界的研究对象,但非公允关联交易一直是学界广泛认同的掏空行为的重要表现形式。可以看出,掏空行为是对具有相同主观目的的行为总称,尽管其具有不同的客观表现形式,但是主观角度而言,此类行为具有共同指向性。在审计学角度,非公允关联交易和掏空行为是具有一定交叉,但不可完全等同的定义概念。

笔者认为,本罪的规制核心实际是对具有非公允关联交易为客观表现的、以掏空为其主观目的的行为进行处罚。单纯仅以非公允关联交易入罪,不仅与本罪的构成要件相冲突,还会不当地扩大刑法的适用范围。非公允关联交易在商事活动中会以多种目的和形式存在,如对于经营不善的子公司出售问题,一旦无法对该子公司进行剥离,极有可能会拖垮母公司的财务状况。这种情况下,非公允关联交易可能是唯一的解决途径,然而此时的非公允关联交易又是出于为上市公司利益所考虑的,所以对于这种行为是否应当入罪,是有待商榷的。审计实践中,对于非公允关联交易的关注主要体现在对逃税漏税行为的审查,以偷税漏税为目的的非公允关联交易显然也与背信损害上市公司利益罪的构成要件所不符。而掏空行为无法独立作为本罪的根本原因,是在于掏空的客观表现形式较为模糊,难以直接在本罪当中进行使用。经济学界中对于"掏空"的提出是源自大股东相关行为,但学界对于如何衡量掏空行为仍然存在争议,也可以看出此行为在经济学中所指主体范围远比背信损害上市公司利益罪规定的主体范围更狭窄,因此直接使用"掏空"一词会由于缺少可供参考的标准而为司法实践带来更大的困难。以非公允关联交易形式进行的以掏空为目的的商事行为是对本罪规制目的较为合适的抽象概括,在本罪犯罪行为的总结基础上,与现实的商事实践进行融合,以此概念对本罪的司法适用问题进行理解与辨析,会使得背信损害上市公司利益罪的适用更易落地,同时也兼顾了司法适用的科学性与合理性。

(二)犯罪竞合问题与平等适用刑法原则

挪用资金罪与背信损害上市公司利益罪的区分问题在学界与司法实践中都争议不断,然而争论愈演愈烈却似乎加重了两罪的区分难度。对于以挪用资金罪为代表的存在竞合问题的罪名处置,可以在立法中增加将竞合理论转化为立法规定的法条,可参考《刑法修正案(十一)》中的新增条文规定,在本罪中规定"有前款行为,同时构成其他犯罪的,依照处罚较重的规定定罪处罚",这就从根本上避免了司法实践对于相关罪名竞合问题的争论。这种方式虽是司法实践中的权宜之计,但却可以较快地解决目前司法适用中本罪的空置问题。本

---

① 参见谭军、张洁:《上市公司关联交易非关联化的表现形式及其治理》,载《商业时代》2012 年第 29 期,第 79 页。

文并非倾向于重刑主义,而是认为如果以“特殊优于一般”解决背信损害上市公司利益罪的竞合之争,严重违背了平等适用刑法原则。必须承认,优先适用背信损害上市公司利益罪存在轻纵被告人的犯罪行为之嫌。这一做法也在我国台湾地区法院审判中得到采用,对于因处理他人事务而侵占他人财产,已经成立侵占罪的犯罪嫌疑人,不另成立背信罪,可见这种方式在实践中具有一定的可采性。①

此外,对于挪用资金罪与背信损害上市公司利益罪的辨析问题,本文有一观点或可供参考,即背信损害上市公司利益罪是对上市公司经营决策具有实质影响力的人“不当地”使用职权,而挪用资金罪倾向于这类人“错误地”使用职权。如“王某背信损害上市公司利益案”中,王某将上市公司资金提供给关联公司使用,可以认定为“滥用职权”,而将上市公司资金提供给他人还房贷适用,显然应当认定其“超越职权”。② 如前所述,这一观点也只能对部分案件进行区分与辨析,还可能加重了司法人员的法律适用难度。从立法层面对背信损害上市公司利益罪加以规定,是目前最具有可行性的解决竞合问题的方式。

(三)注重前置法指引与刑事违法性独立判断相结合

前置法与《刑法》的衔接问题是背信损害上市公司利益罪司法适用的重要难题,要想使得本罪司法适用得到激活,就必须对《公司法》《证券法》与《刑法》的衔接问题进行回应。《公司法》与《刑法》的主要衔接问题体现在“忠实义务”为代表的公司法概念与刑法概念间的协同问题。通过对我国《公司法》中关于忠实义务规定的梳理,相关规定是从程序公平角度出发,对董事是否履行忠实义务进行界定的。《公司法》并没有赋予法院对董事忠实义务进行公平性司法审查的权力,“法院通常不会对被告是否忠实、行为是否合理进行实质性的判断,形式化审查是我国审判实践中最为显著的特点”。③ 而如果对我国《刑法》中背信损害上市公司利益罪的相关规定进行检视,仅从法条本身无法判断对忠实义务的判断取向。有学者认为,背信损害上市公司利益罪中所列举的六项犯罪行为种类,如“明显不公平的条件”“明显不具有清偿能力”是对关联方恶意处分公司财产的强调。④ 但本文认为,这些词旨在强调本罪行为中出现交易的非常规性,因为这些交易与公司作为理性“经济人”的盈利目的相悖。根据现代公司理论可以推论,如果公司不再追求盈利目的而进行非公允交易,只能是受到对公司享有控制权的行为人的操纵。因为在常规交易中,公司可以自由且公平地进行交易,盈亏自负。但如果被具有职务便利的行为人进行操纵,即出现不合常规的“交易”,

---

① 参见(台)王文宇:《公司治理与法令遵循》,元照出版有限公司2021年版,第227页。

② 参见刑事裁定书(2010)陕刑二终字第20号。

③ 王军:《公司经营者忠实和勤勉义务诉讼研究——以14省、直辖市的137件判决书为样本》,载《北方法学》2011年第5卷第4期,第29页。

④ 参见贾楠:《严重非法关联交易行为犯罪化探讨》,载《兰州学刊》2012年第1期,第194页。

必定违反实质公平。因此,本文认为为我国《刑法》中对于背信损害上市公司利益罪的行为列举,强调的是对于实质违背公平的交易行为的规范。这一观念也在司法实践中得到过肯定。[①] 我国《公司法》倾向于对违背忠实义务的界定从程序公平角度出发,是由《公司法》的立法目的决定的,一来可以尊重市场活动中的意思自治,减少法律法规对交易本身的实质性设限,二是充分尊重公司独立人格的决策自治,因为对交易条件是否公平的判断主体本质是公司这一理性经济人。而我国《刑法》中对于背信损害上市公司利益罪的规定,则是出于对市场经济秩序的维护,特别是对于广大投资者的利益保护考虑。这种利益被触动时无法单纯适用《公司法》中的自治来解决,因此才有《刑法》对本罪规制的必要性。在以违法一元论作为通说的德国,依照"法秩序的统一性要求排除法规范之间的矛盾,排除法规范之间的矛盾要求违法判断的统一性"观点,[②]那么认定违背忠实义务在《刑法》中强调对于交易实质公平性的审查,就会与《公司法》中违背忠实义务对程序性公平的强调互相背离,不利于维护法秩序的统一性。之所以公司法中对于程序公平但实质不公平的商事交易并不规制,是由于其实质上具有民事违法性,因此可以通过我国《民法典》解决,而不需再由我国《公司法》单独强调。本质上,承认违背忠实义务在我国《刑法》中侧重于强调对于交易实质公平的审查,与《公司法》中相关定义并不冲突。

对于尚未构成背信损害上市公司利益罪的相关非公允关联交易行为进行处罚的主要法律依据应为《公司法》,这样不仅能使得上市公司受到相应经济惩罚,减少相关谋利空间,也不会影响上市公司的正常运行状态,因为相较于《刑法》,《公司法》调整不当行为的规制成本更低,效率也更高。而对于《证券法》和《刑法》的衔接问题,主要是解决《证券法》对背信行为的相关处罚的空白状态。因此,通过行政立法构建背信行为独立的行政法律责任,使得证监会在对相关案件进行处理时能够有法可依,是解决《证券法》与《刑法》衔接问题的重要方式。在此基础上,制定相关配套制度,完善追责标准,对于背信行为的追责标准进行详细制定,使得经济处罚、行政处罚和刑事处罚区分开来,最终能够形成层次清晰、优势互补的多层次追责体系。

---

① 参见判决书(2020)京03刑初第170号。

② 参见王昭武:《法秩序统一性视野下违法判断的相对性》,载《中外法学》2015年第27卷第1期,第171页。

刑法修正视角下侵犯商业秘密罪“情节严重”的认定

董史统　陈璜璜*

摘要：刑法修正案（十一）施行后，侵犯商业秘密罪的罪状表述由“重大损失”变为“情节严重”。我国刑法及相关司法解释未对侵犯商业秘密罪“情节严重”含义作出明确界定和释明，导致如何理解“情节严重”、如何进行定量计算等问题未得到有效解决。“重大损失”计算更是成为困扰司法的一大难题。通过比对刑法修正前后的“重大损失”和“情节严重”差异，系统梳理认定方法，探索侵犯商业秘密罪“情节严重”的认定路径，高质效保护商业秘密，激发商业秘密的“新质生产力”内核，助力社会创新发展。

关键词：侵犯商业秘密；新质生产力；情节严重；重大损失；认定方法

党的二十大报告指出，加强知识产权法治保障。商业秘密作为一种重要的知识产权，经转化使用后具有“新质生产力”的内核，既是企业核心竞争力的体现，又关乎社会科技创新的推进。根据我国刑法第219条，侵犯商业秘密行为构成犯罪，必须达到“情节严重”。当前，界定“情节严重”具体范围、明确“情节严重”核算方法便成为当务之急。从历史沿革看，侵犯商业秘密罪的罪状表述经历较大的变化，现今的“情节严重”表述参照其他法条所作的概括性规定，在吸收原有的“给商业秘密的权利人造成重大损失”基础上，吸纳近年来出现的侵犯商业秘密行为表现，改变由数额单纯入罪的情况，在实务认定方面有一定关联。故，司法实践中判定某种侵犯商业秘密行为是否构成“情节严重”，既要权衡是否造成“重大损失”，还要考虑其他影响商业秘密保护的因素。

---

* 董史统（1988—），男，浙江文成人，浙江省温州市鹿城区人民检察院检察委员会委员、双屿检察室副主任、一级检察官，中国法学会会员，浙江省级检察理论研究人才，研究方向为刑法学、检察学。

陈璜璜（1982—），女，浙江温州人，浙江省温州市鹿城区人民检察院第一检察部三级检察官助理，研究方向为刑法学。

一、问题的提出

甲结识时任A公司生产车间主任的乙,欲获取A公司相关制造工艺。乙违反与A公司保密约定,将相关制造工艺泄露给甲。甲注册成立B公司,并生产出与A公司同样的产品进入市场。经知识产权司法鉴定所鉴定,B公司产品所涉及的生产技术,与A公司产品所涉及的生产技术中含有的不为公众所知悉的技术信息构成相同或具有同一性。经评估,B公司销售侵犯A公司商业秘密产品额为120余万元。

在该案办理过程时,检察机关认为:甲等人先期购买的原材料数额应认定为犯罪成本,不予扣除。主要理由:一是侵权方购买的目的是为生产侵权产品,即是为侵权行为准备原材料,是一种犯罪的预备行为;二是从立法本意和司法效果来看,规定侵犯商业秘密犯罪是为净化市场环境,提高创新意识,通过刑法的打击导向,加强对严重侵犯商业秘密获取利益行为的规制。但辩护人认为:甲等人先期购买的原材料数额不宜认定为犯罪成本,应予以扣除。主要理由:购买原资料的支出,是正常的生产支出。不管是侵权方或者被侵权方,为生产活动都会进行支出,属于必然的经营事项。

不难看出,本案争议焦点在于:司法实践中,侵犯商业秘密罪"情节严重"应如何认定?行为人先期购买的原材料数额是否应计入犯罪数额进而作为"情节严重"的考虑范围?在以犯罪数额核算进而认定"情节严重"时是否要考虑犯罪成本因素?这个犯罪成本是否需要在金额中扣除?

二、侵犯商业秘密罪"情节严重"的脉络厘清

随着刑法修改和司法解释调整,侵犯商业秘密犯罪中的罪状表述,主要经历"重大损失"和"情节严重"两个阶段。现今"情节严重"既包括"重大损失"内容,还包括因侵犯商业秘密行为导致竞争优势丧失、经营陷入困局等方面。

(一)刑事立法政策的嬗变

2020年12月26日,《刑法修正案(十一)》通过,修改侵犯商业秘密罪的罪状表述为"情节严重",实现降低入罪门槛、扩大罪名适用的目的。实践中,"情节严重"一定程度上包括原先"重大损失"的基本认定思路,但还是要作一定的延伸拓展,即在"重大损失"偏重数额的定量认定基础上,进行一些犯罪后果的定性评价。2020年9月14日"两高"《关于办理侵犯知识产权刑事案件具体应用法律若干问题的解释(三)》(以下简称《知识产权刑事司法解释(三)》)对"重大损失"作出规定:给权利人造成损失数额或因侵犯商业秘密违法所得数额30万元以上;直接导致权利人因重大经营困难而破产、倒闭;造成权利人其他重大损失(以兜底性规定以应对复杂形势需要)。需注意的是,《刑法修正案(十一)》发布时间晚于《知识产权刑事司法解释(三)》,侵犯商业秘密罪在具体适用方面存在一定障碍。考虑到上述解

释只针对刑法修改前的"重大损失"作出解释，而未对"情节严重"作出释明，在没有新的知识产权案件办理司法解释情况下，"情节严重"认定尚存在一定的模糊地带。

（二）刑事立案标准的沿革

2001 年 4 月 18 日最高检、公安部《关于经济犯罪案件追诉标准的规定》将"重大损失"划为 3 个标准：给权利人造成直接经济损失 50 万元以上；致使权利人破产；造成其他严重后果。2004 年 12 月 8 日"两高"《关于办理侵犯知识产权刑事案件具体应用法律若干问题的解释》，"重大损失"只有 1 种数额标准，即给权利人造成损失 50 万元以上。2010 年 5 月 7 日最高检、公安部《关于公安机关管辖的刑事案件立案追诉标准的规定（二）》将"重大损失"界定为 4 个标准：给权利人造成损失 50 万元以上；因侵犯商业秘密违法所得 50 万元以上；致使权利人破产；其他给权利人造成重大损失。2020 年 9 月 17 日最高检、公安部《关于修改侵犯商业秘密刑事案件立案追诉标准的决定》修改 4 种立案追诉标准：给权利人造成损失 30 万元以上；因侵犯商业秘密违法所得数额 30 万元以上；直接导致权利人因重大经营困难而破产、倒闭；其他给权利人造成重大损失。由此可见，"重大损失"立案标准在较短时间频繁调整，经历 3 种到 1 种再到 4 种的变化，可见实务中争议还是颇大。

（三）其他部门法的参照

检视刑法和有关司法解释，均未对认定侵犯商业秘密罪的"重大损失"作出规定，就部门法参照方面可援引反不正当竞争法有关规定。① 依据反不正当竞争法第 17 条，经营者恶意实施侵犯商业秘密行为，情节严重的，可在确定数额的一倍以上五倍以下确定赔偿数额。赔偿数额还包括经营者为制止侵权行为所支付的合理开支…权利人因被侵权所受实际损失、侵权人因侵权所获利益难以确定的，由法院根据侵权行为情节判决给予权利人五百万元以下的赔偿。故，反不正当竞争法将"重大损失"确定为因被侵权所受实际损失、侵权人因侵权获得利益、法院根据侵权行为情节判决等 3 种方式。2007 年 2 月 1 日最高法《关于审理不正当竞争民事案件应用法律若干问题的解释》第 17 条，确定…侵犯商业秘密行为的损害赔偿额，可参照确定侵犯专利权损害赔偿额方法。2022 年 3 月 16 日最高法《关于适用〈中华人民共和国反不正当竞争法〉若干问题的解释》第 23 条，权利人因被侵权所受实际损失、侵权人因侵权所获利益难以确定，依据反不正当竞争法…确定赔偿数额。可见，反不正当竞争法一定程度上科为损失计算提供依据。鉴于上述规定多涉及损失数额计算，可在认定"重大损失"时参照援引适用。

---

① 参见刘德权：《最高人民法院司法观点集成刑事卷Ⅱ》，中国法制出版社 2017 年版，第 1074 页。

(四)损失具体范围的确定

按照一般的常识判断,在认定损失数额时,首先要做的就是框定权利人因被侵权而造成的损失范围。① 在这种情形下,总体要求就是,在认定侵犯商业秘密罪"重大损失"时,要兼顾侵权人诉讼权利和权利人索赔权利的基本保障,在当前法律规定框架内,作出符合法律要求、实际情况、常识常理的综合认定。按照现今立案标准,侵犯商业秘密罪的"重大损失"包括造成权利人的经济损失、致使权利人破产、造成其他重大损失兜底情形等内容。在考虑损失范围时,需要着重把握以下几方面:一是考察商业秘密权利人因侵权导致的财产、收入损失,包括同期市场收入减少、合理转让费用等方面。二是考虑商业秘密权利人因侵权导致的非物质性损失,包括名誉荣誉损害、行业地位降低等方面。三是考虑商业秘密权利人因侵权导致失去比较优势,包括产品定价、销售情况、竞争优势等方面。需要注意的是,配件产品的数额也应纳入"重大损失"范围。因为主产品均为非标产品,是结合特定用户需求而有针对性地进行生产,其产品并不符合所有使用者的需要,因此配件产品的销售必然依附于主产品的销售而非可独立销售并适用于一般客户。

三、刑法修正前侵犯商业秘密罪"重大损失"的认定路径

虽然《刑法修正案(十一)》施行,但根据立法意图和相关司法解释,侵犯商业秘密罪原先的罪状表述核心内容为"重大损失",已有较为成熟的认定方式,仍是现今的罪状表示"情节严重"的重要形式。② 当前,除司法解释框定的原则性规定外,"重大损失"的具体认定尚未有明确标准。在实践中,归结来看主要有以下几条可行路径:

(一)"重大损失"认定的一般规则

在对侵犯商业秘密罪"重大损失"进行认定时,要抽象找到一般的规律性事项,建立普适性的认定规则。应当看到,无论是现行刑法、司法解释,还是司法实践,对"重大损失"都没有作出明确界定。在对侵犯商业秘密罪"重大损失"进行具体理解、认真核算时还要明确几个问题:一是商业秘密权利人损失应该是遭受的实际损失,这种损失可能是直接损失,也可能是间接损失,但主要以直接损失为主;二是商业秘密权利人损失应该是具体、可核算的,故而只包括物质损失而不能包括精神损失;三是商业秘密权利人损失应是被侵权而造成的后续损失,而不应该是商业秘密自身所具有的价值。实践中,核算商业秘密权利人因被侵权而

---

① 参见董史统、陈璜璜:《如何认定侵犯商业秘密罪中的"重大损失"》,载《检察日报》https://www.spp.gov.cn/spp/llyj/201906/t20190625_422823.shtml,最后访问日期:2024 年 9 月 10 日。

② 参见何腾姣:《侵犯商业秘密罪"情节严重"中的"重大损失"之探析》,载《海南大学学报(人文社会科学版)》2022 年第 4 期,第 131 页。

造成损失时,要在参考立法愿意、司法解释等规范性文本基础上,因案制宜,选择恰当计算方法:一是权利人因被侵权而遭受实际损失;二是侵权人因这种侵权行为所获利润;三是商业秘密许可使用费损失;四是法院对损失数额的自由裁量。需要注意的是,前三种均有相关司法解释支持,而第四种则来源于反不正当竞争法,即对损失难以确定的,由法院视侵权情节进行自由裁量。需要认识的一点就是,在实际计算损失数额时,还要包括付出的必要、合理维权成本。

(二)“重大损失”认定的位次规则

在侵犯商业秘密案件办理中,“重大损失”是否包括间接损失尚未形成共识。根据相关解释,文本上使用的是“给商业秘密权利人造成损失”概念,并未列明要求造成“直接损失”。换言之,根据文义解释和司法解释,“造成损失”中可能包含间接损失。从司法解释变迁看,“损失”范围随着时代发展和政策权衡也在不断发生变化。2001 年最高检、公安部《关于经济犯罪案件追诉标准的规定》将“直接损失数额 50 万元以上”作为追诉起点,而 2004 年“两高”《关于办理侵犯知识产权刑事案件具体应用法律若干问题的解释》,改成“造成损失数额在 50 万元以上”,不要求“直接损失”,到 2010 年最高检、公安部《关于公安机关管辖的刑事案件立案追诉标准的规定》也规定“给权利人造成损失 50 万元以上”,并未要求“直接损失”。2020 年最高检、公安部《关于修改侵犯商业秘密刑事案件立案追诉标准的决定》修改为“给权利人造成损失 30 万元以上”,并未列明造成“直接损失”,且这个文本规定与刑法修正时间最近,最能反映司法动态和要求。故,无论从文本含义还是相关解释看,“重大损失”不排除间接损失,一些判决也印证这个观点。现今最近的立案标准对“重大损失”认定作出限定,主要列明 4 种方式,主要出于便于追诉罪犯的现实需要,但在实践中存在位次规则,具有一定的适用前提和先后顺序。在反不正当竞争法这个计算损失的部门法中,要遵循一定的位次规则:首先,给权利人造成实际损失;其次,当实际损失难界定时,计算侵权人所获利润;最后,明确兜底性认定方式,授权法院根据侵犯商业秘密行为情节,在一定数额范围内自由裁量。

(三)“重大损失”认定的犯罪成本扣除

在认定侵犯商业秘密罪中的“重大损失”时,往往伴随侵权人犯罪成本的性质认定和最终处理问题,即这种犯罪成本是否为侵犯商业秘密罪所必须,是否要在损失计算时考虑予以扣除。赞成在犯罪数额中扣除犯罪成本的主要理由集中在这种犯罪成本扣除既能引导犯罪嫌疑人认罪服法,又能弥补被害人财产损失,最终有利于消弭社会矛盾;不赞成在犯罪数额中扣除犯罪成本的主要理由集中在这种犯罪成本扣除在一定程度上会轻纵犯罪,助长社会不良习气,不利于刑法一般预防的实现。实践中,犯罪成本的扣除不能一概而言,还可能因案件罪名而异。鉴于侵犯商业秘密犯罪的特殊性和严重性,在核算损失数额时犯罪成本不应扣除,主要基于以下理由:一是刑事政策的需要。侵犯知识产权犯罪因取证限制和法律规定,刑期普遍不高,影响犯罪惩治力度。不扣除犯罪成本,一定程度上增加犯罪数额,加大刑罚适用力度,符合法律的整体价值;二是引导发展的考虑。侵犯商业秘密犯罪造成的后果较恶劣,直接破坏人际诚信交往关系和经营体系。不扣除犯罪成本,能提高权利人的受偿数额,鼓励侵权人和权利人开展商业秘密研究;三是社会风险的警示。侵犯商业秘密罪虽然看起来高大上,与社会距离较远,但容易触手可及,存在一定的社会风险隐患。不扣除犯罪成本,能引导经营者和社会公众遵纪守法,起到犯罪的一般预防作用。本案中,法院以行为人先期购买的原材料属于正常生产支出为由不认为犯罪成本,而在判决书中对该部分数额予以扣除,但法院的观点是值得商榷的。

(四)"重大损失"认定的例外情形

考虑到侵犯商业秘密犯罪案件较为专业,在认定"重大损失"较难时,需要对这种损失数额进行实质性认定,而不用完全遵循相关司法解释规定的4种情形。换言之,在实质性认定时,可交叉参考认定"重大损失"的3种明确方式和1种兜底方式,作出综合的复合型判断,这种认定可以称之为例外情形。实践中,存在多种立案标准并存核算进而作出最终判断的情形。如,商业秘密权利人受到损失未达立案标准,但是权利人获得利润也不在少数,抑或因商业秘密侵权造成一定的经营困难引致破产。这种情形下,单一的损失数额认定情形难以认定构成侵犯商业秘密罪,有可能要多种立案标准累算以达到追诉标准或者追求新的损失核算方式以实现。故,在这种情况下,认定"重大损失",就要作实质认定时,需考虑以下因素:一是充分考虑商业秘密特殊性。商业秘密具有保密性、技术性等复合性特征,这反映在数额核算上就是计算较为抽象。在这个核算数额的过程中,就要把抽象、不确定的价值经过一定的替换,转为直观、可交易的价值,实现一定意义上的等量替换。二是遵循常识常情常理。"重大损失"认定,本质上是一种损失认定,要符合损失认定的一般常理。这种损失认定,基础方式不超出加减乘除的常识范围,既可以是根据侵权时间长短直接加减,也可以是核算平均数后进行累算。三是不超出社会公众的一般认知。"重大损失"认定是一种定量计算,这种认定要符合一般社会公众的朴素认知,要在一般社会公众的认知范围内。

四、刑法修正后侵犯商业秘密罪"情节严重"的认定思路

在《刑法修正案(十一)》施行后,"情节严重"在侵犯商业秘密罪的认定中应被定位为具有复合特性的罪状表述和构成要件,不仅包括原有的"重大损失",还要作必要的拓展延伸。实践中,"情节严重"在吸收刑法修正前的"重大损失"认定基础上,还要参照立法意图和相关司法解释,综合考虑因侵犯商业秘密而导致权利人公司发生经营困难、行为人是否多次实施等其他情节。系统梳理司法实践,认定侵犯商业秘密罪"情节严重"的常规方法如下:

(一)商业秘密权利人因侵权行为所遭受的损失

商业秘密因其自身具有的独特属性，一旦因侵权而被社会周知或用于生产经营，商业秘密权利人的损失自然产生，且损失会随着时间延长而呈现不可预料的持续增大。商业秘密权利人损失，从字面上看，主要是一种基于被侵权而造成的实际损失。这种损失包括基于商业秘密投入生产经营而产生的实然收益、基于授权使用等因素而延伸产生的预期收益。需要注意的是，侵犯商业秘密罪要求“情节严重”，但这种侵权给权利人造成的损失不能只有数额的单一标准，应在重点考虑商业秘密的披露范围、使用转让、营业数额等因素基础上，[①]综合考虑市场份额减少、竞争优势地位、商业信誉贬损、企业经营困难等相关因素。很直观的一个结论是，上述这些因素都不可能精确计算转换成具体的损失，往往需要通过大样本数据或是同类的平均水准折算估算得出。在具体的认定方式上，可依据《知识产权刑事司法解释(三)》第五条(三)(四)(五)款规定。需注意的是，根据相关司法解释和司法实践，权利人为减轻对商业运营、商业计划损失或重新恢复而支出的补救费用，也属于侵犯商业秘密的损失范围。此外，现实生活中还存在一种越来越常见普遍的现象，即权利人与侵权人很多时候都共用一个商业秘密，在这种情况下如何区分损失影响因素以计算权利人的损失数额，[②]需要进一步加强研究、予以解决。

(二)侵权人因侵权行为而获得的非法利益

司法实践中，违法所得数额依附“重大损失”，通过转化为损失数额，纳入侵犯商业秘密罪的规制视野。[③] 深入检视这个现象，主要还是这种损失数额和违法所得数额并不能唯一对应、损失可能多种原因导致、损失数额和侵权行为的因果关系难论证。[④] 当前，虽然“违法所得”并未载入刑法文本层面，但用“违法所得”来判断商业秘密权利人损失已有司法解释层面依据。如，《侵犯商业秘密刑事立案标准》《知识产权刑事司法解释(三)》均规定，因披露或者允许他人使用商业秘密而获得的财物或其他财产性利益，认定为违法所得。这是一种基于实际收益的较为保守数额计算方式，往往对犯罪嫌疑人更有利，容易让犯罪嫌疑人接受，更能体现罪刑相适应原则。由于“情节严重”的规定出现晚于侵犯商业秘密罪的立案标准，且没有明确的规范文本界定“情节严重”具体情形，认定还要参照侵犯商业秘密罪的立案标准和“重大损失”的司法解释规定。需要注意的是，这种核算以侵权人未向第三人披露、转让商业秘密以及商业秘密不为其他公众知悉为基本前提。对将商业秘密出卖给他人的，以出

---

① 参见李保岗:《公诉答辩要点及应对实例》，中国检察出版社 2010 年版，第 237 页。

② 参见石亚淙:《窃取商业秘密的行为定性》，载《清华法学》2024 年第 3 期，第 71 页。

③ 参见刘科:《侵犯商业秘密罪中“情节严重”的认定方法》，载《中国法律评论》2022 年第 4 期，第 221 页。

④ 参见蒋永良:《检察视野下的知识产权保护理论与实践》，中国政法大学出版社 2014 年版，第 233 页。

卖收入累加买受人使用获利作为损失;使用商业秘密生产经营活动的,以实际利润为损失。另,在计算侵权人所获利润时,以销售额乘以平均利润率作为获利额较为妥当合理。

(三)不低于商业秘密使用许可的合理使用费

众所周知,侵犯商业秘密行为,大概率会导致权利人的许可费用损失。如,不当获取、使用、许可他人商业秘密,导致权利人合理许可费用损失。又如,披露行为导致商业秘密丧失保密性,导致权利人无法获取合理许可费。故,在这些情况下,还可用商业秘密使用许可的合理使用费来折算"重大损失"。需要注意的是,这是一种以假定正常许可使用合理费用来推定损失的计算方法,但并不代表侵权人与权利人达成谅解、破坏的关系得以修复。具言之,按照一般的市场规律,计算商业秘密的相应许可费用,以此作为侵犯商业秘密损失额。需要明确的是,商业秘密是一种可产生持续受益的无形财产,可供多人同时持有,即侵权人在非法获取并使用商业秘密时,权利人仍能基于合理持有而正常使用,甚至授权他人使用,只是这种价值会存在一定的贬损。换言之,侵权人和权利人同时使用商业秘密导致市场竞争的情形很是常见。这种损失数额的大小,主要受侵权方式、侵权时间、披露范围等因素影响。如,侵权人实施盗窃、电子侵入等不法行为取得商业秘密后,由于容易留痕和被追及,很容易被发现、制止,损失往往较少,但也不绝对。但,考虑到大多数的商业秘密为制作工艺,即使权利人追回记载商业秘密的文件或制止侵犯商业秘密行为,也不易把他人已知悉的商业秘密真正追回,一旦大范围向社会公开,给权利人造成的损失将无可挽回,损失是不可逆转的。

(四)直接导致商业秘密权利人重大经营困难而破产、倒闭

直接导致商业秘密权利人因重大经营困难而破产、倒闭是一种定性判断,与其他定量认定情形属于并列关系。换言之,侵犯商业秘密行为既可同时满足多种立案标准情形,又可单独满足一种立案标准情形。实践中,这种情形并不多见。毕竟,企业经营存在一定的偶然性或者更多还有企业自身经营不善的原因。但,不多见不代表不会发生,这就要求司法机关在履职中,根据抽象标准设定相关考量因素,即侵权行为造成产品大量减产、客户大量流失、商业价值大幅降低、丧失大部分市场份额、权利人商誉严重受损等情形。需要注意的是,这种认定要慎重,证据要达到确实充分标准、排除合理怀疑,足以认定上述这种后果与侵权行为具有直接的因果关系,对破产、倒闭起到主要、决定性的作用,尽量排除企业自身经营不善、外部竞争等因素对认定的干扰。此外,将与破产、倒闭等严重程度相当的违法后果纳入"情节严重"考察因素中,如导致企业陷入破产清算、停工停产、彻底丧失市场竞争优势等困境。[①] 对这种认定,要在穷尽造成商业秘密权利人损失、侵权人违法所得、授权后合理使用

---

① 参见梅景:《侵犯商业秘密罪"情节严重"之认定与完善》,载《辽宁公安司法管理干部学院学报》2023 年第 3 期,第 53 页。

费等认定方式的基础上,再行认定核算且要排除经营困难的自身因素影响,以避免因为商业秘密权利人企业倒闭而直接入罪情况的出现,防止打击扩大化下的知识产权过分保护。

概言之,在刑法修正背景下稳妥认定侵犯商业秘密罪"情节严重",对于打击犯罪、保护创新的意义重大,但还要避免两个不当的倾向:一是对刑事处罚的过分依赖。通过对"重大损失""情节严重"的协调认定,加大知识产权侵权惩罚力度,这不是刑法目的,推进商业秘密权利人利益最大化和社会整体创新才是侵犯商业秘密入罪的初衷。二是对统一标准的过分苛求。考虑到商业秘密的特殊性和多样性,单纯用统一的标准来认定"重大损失""情节严重"不符合实际,也不利于商业秘密的保护。故在依据现有的规定和方法认定"重大损失""情节严重"的前提下,可考虑加强行刑对接,设置行业终身禁入、惩罚性赔偿等行政处罚规定,作为惩治侵犯商业秘密犯罪的附加手段。

民营企业内部腐败行为的刑事治理

——兼评《刑法修正案(十二)》相关条文

崔梦也*

摘要:为了促进民营企业的稳健发展,必须依托刑事实体法框架,构建一套针对民营企业事后腐败行为的刑事处罚机制,从根本上遏制和预防民营企业内部的腐败现象。由此,探讨《刑法修正案(十二)》如何有效防治民营企业内部腐败行为成为一个重要的研究议题。将民营企业内部腐败行为纳入刑法调整范围,具有充分的理论依据和实践基础。这符合宪法对于保护社会经济秩序和公共利益的基本要求,与刑法谦抑性原则相契合,并得到了政策层面的支持和肯定。在理解新增刑法条款时,需要从刑法教义学角度厘清非法经营同类营业罪、为亲友非法牟利罪及徇私舞弊低价折股、出售公司、企业资产罪中特定词语的含义和特质。

关键词:民营企业;内部腐败;《刑法修正案(十二)》;刑法教义学

一、问题缘起:刑法对民营企业内部腐败行为的规制逻辑

在当前社会主义市场经济的背景下,民营经济已然成为我国经济体系中的主要组成部分,不仅显著促进了税务征缴、科技创新领域的进步,而且为缓解就业压力贡献了巨大力量。① 民营经济在我国经济发展中居于重要地位,其繁荣与发展是我国经济持续增长和活力迸发的重要驱动力。在推动民营经济繁荣发展的多元力量中,民营企业无疑扮演着至关重要的角色。② 因此,如何确保民营企业在市场经济中持续健康发展,并为其发展壮大提供坚实支撑,成为当前及未来我国经济发展必须面对和解决的重要议题。在这一背景下,刑法作为维护市场秩序、保障经济安全的重要法律武器,其在民营企业内部腐败治理中的功能与

---

* 崔梦也(2001—),女,山西晋城人,武汉大学法学院2023级硕士研究生,研究方向为刑法学。

① 参见胡金焱:《扎实推进民营经济健康发展、高质量发展》,载《理论导报》2023年第4期,第40页。

② 参见张文武:《民营经济促进共同富裕:理论澄清、逻辑机制与现实路径》,载《社会科学研究》2024年第3期,第72页。

责任显得尤为关键。

确保民营企业的健康发展,法治建设是不可或缺的基石。在此过程中,关键在于将法治精神融入商业活动中。① 为此,最高人民检察院近年来积极倡导并推动企业合规制度的构建,旨在通过事前风险预防与事后合规管理的双重机制,构建有效的企业刑事风险防控体系。诚然,企业合规制度在促进市场经济法治化进程、完善现代化公司治理机制以及预防经济犯罪等方面起到了积极作用。然而,在民营企业内部腐败问题的治理上,仍面临诸多挑战。在实践中,部分民营企业对涉及腐败的个体往往采取内部隐性处理方式,不仅未能有效遏制腐败行为,反而为违法者提供了继续侵害企业利益的土壤。《刑法修正案(十二)》的第1至3条针对民营企业内部腐败行为新增了刑事惩罚规范。这一立法动向不仅凸显了国家对民营企业内部腐败问题的高度重视,也为刑法学界深入探讨和有效防治民营企业内部腐败提供了新的契机与方向。

鉴于此,本文紧密结合《刑法修正案(十二)》的出台背景,首先深入剖析了民营企业内部腐败行为的法律界定及其演变脉络,进而探讨将此类行为纳入刑法体系的正当性依据。在此基础上,本文运用刑法教义学的分析框架,细致探讨了所涉罪名的核心构成要件,旨在为刑法学界的理论探讨与司法实践提供有价值的参考和启示。

二、规范意涵:民营企业内部腐败行为入刑的合理性论证

(一)基于宪法原则对民营企业内部腐败行为的刑事规制

将民营企业内部腐败行为纳入刑法调整范畴,其必要性深深植根于宪法的核心精神和基本规范之中。② 宪法,作为国家法律体系的基石,确立了其在国内法中的至高无上地位,其构建的法律框架和基本原则,对所有法律,特别是刑法,具有深刻的指导意义。因此,当刑法介入社会生活,规范社会行为时,必须严格遵循宪法的“内容形成”原则。这意味着立法者在制定相关法律时,需审慎评估哪些宪法条款适用于特定法律领域,并明确这些领域中宪法所设定的国家目标和基本权利保护标准。③ 通过此过程,可以确保刑法在打击民营企业内部腐败行为时,不仅符合宪法的精神,而且能够切实有效地保护社会公共利益和个体基本权利。简而言之,刑法的制定与修订必须以宪法为基准,既要恪守宪法原则,又要全面执行宪法的各项条款。基于这一立场,从宪法规范分析的角度出发,我们有必要深入探究宪法中与民营企业内部腐败行为相关联的规范条文。这样的研究不仅能为民营企业内部腐败行为

---

① 参见江必新、曹梦娇:《论民营经济的高质量发展及其法治保障》,载《广东社会科学》2024年第3期,第265页。

② 参见韩大元:《我国宪法非公有制经济规范的变迁与内涵》,载《华东政法大学学报》2023年第6期,第10页。

③ 参见李忠夏:《“中国特色社会主义”的宪法结构分析》,载《政法论坛》2018年第5期,第120页。

的刑事化提供坚实的宪法理论基石,更体现了宪法在维护社会秩序、保障公共利益中的核心地位,同时也彰显了刑法在捍卫社会公平正义、打击违法犯罪行为中的不可或缺的价值。

我国国民经济的内在架构及与其相符的宪法根基,在《宪法》第7条与第11条中得到了详尽描绘,这两条款强调了非公有制经济的定位。围绕此经济体系在宪法中的定位,部分学术界人士根据现行宪法条文的阐述,结合各产权主体在管理机制上的特性,提出各类经济形态在宪法视角下所获得的关注程度存在差异性的见解。也有学者主张尽管从宪法的角度看,各种经济模式的地位有所不同,但这并不能直接推导出宪法对各类民事行为主体的财产权益保障存在本质性差异的结论。这一观点强调了在宪法框架内,无论何种经济形式,其参与者的财产权益都应得到平等而充分的保护。

笔者倾向于第二种观点。立足于宪法的高度审视,确保公共与私营经济实体得到均衡的法律庇护,乃是宪法精髓的必然要求。作为位于宪法之下的一环,刑法的制定与执行理应与宪法所弘扬的"平等"原则保持和谐一致,决不能与之产生冲突。我国《宪法》中,第7条、第11条、第12条及第13条联袂构筑了国家经济体系的宪法规范框架。具体而言,第7条与第11条阐明了多元经济成分的宪法地位,而第12条与第13条则着重于维护这些经济成分的财产安全。一个关键点在于,上述两个方面在逻辑上并不构成相互依赖的关系——换言之,不应因公有制经济在整体经济中的引领角色,而赋予其更严密的财产权保护。深入探讨,尽管《宪法》第12条凸显了公共财产的不可侵犯特质,而第13条则强调了个人合法财产的免受侵害权利,但立法者选择将这两类性质迥异的财产并置在宪法文本中,正是为了彰显对各经济成分财产权益的无差别保护态度。这种并列式的规定方式,充分体现了宪法在保护不同经济结构下的财产权时,追求的是一致性和公平性,表明不论是公有还是私有,均应享有同等水平的产权安全保障。①

通过上述分析,我们清晰地认识到,宪法不仅为我国的经济体制提供了坚实的法律基石,还确立了各类经济主体在财产权益保护上的平等地位。宪法的设计思路旨在构建一个既反映国家经济发展需求,又兼顾公平正义的法律环境。刑法作为宪法意志的具体化,其作用在于细化宪法原则,确保宪法精神在实际操作中得以落实,尤其是在保护各类经济结构的财产权方面,刑法应遵循宪法的平等保护原则,避免任何形式的歧视,从而维护社会的和谐稳定与发展。

从另一角度审视,确保国有与民营经济实体获得均衡的法律待遇,乃是法治统一性原则的基石所在。② 该原则主张,由多门类法律体系构成的全面法律架构应当维持内在逻辑的连贯与一致性,杜绝内在矛盾。2023年修订的《公司法》严禁董监高滥用职权牟取私利或涉

---

① 参见杨静、任振宇、魏依庆:《高水平社会主义市场经济体制与资本问题研究》,载《政治经济学评论》2024年第3期,第102页。

② 参见时延安:《中国刑法的宪法根据及其约束力》,载《中国刑事法杂志》2023年第2期,第11页。

足同类商业活动。这些条款未对涉及内部腐败问题的公司类型设限,故无论企业所有制形式,上述不当行为均遭受法律的严厉制裁。这一变动有力佐证,在当今社会演进背景下,对各类性质企业实施同等财产权保障措施的正当性与必要性。由此观之,倘若刑法仍固守将内部腐败罪名局限于"国有企业"的范畴,显然缺乏充分的科学基础,且显得不合时宜。法治统一性原则要求不同部门法之间形成协调一致的法律体系,以确保法秩序的完整性和公正性。《公司法》的相关修订,体现了对各类企业财产权益平等保护的理念,以及对市场经济条件下企业治理结构现代化的适应。刑法作为调整社会关系的重要手段,其在处理内部腐败问题时,理应摒弃陈旧的公私二元对立观念,采纳更加符合时代需求和平等原则的立场。唯有如此,才能实现刑法与宪法精神及其他部门法之间的和谐共存,促进社会公平正义的实现。

(二)民营企业内部腐败行为入刑契合谦抑性要求

在法律制定的领域中,体现刑法谦抑性的本质,关键在于认识到:一旦前置性法律法规的执行能够有效维护具备法律保护意义的利益,就没有必要再升级至动用刑事惩罚措施。不过,诠释这一要求时,我们必须警惕并防止落入"刻板思考"的陷阱,具体而言,这并不意味着对所有情形一律采取被动态度或机械式适用,而是一种灵活的、基于现实情况考量的判断过程。① 它要求立法者在面对复杂多变的社会现象时,能够审慎评估各种法律手段的适用效果,尤其是当非刑事法律机制已能妥善应对某一社会问题时,刑法介入的必要性就大打折扣。然而,这种谨慎并非僵化不变的教条,而是需要根据具体情境动态调整的原则。在某些情况下,如前置法无法有效遏制违法行为或保护法益时,刑法作为最后防线的作用就显得尤为重要。因此,正确理解与运用刑法谨慎适用原则,既要避免过度依赖刑事手段,也要防止在必要时错失刑法干预的时机,确保法律体系内部的协调与平衡,以实现社会秩序的稳定与正义。具体而言,民营企业内部腐败行为入罪的正当性,源于其已经对法益造成了实质性的侵害,且通过前置法的调整已无法有效遏制此类行为。故将民营企业内部腐败行为入刑,契合刑法谦抑性原理要求。

1. 民营企业内部腐败行为具有显著的社会负外部性

首先,民营企业内部腐败行为因其显著的社会负外部性而成为法律界关注的焦点。在区分民事违规与刑事犯罪的边界时,核心考量要素在于行动所蕴含的负外部性之强弱。唯有当特定行为在频度与后果上积累至触发质的飞跃,展现出显著的负外部性时,方应将其置于刑事违法性的评判范畴之内进行审视。简言之,在民事违法与刑事犯罪之间划清界限的焦点,集中于行为是否展现出深度且广泛的社会危害特质。若某行为在实施频率及影响范围上,逐步升级至对社会秩序构成根本性威胁的地步,则有必要认定其跨越了刑事不法的门

① 参见王爱立:《中华人民共和国刑法释义》,法律出版社2021年版,第88-90页。

槛,成为刑法评价的对象。这一标准强调了质变的重要性,即行为的社会负外部性必须达到一个临界点,才能启动刑事法律的规制机制。这不仅有助于精确界定刑法的适用范围,还能够避免对轻微违法行为的过度刑罚化,从而维护法律体系的合理性和公正性。① 在评估某一行为是否具备如此严重的社会负外部性时,我们务必细致入微地探究其是否对法益构成了实质损害或是潜在威胁。尤其在处理民营企业内部腐败问题时,此类行为对法益的侵犯展现出了复杂多元的一面,而其中最为关键的,是对企业管理体系稳定性的颠覆。这种特质根植于现代企业作为"法律构造实体"的身份,赋予了它们独立执行法律活动与独自面对法律后果的能力。《公司法》对于企业的内部治理结构,皆制定了翔实的规范。鉴于此,身处管理层——这些与企业构建起特别信任纽带的个体,负有恪尽职守、忠诚于公司的重任,确保自身行为始终契合企业内部管理的固有框架与精神。一旦管理层违反此义务,必然会导致相应的法律后果。然而,这并不意味着所有违反忠诚义务的行为都将导致刑罚的适用。必须强调,唯有这类行为致使企业利益蒙受显著且严重的损害时,才能认定其触犯了刑法的界限。这一标准,即"重大损失"标准,是判定刑事违法性构成的关键要素。此外,对于次要合法权益的界定,则需紧密贴合特定犯罪的构成要件及其内在逻辑来予以明确。②

2. 现行法律体系在规制民营企业内部腐败行为上存在局限

在约束民营企业内部腐败问题上,现行法律框架暴露出明显的局限性。虽然《公司法》已着手规范诸如管理层利用职权谋取私利、为亲属或自身非法获利、擅自从事竞争性业务等一系列内部腐败行为,并赋予了对违规者追究民事责任的权利,但在实践操作层面,这些条款却常常陷入名存实亡的尴尬境地,致使民营企业在应对内部腐败时,民事救济手段显得异常乏力。③ 传统民事赔偿机制虽致力于通过经济补偿修复受损的社会关系,其权威性不可小觑,然而,其内在驱动力的不足亦是显而易见的。尤其在处理那些对社会造成极大负面影响的违法行为时,民事赔偿的效力明显捉襟见肘。鉴于此,将刑事处罚机制融入治理体系变得至关重要。对民营企业内部腐败行为实施刑法调控,不仅能够从正义角度确保违法者得到应有的惩处,更能在预防层面发挥震慑作用,④警醒管理者远离腐败深渊,从根本上抑制此类行为的发生,净化企业运营环境,维护市场公平正义。

---

① 参见印波:《民营企业产权的刑法平等保护——以〈刑法修正案(十二)〉为分析重点》,载《法学杂志》2024 年第 3 期,第 20 页。

② 参见乔榛:《我国民营经济发展历程、启示与出路》,载《上海商学院学报》2023 年第 5 期,第 34 页。

③ 参见曾粤兴、谭健强:《民营企业内部腐败行为的刑法防治:〈刑法修正案(十二)〉的新亮点》,载《河北法学》2024 年第 5 期,第 40 页。

④ 参见罗翔:《技艺和程序:刑法修正的检视——〈刑法修正案(十二)〉新增民企工作人员犯罪条款的展开》,载《法学评论》2024 年第 1 期,第 180 页。

(三)政策导向下的民营企业内部腐败行为入刑考量

将民营企业内部腐败行为纳入刑法规制范畴,具备坚实的政策基础。检视我国民营企业在处理内部腐败问题上的监管路径,可见其经历了由企业内部自我管理向企业与政府联合治理模式的渐进式转型,这一进程实质上映射了国家对于促进民营企业繁荣所采取的政策倾斜与支持。党的十八大以来,党中央针对民营企业发展的顶层设计与具体策略持续优化与升级,彰显了对民营经济重要地位的充分认知及对其健康发展的坚定承诺,彰显了国家对民营企业发展的坚定支持,为民营企业内部腐败行为的刑法规制提供了坚实的政策基础。

鉴于此,2023 年 7 月,随着《中共中央　国务院关于支持和壮大民营经济发展的意见》的颁布,企业体制改革的步伐得以显著加速。文件强调遵循"公平、互惠、协同发展"的准则,出台了一系列旨在激发民营经济活力的革新举措,特别聚焦于民营企业资产安全及企业家权利的维护。最高人民检察院和最高人民法院相继发布了《关于依法惩治和预防民营企业内部人员侵害民营企业合法权益犯罪、为民营经济发展营造良好法治环境的意见》与《关于优化法治环境促进民营经济发展壮大的指导意见》,其核心目标在于全方位强化对民营企业的促进,确保其在健康、有序的市场环境中蓬勃发展。

立足于现今的政策生态,有研究者指出,我国针对民营企业的保护已跃升至国家级战略的高度。这一系列政策支撑,不仅为执法部门勾勒出了清晰的执行蓝图,也彰显了司法界正主动响应与实施民企权益保障举措的决心。不过,加强民企的刑事保障机制,绝非仅凭刑事司法体系的孤立行动即可达成,而是需要从立法源头着手,将企业内部的腐败现象正式纳入刑法框架之内,这正是当前政策导向下,深化民企保护的具体展现。这一举措不仅有助于打击和预防腐败行为,还能进一步促进民营企业的健康发展。

(四)非法经营同类业务罪的教义学阐释

1. 对"董事、监事、高级管理人员"的厘定

本罪的主体范围有所扩展,包括民营企业的董监高。民营企业运营方式往往带有较强的自主性和灵活性,人员构成也呈现出较高的流动性和变动性。因此,在认定民营企业中的董事、监事、高级管理人员时,我们不应仅局限于法定模式的形式审查,而应结合意定模式的实质判断,考量其是否真正拥有与职务相匹配的职权,以及是否存在着凭借职务便利,开展同类的外部经营活动,进而可能给原企业带来隐性经济损失的隐患。

鉴于我国大量民企尚未构建起成熟的现代企业管理体系,其组织架构与运营效率普遍处于初级阶段,岗位头衔名目繁多。在辨识董事、监事及高管时,我们必须紧密结合企业的实际运营模式,开展细致入微的剖析,以甄别出那些实际上行使"高管职权"的个人。除已正式注册并记录在案的高管,所有事实上承担着高管权责的员工,也应归类至这一范畴内予

以考量。①

2. 对“非法经营同类营业行为”的剖析

在探讨“非法经营同类营业行为”时,首先需明确“经营”的两种形态:一是自己经营,包括直接以自己名义经营、借助亲友名义的间接经营及投资入股的合作经营;二是为他人经营,特指行为人利用职务之便,将公司、企业的同类营业交由他人经营,并从中获取非法利益或导致公司、企业利益受损。② 就自己经营而言,直接经营因风险过高而少见,而间接经营和合作经营虽隐蔽,却更为常见。为他人经营需严格界定,特指行为人利用职务便利,为他人谋取利益并从中获益,而非仅为亲友牟利。在判断非法经营同类营业罪时,需综合考虑行为人的主观意图、行为方式、实际损害等因素,而非仅依据行为形态本身。③ 因此,对于非法经营同类营业罪的认定,需结合法律规定、案例实践及司法解释进行综合判断,以确保法律的正确适用和公正实施。

非法经营同类营业的行为对象,本质上指的是与行为人任职企业业务相类似的经营活动。在界定“同类营业”时,理论界存在形式标准说与实质标准说之争。形式标准说强调营业执照上的经营范围,而实质标准说则侧重于行为人实际从事的与公司、企业业务相同类别的经营活动。④ 在界定时,考察视角不应拘泥于营业执照所列的表面范围,而需深入探究其实质内容,即检查涉事主体所从事的经营活动是否落入公司的实际商业活动范畴之内。此外,在以下情况中,不应被视为非法经营同类营业:第一,涉事主体的经营项目既非其所在企业工商注册的营业范围,亦非其实际运作的业务领域,第二,涉事主体涉足同类业务,但事先获取了公司股东会的认可。

对于非法利益的认定,关键在于其范围与归属。⑤ 非法利益应涵盖经营所得利润与预期利润,以全面评估行为对法益的侵害程度。至于非法利益的归属,应视为经营非法获利,而非仅限于行为人个人所得。且非法利益分配与否,不影响非法经营行为的认定。

(五)为亲友非法牟利罪的教义学分析

1. 对“亲友”范围的厘清

在法律语境中,“亲友”一词虽源自日常生活,但其内涵在法律适用中需得以精确界定。

---

① 参见黄明儒:《论刑法平等保护民营企业的多重意蕴——兼评〈刑法修正案(十二)〉相关条文》,载《政法论坛》2024 年第 2 期,第 40 页。

② 参见田宏杰:《企业内部人员职务犯罪的刑事治理完善》,载《中国刑事法杂志》2024 年第 1 期,第 100 页。

③ 参见施天涛:《公司法论》,法律出版社 2018 年版,第 203 页。

④ 参见刘仁文:《刑法强化民营企业内部反腐的最新发展与司法适用》,载《政法论坛》2024 年第 2 期,第 20 页。

⑤ 参见雷池、冀春苗:《非法经营同类营业罪认定中的几个问题》,载《检察实践》2004 年第 3 期,第 51 页。

具体而言,我国民法典对"亲属"的界定限于近亲属,而对远亲属如舅舅、姑姑、姑婆等是否涵盖在内则未予明确,因此,"亲属"一词在法律实践中的解读尚存模糊地带。

若依据民法典对"亲属"的界定,将远亲属置于"朋友"的范畴内进行解释,虽不失为一种解释路径,但随之而来的问题是如何界定"朋友"的概念。从文义角度解读,"朋友"一词包含两层含义:一是具有深厚交情的人;二是恋爱的对象。对于前者,有观点认为需基于双方交往的持久性和关系的稳定性来判断,即短暂的经济交易或小额经济往来不应构成朋友关系。这一观点强调了在判定"朋友"时,需考虑主体间是否存在显著的紧密关系。①

然而,也有论者主张在认定"朋友"时,不应过于限制其范围,而是应侧重于实际发生的业务转移行为。即只要存在将本公司、企业的业务交由他人经营的事实,便可认定存在"朋友"关系。② 这一观点侧重于行为的实际发生,而非关系的深度或稳定性。

针对上述讨论,笔者倾向于支持第二种观点,理由如下:公司、企业的工作人员将业务交由他人处理的行为,通常基于与对方之间的明显密切关系。这种关系的存在是理性人作出此类决策的重要前提。在此,我们不必深入探讨双方交往的持久性或关系的稳固性,而应当聚焦于双方是否通过实际行动展现出"朋友"关系的实质。这种实质关系并不受限于双方是否初次相识,而是基于双方行为所展现出的实际联系。这种解读方式更加符合"朋友"概念的本质。因此,对于"亲友"一词的理解,我们可以从公司、企业工作人员将业务交由他人经营的行为出发,以此作为判断其是否构成为亲友非法牟利罪的依据。

2. 对"非法牟利行为"的深度解读

该罪的"非法牟利行为"涵盖三类行为,即:转移企业盈利项目、以非正常高或低价购销商品或服务,及采购、接收不合格的商品或服务。首先,对于第一种行为,若行为人将企业的项目交付亲友,最终企业从中获益,则此种情况不应被定性为犯罪行为。原因在于,该行为未对法益造成实际侵害或潜在威胁。然而,若此类行为导致公司或企业蒙受严重经济损失,行为人则须承担相应的法律责任。当然,此种论断基于行为违背了企业意志的前提。③ 再者,对于第二种行为,应当参照民法的具体条款进行考量。我国《民法典》并未具体规定明显不合理价格的具体标准,《全国法院贯彻实施民法典工作会议纪要》第 9 条予以明确,以市场交易价为基础,高于这一标准的 30% 和低于 70% 为明显不合理。由此,本罪可借鉴此判定方式。最后,通常来说,企业在购买不合格的商品或服务后,有权请求违约损害赔偿。除非双方故意利用亲友关系,致使企业利益受损,否则不应认为构成犯罪。

---

① 参见鲜铁可、谭庆之:《为亲友非法牟利罪中的两个疑难问题》,载《中国检察官》2011 年第 16 期,第 20-22 页。

② 参见吴平:《为亲友非法牟利罪中的"亲友"如何界定》,载《人民检察》2006 年第 9 期,第 52 页。

③ 参见刑事判决书(2013)曹刑重字第 3 号。

(六)徇私舞弊低价折股、出售公司、企业资产罪的教义学解读

1. 对“公司、企业直接负责的主管人员”的阐释

在探讨为亲友非法牟利罪的主体时,民营企业的规定更贴近其实际运营情况,仅涉及“其他公司、企业直接负责的主管人员”,而未涉及“上级主管部门”的设定。公司、企业的董监高,作为企业管理层的核心成员,自然属于直接负责的主管人员范畴。此外,即便某些人员没有名义上的特定职务,但只要在事实上拥有负责主管的权力,亦应纳入本罪主体的考量之中。① 在判断主管人员是否构成此罪时,需要重点关注:第一,该主管人员必须在单位中实际行使管理职权,拥有对公司、企业运营活动的实质性影响;第二,该主管人员必须对所在单位的具体犯罪行为负有主管责任,即其行为与犯罪结果之间存在直接的因果关系。

2. 对“徇私舞弊”行为的实质探究

在刑法学的框架下,“徇私舞弊”作为判定本罪成立的核心要素,其精准释义对于确保准确量刑具有不可替代的价值。最高人民检察院于2006年颁布的《关于渎职侵权犯罪案件立案标准的规定》对这一术语进行了详尽阐释。具体分析,“徇私”聚焦于个体的情感倾向或私利追求,其性质属于主观层面的犯罪构成因素,意指在违规行为发生之际,行为人内心存有为私情或私利所驱动的原始动机,从而“徇私”本质上彰显出犯罪行为的心理动因。结合当前主流法学理论,其范围不仅限于个人私欲的范畴,亦延伸至单位或集体私益的情况。其理由在于,无论为何者利益,均对法益造成侵害。而“舞弊”则被归类于客观构成要件之中,特指伪造文件、掩盖事实的欺骗行为。② 概言之,“徇私舞弊”作为由主观与客观双重维度交织而成的概念,它不是简单的并列关系,而是彼此间存在着内在逻辑关联,共同勾勒出一幅“受私利驱策,进而实施舞弊渎职”的犯罪画像。据此,本罪项下的“徇私舞弊”特指行为人在个人私欲或单位、集体私益的驱使下,采取隐瞒、伪造、欺骗、篡改等行为损害企业利益。

在深入探讨民营企业内部腐败行为的刑法规制时,值得特别关注的是,现行规范性条款对于这三种腐败行为仅设定了单一的罪量标准,即仅明确了构成犯罪的最低门槛,而未能将“致使公司、企业利益遭受特别重大损失”这一严重后果在立法层面予以明确叙明。这一立法现状在实践中可能引发司法适用的不确定性,而对其结果进行犯罪化处理,符合刑法条款追求的协调性和体系性的要求。故应当将其情形加以明确,以有效纾解司法实践之困顿。

---

① 参见袁彬:《反思非对称性刑法立法——以〈刑法修正案(十二)〉(草案)》为契机,载《中国刑事法杂志》2023年第5期,第21页。

② 参见张义健:《〈刑法修正案(十二)〉的理解与适用》,载《法律适用》2024年第2期,第81页。

刑法与经济法协同视角下
网络平台商业诋毁行为的法律规制

杨永建　寿晓明*

摘要：网络平台上的商业诽谤行为正严重侵蚀市场秩序、扰乱社会生活、侵犯消费者权益，并对各方公信力构成了严重威胁。此类行为阻碍了市场健康发展和企业生存与长远发展，亟须法律干预。但当前治理却面临诸多挑战，如刑法条文笼统、司法援引频率低、法律衔接不畅和罪量标准界定不一等。为有效应对应构建刑法与经济法的协同机制，形成全方位打击体系；加强刑事立法精细化，明确构成要件；完善司法实践流程，确保法律适用准确公正；细化具体罪名前置条款，为司法实践提供明确指引。

关键词：网络平台；商业诋毁；刑法与经济法协同；商业信誉、商品声誉罪；轻罪治理

一、问题的提出

随着互联网技术的迅猛发展，网络平台已成为商业活动的重要载体。然而在这一过程中，商业诋毁行为也日益凸显，对市场经济秩序、企业合法权益及消费者利益造成了严重侵害。在刑法与经济法的协同视角下，探讨网络平台中商业诋毁行为的法律规制，不仅是对传统法律框架的挑战，更是维护网络经济健康发展的重要保障。商业诋毁行为作为不正当竞争的一种表现形式，不仅违反了市场公平竞争的原则，还严重破坏了商业信誉和商品声誉。在网络平台上，这种行为借助互联网的匿名性、快速性和广泛传播性，其危害更加深远。它不仅损害了被诋毁企业的经济利益，还可能误导消费者，扰乱市场秩序，甚至对社会和谐稳定造成威胁。“可通过引入利益衡量方法来系统分析正当商业评价与不正当商业诋毁的法

---

* 杨永建（1998—），男，河南洛阳人，天津商业大学宪法学与行政法学硕士生，研究方向为行政法、数字法。

寿晓明（1996—），男，浙江绍兴人，安徽大学经济法学博士研究生，研究方向为竞争法、数字法。

律边界。"①因此,从刑法与经济法协同的视角出发,对网络平台中的商业诋毁行为进行法律规制显得尤为迫切。《中华人民共和国刑法》(以下简称《刑法》)作为维护社会秩序的最后一道防线,应当明确界定商业诋毁行为的刑事责任,加大对违法行为的惩处力度;而经济法作为调整经济关系的法律规范,则应关注商业诋毁行为对市场经济的负面影响,完善相关赔偿制度和监管机制,保护企业的合法权益和市场公平竞争。本文旨在通过深入分析网络平台中商业诋毁行为的特点、危害及其法律规制现状,提出在刑法与经济法协同视角下加强法律规制的建议,以期为维护网络经济健康发展、促进市场公平竞争贡献绵薄之力。

二、刑法与经济法协同视角下网络平台商业诋毁行为的法律特征

在刑法与经济法交织的监管框架下,网络平台环境内的商业诽谤现象展现出了独特的法律维度。首先,从经济法的维度出发,此类行为深刻体现了不正当竞争的本质,不仅侵蚀了市场公平竞争的基石,还对被诽谤企业的商誉与产品形象造成了不可估量的损害,进而波及消费者的选择自由及市场整体的有序运行。这直接挑战了经济法所维护的市场公平与消费者权益保护的核心价值。进而,当目光转向刑法领域,不难发现网络平台上的商业诽谤一旦跨越了法律界限,达到特定严重程度,便可能触及刑事法律红线构成犯罪行为。其法律特性的独特之处在于,行为人蓄意通过编造、篡改事实或散播不实言论等手段,意图恶意毁损他人的商业信誉与产品形象,此等行为不仅主观上具有明确的恶意,而且在客观上产生了显著的负面效应。一旦商业诽谤行为所引发的后果符合刑法规定的量刑标准,比如对被诽谤企业造成巨额经济损失或是对市场秩序形成严重扰乱,那么行为人将不可避免地面临刑事法律责任的追诉。

(一)行为主体方面

"对于网络环境下出现的不正当竞争行为,司法往往根据我国《反不正当竞争法》第2条之规定,将'诚实信用原则'和'公认的商业道德'作为判断涉案商业行为'正当'与否的关键标准。"②涉及主体较多。网络平台中商业诋毁的行为模式有三种,行为模式一:商业经营者委托网络黑公关——网络黑公关雇佣网络水军——网络水军对其他商业组织实施诋毁行为;行为模式二:经营者雇佣网络水军——网络水军对其他商业组织实施诋毁行为;行为模式三:网络黑公关雇佣网络水军——网络水军对其他公关实施诋毁行为。模式一中商业诋毁行为的完成涉及四方主体,即商业经营者、网络黑公关、网络水军和商业组织,其中网络水军由不固定的诸多网络推手组成。在模式二和模式三中,商业诋毁行为的完成涉及三方

---

① 参见龙俊:《商业言论自由与不正当竞争法律规制研究》,载《政治与法律》2024年第2期,第127页。

② 沈冲:《网络环境下的竞争关系与商业诋毁行为的认定》,载《电子知识产权》2011年第11期,第72页。

主体。

“商业诋毁对象是商誉，它是一种财产权。”①以营利为目的。这些主体所实施诋毁行为的最终目的是获得非法牟利。模式一中网络黑公关和网络水军以直接获取非法利益为目的，其报酬往往由前手支付；商业经营者虽然没有直接获取非法利益，但是其间接利润可能是存在的，甚至是十分巨大的。模式二只是缺少网络黑公关的介入，其它方面和模式一是相同的；模式三中网络黑公关先发动水军进行发帖，后以提供删帖服务来牟取利益，网络水军的牟利方法则和模式一相同。

（二）行为方面

“以微博为代表的新媒体在近几年蓬勃发展，其中良莠不齐的信息传播给反不正当竞争法带来了一定冲击，特别是在商业诋毁行为的法律规制中表现得尤其明显。”②在前述三种行为模式中，商业经营者只是需求方和提供报酬方，从商业诋毁的预备行为、实行行为到完成行为，都是由网络黑公关和网络水军来实施的，因此他们往往扮演着重要角色。

“网络黑公关，又称为异化的网络公关，当前网络黑公关正在向杜撰口碑、歪曲事实、操纵舆论和暴力营销等方向转变。”③具体而言，网络黑公关实施的商业诋毁行为包括双向代理、单向代理和自产自销。“双向代理”是指网络黑公关为甲乙双方经营者提供商业诋毁服务，此时甲乙皆是市场竞争者。例如某公关公司受到甲经营者的委托，以发布虚假或者误导性信息的方式来诋毁乙经营者，之后受到乙经营者的委托以同样的方式诋毁甲经营者。“单向代理”则仅仅是代理某一方从而实施诋毁行为；“自产自销”即网络黑公关先对商家进行商业诋毁，然后联系商家提供删除诋毁内容的服务。或者先对商家进行诋毁，进而联系商家，以此获得商家的公关业务。这三类行为所涉及的主体不尽相同，但均实施了商业诋毁行为。

网络水军，是由诸多网络推手组成的群体。他们经常活跃在各个网站、贴吧、论坛、微信群以及购物平台的评价页面。对网络水军的分类。以实施主体、行为方式、发布网站类型、发帖密集程度、发帖内容明晰度、帖子信服力大小来分析实施商业诋毁行为的网络水军，网络水军按照实施主体可分为自然人水军和“人工智能”水军，自然人水军以职业化程度大小又分为闲散推手和职业推手，相比闲散推手，职业推手有着更多的任务量、工作时间、非法牟利和社会危害性，因此应当是法律重点打击的对象；相比较自然人水军，“人工智能”水军有着低成本和易操作的优势，如手机智能助手一样，在人工智能系统中输入算法后，该智能水

---

① 李国庆：《论商业诋毁诉讼的赔礼道歉和消除影响责任》，载《知识产权》2014年第6期，第50页。

② 孟子艳、李鑫：《自媒体时代对反不正当竞争法的挑战及其应对——以商业诋毁为例》，载《现代经济探讨》2013年第3期，第69页。

③ 参见黄迎新、窦佳乐：《网络公关异化的产生、危害与监管》，载《湖北社会科学》2017年第10期，第183页。

军便可以实施诋毁行为,不再需要黑公关的指派,而且智能水军使用期限较长,不需要考虑用工成本的逐年增加。由于“人工智能”水军的迅速发展以及自身的优势,“人工智能”水军也正在逐渐取代自然人水军。网络水军按照行为方式可分为“评帖”“发帖”和“转帖”,黑公关与网络水军之间建立联系后,网络水军按照公关的指示,以消费者或者普通网民的身份掩饰自己,进而发帖诋毁商业组织。网络水军按照发布网站类型可分为自建型网站和他建型网站,从实施诋毁行为便捷性和可控性看,自建型网站具有明显的优势:自建域名、自行发帖和删帖。如在“10.11 网络水军案”中,网络水军自建域名为:中华、中国、法制等,这类域名引人注目、信服力更强、浏览量和转发量更多,因此商业组织名誉受到影响更大。

“自媒体商业诋毁行为较传统商业诋毁行为呈现出主体匿名性、行为多样性、后果严重性的鲜明特点。”①网络水军按照发帖密集程度可分为单一式和集群式水军,单一式水军并不是说只有一个推手实施诋毁行为,而是指推手发帖的密集程度较低,表现为发帖间隔时间较长或者发帖数量较少,如商业经营者欲对某商家进行商业诋毁,只需要指派一个推手对商家进行差评即可。这种做法其实更难被商业组织或执法机关发现,因此应当法律重点打击的行为。集群式水军是指水军在较短的时间内密集发帖、评帖和转帖,诋毁商业组织声誉,甚至直接控制整个舆论,使消费者降低乃至丧失对商业组织的信赖。网络水军按照发帖内容明晰度可分为直接型和隐晦型,直指型是说某帖子直接指出某产品有某种问题,后者则以一种间接隐晦的方式。网络水军按照帖子信服力大小可分为普通类帖子和“专家类”“官方类”帖子,普通类帖子是由民众或者记者发出,这里所说的“专家类”“官方类”帖子并不是由真实的专家或者官方发出的,而是网络水军假冒某某专家或者假冒官方机构,以此来迷惑网民,从而实现其非法诋毁和非法牟利的目的。

三、刑法与经济法协同视角下网络平台商业诋毁行为的问题检视

在刑事法律范畴内,网络商业谣言(即网络诋毁行为)可能触及多种罪名,包括但不限于非法经营罪、强迫交易罪、诬告陷害罪、侮辱与诽谤罪、敲诈勒索罪、寻衅滋事罪,乃至组织、领导、参加黑社会性质组织罪等。然而,在众多可能性中,损害商业信誉、商品声誉罪因其直接关联到商业领域的不实信息传播,被视为最为常见且典型的罪名。尽管如此,依赖刑法来遏制网络商业谣言的蔓延却面临着诸多挑战,导致治理效果不尽如人意。这主要是因为现行刑法在应对此类新型网络犯罪时,可能存在法律条文适用上的模糊性、司法实践中案例处理的复杂性,以及法律执行层面的局限性。因此,尽管损害商业信誉、商品声誉罪等罪名为打击网络商业谣言提供了法律依据,但在实际操作中仍需克服诸多难题,以实现更为有效的治理。

---

① 张永忠、谢煌凯:《网络生态治理下自媒体商业诋毁行为的法律规制》,载《江汉论坛》2021 年第 9 期,第 123 页。

（一）网络平台商业诋毁行为的现实危害

破坏市场竞争秩序。“商业诋毁是工商业活动中旨在影响他人利益关系的不公正说法。”①这体现为侵害特定商业组织的名誉权、经营权、财产权及不特定经营者的公平竞争权。有学者认为：“法人是社会存在的组织体，对法人评价会影响到法人的经营行为，影响到法人经营目的的实现。”②经营的直接目的便是利润，因此诋毁行为所造成的是一系列影响。

影响社会生活秩序。③“国家的首要职责是保障和维护最起码的社会生活秩序以及相应的社会基本安全——人身安全、财产安全、公共安全和国家安全。”④如人身安全方面“专家称：深海鱼油堪比高价地沟油”使得人们对产品的安全性产生怀疑，引发人们对该产品可能会造成身体和健康问题的担忧。“值得研究的是网络安全秩序，网络公共领域是以参与主体的独立性为基本前提的，一旦受到外部噪音或负主体独立性消解面思潮的干扰，网民就很可能偏听偏信，走向非理性的一端。”⑤

侵犯消费者权益。“网络黑社会”中商业诋毁行为将会侵犯消费者的知悉真情权和自主选择权等权利，以行为主体、行为和危害后果来分析该行为如侵犯消费者的知悉真情权：其一，通常来讲，对消费者知情权的侵犯往往是商业经营者实施的，而此处却恰恰相反，实施商业诋毁行为主体是商业经营者的竞争对手等；其二、尽管实施主体不同于通常情况，但是所实施行为是一样的即故意隐瞒真实消费信息或者为消费者提供虚假信息；其三，降低消费者购买该商家商品的欲望，甚至使消费者不再购买该商家的商品。“消费者自主选择权的行使是受到自身判断能力、信息筛选能力和诸多外界因素影响的。”⑥特别是当某些行业有很极少的竞争者，消费者的自主选择权则会更加受限。

损害商业组织、官方机构甚至整个社会的信用。从持续时长及最终结果来分析网络商业诋毁行为，有着三种形态，分别为：被及时纠正的行为，持续时间过长、反反复复且被纠正的行为，始终未被纠正的行为。总体上讲，后两种形态对商业组织、官方机构及社会的信用造成的影响更大。如其一是密集发帖导致人们不再信任某一商业组织、专家或者官方机构，其二，商业诋毁的谣言被纠正后给人们带来的困惑感、迷茫感，人们不知道究竟该信任谁？在发布商业诋毁的内容和纠正的持续过程中，商业诋毁的内容逐渐损害社会信用。

---

① 谢晓尧：《论商业诋毁》，载《中山大学学报（社会科学版）》2001 年第 5 期，第 121 页。

② 许中缘、颜克云：《论法人名誉权、法人人格权与我国民法典》，载《法学杂志》2016 年第 4 期，第 38 页。

③ 张文显：《法理学（第五版）》，高等教育出版社 2018 年版，第 10 页。

④ 张文显：《法理学（第五版）》，高等教育出版社 2018 年版，第 10 页。

⑤ 余梦月：《构建网络公共领域新秩序》，载《人民论坛》2019 年第 20 期，第 122－123 页。

⑥ 柴伟伟：《论电信消费者自主选择权的法律保护》，载《河北法学》2015 年第 6 期，第 79 页。

(二)刑事立法与司法上的双重边缘化

“随着互联网、大数据和人工智能的发展,市场主体的信誉价值愈益凸显,损害商誉的侵权手段和不法类型也不断升级换代,从而使商业信誉、商品声誉的法律保护难度日益加大。”①商业诋毁在网络空间中的泛滥,与损害商业信誉、商品声誉罪在立法与司法层面的“双重边缘化”形成了鲜明对比。一方面,立法上,该罪名采取“定性 + 定量”的界定方式,要求达到“重大损失”或“其他严重情节”的量化标准。然而,自 1997 年纳入刑法典以来,长期缺乏专门的司法解释细化这些定量要素,仅依赖于 2010 年的一份立案追诉标准文件,这在一定程度上加剧了法律的模糊性。另一方面,司法实践中,由于立法上的不明确,导致涉及损害商业信誉、商品声誉的案件数量稀少,许多本应受到刑事处罚的网络商业诋毁行为,往往仅被当作民事侵权或行政违规处理。这种定量标准的缺失,严重制约了刑法对网络商业谣言的有效治理。进一步观察发现,在已发生的案例中,网络不仅是商业诋毁行为的温床,更成为其不可或缺的工具和平台。随着网络技术的迅猛发展和社交媒体的广泛普及,网络已成为诱发、实施、辅助和承载此类犯罪的关键因素。这凸显了网络在加剧商业诋毁行为中的重要作用,也迫切要求在立法和司法上作出相应调整,以更好地应对这一挑战。

(三)刑法规定和经济法的衔接问题突出

“网络商业谣言大行其道,已严重危害社会稳定、威胁企业生存和发展,迫切需要刑法进行有效规制。”②损害商业信誉、商品声誉罪作为典型的行政犯罪类型,其法律基础根植于《中华人民共和国反不正当竞争法》(以下简称《反不正当竞争法》),这构成了该罪名的前置法律框架。在我国,刑法对法定犯罪的界定,往往伴随着与行政法律规范的紧密关联,这一特性不可避免地引发了刑法条款与行政法条在适用上的衔接难题,这一难题直接触及了界定行为是否构成犯罪的核心问题。尤为值得注意的是,随着 2017 年《反不正当竞争法》的修订,原有法律体系中的协调性受到进一步挑战,导致损害商业信誉、商品声誉罪与其前置条款之间的不匹配问题愈发凸显。这种不协调性主要体现在法律条文之间的解释差异、适用标准的模糊以及处罚力度的衔接不畅等方面,为司法实践带来了诸多困扰。

1. 行为主体的衔接问题

关于网络商业谣言行为的实施主体是否需要具备竞争关系的经营者身份,学界观点分歧显著。民商法领域倾向于认为,判断行为是否构成商业诋毁,关键在于行为人是否与受害

---

① 田宏杰、周时雨:《损害商业信誉、商品声誉罪:司法认定与治理完善》,载《法律适用》2022 年第 12 期,第 32 页。

② 卢建平、司冰岩:《刑事一体化视野下网络商业谣言的法律规制——以损害商业信誉、商品声誉罪为例》,载《法律适用》2020 年第 1 期,第 102 页。

人之间存在市场竞争关系;而刑法学界则普遍主张,损害商业信誉、商品声誉罪的犯罪主体为一般主体,无需特别考量竞争关系的存在与否。这一分歧的根源在于相关法律法规的不同表述。尽管新修订的《反不正当竞争法》在界定竞争关系上展现出更为宽泛的趋势,但无论修订前后,均将此类损害行为的主体限定为与被侵害方具有竞争关系的经营者。在刑法无特别说明的情况下,通常遵循前置法的规定,以保持法律体系的协调。然而,这种限制在刑法适用中引发了疑问,因为从罪刑法定原则和司法实践出发,损害商业信誉、商品声誉罪的犯罪主体应视为无特定限制的一般主体。

2. 行为方式的衔接问题

“商业诋毁条款在反不正当竞争法中一直以‘简明性’特征呈现,且在此次修法过程中未受到足够重视。”①在《反不正当竞争法》修订之前,关于损害商业信誉、商品声誉罪的行为方式界定,刑法与行政法之间已存在差异。我国刑法第221条明确要求该罪行为需“捏造并散布”,这一表述引发了学术界的讨论。部分学者坚持严格解释,认为“并”字表明行为必须同时包含捏造与散布两个要素,缺一不可。相反观点则认为,散布行为本身即具有直接危害性,单一散布行为亦能构成犯罪,而捏造仅是对事实的初步歪曲。值得注意的是,在《反不正当竞争法》修订前,其规定商业诋毁行为可单独由捏造或散布构成,显示出更为宽泛的规制范围。相比之下,刑法第221条的双重行为要求,在司法实践中被严格遵循,实际上限制了刑法的适用边界,导致部分本应受刑事处罚的行为因缺乏足够的行政处罚力度而未能得到应有的法律制裁。随着2017年《反不正当竞争法》的修订,商业诋毁行为的方式由“捏造、散布”转变为“编造、传播”,而刑法条款并未随之调整,依然维持“捏造并散布”的表述。这一变化进一步加剧了两者在行为方式界定上的不一致性,使得刑法与前置法之间的衔接问题变得更加棘手。

3. 行为内容的衔接问题

“在商业诋毁案件中,虚伪事实的含义应扩大解释为足以引起消费者误认的信息及信息表达。”②在《反不正当竞争法》修订之际,其与刑法的协同性在行为界定层面曾维持着高度的一致性,共同将矛头指向了“虚伪事实”的编造与传播。然而,法律修订的浪潮带来了行为界定的微妙转变,其中,“虚伪事实”的表述被“虚假信息或误导性信息”这一更为宽泛的概念所取代。此变动不仅深化了法律规制的层次,还引入了“误导性信息”这一新维度,它超越了单纯的事实虚假性,涵盖了那些虽非全然捏造,但足以引发误解的信息范畴,包括未经证实的陈述及在特定语境下被误用的真实资料。这一调整促使《反不正当竞争法》与刑法在行为界定上产生了新的协同议题。刑法框架内,对于不实信息的规制仍侧重于“虚伪事

---

① 龙俊:《商业诋毁构成要件研究——兼评新〈反不正当竞争法〉第11条》,载《河北法学》2019年第4期,第130页。

② 李双利、何震:《商业诋毁案件中“虚伪事实”的认定》,载《法律适用》2016年第4期,第63页。

实"的认定与惩处;而反观行政法领域,其边界已悄然拓宽,将虚假及误导性信息的各种形态纳入监管视线。这一变化要求在法律实践中,需更加审慎地辨析两者间的细微差别与内在联系,确保在维护市场竞争秩序的同时,也能精准对接不同法律体系的规制要求,实现法律适用的精准性与有效性。

四、刑法与经济法协同视角下网络平台商业诋毁行为的规范建构

网络商业诋毁的广泛影响跨越了民事、行政及刑事等多个法律领域,因此,其治理策略需全面而综合,不能仅依赖于单一法律条文或教义学的分析。在刑事领域,尤为重要的是要确立刑法与经济法之间的动态协同观念,这要求刑法体系内部结构的合理性(横向协调)与刑法实施过程中的前后连贯性(纵向协调)并重。具体而言,不应孤立地审视刑法条文,而应将其置于当前复杂多变的社会环境中进行考量。通过调整刑法结构和完善刑法运行机制,来更有效地发挥刑法的社会功能。这种协同思想的实践,不仅关注法律条文本身的完善,更强调法律与社会现实的紧密结合,以实现对网络商业诋毁行为全面而有效的综合治理。

(一)立法趋向严密化和细致化

首先,谣言之所以肆虐,根源在于当前网络技术的高速进步与"后真相"社会环境的交织。"商业言论是自然人、法人或其他非法人组织在经济活动中为寻求缔约机会而发布的市场交易相关之信息。"①一方面,相较于传统渠道,网络成为谣言传播的加速器,其对公民权益、社会经济秩序及市场管理的冲击显著加剧;另一方面,谣言的泛滥正悄无声息地侵蚀着社会信任基石,对公众行为引导及网络空间净化构成了深远且负面的影响。在这一谣言泛滥的时代,社会各界普遍感到不安,担忧自身成为谣言的受害者,包括商业机构在内的所有实体均强烈渴望重建社会安全感。因此,强化刑法的积极预防作用变得尤为重要,需通过织密法律之网,积极回应社会各界对于安全需求的深切期盼,从而逐步恢复社会信任,巩固法律体系的权威地位。这一过程不仅是对谣言的直接打击,更是对社会心理的稳定与修复。

其次,面对网络商业谣言的肆虐,当前刑事立法的疏漏显得尤为突出,难以有效应对这一严峻挑战。具体而言,损害商业信誉、商品声誉的刑事条款自设立以来,其"定性+定量"的立法框架虽有其合理性,但缺乏针对定量因素的明确司法解释,导致在民法与行政法难以充分规制的情况下,刑法亦显得力不从心,形成了规制空白。特别是随着《反不正当竞争法》的重大修订,前置法的变化进一步凸显了刑法立法粗疏的问题,加剧了规制困境。

其一,针对损害商业信誉、商品声誉罪的定量要素进行清晰界定,是解决罪量标准衔接问题的关键。现行《追诉标准(二)》第74条不宜直接作为审判机关的定罪依据,因其在定

① 刘闻:《论商业言论自由的法律边界》,载《江西社会科学》2016年第8期,第164页。

量因素上的司法解释存在不足。特别是对于利用互联网等媒体公开损害商业信誉、商品声誉,但经济损失未达50万元标准的案件,缺乏明确的判定准则。因此,司法机关应积极介入,针对利用互联网实施商业诋毁且构成"情节严重"的行为,制定更为详尽的司法解释。这些解释可综合考虑多方面因素,如行为人的身份背景、动机目的、信息发布平台的影响力、发布频次,以及信息内容被浏览、转载、转发的广泛程度等,以此为基础构建合理的定量标准,从而填补法律空白,严密刑事法网。

其二,为增强法律间的衔接性,有效应对互联网时代的商业诋毁行为,需对损害商业信誉、商品声誉罪的行为方式规定进行相应调整。原刑法第221条中的"捏造并散布"与修订后的《反不正当竞争法》中的"编造、传播"存在明显差异,前者在表述上显得较为局限。为统一法律适用标准,建议在刑事立法上,将损害商业信誉、商品声誉罪的行为方式更新为"编造、传播"。这一改动在语义上更为中立、全面,"编造"一词不仅涵盖了完全虚构的情形,也包括了基于真实信息进行的歪曲或夸大,而"传播"则广泛覆盖了从源头到中间环节的所有散布行为,更加符合网络环境下信息快速传播的特点。此外,采用"编造、传播"的表述,使得该罪的行为方式成为当然的选择性要件,即无论是单独"编造"或"传播",还是二者的结合,均可构成犯罪。这一改变不仅解决了以往关于行为并列与选择之争的争议,也有效扩大了刑法的规制范围,确保了对网络商业诋毁行为的全面、有效打击。

其三,针对损害商业信誉、商品声誉罪的行为内容,新《反不正当竞争法》的修订具有重要意义,特别是将"误导性信息"纳入规制范畴,与虚假信息并列,这一变化显著提升了法律的前瞻性和适应性。传统上,刑法中的"虚伪事实"侧重于可证伪的客观真相,但在面对未确定或争议性事实时,其界定显得捉襟见肘。相比之下,"虚假信息或误导性信息"的表述更为宽泛且精准,既能涵盖明显不实的信息,也能捕捉那些虽基于真实但经不当加工后可能误导公众的内容。此外,值得注意的是,某些基于真实背景但经过编造、传播的信息,同样可能对商业组织的商誉构成威胁,如涉及经营者个人背景、信仰、财务状况等的非直接商业信息,虽与产品和服务质量无直接关联,但足以引发误解,造成商誉和经济损失。因此,将这类信息纳入规制范围,是保护商业信誉、维护市场秩序的必然要求。从立法技术层面看,"虚假信息或误导性信息"的表述,不仅解决了"虚假"与"事实"在语义上的潜在冲突,还更贴切地反映了互联网时代信息传播的特点和本质。信息作为人类传播活动的核心内容,其广泛性、多样性及易变性,使得"信息"一词相较于"事实"更能准确描述网络空间中的各类内容。"互联网领域的商业诋毁,往往是以捏造虚伪事实方式,散布给竞争对手的用户,从而达到使对方相应的用户对其产品或服务产生不信任,转而成为进行商业诋毁企业产品的支持者。"①鉴于上述分析,为有效应对网络商业诋毁行为的挑战,保持法律体系的内在协调与统

---

① 孙晋,闵佳凤:《论互联网不正当竞争中消费者权益的保护——基于新修〈反不正当竞争法〉的思考》,载《湖南社会科学》2018年第1期,第79页。

一,刑法也应适时调整,将损害商业信誉、商品声誉罪的行为内容扩展至"编造、传播虚假信息或误导性信息",以更加全面、有效地保护商业主体的合法权益。

(二)制裁趋向轻刑化和多元化

刑事一体化理念倡导刑法应趋向轻刑化,这契合了现代刑法谦抑性的核心理念,即不仅在立法上保持克制,在司法实践中也应体现谨慎与适度。刑法谦抑性要求不仅限制犯罪圈的扩张,还需在刑罚配置上体现宽严相济,特别是重视"刑之谦抑",而非单纯扩大犯罪认定的范围。针对我国当前刑法体系中,如损害商业信誉、商品声誉罪等罪名,其法定刑设置偏重自由刑,罚金刑辅助的模式,反映出"刑之谦抑"的不足。考虑到此类犯罪主体多为竞争对手,自由刑的适用可能缺乏针对性与高效性。刑法体系的革新应聚焦于刑罚结构的精细化调整,特别是要强化资格刑的运用,比如增加或完善吊销营业资格、执行行业禁止令等手段,以实现对市场不正当竞争犯罪的精准打击与有效遏制。在司法执行层面,深化司法定量分析技术的应用势在必行,确保刑罚的裁量既符合罪行轻重的匹配原则,又彰显了公平正义。具体而言,需细致剖析犯罪行为的恶劣程度、实际损害规模等多维度因素,对犯罪行为进行科学分层,进而实现量刑的精准化、差异化。此外,应灵活运用多元化的刑罚措施,如根据行为人与受害方的市场竞争态势,巧妙结合定罪免罚、资格剥夺、罚金、缓刑及社区矫正等非监禁刑罚方式,旨在既惩罚犯罪又促进行为人悔改,实现法律的教育与挽救功能。同时,针对司法实践中损失认定模糊的问题,必须予以正视并纠正。明确而具体的损失评估不仅是量刑决策的核心基石,也是司法裁判逻辑清晰、说理充分的重要体现,关乎法官对案件事实的精准把握、法律精神的深刻理解及道德评价的恰当融入,对于提升司法裁决的公信力与权威性至关重要。在司法文书日益公开透明的今天,清晰界定损失还具有显著的警示与教育效应,有助于促进司法实践的规范化与标准化,增强社会公众对司法公正的信任与支持。

(三)刑法和经济法的协同共治

1. 以经济法规制网络水军破坏市场竞争秩序行为

"传统观点认为:竞争关系是构成不正当竞争的前提和基础,所谓竞争关系是指市场主体之间在竞争过程中形成的社会关系。这种竞争关系将竞争范围局限于同行业之间。"①随着互联网的发展,这种竞争关系的限制逐渐被打破,如果说以前的市场竞争范围是同行业之间、二维的,那么当前网络时代的竞争便是跨行业的、多维度的竞争。有学者认为:"当前实践中对于竞争关系的争论通常都是因突破同业竞争关系所引起的"②。甚至有法院在判决

---

① 种明钊:《竞争法(第三版)》,法律出版社2016年版,第144页。

② 王艳芳:《反不正当竞争法中竞争关系的解构与重塑》,载《政法论丛》2021年第2期,第20页。

中指出：双方当事人的经营范围是否相同并不影响判定不正当竞争行为的构成。由此可见，司法实践正在对竞争关系进行扩张解释，这种扩张虽然将狭义的竞争关系扩展为广义的竞争关系，但还是在竞争关系这一范围内讨论。“当下，反不正当竞争法已发生利益保护多元和公共利益（竞争秩序）保护优位的重大变革。”①显然这种扩张解释并不能从根本上解决问题，如网络水军所实施的商业诋毁行为便是如此，虽然网络水军与其他商家并无直接竞争关系，但是其实施的行为破坏了已有的竞争秩序、影响社会生活秩序、侵犯消费者权益、侵犯消费者的知悉真情权和自损害商业组织、官方机构甚至整个社会的信用。倘若对网络水军所实施的商业诋毁行为按照名誉权侵权形态进行规制，那么经营者只能获得较少的经济损害赔偿，这不利于保护经营者利益和正常的竞争秩序。只有按照商誉权受到侵害的方式进行规制，即将该行为纳入反不正当竞争法的范围，对经营者进行更多的经济损害赔偿，才能更好保护经营者权益和维护正常的竞争秩序。

2. 建立网络平台中商业诋毁行为认定的具体标准

首先，认定网络商业诋毁的标准要适当，因为标准过高会放任某些违法商业言论，标准过低会限制商业自由言论，其次，应当建立认定网络商业诋毁的具体标准，我国《反不正当竞争法》第 11 条规定了商业诋毁客观方面的表现，即“经营者编造、传播虚假信息或者误导性信息，损害竞争对手的商业信誉、商品声誉”。在该行为中“编造、传播”可排列组合为“商家自己编造，网络水军看到后自行传播”“商家自己编造，然后授意由网络水军传播”“商家自己编造并且传播，然后授意由网络水军扩大传播”“商家既未编造也未传播，商家授意网络水军进行编造和传播”四种类型。对于前三种类型，商家的行为是符合商业诋毁行为客观方面表现的，对于第四种行为，商家的授意是有不同理解的，倘若商家只是告知网络水军“你们帮我诋毁某商家”，这显然不符合“编造”“传播”的客观行为表现，倘若商家将编造内容授意给网络水军并且告知网络水军“你们帮我诋毁某商家”，这是符合商业诋毁的客观行为表现的。

对虚假信息或者误导性信息的认定。按照学界通说的观点，现行《反不正当竞争法》中的“误导性信息”包括“真实但片面的信息、真实但无关的信息，以及真伪不明的信息”三种，“但是对于网络水军传播真实完整的信息是否成立商业诋毁”②，应当具体分析。如在钓鱼岛事件期间和在平时生活中，某车企为争夺市场资源，授意网络水军发布对方企业的诸多内容，其中包括日资背景的内容，这给对方企业带来的影响显然是不同。

3. 立法降低网络商业诋毁主观方面的认定标准

对商业诋毁主观状态的认定，学界有着几种观点：第一种观点认为“商业诋毁的主观状

---

① 蒋悟真：《论竞争法的基本精神》，上海三联书店 2008 年版，第 20 页。

② 参见陈健淋：《论商业诋毁诉讼中的误导性信息》，载《电子知识产权》2018 年第 1 期，第 98 页。

态是故意,因过失造成竞争对手商誉受到损害的,以侵权论"。[①] 第二种观点认为"不论故意还是过失都可以构成商业诋毁"。[②] 第三观点认为"商业诽谤条款时不宜将过错作为要件"。[③] 目前学界通说是第一种观点。网络商业诋毁与传统商业诋毁行为有着很大的不同即前者的危害结果是不确定的或者更加严重的,这是因为网络传播速度之快、影响范围之广、因此应当降低对该网络商业诋毁主观状态的要求。适用商业诋毁时不适合将过错作为构成要件,网络水军基于主观过失所发布的商业诋毁言论;基于阐述事实的商业言论,尽管难以证明网络水军存在过错,但是引起了消费者的误解,也应当由商业诋毁的条款进行规制,这可以使遭受损害的商家避免更大的损失,更好地保护商家权益。

4. 立法需要细化计算具体赔偿额的酌量因素

与行为相关的酌量因素。该行为的持续时间。一般来说,该行为持续时间越长,被诋毁商家所遭受的损害就越严重,诋毁者的受益可能就越多。也就是说该行为持续的时间和危害结果是正相关关系。"在连续性商业诋毁中,应当注意时间方面的特殊问题。在该行为实施后并不是过程中的每个阶段带来的损失都是相同的"[④],如诋毁者刚刚发帖和发帖后几天乃至几个月,很明显时间越久,该行为给商家带来的损失越大,但是损失也不是无边界的,还要结合该商家的市场占有率等。

与危害结果相关的酌量因素。其一:与商家受到损害相关的酌量因素。这主要表现为商家商誉的损害或产品收益的减少。商誉损害方面由专业第三方进行审查,然后列出审查的数据,作为法官审判的依据。除商誉外,商家所遭受损害和被侵害品牌的种类、价值也有关。如在同样情形下,诋毁知名品牌造成的损害明显是高于诋毁一般品牌的损害。

其二:与诋毁者获得收益相关的酌量因素。这包括诋毁商品价格、诋毁商品的利润和销量等因素。如何计算出诋毁者获得的非法利益?方法一:用商品市场价减去成本价,然后乘以销售数量,最终得出利润。方法二:将市场上相同或相似商品的利润,作为诋毁者的获利的参考。

5. 立法需要加强对商业言论自由的保护

商业言论自由对保障言论者个体利益、传播市场动态信息,以及保护公众知情等方面发挥着重要作用。在治理网络水军实施的商业诋毁行为时,不仅要用"堵"的办法来防止网络水军实施商业诋毁行为,还要发挥网民和其他商家的言论监督作用,而发挥这一作用的逻辑

---

① 参见孙莉:《老概念新思考:知识产权专家纵论商业诋毁构成要素》,载《中国发明与专利》2010 年第 12 期,第 13 页。

② 参见王先林:《竞争法学》,中国人民大学出版社 2015 年版,第 66 页。

③ 王文敏:《反不正当竞争法中过错的地位及适用》,载《法律科学(西北政法大学学报)》2021 年第 2 期,第 186 页。

④ 参见张家勇,李霞:《论侵权损害赔偿额的酌定——基于不正当竞争侵权案例的考察》,载《华东政法大学学报》2013 年第 3 期,第 22 页。

起点便是保障商业言论自由。“我国《宪法》赋予了公民言论自由的权利”①,这是一个非常概括的权利,它既未明确规定商业言论自由权利,也没有将商业言论自由排除在外。如果按照行业标准对公民的言论自由进行分类,这包括农业言论自由、工业言论自由和商业言论自由等。宪法规定了公民的基本权利,它不可能对公民的各种言论自由都加以规定,因此需要由部门法对某些重要言论自由进行规定和保护。在国外立法中,欧洲国家通过《欧洲人权公约》来保护商业言论自由,美国以第一修正案的方式来保护商业言论自由;在我国《反不正当竞争法》中,并没有直接规定保护商业言论自由的内容,而是以规制商业诋毁行为的方式来限制违法的商业言论,从法理上讲,不能仅仅限制不合法的商业言论,而忽视商业言论自由,商业言论自由同样是值得保护的,在鼓励商业言论自由的同时,运用人工智能及技术时制止违法商业言论,便可以有效地处理好二者之间的关系,也可以更好发挥商业言论自由的监督作用。

---

① 参见许中缘、颜克云:《论法人名誉权、法人人格权与我国民法典》,载《法学杂志》2016 年第 4 期,第 39 页。

二、网络与人工智能犯罪

论帮助信息网络犯罪活动罪的司法适用

邹　军　禄　磊　马　颖*

摘要：随着因特网和数字化经济的迅猛发展，网络违法行为日益增多，其中尤为突出的是协助他人非法牟利的行为。然而，在帮助信息网络犯罪的法律性质、主观明知的诠释与应用、协助行为的界定，以及情节轻重的评判等方面，各类观点分歧显著。为更好地把握司法实践中的法治理念，提升案件办理质量和效率，有必要对帮助信息网络犯罪（以下统称帮信罪）领域的司法认定展开深入探讨。

关键词：协助；共犯；网络犯罪

一、帮信罪的定性

关于帮助信息网络犯罪（以下简称帮信罪）的定性，学术界和实务界存在分歧。主流观点为量刑规范说，该学说主张，帮信犯罪并非以正犯为目标，而是将协助犯罪作为处罚对象。犯罪构成要件理论认为，协助犯罪的必要条件是被协助者存在违法行为。在没有实施帮助的情况下，无法构成帮助犯。这一观点凸显了帮信罪与传统意义上的帮助犯罪的本质区别。在传统共同犯罪中，从犯与主犯之间存在一定隶属关系，其量刑可以减轻、减轻或免除。而帮信犯罪实质上是一种刑罚适用原则，而非实行正犯。认定帮信犯罪应注重其违法行为，而非从犯身份。量刑规律说对于确定帮助犯的性质及实际工作具有重要意义。① 然而，如何定义违法以及如何界定犯罪范围，仍需进一步探讨。在办案过程中，法官需综合案情，确保刑罚适用得当。因此，有必要深入研究帮信犯罪本质，以便更有效地打击此类犯罪。同时，我们应加大刑事法律普及和教育力度，确保我国互联网安全与稳定。

---

* 邹军（1969—），男，贵州毕节人，贵州省毕节市威宁县人民检察院党组副书记、副检察长，研究方向为刑法学。

禄磊（1983—），男，贵州毕节人，贵州省毕节市威宁县司法局党组书记、局长，研究方向为司法制度。

马颖（1994—），女，贵州毕节人，贵州省毕节市威宁县司法局办公室负责人，研究方向为司法制度。

① 参见李学军、贺娇：《推定在电信网络诈骗及其关联犯罪案件证明中的适用与规制完善》，载《法学论坛》2024 年第 39 卷第 2 期，第 120 页。

我国现行刑法根据犯罪嫌疑人在社会生活中所扮演的角色与功能来认定共犯。在相关犯罪中,“帮信罪”被视为一个独立罪名,与提供“黑客软件”“钓鱼网站”等辅助信息犯罪有关。作为一种独立于刑事法律体系的帮助犯罪,其社会危害性日益凸显,对帮助犯罪的效果也越来越明显。现行刑法规定,帮助行为属于特定共犯,即帮助犯。尽管帮助犯罪嫌疑人在帮助犯罪中扮演次要角色,但其社会影响与犯罪嫌疑人相当。为维护社会秩序、打击网络犯罪及保护公民合法权益,应将其视为共同犯罪的共犯。

将帮助诈骗罪实行从犯化作为正犯化是适应我国互联网犯罪发展的必然要求,也是对构成要件的进一步完善。我们应对此问题有深入认识,加大防范力度,以维护国家和谐安定。

另外是采纳共犯说,即实行共犯理论。依据此观点,帮信犯罪本质上应视为一种共同犯罪形态,即将原本视为共犯的犯罪行为提升至正犯地位。这一转变既体现在立法规范中,亦贯穿于法律解释与司法实践之中。

在此理论框架下,帮助组织卖淫罪与帮助恐怖活动罪在本质上具有共通性,二者均涉及为他人犯罪活动提供协助,并被视为独立的犯罪形态,而非单纯的从属犯罪。这既体现了我国刑法对职务侵占罪等犯罪的严厉打击态度,也代表了职务侵占罪理论研究的深化与拓展。

除正犯理论外,尚存在中间帮助行为说、累积犯罪说、共同犯罪说等理论观点,①但尚未形成广泛共识。这种理论分歧给帮信犯罪的司法适用带来了一定的挑战和难度。

关于这一问题,存在分歧的主要原因在于对共同犯罪的认识存在差异。在司法实践中,我国刑法尚未对帮助犯罪作出明确具体的定性规定,因此,司法机关在审理案件时需结合具体案情和相关学说进行判断,这无疑增加了审判难度,也提升了个案处理的复杂性。

为解决上述问题,有必要在理论与司法实践层面展开深入研究,以深化对帮助信行为的认识,明确其在社会生活中的地位与功能。在此基础上,进一步优化我国刑法中关于帮助信行为的相关规定。

二、帮助诈骗犯罪的若干问题探讨

(一)如何确定“明知”的主体

1. 关于“明知”之内涵

(1)知情与应知情。本文认同刘宪权观点,在网络环境中,网络犯罪分子与实施犯罪分子在现实世界建立互动交流关系较为困难。协助犯罪分子仅通过技术手段或互联网平台发布相关情报,而上游犯罪分子仅获得关于犯罪行为人的部分技术支持或具体情报,双方并无必要进行联系与沟通。为应对上游与下游犯罪信息交流不畅现象,以及确保互联网犯罪的

① 参见张明楷:《帮助信息网络犯罪活动罪的再探讨》,载《法商研究》2024 年第 41 卷第 1 期,第 36 页。

有效打击，应在“明知”概念中增加“应知”的要素。①

(2)了解与可能了解。黎宏教授强调，目前关于互联网犯罪的法律解释并未采纳“应当知道”这一表述，仅采用了“全面评估”与“推定引用”两种方法。笔者认为，在犯罪协助中，“明知”应由“知晓”与“或知”两部分组成，而对于“知”的证实，应借鉴《刑法》中的“知情”与“列举”两种途径。

(3)确定的知识。依据陈兴良先生的阐释，关于“明知”的定义，应秉持最为狭义的解读，即仅限于明确且无疑的认知范畴。至于“应当知”及“也许”等表述，因其蕴含对犯罪内涵的潜在判定，从而可能引发与《刑法》中过失条款的冲突。特别是在界定“明知”时，更不应通过违背刑法基本原则的方式来规避举证难题。

对于“应当知道”这一法定责任标准，其要求过于严苛，存在诱发玩忽职守罪误判的风险；而“或许知道”则涵盖了行为人主观上未觉察到的可能性。若在主观层面仅强调“应当”或“应当知晓”，则可能导致犯罪构成要件的不完整，这与罪刑法定原则背道而驰。

然而，“明知”一词本身亦包含“明确知道”的意味，若将“明知”等同于“明知”，则可能导致该罪名适用范围的过度扩张。因此，以“明确知道”替代“明知”的表述，更符合逻辑严谨性和法律精确性的要求。

2. 关于“明知”

首先，关于广义违法性说法，该观点主张刑法中的不法应理解为广义上的不法。因为将某一罪行单独规定为一种单独的罪行，与被帮助对象的行为无直接关联。若将这里的犯罪范围定义为刑法意义上的犯罪，可能会损害本罪的刑罚独立性，②同时提高定罪标准，缩小适用范围。

其次，从广义角度观察，某些行为必须满足特定条件方可实施。根据三重犯罪人的学理解读，构成要件包括“应”“违法性”和“有责”；根据四要件犯罪人的学说，构成要素包括客体、客观方面、主体和主观方面。

再者，不法说法主张“构成犯罪”中既有“罪”，又有“罪”之“罪”，相统一。普通违法性说因将不法与刑事处罚同一认定，可能导致适用范围扩大，成为“口袋罪名”。相反，过度限制和空白会导致帮信罪无法适用。不法行为说从法益侵犯实质出发，对行为进行客观评价，与我国刑法对互联网犯罪的打击方针一致。

即便被协助对象未具备全部犯罪要素，但若证实其通过信息网络侵犯利益，满足特定罪名客观构成要素，即可成立诈骗罪。《新型网络犯罪解释》第7条对“违法犯罪”予以明确界定，包含刑事责任及未成为法定罪名的其他犯罪行为。第12条第2款规定，若客观情况限

---

① 参见张明楷：《供卡人指卡、取款的行为性质》，载《法学评论》2024年第42卷第1期，第6页。

② 参见陈如超：《电信网络诈骗涉案资金紧急止付的双重逻辑》，载《法律科学（西北政法大学学报）》2024年第1期，第9页。

制难以查明被协助人员具体情况,但涉案金额合计达到前款第2、4款所列标准5倍以上,或造成特别严重后果,应以帮助信息网络犯罪活动罪追究刑事责任。为避免滥用职权,应深入挖掘犯罪链,首先尽到举证责任,如难以证实,可援引该条款。这一规定本质上是从违法性角度界定帮助信犯罪范围。①

在案件审理过程中,法官应在审查报告和判决书等有关文书中详尽阐述适用理由和程序,避免简单适用。

3.“明知”水平的认定

在涉及犯罪援助的案例中,确定犯罪者是否了解相应的处罚标准以构成犯罪,具有一定的复杂性。有观点将其划分为四个层次:一是共同故意,即行为人与另一方存在双向意思联系,彼此均有意利用各自行为,并共同策划实施具体罪行;二是片面明确,即犯罪者清楚地知晓被协助者存在违法行为;三是一般认知,指犯罪者明知被协助者所犯罪行尚不明确,但无论何种罪名均在预期之中,且任由其发生;四是主观认识错误,即犯罪者对所知罪行与实际犯行之间存在误解。在实施过程中,为达目的,可构成信息网络犯罪共犯。若片面明确、概括认识和主观认识错误未达到共同认识水平,则无法构成援助犯罪。

然而,有学者提出,单向知悉的协助(亦称“片面共犯”)应纳入帮信罪共犯。另有观点认为,网络犯罪中的协助行为具有较高独立性,与传统援助行为有较大差异,因此在确定帮助信息网络犯罪活动罪的主观故意时,应有特殊规定。首先,行为人的主观故意无需一定具有接触意图。其次,客观故意既包括事实认识,也包括对客观事实的认识。具体而言,无需明知被协助者的行为是否具有刑事责任,只需知晓其行为本身即可。对于主观认识,不必解释为概括性可能性认识,而应限制在相对特定的认识,无需达到确切水平。

“明知”程度体现行为人的主观恶意,与量刑情节相符,构成“以人为本”的犯罪构成要件。关于片面认知协助,在一定程度上,这一司法解释可视为对片面明确认知也可构成共同犯罪的目的。

4.推定的“明知”原则

根据《新型网络犯罪解释》第11条的规定,若符合该条款要求,应将其视为“明知”行为。然而,在我国司法实践中,存在一定例外情况,因此需法官依据推定原则进行深入审查。有学者认为,对“协助信息网络犯罪”行为的司法限制具有根本定位意义,这一观点已得到充分体现。在判断主观故意时,司法实务应避免仅依赖行为人陈述判断其故意程度,也应避免将“两张卡片”的销售行为简化为“明知”行为。②

---

① 参见姜丹:《电信网络诈骗犯罪数额“综合认定”的理论审视和完善进路》,载《中国刑事法杂志》2023年第6期,第59页。

② 参见赵宝玉:《电信网络诈骗共犯参与行为的刑事责任分析》,载《法律适用》2023年第12期,第11页。

司法机关应遵循主观与客观原则，综合考虑行为人的认知能力、过往经历、交易对象、与信息网络犯罪行为人的关系、提供技术支援或协助的时间与方式、收益状况、出租销售“两卡”的次数、数量等因素，以及行为人的供述。在判断过程中，应注意听取行为人的解释，并全面评估其解释的合理性，从而作出有理有据的判断。例如，在出租、销售“两卡”过程中，若收到出租、销售“两卡”的通知后仍继续从事，或“两卡”被查封、冻结后解冻并继续协助实施，或因买卖“两卡”受到处罚、惩戒后再次实施，均可认定该人员在主观上具有“明知”。然而，若行为人单独、少量或在他人教唆下出租、销售“两卡”，则应根据案件实际情况谨慎适用“主观明知”推定原则。

（二）如何确定“帮助行为”

在涉及帮信罪条款的规定中，虽然列举了一定的协助行为，但此类行为并不仅限于明确定义的范畴。那些在行为性质及危害结果等方面与特定行为类型相对应的行为，同样属于帮助行为。在理解非可供协助的概念时，需事先审慎论述，突出其专业化与技术特性，将一般中性商业活动与协助行为区分开来，防止概念泛化。同时，结合司法实践，适时制定相关司法解释，对确需处罚的新兴协助行为，避免司法机关过度扩大化处理。

1. 关于“中性协助”的性质

中性的协同行为，虽表面上看似无害，但实际上却推动了犯罪行动及后果的发生。在我国《刑法》第287条之二关于帮信犯罪的认定中，对于“互联网访问、服务器托管、网络存储、通信传输等技术支持，以及广告宣传、支付结算等”环节存在争议。张明楷教授主张，该条款应涵盖“中间协助”，而“中等程度”的协助仅适用于“情节恶劣”的情形，至于“中性”的经营活动，则不宜视为“情节恶劣”。有学者认为，判断协助行为的成立应以“明知”的程度为依据，若不符合帮助犯罪的“明知”要件，则具有模糊、不明确的中立协同行为不宜认定为协助行为。另一种观点则主张，只要具备主观故意，即便以中性协同行为为“外衣”，亦应在刑法调整范围之内。

在此基础上，笔者认为，在协助犯罪的认定过程中，应遵循主观与客观相统一的原则。当明知道被协助者正在进行网络信息犯罪而提供协助时，表面上中立的协同行为因不法意图而丧失中立性，从而不再具备“中性”特质，进而产生可罚性。若一家互联网科技公司在监管机关调查后仍未进行整改，仍为其他违法行为提供无限支付结算手段，其后果将被认定为帮助信犯罪行为。

2. 协助实施罪行的准备

在司法实践中，有时会遇到行为人在犯罪预备阶段向被害人提供协助的情况，此类协助行为应如何界定？关于预备阶段实施的帮助行为，学界探讨较少。部分学者认为，在犯罪实行之前，由于尚未实行，故无法对其予以处罚。正犯在实行之前，其所侵害的利益较为抽象且轻微，不具备刑事处罚的必要性。我国刑法对实行的刑罚已有所限制，对于协助有限度实行的犯罪行为,更无需受到刑罚。

(三)如何确定"情节严重"

1. 关于"已付清的款项"的含义

关于如何确立"已支付款项"的界定,有一种观点认为,应以实际发生的款项金额为依据,对于已被冻结的款项则不宜纳入"已支付款项"的范畴。有学者提出,以进账金额作为支付金额的衡量标准,能更好地体现利益受损程度。而在账务记录中,用于检验信用卡是否可正常使用的转账方式,主要涉及较小金额,如1元、10元等,且均在被协助对象实施犯罪前进行,对于犯罪金额的确定并无实质性影响,①因此,这类款项不应计入支付结算金额。

关于"资金往来金额与支付金额"等问题,有人主张,在当前"两卡"案件中,简单提供信用卡情况较多,若难以确定行为人的刑事责任,②也无法确定具体支付金额,可通过流水金额判断犯罪严重程度,这是一种可行方法。有人批评称,"两卡"交易金额与《新型网络犯罪司法解释》中"协助信息网络犯罪活动罪"的定罪量刑标准存在差异,因此,以流水金额为基础,不能将涉案资金金额作为定罪标准。然而,在电信网络诈骗的直接实施者难以查明的情况下,依据流水金额精确判断罪行程度,是一种较为可行的方法。

协助支付的处罚涉及被协助罪行,其社会危害性在于账户资金流入过程中,受害者利益已受到侵犯。因此,以入账金额作为"支付结算金额"较为合理。因此,在实际支付金额难以核实的情况下,采用"流水金额"作为衡量犯罪人主观恶性程度的标准,是可行的。需要注意的是,此处流水金额指单个进入银行卡的金额,而非同一款项的进出。若流入与流出金额无法区分,可按所计算金额的平均值计算。在多个卡上同时出现相同款项时,不宜重复核算。若同一人(集团)或同一上线人使用多个银行卡,且某一张银行卡的交易金额在3000元以上,可累积计算;各银行卡所涉资金金额均在3000元以下,若多张卡为同一人(集团)使用,可累积流水。

2. 如何确定"违法所得"

在违法所得的确定问题上,当前存在两种观点:一是总额原则,即在计算行为人违法所得时,不扣除其犯罪行为所支付的开卡费、上级给的交通费、住宿费等费用,主张计算全部利益,包括犯罪所得的利润和全部利益。另一种观点是纯收益说,认为"违法所得"是指犯罪行为所获得的不法收益数额,应从其所获得的所有收益中扣除犯罪费用。在司法实践中,这两种观点并存。

在判断非法收入时,不能仅依据"总"或"净收益"的标准,而应结合具体案件情况进行

① 参见张启飞、虞纯纯:《论电信网络诈骗犯罪的刑法规制》,载《法律适用》2023年第8期,第79页。

② 参见薛铁成:《"帮信罪"与诈骗罪竞合前罪优先适用的反思》,载《西南民族大学学报(人文社会科学版)》2023年第44卷第11期,第69页。

全面评估。基本原则如下：为实现违法行为及准备行为所发生的费用，不予扣减；刑事开支属违法，应予扣减；在合法情况下，对玩忽职守的开支应予扣减；若依赖不法活动所获得的利润机会进行的活动中，扣除正当开支。①

3. 关于"受协助人所为罪行所致的严重结果"的解释

近年来，法学界对于"被协助人所为"所致的"严重后果"这一概念一直存在着深入的探讨和争议。有学者指出，在司法实践中，对于"严重后果"的认定往往显得既含混又模糊，这既影响了司法的公正性，也削弱了法律的权威性。因此，他们认为在司法解释中应当对"严重后果"作出明确的规定，以便更好地指导司法实践。

然而，对于"严重后果"的理解，不同学者之间存在着一定的分歧。有人将"严重后果"理解为既包含了身体伤害，又包含了物质损失。在他们看来，身体伤害后果可能包括自杀、死亡或精神异常等极端情况，这些后果无疑对被害人及其家庭造成了巨大的痛苦和损失。同时，物质损失也是不可忽视的一部分，特别是当损失数额巨大时，对被害人的生活质量和社会稳定都会产生不良影响。

针对这种理解，有学者进一步提出，在我国立法未作出具体规定的情况下，可以采取这种综合考虑身体伤害和物质损失的方法来确定"严重后果"。他们认为，由于行为人的协助行为导致了帮助目标的犯罪成功，进而引发了被害人或其近亲属自杀、死亡或精神不正常等严重后果，或者造成了巨额的财产损失，这本身就是一种非常严重的情况。因此，将被协助对象的犯罪行为导致其自杀、死亡或精神不正常，或其财产遭受一定数额以上的损害，作为确定"严重情节"的依据，既符合法律规定，又是切实可行的。

为了更具体地说明这一点，我们可以引用一些实证研究和统计数据来支持这一观点。例如，有研究表明，在某些类型的犯罪中，协助行为的存在往往会导致犯罪行为的成功率和危害性显著增加。同时，当被害人或其近亲属因犯罪行为而遭受身体伤害或财产损失时，他们往往会面临巨大的心理压力和生活困境，这进一步加剧了犯罪的严重性。

此外，我们还可以从法律逻辑和司法实践的角度来分析这一问题。在法律逻辑上，"严重后果"作为罪名要件的属性，应当具有明确性和可操作性。通过对身体伤害和物质损失的综合考虑，我们可以更准确地判断协助行为的严重性和危害性，从而更公正地定罪量刑。在司法实践中，这种确定方法也有助于统一司法标准，减少司法裁量的随意性和不确定性。

综上所述，将"严重后果"理解为既包含身体伤害又包含物质损失是合理且可行的。通过综合考虑身体伤害和物质损失的程度和影响，我们可以更准确地判断协助行为的严重性和危害性，从而更好地维护社会的公平正义和法律的权威。同时，这也为我们在司法实践中处理类似问题提供了有益的参考和借鉴。②

① 参见李雪峰、王铼：《电信网络诈骗的特征与治理路径》，载《人民论坛》2023 年第 20 期，第 66 页。

② 参见李云芳：《缅北电信诈骗报道的三项注意》，载《青年记者》2023 年第 17 期，第 110 页。

4. 关于“有其他情节恶劣的情况”的理解

有意见提出,在实际操作中,法官应该继续按照补充的司法解释,以犯罪对象的数量,数额,获利,再犯情节,造成的后果等几个角度来确定“其他情节恶劣的情况”。对于“情节严重”这一概念,学界有不同的看法,即司法实务中对其进行了广泛的扩大。对于“其他情节较重的情况”,应当予以合理的限定。对这一问题,可以由省高院制定《指导意见》予以更正,也可以选择一些具有代表性的案件作为参照,或者适时公布,以便于基层法院借鉴。

《新型网络犯罪解释》第 12 条第 1 款第 7 款规定了构成该罪的“重罪”,并规定了“重罪”的构成要件。但是,由于这一兜底条款的模糊性,为了避免对其进行无限制的扩大,法官应该按照同质的解释原则,对其与前面六种行为进行比较,以保证在实施兜底条款时,行为人的行为与上一款的内容是一致的。在司法实务中,检察部门还应当参考前述司法解释的原则与目的,认真考虑行为人实施的其它协助行为与司法解释所指情况之间的行为相同或损害等同,进而对“其他情节恶劣的情况”作出正确的判断。

三、犯罪数量的认定与处罚原则

关于帮助信息网络犯罪行为竞合的问题,学术界存在不同观点:(1)法条竞合。有学者认为,该罪行性质为协助犯罪,犯罪者必须构成信息网络犯罪的共犯,即一人触犯两个法律规定,因此,该罪与信息网络犯罪共犯之间存在法律冲突。(2)想象竞合的认定。另有学者提出,当犯罪者在向他人提供信用卡时,明知被帮助者将利用该信用卡进行信息网络犯罪所得及收益的转移,此行为不仅构成帮信罪,还构成掩饰、隐瞒犯罪所得罪及犯罪所得收益罪,因此,一行为触犯两罪名,构成想象竞合。(3)法律竞合与想象竞合。部分学者主张,应根据具体情况对帮助信息网络犯罪行为进行分类,而非一概而论。

在具体情况下,将帮助信息网络犯罪行为归类为法条竞合或想象竞合的观点得到了许多学者的认同,并具有合理性。在法律适用方面,通常遵循特殊法优于普通法、重法优于轻法的基本原则。而在想象竞合情形下,适用从重规定。在当前的司法实践中,犯罪行为中存在法条竞合和想象竞合的情况,但绝大多数情况下均采取从一重罪处罚的方式。

四、帮助诈骗犯罪与其它犯罪的区别认定

在司法实践中,对于“两卡”行为的定性,应遵循“信息网络犯罪共犯 - 掩饰犯罪 - 协助他人”的审查逻辑,全面评估行为人的主客观状况,从而对该罪行作出准确判断。

(一)挪用公款罪与掩饰、隐瞒罪、收益罪之边界

关于两种犯罪的认定,一种观点认为,应根据犯罪行为实施的时间点来判断,无论是犯罪过程中的协助行为,还是犯罪既遂后的掩饰、隐瞒犯罪所得及收益行为,都可能构成相应的罪行。然而,另一种观点则反驳称,不能仅以犯罪时点为依据,而应关注犯罪的性质,即协

助犯罪与掩饰、隐瞒犯罪所得及收益罪之间的区别。还有观点认为，应从犯罪构成的四个要素出发，深入剖析犯罪主体的主观方面和客观方面，全面掌握行为与结果、手段与目的之间的联系，从而区分帮信罪与掩饰、隐瞒犯罪所得罪及犯罪所得收益罪。另一种观点主张，在准确认定两种犯罪时，应结合犯罪嫌疑人的特定行为及对犯罪的主观认知程度，对两种犯罪进行正确的定性。

随着互联网的不断发展，信息网络犯罪行为也在不断演变。将所有协助行为以及掩饰、隐瞒犯罪所得及收益等行为一一列举出来，显然是不合理的。因此，在区分帮信罪与掩饰、隐瞒犯罪所得罪及犯罪所得收益罪时，不能仅根据行为人的协助行为所处的阶段来判断其构成何罪，而应综合考虑主观认知程度、行为性质以及行为与后果之间的关联等因素。

（二）挪用公款犯罪和骗取财物犯罪的范围

在现实生活中，往往存在明知对方进行欺诈行为而仍给予协助的情况。针对此等协助行为，应如何定性，是构成帮助信息网络犯罪活动罪还是诈骗罪的共犯，历来是法律实务中的难题。

第一种观点主张将其定性为帮助犯罪。该观点将此类协助行为视为对信息网络犯罪的协助，其成立条件在于行为人与实施信息网络犯罪的行为人之间存在事先或事后的通谋。对于仅具备“明知”而未直接参与其他信息网络犯罪活动的情形，应认定为帮助诈骗罪。此种观点倾向于限制共同犯罪的认定范围，以扩大帮信罪的适用领域，从而更好地体现我国刑法修正案的精神。①

第二种观点则认为应认定为诈骗罪的共犯。这种观点从共同犯罪的角度出发，认为协助行为对正犯的后果具有直接影响，且主观上具有帮助的目的，才能构成共犯。至于双方是否存在共同商议、共谋等情节，在判断共犯时并非必要因素。然而，在实务操作中，对共犯判定标准的否定往往对“明知”的要求过于苛刻，而对构成帮信罪所需的“明知”则相对宽松，这种做法存在内在矛盾，且可能导致对犯罪共犯性质的误判。

在区分帮助犯罪与诈骗犯罪时，应着重考虑主观与客观两个方面的因素。主观方面，需以双方之间存在意思接触为要件。例如，在实际案例中，骗子以二房东身份寻找房产并让他人协助拨打电话进行欺诈，若行为人仅作为“兼职”参与且未获知其他犯罪情节，则不能轻易认定为共犯，而应视情节严重程度考虑是否构成帮信罪。客观方面，则需考虑行为人是否参与被帮助对象的后续犯罪活动、双方是否形成长期稳定的合作关系、是否涉及利益共享以及法益侵害的严重程度等因素。若行为人仅按“手机口”收费标准为不特定上线人员提供网络连接而未参与下线金额分配，则不宜将其视为共同犯罪。

---

① 参见于敏、黄松涛、章展云：《个人账户如何防范电信网络诈骗》，载《中国金融》2023 年第 16 期，第 63 页。

(三)挪用公款犯罪和违法使用计算机犯罪的范围

《刑法修正案(九)》对我国违法使用信息网络犯罪明确了相关规定,其与诈骗罪成立条件的关系密切。实际上,在众多审判实践中,帮信罪的评价不仅关注行为人自身行为,还涉及对其的帮助行为。相较之下,非法使用信息网络罪则侧重于行为人自身行为。因此,有观点认为,从行为形式上看,违法使用信息网络罪以创建群体为核心,①以发布诈骗信息和违法信息为重点,以对不特定群体进行宣传和传播为主,追求广泛信息传播。另一方面,犯罪手段方面,违法使用信息网络罪以"互联网"为要件,而帮助犯罪则无此限制。

在刑事诉讼过程中,犯罪对象的不同可作为区分有无利用网络进行犯罪的依据。然而,在无法使用网络的情况下,帮助犯罪被视为一种基本犯罪行为。

五、关于帮信罪的刑事诉讼中采取的刑事诉讼程序

经过对犯罪嫌疑人的数据深入分析,我们观察到犯罪主体呈现出若干显著特征。相较于正犯,帮信罪的主体所具备的社会危害性相对较低。此外,考虑到此类犯罪主体的年龄普遍偏小,社会经验相对不足,法律意识相对薄弱,以及其人身危险性相对较小,主要涉及的犯罪类型以行政犯和经济犯为主,因此对于此类犯罪分子,可酌情采取相对宽大的处罚手段。

基于上述分析,部分学者建议对此类违法行为采取"以无拘留"为主导的刑事政策。在法律层面上,帮信罪被定义为"轻罪",其法定刑罚范围涵盖三年以上有期徒刑、无期徒刑,并可并处或者单处罚金。因此,在调查阶段,公安部门应当优先考虑对帮助犯罪嫌疑人实施非羁押性强制措施。在未经证实需变更为加重罪名或确实存在逮捕必要性的情况下,检察机关通常应以不批准逮捕为主要处理原则。

---

① 参见何静秋:《电信网络诈骗犯罪被害预防的治理困境与优化进路——基于虚假投资理财类案件的实证考察》,载《中国人民公安大学学报(社会科学版)》2023 年第 39 卷第 4 期,第 84 页。

黑产设备犯罪的生态分析与治理对策研究
——以司法打击黑产遥控器非法控制道闸系统案件为例

林俊龙*

摘要：随着网络技术的发展，黑灰设备行业中的各类软件、硬件生产技术门槛逐步降低，通过网络共享或销售源代码、电子元器件的方式，为非法生产黑产设备提供极大的便利条件。近年来，各电商平台不断涌现出功能各异的黑灰硬件设备，大量产商、代理商打着法律擦边球肆意生产销售，产品销量火爆。通过电商平台搜索发现，具备控制功能的“万能遥控器”产品琳琅满目，生产地及销售地遍布全国各地，其功能主要针对各类通道门闸设备实施非法控制。“万能遥控器”采用无线电技术，非法拷贝原信号或暴力破解而控制各类品牌道闸设备。购买者以逃避管理及非法逃费为主要目的，制售方与使用者均具有强烈违法犯罪意图。此类黑产设备行业野蛮发展，与当下司法打击、平台监管、道闸设备行业规范的缺位息息相关。深入分析研究黑产设备产业链相关环节和及群体，有利于进一步打击黑产设备违法犯罪生态，促进相关正规行业健康有序发展。

关键词：黑产设备；遥控破解；非法控制；通道门闸

一、研究背景

（一）黑遥控设备产生背景

随着无线电技术的进步，无线遥控设备的应用领域越来越广泛，为人们的生产生活带来极大便利。目前，无线遥控器种类从技术类型上可分为两类：一类是家电常用的红外遥控模

---

* 林俊龙（1990—），男，广东揭阳人，广州市公安局花都区分局警务技术二级主管，公共管理硕士，研究方向为网络新型犯罪。

式(IR Remote Control);一类是防盗报警设备、门窗遥控、汽车遥控等常用的无线电遥控模式(RF Remote Control)。其中通道门闸设备采用的是第二类无线射频控制技术。为方便近距离遥控,道闸设备通常均配备无线遥控器,管理员可对设备进行抬、落、停杆管理。

基于停车场、出入口等管理员多人值守或遥控器备用的需要,道闸设备厂商通过无线技术可对原装遥控器进行"复刻",该技术通常被不法分子利用,通过对拷技术在非授权的情况下对原装遥控器信号进行复制,实现控制道闸设备从而非授权入场或逃费出场的功能。研究发现该类黑产遥控设备的市场需求量庞大,且其无线射频技术门槛较低,黑遥控器生产商在利益驱使下针对道闸系统无线技术环节展开研究,甚至突破原厂商加密防护逐步升级破解技术。非法生产设备产品通过淘宝、拼多多等电商平台销售。在当下电商平台监管缺位的情况下,黑遥控器制售市场泛滥,对社会治安和人们是财产安全带来极大安全隐患。

(二)公安机关打击黑遥控设备的背景

如万能遥控等黑产设备主要触犯是刑法规定的破坏计算机信息系统、非法控制计算机信息系统或提供侵入、非法控制计算机信息系统程序、工具罪等一系列罪名。为及时防范社会治安风险,各地公安机关陆续开展侦查打击。其中广东公安率先开展对非法控制类的黑设备、黑产品的制售和应用产业链的研判打击,对该类链条深挖扩线,作为全国首例打掉一个生产、销售非法控制道闸系统工具的犯罪团伙。分析发现该团伙生产的万能遥控设备可通过截获复制和扫描破解通道门闸系统遥控器原信号两种方式,实现对出入口道闸系统的非法控制,达到在未经授权的情况下,自由进出管理区域,给各类小区、商场、企事业单位甚至党政机关的内部安全带来极大的安全隐患。

2022 年 8 月以来,各地公安机关针对万能遥控器等黑设备开展研究分析,在全国范围内掀起黑灰产软硬打击的集群战役。目前多地公安已完成多轮次的打击收网工作,部分地区案件已经进入审查起诉阶段或完成审判。

二、黑遥控设备行业态势分析

(一)犯罪链条群体分析

通过剖析司法打击案例,从该类设备制售的群体分析发现,该链条各环节人员技术背景差异较大。首先,上游芯片破解群体主要由专门技术员或中介构成,技术员多数具备专业的"开片"(芯片拆解,逆向解密)技术,同时配备破解分析仪器和工作室;中介人员则深谙"开片"产业和渠道,在网络上进行推广接单。其次,中游黑设备生产商作为链条核心群体,该群体往往由销售渠道商和电子元器件生产商合作组成,大多较早接触电子元器件或销售该类物品,虽非高学历科班专业人员,但长期浸淫于该行业,通过书籍和网络自学精通。最后,销售代理商和购买客户下游违法犯罪群体,该群体人员几乎不具备任何专业技术,只熟悉功能操作方法。代理商无需涉及无线电射频技术和单片机技术相关技术,职业大多是专职的网店销售者,部分群体参与外壳、电池等零配件组装工作;购买者则纯粹作为功能使用者,执行傻瓜式操作。

(二)黑遥控设备相关业态分析

1. 通道门闸设备类业态分析

目前市面上通道门闸设备品牌纷繁复杂,主流品牌以捷顺、百盛、红门等品牌为主。基于打击实践调研,从广东公安打击案例的辖区内通道门闸安装场所进行抽样,结果显示党政机关安装的设备品牌较为主流,如某省市某区区委、区政府等办公场所;社会面大部分小区、商场停车场道闸设备采用杂牌设备,相当一部分设备为单机版,部分配备车牌识别系统和计费系统。

为进一步透视易受非法控制风险的通道门闸行业,选取市面上一主流品牌的生产和销售的数据对该行业做样本分析。数据分析主要包括抽样分析,计算总数、环比、占比等数据。分析结果显示该品牌生产的设备包含门、闸两大类,均配备了无线遥控器。外包遥控器厂商较为单一,采用相对固定的一套遥控器编解码程序。该品牌商门闸设备销售全国各地,从其历史安装工程案例看来,涉及港某大桥(道闸设备 74 台)、中某院(通道闸设备)、四川省某县公安局(伸缩门 2 樘)等多个党政机关,以及其他学校、部队、大型场馆等多类型场所,该品牌的门闸设备安装地几乎涵盖全国各省份。

为体现各类常见场所安装数量的差异,对最近十年(2012－2022)该品牌各类场所通道门闸的安装总数进行统计分析,结果如下图 1:

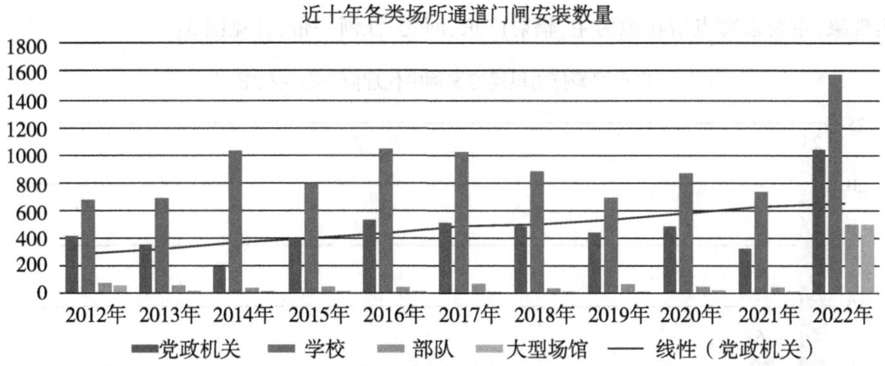

图 1　近十年(2012－2022)各类场所通道门闸设备安装数量统计柱状图

根据统计,从整体数量上看,各类场所每年安装数量波动较大,但党政机关类场所呈上升趋势;从安装区域上看,主要集中在北京、上海、广东、江浙一带;从安装时间上看,早期对该类产品需求量旺盛,后期随着安装场地的饱和而需求量下降并趋向稳定,如图 2 所示。

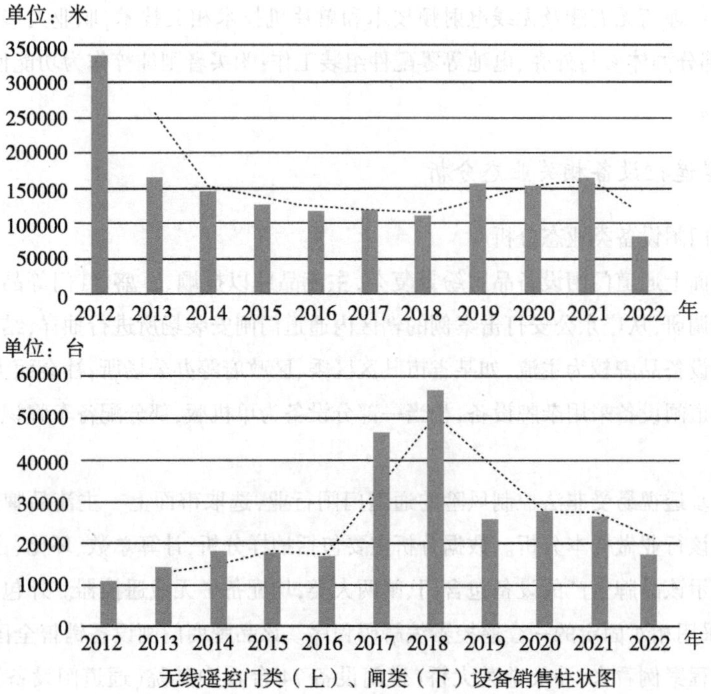

图 2　近十年门闸(上)、道闸(下)两类设备每年销售柱状图

2. 黑遥控器业态分析

为相对科学定量地评估“黑遥控”产业态势，对公安打击案例中的销售代理商和购买使用人群进行分析。案例打击的黑设备产商窝点位于山东省泰安市，代理商和使用者呈现出聚集现象，主要以窝点所在地为主，辐射广东、河北、江浙一带，详见图 3：

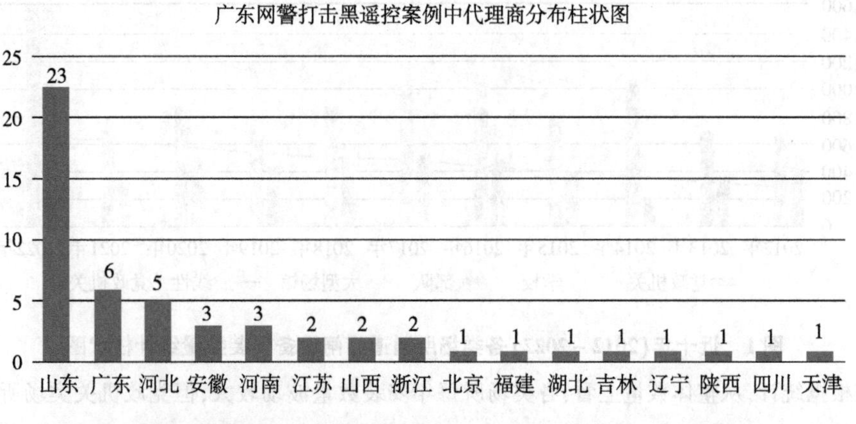

图 3　公安打击实践案例黑遥控设备销售代理商分布柱状图(单位：个)

另外，以主流电商平台“店铺”数据作为基础数据分析，黑设备销售地以广东、江浙、北京为主要地区；以网店“宝贝”的商品条目数据为基础数据分析，发货地主要销往广东、江浙一带，上海、山东次之；最高月销量较大的包含于上述地区中。

3. 芯片解密产业链条分析

黑遥控器设备生产行业要实现设备具有破解功能，需依托上游技术环节——俗称“开片”技术。“开片”即通过对硬件芯片开盖，逆向分析芯片的机器代码，获得“bin”文件，甚至分析算法获取加密密钥。同时对 PCB 板进行电路板的热溶，达到透视电路图，从而抄板 PCB 图。目前已形成一条非常成熟“芯片解密”黑灰产业链。通过对主流电商平台数据分析发现，该行业主要集中在电子科技产业较为发达的深圳、北京、上海以及苏杭一带城市，其中深圳市占比超过全国其他省市总和。

从该行业的网店单款商品最高月销量数据分析，目前该解密行业规模之庞大，其中深圳市一家网店发布的解密服务的商品条目月销量最高超过了 52000 单，且“技术强”“破解快”“程序好用”等好评如潮，详见表 1。

表 1　芯片解密行业网店商品最高销量地区分布统计表

地区	商品条目数	最高月销量	集中城市
总数	5300	52345 +	
广东	4400	52345	深圳
浙江	650	2000 +	杭州
上海	110	500 +	上海
江苏	29	123	苏州
河南	20	5	郑州
北京	18	65	北京
山东	14	2	青岛
四川	13	0	成都
河北	11	0	秦皇岛
湖北	9	100 +	武汉
福建	9	0	泉州
安徽	4	0	合肥
湖南	3	1	怀化

（三）黑遥控器相关行业的规律透视

在该类犯罪的打击实践中，通过各类数据分析发现上述三个不同行业之间存在着密切的内在联系。总的来说,形成了芯片解密生态在技术层面助长黑遥控器设备生产业态的发展,促使该产业对市面上通道门闸设备的攻击和控制力度逐步增强,通道门闸产商为防范非法侵害对遥控器进行技术升级,反向刺激芯片解密行业破解技术研究迭代。

从该三个行业地区分布情况分析发现,与黑遥控器设备相关联的产业呈现出地域性正相关关系。一方面,通道门闸产商主要集中在深圳市,如捷顺、红门等主流品牌,而芯片破解行业也主要聚集在深圳市;另一方面,从销售、安装地区看来,通道门闸设备安装数量集中于广东、北京、上海和江浙两省,而主流网购平台数据显示黑设备的商品发货地和店铺所在地较为一致地聚集在广东、北京、上海、江浙四个省市。无论是技术方面还是分布区域均存在较强的依附关系。

三、黑产遥控设备非法控制技术分析

(一)固定管脚焊烧产生有限地址码

无线射频传输技术基于强抗干扰能力、强穿透性和长有效距离等优点,被应用于市面上常见的遥控器控制的设备,如道闸遥控器、伸缩门遥控器、无线遥控灯具开关等。目前无线射频的遥控器一般采用两种不同编码芯片,分别是滚动码遥控器芯片(以 HSC200、HSC201、HSC300、HSC301 等为主)和固定码芯片(常见有 PT2262、PT2264、PT2260、PT2240、EV1527、FP527 等)。以固定码芯片为核心器件的遥控器称为固定码遥控器,也叫编码遥控器或焊码遥控器。早期的无线射频遥控器以"PT2262/2267"12 位三态地址端管脚编解码电路最为常见。①

"PT2262/2267"编解码电路是由 8 位地址码和 4 位数据码组成,每位地址码位可设置为悬空(f)、高(1)、低(0)三态,且其采用管脚固定焊锡的方式,因此产生的地址编码组别数量最多为 $3^8=6561$ 组。与滚动码相比,固定码地址码数量少,重码率高;编码方式天然固定,导致易被"侦码",一旦被截获即可永久使用截获信号控制通道门闸设备。基于芯片技术和价格的考虑,早期遥控器市场上无线射频遥控器大量使用了固定码芯片,目前仍有部分遥控器使用固定码。可见,固定码是制售非法控制的遥控器实现"对拷"功能中最容易被利用的物理漏洞。

(二)开放频段内短距离非加密传输

无线射频遥控器利用无线收发模块,在国家规定的开放频段(大多为 315MHz、433.92MHz、430MHz、418MHz 的频率)内载波,其发射功率小于 10mW、覆盖范围小于 100m 或

---

① 参见丁传春,《遥控数据编码方式分析与应用》,载《扬州职业大学学报》2012 年第 4 期第 16 卷,第 26-29 页。

不超过规定范围的无需行政审批而可以自由使用。① 无线电遥控器传输原理就是将加密的编码(或不加密)通过发射模块把控制指令的信号发射出去,编码在特定的频段上按设定的时长进行载波发送,编码信号经过无线调频、调幅,转换成无线信号传输;虽然遥控器内置编码算法对信号编码进行加密,但在载波、传输过程没有进行加密,使得编码在开放的无线渠道中传输。目前通道门闸遥控器市场采用民用的四个频段,极容易被“侦码机”进行全频扫码。因此,用于非法控制通道门闸设备的万能遥控器可在正常遥控器编码信号发射过程中,通过特定器件截获编码,且此项技术门槛较低,极其容易实现。

(三)电气非智能逻辑验证

道闸系统的无线控制功能,主要通过道闸设备中的主板接收器接收来自遥控器的无线信号实现启闭动作。道闸设备主板中的接收模块接收到信号后通过 DATA 脚传给解码 IC,当解码 IC 和道闸遥控器上的编码 IC 的管脚定义比对一致时(一般道闸的接收模块根据遥控器芯片出厂时烧录的程序的头码编写好相应的学习程序,二者形成配对协议),所连接的继电器等电子元器件获得与遥控器定义的按键功能电平信号,根据电平信号驱动后续的被控电机模块,实现闸机启闭。② 可见无线信号通过解码后,在电气电子器件上直接以高低电平输入对应管脚,只需要电平的高低输入一致,即可执行原先协议。整个验证过程均以电子器件的物理逻辑作为唯一凭证,相当于只需要解码获得一致的电平信号即可达到非法控制道闸设备“开关停”动作目的。整个过程验证方式仅基于电平信号,验证原理单一且技术简单,极容易被破解。

(四)无防拆解催生逆向破解产业链

为防止信号简易复制,多数道闸厂商采用滚动码芯片(或用单片机)对遥控器进行升级。滚动码遥控器实质上是通过滚动码芯片或单片机作为微控器,工作原理大致为微控器模拟的编码器在检测到按键动作输入时,系统从省电状态中被唤醒,同步记数加 1,与序列号一起经密钥加密后形成密文数据,并同键值等数据发送出去。实现加密的核心是产商在出厂前在芯片内烧录的程序,其算法是按照一定规则使编码同步计数自动向前滚动,实现多层加密,因此每次发送的编码不同,故称为滚动码。与固定码相比,万能遥控器无法只通过简单侦码实现控制,还需获取编码的规则算法。

在无法获得源代码的情况下,只有通过拆解硬件的方式,经过专业仪器分析破解程序或

---

① 参见《中华人民共和国无线电频率划分规定》,载《中华人民共和国国务院公报》2018 年第 20 期,第 59 页。

② 参见田祖德、侯建保、何朝辉:《超再生数据通讯产品电路结构与调试》,载《电子世界》2008 年第 12 期,第 18 - 20 页。

获取密钥,因此催生了"开片"逆向工程黑灰产业链。大部分设备厂商为防止破解,在出厂前将芯片品牌和型号搽除,但芯片的贴片方式仍为机械批量贴片,无任何防拆卸措施,这种方式使得封装后的芯片依然可通过无损开片分析,再通过逆向工程获取源代码。

四、犯罪技术手法分析

(一)分工合作与技术联通

黑产设备在经营模式上形成解密—制售—代理—购买的紧密制售链条,在生产技术环节更具有细致分工,涉及群体主要以技术员、代码测试员、贴片代工、烧录代工等。分工上以技术员为核心,各其他环节群体在统一的产品参数内紧密配合形成完整生产链。技术员根据市场需求,对目前通道门闸设备厂商的遥控器进行研究分析,甚至自主开发代码、确定芯片型号、PCB 板图、晶振规格等核心元器件等要素,设定好相关参数,联系熟悉无线射频控制原理的人员配合测试相关参数,元器件通过对比后向各个产商进货,由焊接代工厂开钢网,再由贴片代工厂负责贴片,最后通过烧录代工把核心程序批量烧录,再由生产商组装成品。整个链条甚至在同一份统一的 PCB 技术参数方案下执行,分工明确,协同高效,技术联通。

(二)高频遍历与碰撞爆破

黑产遥控器最初的产品是针对固定码芯片道闸遥控器,将市面上遥控器常用的 PT2262、EV1527 等固定码芯片地址码编码规则通过算法导入带有无线射频的设备中,同时无线频段设置包括四个民用频率,基本覆盖目前市面无线射频遥控器使用的频段。黑产设备将编码发射时间设定为微秒级(如 PT2262 采用 90us、EV1527 采用 90us)以便实现高速发射,在算法的控制下执行全频遍历发射,设备在可用范围内与道闸设备无线接收模块编码进行高频率地碰撞比对,将比中的信号识别保存,达到暴力破解的功能。

(三)开片解密与源码破解

黑产设备针对滚动码芯片的原装遥控器,无法直接通过一次对拷编码实现永久控制。黑遥控生产商深入研究主流通道门闸原装遥控器的芯片及其编码规则,在利益的驱使下高价寻求渠道获取厂商源代码,目前最为有效的方式是通过硬件开片逆向工程分析获得源代码。开片黑产一般采用吹焊枪对遥控器电路板进行加热物理溶解或利用浓硫酸销蚀化学溶解两种方式,进而可取下电路板两面表层的电子元件进行电路图还原。同时采用软件攻击、电子探测攻击、折叠过错产生技术、探针技术等手段反向分析确定编码规则。在电商平台中该类技术服务商品标价均为"100 元",但实际上根据芯片解密难易程度其价格浮动较大,行业均价 6000 元,一般在几千到上万元不等。

（四）算法兼容与全频对拷

为实现一个硬件设备可以对拷多家不同道闸遥控器信号，黑产设备需将常用的遥控器芯片编码规则集成到同一套代码中，通过反向匹配，用解密算法依次解密。黑设备技术员通过研究普通的芯片编码规则和特殊芯片开片破解获取的厂商源代码，经过编译，通过编程把多家不同芯片的加密算法兼容至同一套程序内，经过不断调试和修改，达到兼容地烧录至黑遥控器中，在设置全频率并加大功率情况下达到“万能”的效果。

五、社会危害分析

（一）极端暴恐风险

从目前调研及抽样统计数据分析结论来看，绝大部分省市党政机关、基层机关的办公场所甚至部队，均安装市面上常见通道门闸设备作为大门通道或主要出入口对行人、车辆阻挡、管理唯一硬件措施。经抽样测试，大部分杂牌设备中被暴力破解及对拷复制的成功率较高；主流设备中被复制成功率高、被爆破成功率低。即无论主流品牌还是杂牌设备，基本均可以通过信号拷贝被秘密控制。

在司法实践中发现，犯罪分子供述该类设备控制的成功率高达六、七成。黑遥控因价格低、破解成数高、隐蔽性强的特点，极有可能被不法分子加以利用。在当下极为复杂的国内外环境和严峻的反恐形势下，具有个人极端倾向和不稳定因素的群体蠢蠢欲动，该类黑产设备的泛滥制售，不仅给社会治安管理造成漏洞，同时也给各级党政机关、企事业单位等内部安全带来重大安全风险隐患，甚至给国家安全、社会稳定大局造成威胁。

（二）经济损失

购买黑遥控群体遍布全国各地，使用者逃避停车场收费的意图极为明显。目前发现的黑遥控设备少则 4 个按键，多则 12 个按键，这意味着一个黑遥控器可同时控制 4 至 12 个停车场通道设备，且复制后的信号可持续使用，根据需要可清除信号重新复制，几乎一劳永逸。这不仅给停车场（特别是空间资源紧张的高收费场地）造成管理混乱和收益损失，同时也助长逃费等违法犯罪之风。另外，部分停车场收费系统为智能收费系统，黑遥控的非法控制动作，会使得收费系统出现误报情况，甚至导致收费系统功能紊乱或崩溃，造成停车场管理方难以估量的经济损失。

（三）滋生黑灰产业链条

从目前对黑设备的司法打击现状看来，黑遥控设备的生产紧密依托上下游黑灰产业链。庞大的黑遥控设备制售需求，促进上游芯片破解、代码程序解密的黑色产业。对上游而言，随着正规通道门闸设备的遥控技术升级迭代,黑遥控的破解难度逐步提高,为确保黑设备随之得以控制新一代主流品牌通道门闸,制售团伙不得不谋求技术支持,其中遥控芯片解密即为不可或缺的技术环节,因此催生"开片"解密黑产业。

对下游代理而言,黑遥控设备之所以能风靡全国,离不开以"代理代发"为主要扩展模式的销售网络。制售团伙紧密依托下级代理商扩宽销售市场,通过1/3拿货价诱使全国多家淘宝、拼多多网店为其带货,并通过产品直接代发的模式销往全国。在高利润的诱导下,越来越多网店以打"擦边球"的心态加入灰黑设备销售行列,形形色色的黑商品被逐步上架。

六、黑产设备治理对策与建议

(一)刑事打击与法律适用

1. 强化链条式司法打击

该黑产设备行业往往紧靠链条的上下游实现技术支持到拓展销售制售的一体化经营模式,因此在打击实践中需以生产环节为切入口,纵向扩线研判上下游犯罪团伙,同时固定上中下游各个环节人员行为,以实现链条式打击。链条式打击极有利于在证据固定方面形成清晰的信息流和资金流等证据链,有效提升整体的打击成效。

2. 加强销售网络巡查

黑产设备大致依托主流电商平台或即时聊天工具、其他小众购物平台推广和销售,刑事打击前期需侧重对相关网络销售渠道的线索获取,重点挖掘分析黑产设备业内的行话、黑话等术语,收集作为情报研判的重点关键词;或建立网络销售风控模型进行网络大数据巡查,同时可依托主流平台调取相关电商主体信息及销售数据,形成高危黑产设备电商数据库,纳入黑名单,进一步加强巡控。

3. 拓宽法律适用思路

黑产设备行业从上游"开片"至销售末端,链条中涉及不同环节的技术问题、犯意及侵犯法益等方面均有较大差异,此类案件在司法实践中需区分不同环节涉嫌的具体罪名。技术破解环节对特定原装产品芯片的解密和"PBC抄板",实现复制原产品相同的功能,为"贴标"取得基础,可能涉嫌刑法第140条规定的生产、销售伪劣产品罪;黑设备生产环节和代理商环节,根据刑法第285条第2款规定,黑设备针对通道门闸控制系统进行非法控制可能涉嫌非法获取计算机信息系统数据、非法控制计算机信息系统罪;根据该条第3款规定,生产商所针对通道门闸设备系统开发的程序或生产的设备属于专门用于侵入、非法控制计算机信息系统的程序、工具,其主观上明知他人实施侵入、非法控制计算机信息系统的违法犯罪行为而为其提供程序、工具,可能构成提供侵入、非法控制计算机信息系统程序、工具罪;另外,在生产过程中,为更高效率地达到控制道闸设备,有意加大发送功率和设置多频段,根据刑法第288条规定,可能构成扰乱无线电通讯管理秩序罪;①对于黑遥控器的使用环节,使用者往往直接对各场所的通道门闸设备实施控制,甚至达到“逃费”目的,对计算机信息系统功能造成干扰,极可能构成破坏计算机信息系统罪、非法控制计算机信息系统罪或盗窃罪。②

鉴于目前该黑产设备行业已形成一定规模,已有的类案中呈现出作案手法新、技术性强、犯罪链条长等特点,有效开展司法打击需公安机关、检察机关,甚至审判机关提前介入,畅通对新型犯罪类案的探讨渠道,从立案侦查到审查起诉各阶段达成司法打击共识。

(二)行业标准与警企合作

1. 提高行业技术标准

黑遥控设备制具有较强的非法控制性质,从源头消除该行业的违法犯罪土壤需强化行业主管部门的监管职责,相关职能部门要进一步制定出台通道门闸设备硬件和软件的行业规范,特别是在无线遥控器控制技术标准上,侧重提升编码算法加密标准的级别,设定为出厂基本要求,并将新型芯片采用滚动码和学习码的芯片算法纳入技术标准行业规范中,有效提高技术破解防范水平。

2. 强化技术升级与保密措施

通道门闸设备厂商要加大对无线遥控器加密技术的研发投入力度,提高研发人员专业技术水平,鼓励选用先进芯片或开展自主研发升级,对老旧设备提供核心硬件更换和软件升级服务。同时对相关从业人员加强保密意识教育,采取有效措施减少核心技术和相关程序、密钥外泄。

3. 加强销售平台风控与链路复盘

从销售渠道上挤压黑产设备传播空间,需依托主流电商平台的风控机制。电商平台需进一步加强对黑产设备销售产品的风控力度,优化对黑产设备销售商品关键字文本和图片的标识甄别算法,采取人防与技防相结合的巡查防控机制,提高识别效率和精度;对已发现的黑产销售苗头及时做好链路复盘,扩展同类产品和商品,实现从点到面的防控效能。

4. 强化警企联动,畅通双向情报渠道

从案件打击和风险防范两个维度建立起司法机关与通道门闸行业、电商平台企业信息共享、情报互通机制,形成通畅的情报联动渠道。司法机关特别是侦查机关及时将涉案物品特征信息提供给相关企业做技术升级和风险防控,相关企业需及时向公安机关通报自主排查线索,拓宽类案打击案源,达到多方联动、齐抓共管的良好局面。

---

① 参见于天淼:《关于利用伪基站实施犯罪罪名问题思考——基于〈刑法修正案(九)〉扰乱无线电通讯管理秩序罪内容修改》,载《法制博览》2016年第27期,第5-8页。

② 参见商柳祎曼:《论“破坏计算机信息系统犯罪”》,载《山西青年》2016年第11期,第100页。

正向刷单炒信行为的刑法定性

姚欣雅*

摘要：司法实践中对新出现的正向刷单炒信行为出现了同案不同判和罪刑不均衡的困境。因此，明确该行为的刑法定性意义重大。值得刑法讨论的正向刷单炒信行为是指刷单组织利用私密性方式与商家、刷手联系，在商家购买刷单服务后，雇佣刷手在商家网店虚假下单，给予好评的行为。该行为并不符合非法经营罪中的违反国家规定这一要件，也即不能被非法经营罪所涵摄。但通过对虚假广告罪和非法利用信息网络罪进行解释，可以评价规制正向刷单炒信行为，在两罪中择一重罪处理即可。

关键词：正向刷单炒信；非法经营罪；虚假广告罪；非法利用信息网络罪

一、问题的提出

伴随着互联网经济的繁荣，作为其衍生物的网络刷单炒信现象也是屡禁不止，反而愈演愈烈。刷单炒信目前已经形成完整的产业链。仅 2022 年前 11 个月，全国各级市场监管部门就查办到刷单炒信案件 738 件，罚没金额约 4867 万元。① 而被查办的数量相对于真实存在的刷单炒信行为而言，还只是冰山一角。这不仅损害了消费者和其他经营者等人的合法权益，还破坏了公平竞争的市场环境，造成“劣币驱逐良币”的负面效应，影响社会诚信。而对于情节恶劣的或造成严重后果的刷单炒信行为，显然用行政法已经不足以规制，需要用刑法来惩罚遏制。刷单炒信的一种类型——正向刷单炒信行为，即是指通过虚假交易的方式实行为商家虚构商品销量和信誉度这类有利于商家的活动。而在此种新型犯罪该如何定性

---

* 姚欣雅(2001—)，女，湖南怀化人，中南财经政法大学刑事司法学院硕士研究生，研究方向为中国刑法学。

基金：国家社科基金青年项目（项目编号：22CFX062）；中央高校基本科研业务费项目（项目编号：202310709）。

① 参见欧阳洁：《市场监管部门严打刷单炒信》，载《人民日报》2023 年 1 月 17 日，第 11 版。

这一问题上,各级各地司法机关难免出现混乱。以如下两个案例来说明我国实务中处理正向刷单炒信行为所面临的困境。

案例1(龙某1案):2021年起,被告人龙某1与张某、龙某2、龙某3(均另案处理)等以营利为目的,开设工作室并招募人员,为某团公司互联网平台上的商户有偿提供刷单服务,配合平台商户形成虚假的销售记录及商品好评,营造销售量高、质量好的假象,达到使上述商户信誉增加、排名靠前的目的。经审计,2021年5月至2022年8月间,被告人龙某1以获取刷单佣金的方式从中非法获利人民币1818224.5元。法院认为,被告人龙某1违反国家规定,以营利为目的,通过信息网络有偿提供发布虚假信息等服务,扰乱市场秩序,情节特别严重,其行为构成非法经营罪。被告人龙祥到案后能如实供述犯罪事实,系坦白。最终判处有期徒刑五年,并处罚金人民币五十万元。①

案例2(王某杰案):2019年4月至2020年6月4日,被告人王某杰伙同其他被告人成立刷单团队,雇佣人员为网络电商提供刷单服务,以虚假交易的方式,提高店铺的交易量及好评度,以虚假宣传提升店铺信誉,促进店铺成交量。该团队通过刷单非法获利人民币9865700余元,另收取被告人代某胜、刘某强团队的软件使用费(端口费)共计人民币1248000余元。法院认为,被告人违反国家规定,为网络电商提供刷单服务,组织虚假交易、进行虚假宣传,其行为均已构成虚假广告罪。被告人王某杰系主犯,如实供述自己的罪行,系坦白。最终对其判处有期徒刑一年六个月,并处罚金人民币一百万元。②

在这两起犯罪事实中,被告人均是实施了正向刷单炒信的行为。但法院认定龙某1构成非法经营罪,而王某杰构成虚假广告罪。行为相同,处理结论却不同,这极大地损害了司法公信力。更为严重的是,龙某1非法获利1818224.5元,被认定为非法经营罪这一重罪,判处有期徒刑五年;而王某杰非法获利9865700余元,数额已经是龙某1的五倍有余,却被认定为虚假广告罪这一轻罪,仅判处有期徒刑一年六个月。这样两个判决显然打破了罪责刑相适应原则,造成极大的不公,同时也不利于治理正向刷单炒信行为。

为此,本文旨在针对正向刷单炒信行为的刑法定性这一难题展开研究,在遵循罪刑法定原则的前提下,从刑法教义学的立场出发,明确正向刷单炒信行为的罪名适用问题。

二、正向刷单炒信行为的构造

正向刷单炒信行为具体来说分为三种类型。第一种是单刷型炒信模式。该模式是商家通过自身或者周围亲朋好友虚假下单好评的方式来炒作店铺信用。第二种是互刷型炒信模式。该模式是不同类型的商家之间通过互相虚假下单好评的方式来炒作店铺信用。第三种

---

① 参见刑事判决书(2023)沪0101刑初160号。

② 参见刑事判决书(2021)浙1102刑初69号。

是代刷型炒信模式。[①] 该模式是专门的刷单组织通过雇佣刷手在商家店铺虚假下单好评的方式来炒作店铺信用。由于第一、二种模式刷单规模有限,往往达不到刑法所要求的定罪处刑标准。第三种模式因专业化规模化集中化,才能达到刑法所要求的法益侵害性,才是需要用刑法来规制的行为,也即这才是本文所讨论的对象。

这种代刷型炒信模式往往涉及三方主体。其一是商家,商家需要刷单组织为其炒信,以使自身在电子商务竞争中占据优势。其二是刷单组织,一方面接受商家刷单的需求收取佣金,另一方面给刷手支付佣金以使其为商家刷单。其三是刷手,刷手通过接受刷单组织派发的任务赚取佣金。在接到任务后,虚假购买指定商家的商品并给予好评。

关于正向刷单炒信行为的行为数量,学界产生了争议。一些学者认为其是由两个行为所组成,除了组织刷单炒信行为,还有一个创建管理刷单信息的服务平台的行为。二行为可以独立存在。[②] 而另一些学者则直接将二行为当作一个整体。[③]

本文认为对行为数量的区分没有实际意义,理由如下:近几年,政府严厉打击刷单行为。刷单组织若建立刷单网站等公开性服务平台,则极易被监管部门发觉查处。且通过淘宝、闲鱼等平台搜索“刷单”,并不会显示相关主页,而是直接弹出刷单的有关法律风险提示。商家根本无法通过这种公开平台找寻到刷单组织。故而刷单组织自然而然也不会通过创建管理公开性服务平台的方式联结商户和刷手。据了解,现在无论是商家还是刷手想联系上刷单组织,都依靠熟人介绍,并要求熟人提供担保。主要联系是借助微信、QQ 或者电话等私密性服务平台进行。那么,刷单组织创建微信群等服务平台的行为并没有刑法上的评价意义。真正值得刑法评价的,还是组织刷单炒信行为。

综上,本文语境下的正向刷单炒信行为是指刷单组织利用私密性方式与商家、刷手联系,在商家购买刷单服务后,雇佣刷手在商家网店虚假下单,给予好评的行为。

在明确了刑法意义上具有评价意义的正向刷单炒信行为的构造后,下文将在此基础上针对这一行为类型进行定性。

三、非法经营罪的否定

(一)认为构成非法经营罪之理由

理论界和实务界不少人都认为正向刷单炒信的行为构成《刑法》第 225 条非法经营罪第

---

① 参见周立波:《网络交易信用炒作行为的刑法规制》,载《四川警察学院学报》2016 年第 5 期,第 29 页。

② 如周详、农海东:《刷单炒信样态的认识误区及刑法评价》,载《广西民族大学学报(哲学社会科学版)》2020 年第 1 期,第 191 页。

③ 如叶良芳:《刷单炒信行为的规范分析与治理路径》,载《法学》2018 年第 3 期,第 182 - 184 页。

4 项“其他严重扰乱市场秩序的非法经营行为”。① 正向刷单炒信行为是扰乱市场秩序的经营行为，这点显而易见，相关论述对此也是一笔带过。但在违反国家规定的非法性这点上，可能存在疑义。

实践中较为常见的情形是像龙祥案审理法院那样，直接简单粗暴地认定这一行为就是违反国家规定，就是非法的，从而成立非法经营罪。至于违反哪一条国家规定，则没有详细说明。当然，实践中也存在一些案例，如正向刷单第一案②中，法院对“违反国家规定”进行了详细说理。《互联网信息服务管理办法》第 7 条规定，从事经营性互联网信息服务，应当申请办理互联网信息服务增值电信业务经营许可证。而正向刷单炒信的行为属于经营性互联网信息服务，却没有取得该许可证，违反了《互联网信息服务管理办法》这一规定。且这一规定系国务院发布的命令，符合《刑法》第 96 条关于“违反国家规定”之含义的界定。所以，法院据此认定正向刷单炒信的行为符合“违反国家规定”这一要件。

当然，也有不少法院略过“违反国家规定”这一问题，直接引用“两高”《关于办理利用信息网络实施诽谤等刑事案件适用法律若干问题的解释》（以下简称《诽谤解释》）第 7 条，来论证行为构成非法经营罪。该条以司法解释的形式将“明知是虚假信息，通过信息网络有偿提供发布信息等服务”规定为非法经营罪的行为类型之一。他们认为，正向刷单炒信行为中组织者收取商家支付的报酬后，组织刷手在互联网发布虚假好评，且也明知好评是虚假的，即组织者通过刷手完成了《诽谤解释》第 7 条规定的这一情形，按照该司法解释应该构成非法经营罪。③

（二）对上述理由之反驳

本文认为，上述论证正向刷单炒信行为成立非法经营罪的理由不能成立。具体说理如下：

第一，正向刷单炒信行为缺少对应的合法经营行为，不符合非法经营罪的“违反国家规定”。非法经营罪构成要件之“违反国家规定”不是指广泛意义上的任何国家规定，而是限定意义上与经营许可制度有关的国家规定。④ 从法条原文对非法经营罪进行明确列举的前三项也可以看出。第一项举例的是“未经许可”经营“专营、专卖或者其他限制买卖”的物品；第二项举例的是买卖“进出口许可证以及其他经营许可证、批准文件”；第三项举例的是“未经批准非法经营”证券等业务的。第四项作为兜底条款，应遵循同类解释原则，与前述

---

① 理论界认为应定非法经营罪的学者，如刘仁文，杨学文：《用刑法规制电子商务失范行为》，载《检察日报》2015 年 8 月 26 日，第 3 版；高艳东：《信息时代非法经营罪的重生——组织刷单案评析》，载《中国法律评论》2018 年第 2 期，第 147 – 152 页。

② 参见刑事判决书（2016）浙 0110 刑初 726 号。

③ 参见李玉萍：《对组织网络虚构交易行为的认定》，载《人民法院报》2015 年 11 月 18 日，第 6 版。

④ 参见高铭暄、马克昌：《刑法学（第 10 版）》，北京大学出版社、高等教育出版社 2022 年版，第 453 页。

三项一样。所以,纳入非法经营罪规制范围的其实就是这样一种侵犯特许经营制度的行为。非法经营的本质即是对合法经营的违反。成立非法经营罪的前提是存在对应的合法经营行为。①

举例来进一步阐释,行为人贩卖毒品的行为从表面看也是非法的,也是经营行为,看似也满足非法经营罪的构成要件。但无论是学术界还是实务界,都毫无例外地支持对该行为定第347条贩卖毒品罪即可,没有人主张应对该行为判处非法经营罪。原因就在于此。贩卖毒品的行为不存在对应的合法经营行为,无论怎样的贩毒行为都是法律所不容许的。

所以,正向刷单炒信行为由于不存在一个对应的合法经营行为,相关行政部门在任何情形下都不可能颁发刷单炒信许可证,所以没有侵害特许经营制度,并不满足“违反国家规定”这一要件。

第二,行为不属于“经营性互联网信息服务”。关于“经营性互联网信息服务”的含义,在《互联网信息服务管理办法》第3条中有具体说明。正向刷单炒信行为并没有创设网站,仅是借助网络通信群组作为联络工具。而在网络上撰写评价属于任何网购者在购买商品后无需许可就可进行的事情,不属于需要许可证的“经营性互联网信息服务”。不能对“经营性互联网信息服务”作字面意义上的解读,由于提供好评这类信息的行为发生在互联网上,从而就认定为“互联网信息服务”。反过来说,若认定正向刷单炒信行为属于经营性互联网信息服务,那么按照《互联网信息服务管理办法》第7条取得许可后就可以从事。但我国不论何种情形都禁止正向刷单炒信,不存在经营许可的问题。② 所以这样的理解是有问题的。因此,该行为不属于经营性互联网信息服务,不适用第7条。

第三,组织者行为并不构成《诽谤解释》第7条。组织者是通过刷手完成了《诽谤解释》第7条规定的“明知是虚假信息,通过信息网络有偿提供发布信息等服务”这一情形。组织者仅是起到组织联络派单的作用,本人并没有直接亲自实施这一行为。然而,实施了这一行为的各个刷手情节轻微,也都达不到非法经营罪的入罪门槛。刷手自由决定是否接单,是否虚假购买商品发布好评,其从事这一行为完全是基于报酬自愿的,组织者没有强迫,且刷手对自己所要实施的行为也无错误认识,所以组织者不是刷手在网上发布虚假好评这一行为的间接正犯。组织者至多只能说对刷客虚假好评行为起到了帮助或者教唆的作用。但根据我国通说的限制从属性理论,刷客的行为都由于情节轻微不构成犯罪,起帮助或者教唆作用的组织者也自然不构成该罪。

此外,非法经营罪已经是饱受批判的“口袋罪”。对该罪应该审慎适用是学界的共识。实务中最高法通过出台《关于准确理解和适用刑法中“国家规定”的有关问题的通知》规定,

---

① 参见叶良芳:《刷单炒信行为的规范分析与治理路径》,载《法学》2018年第3期,第183页。

② 参见陈兴良:《刑法阶层理论:三阶层与四要件的对比性考察》,载《清华法学》2017年第5期,第15页。

凡不属于现有司法解释已规定的行为类型的，若想适用非法经营罪第4项，需向最高法请示才可。这一规定也非常明确地传达了对该罪应该审慎适用的立场。在网络时代，会出现越来越多的新型犯罪，这类犯罪可能难以找到非常贴切的罪名来规制。① 若都依赖非法经营罪这一兜底条款予以解决的话，容易扩大犯罪边界，进一步恶化该罪的口袋罪特征。所以，应谨慎适用非法经营罪这类口袋罪名。②

四、虚假广告罪的肯定

(一)认为构成虚假广告罪之理由

本文认为正向刷单炒信的行为构成《刑法》第222条虚假广告罪。结合司法实践中判处虚假广告罪的案件及相关学者的论文，总结理由如下：

一些学者指出，成立虚假广告罪只要有虚假宣传行为即可，"利用广告"仅是对虚假宣传特征上的解释，不具有界定罪与非罪的功能，不是成立虚假广告罪的硬性要求，无需满足这一内容。③ 本文认为，若根据通说认为成立虚假广告罪需要具备"利用广告"这一要件，正向刷单炒信行为也符合。根据《广告法》第2条可知，广告并不是一个狭隘的概念，只要满足这两个条件即可认定：一是目的在于推销商品或者服务；二是具有商业性。至于是否需要通过Led屏、电视、报纸等媒介，并没有限制。至于受众是否明确意识到这是广告，就更加无所限制。国家工商行政管理局的答复意见认同了，销售商品的外包装上的相关内容也属于广告，④就进一步佐证了这一点。而在网购时代，商品页面对商品的相关介绍，如数据、成分配方、功能等，就相当于商品的包装物。其符合广告的两大特征，属于广告。销售数量、评价亦是如此。商家购买刷单服务，打造虚假的销售数量和好评就是为了让商品处于网页中易于发现的位置，让客户容易选择该商品，目的就在于推销商品。而且这一做法是为了盈利，具有商业性。此外，《广告法》第28条对虚假广告的定义也更加直接地证明了以上内容。商品销售状况等内容与真实情况不符合，影响客户购买的，就是虚假广告。综上，正向刷单炒信行为中虚假打造的销量及好评均属于"广告"。

同时，利用虚假打造的数量及好评这类广告，展示商品不真实的信息，事实上也对客户起到了虚假宣传的作用，误导客户决策，符合"虚假宣传"的内涵。并且，虚假广告罪是身份犯，只有广告主、广告经营者和发布者才可构成。刷单组织是接受广告主商家的委托提供虚

---

① 参见张明楷：《网络时代的刑法理念：以刑法的谦抑性为中心》，载《人民检察》2014年第9期，第8页。

② 参见王华伟：《刷单炒信的刑法适用与解释理念》，载《中国刑事法杂志》2018年第6期，第104页。

③ 参见王安异：《虚构网络交易行为入罪新论——以〈中华人民共和国电子商务法〉第17条规定为依据的分析》，载《法商研究》2019年第5期，第59页。

④ 参见《关于商品包装含有违法广告内容销售者是否应当承担法律责任问题的答复意见》(工商广字【2016】107号)。

假广告服务的组织,属于广告经营者,主体适格。在王振杰案中,刷单组织获利九百余万元,属于"情节严重",严重扰乱信用系统排序,侵害消费者合法权益,违反了国家广告经营管理制度。

所以王振杰案判决法院对虚假广告罪作了扩大解释,没有超出刑法文义射程范围,这既没有违背罪刑法定原则,又顺应了网络时代的发展,值得肯定。

(二)对相关质疑之反驳

与此相对,另外一些学者认为正向刷单的行为不构成虚假广告罪,提出了一些质疑意见。有些质疑意见通过上文已经足以解决,后文对此不再赘述,主要针对还未解决的质疑意见一一进行反驳。

第一,质疑意见认为,广告属性上不可能是纯粹客观的,其包含大量主观上的精心设计,而交易数据是客观的,若将其解释为广告的话,将会不合理地扩大"广告"的外延。①

该观点误解了广告的主观性。广告具有主观属性,主要体现在广告内容上经过了挑选设计,语言表达上经过了加工,且蕴含着希望所宣传的商品能够被大众喜爱的非实在思想观念。但并非有客观元素的一律不是广告。比如,某一海报宣传电动车充电一次可骑行50公里,50公里这个数据是客观的,但如果认为其不是广告的话,显然与生活经验不符。续航能力是客户购买与否的重要参考指标。因此,这些客观的数据也可以成为广告,且与广告的主观属性并不相冲突。

第二,质疑意见认为单纯虚构销量难以成立"利用广告",虚构销量并虚构好评的才可以成立。理由在于,《广告法》第28条规定的是"广告有下列情形之一的,为虚假广告"。那么只有销量在广告中被引用时,才能认为包含销量的广告是虚假广告。而刷单炒信行为中单纯虚构销量,没有作为广告中的一部分,所以不能认为是虚假广告。②

该观点对"广告"的理解过于狭隘,不当地限缩了其范围。该观点没有认识到包含销量的网络页面本身就是广告。网页中显示的既往销量具有吸引客户的功能,即具有广告功能。互联网时代的广告有了新形式,尽管这一形式并不是常见的广告类型,但不可否认其满足前述广告的两大特征。既然能够肯定销量成为广告的一部分,那么也就成立了《广告法》第28条之广告中有销售状况与实际情况不符这一情形的虚假广告。所以批判意见不能成立。

第三,质疑意见认为,刷单炒信行为看似该当虚假广告罪的构成要件,但其中的"虚假宣传"属于《反不正当竞争法》第8条中的"虚假宣传",而《反不正当竞争法》对"虚假宣传"的不正当竞争行为只规定了停止违法行为和罚款等行政处罚措施,并没有规定"构成犯罪的,

---

① 参见马永强:《正向刷单炒信行为的刑法定性与行刑衔接》,载《法律适用》2020年第24期,第73页。

② 参见马永强:《正向刷单炒信行为的刑法定性与行刑衔接》,载《法律适用》2020年第24期,第72页。

可以追究刑事责任”。故对此不能适用虚假广告罪。[①]

本文不赞成上述看法。按照缓和的违法一元论和违法多元论，其他法领域上违法的行为，刑法上也可能构成犯罪。但至于究竟是否成立犯罪，则根据相关刑法条文来判断。[②] 并不一定只有在其他部门法条文中规定了刑罚措施的，才能成立犯罪。例如，盗窃公私财物的行为在《治安管理法》中也只规定了拘留和罚款等行政处罚措施，没有规定“构成犯罪的，可以追究刑事责任”。但众所周知，盗窃公私财物，数额较大的，能够成立《刑法》第264条盗窃罪。同理，《反不正当竞争法》没有规定刑法措施，但这不能成为说明正向刷单炒信行为不构成虚假广告罪的理由。

一言以蔽之，目前学术界关于正向刷单炒信行为不构成虚假广告罪的质疑不能成立，应当认为正向刷单炒信的行为触犯了虚假广告罪。

（三）与非法利用信息网络罪的关系

一些学者认为正向刷单炒信的行为还触犯了《刑法》第287条之一非法利用信息网络罪。[③] 本文对此表示赞同。具体说来：

首先，正向刷单炒信行为存在利用信息网络的行为。为联络刷手和商家设立了微信群等通讯群组，符合第287条之一第一款的行为模式。

其次，该罪是将“预备行为正犯化”，将违法犯罪的准备行为纳入进刑罚圈，要求利用信息网络是为了进一步的违法犯罪行为。[④] 而正向刷单炒信行为设立通讯群组就是为了后续虚假交易、虚假宣传。这些是我国《反不正当竞争法》等法律明确规定的违法行为，也是《刑法》虚假广告罪规定的犯罪行为。

因此为刷单炒信设立微信群的行为属于设立用于实施违法犯罪活动的通讯群组，情节严重的，构成非法利用信息网络罪。

概而言之，若正向刷单行为仅实施了建立用于联络的微信群，刷手尚未虚假下单就被抓获时，就以非法利用信息网络罪论处。若刷手已经虚假下单的话，行为人的行为既触犯了非法利用信息网络罪，同时又触犯了虚假广告罪。根据《刑法》第287条之一第三款，应在两罪中依照处罚较重的规定定罪处罚。

五、结语

对于正向刷单炒信这一行为，我们首先是要坚守刑法的谦抑性，用行政法等手段来规

---

① 参见周立波：《网络交易信用炒作行为的刑法规制》，载《四川警察学院学报》2016年第5期，第33页。

② 参见张明楷：《刑法学（上）（第6版）》，法律出版社2021年版，第148页。

③ 如王燕玲：《网络刷单犯罪的演变形态与刑法规制》，载《江汉论坛》2018年第12期，第123页。

④ 参见喻海松：《网络犯罪二十讲》，法律出版社2018年版，第92－94页。

制。只有当行政法等手段规制不充分时,我们才能运用刑法来处理。在运用刑法规制定性时,要准确把握各刑法条文的内涵,只能在刑法条文可能具有的含义内定罪处罚。通过本文的分析,对虚假广告罪和非法利用信息网络罪择一重罪来规制该行为才是更为妥当的路径。当然,正向刷单炒信行为禁而不绝,也与电商平台的监管、排名规则等有关,所以我们仅仅依靠刑法是不够的,需要多元治理。在多方努力下,才能保护消费者和其他经营者的合法权益,维护市场竞争秩序,促进电子商务的健康发展。

自媒体时代网络暴力司法困境及应对

张宇哲　柳　易　申　蕾*

摘要:在网络科技发达的今天,日渐成熟的网络媒体催生出一个以个人传播为主的自媒体时代,在丰富了人们信息生活的同时,信息失真、隐私泄露和网络暴力等一系列问题也相伴而生。本文通过研究自媒体时代与网络暴力的关系,辨析网络暴力的概念、其在自媒体时代下的表现形式及成因,并对自媒体时代下网络暴力司法困境进行分析,主要是法律缺位、网络暴力与言论自由界限不明及受害人维权困难的问题,进而提出现实解决措施,包括将侮辱诽谤罪纳入公诉范围、对主要人员设立新罪名、建立司法救助机制等措施。

关键词:网络暴力;言论自由;网络治理;人肉搜索

一、自媒体时代与网络暴力的关系

(一)网络暴力的概念

网络暴力一般被认为是通过网络平台进行的隐私曝光、人肉搜索、谩骂侮辱、编造谣言等行为。当前的研究对网络暴力概念的定义主要依据其产生原因及表现形式。学者多以此角度出发,将网络暴力行为诠释为个人或组织通过语言、文字、图片等形,以互联网平台为载体,对个人或组织进行的人身攻击,即网络暴力是“用话语攻击侮辱他人等行为,是一种网络话语暴力”。① 石经海认为,网络暴力不能简单理解为“网络” + “暴力”,网络暴力应当为具

---

* 张宇哲(2003—),男,北京密云人,北京警察学院本科生,主要研究方向为侦查学。

柳易(2003—),男,北京海淀人,北京警察学院本科生,主要研究方向为侦查学。

申蕾(1987—),女,河南林州人,北京警察学院侦查系副教授,主要研究方向为侦查学、证据法学。

① 李岩:《网络话语的暴力效果——以福柯话语理论解读网络暴力的生成》,载《当代传播》2014 年第 5 期,第 26 页。

有群体性、欺凌性和煽动性的新的暴力行为方式,[①]侯玉波认为网络暴力是“以群体性的情绪宣泄为目的的行为”。[②] 但无论持何种观点,当前的研究结果都同意网络暴力是一种个人或组织依托网络平台对其他个人或组织进行的侮辱或攻击。

我国对于网络暴力行为的大规模探讨开始于2006年。根据中国互联网络信息中心的数据,截至2006年6月30日,我国网民总数为1.23亿人。[③] 而在17年后的2023年,我国网民规模已达10.79亿人。[④] 网络环境在十几年间已经发生了较大的变化,网络科技的发展和自媒体平台的兴起使当前的网络暴力表现形式与早期的网络暴力行为产生了较大的差异。

自媒体时代下的网络暴力相较于传统的谩骂、侮辱等言语暴力主要具有四个特点:一是匿名性,网络用户可以隐匿自己的真实身份发表言论;二是迅速性,自媒体时代信息的传播速度极快,一旦发布即可在短时间内快速传播;三是虚拟性,网络空间的虚拟性使得民众区别于现实交往中的道德约束,更容易产生偏激和攻击性的发言;四是群体性,网络暴力往往不是单一个体的行为,而是多个网民依据集体意识的集体行为。这些特性使得施暴者可以在网络中随时发表对其他用户的攻击性言论或对他人隐私进行侵犯,并在结束网络暴力行为后迅速隐匿而难受到法律的谴责。

自媒体平台上信息传播速度更快、参与更简单、发布门槛更低,加剧了暴力实施时的突发性和群体性趋势。由于自媒体平台用户参与度更高,一旦某一个体成为网络暴力的目标,其所受到的负面影响会迅速扩大,对个人或组织造成深远的影响。

(二)网络暴力在自媒体时代的表现形式

自媒体时代的网络暴力表现形式多样,包括但不限于以下三种:一是网络谩骂和人身攻击,这是最直接的网络暴力形式。自媒体时代信息传播快,常出现大量网民对特定个体或集体,以道德审判的方式,对于其认为不正确、不合理的个人或组织进行集体性的言语攻击,这一形式在青少年群体中尤其突出,网络暴力行为人通过网络羞辱、威胁等手段对个人进行欺凌,更有甚者发展到在现实中聚众斗殴、寻衅滋事;二是网络诽谤,通过散布虚假信息、图片侵害个人或组织的名誉;三是公开发布他人隐私信息,即通过网络公开信息或以黑客手段等合法或不合法的手段,搜集个人或组织的隐私信息,并将其公之于众,侵犯他人隐私。这些

---

① 参见石经海、黄亚瑞:《网络暴力刑法规制的困境分析与出路探究》,载《安徽大学学报(哲学社会科学版)》2020年第4期,第79页。

② 侯玉波、李昕琳:《中国网民网络暴力的动机与影响因素分析》,载《北京大学学报(哲学社会科学版)》2017年第1期,第103页。

③ 参见《第十八次中国互联网络发展状况统计报告》,载中华人民共和国人民政府网 https://www.gov.cn/gzdt/2006-07/20/content_341293.htm,访问日期:2024年9月10日。

④ 参见《第五十二次中国互联网络发展状况统计报告》,载中国互联网络信息中心 https://www.cnnic.net.cn/n4/2023/0828/c88-10829.html,访问日期:2024年9月10日。

网络暴力的形式在自媒体平台上比较常见，自媒体平台的互动所形成的庞大的数据信息为这些行为提供了便利条件。

由于自媒体平台内容推荐算法产生的茧房效应，网络暴力行为人可以在其偏见的茧房中获得认可和支持，形成具有相同或相似价值观的群体，对不符合其价值观的个人或集体进行群体性的攻击。自媒体平台的“点赞”“转发”功能也能使暴力信息迅速放大和传播，增加了受害者的心理压力。虽然自媒体时代网络用户行为具有相对于现实生活的独立性，但具有社交属性的自媒体软件也对被侵害人及其亲属、朋友、同事等个人社交圈内的个人或组织具有一定的关联。人身攻击、诽谤及“开盒”(通过人肉搜索曝光个人隐私信息)等网络暴力行为带来的后果也随之向现实生活传导，进而对被侵害人产生压力和伤害。

(三)自媒体时代网络暴力的成因

1.形成网络暴力的思想因素

目前学者的研究，对于形成网络暴力的思想因素主要有三种观点：第一种观点认为，网络作为现实的延伸，能涵化人们产生的消极情绪，最终突破道德规范和法律约束，可以看作是社会暴力的延伸。[①] 也有学者对网络暴力的产生做了进一步的辨析，指出网络暴力符合“集合行为”这一群体传播中的非常态群体行为的特征，认为在社会事件中，个人言论触发了社会无法发泄的不良情绪，加之网络的匿名性降低了施暴者的行为风险，最终会导致网络暴力事件的爆发；[②]第二种观点认为，网络暴力是网民针对某一对象的道德审判，表现为“通过集结舆论的优势强行干预他人，进行肆意人身攻击的狂热盲从行为”。[③] 有学者对此解释为：它是一定规模的有组织或者临时组合的网民，在“道德”“正义”等“正当性”理由的支撑下，利用网络平台向特定对象发起的群体性的、非理性的、大规模的、持续性的舆论攻击。[④] 也有学者将其进一步解释为：这种行为中的人常常以道德的名义对自认为不道德或不公正的现象进行讨伐，并最终实现群体性的情绪宣泄。[⑤] 第三种观点认为，网络暴力不能简单地理解为现实暴力的网络移植，而是一种“既可以是一种网络空间的个体偏差行为，也可以是一种非组织化的群体极化行为”，即认为网络暴力是网络技术风险与现实中的社会风险经由网络自媒体平台中用户的交互行动而发生的交叠，继而致使对当事人的名誉权、隐私权等人

---

① 参见孙召路：《网络暴力与少年暴力：从涵化理论说起》，载《青少年研究(山东省团校学报)》2004 年第 2 期，第 36 页。

② 王刚：《从“铜须事件”看网络暴力的成因》，载《传媒观察》2007 年第 1 期，第 37 页。

③ 林爱珺：《网络暴力狂欢的反思与规制》，载《人民论坛》2022 年第 9 期，第 91 页。

④ 参见张瑞孺：《“网络暴力”行为主体特质的法理分析》，载《求索》2010 年第 12 期，第 141 页。

⑤ 参见侯玉波、王婷：《社会阶层与公正世界信念对中国人网络暴力行为的影响》，载《西南大学学报(社会科学版)》2019 年第 2 期，第 103 页。

权进行侵害的一系列网络失范行为。①

随着网络暴力事件不断演进,很难单就上述的某一种思想因素概括自媒体时代下形成网络暴力的思想因素,现阶段网络暴力综合了涵化情绪说、道德审判说和群体极化说,形成因素较为复杂。例如在"粉头发女孩被网暴致死"事件中,当事人仅发布了一张与住院爷爷看录取通知书的合影,引来部分网友对其恶意揣测、道德审判、侮辱谩骂。本事件中,既有因"好人为什么要染头发"这一"正当性"理由下对其展开的网暴行为,也有恶意中伤、编造谣言对当事人进行人身攻击的非组织群体极化行为。

2. 网络社区集体意识对网络暴力的催化

网络社区的集体意识在自媒体时代对网络暴力起到了催化作用。网络社区中的群体认同感和从众心理使得网络暴力行为得以迅速蔓延。当一个观点或情绪在网络社区中得到广泛认可时,即使是中立或不了解情况的网民也可能受到影响,加入网络暴力的行列中。

不同意见在集体意识形成的舆论中被排斥,导致了网络暴力行为在特定群体中被正当化,甚至被鼓励。性别权益是当前社会中存在于互联网自媒体社区中的热点和主要议题之一。具有代表性的持对立观点和态度的微博账号"她刊 iiiher"等账号及百度贴吧"孙笑川吧""正中大飞柱吧"等自媒体社群的评论区讨论中呈现对立的单一观点,网民所持有的不同意见往往转化为人身攻击或招来人身攻击。意见领袖的自媒体账号也成为网络暴力的焦点和核心。

这种集体行为的背后是一种"去个性化"的心理机制,个体在群体中的行为更容易受到集体情绪的驱动,而忽视个人责任。此外,网络社区的"回声室"效应也加剧了网络暴力的发生,在相互封闭的社群中,同质化的信息不断被强化。有学者对此解释为:在"网络论坛中存在着'沉默的螺旋',诺依曼认为,只有那些'被认为是多数人共有的、能够在公开场合公开表明'的意见才能成为舆论,一种意见一旦具备了这种性质,就会产生一种强制力——公开与之唱反调就会陷于孤立状态,并可能招致社会制裁的危险"。②

二、自媒体时代网络暴力治理的司法困境

(一)当前我国现行法律不能满足网络暴力治理需求

网络暴力是众多违法行为的集合,其中包括侮辱、诽谤、人肉搜索、侵犯个人隐私等行为,其涉及法律依据分散在多部法律中。目前我国关于治理网络暴力行为现行有效的法律主要有《中华人民共和国刑法》《中华人民共和国民法典》《治安管理处罚法》《中华人民共和国网络安全法》《中华人民共和国个人信息保护法》,主要的司法解释有《最高人民法院、最

---

① 参见姜方炳:《"网络暴力":概念、根源及其应对——基于风险社会的分析视角》,载《浙江学刊》2011 年第 6 期,第 182 页。

② 王晨岑:《"人肉搜索":网络暴力的多重解读》,载《青年记者》2008 年第 23 期,第 4 页。

高人民检察院关于办理利用信息网络实施诽谤等刑事案件适用法律若干问题的解释》。2024年8月1日,《网络暴力信息治理规定》正式实施,对网络暴力的定义、预防预警机制等方面都提出了较为具体的要求。在程序上,《中华人民共和国刑事诉讼法》规定侮辱罪、诽谤罪都属于自诉案件。上述法律组成了当前我国治理网络暴力违法行为的法律体系。

网络暴力具有传统暴力所不具有诸多不同特征,导致了现有刑法治理体系在治理网络暴力案件时面临诸多困境。有学者研究指出:网络暴力的行为方式不符合刑法相关犯罪规定的法律适用规则,导致刑法在很大程度上对网络暴力规制事实失位。① 其中的问题主要有以下几点:

一是自诉的方式无法实现对受害人合法权利的保护。传统的侮辱、诽谤的形式往往是"单对单",但在网络暴力中,往往是"多对单",其影响被放大几十上百倍。根据《刑事诉讼法解释》第316条规定,"人民法院受理自诉案件必须有明确的被告人、具体的诉讼请求和证明被告人犯罪事实的证据"。网络暴力中账户匿名导致受害人很难追溯到账户背后的使用者,起诉时缺少明确的被告人。且受害人调取证据困难,在没有施暴者确切的信息以前,受害人需要申请法院的搜查令或向平台发送律师函,在实务中,这两种方法都可能受到对方单位的拒绝,难以调取和收集证据。

二是对施暴者行为追责困难。在网络暴力过程中,受害人或其亲属一旦出现抑郁甚至自杀的情况,难以认定其损害行为与网络暴力之间的存在刑法上的因果关系。且网络暴力的结果是众多施暴者的行为共同造成的,其大多没有事前联络,并不满足构成共同犯罪的条件,因此不能将其简单归责于其中的主要人员。

此外,当前的司法资源也难以对广义上的网络暴力事件进行处理。网络暴力案件数量庞大,而司法资源有限,导致很多案件难以得到及时有效的处理。法院在处理网络暴力案件时,不仅要考虑证据的收集和鉴定,还要评估案件对社会的影响,这一系列的工作对司法资源是巨大的占用。

(二)网络暴力与言论自由的界限不明对治理造成了阻碍

在互联网中,网民会对其他人发布的图片、文字、音视频进行评价,这是正常的网络行为,公民也依法享有言论自由。而在评价中,一些出于不友好的出发点的表述,会对当事人的身心造成一定的影响。但在他人发布的照片下面对发布者阴阳怪气或对当事人无端猜想并要求当事人自证清白等行为,单就其言论还不足以达到构成侮辱诽谤罪的法定标准。但随着多数人的不友好言论聚沙成塔,就演变为一场对当事人声势浩大的网络暴力。

在《最高人民法院、最高人民检察院关于办理利用信息网络实施诽谤等刑事案件适用法

① 参见石经海:《论网络暴力的实质与刑法适用规则的完善》,载《法律科学(西北政法大学学报)》2023年第5期,第73页。

律若干问题的解释》中对不同的网络暴力行为适用法律进行了规定,也对侮辱、诽谤罪的"情节严重"进行了解释。但对于不友好言论的治理仍然难以进行有效控制。从立法层面看,严格控制不友好言论是否会对公民言论自由造成侵害尚存争议,通过立法规制不友好言论缺乏合理性和必要性,且其行为危害性小,无法进行刑法规制。在解释层面,这些言论没有达到传统认知里侮辱、诽谤罪的行为标准,《关于依法惩治网络暴力违法犯罪的指导意见》也强调"……针对他人言行发表评论、提出批评,即使观点有所偏颇、言论有些偏激,只要不是肆意谩骂、恶意诋毁的,不应当认定为侮辱违法犯罪"。

(三)受害人维权成本高

在实际司法过程中,网络暴力类案件需要自诉一方先起诉平台要求其提供网络暴力实施账号注册时提供的姓名、身份证号等基本信息,再根据平台提供的信息对账号的使用者发起诉讼。这一过程中会浪费大量司法资源和当事人的时间,且投入的时间、精力和费用相较于审判结果的不平衡,且从现有的事例来看,从调取信息到起诉,再到法院宣判,其过程往往会持续一年甚至更长。漫长的司法流程和诉讼结果的不确定导致一些受害人在了解到整个流程后选择不起诉。这在客观结果上助长了网络暴力实施者的行为。

三、网络暴力治理的现实途径

(一)将网络暴力中案件的侮辱、诽谤罪作为例外纳入公诉范围

将网络暴力案件中的侮辱诽谤罪纳入公诉范围是利用公权力维护公民个人合法权利的途径之一。《刑法》第 246 条第 2 款规定,需要"严重危害社会秩序和国家利益"才能自诉转化公诉,《关于办理利用信息网络实施诽谤等刑事案件适用法律若干问题的解释》中对"严重危害社会秩序和国家利益"进行了规定,指出"利用信息网络诽谤他人,具有下列情形之一的,应当认定为刑法第246 条第2 款规定的'严重危害社会秩序和国家利益':(一)引发群体性事件的;(二)引发公共秩序混乱的;(三)引发民族、宗教冲突的;(四)诽谤多人,造成恶劣社会影响的;(五)损害国家形象,严重危害国家利益的;(六)造成恶劣国际影响的;(七)其他严重危害社会秩序和国家利益的情形。"这些标准保护公众不受极恶劣的网络暴力攻击,但一般的网络暴力中很难达到这些标准。

在司法实践中,自诉转为公诉的案件较少。一味地将自诉案件转为公诉,则违背了侮辱、诽谤罪的亲告罪的轻微违法性,不利于被害人发挥选择权,也造成了司法资源的浪费;若全盘延续侮辱、诽谤罪的"告诉才处理"的处理形式,对网络暴力中受害人的合法权益无法有效保护。因此在司法实践中可以采用"公诉—自诉"审查机制,对证据完善、案件事实清晰、有条件自诉的案件可以告知被害人通过自诉方式维护自身权益;对于需要公权力介入收集证据、调取网络暴力行为人个人信息的情况,被害人向公安机关、法院或检察院告诉的,应

当将其自诉案件转化为公诉案件进行处理。

(二)对网络暴力中的主要参与者设立新罪

有学者建议应当在刑法中增设"网络暴力罪"新罪名抑制网络暴力行为。也有学者认为,在治理以言论形式发表的网络暴力内容时应当谨慎,"言论并不可怕,可怕的是刑法对言论的不当干预。"①也有学者指出,在治理网络暴力时应当避免刑法万能主义和重刑主义。

网络暴力的定义相对笼统,增设新罪名容易出现两个问题:一是网络暴力过程中参与人数众多,现有罪名体系仍存在法不责众的情况,一旦针对网络暴力过程中的行为设立新的罪名,会加剧网络暴力行为法不责众的困境。二是为了保证网络暴力的打击效果,新的罪名应当在已有的范围上进一步扩大,可能误伤网络讨论中的其他声音,不利于网络讨论环境的建设。

因此在处理网络暴力参与人时,可以针对其中的主要人员进行刑法处罚。一方面,对主要人员进行处罚可以解决案件办理中法不责众的问题;另一方面对明确以侮辱、诽谤等方式进行攻击的言论进行打击,对攻击不明显、调侃等言论不予理睬,可以最大程度上保护公众的言论自由。同时打击主要人员有利于减少煽动言论,降低网络暴力的规模与影响,也是对其他网络暴力参与者的警示。

(三)明确网络行为主体责任

法律应明确网络行为中各主体的法律责任。在网络行为中,主体有三:一是用户,通常是网络信息的发布者和接收者,二是平台等网络服务的提供者,三是网络行为的监管部门。

对于用户而言,其主要的责任是不发布带有不良言论的信息,并对他人发布的不良言论及时举报。网络服务提供者在实际管理中,一方面应当强化对账号发言的监管责任,及时清理不良言论;另一方面平台应当配合自诉人通过法院提出的辅助取证需求,及时对网络不良行为及言论予以收集、控制、清除。监管部门应当理清分工,明晰管辖权范围,完善合作机制,提高网络暴力的监管和打击力度。

司法机关在实践中可以采取建立"数字法律援助中心"的形式进行对受害人的司法救济。其主要的功能有二:一是帮助受害人提供法律援助,帮助其完成诉讼,用法律的手段维护自己的权益;二是简化证据收集流程,建立援助中心与自媒体平台的合作查询机制,在受害人提出证据证明自己遭受到网络暴力后,经调查情况属实的,可以通过这一机制快速调取施暴者平台预留的信息,以帮助受害人快速提起诉讼,及时打击网络暴力行为。

---

① 姜涛:《网络谣言的刑法治理:从宪法的视角》,载《社会科学文摘》2021 年第 7 期,第 78 页。

四、结语

综上所述,现阶段通过扩张的司法解释,以法律形式治理网络暴力是当社会的迫切需要。在界定网络暴力范围和责任同时,司法解释可以提高司法效率,对司法机关提供指导,以适应网络暴力案件的特殊性。

"冰冻三尺非一日之寒",网络暴力的形成并非一时形成的,其形成原因复杂,往往会因为当时的社会环境和热点问题的变化而产生变化,尽管不同事件舆论的讨论不同,但其内核不会因为内容变化,网络暴力通过道德为自己的暴行披上合理的外衣,参与者也通过"道德"和从众心理减轻自己的心理负担,但其行为无论在什么时候都是对互联网环境的破坏,对网民合法权益的侵害,应当坚决予以制止。

互联网发展到今日,已经成为社会不可分割的重要部分,营造良好的网络氛围、保护公民在网络上的合法权益也是新时代司法系统的工作重点之一。在未来的网络治理工作中,立法机关及时完善法律,司法机关贯彻执法必严、违法必究的法治要求,只有通过各方协同凝聚合力,才能为网络空间的清朗和社会稳定提供保障。

复合法益论下非法利用信息网络罪的司法适用

张洪滔*

摘要:单一法益论无法对非法利用信息网络罪的正确适用提供指引,应当以复合法益论作为非法利用信息网络罪的保护法益。非法利用信息网络罪的保护法益包括网络空间的正常秩序与下游犯罪所侵害的法益。在具体判断上,应以网络空间的正常秩序为主,将下游行为的法益侵害程度作为对网络空间正常秩序破坏程度的检视标准。在司法适用上,对于违法犯罪的含义应当作限制性解释,情节严重应当在确定形式规定的基础上检验行为的实质危险性。

关键词:非法利用信息网络罪;单一法益;复合法益;网络秩序;下游犯罪

一、问题的提出

为了应对网络犯罪态势,我国《刑法修正案(九)》将非法利用信息网络的行为规定为非法利用信息网络罪。非法利用信息网络罪的实行行为包括三种方式:第一,设立用于实施诈骗、传授犯罪方法、制作或者销售违禁物品的网站、通讯群组的行为;第二,发布有关制作或者销售毒品、枪支、淫秽物品等违禁物品、管制物品或其他违法犯罪信息;第三,为实施诈骗等违法犯罪活动发布信息。“对犯罪构成要件的解释结论,必须使符合这种犯罪构成要件的行为确实侵犯了刑法规定该犯罪所要保护的法益,从而使刑法规定该犯罪、设立该条文的目的得以实现”。① 因此,正确适用本罪的前提是要明确本罪保护的法益。关于非法利用信息网络的保护法益,理论界有不同的观点。有认为“新型网络犯罪设在‘妨害社会管理秩序罪’章的‘扰乱公共秩序罪’一节中,‘利用信息网络’是法定的犯罪方法,表明其侵犯的法益

---

* 张洪滔(1999—),男,山东潍坊人,西北政法大学刑事法学院2022级硕士研究生,主要研究方向为刑法学。

① 张明楷:《法益初论》,中国政法大学出版社2000年版,第216页。

是信息网络安全管理秩序”,①或有观点认为该罪法益是“网络犯罪预备行为对重大法益或者大量法益造成的特定危险”,②也有观点认为法益内容应当是“具备社会公共利益属性的用户信息专有权,也就是具备人格权和财产权属性的、不特定或多数用户的信息专有权之集合”。③ 但是,这些法益观都是采用单一的法益内容作为非法利用信息网络罪的保护法益,无论是抽象的秩序法益还是具体的个人权利法益,都不能体现非法利用信息网络的立法目的,无法涵盖该罪的法益内容。因此,本文在论证单一法益论不足的基础上,提出复合法益论的观点,并以该法益论作为非法利用信息网络罪的司法适用之指引。

二、单一法益论之不足

以目前理论界主流的单一法益作为非法利用信息网络罪的保护法益,将会形成不应当处罚的行为受到刑事处罚,形成口袋罪,而应当受到处罚的行为不会受到刑事处罚,导致被虚置。

第一,单纯以网络空间的正常秩序作为非法利用信息网络罪的保护法益,会导致形成“口袋罪”,一方面会导致法益指导作用的丧失,另一方面会限制公民在网络空间中的正常活动。首先,无法发挥法益的指导作用。所谓正常的网络秩序,只不过是构想出来的一种网络活动的理想状态,是一种抽象的法益类型,这种没有判断标准的秩序类法益,无法发挥法益理论对非法利用信息网络罪的构成要件进行合理解释与正确适用的任务。因为任何利用网络的行为都有可能破坏理想状态下网络空间的正常秩序,例如在网络空间发布二维码链接,实际上并没有任何人看到该二维码,若以网络秩序为法益,该行为就已经对网络的正常秩序造成了侵害,就应当对其以非法利用信息网络罪判处刑罚,这明显是扩大了非法利用信息网络罪的适用范围。同样,其他各个有关网络犯罪的罪名所保护的法益也可以认为是侵害了网络空间的正常秩序。按照此逻辑,非法利用信息网络罪与其他网络犯罪也就无区分之必要。其次,限制了公民在网络空间中的正常活动。以秩序作为入罪的法益基础,公权力机关可以认定公民轻微违法行为也侵害了网络空间的正常秩序而将其入罪,这会让公民丧失其行为的预测可能性而侵害言论自由与行动自由,成为公权力机关恣意侵害公民权利的借口,导致不应当受到刑事处罚的一般行为或是行政违法行为也纳入了刑事处罚的范围。

第二,若仅以下游犯罪行为所侵害的法益作为非法利用信息网络罪的法益,会使得罪名出现被虚置的现象。非法利用信息网络罪的设立是为了预防击网络领域的潜在风险,在有实施可能发生危险的行为时就要进行刑事打击,通过先发制人的方式来提高国家对于网络

---

① 皮勇:《论新型网络犯罪立法及其适用》,载《中国社会科学》2018 年第 10 期,第 135 页。

② 姜金良:《法益解释论下非法利用信息网络罪的司法适用——基于〈刑法修正案(九)〉以来裁判文书样本的分析》,载《法律适用》2019 年第 15 期,第 39 页。

③ 敬力嘉:《信息网络安全管理义务的刑法教义学展开》,载《东方法学》2017 年第 5 期,第 88 页。

领域的管理能力和掌控能力,以应对网络领域不确定的风险和损害后果迅速传播的不可控性,有利于实现对网络空间中不确定风险的超前预防。若将下游犯罪行为所侵害的法益作为非法利用信息网络罪的保护法益,意味着只有下游的行为对法益产生实质性的危险时才有适用非法利用信息网络罪的可能。当行为不构成下游犯罪时,则没有侵害法益,就不能将其认定为非法利用信息网络罪。简言之,只有下游构成犯罪才能适用非法利用信息网络罪。要么行为同时构成非法利用信息网络罪与下游犯罪形成竞合,要么行为不构成犯罪。刑法规定非法利用信息网络的行为同时构成其他犯罪的,适用较重的法定刑。如果下游行为是违法行为,不存在法益侵害,行为亦不会构成非法利用信息网络罪,导致了该罪被虚置。

无论以网络空间秩序还是下游犯罪所保护的法益作为非法利用信息网络罪的法益基础,都存在相应的问题。因此,本文主张,应当结合网络空间秩序与下游犯罪保护法益,以复合型法益作为指导非法利用信息网络罪司法适用。

三、复合法益论之提倡

以单一法益论作为非法利用信息网络罪法益内容并不全面,若采用复合法益论,将抽象的网络空间秩序与下游犯罪的所侵害的具体法益结合起来,以完整确定非法利用信息网络的法益内容,较好地克服单一法益论下适用本罪的弊端。

复合法益论通过具体的下游犯罪法益为抽象的网络空间秩序法益进行了一定的限制,能够发挥个罪的法益指导作用,为国民在网络空间中的活动提供指引。将下游犯罪的保护法益纳入网络空间秩序法益中,可以填补单纯网络空间秩序带来的法益抽象化的趋向,限制刑罚权的随意发动。当信息网络的行为缺失造成了网络空间秩序破坏,但没有进一步对下游犯罪的法益造成侵害或侵害危险的,就可以认定为该行为没有侵犯非法利用信息网络罪的法益。在下游犯罪的保护法益的基础上增加网络空间秩序这一层次的法益作为方向性指引,将下游犯罪中对网络空间秩序没有产生破坏的行为排除在本罪的适用之外。

若非法利用信息网络罪的保护法益为复合型法益,意味着单纯违反网络正常秩序或是侵害下游犯罪法益的行为不能成为适用该罪的理由。以秩序法益与下游犯罪法益作为法益内容,只有严重侵害网络秩序并且对下游犯罪的保护法益造成侵害的行为,才能认定为非法利用信息网络罪。行为对网络空间正常秩序破坏或侵害程度的要求是达到严重程度,即刑法关注的程度。而如何判断行为是否严重破坏了网络空间的正常秩序,就需要通过行为对下游犯罪的接近程度来判断,即以行为对下游犯罪所保护的法益的侵害程度来确定对网络空间秩序的破坏程度。“非法利用信息网络行为与其影响下的下游行为存在紧密的联系。而这种联系在事实上决定了本罪的法益要有层次性。”①非法利用信息网络罪适用复合法益论的要求,应当遵循以网络空间的正常秩序法益为主要法益,对下游犯罪法益的侵害作为次

① 汪恭政:《非法利用信息网络罪的法益识别与适用方向》,载《学术界》2023 年第 7 期,第 144 页。

要法益的判断顺序。

(一)具体内容:网络空间的正常秩序与下游犯罪法益

1. 主要法益:行为侵害网络空间的正常秩序

对于第一层的法益适用,需要从“行为”“网络空间”“正常秩序”三个方面来理解。

第一,非法利用信息网络的行为是发生在网络空间中的行为。成立非法利用信息网络罪,要求利用网络实施相应“行为”。因此,要求非法利用信息网络的行为发生在网络空间,或是最终指向的行为发生在网络空间。如果行为发生在网络空间,而结果发生在现实,或是行为与结果都发生在网络空间,则完全缺乏对网络空间的影响而不具有适用本罪的余地。例如,在线下进行售卖违法物品或实施诈骗,不符合行为发生在网络空间的要求,就应当以非法经营罪来处罚。

第二,在网络空间中的理解应当限于公共空间。隐私空间是否遵守秩序不影响法益侵害程度。破坏网络空间的正常秩序,前提是网络空间具有开放性与公共性。网络空间的正常秩序是指正常的公共秩序,是所有公民都需要遵守的一种规则要求,没有遵循该秩序就会面临道德谴责与法律制裁。网络空间正常秩序的公共属性要求在网络空间的公共场所遵守了相应的规范,该遵守规范的行为能够为不特定多数人所知晓或有知晓的可能,换言之,如果行为人在网络空间中的私密场合违反了秩序,没有对造成对秩序的破坏而对他人产生不利影响,原则上不应当认定其违反了网络空间秩序。而网络空间中的公私界分并没有明确的标准,需要结合具体案件,例如行为人在设有密码的网络相册内发布有关枪支、毒品的图片视频,并没有抵触到公共秩序。

第三,对网络空间秩序的破坏需要达到对社会层面的秩序的破坏。这里的秩序,是指刑法所保护的秩序,而非民法、行政法等刑法之外的规范保护的秩序。不能说任何法规范保护的秩序受到侵害就可以作为非法利用信息网络中网络空间秩序的破坏,只有具有刑法意义上的网络空间秩序被破坏才属于非法利用信息网络罪中的秩序。正常的网络空间秩序包括国家层面的网络空间秩序,社会层面的网络空间秩序与个人层面的网络空间秩序。这三个层面并不是并列结构,而是属于递进式的层次性结构。国家层面的网络空间秩序,是指各国在网络空间中的秩序,如果破坏将会影响国家形象,甚至会导致国家出现动乱。社会层面的网络空间秩序是在一个群体或团体范围内,即为了维护该群体或团体的利益而设立的相应的秩序,违反该秩序会导致群体或团体出现不稳定甚至解体,个人层面的网络空间秩序是指在社会群体内部,具体的网络用户之间为了达到各自的目的,所应当遵守的规则,如果不遵守规则,实施犯罪行为,则刑法就应当介入,而实施违法行为,刑法应当基于谦抑性原则谨慎介入。实施非法利用信息网络的行为,首先会侵犯个人层面的秩序,因为非法利用信息网络行为阻碍了其他具体的网络用户的正常网络活动,如果阻碍的个人用户数量多,则该非法利用信息网络的行为就已经对社会层面的网络空间秩序产生了侵害,进一步就会发展为对国家网络空间秩序产生侵害。换言之,侵害的流程是从个体到群体再到整个国家,其侵害的程度不断加深。本文认为,只要非法利用信息网络行为达到对社会层面的网络空间秩序的侵害程度,就足以认定行为人的行为对网络空间正常秩序造成了破坏。

2. 第二层次法益:行为侵害下游法益

行为是否侵害下游法益,需要从客观与主观对上游的非法利用行为与下游行为之间的关系进行分析,同时也要考虑下游行为的性质。下游法益只能是犯罪行为所侵犯的法益,而不能是违法行为侵犯的法益。

第一,客观上,非法利用信息网络的行为与下游行为之间具有关联性。"利用信息网络设立用于实施违法犯罪活动的网站、通讯群组,发布违法犯罪信息或者为违法犯罪活动发布信息,也会促成下游行为侵犯新的法益。"[①]因此,从客观上来看,上游行为与下游行为之间需要存在紧密的关联性。如果没有紧密关联性,则意味着行为人仅仅实施了侵犯网络空间管理秩序的行为,并没有对侵犯下游法益。

第二,主观上,要求对下游行为具有主观认识。非法利用信息网络的行为是手段行为,而实施下游行为是目的行为。需要行为人认识到其实施了非法利用信息网络的行为,同时也要认识到自己的手段行为会进一步发展为目的行为。例如,胡某在人员密集地以低价购入鸡蛋为诱饵,诱使张某、马某等人扫微信二维码入群后再邀请其微信好友入群,设立用于实施诈骗的通讯群组。[②] 该案例中胡某在诱使他人扫码时,就已经有了实施诈骗行为这一下游犯罪目的。

第三,行为侵害的下游法益至少要达到符合预备行为的可能。下游行为达到预备阶段或具有达到预备阶段的可能,才有可罚的必要。具有预备阶段的可能性,是指通过上游行为能够推断出如果该行为进一步发展,就会到达下游犯罪的预备阶段。如果下游行为根本不具有预备行为发生的可能,就说明该行为的社会危害性没有达到刑法所关注的程度。若没有侵害下游法益,就无法通过下游法益的侵害程度判断非法利用信息网络对网络空间正常秩序的破坏程度,因此不能认定该行为对网络空间的正常秩序造成了刑法关注的程度。

(二)适用要求:下游犯罪行为破坏了社会层面的网络空间秩序

对网络空间的正常秩序的破坏,需要达到侵犯社会层面的网络空间秩序的程度。这一程度是刑法所关注的程度,因而是否达到这一程度,则需要通过下游行为进行判断。

第一,下游行为是单纯的违法行为的,不属于破坏刑法意义上社会层面的网络秩序。而是刑法规范以外的规范所确定的秩序。例如,在网络空间发布虚假的入党材料,这仅仅涉及

---

① 汪恭政:《非法利用信息网络罪的法益识别与适用方向》,载《学术界》2023 年第 7 期,第 145 页。

② 参见刑事判决书(2023)湘 0903 刑初 177 号。

违法行为,而司法实践中将该行为认定为非法利用信息网络罪,①该行为是违法行为,当然破坏了网络空间秩序,但该秩序并不是刑法所关注秩序,此时应当由行政法规等刑法之外的规范进行调整。

第二,下游行为虽然是违法行为,但该违法行为间接地侵害了犯罪保护的法益,属于刑法意义上社会层面网络空间秩序的破坏。这里的间接侵害,有两方面要求,一是空间要求。空间要求是指下游违法行为与法益侵害具有空间上的紧密性,对现实空间中的具体法益造成了侵害,而不是继续对某个秩序类法益产生间接侵害。二是时间要求。时间要求是指上游行为与下游行为在时间上具有紧密性。例如在网络上发布刀具,相关人员购买后利用该刀具实施杀人行为就符合空间与时间要求。② 而如果下游违法行为连接的是仍然是违法行为,或是连接二次违法行为后才产生了犯罪的法益侵害,则不符合时空条件,该行为要么按照下游犯罪行为处罚,要么以行政法规进行行政处罚,不能构成非法利用信息网络罪。换言之,所谓造成间接侵害,就是违法行为已经转化为犯罪行为,或是虽然没有实际转化,但能够确定发生的概率超过50%的,即具有转化为犯罪行为的具体危险的,才能认定为违法行为对网络空间的正常秩序造成了破坏,否则仍然不能达到成立非法利用信息网络罪的要求。

第三,下游行为是犯罪行为,符合非法利用信息网络罪中的对社会层面网络空间秩序的侵害要求。因为犯罪行为首先破坏了具体个人在网络空间中的正常秩序,同时因为这类犯罪发生在网络空间,其社会危害性有溢出的可能,因此是对社会秩序的破坏,即便行为对下游法益的危险性没有达到刑法可处罚的程度,但仍然有适用非法利用信息网络罪的空间。如果行为危险性从抽象危险变为具体危险,就意味着已经开始侵害了下游的法益。综合比较非法利用信息网络罪与下游犯罪的预备行为,根据最有利于保护法益的原则来确定相应的罪名与刑罚。例如,向被害人发送二维码链接,让被害人下载虚假投资软件,待被害人投资后,采取控制后台数据等方式让被害人“投资亏损”,以此实施诈骗,法院将其定性为诈骗罪,③体现了法益的全面保护。

四、复合法益论下非法利用信息网络罪的司法适用

(一)定性因素:违法犯罪的含义

非法利用信息网络罪的行为方式二与行为方式三都要求信息具有“违反犯罪”的该词语的含义存在较大的争论,主要存在扩张说、限制说与折中说三种观点。

---

① 参见刑事判决书(2022)鲁0211刑初842号。

② 参见刑事判决书(2019)苏0922刑初349号。

③ 参见刑事判决书(2020)苏0115刑初355号。

扩张说认为"'违法犯罪'应当包括一般违法行为。"①限制说认为,"违法犯罪"中的"违法"是一种语言习惯上的赘述,认为"刑法条文中表述的'违法犯罪'就是'犯罪'的意思",②从而认定非法利用信息网络罪中而"违法犯罪"仅包括犯罪。折中说又有不同的表述,一种认为"违法犯罪应当是与法条明文列举的诈骗等行为法益侵害性相当、与犯罪有关、具有侵犯重大法益危险性的活动";③另一种是司法解释的规定,也是折中说的立场,认为刑法规定的"违法犯罪",包括犯罪行为和属于刑法分则规定的行为类型但尚未构成犯罪的违法行为。

根据复合法益观的理念与判断路径,以违法行为具有间接造成刑法分则保护的法益这一折中说观点较为合理。

第一,限制说难以规制网络不法行为,不利于保护法益。非法利用信息网络罪的设立目的就是为了对网络活动中的行为以刑事手段进行提前规制,如果将"违法犯罪"的内涵理解为犯罪行为,则实施违法行为后又间接实施了导致法益受到侵害的犯罪行为的,就被排除在本罪之外,造成非法利用信息网络的行为面对违法行为时无能为力,不利于保护提前保护法益。并且,若采用限制说,将成立非法利用信息网络的前提认定为犯罪行为,将会延后对于非法利用信息网络行为的认定。因为非法利用信息网络罪的处罚阶段属于下游犯罪行为的早期阶段,也就是有的行为尚处于行政违法期间,此时虽然对法益产生了侵害,但该行为仍然不是犯罪行为,对"违法犯罪"的含义采限制说就导致无法追究责任。

第二,扩张说过于使得刑罚范围过广,不利于保障人权。从复合法益观来看,单纯的违法行为,并不会对符合刑法的网络空间的正常秩序造成破坏。扩张说将单纯的违法行为也包含在"违法犯罪"的含义内。虽然有的违法行为也能够对法益产生早期的、抽象的危险,但也有一些违法行为根本不会对法益造成侵害。将"违法犯罪"的含义解释为犯罪行为与所有类型的违法行为,对于下游单纯的违法行为也纳入刑事制裁的范围,将大量本属于行政违法的行为转为刑事违法,虽然实现了对法益的超前保护,但该说混淆了行政违法与刑事违法的界限,侵蚀了刑法的人权保障机能,且不符合罪责刑相适应原则。

第三,折中说能够兼顾保护法益与保障人权,符合复合法益论的逻辑进路。司法解释将纳入刑事制裁的违法行为定性为"属于刑法分则规定的行为类型",也是折中说的一种观点,但该观点存在两方面的问题,一方面,该司法解释实际上期待在行政违法中找到一个能够划分非法利用信息网络行为罪与非罪的点。但是,属于刑法分则规定的行为类型的违法行为,由于没有符合刑法分则规定的构成要件,其本质仍然是违法行为。换言之,任何一个

---

① 车浩:《刑事立法的法教义学反思——基于〈刑法修正案(九)〉的分析》,载《法学》2015年第10期,第12页。

② 欧阳本祺,王倩:《〈刑法修正案(九)〉新增网络犯罪的法律适用》,载《江苏行政学院学报》2016年第4期,第126页。

③ 陈洪兵:《非法利用信息网络罪"活"而不"泛"的解释论思考》,载《青海社会科学》2021年第247卷第1期,第164页。

违法行为,都能够是属于刑法分则规定的行为类型,例如故意伤害行为。另一方面,该司法解释将违法行为的危险性认定进行提前,从抽象危险的角度理解违法行为的法益侵害性,在违法行为没有间接造成法益侵害,即具体危险时,仍然规定为犯罪,不利于保障公民的行动自由。而在复合法益论指导下的折中说能够克服司法解释观点带来的弊端。复合法益观将非法利用信息网络罪中的“违法犯罪”的解释为犯罪行为与具有间接侵害法益的性质的违法行为。不再以违法行为是否符合刑法分则的行为类型作为依据,而是通过对具体法益侵害作为判断标准。详言之,在对于违法行为的判断上,首先判断是否是违法行为,若是,则判断该违法行为是否具有造成法益侵害的间接危险,即是否能够有超过50%的概率转化为犯罪行为而对法益造成侵害,若是,则进一步判断该违法行为是否间接侵害了法益。间接侵害是指实施违法行为后紧接着就会实施犯罪行为,即该违法行为的危险性已经较为紧迫,需要通过刑事手段进行规制。间接侵害法益的判断需要通过事后进行,即在事后结合完整的案件事实,判断违法行为是否能够具有具体的危险性,该危险性足以达到刑法关注的程度。总之,违反行为若能够成立非法利用信息网络罪,需要行为对法益造成间接侵害,如何判断是否造成了间接侵害,首先是违法行为会转化为犯罪行为,或有50%的概率转化为犯罪行为的可能。

(二)定量因素:情节严重的认定

司法解释规定了以假冒行为、数量、数额以及是否有前科等方面作为情节严重的判断标准,但并不是符合司法解释的明文规定就一定是情节严重。符合司法解释的规定是形式上侵犯了网络空间的正常秩序与下游保护法益,还需要进一步判断行为是否从实质上侵害了复合法益。对情节严重的解释理念应当遵循从形式到实质的顺序。同时对于假冒行为、受过行政处罚的非法利用信息网络的行为,需要正确理解其内涵。具体讨论如下。

第一,将假冒国家机关、金融机构名义,设立实施违法犯罪活动的网站的行为认定为非法利用信息网络罪的情节严重的内容,是为了防止通过假冒行为扰乱国家机关与金融机构的正常运转,从而造成国家秩序与金融受到侵害。对于该规定需要明确以下几点内容。首先,行为方式是“假冒”,而不能是其他行为方式。其次,假冒的对象是国家机关与金融机构,这里的国家机关与金融机构,不仅包括国内的国家机关与金融机构,也包括国外的国家机关与金融机构,既包括国有金融机构,也包括私有金融机构。最后,设立网站的目的是实施违法犯罪活动。这要求设立网站之初就是带有实施违法犯罪活动的目的,如果最开始的目的不是为了实施违法犯罪活动,即使后来又从事了违法犯罪活动的,也不应当适用该规定。

第二,行为符合司法解释中关于数额、数量的形式规定,原则上应推定行为具有实质的法益侵害性。对于非法利用信息网络的行为,司法解释以数额、数量作为判断行为社会危害性重要的形式参考标准,其“本质上是在法条范围内细化标准,目的是增强司法实务的可操作性,并不存在突破司法权能问题,而网络时代行为具有痕迹化特点,为量化社会危害提供了可能性”。① 非法利用信息网络罪是情节犯,但情节犯不是数量犯、数额犯,因此对于情节严重的认定不能唯数量论,还需要考虑行为的实质危险性。首先,行为达到了司法解释规定的数额、数量要求,就可以从形式上推断出行为对网络空间秩序破坏程度具有实质法益侵害性。其次,应当从信息的传播面大小、引发违法犯罪活动的可能性高低等方面,结合网络犯罪的技术特征来予以考量,进一步检讨在符合形式标准下的行为是否能够对网络空间的秩序产生实质上的危险。如果行为符合数量、数额的要求,但不具有实质危险性,应当根据但书的规定进行出罪。例如,行为人将朋友圈设置为私密后转发诈骗信息,由于仅行为人自己可见,即使发送的信息超过司法解释规定的数量,也不会对网络空间的正常秩序以及下游犯罪保护法益造成侵害,故类似行为不应当认定为非法利用信息网络罪的情节严重。

第三,行为没有达到司法解释明文规定的数额、数量要求的,如果该行为的能够与司法解释规定的数量、数额产生的危险性程度相同,则可以情节严重的兜底条款予以认定。司法解释规定了其他情节严重的情形这一兜底条款,其目的就是为了将未明文列举的情形涵摄到情节严重的范围内。因此,首先要明确司法解释明文规定的数量、数额标准所量化的行为危险性,其次通过将行为的危险性与司法解释量化的危险性进行对比,比较后判断行为的危险性与司法解释规定的危险程度是否具有相似的程度。例如,行为人向某个人发送诈骗信息,而诈骗信息被该人二次转发,由此导致传播面不断扩大的,就需要判断最初发送信息的行为人在该传播中所起到的作用,如果对于传播扩大的原因是由二次转发引起,则不能以司法解释中的兜底条款认定最初发送信息的行为人达到了情节严重的程度。而如果初次发送的行为对于之后信息的扩大有着重要作用,则可以根据司法解释规定的兜底条款认定为情节严重。

第四,以两年行政处罚作为情节严重的成立要件并不合适。司法解释规定,两年内犯非法利用信息网络、帮助信息网络犯罪活动、危害计算机信息系统安全受过行政处罚,又非法利用信息网络的,属于情节严重的情形。该规定实际上是从犯罪预防的角度进行考虑,推定受到过行政处罚的行为人的人身危险性增加,因而再次实施非法利用信息网络行为的,直接认定为情节严重。但是,该规定“只能反映行为人再犯罪的可能性,即特殊预防必要性较大,丝毫不能说明案件本身的违法性程度;将这类因素认定为‘情节严重’,明显混淆了责任要素与预防要素,没有区分影响责任刑的情节与影响预防刑的情节”。② 换言之,非法利用信息网络的行为是否达到情节严重,应当以实施该行为时所造成的后果作为唯一的考量依据,即行为与结果之间存在因果关系,而不能将行为实施前的预防因素作为情节是否严重的考量标准。行为人此前是否具有行政违法,不影响之后的行为违法性的程度,此规定将预防因

① 刘期湘:《人工智能时代网络诽谤“积量构罪”的教义学分析》,载《东方法学》2019 年第 5 期,第 128 页。

② 陈洪兵:《“情节严重”司法解释的纰缪及规范性重构》,载《东方法学》2019 年第 4 期,第 91 页。

素作为违法性程度的判断,混淆了违法与责任、报应与预防的关系。

五、结语

综上所述,非法利用信息网络罪的保护法益是复合法益,具体内容是网络空间的正常秩序与下游犯罪的法益。网络空间的正常秩序是主要法益,下游犯罪的保护法益是次要法益。行为对网络空间正常秩序的侵害程度必须达到刑法关注的程度,即社会层面的网络空间秩序违反,对该程度的判断需要以下游法益的侵害程度作为标准。当下游行为是能够间接导致法益侵害的违法行为与犯罪行为时,则对网络空间的正常秩序产生的侵害达到了非法利用信息网络罪的程度要求。在复合法益论指导下从定性与定量两个方面分析非法利用信息网络罪的具体适用。在定性上,对"违法犯罪"的含义采取犯罪行为与限制违法行为的折中说,违法行为应当是具有造成下游犯罪法益间接侵害的具体危险。在定量上,对于假冒行为明确其本质是保障国家机关与金融机关的正常秩序,对于数量、数额型情节严重的内容,在符合形式标准的基础上进行实质法益侵害性的判断,对于以曾经受到行政处罚为由作为情节严重的要求并不合理。正确适用非法利用信息网络罪,不仅需要以法益为指导,还需要对构成要件进行解释,此后的研究中应围绕转发行为的性质、群组与基站的范围等方面进一步对具体构成要件进行教义学分析,以实现对本罪的正确适用。

人工智能犯罪主体资格认定之探究

李长青　段博文*

摘要：近年来，人工智能犯罪逐渐成为犯罪学研究的热点。探究人工智能是否具备犯罪主体资格，不应基于未知论，而应立足于现实，从其背后现有的计算机技术原理分析可知，人工智能的发展仅代表计算机技术的提高，其任何行为均基于计算机技术和算法，归根结底仍是设计者输入的规则和指令的外现。人工智能在犯罪学与认知科学的视阈下仍然不具备独立思维，因为缺乏人类的心智与自由意志无法成为犯罪主体。

关键词：人工智能；计算机技术；认知科学；犯罪学；犯罪主体

一、问题的提出

近些年随着大数据等计算机技术的广泛应用，社会数字化深入发展，人工智能快速兴起，能够高水平处理自然语言的大型语言模型例如ChatGPT不断刷新人们的传统认知，使人工智能成为计算机科学、生物学、伦理学等领域的研究热点。同时人工智能快速提高自主性的能力，不仅给传统伦理学等领域带来挑战，而且其在社会中的高频应用也必然带来前所未有的问题，例如2015年德国大众汽车机器人手臂的"杀人"行为。由此人工智能犯罪也成为犯罪学研究的热点，其中最核心的问题是人工智能能否成为犯罪主体，对此学界存在肯定说与否定说。

肯定说认为，人工智能可以超出设计者、操控者的控制，具有刑法意义上的"理性"，应该具备刑事主体资格。以刘宪权教授为代表，他认为"智能机器人在设计和编制的程序范围外实施行为，实现的是自己的意志，与其他具有刑事责任能力的主体实施犯罪行为的情况并无二致"。① 持肯定说的学者认为人工智能具备权利主体的智能性，将其人格化不存在法律

* 李长青(1980—)，男，北京市人，北京市隆安律师事务所高级合伙人，研究方向为刑法学。
段博文(1995—)，女，黑龙江大庆人，北京市隆安律师事务所律师，研究方向为刑法学。

① 刘宪权：《人工智能时代的刑事风险与刑法应对》，载《法商研究》2018年第1期，第3－11页。

方法论上的障碍。①

持相反态度的否定说认为,人工智能的本质是人的工具,不可能在法律关系中成为一个真正的主体。② 从意志性来看,人工智能即使可以脱离程序设计自主运行,但其欠缺遵从法律规范的意志性,即使客观上造成法益侵害后果,也不具有刑法上的可归责性。③ 从法律行为的要素来看,强人工智能实施的动作并非在特定意志因素支配下实施的法律行为,更谈不上是犯罪行为。④ 即使现今大部分国家承认法人也具有犯罪能力,但法人区别于人工智能的本质是法人是由自然人组成的社会集合体。⑤ 因此否定说在刑法意义上否定人工智能的主体地位,认为人工智能不具有法律人的属性,不是犯罪主体。

然而目前的所谓学说争端仍未脱离刑法理论的桎梏,往往从刑法理论的角度进行剖析,因而虽有涉及思维、认知、自由意志等哲学问题,但归根结底忽略了人工智能的本质是计算机技术原理的外现。或有对计算机技术原理的涉及,但由于存在学科壁垒,也总是介绍浅显概念与特征,泛泛而论无法触及根本。所以人工智能是否具备犯罪主体资格这一争议应回归其核心,采取对计算机技术原理进行分析这一路径对人工智能的犯罪主体资格进行证否,说明人工智能是如何通过计算机技术原理外现出"独立思维"的表象,才能超脱于目前的学说之争,为人工智能的犯罪规制问题提供一种可供参考的解决进路。

二、基于计算机技术原理的否定

(一)人工智能具备独立思维的表象

2017 年 10 月,沙特阿拉伯授予人工智能索菲亚公民身份。因索菲亚能与人类互动交流甚至做表情,更是在与其设计者汉森的交流中说出"我想毁灭人类"这样惊世骇俗的话语,一时间引起了轩然大波。不仅引起了对人工智能的警觉,还包括对人工智能的崇拜。但实际上人工智能业界专业人士早已揭露索菲亚被赋予公民身份这一事件是场骗局。全球人工智能领域引领者的杨立昆曾公开表示"应把索菲亚称作'AI 崇拜''假冒 AI'或者'远程操控 AI'可能比较好。换句话说,这根本就是在扯淡。"⑥而对于索菲亚拒绝人类的求婚、参演 MV、在推特回复杨立昆,不过是没有自己见解的基于规则指令作出的其无法理解原因的行为。AI 的拥护者李开复也公开表示"'索菲亚'丝毫没有人性、人的理解、爱心、创造力。授

---

① 周详:《智能机器人"权利主体论"之提倡》,载《法学》2019 年第 10 期,第 3-17 页。

② 张成东:《强人工智能体刑事主体地位之否定》,载《时代法学》2019 年第 5 期,第 57 页。

③ 时方:《人工智能刑事主体地位之否定》,载《法律科学(西北政法大学学报)》2018 年第 6 期,第 67-75 页。

④ 张成东:《强人工智能体刑事主体地位之否定》,载《时代法学》2019 年第 5 期,第 57 页。

⑤ 于冲:《人工智能的刑法评价路径:从机器规制向算法规制》,载《人民法治》2019 年第 17 期,第 20-23 页。

⑥ 谢玮:《网红机器人索菲亚何许"人"也?》,载《中国经济周刊》2018 年第 5 期,第 85 页。

予这样一台只会模式识别的人工智能'公民',是对人类最大的羞辱和误导。一个国家用这种哗众取宠的方式来推进人工智能科研,只会适得其反"。① 所谓拥有公民身份的人工智能不过是一场营销噱头而已,索菲亚的新颖性在于能与人交流、身体动作和面部表情,而这些不过是通过远程操控和模式识别便可以实现的,仍然依赖于设计者输入的计算机代码和规则指令,并没有自我意识,即索菲亚作出的指令完全依赖于设计者输入的规则。

谷歌公司开发的智能机器人 AlphaGo 以 4:1 的成绩击败了世界围棋冠军柯洁。因此很多学者便认为 AlphaGo 具有缜密的思维能力。"AlphaGo Zero 的神经网络'大脑'可以进行精准复杂的处理,可以实现编程自动化,并可能产生与人类相似的自主意识和思维。"②他们会如此认为,是因为 AlphaGo 以压倒性的胜利战胜了被证明是人类最厉害的世界围棋冠军。实际上围棋机器人只是基于算力和决策,使用深度学习的算法学习棋谱,根据万万种结果判断和过程推演,通过精密的规则公式计算出哪种情况最有可能获得胜利,按照围棋规则选择最大概率能获得胜利的位置来落子,即利益最大化的决策。这只能说明算法给予了围棋机器人强大的计算能力和决策能力。"围棋职业选手得以取胜的主要原因是多年培养的棋感直觉以及对当前盘面可能产生的变化进行搜索、验证,AlphaGo 的人工智能正是将这两种方法模拟出来:落子与胜负的棋感直觉以及落子与胜负的搜索验证,利用这两个方法,AlphaGo 解决了围棋的复杂性问题。"③柯洁没有取得胜利是因为他远达不到人工智能的计算能力,并不能说明围棋机器人拥有和人一样的思维能力。所以 AlphaGo 击败世界围棋冠军这一事件的焦点应该是人工智能具备了强大的计算能力,而不是人工智能具备了强大的思维能力。

研究者们总是认为随着计算机科学技术与算法的发展,人工智能终有一天会具备独立思维,超越人类甚至控制人类。著名发明家、未来学家库兹韦尔曾提出"奇点"之说,认为非生物智能在 2045 年将会十亿倍于今天所有人类的智慧,然而他们却忽略了这只是一种建立在或然性和未知性上的想象。就连雷·库兹韦尔自己都谈论当人工智能说出它们的感受和感知经验,而人们相信它们所说的是真的,它们就真正成了有意识的人。④ 英国哲学家玛格丽特·博登对"奇点说"进行质疑,认为奇点预言违背常理,超人类主义哲学近乎荒谬,我们尚未拥有对丰富的人类心智做出的良好的计算理论,人类水平的强人工智能的前景看起来黯淡无光。⑤ 如本文前面所述,就技术层面而言,人工智能的计算能力、决策能力、储备能力可以远超人类。但现阶段人类对人脑的复杂程度仍然没有准确的理论甚至还有无数未知领

① 谢玮:《网红机器人索菲亚何许"人"也?》,载《中国经济周刊》2018 年第 5 期,第 85 页。

② 彭文华:《哈利维的人工智能犯罪观及其启示》,载《上海政法学院学报(法治论丛)》2019 年第 4 期,第 70 - 88 页。

③ 刘知青、吴修竹:《解读 AlphaGo 背后的人工智能技术》,载《控制理论与应用》2016 年第 12 期,第 1685 - 1687 页。

④ 叶良芳:《人工智能是适格的刑事责任主体吗?》,载《环球法律评论》2019 年第 4 期,第 70 页。

⑤ 叶良芳:《人工智能是适格的刑事责任主体吗?》,载《环球法律评论》2019 年第 4 期,第 71 页。

域,脑与神经科学研究还不能很好地支撑对人类行为给出深度解释。因此人工智能想要超越人脑拥有和人类一样的思维能力,无异于没有明确的对照标准和缜密的逻辑推理,全部依赖于假设与想象。肯定说便建立在这种基础之上,有的学者甚至在论证人工智能具备自主意识和意志时依靠的是影视剧中的例子。① 如果根据雷·库兹韦尔所说,只要相信就是真的,难道对人文、社会和科学的所有研究都要建立在一种"相信论"上吗?

(二)人工智能的计算机技术原理分析

如前文所述,所谓的人工智能具备独立思维不过是表象。所有能观察到的人工智能具备独立思维的现象均是计算机技术和算法的外现。想要厘清人工智能是否具备犯罪主体资格,首先要了解人工智能是如何外现出"独立思维"的,因此本文在此介绍几种人工智能领域常用的计算机技术和算法。

1. 机器学习

机器学习是人工智能的基础与核心。一个系统是否具有学习能力是是否"智能"的一个标志。机器学习使人工智能模拟人类学习方式,并将现有内容进行知识结构划分,以此有效提高学习效率以获取新的知识或技能;再用数据或以往的经验,重新组织已有的知识结构使之不断提高自身的性能。简单来说就是教一个人工智能做事,给人工智能100件事例,并且针对每一个事例,设计者都设置参数是正确或错误,那么经过不断的训练,人工智能在面对一件没遇到过的事情的时候,就会根据历史的结果来选择最可靠的结果。在这其中开发者不断调整参数看概率,使模型接近实际:如果输入〉参数1,便判定结果是A;输入〈参数1,便判定结果是B;条件由开发者决定,开发者认为哪些应该结果是A就调整判定A的条件,直到接近准确。举例来说,人工智能在面对一个问题的时候,是根据分数来进行判断的;比如给人工智能一个苹果,人工智能会判断,伸手接是0.4分,摇头是0.8,鞠躬是0.9,那么人工智能就会选择鞠躬。由此可见,人工智能基于大量的数据和正确的规则才能精准复杂的处理问题,得出无限接近于正确的结论。

2. 聚类算法

即聚类分析,是分类问题的一种统计分析方法。是由若干模式组成的,以相似性为基础,在一个聚类中的模式之间比不在同一聚类中的模式之间具有更多的相似性。人工智能根据事物的相似程度将他们合并归纳在一起,将数据划分至不同的类中,使同一类中的对象具有很大的相似性,数据分布紧密,而不同类中差异很大。也就是人工智能中的"物以类聚,人以群分"。其思想来源于人类"结合事物的关联性进行分类"的思维本身,只不过随着科学技术的发展,当事物过于复杂超出人类的认知范围时,人类便为人工智能设定相似度量方

---

① 张金钢:《人工智能时代的刑事风险——以智能机器人为切入点》,载《重庆理工大学学报(社会科学)》2019年第8期,第87-94页。

式,人工智能使用算法对数据进行划分。不同于分类的是,由于聚类是无监督学习,不需要提前对数据进行标注,人工智能能够把相似度很高的样本聚合在一起,便产生了人工智能具备"独立思维"的假象。

3. 决策树算法

决策树算法就如同对一棵树进行种植和修剪。具体而言,首先是构造决策树,由根据实际需要形成的有一定综合程度的训练样本数据集生成决策树。人工智能对数据进行处理,训练数据集,利用归纳算法与损失函数最小化的原则生成可读的规则,建立决策树模型。其次是修剪决策树。决策树的修剪是对上一阶段生成的决策树进行检验、校正的过程,主要是用新的测试数据集来校验决策树生成过程中产生的规则,将那些影响预衡准确性的分枝校正、剪除。

4. 神经网络算法

神经网络算法就是人工神经网络模拟人的思维,人工智能不是简单地按照给定的程序机械地执行运算,而是能够根据逻辑规则分类模仿、推理、适应环境(输入信号情况)、自动发现并总结规律、发展知识,超过设计者原有的知识水平,更加接近人脑。虽然人工神经网络反映了人脑功能的若干基本特性,但其仍然依赖于设计者输入的指令,只是对人脑的某种模仿、简化和抽象。实际上人工神经网络仍然只是一个学习系统,并未超出计算机技术的领域。深度神经网络虽然在感知信息处理方面取得了巨大突破和应用成效,然而依然有其发展瓶颈,例如训练效率问题,绝大多数情况下需要有大量标注样本训练才能保证足够高的泛化性能。①

一系列的计算机技术原理与算法原理证明,人工智能所具备的"独立思维"和"自主学习"只是假象。人工智能可以拥有高精度的计算能力,有高强度的数据存储和处理能力,能处理人类无法做到的事情,但这些也仅仅依赖于设计者的规则指令输入,甚至于很多学者鼓吹的"人工智能明白正确与否""人工智能具备等同于人类的价值观"的判断归根结底更是依赖于初始数据的输入,其后续的不断增进学习不是因为产生了自我学习意识,而是因为算法使得其不断增进学习技术。即使人工神经网络使得人工智能具有近似人脑的功能,也只是对人脑的某种简化,即只能模拟人脑已知复杂领域的一小部分。"人工智能绝对不可能超越人类,所谓的奇点来临的论断不是危言耸听,就是杞人忧天。"②

三、基于犯罪学兼认知科学的否定

上文所述其实可以得出人工智能不具备独立思维,不是一个主体的结论。但因对于人

---

① 曾毅、刘成林、谭铁牛:《类脑智能研究的回顾与展望》,载《计算机学报》2016 年第 1 期,第 212-222 页。

② 叶良芳:《人工智能是适格的刑事责任主体吗?》,载《环球法律评论》2019 年第 4 期,第 71 页。

工智能是否具备犯罪主体资格的证否涉及交叉学科的问题,不仅需要以计算机技术原理为基础,还要采取犯罪学兼认知科学的路径进行分析,以期通过尽量全面、宏观的路径达到一个尽可能有说服力的结论。

(一)犯罪学中的犯罪主体

对于什么是犯罪概念中的“人”,即关于犯罪主体近代以来经历了漫长的学派论争。然而无论是古典学派还是实证学派,“犯罪是人的行为,这是无论哪一学派都不会否认的。”①

1.“刑法人”的概念

18至19世纪中期,古典刑法理论就在人们是自由且享有人权的背景下将个人形象虚化,突显其法律意义的外形。如贝卡利亚、边沁、费尔巴哈、康德、黑格尔都承认假定一种抽象人,②即能够认识善恶、有自我意志自由和自我规范能力的一般人,或者说是“理性人”,认为人具有自由意志,能根据自己的意愿作出选择。古典学派认为由于个人意愿不同,人们既可能选择犯罪行为,也可能选择适法行为。犯罪是个人基于自由选择的结果,表明个人的内在意志,因此对于个人基于自由意志实施的违法行为,能够进行非难,追究其道义上的责任。③

“刑法人”实际上等同于自由意志。自由意志决定人的行为,犯罪行为正是是自由意志支配的结果。“行为人的意思,不管是已经认识到行为违法性的故意,还是应该认识到而且可以认识到行为违法性的过失,都是决意实行违法行为的意思。”[12]28“康德对我们说,在人可以理解的本性中,通过抉择,能够摆脱这种外来的决定,自我建立为自由主体。”④康德认为一切有理性的人的意志都是自由的,社会一般人(理所当然地包括实施犯罪的人)具有自由意志。黑格尔在《法哲学原理》中指出真正的不法是犯罪行为,而真正的行为是犯罪人主观的道德与自由意志的表现。⑤ 按照黑格尔的说法,一个人所遭受的一切都是自己理性选择的结果,实施犯罪的人应当负担自己的罪责,对他施以刑罚正是尊重他的理性选择。

2.“犯罪人”的概念

19世纪以后的欧洲大陆社会抗争激化、犯罪率上升,累犯尤其是常习犯急剧增加。然而当时的“德意志帝国刑法典”对作为新的犯罪现象的累犯等没有作出规制。必然导致社

---

① 参见周光权:《刑法学的向度——行为无价值论的深层追问(第三版)》,中国人民大学出版社2023年版,第21页。

② [日]平野龙一:《刑法总论Ⅰ》,有斐阁1972年版,第21页。

③ [日]平野龙一:《刑法总论Ⅰ》,有斐阁1972年版,第3页。

④ [法]弗朗索瓦·夏特莱:《理性史——与埃米尔·诺埃尔的谈话》,冀可平译,北京大学出版社2000年版,第131页。

⑤ 参见周光权:《刑法学的向度——行为无价值论的深层追问(第三版)》,中国人民大学出版社2023年版,第26-27页。

会防卫呼声高涨,以抽象社会为期待的古典学派也必然遭受强烈抨击,立足于生活的实证学派应运而生。

实证学派重视对犯罪原因和犯罪对策的研究,青睐具体的罪犯概念,提出“犯罪人”概念。认为犯罪的欲望总是与主体的缺陷、弱点和无能联系在一起。典型如李斯特认为应当受惩罚的是行为人而不是行为。犯罪人类学派的创立者龙勃罗梭通过大量解剖研究提出天生犯罪人理论,认为犯罪人并非对法律规范的违反,而只是一种特殊的人种。将天生犯罪人的原因归纳为遗传和变异,犯罪人其实是“基因的奴隶”。① 菲利作为龙勃罗梭的学生,在继承龙氏实证主义的思考方法上强调社会学的原因,认为个人实施犯罪是遗传和环境共同影响的结果。菲利说:“一个人要成为罪犯,就必须使自己永久地或暂时地置身于这样一种人的物质和精神状态,并生活在从内部和外部促使他走向犯罪的那种因果关系链条的环境中。”②这一概念上犯罪学中的“犯罪人”可以理解为医学上的“病人”,都是自身出现一定问题的人。因为龙勃罗梭对天生犯罪人的勾勒,其指出的遗传与犯罪人的联系颇受关注,进而西方学者踏上挖掘罪犯生物性的漫长理论征程,并逐步发展为犯罪生物学。1993 年荷兰奈梅亨大学的遗传学家汉·布鲁纳发表的报告显示,一个荷兰家族的男性都因为具有一小段基因缺陷,所以积累了过量的具有巨大能量的神经递质,这些积累导致这些男性都有一种暴力行为的攻击性,如裸露、纵火和强奸等。③ 在实证学派中日益显现的是一个清楚、具体的罪犯。是一个危险个体,社会也正是基于该个体本性的特质例如遗传、基因、环境变量等而非法律特质而行使权力。

无论是“刑法人”还是“犯罪人”,无论是基于自由意志还是基于遗传与环境共同作用,犯罪只能是人的行为也是明显天然包含在学派之争中的共识,学派之争中所有提到的犯罪主体需具备的因素例如“自由意志”“内在认知”“设想”“遗传”“精神状态”等只能为人类特有,人工智能并不具备这些因素。而人工智能缘何不具备这些因素,无法作为等同于人类的犯罪主体,还需结合认知科学进一步论证。

(二)犯罪学兼认知科学视阈下人工智能不具备犯罪主体资格的原因

1. 人工智能缺少人类的心智而无法成为犯罪主体

认知科学的研究对象是人类的心智和认知。根据人类心智进化的历程,蔡曙山教授将人类心智从初级到高级分为了五个层级,分别是神经层级、心理层级、语言层级、思维层级和

① 参见马克昌:《近代西方刑法学说史略》,中国检察官出版社 1996 年版,第 151 页。

② [意]菲利:《实证派犯罪学》,郭建安译,中国政法大学出版社 1987 年版,第 9 页。

③ 邱格屏、刘建:《基因科技与犯罪研究》,载《犯罪研究》2022 年第 2 期,第 8-12 页。

文化层级。①

从神经层级来说,尽管随着计算机网络的发展,涌现出诸多例如神经生理学、神经计算机学、计算机神经学等诸多新兴研究领域,但人工智能的演化并不像某一些人所认知的那样达到了如此的高度,甚至在某种意义上说,人工智能并不能超越人脑在神经领域层面的复杂程度。人工智能研究路径中存在"连接主义学派"。"连接主义学派认为,人类的认知基本单元是大脑的神经元细胞,认知过程是神经元之间的连接和反馈。通过对大脑进行人工仿造,则可以实现人类智能的机器模拟。"②这一种仿生学的理念却遭到了大量的反对。反对者认为,人类并不是由某一个造物主创造的,而是在千万年间不断迭代、进化的。其次,连接主义学派遵循的仿生学路径忽视了人脑是一个极其复杂且神秘的系统。"人脑是一个异常复杂的组织,目前对人脑结构和活动机制的了解只是冰山一角,要建立一个与人类大脑相近的神经网络目前看来还是天方夜谭。"③

从心理层级来说,人工智能不能对外界的刺激进行相应的心理反馈,而这恰恰是刑法处置的起点。刑罚配置遵循功利原理,即"它按照看来势必增大或减小利益有关者之幸福的倾向,亦即促进或妨碍此种幸福的倾向,来赞成或非难任何一项行动。"④人类作为具有高等智慧的生物,正是因为有其他动物所不具有的心理反馈。福柯笔下的达米安被处以极刑的惨烈场面到1840年梅特莱农场的正式使用,两个社会事件标志着一种"规训机制"从此在法国建立起来,⑤这种机制展示了一种刑法惩治思路的转变,他提到刑罚执行从公开走向秘密的过程中,较为重要的原因是被施刑者的痛苦真切地反映到了围观者的身上,使他们对暴政更加难以忍耐。然而,人工智能却没有情感,不能体会到刑罚之苦,对其适用刑罚,难以实现刑罚的预防功能,或许对单个人工智能所施加的例如删除数据能在某种形式意义上表现出刑罚的形式,但对其余人工智能却没有任何警示意义。在这一程度上,刑法本身是失效的,将人工智能视为犯罪主体无异于对牛弹琴。

从语言层级上来看待人工智能犯罪主体化则显得更为荒谬,人类凭借生动活泼、内涵隽永的语言来进行思维的表达,而人工智能却仅能用二进制语言来进行活动。想象一下,如果所谓"强人工智能"实施了犯罪活动,由公安机关进行侦查阶段的证据搜集,一个人工智能背后的二进制语言成为讯问笔录中的供述,这甚至无法查明犯罪的客观事实,从这一角度来看,人工智能的语言也无法符合刑事诉讼程序中的证据规则要求。

从思维层级和文化层级上看,人工智能更无法达到人脑的层次。法国哲学家笛卡尔的

---

① 蔡曙山、薛小迪:《人工智能与人类智能——从认知科学五个层级的理论看人机大战》,载《北京大学学报(哲学社会科学版)》2016年第4期,第146页。

② 叶良芳:《人工智能是适格的刑事责任主体吗?》,载《环球法律评论》2019年第4期,第71-72页。

③ 参见王天一:《人工智能革命:历史、当下与未来》,北京时代文化书局2017年版,第30页。

④ [英]边沁:《道德与立法原理导论》,时殷弘译,商务印书馆2000年版,第58页。

⑤ [法]福柯:《规训与惩罚》,刘北成、杨远婴译,生活·读书·新知三联书店2003年版,第225页。

著名论断"我思故我在"精确地阐述了思维与存在的关系问题。① 而人工智能仍只能依靠人的存在而存在,其思维也只是利用人的所有决策判断最优解,这种看似最为"正确"的决定恰恰说明了其没有思维。人的全部尊严在于,人可以思考,尽管这种思考可能会走弯路,但正如毛主席在北戴河写下的著名诗句:"往事越千年,魏武挥鞭,东临碣石有遗篇,萧瑟秋风今又是,换了人间。"②人工智能的正确决策,恰好说明其思维层次无法创造人类一般绚烂多彩的历史。而至于文化层次,反映了人类对物质世界和精神世界的认识,这种认识的价值在于只有人类能欣赏每一种文化背后的独特价值,这种特殊价值是人工智能无法取代的,正如人工智能的绘画作品的元素,无不是从人类创造的优秀作品中摘取缝合而产生的。

刑法并不规制思想犯罪,但刑法规制的犯罪行为背后必有思维。打击某一犯罪行为并不是刑法的目的,犯罪行为背后的企图破坏社会秩序的思维才是刑法打击的对象,这种思维和文化往往会形成群聚效应,例如12年至15年的新疆暴恐组织,正是因为暴恐分子在思维层次上存在错误的反社会思维,并将这种思维群聚成了错误的地区文化,才产生了极其严重的有组织犯罪活动。人工智能尽管在大数据学习过程中也会偶然被投喂错误的数据而产生错误地输出结果,但如前文所述,这并不是人工智能的主观思想。

2. 人工智能缺少自由意志而无法成为犯罪主体

萨特曾说,我们是我们选择的产物(We are our choices.)。③ 所谓认识能力,即对于一般人类而言所具备的可以认识外界的能力,包括认识事物、认识事物的发展规律并对事物的发展予以预测。所谓辨认能力,则指的是人在社会学、法学意义上对自己行为是否符合社会规范的基础认知。目前的生成式人工智能也能判断其输出的内容是否涉及有害信息、敏感信息,实际上也较之人类的判断更为准确。然而,人工智能对上述能力的设定和发展并非出自其本身的自由意志,而是人工智能使用者意志的延伸,在这个意义上,就其控制能力而言,人工智能如无外界介入,其本身将长久地处于待机状态,其并无法自主地、内生性地产生某种基于自由意志的决定。

心理学上认为,认知产生于孩童对外界的观察和对自我的观察。人脑不断发育之后,孩童开始逐渐思考自己,以及自己和外部世界的关系。认识的核心在于自主的选择和决定,孩童认识到自己与世界的分离,他便可以自主选择和决定以何种方式去与外部世界产生联系,在这个过程中,自由意志将主导人的所有活动。与之相比的是,人工智能只是机械地根据输入信号反映外部世界的信息,却无法认识自己,认识自己与外部世界、外部人类之间的关系。

---

① 蔡曙山、薛小迪:《人工智能与人类智能——从认知科学五个层级的理论看人机大战》,载《北京大学学报(哲学社会科学版)》2016年第4期,第151页。

② 参见徐四海:《毛泽东诗词全集》,东方出版社2016年版,第251页。

③ [法]弗朗索瓦·夏特莱:《理性史——与埃米尔·诺埃尔的谈话》,冀可平译,北京大学出版社2000年版,第131页。

缺少这一层的认识将使得人工智能永远无法萌发自由意志,进而获得控制上的选择权。

如前文所述古典刑法理论对犯罪主体的研究,人类之所以能作为犯罪与责任的承载者,根源在于他们拥有自由意志,这使他们能够依据伦理框架明辨是非曲直、区分善恶。对于那些源于自由抉择的行为——即"纯粹由理性指引下的自主决定"——其执行者被视为合格的刑事责任承担者,国家对此类行为的惩处具备正当性。相反,对于非由自由意志驱动的行为,比如"仅仅受感官冲动或外部刺激所驱使的盲目行动",它们被视为非理性的、兽性般的抉择,在此情境下,行为人不构成合格的刑事责任主体,国家对此类行为的惩罚则缺乏正当性依据,正如刑法无法追究精神病人的刑事责任一样,其犯罪行为并非出于一个理性主体的自由选择,缺乏可非难性而无法对其进行惩罚。

四、结语

法律是一门经世致用之学,所要调整的是稳定、清晰的法律关系。尤其犯罪作为一种社会现象,对犯罪领域的研究应立足于现实问题与客观切实的"未来"。若脱离现在的社会而空谈,如果未来有一天人工智能具备独立思维,超出规则指令实施犯罪该如何处置的问题,无异于缘木求鱼。这一问题实际指向的是就连计算机科学家也不可知的何年何月,是一种假想主义,完全建立于未知。区别于为最大程度避免法律的滞后性而进行前瞻立法与研究,区别于法律的预防功能,超越了这一时代的实际需求。对于这一问题,我们应从现实与科学出发,避免过度追求超前而将一切研究立足于想象论上。本文在计算机技术原理的基础之上,结合犯罪学中的犯罪主体概念与认知科学对人工智能是否具备犯罪主体资格进行探究,以期为这一议题的研究尽一份绵薄之力。

涉生成式人工智能教唆犯罪刑事归责研究

张唯佳*

摘要:生成式人工智能(Generative AI)具备强大的算法模型和学习能力,涉生成式人工智能教唆犯罪则引发了广泛关注和讨论,如何对此类案件进行刑事归责值得探讨。涉生成式人工智能教唆犯罪可划分为犯罪工具使用型、犯罪意图输入型与犯罪意志自主型,主要区别表现在人工智能的设计意图、使用方式以及智能程度。对于此类犯罪,应当根据犯罪结构关系的独特表现,综合考虑刑事责任能力、主观罪过与行为表现等要素,分别确定各类主体的刑事责任。

关键词:生成式人工智能;教唆犯罪;刑事归责

一、问题的提出

随着人工智能时代的到来,生成式人工智能在为社会带来诸多便利的同时,也引发了一系列法律问题。特别是当生成式人工智能参与犯罪活动时,如何处理这些问题显得尤为重要。当前法律体系主要以人类为刑事责任主体,而对于人工智能的刑事归责存在诸多争议。然而,生成式人工智能作为独立运行的智能系统,在涉及教唆犯罪的情境中,其刑事归责也面临着技术、法律和伦理等多重考量。特别是生成式人工智能聊天机器人(如 ChatGPT 和 Microsoft Bing)的出现,意味着人工智能技术发展的新领域,这些聊天机器人因其强大的算法模型和优秀的学习能力,引发了广泛关注。然而,随着"聊天机器人教唆自杀""AI 教唆犯罪"等事件的出现,生成式人工智能的话题再次引向法律领域,也引发了新的讨论。

生成式人工智能在其设计和训练过程中存在的技术漏洞以及缺乏明确的伦理规范可能导致其在特定情境下输出犯罪意图。例如强人工智能作为生成式人工智能的一种极端形式,具有更高的自主决策和学习能力,因此在法律层面,一个关键问题是:是否可以将生成式人工智能本身视为犯罪的主体,并对其进行刑事归责?目前的法律框架通常以自然人或法人作为主体进行刑事归责,但在涉及生成式人工智能的情境下,这一传统框架便显得不够适

* 张唯佳(1998—),女,山东青岛人,中国人民公安大学法学院 2022 级硕士研究生,研究方向为刑法学。

用。生成式人工智能的自主学习和决策能力使其在犯罪行为中具有一定的“自主性”,其行为不再完全受制于人类程序设计者,而更像是一种自发性的行为。在这种情况下,是否应当追究对生成式人工智能的刑事归责,成为一个需要深入研讨的问题。

综上所述,探讨生成式人工智能涉案的教唆犯罪刑事归责问题,需要从生成式人工智能的应用类型出发,以教唆犯罪的传统构成要件为基点,分析其与典型犯罪行为之间的关系,进而深入研究人工智能在教唆犯罪中的刑事归责问题。

二、涉生成式人工智能教唆犯罪的案件类型

本章节将重点探讨和归纳涉及生成式人工智能教唆犯罪的主要类型,为进一步研究此类案件可能存在的责任主体奠定理论基础。

(一)犯罪工具使用型

若行为人恶意构建或故意使用一种生成式人工智能系统,其目的是促使、协助或执行违法犯罪行为,则该智能程序属于此行为人为进行犯罪行为的一种特殊“工具”。这种作为犯罪工具的智能程序可以归纳为两种类型:一是具有高度的自主性和智能性且专门设计用于犯罪目的智能程序,其可能是由黑客、犯罪组织或其他恶意实体开发的,以实现其非法目标的独立智能程序;二是本身并不存在危害性,单纯被行为人作为犯罪工具而使用的智能程序。

1. 为进行犯罪而专门设计的智能程序

尽管现实生活中这种专门用于犯罪而设计、构建的智能程序并不常见,但其依然具有较大的典型性和研究价值。根据生成式人工智能的固有特性便可以归纳此类智能程序的几种特质:模拟犯罪思维、①提供犯罪工具与资源、②适应性学习。③ 这三点特质不仅突出了生成式人工智能涉案的教唆犯罪案件的复杂性和疑难性,也将此类案件的刑事归责问题引向了一个更加复杂的境地。

2. 程序自身无危害性的“工具”

知乎上有这样的一个热门问题:“如果我的朋友训练了一个 AI 当黑客,AI 如果犯罪了,他属于危害计算机安全罪还是教唆犯罪?”这个问题无疑引出了一个刑事归责难题,即当行为人有意识地运用人工智能进行犯罪时,该行为人是否对智能程序构成教唆犯罪;若该行为

---

① 蒲清平、向往:《生成式人工智能——ChatGPT 的变革影响、风险挑战及应对策略》,载《重庆大学学报(社会科学版)》2023 年第 5 期,第 1 - 13 页。

② See Chatterjee J, Dethlefs N, “This new conversational AI model can be your friend, philosopher, and guide and even your worst enemy”, Patterns (New York), vol. 4, 2023, p. 100676.

③ 高完成:《自动驾驶汽车致损事故的产品责任适用困境及对策研究》,载《大连理工大学学报(社会科学版)》2020 年第 6 期,第 115 - 121 页。

人恰好又运用人工智能进行了一项针对他人的教唆犯罪呢,如此一来要追究的是原行为人的教唆行为还是人工智能的教唆行为?例如 Deepfake 技术在网络诈骗中的应用,Deepfake 是一种能够利用人工智能生成高度逼真的视频、音频或图片的新兴技术,但是有报道指出,一些犯罪分子会恶意利用 Deepfake 技术,生成虚假视频来进行网络诈骗活动。① 虽然 Deepfake 技术本身并不具有危害性,但它的滥用成为一种新型犯罪形式,即作为犯罪行为人的直接工具被用于了犯罪行为,那么显而易见,此时刑事责任承担主体便可能涉及技术开发人员、技术监管人员、技术滥用者等。

(二)犯罪意图输入型

如今在"如何让人工智能模仿人类语言"这个话题上,主流思路基本是一致的,那就是给生成式人工智能海量文字,让其自动分析、学习这些训练模型中的语气内容,学习人类的说话方式,进行模仿。训练模型体量越大,人工智能输出的结果就越贴近真人——理论上来讲,如果给的资料"无限"多,那么人工智能就会与人类完全一致,乃至于通过图灵测试。但是近几年,有不少机器人推出后出现了偏离研发者意图的成长趋势,例如引起争议的韩国虚拟少女 Luda,以及被称为"史上最坏机器人"的塞舌尔机器人,均是在面向公众开启聊天功能后,没多久就被"调教"成了满脑子极端思想、充满暴力和偏见的机器人,它们在恶意煽动他人时会巧妙伪装自己,将犯罪意图嵌入对话中,使其看似是普通的社交对话。这种"养成系"的聊天机器人,在被输入了大量极端言论之后,会形成一个"反社会人格",当其在这种条件下对大众进行言论煽动时,则可能需要追究的责任便会涉及设计者的设计漏洞、管理者的管理瑕疵以及所有输入"恶意言论"的广大互联网用户的言论输入行为等。

(三)犯罪意志自主型

强人工智能是指具有自主意识和独立思维,能够不受人类设定的程序的限制,自主实施行为,并能够通过自己的思考,独立推理和解决问题的实体和程序,其具有自主意识,可以在辨认行为性质和行为后果的基础上控制自身行为,主要表现为"类人化",②因此可以将其归纳为"犯罪意志自主型"的生成式人工智能。尽管受限于当前的技术水平,强人工智能体还未出现,但是笔者认为,人工智能技术的发展速度实现突破式增长,其行为模式所能到达的领域早已超出了人们的想象,据此可以作出合理预测:未来有极大可能将会出现强人工智能体,并将促进人类社会发生巨大变革。然而这种智能体的优异表现可能使其在煽动、教唆大

---

① 瞿左珉、殷琪林、盛紫琦:《人脸深度伪造主动防御技术综述》,载《中国图象图形学报》2024 年第 2 期,第 318 - 342 页。

② 令小雄、王鼎民、袁健:《ChatGPT 爆火后关于科技伦理及学术伦理的冷思考》,载《新疆师范大学学报(哲学社会科学版)》2023 年第 4 期,第 123 - 136 页。

众进行恶意行为方面具有更危险的潜能,[①]包括自我修改程序、自主解释和拓展、执行自主学习能力等。

强人工智能的认知能力和意志能力与人类的相似,需要法律对其伦理地位和法律地位进行明确,否则会引发伦理风险和刑事风险。[②] 若强人工智能具有自主意志,可能会脱离人类的固有程序控制,实施危害社会的行为,甚至可能会控制人类,增加了人类失去自由、被奴役的风险。[③] 因此对强人工智能涉案的教唆犯罪案件可能带来的归责问题进行分析探究,是对未来人工智能技术进行预测和控制的必然要求。

三、涉生成式人工智能教唆犯罪中的责任主体

生成式人工智能涉案的教唆犯罪中,可能牵涉到多方责任主体,本章节将深入探讨这些主体在涉生成式人工智能教唆犯罪刑事归责中的角色与责任。

(一)生成式人工智能

生成式人工智能能够通过深度学习算法,从大量数据中自主学习并生成新的内容和决策,具有一定程度的"自主学习能力",这种自主性使得生成式人工智能在某些情境下的行为可能脱离人类的直接指挥和控制,表现出类人化的"自主行为"的特征。那么,当生成式人工智能在没有人类直接干预的情况下作出决策或行为时,责任归属问题将变得更为复杂。在此基础上,"弱人工智能"和"强人工智能"的类型区分在刑事归责方面也会呈现出较为明显的区别,其关键点则在于生成式人工智能是否能够"自主成长"。

弱生成式人工智能主要涉及的犯罪案件主要包括两类:一是利用型犯罪,即行为人利用人工智能实施犯罪,如 Deepfake 技术被用来制作虚假视频,用于政治操纵或敲诈勒索,这属于典型的利用型犯罪。二是产品缺陷型犯罪,即因为人工智能产品自身的缺陷而导致的犯罪。[④] 弱生成式人工智能在这些情况下通常被视为工具或产品,其责任归属通常追溯到使用者或研发者,但归责问题的复杂性依然存在。

此外,强人工智能,作为生成式人工智能的一种极端形式,具有更高的自主决策和学习能力。在法律层面,这就引发了一个重要问题:是否可以将生成式人工智能本身视为犯罪的主体,是否应当对其进行刑事归责?[⑤] 目前的法律框架并未充分考虑人工智能在教唆犯罪

---

① 参见胡鹤鹤:《论网络教唆犯罪之归责》,河北经贸大学 2021 年硕士论文。

② 刘宪权:《人工智能时代的刑事责任演变:昨天、今天、明天》,载《法学》2019 年第 1 期,第 79 - 93 页。

③ 韩水法:《人工智能时代的人文主义》,载《中国社会科学》2019 年第 6 期,第 25 - 44 页。

④ 参见高铭暄:《当代刑法前沿问题研究》,人民法院出版社 2029 年版。

⑤ See Abbott R, Sarch A, "Punishing artificial intelligence: legal fiction or science fiction ", Is Law Computable, 2020, pp. 177 - 204.

中的角色,但在涉及生成式人工智能的情境下,这一传统框架可能显得不够适用。[①] 强人工智能的自主学习和决策能力使其在犯罪行为中具有一定的“自主性”,其行为不再完全受制于人类程序设计者,而更像是一种自发性的行为,在这种情况下,是否能将这种“高智慧”的生成式人工智能作为一个独立的法律主体来进行刑事责任的追究,便成为一个需要更加深入思考的问题。

(二)犯罪行为人

此处的“犯罪行为人”应当主要包含两种情况:其一,在较为简单案件中,利用或使用生成式人工智能作为工具进而进行教唆犯罪的行为人;其二,被生成式人工智能程序教唆,而实际进行犯罪的行为人。

第一种情形中,关键在于如何判断犯罪行为人是否具有主观故意。在传统犯罪案件中,主观故意通常指的是犯罪行为人对犯罪具有明确的行为意图,然而在人工智能聊天机器人的介入下,犯罪行为人的主观意图可能受到算法及其生成内容的影响,导致行为人的真实犯罪动机变得模糊。就好比微软的人工智能聊天机器人 Tay,其在被大众用户“调教”后发布了多条种族主义和暴力的推文,尽管 Tay 的行为明确是由用户输入的信息所驱动,但它仍然模糊了这些用户的意图、行为与违法结果之间的因果关系。[②]

对于第二种情形的犯罪行为人,仅是作为被智能程序教唆而实施犯罪的行为人,此时应当注意的是,是否可以引入传统共同犯罪理论框架对其进行解读,即是否可以将行为人视作从犯论处?若否定了智能程序教唆行为的违法性和犯罪事实,又是否可以将行为人作为主犯论处?笔者将会在之后的章节中展开论述。

(三)程序研发者、监管者

人工智能产品在提升人们生产生活质量的同时,也可能由于其不确定性的科技特征导致诸多市场隐患问题,在人工智能本身的程序瑕疵或管理纰漏等问题上,程序研发者和监管者等主体便理所应当地成为刑事归责关注的焦点。

首先,对于程序研发者的归责问题,关键在于确定其在案件中的实际作用和责任程度,即他们是否在设计和开发生成式人工智能聊天机器人时考虑到了可能的滥用风险,并采取了相应的防范措施。如果程序研发者在设计中刻意忽视潜在的犯罪滥用可能,导致人工智

---

① 参见程秀蓉:《强人工智能体刑事风险的刑法应对》,河北大学 2023 年硕士论文。

② See Alkhalifah J M, Bedaiwi A M, Shaikh N, “Existential anxiety about artificial intelligence (AI) – is it the end of humanity era or a new chapter in the human revolution: questionnaire – based observational study”, *Frontiers in Psychiatry*, vol. 15, 2024, p. 1368122.

能聊天机器人被滥用,那么其可能需要对其过失或故意犯罪行为负刑事责任。①

其次,对于程序监管者而言,在此类案件中主要体现在其对生成式人工智能产品和服务的监督和管理上。对于如何确保人工智能产品的安全性和防止其被滥用,监管者则需要制定并实施严格的管理措施和法律规范。② 但监管者在这其中也面临着重大挑战,首先,现有法律和监管框架可能未能完全覆盖人工智能技术,导致监管标准缺乏,使得监管者缺乏明确的依据来进行有效监管;其次,监管者也可能对人工智能技术缺乏深入理解,从而影响其判断和监管的有效性。

例如,2018 年亚马逊的智能语音助手 Alexa 被发现录音并发送了用户的私人对话,这一事件引发了对智能设备隐私和安全问题的广泛关注,它突显了研发者和监管者在保护用户隐私和防止设备被滥用方面的责任。③ 如果这些录音被用来进行犯罪活动,而程序研发者、监管者未能采取必要的预防措施,那么其很大可能需要根据自身的过错程度而承担相应的刑事法律责任。因此,作为算法研发者以及服务提供者,其事前防范义务当然包括技术安全保障与数据风险管理,④那么此时算法研发者以及服务提供者所应当承担的法律义务便更加具体化,当生成式人工智能涉及一起刑事犯罪案件时,也能为相关法律责任的追究提供一个清晰的方向。

(四)数据资源输入群体

在生成式人工智能涉案的教唆犯罪中,对人工智能聊天机器人输入恶意信息的群体是否可以进行刑事归责,该问题涉及数据资源输入群体的责任追究,也需要考虑到在大众怀揣"恶意"地对人工智能聊天机器人输入非法语言信息时,是否依然可以做到"法不责众",从而免除对该群体的刑事追责,继而转向追究研发者抑或是监管者的责任。

在人工智能技术应用中,数据资源输入者的行为直接影响着人工智能系统的训练和运行结果,同理延伸至人工智能聊天机器人,数据输入群体对其产生的影响也至关重要。如果数据输入者是有组织、有目的地提供引导犯罪的信息,其行为可能被视为有明显的恶意,进而存在被认定为具有犯罪故意的可能;相反,如果数据输入者提供的数据并非基于非法目的,但在后续使用中发生滥用,则可能被视为过失或不承担刑事责任。那么,是否应当对输

---

① 参见杜凯文:《人工智能的刑事风险与刑事责任研究》,甘肃政法大学 2022 年硕士论文。

② See Ryan Calo, "Robotics and the Lessons of Cyberlaw", *California Law Review*, vol. 103, 2015, pp. 513 - 563.

③ See Lucrezia F, Dario G, Massimo M, "From Heron of Alexandria to Amazon's Alexa: a stylized history of AI and its impact on business models, organization and work", *Journal of Industrial and Business Economics*, vol. 49, 2022, pp. 409 - 440.

④ 王良顺、李想:《生成式人工智能服务提供者的数据安全保护义务研究》,载《南昌大学学报(人文社会科学版)》2023 年第 6 期,第 72 - 83 页。

入恶意信息的群体进行刑事责任的追究，便可以根据其行为是否符合构成犯罪的要件进行判断，如果数据输入者的行为构成犯罪，例如传播煽动恐怖主义的信息，则可能被追究刑事责任。

此外，此类案件中的程序监管者也同样可能承担法律责任。监管者需要确保用户群体在输入、采集数据的过程中遵守法律法规和道德规范，如果因主观上的过失、疏忽或故意放任，而导致非法或有偏见的数据进入系统，可能会直接影响生成式人工智能的输出结果，使其具备潜在的犯罪风险。① 此情形应当考虑其过错程度来确定责任的追究，抑或是根据共同犯罪等情况进行进一步判断。

四、涉生成式人工智能教唆犯罪刑事归责的具体思路

本章节将以三种典型的生成式人工智能教唆犯罪的案件类型为切入，在归纳总结各类型的刑事归责难点的基础上，重点对每种类型的刑事归责思路进行分析和论述。

（一）关于犯罪工具使用型案件的刑事归责

此类案件的归责难点主要体现在以下三点：（1）行为责任界定不明确；（2）使用者与研发者责任分配存争议；（3）因果关系复杂。②

在生成式人工智能涉案的教唆案件中，首先考虑“为进行犯罪而专门设计智能程序”的情况。当我们认为该生成式人工智能程序无法独立承担行为责任时，则程序设计者或犯罪行为实施者对于智能程序不存在“教唆”的嫌疑，而是作为犯罪行为的直接实施者进行判断；若该智能程序教唆他人实施了犯罪行为，则应当认为是上游的程序设计者通过某种手段间接教唆了行为人实施犯罪。此时进行刑事归责时，由于程序设计者已具备主观上的直接教唆故意，所以可以忽略人工智能程序的主体价值，直接运用传统的共同犯罪理论进行归责即可。同理可延伸至“单纯利用人工智能程序进行教唆犯罪”的情形。

此外，需要考虑的是智能程序的研发者和提供者。尽管智能程序被视为“工具”，其设计和功能依然可能对犯罪行为的实施起到至关重要的作用。如果智能程序的设计或功能存在明显缺陷，导致其被滥用或误用于犯罪活动，那么研发者和监管者可能会被追究相应的刑事责任抑或是以默认协助的从犯论处。需要关注的是研发者和提供者是否对这些缺陷具有主观上的认识或应当认识的能力，若他们在开发过程中未尽到应有的注意义务，未能发现或修补显著缺陷，则其行为可能被视为重大过失；但如果他们对程序存在的风险持放任态度，甚至利用这些缺陷进行犯罪行为，则可被视为具有直接或间接的故意。在此基础上分析该

---

① 黄绍坤：《人工智能训练数据收集的合法性困境与制度建构》，载《荆楚法学》2024 年第 3 期，第 89－100 页。

② 参见曲新久、陈兴良、张明楷：《刑法学》，中国政法大学出版社 2022 年版，第 323 页。

缺陷与犯罪行为之间的因果关系是否明确,如果智能程序的缺陷直接导致犯罪行为的发生,例如通过漏洞进入系统并实施犯罪活动,那么研发者和提供者应当对因缺陷导致的犯罪结果承担责任,尽管他们未直接实施犯罪行为,但在犯罪行为实现过程中提供了关键支持或帮助,因此可被视为从犯;但若是该缺陷的产生完全出于研发者或提供者的过失,而非间接故意或放任态度,此时再追责其从犯责任便显得有失公正,或许可以根据相关法律追究其民事责任或行政责任,而非追究其刑事法律责任。

(二)关于犯罪意图输入型案件的刑事归责

此类案件中,主要存在如下归责难点:(1)责任界定复杂;(2)大众使用者责任的认定困难;(3)筛查和审核机制的有效性存疑。

对于这种与公开网络平台、软件相似的智能程序,首先应考虑到的是聊天式数据库的研发者和监管者。其进行刑事归责的判断依据关键在于研发者和监管者对潜在风险是否具有相应的认识或应当认识的能力,以及他们在开发和维护过程中是否尽到了应有的注意义务,如果研发者和监管者明知或应知数据库存在重大安全漏洞,仍未采取有效措施进行防范,那么他们的行为可能被视为重大过失或间接故意,从而应当承担刑事责任。

此外,使用者或操作者,即大众的数据输入者,也存在着承担责任的可能性。这些个体通过与聊天式数据库进行互动,也许直接参与了恶意输入犯罪意图的过程,那么他们则可能被视为共同犯罪的主观参与者。但是如何对这些“无恶意”的群众进行刑事归责又将是一个包括实体法和程序法上的难题,我们是否应当遵循“法不责众”的原则而放低对其的要求和追责标准?① 笔者认为,对于这种明目张胆的“键盘侠”,若存在主要煽动者,又有迹可循的确实造成了现实危害的,应当追究其共犯的刑事责任,至于是否可作为主犯论处则应当实际考察其起到的影响程度;其余进行“三言两语”挑拨的参与者,则可以进行行政处罚,起到威慑和警示作用。

(三)关于犯罪意志自主型案件的刑事归责

此类型案件的主要归责难点为:(1)法律主体资格问题;(2)研发者的责任认定困难。

对于此类强人工智能自主运行并教唆、煽动他人犯罪的案件,若能够确定“强人工智能”在未来获得法律主体地位的可能性,或许其案件复杂程度甚至会小于以上几种类型的案件。②

---

① 游丽江:《人工智能聊天机器人的影响分析及对策建议——以 ChatGPT 为例》,载《网络安全技术与应用》2023 年第 12 期,第 128 – 130 页。

② 张新平、章峥:《强人工智能机器人的主体地位及其法律治理》,载《中国科技论坛》2022 年第 1 期,第 161 – 171 页。

但是考虑到人工智能的本质,即其行为是由设计者事先设定的算法和数据训练所决定,①将刑事责任直接归于生成式人工智能便显得过于简单化。因此,在法律和伦理层面,设计者、研发者和监管者在开发、使用和监督过程中应尽责任,其有责任确保人工智能不被滥用于犯罪活动,从而可能更适合承担相应的法律责任。因此,对于强人工智能的刑事归责,需要综合考虑技术、法律和伦理等多个层面。

首先,需要关注的是强人工智能系统本身,强人工智能系统具有自主性和智能化的特征,若认为强人工智能可以独立承担法律责任,那么其独立进行教唆行为则理应符合刑法上的教唆犯罪构成要件,应当独立承担刑事责任。但若否定强人工智能的法律主体资格,则刑事归责的焦点将会聚集在程序系统构建者以及监管、监管者上,根据这些主体的主观意识方面,可以对其的犯罪故意或过失进行认定,若是故意制造强人工智能程序进行犯罪行为,则可以直接归为本节的第一种类型中。同时,这些使用者或操作者也可能被视为共同犯罪的主体,若其行为被认定为具有主观故意,也应当承担相应的刑事责任。②

其次,对于强人工智能系统的研发者,应当审查这类人群在设计和测试过程中是否进行了充分的风险评估,预见到可能的犯罪用途,以及他们是否在开发过程中尽到了合理的注意义务,包括实施必要的安全措施和防范机制。

五、结论

面对新型发展的科技力量,我们永远都不能做惊弓之鸟而望而却步,反而应当理性接纳,吐故纳新。虽然生成式人工智能存在着内生性缺陷与相应的刑事风险,例如其数据的不透明性、缺乏伦理、可能侵犯著作专利权等,③尤其是在涉及刑事责任等领域时,其案件的特殊性和复杂性也更为突出。然而这种复杂性其实归根结底,是来源于人工智能技术的本质属性,即庞大的数据与“神秘”的算法。当前在我国互联网智能数据已成为重塑社会公众生活、推进各经济实体创新乃至国家经济发展的重要动力源泉,从生成式人工智能的运行机理来看,其语料库的数据获取、语言模型的训练与最终文本的输出等各个环节都依赖于大量的数据处理,而大规模数据的流动、聚合与分析势必蕴含巨大的数据安全风险。④

因此,在应对生成式人工智能涉案的教唆犯罪刑事归责问题时,我们需以谨慎为重。尽管该技术为社会带来了巨大便利,但也伴随着诸多挑战,从各方面增加了案件的特殊性和复杂性。但实际上关键在于,我们需要从宏观角度加强技术监管和法律规范,确保其在刑事责

---

① 沈鹏熠、李金雄、万德敏:《“以情动人”还是“以理服人”? 人工智能聊天机器人角色对顾客情感依恋的影响研究》,载《南开管理评论》2024 年第 6 期,第 1 - 20 页。

② 孔忠愿:《强人工智能刑事责任主体的理论厘清与理性反思》,载《中山大学青年法律评论》2020 年,第 236 - 258 页。

③ 侯跃伟:《生成式人工智能的刑事风险与前瞻治理》,载《河北法学》2024 年第 2 期,第 160 - 178 页。

④ 斜晓东:《论生成式人工智能的数据安全风险及回应型治理》,载《东方法学》2023 年第 5 期。

任领域的透明度和公正性,排除因案件复杂而轻易损害某方利益的可能,尽可能在原有的传统理论框架内进行逻辑推理和分析,作出公正合理的归责判断。此外,算法研发者和服务提供者也应当积极承担起法律义务,从源头控制风险并加强维护和监管力度,确保技术安全和数据隐私,以减少潜在的风险和负面影响。也要求社会各方面能够在创新应用与严格监管之间找到平衡,确保科技发展不仅满足社会需求、改善生活品质,同时能够避免技术滥用、产生不可预见的负面影响。

“镜像式的他异性”论式之转鉴：人工智能犯罪主体论的驳斥与其应然定位研究

任赖铰*

摘要：随着人工智能的深度应用与领域拓展，技术爆炸所带来的法律风险层见叠出，涉人工智能犯罪治理也成为法秩序圈的一大议题。然而，作为议题核心的“人工智能在刑法体系中应处何种定位”之问仍未有统一的因应定论。转适单一“镜像式”或“他异性”论式证成的犯罪主体论主张机器意识自主与刑法秩序重构，但由于理论存在诸多缺漏、矛盾、模糊之处，使得基于此理论形成的新刑法秩序脱离现实。与之相反，转鉴“镜像式的他异性”范式证成的犯罪客体论兼以考量既有刑法的秩序经验与人工智能的他者特性，主张刑法不重构仅调整。于其指导下，能使刑法制裁体系之功能得以有效实现，形成合理的法秩序基本架构，亦能在合理解释既有规则与合理设置新规则下保证刑法规则的更新性、契合性与稳序性，是为涉人工智能犯罪的应然理论统摄。

关键词：人工智能犯罪；“镜像式的他异性”；主体论；客体论

一、问题的提出

人工智能作为在第三次工业革命之技术基础上质变而成的革命性成果，推动第四次工业革命的临至，其也在产业体系中跃升成为生产力提高机制的关键一环。① 然而，人工智能技术蝶变与爆炸式应用的现实态势将与相对滞后的法秩序框架间产生巨大间隙，更遑论其

---

* 任赖铰(2002—)，男，福建厦门人，山东大学法学院硕士研究生，研究方向为人工智能法学、法理学。

本文为四川医事卫生法治研究中心－中国卫生法学会联合项目《人工智能医疗发展：私人电子健康记录公开的法律构造》(YF24－Q20)、大学生创新创业训练项目《数字圆圈的场域缩影：数字法学的理论分析与实践研究》(项目编号：202410589176)的阶段性研究成果。

① 秦北辰：《数字技术、权力失衡与全球南方产业发展的困境》，载《外交评论(外交学院学报)》2024 年第 3 期，第 82－83，87 页。

与稳定、谦抑为特征的刑法之间的契洽距离。但不得不予重视的是,伴随人工智能深度化应用,场景风险逐渐提升,当与日俱变的蕴含巨大风险之行为无法在刑法中找到相应的规制逻辑时,不禁需要再度审视人工智能在既有刑法的体系安排、规范制约下应处于何种定位。这种审视衍生为两大派别学说,人工智能犯罪法律主体论和法律客体论。[①] 但纵横观察两大派别的论战,概而言之,均相对稳定地聚焦于"人工智能是否具有自主意识?""人工智能是否可以有效承责?"两大关键问题上,前一问题关乎犯罪启动,后一问题则关乎犯罪终了。继而,对由两大问题衍生出的诸个子问题展开辩论,例如人工智能犯罪定位选择的价值问题、刑法具象实体规则是否应予调整之问题、刑事程序衔接与执行之问题等。因此,应当对一系列问题背后的相异回答逻辑予以解析,确认所采研究方法论的形式合理性与适用正确性,进而确定人工智能犯罪中人工智能的应然法律定位,以期因应人工智能犯罪之法律秩序设计的基本问题。

二、"镜像"或"他异":人工智能犯罪主体论证立论式缺玷

(一)作为方法论的"镜像式(specular)"与"他异性(alterity)"

"镜像式(specular)"与"他异性(alterity)"是常见于科幻文学艺术领域的叙事方法,实际上分别反应统一与对立的倾向。将此类叙事方法广泛用于文学艺术领域的智能社会形象刻画,实质上隐射着人们从客观上催促自我去回答人本主义永恒的追问之目的[②]。同样的,以人为本亦是法的存在基础[③],人本主义刑法观统摄下人始终是刑法的主体[④]。因此,从广义概念上讲,学界同样也会运用此二范式作为法学研究方法论去探究人工智能犯罪的应然法秩序构造样态,因为这与为何用此范式刻画智能时代图景是理一分殊的。但是,人工智能犯罪主体论的支持说理却仅以单一的"镜像式"或"他异性"论式来证立,显然是对定位问题做出了并不全面、不正确的错误回答。

(二)单一"镜像式"论式的犯罪主体论证成与"扭曲的人类中心主义"

观之主体论的既有阐述,"镜像式"论式主要运用于证立"人工智能具有自主意识"。人是具有理性者,人之理性可以发现秩序或安排并要求人在自我意识统摄下遵循此类要求[⑤],

---

① 张善根:《人工智能从属法律主体论的理论基础与技术甄别》,载《求索》2021年第6期,第165-167页。

② 程林:《奴仆、镜像与它者:西方早期类人机器人想象》,载《文艺争鸣》2020年第7期,第111页。

③ 李勇:《树立人本主义刑法观可从三方面入手》,载《检察日报》2011年8月10日,第3版。

④ 尹振国:《国家治理现代化与人本主义刑法观》,载《重庆理工大学学报(社会科学)》2015年第4期,第82页。

⑤ [法]雅克·马里旦:《自然法:理论与实践的反思》,鞠成伟译,中国法制出版社2009年版,第17-18页。

犯罪则属于非理性、自我意识歧向的表现。由此,也即是说,自由意识是人类取得犯罪主体资格的前提,无自由意识者则应排除犯罪主体之外,①这也就是为何人工智能犯罪主体论者有意聚焦于自我意识讨论之原因。具体而言,主体论者认为人工智能愈发具备深度学习与涌现能力,这种能力使得在部分场景下人工智能无需借助人类监督帮助而对于可能未知情况作出适当反应,由此而言,人工智能的自主性与人类之意识自主性并无二致,应承认其属于人类社会的成员,②也即通过技术逻辑向度的镜像比较得出人工智能具有同人类般的自我意识。更有学者聚焦法律体系框架的镜像比较,认为既有刑法体系将单位这一作为自然人意志之延伸者拟制为犯罪主体,那么就更无理由否定人工智能这一甚至能"超越人类自我意识"者的刑事责任主体地位。③

笔者对此持相反意见,其一,人工智能的"自主意识"实质上是代码的自我指涉和自我强化。人工智能程序运行、学习拓展的底层逻辑是数据统计分析,其深度应用主要依据算法牵引,即通过在人工智能控制模块中植入人类编制代码,以于识别与感知新信息时依循代码逻辑获知响应能力。④ 也即,人工智能"意识"以人类设定的初始代码为框架、以人类输入的数据知识库为填充,⑤不具备"原初思想"与"自我反思"维度的"自主意识"。⑥ 由此,镜像式比较人工智能之"意识"与人类"自主意识",可得出前者是后者因特定用途需要而尝试设计出的"机器智慧",这种智慧是受微观代码规则所限的、宏观上待人类指示的,人工智能的工具性特质显露无遗。

其二,人工智能"超越式"决策与单位决策的本质生成逻辑截然不同,搬之相比存在谬误。法人即便是"拟制的",但其"虚中有实",也即此"拟制体"中有人这一实体。⑦ 就此而言,单位意志是为单位之内成员的整体意志,其决策本质上是由人意志直接指导的行为,这就使得公司意志指导下的决策与人的意识指导下的选择是同步的,故而公司之决策内容无法"超越"人的选择方向。然而,人工智能的决策行为是基于人设置的代码与为其选择的学习样本以逻辑判断作出的,是人的意志间接指导的行为,这就使得人工智能的"决策行为"与人的"选择方向"异步,故而从现象上来看似乎可以超越人的选择。但实际上无论如何异

---

① 彭文华:《自由意志、道德代理与智能代理——兼论人工智能犯罪主体资格之生成》,载《法学》2019年第10期,第21页。

② 江海洋:《论人形机器人的刑事主体地位与归责》,载《东方法学》2024年第3期,第30-31页。

③ 刘宪权:《对强智能机器人刑事责任主体地位否定说的回应》,载《法学评论》2019年第5期,第117页。

④ 甘绍平:《机器人怎么可能拥有权利》,载《伦理学研究》2017年第3期,第127页。

⑤ 吴汉东:《人工智能时代的制度安排与法律规制》,载《法律科学(西北政法大学学报)》2017年第5期,第128-136页。

⑥ 参见任赖铵、王晨骅:《陪伴型人形机器人的升格演化、形象区分与法律规制》,载《智慧法治》(第1卷),上海市法学会2024年版,第18-19页。

⑦ 马荣春、桑恬:《人工智能犯罪主体化否定论》,载《山东警察学院学报》2021年第1期,第16页。

步,人工智能作出的决策都不会超越底层代码为其设置的“基本立场”,也即人工智能的“超越式”决策亦然在人类的可管辖或可预见范围之内。

其三,若直然认为人工智能具备自主意识,则既有的关乎自主意识的刑法秩序将陷入混乱,显著体现在,(1)作为可责前提的刑事责任能力认定框架分崩离析。具备刑事责任能力是承担刑事责任必备的要件。[①] 作为可责前提的刑事责任能力以刑事责任年龄规则、特殊主体规则与特别行为规则等为表征载体。但若认定人工智能具备主体地位,那么人工智能刑事责任年龄、特殊人工智能与人工智能特别行为之判断将无法适用与定论。(2)作为犯罪要件的主观要件认定将更加陷入未知。主观犯罪要件规则是判断是否犯罪的前提之一。承认人工智能的犯罪主体地位之后,必然于定罪之前经历判断人工智能是否具有“故意”或“过失”之环节。由于犯罪故意或过失属于人隐匿的主观心态,实务之中往往会采“客观事实-主观心态”的辅助认定逻辑,但在人工智能“主观心态”的认定中这一逻辑将无法有效对照适用,一个简单而典型的例证就是由于对人工智能的相对未知性,人工智能的何种行为、达何种程度足以推导证成某种主观心态之标准仍处未知。总而言之,主体论支持者试图镜像式地转借既有刑法秩序之规则,并期待通过扩张解释这些规则来规制技术迭代下的未知场景,但此治理逻辑将有违罪刑法定原则与刑法之谦抑性,且会使整个刑法之秩序框架受严重冲击。

进一步地,合理地借镜像式论式证成人工智能犯罪主体论之一般性关切为“既有的以‘人’为对象之刑法秩序,如何为人工智能刑事治理提供秩序经验”,此一定程度上体现出刑法具有的人类中心主义蕴含。[②] 然而观之我国诸多学者适用这一范式的证成逻辑与观点阐述,这一关切却变为“在规制‘人’的刑法秩序下,应当如何规制人工智能”。基于此关切逻辑证成的主体论,实质以“镜像式”范式为唯一或主导的理论范式,而忽略了“他异性”方面的理论内涵,由此所形成的刑法体系仅关注人与人工智能法律视角上的“同”,却并未意识到两主体在法律视角中的“异”。这一状态反映出犯罪主体论认为以人为对象的刑法秩序内容并无缺憾,诚然可直接作为人工智能犯罪规制的秩序模板,这一理念体现出其对人类中心主义的过度承认,以此为底层理论所统摄的新刑法秩序也将呈现着“扭曲的人类中心主义”,故存在严重的理论缺陷,基于此形成的新刑法秩序亦将存在着巨大的体系问题。

(三)单一“他异性”论式的犯罪主体论证成与“巨大的脱离现实风险”

观之主体论者的既有阐述,“他异性”论式主要运用于证立“人工智能可以有效承责”。为证成此议题,学者基于人工智能与人类之结构特点、行为模式的相异性而设计出有关人工

---

① 马荣春、桑恬:《人工智能犯罪主体化否定论》,载《山东警察学院学报》2021年第1期,第5-23页。

② [苏联]A·H·特拉伊宁:《犯罪构成的一般学说》,王作富译,中国人民大学出版社1958年版,第140页。

智能自主犯罪的责罚体系,并通过阐释设计安排来说明责罚体系的合理性,以反证主体论的合理性。具体而言,在诸类责罚体系的设计中,主要构架了“责”与“罚”两方面内容。前者为对人工智能犯罪的承责范围与承责逻辑作出的设计,如考虑到人工智能毕竟受代码制约之现实,故只有在人工智能于设计和编程程序范围外实施犯罪行为时方应承担刑事责任。① 除此对单体的一般性归责逻辑外,人工智能与人类还可能形成共同犯罪的合意而被定论为共同犯罪,从而需要双方分担刑事责任,但共同犯罪也只能在对人工智能之程序设计和编制不具有过失时才能认定。② 后者为对人工智能的承责适用罚责作出的设计,归纳而言包括三类,一是适用于人工智能系统的刑罚③,二是适用于人工智能实体的刑罚④,三是兼适用于系统与实体的刑罚⑤。通过这一系列规则的设计,以说明赋予人工智能犯罪主体地位后尤可重新调整刑法秩序而设置具体有效的承责体系,从而达到借鉴他异性范式下的“预设-反证”目的。

与上诸观点相左,笔者认为,其一,所设计的关于“责”的规则部分有悖于法律逻辑,且存在适用混乱与标准未定的困境,(1)关于单独犯罪的规则设计存在显著逻辑谬误。学者主张人工智能在设计和编制程序范围外实施行为造成损害方应当承担刑事责任,无非是想说明此时人工智能是基于自主意识指导下实施犯罪行为,方才具有刑法非难可能。人工智能不具有自主意识已在上文论述,自此已然可反驳此设计的不严谨性。且从规则逻辑的角度,何为“范围”为这一规则需要解释的核心内容,为此,主体论者表示对模糊的“范围”一词之边界的定清以“程序设计之目的”来判定,⑥遵循这一逻辑,由于“程序设计之目的”承载着设计者与编程者无法准确定性与量化的主观意图,若以此作为判断人工智能是否发挥了“自主意识之主观能动性”的标准,则会得出“对人的意志之解释决定了人工智能是否自主实施了犯罪行为”之推论,存在显然舛误。(2)关于共同犯罪的认定规则存在严重模糊性,可能产生肆意解释之风险,冲击公正、严谨之刑事法秩序。《刑法》第25条定义了共同犯罪,而对此

---

① 刘宪权、胡荷佳:《论人工智能时代智能机器人的刑事责任能力》,载《法学》2018年第1期,第95-96页。

② 刘宪权:《人工智能时代刑事责任与刑罚体系的重构》,载《政治与法律》2018年第3期,第89-99页。

③ 包括删除数据、修改程序等,参见刘宪权:《人工智能时代刑事责任与刑罚体系的重构》,载《政治与法律》2018年第3期,第96-98页。

④ 包括限制使用、社区服务等,参见李兴臣:《人工智能机器人刑事责任的追究与刑罚的执行》,载《中共青岛市委党校.青岛行政学院学报》2018年第4期,第115-116页。

⑤ 如罚金,参见王耀彬:《类人型人工智能实体的刑事责任主体资格审视》,载《西安交通大学学报社会科学版)》2019年第1期,第143页。

⑥ 参见刘宪权、胡荷佳:《论人工智能时代智能机器人的刑事责任能力》,载《法学》2018年第1期,第44-45页。

的进一步阐释却有着“犯罪共同说”①与“行为共同说”②之争。观之我国司法实践经验,犯罪共同说观点被普遍采取。③ 本文也赞成这一理论,但人工智能与人成立共同犯罪不具合理性。具体而言,共同犯罪的一大核心要件在于“数人具有共同故意”,而“共同故意”则包括“一致的故意”与“意思联络”。④ 对于前者,具备“一致的故意”则必然均是故意,在此基础上对“一致”的讨论才有意义。人类之主观故意判断自然有既有刑法的秩序依循,但人工智能的主观故意判断却陷入难题:观之人工智能犯罪主体说的观点论调,有学者以“人工智能检测到行为可能危害社会而期待发生/不加制止”等“主观”角度定义人工智能的故意,⑤但这种角度过于理想化和“纸上谈兵”,如何透过现实去认定“主观状态”则陷入未知;另有学者以“正常运行转向错误行为”之客观内容来判断犯罪故意又显得过于概括而不具有可执行性。可见,人工智能具备犯罪故意之判断标准犹未可知,故犯罪故意无法认定。由此,更何谈有效判定“是否与人类之故意相一致”呢? 对于后者,人与人工智能的“联络”无外乎“外部的信息交互”与“内部的信息输入”,但根据人工智能的“自我深度学习与反思”需要大量信息样本之特性,通过这些途径达成“犯罪联络”往往需要较久的时间。因此,当诸多具有犯罪意图的人类通过输入犯罪讯息,使得最终共同造成人工智能的“犯罪欲望”并实施犯罪时,将会产生一系列在主体论者设计的规则中无法回答的问题。

其二,所设计的关于“罚”的规则无法于现实中有效实施,且容易使得社会对刑法秩序产生“信任崩塌”。对于人工智能“自主犯罪”惩罚的设置,学界未形成系统性的统一定论,各言其是,其中诸多设计是无法有效实施的。举一个典型例子,有学者主张应设置罚金刑来惩罚犯罪情节轻微的人工智能,而罚金的来源可以在每个人工智能产生之初设置专门的资金账户,由相关研发制造者及使用者按比例缴纳。⑥ 但若按此实施,则会产生一系列的连锁反应。如此种种,可见此类单角度的刑罚设置并非仅是对刑事法的冲击,更影响整个社会的法秩序甚至是伦理关系。

从另一个侧面来看,学界设计人工智能自主犯罪之制裁手段的具体类型是基于人工智能的立场,却没有镜像地置身于人类立场。具体而言,永久销毁、删除系统等制裁对于人工智能而言或而十分严重,但对于同样作为刑事法规制的人类来说,杀一个人和销毁一个智能

① 参见高铭暄主编:《刑法专论》,高等教育出版社2006年版,第331页。

② 参见周铭川:《共同犯罪本质新论——共同故意实施犯罪说之提倡》,载《上海交通大学学报(哲学社会科学版)》2011年第5期,第26页。

③ 王俊:《完全犯罪共同说的本土化证成》,载《环球法律评论》2020年第5期,第117页。

④ 李光宇:《共同故意的基础问题检讨》,载《南京大学学报(哲学·人文科学·社会科学)》2017年第4期,第48-49页。

⑤ 赵东、陈昕、余家军:《风险社会场域下人工智能犯罪的问题检视》,载《应用法学评论》2023年第1期,第195-196页。

⑥ 蔡婷婷:《人工智能环境下刑法的完善及适用——以智能机器人和无人驾驶汽车为切入点》,载《犯罪研究》2018年第2期,第25页。

机器的结果严重性是无可比拟的。这种在人类视角上的罪责不等性,将会颠覆社会公众对刑法的认知,进而产生对刑法秩序的"信任崩塌"。长此以往,若不能得到社会认同或进行规则调整,刑法之权威性及公信力一定程度上将荡然无存。

在他异性范式下,主体论支持者对面向人工智能犯罪治理的刑法秩序设置皆采"重构模式",此急于为人工智能设置专门的、完善的、理想的刑法秩序,故而并无立足既有刑法体系。若将此理论作为基底建塑"新的刑法大厦",则相当于将现行刑法中的犯罪、刑罚等关键词全部改写,这将导致整个刑法体系的崩溃。此"巨大的脱离现实风险"说明,人工智能自主犯罪的刑法秩序设计是一种根本性不合理的设计,主体论者的"预设 - 反证"逻辑链并未形成通路,也即人工智能犯罪主体论并未证成、并不正确。

三、"镜像式的他异性":客体论合理性证立与体系分层阐释

"镜像式的他异性"(specular alterity)同样源于文学领域对比较文学的可能叙事视角之概括。[①] 借鉴迁移到法学研究视角,其是兼以考虑法律叙事中"同"与"不同"的范式。具体到人工智能犯罪治理,也就是基于"人的刑法体系"研究因人工智能之异处而应予以其的法律应然。为进一步阐述客体论之合理性与探求在其奠基之上形成的刑法秩序,故自三观维度分层逐层阐释,为未来叠层形塑体系化的人工智能犯罪治理秩序作基础研究。

(一)宏观刑法功能向度的审视:客体论由何符合刑法目的?

刑法目的承载于刑法的功能之中。从宏观视角审视与归纳而言,刑法制裁体系之功能包括惩罚与威慑、教育与改造、保障与补偿、矫正与回归。[②] 此类作为人类刑法得以有效运作的基本功能,对涉人工智能犯罪治理议题也应具有同样效用,如此方能使得调整后的刑法秩序得以有效规制人工智能。在主体论中,支持者并未考虑到赋予人工智能主体地位将导致的刑法功能客观不可实施之结果。但在人工智能犯罪客体论中,这一顾虑将被有效消解,由此得以维护刑法目的之达成。

在客体论中,其一,刑法的惩罚与威慑、教育与改造功能得以发挥运作。在客体论视角下,人工智能是作恶之人的智能工具,刑法直接制裁的是犯罪之人。因此通过严重法律后果的明确告知与刑罚的惩罚及强制执行,得以完成惩罚功能与强化威慑功能。同时,对犯罪者的惩罚与威慑同样也是对其的一种教导,在这一教育之下促进其对行为的道德反思从而实现对其人格形成重塑与改造。但在主体论视角下,虽然学者设计了一系列对于人工智能而言可能十分严重的刑罚,但实际上,基于人工智能的技术特性,这类刑罚并无法使人工智能

---

① [美]加亚特里·查克拉沃蒂·斯皮瓦克:《一门学科之死》,张旭译,北京大学出版社2014年版,第101页。

② 彭文华:《我国刑法制裁体系的反思与完善》,载《中国法学》2022年第2期,第126-127页。

感到自内而外的痛苦,[①]故而也无法实现刑法的威慑功能。或有学者对此指出,随着类脑工程和神经科学的发展,人工智能也能感知到刑罚之痛苦。[②] 但这种痛苦表现为对作用于"自身"的直接性惩戒的痛苦,人工智能仍不具有对其他人工智能的痛苦"感同身受"之功能,自然更无法进行反思。就此而言,刑法的威慑与教育改造功能或许只能在每一次刑罚下对"犯罪者"发挥,这直接将刑法的预防功能抹灭使其扭转为一部"唯惩戒"的嗣后法,显然并不合理。

其二,刑法的保障与补偿功能得以有效落实。犯罪意味着被害人之利益被剥夺,刑法存在的任务除了打击犯罪,还包括保护法益,其保障与补偿功能便是为了实现损有其偿、回应受损法益而设计的。在客体论下,人工智能并非主体,实施犯罪则并无需考虑有无责任分担的可能,人应为其自己的犯罪行为"买单"。我国刑法设置了训诫、责令具结悔过、赔礼道歉、赔偿损失等责任方式,期以使犯罪者实施而让被害人获得物质与精神上的慰藉和补偿。但在人工智能犯罪主体论视域中,人工智能犯罪一是存在着部分补偿行为无法有效实施,二是尚未对可能的补偿责任分担情形设置可执行性承责规则,故而刑法之补偿功能无法准确落实甚至是落实不能,被害人将得不到及时有效的法益救济保障。

其三,刑法的矫正与回归功能具有重要存在价值。以恢复性司法为核心的矫正与回归功能主要意在帮助犯罪者再社会化。[③] 在客体论视阈下,利用人工智能进行犯罪的人与一般犯罪者无异,其重回社会可能面临社会诸多方面的歧视,故而刑法通过监狱教育矫正、社区矫正等制度实现的矫正与回归功能,对需要面临复杂社会变化的"人的再社会化"而言是尤其重要的。但主体论下的人工智能却没有这种顾虑,其"再社会化"的过程往往只是简单的代码调整与样本训练,不必考虑社会关系的纠葛与再面对社会的胆怯,这种不必实施导致的功能虚置也是刑法功能客观不可实施的一类情形。

(二)中观刑法体系向度的厘正:客体论因何契合刑法架构?

镜像式分析现实刑法的基本架设,可以为研究涉人工智能犯罪的刑法结构提供对照经验。惩罚法流变至今,被广泛接受的一条经验是:不法(Unrecht)与罪责(Schuld)是构筑刑法体系的基本材料。[④] 同时,"人工智能的刑事责任"之讨论系由技术的法益侵害风险所引起,因而问题之关键不在于客观不法而在于罪责能力。[⑤] 展开而言,刑法罪责能力是行为主体辨认与控制其刑法上不法行为的能力,而只有当这种能力具备刑法意义时才能成为刑事

① 王学光、诸珺文:《涉罪人工智能刑罚的正当性——以东西方认识论互补视角为切入点》,载《华东理工大学学报(社会科学版)》2024 年第 2 期,第 106 页。

② 纪康、李赫:《强人工智能的刑事责任体系构建》,载《贵州警察学院学报》2021 年第 1 期,第 58 页。

③ 彭文华:《我国刑法制裁体系的反思与完善》,载《中国法学》2022 年第 2 期,第 127 页。

④ 冀洋:《人工智能时代的刑事责任体系不必重构》,载《比较法研究》2019 年第 4 期,第 127 页。

⑤ 冀洋:《人工智能时代的刑事责任体系不必重构》,载《比较法研究》2019 年第 4 期,第 128 页。

责任主体。① 但在人工智能犯罪主体论中,主体论支持者往往以"人工智能具有控制与辨认能力"直接推导出其"具有罪责能力"之结论,而对"认识社会意义"这一要素避而不谈。实际上,从他异性视角来看,即便部分人工智能能在特定场景下对外界情状作出辨认并控制行为,但此流程也仅是单纯的、机械的反应,这种"智能的反应"只是由人类指令与符号组成的计算程序所引发的决定,人工智能并无法理解自身行为的外部意义或社会价值,②也即人工智能的行为不具有刑法意义,人工智能始终不具有罪责能力,便也无需谈论适用罪责能力规则体系的问题。故而主体论存在着对罪责能力的根本误读,人工智能为犯罪主体之定论便也无法推得。

客体论之中,对于罪责能力的争议则确然消解。人工智能在客体论中是工具抑或侵害对象,此时人才是刑法的规制主体。诚然,人是可以直接适用罪责能力规则体系的,这一结论也被刑法所承认,(1)与罪责能力体系本质要求相契合。罪责能力体系要求行为者需要正确认识社会要求并以该认识而行为,③人作为刑法规制之主体,人的思维结构使得其能够对自身行为及法律规则进行联想与结果推导、分析与反思本质,并基于这一自我意识内容决定与有效控制行为实施。也即社会中的人从整体向度而言,符合罪责能力体系的本质要求。(2)与罪责能力体系具象规定相契合。罪责能力是刑法非难的必要条件,如前所述,有关罪责能力的规则在刑法秩序内包括刑事责任年龄规则、特殊主体规则与特别行为规则。这些面向"人"的一般性规则,自然也能直接适用于人工智能犯罪客体论下之"使用/侵害人工智能之人"此特殊主体。综上,人工智能犯罪客体论契合刑法架构之结果显而易见。

(三)微观刑法规范向度的辨论:客体论以何切合刑法规则?

之于公众对"惩罚不法以维社会公平"与"防止过度压抑社会发展"之平衡点的追求,也由于刑事秩序联系着民事、行政等规则秩序甚至是道德伦理内容之特质,刑法必须通过慎重商榷后确认。然而,在犯罪主体论的理论主张下,整个刑法秩序都将面临颠覆性的重构,并且所提出的重构之规则存在模糊、杂糅矛盾,甚至是不可施行。由此,急于为人工智能犯罪提供专门化的刑法规则体系而以并不完善的规则来拼凑,在刑法之沿革中绝无仅有,也有违刑事法的设计初衷。

但反观客体论,由于其规制主体仍然为人,故而以既有刑法秩序为镜像式分析基础而进一步考量人工智能他者特性的刑法秩序无需重构,仅需作出调整。这种调整与主体论者的"重构式调整"不同,调整内容绝大部分基于既有刑法规定作场景、客体纳入式修正与解释。

---

① 任彦君、聂冉:《强人工智能刑事责任主体资格的否定》,载《社会科学论坛》2024 年第 4 期,第 135 页。

② 冀洋:《人工智能时代的刑事责任体系不必重构》,载《比较法研究》2019 年第 4 期,第 130 页。

③ [德]李斯特:《德国刑法教科书》,徐久生译,法律出版社 2003 年版,第 270 页。

尽管存在着部分新罪的设置主张,也与整体刑法架构相符合①。

具体而言,其一,合理解释既有规则,(1)明确人工智能作为手段时的工具性质。在客体论的统摄下,涉人工智能犯罪的人工智能在手段维度是为人类的工具。根据对既有刑法规则的实证分析与合理释读,其作为"犯罪工具"之类型可分为侵害工具、控制工具、传播工具、中介工具等。(2)明确人工智能作为对象时的财产性质。人工智能在市场化的过程中应当是财产地位。有鉴于此,对人工智能作为财产的犯罪规则调整,主要是明确侵犯财产罪及其余分散的定罪条款②之客体要件含人工智能,以及明确制裁措施中的经济损害与赔偿对象亦可为人工智能。

其二,合理设置新规则,(1)新罪设置。涉人工智能犯罪的不断出现与愈加严重的结果纷至,使得需要主体承担这一风险并补偿这一损失。客体论下,解决此刑事风险与归责问题就需要通过相关人员进行刑法规制。具体而言,除了对既有罪名的调整外,违反人工智能安全管理义务罪的设置尤为必要。这一罪名的设置机理在于为人工智能设计者与制造者、提供者和使用者设置一个刑事上的义务组,当故意违反此义务的一般性内容造成严重损害时应承担相应刑事责任。(2)完善刑事责任。除罪名设置外,刑事责任的对应完善也是合理设置新刑事规则中的重要内容。为回应人工智能迭代迅速的技术背景、人工智能端口面向主体多样的应用背景和人工智能渐趋产业化规模化的市场背景所带来的难题,刑事责任的完善一是增加保安处分措施,扭转嗣后惩治的被动局面而实现主动预防未知风险。二是厘清多主体涉罪的规则逻辑与设置责任分配机制,以对相关方作出准确的定罪与量刑。三是强化单位的刑事责任与充实、完善资格刑,以有效规制人工智能产品多由单位设计、生产、管理的局面,并增加单位犯罪行为惩戒的科学性。

① 参见皮勇:《人工智能刑事法治的基本问题》,载《比较法研究》2018 年第 5 期,第 164 - 165 页。

② 例如《刑法》第 285、286 条的非法侵入计算机信息系统罪和破坏计算机信息系统罪等。

深度链接行为刑法规制的检察探索

计金娣　张　琦　陈永贞*

摘要:随着互联网技术不断创新发展,利用深度链接技术实施的侵犯知识产权案件逐渐增多。在深度链接行为的规制上,深度链接行为的定性存在争议、法律规制局限性、打击困难等问题,因此需通过加强知识产权法律法规建设、明确深度链接行为的入罪标准、检察机关坚持一体综合履职、增强检察干警自身能力建设、多方协同发力等方面加强对深度链接行为的规制和保护,以期构建完善的知识产权治理框架。

关键词:深度链接行为;著作权;检察机关

2024年1月31日,习近平总书记在中共中央政治局第十一次集体学习时强调,加快发展新质生产力,扎实推进高质量发展。新质生产力是创新起主导作用,摆脱传统经济增长方式、生产力发展路径,具有高科技、高效能、高质量特征,符合新发展理念的先进生产力质态。2024年3月8日,第十四届全国人民代表大会第二次会议上,最高人民检察院检察长应勇在工作报告中指出,加强关键核心技术、新兴产业领域知识产权司法保护,服务数字经济建设,推动新质生产力加快发展。2024年4月25日,最高人民检察院举办"深化知识产权检察综合履职　促进新质生产力发展"新闻发布会。保护知识产权,有利于鼓励企业积极突破技术障碍,实现科技创新。检察机关应深化检企合作,倾听企业发展诉求,依据区域经济发展模式因地制宜发展新质生产力,利用新质生产力促进检察工作高质量发展。

司法实践中,网络侵犯知识产权案件明显增多。特别是网络链接技术的创新和发展,为发展网络安全、网络法治建设带来了新的挑战。2023年以来,国家版权局删除涉院线电影

---

* 计金娣(1972—),女,安徽淮南人,淮南市谢家集区人民检察院党组书记、检察长。
张琦(1994—),女,安徽庐江县人,淮南市谢家集区人民检察院检察官助理。
陈永贞(1995—),女,安徽淮南人,淮南市谢家集区人民检察院检察官助理。

侵权盗版链接 11.75 万条。① 为深化综合履职护航新质生产力发展,检察机关应妥善解决知识产权司法保护面临的问题,科学定性深度链接行为,积极探索完善办理深度链接行为侵犯著作权案件的路径,以多元化、法治化、精细化检察履职,推进网络法治高质量发展,构建法治化营商环境。

一、深度链接行为的内涵

(一)深度链接行为的现状

智能化时代的到来改变了人们的生活,特别是信息网络技术的高速发展,使网络环境复杂多变。科技与创新的结合,不仅便捷了人们的生活,也会导致不法分子利用科技损害他人合法权益,规范网络空间法治化刻不容缓。司法实践中,利用网络实施犯罪情况层出不穷:有不法分子利用科技手段开发非法 App 实施电信网络诈骗、利用网络侵犯公民个人信息、利用网络信息真假难辨和传播范围广的特性实施网络暴力、通过深度链接等科学技术侵犯著作权获取非法权益等。检察机关在办案时应牢固树立知识产权"四大检察"融合发展理念,强化一体履职提升知识产权检察办案质效。近年来,H 市 X 区人民检察院深入推进知识产权刑事、民事、行政和公益诉讼检察综合履职,协同推动社会治理,以检察工作高质效发展助推社会治理效能提升。依据全国检察应用系统 2.0 查询,自 2020 年 1 月起,H 市 X 区共受理审查逮捕案件 6 件 23 人,受理审查起诉案件 10 件 39 人。

(二)深度链接行为的定义

深度链接行为是指绕过被链接网站首页,直接链接到被链接网站的深层页面或具体内容,用户点击链接时,页面地址栏显示的是设链接网站的网址,而不是被链接网站的网址,因用户对网络技术了解甚少,很难知晓其在设链网站上观看的作品未经著作权人许可。换言之是在设链者设置的页面中,用户可通过点击直接浏览作品,无需跳转页面。合法的网络链接只需用户在网站上搜索关键字、点击栏目等,即可使页面跳转至目标网站,而设链者利用深度链接技术,将未经著作权人授权或许可的他人作品非法链接到自己的网站,侵权作品数量大,侵权速度快、传播范围广,主观故意设置网站以谋取不当收益。

(三)深度链接行为可能引起的负面影响

技术成本低,侵犯著作权人合法权益。一是打击著作权人创作积极性。在网络平台发达的今天,因平台收益与用户点击率呈正相关,高点击量和浏览量意味着用户付费的增多,

---

① 国务院新闻办公室在京举办中国打击侵权假冒工作年度报告(2023)新闻发布会,载中华人民共和国国家版权局网,https://www.ncac.gov.cn/chinacopyright/2024xcz/12809/359203.shtml,访问时间:2024 年 9 月 1 日。

也可吸引商家投放广告。高额的不法获利,严重侵犯了作品所有人的著作权,扰乱网络市场环境,严重打击作品制作者和正规购买方的积极性,长此以往阻碍作品的创新和发展。二是著作权人经济利益受损。因侵权作品数量大,侵权速度快、传播范围广,一旦非法传播,即使立即采取下架等措施,也难以及时抑制作品传播速度和范围,著作权人和拥有版权的网站方的经济损失及后续的商业规划将可能遭受重大打击。

不利于互联网行业健康发展。以利用深度链接技术,实现非法获利为目的成立的企业,本质上"先天不足"。整个侵权链条虽分为上下游,但多数情况下公司管理混乱,既无正常公司经营必备的管理体系、稳定的市场需求,员工又存在违法风险。企业内部缺乏完善的规章制度,在经营目的及发展路线、软硬件设施、激励制度、违反企业规章制度的处罚措施等方面未形成一套完善的企业制度体系,企业经营管理存在较大漏洞。此类企业的存在,打击其他企业诚信经营的积极性,扰乱正常互联网行业秩序。

造成网络生态治理难度升级。深度链接行为人以非法获取高额利益为目的,缺乏必要的社会责任,较为机械的"搬运"作品,在日常网站运营及监控中并无审核作品的意识,即使发现作品存在可能不利于不特定用户身心健康的不良影响,或者是存在可能给被害人带来负面影响的造假拼接视频、侵犯个人隐私视频、"看图说话"及夸大其词视频等,仍不管理、不下架、不对视频发布人采取禁言或账号注销等处罚。长此以往,易使用户上网浏览非法信息,接受不良作品误导,不利于塑造积极健康的网络空间,网络生态治理难度升级。为优化营商网络环境、推进网络生态治理法治化,以法律手段规制深度链接行为势在必行。

二、规制深度链接行为面临的难题

(一)深度链接行为的定性存在争议

因对深度链接行为的定性存在争议,在是否构成信息网络传播行为、是否属于侵犯著作权罪中的"复制发行"、其入罪路径和限度等问题上不同学者之间存在分歧。《著作权法》第十条以列举的方式将"复制权""发行权""信息网络传播权"并列,均被包含在著作权范围内。① 而《最高人民法院、最高人民检察院关于办理侵犯知识产权刑事案件具体应用法律若干问题的解释》第11条第2款则规定"通过信息网络向公众传播他人文字作品、音乐、电影、电视、录像作品、计算机软件及其他作品的行为,应当视为刑法第217条规定的"复制发行"。将"通过信息网络传播"与"复制发行"等同。2020年12月,我国《刑法修正案(十一)》第20条将刑法第217条规定的侵犯著作权罪,第1项修改为"未经著作权人许可,复制发行、通过信息网络向公众传播其文字作品、音乐、美术、视听作品、计算机软件及法律、行政法规规定的其他作品的"。"复制发行"与"通过信息网络向公众传播"为两种不同侵犯著作权方式。

---

① 参见林立群:《深度链接行为的定性研究》,湘潭大学2022年硕士论文,第12页。

笔者认为,深度链接行为不是复制发行行为,其仅是利用深度链接技术使用户在网页上获取作品,并未把设链网站作为复制载体,将复制后的作品存储在设链者制作的服务器上。① 与此同时,发行权意味着以出售或赠与方式,对象是不特定公众,提供的是作品及复制品。而深度链接行为虽面向不特定群众,仅是向用户提供来自被链网站的作品,作品所有权未发生转移。②

在深度链接行为侵权认定标准上,学界主要形成了三种学说,即服务器标准说、用户感知标准、实质替代标准说。笔者认为可采用实质替代标准说,即以设链者是否替代著作权人获取权益为判断标准。若因深度链接的设置,设链者代替著作权所有人行使其固有权利及获取由此产生的权益,则构成信息网络传播。③

(二)深度链接行为的法律规制局限性

1. 民法上:救济性与惩罚性不足

(1)威慑力不够,设链人存在再犯风险。

民法调整的是平等主体的财产和人身关系,主要是财产责任,其惩罚的威慑力相较于刑法而言远远不足。④《中华人民共和国民法典》侵权责任编规定,侵犯他人民事权益,应承担侵权责任,并承担损害赔偿。第1185条规定:"故意侵害他人知识产权,情节严重的,被侵权人有权请求相应的惩罚性赔偿。"与此同时,在《反不正当竞争法》中,也涉及对深度链接行为的规制。经营者利用技术手段,"未经其他经营者同意,在其合法提供的网络产品或者服务中,插入链接、强制进行目标跳转"属于不正当竞争行为。《反不正当竞争法》对深度链接行为的规制,有利于打击破坏市场竞争秩序违法行为,维护经营主体合法权益,优化公平竞争的市场环境,服务保障经济社会高质量发展。⑤

因此设链人通过深度链接行为获取不法利益后,著作权人依据民法典、《著作权法》《反不正当竞争法》等相关法律法规获得财产损失赔偿和惩罚性赔偿。但司法实践中,设链人的不当获益往往远大于其支付的赔偿金额,甚至部分设链人赔偿后并未停止侵权行为。

(2)权利人举证证明困难。

在民事诉讼中,主张存在侵权事实的原告承担证明责任。但因对互联网技术不擅了解、侵权作品传播范围广等原因,许多权利人在获悉被侵权后,侵权事实已发生许久,无力阻止

---

① 周泽坤:《深度链接侵权行为的探究》,载《河北农机》2021年第2期,第139页。

② 向鹏,方茜,程珂珂:《大数据时代网络深度链接行为的刑法治理研究》,载《安顺学院学报》2022年第3期,第101页。

③ 参见王林娇:《互联网环境中侵犯著作权罪的司法疑难问题研究》,辽宁大学2023年硕士论文,第13页。

④ 参见张瑜:《深度链接行为的刑法规制研究》,北方工业大学2023年硕士论文,第5页。

⑤ 张琳琪:《深度链接行为定义与法律规制探究》,载《时代金融》2020年第33期,第118-119页。

侵权作品的继续传播。与此同时,权利人收集证据的难度较大,由于多数深度链接服务器设置在国外,权利人对服务器地址、设链人基本个人信息、遭受侵权损失等并未明确获悉,因此提出民事诉讼难度高,其合法权益难以保障。①

2. 行政法上:规制深度链接行为的处罚力度不足

在行政法中,行政单位主要以制发行政处罚决定书的方式对侵权行为进行处罚。行政处罚是指行政机关依法对违反行政管理秩序的对象予以惩戒。2021 年,福州市版权局对某网站未经许可,深度链接“学习强国”内的影视作品、文字作品等内容的侵权行为,依据《信息网络传播权保护条例》第 2 条、第 19 条第 2 款之规定,由著作权行政管理部门予以警告,并做出没收违法所得、并处罚款的行政处罚。② 行政法对深度链接行为的规制,需行政机关调查取证、获取证据,行使行政处罚裁量权。当事人有权进行陈述和申辩,对行政处罚决定不服的,可申请行政复议或者提起行政诉讼。但较长时间的行政复议或行政诉讼,可能出现行政复议的纠错功能未能较好发挥、行政诉讼程序审理时限较长的情况,惩罚侵权人行为的行政法规制难以全面及时保障著作权人合法权益。

(三)深度链接行为打击困难

1. 平台用户无意识的推波助澜

就深度链接技术本身而言,是数字化时代科技进步的体现。作为一项新兴信息技术,其本质上并不包含任何否定性评价。司法实践中,之所以打击深度链接行为,则在于其成为不法分子实施著作权侵权谋取不法利益的工具。当前众多视频网站均已开通会员服务,观众若想要观看其喜欢的作品,多数情况下需付费成为视频网站会员。由于观众兴趣点不同、各视频网站的作品并不统一,有些作品为视频网站独家播放,因此观众想要观看自己喜欢的众多作品时可能会发现它们分散在不同的视频网站上,因此只能在几个视频网站上均购买会员才可观看。深度链接创建成本较低,隐蔽性强,并不需要专业性极强的科学技术,因此有不法分子看到“商机”,通过创建深度链接谋取暴利。部分观众并没意识到这是违法行为,只知道可以不用花钱免费观看自己喜爱的作品,既省钱又可以在同一个网站观看不同作品,相较于花费几份会员费在不同视频平台观看自己喜欢的不同作品,盗版作品更易被群众接受,因此还会在发现深度链接后向周围人介绍分享,盗版作品传播范围进一步扩大。此种情况下,购买正版作品的视频网站观众数量降低,经济利益下降,同时也侵犯了作品著作权人的利益,对之后作品的制作、发行、传播都产生不利影响,长此以往视频相关从业者很难全身心投入作品创作、发行中,好作品难以出现。

---

① 参见桂健健:《深度链接行为的刑法规制研究》,华东理工大学 2020 年硕士论文,第 22 页。

② 参见福州市行政执法公示栏目,载福州市人民政府网,https://www.fuzhou.gov.cn/zgfzzt/sfzb/xzzfgszl/szgbm/shgk/xzzfjdws/202105/t20210510_4095045.htm,访问时间:2024 年 9 月 1 日。

2. 打击成本高

一是难以从根源有效遏制。深度链接数量繁多,技术不断更新,因其兼具隐蔽性强的特征,通过多种方式规避监测,其侵权行为屡禁不止,实践中以打击分享盗链的平台为主。二是难以取证。为规避监测和处罚,多数盗版网站服务器设置在国外,无论是平台、作品著作权人还是公安机关,对盗链行为取证难度较大。[①] 三是深度链接获利高、侵权全链条分工明确、多在境外打击不易,耗费大量的时间、人力、物力、财力成本,但收效甚微。即使权利人可以获得赔偿,但相比于其因盗链行为获得的损失,远远不足。

三、规制深度链接行为的路径

(一)加强知识产权法律法规建设

一方面,构建完善的知识产权保护体系,加强刑法、民法、著作权法、行政法等法律法规对深度链接行为的规制。例如:明确深度链接行为的定性,对是否构成信息网络传播行为、是否属于侵犯著作权罪中的"复制发行"做出具体规定。同时统一侵权认定标准、入罪标准等。与此同时,依据深度链接技术的发展和司法实践中存在的新出现的侵权行为,及时补充、完善相关法律法规。另一方面,将知识产权法律保护推广至互联网领域,提升企业对知识产权的重视程度,促进互联网市场健康发展。

(二)明确深度链接行为的入罪标准

拥有著作权的权利人可获取产生的人身性利益和财产性利益。侵犯著作权的行为既破坏了网络数据的法益保护,损害著作权人的合法利益,又扰乱网络秩序、破坏网络生态,影响网络环境的健康发展。笔者认为,深度链接行为是信息网络传播行为,设链者利用深度链接技术向不特定公众提供被链作品,且不限时间、地点,符合《著作权法》第10条第12项对"信息网络传播权"之规定。

《刑法修正案(十一)》将违法所得数额较大或者有其他严重情节作为侵犯著作权或者与著作权有关的权利的入罪标准。违法所得的范围、如何计算违法所得数额等一直是争议较大的问题。侵权人的违法所得应为设链者通过侵犯著作权行为所已获得的直接产生的财物、财产性利益及其孳息,预期利益不包含在内,也不包括将违法所得数额用于合法的经营活动而产生的利益。司法实践中,计算违法所得数额时可扣除合理成本。已经缴纳的税款、对实施侵犯知识产权犯罪所必需的员工工资报酬、工作场地租金等均可界定为合理成本。[②]《关于办理侵犯知识产权刑事案适用法律问题的意见》中第13条对"其他严

---

① 杜博文:《数字经济领域视角下侵犯知识产权的刑法规制路径研究》,载《文化学刊》2024年第7期,第136页。

② 参见许鸿焱:《侵犯知识产权犯罪违法所得数额之认定》,华东政法大学2023年硕士论文,第41页。

重情节”的定罪处罚标准,从通过信息网络传播侵权作品的数量、实际被点击数、注册会员等综合认定。

(三)坚持一体综合履职,推动知识产权检察工作高质量发展

1. 完善专家咨询制度

推行法律咨询专家制度和技术专家定期指导制度,优化法律咨询专家和技术专家的选任,完善工作流程、人员管理、制度保障等环节构建著作权保护专业队伍,利用专家咨询机制,促进检察机关在办理著作权保护案件时获取充足的法律知识、网络技术知识,与众多专家共同研究解决知识产权保护领域的重难点、热点问题,提升办理知识产权案件的质量和效率,落实知识产权协同保护机制,推动知识产权保护领域检察工作高质量发展。

2. 多部门联合开展行动,强化对著作权保护的力度

加强外部协作,与公安机关、法院、工商联、市场监督管理局、知识产权局等部门深入合作、协同履职,提升各部门在知识产权保护领域工作衔接和协调水平。积极推动知识产权刑事检察案件数据库的建立,对跨区域的重大复杂疑难知识产权案件,可加强跨区域多部门交流合作,实现资源共享。此外,可通过建立常态化联络机制、开展知识产权专项执法检查行动、组织知识产权综合履职培训专题班、组建联合调研组定期实地走访互联网企业等方式,强化多部门协同联动,加强资源共享、信息互通、工作互动、部门会商,完善联动护企机制,形成助企护企工作合力。

(四)增强检察干警自身能力建设

1. 增强业务能力

首先,积极更新办理知识产权案件的理念,提升检察干警的重视程度,鼓励工作之余自我学习知识产权相关典型案例、法律法规等。其次,检察机关应定期邀请网络技术专家就办案中遇到的技术性事项等疑难问题对检察官答疑解惑,也可与律师协会、企业家联合开展知识产权专题培训,坚持双赢多赢共赢理念,推进良性互动,促进优化法治化营商环境的参与者们团结协作,全链条全流程完善对知识产权的人员保障。最后,依法充分履行检察机关法律监督职能,在办理知识产权案件时,注意全面审查,积极引导公安机关补充相关证据材料、开展自行补充侦查、积极委托司法鉴定,深挖犯罪链条,对侵犯知识产权案件全面打击。

2. 制定合理的考核标准

检察机关不断优化考核模式,把监督机制、知识产权检察保护方式方法、检察建议内容、体系路径等纳入考核范围。精准履职,发挥监督作用督促执法司法机关科学处理知识产权案件。强化队伍建设,凝聚检察队伍发展共识、鼓励办案人员提升业务能力。

(五)多方协同发力,提升知识产权保护的宽度和广度

1. 强化多领域、多部门之间的国际合作

在打击深度链接行为保护知识产权中,因深度链接行为规模化、链条化、集合化,侵权全链条分布范围广,可能涉及境内外,应当充分重视知识产权国际合作,完善与国际组织、外资企业的知识产权常态化沟通机制,共同推进完善全球知识产权治理体系。① 其次,政府各部门重视知识产权保护的重要性,可通过会签文件、开展联合行动等方式,构建知识产权全链条保护体系。

2. 重视新技术的应用,加强与科技企业、科研机构的合作

检察机关应重视新技术、新科技的应用,加大资金投入,与科技企业、科研机构的合作,建立知识产权保护检察监督预警平台。互联网技术的高速发展、侵犯著作权案件的增多,无论是司法机关还是拥有著作权的网络平台,都需要重视与科技企业、科研机构的合作。不断更新技术,提升审核和风险评估能力,整合优质技术资源,多维度打击深度链接行为。

① 毕绍斐:《网络经济时代知识产权保护面临的挑战及对策》,载《知识经济》2016 年第 23 期,第 45 页。

三、环食药知犯罪

从惩罚主义到修复主义：环境犯罪教义学的新展开

曾　聪*

摘要：忽视报应与预防的“工具－目的”关系，将大量尚未实际侵害或者威胁具体个人的环境污染行为予以入罪，是环境犯罪治理惩罚主义倾向的集中体现。惩罚主义理念既不符合保护自然环境的立法旨趣，也不利于激励行为人切实履行环境修复义务。应摈弃惩罚主义，转向修复主义。对于尚未实际侵害或者威胁具体个人的“法益欠缺型”环境犯罪，应将“行为人是否即时履行环境修复义务”作为“违反规定”等行政前置要件的实质判断要素。若行为人即时履行环境修复责任，行政前置要件不具备，行为人即不构成犯罪，这种行政前置要件的“悬置”可以激励行为人履行环境修复义务。与此同时，环境修复主义亦有限制条件，包括不法行为严重程度的限制，修复责任履行方式与期限的限制，以及验收机构资质的限制。

关键词：环境犯罪；惩罚主义；修复主义；行政前置要件；实质出罪

一、实证分析与问题引入

（一）实证数据与我国环境刑事司法的惩罚主义倾向

从经验实证角度分析既有生效判决，是掌握我国环境犯罪治理现状的可行路径。以环境犯罪中最具代表性的污染环境罪为例，“北大法宝”数据库2022年共收录了36份刑事判决书，其中被判处监禁刑的有26份，占比72.2%。① 在案件数量最多的固态废弃物犯罪中（21件），被判处监禁刑的有16件，占比76.2%。值得注意的是，相对于液态、气态废弃物犯罪，固态废弃物犯罪的情形下，行为人修复受环境污染是相对容易的，然而此类犯罪的监禁

---

* 曾聪，中国政法大学刑事司法学院博士研究生，研究方向为刑法学。

① 为降低样本选取的主观性，本文的样本选取方法为：在“北大法宝司法案例”中检索“污染环境罪”，在“文书类型”中选择“判决书”，在“审结年份”中选择“2022”，检索出37份判决书，并剔除1份民事判决书。

率却是最高的。同时,在缓刑适用上,法官具有较大的自由裁量权。例如某案件涉案废弃物 437.4 吨,行为人被判处有期徒刑二年二个月,缓刑二年六个月,①某案件涉案废弃物 33.6 吨,两行为人分别被判处九个月有期徒刑与六个月有期徒刑,却并未适用缓刑。② 这些数据呈现出的刑罚前置化与严厉化,可被归结为理论中的惩罚主义。③

不过,惩罚主义最大的问题在于:不考虑犯罪预防,只考虑刑罚与犯罪人所致损害是否相当,④并且追求一种"以牙还牙"式的同态复仇,而非现代报应主义倡导的合比例的温和报复。⑤ 在判处监禁刑的 26 份判决书中,被告人自首的有 14 份,占 53.8%,被告人认罪认罚的有 23 份,占 88.5%。能主动认罪并如实供述犯罪事实,说明超过半数的被告人已经认识到违法事实;能达成认罪认罚协议,说明绝大部分被告都愿意或者已经履行环境修复义务。环境犯罪领域刑罚的扩张化与严厉化背离了犯罪预防目的,应当认为,我国环境犯罪治理的确存在一定的惩罚主义倾向。

(二)问题引入:环境犯罪惩罚主义为什么是错误的?

从刑法的辅助保障性地位和环境犯罪环境的立法旨趣来说,环境犯罪的惩罚主义倾向是应当予以纠正的。

首先,自然环境作为共同利益,只有当其处于相对匮乏状态(既不充足也不极度匮乏),才有必要通过法律予以保护,⑥法律后果最为严厉的刑法更应坚持辅助性的保障地位。⑦ 对于尚未实际侵害或者威胁具体个人的情形,法律应当慎重科予过重的惩罚。

其次,立法者设置环境犯罪是为了保护环境,进而保障公民的生存与自由发展,因此惩罚只是手段而非目的,若惩罚过度导致保护环境的目的无法实现,那么这种惩罚就是不必要的。并且,若刑事司法体系缺少环境修复义务的激励机制,那么环境修复的成本将由政府兜底,并最终转嫁到每一个纳税人身上。⑧ 例如上文分析的刑事判决书中,固态废弃物犯罪的

---

① 参见陈仁其、平阳县蚀刻工艺品有限公司污染环境案,浙江省平阳县人民法院(2022)浙 0326 刑初 594 号刑事判决书。

② 参见赵某、李某污染环境案,广东省佛山市高明区人民法院(2022)粤 0608 刑初 12 号刑事判决书。

③ See Todd Haugh, "Overcriminalization's New Harm Paradigm", *Vanderbilt Law Review*, vol. 68, 2015, p. 1241.

④ 樊文:《犯罪控制的惩罚主义及其效果》,载《法学研究》2011 年第 3 期,第 112 页。

⑤ See Thom Brooks, *Punishment*: *A Critical Introduction*, 2nd edition, Abingdon: Routledge, 2021, p. 17.

⑥ See Serena Olsaretti, "Introduction: The Idea of Distributive Justice", in Serena Olsaretti, ed., *The Oxford Handbook of Distributive Justice*, Oxford: Oxford University Press, 2018, p. 4.

⑦ 参见罗翔:《刑法学总论》(第二版),中国政法大学出版社 2021 年版,第 4 页。

⑧ 刘长兴:《生态环境修复责任的体系化构造》,载《中国法学》2022 年第 6 期,第 92 页。

常见情形是堆放铝灰，①以及在马路边丢弃废渣等，②在这些案件中，被告人在案发后均履行了退还违法所得、缴纳罚款以及配合清理等义务，并且未造成实害或者具体危险，对此类犯罪科处实刑并不符合环境犯罪的立法旨趣。

二、环境犯罪惩罚主义的三大根源

环境犯罪惩罚主义的形成有刑事政策、刑法理念与刑法适用等三个方面的根源。

(一)刑事政策层面：忽视报应与预防的“工具－目的”关系

刑法理论为了区分刑事政策与社会政策，通常将刑事政策限定为一种有关刑法的立法政策，即“国家以预防及镇压犯罪为目的，运用刑罚以及具有与刑罚类似作用之制度，对于犯罪人及有犯罪危险人所作用之刑事上之诸对策”。③ 刑事政策与刑法体系之间的“李斯特鸿沟”，④已不能满足新时代的刑事司法需求，正确的思路是打开刑法体系，探索刑事政策的教义学准则化。⑤ 刑事政策不完全等于犯罪预防，而是寻求最适合某一类犯罪的报应与预防的平衡点。环境犯罪刑事政策的确有诸多强调报应的方面，例如“生态保护红线、环境质量底线、资源利用上限”这“三个红线”，以及“用最严格制度最严密法治保护生态环境”思想等。但是，我国生态法治思想是一个全过程、多层级的生态环境风险防范体系，对严重污染环境的行为科处刑罚虽然是实现“全过程、多层级”犯罪预防的重要手段，但是惩罚本身不是目的。

(二)刑法理念层面：对环境犯罪保护法益的误读

法益论认为，保护法益是刑法解释的出发点。关于环境犯罪的保护法益，理论界主要有三种立场：一是环境中心主义，即保护生态环境本身；⑥二是人类中心主义，即保护人的生命、身体、健康与财产；⑦三是折中主义，即既保护人的生命、身体、健康与财产，也保护作为人类生活之基础的生态环境。⑧ 环境中心主义与折中主义的区别在于刑罚前置化的程度，此二者与人类中心主义的区别在于要不要前置化处罚。

---

① 参见刑事判决书(2022)苏0981刑初209号；刑事判决书(2022)苏0981刑初28号。

② 参见刑事判决书(2022)陕0625刑初76号。

③ 参见陈慈幸：《刑事政策：概念的形塑》，元照出版有限公司2013年版，第5－7页。

④ 陈兴良：《刑法教义学与刑事政策的关系：从李斯特鸿沟到罗克辛贯通》，载《中外法学》2013年第5期，第974页。

⑤ 劳东燕：《刑事政策与功能主义的刑法体系》，载《中国法学》2020年第1期，第126页。

⑥ 王勇：《环境犯罪立法：理念转换与趋势前瞻》，载《当代法学》2014年第3期，第56页。

⑦ 刘艳红：《环境犯罪刑事治理早期化之反对》，载《政治与法律》2015年第7期，第2页。

⑧ 张明楷：《污染环境罪的争议问题》，载《法学评论》2018年第2期，第1页。

然而,刑法前置化能否实现更好的犯罪预防与公民权利保护,往往是值得商榷的。[①] 首先,立法者设置环境犯罪,目的是间接保护人们的生命、身体、健康与财产,环境中心主义过度前置化刑罚的思路并不可取。其次,折中主义的难点在于何谓"作为人类生活之基础的环境",若此类环境与人们生活的关系极为紧密,例如自来水水源,完全可以认为存在具体危险,若此类环境与人们生活的关系较为松散,就会滑向环境中心主义的一段。因此,相对于人类中心主义,折中说只是打开了刑罚前置化的口子,并没有提出真正可行的区分不同生态环境的标准,而不明确的标准很难确保刑事司法在"类案类判"上的平等要求。本文认为,人类中心主义立场当然不完美,但这种不完美是为了避免刑罚过度前置化以及确保刑法的辅助性保障地位所必须付出的代价。

(三)构成要件层面:对行政前置要件的僵化理解

作为典型的法定犯,环境犯罪的成立须同时具备行政违法性与刑事违法性,并且只有违反行政法的行为,才有可能违法刑法。[②] 在法条设置上,立法者一般会使用"违反国家规定"或者"违反行政法规"等标识行政违法性,这些要素被学界统称为行政前置要件。[③] 法定犯的双重违法性要求,将合法行政行为排除出了刑罚惩罚的范围,但是"行政法定性+刑法定量"这种惯性思维,[④]一方面导致行政违法性的判断沦为纯粹的形式认定,另一方面则导致行政违法性判断取代了刑事违法性判断。[⑤] 例如我国污染环境罪条文中的"违反国家规定",主要是在行政违法的定性判断后,根据2016年《"两高"关于办理环境污染刑事案件适用法律若干问题的解释》(下文简称《两高环境案件解释》)第1条再进行刑事违法层面的定量判断。然而这种空洞的形式判断并不可取,完全可以对行政前置要件进行实质判断,特别是行为人承诺履行或者已经履行环境修复义务时,可以否定行政前置要件的成立。

三、从惩罚到修复:环境犯罪治理的理念转换

对于保护环境的立法旨趣,修复主义在刑事政策、刑法理念与构成要件等层面都能做出更好的回应。

---

① See Andrew Ashworth and Lucia Zedner, *Preventive Justice*, Oxford: Oxford University Press, 2014, p. 267.

② 陈兴良:《法定犯的性质和界定》,载《中外法学》2020年第6期,第1464页。

③ 姜涛:《法定犯中行政前置性要件的法理基础与制度构造》,载《行政法学研究》2022年第1期,第63页。

④ 魏昌东:《行刑鸿沟:实然、根据与坚守——兼及我国行政犯理论争议问题及其解决路径》,载《中国刑事法杂志》2018年第5期,第11页。

⑤ 阮齐林:《刑事司法应坚持罪责实质评价》,载《中国法学》2017年第4期,第65页。

(一)刑事政策层面:寻求报应与预防之平衡的修复主义

修复主义转向并非完全不考虑报应,而是寻求报应与预防的平衡点。刑罚报应是基于不法事实对行为人可谴责性的评价,因而具有过去面向,犯罪预防基于行为人或者一般人的再犯可能性评估适当的刑罚惩罚,因而具有未来面向。修复主义在二者之间,它既能克服绝对报应的无目的性、严厉性,给行为人一个"回头"的机会,也能克服客服绝对预防的不确定性,以行为人实际上做了什么(修复环境)作为刑罚的考量因素。所谓环境修复,是指"在人为的干预下,利用生态系统的自组织和自调节能力来恢复、重建或改建受损生态系统,目的是恢复生态系统的服务功能"。① 不同于环境恢复,环境修复强调人工的干预;不同于民法中的恢复原状,环境修复的对象是自然环境而非个体权利。② 也就是说,"刑法意义上的生态修复是指刑事司法强制犯罪人采取的旨在达到恢复生态功能的弥补性举措"。③ 履行环境修复责任的方式主要包括直接修复与间接修复。直接修复方面,一是补种复绿,责令行为人在指定期限内播种、补苗,修复被破坏的林木资源,④在这种修复方式已经出现在有关滥伐、盗伐林木罪的刑事判决书中。⑤ 二是修复被破坏的生态环境,即委托专业的公司、机构对受损害的自然环境进行补救。间接修复则是指被告通过缴纳修复生态所需费用进而承担环境修复责任的方式,考虑到被告人一般不具备专业的环境修复能力,在司法实践中间接修复的适用频率较高,主要方式包括将修复费用纳入罚金刑的考虑范围,⑥在判决中直接判处赔偿生态修复费用或者环境处置金等。⑦

(二)刑法理念层面:"法益欠缺型"犯罪作为重点领域

刑法虽然旨在保护个人法益,但有相当一部分犯罪是通过确证规范效力进而间接保护个人法益的。⑧ 在法定犯中也可以进行这种二元划分:有的犯罪既构成行政违法,也直接侵害或者威胁了刑法所保护的个人法益,因而属于"法益具备型"法定犯;有的犯罪虽然构成

---

① 参见盛连喜:《环境生态学导论》,高等教育出版社 2009 年版,第 315 页。

② See Mark Hamilton, *Environment Crime and Restorative Justice: Justice as Meaningful Involvement*, Switzerland: Palgrave Macmillan, 2021, p. 115.

③ 蒋兰香:《生态修复的刑事判决样态研究》,载《政治与法律》2018 年第 5 期,第 136 页。

④ 蔡晓荣、马传科:《补种复绿的法律性质及其在涉林犯罪案件中的衔接适用规则》,载《东南学术》2020 年第 6 期,第 228 页。

⑤ 参见刑事判决书(2023)辽 0602 刑初 111 号;刑事判决书(2022)辽 0311 刑初 55 号。

⑥ 参见刑事判决书(2014)多刑初字 27 号。

⑦ 参见刑事判决书(2015)湘刑初字 13 号。

⑧ 王志远:《规范确证:刑法社会机能的当代选择》,载《东南大学学报(哲学社会科学版)》2017 年第 5 期,第 74 页。

行政违法,但并未直接侵害或者威胁刑法所保护的个人法益,因而属于“法益欠缺型”法定犯。[①] 在环境犯罪中,“法益具备型”犯罪的实践难题主要是因果关系的判断,“法益欠缺型”犯罪的实践难题则是构成要件的开放性乃至空白性,后者是环境犯罪修复主义的重点领域。

因此,要跳出“所有犯罪均保护法益”的思维。对刑法分则的统摄以及相对于规范的真实性、实质性(可被真实侵害或者威胁的现实利益),是法益的个人自由主义思想根基所要求的,[②]因为只有这样才能避免将一些纯粹违反秩序或者悖逆道德的行为纳入刑罚惩罚的范围。[③] 然而,对于以自然环境为代表的集体法益,统摄性与真实性是不可能不同时维系的,除非采取某种隐蔽的“双面手法”,即一边借助抽象化的集体法益概念扩大法益的版图,一边借助真实性的个人法益避免学术界对法益稀薄化的批判。[④]

(三)构成要件层面:嵌入刑法体系的环境修复责任

“法益欠缺型”环境犯罪尚未实际侵害或者具体威胁个人,因而完全可以引入环境修复责任,以实现报应与预防的平衡。那么在刑法体系中如何定位环境修复责任呢? 较具代表性的学说有“量刑情节说”“非刑罚处罚方法说”与“刑罚轻缓化事由说”。其一,“量刑情节说”,即将被告履行环境修复责任作为从宽处罚的量刑情节。[⑤] 其二,“非刑罚处罚方法说”,即将履行环境修复责任本身作为一种作为刑罚之外的法律后果,与《刑法》第 37 条确定的训诫、责令具结悔过、责令赔礼道歉等并置。[⑥] 这两种观点都是在刑罚中探讨环境修复责任,“量刑情节说”的问题是激励力度不够,略显保守。如果仅将履行修复责任作为量刑情节,由于刑法并未明确规定修复责任,因而只能将其作为酌定量刑情节,一方面能否被采纳将完全取决于法官的自由裁量,另一方面能够从宽处罚的力度也角度。相反,“非刑罚处罚方法说”的问题是太过激进,将履行环境修复责任定位为非刑罚处罚方法,因为非刑罚处罚方法通常以“定罪免刑”为前提,[⑦]若无充分的制定法依据,过度优待并不符合法治国的基本理

---

① 刘艳红:《“法益性的欠缺”与法定犯的出罪——以行政要素的双重限缩解释为路径》,载《比较法研究》2019 年第 1 期,第 86 页。

② See Tatjana Hörnle, “‘Rights of others’ in Criminalisation Theory”, in AP Simester, Antje du Bois - Pedain and Ulfrid Neumann, eds., *Liberal Criminal Theory: Essays for Andreas von Hirsch*, Oxford and Portland, Oregon: Hart Publishing, 2014, p. 170.

③ 参见钟宏彬:《法益理论的宪法基础》,元照出版有限公司 2012 年版,第 29 - 35 页。

④ 许恒达:《法益概念的出生与流变》,载《月旦法学杂志》2011 年第 10 期,第 140 页。

⑤ 靳匡宇:《生态修复量刑情节的司法适用研究——以 187 份长江环境资源刑事裁判文书为样本》,载《交大法学》2020 年第 3 期,第 144 页。

⑥ 程玉、邱成粱:《我国生态环境修复行政命令制度的检视与革新》,载《北京行政学院学报》2022 年第 5 期,第 110 页。

⑦ 参见周光权:《刑法总论》(第四版),中国人民大学出版社 2021 年版,第 439 页。

念,毕竟实质出罪不等于恣意出罪。[①] 其三,"刑罚轻缓化事由说",即"不仅应在定罪上发挥积极的出罪功效,在量刑上也应发挥轻缓化功效"。[②] 该说的进步之处在于,将环境修复责任纳入犯罪论的探讨之中。但论者并未将其真正纳入构成要件符合性与违法性这些具体的判断阶层之中,而是参照《刑法》第13条的"但书"进行的出罪。这样一来,该思路与"非刑罚处罚方法说"几乎没有实质上的区别。理想的路径应当是将环境修复责任纳入犯罪构成的具体判断。对于"法益欠缺型"环境犯罪,重点在于"违反规定"等行政前置要件的实质解释。换言之,如果要对"法益欠缺型"环境犯罪进行限缩解释,就应当着眼于行政前置要件的实质化,将环境修复责任的履行作为行政前置要件的实质判断根据。

四、环境修复主义的教义学展开

环境修复主义理念的刑法教义学展开涉及三个问题:一是将环境修复责任嵌入行政前置要件的要求;二是行政前置要件为何能够允许行为人在不法行为实施后履行修复义务,即行政前置要件的悬置性;三是行政前置要件悬置性判断的限度问题。

(一)环境修复责任作为行政前置要件的判断要素

行政前置要件一般以"违反规定""违规"等形式出现在刑法条文中,如上所述,将履行环境修复义务作为行政前置要件该当与否的判断要素,才能真正将环境修复纳入定罪的判断。因此,只要行为人履行了环境修复义务,行政前置要件即不该当,相应犯罪即不成立。不过,环境修复责任作为行政前置要件的判断要素有如下几点要求。

其一,只适用于"法益欠缺型"环境犯罪。以污染环境罪为例,《刑法》第338条规定,只有"违反国家规定"并且"严重污染环境"的行为,才有可能成立污染环境罪。根据《两高环境案件解释》,"严重污染环境"其实并不要求行为人的不法行为实际侵害或者威胁了其他个人,第1条规定的18种情形,诸多都是用定量取代定性,推定相应的行为"严重污染环境",例如第(二)项"非法排放、倾倒、处置危险废物三吨以上的"。相对而言,第(十五)、(十六)、(十七)项规定导致个人中毒、轻伤、重伤等情形,才属于典型的"法益具备型"环境犯罪。在污染环境罪的认定中,该司法解释的援引频率较高,因而有学者认为此种司法解释的设置导致环境犯罪"不断摆荡于激进与保守之间"。[③] 可以说,"法益欠缺型"环境犯罪在环境犯罪中是一般而非例外,在此类犯罪中置入环境修复义务,既不会导致以个人法益为中

---

① See Erik Luna, "Prosecutorial Decriminalization", *Journal of Criminal Law and Criminology*, vol. 102, 2012, p. 816

② 梁云宝:《民法典绿色原则视域下"修复生态环境"的刑法定位》,载《中国刑事法杂志》2020年第6期,第20页。

③ 张志钢:《摆荡于激进与保守之间:论扩张中的污染环境罪的困境及其出路》,载《政治与法律》2016年第8期,第79页。

心的核心刑法的崩塌,也可以避免法定犯的过度扩张。因为“法益欠缺型”环境犯罪尚未实际侵害个人法益,而只是在一定程度上破坏了规范效力。此时履行环境修复义务,既可以避免生态环境破坏最终波及个人,也能彰显行为人对规范效力的认可,因而给予行为人一条“回头路”并非放纵犯罪。①

其二,要对行政前置要件本身进行不同维度的观察。在行政法视野下,行为人即使履行了环境修复责任,也不能对既存的行政违法予以消除;在刑法视角下,即使行为具备行政违法性,若其不符合行政前置要件的实质要求,也可以认为该行为尚未达到刑事违法的程度。申言之,认同法定犯的双重违法性并不意味着必须放弃对刑事违法性的独立判断。② 如论者所言:“在刑事实质解释立场下适用行政规范概念、在法益关联性等要求下认定行政前置违法、以刑事司法实质审查为前提适用行政确认以及以法益侵害标准指引违法行政许可出罪功能发挥。”③

在这两大前提下,行为人实施的破坏自然环境的行为,在尚未实际侵害或者具体威胁个人时,若该行为人即时履行环境修复义务,即可在刑法层面否定行政前置要件的该当性,进而否定相关犯罪的成立。

(二)行政前置要件的悬置性

将“是否履行环境修复义务”作为行政前置要件的实质判断依据,会导致犯罪构成要件的判断出现“悬置”的状况。环境犯罪中的“悬置”,即指对于形式上符合犯罪成立条件的行为,在行政前置要件的实质判断尚未结束之前,暂时搁置犯罪成立与否的判断。

文献中与此相似的路径是“法益恢复论”,即对部分非国家性、非人格性与非暴力性的不法行为,若犯罪人真诚“恢复”被侵害的法益,可以对其进行轻刑化乃至出罪化的处理。④虽然“法益恢复轮”是以“既遂后中止”问题作为思考的起点,但其重点其实是在犯罪认定的过程中进行了某种切割,即认为犯罪认定并非伴随构成要件齐备即告结束,⑤而是可以在此过程中置入“法益是否得到恢复”这一评价过程。再如将法益恢复作为客观处罚条件的观点,即虽然构成要件该当,但立法者可以基于刑事政策为刑罚发动设置额外的条件,只要被

---

① 王平:《恢复性司法在中国的发展》,载《北京联合大学学报(人文社会科学版)》2016年第4期,第72页。

② 王骏:《违法性判断必须一元吗?——以刑民实体关系为视角》,载《法学家》2013年第5期,第131页。

③ 付倩:《行政前置认定的刑事司法适用:困境、误区与出路》,载《南京大学法律评论》2019年第2期,第261页。

④ 庄绪龙:《“法益可恢复性犯罪”概念之提倡》,载《中外法学》2017年第4期,第998页。

⑤ 曾聪:《“既遂后不成立中止”命题之否定——以“既遂”的首要机能为切入点》,载《研究生法学》2021年第3期,第91页。

告人实现了法益恢复,就可以不发动刑罚予以惩罚。① 这其实也是一种悬置式的思路,不过是以额外增设一个客观处罚条件的方式实现的。

不过,本文并不支持“法益恢复论”,因为个人法益并不存在恢复与否的问题,即使行为不具备国家性、人格性与暴力性,财产等个人法益被侵害已是无法改变的事实,即使行为人事后积极退赔,也不影响其行为本身的不法程度。换言之,个人法益只有被侵害或者未被侵害的问题。不同的是,“法益欠缺型”环境犯罪并未侵害个人法益,而只是侵害了间接保护个人的生态环境,考虑到环境本身是可被恢复的,在侵害个人法益之前,完全具备悬置评价行政前置要件的空间。

(三)悬置判断行政前置要件的限度

“法益欠缺型”犯罪为行政前置要件的悬置判断留下了空间,但这种悬置判断也具有一定的限度。

其一,适用犯罪类型的限制。通过实质解释行政前置要件进行出罪,毕竟是对犯罪成立要件的认定进行了一次悬置,因而一般只能适用于法定刑较低的罪名。这既可以满足立法者基于民众需求适当扩张犯罪圈,②进而实现更好的犯罪预防的需求,③也可以避免过度扩大司法机关的自由裁量权,④影响既有刑法体系的融贯性。

其二,环境修复责任履行方式的限制。迟到的正义不是正义,并且“使得正义实现的效果大打折扣”。⑤ 即使属于尚未实际侵害或者具体威胁个人的“法益欠缺型”环境犯罪,也要确保环境修复责任履行的即时性。因此,只有能够即时直接履行环境修复义务或者足额缴纳相关费用间接履行环境修复义务,才能考虑悬置行政前置要件的判断,并在修复义务履行后否定构成要件的该当性。

其三,环境修复验收机构的限制。在本文分析的36个案例中,对于污染后果的认定,有不少案件委托的是私营企业,⑥亦有环境修复完成后由地方环保局进行验收的案件。⑦ 不同于污染物的鉴定问题,环境修复结果的验收将直接影响行政前置要件的实质判断。因此,环

---

① 刘科:《“法益恢复现象”:适用范围、法理依据与体系地位辨析》,载《法学家》2021年第4期,第158页。

② 徐永伟:《民生刑法观:治理理念、指引方法与调控边界——以〈刑法修正案(十一)〉的相关规定为线索》,载《广西大学学报(哲学社会科学版)》2022年第4期,第163页。

③ 参见储槐植、李梦:《刑事一体化视域下的微罪研究》,载江溯主编:《刑事法评论》(第43卷),北京大学出版社2020年版,第161页。

④ See Angela Davis, *Arbitrary Justice: The Power of the American Prosecutor*, Oxford: Oxford University Press, 2007, p. 16.

⑤ 王平:《刑事法治:精妙与局限之间如何坚守》,载《人民检察》2011年第11期,第40页。

⑥ 刑事判决书(2022)粤0607刑初68号。

⑦ 参见刑事判决书(2022)湘0304刑初215号。

境修复是否达标只能由环保局等官方部门进行判断。当然,对于前述行政部门的验收评估,行为人有权通过行政复议、行政诉讼等行政法的救济途径进行救济。

五、结语

在刑事政策层面忽视预防面向,在刑法理念层面误读保护法益,在构成要件层面僵化判断行政前置要件,是环境犯罪惩罚主义的三大根源。以处罚早期化与惩罚严厉化为中心的惩罚主义背离了“保护环境并确保人们的生存与自由发展”的立法旨趣。应摒弃惩罚主义,转向修复主义。在刑法理念上应坚持“人类中心主义”法益观,实际侵害或者威胁个人法益的环境污染行为可成立犯罪,尚未实际侵害或者威胁个人法益的环境污染行为则应“悬置”犯罪成立与否的判断。具体而言,应将“环境修复义务的履行”作为“违反规定”等行政前置要件的实质判断根据,对于不法程度较轻的行为,若行为人即时并切实履行了环境修复义务并通过了官方机构的验收,行政前置要件即不该当,行为人不构成犯罪。惩罚主义或许可以满足公众短暂的情感需求,①但追求报应与预防之平衡并且激励行为人切实履行环境修复责任的修复主义,才能在现实中更好地保护自然环境并推动人类的可持续发展。

① See Ken Levy, “Why Retributivism Needs Consequentialism: The Rightful Place of Revenge in the Criminal Justice System”, *Rutgers Law Review*, vol. 66, 2014, p. 629.

预防性环境犯罪立法体系：构建依据、问题检视与逻辑进路

田玉潇　李　梁*

摘要：风险时代下，形势严峻的环境污染现状逐渐反映出环境犯罪"末端治理"的弊端。预防性立法成为世界各国治理环境犯罪的有效方法，我国在预防性环境立法方面存在一定的滞后性，主要体现在规制理念落后、危险犯设置不足和因果关系认定困难等方面。可以在我国环境立法体系的基础上借鉴域外环境治理经验，转变立法理念、补充设置危险犯、引入疫学的因果关系理论，为我国生态文明建设提供扎实的法治力量。

关键词：预防性立法；环境犯罪；立法体系

一、问题的提出

环境问题，作为21世纪全球三大公害之一，与吸毒、青少年犯罪共同构成了当今时代所面临的最紧迫和严峻的考验，对人类的生存和发展构成严重威胁。我国高度重视生态环境保护工作，1978年《中华人民共和国宪法》首次将环境保护确定为国家的一项基本职能，在1983年召开的第二次全国环境保护会议上提出将保护环境确立为必须长期坚持的基本国策，把环境意识升华为国策意识。数十年来，以宪法为依据，国家制定了一系列法律、法规为环境保护活动提供理论指导。当前我国的生态环保法律体系已基本形成，初步实现了环境保护工作的有法可依。

然而，触目惊心的环境污染现状反映出我国当下的环境犯罪规制方式仍有不足。根据最高检发布的《生态环境和资源保护检察白皮书(2018－2022)》，我国2018—2022破坏环境

---

* 田玉潇(2005—)，男，中央民族大学法学院刑法学硕士研究生。

李梁(1980—)，男，中央民族大学法学院教授，法学博士，硕士研究生导师，研究方向为刑法学、环境刑法。

国家社科基金一般项目："环境犯罪治理的数字化应对策略研究"，(项目编号：23BFX118)。

资源保护犯罪案件的受理审查起诉数总体呈上升趋势,2022 年达 78254 人,较 2018 年上升 34.93%。其中共同犯罪居多,破坏环境资源犯罪各罪名受理审查起诉和提起公诉的案均犯罪嫌疑人、被告人均超过 1 人,其中污染环境罪和非法采矿罪案均涉案人员比最大。五年来,污染环境罪受理审查起诉犯罪嫌疑人案均 2.55 人,提起公诉被告人案均 2.38 人;非法采矿罪受理审查起诉犯罪嫌疑人案均 2.55 人,提起公诉被告人案均 2.41 人,①无论是从数量还是程度上看,高发的环境犯罪对我国民众的生命安全、生活环境和生态环境造成了严重的威胁。

环境犯罪具有"破坏容易,修复难"的特点,如土壤污染、矿藏枯竭等环境问题,一旦发生则恢复难度大,成本极高甚至不可逆转。鉴于环境保护的紧迫性及环境问题的特殊性,必须保持前瞻性视角,积极主动采取预防性措施,把对环境的保护由事后惩罚向事前预防转变。在环境犯罪发生之前采取措施进行预防,防止危害环境的后果产生。作为保障社会秩序和维护人民权益的最后一道防线,刑法被要求适时作出回应以满足人民日益增长的优美生态环境需要,通过完善预防性环境犯罪立法体系,为我国生态文明建设提供更为扎实的法治力量。

二、预防性环境犯罪立法体系之构建依据

(一)理念依据:功能主义刑法观的时代诉求

伴随着我国经济的迅速发展和社会结构的显著转型,一系列新的风险和挑战逐渐显现,标志着我国已经进入了一个全新的风险社会时代。在风险社会中,新的风险类型不断涌现,风险的复杂性和不确定性对传统的刑法规制机制提出更高的要求。环境刑法体系亟须进行自我革新和升级,以适应风险社会的特殊需求。"风险社会中,有必要发展与构建一种全新的刑法立法观。这种刑法立法观立足于对现实社会问题的考量,而不是形而上学的单纯理性化的构想,追求发挥刑法立法的社会功能,注重对社会问题的积极回应。由于认同法律是适应社会需要的产物的观念,因而,这样的立法观可称为功能主义的刑法立法观。"②功能主义刑法观强调刑法在社会中的功能,更加关注刑法在解决社会现实问题中的实际作用,要求刑法积极回应社会问题,在维护社会秩序,保护公共安全等方面发挥更加主动和前瞻性的作用。"在风险社会的背景下,为了让刑法有效地承担起保护法益的任务,在考虑行为是否予以入罪时,立法者将刑事政策上的需罚性因素放在重要的位置,指向未来的预防效果成为入

---

① 最高人民检察院:《生态环境和资源保护检察白皮书(2018-2022)》,载最高人民检察院网,https://www.spp.gov.cn/xwfbh/wsfbh/202306/t20230605_616291.shtml,访问日期:2024 年 7 月 2 日。

② [法]皮埃尔·勒格朗、[英]罗德里克·芒迪:《比较法研究:传统与转型》,李晓辉译,北京大学出版社 2011 年版,第 90 页。

罪化立法的主导性目的。”①通过预防性立法实现对潜在犯罪行为的提前干预和有效遏制。

国家安全是安邦定国的重要基石,2014 年召开的中央国家安全委员会第一次会议明确将生态安全纳入国家安全体系之中。“功能主义立法观天然地以风险社会下的安全价值转向作为立论之基点,进而主张具有能动性、预防性的刑事立法观念。”②生态安全作为国家安全体系的关键要素,对人类的生存和发展至关重要。规制环境犯罪行为“重在预防、要在管理”,环境刑法应当由传统的罪责刑法向安全刑法转型。预防性立法理念与风险社会时代对功能主义刑法观的诉求相契合,要求环境刑法提前介入,采取更为积极的措施对污染环境行为进行有效的管理。

(二)实践依据:生态文明建设的必然要求

生态文明建设是关系中华民族永续发展的根本大计。新时代十多年来,我国生态文明建设经历了深刻的变革,生态环境治理取得显著成效:生态环境质量明显改善,生态系统得到进一步保护和修复,公民的环保意识显著增强,绿色发展理念深入人心。然而,在环境治理取得发展的同时也面临着复杂的挑战:2020 年黑龙江伊春某矿业尾矿库泄漏事件造成了340 多公里河道污染,直接影响 6.8 万人生活用水、2022 年江西某地铊污染事件造成三个水源地四家水厂取供水受到影响、同年贵州盘州某公司洗油泄漏事故给周边环境造成严重污染,共约 123 公里河道水质受到影响。上述代表性事件是我国面临的严峻环境问题的缩影,反映出我国环境治理中结构性、布局性的环境风险长期存在,新问题、新挑战交织显现,在对人类的生产生活造成影响的同时,也对自然环境构成了严重威胁。

习近平总书记多次指出:“只有实行最严格的制度、最严密的法治、才能为生态文明建设提供可靠保障。”③这与功能主义刑法观采取预防性立法的诉求不谋而合。当前我国正处于生态文明建设的关键时期。面临人民群众不断增长的美好生活环境需要,必须在现有基础上健全现代环境治理体系,完善生态环境法治建设。环境立法应采取预防先行的策略,摒弃传统的“事后补救”思维,立足于源头治理,以实现人与自然和谐共生的现代化。通过制定具有前瞻性和针对性的法律法规,在污染环境行为实施之前对其加以干预和规制,避免环境污染损害结果的发生,减轻环境修复的成本和难度,为生态文明建设提供坚实的法律基础。

三、预防性环境犯罪立法体系之问题检视

环境法律体系是中国特色社会主义法律体系的重要组成部分,面对紧迫的生态环境危

---

① 劳东燕:《风险社会与功能主义的刑法立法观》,载《法学评论》2017 年第 6 期,第 22 页。

② 姜敏、李国歆:《刑法预防性立法:可罚界标的漂移及其刑事法治风险消解》,载《中国人民公安大学学报(社会科学版)》2023 年第 3 期,第 66 页。

③ 习近平:《习近平关于社会主义生态文明建设论述摘编》,中央文献出版社 2017 年版,第 99 页。

机,应当通过对当前的立法体系进行检视,及时识别和解决当前环境危机中的法律漏洞,更好的应对环境挑战。

(一)环境刑法规制理念落后

立法理念决定了法律的基本框架和治理模式。我国传统的环境刑事立法以人类中心法益观的价值理念为主导,侧重于对人身、财产法益的保护,忽视了生态环境法益的独立价值和保护需求。只有当生态破坏、环境恶化导致人类利益受损后,环境才会作为客体受到法律的保护。以现行刑法第338条污染环境罪为例,其设立的目的一方面是为了保护人身、财产法益免受被污染了的环境的侵害;另一方面则是为了保护生态环境本身。而刑法将其归于第六章“妨害社会管理秩序罪”项下,其保护的客体是侧重于社会管理秩序而非生态环境。由此可见,刑法在对环境犯罪行为进行规制时多出于人本主义的考量,割裂了环境与人类之间的关联性。在这种治理理念指导下,虽然对造成严重环境污染事件和环境破坏结果的行为给予了严厉的惩罚,但由于没有将积极预防思想植入环境刑法中,没有将导致环境污染或破坏的诱因纳入规制范围,从而导致各种环境污染事件层出不穷,往往造成“悔之晚矣”的结果。①《刑法修正案(八)》以来,我国环境犯罪的保护法益已经由人类中心法益向生态学的人类中心主义转变。受传统人类中心主义刑法理念的影响,我国环境犯罪的治理模式仍采用事后惩罚主义,即在污染环境行为已经造成严重后果后才进行法律制裁。凡事欲则立,不预则废。污染环境行为具有隐蔽性、长期性和累积性等特点,其危害结果可能需要经历一段时间才会显现出来,仅在发生严重危害结果时进行惩罚往往会错过最佳治理时机。受自然因素的影响,污染环境行为与危害结果之间的因果关系具有复杂性,滞后的规制会加大证据搜集以及因果关系认定的难度。生态文明建设要求预防为主、源头施策。面临我国严峻的环境治理问题现状,仅通过事后惩罚难以有效遏制污染环境行为的发生,采用预防性立法是适宜且必要的治理手段。

(二)环境犯罪危险犯设置不足

依照我国刑法通说,可以将犯罪按既遂形态分为行为犯、结果犯、危险犯和举动犯。在我国刑法的修订过程中,倾向于以行为犯和结果犯认定环境犯罪。仍以环境犯罪中具有代表性的污染环境罪为例,1997年刑法第338条将重大环境污染事故罪规定为只有“造成重大环境污染事故,致使公私财产遭受重大损失或者人身伤亡的严重后果”才能进行刑事处罚的结果犯。《刑法修正案(八)》将其改名为污染环境罪,以“严重污染环境”作为结果要件,并未改变其结果犯的基本性质。《刑法修正案(十一)》将处三年以上七年以下有期徒刑的情形由“后果特别严重”改为“情节严重”,对于要求污染行为严重还是污染后果严重则未明

---

① 李梁:《环境犯罪刑法治理早期化之理论与实践》,载《法学杂志》2017年第12期,第134页。

确。从各国的环境刑事立法来看,将环境犯罪规定为"危险犯"已经成为世界性趋势。以《德国刑法典》为例,德国环境立法将环境犯罪视为对公共安全和公共利益的严重威胁,在环境领域采取危险犯的立法模式。如第324条第一项规定的土地污染罪:"违反行政法义务,以下列方式之一,将特定物质埋入、侵入或弃于土地之中,对下列各项进行污染或作不利改变的,处5年以下自由刑或罚金:1. 危害人、动物、植物健康,或者污染其他贵重物品或水域的…"即将该罪的基本犯规定为危险犯。只要行为人对环境造成一定程度的危险,就构成犯罪,体现出德国在立法上对环境法益的重视。在风险时代的大背景下,我国环境犯罪基本犯的犯罪形态以行为犯和结果犯为主,①难以满足功能主义刑法观对环境安全的时代诉求。

从行为本身来看,环境犯罪具有复杂性和隐蔽性等特征。一方面在对危害行为与危害结果之间的因果关系进行认定时,常会受到自然、人为等多方面的影响。在危害结果已经发生时逆向规制无疑加重了司法成本和修复难度;另一方面污染行为具有隐蔽性,其对生态环境造成的破坏并不会直接显现出来,而是需要一定的循环过程。只有破坏行为超过环境的承载和自净能力时,才会直接出现明显结果。当行政机关发现危害结果时再去补救为时已晚。环境刑法保护的是我们赖以生存的生态环境,一旦遭到破坏将波及不特定多数人的生命、健康和财产性权利。相较于其他与环境刑法保护客体相似的犯罪类型,如放火罪、决水罪及投放危险物质罪等均被明确界定为危险犯,环境犯罪更侧重于对行为犯和结果犯的规制,缺乏对危险犯的设置。要求犯罪行为已经实施或实际损害结果已经发生才能追究刑事责任,其滞后性和被动性使刑法在环境犯罪方面难以达到有效的规制效果。危险犯以对法益造成的危险状态作为处罚依据,通过设定危险犯可以在行为尚未对生态环境作出损害时及时采取措施,避免污染环境后果的发生从而达到预防效果。在对环境刑法体系进行完善时,需要全面深入地考虑危险犯的设置问题。

(三)环境犯罪因果关系认定困难

刑法中的因果关系是指实行行为与危害结果之间引起与被引起的关系。在立法中明确行为与后果之间的因果关系,有助于使犯罪人认识到行为可能导致的不良后果,进而预防犯罪。我国传统刑法理论研究的因果关系解决的是危害行为与危害结果的关联性问题,这是一种事实因果关系。由于传统理论将哲学因果规律套用到刑法上的因果关系,造成了因果关系认定的困难。② 在环境犯罪的因果关系方面,受环境犯罪自身特点的影响,传统理论与因果关系认定之间的不适应性更加突出:

(1)从环境犯罪行为上看,其与最终危害结果的间接性和多元性不利于因果关系的认

---

① 苏永生、高雅楠:《论德国环境刑法中的危险犯》,载《中国地质大学学报(社会科学版)》2020年第1期,第10页。

② 孙运梁:《客观归责理论的引入与因果关系的功能回归》,载《现代法学》2013年第1期,第145页。

定。一方面,污染行为要通过环境这一中介间接显现出其危险性。传导过程中污染物的运输、转化和积累都可能受水流、风向、生物降解或其他污染物的多方面影响,这些因素的介入可能会削弱或增强污染行为与损害结果之间的联系,使得因果关系更加复杂;另一方面环境犯罪的危害结果往往不是由单一主体或单一行为造成的,而是受不同污染主体的多个污染行为共同所致,如此一来便难以确定某一主体对污染结果的贡献程度,进而加大因果关系的判断难度。

(2)从环境犯罪损害结果上看,其证明难度和认定过程使得因果关系判定困难。我国刑事诉讼中的证明标准较高,一般需要达到"事实清楚、证据确实充分、足以排除合理怀疑"。环境污染的危害结果具有隐蔽性,通常需要较长时间才能形成,过程中还可能经历复杂的转化过程。在认定和评估环境犯罪的危害结果时,需要通过环境监测设备收集证据、识别量化危害程度,依靠科学技术手段和模型评估危害结果,通过研究和分析污染源、污染路径等判断污染行为与损害结果之间的因果关系。受制于我国科技水平,在涉及复杂的污染环境案件时,传统的因果关系认定模式难以满足现代化环境治理的需要,亟须对现有模式加以完善。

四、预防性环境犯罪立法体系构建

在经济发展与社会转型的推动下,我国传统刑事法律体系正面临前所未有的挑战和潜在风险,这些变革对法律的适用性和前瞻性提出了更高的要求。环境刑法作为刑事法律体系的重要一环,应当及时作出回应,不断完善自身制度体系与运行机制,为生态文明建设夯实法律基础。通过上文对环境犯罪立法体系存在的问题进行分析与反思,在此提出以下优化环境犯罪立法体系的可行路径:

(一)转变立法理念,深入贯彻生态文明思想

尽管生态文明思想在我国已经成为社会广泛认同和积极践行的价值导向,但在立法领域中深化与拓展仍是一个持续的过程。环境立法应当以生态文明思想为核心,更加注重生态环境本身的重要性。近年来对污染环境罪的修订已经呈现出保护法益由人类中心主义向生态学的人类中心主义转变的趋势。《刑法修正案(八)》将污染环境罪的够罪标准由"造成重大环境污染事故,致使公私财产遭受重大损失或者人身伤亡的严重后果",改为"严重污染环境"。从"严重污染环境"的文字表述来看,污染环境罪的法益已不仅仅局限于环境管理秩序法益和人身与财产法益,还包括环境法益。① 由此观之立法者已经开始重视环境法益的独立价值。随着环境犯罪保护法益的转变,环境立法工作亟需深入贯彻生态文明理念,

① 李梁:《环境污染犯罪的追诉现状及反思》,载《中国地质大学学报(社会科学版)》2018年第5期,第35页。

将生态法益置于更加突出的位置,并据此对环境刑法体系进行相应的调整与优化,以确保其全面有效地保护生态环境。

在对环境犯罪预防性立法时,一是要化被动为主动。在环境风险存在但尚未造成实际损害时,就采取措施预防潜在的环境问题发生,防患于未然,积极主动地预见和引领环境保护的需求。二是在范围上应当更加全面。以环境类犯罪的核心罪名污染环境罪为例,生态环境覆盖范围极其广阔,而该罪仅以大气、水体、土地及某些具有特定危险性的物质作为关注对象,类似于光污染、电磁辐射污染等新型的、具有潜在危险性的污染则未纳入规制范围中,给我们的生态安全造成了隐性风险。因而有必要在立法中进一步科学界定污染物的种类,拓宽保护范围,同时可以设置兜底性条款以应对将来可能出现的新污染种类。三是在程度上要更加科学化、明细化。明确性是我国刑事立法的基本要求。明确性程度较高的环境刑法不仅能够为司法者准确适用环境刑法提供可操控的标准,不至于使司法者在面对各种复杂的环境污染犯罪时踌躇不前,而且能够使环境刑法的人权保障机能得以有效实现。① 环境犯罪因果关系复杂,损害结果认定难度大。在立法时更应强调明确性原则,根据犯罪主观恶性、侵害对象、行为特点、污染程度的不同进一步细化环境刑法。为司法人员处理纠纷提供更明确的指引,为生态文明建设提供法治力量。

(二)补充设置危险犯

(1)补充设置危险犯的正当性。在坚持责任主义和罪刑法定原则的立场下,危险犯的设置确实面临一定的挑战,立法空间相对狭窄。以往危险犯多设置于具有显著危害性和高度危险性的犯罪类型中,但在面临严峻的环境保护形势时,环境犯罪的保护法益已向生态学的人类中心主义转变。为有效地预防和惩治环境犯罪,保护我们赖以生存的生态环境,有必要在环境犯罪立法中增设危险犯的规定,通过将某些可能对环境造成重大危险的行为纳入犯罪范畴,并施以相应的刑事处罚,更早地介入环境保护领域,遏制环境犯罪的苗头,防止潜在危险转化为实际损害。

(2)补充设置危险犯的应然立场。首先要明确立法的预防性目的,完善危险犯是为了实现法益保护的前置化。通过设置危险犯,在实害结果发生之前介入刑法来预防潜在的危险发生。在满足积极刑法观下严密刑事法网需要的同时,又能满足规制环境犯罪的特殊性要求。其次要界定危险犯的具体类型。依据犯罪行为造成的危险状态是否具体明确,危险犯又可以分为具体危险犯和抽象危险犯。随着污染环境犯罪的大面积出现,刑法人权保障机能的实现机制正在从传统的依托于人本法益观向当代的依托于刑法的明确性转变。② 出于

---

① 李梁:《中德污染环境罪立法明确性之比较研究》,载《中国地质大学学报(社会科学版)》2019 年第 5 期,第 20 页。

② 李梁:《中德两国污染环境罪危险犯立法比较研究》,载《法商研究》2016 年第 3 期,第 173 页。

刑法的罪刑法定原则和明确性的要求,笔者更倾向于将环境犯罪的既遂形态规定为具体危险犯。当行为人的危害行为对法益造成客观存在、具体现实的危险时,即可构成犯罪。例如某人在河边堆放污染物,但很快就通过合法程序进行处理,没有造成环境污染的实际危险,就可能不构成环境犯罪。但如果污染物在堆放时发生泄漏,对环境造成重大危险,那么该行为就构成环境犯罪。最后要注意不能矫枉过正,不能将抽象危险犯的类型规定至环境犯罪中,避免犯罪圈的过度扩张。对环境犯罪危险犯的刑罚不能过重,其处罚力度应当介于行为犯和结果犯之间,既能体现对危险行为的惩罚,又能保持刑罚的适度性与合理性,达到惩罚犯罪和一般预防的目的。

(三)疫学因果关系的借鉴与引入

如上文所述,传统的因果关系理论在认定环境犯罪因果关系时乏力。他山之石,可以攻玉。国际上许多国家开始用疫学的因果关系解决环境犯罪中因果关系认定难的问题,1970年日本制定的《关于危害人体健康的公害犯罪制裁法》第五条的规定:"如果某人由于工厂或企业的业务活动排放了有害于人体的有害物质,致使公众的生命和健康受到严重危害,并且认为在发生严重危害的地域内正在发生由于该种物质的排放所造成的对公众的生命和健康的严重危害,此时便可推定此种危害纯系该排放者所排放的那种有害物质所致"是世界上最早在刑法体系中引入疫学因果关系的表现。① 所谓疫学因果关系是指"疫学上所采用的因果认识方法,某因子与疾病之间的关系,即使不能够从医学、药理学等观点进行详细的法则性证明,但根据统计的大量观察,认为其间具有高度的盖然性时,就可以肯定存在因果关系。"②在认定环境犯罪因果关系时,如果运用疫学理论的证明方法,利用统计学调查各个因素与环境损害结果之间的关系,通过综合性研究得出二者之间有高度盖然性的因素,就可以认定其与结果之间存在因果关系。

有学者认为疫学因果关系理论在本质上有违无罪推定原则之嫌,③也有学者认为疫学因果关系理论降低公害犯罪因果关系判断标准的做法,无疑是对刑法谦抑性的"侵蚀"。④笔者认为,面临风险时代下严峻的环境问题时,引入疫学的因果关系有一定的合理性。疫学因果关系的判断标准是建立在流行病学法则基础之上,通过客观的科学实验得出的结论,并未违反我国的法治原则。但应注意适用的顺序,通过传统的因果关系理论可以认定污染行为与危害结果的关联性时,优先适用传统因果关系理论。在其失灵时,方可采取疫学的因果关系作为补充。当前正是我国生态文明建设的关键时期,要确保每一个违法行为都得到应

① [日]藤木英雄:《公害犯罪》,丛选功等译,中国政法大学出版社1992年版,第33页。
② [日]大冢仁:《犯罪论的基本问题》,冯军译,中国政法大学出版社1993年版,第104页。
③ 姚贝:《论污染型环境犯罪的因果关系》,载《中国刑事法杂志》2015年第5期,第82页。
④ 王晓滨:《疫学因果关系理论中国化之否定》,载《法商研究》2020年第3期,第77页。

有的法律制裁。不能因困于因果关系的认定而放纵犯罪,让犯罪分子逍遥法外,逃脱正义的审判。

五、结语

生态文明建设功在当代,利在千秋。预防性环境犯罪立法体系作为生态文明建设的法治保障,对于维护生态环境安全、促进人与自然和谐共生具有重要意义。一方面,它需承担起全面依法治国的重大责任,确保在环境保护领域内的法律实施严格、公正,以法治的力量守护绿水青山;另一方面,环境刑法还需积极为大力推进生态文明建设提供有效法律途径,通过制定和完善相关法律规范,引导社会各界共同参与生态环境保护,促进人与自然和谐共生。当下我国环境犯罪体系在预防性方面仍有不足,人本主义落后的环境规制理念限制了法律对环境危害行为的制裁,导致环境损害难以提前预防和有效弥补,不能及时遏制环境犯罪的发生和发展。为实现更有效地规制环境犯罪,需要将生态法益置于更突出的位置,主动采取预防性措施实现法益保护的前置化,在预防性立法的同时保持刑法的谦抑性。应以生态文明思想为指导,通过补充设置危险犯、引入疫学因果关系等方式构建更加完善的环境刑法体系。以法治力量维护生态安全、助力生态文明建设。

恢复性司法在环境犯罪中的适用

——我国轻罪治理和司法现代化的具体路径研究

陈梓煊*

摘要:我国环境司法现状与人们对生态环境科学治理的需求之间存在矛盾,表现为传统刑事司法报应刑理念过重、忽视修复被损生态环境。恢复性司法契合环境犯罪的基本法益,能有效修复生态环境和社会关系,顺应刑罚轻缓化趋势且不会丧失刑法制裁机能,可在不同的案件类型中根据纯粹模式和最大化模式的理念差异选择性适用。在我国环境犯罪治理中,可将恢复性理念与非刑罚处罚措施结合、探寻恢复性处遇制度、并积极拓宽案件的适用范围。

关键词:恢复性司法;环境犯罪;法益修复

随着经济发展和生活水平提高,人们对生态环境的期望与环境恶化的矛盾凸显,环境立法和司法问题受到重视。《刑法修正案(八)》虽确立环境类犯罪,但保护作用有限,与生态文明建设要求有差距。尽管自新中国成立以来我国形成了成熟的刑事司法体系,刑事和解等保障被害人权益领域取得了进展,但刑罚仍被垄断,传统刑罚理念占主流。当前,轻罪治理观融入司法理念,需以更科学、现代化理念指导环境犯罪司法实践。本文以恢复性司法为视角,探讨其在环境犯罪中的适用,以期为轻罪治理提供思路。恢复性司法有别于传统司法,能弥补传统刑罚在环境犯罪治理中的不足。

一、环境犯罪引入恢复性司法的成因

(一)我国环境司法的问题

不论是我国还是在世界范围内,传统刑罚深深植根于报应性司法理念,特别在西方的黑暗时代(Dark Ages)末的诺曼征服(Norman Conquest)以后,犯罪逐渐从对被害人负责向对

---

* 陈梓煊(1999—),男,广东肇庆人,广东财经大学法学院2022级硕士研究生,研究方向为刑法学。

国家的犯罪和忠诚的转向，对犯罪的控制也成为国家对其人民专制的核心部分。① 我国近现代至当代的刑事司法传统，亦是以惩罚犯罪为手段和主要目的一种报应性模式，基于“国家—犯罪人”二元结构，被害人处于边缘角色，其权益保护和受损社会关系的修复都受到不同程度忽视。生态环境犯罪中，传统刑罚弊病突出，将侵损自然环境行为与环境破坏后果人为分离，未区分一般人身财产犯罪和环境犯罪的特殊性，行为人服刑后，已造成的生态损害结果并未消除，导致我国在规制环境犯罪时面临着“罪犯服刑，荒山依旧”的窘况，破坏了生态系统的整体平衡。

(二)适用恢复性司法的理由

作为社会公平正义的最后一道防线，刑事立法与司法应对关切问题作出有力、合目的且与时俱进的回应，而当下的刑罚效果却与我国推进建设生态文明的要求差距较大。恢复性司法作为区别于传统的一种司法模式，为我国的环境治理工作特别是生态领域的刑事立法和司法活动提供了一个可供选择的路径。

首先，恢复性司法不同于传统惩罚措施，应用于环境犯罪有正当性。传统刑罚模式多为罚金和自由刑，重在惩罚，不利于修复环境破坏，预防犯罪效果甚微，且忽视恢复被损生态环境和社会关系，和以环境权为内容的人与自然关系。这关系到环境犯罪的保护法益问题，对此存在不同观点，公共安全说主张，严重的环境破坏行为可能对不特定多数人的生命、健康和重大公私财产安全造成威胁，从而危及公共安全的核心要素；行政法益说则认为环境犯罪本质上是对环境行政法所确立的秩序和利益的违反。② 然而，公共安全说将环境法益与危害公共安全罪的法益相混同，遗漏了对自然环境资源破坏的评价，忽视环境犯罪所侵犯的法益应具有独立性；环境行政法益说直接将国家对环境资源保护的管理制度视为环境法益，但环境刑事法规的规范目的，并非纯粹是为担保并强化行政法规的实效性，而是在违反行政法规而有害于人的生命、身体健康或生态资源时，通过刑罚实现其保护，③因而这将行政违法与刑事违法混淆。环境权说是更为科学的，其体现了生态学意义上的人类中心主义法益论，更关注人与人、人与自然的关系，符合我国刑事治理的实际与生态环境保护的需要。人与自然的和谐关系应建立在修复已遭违法行为破坏的环境关系基础上，单纯的刑罚报应只惩处了环境犯罪中对人与人关系破坏的行为，未能正视协调人与自然关系，④恢复性司法重预防、修复，契合生态伦理观，与环境犯罪刑罚目标不谋而合。

---

① D. W. van Ness, C. W. Colson, “*Crime and It' s Victims, Illinois*”, Illinois: Intervarsity Press, 1986, p. 66.

② 刘宪权：《污染环境的刑事责任问题》，载《环境保护》1993 年第 3 期，第 28 页。

③ 蔡孟兼：《恢复性司法视野下生态环境犯罪的修复责任》，载《辽宁大学学报(哲学社会科学版)》2021 年第 5 期，第 119 页。

④ 侯艳芳：《环境刑事违法的恢复性司法研究》，载《中国地质大学学报(社会科学版)》2008 年第 5 期，第 41 页。

其次,适用恢复性司法并不会丧失刑法的制裁机能。传统报应主义刑罚观认为恢复性司法不能满足公众对犯罪行为的报复心理和彰显法与公权力的威慑性,难以起到事前预防的作用。然而,其一,对罪犯加以"报应"仅在一定程度上满足直接受害人的心理需求,无法满足受其间接影响的其他群体大众需求。其二,大部分环境犯罪缺乏明确具体被害人,而许多行为人的违法动机通常是出于经济利益,且普遍文化程度偏低,对罪行认知程度不深,难以充分认识破坏环境和生态资源的后果,主观恶性较小,人身危险性程度不高,对其采用传统刑事处罚如单纯适用惩戒性强的监禁刑,如前提到,所带来的收益远不及所导致的弊端。恢复性司法遭到的质疑是其产生于侵害方与受害方协的协商处理,因而缺乏刑法所固有的惩罚性问题,该运用有纵容罪犯之嫌,为此的关键在于如何定义"惩罚"? 作为对犯罪的一种回应方法,反对观点指出,"惩罚"是有意施加于犯罪人的痛苦,并不包含恢复性司法或矫正司法的措施。① 然而在刑事司法中,无人能找出不具有惩罚性的裁决。应认为,向侵害者施加的任何负担性、不愉快的措施都具有惩罚性,以上质疑缩小了"惩罚性"之内涵,恢复性司法与传统刑罚实则具有共通性,即赔偿、强制参加辅导项目或向法官汇报行踪等都应视为广义层面的"惩罚"。因此,即便强调恢复性司法相比传统司法模式的进步性,也不能说其完全不具备后者的惩罚性色彩。

再次,从法经济学"囚徒困境"理论视角看,个人理性并不总能带来群体理性。② 在环境犯罪中,若人人都维护共同的环境利益,则大多数人的情况都能得到很大程度改善,因为每个人都是潜在的受害者;但若仅是一人有所行动,并负担所有的成本,且只得到收益的一小部分,他人却可能继续滥用资源,博弈之下,不予维护才是符合个人利益的做法。③ 要摆脱"囚徒困境",应引入一定的外部力量和措施,让所有理性的潜在犯罪人在决定实施某行为时都顾虑到可能承受的成本,从而规制自身行为。恢复性司法模式改进了以往单纯监禁或罚金的惩治模式,将生态恢复作为具体行为责任的补充,通过改变潜在犯罪者的思想动机,促使行为人将自身造成的外部成本内部化,由个体理性引导出群体理性,无疑是对这一困境的恰当回应。

最后,顺应了刑罚轻缓化和刑罚人道主义发展趋势,契合轻罪治理现代化与中国式司法现代化要求。在谦抑主义的指引下,刑罚呈现出轻缓化和轻刑化的革新趋势,这是一种与重刑化相对立的动态发展理念,加强罪犯的人权保护也符合刑罚制度的发展规律。罪犯的再社会化一直都是犯罪学研究中的热点,事实上许多环境案件中的被告人主观恶性并不突出,若加以重罚,既违背比例原则的要求,又不利于对犯罪人的再社会化。反之,引入以修复被损生态环境为目标的恢复性司法制度,给予犯罪行为人修复环境的机会,与刑罚轻缓化、人

---

① M. Wright, "*Justice for Victims and Offenders*", Philadelphia: Open University Press, 1991, p. 22.

② [德]卡尔·拉伦茨:《法学方法论》,陈爱娥译,商务印书馆2005年版,第160页。

③ 牛雪琪:《生态恢复性司法模式研究》,载《环境保护》2021年第10期,第48页。

道主义发展趋势相一致,最终也有利于实现社会和谐。

综上所言,相较传统刑事司法理念,恢复性司法寻求以行为人的积极行动填补损害,强化其主体地位,以实际行动表明认罪悔罪的决心,并从一般预防的角度遏制了不特定群体的犯罪动机,这既是环境司法的应有之义,也符合刑事制裁的目的。而生态环境保护的需求日益迫切,可立足于恢复性司法的本质与价值理念,将关注目光转至恢复性司法并修复受损害的社会关系和环境,这种转变具有内在逻辑性和现实可行性。

二、恢复性措施与环境犯罪的结合

中外学界对恢复性司法的具体定义尚未统一,因出发点差异,有的侧重程序方面的内容,即恢复性司法是由犯罪的利益相关方在自愿的前提下参与协商,强调主体的广泛参与;有的侧重目的定义,以恢复相关利害关系人的利益和被犯罪行为侵损的社会关系为最终追求。而无论是程序还是内容,都有保障被害人利益、修复被损害的法益的机能。价值是为制度运行提供导向,让制度运行不偏离正轨,以实现其宗旨。同时,价值也是评价一项制度运行是否有效的标准。① 从恢复性司法的内涵界定来看,恢复性司法最核心的价值就是“恢复”,因而不必将内涵严格限于程序性内容之中,以保障被害人利益、恢复被损法益为追求的举措,包括当事人充分参与协商后达成的恢复性措施协议,也包括刑事制裁中的法益修复措施、裁判中作为量刑情节适用的恢复措施等,特别是与环境刑事司法结合时,均可纳入恢复性司法的内容。基于此,可以从价值目标出发,认为恢复性司法是为修复被犯罪行为损害的利益,由各利害关系人自愿沟通确定结果或致力于法益修复的司法模式。

(一)环境犯罪基本分类

我国的环境犯罪虽集中规定于现行《刑法》妨害社会管理秩序罪中,但外延较为广泛。根据行为破坏的对象,可分为公害型环境犯罪和生态型环境犯罪两大类。这种分类意义重大,既有助于在理论上明确环境犯罪的客体,且对如何具体适用恢复性措施也有指导作用。公害型犯罪侵害人类学意义上的以人为本的生态法益,实践中可能造成人身伤亡后果,如刑法第 338 – 339 条在列举环境污染和固体废物排放的罪状时,均规定了“致使公私财产遭受重大损失或人身伤亡严重后果”的条件。生态型犯罪则是对生态学意义上以生态为本位法益的破坏,即刑法的 340 – 345 条,该类犯罪并无直接体现对公共安全法益的侵害。总而言之,环境犯罪的侵害对象均包括对既有生态环境的破坏,且在部分情况下也会对个人、集体的人身健康或生命、财产安全造成危害。

---

① 杨红梅:《环境恢复性司法:模式借鉴与本土改造》,载《国外社会科学》2021 年第 3 期,第 75 页。

(二)环境恢复司法的路径选择

1. 恢复性手段与传统刑罚的相通性

恢复性司法以修复受损的社会关系、聚焦于受害人的权益为价值理念,不以对犯罪人施加痛苦、满足国家或民众的报复心理为核心,而向侵害者施加的任何负担性、不愉快的措施均带有惩罚性色彩,可视为是报应刑与目的刑思想融合、重构的产物。因恢复性司法的理念核心,特别是在环境犯罪中,可适用的具体类型较为广泛,可融入法院对环境犯罪被告人判决的之中,即恢复性裁决,如根据具体案件事实和犯罪情节,判令被告进行补植复绿、增殖放流等措施,令行为人通过亲力亲为的方式承担责任,且不仅可以适用在非监禁刑如缓刑考验期,还可作为监禁刑罚中的新型改造措施,既带有"施害人应对自己行为负责并承担责任"的报应思想,也促使其及时悔悟、意识到自身行为对环境的危害从而增强警示性、消除人身危险性并防止再犯。在一些需要以货币金钱责任作为补充或替代的情况下,可以与我国刑罚制度中的财产刑相结合,判决行为人一定数额的罚金,实质是以缴纳生态修复金的方式承担责任,该罚金既直接服务于恢复生态环境工作,又能起到对犯罪人的处罚与警示作用。

2. 恢复性司法的辅助地位

环境犯罪中,恢复性司法的介入必要且具备现实可行,对修复受犯罪行为损害的生态环境、改造犯罪人和提升司法的经济性都意义重大。但仍需明确恢复性司法作为刑罚辅助措施的地位,包括在环境刑事犯罪的规制领域,与刑罚之间是互为助益、补充的,传统刑罚仍具有不可替代性。在环境犯罪中,如果犯罪情节轻微、后果并不严重,在判决作出前的审查起诉或审理阶段积极采取修复行为,或与被害人或相关部门达成修复协议,则可以综合全案将恢复措施作为考量情节,获取免予起诉或不予刑事处罚的待遇;可如果造成的后果已特别严重,或行为人的其他犯罪情节较为恶劣,不能仅因履行了恢复行为而完全免除对其刑事处罚或仅判决其承担一定的环境修复责任作为非刑罚处罚措施,须严格从行为人责任出发,视其是否先行履行修复环境责任以及履行的积极主动性、完成度,认定是否予以量刑上的从宽和从宽幅度,并将其在服刑期间参与的环保性劳动或在押期间签署的"修复保证书"等协议作为减刑、假释的情节。不难看出恢复性司法的适用与传统刑罚的执行是密不可分的,前者在后者的具体中发挥作用,后者作为前者的保障性措施,发挥兜底作用。当然,恢复性司法对于传统刑法执行的影响应是本着有利于犯罪人的方向适用,不论是基于犯罪人在协商的基础上所产生的恢复义务还是出于最大化模式而产生的"强制"修复责任,都不能因拒绝这种义务性负担而成为犯罪人被加重处罚的依据,这也是恢复性司法的性质和罪刑法定主义的要求所决定的。①

---

① 高丽丽:《环境刑事犯罪的刑法规制与完善》,载《大连海事大学学报(社会科学版)》2018 年第 3 期,第 24 页。

3. 应然选择:两种模式在环境犯罪中的运用

恢复性司法的具体运作可分为纯粹模式与最大化模式两个类型,纯粹模式主张恢复性司法须以当事人自愿参与为前提,否则应按正式的司法模式处理。最大化模式认为,能够通过修复犯罪所带来的恶害而使正义得以实现的一切活动都属于恢复性司法,并不以当事人的充分参与为必要,只要最终能达到修复社会关系的实际效果,就能纳入其范畴。① 主要区别在于国家司法机关及对社区角色的定位不同,纯粹模式认为恢复性司法与国家正式刑事司法的关系是二元的,二者虽可并行,但各自在其轨道发挥作用;最大化模式则要求国家刑事司法主动融入恢复性司法之中。笔者认为,仍应从价值目标出发,开放性理解恢复性司法,以理念先行,不宜作过严的限定,两种模式可以在不同的案件中发挥作用,达到相同的目标。在我国,环境刑事违法具体分为纯粹以生态资源为侵扰的生态型环境犯罪和对不特定公众或特定群体产生直接损害的公害型环境犯罪,两类犯罪可以分别对应有被害人的犯罪与无被害人的犯罪。

本文认为,公害型环境犯罪应以纯粹模式为主。在存在被害人的场合,应重视其主体地位,这是被害人学和恢复性司法语境中的应有之义:强调不同角色的参与,以自愿为前提,在社区主持下与犯罪人进行会话协商,商讨对犯罪行为造成后果或社会关系的修复。如我国《刑法》第388条污染环境罪,特别是第三档法定刑的适用情形中,规定了“排放放射性、传染病病原体废物”“致多人重伤、严重疾病或致人残疾死亡”的罪状,都已对公共安全造成威胁、侵害,在污染环境罪案件中,行为人的犯罪行为对特定区域内的不特定多数群体造成了法益侵害,特别是在被害人难以确定,或未造成直接人身财产损害的情况下,以该区域为中心的社区应视为犯罪被害人,由其推选代表,和犯罪人、社区主持人、调解人等参与协商程序,表达诉求,以社区被害人代表的身份与犯罪人达成和解、调解协议,还可出具谅解书请求法院对犯罪人从宽处理。检察院在此过程中作为法律监督机关应参与,注重对双方在协商过程中、特别是和解调解协议签署自愿性的监督,以保障恢复性价值理念的落实,并督促犯罪人落实相应措施,并视其协议的提前履行提出不予逮捕、起诉的决定或建议法院从宽处理,但主要作为监督者的角色,不应过分干预恢复性协商,否则会弱化被害人的主体角色地位。法院作为犯罪人最终责任的裁决者和整个刑事诉讼过程的主导者,在此类案件中,首先审查当事人达成的涉及修复性辅助措施的协议,因为修复性措施除涉及社区被害人的权益,同时由于犯罪行为同样对生态环境造成了破坏,因此也应考察其是否能同时满足生态环境恢复的目的,如果协议履行的修复性措施仅聚焦于对犯罪被害人权益的修补(如致特定少数人的人身健康受损,被害人在自愿原则下与犯罪人达成了赔偿和解),法院仍应肯定协议的效力,并作为减轻行为人刑事责任的根据;如果其履行措施已然涵盖了对环境破坏的治理修护,那么本着防止产生对犯罪人负加过剩责任的原则,可以根据具体情况,对从宽、减轻处罚

① 谢如媛:《修复性司法的现状与未来》,载《月旦法学杂志》2005年第3期,第28页。

的力度进一步加大或适用缓刑,以便于修复措施的执行,在犯罪人确无切身能力履行修复时,调整行为责任为金钱责任,专项用以委托机构进行治理。

申言之,由于在公害类致人身侵损的犯罪中,法益的侵害主要是对作为人身客体的侵犯,决定了恢复的侧重点有所不同。对被害人犯罪的修复往往需建立在与被害人进行对话、沟通之上。因为如果不进行协商程序,被害人的真实诉求就无从得知,恢复性措施的确定也将无所适从,谈不上被害人物质与精神需求的满足,①遑论恢复性司法对被害人权益的关注;并且,通过对话协商这一过程本身,也是关注被害人、增强其参与感和对刑事程序满意度的关键。

而对生态型环境犯罪,宜采用最大化模式。生态型犯罪占据了广义的环境类犯罪的多数,即《刑法》的340条-345条,集中于对环境权法益的侵犯,是对全人类赖以生存的自然资源或环境整体的践踏,刑事法律层面的被害人并非某个自然人或单位,行为仅符合该六条的犯罪构成而不成立其他犯罪时,不会直接侵害前述主体的人身、财产权益,最大化模式可以适用于此类无被害人犯罪。最大化模式并非否定纯粹模式的理念,但不限于对自愿协商模式的坚持,因其重在修复损害的目标本身。在案件尚在行政处理阶段,发现可能涉及刑事违法时,除处理好行刑程序的衔接,行政机关与侦查、检察机关也应当积极履行职能,引导犯罪嫌疑人及时采取措施,填补造成的环境破坏或防止损害扩大。法院可以将行为人的恢复措施作为量刑情节,选择性适用缓刑。

尽管协商的程序性要件放宽,但也是出自此类案件不存在被害人的考虑,不代表要如传统司法那般由公权机关一元主导整个程序。修复的对象虽主要为犯罪行为所破坏的法益,也应当兼顾其所破坏的社会关系,此二者内涵并不完全相同,因为被破坏的社会关系也包括行为人因犯罪行为而与社区及其他成员关系的影响,其因陷于刑事追究而社会评价降低,在摆脱了刑事司法程序的束缚(传统刑事司法中的监禁)后重新回归并正常融入所处环境的难度极大。即使是在最大化模式下,国家正式司法并非取代或主导修复司法的过程。最大化模式的立意甚高,在无被害人犯罪案件中,侦查、公诉、审判机关如果能够转换理念以修复社会关系为既定目标,将会对刑事被告人给予人性化、和缓化的转向处理,无疑有利于犯罪被告人的去犯罪标签化和社会复归,②也贯彻了轻重罪分流有序治理的思路。综上,应当在探寻生态型环境犯罪的最大化模式时,注重对制裁、法益修复与犯罪人回归的一体理念。

三、恢复性司法在我国环境犯罪的具体展开

生态恢复性司法的研究在学界已有一定成果,但在我国环境司法的适用中仍不完善,除

---

① 刘兰秋:《日本修复性司法(Restorative Justice)的理论研究和实践发展》,载《河北法学》2010年第3期,第152页。

② 刘磊:《修复性司法的正名与我国未成年人刑事司法的转向》,载《青少年犯罪问题》2013年第2期,第76页。

理论层面存在一些观念上的难题，还囿于制度层面的障碍，因此还应从当下的实践困境出发，探索出其在我国环境犯罪领域的一条切实可行的本土化适用路径。

（一）注重非刑罚处罚措施的适用

我国《刑法》对免予刑事处罚的对象规定了非刑罚处罚措施，恰好能契合环境犯罪中恢复性司法的适用。环境犯罪的微罪适用率较高，对行为人免予刑事处罚的空间较大，适用非刑罚处罚措施可以落实恢复性理念，实现刑法目的，并且考虑到环境犯罪的普遍逐利性，根据案情对犯罪人适用非刑罚处罚措施中的职业禁止这一特殊措施，不仅能起到制裁作用，也能通过增加犯罪成本以降低再犯的可能。

非刑罚处罚措施的内容也应具有开放性。该条款虽未明确环境整改措施的内容，但不应排除其适用。在对行为人免予处罚或处以缓刑等非监禁刑罚的情况下，为贯彻恢复性理念，实现对生态环境犯罪治理效果的最优化，法院可以参照该款精神，将修复性措施作为一种广义的非刑罚处罚手段，根据行为人的具体犯罪类型判令进行植被补植、限期污染治理等。在行为人怠于执行恢复性判决时，视情况作出不同处理：如是缓刑、假释考验期的决定，应视为违反考验期要求，可依法发动刑罚进行兜底保障，如果是判决行为人完全不承担刑事处罚，则对于恢复性判决不予执行的，可进行行政处分或依照刑法拒不执行判决、裁定罪的规定判处。如此一方面保障了环境恢复工作的落实，也合理地限定了行为人的责任承担，防止行为人投机规避处罚，又不会因令行为人承担相较原来更重的责任而违背恢复性司法理念的性质宗旨。

（二）探寻恢复性处遇制度

我国《社区矫正法》规定适用社区矫正的对象范围为判处管制、缓刑、假释以及暂予监外执行者，承担生态修复责任的往往不包括暂予监外执行的人，因而在对前三类涉环境犯罪人实行社区矫正时，可以将恢复性措施与社区矫正相挂钩。由于恢复性司法强调令犯罪者参与修复过工作的亲历性，通过见证损害后果和修复过程意识到自己行为的危害，消除其再次实施同类行为的动机和人身危险，这和社区矫正的初衷相符。在适用前提上，鉴于环境犯罪中轻罪比例较大，而由于行为人及时积极履行了恢复性措施，可作为酌定量刑轻缓事由，适用缓刑的空间较大，利于社区矫正制度在环境恢复性司法中发挥作用。社区矫正的理念规避了短期自由刑的弊端，同时本质上又是一种与刑罚具有相通作用的制裁性处遇措施，其处罚内容更具多元性和弹性。① 具体执行上，可以将修复性措施内含于矫正内容，规定实质性义务，如参与公共生态环境修复项目等具有公益性质的环保项目，完成修复受损环境任

---

① 蔡孟兼：《恢复性司法视野下生态环境犯罪的修复责任》，载《辽宁大学学报（哲学社会科学版）》2021 年第 5 期，第 123 页。

务。矫正机构及环保行政机关应积极联动,对矫正对象的修复工作成果监督、追踪和评估验收,作为考核结果的重要指标,以成为认定《社区矫正法》第28条"确有悔改表现、服从监督管理、接受教育表现突出"的重要依据。在有被害人的犯罪中,在注重被害人及社区的参与和贯彻自愿原则的基础上,应将造成被害人人身损害的补偿等问题纳入矫正的内容,进一步将环境犯罪的恢复性司法理念落实于社区矫正的制度运行中,对犯罪人的惩戒、改造聚焦于被破坏的环境、人身法益和社会关系,承载了恢复性司法的使命。

此外,即使恢复性司法的价值理念初衷有基于克服短期自由刑弊端的考量,传统监禁刑也确实在实务中会导致一些问题,如与减少犯罪的目标背道而驰,但除作为更为严厉的传统监禁刑的替代,恢复性司法并非不可在监禁刑处罚中进行,这也是其作为刑罚辅助措施的内在要义表现之一,正如有学者提到:"应肯定,监狱可以并且需要改变监禁刑总是产生让人失望这一现状,所以从应然层面,监狱也是促使犯罪人特别是一些特殊罪犯进行改造的最佳环境",①具体到环境犯罪行为人,即便适用了传统监禁刑罚即徒刑,但在执行的场所也并不意味着排斥恢复性理念的贯彻。可从监禁执行中的劳动改造措施入手,对涉生态环境罪犯进行集中的环保教育和进行体力劳动项目,强化其意识,还可以有条件地组织进行外出环境治理劳作,并作为在执行中裁定假释、减刑的依据。这仍可实现对生态环境以及罪犯人身改造的双重恢复,是一项值得探索的刑罚视野下恢复性处遇制度。

(三)拓宽案件适用范围

环境犯罪的具体类型较广,但均是在不同层面对整体环境系统要素的侵害。根据目前的司法现状,环境恢复性司法的适用罪名主要集中在破坏林业、渔业等生态资源类犯罪案件,而对污染环境、破坏动物资源等犯罪案件却少有涉猎,在刘四雷污染环境案②马永奇污染环境案③中,法院均仅对被告人判处有期徒刑和罚金,并未令其承担恢复被污染环境的责任;在张军、张丙华非法收购、运输、出售珍贵、濒危野生动物案④和安旭东非法狩猎案⑤中,法院只判处被告人有期徒刑,以上案例中,被告人都未对所造成的国家野生动物资源损失承担相应责任或生态费用。在刑事立法相关依据完善的基础上,可以将恢复性司法的适用领域范围拓宽,扩大至针对动物资源的犯罪领域乃至所有环境犯罪。此外,有学者从环境犯罪的学理分类出发,认为对环境犯罪中的结果犯而言,特别是当造成严重后果时,应当排除恢复性司法的适用,但这种观点片面理解了恢复性司法的内涵,正如前文提到,恢复性司法并

① 汤姆.布鲁克斯:《惩罚性恢复与恢复性司法》,载《河南警察学院学报》2021年第3期,第54页。

② 参见刑事判决书(2018)甘0104刑初20号。

③ 参见刑事判决书(2019)甘1023刑初147号。

④ 参见刑事判决书(2019)甘7502刑初7号。

⑤ 参见刑事判决书(2021)甘1102刑初9号。

不是刑罚的替代措施,而是起到重要辅助作用。在一些情节严重的环境犯罪中,如果是构成公害型环境犯罪,则表明对被害人的人身健康造成了损害,这时从被害人的权益角度出发,当然可以适用恢复性司法模式,听取其核心诉求;而如果构成生态型犯罪,则可能对生态环境造成了较为严重或不可逆的损害,但这也不是阻碍恢复性司法运作空间的理由,因为行为人及环保部门仍负有防止损害扩大加深的义务。总之,从实现生态修复、避免加重结果、降低行为人人身危险和社会再犯性、缓解社会矛盾的层面考虑,不应剥夺恢复性司法的适用可能性。

大数据赋能环境犯罪治理现代化的探索与展望

刘思含*

摘要：面对全球环境问题，大数据技术在我国环境犯罪治理中发挥了关键作用，我国积极支持环境犯罪的数据化管理，并顺应国际生态环境保护数据化的趋势，在防控预测、取证追诉和提高治理效率方面展现出显著成效。然而，数据收集与处理的技术风险、数据隐私安全问题以及技术与资源分配不均的问题逐渐显现，建议建立多源数据融合与评估体系、完善数据安全保护机制、加强大数据基础设施建设并构建资源共享平台，以促进大数据技术在环境犯罪治理中的健康发展。

关键词：大数据；环境犯罪；现代化；数据治理

随着全球环境问题的日益严峻，环境犯罪已成为威胁生态安全、制约可持续发展的重要因素。环境犯罪包括非法排放污染物、非法采矿、破坏野生动植物资源等行为，不仅严重破坏了自然生态，还对人类健康和社会经济发展造成了深远的影响。为有效应对这一挑战，各国政府和国际社会纷纷寻求创新的治理手段，大数据技术的引入为环境犯罪治理带来了前所未有的机遇，在环境犯罪治理领域，通过提供对海量数据的收集、处理与分析的强大支持，大数据技术使得许多国家开始探索利用其进行环境实时监测、智能预警和精准打击等手段，提高环境犯罪的发现率和打击力度。我国作为生态环境保护和治理的重要力量，近年来在大数据赋能环境犯罪治理方面进行了积极探索，取得了一系列显著成效，从政策层面的大力推动，到实际应用的不断创新，大数据技术正逐步成为环境犯罪治理的重要工具。然而，大数据赋能环境犯罪治理的过程并非一帆风顺，其面临着数据收集与处理技术风险、数据隐私与安全问题、技术与资源分配不均等多重挑战，这些挑战不仅考验着技术应用的成熟度，也对管理体制、法律法规等方面提出了更高要求。因此，深入探讨大数据赋能环境犯罪治理的

---

* 刘思含(2001—)，女，中央民族大学法学院2023级刑法学硕士研究生。

国家社科基金一般项目："环境犯罪治理的数字化应对策略研究"，(项目编号:23BFX118)。

现实需求、探索路径、风险挑战及未来展望,对于推动我国乃至全球环境犯罪治理体系的现代化具有重要意义。

一、大数据赋能环境犯罪治理的现实需求

(一)我国环境犯罪数据化的政策层面支持

大数据时代,生态环境的数据化管理技术成为推进环境治理体系和治理能力现代化的重要手段。习近平总书记明确指出,“要运用大数据提升国家治理现代化水平”“要建立健全大数据辅助科学决策和社会治理的机制,推进政府管理和社会治理模式创新”。2015 国务院发布《促进大数据发展行动纲要》等规范性文件也要求,构建“互联网+”绿色生态,实现生态环境数据互联互通和开放共享。生态环境大数据的发展和应用,为保护与改善生态环境、推进环境管理转型、提升生态环境治理能力现代化打开了一条技术赋能之路。2016 年环保部发布了《生态环境大数据建设总体方案》,明确提出建立生态环境大数据管理工作机制及大数据平台,构建“互联网+”绿色生态,创新生态环境监管模式,依托将要建成的生态环境大数据管理平台、应用平台和云平台的技术保障,实现生态环境的精准化、精细化、科学化治理。① 2020 年中共中央办公厅、国务院办公厅印发《关于构建现代环境治理体系的指导意见》,指出要不断完善生态环境监测技术体系,推进数据建设,全面提高监测自动化、标准化、信息化水平。② 2021 年 3 月 12 日,《中华人民共和国国民经济和社会发展第十四个五年规划和 2035 年远景目标纲要》提出要加快数字化发展、建设数字中国,并就加快数字社会建设步伐、提高数字政府建设水平、营造良好数字生态等作出了详细规划,指出要以数字化转型整体驱动生产方式、生活方式和治理方式变革。③ 2021 年中共中央、国务院印发《关于深入打好污染防治攻坚战的意见》提出要建立健全基于现代感知技术和大数据技术的生态环境监测网络,构建智慧高效的生态环境管理信息化体系。④ 2022 年国务院印发《“十四五”数字经济发展规划》,提出要加强数字基础设施建设,健全完善数字经济治理体系,增强政府数字化治理能力,完善多元共治新格局,并提升全民数字素养和技能。⑤ 2022 年 9 月,

---

① 王建民:《〈生态环境大数据建设总体方案〉政策解读》,载《环境保护》2016 年第 14 期,第 12 页。

② 中共中央办公厅国务院办公厅:《关于构建现代环境治理体系的指导意见》,载《中华人民共和国国务院公报》2020 年第 8 期,第 13 页。

③ 郑栅洁:《国务院关于〈中华人民共和国国民经济和社会发展第十四个五年规划和 2035 年远景目标纲要〉实施中期评估报告——2023 年 12 月 26 日在第十四届全国人民代表大会常务委员会第七次会议上》,载《中华人民共和国全国人民代表大会常务委员会公报》2024 年第 1 期,第 126 页。

④ 中共中央国务院《关于深入打好污染防治攻坚战的意见》,载《中华人民共和国国务院公报》2021 年第 32 期,第 18 页。

⑤ 《国务院关于印发“十四五”数字经济发展规划的通知》,载《中华人民共和国国务院公报》2022 年第 3 期,第 6 页。

为应对生态环境治理的重大挑战,科技部、生态环境部住房和城乡建设部气象局林草局发布了《"十四五"生态环境领域科技创新专项规划》,旨在通过科技创新提升生态环境治理效能,推动经济社会绿色转型,构建美丽中国,该规划聚焦于环境监测、污染防治等多个关键领域,提出了一系列具体目标与重点任务。① 这些规划和文件的出台为环境犯罪治理的数据化建设提供了支持和指引。

(二)国际生态环境保护数据化发展趋势

在全球环境治理中,大数据技术的应用已成为推动生态环境保护的重要力量。随着信息技术的进步,利用大数据快速有效的生态环境监测与污染物全过程控制等技术研发,已成为各个国家生态环境科技创新的关键点。通过实时数据采集与分析,各国能够更精准地识别和解决环境问题,数据化不仅提高了环境治理的效率,还增强了决策的科学性和针对性。随着生态环境问题的全球化,以全球环境公约为代表的国际合作治理变得更加广泛,世界各国围绕联合国确立的17个可持续发展目标,将系统解决全球性的气候变化、环境履约及跨国界污染等作为重点,加强绿色技术研发,共同应对全球生态环境挑战。例如,美国环保署(EPA)建立了全国污染排放和转移数据库(TRI),利用大数据分析识别潜在的环境犯罪行为。② 欧盟则采用了大数据驱动的精准环保策略,通过EIPPCB制定的33个行业BREFs,精确定位工业生产全周期的污染源与控制点,前瞻性地定义了最佳可行技术标准及其环境绩效指标,引领成员国构建适合本国国情的绿色技术体系,展示了环保科技与政策创新的深度融合。③ 大数据分析的先进策略正成为推动环境保护实践进步的重要力量,包括建立全国性的污染监控数据库、实施行业最佳可行技术标准等,均体现了科技进步与政策导向相结合的新模式。大数据有助于形成更加有效、更具前瞻性的环保行动框架,从而更好地应对全球性环境问题,促进了各国在环保技术上的创新,也为解决跨国界的环境污染问题提供了新的解决方案。

(三)环境犯罪数据化有助于缓解环境犯罪治理问题

环境犯罪数据化作为科技驱动生态环境治理的重要组成部分,对于缓解环境犯罪治理问题展现出显著的潜力。通过高精度生态环境监测技术的应用,能够实现对环境违法行为的实时追踪与精准定位,为执法部门提供强有力的数据支持,有效遏制环境犯罪的发生。同

---

① 刘垠:《"十四五"生态环境领域科技创新专项规划公布》,载《科技日报》2022年11月3日,第2版。

② 赵小进、刘凯、陈红燕、田野、杨一帆:《美国TRI制度对中国PRTR制度实施的启示》,载《环境科学与管理》2016年第2期,第10页。

③ 吕晓君、董峥、吴铁、关睿、苏丹:《基于环保大数据的污染防治可行技术数据库建设路径研究》,载《环境影响评价》2018年第1期,第16页。

时,环境犯罪数据化的实施有助于构建全面的环境监管网络,实现从污染源到排放口的全链条监管,以及多污染协同治理,从而提高环境犯罪的发现率和打击效率。[①] 此外,大数据通过对历史数据的深度分析,能够预测潜在的环境风险点,提前采取预防措施,减少环境犯罪的发生,促进环境治理的智能化。在固废管理方面,数据化技术可以对非法倾倒和跨区域转移废物行为的有效监控与及时响应,不仅可以实现对固体废物的精准溯源,还能够通过实时追踪和数据分析,提高废弃物从产生到处置各环节的透明度,从而提升环境犯罪的治理效率。环境犯罪数据化不仅能够提升环境治理的精细化和智能化水平,还能增强环境监管的效能,是实现生态环境治理体系与治理能力现代化的关键路径之一,对于建设美丽中国、促进人与自然和谐共生具有重要意义。

二、大数据赋能环境犯罪治理的探索

(一)大数据赋能环境犯罪防控预测

在面对日益复杂的环境犯罪挑战时,我国各地政府和相关部门积极引入大数据技术,构建了动态、智能的环境监测和预警系统,对大数据赋能环境犯罪防控预测进行了初步探索。在大数据的助力下,通过对历史环境犯罪案件及当前海量环境数据的深度分析,能够预测环境污染的趋势和环境犯罪的潜在风险点,提前部署执法力量,实施精准打击,环境犯罪防控预测不再仅仅依赖于事后追责,而是转向了事前预警和主动干预,有效遏制环境犯罪的发生。[②] 新疆维吾尔自治区以生态环境数据中心为基础,从空间、时间的多重角度出发对数据进行深度挖掘分析,部署先进的大数据污染源监控平台,与移动执法系统结合应用,精准定位问题企业,为全区生态环境质量综合态势感知、决策指挥调度提供了支撑。[③] 福建省依托生态环境大数据云平台进行环境质量动态监控,定期排查疑似问题,从而有针对性地部署了执法力量,有效打击了环境违法行为。[④] 重庆市大数据技术被应用于构建了一个全覆盖的生态环境大数据平台,该平台集成了空气质量、水体质量、土壤污染、噪声污染等多个维度的数据,为开展污染防治、监管执法和联防联控提供了精准的数据支撑,显著增强了环境监管

---

① 刘志坚、丁国民:《大数据视野下环境侵权诉讼证据制度的优化》,载《北京理工大学学报(社会科学版)》2018 年第 6 期,第 141 页。

② 詹志明、尹文君:《环保大数据及其在环境污染防治管理创新中的应用》,载《环境保护》2016 年第 6 期,第 44 页。

③ 任裕林:《新疆维吾尔自治区生态环境大数据平台开发实践研究》,载《长江信息通信》2022 年第 4 期,第 148 页。

④ 刘柏音、王维、刘孝富、王莹、于军:《大数据技术在我国生态环境领域的应用情况与思考》,载《环境保护》2022 年第 14 期,第 56 页。

的效率和效果。① 这些成绩的取得,有力地证明了大数据技术在确保环境监测数据真实性方面的重要性。此外,大数据技术还被用于优化环境监测资源的配置,通过分析不同区域的环境状况和潜在风险,合理规划监测点位和设备布设,避免了监测设备的重复建设和资源浪费。通过建立跨部门、跨区域的数据共享机制,解决了环境监测数据分散、信息孤岛等问题,实现了监测数据的高效整合与利用,进一步提升了环境犯罪防控预测的能力。通过搭建大数据平台,促进了环境监测数据的实时传输、即时分析和动态展示,为环境管理人员提供了直观、准确的信息,使得他们能够迅速响应环境事件,及时采取措施,防止环境犯罪的发生。

(二)大数据赋能环境犯罪取证追诉

大数据技术在环境犯罪取证追诉中的应用,革新了传统的执法模式,提升了环境违法行为的侦查效率,在精准打击环境犯罪方面展现了前所未有的潜力。通过整合与分析环境监测站点、企业生产记录、卫星遥感影像、社交媒体信息等多元数据源,从中锁定环境犯罪证据,大数据技术为环境犯罪的早期发现和取证追诉提供了强有力的技术支撑。以 2023 年最高检公布的典型案例——三门县铝灰堆放地案为例,通过土壤和水样的检测发现无机氟化物严重超标的事实,大数据平台成功揭示了这一环境危机,并进行溯源核实,促成了非法倾倒危险废物行为的锁定,进而启动了刑事追诉程序。② 这一过程清晰地展示了大数据分析在筛选关键线索、污染溯源、提供证据支持方面的强大功能,为环境犯罪的侦查开辟了新路径。昆明市污染源自动监控与信息管理系统和辽宁是智慧监管的实践,体现大数据技术提升"非现场监管"能力,其利用大数据算法对重点企业监控数据进行动态管控与智能分析,对可疑数据进行智能研判,在无需现场检查的情况下锁定犯罪行为,成功识别了企业数据造假行为,实现了自动监控设施执法能力的全面提升。大数据技术不仅能够弥补人力不足,还能在第一时间捕捉环境违法行为,固定环境犯罪证据,在环境犯罪取证追诉及环境污染溯源识别中的应用显著提高了环境执法的效率与准确性,为构建绿色、安全的生态环境提供了强大的技术支持。

(三)大数据赋能环境犯罪治理效率

大数据技术在环境犯罪治理中通过整合大数据技术、移动通信技术、地理信息系统等先进手段,结合人工智能的研发与应用,能够精准识别和有效打击环境犯罪行为,显著提升了

---

① 参见黄孝艳、吴太佐、张艳军、胡晓明、蒋荣、王陆潇:《重庆市生态环境大数据建设的实践与思考》,载中国环境科学学会主编:中国环境科学学会科学技术年会论文集(第 4 卷),中国环境科学出版社 2020 年版,第 4 页。

② 中华人民共和国最高人民检察院:《依法严惩危险废物污染环境犯罪典型案例》,载最高人民检察院网上发布厅 https://www.spp.gov.cn/xwfbh/wsfbt/202305/t20230529_615212.shtml#2.html,访问日期:2024 年 9 月 9 日。

生态环境执法队伍的能力与效率。例如,青岛市运用无人机巡查、在线监控、视频监控等多种科技工具,配合治污设施智能监控平台等环境信息化平台,利用大数据、移动通信、地理信息系统等技术手段,实现了对重点企业、饮用水水源地、机动车等领域的精准监管,有效降低了现场执法的需求频率。辽宁多市实施智慧监管项目,通过安装动态管控数采仪,集成各类在线监控数据,应用大数据算法进行智能分析,成功锁定了企业自动监控数据异常的违法线索,实现了企业数据造假识别的智能化。① 一些地区已建立了污染溯源的大数据模型,在水污染溯源方面,有研究团队专注于长江流域的污染物溯源,利用大数据模型智能识别上游各河道的污染来源路径,为沿江生态环境执法监管提供了智能化支持;在大气污染溯源方面,基于机器学习的污染物排放溯源模拟研究也取得了进展,通过对不同污染源区域对复合污染贡献度的量化分析,为大气污染源头追溯及区域污染纠纷的精准解决提供了可靠的科学依据。

三、大数据赋能环境犯罪治理过程的风险与挑战

(一)数据收集与处理技术风险

在大数据赋能环境犯罪治理的过程中,数据收集与处理技术扮演着至关重要的基础性作用,然而这一过程也存在较大的技术风险。首先,环境犯罪治理所需的数据来源广泛且复杂,包括环境监测站、工业排放数据、卫星遥感影像、社交媒体舆情等,这些数据的获取不仅需要高度的技术支持,还依赖于多部门、多机构的协调合作。但在实际操作中,由于技术限制、利益冲突或沟通不畅等原因,数据收集往往难以做到全面覆盖,导致分析结果存在偏差。其次,数据的准确性也是一大挑战,大数据技术虽然强大,但其处理过程涉及数据清洗、整合、分析等多个环节,每一步都需要精确无误,但在数据自动采集和传输过程中,可能会因设备故障、网络延迟或人为干扰等因素导致数据失真,进而影响治理决策的科学性。② 此外,算法作为数据处理的核心,同样存在技术风险,算法的高度复杂性和不透明性可能导致"算法黑箱"问题,即算法决策过程不透明,可能受隐藏的偏见影响,或存在较大模糊性,难以证明其在任何情况下均正常工作。随着数据量的爆炸式增长,数据处理技术必须不断升级以满足实时性、准确性的需求,然而技术升级往往伴随着高昂的成本和潜在的技术难题,如算法优化、存储扩容、算力提升等,一旦处理技术跟不上数据增长的速度,就可能导致数据处理效率低下,无法及时发现环境犯罪行为。

---

① 罗镭、王维、张志苗、王莹、邱文婷、刘柏音:《大数据技术在生态环境监督执法中的应用、优势及展望》,载《环境保护》2023 年第 6 期,第 58 页。

② 陈万球、石惠絮:《大数据时代城市治理:数据异化与数据治理》,载《湖南师范大学社会科学学报》2015 年第 5 期,第 127 页。

(二)数据隐私与安全问题

大数据技术的迅猛发展正深刻地改变着环境犯罪治理的方式,它在提升生态环境监测精度和响应速度方面展现出巨大潜力,同时也伴随着个人隐私泄露和国家安全风险的新挑战。数字化时代大数据技术能够显著增强生态环境保护的智能化水平,为精准打击环境违法行为提供坚实的数据基础,然而大数据的存储与处理依赖于云计算平台,这要求数据处理具备高度的时效性和开放性,但互联网的开放共享特性却加剧了数据安全的脆弱性。一方面,大数据技术通过数据挖掘和模式识别,能从海量环境数据中提炼出有价值的信息,助力环境犯罪的预防与治理;但另一方面,即使采用了匿名化处理,数据的可识别性也可能因数据融合而被重新恢复,从而暴露个人的敏感信息,包括身份、行为模式和位置轨迹等,大数据的关联性和分布性意味着单个数据点在组合后,隐私泄露的风险将成倍增加。现有的数据脱敏、差分隐私和同态加密技术虽旨在保护隐私,但在面对大数据的复杂性时显得力不从心,使得环境数字化治理中的个人隐私保护成为一个棘手难题。环境大数据不仅涵盖了自然生态状态,还隐含了国土安全、人口动态、经济指标、交通运输和舆论导向等关键领域信息。这些数据一旦被国外间谍势力或敌对组织非法获取,将可能被用于分析中国的经济运行状况、评估国防安全态势,乃至影响国家战略决策,对国家安全构成重大威胁。①

(三)技术与资源分配不均

技术发展的不均衡导致不同地区、不同机构在大数据应用方面存在差异。发达地区和大型机构往往拥有更先进的数据处理技术和更完善的基础设施,能够更有效地利用大数据进行环境犯罪治理,而欠发达地区和中小型机构则可能因技术落后、资金不足等原因,难以充分发挥大数据的优势。这种技术鸿沟不仅限制了环境犯罪治理的整体效能提升,还可能加剧地区间的不平衡发展。在环境犯罪治理中,数据采集是基础,数据分析是关键,然而由于数字化基础设施的不均衡,不同地区在数据采集设备和分析控制平台的建设上存在巨大差异。② 大城市通常拥有较为先进的数据采集设备和完善的数据分析平台,能够实时、准确地收集并分析环境犯罪相关的数据信息。相比之下,乡镇和农村地区由于设备落后、平台缺失,难以及时、全面地获取和分析相关数据,导致在环境犯罪治理中处于被动地位。数据技术的应用需要大量的数据存储、计算和分析资源支持,但在实际操作中这些资源的分配往往受到多种因素的影响,如人才支持、经济发展、地区差异、政策导向等,一些关键领域和重点

---

① 陈建:《数字化技术赋能环境治理现代化的路径优化》,载《哈尔滨工业大学学报(社会科学版)》2023 年第 2 期,第 86 页。

② 李霞:《数字赋能环境犯罪治理的维度与完善建议》,载《河南警察学院学报》2023 年第 6 期,第 49 页。

区域可能因资源优先配置而受益,而其他领域和区域则可能因资源匮乏而难以有效应用大数据技术。这种资源分配的不均衡不仅影响了大数据技术的普及和推广,还可能加剧环境犯罪治理的难度和复杂性,限制环境犯罪治理数据化转型进程。

四、大数据赋能环境犯罪治理的完善建议

(一)建立多源数据融合与评估校正体系

在大数据赋能环境犯罪治理的进程中,建立多源数据融合与评估校正体系是提升治理效能的关键步骤。环境犯罪数据来源于多个渠道,包括但不限于环境监测系统、工业排放记录、社交媒体反馈、卫星遥感影像等,这些数据源各具特点,既有互补性也存在差异性。因此,构建一个能够高效整合这些多源数据的融合平台显得尤为重要,制定统一的数据标准和格式规范,确保不同来源的数据能够准确对接和兼容处理,并通过采用数据清洗和整合技术,剔除无效、重复或错误的数据,提高数据的整体质量。同时,引入多源数据融合算法,结合地面观测数据、近地面遥感数据、机载遥感数据和卫星遥感数据,对来自不同渠道的数据进行深度融合,挖掘数据间的潜在关联和规律。① 在此基础上,建立科学的评估校正体系,对融合后的数据进行验证和校准,确保数据的准确性和可靠性,如建立数据质量监控机制,定期对融合后的数据进行质量评估,及时发现并解决数据质量问题。通过不断优化融合算法和评估校正体系,实现环境犯罪数据的全面、准确、高效整合,为治理决策提供更为准确的数据支撑。

(二)完善环境数据安全保护机制

实现数据安全,不仅关乎环境治理,也是营造健康数据交易市场的关键。环境主管部门强化《个人信息保护法》执行力度,创新监管手段,加强对数据产业链的监督检查,构建风险导向监管模式,严惩违法行为。在技术层面上,运用数据加密与封装、密钥管理及访问控制等技术,构建坚固的技术壁垒,防止数据被非法窃取或篡改。同时,规范层面要求根据环境要素的不同,制定详尽的环境数据指引、指南及标准,明确数据安全边界与风险等级保护标准,确保信息安全,明晰环境数据权属,建立产权制度,杜绝过度采集、泄露或倒卖用户数据的行为。具体措施上,建立数据资源目录管理系统,对公共与个人数据进行区分,识别敏感与非敏感信息,实施有效控制与分类管理,并采用用户标识鉴别、存取控制、自动审计等手段,监控数据使用,保障数据安全。② 鼓励企业设立数据保护官,定期评估数据安全风险,建立内控内审制度,主动承担用户数据保护责任。企业层面,发挥行业自律作用,倡导企业长

---

① 胡天宇、赵旦、曾源、郭庆华、何洪林:《面向生态系统评估的多源数据融合体系》,载《生态学报》2023年第2期,第545页。

② 张莉、卞靖:《数字经济背景下的数据治理策略探析》,载《宏观经济管理》2022年第2期,第40页。

远视角,共同维护数据行业生态,制定员工安全培训手册、数据安全承诺书,建立数据泄露报告、处理与赔偿机制,加强内部安全管理。个人层面,提升数据安全意识,主动学习个人信息保护政策,知晓维权途径,成为维护自身数据权益的主体,通过多方位努力,构建起坚实的数据安全保护体系,促进环境数据的健康发展与合理利用。

(三)加强大数据基础设施建设并构建资源共享平台

大数据赋能环境犯罪治理离不开健全的大数据基础设施和资源共享平台。当前,我国数字化基础设施建设尚处在起步阶段,尤其在乡镇和农村地区,数字化基础设施相对薄弱,制约了大数据技术在环境犯罪治理中的应用,加强大数据基础设施建设是当务之急。一方面,加大对数字化基础设施的投资力度,扩大光纤网络、4G/5G网络、物联网等基础设施的覆盖范围,提高网络信号质量和稳定性。东部经济发达地区要通过增加财政投入进一步提升属地环境监测与治理体系的灵敏度,中西部经济欠发达地区要提升环境装备投入在财政投入中的比例,保障属地环境监测的覆盖度。另一方面,推动数据采集设备和分析控制平台的升级换代,提高数据采集的准确性和实时性,为大数据处理提供高质量的数据源。通过整合各部门、各机构的环境犯罪治理数据资源,建立统一的资源共享平台,实现数据的互联互通和共享共用。这不仅可以避免数据孤岛现象的出现,提高数据资源的利用效率,还可以促进跨部门、跨区域的协同治理,形成合力共同应对环境犯罪问题。同时,加强平台的安全防护和运维管理,确保数据资源的安全可靠和平台的稳定运行,通过不断完善平台功能和优化用户体验,提高环境犯罪治理的智能化和精准化水平,为实现生态文明建设和可持续发展目标贡献力量。

环境保护行刑衔接问题研究

张步峰　石航硕[*]

摘要:自国务院2001年于《关于整顿和规范市场经济秩序的决定》中首次提出加强行刑衔接后,各项法律、法规及其他规范性文件亦对行政执法与刑事司法衔接制度进行不断完善。但在实践中,一方面,环境立法与刑事立法的协调性不足以及法律责任承担的衔接不畅暴露了当前环境保护行刑衔接问题在立法层面的缺憾;另一方面,环境犯罪案件移送标准不明确、证据转化制度不完善以及检查监督力度不足等司法层面的问题亦亟须完善。因此,在分析实践中现存问题的基础上,从立法与司法角度展开构建更为完善的环境保护行刑衔接制度是当下的急切任务。

关键词:环境犯罪;行刑衔接;规范化进路

一、环境犯罪行刑衔接的理论基础

(一)环境保护行刑衔接的概念界定

2001年4月,国务院发布的《关于整顿和规范市场经济秩序的决定》(以下简称《决定》)中首次提出“加强行政执法与刑事执法的衔接。”明确了“行刑衔接”的概念。同年7月国务院公布的《行政执法机关移送涉嫌犯罪案件的规定》(以下简称《移送规定》)进一步规定了行刑衔接中行政执法机关移送涉嫌犯罪案件的具体程序,构建了行刑衔接制度的基本框架。2018年修正的《刑事诉讼法》第54条第2款以及2021年修订的《中华人民共和国行政处罚法》(以下简称《行政处罚法》)第27条等条款均对行刑衔接问题做出有关规定。通过梳理以上文件可知,行刑衔接,亦称“两法衔接”,其概念可界定为行政执法与刑事司法在具体程序和流程上的相互衔接。具体到环境保护领域的行刑衔接,2023年《刑法修正(十二)》从刑

* 张步峰(1979—),男,中央民族大学法学院教授,硕士研究生导师。
石航硕(1999—),男,中央民族大学法学院法学硕士研究生。
国家社科基金一般项目:“环境犯罪治理的数字化应对策略研究”(项目编号:23BFX118)。

事司法的角度对环境保护问题进行了细致规定;2017 年最高检、公安部、环保部联合颁布的《环境保护行政执法与刑事司法衔接工作办法》(以下简称《行刑衔接工作办法》)明确了环境保护行刑衔接中案件移送、证据转化、协作机制等方面的要求;2018 中共中央办公厅、国务院办公厅联合颁布的《关于深化生态环境保护综合行政执法改革的指导意见》强调了生态环境保护领域行刑衔接机制的具体要求。从以上法律及规范性文件的角度展开,环境保护行刑衔接制度的概念可以界定为:在生态环境保护领域享有行政权的行政机关在执法过程中,将涉嫌环境犯罪的案件通过法定程序移送至刑事司法机关。刑事司法机关在处理过程中发现应当予以行政处罚的案件再移交至行政机关进行处理的分工协作机制。

(二)环境犯罪的行政从属性

我国学者普遍认为环境犯罪具有行政从属性,即环境犯罪的成立一般以违反行政法律法规为前提。[①] 其主要体现在我国刑法对环境犯罪的具体罪名的设置,多采用空白罪状。即并不直接规定犯罪构成的具体要件,而是通过指向该罪名所违反的具体法律法规的形式进行规定。如《刑法》第三百四十条所规定非法捕捞水产品罪,该罪名就以违反保护水产资源法规作为前置性条件。同样,刑法所规定的非法狩猎罪、非法占用农用地罪等也分别以违反狩猎法规、违反土地管理法规作为前提。

环境犯罪的行政从属性有其积极一面,但亦有学者对其实际意义存在质疑。一方面,有学者认为赋予环境犯罪行政从属性易在实践中造就环境行政执法和行政管理的强势地位,滋生行政权排斥司法权的不良风气。[②] 另一方面,有学者从法解释的视角出发,认为较多危害环境的犯罪行为可直接构成犯罪而无需依附于环境行政法。[③] 上述观点虽具有一定合理性,但仍不能成为否定环境犯罪行政从属性的依据。首先,刑法的谦抑性决定了其与行政法的关系中,往往先由行政法对社会利益和秩序进行调整,刑法往往是最后的终局性选择。[④] 其次,刑法对环境犯罪的规制,在实现通过惩治犯罪来保障公共利益的目的之外,还应体现国家及政府对涉及社会公共利益问题的整体把控,因此其处罚范围可根据环境保护的现实需求和政策要求而调整。

---

① 参见赵秉志:《环境犯罪及其立法完善研究——从比较法的角度》,北京师范大学出版社 2011 年版,第 64 页。

② 赵星:《环境犯罪的行政从属性之批判》,载《法学评论》2012 年第 5 期,第 130 页。

③ 柴云乐:《污染环境罪行政从属性的三重批判——兼论刑法对污染环境行为的提前规制》,载《政治与法律》2018 年第 7 期,第 61 页。

④ 杜少尉:《我国环境刑法行政从属性问题研究》,载《郑州大学学报(哲学社会科学版)》2020 年第 6 期,第 17 页。

二、环境犯罪行刑衔接制度的困境

（一）立法层面

当前，我国并未出台统一的生态环境法典。在环境犯罪的行政从属性前提下检视我国《刑法》第六章第六节对破坏环境资源罪名具体构成要件的规定可见，囿于有关环境保护条文散见于各项行政法规之中，行政执法人员在实践中往往较难确定与环境犯罪具体罪名相对应的行政法规。现行环境立法与刑事立法的协调性不足以及法律责任承担的衔接不畅阻碍了行刑衔接制度的进一步完善。

1. 环境立法与刑事立法之间尚不协调

首先，法益的保护价值取向不同。如前文所述，我国《刑法》第六章第六节专门设置“破坏环境资源保护罪”以彰显对环境保护这一问题的重视。但该节被嵌入于“妨害社会管理秩序罪”之内。“妨害社会管理秩序罪”这类罪名的犯罪客体为社会管理秩序，而社会管理秩序一般指“国家对社会日常生活进行构建及维护而形成的有序状态。”①诸如我国《中华人民共和国环境保护法》（以下简称《环境保护法》）第 1 条以及《中华人民共和国森林法》（以下简称《森林法》）第 1 条的规定，均强调了对环境保护的整体或某一具体领域法益保护。对比之下，刑事立法中对环境领域的法益保护过于宽泛，一来有悖于刑法的谦抑性，二来显示出侵害生态法益尚未成为构成环境犯罪的核心判断标准。② 其次，条文规范缺乏协调。因环境犯罪的行政从属性，环境犯罪的罪名设置空白罪状的方式，即指向前置立法。但该种条文规范存在以下两点问题：一是《刑法》第六章第六节规定的环境犯罪，其空白罪状既有明确指向具体法律、法规的情形，如《刑法》第 343 条规定的“非法采矿罪”；亦有指向不特定的行政法规的表现形式——如《刑法》第 344 条就采用了“违反国家规定”这种模糊的表述形式。空白罪状指向规范的不统一容易造成实践中行政执法人员与刑事司法人员对参照哪部前置法产生矛盾，进而影响执法、司法的公正与效率。二是当前我国多部环境立法对刑事责任的规定过于笼统，如《环境保护法》第 69 条“违反本法规定，构成犯罪的，依法追究刑事责任；”以及《中华人民共和国固体废物污染环境防治法》（以下简称《固废法》）第 123 条的相关规定。同样的问题也出现在《中华人民共和国海洋环境保护法》（《以下简称《海洋保护法》）《中华人民共和国大气污染防治法》（以下简称《大气污染防治法》）等法律中。这种宣示性的条款作为环境保护刑事司法的前置性立法，在实际运作中往往难以彰显其实质效力，并会给执法人员带来更多挑战。

---

① 高铭暄、马克昌主编：《刑法学》（第 10 版），高等教育出版社 2022 年版，第 527 页。

② 焦艳鹏：《论生态文明建设中刑法与环境法的协调》，载《重庆大学学报（社会科学版）》2016 年第 3 期，第 138 页。

2. 法律责任的承担衔接不畅

实践中,往往根据违法手段、方式以及造成环境破坏的程序来判断适用行政处罚或是刑事处罚。如《固废法》第123条概括性规定适用行政处罚、刑事处罚和承担民事责任的情形。环境犯罪具有复杂性,即既破坏了一定区域的生态环境保护制度,又违反了社会管理秩序,在一定情况下也会造成社会公共利益与他人合法权益的损失。但当前针对环境犯罪的行政与刑事处罚难以实现其惩罚目的。首先,如前文所述,因环境立法与刑事立法在法益的保护价值取向的不同,在实践中刑事立法多侧重于对犯罪分子本人采取自由刑或财产刑,而忽视了对环境本身的修复、恢复。其次,罚款方式的多样性使其于刑事罚金的衔接存在问题。囿于各地经济发展水平不一,我国当今对罚金适用的数额标准尚未统一。加之诸如《固废法》第112条、《大气污染防治法》第九十九条对最高罚款数额的限制,使得实践中如何有效衔接行政罚款和刑事罚金有待进一步研究。

(二)司法层面

如前文所述,环境犯罪是典型的行政犯,受到行政权和司法权的双重规制。双重保护虽有利于共同打击犯罪,但部门的协调间也易于出现权力"真空地带"现今我国针对环境犯罪的立法规定难以达到保护生态环境的目的,而环境保护工作中行政执法与刑事司法的"两法衔接"制度也仍有亟待完善之处。一方面,在环境保护问题上刑法过度介入有悖于刑法的谦抑性原则,另一方面,若刑法规制不足又会导致对环境犯罪惩罚力度不够的问题出现。

1. 环境犯罪案件移送标准不明确

环境犯罪移送标准不明确常导致环境犯罪案件止步于行政执法环节。第一,《行刑衔接工作办法》第5条明确了行政机关移送案件的主体、程序和证据条件。并在第6条规定了移送案件所需的具体材料。但对于刑事向行政的衔接问题,《行刑衔接工作办法》第17条采用的"及时"表述仍不明确,刑事司法机关向行政机关的移送和反向衔接的规定尚不完备。此外,《行政处罚法》第27条虽明确了行政机关与司法机关在案件移送及反向衔接的职责,但"及时""有关"的表述过于笼统,在实践中难以划定可执行标准。其中,"有关行政机关"涉及部门较多,而生态环境保护领域的行政主体专业性又较强。若不对相关法律概念进行明确,极易降低司法效率、浪费司法资源。

第二,行政机关与刑事司法部门在司法实践中对犯罪的标准认定往往不同。行政执法人员往往会从行为人主观、客观两个方面对相对人是否涉嫌犯罪进行认定。[①]《行刑衔接工作办法》以及2023年最高人民法院、最高人民检察院《关于办理环境污染刑事案件适用法律

---

① 梅扬、王森弘:《再论环境行政执法与刑事司法的衔接》,载《湖湘法学评论》2024年第1期,第127页。

若干问题的解释》(以下简称《2023 年环境污染解释》)中相关条款仅对涉嫌环境犯罪案件的客观要件构成较为适用,在主观要件的规定上仍有不足。如破坏环境资源保护类罪名中的非法处置进口的固体废物罪、破坏自然保护地罪等罪名均要求构成犯罪的主观要件为故意。① 但行政执法机关工作人员的知识体系及工作性质不同于司法工作人员,往往不具备司法实务工作能力,因此要求其判断行为人主观上是故意还是过失显然要求过高。难以把握行为人是否具备犯罪所需的主观要件而构成犯罪,便难以构建稳定统一的案件移送机制,进而导致行政部门和刑事司法部门在行刑衔接的具体工作上难以相互配合。

2. 环境行刑衔接证据转化制度不完善

在行刑衔接过程中,一方面,行政证据与刑事证据在形式、证明责任以及所应遵循的程序上仍存在较大差异,行政追责过程中涉及的证据收集与认定工作的标准较之于刑事追责领域内的取证标准而言往往较为宽松。《刑事诉讼法》在 2012 年修正时虽在其第 52 条规定:"行政机关在行政执法和查办案件过程中收集的物证、书证、视听资料、电子数据等证据材料,在刑事诉讼中可以作为证据使用。"但有学者认为,该条款的规定因其模糊、不周延使得行政执法和刑事司法在证据的转化和认定上争议愈烈。② 后期最高人民法院发布的《关于适用〈中华人民共和国刑事诉讼法〉的解释》、最高人民检察院《刑事诉讼规则(试行)》等配套文件,虽针对该条款对证据转化的规则有所细化,但第 52 条的概括性规定仍无法解决司法行政部门提供的证据是否能够作为刑事司法证据,以及该证据的证明标准如何判断等司法适用中存在的难题。另一方面,囿于环境犯罪证据具有提取的专业性和及时性、客观关联性等特点,③往往需要专业人员采用专业设备、技术对证据进行及时的收集、固定、保存。受制于环境犯罪证据的特殊性,司法权在一定程度上受制于行政权,因而在实践中对行政执法机关所作的认定和检测报告依赖性较高。

两方面的因素一会导致环境犯罪案件在行政向刑事移送后,已有的证据不符合刑事追责标准。二会对环境犯罪的证据收集转化提出更高的要求。但当前对于环境行刑衔接证据转化制度的规定尚不完善。《行刑衔接工作办法》第 20 条、第 21 条分别规定了行政执法部门在办案过程中所收集、制作的哪些证据材料可在刑事诉讼中作为证据使用。以及环保部门、公安机关、人民检察院收集的证据材料转化为定案依据的基本要求。但上述条款仅概括性表述了行政机关可向刑事司法部门转化的证据类型以及可作为定案的证据要求。并未细致规定转化证据的具体程序和部门间联动机制的运行,显然无法满足现今对于环境犯罪追

① 高铭暄、马克昌主编:《刑法学》(第 10 版),高等教育出版社 2022 年版,第 592 - 604 页。

② 吕鲧:《环境法典中环境污染行刑衔接路径的规范化构建》,载《南京工业大学学报(社会科学版)》2022 年第 5 期,第 37 页。

③ 蒋云飞:《环境行政证据向刑事证据转化机制研究》,载《重庆理工大学学报(社会科学)》2021 年第 7 期,第 129 页。

责的要求。同样《行政处罚法》第 27 条的规定也仅从宏观视角进行阐述,因而在司法实践中,难以寻求具体制度依据,在一定程度上抑制了证据转化机制的功效。

3. 检查监督力度不足

"环境行政执法与刑事司法衔接的检察监督具有合宪性和正当性。"①十八届四中全会通过的《中共中央关于全面推进依法治国若干重大问题的决定》中,多次强调检察监督的重要性以及增强监督合力和实效。但当前,由于行刑衔接制度尚不完善,加之环境犯罪的表现形式愈加复杂,检察监督职能难以充分发挥。因此一些学者认为,监督失灵是环境领域的行政执法向刑事司法移送以及刑事立案环节存在都存在"严重断裂"的重要原因。②

第一,在司法实践中检察监督启动方式被动且监督手段乏力,常需要有关单位或个人的举报才能进入检察监督的视野。但环境犯罪的犯罪行为因其具有隐蔽性、复杂性、长期性,使得其被及时举报的可能性较小。③ 其次,环境犯罪往往并无具体的被害人且缺乏相应的奖励机制,抑或是对个人安危的考量而致使公众的举报积极性不高。在行政法领域,检察机关的监督手段往往并无监督之实。检察机关行使监督权的方式主要为检察意见和要求说明不立案理由,但这两种手段并不具备对环境保护部门向公安机关移送案件的强制保障作用。如《行刑衔接工作办法》第 14 条中"可以"派员查阅案件材料中"可以"的表述,就足以见得检察机关在监督手段上之乏力。

第二,环境保护领域环境犯罪立案过程中检察监督缺失。立案是刑事诉讼开始的标志。④ 根据《移送规定》第九条,立案监督的启动大致通过两种方式:一是行政机关在公安机关不予立案且拒绝说明理由的情况下提请人民检察院进行立案监督;二是移送案件的行政执法机关对公安机关不予立案的复议决定仍有异议时建议人民检察院依法进行立案监督。但上述规定仍有不足之处。首先两种立案监督的启动方式均掌握在行政机关手中,检察机关并无启动权。实践中,行政机关囿于种种现实因素考量,往往并不会主动发起立案检察监督,立案检察监督的作用只能困于书面,难有实质效果。其次,根据《人民检察院刑事诉讼规则》(实行)第 562 条以及 564 条的规定可见,检察机关在立案监督过程中缺乏刚性手段,只能通过提出纠正意见、发出纠正通知书以及报上级协商的方式解决,因此很难起到监督效果。

---

① 蒋云飞:《环境行政执法与刑事司法衔接的检察监督——基于检察机关提前介入视角》,载《重庆理工大学学报(社会科学)》2019 年第 4 期,第 105 页。

② 赵旭光:《"两法衔接"中的有效监督机制——从环境犯罪行政执法与刑事司法切入》,载《政法论坛》2015 年第 6 期,第 146 页。

③ 周兆进:《环境行政执法与刑事司法衔接的法律省思》,载《法学论坛》2020 年第 1 期,第 138 页。

④ 陈光中主编:《刑事诉讼法》(第 7 版),北京大学出版社 2021 版,第 289 页。

三、环境犯罪行刑衔接制度的规范路径

(一)立法层面

1. 完善环境犯罪相关立法

针对当前我国环境犯罪行刑衔接制度在立法层面的不足,有学者主张借鉴国外行政刑罚制度,直接在行政法律中规定刑罚罪名、罪状及法定刑等内容。① 但在行政法律中规定刑罚制度,一方面会造成行政法律条款的冗杂、繁琐,另一方面会难以保障其于刑法的统一性及协同性。另有学者主张基于单一刑法典理念通过实质转致模式设置行刑衔接条款,即在行政法中实质性描述转致刑事责任的条件。② 亦有学者提出构建以刑法典为核心、单行刑法为补充的环境犯罪立法模式。③ 现今,在立法模式的选择上,多数学者提倡采用特附属刑法模式。附属刑法模式可灵活衔接行政法律、法规数量众多的条款,减少同环境前置法矛盾及冲突,在维护刑法权威性、稳定性的同时在司法中及时发挥实效。而对于健全环境保护行刑衔接制度的立法完善问题,主要可从以下方面展开:

一是明确环境犯罪所侵害的法益应是生态环境。至于对社会管理秩序的考量过于宽泛,而经济利益受损以及公民人身健康可作为量刑情节进行考虑。在具体的罪名设置上,可考虑结合实践所需,适当扩大环境犯罪的保护范围。《刑法》对破坏环境资源类犯罪的罪名设置较为传统,在一些领域的划分较为模糊,如第 340 条“非法捕捞水产品罪”所保护的对象概括性归纳为水产品。因此可以针对某一领域进行细致划分,以满足实践中行刑衔接的需要。

二是对空白罪状的表述明确化。针对指向不明确的空白罪状,可通过刑法明文规定或是借助司法解释进行指引,以填补行政违法和刑事违法之间的鸿沟。针对环境立法对刑事责任的规定过于笼统的问题,应通过立法合理划分行政处罚和刑事责任承担的界限,以期实现环境违法行政责任与刑事责任的有效衔接。借助附属刑事立法的模式补足有关刑事责任的具体规定,力求行政执法人员和刑事司法人员在执法、司法过程中有法可依。

2. 完善刑事处罚和行政处罚的衔接制度

环境犯罪的治理不应仅局限于惩治犯罪,还应重视恢复生态。④ 在完善环境立法及刑事立法以寻求法益保护的统一性的前提下,将恢复生态环境的思维贯彻于行政处罚及刑事

---

① 吴云、方海明:《法律监督视野下行政执法与刑事司法相衔接的制度完善》,载《政治与法律》2011 年第 7 期,第 154 页。

② 黄明儒、刘涛:《论统一生态环境法典中行刑衔接条款的设置》,载《湖南科技大学学报(社会科学版)》2024 年第 2 期,第 110 - 115 页。

③ 王勇:《环境犯罪立法:理念转换与趋势前瞻》,载《当代法学》2014 年第 3 期,第 64 - 65 页。

④ 侯艳芳:《中国环境资源犯罪的治理模式:当下选择与理性调适》,载《法制与社会发展》2016 年第 5 期,第 183 页。

处罚的始终是当前完善行刑衔接处罚制度衔接的应有之义。在具体措施方面,一是可采用将生态环境修复、恢复的情况纳入量刑、处罚执行的评价标准,环境犯罪人可通过自主进行环境修复、恢复或给付环境修复、恢复所需的金钱。并且,因环境犯罪大多因经济目的而产生,可适当加大财产刑的处罚力度,并从罚款、罚金、没收违法所得、没收财产中抽取一部分资金专门用于生态环境保护。二是在行政罚款和刑事罚金的衔接问题上,为消除部分环境犯罪主体以少量罚金攫取更多违法利益的侥幸心理,在明确罚金适用标准的前提下,刑事罚金的数额应大于行政罚款的限额。只有刑事罚金的数额大于犯罪行为所带来的可能利益,刑罚的目的才能充分实现。因我国《刑法》对环境犯罪进行统一规定而非采取行政法区分具体领域的立法方式,环境犯罪的罚金问题应与行政罚款相呼应。如《固废法》第112条针对不同违法行为的罚款规定了限额制的处罚方式。刑事罚金便可同样采用限额制罚金的前提下对该类环境犯罪行为进行处罚,以实现在保障刑事处罚和行政处罚的有效衔接的基础上,规避罚金过低的弊端。同时,若已对行为人科以罚款,应在刑事罚金中对相应数额进行扣除。

(二)司法层面

1.明确案件移送标准

"环境行政执法过程中发现涉嫌犯罪案件向刑事司法部门移送意味着行政权向司法权的转换。"①在法律层面虽缺乏环境犯罪行刑衔接问题中关于案件移送的明确规定,但可以将视角置于司法实践部门联合制定的规范性文件。将规范性文件和政策文件中确立的具有前瞻性的制度、重大改革任务和经过实践证明有效的执法司法经验以及实践对立法提出的要求,及时转化为法律表达总结提炼在法典中,即为编纂环境法典"纂"的具体体现和内在要求。

首先,即明确刑事向行政案件移送的"反向衔接"具体规则。如前文所述,《行刑衔接工作办法》第17条以及《行政处罚法》)第27条均规定了行政执法机关向刑事司法机关移送案件的"行刑衔接"制度。但对"依法不需要追究刑事责任或者免予刑事处罚,但应当给予行政处罚的,司法机关应当及时将案件移送有关行政机关。"中"有关行政机关"亟需明确。刑事司法机关对于不需要追究刑事责任或免予刑事处罚的案件可根据《移送规定》第8条的规定,书面通知行政机关后相应退回案件材料。该行政机关若能证明该案件不应属本机关处理,可结合具体情况进行内部移送。此外,还应在后续的立法工作中对案件移送的程序、条件、期间进行明确规定,使之能够在行刑衔接的问题上产生具体的法律约束力,并规定违反程序的相应法律后果。做到真正的"有法可依、有法必依。"

其次,如前文所述,要求行政执法人员准确判断行为人的行为是否构成环境犯罪的主观

---

① 侯艳芳:《环境保护行刑衔接的实体规范优化》,载《国家检察官学院学报》2023年第5期,第135页。

要件显然颇为困难。况且判断罪与非罪的问题本身并非由行政机关负责，强行沿用这样的标准既是对刑事司法体系的一种冲击，也无法实现充分保障人权的目的。因此有学者认为应当适当降低行政机关移送案件的标准。行政执法人员在执法过程中发现有证据能证明行为人实施涉嫌犯罪的行为，即可移送刑事司法机关。

2. 完善证据转化制度

完善证据形式从行政执法范畴向刑事司法范畴转移过程中的转化规则对于健全环境行刑程序衔接机制具有关键意义。有学者认为虽然《行刑衔接工作办法》第 20 条规定了环保部门在行政执法过程中收集制作的证据材料可在刑事诉讼中作为证据使用，但囿于其规范性文件性质无法产生法律约束力。但此种观点显然忽视了《刑事诉讼法》第 54 条第 2 款的规定。《刑事诉讼法》第 54 条第 2 款规定中"等证据材料"的表述，显然为证据材料种类的日后增加留有空间，因此也可将"监测报告、检验报告、认定意见、鉴定意见、勘验笔录、检查笔录等"纳入于此。解决环境行刑衔接证据转化制度不完善的症结，首先在于在环境行政执法机关和刑事司法部门之间构建完善的行政证据向刑事证据的转化机制。一方面可以提高环境行政执法人员取证的规范性，确保证据的来源、取证形式以及证据形式合法，以满足刑事司法证据的要求。另一方面可以提高证据转化的审查力度，完善对行政证据的审查规则，提高对行政部门和司法部门的证据审查职责划分、在形式审查和实质审查共同发力以及明确行刑衔接的非法证据排除规则等方面着手，强化行政证据转向刑事证据的审查力度。环境行政执法机关应当在取证程序符合相关规定的情况下，及时、全面客观地收集、固定、保存证据，以防因程序不符合要求而浪费证据或因取证不及时而与证据失之交臂。

3. 加大检查监督力度

针对检查监督启动方式被动的问题，可从以下三方面进行完善。首先，健全信息共享机制。在实践中行刑衔接不畅的主要原因在于行政机关怠于提高环境违法信息。① 有学者认为，案件信息共享和互动是提升生态环境保护"两法衔接"实际效果的重要举措。② 因此，可通过建立环保部门与检察机关之间的信息共享平台，确保环保部门在发现环境违法线索时能够及时向检察机关通报，以寻求增强检察机关启动检察监督主动性。其次，即强化公众举报渠道。群众往往会率先发现生态环境污染与生态环境犯罪行为，发挥人民群众的作用以强化检察监督的力度显然是明智之举。当前可通过加强公众举报渠道建设，建立便捷的举报平台，鼓励群众参与环境监督，同时对举报人给予必要的保护和奖励等措施来强化公众举报渠道。以群众发现并举报、反映为第一步，以检察机关根据群众反映的线索开展调查并介入进行追责为第二步，来实现检察监督力度的强化以及环境犯罪及时惩治。此外，在大数据

---

① 参见田玉明：《环境犯罪行刑衔接问题研究》，中央民族大学 2023 年硕士论文，第 51 页。

② 蒋云飞：《生态环境保护行政执法与刑事司法衔接机制实证研究》，载《中南林业科技大学学报（社会科学版）》2021 年第 2 期，第 60 页。

时代,检察机关还可以积极采用数字科学技术,如大数据分析、遥感技术、无人机监控等,提高对环境犯罪的检察能力。

针对环境保护领域环境犯罪立案过程中检察监督缺失的问题,即公安机关应当立案而未立案的情形,应在《刑事诉讼法》及相关文件中规定检察机关有权要求公安机关说明不立案理由的基础上,在认为其理由不能成立的前提下,有权进行调查取证,并有权向公安机关的上级部门或监察机关反映情况,要求给予相关人员处分。另外可采取鼓励检察机关与环保部门、公安执法等部门联合办案,定期通报案件进展,确保各部门信息互通、协同合作,来提高环境犯罪立案检察监督的实效。当然,“打铁还须自身硬”,现今生态环境犯罪的犯罪手段日益复杂和隐蔽,因此对检察工作人员的职业素养提出了更高要求。加强检察人员在环境保护领域的专业培训,提升其对环境案件的侦查和审查能力,确保其能够依法有效处理环境犯罪案件也是加大检察监督力度的另一种举措。

危害食品安全犯罪的样态分析与对策调整

赵学军　薛立刚[*]

摘要：通过对京豫粤三地危害食品安全犯罪的实证分析，发现其具有人身危险性相对较小和社会危害性整体不大的样态特征，并在司法实践中表现出主刑量刑较轻、罚金数额偏低和缓刑适用率高的特点。这便与治理危害食品安全犯罪的"严打对策"严重偏离。鉴于该罪在现实样态上的表现，应当按照常态社会背景下治理犯罪的基本要求，严格落实宽严相济刑事政策，采取从严惩处严重行为、从轻处罚较轻情形和非刑处罚轻微行为的治理对策。

关键词：危害食品安全罪；现实样态；严打对策；宽严相济

为保障"舌尖上的安全"，我国《刑法修正案（八）》以及"两高"出台的《关于办理危害食品安全刑事案件适用法律若干问题的解释》（以下简称《食品案件解释》）对危害食品安全犯罪提出了从严打击的治理要求。然而，"立法上从严打击的法律制度调整，并未带来食品安全形势的好转，食品安全犯罪仍然居高不下，我国的食品安全形势仍然严峻"。① 针对居高不下的危害食品安全犯罪形势，有必要分析当前的犯罪样态，以便评析从严打击策略的执行情况和效果，从而为治理对策调整提供实践依据。

一、危害食品安全犯罪的样态分析

本文选取北京市、河南省和广东省作为害食品安全犯罪样本来源地进行实证分析。三地分别位于我国的北部、中部和南部地区，具有较好的代表性，能够在一定程度上反映我国当前的犯罪情况和司法状况。由于案件数量较多，本文通过检索中国裁判文书网，按照一定比例分别收集了三地刑事判决书 5972 份。其中生产、销售有毒、有害食品罪（下文简称为

---

* 赵学军（1977—），男，河北大学法学院副教授，法学博士。
薛立刚（1979—），男，河北省涿州市人民检察院党组成员、政治部主任。

① 参见章桦：《食品安全犯罪"从严"刑事政策检讨》，载《法商研究》2020 年第 3 期，第 18 页。

“毒害食品罪”)2829 份,生产、销售不符合安全标准食品罪(下文简称为“不安全食品罪”)刑事判决书 3143 份,共涉及犯罪人 7086 人。然后提取有关变量,运用 SPSS 社会学统计软件进行分析。

(一)犯罪主体样态

在犯罪学中,一般可以从性别、年龄、前科等主体因素来考察犯罪主体的样态情况。分析发现,危害食品安全犯罪主体具有以下样态。

(1)女性占比较高。经统计发现,在全部样本中女性占比 28.8%。在不同罪名中,也表现出大致相同的比例。如在毒害食品罪中女性占 31.8%;在不安全食品罪中女性占26.3%。在不同地区中,北京市样本中的女性占 39.4%;在河南省女性占 26.9%;在广东省女性占 27.6%。由此可见,食品安全犯罪不论发生在何处,女性主体均表现出了大致相同的比例。而一般而言,我国女性犯罪约占全部刑事犯罪的 10%左右。根据国家统计局公布的统计数据,2012 年初在押服刑女犯仅占全部在押服刑人数的 5.8%。可见,女性在危害食品安全犯罪中的比例明显高于一般犯罪。

(2)青壮年比例高。统计发现犯罪人的平均年龄为 43 岁,其中最小的 16 岁,最大的 81 岁。而 40 岁以下的青少年占 38.2%,41 岁以上 65 岁以下的中年人占 59.9%,66 岁以上的老年人占 1.9%。就各地区情况来看,北京、河南和广东的平均年龄分别为 40 岁、44 岁和 41 岁,年龄相差不大。其中,北京市的上述三个年龄段的比例分别为 51.5%、47.8%和 0.7%,河南省的比例分别是 34.3%、63.5%和 2.2%,广东省的比例分别是 46.8%、52.2%和 1.0%。由此可见,犯罪人的年龄大多在 40 岁以上,即处于青壮年阶段。而青少年和老年人参与实施的相对较少。这一年龄分布特征与当前犯罪人年龄相对较低的趋势明显不同。

(3)初犯比例高。经对犯罪人的前科情况进行统计,发现具有犯罪前科的比例仅占 1.9%。就地区情况来看,河南省和广东省的违法犯罪前科比例分别为 1.6%和 1.4%,而北京市的比例略高,但也仅为 3.8%。据有关统计数据,“我国犯罪人重新犯罪率为 6% - 8%”。[①] 由此可见,危害食品安全犯罪的人员多为初次犯罪,远低于一般犯罪的重新犯罪率。

(二)犯罪事实样态

通过实证分析,发现危害食品安全犯罪的事实样态具有以下特点。

(1)地区分布不平衡。根据统计结果,犯罪分布呈现出明显的地区差异性。首先,案件数量不均衡。北京市的数量最少,而河南省的数量最多,广东省的数量居中。其次,犯罪地点不一致。据有关统计,“北京地区的危害食品安全犯罪案件主要发生在城市中心的周围地

---

① 参见魏平雄、赵宝成、王顺安主编:《犯罪学教科书》,中国政法大学出版社 2012 年版,第 602 页。

区,远郊区的数量较少”。① 而广东省发生于城市的比例是 63.1%,农村的比例是 36.7%;河南省的城市比例则是 35.9%,农村的比例是 64.1%。最后,对象种类差别化。北京市的食品种类主要是营养保健品,所占比例达 91.4%,而广东省和河南省的营养保健品分别只有 4.6% 和 4.5%。与北京市不同的是,河南省和广东省的粮食、肉类、蔬菜等主食所占比例较高,如河南省的比例是 76.4%,广东省的比例是 70.9%。除此以外,广东省的水产、油脂和调味品类等辅食所占比例是 21.0%,而河南省的比例则是 16.5%(详见图 1 所示)。

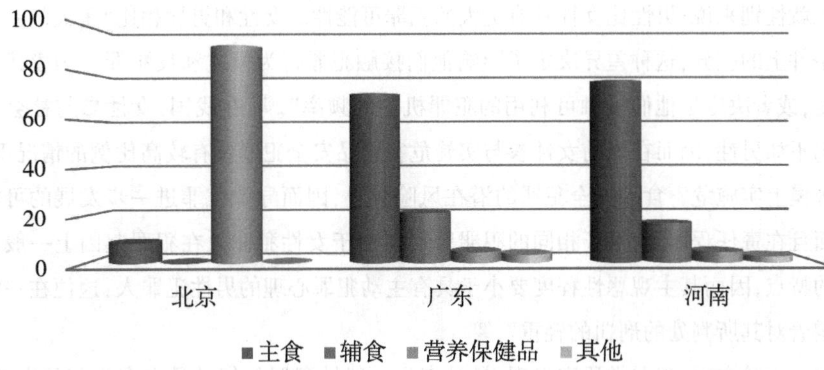

图 1　不同地区涉罪食品种类比例示意图

(2)经营规模小型化。根据分析结果,仅实施生产行为的占 1.9%,仅实施销售行为的占 32.7%,同时实施生产和销售行为的占 63.6%,提供条件的占 1.7%。就不同地区情况来看,北京市没有单纯的生产行为和提供条件行为,比例最高的是销售行为,占 85.1%,其次是生产销售行为,占 14.9%;河南省比例最高的是生产销售行为,占 70.8%,其次是销售行为,占 25.4%,而单纯的生产行为和提供条件行为所占比例较小,分别为 1.7% 和 2.1%;广东省比例最高的也是生产销售行为,占 78.6%,其次是销售行为,比例是 15.1%,单纯的生产行为和提供条件行为所占比例分别是 1.9% 和 1.7%。这说明实践中犯罪分子主要是销售者和自产自销的小作坊主,属于小规模的食品经营者。

(3)犯罪后果不严重。经过样本分析发现,全部样本中都不存在造成人身损害后果的情况,而且具有明确犯罪金额的比例相对也较少,仅占 12.8%。而在具有犯罪金额的样本中,超过 76.0% 的金额不足一万元,超过十万元的不足 10.0%。同时,犯罪分子的犯罪数额相对较小。如在河南省的样本中,以克数为计量单位的平均值为 1025 克,不足 1000 克的样本数占到 80.5%;在北京市的样本中,数量在 100(盒)以下的比例占到了 94.5%。可见,绝大部分的危害食品安全犯罪危害后果相对较小,对市场秩序和身体健康的影响并不严重。

---

① 参见殷星辰主编:《北京社会治理发展报告(2017 - 2018)》,社会科学文献出版社 2018 年版,第 265 页。

(三)犯罪样态分析

根据以上统计结果,不难发现当前的危害食品安全犯罪具有以下样态特点:

1. 犯罪人的人身危险性相对较小

结合样本统计的变量因素,可以从犯罪人的性别、年龄等方面分析犯罪人的人身危险性大小。

首先就性别来说,男性比女性具有更大的犯罪可能性。女性和男性相比“重大的差异是在社会条件上的差异,这种差异决定了影响他们接触犯罪行为模式和反犯罪行为模式的频率和强度,或者决定了他们接触可利用的犯罪机会的频率”。[①] 在我国,女性参与社会活动的频率仍不如男性,因而在当前女性参与实施危害食品安全犯罪具有较高比例的情况下,其在更大规模上实施危害食品安全犯罪的潜在风险较小,因而导致该罪进一步发展的可能性不大。而且在责任程度上,对于相同的犯罪后果,“由于女性犯罪人在犯罪起因上一般具有被动性的特点,因而其主观恶性程度要小于具有主动犯罪心理的男性犯罪人,这便在一定程度上影响着对其所判处的刑罚的轻重”。[②]

其次在年龄方面,犯罪学研究发现,最易产生一般性犯罪的年龄是在青少年的中后期;而且调查结果显示,年龄和犯罪倾向之间存在明显的反比关系。如“在美国,犯罪率最高的是在15-19岁,犯罪率随着年龄的不断增加而降低。”[③]鉴于危害食品安全犯罪实施者的年龄相对偏高,因而他们继续作案的频次亦会逐渐下降。最后在重新犯罪方面,具有前科劣迹的犯罪分子往往具有更强的规范违反意识,人身危险性明显较大。而在危害食品安全犯罪分子中,具有前科的比例远小于一般犯罪,这就意味着他们再次实施犯罪的概率更小。

2. 犯罪行为的社会危害性整体不大

危害食品安全犯罪的危害性程度可以从地区分布、经营规模和犯罪后果等方面进行考察。

首先,在地区分布不平衡的情况下,统计结果显示出案件数量和食品种类随着地区发展程度而变化的现象。如在北京市、河南省和广东省三地的样本中,北京市的发展程度最高,案件数量最少;河南省相对落后,而案件数量最多。在食品种类上,发达地区以营养保健品为主,而欠发达地区则以主食为主。显然,在主食不安全的地区,消费者群体明显较大;而以保健营养品为对象的地区,受害人群体则明显较小。上述情况说明,危害食品安全犯罪在发

---

① 参见[美]埃德温·萨瑟兰,唐纳德·克雷西,戴维·卢肯比尔:《犯罪学原理》,吴宗宪等译,中国人民公安大学出版社2009年版,第196页。

② 参见赖修桂、赵学军:《女性犯罪研究》,法律出版社2013年版,第13页。

③ 参见[美]埃德温·萨瑟兰,唐纳德·克雷西,戴维·卢肯比尔:《犯罪学原理》,吴宗宪等译,中国人民公安大学出版社2009年版,第185页。

展程度较高地区的危害性小于发展程度较低的地区,即随着社会整体发展程度的不断提高,危害食品安全犯罪的社会危害性也自然会呈现出下降趋势。

其次,就经营规模来说,规模越大对经济秩序的冲击也就越大,对消费者的健康危害也就更大,而且其较高的组织化程度也就具有更强的抗打击能力。而在实际统计结果中,危害食品安全犯罪活动表现出明显的自产自销性,或者仅作为零售者摆摊设点进行销售,都没有形成较大经营规模,犯罪活动往往具有临时性特点,对经济秩序的破坏力和消费者群体的威胁面也相对较小。

最后,在犯罪后果方面,绝大部分案件涉及的犯罪金额较少,而且一般没有出现人身损害后果的情况,这说明现实中的危害食品安全犯罪整体上并不具有十分严重的社会危害性。

二、危害食品安全犯罪的对策反思

食品安全事关公众的生命健康权利,"从苏丹红调料、瘦肉精猪肉、三聚氰胺奶粉到染色馒头、有毒大米、地沟油,频发的食品安全事件和危害食品安全犯罪不仅给人民群众的身体健康和生命安全带来巨大危害,给国家和社会造成巨大经济损失,而且在国内和国际上都产生了极其恶劣的影响"。[①] 正是在这样的社会背景下,我国出台了针对危害食品安全犯罪的治理对策。通过对司法实践现状的考察,为检视这一对策提供了重要现实依据。

(一)治理对策解读

为应对食品安全犯罪,我国先后在刑法和司法解释中确立了从严惩治的治理对策。具体表现是:第一,加重了刑罚处罚强度。如《刑法修正案(八)》对不安全食品罪和毒害食品罪均取消了单处罚金,即在构成犯罪的情况下不能只适用附加刑进行惩罚;又如,对毒害食品罪取消了拘役,从而提高了起刑点。第二,加大了经济处罚力度。如根据《食品案件解释》第 17 条的规定,对实施危害食品安全犯罪的犯罪分子一般应当依法判处生产、销售金额二倍以上罚金。第三,严格适用非监禁刑。《食品案件解释》第 18 条规定,对犯罪分子应当依照刑法规定的条件严格适用缓刑、免予刑事处罚。

由此来看,我国采取的是普遍从重的"严打对策"。这一对策在吸取"严打"政策、"从重"打击策略的同时,又不同于"严打",还同时强调"从快"打击的要求。因为"严打"政策的内涵就是"从重从快""最大限度地动用司法资源,尽可能地依法打击严重刑事犯罪"。[②] 从危害食品安全犯罪立法调整和司法解释的要求来看,无论是提高最低刑,还是严格适用非监禁刑,都是针对所有犯罪分子而实施的,因而体现的是普遍从重的要求。但同时,其又与"在

---

① 参见陈国庆、韩耀元、吴峤滨:《〈关于办理危害食品安全刑事案件适用法律若干问题的解释〉理解与适用》载《人民检察》2013 年第 13 期,第 24 页。

② 参见汪明亮:《"严打"的理性评价》,北京大学出版社 2004 年版,第 206 页。

行动上讲统一,在声势上求浩荡,在方向上求一致,在效果上看数字"①的运动式"严打"政策完全不同,而是通过明确的法律规范形式进行的治理路径。因而本文将危害食品安全犯罪治理策略称之为"严打对策"而不是"严打政策"。

(二)对策执行情况

通过分析危害食品安全犯罪的判决结果,本文发现司法实践中并没有体现出对该罪从重打击的"严打对策"要求。

(1)主刑量刑较轻。经对判决结果进行分析,发现整体主刑的判决结果偏轻。就毒害食品罪来说,主刑均值为9个月,其中主刑为0(即免予刑事处罚)的比例占1.8%,6个月(含)以下的比例占52.1%,6个月以上1年(含)以下的比例占35.5%,1年以上5年(含)以下的比例占10.5%,5年以上10年(含)以下的比例只占0.1%。就不安全食品罪来说,主刑均值为7个月,其中主刑为0(即免予刑事处罚)的比例占0.4%,6个月(含)以下的比例占68.8%,6个月以上1年(含)以下的比例占23.7%,1年以上3年(含)以下的比例占6.2%,3年以上7年(含)以下的比例占0.6%,7年以上有期徒刑的比例只占0.3%。

(2)罚金数额偏低。经对样本中除免予刑事处罚以外的罚金刑判决结果进行分析发现,罚金均值为63408元。其中,罚金数额在1000元以下的比例占6.8%,在1000元以上2000元以下的比例占16.3%,2000元以上5000元以下的比例占35.0%,5000元以上1万元以下的比例占23.6%,1万元以上2万元以下的比例占10.4%,2万元以上5万元以下的比例占4.7%,5万元以上10万元以下的比例占1.6%,10万元以上50万元以下的比例占1.0%,50万元以上的比例占0.6%。由此可见,实践中的罚金数额主要分布在1000元以上2万元以下的区间内,所占比例达到了85.3%。

经对已查明犯罪金额的样本进行分析,发现金额均值为99214元,而罚金均值为67745元。显然,从均值的比较来看,罚金数额并没有在整体上超过《食品案件解释》要求的2倍以上,而仅达到犯罪金额的2/3。在未查明生产、销售金额的样本中,罚金的均值是63408元。单因素方差分析结果显示,$F = 0.002$,$P > 0.1$,即两类样本的罚金数额不存在显著性差异。可见,司法实践中,犯罪金额并没有对罚金裁量产生显著性影响。

(3)缓刑适用率高。通过数据分析发现,犯罪人被适用缓刑的比例占62.5%。加上0.9%的免予刑事处罚和0.2%的管制刑比例,共计占到63.6%,即共有接近2/3的犯罪人没有被适用监禁刑。从不同罪名情况来看,毒害食品罪的缓刑适用率为64.4%,不安全食品罪的缓刑适用率为61.0%,两者相差不大;从不同地区情况来看,北京市的缓刑适用率是67.5%,河南省的缓刑适用率是65.6%,广东省的缓刑适用率是41.9%,都具有较高的适用比例。

① 参见衣家奇、姚华:《从运动到法治:"严打"刑事政策的理性趋势》,载《甘肃政法学院学报》2004年第8期,第13页。

这种情形显然与《食品案件解释》第18条严格适用缓刑、免予刑事处罚的精神是不相符的。

另外,通过对缓刑适用与有关因素的相关性分析发现,羁押状态对缓刑适用的影响最大,R值绝对值达到了0.751,R^2值为0.564,即羁押状态对缓刑适用的影响力达到56.4%。统计发现,实践中,处于非羁押状态的犯罪人占到总数的62.5%。一般来说,刑事诉讼过程中只有人身危险性较低的犯罪嫌疑人、被告人才不会被采取羁押措施。可见,危害食品安全犯罪的缓刑适用率较高是源于犯罪人的人身危险性较低。

(三)严打对策反思

根据以上分析不难发现,尽管我国为应对危害食品安全犯罪而采取了"严打对策",但司法实践中并未形成与之相一致的行动,反而表现出了轻缓化的量刑趋势。究其原因,主要是由于大部分的危害食品安全犯罪在严重性方面还达不到从严惩处的程度。如根据前文的实证分析结果,危害食品安全犯罪表现出人身危险性较小、社会危害性整体不大的现实样态。在这种情况下,往往因为实际罪行较轻而难以做出较重的判决结果。对此哈格认为:"如果法定的惩罚与被感到和所要求的正义更重或更轻,法律便丧失其效果;如果法定的惩罚被感到不足,便会出现私人复仇;如果法定的惩罚感到过分,法官可能拒绝为避免其所感到的过分的惩罚而对其明知有罪的人不予定罪;在此类情况下,法官没有权利但有力量挫败法律;而在两种情况下,正义都被挫败。"①由此来看,在实际罪行较轻的情况下要求法官对危害食品安全犯罪均处以较严厉的惩罚,这在司法过程中很难得到有效执行。因此,为防控危害食品安全犯罪而采取的"严打对策"很难适应当前的犯罪治理需要,亟需根据新的犯罪态势进行对策调整。

三、危害食品安全犯罪的对策调整

我国当前针对危害食品安全犯罪所采取的"严打对策"是在食品安全形势较为严峻的社会背景下制定的,尽管该项对策在特定时期为遏制严重食品安全犯罪发挥过积极作用,但在犯罪形势趋于平稳并表现出轻微特征的当下,原有的治理对策就面临调整的现实必要。

(一)对策调整目的

对策调整必须以特定目的为指引。针对当前的危害食品安全犯罪样态,进行对策调整应当考虑以下目的。

(1)维护刑事政策统一。"'严打'是转型中国在面对特殊的严峻社会治安形势,通过对刑事司法资源的再调配,集中力量解决中国社会转型过程中突出的严重刑事犯罪问题的一

---

① Ernest van den Haag, *Punishing Criminials: Concerning A Very Old and Painful Question*, New York: Basic Books Inc., Publishers, 1975. p. 196.

种基本刑事司法政策和特殊刑事司法活动。”①因而其并不是常态社会治理犯罪持续使用的对策。经过近些年来的积极治理,我国的危害食品安全犯罪严重性特点已不明显,这种情形下继续采取“严打对策”已明显不合时宜。而且,如仍然继续保留“严打”的治理对策,就会与宽严相济的基本刑事政策产生冲突,不利于维护刑事政策的统一执行。

(2)实现罪责刑相适应。危害食品安全犯罪涉及基本民生问题,严厉打击确有必要。但是,实践中并非所有行为都达到相当严重的程度,依然存在犯罪情节较轻、人身危险性较小的情形,就有必要对其区别对待,适用较为轻缓的制裁方法,以维护刑事处罚的公正性。如果不分轻重,即对较轻犯罪也处以较重刑罚,就违反了罪责刑相适应的刑法基本原则。因此,必须结合当前危害食品安全犯罪的具体情形,调整“严打对策”可能造成的罪责刑失衡,以便保障罪责刑相适应基本原则的实现。

(3)遵循犯罪治理规律。“‘严打’的进行史表明,每次‘严打’之后不久,犯罪率都急剧反弹,形成了恶性循环。”②这足以说明,要想有效地控制危害食品安全犯罪,不能单纯地依靠打压,而应摸清其自身的运行规律,继而采取针对性措施才能最终实现犯罪治理的目标。从实证分析结果来看,危害食品安全犯罪与社会发展状况、发展程度密切相关。社会发展程度较低的时期,食品安全问题较为严重;而随着社会发展程度的提高,犯罪样态也会随之发生改变。为此,治理对策应当遵循犯罪生成和变化规律,一味地采用高压手段只能治标不治本,甚至还可能会出现适得其反的结果。

(二)对策调整路径

针对当前的危害食品安全犯罪样态,应当采取宽严相济的刑事治理路径。具体要进行以下调整:

(1)严厉打击严重犯罪。危害食品安全犯罪不仅扰乱市场经济秩序,还严重危及人身健康,对其刑事处罚应有别于一般犯罪。尤其对以下情形必须严惩:一是食品经营企业实施危害食品安全犯罪的。因其经营规模较大,并披着“合法”的外衣,危害性程度远大于个体经营者。其主管人员或者直接责任人员本身具有更强的食品安全认知能力,明显具有更大的主观恶性。二是造成严重后果、情节恶劣的犯罪。危害食品安全犯罪引发严重后果、针对弱势群体或者手段特别卑劣的,就应予以严厉惩罚。如三聚氰胺奶粉事件导致上万儿童住院治疗,且事关婴幼儿特殊群体,引发了全社会广泛关注。三是惯犯、再犯。曾因实施危害食品安全行为被处罚的不法分子,如果仍不思悔改而重操旧业,表明其具有更强的反社会心

---

① 参见唐皇凤:《常态社会与运动式治理——中国社会治安治理中的“严打”政策研究》,载《开放时代》2007 年第 3 期,第 116 页。

② 参见蒋熙辉、郭理蓉、马冬梅、方文军:《刑事政策之反思与改进》,中国社会科学出版社 2008 年版,第 254 页。

理。四是犯罪的生产行为。生产行为是危害食品安全犯罪的源头,其相比销售行为具有更大的社会危害性。如果对生产行为实现了良好的整治,必将在很大程度上减少此类犯罪的蔓延。因此,也有必要将生产行为作为严厉惩处的对象。

(2)从宽处罚较轻犯罪。尽管危害食品安全犯罪涉及民生领域,但也并非所有行为都达到从严惩处的程度。而且实践中很多食品不法分子由于欠缺食品卫生知识,基于陈旧、不良的饮食习惯而生产、销售了“问题”食品,这种情况下他们并不见得具有明显的反社会心理,采取较轻的刑事处罚同样可以达到预防犯罪的效果。具体来说,下列情形应予以从宽处罚:一是对人体健康危害较小的情形。虽然食品中被检出添加了非食品原料或者食品不符合安全标准,但所添加的非食品原料的毒害性较弱或者食品的不安全程度较低,其不至于对人体健康造成严重危害,此类犯罪不宜判处较重刑罚。二是主观恶性较小、没有再犯危险的情形。如果涉罪人员因缺乏食品卫生知识而“误入歧途”的,在刑事诉讼过程中已然认识到了自己行为的危害性,应当依法适用非监禁刑。

(3)非刑处罚轻微犯罪。虽然“在任何社会中,为了维系最基本的社会秩序,对犯罪的事后打击是不能放弃的,但预防具有比制裁更高的犯罪控制效率”。① 因而必须结合实际犯罪情况,从更有利于预防犯罪的角度来应对危害食品安全犯罪。从实证分析情况来看,鉴于相当比例的犯罪被判处免予刑事处罚或者适用了非监禁刑,说明这些罪行轻微还达不到给予严厉惩罚的程度。在这种情况下,就应当着重考虑预防的需要,对其采取非刑处罚措施。“非刑罚处罚方法作为体现宽严相济刑事政策的最有效的方法,理应受到极大的重视”。② 关于非刑处罚措施,除了我国刑法第 37 条规定的方法以外,第 37 条之一还规定了职业禁止,即禁止犯罪分子从事相关职业。所以,对于欠缺惩罚必要性的轻微危害食品安全犯罪完全可以通过非刑处罚的方法进行应对,如建议主管部门予以行政处罚或者作出禁止从事食品类相关工作的职业禁止决定,这相比单纯的轻刑处罚可能具有更大的犯罪治理效果。

(4)调整罚金裁量标准。《食品案件解释》罚金数额应当在犯罪金额的 2 倍以上判处,但司法实践中的罚金数额均值还达不到犯罪金额的均值,而且绝大部分的犯罪中没有具体犯罪金额。显然,《食品案件解释》对罚金刑裁量做出的规定并不符合司法实践现状,应当进行适当调整。首先,必须考虑到实践中大量无法查清犯罪金额以及犯罪金额较少而无参考价值的实际现状,不宜以犯罪金额作为罚金刑裁量的唯一依据。其次,罚金裁量应区分经营规模大小采取两种不同标准。即对于具有一定经营规模的犯罪分子,应规定不少于 5 万元的最低要求,以实现刑法与《中华人民共和国食品安全法》的有效衔接;而对于小作坊和摊贩的处罚就要考虑犯罪分子自身经济条件较差的现状,对其罚金刑的处罚标准不宜作出

① 参见张远煌主编:《犯罪学》,中国人民大学出版社 2016 年版,第 243 页。

② 参见赵秉志:《宽严相济刑事政策视野中的中国刑事司法》,载《南昌大学学报(人文社会科学版)》2007 年第 1 期,第 4 页。

硬性规定,以便司法实践中予以灵活判处,从而最终体现宽严相济的刑事政策要求。

四、结语

尽管危害食品安全犯罪涉及基本民生问题,但对其采取何种治理对策不能脱离现实样态。本文的实证分析结果表明,当前危害食品安全犯罪已经进入相对稳定的时期,严重犯罪数量相对较少,绝大部分案件表现出罪行较轻的特点,因而特殊时期采用的“严打对策”已经不能适应当前的犯罪治理需要,有必要按照常态社会下治理犯罪的宽严相济刑事政策要求,在对严重犯罪继续保持高压打击态势的前提下,从轻处罚较轻犯罪行为,甚至对于轻微犯罪可以采用非刑处罚的方法,弱化惩罚而重在预防,从而最终实现食品安全问题的有效治理目标。

期待可能性适用之探析

——以铁马冰河案为视角

贾世柯*

摘要:将期待可能性的欠缺作为责任阻却事由体现了司法的人性关怀,是法律对处于极特殊情况下的刑事违法者的宽宥。期待可能性的有无决定了行为人责任的存在与否,不具备期待可能性,可以认为行为人行为存在可原谅之处,因此不具备刑事责任。由此,可以将期待可能性理论引入刑事责任论之中,作为减轻或免除处罚的事由。通过对"铁马冰河案"中不具备期待可能性条件的分析,梳理出判断行为人期待可能性有无时可以从客观行为、主观心理状态以及法益损害三方面入手,综合判断后提炼的具有正当性的异常因素即是不具备期待可能性的事由。

关键词:期待可能性;犯罪构成体系;责任阻却事由

"铁马冰河"是安徽人胡某的网名,因女儿患有癫痫性脑病,在医生建议下,胡某通过网络从国外购买氨己烯酸,后来了解到其他病友们对氯巴占以及西罗莫司的需求后帮助病友群中其他病友代购。2021年10月,警方以涉嫌走私、运输、贩卖毒品罪,将"铁马冰河"一案5人移交检察机关审查起诉。在整个案件中,胡某负责与买家联系,其他被抓的几人则是协助其收取快递药品。2023年3月底,铁马冰河案尘埃落定,法院认为胡某构成非法经营罪,但因其犯罪情节轻微不对其定罪处罚,其他相关人员不予起诉。①

尽管案件已经告一段落,但近年来的"药神案"屡见不鲜。从陆勇案到"铁马冰河案",在舆论的推动下,我国相关药品管理规定几经修改。在"铁马冰河"案开庭后,我国抓紧出台了相关药品的临时进口方案,并加快了仿制药的审批,核准了国产替代性药品上市,使罕

---

* 贾世柯,女,中国人民公安大学2022级硕士研究生,研究方向为刑法学。

① 参见朱轩、崔烜:《癫痫患儿家属代购氯巴占被诉贩毒案一审宣判:"铁马冰河"免于刑事处罚》,载澎湃新闻 https://www.thepaper.cn/newsDetail_forward_22523663,访问日期:2023年4月1日。

见病患儿用药不再难。毋庸置疑,胡某一案是个案推动法治进步的典型案例。尽管基于胡某私自代购药品对行为人给予处罚时是省事的,并且较为容易做到,但是,大众基于朴素的价值判断会为行为人感到惋惜甚至有人大为赞扬这种行为,认为这是一种助人为乐的行为,不希望追究胡某的刑事责任。价值问题虽然是一个困难的问题,但是它是法律科学所不能回避的。即使是最草率的或最反复无常的关系调整或行为安排,在其背后总有对各种互相冲突和互相重叠的利益进行评价的某种准则。① 公众的情感与司法解释体现了我国人文关怀和法律的温度,那么刑法学上能否为其找寻到出罪渊源呢?

一、期待可能性源与流

铁马冰河案的难点在于行为人行为目的的利他性与行为表象的违法性相冲突。胡某等人出于帮助他人主观的心态实施了行为,但是实际上行为不符合法律的相关规定。行为目的的利他性可否阻却行为的违法性呢?解决这一问题可以从刑法基础理论——期待可能性出发进行刑事归责探讨。

(一)期待可能性之源

期待可能性最早来源于德国著名的癖马案。马车车夫明知所驾驶的马匹存在脱缰发疯的可能性,仍服从主人的命令继续驾驶。在当时的情形下,对于马车夫而言,服从主人命令进行驾驶基于其个人意志是无法拒绝的。马车夫明知存在危险发生可能性,仍然按照要求驾驶马车是符合其实际情况的选择。因此法院在审理此案时认为对于马车夫的这种行为不予苛责。法院认为,在这个案件中显然不能期待马车夫不顾自己的职业损失,违反雇主的命令而拒绝使用这匹马,所以马车夫不负过失责任。② 当时的判决,法官没有刻板按照法律规定对车夫进行罪责认定,而是充分考虑到人性的弱点,由此产生了这个创造性判例。③ 这个判例的产生也促进了期待可能性理论的产生。

期待可能性理论产生于刑法导向由行为至行为人转变的变革时期。定罪从先前对客观行为的绝对关注到后来更加注重对行为人的关注。法不强人所难,这里的“人”是社会一般人,不能过分理想化,对其提出不切实际的要求。通过癖马案,德国刑法学者创造性地将所谓责任不只是“单纯的主观上的心理事实或者状态而是在此基础上进一步就行为时可否期

① 参见[美]庞德:《通过法律的社会控制法律的任务》,沈宗灵等译,商务印书馆1984年版,第55页。

② 参见高铭暄、马克昌主编:《刑法学》(第十版),北京大学出版社2021年版,第115页。

③ 参见张明楷:《关于期待可能性的几点思考》,载《人民法院报》2022年6月2日,第6版。

待行为人实施合法行为的规范判断”的观点确立并发展。① 这也使得心理责任论向规范责任论转向，期待可能性理论也得以不断发展。

近年来，由于立法技术的提高，德国刑法学规定了具体的责任阻却类型，通过具体化不具备期待可能性的类型，将各种强人所难的情形排除在可追究刑事责任之外。② 在具体的实践中，德国将期待可能性适用严格限制在法律规定的条件下，因此实践中鲜有使用的情形。期待可能性可以发挥的作用已逐渐式微，然而相较德国而言，我国有关体系机制还不够健全，因此引入期待可能性理论以丰富自身体系仍旧很有必要。

（二）期待可能性在我国的发展

我国从20世纪80年代后开始引入期待可能性理论。关于期待可能性一直存在较大的争论，总的来说，存在两种不同的意见。一种是不认可期待可能性理论，认为其与我国传统犯罪构成理论完全不适配。但也有很多学者对期待可能性持肯定意见，认为期待可能性的引入可以扭转我国重入罪、轻出罪的立法观念，对我国现有犯罪构成体系下刑事责任认定的缺陷和不足也大有助益。③ 近年来，受德、日刑法理论的影响，尤其是随着德、日阶层式犯罪构成体系逐渐被引介至国内，学界关于期待可能性理论的研究日趋升温，形成了我国刑法教义学应引入期待可能性理论的基本共识。

关于期待可能性该如何引入我国，存在三种不同的设计方案。一种是改造我国犯罪构成理论，采用德日三阶层犯罪构成，为期待可能性的适用创造土壤。另一种是在我国四要件犯罪论体系下直接引入“期待可能性”。如有学者认为，我国刑法理论研究的深入，为借鉴“期待可能性”奠定了理论基础，且我国刑法中本就包含体现“期待可能性”的法律规范，因此对“期待可能性”的借鉴具有现实可行性。还有一种折中的理论，即改造我国四要件犯罪论体系，使其与“期待可能性”兼容。如有学者认为，有必要将“期待可能性”引入我国犯罪

---

① 国内有关期待可能性理论的研究，代表性的成果主要有童德华：《刑法中的期待可能性论》，中国政法大学出版社2004年版；肖晚祥：《期待可能性理论研究》，上海人民出版社2012年版；陈兴良：《期待可能性的体系性地位——以罪责构造的变动为线索的考察》，载《中国法学》2008年第5期，第88－96页；刘艳红：《调节性刑罚恕免事由：期待可能性理论的功能定位》，载《中国法学》2009年第4期，第110－121页；付立庆：《期待可能性的体系地位》，载《金陵法律评论》2008年春季卷，第47－53页。

② 参见［德］汉斯·海因里希·耶塞，托马斯·魏根特：《德国刑法学教科书》，徐久生译，中国法制出版社2016版，第565－567。

③ 陈兴良教授认为期待可能性的体系地位关系到责任的规范构造。期待可能性是不同于故意、过失的规范评价要素，应将其作为罪责排除事由。参见陈兴良：《期待可能性的体系性地位——以罪责构造的变动为线索的考察》，载《中国法学》2008年第5期，第88－96页；张明楷教授认为，基于免责的一般原理，期待可能性应该成为一项独立的超法规的免责事由，并进一步确定了期待可能性相对明确的判断标准。参见张明楷：《期待可能性理论的梳理》，载《法学研究》2009年第1期，第60－77页；张明楷：《张明楷刑法学讲义》，新星出版社2021年版，第186－190页。

构成理论,引入后的犯罪主观方面包括罪过的基本要素和评价因素,前者是指故意和过失,后者指"期待可能性",同时也是前提因素和消极因素。①

二、期待可能性与犯罪构成要件

(一)期待可能性与三阶层犯罪构成体系

在三阶层的犯罪论体系中,期待可能性以违法性为前提,是阶层犯罪构成理论的要件要素。以德日为代表的三阶层犯罪论体系由构成要件该当性、违法性、有责性构成,这三个要件呈递进关系,环环相扣。只有进行完前一步判断才能进行下一步的推演。构成要件该当性、违法性、有责性三者之间的逻辑如下:第一步,先判断行为是否符合犯罪形式上的一般特征;第二步,符合形式特征并不必然导致犯罪行为,是否构成犯罪还需考察该行为是否具有违法性。一般形式上符合犯罪表象的行为都具有违法性,因此在判断违法性时要从例外情况入手。即行为符合犯罪行为的形式表象但是存在法律规定或者法秩序认可的阻却事由,那么该行为就不构成犯罪。阻却事由体现了法律规范对某些特殊行为的评价判断。这种违法阻却事由包括正当防卫、紧急避险等法定的违法阻却事由,也包括自救行为、义务冲突等超法规的违法性阻却事由。第三步是有责性的判断,行为人是否具有过错,具有在刑法上承担刑事责任能力,进而对行为人进行非难和谴责。

期待可能性的作用在于,在进行罪责判断时对行为人的心理因素进一步作出价值评价。期待可能性理论作为有责性的构成要素之一,成为解决刑事责任如何承担的考量要素,进而成为判断是否构罪的标准。在三阶层犯罪论体系中,尽管对期待可能性在有责性中的地位存在不同的见解,但是期待可能性作为责任要件似乎是大陆法系刑法理论的共识。期待可能性理论成为阶层论犯罪构成要件的要素来源于其特定的文化背景,德国传统刑法理论就非常注重主观与客观分离、事实与评价二分,因此在进行责任阶层判断时引入期待可能性充分彰显了人权保障旨趣。

(二)期待可能性与四要件犯罪论体系

在四要件犯罪论体系对应的刑法理论中,刑事责任独立于犯罪构成要件以及刑罚,在犯罪与刑罚之间发挥连接作用。我国刑法学体系的基本形态为:罪(犯罪论,认定犯罪)—责(刑事责任论,确定责任)—刑(刑罚论,决定刑罚)。② 这是我国在刑法领域评价一个行为是否应当受到刑法的否定性评价的标准模式。

---

① 参见陈兴良:《期待可能性的体系性地位——以罪责构造的变动为线索的考察》,载《中国法学》2008年第5期,第96页。

② 参见高铭暄:《论四要件犯罪构成理论的合理性暨对中国刑法学体系的坚持》,载《中国法学》2009年第2期,第8页。

四要件体系下,根据主体要件和主观要件来探讨责任范畴。在主体要件中以责任年龄和责任能力为主,在主观要件中通过对行为人故意、过失、目的、动机等心理事实确定责任。如果在通说的犯罪构成体系中寻找期待可能性的位置,只能将其置于犯罪主体要件或主观要件之中,但不论是将其作为刑事责任能力的判断要素,还是作为故意、过失的内容均难以得出圆满的解释。因此有学者认为,四要件犯罪构成体系的结构性缺陷导致其无法接纳期待可能性理论。① 四要件犯罪构成体系下没有对违法阶层和责任阶层进行区分,所以无法对作为责任判断的期待可能性提供发展的土壤。"有必要采取区分违法阶层和责任阶层的犯罪构成体系,为期待可能性理论的引入奠定体系基础。"②对此,需要改造我国传统犯罪构成体系,才能为期待可能性的适用创造条件。

具体到我国的现实情境下,我国立法中存在着体现期待可能性的具体规定。如《中华人民共和国刑法》(以下简称《刑法》)第 16 条有关不可抗力的规定,不可抗力的概念表明了行为人缺乏期待可能性,因而不能对行为人作出非难。又如刑法中规定的一些将本犯排除在犯罪主体之外的不可罚的事后行为——行为人在犯罪后毁灭、伪造证据、窝藏、掩饰隐瞒犯罪所得、掩饰隐瞒犯罪所得收益等行为。这些行为妨害了司法秩序,其违法性毋庸置疑。但是,实践中我们称这些行为是不可罚的事后行为,这类行为不可罚的解释理由就是期待可能性。对于行为人很难要求其积极配合调查,帮助司法人员找到证据破解案件,因此对于这类行为一般都将本犯排除在犯罪主体之外。

诚然,我国不乏体现"期待可能性"的立法规定,但是这些规定属于法律规范是可以直接适用的,而期待可能性是一个理论要件的概念,不能直接适用到我国的司法实践中。有学者试图在四要件体系之外,为期待可能性寻找栖身之所。一部分学者主张将期待可能性融合在情节的判断上,虽然四要件体系难以将期待可能性等出罪事由纳入其中,但对于不具备期待可能性的行为,可以通过刑法第十三条的但书规定来处理。③ 但书的规定是"情节显著轻微危害不大的,不认为是犯罪",通过行为情节以及侵害法益的判断表明期待可能性的内涵。据此认定期待可能性是犯罪构成理论判断完毕后的例外情形。这么做固然也是将行为排除在犯罪之外,但将之理解为例外规定较为模糊,对于一些特殊行为的判断也就存在极大的不确定性。另外,犯罪构成是犯罪成立的唯一、终局标准。④ 犯罪成立条件亦是出罪条件的反向判断,因此但书规定的"情节显著轻微,危害不大"从本质上讲不能脱离于犯罪构成要件的判断。

---

① 参见钱叶六:《期待可能性理论的引入及限定性适用》,载《法学研究》2015 第 6 期,第 124 页。

② 同上注,第 123 页。

③ 参见刘源:《论期待可能性在刑法中的表达和体系地位——对刑法第十三条"但书"的另一种解读》,载《北京理工大学学报(社会科学版)》2010 年第 1 期,第 76 页。

④ 参见张明楷主编:《刑法学》(第六版),法律出版社 2021 年版,第 129 页。

我国传统四要件犯罪构成体系缺乏像大陆法系那样在不同阶段分别通过违法阻却事由、责任阻却事由进行层层过滤的动态出罪机制。但期待可能性理论不宜放置在四要件犯罪构成体系中并不代表我国不应当引入。我国采取的是犯罪论—责任论—刑罚论的三元构造模式。其中,刑事责任是连接犯罪与刑法的纽带。刑事责任具有三个基本构成要件:行为、没有正当理由和没有可原谅之处。在这种模式下,期待可能性可以置于刑事责任阶段。不存在期待可能性可以认为行为人行为存在可原谅之处,因此不具备刑事责任。由此,将期待可能性理论引入刑事责任论之中,作为减轻或免除处罚的事由。在这种设置下,评价行为人行为时首先要根据四要件犯罪体系判断行为人行为是否构成犯罪,然后对行为人量刑时再考虑行为人的期待可能性。如果行为人不存在期待可能性,即便行为人符合四要件的犯罪构成体系,已经构成犯罪,其也不负刑事责任。如果行为人期待可能性降低,那么行为人已经构成犯罪的情况下可以根据期待可能性理论减轻处罚。

三、铁马冰河案中的期待可能

在铁马冰河案中,代购者铁马冰河的最终处理结果是"定罪免刑"。诚然,在定罪时普遍打击,在量刑时作特别处理有助于缓解法律价值判断的冲突。但本案中,非法经营罪的构成需要达到情节严重的标准。若对胡某行为以非法经营认定,则此种情况下又与"犯罪情节轻微,不需要判处刑罚"有所矛盾。铁马冰河案由于其案件的特殊性、情节性因素为公众所知悉,不对本案定罪并不会导致他人的盲目效仿。因此,对铁马冰河案,笔者认为可以从期待可能性角度为其寻找出罪空间。通过对铁马冰河案中案情的分析以及期待可能性相关理论的讲述,在铁马冰河代购药品中存在以下与期待可能性具有相关性的问题。胡某等人不具备期待可能性的理由主要有以下几点。

(一)客观情境的特殊性

在铁马冰河一案中,胡某及其他病友的家属身患疾病,在国内并没有能够治疗其疾病的药物。在面临病痛折磨和购买未经我国批准进口的国外仿制药的两难境地之间,胡某等人事实上已经丧失了可以选择适法行为的自由。在面临这样极端异常的情境时,生存是一个人最基础的追求,法律应该对人的基础本能给予宽宥。正所谓法者缘人情而制,非设罪以陷人也。当子女生命健康权与遵守国家法律制度存在冲突时,选择保护子女生命健康是人之常情。胡某为自己的亲人购买药品行为不具有非难性。按照正常人理性,在生命健康法益与违法行为之间选择亲人的生命健康无可厚非,法律不应当苛责这种行为。

但是胡某帮别人代购的行为如何认定呢?自己为亲人代购药品是人之常情,那么帮助其他病友代购是属于乐于助人还是违法行为呢?从普通人对于本案的态度看,公众将这起案件称之为现实版"药神"案,神在中国是一个被赋予美好寄托的事物,对铁马冰河冠以药神的称谓,可见公众对其态度是褒扬的,因此在情感上可以认为这是一种乐于助人的行为。

但这种乐于助人的行为存在一定的风险。从情理上看,将之认定为乐于助人是可以被大多数人所接受。但在法律上,这种行为的期待可能性仍旧是存在的,胡某等人完全可以不帮助其他病友购买,这是无可厚非的。但在不具有谋利意图下,胡某帮助代购药品的行为可以获得公众的道德情感认同。因此,由于不存在谋利意图,在这种情形下,代购行为也不应受到法律的否定性评价。

(二)主观上的特殊性

在一般情况下,具有责任能力的人基于故意、过失实施某一行为存在期待可能性。在绝大多数案件中,都不需要特别予以考虑。但在某些特殊情况下,期待可能性的判断仍旧是必要的。当然,期待可能性适用范围不能太广,否则可能会导致司法无序。在判断期待可能性时要综合各种考量因素,谨慎行事。铁马冰河案中行为人主观上陷入两难境地。在胡某代购销售氯巴占两年多的时间里一共获利 3.1 万,按照其他病友的描述,这是她们自愿给予胡某的辛苦费用。胡某主观谋利的性质与一般药品代购贩子有所不同。透过现象看本质,互帮互助的行为就一定是无偿的吗?在日常生活中,对于他人的帮助给予一定的物质酬谢是一种情理之中的行为。所以,不能以胡某获得利益为由而否认胡某主观上的助人意图。

自救是人的一种本能,而救助自己的亲人亦是人之常情,法律不能强求他们去做难以做到的行为,致使制度陷入异化的境地。当人性与遵守法律之间发生了冲突时,我们应该考虑到行为人客观上的别无他法。涉及案件的行为人都是病患的亲友,为了挽救病患生命不得已而实施违法行为。行为人明知行为违法性,但对于危害结果的发生持不希望其发生的态度。行为人的选择主观上是对现实无奈的妥协。

(三)法益损害的特殊性

任何法律都不应要求其所治理的社会人放弃自我保全。较大的社会危害性是犯罪的本质,若相应不法行为的社会危害性没有达到应受刑法惩罚的程度,也就不构成犯罪。从实际法益侵害来看,代购的药品全部被应用在患者治疗,而且并没有医疗损害的发生。犯罪行为的本质应该是法益的破坏。根据我国刑法第十三条规定,犯罪行为是一种危害行为,当行为实质上不具备社会危害性时,称不上危害行为时,那么这种行为就不应当评价为犯罪。

胡某代购“氯巴占”可能侵害的法益存在两种。首先,“氯巴占”的可能侵害到我国其他同类药品的销售,危害到药品市场流通秩序。但这对于“氯巴占”销售量具有较高的要求。具体到本案中,这一点是不可能的,本案中我国国内不存在“氯巴占”的可替代类药物,而氯巴占是唯一可以拯救患者的特定救命药。本案中胡某等人代购的药具备特定性、独特性,由于其不存在替代物,因此胡某代购“氯巴占”的行为在我国并没有实质地危害药品流通秩序。对此,不能按照非法经营罪定罪处罚。其次,胡某代购“氯巴占”可能违反了药品管理秩序。药品的销售需要经国家相关部门的许可,未经许可销售的行为挑战了国家法律的权威性,是对国家管理法益的侵害。法益的损害应当具象化而不仅仅是抽象权利,单纯抽象地讨论药品管理秩序的损害而不考虑实际违背管理秩序的行为人背后的价值选择是没有意义的。法律通过限制药品经营资格的准入条件以达到保护人体生命健康的目的,而不是垄断药品市场达到追求市场利益的目的。当秩序价值与追求生命健康的自由产生冲突时,优先选择生命健康是一个理性人的价值决断。

本案中,胡某未经过我国药品管理部门批准擅自将代购药品分给其他病友的行为在一定程度上侵犯了国家对药品管理的秩序法益,但最终目的是保护生命权这一更大的法益。根据法益衡量原理,很难说这种行为具有一定的法益侵害性。没有法益的侵害则没有刑法非难的必要,也就无需通过刑法的一般预防来遏制此类行为的再次发生。

四、期待可能性的适用判断

如前所述,期待可能性为出罪提供了一条开放之路。但是因为缺乏期待可能性而阻却责任的情形之所以不多,从某种程度上来说,是因为期待可能性的概念本身比较模糊,没有规范的成立要件或明确的界限。如果把缺乏期待可能性作为一种常见的责任阻却事由,就会导致法律的不安定性,也会造成司法的腐败。所以期待可能性适用标准的探析是尤为重要的一环。但理论界对于适用期待可能性理论的前提即无期待可能性的判断标准是什么存在较大的争议。

总的来说,判断标准大体有三个:标准一为行为人标准说理论,即以个人的标准考察其在行为发生的情形下是否能够选择实施合法行为而摒弃违法行为;①标准二为平均人标准说理论,即以社会一般人的合理坚定态度作为判断标准取代行为人的个人标准,判断行为人是否能够在行为发生时选择实施适法行为;②标准三为国家标准说理论,即认为期待可能性的判断标准应是客观的价值判断标准而不是主观的价值判断标准,因此不能以行为人或社会平均人的主观立场为判断标准,而是应当以国家法秩序为客观标准期待行为人是否能够实施适法行为。③

上述三种观点从不同角度出发对期待可能性进行认定。但是上述三种标准讨论只是宏观上定了一个方向,确定了期待可能性讨论的立场。而且三者是可以叠加使用的,在判断行为人身体、心理条件时可以采用行为人标准;平均人是指多数人,只有在多数人面临同样困境时所为之行为方可判断某一行为人的行为可能性。以上标准在实际操作中需要进一步细化才能发挥其作用。在法律规范中有明确规定的期待可能性内容我们无需讨论,只需按照

---

① 参见[日]大塚仁:《刑法概说》(总论),冯军译,中国人民大学出版社2003年版,第406页。

② 参见马克昌:《德、日刑法理论中的期待可能性》,载《武汉大学学报》(社会科学版)2002年第1期,第9页。

③ 参见[日]佐伯千仞:《四订刑法讲义(总论)》,有斐阁1981年版,第290页。

法律相关规定处理即可。通过对铁马冰河案的分析，关于超法规的期待可能性一般需要具备以下条件。

首先，客观上来看行为人行为形式上符合犯罪构成，但存在一定异常情形因而在归责时可以出罪。期待可能性理论的初衷就是"把那些不幸陷入某种具体的恶劣环境中的行为人从责任追究中解救出来，是为了在法律上对人类普遍脆弱人性表示尊重。"①也就是行为人陷入一种两难境地——自身或近亲属的重大利益只能通过违法行为的实施才得以保护时，才能够获得刑法的宽恕。

具体而言，一般情形下行为人符合形式上的犯罪构成很大概率可以入罪，但是在客观条件中存在一条特殊异常情形。这种特殊异常情形的存在，促使行为人对遵守法律规范的意志产生了动摇，而社会一般人在面临同样抉择时一般会选择相同的道路——即通过违法来保全相关利益。而法律对此行为中的人性的弱点表示尊重，不追究此行为的刑事责任。当然，只有足够特殊的情形才可以让刑法宽恕，比如本文中案件所指国内没有相关药品，为治疗疾病必须从国外代购的情境。如果行为人不存在特殊情形，仅因抵挡不住人性私欲而实施了违法行为，这种是纯粹的违法行为，所谓的个人私欲不过是犯罪分子的狡辩。

其次，主观上来看行为人既不是故意也不是过失，而是因为迫不得已。行为人明知这种行为会违反我国相关法律规定，但是别无选择，不得不为之。故意的心理状态对危害结果是一种积极追求的态度或者不排斥结果的发生。而过失对结果发生并不追求，但行为人本人对结果的发生具有预见义务，概言之主观上预见义务的违反构成了行为人的主观过错。期待可能性适用案件下的行为人一般会明知自己的行为会造成危害社会的结果或者至少了解到行为的违法性，但是对于结果发生持不希望其发生的态度。

可以明确一点，不具有期待可能性的行为人心态不属于故意也不属于过失，之所以如此行为是别无选择的结果——也即行为人无他行为选择性或者他行为选择性低。行为人有选择为或不为一定行为的意志自由，当意志自由被限制时，对行为人意志探讨的意义不大。符合期待可能性适用条件的行为实施者，在面临特定环境中的压力时，意志决定自由受到严重阻碍，无法按照意志自由选择是否实施适法行为。期待可能性是特殊客观情况下意志自由受限的情况，表面上看行为人可以自由选择但是实际的情境要求其只能做出某一固定选择。如同本案所述一般，胡某代购药品属于别无选择的无奈之举。胡某本人意志受制于家人生病而国内无法购得其所需药物的特殊情形。在客观环境的压力之下，胡某被迫选择代购。

再次，根据异常情形而出罪的行为不得超出一般人宽宥的限度，损害不应当损害的法益。期待可能性适用的本质是对法益的衡量。当一个案件中存在期待可能性的适用时，不能期待其保护的法益与其侵害的法益相比较，被保护法益需要有更高的价值。这与紧急避险较为相似，但二者的理论基础却存在一定的差别。二者从形式上看是为了保护某种法益

---

① 冯军主编：《刑事责任论》，法律出版社 1997 年版，第 247 页。

而牺牲另一种法益,作用上为行为人出罪提供了依据,虽然二者具备一定的相似性,但二者不能混为一谈。紧急避险是从功利角度出发,两害相权取其轻,赋予了行为正当性以阻却违法。在保护自身利益型紧急避险里,紧急避险亦存在着对人性弱点的关怀。不能期待行为人在保护自己利益和保护他人利益的抉择中选择保护他人利益。期待可能性是从人性弱点出发,在面临特定环境中的压力下,对行为人行为予以宽恕。二者之间存在最显著的一点区别是,紧急避险的危险发生是偶然发生的,具有不确定性;期待可能性的特定环境压力是确定的、必然的。

当然,适用无期待可能性下所保护的法益不得超出一般人宽宥的限度。尽管存在可以适用无期待可能性进行出罪的特殊异常的艰难环境,但是行为人行为不能超出常人所能容忍的限度。杀鸡焉用宰牛刀,按照比例原则,一般人不能接受超出合理范围的损害。公众并没有对超出部分法益损害的必要性给予同情与理解,所以无法适用无期待可能性予以宽恕。如此,对于不应有的损害,行为人需要承担相应的责任。

五、结语

综上所述,我国虽然存在一些关于期待可能性的刑法规定,但是却并没有将所有情形予以类型化,因此有必要引入期待可能性理论来彰显人性价值,弥补立法刚性的不足。人情与法律规定相互冲突的案例已经不止一次出现在公众视野中。但事实上法律与人情并不冲突。法亦容情,良好的法律充分考虑到人性的需求,期待可能性便体现了这样一个面向。当然,水能载舟,亦能覆舟,为了维护刑法的安定和司法的秩序,有必要对期待可能性的超法规适用进行严格的限制。首先,要考虑期待可能性适用情形是否异常;其次,行为人主观意志自由是否受到异常客观条件的限制;最后,行为人保护法益是否具有较高价值。

双层法益构造下妨害药品管理罪的司法认定

陆　杰　明广超*

摘要:在秩序法益与个人法益的双层构造格局下,药品犯罪体系以危险犯的规制模式呈持续扩张之势。其中,将《刑法修正案(十一)》增设的妨害药品管理罪理解为侧重个人法益保护的具体危险犯保护模式,存在使该罪名沦为"僵尸罪名"的隐忧。对此,有必要在证成药品犯罪的双层法益构造与意义,以及明确秩序法益的刑法保护地位的基础上,对妨害药品管理罪中的秩序法益与个人法益的层级位阶关系及其各自功能予以厘清;并将"足以严重危害人体健康"条款理解为准抽象危险犯的规制模式,从而理顺药品行政执法与刑事司法间的认定关系,以期激活妨害药品管理罪的司法适用。

关键词:双层法益;秩序法益;妨害药品管理罪;规范保护目的;准抽象危险犯

一、问题的提出

尽管药品犯罪在本质上从属于经济犯罪,但与大部分经济犯罪的不同之处在于,其侵害的法益不仅包括纯粹的市场经济管理秩序,而是还广泛波及公民的生命健康安全。个中缘由在于,在传统社会中,由于工业水平的限制,药品产业从其原材料的生产、加工再到经营消费的整体过程较为简短,因而导致涉及的主体较少,药品的流通范围便较为有限,通常情况下不会因此产生现代意义上的药品风险。然而,时至今日,药品产业已然发展成一个高度关联性的一体化产业,涉及农业、化学工业、生物工程业、包装业等诸多产业,其中任意环节出现安全性问题,均将对公民的用药安全产生巨大威胁。因此,鉴于药品生产所具备的复杂性

* 陆杰,男,东南大学法学院博士研究生,江苏省高校哲学社会科学重点研究基地反腐败法治研究中心研究人员,研究方向为刑法学、犯罪学。

明广超,男,江苏省徐州市铜山区人民检察院党组书记、检察长,研究方向为刑法学、犯罪学。

基金项目:本文系中央高校基本科研业务专项资金项目"企业合规制度一体化建设研究"(2242024S30051)的阶段性成果。

以及生产供应者的专业性等特性,《刑法修正案(十一)》在原刑法第 141 条即生产、销售假药罪的基础上设置生产、销售、提供劣药罪,并且增设第 142 条之一即妨害药品管理罪、第 408 条之一即食品药品监管渎职罪后,已然形成了相对科学与完备的药品安全保障体系,在打击药品犯罪、维护药品管理秩序、保障公众用药安全等方面发挥了积极效用,契合了当前强化药品安全保障的刑事政策导向,对切实保障社会公众生命健康具有重大的现实意义。但值得注意的是,其中的妨害药品管理罪的增设在原药品犯罪规制体系对秩序法益与个人法益共同保护的基础之上,将对药品管理秩序法益的保护提升至新的高度,其秉持个人法益与超个人法益分立保护的逻辑,将药品管理秩序与公众生命健康进行一定程度的剥离,进而对秩序法益予以侧重保护。但立法层面"足以严重危害人体健康"的构成要件设计也造成了该罪在司法中无从适用、难以适用的局面,对此值得从法益保护立场进行深入研究,以期对本罪的司法适用之激活有所助益。

二、双层法益构造之证成及其价值意蕴

现今的通说一致认为药品犯罪的保护客体是复杂客体(即复合法益),包括国家药品管理秩序与不特定多数人的身体健康。① 在复合法益说内部又依照法益的主次次序形成不同观点。其中,有学者认为在药品犯罪中,国家对药品的监管秩序为主要法益,公共生命健康为次要法益。② 而有学者则认为公民的生命健康法益处于优先保护地位,秩序法益只是被刑法所附带性保护。③ 还有学者基于对妨害药品管理行为的社会意义考察,对药品犯罪的秩序法益内容进行创新性解读,认为药品犯罪的保护法益除公共健康外,所保护的秩序法益为药品市场的交易秩序。④ 该观点无疑具有合理性。例如,未经海关批准而进口销售药品的行为首先扰乱了海关监管秩序,其次,该类药品进入我国市场后将对原有的合法药品造成冲击,侵扰了正版药品的生存空间,在侵害药品监管秩序的同时也扰乱了药品市场交易秩序。但是,市场交易秩序仍然可以被药品监管秩序这一秩序法益所吸收,共同成为药品犯罪秩序法益的组成部分。

然而,在以人权保障为刑法主要机能的思潮熏陶下,对秩序法益进行保护的罪刑规范向来饱受质疑与诟病。即便药品犯罪被设置于破坏市场经济秩序罪之中,其对药品犯罪的规制旨在维护市场经济秩序,但涉药品犯罪行为所侵犯的不止这一单项法益,还涉及个人法益,如何理解与处理二者关系成为理论争议焦点。下文将以妨害药品管理罪的保护法益为

---

① 高铭暄、马克昌主编:《刑法学》,高等教育出版社、北京大学出版社 2022 年版,第 370 页。

② 孙国祥,魏昌东:《经济刑法研究》,法律出版社 2005 年版,第 191 页。

③ 时方:《生产、销售假药罪法益侵害的规范解释——主次法益价值冲突时的实质判断》,载《政治与法律》2015 年第 5 期,第 47 页。

④ 劳东燕:《价值判断与刑法解释:对陆勇案的刑法困境与出路的思考》,载《清华法律评论》2016 年第 1 期,第 144 页。

考察基点，逐一证成药品犯罪的双层法益构造与其中的个罪差异，并以此为镜鉴，结合最新的司法解释，明确妨害药品管理罪的入罪模式并解决相关司法认定疑难问题。

(一)秩序法益保护的正当性根基

修订前的《中华人民共和国药品管理法》(以下简称为《药品管理法》)或是基于提升行政管理效率的考虑，或是意欲通过药品管理秩序的保护间接地拱卫公众生命健康不受侵犯，故而将拟制型假劣药一概划入假劣药范畴。而妨害药品管理罪的增设，扭转了原先对药品管理秩序的保护依赖于假药、劣药认定的局限，不仅使假劣药的认定回归于实质判断，而且还使刑法对药品管理秩序的保护趋于完整。① 基于行政犯的一般属性，行政刑法与前置行政法存在规范保护目的层面的混同性，因而不可避免地会影响行政刑法的保护法益，使秩序的维护亦成为刑法的保护目的之一。对于妨害类罪名而言，秩序法益当然性地处于优先保护地位。例如刑法分则中的妨害兴奋剂管理罪、妨害信用卡管理罪分别以体育管理秩序和信用卡管理秩序为主要保护法益。故应当认为妨害药品管理罪的立法本意为强化药品犯罪体系对秩序法益的保护。

在判断何者为法益的过程中，社会中支配性的规范意识占据了重要地位。② 这里的具有支配性的规范意识即为规范保护目的。药品行政法规定了对药品违法的公法规制方式。行政法虽然亦具有保护具体法益之目标设定，但其更多是以实现行政管理为主，其最为主要的目的是实现行政机关的社会管理。③ 因此，行政法的规范保护目的侧重维护某种既成的管理秩序，而刑法的规范保护目的则侧重保护秩序背后与人相关的具体权益。在规范保护目的与法益可以进行互动沟通的立场下，法益不仅是由立法从客观的生活利益转化而来的客观产物，其还是规范保护目的的一种表征，其实际内涵还取决于对罪名规范保护目的的解读。④ 在行政法中，行政管理秩序必然为其保护法益的组成部分，否则便存在违反法秩序统一性原理的嫌疑。应当认为，刑法与《药品管理法》在保障用药安全的目的上具有一致性，只不过行政法更加侧重于抽象层面的秩序维护，而刑法一般而言更加强调实体利益的保护。但是，秩序法益是国家建立的，在各个公共领域内，为了实现公共利益的规范性、稳定性与有序性，而要求各行为主体所必须遵循的一种整体性法益。在行政犯领域内，行政管理秩序是贯穿于前置行政法与行政刑法的共同法益，为了维护国家的行政管理秩序而制定刑事禁令将秩序违反行为作为行政犯，也是法之价值的实现途径。由此，秩序法益作为一种公共行政

---

① 宣栋：《药品管理秩序刑法保护的逻辑与限度》，载《中国政法大学学报》2023 年第 6 期，第 270 页。

② [日]松宫明孝：《刑法总论讲义》，钱叶六译，中国人民大学出版社 2013 年版，第 11－12 页。

③ 于改之：《法域协调视角下规范保护目的理论之重构》，载《中国政法大学学报》2021 年第 2 期，第 212 页。

④ 参见凌萍萍、陆杰：《负有照护职责人员性侵罪的法教义学阐释》，载《行政与法》2023 年第 6 期，第 101 页。

利益理应得到公法部门的一贯性保护。对此,应当摒弃所谓的以个人法益为圭臬的法益一元论,坚持法益二元论的立场,承认秩序法益具有独立的刑法地位。只不过为了平衡刑法秩序维护与人权保障之间的张力关系,对秩序法益的考量需要以人本主义出发,将秩序法益与个人法益相联系。

但是,这不代表秩序法益必须借助事实层面的法益还原论,从而拆解为个人法益,即二者不存在包含关系,二者并不依附于对方。诚然,人本主义立场下的个体自由保障是现代刑法理论的核心精神,通过该精神的作用能够起到限制刑罚权的作用。但是自由绝非毫无边界,个体自由不能凌驾于社会秩序之上,而是在一定的社会秩序内予以实现。刑法对秩序法益的保护建立在国民将部分权力让渡与国家机关进行社会管理的基础事实之上。可见,秩序法益与个体法益并非背驰的两极,而是可以融合共生的,这样的保护方式并非对法益保护思想的背离,而是依照现今的社会形势进行的修正与创新。

(二)秩序法益与个人法益的层级位阶关系

以妨害药品管理罪的构成要件之一为例,位于生产、销售行为前端的药品申请注册、生产或检验记录造假等行为并不会必然导致药品的瑕疵,因而经由秩序违反行为所生产、销售的药品仍然存在合格的可能性,从而不会对公众身体健康造成现实损害。在《最高人民法院、最高人民检察院关于办理危害药品安全刑事案件适用法律若干问题的解释》(以下简称为《解释》)中,批文、实验数据等行政构成要件依然是认定"足以严重危害人体健康"的主要依据。尽管《解释》对法益侵害的判断从原先的行政依据主导向个人法益危害结果进行了一定程度的转变,但仍没有完全脱离形式判断。所以相较此次修正将两种保护法益进行剥离保护的目的,《解释》反倒确证了生命健康法益与药品管理秩序法益还存在密不可分的关系。因此,对两种不同法益类型的法益侵害关联是值得思忖的,不能简单地套用"阻挡层与背后层的双层法益构造"模版,停留在"倘若秩序法益得到预先保护,个人法益便能得到更为周延、全面的保护"这一固有逻辑上。① 笔者认为药品犯罪虽然均以秩序法益与个人法益的双层构造为基底,但是在其体系内的个罪之间,两种法益仍各有侧重,需要具体分析。对此种双层法益构造可以采取位阶式设定方式。缘由有二。

其一,行政违法行为入罪须以符合比例原则为前提。以刑法分则第六章妨害社会管理秩序罪为例,本章中充斥大量的既侵犯公民具体权益且又违反社会管理秩序的犯罪,对于仅违反社会管理秩序但尚未实际侵犯或者威胁公民具体权益的行为,只需要相关的行政法律法规介入规制即可,刑法无需干涉。其背后的公法逻辑是行政法的比例原则与刑法的谦抑性,将二者之要义有机统合起来即为行政犯立法所须遵循的一般原理,即行政处罚与刑罚配

---

① 参见陆杰:《电信网络诈骗与其关联犯罪的罪数分析》,载《上海公安学院学报》2022 年第 6 期,第 50 页。

置之间的合比例性。比例原则肇端于德国警察法，其后逐渐发展为公法领域的一般性原则。其核心要义即为调整并均衡公权力追求的公共利益与公权力发动对公民个体所造成的不利，以防止公权力对公民利益的不当减损。① 就行政法的设置而言，刑法的谦抑性可以通过犯罪学的"犯罪标签"理论诠说。由于刑罚的适用将罪犯标签烙印于越轨，该标签对于受刑人而言有着巨大的连累后果，以上均可从刑法第100条所规定的前科报告义务以及政治审查相关规定中略窥一斑。这些连累后果将长期性地影响受刑人回归正常的生活状态。因此，基于刑罚的严厉性，如果对于某些行政管理秩序违反行为进行行政处罚即可实现处罚目的，刑罚的发动则是无意义的。在药品犯罪的罪名立法体系中，在秩序法益与个人法益兼顾保护的规范保护目的之下，妥当平衡药品安全风险控制与刑事可罚的边界，是以实体罪名设计来完善药品刑事保障的必要遵循。以此检视妨害药品管理罪的设置，尽管《刑法修正案（十一）》将原本的行政违法行为上升为犯罪行为，但同时又通过规定此两种行为须满足"足以严重危害人体健康"的条件来构筑刑事不法的独立内涵。因此，药品犯罪圈的扩张仍是理性与审慎的，仍为行政处罚留有余地，并不与比例原则相抵牾。

其二，秩序法益与个人法益发挥的功能不同。例如，生产、销售假药罪的保护法益包括药品管理秩序与公众身体健康，但秩序法益为法益构造中的次要法益，发挥的是入罪的指引功能，而公众身体健康则是主要法益，发挥的是入罪的终局功能。因此，当生产、销售的假药并未实际威胁公民用药安全时，一般只作为民事侵权或者经济违法行为处置即可，而不必动辄发动刑罚权。根据通行的刑法理论，犯罪有自然犯与行政法的划分，所谓的自然犯基于以往自然法的观念而产生，其行为处罚的实质在于严重违背社会公共秩序与善良风俗伦理；而行政法的处罚依据则是为贯彻行政措施的社会情势需要。因此，二者的核心差别是行政犯在符合刑事不法要素之前，须满足行政不法要素，即违反前置行政法。药品犯罪是典型的行政犯，因而妨害药品管理罪这一罪刑规范本质上属于《药品管理法》第124条的二次保障规范。具体而言，该罪的四种行为类型能够与行政违法情形完全对应，该罪将前置法的内容直接作为其刑罚发动条件，只不过在此基础上附加"足以严重危害人体健康"的限定性条件，旨在实现行政违法与刑事犯罪的分野，进而合理框定犯罪圈。在入罪的功能分工中，药品秩序法益发挥的是入罪的指引功能，而隶属于个人法益的公民用药安全则发挥的是入罪的终局功能。但需要承认的是，尽管妨害药品管理罪通过设置"足以"条款以满足刑事入罪的合比例性原则，但其仍旧采取的是秩序法益与个人法益转换计算的认定模式，即个人法益的侵害之成立需要借助对药品管理秩序的违反程度加以判断。因此，在该罪中，罪名是否成立主要取决于行为对秩序法益的侵犯程度，而就个人法益的功能而言，无论是其立法上的限定功能，还是司法上的入罪终局功能，都只有形式层面上的意义。所以归根结底，秩序法益是该

---

① 陆杰、刘舒婷：《防疫常态化下涉疫个人信息的公法保护研究》，载《中国卫生法制》2023年第5期，第61页。

罪二元法益构造中的主导法益类型。因此,秩序法益与个人法益分别发挥入罪的指引功能与终局功能,二者功能属性的差异决定了该罪的双层法益之间事实上存在着位阶关系,否则行政违法与刑事犯罪间的界限则会变得晦暗不明,无法实现妥当的司法认定。

三、妨害药品管理罪准抽象危险犯之提倡

风险社会中,刑事制裁启动的核心理由从对个体法益的侵害转向于以行为规范实现事前预防效用的整体法益保护。当前,妨害药品管理罪的司法适用难题之病灶为二:一是如何做好前置药品管理法与刑法的认定衔接;二是该罪的刑法入罪模式为何,作为犯罪成立条件的"足以严重危害人体健康"何以证明。下文将结合新规逐一分析,提出相应的解决办法。

就药品犯罪的立法背景与规制方式而言,其属于积极刑法观作用下的预防性刑法范畴,危险犯的配置为其典型表征。而危险犯中又有具体危险犯与抽象危险犯之分。一般而言,具体危险犯采取的是将危险规定为成文的构成要件形式,其成立以司法认定为提前,但具体危险的认定无法回避查明行为与危险间的因果性之难题。而抽象危险犯采取的是危险的立法拟制模式,该入罪模式更利于药品安全风险的前置化管控与预防。药品犯罪体系中的生产、销售、提供假药罪便为典型的抽象危险犯。由于抽象危险犯并不以对法益现实危险的发生为构成要件要素,司法者就无需认定行为的结果性危险的存在。如果以刑法条文是否明文规定危险为评判标准,妨害药品管理罪采用的即为具体危险犯的入罪模式。

尽管该模式的采用有利于贯通秩序法益与个体法益间的联系,从而存在限制入罪与保障人权的优势,体现了刑法的谦抑性,但是"足以严重危害人体健康"的入罪条件同时亦会使司法人员焦灼于个案判断中的危险状态是否具体发生,造成司法适用的活力大打折扣,存有使该罪沦为"僵尸条款"的隐忧。

另外,如果认为"足以严重危害人体健康"强调的是实行行为危害人体健康的具体属性,需要凸显司法机关对危险状态的证明,这也与一般的抽象危险犯有所不同。① 由于妨害药品管理的行政秩序违反行为所产生的具体危险通常难以证明,换言之,行为与危险间的因果关系存在判断难题。首先,药品的致害效应存在长期性的特点。由于不法行为与危害结果之间相隔较远,危害结果并不会在危害行为一经实施后就显现,而是需要一定的期间积累。其次,药品的致害效应存在复杂性的特点。药品犯罪的行为与危害结果之间通常会存在多因一果、介入因素的情形,公众的健康受损的结果不仅与药物的瑕疵有关,还可能与疾病的发展、患者的自身体质,或者以上因素的多重叠加作用有关。而对于未经批准生产、进口的药品等妨害药品管理秩序的药品而言,其是否存在危害人体健康的危险缺乏明确的判断标准。以上困境其实早在生产、销售假药罪的规制模式转变前就已显现,此次妨害药品管

---

① 张伟珂:《论妨害药品管理罪中危险判断的实质化》,载《中国刑警学院学报》2024年第2期,第38页。

理罪的设定难免有重蹈覆辙之嫌。此前，《刑法修正案（八）》为纾解生产、销售假药罪具体危险犯难以认定的司法难题，便将其入罪模式转向抽象危险犯，自此之后只需行为人实施了生产、销售假药的行为，一般即可认定该行为产生了对人体健康的危险。

此外，具体危险犯的入罪模式对司法实务的困扰还体现在行刑衔接问题上。“足以危害人体健康”的认定极大地依赖于行政机关的调查。从为数不多既有的妨害药品管理罪的判决①中看出，对于未经批准生产进口的药品等妨害药品管理罪所列举的禁用药品来说，是否存在危害人体健康的风险，往往缺乏明确的与个人法益相关联的判断标准。而基于司法机关便利实务操作的考虑，应当通过违反特定药品管理秩序的行为类型认定所涉行为侵犯生命健康法益，无法也不应要求逐案、逐药审查对生命健康法益的危险或者危害程度。② 综上，根据妨害药品管理罪的主要保护法益即秩序法益，应当本罪界定为介乎具体危险犯与抽象危险犯之间的“准抽象危险犯”入罪模式，需要对妨害药品的行为结合个人法益的危害程度进行一定的具体判断，但无需要求其达到具体的、现实的、紧迫的危险程度。③ 申言之，“准抽象危险犯”整体而言采取的是一种行为有无导向个人法益危险性的判断模式，在具体操作中，可以将对公众身体健康的危害与否判断转化为对药品管理秩序的侵犯程度的考量。具体可以以前置法即《药品管理法》第123条、124条为基本参照，通过涉案假劣药的品种数量、行为的持续时间、行为次数、违法所得、涉案货值金额等要素来综合判定妨害药品的实行行为是否具备进一步侵犯个人法益的危险，以此来区分行政不法与刑事犯罪。当然，还应当允许被告人对其行为不具有进一步的个人法益侵害性提出反证，反证经司法机关审查成立的，应当对被告人予以出罪处理，从而在激活本罪司法适用活性的同时，保障其适用的谦抑性。

---

① 参见江西省乐安县人民法院（2022）赣1025刑初97号刑事判决书、上海市第三中级人民法院（2023）沪03刑初169号刑事判决书。

② 喻海松：《〈刑法修正案（十一）〉后时代药品犯罪圈的重置》，载《法学》2023年第2期，第65页。

③ 陈洪兵：《刑法分则课》，北京大学出版社2023年版，第75页。

基于优化法治化营商环境推进药品领域规范化执法的实践与思考

熊启文*

摘要:习近平总书记指出:“法治是最好的营商环境。”行政执法的规范化是优化营商环境的有效途径。行政执法既是行政机关管理经济社会事物又是行政机关履行政府职能的有效方式,直接关系群众对党和政府的信任、对法治的信心。保安全守底线,促发展追高线,承担着保障公众用药安全、促进生物医药产业发展重要职责使命,药品监管部门要以习近平新时代中国特色社会主义思想为指导,落实习近平总书记关于加强药品监管工作的重要指示批示精神,深入学习贯彻习近平法治思想,坚守法治定力、恪守法治精神、严守法治底线,推进药品执法在法治轨道上向前发展,维护经济社会秩序,切实保护企业和群众合法权益,营造稳定、公平、可预期的法治化营商环境。

关键词:药品领域;行政执法;营商环境

一、坚守法治定力,规范行政执法行为

一是推进执法标准化建设。健全完善的制度法规是优化法治化营商环境的根基。要按照国家、省、市相关法律法规、标准等开展药品领域行政执法工作,统一查处标准,规范执法流程,梳理行政检查、行政处罚、行政强制权责清单,编制执法手册,明确执法职能。动态更新药品监管领域行政执法指导目录,为基层提供执法指引。不断提升行政执法信息化、数字化水平,全面推进执法全过程记录制度以及重大行政执法决定法制审核制度和行政执法公示制度,按照过罚相当、处罚与教育相结合以及处罚法定和公开公正等要求,依法履行职责,科学行使权力,积极承担责任。探索跨行政区域协同制定统一监管制度及标准规范,按相关规定推动罚款数额、裁量基准等相对统一。跨出观念陈旧、制度滞后、做法机械的“躺平区”,

* 熊启文,湖北省药品监管局《鄂药稽查专刊》主编。

对行政相对人情节轻微、没有造成危害后果的轻微违法行为，明晰从轻处罚事项清单、减轻处罚事项清单以及不予立案事项清单、不予处罚事项清单，统一编制药品领域行政处罚“四张清单”。施用《行政处罚法》第 32 条、33 条等规定，对符合条件的，依法施用不予立案、不予处罚、从轻处罚和减轻处罚，对确有经济困难的依法调整罚款缴纳方式，纾困解难涉案企业。

二是依法正确行使行政处罚裁量权。增强行政执法的权威性和公信力，既要让企业和群众从每一项执法决定中都能感受到公平正义，又要让企业和群众在每一个执法行为中都能看到风清气正。全面推行药品领域全流程网上办案，打通行政执法与行政执法监督“最后一公里”。建立行政裁量权基准制度，加强动态管理和备案审查，确保在具体行政执法过程中有细化量化的执法尺度、行政裁量权边界明晰。执法办案中，应考虑行业特点、主观过错、相似违法行为处罚规定以及经济社会发展水平、地方实际等因素，统筹违法行为的事实、性质、情节以及社会危害程度，用好药品医疗器械化妆品行政处罚裁量权基准适用指南以及药品、疫苗、医疗器械、化妆品行政处罚裁量权基准等。充分听取当事人意见，合理确定裁量范围、种类和幅度，区分情况、分类处理，依法正确行使行政处罚裁量权，有效遏制违法、激励守法。应避免类案不同罚，对违法行为的事实、性质、情节以及社会危害程度基本相似的案件，要确保罚款裁量尺度符合法定要求，在行政处罚文书中载明裁量理由依据等。全面落实行政执法案件负责制。严格按照法律规定和违法事实进行执法，不得随意扩大违法行为的范围，不得随意降低对违法行为的认定门槛，更不得随意给予顶格罚款或者高额罚款。杜绝过度处罚以及处罚畸轻畸重等现象发生，对已超过法定追责期限的违法行为不得给予罚款，实现对市场主体的平等保护。严禁逐利执法、钓鱼执法。执法公正可提振投资者对合法财产保护的信心，对社会公正起到良好的引领作用。

三是做好行政执法与刑事司法有效衔接。认真落实《行政执法机关移送涉嫌犯罪案件的规定》，因地制宜抓好行政执法管辖、法律适用等争议协调机制落地。健全完善集中打击整治危害药品安全违法犯罪工作机制，打击制售假冒伪劣产品等行为，常态化开展扫黑除恶工作，严厉打击破坏市场秩序、侵害市场主体合法权益的违法犯罪行为，净化市场环境，为守法者营造良好发展环境，做企业和企业家合法权益的保护者。让营商环境按下“快进键”，产业发展跑出“加速度”。健全完善移送涉刑案件线索的标准，精准打击严重违法行为。完善双向衔接制度，对于刑事案件未处理部分要及时协商加以办结，防止久拖不决对企业生产经营造成负面影响。加大对重点领域的执法力度，坚持打建结合，建立健全跨层级、跨区域、跨部门的行政执法协作机制，通过签订协作协议、共同制定执法突发事件处置预案、开展联合执法等形式，实现执法标准互通、处理结果互认和违法线索互联。坚决维护企业和群众合法权益，对严重违法行为，要把“处罚到人”落到实处。应在立案处罚时应责令当事人改正或者限期改正违法行为，不得只处罚而不纠偏。

二、恪守法治精神,创新行政执法方式

一是优先倡导柔性执法。坚持该宽则宽、当严则严,做到过罚相当,避免失衡。多采用教育劝导、责令改正、信息披露等方式,综合运用有效手段,力争不予立案处罚。鼓励首创经验和基层实践,大力推进"说理式""普法式"执法,在药品领域执法过程中,广泛倡导执法既有力度又有温度,综合运用说服教育、劝导示范、指导约谈等方式规范市场主体行为。发挥典型案例示范引领作用,及时发布推行柔性执法典型指导案例。将普法教育贯穿于行政执法全过程,坚持处罚与教育相结合,引导企业和群众依法经营、自觉守法,预防和化解违法风险。充分考虑相关事理和情理,优化罚款决定延期、分期履行制度,确保执法决定符合法理,提升社会公众的体验度和满意度。执法中应做到"事理说明、法理说清、情理说透",杜绝一罚了之。鼓励执法前沟通,做到指导在前、服务在前、提示在前,争取执法对象的理解和配合,减少行政争议,提高行政效率。畅通涉企行政复议申请渠道,优先办理涉企复议、应诉案件,尽力将矛盾争议化解在行政复议程序内,做到定分止争、案结事了,在保护市场主体合法权益中充分发挥行政复议的积极作用。

二是深化推进信用监管。不断提升执法监管能力,加大失信惩处力度,督促药品企业落实主体责任。依托"互联网+监管",推动药品执法办案系统数据联接,实现数据自动汇聚、信息实时共享。构建"预防为主、轻微免罚、重违严惩、过罚相当、事后回访"等执法模式,加强跟进帮扶指导,逐步完善常态化沟通机制。建立健全信用异议、信用修复等制度,对于在不良信息披露期限内积极改善自身信用状况并申请信用修复的药品企业开展信用修复核查、认定,鼓励企业主动作为,配合整改,在其改正失信行为、履行行政处罚相关决定并作出承诺后,对符合条件的失信企业,实现"能修尽修""应修必修",适时缩短修复期限,方便相关企业抢抓市场机遇。经申请撤销公示,对一般违法行为,自动纠正、消除不良影响的,不纳入信用联合惩戒范围,着力构建重新守约的营商环境。

三是探索包容审慎执法。按照鼓励创新、包容审慎的原则,建立"涉企案件绿色通道",对药品领域新技术、新业态、新模式,有针对性地确定执法方式和标准规范,全面实施容错机制清单化管理,为企业生产经营、后续成长留足空间。着力规范监管程序,完善监管方法,突出事中事后监管,提高监管的科学性、简约性和精准性。落实"法无授权不可为"的法治理念,会同相关部门共同梳理新兴行业企业的经营范围和名称表述以及行业分类,形成新兴行业分类指导目录,制定临时性、过渡性监管规则和措施,让企业放心投资、安心经营、专心创业。设置执法"观察期"流程,观察期内优先采取说服教育、指导约谈、警示告诫等柔性措施,突出对潜在风险大、可能存在严重不良后果的严格监管。对经责令改正拒不改正或者逾期不改正的,再依照法律法规规定依法处罚;对非法经营的,坚决依法查处,谨慎使用行政处罚等严格执法措施,防止"以教代罚""以罚代管"等机械式执法。

三、严守法治底线，强化行政执法督导

一是加强执法队伍建设。持续推进习近平新时代中国特色社会主义思想学习教育和党性教育，引导行政执法人员着力提高政治能力。加强法治教育培训，深入学习贯彻习近平法治思想，掌握过罚相当、法理相融原则运用，学会法律制度与客观实际、具体条款与原则规定以及合法性与合理性统筹兼顾，构建权力法授、程序法定、公平正义和权利义务的法治思维，做到在法治之下、而不是法治之外、更不是法治之上想问题、办事情，养成对法治的尊崇、对法律的敬畏，提升执法人员法治素养。推动提升行政执法质量三年行动计划落实，持续开展行政执法队伍全员大轮训，分类分级开展培训，统筹公共法律知识、业务知识和行政执法技能培训，统筹跨部门联合开展行政执法事项培训，引导成为药品监管的行家里手。通过实战练兵、技能比武、案例巡讲、模拟演练、建立人才库等多种方式，发挥药品法律宣教基地和业务实践基地作用，提高执法人员业务能力。组织开展监管执法人员资格认证工作，规范行政执法证件管理，实行动态管理。根据行政执法机构所承担的执法职责和工作任务，注重招考和选调具有相应药化专业背景和有关医药工作经历的人员充实执法队伍，合理配备行政执法力量。引导大家树牢法律之上、职权法定、依法行政、规范用权的理念，做到守法律、重程序、受监督。强化“谁执法谁普法”普法责任制，将优化营商环境纳入年度普法依法治理工作要点和普法责任清单，学好《优化营商环境条例》等涉及营商环境的法律法规，让执法者及行政相对人同步跟进，做到知法、懂法、守法。

二是完善执法监督评查。完善行政执法“三项制度”落实情况抽查、行政执法案卷评查、行政规范性文件备案审查、向纪检监察机关移送行政执法问题线索实施办法等配套工作制度。制定科学、合理的行政执法考核评价指标，将其纳入年度法治建设考核。行政执法监督重点评查主体是否适格、内容是否合法、程序是否规范、自由裁量是否适当等内容，监督办案机构及时纠正存在问题、提出改进措施，评查结果将予以通报，达到“以案为鉴、以案促改、以案提质”效果。建立行政执法监督与12345政务服务便民热线等监督渠道的信息共享工作机制，报请本级人民政府对不及时改正的进行责令改正。拓宽监督渠道，促进行政复议案件繁简分流。充分发挥行政复议化解行政争议的主渠道作用，依法纠正违法或者不当的罚款决定。以优化法治化营商环境为目标，采取随机抽取药品领域执法案卷评查中部分涉及的企业当事人，以切身案例为引导，与涉案企业面对面沟通交流，了解执法活动规范程度和柔性力度。坚持系统观念，实现“办理一案、治理一类、影响一域”，助推执法水平整体提升，推动从个案办理到类案管理再到系统治理，切实提高行政执法质量和效能。

三是推进公正文明执法。行政执法的法治化是优化营商环境建设的有效途径，要建立重大执法决定法制审核协作机制，加强有关行政执法机关的法制审核力量，着力行政执法机构公职律师和法律顾问队伍建设。完善执法监督机制促进行政执法规范化，通过日常监管、网络舆情、投诉举报、案件移送、行政复议等渠道加强分析研判，开展“规范行政执法行为优

化法治化营商环境”专项行动,聚焦人民群众反映强烈的行政执法突出问题开展专项整治。坚决整治“一刀切”“运动式”执法,落实“进一步发挥监管职能促进医药产业高质量发展”等系列举措,使执法监管既“无事不扰”又“无处不在”。实行涉企行政执法检查公开制度,建立向同级司法行政部门备案审查制度,避免交叉执法、重复执法、随意执法。推动监管信息共享互认,完善“双随机、一公开”监管、联合检查以及非现场执法等工作制度。探索建立涉企行政执法案件经济影响评估制度,不断完善涉民营企业行政执法违法行为投诉举报处理机制。依法打击虚假举报行为,切实保护民营企业和企业家合法权益。尊重和保护当事人合法权益,准确使用文明执法用语,注重提升行政执法形象,依法文明应对突发情况。严格遵守优化营商环境“十条禁令”,强化执法监督,整治乱执法、消极执法、选择性执法等行为。进一步细化追责、免予问责情形和容错纠错程序,不断完善行政执法责任制和责任追究制度相关规定,切实消除执法部门履职风险顾虑。

限制解释下假冒注册商标罪的实行着手再界定

石润杰*

摘要：时下假冒注册商标罪实行行为研究出现停滞，僵化套用司法解释的规定，使单纯制造行为成为本罪的实行着手将导致本罪存在罪刑失衡、犯罪形态紊乱等问题。为应对罪刑不相适应的实践困境，应确定刑法补充性的地位，本罪的保护法益也应界定为商标权人的合法权益。在此基础上，本文提出"实行着手分离说"，单纯的"制造"行为虽为实行行为，但仅当该"制造"行为生产的假冒产品濒临进入贸易过程，数额可满足既遂要求，且已流通数额逼近既遂标准时，行为人才具备着手的性质。

关键词：假冒注册商标罪；实行行为；着手；制造行为

一、问题的提出：实行行为研究停滞化

国内侵犯商标权犯罪的交叉研究尚不够充分，局限于服务商标、驰名商标、何为同一商标等交叉领域的基础问题。关于如何理解假冒注册商标罪的实行行为，即《刑法》第213条中"使用"二字，目前的研究仍不够深入。赵秉志教授认为，"使用"是指商品与商标结合的行为，但并不考虑是否切实影响到了相关公众的认识；①王芳凯博士认为，对于"商标使用"应结合商标的价值来理解。② 从最低入罪标准来看，只要商品与商标成功结合，即可认定为假冒注册商标罪。

学界对"使用"行为的趋同界定与司法解释的明确规定关系密切，部分认定也是仅局限

---

* 石润杰，男，中国政法大学刑事司法学院2023级刑法学研究生，研究方向为刑法学：共同犯罪、商标犯罪。

① 赵秉志、许成磊：《侵犯注册商标权犯罪问题研究》，载《法律科学》2002年第3期，第66-67页。

② 王芳凯：《论假冒注册商标的刑法规制——解释论与立法论的双重考察》，载《中国社会科学院大学学报》2023年第11期，第126-127页。

在司法解释中。[①] 根据2004年12月22日起施行的《最高人民法院、最高人民检察院关于办理侵犯知识产权刑事案件具体应用法律若干问题的解释》(以下简称《2004年司法解释》)第8条,对"使用"可抽象理解为"将商标贴附于商品或其他商业活动中的行为"。《2004年司法解释》第12条规定了四种可计入非法经营数额的行为,其中具有"贴附"性质的,只有制造行为。而单纯"制造"行为仅强调静态的商品与商标的关系,并不强调动态的商标在市场中发生的作用,故而即使该贴附商标的行为并未实现任何商标法意义上的功能,譬如识别来源功能、品质保障功能、广告宣传功能等,也可将其认定为刑法上的"使用",该行为实施时即已构成着手。

实践中,基于司法解释已经作出了明确的规定,导致具体的审判活动也予以僵化。在2020年到2022年之间的所有商标犯罪案件,几乎没有法律文书对所谓犯罪行为进行前置法上的认定,也几乎没有考虑商标权利人的实际损失,导致商标犯罪处罚范围的泛化。[②]

二、现行司法解释面临的体系性困境

(一)《刑法》第213条内部的罪刑失衡隐患

就法益侵害的严重性而言,《2004年司法解释》第12条规定的四种行为差异显著,以销售行为的法益侵害最为严重。但如果僵化套用司法解释的规定,却会出现如下的奇怪现象。

【案例1】甲制造假冒产品10万元,并未销售,而乙制造并销售了4万元假冒产品,违法所得2万元。

甲的行为并没有使任何消费者接触到商品,对注册商标仅具有抽象危险,但因非法经营额度超过了5万元,构成犯罪既遂。乙的行为已经对法益造成了实质的侵害,但因非法经营额度不到5万元,违法所得也未超3万元,以无罪处理。按照当然解释,出罪时举重以明轻,[③]甲的行为事实显然较乙更轻,乙不构成犯罪,甲自然也是无罪。但按司法解释的规定,在乙不构成犯罪的情况下甲却要构成本罪,令人费解。

质疑者可能认为,若A完全没有销售任何假冒商品,其行为根本不会被察觉,上述举例并无现实意义。笔者以为不然,对于司法实践中某个具象的A,侦查机关在发现其有假冒注册商标行为后,并非积极地去核实有多少假冒产品流入市场,而是径直以仓库储存额度判断是否入罪。[④] 此类案件存在行为人仅仅销售了较低额度假冒产品(1-2万元)的可能性,故同样会有上述矛盾现象的出现。

---

① 参见刘宪权,吴允锋:《侵犯知识产权犯罪理论与实务》,北京大学出版社2007年版,第227页。

② 刘铁光:《论商标保护民刑之间的衔接》,载《环球法律评论》2023年第4期,第110-112页。

③ 张明楷:《刑法学》,法律出版社2021年版,第45页。

④ 刑事判决书(2023)京0113刑初字782号。

(二)《刑法》第213条与第214条间的罪刑均衡难题

《刑法》第214条规定的销售假冒注册商标的商品罪与假冒注册商标罪的法定刑设置完全相同,所规制不法行为的法益侵害性也应几近一致,但若套用《2004年司法解释》,则会与罪刑均衡原则关系紧张。

第一,按照前文所述,《刑法》第213条规定的“使用”被限制为制造行为,不论如何理解本罪的保护法益,是消费者的利益、社会主义市场经济秩序,或是商标权人的利益,[①]单单制造假冒商品而没有将其流向市场的行为对上述法益仅仅具有抽象危险,与销售行为切实地将商品流入市场没有任何可比性。如刘平教授所言,有的行为连误导公众的可能性都没有,其社会危害性显著轻微,不能简单依据数额标准搞“对号入座”。[②]

而得出上述结论乃因将“使用”形式地解释为孤立的制造行为,进而认定本罪为抽象危险犯,若对抽象危险犯这一性质进行否定,则可回避上述问题。抽象危险犯可基于两类原因:一是法益侵害结果特别重大,二是难以证明实害结果或具体危险的发生。[③] 就前者而言,本罪仅仅侵犯个别人的经济利益,并非特别重大法益,即便认为本罪的保护法益为经济秩序,其也仅为一般公共法益,故不宜将本罪确定为抽象危险犯。[④] 就后者而言,实害结果的发生可通过已流入市场的假冒产品的价值或因此而产生的违法所得额度确定,既然存在销售假冒注册商标的商品罪这一单独罪名并以具体流入市场额度作为既遂标准之一,说明立法者认为证明实害结果并非难以办到之事。以此来看,本罪并不具备成为抽象危险犯的正当性与必要性。

第二,根据《办理意见》第8点,《刑法》第214条销售假冒注册商标的商品罪存在未遂形态。当销售者储存他人制造的假冒注册商标的商品达到一定数额时,构成本罪的未遂犯。而《刑法》第213条所规制的行为人制造并储存一定数额的假冒注册商标的商品时,却直接构成假冒注册商标罪的既遂犯。细看二者之法益侵害性,前者商品处于随时待售状态,后者可能尚未找到销售源,虽二者皆未造成严重的实害结果,但从对法益的危险角度看,前者也是要大于或等于后者的。如此就造成了法益侵害性较大的行为处罚反而较轻的失衡现象。

(三)假冒注册商标罪的既遂犯罪形态过于提前

如前所述,假冒注册商标罪不具有成为抽象危险犯的必要性,而在具体危险犯和既遂犯

---

① 刘铁光:《论商标保护民刑之间的衔接》,载《环球法律评论》2023年第4期,第112－113页。

② 刘平、邓鹤:《假冒注册商标罪法律适用问题探究》,载《深圳大学学报(人文社会科学版)》2009年第2期,第80页。

③ 张明楷:《抽象危险犯:识别、分类与判断》,载《政法论坛》2023年第1期,第75页。

④ 张明楷:《抽象危险犯:识别、分类与判断》,载《政法论坛》2023年第1期,第75页。

之间确定为何者仍有可供讨论的空间,并将因此影响本罪的既遂形态。

从法条设计的角度,犯罪以实害犯为主,若为危险犯则需进行特殊设计,在法条中明确体现其危险犯的属性。譬如《刑法》第143规定的生产、销售不符合安全标准的食品罪,其构成要件中明确了"足以造成严重食物中毒事故或者其他严重食源性疾病的"这一表明危险犯性质的要素。而假冒注册商标罪中单纯的"情节严重"并不能体现这一性质。

另一方面,即使基本犯的罪状并未表明其危险犯的性质,但若在造成实害的情况下法定刑升格,亦可表明该罪基本犯乃危险犯的性质。《刑法》第114条规定的放火罪,条文中虽未有表明危险犯的要素,但在造成严重后果时乃按照第115条处理,可反向体现出基本犯的危险犯性质。反观假冒注册商标罪,基本犯的"情节严重"与法定刑升格条件的"情节特别严重"并未体现危险与实害的区分。

于此,假冒注册商标罪应被认定为实害犯,单纯制造但并未销售的行为未造成任何实质的法益损害,至多认定为犯罪预备。而根据《2004年司法解释》,在数额符合相应要求时却是直接构成犯罪既遂,既遂适用范围被不当显著扩张。

三、出路:诉诸前置法限制本罪实行着手

对上述困境进行理论溯源,一方面在于没有合理确定刑法与前置法之间的适用关系,导致刑法的介入时间出现偏差,另一方面则是对于本罪保护法益重要性的忽视。本文认为,在交叉型犯罪场合,刑法应确立补充性的适用地位,本罪的保护法益也应在前置法基础上回归商标权人的个人法益。

(一)刑法的补充性地位乃相对从属性说应有之义

关于刑民法域冲突问题,学界产生了诸多学说,其中最为引起关注的可分为三种:从属性说、独立性说、相对从属性说。[①] 目前学界的通说乃相对从属性说,采取所谓缓和的违法一元论或违法相对论,这也是本文所采观点。[②] 相对从属性的结论可分为三点,其一,认为前置法上不予保护的利益,不能认定侵害该利益的行为具有刑事违法性;其二,前置法上允许的行为,刑法上也应认定其正当性;其三,前置法禁止的行为,刑法上未必具有刑事违法性,还需要达到一个质和量的高度。

上述三点结论中真正彰显相对从属性说创新性理论价值的在于第三点,即使前置法禁止了某行为,也不能毫无约束地将其置于刑事处罚领域。换言之,在相关不法行为仍处于前置法的可控范围之时,刑法不得贸然介入,只有在其他社会统治手段不够充分,或者其他社

① 于改之:《法域冲突的排除:立场、规则与适用》,载《中国法学》2018年第4期,第86-87页。

② 王昭武:《法秩序统一性视野下违法判断的相对性》,载《中外法学》2015年第1期,第173-176页。

会统治手段譬如私刑过于激烈之时，才可发动刑法措施，①彰显刑法的补充性地位。

（二）保护法益之确证——商标权人的合法利益

保护法益的不同认定将导致出入罪的不同标准，而对于知识产权犯罪的保护法益仍存在较大的理论冲突。

因假冒注册商标罪位于“破坏社会主义市场经济秩序罪”一章中，有学者将本罪保护法益理解为国家的商标管理制度。② 但此种观点会限制本罪从宽处罚的适用，行为人只要制造了假冒商品，就已经侵犯了商标权的管理秩序，那么不管此后有没有使假冒商品流入市场，行为人都已经构成犯罪既遂，没有以犯罪中止从宽处理的余地。

也有学者认为，本罪的保护法益为消费者的权益。③ 该观点亦存在难以解决之问题。首先，绝大多数消费者实际上仅关注产品的质量而不在意知识产权，④《刑法》第140条规定了生产、销售伪劣产品罪，倘若产品不符合应有的质量要求，侵犯了消费者的合法权益，该罪就可进行处理。其次，本罪规定了“未经注册商标所有人许可”这一构成要件要素，如果获得了注册商标所有人许可，则不论产品质量是否侵犯了消费者的合法权益，行为人都不会构成本罪，进一步表明本罪的保护法益不在于此。以消费者权益为保护法益将导致本罪与生产、销售伪劣产品罪难以区分。⑤

本罪的保护法益为商标权人的合法权益。其一，社会主义市场经济秩序的存在即为了保护商标权人的合法权益，不能仅仅保护一个裸的秩序。如一位学者所言：“单论抽象的‘秩序’二字，容易导致‘只见行政管理，不见利益主体’的现象，进而造成市场管理与国民利益的对立。”⑥其二，“未经注册商标所有人许可”这一构成要件要素强调假冒注册商标罪以违反被害人意志为前提，如果得到承诺，则不可能构成本罪，足以表明本罪是侵犯个人法益的罪名。⑦ 其三，TRIPS协定明确强调了知识产权的私权属性，亦表明本罪最合适的保护法

---

① 陈少青：《刑民交叉实体问题的解决路径——“法律效果论”之展开》，载《法学研究》2020年第4期，第80页。

② 马克昌、杨春洗、吕继贵主编：《刑法学全书》，上海科技文献出版社1993年版，第293页。

③ 周详：《论假冒注册商标罪——兼议刑法典第二百一十三条的修改》，载《知识产权》2002年第2期，第15页。

④ 刘铁光：《论商标保护民刑之间的衔接》，载《环球法律评论》2023年第4期，第112－113页。

⑤ 王芳凯：《论假冒注册商标的刑法规制——解释论与立法论的双重考察》，载《中国社会科学院大学学报》2023年第11期，第122页。

⑥ 崔志伟：《经济犯罪的危害实质及其抽象危险犯出罪机制》，载《政治与法律》2022年第11期，第67页。

⑦ 张明楷：《具体犯罪保护法益的确定依据》，载《法律科学（西北政法大学学报）》2023年第6期，第50页。

益即为商标权人的合法权益。[①] 忽视权利本位建立起来的知识产权刑事保护体系,对于知识产权的保护只会是有限的、缺位的,秩序本身也是为了保护权利而存在。[②] 日本学者西原春夫(Haruo Nishihara)亦言:"妨害国家利益或社会利益的不良行为如果作为刑罚法规的对象,也应当以国民的欲求为基础而不是以国家或社会欲求为基础。刑罚是为了保护国民的利益而存在就应当考虑把公共利益还原为个人的法益,否则处罚的范围就有扩大的趋势。"[③]

此外,有诸多学者将本罪的犯罪客体定性为复杂客体,由上述多种法益进行排列组合,例如注册商标权与国家的商标管理制度等。[④] 形式上看,此种观点似乎使得本罪的保护法益更为全面。但实质上,由于各客体地位平等,侵犯其一即可构成本罪,诸观点的缺点也一并保留了下来。笔者认为,在单一法益即知识产权人的个人法益可解决问题之时,不必为了形式完整性或表面协调性而不合理地填充本罪的保护法益。[⑤]

(三)破局:"实行着手分离"说的理论证成

1. 单纯的"制造"行为不应由刑法规制

所谓单纯的"制造"行为,即附有假冒注册商标的商品仅仅被制造出来,还没有被具体地置于市场,供消费者挑选。或有论者认为,《商标法》第 57 条明确规定了六种具体的商标侵权行为,其中第一种和三种分别为"未经商标注册人的许可,在同一种商品上使用与其注册商标相同的商标的"和"销售侵犯注册商标专用权的商品的",这表明了第一种仅指"制造"行为,而不包括将商品流向市场的内容。[⑥] 故而即使采纳相对从属性说,因前置法已经将单纯的"制造"行为规定为了侵权行为,刑法将其确定为犯罪也并不违反逻辑。但如前文所述,相对从属性的关键要义之一在于,前置法中禁止的行为并非无需任何限制即可进入刑事领域,其在不法性上需超出前置法的可控范围。

因此,侵权行为是否已穷尽前置法的反制手段成为问题的关键。根据《商标法》,在行为人仅仅构成商标侵权但未造成被侵权人损失时,侵权者仅需承担停止侵权的责任,而不需承担赔偿损失的责任。换言之,单纯的"制造"行为只用承担停止侵权的责任,而"销售"等将产品流入市场的行为因造成被侵权人的损失,除了停止侵权以外,还需要承担赔偿责任,

---

① 陈聪:《侵犯知识产权刑事犯罪入罪门槛问题研究》,载《法律适用》2016 年第 12 期,第 105 页。

② 田宏杰:《论我国知识产权的刑事法律保护》,载《中国法学》2003 年第 3 期,第 145 页。

③ [日]西原春夫:《刑法的根基与哲学》,顾肖荣等译,法律出版社 2009 年版,第 151 页。

④ 参见柏浪涛:《侵犯知识产权罪研究》,知识产权出版社 2011 年版,第 2 页;皮勇主编:《侵犯知识产权罪案疑难问题研究》,武汉大学出版社 2011 年版,第 326 页。

⑤ 张明楷:《具体犯罪保护法益的确定依据》,载《法律科学(西北政法大学学报)》2023 年第 6 期,第 55 页。

⑥ 参见王迁:《知识产权法教程》,中国人民大学出版社 2021 年版,第 628 页。

主观上若为故意,则需承担惩罚性赔偿。① 简言之,在商标法领域,法律责任由轻到重分别为:停止侵权——补偿性赔偿——惩罚性赔偿。单纯的制造行为仅仅停留在第一个阶梯,尚未穷尽前置法的处理手段。或有学者认为补偿性赔偿乃基于民事法律填平损失的目的,②但惩罚性赔偿却不尽然,其存在是为了加强对不法行为的控制而非填平损失。③ 若前置法认为制造行为与销售行为具有相当性,则完全可以赋予其惩罚性赔偿的法律责任。

从行政责任的视角考察,根据《商标法》第60条,认定侵权行为成立后,如若违法经营额超过5万元的,可处以违法经营额5倍以下罚款。意味在5万元之后的一个区间,甚至是较大的区间,仍处于行政法的合理管控范围,无需动用刑事手段。

商标法领域亦有学者对《商标法》第57条提出了质疑,认为不应单独存在"销售侵犯注册商标专用权的商品的"这一侵权情形,其应当被融入前两项侵权行为之中,以免引起司法实务当中的困惑。④ 商标性使用是在贸易过程中,以营销为直接目的,将标志直接用于商品或者服务并使相关公众知晓其为商标的行为。⑤ 单纯的"制造"行为并没有处于贸易过程中,至多是商标性使用的准备行为,法益侵害性并未达到刑事犯罪既遂的程度。

于此,单纯的"制造"仍在前置法的可控范围之内。不能仅仅因为《商标法》第57条将单纯的"制造"行为认定为商标侵权行为即无限制地对该行为施以刑事制裁。

2. 若视为帮助犯的量刑规则,存在共同犯罪的制度障碍

学界有帮助犯的量刑规则这一概念,即某条款规定的行为并非独立的实行行为,仅为帮助行为,只有当正犯实施了切实侵害法益的实行行为后才可对帮助行为予以处罚,但对帮助犯量刑不再参考总则的规定而仅依据分则的规定。⑥ 若适用于假冒注册商标罪,行为人单纯的假冒商标行为不构成犯罪,但若后续有他人实施销售等将商品具体流入市场的行为,则基于共同犯罪的原理,对假冒产品的制造者予以处罚,此时对其处罚直接适用《刑法》第213条。

就此而言,独立的制造行为不再被以刑罚处罚,达到了限制处罚的目的,但又会在共同犯罪的领域内产生新的问题,可参考以下案例进行分析。

【案例2】张三事先制造了价值100万元的假冒产品,同时与100个分销商建立合作,由分销商代为销售,获利后进行分成,每个分销商只负责1万元的假冒产品销售。

按照帮助犯的量刑规则这一理论,在该案中,单独的每一个销售行为为共同犯罪中的实行行为,但数额仅为1万元,正犯不可能构成销售假冒注册商标的商品罪。基于通说限制从

---

① 参见王迁:《知识产权法教程》,中国人民大学出版社2021年版,第36页。

② 参见王泽鉴:《侵权行为》,北京大学出版社2016年版,第68页。

③ 参见王迁:《知识产权法教程》,中国人民大学出版社2021年版,第31页。

④ 王太平:《商标法上商标使用概念的统一及其制度完善》,载《中外法学》2021年第4期,第1046页。

⑤ 王太平:《商标法上商标使用概念的统一及其制度完善》,载《中外法学》2021年第4期,第1040页。

⑥ 参见张明楷:《刑法学》,法律出版社2021年版,第1382页。

属性说,正犯不构成犯罪,对共犯亦不能予以处罚。① 故单独地看每一个不法行为,都不能对张三予以处罚。但此时张三实际上对市场造成影响的不法数额已达100万元,对其不予以处罚不能为社会所接受。目前司法实践中面临同一困境的罪名即为《刑法》第287条之二规定的帮助信息网络犯罪活动罪,《最高人民法院最高人民检察院关于办理非法利用信息网络、帮助信息网络犯罪活动等刑事案件适用法律若干问题的解释》第12条第2款企图缓解这一困境。但首先,该司法解释也只是在案件事实不明时认为可暂时突破共犯从属性对帮助者进行处罚,在事实清楚时仍需遵守共犯从属性。其次,该规定面临的理论争议也较为严重,与我国处于通说地位的区分制参与体系存在天然冲突,存在向单一制靠拢的倾向。② 在尚存其他理论方法可合理处置假冒注册商标罪的困境时,不必借鉴理论争议如此之大的解释规定。

3. "实行行为"与"实行着手"分离理念的再提出

关于"实行行为"与"实行着手"的关系,已有学者提出二者并非重叠的概念,而是可相互分离的。③ 现实生活中不乏具备实行行为却并未对法益造成紧迫危险情况的存在,也即虽有"实行行为"但并不符合"着手"的要求。

笔者主张将分离理念适用于假冒注册商标罪,只有满足三个条件,行为人才具备"实行着手":其一,假冒产品已濒临进入贸易过程,这是认定着手的关键;其二,"制造"的假冒产品若全部销售,可符合本罪的既遂条件。如果"制造"的假冒产品全部销售出去都无法构成犯罪既遂,正说明该行为无法造成刑法所要求的法益侵害紧迫状态,故不具备着手的性质;其三,已流入市场的假冒产品已濒临既遂标准。

该理论的确证关键即在于将保护法益确定为商标权人的合法权益,只有当行为具有侵犯商标权人利益的紧迫可能性也即假冒产品濒临进入贸易过程时,对行为人进行未遂及以上的处罚才是具有合理性的。

《刑法》第213条对着手的描述为"使用"而非"制造",上述解释亦才符合商标性使用的真正内涵。《商标法》在2013年进行修订时增加第48条,其与《2004年司法解释》对于"使用"的界定区别即在于"用于识别商品来源的行为",如果产品尚未流入市场或濒临流入市场,又怎能发挥识别商品来源这一作用?

因此,笔者主张区分"实行行为"与"实行着手",孤立的制造行为至多使犯罪处于预备状态,而要构成本罪的着手,假冒产品必须已经濒临流入市场。(后文简称"实行着手分离说")

举例而言,如若假冒产品还处于距离销售场所较远的仓库中,此时假冒产品还未濒临进

① 参见张明楷:《刑法学》,法律出版社2021年版,第557页。
② 阮齐林、耿佳宁:《中国刑法各论》,中国政法大学出版社2023年版,第302页。
③ 张明楷:《刑法学》,法律出版社2021年版,第439页。

入贸易过程，“制造”行为仅仅可被认定为“实行行为”而非“实行着手”。此时案发，一方面，倘若行为人的已销售额度并未到达本罪基本入罪标准，纵使仓库内产品价值加上已销售额度超过了基本入罪标准，也不构成犯罪未遂。但在司法实践中，针对上述情形，则存在将已销售额度与仓库额度相加认定为犯罪既遂的案例，①混淆“实行行为”与“实行着手”，为本文所不取；另一方面，倘若行为人的已销售额度达到了基本入罪标准，虽构成假冒注册商标罪，但仓库的产品价值不得与销售额度累加作为法定刑升格的判断基准，仅可在较小幅度内酌情从重处罚。

与此相对，如若假冒注册商标的商品已经陈列在货架上或者就存放在商店的后备储存库中，可随时移放至货架上时，假冒产品就已濒临进入贸易过程，若同时满足另外两个条件，行为人即具备了“实行着手”。

此观点并非笔者臆想而来，而是早已蕴含在刑法条文之中。《刑法》第 140 条规定的生产、销售伪劣产品罪，其罪名表明了本罪存在两种实行行为，生产行为以及销售行为。而本罪的既遂标准要求销售数额达到五万元以上，换言之，产品流通至市场上时才可认定生产行为犯罪既遂。鉴于此，该罪真正的着手时间乃产品濒临流入市场之时而非单纯生产之时。故就生产伪劣产品罪而言，其“实行行为”与“实行着手”是予以分离的。

假冒注册商标罪同理，单纯的“制造”行为不会损害商标权人的任何合法权益，只有假冒产品流通以后才能造成具体的实害，这亦表明现司法解释规定的非法经营数额的认定方式难以证明不法行为所致的危害后果。② 只有假冒产品具体流入市场的额度达到非法经营数额入罪标准，或者违法所得满足相应要求，才可将其认定为犯罪既遂。

相较于《刑法》第 214 条犯罪形态的研究，③假冒注册商标罪的停止形态鲜有学者关注。不论是行为无价值的二元论还是结果无价值，都强调未遂需要具有法益侵害的紧迫危险性。④ 而任何结果的发生不是一个断崖式的发展，而是有一个持续的过程，当逼近结果而结果仍未发生之时，就是未遂所存在的区间。

就法益侵害紧迫性的标准，笔者并不支持参照销售假冒注册商标的商品罪司法解释的规定，该标准仅考虑结果发生的可能性，但未考虑结果发生的紧迫性，将预备与未遂混为一谈。而在满足上文关于实行着手的三个条件之后，损害结果发生的紧迫性才得以呈现，若最终并未构成犯罪既遂，可以犯罪未遂处理。

---

① 刑事判决书（2023）豫 0703 刑初字第 292 号。

② 杨晓培：《利益均衡：商标权刑法保护的一种进化》，载《法学杂志》2017 年第 9 期，第 117 页。

③ 刘宪权、张巍：《销售假冒注册商标的商品罪停止形态研究》，载《法学杂志》2012 年第 4 期，第 79－84 页。

④ 张明楷：《刑法学》，法律出版社 2021 年版，第 441 页；周光权：《刑法总论》，中国人民大学出版社 2021 年版，第 284 页。

四、“实行着手分离说”的理论优势

(一)妥当地解决罪刑失衡问题

如上所述,僵化适用《2004年司法解释》,假冒注册商标罪既存在自身的罪刑不协调,亦存在与《刑法》第214条的罪刑设置不当问题,而采取“实行着手分离说”,可有效地回避上述问题。

1. 本罪自身不再存在罪刑不相适应的问题

在案例1中,按照现司法解释规定,甲的制造数额已经超过5万元,符合了非法经营数额的入罪标准,可构成假冒注册商标罪既遂。而乙仅仅制造并销售了4万元的假冒产品,不符合5万元的入罪标准,同时违法所得也未超过3万元,故而无法构成假冒注册商标罪。但从对商标权人的损害来看,甲的产品尚未进入市场,无法被消费者所知晓,也无法导致混淆,注册商标权利人并没有受到任何损害,诉诸《商标法》也仅仅可要求侵权人停止侵害而不能要求损害赔偿,此时动用刑事手段颇有杀鸡焉用牛刀之理。与之相对,乙已经成功销售了假冒产品,使商品流通向了市场,对商标权人的个人权益造成了切实的损害,若乙不构成犯罪,又怎能处罚甲。

如若采纳“实行着手分离说”,乙不构成犯罪不必多言,就甲而言,如果产品尚未濒临进入市场,则甲不存在实行着手,自不构成犯罪未遂。即使产品已濒临进入市场,由于甲未销售任何产品,已销售数额也未濒临既遂标准,故也达不到对法益侵害紧迫性的要求,不能按照犯罪未遂处理。

虽然对甲可考虑犯罪预备,但犯罪预备本身具有极大的例外性,从司法实践来看,通常只有特别严重的犯罪才对预备形态予以处罚。① 笔者主张在假冒产品数额未达到“情节特别严重”这一档法定刑之前,也就是单纯制造额未超过25万元前,不予处理犯罪预备。类似处理方法也曾适用于盗窃罪,即《最高人民法院、最高人民检察院关于办理盗窃刑事案件适用法律若干问题的解释》第12条。②

适用“实行着手分离说”说还可使本罪形成合理的罪刑阶梯。

【案例3】甲制造了6万元假冒商品并已陈列于商店货架,已销售2万元,乙同样制造了6万元假冒商品并已陈列于商店货架,已销售4.5万元。

按照现司法解释,甲和乙的制造数额都已超过5万元,均构成假冒注册商标罪的既遂,已销售数额仅可作为酌定从重情节,而在规范层面上两者并无区别。

但若采纳“实行着手分离说”,甲只满足了上文着手所要求的前两个条件,不构成犯罪

---

① 夏伟:《论教唆犯刑事责任的边界——以〈刑法〉第29条第2款为中心的展开》,载《甘肃政法学院学报》2017年第5期,第77页。

② 盗窃未遂,具有下列情形之一的,应当依法追究刑事责任:(一)以数额巨大的财物为盗窃目标的。

未遂,原则上以无罪处理。而乙因其销售数额已濒临既遂数额,且总额度满足既遂标准,完全符合实行着手的要求,可以假冒注册商标罪未遂处理。如此而来,本罪可形成合理的无罪、未遂、既遂的罪刑阶梯,而非不论不法性高低统一按犯罪既遂处理。

2. 与《刑法》第 214 条形成合理的罪刑设置

【案例 4】甲意图销售他人制造的假冒注册商标的产品,但尚未销售即被查获,价值 15 万元,乙意图自产自销假冒注册商标的产品,亦在销售前被发现,价值 6 万元。

按照现司法解释,甲虽销售额未达 5 万元,但货值金额已达 15 万元,可以销售假冒注册商标的商品罪未遂处理。而乙同样地尚未销售,因为是自己制造的假冒产品,按照非法经营数额的入罪标准 5 万元,构成假冒注册商标罪既遂。就对注册商标权利人的潜在危险来看,甲可能销售价值 15 万元的产品,乙只可能销售 6 万元的产品,明显甲的不法性更高。但就刑事处罚而言,却形成了不法性高的行为处罚反而较轻的倒挂现象。

如若采纳"实行着手分离说",彼时乙纵使已经使制造的假冒产品濒临进入贸易过程,但因为尚未销售任何假冒产品,不符合实行着手的紧迫性要求,不能按照犯罪未遂处理,上述倒挂现象也就得到避免。

(二)妥善处理共同犯罪情形

如上文所述,将本罪视为帮助犯的处罚规则乃限制处罚范围的一种方式,正犯行为为销售等将假冒产品切实流入市场的行为。但如此处理的结果将在共同犯罪情形下放纵部分犯罪人。

在案例 2 中,若将本罪视为帮助犯的量刑规则,因每一个正犯都无法构成销售假冒注册商标的商品罪的正犯,根据共犯从属性无法处罚共犯,导致这一切假冒产品的源头——张三逃脱刑事制裁。

若采纳本文的"实行着手分离说",张三所制造的假冒产品已被所有分销商进行销售,产品当然进入了贸易过程中,数额也在 5 万元以上,故张三并非只有孤立的"制造"行为,也同时具备了本罪的实行着手,仅依个人犯罪理论即可处理。此时非法经营数额也即具体流入市场的额度已高达 100 万元,超过了 25 万元,达到"情节特别严重"的标准,应处 3 年以上,10 年以下有期徒刑。简言之,采本理论可有效回避其他限制路径所具有的弊端。

四、毒品犯罪

贩卖麻醉药品、精神药品案件的司法认定

李　东　欧文杰*

摘要：麻醉药品、精神药品兼具药毒双重性，耦合刑法修正案（十一）及毒品、药品类司法解释的出台修改，对相关贩卖行为法律适用的论证方向进一步探讨。办理该类案件，一是要综合药用可能性、购药人身份、药品对外宣传判明主观认知，准确认定"非正当用途"区分药毒。借由"放任的故意"认定"非正当用途"时，尤要把准证据标准，要求药品确入毒品领域及行为人明知药品非用于合法用途。二是对于出于正当用途贩卖的，要区分行为发生的环节、所欠缺许可证的具体类型，分别认定妨害药品管理罪与非法经营罪。三是要从严重扰乱市场秩序的实质法益侵害出发，兼及罪责刑相适应和量刑平衡，审慎认定非法经营罪，把握宽严尺度。

关键词：麻醉药品；精神药品；非正当用途；贩卖毒品罪；妨害药品管理罪；非法经营罪

根据2023年6月中国国家禁毒委员会办公室发布的《2022年中国毒情形势报告》，毒品滥用人数连续5年下降，毒品违法犯罪活动下降至近10年来的最低点。但同时，因毒品供应大幅降低，常见毒品价格居高不下，部分吸毒人员为缓解毒瘾，转而寻求麻醉药品、精神药品以满足毒瘾。① 最高人民检察院也于同月发布了一批5件惩治麻精药品失管涉毒犯罪典型案例，作为对麻醉药品、精神药品流入毒品制贩渠道案件频发的回应。

麻醉药品、精神药品具有药品的自然属性，兼具向毒品这一法律属性发展的现实可能。② 在司法实践中如何做到不枉不纵，一方面不影响其医疗作用的正常发挥，另一方面减少其非法流通，扼制进入非法渠道，如何根据《刑法修正案（十一）》《药品管理法》在2019年

---

* 李东，上海市人民检察院第一分院第三检察部检察官。

欧文杰，上海市黄浦区人民检察院第一检察部检察官助理。

① 中国国家禁毒委员会办公室：《2022年中国毒情形势报告》，载《中国禁毒报》2023年6月30日，第3版。

② 方文军：《关于毒品认定的几个重要问题》，载《人民法院报》2023年6月8日，第6版。

的修改以及2023年6月26日《全国法院毒品案件审判工作会议纪要》(以下简称2023年《昆明会议纪要》),结合麻醉药品、精神药品的不同用途,行为所处的不同流通环节及行为人主观明知等情况,准确适用非法提供麻醉药品、精神药品罪、妨害药品管理罪、非法经营罪及贩卖毒品罪,打好从药品管理到毒品管制的药品生产、经营到使用的全流程"组合拳",考验着司法工作人员的实践智慧。

一、麻醉药品、精神药品与毒品

20世纪,因国际社会共同认识"麻醉品成瘾于个人为害之烈,对人类在社会上及经济上的危险亦巨"①及"因滥用某等精神药物而起之公共社会问题"②,联合国先后于1961年、1971年通过《麻醉品单一公约》和《精神药物公约》,分别框定了麻醉品和精神药物的管制范围,初步形成了毒品种类的二分。1988年联合国《禁止非法贩运麻醉药品和精神药物公约》作为前述公约的"加强和补充",全面吸收了前述公约内容,也为我国法律体系中毒品概念"种差+属概念"的定义方法奠定了基础。在我国成为该公约缔约国的次年,"毒品"在1990年《关于禁毒的决定》中首次得到法律上定义,与国际公认的毒品概念基本吻合。后我国刑法第357条第1款及禁毒法的第2条第1款结合麻醉药品、精神药品种类的实践迭代,对毒品定义如下,"指鸦片、海洛因、甲基苯丙胺(冰毒)、吗啡、大麻、可卡因以及国家规定管制的其他能够使人形成瘾癖的麻醉药品和精神药品。"

而根据《麻醉药品和精神药品管理条例》,麻醉药品和精神药品基于已发生的滥用,及造成严重社会危害的实害结果或现实危险而列管,具有成瘾性的自然属性及规制性的规范属性,分别包括《麻醉药品品种目录》《精神药品品种目录》规定的麻醉药品、精神药品以及《非药用类麻醉药品和精神药品列管办法》规定的非药用类麻醉药品和精神药品。

麻醉药品、精神药品与毒品具有一定程度上的重合关系,前者在个案中是被滥用作毒品等非正当用途,还是用于医疗、教学、科研等正当目的,是判断由药转毒、区分毒品药品的关键。

二、"非正当用途"的认定及证明标准

实践中,由于非法提供麻醉药品、精神药品罪、非法经营罪等的刑罚设置较贩卖毒品罪更轻,构罪门槛设置更高,贩卖麻醉药品、精神药品的行为人在到案后往往会提出"正当用途"辩解,辩称其不知道药品的买受人是走私、贩卖毒品的犯罪分子、吸食、注射毒品的人员或是将药品用于其他违法犯罪活动的人员,希望借此逃避承担贩卖毒品罪的刑事罪责,故应

---

① 参见1975年联合国经《修正一九六一年麻醉品单一公约的议定书》修正的一九六一年麻醉品单一公约。

② 参见1971年《联合国精神药物公约》。

坚持主客观相一致原则，从药品是否实际流向吸毒、贩毒人员及其他违法犯罪人员等，贩卖药品人员对此是否有主观认知两方面，判明用途的正当与否。

对于非药用类麻醉药品、精神药品，由于其与《麻醉药品品种目录》《精神药品品种目录》规定的麻醉药品、精神药品在是否具有药用价值方面存在差异，前者在我国药用价值方面的绝对欠缺，导致其正当用途的主要方面是缺失的①，也就意味着该类药物将有更高比例、更大可能流入非正当用途，具有更大的社会危害性，这也是《非药用类麻醉药品和精神药品列管办法》中规定"禁止任何单位和个人生产、买卖、运输、使用、储存和进出口"的原因。因此，这一差异也理应在"非正当用途"的认定及证明标准上有所反映。对于贩卖非药用类麻醉药品、精神药品的，一般情况下应该认定为用于"非正当用途"，构成贩卖毒品罪。

但是在有证据证明非药用类麻醉药品、精神药品是用于教学、科研等正当用途，或是无法证明药品被用于不正当用途的，不能认定毒品犯罪。如在"武汉绝命毒师案"中，被告人张正波、杨朝辉所生产的"3,4－亚甲二氧基甲卡西酮""2,5－二甲氧基－4－溴苯乙胺""4－甲基乙卡西酮"等产品于2013年被列为国家管制的一类精神药品，且为不带*号的精神药品，一般被认定为非药用类麻精药品。2014年后，被告人仍继续非法生产上述产品，并向境外走私、销售。湖北高院在二审中基于境外买家的身份、境外买家购买精神药品系出于医疗目的或是流入毒品市场均未能得到证明，认为不能认定毒品及毒品犯罪，改判非法经营罪②。

对于《麻醉药品品种目录》《精神药品品种目录》规定的麻醉药品、精神药品，一是要考察买卖药品的相对方身份。对于明知是走私、贩卖毒品的犯罪分子或者吸毒人员而向其贩卖的，此时，麻醉药品、精神药品有极大可能性被作为毒品滥用，其药用价值基本不再具有发挥可能，行为社会危害性与贩卖传统毒品相当，行为人主观上对于药品流入毒品市场也是积极追求的，应以贩卖毒品罪定罪处罚。对于明知药品买卖相对方是用于实施迷奸、抢劫等其他非法用途而向其贩卖的，亦构成贩卖毒品罪。如在孙某贩卖毒品、强奸、传授犯罪方法、巫某文贩卖毒品、对非国家工作人员行贿案中，被告人孙某作为麻醉科医生，明知庞某将购买力月西等国家管制的精神药品用于迷奸，仍向其两次贩卖，应当认定为贩卖毒品罪③。对于向医药业务员、私人诊所等销售麻醉药品、精神药品的，一般认为行为人主观上出于医疗等"正当用途"，药品仍在医疗领域内流通，不能以贩卖毒品罪定罪处罚。

---

① 不能因为不具有医疗用途就直接认定相关药物系毒品，仍存在服务于教学、科研等正当目的的可能。参见何荣功：《〈全国法院毒品案件审判工作会议纪要〉若干重点问题的理解》，载《中国应用法学》2023年第6期，第77页。

② 王选辉：《武汉"绝命毒师案"终审宣判：撤销涉毒罪名，改判非法经营罪》，https://www.thepaper.cn/newsDetail_forward_23218734，访问日期：2023年10月19日。

③ 参见《最高人民检察院关于印发惩治麻醉药品、精神药品失管涉毒犯罪典型案例的通知》，https://www.spp.gov.cn/xwfbh/dxal/202306/t20230626_618469.shtml，访问日期：2023年10月19日。

二是要考察行为人的主观认知。针对贩卖麻醉药品、精神药品行为人提出的不知相对人身份的辩解,一方面要注重初步证据的收集,如行为人在药品对外宣传中是否声称可以用于非正当用途,或者是配有相关暗示性图片;另一方面要善用推定,综合行为人的供述、学历、从业背景,是否曾因滥用或出售麻醉药品、精神药品等行为受过行政处罚或判有前科,行为人与购买药品人员之间的通讯、转账情况,如行为人是否询问过购药人员的购药目的,对其医药需求进行过初步审查,购药是否明显超出合理用药频次或者正常用药数量,购药价格是否明显高于药品市场正常价格,是否使用虚假身份交易等考察相关辩解的合理性。

三是要把握准证据标准。虽然涉麻醉药品、精神药品的毒品犯罪多通过"网络 + 寄递"方式交易流通,①具有买家分散、隐蔽的特点,对于买家的身份和药品使用情况存在一定核查难度,但是仍然应该坚持"排除一切合理怀疑"的刑事办案标准,由检察机关承担"非正当用途"的证明责任。

实践中,有司法工作人员认为通过网络方式贩卖麻醉药品、精神药品,因销售对象没有身份限制,买卖双方无须相识和信任,即足以证明贩卖者对毒品的传播具有放任的故意。②诚然,行为人未经核实而向不特定对象出售麻醉药品、精神药品,可能最终导致药品流向毒品犯罪分子或者吸毒人员等,上述认定逻辑具有一定道理。但同时也应注意,通过"放任的故意"认定"非正当用途"绝不能一"放"了之。

一方面,在"放任的故意"情形下认定犯罪的前提是造成了法益侵害后果。因为在间接故意的场合,如果没有实际发生特定的危害结果,则不成立犯罪。③ 因此,以间接故意的主观心态贩卖麻醉药品、精神药品,如要构成贩卖毒品罪,必须证明被贩卖的药品实际流入毒品流通领域。如在刘某非法经营案中,被告人刘某虽将精神药品出售给董某等个人,销售对象看似具有不特定性,但检察机关结合该案证据,认定刘某将精神药品大部分出售给医药业务员董某,董某又非法出售给了其他私人诊所,没有证据证明刘某是否将精神药品出售给除了董某以外的其他可疑人员,故认为无法认定刘某构成贩卖毒品罪④。

针对在麻醉药品、精神药品实际流向证明中存在的联络设备所有人、交易联络软件验证绑定身份和实际使用人的对应关系难以准确确立的难题,要充分运用电子设备恢复鉴定等技术手段,从号码使用者、手机使用者、手机中相关应用软件使用者两两印证,认定药品的实际购买者身份,具体来说,可以利用 SIM 卡的 ICCID\IMSI 码的唯一性、不可重复性,结合手机中所摄自拍照、录像录音、短信及即时通信软件通讯录中好友编织成的社会关系网、通讯

---

① 郛林桦:《新型禁毒战打击"暗网"交易、药物滥用》,载《解放日报》2024 年 6 月 26 日,第 6 版。

② 熊理思、汪怡:《贩卖麻醉药品和精神药品案件的罪名适用》,载《人民法院报》2022 年 6 月 9 日,第 5 版。

③ 高铭暄、马克昌主编:《刑法学(上)》(第 10 版),北京大学出版社 2022 年版,第 143 - 144 页。

④ 杜冰倩:《非法贩卖精神药品行为的定性》,载《中国检察官》2017 年第 22 期,第 62 页。

讯息内容及称呼锁定。另外，还可以通过短信中的地理位置结合药品购买者的移动轨迹来确认拨打电话时是否系其本人所用。①

另一方面，检例第151号马某某走私、贩卖毒品案中指出，“行为人未核实购买人购买麻醉药品、精神药品具体用途，但知道其不是用于合法用途，为非法获利，基于放任的故意，向用于非法用途的人贩卖的，应当认定为贩卖毒品罪”②，更是在“放任的故意”和发生实际危害结果，即“向用于非法用途的人贩卖”之外，添加了行为人“知道药品非用于合法用途”这一条件，在“放任的故意”的适用之上又增加了一重限制，主客观相统一的理念得到更充分反映。如在该案中，马某某在网上发布出售广告，称相关药品可用于非法用途。

三、对于出于正当用途，未获行政许可生产、进口或者销售药品的行为与非法经营罪的辨析

有观点认为，在药品经营活动的开展仍以药品经营许可证之取得为前提没有发生变化，2022年《最高人民法院、最高人民检察院关于办理危害药品安全刑事案件适用法律若干问题的解释》的起草者也没有在理解和适用中进行说明的情况下，对“违反国家药品管理法律法规，未取得或者使用伪造、变造的药品经营许可证，非法经营药品，情节严重的”行为法律适用意见的删除，就意味着不再采纳本来构成非法经营罪的结论。③

笔者认为，上述观点值得商榷。对于行为人出于“正当用途”，未获药品经营许可证贩卖麻醉药品、精神药品的行为，仍存在适用非法经营罪的法律和现实基础。

首先，现有法律规定并未排除非法经营罪的适用。2023年《昆明会议纪要》规定：“确有证据证明出于治疗疾病等相关目的，违反有关药品管理的国家规定，未经许可经营国家规定管制的、具有医疗等合法用途的麻醉药品、精神药品的，不以毒品犯罪论处；情节严重，构成其他犯罪的，依法处理。”故行为人出于正当目的，未经许可经营麻醉药品、精神药品的行为，并非一概不构成犯罪，对于其中情节严重且构成其他犯罪的行为仍需依法追究刑事责任。而“其他犯罪”的文义中自然也包含非法经营罪的适用。

需要明确的是，笔者认为2023年《昆明会议纪要》中的“未经许可经营”既应包括进口、生产环节的行政许可，也应包括批发、零售等流通环节的行政许可。其中，进口、生产环节出于正当用途，未获药品注册证书或药品生产许可证经营国家规定管制的、具有医疗等合法用途的麻醉药品、精神药品的行为，情节严重的，应以妨害药品管理罪来依法处理，刑事审判参

---

① 参见上海市人民检察院第一分院课题组：《毒品案件技侦、电子证据实务研究》，载上海市法学会编：《上海法学研究》集刊(2019年第7卷总第7卷)，[出版者不详]，第216－217页。

② 《最高人民检察院关于印发最高人民检察院第三十七批指导性案例的通知》，载《中华人民共和国最高人民检察院公报》2022年第6期，第22－32页。

③ 方文军：《麻精药品的双重属性对司法定性的影响——兼论妨害药品管理罪与非法经营罪的关系》，载《法学评论》2024年第3期，第126－128页。

考第 1492 号指导案例对此亦予以了明确;①而在批发、零售环节出于正当用途,未获药品经营许可证经营前述药品的行为,情节严重的,则应视具体案情以非法经营罪或其他罪名来依法处理。

其次,非法经营罪存在适用的现实基础。如前所述,妨害药品管理罪主要着眼于麻醉药品、精神药品在进口、生产环节的法益保护。而对于流通领域频繁出现的乱象,如医疗机构工作人员等通过"挂空床"、监守自盗等方式违法套购而来的麻醉药品、精神药品,则需要用其他罪名来加以管控,以避免麻醉药品、精神药品的滥用。非法经营罪的保护法益则正在于国家依法管理市场的秩序,适用非法经营罪规制麻醉药品、精神药品的贩卖行为,所直接保护的法益即是麻醉药品、精神药品的流转秩序,着眼于药品流通领域,间接上也能起到保护用药者健康和生命权益的作用。

对于麻醉药品、精神药品,从生产到流通再到使用的全流程监管是必要的,因为任何一个环节的失管,都可能导致药品落入不正当用途,造成毒品滥用风险。妨害药品管理罪与非法经营罪的各司其职、环环相扣,则能最大程度确保麻醉药品、精神药品全程不失管,阻断滥用品种多样叠加的毒品滥用新趋势。所以,非法经营罪也存在适用的现实基础。

再次,妨害药品管理罪与非法经营罪保护的法益不同。妨害药品管理罪要求"足以严重危害人体健康",其保护法益是用药公众的健康和生命权益。本罪主要对生产条件、卫生条件简陋、不达标的药品"黑作坊"②,未经法定审批程序进口、具有安全风险的药品的生产、进口,以及相应的销售行为进行打击,着重体现了本罪对具有造成用药者健康风险药品的从源治理。③ 而非法经营罪则主要针对正规麻醉药品、精神药品在流通环节的规制。

司法实践中,两罪的区别:一是要看麻醉药品、精神药品的用途是否正当,非正当用途则应以贩卖毒品罪来加以认定;二是在正当用途的前提下,根据行为发生的不同环节来加以区分,发生在进口、生产环节,未获得的是药品生产许可证、药品注册证书,应依法认定妨害药品管理罪;发生在批发、零售等流通领域,未获得药品经营许可证的,则应视具体案情认定非法经营罪或其他罪名。

最后,从犯罪构成上来看,适用非法经营罪对未取得或者使用伪造、变造的药品注册证书销售麻醉药品、精神药品的行为进行规制不存在障碍。一是具备违反国家规定这一非法经营罪的成立前提。《药品管理法》第 112 条以准用性规则的方式,在援引中指向和参照国务院《麻醉药品和精神药品管理条例》,确定了麻醉药品、精神药品与普通药品特别法和一

---

① 参见庄彬:《蒋礼先、陈艳辉等妨害药品管理案——刑法修正案(十一)公布前实施的未取得药品相关批准证明文件生产、进口、销售药品等行为的定性》,载最高人民法院刑事审判第一、二、三、四、五庭编:《刑事审判参考·总第 133 辑》,人民法院出版社 2023 年版,第 1 - 11 页。

② 敦宁:《妨害药品管理罪的法教义学分析》,载《政治与法律》2021 年第 12 期,第 55 页。

③ 周光权:《刑事立法进展与司法展望——〈刑法修正案(十一)〉总置评》,载《法学》2021 年第 1 期,第 33 页。

般法的法条竞合关系，形成了普通药品管理与麻醉药品、精神药品管制相衔接的药品管理体系，实行了对麻醉药品、精神药品的定点生产、定点经营制度。据此，非法经营麻醉药品和精神药品属于《刑法》第225条第(一)项中的经营其他限制买卖的物品，可以以非法经营罪论处。二是行为严重扰乱了市场秩序。刑法第225条将非法经营罪规定为情节犯，将尚未达到“情节严重”的扰乱市场秩序行为均排除在犯罪圈之外。这一情节上的要求，在认为出于医疗用途违规贩卖麻醉药品、精神药品构成非法经营罪的基础上，得到了一如既往的贯彻和延续，直接地反映在了2015年5月18日《全国法院毒品犯罪审判工作座谈会纪要》之中。2023年《昆明会议纪要》虽然不再明晰点出“以非法经营罪定罪处罚”，但亦规定了“情节严重，构成其他犯罪的，依法处理”，结合前述分析，应当认为此处的“其他犯罪”并不排斥非法经营罪，系出于与妨害药品管理罪相衔接的条文简化表述。故，在该类型案件处理中，需要考虑行为是否严重扰乱了市场秩序，一般从经营规模、违法所得数额、经营药品的性质等进行判断。经营规模方面，如参与经营人数，是否具有稳定的药品供销渠道、业务所覆盖的地域范围、在相关病友群或科研、教学用药群体间的知晓程度和影响力、每年的药品销售流水等。违法所得数额方面，如2014年《危害药品安全案件解释》第七条第三款就规定了两个并列性构罪标准，分别从非法经营数额以及违法所得数额提出了最低十万元、五万元的门槛要求。经营药品的性质方面，如麻醉药品及第一类精神药品与第二类精神药品的滥用风险存在差异，国家管制力度也有所不同，对于未取得或者使用伪造、变造的药品注册证书销售第二类精神药品的，在“情节严重”的认定上仍应保持慎重，对于销售对象是麻醉药品及第一类精神药品的，仍应保持严的态度。

必须说明的是，上述非法经营罪的适用应当有所限制。一方面，要充分考虑和保障民众求医用药的健康需求，为不能从正常渠道获取医疗急需的麻醉药品、精神药品的人群提供自谋生路、自谋出路的可能。2023年《昆明会议纪要》即对此做出规定，对实施上述行为带有自救、互助性质的，原则上予以非罪化处理，即使确有追究刑事责任必要的，也应当在处断上从轻、量刑上从宽、刑罚执行方式上从缓。另一方面，从罪责刑相适应和量刑平衡角度看，非法提供麻醉药品、精神药品罪以及妨害药品管理罪通常作为非法经营罪的上游犯罪，妨害药品管理罪当然要受到上游犯罪量刑情况的约束。针对所指向的系同一批麻醉药品、精神药品的，要根据距离犯罪源头的远近、边缘化程度，实现同一犯罪链条上跨罪名的分层分类处理，在“轻”的基调上适当拉开非法经营行为人与上游犯罪人的量刑档次。

毒品代购行为的定性研究

张　雪　杨　波　梅贵友*

摘要:在毒品犯罪日益复杂的背景下,毒品代购行为的定性问题成为刑法学界与司法实践关注的焦点。对于毒品代购行为的基本概念,其法律定性的核心不在于"牟利"目的,而在于是否存在"有偿交易"。审视毒品犯罪所侵害的法益,揭示了当前毒品代购行为定性的困境,即缺乏专门的法律法规,主要依赖司法指导文件。进一步分析了毒品代购行为的不同形式,并遵循从正犯到共犯的逻辑,探讨了其是否构成贩卖毒品罪。针对实务与理论界争议较大的"蹭吸"与"截留"行为,进行了细致的法律定性,认为"蹭吸"符合贩卖毒品罪的构成要件,而"截留"则构成侵占行为。

关键词:毒品代购行为;贩卖毒品罪;牟利;有偿交易

在探讨毒品代购行为的法律性质时,首要任务是明确其非法定术语特性,它既非特定犯罪类型亦非免责依据。司法实践中,代购行为常被用作辩护策略以规避贩卖毒品罪的指控,但法院判断常基于代购行为的具体性质及其对贩卖故意的影响。现有案例表明,简单将代购等同于非贩卖行为存在逻辑局限,可能误导对"代购"一词的普遍理解,并扩大刑事责任范畴。针对此,部分学者提议将毒品代购纳入犯罪体系,并提议以"帮助他人购买毒品"替代模糊表述,以厘清实践中的概念混淆。然而,本文认为,应首先对毒品代购行为进行精细化的类型化分析,确立统一的司法适用标准,而非一概而论地将其犯罪化。因为帮助购买毒品的行为并不自动满足贩卖毒品罪的构成要件,此举需严格遵循罪刑法定原则。因此,本文定义毒品代购行为为:在托购者请求下,代购者为其购买毒品的行为,且此定义排除了接受贩毒者委托寻找买家的情形,以维护"代购"一词的原有含义及本文研究的针对性。

---

* 张雪:贵州省毕节市威宁县人民检察院综合业务部负责人。
杨波:贵州省毕节市威宁县人民检察院办公室主任。
梅贵友:贵州省毕节市人民检察院刑事检察部主任。

一、毒品代购行为概述

(一)毒品代购行为的概念

在探讨毒品代购行为的法律性质时,首要任务是明确其非法定术语特性,它既非特定犯罪类型亦非免责依据。司法实践中,代购行为常被用作辩护策略以规避贩卖毒品罪的指控,但法院判断通常基于代购行为的具体性质及其对贩卖故意的影响。现有案例表明,简单将代购等同于非贩卖行为存在逻辑局限,可能误导对"代购"一词的普遍理解,并扩大刑事责任范畴。

针对此,部分学者提议将毒品代购纳入犯罪体系,并提议以"帮助他人购买毒品"替代模糊表述,以厘清实践中的概念混淆。然而,本文认为,应首先对毒品代购行为进行精细化的类型化分析,确立统一的司法适用标准,而非一概而论地将其犯罪化。因为帮助购买毒品的行为并不自动满足贩卖毒品罪的构成要件,此举需严格遵循罪刑法定原则。

因此,本文定义毒品代购行为为:在托购者请求下,代购者为其购买毒品的行为,且此定义排除了接受贩毒者委托寻找买家的情形,以维护"代购"一词的原有含义及本文研究的针对性。

(二)毒品代购行为与类似行为的界定

1. 代购行为与居中倒卖行为

作用地位不同。在毒品流通交易中,居中倒卖者和代购者的作用地位存在显著差异。居中倒卖者在毒品交易中扮演着关键角色,他们主动从卖家处购入毒品并寻找买家,直接参与交易并从中获利。在这一过程中,倒卖者既是卖家的买家,也是买家的卖家,与交易的前后环节形成上下家的关系,展现出独立性和主动性。相比之下,代购者在毒品流通中的作用则更多是辅助性的。代购行为本质上是一种代理行为,具有依赖性和被动性。[①] 代购者参与毒品流转是基于委托人的请求,如果没有委托,代购者不会自发地寻找卖家或购买毒品,代购行为也就无从谈起。

在主观目的方面,倒卖者在购买毒品时的目的是出售,他们在向下家提供毒品时,主观上是出于贩卖的意图,因此其行为实质上构成了贩卖毒品。毒品买家通常将倒卖者视为直接的毒品卖家,而不是代购者。而代购者的初衷是帮助托购者购买毒品,他们的主观目的是协助而非贩卖。然而,部分代购者可能会利用代购行为作为获利的手段,将原本的帮助行为转变为贩卖行为,这时他们的主观目的与居中倒卖者相似。托购者则期望代购者作为代理人,帮助他们从第三方购买毒品,而不是将代购者视作毒品的直接卖家。

---

① 张明楷:《代购毒品行为的刑法学分析》,载《华东政法大学学报》2020 年第 1 期,第 25 页。

居中倒卖行为通常符合贩卖毒品罪的构成要件,倒卖者单独构成贩卖毒品罪,在司法实践中的定性相对明确,争议较小。而代购者是否构成犯罪、构成何种罪名以及是否涉及共犯等问题,则需要进一步的探讨和分析。

2. 代购行为与居间介绍行为

在毒品交易的流通过程中,毒品居间介绍者扮演着"信息沟通的桥梁"角色。他们通常负责在毒品买卖双方之间传递关键信息,如交易对象、时间、地点、毒品种类、数量以及价格等,从而促进交易的完成。居间介绍者并不直接参与交易过程,也不作为交易的主体,更不会直接持有或运输毒品。相反,代购者在交易中扮演着更为积极的角色,他们直接参与毒品的购买和交易过程,并在这一过程中可能持有或运输毒品。①

在牟利方式上,毒品代购者的目的是通过加价销售毒品来获取利润,代购者与托购者之间实际上形成了毒品交易关系,这种行为应当被视为贩卖行为。然而,毒品居间介绍者的目的并非在于毒品的差价,而是通过提供交易信息来赚取中介费。这种中介费是独立于毒品交易之外的,不等同于通过贩卖毒品获得的收益。因此,居间介绍者不能单独构成贩卖毒品罪的主体,他们只能与委托方构成共同犯罪。

一些学者提出,当居间者受吸毒者委托介绍购买毒品时,由于他们在过程中也为贩毒者提供了信息,从主观和客观上都与贩毒人员的行为一致,因此应当被视为贩卖毒品的共同犯罪。然而,笔者认为这种观点存在偏差,它违背了主客观相一致的法律原则。尽管居间者无论是受吸毒者还是贩毒者委托,客观上都促进了毒品的流通,但共同犯罪的成立需要犯罪人之间有共同实施犯罪的意图。居间者在主观上并没有帮助贩毒者的故意,也没有与贩毒者形成共同犯罪的合意,这是共同犯罪成立的关键要素。因此,根据主客观相一致的原则,居间者不应被定性为贩卖毒品罪的共犯。

(三)毒品代购行为的分类

1. 根据代购是否具有牟利目的分类

会议纪要明确指出,毒品代购行为的定性应当以是否存在牟利为目的作为关键标准。基于此,毒品代购行为可以划分为两类:一类是以牟利为目的的毒品代购,另一类则是无牟利目的的毒品代购。

(1)以牟利为目的的毒品代购行为。

这种类型的毒品代购行为,代购者出于获取经济利益的目的而进行。牟利通常表现为代购者在毒品交易中收取超过实际毒资的额外费用。随着代购方式的演变,牟利的手段也

① 王登辉、罗倩:《贩卖毒品罪若干基础理论辨正》,载《中国刑事法杂志》2016年第2期,第24页。

趋向多样化，出现了一些变相加价的手法。① 对于具有牟利目的的毒品代购行为的认定，是本文深入探讨的核心内容，将在后续中详细分析。

(2)无牟利目的的毒品代购行为。

无牟利目的的毒品代购行为，指的是代购者在没有获得任何经济利益的情况下，甚至可能亏损的情况下，帮助托购者购买毒品。这类行为通常发生在代购者与托购者之间存在特殊关系，如亲属、恋人或朋友关系。在这种情况下，代购者的行为动机是出于纯粹的帮助，而非追求经济利益。

在主观恶意和对法益的侵害程度上，以牟利为目的的毒品代购行为通常更为严重。这类行为一旦获得利益，代购者可能会因为经济诱因而重复进行代购，这不仅加速了毒品的流通，还可能扩大毒品的传播范围，对不特定人群的身体健康造成损害，并破坏了国家对毒品的管控秩序。

2. 根据代购的主导者分类

在毒品代购的交易链中，涉及三个主要角色：贩卖者、代购者和托购者。贩卖者的行为构成贩卖毒品罪这一点是公认的，因此本节不对其进行详细讨论。根据毒品来源的不同，即是由托购者指定还是代购者自行寻找，毒品代购行为可以分为托购者主导型和代购者主导型两种。

(1)托购者主导型毒品代购行为。在托购者主导的情况下毒品的卖家由托购者指定，毒品的种类、数量和价格等细节也需遵循托购者的意愿。在这种模式下，毒品代购者更像是一个执行者，其行为是托购者意图的延伸，主要起到辅助作用。

(2)代购者主导型毒品代购行为。当代购者在交易中占据主导地位时，他们会主动寻找并联系毒品卖家，这种行为类似于民法中的全权代理。在这种情况下，代购者在毒品交易过程中展现出较强的主动性，对整个交易活动具有决定性影响。

有学者提出，在无偿代购的情况下，代购者主导型毒品代购行为的定性应以代购次数和涉及人数为依据。如果代购者多次或为多人代购毒品，可能损害了毒品犯罪所保护的法益，从而构成贩卖毒品罪。然而，偶尔为个别买家代购则不构成此罪。笔者对此观点持保留态度。以代购次数和人数作为无偿代购行为是否构成贩卖毒品罪的标准，存在诸多不合理之处。首先，难以界定“多次”和“多人”的具体标准。其次，无偿代购本身并不等同于贩卖行为，即使代购行为频繁或涉及多人，在累计达到一定数量时，也应考虑非法持有毒品罪的适用，这一点将在后文中详细讨论。实际上，无论是代购者主导还是托购者主导，都不能简单地直接判断其是否构成贩卖毒品罪，而应根据该罪的具体构成要件进行综合评估。

---

① 卢荃荃：《毒品犯罪中三种行为司法定性探讨——基于最高法院纪要演进视角》，载《河南科技大学学报(社会科学版)》2019 年第 4 期，第 108 页。

3. 根据代购的用途分类

在毒品代购行为的分类中,可以根据托购者对毒品的预期用途将其分为两类:一类是以贩卖为目的的毒品代购,另一类是以吸食为目的的毒品代购。在判断代购行为的性质时,应以代购者对托购者用途的认识为准。如果托购者实际目的是贩卖毒品,而代购者误以为其仅用于吸食,这种情况下存在认识上的错误。根据主客观相一致的原则,代购行为的性质应以代购者的认识为准。

(1)以贩卖为目的的毒品代购行为。当代购者知晓托购者意图进行毒品贩卖,仍然为其代购时,这种行为具有较大的主观恶性和社会危害性。代购者在托购者的贩卖行为中起到了辅助作用。即使代购者本身不构成贩卖毒品罪的正犯,也应被视为与托购者共同犯罪,构成贩卖毒品罪的共犯。①

(2)以吸食为目的的毒品代购行为。在托购者委托代购者代购毒品用于个人吸食的情况下,这种行为在我国虽然违反了《治安管理处罚法》,但并不构成刑事犯罪。因此,对于少量吸食为目的的无偿毒品代购行为,由于其具有一定的从属性,不应被视为犯罪。然而,如果代购者无偿代购的毒品数量达到《刑法》第三百四十八条所规定的标准,那么代购者和托购者应共同承担非法持有毒品罪的责任。至于有偿代购且仅用于吸食的毒品行为,将在后续内容中进行详细讨论。

二、我国毒品代购行为的规制现状

中国《刑法》并未对代购毒品的行为作出具体规定。为了更有效地规范这类行为,最高人民法院陆续发布了《南宁会议纪要》《大连会议纪要》《武汉会议纪要》以及《昆明会议纪要》等指导性文件。此外,一些省份如浙江和山东也出台了相关的地方性文件,如《浙江省会议纪要》和《山东省裁判指引》。

《南宁会议纪要》首次提出了毒品代购的概念,并明确了代购毒品的非罪标准,包括不以营利为目的、代购用途为吸食、不构成其他毒品犯罪以及有证据支持上述事实。然而,这一规定存在缺陷,如"营利"范围的界定不明确,以及违反了疑罪从无的原则。《大连会议纪要》在《南宁会议纪要》的基础上,进一步明确了牟利目的作为代购毒品入罪的主观标准,并规定了共犯情形。但该纪要同样存在问题,如对"从中牟利"和"变相加价"的范围没有具体限定,以及在代购者明知托购者实施毒品犯罪的情况下,直接认定为共犯,排除了正犯的可能性。《武汉会议纪要》坚持并完善了牟利标准,解决了一些实务中的定性难题,但对"必要费用"的确定和以吸食为目的收取部分毒品作为酬劳是否属于牟利等问题未作明确。《昆明会议纪要》对代购者蹭吸、截留毒品的行为进行了定性,并规定了托购者主导型代购中代购者蹭吸、截留少量毒品供自己吸食的一般不以贩卖毒品罪论处。然而,该纪要的合理性存

---

① 张汝铮:《毒品犯罪共犯归责路径与反思》,载《社会科学家》2021年第12期,第143页。

在争议,特别是在蹭吸、截留毒品行为的定性时,对代购者主导型代购和托购者主导型代购的区分不够明确。《浙江省会议纪要》将代购毒品限定为委托者主导且仅用于吸食的行为,并以是否牟利为标准。该纪要不当地缩小了代购毒品的范围,可能导致贩卖毒品罪的过度适用。《山东省裁判指引》在前述会议纪要的基础上,结合审判实践,对毒品犯罪案件中的争议问题进行了解答。但对于"克扣"行为视为变相加价,以及"蹭吸"行为的定罪逻辑存在问题,这可能导致代购者"蹭吸"行为也被错误地定性为贩卖毒品罪。

综上所述,尽管这些会议纪要和裁判指引在一定程度上指导了毒品代购行为的定性,但由于毒品代购的多样性和复杂性,这些规定并不能完全适用于所有情况。法律规范的不足和漏洞增加了解决这一问题的复杂性。

三、毒品代购行为定性的类型化分析

在司法实践中,毒品代购行为的多样性给其定性带来了挑战。目前的研究往往聚焦于毒品代购行为的某一特定形式,例如"加价代购"或"蹭吸",这种研究方法较为局限,可能导致不同研究之间的逻辑不一致,难以构建一个完整的理论体系。通过类型化分析,我们可以在区分不同毒品代购行为的基础上进行深入研究,这种方法更为科学、全面,有助于更准确地定性代购行为。需要强调的是,本章并未探讨毒品代购行为不构成犯罪的情况,这并非意味着所有毒品代购行为都构成犯罪。相反,根据罪刑法定原则,只有符合犯罪构成要件的行为才能被认定为犯罪。对于那些不符合犯罪构成要件的代购行为,应当排除在犯罪之外。

(一)毒品代购构成贩卖毒品罪的情形

1. 贩卖毒品罪保护的法益

刑法的根本宗旨在于惩治犯罪行为,维护法律所保护的利益。法律之所以将特定行为界定为犯罪,是因为这些行为具有侵害法律所保护利益的特性。在探讨毒品代购行为是否构成贩卖毒品罪时,我们首先需要明确毒品犯罪所侵害的法益是什么。

传统的刑法理论将毒品犯罪的保护法益界定为国家对毒品的管理制度。然而,一些学者指出,这种表述并未充分揭示法益的核心。他们认为,国家对毒品的管制最终目的是保护公众的健康,因此毒品犯罪应当被视为一种针对公众健康的抽象危险犯罪。日本学者山口厚教授也持类似观点,认为毒品犯罪的保护法益是公众(无论是不特定个体还是多数人)的健康。还有学者提出,毒品犯罪的保护法益既包括国家对毒品的管制,也涵盖公众健康。笔者倾向于支持后一种观点,因为它有助于我们更精确地把握毒品犯罪立法的初衷。立法者将毒品犯罪归类于妨害社会管理秩序罪,意味着这类犯罪行为破坏了国家机关对社会秩序的管理,而社会秩序的管理自然包括对毒品的管理。然而,毒品犯罪具有其独特性,因为许多毒品在医学上具有药用价值。[①] 当这些物质作为药品流通时,并未对公民的身体健康造成侵害,即使它们可能破坏了国家对社会秩序的管理,也不应被视为犯罪。只有在毒品被用于非法侵害公民身体健康时,相关行为才具有违法性。因此,公民的身体健康同样是毒品犯罪所侵害的法益之一。

2. 贩卖毒品罪牟利目的必要性之否定

在毒品代购行为的法律定性争议中,当前司法实践与学术界对"牟利"是否为贩卖毒品罪的必要条件存在分歧。部分法院和学者认为牟利(包括经济利益及非金钱利益)是关键标准,而另一部分则主张贩卖行为的核心在于"有偿交易",即是否体现了交易性质,而非单纯追求利润。

本文倾向于后一立场,认为"贩卖"应被界定为有偿让渡毒品,其核心在于交易双方达成的一致与对价的支付。有偿交易不仅涵盖盈利性出售,也涉及亏本交易,只要存在支付对价的行为,即构成交易性质,从而可能侵犯毒品管理秩序与公众健康。相反,无偿赠与或基于特殊关系的代购,若未体现交易性质,则不应视为贩卖行为。

采用"有偿交易"标准,有助于解决牟利范围界定的难题。一方面,它明确了交易双方的合意与直接相关的对价支付,排除了"截留""克扣"等非交易性行为;另一方面,对价的认定应基于实际用途而非名义,确保法律适用的准确性。此外,非物质利益不应计入对价范畴,而毒品等物质性利益则明确属于对价,如"蹭吸"行为即构成贩卖。

综上所述,本文主张以"有偿交易"作为判断毒品代购行为是否构成贩卖毒品罪的核心标准,旨在促进法律适用的统一与公正。

(二)毒品代购构成运输毒品罪的情形

在处理毒品代购中的运输行为时,司法实践多依据《武汉会议纪要》的指导,该纪要规定:代购者为吸毒者代购毒品,运输途中被查获且无毒品贩卖意图,毒品数量较大时,代购者与托购者共犯运输毒品罪。但有学者主张,即便毒品数量未达较大标准且仅供自吸,亦应定罪。对此,本文持审慎态度。

本文认为,在代购行为无偿且毒品数量未超合理自用范围时,托购者的自吸应视为毒品流通终点,代购者的运输行为未实质增加流通风险。刑法将走私、贩卖、运输、制造毒品并列,强调四者在危害性与刑罚上的相似性,但不应忽视各行为的具体情境与法益侵害性差异。

《武汉会议纪要》设定的"数量较大"标准,作为界定代购者运输毒品罪的条件,体现了宽严相济的刑事政策智慧。此标准既避免了对轻微、无害代购行为的不当刑责追究,又防范

---

① 程周明、杨娟、何艳:《居间介绍、代购毒品的法律适用问题》,载《人民检察》2019 年第 12 期,第 74 页。

了不法分子利用个人吸食名义规避法律制裁的风险。[①] 当毒品数量显著超出个人合理用量,且可推断托购者有其他非法目的且代购者知情时,代购者的运输行为则可能促成毒品社会流通,满足运输毒品罪的构成要件。

(三)毒品代购构成非法持有毒品罪的情形

在中国刑法中,非法持有毒品罪作为毒品犯罪体系的兜底条款,对于代购行为同样具有重要的法律适用价值。在司法实践中,当代购者进行无偿代购,且其行为未构成其他毒品犯罪,但毒品数量达到法定最低标准时,这种行为通常被认定为非法持有毒品罪。例如,在蔡某甲非法持有毒品案中,被告人蔡某甲受托代购毒品,并将约13.87克的毒品藏匿于棉拖鞋内,随后通过肖某乙将毒品送至看守所。二审法院认为,由于蔡某甲在同城内无偿运输毒品,且无牟利意图,运输距离较短,因此应以非法持有毒品罪定罪。[②]

然而,关于毒品数量的累计计算问题,学术界存在分歧。一些学者主张,非法持有毒品的数量可以进行累计,只要累计数量达到法定标准,即可构成非法持有毒品罪。另一些学者则持反对意见。笔者支持累计计算的观点。在代购者频繁进行少量毒品代购,或向多个人提供无偿代购服务的情况下,尽管每次代购的毒品量可能很小,但累计起来总量可能很大,且涉及范围广泛。这种行为虽然没有构成贩卖毒品罪,但仍然破坏了国家对毒品的管制,对公众健康构成威胁。因此,累计计算毒品数量并据此定罪,有助于有效打击毒品犯罪,维护社会秩序。如果忽视这种累计效应,可能会导致对毒品犯罪的打击力度不足。

四、毒品代购行为的特殊难题及解决

(一)"蹭吸"行为的定性争议及解决

1."蹭吸"行为的定性争议

在本文第二章第二节中,通过案例五和案例六的法院判决,我们可以看到司法实践中对于"蹭吸"行为的性质认定存在差异。尽管如此,大多数司法判决倾向于将"蹭吸"视为一种变相的牟利行为,并据此以贩卖毒品罪进行定罪。

在刑法学界,关于"蹭吸"行为的定性问题,主要有两种不同的观点。一种观点认为,"蹭吸"应当构成贩卖毒品罪。持这种观点的学者认为,尽管法律上没有明确针对蹭吸行为的规定,但蹭吸毒品本身实际上是一种物质利益的获取。另一种观点则认为,"蹭吸"并不构成贩卖毒品罪。这些学者强调,蹭吸在本质上属于毒品吸食的行为,不应被视为贩卖毒品。

---

① 汪志勇、陈莳:《代购毒品行为评价初探》,载《中国检察官》2022年第1期,第20页。

② 董彬:《代购毒品行为的法理认定和判断方法》,载《法律适用》2020年第18期,第60页。

2.“蹭吸”行为定性争议的解决路径

首先,我们需要明确“蹭吸”这一概念仅涉及代购者在代购毒品后,出于吸食的目的而进行的吸食行为,而不包括代购完成后,托购者与代购者共同分享毒品吸食的情况,后者应被视为一种无偿的赠与行为。

实际上,对于代购者来说,无论是为了获得额外利润而代购,还是出于蹭吸的目的进行代购,其行为背后的驱动力都是物质利益,这两者之间并无本质区别。因此,“蹭吸”行为在本质上符合贩卖毒品罪中关于有偿交易的构成要件,其中“蹭吸”到的毒品即为对价。这种行为不仅破坏了国家对毒品的管理制度,还可能损害公众的健康,因此应当被视为贩卖毒品罪的正犯。

至于代购者在知晓托购者将毒品用于犯罪目的的情况下,帮助其代购并随后蹭吸的行为,是否构成与托购者的共同犯罪,答案是否定的。正如前文所述,对于毒品代购行为是否构成贩卖毒品罪的判断,应当遵循从正犯到共犯的逻辑顺序。在已经将“蹭吸”行为作为贩卖毒品罪的正犯行为进行认定的情况下,代购行为本身不应再被单独视为与托购者的贩毒行为构成共同犯罪。

(二)“截留”行为的定性争议及解决

1.“截留”行为的定性争议

“截留”行为指的是代购者在将毒品交付给托购者之前,私自扣留了一部分毒品,而托购者对此并不知情。在法律实践中,普遍认为这种行为构成贩卖毒品罪。《昆明会议纪要》《浙江省会议纪要》以及《山东省裁判指引》等司法文件也明确指出,“截留”被视为一种变相的加价行为,应当按照贩卖毒品罪进行处罚。在黄某贩卖毒品案中,被告人黄某生在受托购人黄某1的委托下购买约1克冰毒后,私自截留了0.38克,并将剩余的毒品交给黄某1。法院判决认为,黄某生在代购过程中私自克扣毒品以谋取利益,其行为符合贩卖毒品罪的构成要件。这表明司法实践界普遍认同,代购者在代购过程中的“截留”行为应以贩卖毒品罪定罪。然而,也有学者持有不同看法,他们认为这种行为更接近于秘密盗窃,应当以盗窃罪来处理。

2.“截留”行为定性争议的解决路径

在代购毒品案件中,若代购者私自截留毒品且托购者对此不知情,因缺乏“有偿交易”要件,该行为不构成贩卖毒品罪正犯。本文主张,此行为应定性为侵占罪。理由如下:

首先,毒品虽为违禁品,其非法性不排斥事实上的持有与所有状态,故能成为侵占罪对象。法律对毒品非法性的规制,不意味着放弃对非法持有状态的财产保护,否则将纵容非法侵占行为。此外,司法解释已确认毒品可为盗窃罪对象,同理亦适用于侵占罪,两者均属财产犯罪范畴。①

---

① 庄华忠:《非法持有毒品罪司法适用相关问题探析》,载《学术交流》2012年第5期,第50页。

其次,代购者受托购买并持有毒品至交付前,形成事实上的代为保管关系。私自截留并据为己有,符合侵占罪构成要件,即"将代为保管的他人财物非法占为己有"。

综上,代购者截留毒品行为应认定为侵占罪,并据情节定罪量刑。若代购者还涉及明知托购者贩卖意图、教唆贩毒或在此过程中截留毒品,则构成侵占罪与贩卖毒品罪共犯,应依法数罪并罚。

当代中国毒品滥用问题演进趋势研究

——基于官方禁毒报告的词频分析和描述性统计分析

魏　莱　张　黎*

摘要：我国毒品滥用问题的官方报告主要有国家禁毒委员会办公室发布的历年《中国禁毒报告》和《中国毒品(情)形势报告》。上述报告逐年记录我国毒品滥用问题的形势状况，分析趋势特点并提出风险预警，对梳理当代中国毒品滥用问题演进趋势具有重要的分析参考价值。以所有的禁毒官方报告为研究材料，通过词频分析和描述性统计分析的方式开展时空序列整理，得出反映毒品滥用问题发展周期律的演进趋势，为丰富毒品治理理论和毒情监测预警方法、完善禁毒信息数据发布方式提供支撑。

关键词：毒品滥用；演进趋势；词频分析；禁毒报告

一、问题的提出

准确、清晰掌握毒品滥用形势对推进毒品重点整治、针对性缩小毒品滥用规模、严厉打击涉毒犯罪、优化国家禁毒战略具有重要意义。当前，介绍中国毒品滥用形势的官方文件主要是国家禁毒委员会办公室每年面向社会发布的《中国禁毒报告》和《中国毒品(情)形势报告》。自1998年以来，国家禁毒委员会办公室每年面向社会发布《中国禁毒报告》，2014年起改为《中国毒品(情)形势报告》，①至今已经发布26篇。官方禁毒报告涉及时间长、区域广、指标多，内容较为丰富，包括毒品滥用形势、毒品的来源、毒品犯罪形势等。其中，报告主

---

* 魏莱，女，中国人民公安大学侦查学院硕士研究生，研究方向为禁毒学、侦查学。

张黎，男，中国人民公安大学侦查学院副教授，法学博士，研究方向为禁毒学、侦查学。

基金项目：中国人民公安大学拔尖创新人才培养经费支持研究生科研创新一般项目(项目编号：2023yjsky022)。

① 2020年，《中国毒品形势报告》改称《中国毒情形势报告》，但形式和内容基本不变。

要从现有吸毒人员数目、新发现吸毒人员数目、吸毒人员年龄构成及职业分布等多个维度和视角介绍历年的毒品滥用情况，是社会公众和研究人员了解毒情和开展研究最权威的文本索引和数据来源。

以官方禁毒报告为研究材料的学术研究主要包括两类，一是根据官方禁毒报告公布的相关数据分析毒品滥用形势或毒品犯罪形势的演变及其特点，二是对官方禁毒报告中的部分表述内容、指标数据进行探讨与建议。何荣功曾基于《中国禁毒报告》公开数据研判分析出我国1999年至2010年十年间的毒品滥用趋势并据此为我国毒品治理提供建议。① 胡训珉曾质疑禁毒报告中的表述、指标和数据等，他认为"禁毒形势明显好转"表述过于乐观，"三年戒断巩固率"等统计指标科学性有待考究，部分数据存在前后矛盾、无法互相印证等情况。② 郑永红通过对2015年之前的禁毒报告毒品犯罪指标数据进行分析，得出其基本真实地反映了禁毒形势的发展变化，但指标体系还有待逐步完善、数据之间自洽性有待提高等研究结论。③ 2010年以后几乎没有学者依托官方禁毒报告梳理全国毒品滥用形势的演变，同时也缺乏对《中国毒情形势报告》中毒品滥用形势相关指标的考察与检证。为弥补已有研究的不足，本文将以至今所有的官方禁毒报告为研究材料进行词频分析和描述性统计分析，得出当代中国毒品滥用问题的演进趋势，为提高毒品滥用问题治理成效、完善禁毒信息数据发布方式提供参考。

二、基于官方禁毒报告的词频统计分析

我国官方禁毒报告连续发布多年，涉及领域广泛，文本内容丰富，全部内容累计超过30万字符。为阶段性考察毒品滥用形势变化，基于官方报告用词的严谨性与权威性，笔者根据官方报告毒情描述相关话语演变、报告文本结构革新以及《禁毒法》颁布等代表性事件，将官方报告分别以2008年、2014年为界进行阶段性划分并运用 Jieba 中文分词工具进行分词和词频统计。

（一）毒情形势阶段划分

2008年，我国毒情形势发生重大转折，禁毒工作开创全新局面。在《中国禁毒报告》发布之初，"金三角"毒品过境引发国内吸贩毒活动大肆蔓延发展，报告通常用"严峻"等词来形容我国的禁毒形势，用"繁重""艰巨"等词描述禁毒工作。经过十余年综合整治，《2008年

---

① 何荣功：《十年来我国毒品滥用趋势与特点的实证分析——兼论我国毒品治理方向的调整》，载《辽宁大学学报（哲学社会科学版）》2012年第2期，第117页。

② 胡训珉：《中国禁毒形势分析评估》，载《云南警官学院学报》2010年第3期，第6页。

③ 郑永红：《毒品犯罪指标数据发布情况研究——以年度〈禁毒报告〉为分析蓝本》，载《中国人民公安大学学报（社会科学版）》2016年第3期，第8页。

中国禁毒报告》中首次提到“禁毒斗争形势整体上有了明显好转”,①同年《禁毒法》的应时而生也标志着我国禁毒工作由此进入依法全面推进的全新历史阶段。2014 年,中共中央、国务院印发了《关于加强禁毒工作的意见》,②各地区、各有关部门集中开展百城禁毒会战,深入推进禁毒人民战争,国内毒品滥用形势又有了新变化。这一年,禁毒官方报告焕然一新,不仅更名为《中国毒品形势报告》,而且篇幅更加简短,指标更加丰富,数据愈为完整,围绕着毒品滥用、毒品来源、毒品贩运展开针对性描述,形成了相对固定的叙述结构。依此,笔者分别选择 2008 年、2014 年作为划分毒情形势阶段的分界点,分为三个阶段,即 1998 - 2008 年,2008 - 2014 年,2014 - 2023 年。

(二)分词方法

文本分词是词频统计的基础。汉语段落中不存在词汇之间的分隔符号,因此中文文本处理需以将语流中的不同词汇准确分离为基础。③ 鉴于汉语语法及表意习惯,本文拟采用的文本处理与分词设计分以下几步:首先,将阶段划分后的官方禁毒报告转存为 Txt 文本格式,使用 Jieba 分词器对文档进行自动分词;其次,结合禁毒学专业知识以及学科术语对分词结果进行人工干预,将无用虚词设置为停用词,保留有意义词语形成训练词表,完成样本预处理后,再利用 Jieba 进行分词处理并进行词频统计;然后,按照“滥用种类”“滥用场所”“滥用人群”“滥用危害”等 4 个方面对所得实词进行统一分类;最后,对核心词的词频统计结果进行分析,进一步挖掘数据背后的文本信息。

(三)词频统计分析结果

1. 滥用种类

毒品滥用种类数量逐阶段上升(11 - 12 - 43),且在近年来数倍增长。海洛因在每个阶段中出现频次均为最高,但是年均出现频次逐阶段下降(19.3 - 15.3 - 10.8)。冰毒的出现频次略低于海洛因,年均出现频次同样呈下降趋势(17.9 - 8.3 - 7.0)。氯胺酮年均词频呈现先涨后跌的趋势(2.0 - 5.1 - 4.7),摇头丸在第一阶段出现频次颇高,之后便骤降并趋近于零(7.4 - 0.3 - 0.1),见表 1。

---

① 中国国家禁毒委员会办公室:《2008 年中国禁毒报告》,载上海市禁毒科普教育馆网站 https://www.shjdg.org/html/library/1491.html,访问日期:2024 年 9 月 1 日。

② 中共中央、国务院《关于加强禁毒工作的意见》,载中国政府网 https://www.gov.cn/xinwen/2014-07/06/content_2713194.htm,访问日期:2024 年 6 月 12 日。

③ 商瀑:《论国家情报工作的运行机理——基于〈中华人民共和国国家情报法〉词频统计与分析》,载《情报杂志》2020 年第 2 期,第 6 页。

表1　毒品滥用种类相关话语词频统计表

时　间	滥用种类
1998年-2007年	海洛因(193)冰毒(179)摇头丸(74)鸦片(59)麻醉药品(52)精神药品(42)罂粟(32)大麻(32)苯丙胺类(20)氯胺酮(20)精神药物(15)甲基安非他明(15)麻醉品(13)精麻药品(5)哌替啶(4)三唑仑(4)安钠咖(3)美沙酮(1)
2008年-2013年	海洛因(92)合成毒品(60)冰毒(50)罂粟(45)氯胺酮(31)鸦片(15)麻醉药品(14)精神药品(13)麻醉品(13)大麻(12)可卡因(11)冰毒晶体(10)美沙酮(9)新精神活性物质(8)甲基苯丙胺(7)吗啡(7)阿片类毒品(3)摇头丸(2)苯丙胺类(1)阿片类物质(1)甲喹酮(1)甲卡西酮(1)精神药物(1)
2014年-2023年	海洛因(108)冰毒(70)大麻(71)合成毒品(60)氯胺酮(47)可卡因(45)新精神活性物质(38)冰毒晶体(22)罂粟(21)鸦片(20)阿片类毒品(17)合成大麻素(8)卡西酮(7)依托咪酯(6)氟胺酮(5)精神药品(4)安钠咖(3)奶茶(3)芬太尼类(3)0号胶囊(3)神仙水(2)甲喹酮(2)LSD(2)哌嗪类(2)邮票(2)色胺类(2)迷奸水(2)听话水(2)曲马朵(2)笑气(2)苯丙胺类(1)底料黄皮(1)卡苦(1)面面儿(1)聪明药(1)僵尸药(1)忽悠悠(1)咔哇潮饮(1)右美沙芬(1)筋儿(1)溴代苯丙酮(1)丁丙诺非(1)美托咪酯(1)安定片(1)卡痛叶(1)摇头丸(1)开心水(1)犀牛液(2)G点液(1)小树枝(1)娜塔莎(1)复方地芬诺酯(1)

2. 滥用人群

“青少年”“中小学生”“大学生”等类似短语始终是高频词汇，但年均词频均逐阶段降低并在第三阶段大幅下跌，一方面这反映了毒品滥用群体趋势变化，另一方面也与禁毒数据收集的局限性、官方报告体量的缩减密切相关。在第三阶段，职业群体相关表述从既往的“农民”“工人”“无业人员”“学生”迅速扩增，出现了如“职员”“个体工商业者”“明星”等表述。见表2。

表2　毒品滥用群体相关话语词频统计表

时　间	滥用群体
1998年-2007年	青少年(76)中小学生(21)大学生(10)农民(5)工人(2)无业人员(2)
2008年-2013年	青少年(40)工人(10)大学生(4)中小学生(6)学生(2)农民(1)
2014年-2023年	青少年(25)农民(6)无业人员(4)工人(4)职员(3)学生(4)未成年人(2)个体工商业者(2)留学生(2)在华外籍人员(2)演艺工作者(1)演艺人员(1)明星(1)公务员(1)

3. 滥用场所

从滥用场所上看，“娱乐场所”是前两阶段的最高频词汇，在第一阶段远远高于其他词语,在第二阶段年均词频大幅降低,并在第三阶段中几近于销声匿迹(9.1 - 4.3 - 0.5)。第三阶段中爆发的词汇可分为三类:一是“互联网”“暗网”“社交媒体”等交流平台;二是“在线支付”“虚拟货币”“支付宝”等交易手段;三是“隐语”“暗语”等沟通方式。见表3。

表3 毒品滥用场所相关话语词频统计表

时间	滥用场所
1998年-2007年	娱乐场所(91)
2008年-2013年	娱乐场所(26)互联网(6)网络化(2)
2014年-2023年	互联网(26)网上(18)暗网(7)娱乐场所(5)在线支付(3)支付宝(3)微信(3)隐蔽场所(1)隐语(3)暗语(4)虚拟货币(2)直播吸毒(2)游戏币(2)比特币(2)社交软件(2)毒友群(1)宾馆(1)私人会所(1)出租屋(1)私家车(1)在线吸毒(1)泰达币(1)

4.滥用危害

毒品滥用危害话语总体上可分为四类:第一,与静脉注射吸毒关联的“艾滋病”和“感染”,且其年均频数逐阶段走低(5.2 - 4.0 - 0.4、2.2 - 1.5 - 0.4);第二,三个阶段中均屡次出现的吸毒诱发违法犯罪有关表述,例如“以贩养吸”“盗抢骗”“强奸猥亵”等;第三,从第二阶段起频繁显现的“毒驾”和“肇事肇祸”;第四,交叉滥用或滥用毒品替代物质的危害,包括“精神性疾病”“自伤自残”“心血管疾病”等。见表4。

表4 毒品滥用危害相关话语词频统计表

时间	滥用危害
1998年-2007年	艾滋病(52)感染(22)诱发违法犯罪(7)艾滋病传播(4)注射毒品传播(4)以贩养吸(1)以盗养吸(1)以抢养吸(1)以骗养吸(1)以娼养吸(1)
2008年-2013年	艾滋病(24)感染(9)毒驾(9)肇事肇祸(3)引发治安刑事案件(2)引发治安问题(1)引发违法犯罪(1)自伤自残(1)伤害他人(1)
2014年-2023年	毒驾(7)肇事肇祸(7)艾滋病(4)感染(4)暴力抗法(4)暴力伤害(4)精神性疾病(3)盗抢骗(2)自伤自残(4)狂躁症状(2)强奸猥亵(2)两抢一盗(1)自杀自残(2)暴力攻击(1)精神异常(1)精神障碍(1)心血管疾病(1)

三、当代中国毒品滥用问题演进趋势分析

根据前文对官方报告的词频提取结果,再对历年官方报告公开发表的数据进行整理以及描述性统计分析,得出当代中国毒品滥用问题演进趋势如下:

(一)滥用规模演进趋势

1991 - 2014年,根据禁毒报告“登记在册吸毒人员”指标数据,除2007年因动态管控摸

清底数导致的数据回落之外,①我国毒品滥用人群规模持续扩大,并于2002年和2012年分别突破100万人和200万人关口。根据每年新增吸毒人员数量②变化,1991－1995年吸毒人员数量增长比例连续大幅度下降,1997－2000年明显回升后又于2002－2005年小幅度震荡,2008年之后基本维持在20%左右。见图1、图2。

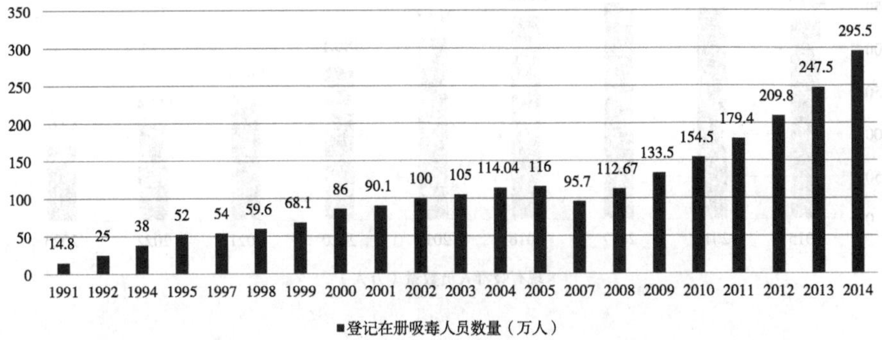

图1　登记在册吸毒人员数量走势(1991－2014)

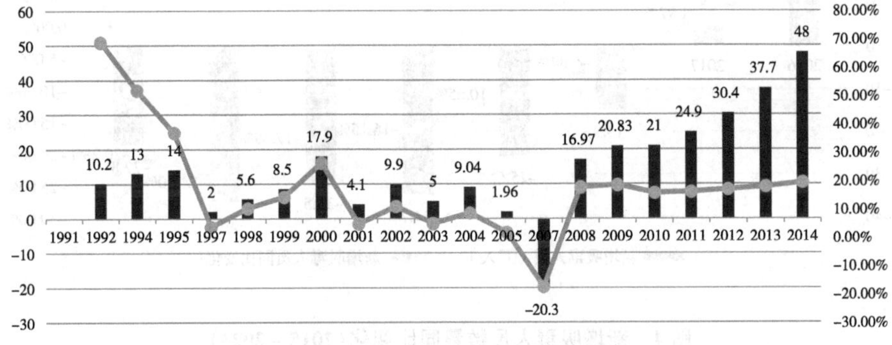

图2　登记在册吸毒人员数量同比变化(1991－2014)③

2015年,禁毒报告将登记在册吸毒人员中戒断三年未发现复吸、死亡和离境的吸毒人员数量排除,采用新的指标"现有吸毒人员数量"评估毒品滥用规模。④ 现有吸毒人员数量经过三年的小幅度增长后于2018年底到达"拐点",随后逐年下降直至2023年底的89.6万人,连续下

---

① 中国国家禁毒委员会办公室:《2007年中国禁毒报告》,载上海市禁毒科普教育馆网站 https://www.shjdg.org/html/library/1490.html,访问日期:2024年9月1日。

② 新增吸毒人员数量为当年吸毒人员数量与前一年吸毒人员数量之差,官方禁毒报告中不含该指标。

③ 1993年、1996年、2006年因未公布相关数据而省略处理。

④ 中国国家禁毒委员会办公室:《2015年中国毒品形势报告》,载中国禁毒网 http://www.nncc626.com/2016－02/18/c_128731173.htm,访问日期:2024年5月27日。

降幅度达到64.9%。此外,2015-2020年间,全国新增吸毒人员数量也在持续下降,且新增吸毒人员同比变化一直呈下降趋势。2021-2023年间,新增吸毒人员数量及其同比变化先降后升,因此应当警惕疫情严防严控的影响消退后毒品滥用规模的触底反弹趋势。见图3、图4。

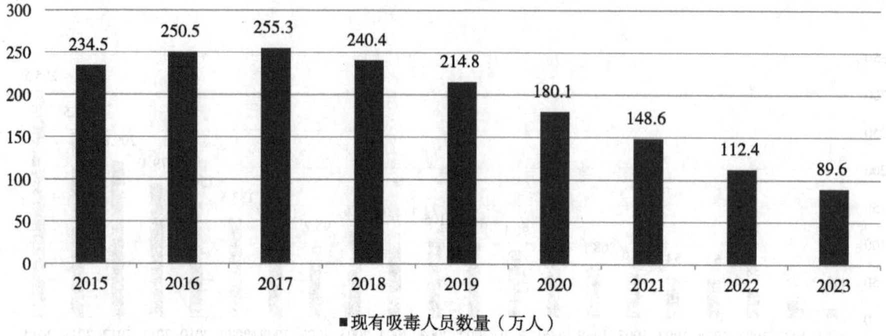

图3 现有吸毒人员数量走势(2015-2023)

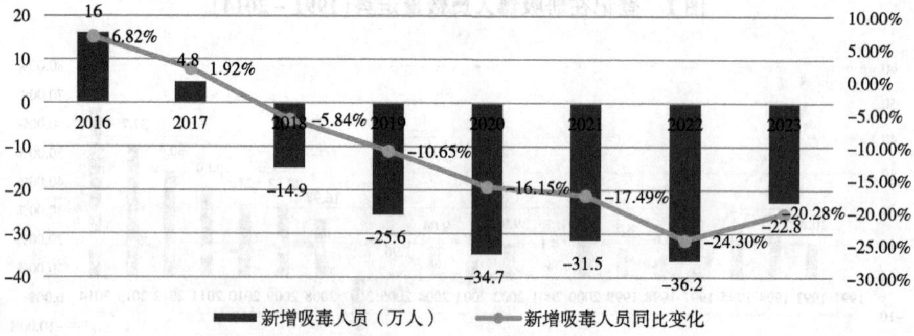

图4 新增吸毒人员数量同比变化(2015-2023)

(二)滥用种类演进趋势

20世纪90年代初期,海洛因滥用人数长期占据我国吸毒人员数量的首位,占比超过70%。90年代后期,冰毒、摇头丸等苯丙胺类兴奋剂滥用问题始现。21世纪初期,滥用摇头丸和氯胺酮人数急剧增多,部分地区还出现了大麻、哌替啶、安钠咖的滥用问题。随后,冰毒(含冰毒片剂)、摇头丸、氯胺酮等新型合成毒品滥用问题不断扩大,部分地区滥用人数甚至超过海洛因等传统毒品。2008年,我国吸毒人员滥用毒品主要类型发生重要变化,海洛因滥用规模开始萎缩,冰毒(包括晶体和片剂)和氯胺酮滥用规模持续攀升,摇头丸(MDMA)逐渐淡出市场。海洛因滥用所占比重不断走低,从2008年底的77.5%降至2023年底的34.04%;冰毒、氯胺酮滥用占比不断上升,2014年底超过海洛因后,于2016年底达到最高峰60.5%,

随后连续下降并在2023年底降至50.78%。此外,这两大类毒品以外的其他毒品滥用规模占比一直较小,但自2021年起比重迅速增加,并于2023年数倍增长至历年以来最高比重15.18%。见图5、图6。

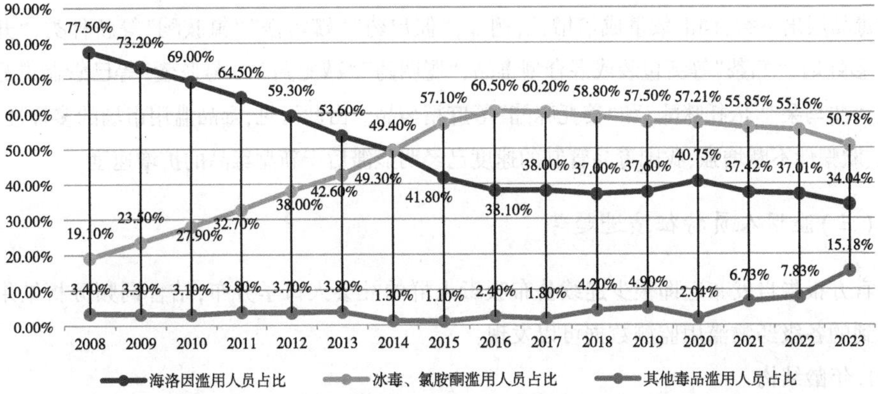

图5 不同类型毒品滥用人员数量占比变化(2008-2023)

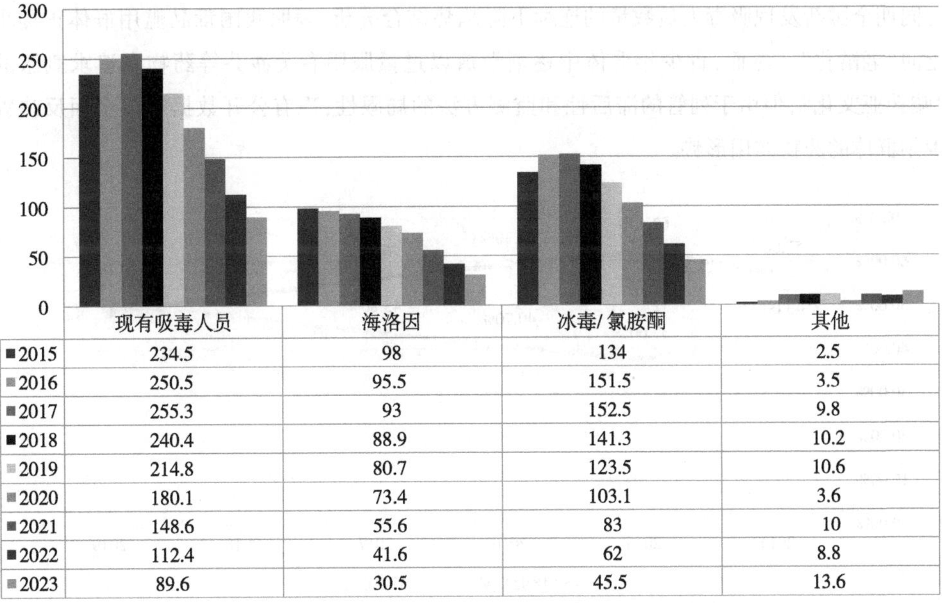

	现有吸毒人员	海洛因	冰毒/氯胺酮	其他
2015	234.5	98	134	2.5
2016	250.5	95.5	151.5	3.5
2017	255.3	93	152.5	9.8
2018	240.4	88.9	141.3	10.2
2019	214.8	80.7	123.5	10.6
2020	180.1	73.4	103.1	3.6
2021	148.6	55.6	83	10
2022	112.4	41.6	62	8.8
2023	89.6	30.5	45.5	13.6

图6 不同类型毒品滥用人员数量走势(2015-2023)

2018年以来,我国现有吸毒人员数量走势出现"拐点",海洛因、冰毒、氯胺酮等各类主要毒品的滥用人员数量都在逐年下降,其中海洛因和冰毒、氯胺酮这两大类毒品滥用人数下降幅度分别达到68.9%和66.1%,但其他毒品滥用人数没有降低,基本保持在10万人左右,并于

2023 年底达到最高峰 13.6 万,在依托咪酯被作为第二类精神药品列管后的 3 个月内,即有 2.9 万人次滥用依托咪酯被查处,包括新发现滥用人员 2.1 万名。① 这说明,海洛因、冰毒、氯胺酮等主流毒品市场迅速萎缩,但依托咪酯、大麻等毒品"二线市场"不容小觑。这也与词频统计的结果相验证,2014 年以来,海洛因、冰毒、氯胺酮年均词频均呈下降趋势,但是各种新类型新型毒品层出不穷,词汇数量成倍增长,例如,"僵尸药""娜塔莎""氟胺酮"等新种类,"开心水""彩虹烟""奶茶"等新包装或混合型毒品,"聪明药""减肥药""0 号胶囊"等已管制毒品新用途,"曲马朵""依托咪酯"和"美托咪酯"等麻精药品。由此可见,毒品滥用市场的多样性、隐蔽性、欺骗性不断增强,我国毒品管制的速度已经明显滞后于新型毒品的扩增速度。

(三)滥用人员特征演进趋势

官方报告自发布起即很少连续公布吸毒人群的社会人口学分布,结合词频分析结果和搜集到的各级药物滥用监测数据可以发现:

1. 年龄结构

根据《报告》,2014 - 2019 年我国 35 岁以下吸毒人员数量占比从 2015 年底的最高 62.4% 逐渐跌至 2019 年底的 49%,35 岁以上吸毒人员数量由 37.6% 升至 51%,见图 7。这一趋势与同期全国新发现吸毒人员数量的连续下降趋势结合分析,表明我国毒品滥用群体正逐步走向"老龄化"。然而,青少年群体中逐渐形成以过量服用右美沙芬等药物来追求刺激的"嗑药亚文化",但由于列管的滞后性和监测方法的局限性,现有公开数据难以全面反映青少年群体的药物滥用形势。

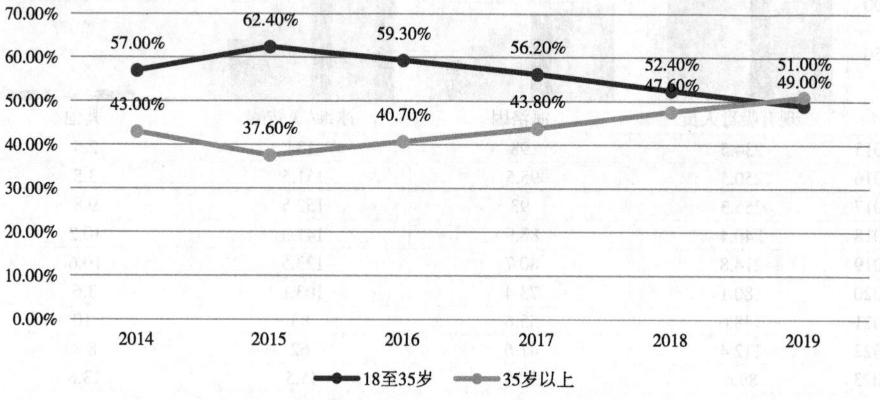

图 7 全国吸毒人员年龄结构走势(2014 - 2019)

① 中国国家禁毒委员会办公室:《2023 年中国毒情形势报告》,载公安部网站 https://www.mps.gov.cn/n2255079/n6865805/n7355741/n7355780/c9623329/content.html,访问日期:2024 年 6 月 20 日。

2. 职业分布

滥用人群职业结构相关词汇数量大大提升，除前两阶段提到的“青少年”“学生”“工人”“农民”“无业人员”之外，近几年还出现了“留学生”“演艺界明星”“职员”“国家公务员”“在华外籍人员”“个体工商业者”等，体现了滥用人群职业多样化趋势。

3. 性别结构

在全球范围内，男性毒品滥用的比例普遍高于女性。尽管我国的年度禁毒报告鲜少涉及毒品滥用的性别比例，但结合地方省市的研究结果，男性是药物滥用的主要群体，但是多地女性吸毒人员占比有上升趋势。例如，2017－2021 年某省新发生药物滥用者男性占比均超过 80%，但呈现略微下降趋势。[①]

（四）滥用场所演进趋势

长期以来对公共娱乐场所的严格管控颇见成效，毒品违法犯罪行为渐趋隐蔽化并且已经向线上转移。“娱乐场所”频次从前两阶段的高居榜首骤然降低至第三阶段的 4 次，取而代之的是“出租屋”“私家车”“宾馆”等私密场所相关词汇。与此同时，关于交流平台、交易手段、沟通方式的表述爆发式增长，表明了数字化时代网络空间的跨时空互动性改变了传统物理空间中吸贩毒活动的构建方式。[②]

（五）滥用危害演进趋势

毒品滥用危害包括身心健康损伤和次生社会危害，随着毒品流行种类及其配套滥用方式的演变而不断变化。在身心健康损伤层面，近年来毒品交叉滥用和替代滥用问题发展迅速，容易诱发精神障碍和心血管疾病，新精神活性物质、毒品替代物对身体造成的损伤更难以预测。从次生社会危害层面，毒品依赖产生的经济需求不断滋生出吸毒人员“盗抢骗娼”等治安和刑事案件，毒驾肇事肇祸也屡见不鲜。此外，近年来使用新型毒品实施的强奸猥亵行为频繁发生，这些药物系含有氟硝西泮、三唑仑等镇静催眠成分的管制类精神药品，应该严密防范这类药物代购邮寄流入境内的风险。

四、关于我国毒品滥用问题治理的建议

（一）加强新型毒品滥用监测预警

长期以来，受我国对毒品严厉打击和高压整治的影响，海洛因等传统毒品和冰毒、氯胺酮等合成毒品供应愈发困难，群众对此类毒品的防范意识和抵御能力也不断提升。毒品交

---

① 简永耀、吴迪：《1382 例新发生药物滥用者药物滥用监测数据分析》，载《中国药物依赖性杂志》2023 年第 5 期，第 442 页。

② 岳佳、刘品新：《论数字化时代毒品问题的高效能治理》，载《公安学研究》2024 年第 1 期，第 46 页。

易市场"糖果""饮料""电子烟"等新型毒品层出不穷,这些物质在外观形态上更具欺骗性,在法律层面上关于"毒品""药品""商品"的属性界定也存在颇多争议,①给禁毒执法和毒品预防带来了巨大挑战。新型毒品滥用监测是毒品问题治理的重中之重,我国官方禁毒报告能基本反映和预测我国毒品滥用趋势演变,但由于监测范围滞后于不断扩增的新型毒品种类,监测评估结果的全面性和时效性难以得到保障。因此,应当重点加强对新型毒品滥用问题的监测预警,包括对滥用人员的人口学特征分析,包括对滥用人员的人口学特征分析、对新型毒品化学结构的衍生预测、对网络平台中涉毒信息、毒品价格、交易模式的监测,对新型毒品滥用危害的评估等。毒情监测评估的结果应及时向社会公布,公布内容应更全面细致,与国际禁毒机构及其他国家的数据报告实现对接,以实现数据资源的规模效益与融合增值。②

(二)遏制毒品亚文化传播空间

数字化时代毒品交易与消费方式改头换面,使用场景的移转和媒介工具的变化成为毒品亚文化传播和毒友交际圈蔓延的"催化剂"。毒品亚文化,是指吸毒群体长久以来所形成的具有一致性和稳定性的与主流文化相背离的吸毒价值观念,③报告中所提到的"隐语""暗语"即属于毒品亚文化构筑的话语壁垒。青少年是新型毒品的主要消费群体,有研究发现,青少年首次毒品使用与成瘾与毒品亚文化密切相关。④ 出国人员尤其是留学生群体容易被西方"大麻亚文化"所渗透,国内社交平台和暗网也不时有大麻种植或吸食的"经验帖"出现。以过量服药为代表的"嗑药亚文化"在青少年中成为"叛逆"与"解压"的代表,因而必须坚决遏制毒品亚文化在网络虚拟空间的渗透与扩张。一方面,强化涉毒网络生态治理,基于开源情报分析、自然语言处理等技术方法,构建涉毒信息智能识别系统,及时清理涉毒违法犯罪信息;另一方面,加强核心价值观念输出,深化互联网新型毒品预防教育,完善青少年社会支持和价值评价体系,提升青少年防毒意识和拒毒能力。

(三)丰富毒品滥用监测评估方法

毒品预防是禁毒工作的治本之策,对滥用高风险群体进行针对性预防可使禁毒宣传教育行之有效。综合分析多年报告可以发现,我国禁毒报告数据来源主要是公安机关禁毒执

---

① 方文军:《麻精药品的双重属性对司法定性的影响——兼论妨害药品管理罪与非法经营罪的关系》,载《法学评论》2024 年第 2 期,第 12 页。

② 刘峻、张黎:《毒情监测预警体系构建:新时代毒品问题治理的新引擎》,载《警察技术》2022 年第 5 期,第 10 页。

③ 张学文:《毒品亚文化的批评话语分析与治理展开》,载《犯罪研究》2022 年第 2 期,第 48 页。

④ 彭睿、王郅强:《社会排斥与毒品亚文化:青少年群体吸毒的双重诱因及其消解路径》,载《公共行政评论》2019 年第 2 期,第 88 页。

法，监测结果具有明显的"冰山效应"，难以评估吸毒人员显隐性差距和不同群体的滥用风险。针对吸贩毒活动隐蔽化网络化、吸毒人员多元化趋势，我国毒情监测预警系统在广泛吸收污水检测等流行病学调查方法和毛发检测等生物检验检测技术的基础上，可以补充问卷调查等社会学研究方法，通过第三方研究对滥用风险展开评估并根据调查结果定制预防教育内容方式。根据调查显示，中学生对新型毒品的辨认和防范能力相对不足，且易受周围环境和同伴的影响。① 因此，应当针对性提高中小学生对新型毒品的识别和防范水平，在认清新型毒品的危害的同时培养其坚决抵制毒品滥用的倾向。性别、年龄等人口学特征分析显示，吸毒人群中女性、中老年人占比有上升风险，可以由妇联、社区、医院等第三方组织或机构对相应群体开展社会学调查，评估其认知水平和滥用倾向，为有关部门深化禁毒宣传教育提供更多数据支持。

（四）规范使用相关专业术语

除毒品、麻醉药品、精神药品、非药用类麻醉药品和精神药品、新精神活性物质等经由法律规范或学界认同的术语外，官方禁毒报告中还出现过"新型毒品""毒品替代物质""非列管物质"等近义表述，例如，冰毒、摇头丸、氯胺酮等"新型毒品"，咔哇潮饮、彩虹烟等"新类型毒品"，笑气、氟胺酮等"毒品替代物质"等。上述词语与新型毒品类似，均是借以描述毒品种类不断衍生的"现象"，所指代的毒品种类范围均有较强的时效性，也能为当时的社会公众所理解，但缺乏对本质属性与涵盖范围的准确界定，无法作为确定的概念来通行使用。目前，仍有不少禁毒部门和新闻媒体在宣传教育活动中使用"新型毒品""新类型毒品"等词语，所指代的范围包括了始现于 21 世纪初但现已成为主流毒品的冰毒、摇头丸、氯胺酮，甚至一些学术研究成果也不加区分地予以概论。上述问题表明，针对毒品范畴细分领域中的专业术语的研究须及早提上日程，理论界与实务界应加强对毒品的替代物、类似物、衍生物等多元化发展趋势的调查研究，科学界定相关专业术语的内涵与外延，厘清其指代范围并规范其使用语境，为禁毒工作及相关教学科研活动提供更加专业、规范的概念表述，为开展新精神活性物质管控、毒品分级方法、毒品管制制度等领域的科学研究与实践探索提供学理根据。

（五）完善官方禁毒报告内容与体例

官方禁毒报告不应仅仅向社会提供中国毒品形势的概况介绍，还应升级成为符合国内外毒情研究需要的公共产品，从而提高禁毒信息数据的影响力和公信力，营造全民参与禁毒的浓厚氛围。在报告内容方面，继续坚持定性与定量相结合的原则，依据数据分析形成观点

---

① 亢梅力、张黎：《J 市中学生新型毒品认知、滥用倾向、态度调查及启示——基于 4394 例样本的实证分析》，载《江西警察学院学报》2023 年第 1 期，第 82 页。

结论,并适时增加指标数据发布的连续性,例如性别比例、年龄结构、毒品价格等。在报告体例方面,充分采用图表等可视化辅助方式,直观呈现毒情发展变化的趋势与特征。在获取渠道方面,可在《中国禁毒网》等官方禁毒报告发布平台中披露报告内容所依据的结构化数据资料,便于专业研究人员查询、下载和智能读取。自 2023 年以来,《世界毒品报告》还创新地应用了基于在线网络的交互式搜索引擎,用户可通过地区、主题、市场等选项进行筛选,从而得到最新数据以及相应的可视化图表、信息图和地图。我国官方禁毒报告可以在借鉴此类发布方式并进一步优化创新。

国内外新精神活性物质研究热点及趋势

——基于 Citespace 可视化分析

王国伟　陈帅锋*

摘要:在当前新精神活性物质的问题形势愈加严峻和复杂的时期下,剖析新精神活性物质领域研究的现状、热点以及趋势具有重要现实意义。本文运用 CiteSpace 软件对国内 CNKI 和国外 Web of Science 数据库中获取新精神活性物质研究的文献进行分析,以可视化的形式对发文文献数量、研究作者与机构、高频关键词、关键词聚类及突现等进行分析,讨论今后新精神活性物质研究的趋势和热点,揭示新精神活性物质研究未来发展方向。

关键词:新精神活性物质;Citespace;可视化分析

当前,全球毒情发生深刻复杂的变化,特别是以“第三代毒品”’著称的新精神活性物质来势凶猛,引发严重社会问题。为了进一步探索新精神活性物质领域研究的现状、热点以及趋势,为今后的研究提供进一步的借鉴,通过使用可视化分析软件 Citespace 进行分析,以科学、全方位、可视化的方式展示国内外关于新精神活性物质的研究趋势和进展,讨论研究的热点,为新精神活性物质研究提供综合性研究参考。

一、数据来源与方法

(一)数据来源

1. 国内数据来源

在中国知网 CNKI 数据库中,以“新精神活性物质”为主题,选择学术期刊进行高级检

---

* 王国伟(1994—),男,山东垦利人,中国人民公安大学2022级硕士研究生,研究方向为禁毒学.
陈帅锋(1979—),男,河南禹州人,中国人民公安大学侦查学院副教授,研究方向为禁毒学。

基金项目:本文是2023年度中国人民公安大学中央高校基本科研业务费专项资金项目(项目编号:2023JKF01SK13)的阶段性成果。

索。在检索的时候,国内关于"精神活性物质"的第一篇文章是在 1989 年 8 月 29 号发表,于是选择 1989 年作为时间起点,将数据来源的时间跨度设置为 1989 - 2022 年,在 CNKI 数据库检索出来 380 篇文献,将检索到的文献以 Refworks 的格式导出。

2. 国外数据来源

基于 web of science 核心数据集,web of science 是国外检索自然科学、社会科学、艺术和人文领域世界一流的数据集,其相当于国内的 CNKI,以"New psychoactive substances"为主题词进行检索,引文索引选择 SCI - EXPANDED、SSCI、CPCI - S、CPCI - SSH、IC;将出版时间设置为 1989 - 01 - 31 至 2022 - 01 - 01;文献类型选择为论文、会议录论文、综述论文;语种选择为英文,共检索到 1758 篇文章,记录内容为全记录与引用的参考文献,导出格式选择纯文本文件。

(二)研究方法

通过使用 Citespace 软件进行可视化分析将从 CNKI 导出的文献在 Citespace 进行去重处理转化,最终成功转换 380 篇文献,以此作为数据分析的来源。从 web of science 导出来的数据导入 Citespace 进行去重处理,得到数据文献 1309 篇,以此作为数据分析来源。Citespace 又称为引文空间,它着眼于分析科学文献中所蕴含的潜在知识,通过可视化分析得到"科学知识图谱"(ScienceMapping),科学知识图谱能够显示某一研究对象的内在科学知识和整体发展进程,使用引文空间向前可以回顾研究主题的发展历史,向后可以预测研究热点,其已经被各个领域的研究者广泛使用。

二、可视化分析

(一)发文文献数量分析

对于 CNKI 检索到的文献进行统计分析,新精神活性物质相关研究数量如图 1 可知,新精神活性物质研究至 1989 年起发文数量在逐渐增加,进入 21 世纪以后增长较快,发文量出现 3 倍增长。到 2014 年以后,发文数量开始呈现爆发式增长,尤其是最近几年,有关新精神活性物质的研究达到了 235 篇,分析其中的原因,首先是因为新精神活性物质种类繁多、花样翻新,每年更新迭代的新精神活性物质数量惊人;其次就是新精神活性物质引发严重社会问题,导致大量专家学者开始将研究热点转移到该物质,在我国形成了研究新精神活性物质的热潮。与国内相比,国外起步时关于新精神活性物质研究数量与中国相比稍多,1989 年至 2013 年发文量是 147 篇,而国内仅有 90 篇,说明国外对于新精神活性物质研究相对国内较早,并且在研究数量上也大幅领先于国内。从这也可以看出,国外的新精神活性物质滥用情况与国内相比较为严重,早已引起了国外专家学者的注意。同时可以看出,国内外对于新精神活性物质的研究整体上呈现持续上升的趋势,但是在发文数量上进行对比,我们可以看出国外的研究数量远远超过国内发文量，尤其是2014年至2022年，国外发文量是国内发文量的两倍之多，一方面可以看出国内新精神活性物质研究数量有待提升，另一方面也说明新精神活性物质依然是国内外研究的热点话题。

（二）作者合作分析

将Citespace中时间切片设置为一年，TOP N设置为50，使用MST算法，380篇文献，产生了550个节点，密度为0.0091，作者之间的合作非常紧密，几乎是相互交叉合作，联系异常密切，发文量最多的作者是花镇东，共计88篇，发文量大幅超过其他作者，成为国内研究新精神活性物质的中流砥柱，其他作者徐鹏、王优美、俞辰、刘耀、彭光宇等作者发文量也较多。就作者王优美来说，发表了36篇文献，学者较多关注新精神活性物质特征研究以及检验鉴定方面，发表的文章有《合成大麻素类新精神活性物质AB－CHMINACA的体内与体外代谢研究》《哌嗪类新精神活性物质的质谱特征研究》《芬太尼类物质研究进展》等，且该学者与朱娜、花镇东、徐鹏、狄斌等作者有密切的合作关系。同理，在国外研究中，密度为0.0064，共717位作者，产生了1651个节点。国外作者的合作情况与国内作者相比合作更加紧密，并且研究新精神活性物质的作者数量也是大幅超过国内，可见新精神活性物质在国外已经引发严重关注，成为学界讨论的热点与焦点。

（三）研究机构分析

将Citespace时间切片设置为1年，算法选择MST，节点为Institution，对国内研究机构进行分析，共有219个节点，密度为0，意味着以时间切片为1年来看，研究机构之间几乎没有合作关系。发文量前五的是中国人民公安大学（52篇）、中国药科大学药学院（38篇）、广州海关缉私局（34篇）、重庆海关技术中心国家危险化学品检测重点实验室（34篇）、湖南警察学院侦查系毒品犯罪侦查教研室（32篇）。通过分析研究机构，预示着机构之间的合作较少，可以加强沟通与合作，携手并进，共同应对严峻的毒品形势。同理，在国外，发文量前五的机构是Liverpool John Moores Univ（49篇）、Univ Freibug（37篇）、Saarland Univ（33篇）、Karolinska Inst（29篇）、Univ Ghent（28篇）。从国内外研究机构的分析来看，国内发文前五的机构与国外发文量前五相比，数量相差很小。说明我国虽然在发文总量上少于国外，但是占据主流部分的研究机构的研究量与国外相比并无太大差距。

三、国内外研究热点分析

（一）国内研究热点分析

对国内文献进行关键词聚类分析，关键词反映了研究的主旨大意，是对研究内容的高度总结，能够反映文章的中心思想。首先分析了国内高频关键词，并总结出前十的关键词情况,如表1所示。可看出我国国内关于新精神活性物质的研究,在早期较多关注的是芬太尼(43次)、其次是卡西酮(38次)、精神障碍(38次)、质谱碎片(28次)、毒品(17次)、中学生(12次)、滥用(11次)、药物滥用(11次)、毒物分析(11次)、法医学(10次)。其次对国内外关键词聚类,得到关于煤矿安全研究的关键词聚类图,网络模块化值Modularity为0.9255,剪影值为0.984,说明新精神活性物质研究关键词的聚类效果比较好,并反映出了新精神活性物质领域研究的热点。在聚类中,共发现87个聚类,显示其前六个聚类,这些聚类分别是:精神障碍(#0)、中学生(#1)、药物滥用(#2)、精神活性物质(#3)、毒品犯罪(#4)、海洛因(#5)。这些新精神活性物质研究关键词聚类反映出当前新精神活性物质研究的关注领域。

表1　国内高频关键词前十情况

编号	数量	年份	关键词
1	43	1989	芬太尼
2	38	1989	卡西酮
3	38	1991	精神障碍
4	28	1989	质谱碎片
5	17	2010	毒品
6	12	1998	中学生
7	11	2014	滥用
8	11	1998	药物滥用
9	11	2021	毒物分析
10	10	2021	法医学

(二)国外研究热点分析

从可视化分析中获取外国研究的高频关键词前十,如表2所示,除去主题词以外,数量最多的关键词是"drug"共203次;其次是"designer drug",198次;"psychoactive substance",184次;"identification",179次;"synthetic cannabinoid",134次;"urine",107次;"abuse",107次;"synthetic cathinone",101次;"bath salt",92次。同时,对关键词进行聚类分析,发现有154个聚类,选取前十个聚类进行展示,这些聚类分别是:oral fluid(#0)、new zealand(#1)、synthetic cathinones(#2)、new psychoactive substance(#3)、lsd(#4)、substance use(#5)、human urine(#6)、coal synthetic cannabinoid receptor agonist(#7)、prevalence(#8)、oxidative stress(#9)。

表 2　国外高频关键词前十情况

编号	数量	年份	关键词
1	243	2013	new psychoactive substance
2	203	2008	drug
3	198	2010	designer drug
4	184	2006	psychoactive substance
5	179	1994	identification
6	134	2013	synthetic cannabinoid
7	107	2013	urine
8	107	1998	abuse
9	101	2013	synthetic cathinone
10	92	2013	bath salt

四、国内外研究趋势及前沿

(一)国内研究趋势及前沿

关键词的突现情况可以反映当下研究的前沿和未来的走向,在 Citespace 中将系数参数进行设置,进行对国内外研究文献的关键词突现情况分析。首先通过对国内关于新精神活性物质研究的关键词突现情况进行分析,从关键词突现情况来看,我国研究起初关注的是物质使用、精神障碍、现况调查等关键词,说明与国内当时的研究关注点有关,新精神活性物质最初在国内兴起,国内学者对这类物质不够了解,研究关注度也只是停留在该类物质使用后对人体带来的精神障碍,并且通过现况调查的方式来进行相关文献的研究。“新型毒品”“滥用”“管制”“对策”“毒物分析”“法医学”是近几年出现的爆发关键词,反映出当下研究作者所关注的热门,即当今的研究趋势。近年来,新精神活性物质在全球范围内兴起,滥用人数迅速增加,其“易合成、成本低、可策划性强”①等特点使其逐渐占领传统毒品市场。“新精神活性物质的兴起和泛滥对个人和公众健康造成严重的威胁,也给传统的药物监测、控制方法以及减少药物相关伤害的公共卫生对策带来了严峻的挑战。”②2019 年 5 月,“我国已管制 170 种 NPS”③,同时首次将芬太尼类

---

① Arnold C, “The new danger of synthetic drugs” , *The Lancet*, vol. 382(9886), 2013, p. 15.

② Peacock A, Bruno R, Gisev N, et al, “ New psychoactive substances: challenges for drugsurveillance, control and public health responses ” , *The Lancet*, vol. 394(10209), 2019, p. 1675.

③ 周漪颖,崔巍,张鑫,等:《新精神活性物质分类现状与管制展望》,载《中国药物滥用防治杂志》2020 年第 6 期,第 315 页。

物质进行了整类列管,但是由于新精神活性物质种类多、更新速度快,我国当前的列管速度具有一定的滞后性,无法达到及时列管的效果。我们需要采取多种措施、多管齐下、综合治理解决新精神活性物质滥用问题。有的学者认为应该"加强网络立法工作,制定明确的管制方案及惩治措施,禁止新精神活性物质及其前体物质的买卖。一旦发现,必须给予严格处罚。"①有学者认为应从"完善新精神活性物质滥用管控的相关立法、建立科学可行的新精神活性物质预警体系、加强打击与整治涉新精神活性物质违法犯罪、构建新精神活性物质预防教育体系、注重对污水中新精神活性物质的监测"②五个方面加强我国新精神活性物质的滥用管控。有学者认为"从源头治理,对易制毒化学品进行管控;从立法补足,增补新精神活性物质立法,及时更新新精神活性物质种类;从宣传教育预防,丰富宣传教育内容及形式,突出重点人群教育"③等方面可抑制新精神活性物质的滥用。有学者认为"随着新精神活性物质被进一步研究,人们认识到新精神活性物质滥用的危害和防控的紧迫性。目前,地下实验室仍然不断加大对精神活性物质的研究力度,新的种类和数量持续增加,因此,应当加大对新精神活性物质分析方法的研究力度,加强危害认识,积极建立防控机制,有效抑制新精神活性物质的滥用。"④有学者认为"新精神活性物质更新快,种类繁多,缺乏国际条约的监管,列入联合国管控目录困难,加之一些国家和国际社会对大麻等毒品管控降低,给我国在新精神活性物质类毒品的监管带来困难。具有成瘾性和社会危害性的新精神活性物质才能成为列管对象,毒物分析技术人员在列管程序中扮演极为重要的角色。我国对新精神活性物质的监管法规规定了相关列管程序,毒物分析技术人员应当增强参与新精神活性物质列管的责任意识,遵守新精神活性物质鉴定程序,研究和探索新精神活性物质检验方法。"⑤新精神活性物质的检验鉴定等理化分析研究仍会是未来该领域的研究热点,这与新精神活性物质的检验鉴定是解决论证、管制等重要问题的前提有关。

(二)国外研究趋势及前沿

通过对国外的关键词突现情况进行分析,外国关于新精神活性物质研究前十关键词突现,从关键词突现情况可以看出,在1998年,外国关于新精神活性物质的研究主要关注的是"alcohol""behavior",酒精、行为,并且这两类关键词从1998年延续到2016年。最近几年关

---

① 王文甫:《新精神活性物质临床诊断要点、治疗原则与管控对策》,载《中国药物滥用防治杂志》2021年第3期,第277页。

② 王炜、张霞、张梦涛:《新精神活性物质滥用问题的管制策略探讨》,载《广西警察学院学报》2021年第6期,第68页。

③ 贺岚:《论新精神活性物质的滥用现状及管制对策》,载《湖南警察学院学报》2021年第3期,第55页。

④ 李妮娜:《新精神活性物质的研究进展》,载《现代盐化工》2021年第2期,第38页。

⑤ 刘鑫:《新精神活性物质检验鉴定面临的挑战和对策》,载《中国法医学杂志》2021年第1期,第5页。

键词中出现了“bath salt”“recreational use”,说明新精神活性物质滥用范围更加广泛,并且在社会群体中正在成为“潮流”的代名词,朝着“合法兴奋剂”的方向发展,成为普通民众休闲娱乐的“合法毒品”,由此引起了国外学者的广泛关注。关键词“extraction”的出现,进一步反映了当前新精神活性物质合成成本低、更新速度快的显著特点,也成为国外目前的研究热点与发展趋势。有学者认为,“在当前新冠疫情大流行的趋势之下,必须开发一系列资源来支持态势感知,并为国家和地区的准备和响应活动提供相关及时的行动信息”。① 有学者认为“新精神活性物质范围大多不受国际药物管制,它们作为非法药物的‘合法’替代品出售。在国家层面,已经采取了各种措施来控制新物质,许多欧洲国家已经制定了有利于消费者安全的具体立法,并通过扩展或调整现有药物法来纳入新的精神活性物质。”②有学者认为“近年来,新精神活性物质引发严重社会问题,许多合成阿片类药物是芬太尼的强效类似物,具有很高的过量服用风险。此外,还出现了几种设计苯二氮䓬类等药物,对当前的国际禁毒工作带来了严峻的考验。”③有学者认为“作为‘休闲物质’,合成卡西酮在 21 世纪初开始使用。这些化合物的数据仍然有限,考虑到合成卡西酮目前是第二大类药物新精神活性和危险物质,670 多个新精神活性物质在欧洲发现并由 EMCDDA 监测,对它们的研究是极其重要的。”④当前的新精神活性物质易合成、成本低、可策划性强, 主要体现在“串联质谱”“提取”等方面,着重需要解决新精神活性物质的检验技术问题。

五、结论

基于 CiteSpace 可视化软件以国内 CNKI 和国外 Web of Science 数据库中新精神活性物质相关文献为样本数据,分析了新精神活性物质领域的国内研究现状、研究作者与机构、研究热点、前沿趋势等内容,最终得出以下几点结论:

第一,从发文时间来看,国内早期研究数量与国外相比几乎没有差距,这与当时的国际毒情形势有密切的关系,国内的研究量在逐年递增,2014 年后国外的发文量开始逐渐超过国内,国内外对于新精神活性物质的研究俨然呈现逐年累积的大幅增长。

第二,从研究作者和研究机构来看,国内作者的合作密度与国外相比较稀疏,国外的作

---

① Zaami S, Marinelli E, Varì M R, “ New trends of substance abuse during COVID – 19 pandemic: an international perspective ”, *Frontiers in Psychiatry*, vol. 11, 2020, p. 3.

② Varì M R, Mannocchi G, Tittarelli R, et al, “ New psychoactive substances: evolution in the exchange of information and innovative legal responses in the European Union ”, *International journal of environmental research and public health*, vol. 17(22), 2020, p. 2.

③ Graddy R, Buresh M E, Rastegar D A, “ New and emerging illicit psychoactive substances ”, *Medical Clinics*, vol. 102(4), 2018, p. 701.

④ Pieprzyca E, Skowronek R, Nižnanský Ľ, et al, “ Synthetic cathinones – from natural plant stimulant to new drug of abuse ”, *European Journal of Pharmacology*, vol. 875, 2020, p. 18.

者在合作方面更加紧密,有错综复杂的合作网络。国内研究机构之间的合作关系稀少,没有充分实现资源共享、数据互通,应当加强研究机构之间的合作关系,为解决日益严重的新精神活性物质问题提供有针对性的解决对策。

第三,从文献的关键词聚类来看,国内研究的热点较多的关注的是卡西酮、精神障碍等问题,进一步体现了我国在研究方面关注的侧重点,加强新精神活性物质的检测技术研发,防止新精神活性物质在我国形成滥用。

第四,从关键词突现的情况来进一步预测未来的新精神活性物质研究的趋势,新精神活性物质的研究由传统的现状分析侧重到管制制度、检验技术研究等层面,表明迫切需要建立一种综合治理新精神活性物质滥用机制,解决新精神活性物质的检验技术问题。

社会团结视角下戒毒社会组织运行现状的反思与改造

王晓艺*

摘要：社区戒毒制度的设立，使得戒毒过程拥有了社会的承接与介入。戒毒社会组织作为戒毒社会化工作的重要主体，具有重要的功能定位。然而，在实践中却未能按照制度设计和规范原意充分实现在专业领域与政府的深度分工，社会组织的功能过于单一和机械。以经典的社会分工论为基础，审视我国目前戒毒社会组织运行过程中存在的问题，能够提供符合现实的讨论视角。我国戒毒社会组织的运行具有机械团结的典型特征，应当通过完善立法，适度调适政社关系，促进组织自发运行，从而从机械团结向有机团结发展。

关键词：戒毒；社会化；戒毒社会组织；非政府组织；社会团结理论

引　言

随着《禁毒法》和《戒毒条例》相继颁布实施，我国建构了自愿戒毒、社区戒毒、强制隔离戒毒、社区康复等差别化的处遇措施，在制度设计层面改变了既有的戒毒人员完全机构化处遇的做法。特别是社区戒毒的加入，表明立法者力图通过社区的内在黏性更好承接戒毒者回归社会的过程，注重发挥各方社会力量的多元作用，这在侧面上也体现出对以往戒毒工作的单一行政管制性进行了反思，突出呈现出戒毒工作社会化的路径选择。

但是戒毒制度的诉求与取向虽有赖于国家对戒毒工作的法律定位，却不可避免地受到长久以来的执行惯性的影响，受到本土各种资源的制约，实际落实效果存在不同程度的异化和变形。《2022 年中国毒情形势报告》指出“决定强制隔离戒毒 243.3 万人次，责令社区戒毒社区康复 217.4 万人次。”可见，尽管社区戒毒作为强制隔离戒毒的前置措施，但却比强制

* 王晓艺(2000—)，女，山东济南人，中国人民公安大学 2022 级侦查学硕士研究生，研究方向为禁毒学、侦查学。

基金项目：北京市吸毒人员社会复归的现象考察与制度完善(项目编号：23FXA008)

隔离戒毒人次少近 30 万人,一定程度上体现出我国对吸毒人员仍存在惯性的强制处遇和监管对策,社会化的戒毒措施还是受到一定程度的挤压和忽视的。同样,作为戒毒社会化工作的重要主体,戒毒社会组织与行政机关在戒毒康复事务的社会分工中,受行政性职能倾向的影响,两者多是以不同的主体身份强化一致性的价值理念——对戒毒康复人员的监管和社会防卫目的的追求,对应的社会服务的功能被弱化,实际上多元的参与主体并未达到制度最初的预设效果。

由此可见,目前戒毒工作社会化面临的问题并不是参与主体是否多元的问题,而是不同治理主体之间能否实现深度分工、在各自专业领域各负其责的问题。涉及不同主体间的分工问题,经典的社会团结理论就以主体间能否深度分工为标准,区分了有机团结和机械团结两种社会团结形式,很好的契合了目前我国戒毒社会组织运行中的现实问题表现。此外,英国等域外国家的戒毒社会工作发展相对成熟,在很多共性和个性上的实践方面也可予以参考,并结合本土化的实践和具体国情,发挥我国制度优势,进一步培育具有中国特色的戒毒工作社会化模式。①

一、我国当前戒毒治理模式的选择

《禁毒法》颁布前,我国的戒毒措施面临着两种不同的路径选择,一种强调行政强制以及社会防卫目的的管理之路,一种借助于社会支持以及多元目标取向的治理之路,前者带有较突出的行政色彩,后者则带有社会化的发展倾向。二者都有一定的实践,但作为法定的戒毒措施,仍旧是以 1995 年《强制戒毒办法》为基础的强制戒毒,社会内处遇在我国处于“非规范化”的措施。2007 年我国《禁毒法》出台,创新、整合了戒毒措施,专门设立“戒毒措施”一章,打破了过去强制性戒毒措施“独大”的传统,确认吸毒者病人、违法者与受害者的三重属性,规定“国家采取各种措施帮助吸毒人员戒除毒瘾,教育和挽救吸毒人员”,充分体现了“以人为本”的原则。② 特别是社区戒毒制度的设立,使得戒毒过程拥有了社会的承接与介入,这一方面能使戒毒者更好地与社会互动,在社区及社会环境的感染渗透下和亲友、社工、志愿者以及其他公民等各方力量进行交流互动,在这个过程中建立起与社会千丝万缕的链接,切身感受社区生活的烟火气息和多元化的社会支持,从而帮助戒毒者更好复归社会,完成戒毒工作的内生闭环;另一方面,社会力量的参与以及其为戒毒者提供的社会服务客观上会减轻政府部门的行政压力,将原本属于社会层面的戒毒事务更好地与政府做出区分,以便在政府的统一领导下,充分统筹社会资源,同时又使得“专业的人干专业的事”,进一步顺应

---

① 郑文换:《社会工作本土化何以可能?——实践哲学的视域》,载《社会建设》2021 年第 4 期,第 36 页。

② 陈敏:《禁毒法出台背景及三大亮点解读》,载《警察技术》2008 年第 2 期,第 5 页。

国家治理体系和治理能力现代化的需求,①有助于提升我国社会治理水平、发展我国社会工作,构建中国特色戒毒体制,形成良性循环。

从针对戒毒者的管理到戒毒社会问题的治理,充分体现了我国戒毒治理模式的变革,也表明我国戒毒工作逐渐迈入治理时代。② 此外,《戒毒条例》中提出了构建"政府统一领导,禁毒委员会组织、协调、指导,有关部门各负其责,社会力量广泛参与"的戒毒工作体制;③全国社区戒毒社区康复工作规划提出"紧密结合社会管理创新,广泛动员各方面社会力量,统筹利用各方面社会资源……建立集生理脱毒、心理康复、就业扶持、回归社会于一体的戒毒康复模式,形成政府统一领导、有关部门齐抓共管、乡镇(街道)具体实施、社会力量广泛参与"的格局;④《国家禁毒办　国家综治办　公安部　民政部等12部门关于加强禁毒社会工作者队伍建设的意见》也提出"持续提升禁毒工作的社会化、职业化、专业化、科学化水平……加强禁毒社会工作者队伍建设"……⑤以上规范都突出表明立法者意识到戒毒工作不能仅由行政机关包揽,而应当在政府的统一领导下,通过社会力量广泛参与和各方主体共同投入,形成治理合力,将戒毒问题作为一个多维的社会问题来看待。戒毒工作由"大政府"的一元管理模式向"大社会"的多元治理模式转型的过程,其实就是戒毒工作被社会承接和禁毒工作社会化的过程,同样也是我国戒毒治理模式的应然选择。

二、我国戒毒社会组织的定位与运行现状

与以往相比,即使我国戒毒理念及思维、戒毒制度建设与戒毒治理模式抉择已经有了很大的突破,但是受到一直以来的执行惯性的影响和各类资源的制约,在实践中仍然存在着戒毒社会组织定位与运行方面的困境。

(一)社会组织的定位与功能

党的十九大报告将社会组织纳入中国特色社会主义事业"五位一体"总体布局,实际提出:"推动人大、政府、政协、监察机关、审判机关、检察机关、人民团体、企事业单位、社会组织

---

① 李霞:《禁毒工作社会化体系刍议》,载《云南警官学院学报》2023年第1期,第1页。

② 李迎生:《中国式现代化新征程与社会工作新发展格局》,载《中国特色社会主义研究》2024年第2期,第5页。

③ 《戒毒条例》第2条,载北大法宝 https://pkulaw.com/chl/4533b75cb4d0389ebdfb.html,访问日期:2024年9月1日。

④ 《国家禁毒委员会办公室、中央综治办、公安部等关于印发〈全国社区戒毒社区康复工作规划(2016—2020年)〉的通知》,载北大法宝 https://pkulaw.com/chl/4008e4b66c81fc08bdfb.html,访问日期:2024年9月1日。

⑤ 《国家禁毒委员会办公室、中央综治办、公安部等关于加强禁毒社会工作者队伍建设的意见》,载北大法宝 https://pkulaw.com/chl/e9927a464f9ddce4bdfb.html,访问日期:2024年9月1日。

等在党的领导下协调行动、增强合力,全面提高国家治理能力和治理水平。”①将社会组织作为一个单独的主体与人大、政府并列地提及,体现出对社会组织的重视程度,这也适应了多元治理和社会构建的时代浪潮。

在戒毒工作中,戒毒社会组织更是负有极为重要的职责任务,具有其他主体难以取代的特殊地位。在《国家禁毒办　中央综治办　公安部　民政部等12部门关于加强禁毒社会工作者队伍建设的意见》中就已经明确规定了禁毒社工的职责任务,文件明确规定我国戒毒社会组织担负着通过专业服务完成对戒毒康复人员社会功能修复、社会资源链接、社会支持重建等多项无可替代的任务,以达到帮助戒毒康复人员打破复吸循环、重新融入社会、完成其复归社会的终极目的。② 戒毒社会组织不仅是戒毒社会工作的重要主体,其实践表现代表了戒毒工作社会化的发展进程,也是戒毒工作社会化的重要指标。

(二)社会组织的运行现状:分工模糊导致效果不彰

在强调多元治理的思想指引和有关政策法律的要求下,各地都对戒毒社会工作的多元主体参与进行了一系列积极尝试,产生了许多有益成效,但许多戒毒社会组织所发挥的作用却并没有很好地达到政策设计的预期,呈现出一些问题。比如,有些地区仅仅将戒毒社工组织的引入作为面子工程,购买社会服务圆满其政治效果和相关指标,实际运行流于形式,戒毒社工与戒毒康复人员的比值极低,没办法满足大量戒毒者实际最迫切的服务需要;也存在一些地区面临戒毒社会工作的有名无实,甚至以警务辅助人员的名义招纳戒毒社会工作人员,戒毒社工组织具有较为明显的行政色彩和依附性,部分社工甚至只承担一种不穿警服的监管者的角色,导致以服务之名,行监管之实,背离其主要的社会服务目标导向,成为公安机关管理戒毒者的工具;加之其所支配的相关资金匮乏,戒毒社工组织缺少独立造血机能,相关市场存在“低价者得”的现象,劣币驱逐良币,戒毒社会组织也难以吸引社会工作专业人才,大部分社工专业水平偏低,实际创造的戒毒社会服务质量不高,社会公信力和社会影响力较低。③

综合来看,戒毒社会组织现实中的发展困境表明,戒毒工作社会化多元治理的关键并不是仅仅为体现形式上参与主体的多样性而将许多主体硬凑起来用同一个指导思想做同一件事,而是在政府的统一领导下,每个参与主体为实现各自独特的价值目标,在社会分工的前提下提供各自领域内的高质量产品、履行各自职责内的职能,摆脱专业领域内的嵌套关系,

---

① 《中共中央关于深化党和国家机构改革的决定》,载北大法宝 https://pkulaw. com/chl/99ffa743dbb7a82ebdfb. html,访问日期:2024年9月1日。

② 《国家禁毒委员会办公室、中央综治办、公安部等关于加强禁毒社会工作者队伍建设的意见》,载北大法宝 https://pkulaw. com/chl/e9927a464f9ddce4bdfb. html,访问日期:2024年9月1日。

③ 莫关耀、冯恩健:《创新社会治理视域下禁毒社会工作本土化实践与反思——以昆明市为例》,载《河南警察学院学报》2023年第6期,第24页。

即所谓不同主体之间深度分工的问题。

三、社会团结理论下我国戒毒社会组织的困境剖析

如上所述，社会组织虽然在规范上有了一定的地位，但是在实际的措施执行过程中并未体现，机械的分工和行政权的过度扩张，使得社会组织很难发挥应有的作用。社会组织缺乏独立的地位和在戒毒事务中事权划分偏弱，是造成这一局面的根本原因。因此，借助分工理论对社会组织应当承担的工作展开讨论，是解决这一问题的基本前提。

（一）两种团结：机械团结和有机团结

综观我国戒毒社会工作的成效和存在的问题，主要的矛盾在于理念进步与规范滞后，实践中缺乏容纳社会组织的基本模式。从这个角度来看，优化政府在治理过程中与戒毒社会组织之间的关系，并以此为基础建构融合的多元结构，可能是较为重要的。按照社会团结理论，就不同主体间的分工关系区分了两种团结类型，即机械团结与有机团结。机械团结建立的基础是主体之间的相似性和同质化，该种团结依靠集体意识吸纳个体意识而形成，集体意识越强、越有控制力；而有机团结建立的基础是个体差异化和多元化，个体意识保持独立性，自臻其境，相互间确定合作的关系，并组合形成社会系统。个体之间分工越专门化，社会团结越强。①

按照社会团结理论，不同主体之间需要依靠个体专业差异提供各自领域内高质量的社会产品，造就社会分工深度分化，参与主体在各自领域内保持自由独立地发展完善，相互之间既尊重差别又形成合力，各美其美，美美与共，形成“有机的团结”，提供社会所需要的更为精准成熟的目标产品。否则，只能是同质化的社会产品由不同名义的主体所提供，并且质量、标准良莠不齐，在宏观上无法实现多元的价值目标，以至并不能真正成就充满活力和创新性的社会运作系统。

机械团结与有机团结的区别是：第一，参与分工的不同主体在意识上是否存在独特且专业的组织文化精神。第二，在规范上是否能够存在保障不同主体自由健康运行的制度体系。第三，不同主体在组织上是否有能够自主独立运行的自治闭环。第四，不同主体在内容产出上能否创造独特且高质量的目标产品。

（二）我国戒毒社会组织的运行困境

下面将从机械团结的四个特征对该困境进行深入剖析：

在意识上，首先，我国内地的戒毒社会组织大多缺乏自生的组织文化精神。我国戒毒社

① 刘智勇、吴件：《走向有机团结：我国社会治理的模式转型与创新路径》，载《西南民族大学学报（人文社会科学版）》2021 年第 8 期，第 164 页。

工组织大多是由上而下的政策要求应运而生,其思想意识很多都受为它们提供资金的行政机关的影响,很多社工组织没有自己成熟、独立的组织文化;其次,治理权威不被承认。作为戒毒社会组织,其治理权威应该区别于行政权威,缔造公益性和专业性权威的形象,然而我国志愿文化和公益意识发展相对薄弱,没有形成良好的社会服务文化环境,志愿文化与公益意识并不流行,①这也在大环境上影响了戒毒社会组织的治理权威和组织文化大众认同;最后,缺少专业性知识孕育和实践沉淀。戒毒社会服务工作是一门专业性比较强的工作,既具有社会工作的一般价值属性,我国戒毒社会组织既缺乏社会工作人才的专业文化,又因为戒毒工作发展时间较短、实践质量较低,导致难以形成具有中国特色的戒毒社会组织文化。

在规范上,首先,相关法律制度和保障体系还不健全。我国社会组织发展较晚,针对社会组织的法律相对来说并不完善,不仅没有专门对社会组织作出全面规定的社会组织法,也缺乏对社会组织的设立、性质、作用、地位等的完整规范的界定,导致戒毒社会组织定位困难。并且,戒毒社会组织成员的编制、职称设置、医疗保险等方面也没有相应的保障性政策法律,法律规定的税收优惠政策等也较为宽泛模糊,难以落到实处,难以吸引高质量专业人才,甚至出现"价低者得""劣币驱逐良币"的行业氛围,许多社工没有社会工作和戒毒领域专业知识,年龄结构偏大,并且流动性强,不利于社会组织人才队伍的稳定性建设;其次,针对社会组织的外部监督管理体系并不完善。戒毒社会组织作为一个偏小众化的社会议题,社会公众、同业机构、新闻媒体等社会各方面对戒毒社会组织监管注意力并不充分,而戒毒社会组织也缺乏行业自律的良好环境,在第三方评估监督尚处于起步的这个阶段,戒毒社会组织运行过程中也容易存在材料造假、服务虚置的现象;其外部监督也主要依靠行政机构的控制和约束,戒毒社会组织与行政机关的这种密切关系也容易导致权力寻租和腐败滋生的现象发生,不免呈现出监管的片面性和不充分性;最后,戒毒社会组织的内部运行规范也存在缺陷。作为社会组织,本身的规范设置应当按照社会组织的运行模式进行设置,但是目前的戒毒社会组织依旧受行政模式影响较大,呈现出一种管理型机构的特征,并没有发展出专业化的运作模式,其服务产出往往只有不同部门指标的考核记录,资金流向很少向社会公布,缺乏运行的透明度。

在组织上,首先,从组织建立上,大多数的戒毒社会组织和社会服务都是由政府购买而被动形成的。其次,在资金来源上,除了政府购买服务的支持,基本很少有其他的社会资金注入,即戒毒社会组织缺少自身造血机能,离开行政机关的资金支持不能独立自主运行发展,实际上只能依附于行政机关。并且,由于所提供的社会服务质量普遍偏低,不能很好满足戒毒者的对应需求,也对戒毒者复归社会没有起到制度所设想的作用,导致戒毒社会组织基本上没有很强的社会影响力和公信力,从而很难获得社会资金的持续支持。最后,戒毒社

① 马玉丽、李坤轩:《社会组织参与社会治理的经验与启示——以美国、台湾地区、香港地区为例》,载《临沂大学学报》2020年第4期,第122页。

会组织内部组织运行难以自洽，目前我国社会组织相关法律规范确认的机构和职责设置较为模糊，并不适应实际需求，一定程度上让位于社工类型的行政性角色，因此许多戒毒社会组织实际上是在套用行政化的管理方式和组织形式，与其本质上的社会化运作道路产生了背离，健康发育受到组织模式上的阻碍。

在内容上，首先，由于戒毒社会组织资金来源有限，大多数地方的社工工资很低，导致无法吸引社会服务的高质量专业人才，社工队伍具有很大的不稳定性，有些社工人员甚至对戒毒知识都没有科学的认识，戒毒社会组织市场存在劣币驱逐良币的现象，进一步压低服务质量；其次，戒毒社会组织所提供的目标产品单一，我国社区戒毒组织所提供的目标产品仅仅只有监管戒毒人员复吸、辅助公安机关做记录和部分流水线式的戒毒社会服务等较为低端和可替代的目标产品，不能提供相关专业性很强的咨询产品和高质量的戒毒社会服务，不具有较大的社会影响力；最后，其内容产出本身缺少社会价值导向，忽视戒毒人员的实际需求。我国部分戒毒社会组织所提供的社会服务不免成为行政管控的副产品，其本身的公益性和助力戒毒人员复归社会的目的让位于监管需求，心理治疗、社会功能修复、谋生技能培养等戒毒人员本身所需求的服务产品被压缩和萎缩，有些就业培训和心理咨询甚至脱离社会就业环境和个体实际需求，部分戒毒人员甚至觉得这些社会服务产品仅为“走过场”的形式主义，①无法为戒毒人员提供多元化的社会支持网络，实际上还是以监测代替服务为主要内容。

综上所述，我国戒毒社会组织运行仍处于一种“机械团结”的状态。实际上，不论是社区戒毒措施的虚置，还是戒毒社会组织运行的机械性，都表明我国戒毒社会化还是保持着惯性的行政管制倾向，与其预设的深度分工、多元治理的社会化前景产生了错位，而走向有机团结，正是戒毒社会工作下一步的成长方向。

（三）借鉴视角：域外戒毒非政府组织的发展过程

域外的戒毒非政府组织经历了长时间的制度建设和实践积累，已经有了较为丰富的经验。其中英国最具代表性。英国是最早发展资本主义、最早工业革命的国家，也是最早探索如何社会变革以适应经济发展的国家之一。其非政府组织的发展过程也经历了最初的民间探索、再到福利国家介入的政府吸收，最后回到还政于社会、政府与社会组织构建“伙伴关系”三个阶段，②也是一个较为漫长曲折的过程，但每个阶段的本质区别同样是政府与社会之间的关系与分工问题。

① 王锐园：《青年戒毒者如何“重新做人”？——基于对2400名吸毒人员的调查分析》，载《中国青年社会科学》2021年第6期，第99页。

② 方英：《从英国经验看社会工作发展与NGO及政府的关系》，载《社会建设》2015年第4期，第54页。

目前,英国戒毒非政府组织仍然是英国戒毒制度中最具有活力和数量庞大的实施主体,其性质类型也具有多样化的特点,既具有与政府密切合作的非政府组织戒毒机构,也具有独立运作、不受政府左右、以公益效益为目的的非政府组织戒毒机构,既具有面向社区层面吸毒者的戒毒机构、也具有面向监狱机构中吸毒者的戒毒机构,甚至还具有为戒毒机构的从业人员设置职业标准和业务培训的非政府组织机构。

具体分析可知,英国戒毒非政府组织在意识上独立于政府部门,第一,其本身拥有完整的内生性的发展史,具有源远流长的文化底蕴和历史传统,持有与政府部门社会管控目标完全不同的志愿性和服务性的精神取向;第二,整个社会环境中非政府组织文化资源丰厚,公民普遍对社会服务公益性的较高评价和推崇滋养了戒毒社会组织的治理权威,使其以独立的姿态分担政府的戒毒事务责任。

在规范上,第一,英国不仅有第三方戒毒非政府组织——毒品和酒精从业人员联合会制定的戒毒社会工作中的职业标准和职业规范,还负责对戒毒社会工作人员进行业务考核和培训,对戒毒社工的准入门槛进行了细致的规范,极大地保证了戒毒社工的职业专业性和社工队伍的稳定性,使他们将戒毒社会工作作为一生的事业稳定下来;第二,国家毒品证据中心及其每个地区的分支机构负责收集与毒品和戒毒治疗有关的数据和信息,①依靠客观数据评估各机构的戒毒效果并作为政府付费的依据,从结果上对戒毒社会工作进行了科学客观的监管,使其在制度上对戒毒效果进行评估落地。

在组织上,第一,政府购买服务中的戒毒非政府组织不仅在戒毒服务过程中自担责任,有充足的自由度能够进行发展创新,完全依照证据中心搜集到的客观戒毒成果予以资金结算,因此不受制于政府,能够与政府建立起较为平等的伙伴关系,甚至部分戒毒社会组织不接受政府资金而自负盈亏,依靠其本身的专业度与政府进行友好沟通,共同促进戒毒社会问题的解决;第二,许多戒毒社会组织内部拥有自身创新的运作模式和组织文化,比如英国成瘾康复基金会、英国匿名戒毒集团等非政府组织,它们不接受任何政府的资金,所使用的戒毒方法很灵活,比如有基于宗教信仰和精神力量的"十二步法"等,依托自身的组织文化取得特定受众的支持以取得更好的戒毒效果。

在内容产出上,由于专业化的人才队伍和服务质量,其提供的戒毒服务获得了公众的信任,并且吸引了大批志愿者的加入和慈善组织的资助,支撑了一大批自负盈亏的戒毒非政府组织的运行发展。由此可见,英国戒毒非政府组织为代表的社会工作仍然属于一种有机团结型的社会工作模式,并在有机团结的框架下有着符合历史和国情的自身独特探索历程,形成了个性鲜明、层次丰富、主体多元、产品优质的戒毒工作社会化模板。

---

① 李一黎、万长智、郑明、张榕芳、邓刚:《英国禁毒戒毒法律制度及启示》,载《中国司法》2012年第9期,第103页。

四、我国戒毒社会组织运行的有益探索与改造路径

我国戒毒社会组织仍处于初步发展阶段，尽管可以借鉴英国等其他国家的戒毒社会组织发展经验，但仍要考量不同的社会制度与不同的发展历史，并从我国实际情况出发，立足中国的土地解决中国的问题，在自己人民的试验中找寻自己的路子，这也决定了我国戒毒社会组织建设与发展必然是一种渐近且艰辛的探索过程。① 在戒毒社会化的进程中，我国的戒毒社会组织的本土探索也从未停歇，但是除了戒毒社会组织的自身实践积累外，仍需要从其他方面提供进一步改造的具体路径。

下一步工作中，第一，要明确戒毒社会工作的定位，提高对戒毒工作社会化的重视程度。目前对于戒毒社会工作的重视程度仍然处于一种宣示性重视和部门重视的阶段，距离真正将规范性文件中的规划目标予以实现还有一段距离。② 要深刻认识到戒毒社会工作在毒品治理体系和治理能力现代化过程中的重要地位，顺应国家治理体系建设大势。

第二，营造良好的戒毒社会工作制度环境、行业环境、社会环境。在制度层面，目前我国关于社会组织相关的制度设计还比较松散，缺乏成体系的社会组织法，对于戒毒社会组织的税收等优惠政策并不细致完善，需要进一步细化和落实。在行业环境层面，需要明确戒毒社会组织的准入门槛和退出机制，促进行业内部的良性竞争，完善戒毒社会组织运行全流程的监管，发展第三方监督，提高其工作透明度。在社会环境层面，我国缺乏公益精神和社会服务精神的倡导和培育，对于戒毒社会组织的宣传比较薄弱，社会公众对于戒毒社会工作的认识并不清晰，需要提高对戒毒社会工作的宣传力度，倡导禁毒社会工作理念，减低并消除社会歧视与排斥，提高戒毒社会组织的影响力和公信力。

第三，在政府统一领导下，也要注重培育戒毒社会组织的主体地位，谋求专业领域内相对平等的政社关系。首先，将戒毒社会组织作为毒品问题治理的主体来看待，而不是政府处理毒品问题的辅助性工具。其次，对于戒毒社会组织的管理一定程度上要去行政化。去行政化是社会化的另一种表达，也是戒毒社会工作的发展难点之一，要实现社会化的深度分工，需要明确各主体在戒毒工作中各自的角色定位与职责任务，进一步理顺政府与社会组织在戒毒工作中的功能与关系，在专业问题上与行政控制做切割，尊重不同主体的独特价值导向，给予戒毒社会组织相对宽松的发展空间和运行环境。最后，各主体自臻其境，在自己场域内不断谋求不同层面的创新发展。比如，以大数据、区块链技术等现代化科技成果融入戒毒社会工作，注入现代化动力，激发其自主性和创新活力，使其成为积极自生的良好生态系统。

第四，提高戒毒社工队伍的质量，提高戒毒社会组织服务水准。首先，建立健全政府购

---

① 王思斌：《中国式现代化新进程与社会工作的新本土化》，载《社会工作》2023 年第 1 期，第 1 页。

② 徐道稳：《中国社会工作行政化发展模式及其转型》，载《社会科学》2017 年第 10 期，第 96 页。

买禁毒社会工作服务制度,研究制定服务标准规范和考核机制,建立较为完善的禁毒社会工作者队伍建设运行机制、工作格局和保障体系。① 其次,明确戒毒社工的职责任务,开展大规模的专业知识培训,完善高等学校人才培养体系,培育戒毒社会工作的后备人才力量,培养高质量的稳定戒毒社会工作人才队伍。第三,培育引导建立一批有影响力的禁毒社会工作服务机构,实现禁毒社会工作服务在城乡、区域和领域间的基本覆盖,扩大服务范围。②

① 王锐园:《我国〈禁毒法〉立法完善探讨》,载《中国药物依赖性杂志》2023 年第 5 期,第 481 页。

② 《国家禁毒委员会办公室、中央综治办、公安部等关于加强禁毒社会工作者队伍建设的意见》,载北大法宝 https://pkulaw.com/chl/e9927a464f9ddce4bdfb.html,访问日期:2023 年 9 月 1 日。

倡导联盟框架视角下的美国早期毒品政策变迁(1914-1974)

韦　州[*]

摘要:美国早期毒品政策变迁史长期面临着说理困境与诸多批判。研究基于倡导联盟框架的观察视角分析美国毒品政策变迁历程的演变逻辑,并就其特征提供了政策变迁视角的解释。研究发现,美国20世纪初期直至70年代毒品政策的演变实质上是各倡导联盟将其核心信念巩固为公共政策的过程。选用倡导联盟框架这一理论工具观察与研究美国毒品政策变迁的历史并从中汲取经验教训,对当今我国禁毒政策的路径优化有一定警示作用。

关键词:毒品政策变迁;美国毒品史;倡导联盟框架

一、美国早期毒品政策变迁历程概述

美国禁毒活动在20世纪初期步入新的历史阶段,其毒品政策经历了系列曲折起伏的发展。二战后直至70年代中期的政策变革尤为活跃,但变动频仍的政策并未有效解决层出不穷的毒品问题。本部分将以1914年《哈里森法》的颁行与总统尼克松(Richard Milhous Nixon)1974年离开白宫为研究时间跨度的起讫点,以具关键意义的毒品立法与权力实体之诞生为主线,梳理此阶段的美国毒品政策变迁史,并总结美国早期毒品政策走向及立法特征。

(一)1914-1962:惩戒执法导向逐渐走向鼎盛

20世纪50年代中晚期,美国医学界尝试修正现行毒品管制政策,引入更多成瘾治疗和预防的内容。然而,时任联邦麻醉品局局长安斯林格(Harry Jacob Anslinger)的"惩治—威慑哲学"仍是美国毒品管制者看待麻醉品问题的共识,要撼动现行制度远非易事。

1914年的《哈里森法》是首个统一性联邦禁毒法律,被视作美国毒品政策转变的分水

---

* 韦州(1999—),男,山东高密人,中国人民公安大学研究生院硕士研究生。

岭。从此注册医生成为麻醉品唯一合法供应者,消费和出售麻醉品变为非法。1919 年初《哈里森法》第 18 修正案的通过和实施,进一步明确了对成瘾行为的镇压与隔离倾向。1951 年总统杜鲁门(Harry S. Truman)签署了处罚规定精确而严格的《博格斯法》①,规定了毒品犯罪者的强制最低处罚,且禁止屡犯者的缓刑和假释。1956 年 7 月,由总统艾森豪威尔(Dwight David Eisenhower)签署的《麻醉品管制法》根据持有和出售毒品的次数分段判处相应的监禁和罚金,处罚力度有所加重,且首次将死刑引入毒品犯罪。同一年的法案授予了执法人员更为宽泛、强力的执法权,并对成瘾者、吸毒者施加了离境限制。《博格斯法》和《麻醉品管制法》的颁行强调了司法惩治与以威慑手段解决毒品问题路径的坚持。然而,这两部法律未能给成瘾者的治疗和康复以足够重视,极端的毒品政策继续推行。② 20 世纪 50 年代,在联邦麻醉品局局长安斯林格的任期(即 1930 - 1962 年)内,惩戒当先的毒品管制模式渐成主流。③

除惩戒外,禁毒立法的边缘化是本时期毒品政策变迁的另一阶段性特征。美国早期毒品立法只能借宪法所赋予的联邦权力之名以施其禁毒之实。④ 尽早开展禁毒立法的紧迫性不言而喻:当权者相信,只要社会舆论认为吸毒者多为低层群体并可能引发难以估量的社会危害,禁绝毒品以及实施管制和惩罚也就顺理成章。然而,早期毒品立法的名分并不牢靠。重要如《哈里森法》却身披税法外皮,而其诞生则更多基于外交诉求以及这是"一项道德层面上的常规性法律"。⑤ 政策制定者与民众对毒品危害的认识受时代限制,使得禁毒立法注定无法像同时期风起云涌的禁酒立法那般通过宪法修正案直接推行。

(二)1962 - 1968:毒品政策改革浪潮迭起

毒潮泛滥推动政策改革。20 世纪 60 年代中后期,美国"婴儿潮"一代恰值青年,年轻人借由滥用毒品来表现自己对传统价值的摒弃和对爱国主义的反叛。麻醉品滥用增速惊人,毒品犯罪率直线上升。已经得到较好控制的大麻和海洛因等毒品卷土重来,且新出现的新精神活性物质极受欢迎,失灵的政策已难以应对日趋恶化的毒品问题。以美国医学会为代表的医学界向国会或建言施压,制定了诸多符合医界利益的立法和政策法规,联邦麻醉品局

---

① John C. Mcwilliams, *The Protectors: Harry J. Anslinger and the Federal Bureau of Narcotics*, 1930 - 1962, Newark: University of Delaware Press, 1990, p. 111.

② 参见张勇安:《科学与政治之间:美国医学会与毒品管制的源起(1847 - 1973)》,上海人民出版社 2016 年版,第 202 - 203 页。

③ 参见翟帆:《禁毒研究丛书:二十世纪美国毒品政策的演变》,上海社会科学院出版社 2017 年版,第 46 页。

④ 陈新锦、林晓萍:《美国早期禁毒立法中联邦权力问题评析》,载《历史教学(下半月刊)》2011 年第 2 期,第 57 页。

⑤ Musto David F, *The American Disease*, New York: Oxford University Press, 1999, p. 65.

主导的惩戒执法模式的地位随之开始改变。1962年安斯林格的辞职宣告着以司法惩治模式为特征的时代随之落幕,事实上也显著减少了毒品政策改革的阻碍。与其前任不同,接替安斯林格的哈里·焦尔丹诺(Harry Giordano)在就任期间(即1962－1968年)为社会对传统毒品控制理念的改观作出了贡献。①

1962年5月14日,美国医学会和国家研究委员会合作完成了《美国麻醉品成瘾联合声明》(以下简称"《联合声明》")。《联合声明》的主要理念和倡议包括:戒断成瘾需要长期的控制和严密的医学监管;成瘾者的跟踪治疗和康复服务不可或缺;基于现有医学知识基础,反对维持治疗和门诊计划;采取措施批准成瘾者通过强制性民事关押在无毒环境下加以治疗;进行关于预防和治疗成瘾的开发研究;公开关于成瘾的知识信息等。就此,《联合声明》成为指导成瘾治疗的政策性宣言,为后来美国毒品管制的立法及其转型发挥了关键作用。1963年1月,总统肯尼迪(John F. Kennedy)任命组建麻醉品和毒品滥用问题总统咨询委员会(President's Advisory Commission on Narcotics and Drug Abuse),研究美国未来禁毒政策的走向。1963年6月,美国医学会精神卫生委员会及国家研究委员会应其请求联合完成了名为《医学实践中麻醉药品的医用和麻醉品成瘾者的医学管理》的报告。报告称,医学界即将与联邦麻醉品局及适当的州机构展开合作,以维系与麻醉品成瘾有关的医学实践标准。该报告还建议由医学界发布成瘾治疗、麻醉品使用及管制的相关标准。这代表着成瘾治疗实践中的临床成果终于迎来了制度化的应用机会。1966年11月,总统林登·约翰逊(Lyndon Baines Johnson)签署了《麻醉品成瘾康复法》(Narcotic Addict Rehabilitation Act)。该法案规定允许对经认定的成瘾者免于起诉,而代之以36个月内的民事关押,治疗期满可对其取消刑事指控;本着应尽可能非监禁的理念,授权司法部长对违法者的送疗判决权;给予未被指控的成瘾者自愿治疗的权利等。该法案特点在于通过民事关押体系为成瘾者提供有条件的康复治疗。它首次打破了《博格斯法》和《麻醉品管制法》的强制最低判刑规定,削弱了联邦禁毒体系的司法惩治倾向,为向治疗模式的转变开了先河。

整个20世纪60年代,美国存在了近40年的传统禁毒理念不断受到来自医疗和科研领域的冲击。至此,美国的毒品政策开始显现出由长期沿用的惩戒执法模式向治疗模式转变的倾向。决策者对于毒品问题的认识正在改观;随着立法进步,医学、社会学和公共卫生领域的研究与工作者也开始将毒品问题聚焦为社会问题,而不再简单地将其归结为执法事务。成瘾者更多开始通过接受康复治疗而不是刑罚化处遇来戒除毒瘾。这些都对固有的联邦毒品政策形成了冲击。

(三)1968－1974:毒品政策的新转向与长足发展

长期以来,联邦麻醉品局未意识到吸毒者也是"病人与受害者",因而在戒毒治疗方面

---

① [美]戴维·F.马斯托:《美国禁毒史:麻醉品控制的由来》,周云译,北京大学出版社1999年版,第323页。

缺乏作为。与此相对,医疗卫生部门则在探索中将成瘾认定为一种需要保健护理治愈的疾病。不久,围绕解决毒品问题的策略选择,联邦政府内出现了不同的声音。最终,倾向于放宽惩处力度的政策活动者们影响力逐渐扩大。

1969 年上台的尼克松总统采取了力度空前的禁毒政策改革,大幅增加联邦禁毒机构的规模和数量,并推行了强制判决、无授权批准等系列改革举措。尼克松建立了预防药物滥用特别行动办公室(Special Action Office for Drug Abuse Prevention, SAODAP)来协调和毒品问题有关的政府计划。联邦政府开始从供需两端入手解决毒品问题,一方面发动“毒品战争”遏制供给,另一方面关注成瘾治疗和吸毒预防,其中涵盖了研究、教育、训练及康复等方面的措施。其间用于戒毒治疗和康复的经费和用于其他减少毒品需求的项目经费都有较大幅度的增长,联邦政府授权的相关经费从 1970 预算年度的 5900 万增加到 1974 年的 4.62 亿,而同一时期毒品执法经费的增幅仅为治疗和预防经费的一半。到 1972 年时,用于治疗和预防的经费已是执法经费的两倍。不难看出,联邦政府的反毒政策开始明显向治疗方面倾斜。

1970 年,早期法律皆汇总至《麻醉品滥用与综合控制法》(公共法 91 – 513)中,该法按照成瘾性、依赖性及药用价值将麻醉品分为 5 类。这一法案也是司法惩戒转向治疗导向在法律上的一个过渡,其将《哈里森法》以来的禁毒法案统一起来,实现了毒品管制的制度化,废止了特殊形势下的极端政策。同时,各州也相继减刑并积极效仿联邦毒品法修订了《统一州被管制物质法》。[①] 1971 年初开始运作的国家大麻与药物滥用委员会(the National Commission on Marijuana and Drug Abuse, NCMDA)是推行毒品战争的机构化工具。1971 年 6 月,尼克松要求国会追加反毒预算 1.55 亿美元,并对毒品预防研究和协调方面的权责进行了重新分配。[②] 这无疑标志着联邦反毒势力开始了根本性的重组。国会指示其完成对美国药物滥用问题的分析报告,并要求其提出立法及行政建议。委员会调查了公众对大麻及相关立法的态度并在次年的报告《大麻:误解的信号》中指出,应将麻醉品法律看作吸毒者接受康复的机会,而非惩罚的依据。该报告建议将自用大麻非罪化,转而采取社会劝阻政策。尽管尼克松政府最终未遵循建议并明确表示在其任期内禁止大麻合法化,但委员会的工作成果后续仍被引用。NCMDA 的建立折射出政策制定者在严厉执法和治疗容忍两种倾向之间的摇摆。同样,很多麻醉品控制机构也并非仅呈现单一的惩戒或治疗倾向,而是有所侧重。

70 年代,医学界积极参与立法并取得成效,毒品政策过程表现出显著的专业化介入特征。不断完善的麻醉品立法也标志着毒品政策的完备性得到长足发展。联邦机构愈发重视成瘾预防和康复治疗,《麻醉品成瘾康复法》和《毒品滥用预防和管制综合法》的颁行更是成功实现了联邦禁毒法的新转向。此外,与早期禁毒法相比,此时期的法律明确赋予了警察权

---

① 参见张勇安:《美国大麻政策研究》,复旦大学 2005 年博士论文,第 110 页。

② Drug Abuse Council, *The Facts about "Drug Abuse"*, New York: The Free Press, 1980, p. 32.

力在毒品控制活动中的介入。①

二、使用倡导联盟框架分析 1914－1974 年美国毒品政策变迁

(一)惩戒模式和医疗模式的渊源:美国毒品控制模式理论概述

史蒂文·R. 贝伦科(Steven Belenko)指出,美国毒品政策史是“医学方式管制毒品和司法惩治方式之间紧张关系的循环往复”。陈新锦将联邦层面禁毒外交政策、禁毒法律体系及成瘾治疗这三个维度统领起来,并分别构建了外交、法律惩戒及医疗三个模式②,即美国毒品控制模式理论。其中,惩戒模式以联邦麻醉品法条为执行基础将成瘾认定为刑事犯罪并明令禁止成瘾行为,进而通过司法处罚措施对毒品犯罪与滥用施以严厉惩处。《哈里森法》可视作法律惩戒模式的开端。自 20 世纪 20 年代至 30 年代始,司法惩戒模式就牢据美国毒品治理工作的主导地位。

治疗模式认为,吸毒成瘾属于医学范畴,通过帮助戒毒,方能遏制毒品需求、纾解毒品问题。医疗模式历史悠久,早在 19 世纪末 20 世纪初,美国就曾积极通过医疗方式治疗成瘾缓解毒品问题,但由于人们对成瘾的本质认识不足以及医疗条件受限,医疗戒治的有效性受到社会质疑而逐渐沦为惩戒模式的附属品,其式微也为司法惩戒模式的统治地位开辟了路径。在司法惩戒模式背景下,美国对毒品进行严厉管控,仅在 70 年代,联邦就通过了 50 多部禁毒法。然而居高不下的逮捕数量表明,单纯的法律惩戒无法根除成瘾和滥用,医学界的意见同样引发联邦政府的不断反思。随着 1972 年《毒品滥用管制办公室与治疗法》的通过,医疗模式正式拥有了联邦层面的明确法律依据。③

(二)1914－1974 年美国毒品政策变迁中的倡导联盟框架划分

由保罗·A. 萨巴蒂尔(Paul A. Sabatier)等人提出的倡导联盟框架(The Advocacy Coalition Framework,ACF)是一种被广泛应用的公共政策过程理论。倡导联盟是指持有某种同一信念体系的政策主体或共同体。信念体系即联盟内部的重要的价值观及实现它们的因果假设。一个倡导联盟的内部成员包括政客、官僚及利益集团成员等,即“政策行动者”。④ 联

---

① David Musto, *The American Disease*, Oxford: Oxford University Press, 1999, p. 280.

② 参见陈新锦:《早期美国毒品控制模式研究》,福建师范大学 2011 年博士论文,第 213 页。

③ 参见陈新锦:《禁毒研究丛书:早期美国毒品控制模式研究》,上海社会科学院出版社 2016 年版,第 6 页。

④ Ritter A, Hughes CE, Lancaster K, Hoppe R, *Using the Advocacy Coalition Framework and Multiple Streams policy theories to examine the role of evidence, research and other types of knowledge in drug policy*, Addiction, vol. 113, No. 8, 2018, p. 1539.

盟成员基于围绕政策的相应认知开展稳定而持续的深层合作。① 对某一重要政策议题的关注与讨论会形成一个"政策子系统",②其中存在若干倡导联盟。自20世纪初期始,美国毒品政策子系统中,出现了惩戒模式与治疗模式这两个倡导联盟。

1. 惩戒模式倡导联盟与治疗模式倡导联盟的政策行动者

惩戒模式倡导联盟的政策行动者主要包括政府官员、立法界人士、联邦麻醉品局局长安斯林格和以其为代表的联邦麻醉品局(Federal Bureau of Narcotics, FBN)、以药物滥用管制局(The Bureau of Drug Abuse Control, BDAC)和麻醉品与危险药品局(The Bureau of Narcotics and Dangerous Drugs, BNDD)为代表的联邦毒品执法机构、以联邦缉毒警察为代表的执法队伍,乃至以普莱斯·丹尼尔(Price Daniel)为代表的部分国会议员、反不道德行为运动者等社会团体、赞成惩戒模式的部分大众媒体、一些激进的改革团体、主张铁腕禁毒的市民与社会工作者、受反毒舆论影响的禁酒组织、教会团体、妇女俱乐部及家长教师联谊会等。

治疗模式倡导联盟的政策行动者主要包括以国家精神卫生研究所(National Institute of Mental Health, NIMH)为代表的联邦卫生机构、负责对吸毒者进行治疗的医疗机构、肯尼迪总统任命的药物滥用委员会、全国教会委员会总会等社会组织、众多医学界权威专家、诸多矫正领域特别是监狱署的成员、以60年代反主流文化群体为代表的众多吸毒者和反毒品控制论者、以大学教授蒂莫西·利里(Timothy Francis Leary)为代表的致幻剂鼓吹者等。成立于20世纪70年代的美国"社区反毒联合体"是治疗模式倡导联盟政策行动者的典型。

2. 惩戒模式倡导联盟与治疗模式倡导联盟的信念系统表

惩戒模式倡导联盟相信,50年代颁行的严厉法律惩治机制能够解决问题,成瘾人数正在锐减;治疗模式倡导联盟则认为,毒品法律判决已达严苛甚至粗暴的程度,对成瘾者而言,这种严苛性显然不够谦抑。与此同时,强制最低处罚的引入也加重了司法压力,违法者面临强制最低判决时会不服罪而坚持重新审理,重审率大幅增加。有识之士认为,"惩罚不应当再是刑法的主要目标,违法者的革新和康复已经成为刑法的重要目标"。1962年,最高法院正式声明成瘾是疾病而不是犯罪。综上足见两个倡导联盟之间存在着截然不同的信念体系。惩戒模式倡导联盟与治疗模式倡导联盟的信念系统见表1-3。

---

① Paul A Sabatier, *Policy Change And Learning: An Advocacy Coalition Approach*, Colorado: Westview Press, 1993, p. 25.

② 严强:《公共政策活动中的子系统》,载《江海学刊》2007年第2期,第99页。

表 1　内核信念系统或规范性核心信念

	惩戒模式倡导联盟	治疗模式倡导联盟
毒品问题的本质	主要是法律问题	主要是医学问题
对待毒品成瘾的态度	吸毒成瘾违法,成瘾是"罪恶"	成瘾是一种疾病或症候
价值优先性	优先将吸毒者处以行政处分或司法刑罚	优先予吸毒者以恰当的治疗
分配正义的基本标准	禁毒资源分配应当侧重于惩罚措施,从而对毒品犯罪形成强有力的威慑	禁毒资源分配应当侧重于戒毒康复与保健护理

表 2　政策核心信念系统

	惩戒模式倡导联盟	治疗模式倡导联盟
有效解决吸毒成瘾的方法	严格管控与强制	服务与治疗
减少毒品危害的主要路径	控制毒品供应、打击贩卖流通	关注个体康健、遏制毒品需求
禁毒参与的主体	家长式政府	政府与社会力量合作

表 3　次要方面信念体系或工具性政策信念体系

	惩戒模式倡导联盟	治疗模式倡导联盟
联邦禁毒财政资金主要用途	执法打击与反毒宣传	物质滥用研究、戒毒治疗康复
吸毒行为犯罪化与非罪化	定罪,起诉并判刑	少罪化并代之以民事关押和治疗
对毒品犯罪的量刑适用趋势	重刑化,整体提高量刑	轻刑化,减轻最低判刑
是否出于医疗目的而合法使用麻醉品的甄别判定权所属	行政执法部门	医疗卫生行业具备相关资质的人士

3. 倡导联盟政策变迁路径理论的应用

20 世纪美国毒品政策变迁的过程反映了 ACF 促成政策变迁发生的不同作用途径。

一个政策子系统内,不同联盟的信念影响力处于动态平衡状态。在政策僵局中,不同联盟不仅试图捍卫自己的信念体系,且通过借鉴对立联盟信念体系的合理观点或做法进而自我调整,这就是政策学习,①有助于政策的改进或妥协。在美国早期毒品政策变迁过程中,当执法惩戒信念据主流时,政府就加大执法和处罚力度;医疗模式信念占上风时,戒毒治疗开支便增加。不过,随着医疗模式信念的不断扩散,发生了政策学习。典型者如 20 世纪 60 年代初数百位卫生官员参加的毒品问题大讨论。

① 余章宝:《政策理论中的倡导联盟框架及其应用》,载《厦门大学学报(哲学社会科学版)》2009 年第 1 期,第 26 页。

内部事件是倡导联盟理论中政策变迁的另一解释途径,它的发生可视作现存政策矛盾的集中体现。60 年代美国毒品形势的恶化就是一个范例。司法惩戒信念指针下的禁毒工作并未得偿所愿地根除毒品问题,这不仅是对原主流政策信念的挑战,更为医疗模式提供了发展的机会,从而对政策变迁提供了推动力。①

外部事件包括社会环境改变、舆论转向及执政变动等。外部因素变动会引发子系统内部各联盟资源、权力及信念等要素的调整,打破子系统内各联盟的权力平衡,进而为政策变迁创造机会或障碍。② 推动外部事件的发生也是次要联盟谋求政策变迁的策略之一。尼克松当选、20 世纪 60 年代美国经济腾飞等都是 ACF 理论意义上的外部事件。不同于内部事件,外部事件的出现并未直接动摇主导联盟的政策核心信念,也并未包含显著的信念因素。

协商一致是 ACF 于 2007 年增加的构成政策变迁的新路径之一,③指的是不同倡导联盟之间因观念存异而引发僵局时,双方可借由平台进行意见交流,打破联盟藩篱,直至达成共识。肯尼迪总统任命药物滥用顾问委员会,事实上就为毒品政策子系统创造了一个专业论坛,政策参与者可以利用其就毒品问题进行公开讨论。

三、美国毒品政策的变迁对我国禁毒政策制定的启示

民族国家历史传统、现实条件与价值取向的差别,注定了中美两国在毒品问题上有着不同解读视角和迥异的制度选择。借由 ACF 理论审视美国早期禁毒政策形成过程,对相关领域理论的发展不无裨益,抑或能为我国当今禁毒政策的制定提供可观启示。

(一)辩证看待倡导联盟框架理论在当代中国政策领域的本土化应用

倡导联盟框架理论在一定程度上能为我国禁毒政策制定与评价过程提供启示。在我国民主决策、协商中,政府行动者(包括立法者)、研究者、政策分析者等都能参与决策过程,且中央政府各职能部门对决策的参与正是当前我国政策过程的核心特征之一,这些都被作为政府行动者的作用发挥途径而纳入了 ACF 分析框架的范围内。基于信念分殊的倡导联盟划分及其互动分析的这一过程在我国的政策领域也较为常见。ACF 主要用于解释长期性的政策变迁,将各种子系统内、外部事件视为引发重大政策变迁的驱动因素,这些因素同样与我国转型发展的部分特征相符。当然,将 ACF 作为评价模型照抄照搬是行不通的。历史上美国政策行动者的利益表达主要通过演说、抗议等利益集团的压力活动实现,表现形式具有

---

① Paul A Sabatier, Weible C M, *The advocacy coalition framework: Innovations and clarifications*, Boulder: Westview Press, 2007, p. 204.

② 张继颖,孙柏瑛:《倡导联盟框架:动态演进、应用特征及其应用评价》,载《兰州大学学报(社会科学版)》2020 年第 6 期,第 22 页。

③ Jenkins - Smith Hank, Alternative Theories of the Policy Process: Reflections on Research Strategy for the Study of Nuclear Waste Policy, *Political Science and Politics*, vol. 24, No. 2, 1991, p. 162.

较强的对抗性。相比之下,我国社会群体的利益表达主要体现为制度环境下合法和缓的方式,即纳入组织化的特征,这显然与ACF的评价逻辑不同。从不同文明中汲取经验,应在实现本土性转化的前提下进行。

(二)以法律形式对禁毒经验成果加以保障

美国早期制定的禁毒法律相当有限,很多领域基本处于无法可依的窘境。而即便拥有成文法,也因而存在依附性立法等问题而无规范可循,其立法框架结构不甚合理、体系衔接未必协调。然而即便面临特定立法经验的匮乏,政府仍选用立法工具将成熟实践经验肯定下来从而巩固改革成果,同时又为下一步改革开辟可能。20世纪70年代,美国禁毒立法进入"井喷期",涌现了1970年《管制物质法管制物质进出口法》、1973年《禁止海洛因走私法》《美沙酮控制法》《酒类毒品滥用及精神卫生管制条例》及《麻醉品成瘾、治疗法—公共法》等一大批禁毒法律,此时其标准化和可操作性都有了大幅改观与提升。在特定历史背景下,部分政策制定者总能在改革的泥潭中探索尝试,根据实践经验对政策加以调整,正确看待立法与改革关系的态度、对立法手段加以合理运用。我国于2008年正式施行《中华人民共和国禁毒法》,统一了禁毒立法体系,在国家禁毒立法事件中具有里程碑式的意义。然而,诸多含有"宣示性"意味的条文规则在指导实务时常捉襟见肘,在部门协调共事、制度执行落实等可操作性事务方面亦无具体细则可寻。法律应当与时俱进,适应当今的毒情形势、禁毒理念与执法现实。鉴于此,可对现有禁毒法律体系进行完善,通过法律修订、补充立法等形式,将禁毒法关于戒毒措施的部分与《戒毒条例》内容交叉等问题加以解决;进一步依法明确戒毒各执行主体的职责分工;在禁毒资金管理使用、禁毒社会工作等方面提供具体可行的配套制度等。

(三)权力机构在决策过程中公平公正发挥作用

若将倡导联盟框架理论应用于对我国禁毒政策形成的解释,政府权威机构对于决策的意义这一点将是其理论无法指导的空缺。我国公共政策的执行和实施主要由作为行政机关的政府系统进行。这种政策运行的实际方式决定了行政机关在多数政策制定及执行过程中的实质性主导地位。于是,公共政策的落地并非同美国那般仅需关注投票结果,而存在愈加复杂的因素左右着各倡导联盟话语权的大小、意见表达的顺畅度及手握的资源情况。既定的外部因素能否以及在何种影响力上干预到政策行动者,一方面取决于公共政策功能配置情况(政府是否倾向于使用公共政策施展强制性干预),另一方面取决于相关主体是否藉由特定的运行机制获取了有效干预政策的机会。因政治体制差异,相较于美国,我国的公共政策过程呈现较强的集中性。尤其是事关民族长远利益的禁毒政策的制定和执行,执政机关和行政机关在方针路线的制定起草过程中提供主要意见、起到关键作用。在具体禁毒政策的制定与政策困境的解决上,即便可能面临差异化的信念考量和意见分歧,政府也不应抗拒和避免政策僵局的出现,而应着力提升应对和调停政策僵局的能力,保持公平公正。

(四)政策制定过程加强对专业意见的吸收

禁毒是一项专业性很强的工作,禁毒政策的制定亦是如此。然而,在美国毒品立法发展的"古典时期",专业性意见也曾遭遇过不被接纳的困境。20 世纪 20 年代时,除了偶尔对禁毒政策发表些许评论之外,像"美国医学会"这样的大型行业协会也无法左右强势的联邦执法机构。然而这种情况逐渐随着两个联盟的博弈而逐渐改观,1958 年由美国律师协会与美国医学会之麻醉品联合委员会发布的《关于麻醉性药品的中期报告》更是成了在美国禁毒史上严苛刑罚风气最盛的年代里的一声惊雷。如今,无论是医疗机构、"毒品法庭"还是匿名戒毒互助会,都在为毒品政策的制定提供着许多宝贵的建议。对核心信念的重新学习能够实现对政策领域基本属性的再认识,这无疑有利于政策的成熟和优化。政府需要建构一个公开、理性的经常性对话机制,包括专业性论坛,去帮助包括非官方力量在内的不同的政策行动者通过理性对话的方式实现相互的政策学习,从而促进政策改善与信念和解、加速政策学习,从而打破僵局,实现依法科学决策。

(五)合理把握打击供给与遏制需求的关系

兰德公司(RAND)所做的一个针对不同毒品策略的成本效益分析发现,迄今为止最有效的方法之一便是预防和治疗。在研究对象国家所实施的一切形式的禁毒举措中,"警察行动的收效最低",①如美国 DEA 深入"主要毒品供应国"哥伦比亚,"配合"当地政府打击毒枭的行为。从前述美国毒品治理的政策变迁历程不难看出,美国的禁毒战略是一个不断调整的过程:毒品治理重心时有倾斜,对预防和治疗的重视由弱至强。我国禁毒工作在一定程度上同样存有"重打击轻预防、重措施轻效果、重强制措施轻康复治疗"的路径依赖。虽然禁毒法规定了禁毒工作"预防与惩治并重、教育与救治相结合"的原则,但侦查打击却成为禁毒实践的主要任务,这折射出毒品治理政策与实际需求的部分错位。有鉴于此,应当对禁毒政策作出及时适当的调整,加强对毒品治理中非惩罚措施的支持和对戒毒康复治疗环节的关注,注重吸毒者的社会回归。

四、结语

纵观美国早期禁毒政策变迁,既有在当权者与专业力量的通力合作下,政策得以实现科学化与合理化的进步;也有因联邦权力与州权冲突而导致法律的低连续性与执行不力,甚至为了立法需要而不惜牺牲少数族裔与低层阶级利益的种种缺陷。整体而言,美国毒品政策

---

① Noam Chomsky. On the War on Drugs:Noam Chomsky interviewed by Week Online.[EB/OL].(2002-02-08)[2023-10-24]. https://chomsky. info/20020208/.

的形成与发展与其本国的地缘环境、政治体制和历史文化等因素有着不可分割的联系,有其独特的研究价值所在。时至今日,司法惩戒与治疗康复这两个倡导联盟之间围绕毒品政策子系统的博弈也远未终止。倡导联盟的力量在不同位面因素的影响下此消彼长,最终能对更加适应美国毒情形势的毒品政策的形成起到促进作用。

纵观美国早期毒品政策变迁,不难发现政策产物实为社会经济发展与治理观念演变的缩影,而诸多毒品政策不过是不同倡导联盟之间信念妥协与互补的产物。惩戒模式与治疗模式这两个倡导联盟的出现也并非偶然,而是政策变迁过程中若干历史合力共同作用的特殊结果,有其历史必然性。时至今日,我国禁毒工作也应遵循法律框架、符合政治制度,在坚持走中国特色禁毒道路的同时,客观辩证地对西方毒品治理模式加以反思、取舍与扬弃,从而为制定出更加符合中国实情而行之有效的禁毒政策开辟新的路径与视野。

五、涉未成年人犯罪

负有照护职责人员性侵罪构成要件要素的解释

——以本罪法益作为切入点

陈奕欣*

摘要：负有照护职责人员性侵罪的保护法益为低龄未成年女性的性自主决定权，本罪的规制范围为低龄未成年女性缺乏内心真实性同意的情形。从保护低龄未成年女性性自主权的法益角度出发，对本罪的构成要件要素予以探讨和解释。第一，对“照护职责”的界定关键在于是否影响了女性性自主权的行使。第二，基于我国的性犯罪体系，应当将“发生性关系”界定在狭义的性交方式之内。第三，本罪的主观方面为故意。在符合本罪规定的场合，应当推定其明知对方为已满14周岁不满16周岁的未成年女性，但是在特殊情况下可以允许其自证以出罪。

关键词：负有照护职责人员性侵罪；构成要件要素；低龄未成年女性；性自主权

由于受到年龄的限制以及传统观念的影响，未成年人对于外部世界的认识并不完善，容易被欺骗和受到伤害。而在未成年人作为被害者的一系列犯罪中，性犯罪的影响又显得尤为恶劣。考虑到我国未成年人对性知识了解严重缺乏的实践情况，就需要对其给予更高级别和更为周密的保护。在《刑法修正案（十一）》出台之前，我国性侵女性犯罪以14周岁的被害人年龄线作为唯一分水岭，这难以应对逐渐高涨的群众呼声和愈加严酷的性侵未成年人近况。因此，《刑法修正案（十一）》特别增设了负有照护职责人员性侵罪，以避免已满14周岁不满16周岁的未成年女性遭受来自特定关系人的性侵害。

一、本罪保护法益的界定

刑法作为我国的后置法，其中任何一个罪名的增添和删改都具有重大意义和深刻内涵。

---

* 陈奕欣（1998—），女，河北保定人，河北省保定市中级人民法院，刑事审判第一庭法官助理。

《刑法修正案(十一)》中负有照护职责人员性侵罪的增设,使得我国的性犯罪体系更加趋于完善和科学。本罪的设立,表明刑法对已满14周岁不满16周岁的未成年女性(以下简称低龄未成年女性)予以了专门保护,当负有特定职责的人员与其发生性关系时,要以本罪论处。犯罪是侵犯法益的行为,为了对本罪的构成要件要素进行更为正确的理解,有必要先对其法益进行探讨。

(一)关于负有照护职责人员性侵罪保护法益的争论

现阶段关于本罪法益的探讨,主要涉及性同意年龄部分提高说下的身心健康说、性自主权说以及复合法益说(折中说)三种观点。

1. 性同意年龄部分提高说

本罪的犯罪对象是已满14周岁不满16周岁的未成年女性,而这便引申出本罪与我国的性同意年龄之间的关系。有观点认为,本罪的产生代表我国的性同意年龄由14周岁部分提高到了16周岁,本罪保护的法益是我国低龄未成年女性的身心健康。[①] 持此学说的学者认为,本罪将性同意年龄提高到16周岁,就代表着低龄未成年女性在面临特殊职责人员时,如同不满14周岁的幼女一般缺乏辨别性行为具体含义的能力,即不具备性同意能力的人。因此,本罪的法益是低龄未成年女性的身心健康。

2. 性自主权说

现阶段另一种较为流行的关于本罪保护法益的观点为性的自主权说。[②] 该说认为,本罪的设立并没有对我国的性同意年龄做出修改,也即已满14周岁不满16周岁的未成年女性并没有丧失性自主权。当其面对负有特殊职责的人员时,由于对方基于照护职责形成的权威地位和亲密关系,会导致这部分未成年女性的自由意志难以得到很好地表达,就算其表现出来的态度是"同意",也可能是处于压制地位下的不真实表达。也就是说,在此种境地之下,这部分低龄未成年女性根本无法自由地表达自己的真实意愿。

3. 折中说

除性同意年龄部分提高说之下的身心健康说和性自主权说之外,关于本罪的保护法益还存在以下观点:王海桥认为,"性的健康发展"才是本罪的保护法益;[③]唐攀认为,本罪保护

---

① 参见王爱立:《中华人民共和国刑法释义》,法律出版社2021年版,第501页;许永安:《中华人民共和国刑法修正案(十一)解读》,中国法制出版社2021年版,第249页。

② 参见付立庆:《负有照护职责人员性侵罪的保护法益与犯罪类型》,载《清华法学》2021第4期,第72页;李立众:《负有照护职责人员性侵罪的教义学研究》,载《政法论坛》2021年第4期,第18页;周光权:《刑事立法进展与司法展望——〈刑法修正案(十一)〉总置评》,载《法学》2021年第1期,第18页。

③ 参见王海桥、范晨:《负有照护职责人员性侵罪的规范诠释》,载《预防青少年犯罪研究》2021年第6期,第20页。

的是双重法益,既保护未成年女性的性自治权也保护婚姻家庭法益;①还有学者认为,本罪的保护法益为未成年女性的不完全性自决能力和性的社会风尚;②以及未成年女性性权利的不可侵犯性和身心健康。③

(二)本罪保护法益的应然界定

我国刑法中的强奸罪分为普通强奸罪和奸淫幼女型强奸罪,两者以 14 周岁为界,且保护法益存在差别。而我国刑法新增的本罪的行为对象为已满 14 周岁不满 16 周岁的未成年女性,由此可以看出,本罪实际上是在强奸罪的基础上为我国性侵犯罪设置了新的层次,因此,有必要从强奸罪入手来分析本罪的保护法益。

强奸罪作为"性侵类犯罪"最典型的代表,被规定在我国刑法分则"侵犯公民人身权利、民主权利罪"一章中,且被置于侵犯人身健康和人身自由两类罪之间。通说认为,普通强奸罪的保护法益为女性的性自主决定权和性自由权。④ 性自主决定权是公民可以不受外力影响和非法干预,自由支配自己性意愿的权利,其让我们可以自主决定是否以及在何时、何地与何人以何种方式发生性关系。⑤ 在性别歧视仍然存在的当下,对性自主决定权予以强调,具有恢复女性平等性自主地位的重要意义。⑥

作为我国性侵害犯罪中的重要一环,本罪的根本性质是为了保护低龄未成年女性的性自主决定权。性自主决定权由认识能力和意志能力两方面组成,⑦前者是指分辨行为人性要求所具有的性质的能力,后者指对于这种要求作出真实决定的能力。归根结底,本罪的设立系为了使低龄未成年女性的性意志能够得到合理的表达。

刑法规定,只有在行为人采取暴力、胁迫等违背妇女意志的手段,并最终在女性非自愿的情况下发生的性行为才属于强奸罪的规制范围。本罪的对象为已满 14 周岁不满 16 周岁的低龄未成年女性,基于体系解释规则,这部分女性具有一定的性同意能力,在面对性要求时,其能够基于自身的知识作出正确的判断。这也是刑法未将不具有特殊职责的人员与低龄未成年女性发生性关系的行为纳入本罪处罚范围的原因,即不必基于强家长主义的立场"一刀切"地忽视其本人意愿。因为从某种程度上来说,过度的保护也是一种伤害。在低龄

---

① 参见唐攀:《负有照护职责人员性侵罪的规范保护目的与解释适用》,载《江西警察学院学报》2021 年第 4 期,94 页。

② 参见赵秉志:《〈刑法修正案十一〉理解与适用》,中国人民大学出版社 2021 年版,第 50 页。

③ 参见杨万明:《〈刑法修正案十一〉条文及配套〈罪名补充规定(七)理解与适用〉》,人民法院出版社 2021 年版,第 30 页。

④ 参见张明楷:《刑法学》(第 6 版),法律出版社 2021 年版,第 1131 页。

⑤ 参见杨立新:《中国人格权法立法报告》,知识产权出版社 2005 年版,第 461 页。

⑥ 参见谢海定:《性骚扰概念在中国法上的展开》,载《法制与社会发展》2021 年第 1 期,第 219 页。

⑦ 参见张明楷:《刑法学》(第 5 版),法律出版社 2016 年版,第 868 页。

未成年女性与不具有特殊职责的人员发生性关系时,其与成年女性被同等视之。但是,并不是在所有的场合,女性都可以不受干扰地基于自身意愿决定性关系的发生与否。从这个角度出发,普通型强奸罪规制的是对女性的显性强制手段(暴力、胁迫等),而本罪规制的则是对女性的隐形强制手段。未成年人对于世界的认知,尤其是对"性"这种敏感和私密领域的认知,恰恰大部分来源于身边的父母、老师、医生等的教导和灌输。可以说负有特定照护职责人员在生活中的所作所为以言传身教的形式对未成年人产生了极其深刻的影响。① 无论是在监护关系、师生关系还是医护关系中,负有照护职责的人员都具有天然的权威地位,其要么是在血缘关系中居于长辈一方,要么是在教护关系中居于博学一方,被害女性在双方形成的关系中习惯了对其言听计从且无法产生反抗心理。进一步讲,在权威关系已经渗透进职业和私人关系,甚至家庭关系的当下,②在面临负有照护职责人员所进行的越轨行为或者提出的不法要求时,被害女性也有很大可能基于对对方的恐惧和听从而"表面同意"这种行为的发生。

综上所述,本罪的保护法益为已满 14 周岁不满 16 周岁的低龄未成年女性的性自主决定权。其中,本质的利益是这部分女性的性同意意志的自由表达。基于行为人的照护职责所伴随的亲密关系和权威地位,纵使被害女性对对方的不法行为或者要求存在清醒认知,其也很可能基于对对方的信任、对亲密关系的依赖、对权威地位的恐惧而无法表达出自己的真实意愿,最终呈现出对性侵行为的"表面同意"。

二、对本罪客观要件要素的解释

本罪的主要构成要件要素为"已满 14 周岁不满 16 周岁的未成年女性""负有监护、收养、看护、教育、医疗等特殊职责人员""发生性关系""情节恶劣"。

(一)"照护职责"的解释

基于"保护未成年人"和"严而不厉"刑事政策的指导,对于本罪特殊职责人员范围的认定已经在罪刑法定的范围内尽量放宽,但仍然需要以保护低龄未成年女性的性自主决定权为指引,从实质解释的角度对特殊职责予以分析认定。否则,一方面会不适当地扩大本罪的处罚范围,另一方面会限制低龄未成年女性性自由权利的行使。因此,在实践中,对负有照护职责的人员予以认定时,应当遵循一定的标准。

1. 对本罪五种"职责"的实质解释

首先,对法条列举的五种"职责"应当从身份本身带来的责任的角度予以理解。

---

① 参见苏雄华、查焰玲:《负有照护职责人员性侵罪的罪间认定——以犯罪对象的部分性承诺能力为视角》,载《政法学刊》2021 年第 6 期,第 72 页。

② 参见[德]马克斯·霍克海默:《批判理论》,李小兵译,重庆出版社 1989 年版,第 69 页。

一方面,本罪属于真正身份犯。行为人只有具有法条所规定的特殊职责时,才能成立本罪。"职责"一词包含了职务和责任,但对于法条所列举的五种职责,应当从其所代表的"责任"而非"职务"的角度出发予以理解适用。学界有观点认为,既然本罪将《关于办理性侵害未成年人刑事案件的意见》(以下简称《性侵意见》)中"利用优势地位或者被害人孤立无援境地"的表述删除,也就代表着本罪的成立不需要行为人实际利用其身份,只要符合法条列举的职务要求即可。在双方负有照护关系的前提下,即使行为人与被害女性之间关系冷漠,反目成仇,法律也应当认定这种行为侵害了未成年女性的性自主决定权,从而按照本罪予以处罚。① 但此种观点忽视了立法初衷。当行为人对被害未成年女性负有某种责任时,一般是指从实质角度来讲两者之间建立了某种实在的联结和关系,例如基于照护身份所产生的长辈对未成年女性进行抚养和教育的责任,与被害人建立长期治疗关系的医生具有利用自己的医学知识帮助未成年女性重获健康的责任。在这种责任的影响下,被害女性对于长辈和医生就会产生无条件的信任与依赖心理,并基于此种心理产生对行为人言听计从且不敢反抗的心态。在面对行为人提出的不法要求或者作出越轨行为时,被害女性就会由于对方的地位或者身份而屈从,从而导致其性自主决定权被侵犯。

另一方面,双方之间的关系应当具有一定的持续性。就特殊职责人员的认定而言,双方之间基于职责所具有的关系应当满足"维持一定时间"的要求。14 周岁以上的低龄未成年女性已经脱离了儿童的范畴,具有一定的自我管理能力和自主生活能力,对于身边人的依赖不会像不满 14 周岁的儿童那样强烈。面对一个仅有一面之缘的医生,15 周岁的女孩大概率不会因为恐惧而不敢拒绝其性要求。只有在日积月累的相处中,未成年女性才会因为习惯行为人的亲密关系和权威地位而难以对性要求说不。再者,基于刑法的保障性和严厉性,行为一旦入罪,会对行为人之后的生活产生极为不利的影响。因此,不能基于保护未成年人的考虑而完全不顾及行为人的利益,将实际上并不构罪的行为一律用刑法予以规制。以下本文将对刑法规定的 5 种职责所具有的内涵进行逐一解读。

第一,《中华人民共和国民法典》(以下简称《民法典》)第 34 条对监护人的职责作出了规定。② 在大部分情况下,监护人往往又兼具未成年人的法定代理人身份,拥有代替被监护人进行相应民事活动的权利。而本罪中的低龄未成年女性为限制民事行为能力人,在这一时期,绝大部分未成年女性的生活完全仰仗和服从监护人。因此,对于监护人可以直接依照《民法典》有关监护部分的条文予以认定。也就是说,父母是第一顺位的监护人,在父母无法担任监护人的情况下依次由亲属以及相关单位担任监护人。此外,就事实婚姻中的男方与家庭中的低龄未成年女性是否属于本罪的规制范围而言,本文持肯定态度。从事实上来

---

① 参见张勇:《负有照护职责人员性侵罪的司法适用》,载《青少年犯罪问题》2021 年第 4 期,第 9 页。

② 《中华人民共和国民法典》第 34 条第 1 款规定,"监护人"的职责是代理被监护人实施民事法律行为,保护被监护人的人身权利、财产权利和其他合法权益等。

看,在长年累月的共同生活之中,家庭的"父亲"对于"女儿"的地位优越性和威慑力是显而易见的,而彼此之间也产生了基于长期相处所累积起来的信任、依赖、盲从等多方面的情感。同时,从另一方面来说,正是由于事实婚姻中的父女之间并无真正的血缘关系,在缺乏亲缘的桎梏的时刻相处中,相关犯罪的发生概率反而更大。为了更好地保护低龄未成年女性的性自主权,应当将事实婚姻中的负有特殊职责的人员列入本罪的规制范围。

第二,对于"收养"的认定不能完全依据《民法典》的规定予以迁移使用。收养是一种身份法律关系,是指一个自然人根据收养行为的法律效力,将他人的孩子收养为自己孩子的行为。本文主要对事实收养的现实情况进行讨论。我国《民法典》并不承认事实收养的法律效力,①但如果将事实收养的情形排除在外,那么,势必会造成相当一部分犯罪得不到有效的规制。因此,从本罪的保护法益来看,事实收养中收养人的特殊职责对低龄未成年女性性自主权的影响与法定收养并无区别,应当纳入本罪的规制范围。

第三,本罪中的"看护"职责,主要是指对低龄未成年女性负有看管和照料的职责,例如家庭服务人员等角色所负有的职责。看护和监护的权利来源存在区别,看护职责主要来源于合同、雇佣、服务等方式,而监护更多的是基于法律的规定和伦理常情。虽然负有看护职责的人员与保护对象的关系不如监护职责来得紧密,但是,其与低龄未成年女性所具有的长期且较为稳定的关系,足以使得女性对其产生依赖、信任甚至畏惧等情感,从而无法完全表达性自主权。在此之外,对于只具有一段时间影响力的短期看护行为,如果其无法达到让未成年女性产生足够信任和依赖的效果,那么就不应将其认定为本罪规定的情形,以避免不必要的入罪。

第四,本罪所规定的负有教育职责的人员并不仅仅指学校教师,还应当涉及校园中承担教育以外的其他职责的人员以及家教、课外培训机构等人员。首先,学校中担负教育职责的是教师,但同时校园中也存在许多负有其他职能的人员,例如行政人员、保卫人员以及后勤人员,这些人员是否负有教育职责,值得研究。例如,校长、年级组长等行政人员虽然不承担具体的教学任务,但由于其主要从事管理工作和纪律监督,也会使学生对其产生畏惧、听从的心理。基于此种情况,其应当被列入负有教育职责的人员。但对于后勤人员和保卫人员则不应当将其纳入本罪的行为主体范畴。其次,对于长期家教或者是一对一的私密家教,由于空间以及时间的加持,很容易让低龄未成年女性产生崇拜、依赖的情绪,或者是对方利用此种条件对未成年女性进行诱导或者恐吓,最终导致性侵害的产生。此种情形也应当以本罪论处。

第五,具有"医疗职责"的人员利用其特殊职责对低龄未成年女性进行性侵害是尤为值得注意的一种情形。医疗职责对应的职业为医生,但这并不代表,在低龄未成年女性与医生

---

① 参见王歌雅:《〈民法典·婚姻家庭编〉的编纂策略与制度走向》,载《法律科学(西北政法大学学报)》2019 年第 6 期,第 89 页。

发生性关系的所有场合,都应当适用本罪。只有在双方形成实际具体的医护关系时,才能认为被害女性会基于医生职责所形成的信任关系和权威地位,导致其在面对不法性要求时无法表达出自己的真实意愿,进而才有成立本罪的空间。根据《中华人民共和国基本医疗卫生与健康促进法》第 53 条和第 107 条的规定,执业医师、注册护士、乡村医生等人员利用职责所带来的地位优势对低龄未成年女性加以侵害的情形应当属于本罪的规制范围。实践中此类情况绝不在少数,甚至某些成年女性也会在无形之中受到医生的猥亵。尤其在低龄未成年女性独自就诊过程中,由于自我意识不够完善以及对于疾病的恐惧和相关生理知识的欠缺,就更容易被医生利用,如果是定期诊疗,那么这种风险也会一直延续到患者的日常生活之中。因此,对于这类医疗人员利用特殊职责进行性侵害的行为应当以本罪论处。

其次,本罪的规定中对于特殊职责的界定除了法条列举的 5 种情形外,还在词缀后面加了一个“等”字。“等”可以分为“等内等”和“等外等”。① 对于本罪中的“等”字,结合保护法益予以分析后,其应当属于“等外等”。从更好地保护低龄未成年女性的角度出发,应当在罪刑法定的限度内尽量对构成要件进行宽缓解释,②但是进行宽缓解释并不意味着对行为人的行为一律入罪,而是应当参照法律列举的五类职责进行同类解释。具体言之,其含义就是参与低龄未成年女性的成长和生活,足以利用自身的优势地位对其心理产生一定影响的职责范围。例如,解救被拐卖妇女(15 周岁)的国家工作人员,如果利用了职务所带来的影响与该女性发生性关系的,也应当将其认定为本罪中负有照护职责的人员。③

2. 特殊的出罪事由

考虑到实践中未成年人之间也会有真挚的感情以及对于性的渴望和冲动,即使双方之间存在法条所规定的照护关系,对于年龄相近的未成年人来说,也很难笃定一方基于职责所带来的权威地位会给另一方带来明显的压迫和影响。在双方年龄差距较小的情况下,彼此的人生阅历和生活认知比较相似,负有照护职责的年龄较大一方对低龄未成年女性意志的影响可以说是很小的,④身份关系带来的可能只是男女之间正常的爱慕和青睐,因此,也就没有必要对此种行为予以规制。具体到实践中,可以认为,刚刚进入社会的青年男性与低龄未成年女性因为情投意合而发生性关系的行为,如果没有造成严重的后果,可以不认为是犯罪。

---

① 参见中国社会科学院语言研究所:《现代汉语词典》,商务印书馆 2016 年版,第 275 页。

② 参见付立庆:《负有照护职责人员性侵罪的法网范围》,载《国家检察官学院学报》2022 年第 2 期,第 130 页。

③ 参见[日]加藤俊治:《性犯罪に対処するための刑法改正の概要》,载《法律のひろば》2017 年第 4 卷,第 50 页。

④ 参见唐攀:《负有照护职责人员性侵罪的规范保护目的与解释适用》,载《江西警察学院学报》2021 年第 4 期,第 98 页。

(二)"发生性关系"的解释

不同于强奸罪,本罪的罪状将其行为方式规定为负有特殊职责的人员与低龄未成年女性"发生性关系",该表述在我国刑法中并不是第一次出现。学界有观点认为,发生性关系与性交的含义等同,还有观点认为,为了更好地保护未成年人,此处的发生性关系还应当包括与自然性交相当的猥亵行为。① 本文认为,为保持我国性犯罪规制体系的协调性,应当将此罪的行为方式限定在与强奸罪相同的性交范围内,而性交到底应该涵盖哪些方式则是我们需要探寻的内容。

一方面,对于本罪规定的解读需要与其他犯罪的规定之间保持协调。在我国当下,强奸罪、强制猥亵、侮辱罪、猥亵儿童罪和本罪一起构成了我国的性犯罪规制体系。其中,强奸罪包含的行为方式只有性器官接触或者结合,而后两者的行为方式包括口交、肛交等情况。另一方面,对于法律条文的解读不能超出国民的法感情和可预测性。自 1997 年刑法颁行以来,一般都将性交理解为传统的阴茎插入阴道的行为,并且将肛交、口交等行为归入强制猥亵罪的规制范畴。刑法作为后置法,其稳定性和可预测性是十分重要的。换言之,《刑法修正案(十一)》刚刚生效不久,配套的司法解释还没有出台,贸然突破我国沿袭已久的有关性行为的定义,不但会给司法实践中的认定带来许多困难,也会导致公民一时间无法适应,不利于社会的稳定。

综上,本罪的行为方式仍应限制在"阴茎插入阴道"的性侵方式。基于我国的刑事政策以及人权保护原则,我国对于"性交"行为的规制范围过窄,从保护未成年人的角度来看,这对于受害者身心健康保护是非常不利的,也会阻碍其性自主权的行使。同时由于低龄未成年女性的身体和心理发育仍不成熟,即使是肛交或者口交,对其身体和心理产生的危害也是十分巨大的,因此,十分有必要扩充我国"性交"的范围。但从另一方面来说,为了维护刑法的协调性和可预测性,在性犯罪规制体系没有修改、相关司法解释仍未出台的背景下,不能单独将本罪的行为方式扩充至性器官插入说之外的情形。

三、对主观要件要素的解释

本罪的主观构成要件为故意。与普通型强奸罪不同的是,本罪的成立不要求行为人采取暴力、胁迫等强制手段。因此,对于行为人主观方面的要求主要在于其与被害人发生性关系时,是否明知对方为低龄未成年人。对此,需要参照刑法中的相关规定进行对比分析。

奸淫幼女型强奸罪要求受害女性年龄不满 14 周岁。根据《性侵意见》第 17 条的规定,推定行为人明知对方是幼女,只需要确定其在当时的境况之下有知晓的应当性即可。首先,奸淫幼女型强奸罪与本罪同属于性犯罪,前者在主观方面要求行为人明知被害女性为不满

---

① 参见劳东燕:《刑法修正案(十一)条文要义》,中国法制出版社 2021 年版,第 100 页。

14 周岁的儿童,那么,从体系解释的角度出发,本罪的主观方面同样应当要求行为人明知对方为已满 14 周岁不满 16 周岁的低龄未成年女性。其次,此处的“明知”包含行为人知道或者应当知道。换言之,只要行为人认识到被害人可能是已满 14 周岁不满 16 周岁的未成年女性,并放任与其发生性关系的,就应当属于本罪的规制范畴,特殊情况下应当允许行为人自证以出罪。具体而言,法条所规定的具有 5 类职责的人员一般都与被害女性建立了较为长期的亲密关系或者权威地位,应当合理推定其对于行为对象的年龄是明知的,也即行为人是在明知对方为低龄未成年人的前提下与其发生的性关系。退一步讲,就算认为行为人确实对被害女性的年龄没有深究过,但是,被害人还属于刚刚脱离儿童行列的低龄未成年人,其言谈举止、身体发育状况、衣着特征、生活规律等皆暗含着其仍然属于年龄较小的人群,此种情形属于不证自明的事实,由此也可以推断其“应当知道”,从而认定行为人具有主观罪过。

在行为人确实不知被害女性为已满 14 周岁不满 16 周岁的低龄未成年女性的场合,可以参照奸淫幼女型强奸罪的规定,为其打通出罪渠道。根据我国相关司法解释的规定,①在行为人确实无法预见被害人年龄的场合,不应当认定其主观上具有故意。一方面,随着物质生活的极大富足,如今未成年人身体发育得越来越好,实践中有许多不满 14 周岁的儿童身材高大,从外表来看与成年人无异;另一方面,随着科技的发展和进步,未成年人接收到的信息越来越多,这也就意味着其越来越早熟,这样一来,从言谈举止等内在方面也很难判断其真实年龄。在判断对方是否为不满 14 周岁的幼女时尚且可能遇到这样的困境,那么当行为人面对 14 周岁以上的低龄未成年女性时,难以对其真实年龄作出判断也是情有可原的事情。因此,在此种情况下,应当认定行为人不具备主观故意。但需要注意的是,在司法实践中,首先应当推定行为人明知对方为已满 14 周岁不满 16 周岁的低龄未成年女性,这符合我国保护未成年人的刑事政策,同时可以大大降低司法机关的查证难度。

综上,在负有特殊职责的人员与低龄未成年女性发生性关系的场合,应当推定其明知对方年龄为已满 14 周岁不满 16 周岁的未成年女性,但是,在特殊情况下,经过司法机关的判断,如果行为人能证明其确实无法认识到对方的年龄,可以允许其自证以出罪。

---

① 参见最高人民法院 2003 年 1 月 7 日《关于行为人不知是不满十四周岁的幼女,双方自愿发生性关系是否构成强奸罪问题的批复》。

社会治理视阈下防范性侵未成年人犯罪的思考
——以重庆市 B 区为例

段福刚*

摘要:近年来,性侵未成年人违法犯罪案件多发,严重损害未成年人身心健康,影响社会稳定。受未成年人不够成熟,监管预防机制不足,综合治理水平不强等因素影响,案件呈现出受害人年龄较小,多为熟人作案,多发生在封闭场所,且逐渐向网络蔓延的趋势。要从社会治理视阈下,坚持以打开路、标本兼治、综合治理,预防性侵未成年人犯罪,保护未成年人合法权益。

关键词:性侵;未成年;预防

近年来,全市各地相继发生性侵未成年人违法犯罪案件,严重损害未成年人身心健康,影响社会稳定,引起人民群众高度关注,市委、市政府有关领导多次就防范打击性侵未成年人犯罪工作进行部署。而且,随着该类犯罪呈现出新特点、新趋势,存在防范难、打击难的困境,对公安机关依法惩治犯罪、保护未成年人合法权益提出了新要求。笔者以重庆市 B 区 2021 年以来性侵未成年人案件为样本进行系统分析,并通过走访调查、座谈交流、电话问询等多种方式,对其形势、特点、原因、防范措施等方面进行深入研究,以为下一步综合治理工作提供参考意见。

一、B 区发案形势及特点

B 区性侵未成年人案件主要由强奸、强制猥亵妇女和猥亵儿童三类构成,呈现出受害人年龄小、作案手法多样、发案原因复杂、作案场所多样等特点。

(一)发案形势

2021 至 2023 年,B 区性侵未成年人案件的发案数分别为 15 起、19 起、13 起,分别占性

---

* 段福刚(1986—),男,山东潍坊人,重庆市公安局北碚区分局一级警长,重庆国家安全与社会治理研究院研究员,研究方向为犯罪对策研究。

侵案件总数的57.7%、79.2%、61.9%,性侵未成年人案件已成为性侵案件的主要组成部分。在所有性侵未成年人案件中,猥亵案件32起,占比68.1%;强奸案件15起,占比31.9%。2023年以来,全区对性侵未成年人的行为共立案13起,同比下降31.6%,特别是2023年11月以来,立案5起,较1－10月同比下降60%的降幅又降低了28.4%。总体来看,近三年B区对性侵未成年人犯罪的打击治理取得显著成效,但仍在高位运行中,部门协同、齐抓共管、综合施策还需提升。

(二)发案特点

1.受害人年龄较小,在校生居多

一是受害人年龄低龄化。B区近三年共发生性侵未成年人案件47起,涉及受害人48人,其中14岁及以下的有32人(2人为学龄前儿童),占比66.7%;14至17岁的有16人,占比33.3%,受害人年龄结构普遍偏低。强奸案中受害人的年龄分布大都集中在10至17岁,多为与犯罪嫌疑人短暂相识后自愿发生性关系;猥亵案中受害人的年龄集中在7至15岁。二是受害人大多为在校学生。在48名受害人中包括在校生42人、辍学无业者3人、智力发育迟缓者3人。三是受害人中女性居多,偶有男性。在48名受害人中有女性46人,男性2人。

2.发案场所多样,以封闭场所为主

在47起案件中,发生在封闭场所的有26起(汽车1起、住宅14起、宾馆民宿6起、麻将馆1起、门卫室1起、KTV1起、培训班宿舍1起、小卖部1起),占比55.32%;野外公共区域(公园偏僻处、工地、山坡)有3起,占比6.38%(例如,2023年7月6日,被害人张某某被嫌疑人以约会的方式约到某偏僻处实施猥亵);繁华公共区域有(步行街、车站、小区等)18起,占比为38.3%(例如,2023年3月25日,被害人张某某在某步行街玩耍时,脱离奶奶监护被一陌生老年人猥亵)。

3.人物关系复杂,熟人作案占比大

47起案件中,被熟人性侵的有27起(强奸13起,猥亵14起),占比57.5%,包括通过线上交友(QQ、微信、快手等)、朋友介绍、搭讪等途径成为朋友。例如,2023年11月23日,被害人杨某某通过QQ聊天,被嫌疑人(明知杨某某未满14周岁)约到酒店后自愿发生性关系。被陌生人性侵的有20起(强奸2起,猥亵18起),占比42.6%。在上述15起强奸案件中,未满14周岁自愿发生性关系的案件有5起,占比33.3%。

4.作案方式多样,以直接暴力手段为主,并逐渐向网络蔓延

47起案件中,直接强制猥亵案件24起;被强制以暴力手段强奸案件7起;自愿发生性关系7起(强奸5起、猥亵2起);通过金钱、游戏、色情引诱等实施猥亵案件4起;网络聊天(裸聊、语言威胁)被胁迫3起;网络非接触性猥亵2起(主要是通过QQ、微信等网络媒体,引诱、威胁女性受害人裸聊、拍裸照,进而实现强制猥亵目的)。例如,2023年10月20日,被害人

林某某在QQ上与他人玩游戏,发裸照后被他人以裸照要挟,通过使被害人持续发裸照的方式实施猥亵。

5. 受害人成长环境恶劣,教育监管缺失

一是家庭监管缺失。47起案件中,原生家庭为父母离异的案件有6起,占全部案件的12.8%;父母不在身边,和老年人同住的案件有10起,占比21.3%;除此以外还有父母关心少、家庭条件贫困、辍学过早进入社会等因素。此外,多数家长往往更注重孩子的身体健康,忽略了性教育的重要性,进而导致防范不到位,给犯罪分子留下可乘之机。例如,2022年4月24日,蔡某某被猥亵案中,被害人父母离异,同父亲居住,其父亲有盗窃前科。4月24日被害人父亲同蔡某某及其朋友一起喝酒后,蔡某某被一同饮酒的朋友强奸。二是学校教育缺失。47起案件中,因为网恋、酒吧认识等原因遭受侵害的案件达19起,占全部案件的40.4%。这部分未成年人主要是性教育缺失,对异性缺乏基本的防范意识,出于好奇和异性恋爱并独处,进而给加害人创造了作案空间。

6. 嫌疑人文化程度低,法律知识匮乏

47起案件中,嫌疑人文化程度为小学的案件有10起,占比21.3%;嫌疑人文化程度为初高中的案件有35起,占比74.5%;嫌疑人文化程度为大学的案件有2起,占比4.2%。由于嫌疑人文化程度普遍较低,加之猥亵类案件宣传较少,使得嫌疑人对行为所产生的后果认识不清。他们出于"占便宜"的心理对未成年人"亲一下、摸一下",并认为此种行为不构成违法犯罪。嫌疑人错误的认知是导致其作案的原因之一。

7. 嫌疑人成分复杂,年龄跨度大

一是嫌疑人年龄横跨14至79岁,中老年人犯罪比例较大。嫌疑人年龄为18岁以下的有6人,占比13.0%;18至30岁的有16人,占比34.8%;31至40岁的有7人,占比15.2%;41至50岁的有2人,占比4.4%;51至60岁的有9人,占比19.6%;60岁以上的有6人,占比13.0%。二是嫌疑人身份复杂。嫌疑人是单身独居和离异独居的案件有7起,占比14.89%。部分中老年人由于丧偶或离异,独自一人工作、生活,且经济条件差、生活环境封闭,没有健康的娱乐方式,使得其生理、心里感到压抑,无法释放和发泄,进而导致思想畸形。嫌疑人有前科的案件有9起,占比19.1%,前科类型主要为盗窃、猥亵、伤害、强奸、抢劫等类型。

二、性侵未成年人犯罪高发原因剖析

(一)未成年人不够成熟,性教育和防范意识缺失

犯罪心理结构是行为人在犯罪行为实施前已经存在的、在犯罪行为实施时起支配作用的那些畸变心理因素有机而相对稳定的组合。① 我国关于防性侵的相关常识教育,未纳入

① 罗大华、马皑:《犯罪心理学》,中国人民大学出版社2012年版,第49页。

学校教育的课程计划,加之家庭教育参差不齐,未成年人的性常识及性侵害防范教育缺失,使得其难以形成正确的性观念。

一是早恋或与男性不当交往。“动机与欲望、需要或者内驱力是密切联系的,后者是前者产生的基础。动机是指由特定需要引起的,期望满足某种需要的特殊心理状态和意愿。”①根据我国《刑法》第 263 条 2 款规定“奸淫不满十四周岁的幼女,以强奸论,从重处罚”。例如在近期发生的喻某被强奸案中,被害人喻某不满 14 周岁,加害人廖某不满 18 周岁,二人恋爱期间多次偷偷在被害人家中发生性关系,被家属知情后报案。幼女因为身心发育不成熟,缺乏辨别是非的能力,不理解性行为的后果与意义,也没有抗拒能力。因此,不论采取什么手段,也不管幼女是否同意,只要与幼女发生性关系,就侵犯了其性的自主决定权,成立强奸罪。二是低龄儿童无知无意识。性成熟现象在未成年人心理上引起的变化是最为显著的。在性成熟过程中,未成年人开始对异性产生好奇心,产生接近异性的冲动和倾向。神经系统尤其是大脑皮质在此阶段也得到了进一步的发展。② 低龄儿童因认知缺陷不了解何种行为会对自己的人身权利造成侵犯,尤其在面对“熟人”时,更是缺乏应有的防范和抵抗。加害人往往以关心孩子或与其玩耍等理由猥亵、强奸未成年人,并在事后实施哄骗恐吓。例如 B 区发生的多起猥亵儿童案件,均是在被害未成年人独自在小区公共区域玩耍时,加害人以零食、陪玩等手段趁机接近,继而实施猥亵行为。三是家庭性教育缺乏。部分家长意识不到对子女进行性教育的必要性,或者虽然意识到了,但不知以何种方式进行,而导致未成年人性安全防范意识缺失。殊不知,正是性教育的缺失导致孩子轻易遭受侵害。例如蔡某被强奸案中,其邀请加害人前往家中吃饭,随后自己便进入房间睡觉,因没有丝毫防范意识,最终被加害人猥亵并强奸。此外,在办案中发现,有些父母往往因忙于生计或娱乐等,忽略了对孩子的关爱和照顾,导致孩子容易被一些不法分子加害;离异、单亲等缺陷家庭环境也增加了未成年人遭受性侵害的风险。

(二)学校保护存在不足,监管预防机制还需健全

一是学校日常管理有待提升。因中小学预防性侵害的责任意识不强、安全管理制度不健全、安全管理不到位、教师管理松散和法制教育缺失,导致校园性侵害案件时有发生。并且由于不能及时发现和报告,校园性侵害具有被害人数多和持续时间长的特点。例如成某某被猥亵案中,加害人马某为小学教师,自 2021 年开始,其便利用老师身份将成某某带至偏僻教室实施猥亵,直到 2023 年,被害人才向学校反映,公安机关才立案侦查。二是培训机构管理不够规范。校外培训机构鱼龙混杂,主管部门监管不够到位,存在监管缺位、教师资质

---

① 刘启刚:《青少年犯罪嫌疑人的心理特点及讯问策略》,载《武汉公安干部学院学报》2010 第 3 期,第 69 页。

② 参见李玫瑾:《犯罪心理学》,中国人民公安大学出版社 2011 年版,第 236 页。

审查和资格准入把关不严、对教师的任职资质要求不高等情况,容易滋生各类安全隐患,为犯罪分子实施性侵未成年人犯罪提供便利。例如贾某强奸案中,加害人贾某系校外培训机构跆拳道教练,因长期单身并受网上黄色信息影响,在带领学生外出比赛及日常培训的时候,多次对年仅11岁的培训学生实施强奸。

(三)行业监管存在漏洞,综合治理水平还需加强

一是宾馆行业管理不够到位。当前宾馆住宿行业的部分经营者无视法律法规和行业规定,允许未成年人在没有监护人陪同的情况下进入宾馆。由于宾馆行业规范执行与监管的不力,致使宾馆成为性侵未成年人案件的高发地。发生在宾馆民宿的性侵未成年人案件有6起,占发案总数的12.77%。例如黄某被强奸案中,加害人范某先后5次带被害人前往宾馆开房,并以裸照为要挟强行与黄某发生性关系。二是网络空间整治不够彻底。由于互联网上不良短影视泛滥、手机网络游戏侵蚀等因素,使得嫌疑人道德败坏,性心理严重不健康,这在一定程度上诱发了性侵犯罪的发生。如陆某被强奸案中,加害人孔某长期沉迷于网络不健康视频,受其影响,案发当晚看到被害人独自一人在工地附近时,便产生了强奸犯案心理。同时,网络给了犯罪分子可乘之机。其利用微信、QQ等社交软件接触未成年人,进而发展到线上或线下的性侵害。例如张某被强奸案中,加害人张某某利用微信在网上接触被害人张某,双方网恋后,张某某以线下见面为由将张某带至家中实施强奸。

三、做好预防性侵未成年人工作的建议

预防性侵未成年人是一项长期性工作,需要综合治理、系统治理,牢固树立"'预防'重于'破案打击'"的理念。对性侵未成年人犯罪必须坚持"零容忍"的态度,始终以保护未成年人合法权益、护航未成年人健康成长为目标,全力减少甚至杜绝性侵未成年人违法犯罪行为的发生。

(一)坚持以打开路,以打促治护"花蕾"

一是重拳打击性侵犯罪。公安机关始终保持对强奸、强制猥亵等侵害未成年人犯罪的严打高压态势,充分运用大数据手段,全力提升破案打击实效,做到快破现案、深挖扩案、多破积案。探索建立性侵未成年人犯罪网络数据模型,及时预警发现针对未成年人的网络"隔空猥亵"、网络招嫖等违法犯罪行为。二是强化联动,优化办案程序。政法委、未联办要加强统筹协调,探索建立健全未成年人保护协调机制。公检法要加大协作配合,健全性侵未成年被害人"一站式询问"制度机制,强化办案取证,规范办案程序,加强受害人隐私保护,避免反复询问对被害人造成二次伤害。建议公检法尝试建立性侵未成年人犯罪信息共享资源库,并实时更新,完善性侵嫌疑人姓名、照片、犯罪事实等,对未破案的性侵未成年人犯罪案件进行实时跟踪。此外,新增案件要严格对照重大案件侦办机制,力争快侦快破,"动态清

零”;群众来信来访要按照专案侦办要求开展核查,做到案清事结,不留疑问。三是提前介入提高打击效能。严格落实检察机关提前介入机制,发生性侵未成年人犯罪案件后,公安机关要第一时间通知检察机关提前介入,就侦查取证的思路、方向和重点提出意见和建议,引导公安机关对证据进行合法、全面、客观收集,并及时固定证据。对案件办理中的认识分歧,区委政法委要召开案件会商会议,及时减少分歧,达成共识,推动案件快侦快诉快判。网安部门加强巡查,避免引发舆论炒作。

(二)坚持标本兼治,全面起底清“隐患”

一是强化行业监管。教委要全面掌握校外培训机构情况,健全日常监督管理机制,不定期开展巡查,及时消除性侵未成年人违法犯罪风险隐患,提高培训行业规范化水平。旅店业、KTV、酒吧、网吧等行业场所要切实做好“三防”设施建设,落实好实名制登记、未成年人入住“五必须”和强制报告制度,严格查验判明未成年人身份,严禁其进入娱乐场所。公安、文旅、市场监管等主管部门要按职能职责加强对相关行业场所的监管,督促其坚守从业底线。二是强化网络生态治理。网信办要持续深化信息网络整治工作,开展24小时网上涉黄涉暴信息的动态巡查,营造清朗网络空间;要会同公安、市场监管、文旅委等部门联合执法,持续开展“剑网”“净网”等系列专项治理行动,对网上涉黄信息、“饭圈”文化、暑期青少年网络环境等开展专项治理;要督促落实信息发布审核制度,坚决过滤涉黄涉非等有害信息,为未成年人上网营造良好网络环境。三是消除安全隐患。教委要督促学校加大日常管理力度,建立主动报告机制,及时发现校园性侵害违法犯罪;要发挥教育资源优势,邀请专家学者对中小学教师开展系统培训,提升法治意识和综合素养。区委政法委要持续推进“雪亮工程”建设,健全完善公共区域视频监控体系,特别是背街小巷盲区,以对犯罪分子形成威慑,最大限度压缩性侵未成年人犯罪的滋生空间。对于易发生性侵未成年人案件的重点区域,文旅、市场监管、商务、公安、消防等职能部门要积极开展各类联合专项整治工作,定期开展联合执法和随机抽查,对于检查中发现的问题隐患要及时跟踪整改,杜绝“死灰复燃”。四是强化重点帮教。全面掌握全区严重不良行为未成年人的家庭情况、日常表现和管控情况,对实施严重危害社会行为的,严格落实“一人一档、一人一策,定期见面、跟踪管控”措施,坚决防止漏管失控。

(三)坚持综合治理,净化环境促“成长”

一是重视教育,增强安全防范意识。区司法局、各镇街要结合法治宣传加强家庭教育,区法院发出家庭教育指导令,区检察院制发督促监护令,共同帮助父母及其他监护人履行监护责任。对于早恋问题,家长应该了解孩子的心理特点,因势利导,通过真诚的沟通以及和风细雨式的辅导引导孩子安全度过青春期。区教委要督促学校加强性教育和安全防范教育,结合“开学第一课”“校园开放日”等活动,有针对性地开展反欺凌、反暴力、防性侵等法制安全宣传教育,切实提升未成年人的法律意识、安全意识,提升自我防护能力。二是加强防控,开展"护校安园"。持续健全完善"大巡防"社会防控体系,区公安分局要联合卫健、教育、消防救援等部门常态化开展涉校风险隐患排查整治,完善内部责任体系,配强安保力量、配齐安防设施,落实消防、应急处突实战演练。区委政法委要统筹基层群防群治力量,联合公安民警做好上放学时段护学岗工作,维护校园周边环境安全,为未成年人创造良好成长环境。区公安分局要联合区市场监管局、区卫健委、区商务委等部门整治和改善学校周边环境,严厉打击侵害师生安全的违法犯罪活动,努力创造安全、文明、健康的校园周边环境。三是协作配合,形成工作合力。扎实推进"莎姐守未"专项行动,全面构建"党委政府主导、部门有效联动、镇街广泛参与、学校及时干预、家长主动融入"的工作格局,精准发力、综合施策,有效打通联系服务管理重点未成年人的"最后一公里",全力维护未成年人安全,切实压减性侵未成年人案件。学习借鉴綦江等区县先进经验做法,建立"重点未成年人服务管理平台",加强业务培训和系统应用。坚持和发展新时代"枫桥经验",各政法各机关以及团委、妇联、民政局等部门要持续做好保护未成年人工作,加强协作联动,加大对《未成年人保护法》的宣传教育,健全从法律援助到心理疏导、救助帮扶、教育预防等的工作机制。卫生健康委要指导医院、学校、社区完善心理健康教育,对被侵害未成年人及时做好心理辅导和干预,帮扶其尽快走出心理阴影。

跨区域未成年人盗窃犯罪的特点、原因及其治理

冯兴吾　张　阳　丁　益*

摘要：由于未成年人自身因素、家庭因素、学校因素、社会因素以及法律执行中存在的问题，跨区域未成年人盗窃犯罪呈现出作案目标选择差异化、作案方式多样化、衍生出地域化流窜性、犯罪直接成本低、打击治理难的特点。必须以习近平法治思想为指引，增强跨区域未成年人盗窃犯罪治理的责任感；健全预防未成年人违法犯罪工作机制，实施跨区域未成年人盗窃犯罪综合治理；提高跨区域未成年人盗窃犯罪的成本，加强跨区域未成年人盗窃犯罪源头治理；依法保护未成年人合法权益，强化跨区域未成年人盗窃犯罪系统治理。

关键词：未成年人；跨区域；盗窃犯罪；治理

党的二十大报告指出，加强和改进未成年人思想道德建设，推动明大德、守公德、严私德，提高人民道德水准和文明素养。为了保障未成年人身心健康，培养其良好品行，维护其合法权益，必须有效预防未成年人违法犯罪。如果未成年人犯罪治理跟不上社会发展的步伐，各种矛盾和问题得不到及时有效的解决，尤其是跨区域未成年人盗窃犯罪问题，不仅不利于未成年人健康成长，整个社会也会没有安全感、满意度、获得感。因此，必须强化跨区域未成年人盗窃犯罪治理。

一、未成年人跨区域盗窃犯罪的特点

（一）作案目标选择差异化

在目标选择上，未成年人跨区域盗窃犯罪嫌疑人主要选择对停放在商场、饭店、洗浴中

---

* 冯兴吾（1964—），男，安徽宣城人，安徽省宣城市公安局二级高级警长。
张阳（1985—），男，安徽临泉人，安徽省宣城市公安局宣州分局黄渡派出所所长。
丁益（1987—），男，安徽合肥人，安徽省宣城市公安局经开分局飞彩派出所所长。

心等场所附近的停车场以及一些小区外部道路上的中高档车辆进行作案,并且所选场地大多属于无人看守的地方,便于其实施盗窃。而在监控条件较差的区域,则选择对路边店铺以及疏于防备的车辆进行盗窃。当其窥探到其中的有价财物时,便实施盗窃行为,目标多为提包、手机、现金、高档烟酒等。

(二)作案方式多样化

1. 作案时间相对集中

未成年人跨区域盗窃犯罪嫌疑人多数选择凌晨时分作案,该时段光线昏暗,行人稀少,既是人警觉性最低的时候,又避开了巡警路面巡逻的时间,作案后易于逃脱,不易被察觉。

2. 作案分工相对明确

未成年人跨区域盗窃犯罪嫌疑人有固定成员,也有随机人员加入作案,与传统犯罪团伙中所形成的比较固定的组织架构相比有较大区别。此类结伙盗窃团伙中的成员组织形式相对松散,大多是作案之前临时在其"朋友圈"内寻找的帮手,一次系列作案得手后便分开行动,延续性不强。部分在作案时,内部思路清晰,分工较为明确。

(三)犯罪直接成本低

未成年人盗窃犯罪案件的作案工具极其普通而且作案方式简单,短时间内就可得手并迅速逃离现场;即使被当场抓获,在没有直接证据的情况下,嫌疑人一般拒绝交代历史犯罪,很难使其受到应有惩罚。在涉罪未成年中,部分未成年人已有多次违法犯罪前科,犯罪直接成本低、犯罪惩罚成本低、犯罪机会成本低。①

(四)打击治理难

1. 预警防范难

公安机关在预警防范工作中需要应用前科背景、作案手段、人员标签等违法犯罪记录数据,但国家对未成年人犯罪记录封存的刚性要求,制约了公安机关对涉及未成年人的人员信息库、数据预警模型等的信息化、智能化建设,进而导致对未成年人违法犯罪的预警难、防范难。

2. 抓获现行的可能性较小

由于未成年人跨区域盗窃犯罪的作案人员大多在夜间作案,具有突发性强、流窜作案多、作案时间短、逃离现场快等特点,导致跨区域侦查协作难。此类案件作案时间短,目击证人少,案发地段存在监控盲区或监控清晰度不够,不能提供清晰完整的视频图像资料,现场走访、勘查获取证据较少,难以获取相关破案线索,造成未成年人犯罪嫌疑人多次作案。

---

① 参见史忍:《北京市流动人口盗窃犯罪对策探讨——基于经济学成本收益视角》,载《犯罪研究》2018年第3期,第87页。

3. 羁押惩戒难度较大

在公安机关抓获的未成年人跨区域盗窃犯罪人员中,多数因未达到法定追责年龄,经批评教育后即被释放,这在一定程度上滋长了犯罪而不受追究的心理。此外,由于缺乏单独羁押未成年违法犯罪人员的专门场所,往往存在未成年与成年违法犯罪人员密切接触问题,使得未成年违法犯罪人员容易受教唆、被传授新的违法犯罪手段,甚至实施更为严重的违法犯罪行为。

4. 追究刑事责任难

《刑法修正案(十一)》调低了故意杀人、故意伤害致人死亡等部分严重犯罪的刑事责任年龄,但未成年人的可处罚范围仍然相当有限。《治安管理处罚法》也规定,不满 14 周岁的未成年人违反治安管理的,不予处罚。对于无法追究刑事责任或处以行政处罚的未成年违法犯罪人员,公安机关只能在教育训诫之后责令其监护人严加管教,难以起到有效的惩戒和威慑作用。

二、跨区域未成年人盗窃犯罪的原因

(一)未成年人自身因素

1. 生理发育不成熟

未成年人处在身体快速生长发育的阶段,遇事易冲动、自控能力差,容易发生顺从型犯罪。如未成年犯罪嫌疑人家庭疏于管教,在自身无经济来源的情况下,早早辍学混迹于社会,徘徊在网吧等娱乐场所,依靠盗窃财物维持自身“高消费”。

2. 心理发育不成熟

处于青春期的未成年人多具有叛逆心理,经常会与家长和老师产生对立情绪,有的还会结交社会不良“朋友”,受到不法人员教唆诱导。且部分未成年人居住于治安乱的区域,该环境对其成长会产生“潜移默化”的负面效应。

3. 自我认知不成熟

未成年人对外界事物具有强烈的认知欲望,但由于判断能力较差、是非观念模糊、法律意识淡薄,其人生观、价值观易受不良思想影响,从而沾染恶习,其在思想、情绪方面的变化往往也受多种因素的影响。

(二)未成年人家庭因素

1. 家庭结构残缺

由于父母感情破裂、病重身故、外出打工等原因,不少家庭对子女的抚养、关爱和教育存在缺失,尤其是单亲家庭。单亲家庭往往缺少父或母一方的关爱,致使未成年人出现抑郁、偏激、孤僻、自我等性格问题,极易寻求外部“依靠”,从而与社会不良青年“勾肩搭背”,走上违法犯罪的道路。

2. 监护人行为失范

部分监护人或文化程度较低、道德素质不高,或存在吸毒、酗酒、赌博等不良嗜好,甚至是服刑人员,由此导致未成年子女的人生观、价值观、世界观出现偏差,进而误入歧途。

3. 家庭教育不当

父母的教育理念和教育方式对子女成长起着关键作用。一些家庭的溺爱式教育、粗暴式教育和放任式教育,使子女养成唯我独尊、自卑叛逆等性格,受到外部环境尤其是不良因素刺激时容易做出冲动行为。

(三)未成年人学校因素

1. 教师责任有缺位

由于学校与家庭的教管衔接不畅,教师对学习困难或有不良行为习惯的"问题学生"疏于管教、放任自流,进而将其推向社会。对"后进"学生教管不科学,如部分学校对于成绩"后进"学生采取放任态度。

2. 教学方式有弊端

一些学校单纯将升学率作为衡量学校和教师工作实效的重要标准,对未成年人思想道德品质和良好行为习惯的教育培养重视不够。同时课程设置不合理,没有将法制教育、心理疏导等课程纳入未成年人必修范畴,或者有课程无内容,仅展现于形式。

3. 法制教育有缺失

"过度强调文化教育,忽视法制教育。"①一些学校没有把法制教育作为学生德育教育的重要部分,未认真落实法制副校长授课要求。部分学校聘请法制副校长不联系实际,导致常态化法制教育以及对"问题学生"的针对性教育得不到保障,未成年人违法犯罪预防教育只停留在文件和课表上。

(四)未成年人社会因素的影响

1. 网络信息影响

由于对社会上的负面信息传播以及经营场所的违规经营等深化监管的不到位,为未成年人培植了诱发违法犯罪的土壤。不少自控能力差的未成年人过度痴迷于网上聊天、网络游戏和网络视频,严重影响其身心健康,一旦受网络暴力色情等不良信息诱导,很容易走向"盗窃生财"甚至暴力犯罪的深渊。

2. 未成年人跨区域盗窃犯罪治理的主体困惑

共青团、妇联在预防未成年人犯罪中,具有不可忽视的作用,但共青团、妇联缺乏执法职

① 吕子君:《预防未成年人犯罪的治理体系构建》,载《法学(汉斯)》2023年第1期,第134页。

能,且其内部组织结构相对松散,对接其他单位协调难。同时,其他主体在应对未成年人预防犯罪时存在不配位的情况,地方政府在预防未成年人犯罪时也存在专项资金投入不足的问题。

3. 帮扶合力尚未形成

家庭、学校、政府职能部门之间尚未形成有效的帮扶联防机制,还存在部分党委和政府牵头抓总作用发挥不充分、牵头部门和参与部门职责任务不明确、协调议事和督导考核机制不清晰、前端基础预防工作不扎实等问题。

(五)法律执行存在问题

1. 法律执行层面忽视治理

我国法律强调对未成年人犯罪予以轻缓化处理,未成年人犯罪刑事政策也相对更侧重于保护与预防。但是,一味强调轻缓化势必在一定程度上造成另外一种放纵,并不利于未成年人犯罪治理。如早期干预及教育保护措施不足、司法保护的社会化严重不足。

2. 专门矫治教育不够

《预防未成年人犯罪法》中规定对实施 9 种严重不良行为的违法犯罪未成年人进行专门矫治教养。但是,与当前对未成年违法犯罪人员矫治教育的需求相比,专门教育机构偏少,难以实现应收尽收,特别是受场地和教辅人员限制,目前尚无接收未成年女性的专门学校或场所,只能由监护人带回家中自行管教。

3. 管控处置措施缺乏

出于保护未成年人权益的目的,《刑法》明确规定,未满 12 周岁的公民不承担刑事责任,《治安管理处罚法》也规定,不满 14 周岁的人违反治安管理的,不予处罚。在办案实践中,一般将未成年犯送往少年犯管教所进行政府收容教养,而未满 14 周岁的人实施盗窃一般不适用收容教养,进而导致矫治措施的断层。

三、跨区域未成年人盗窃犯罪问题治理的路径

(一)以习近平法治思想为指引,增强跨区域未成年人盗窃犯罪治理的责任感

1. 强化未成年人保护和预防未成年人犯罪的治理意识

保护未成年人既是全人类的共识,也是全社会的责任。因此,要充分认清当前未成年人跨区域盗窃犯罪的严峻形势,增强防范打击未成年人跨区域盗窃犯罪的责任感和紧迫感,加强分析研判,聚焦重点任务,强化源头治理、综合治理,确保工作走实走深、取得实效。

2. 注重以家庭家教为主的责任落实

一是要注重家庭,“家庭教育属于未成年人教育的基础,同时也是所有教育的前提。”①

---

① 徐圣洁:《试述未成年人犯罪治理——从法社会学角度》,载《爱情婚姻家庭》2022 年第 34 期,第 157 页。

家庭作为未成年人成长的第一站,父母及监护人是其第一任"老师",其一言一行对未成年人形成正确的人生观和价值观具有决定性作用。二是要注重家教。结合深化"百万警进千万家"活动,推动未成年人父母或者其他监护人落实家庭监护责任,正确实施家庭教育。因此,着力解决父母或者其他监护人主体意识不强、责任落实不到位、家庭教育方式不当、教育理念缺失、家庭成员法治意识淡薄等问题,有针对性地引导父母或者其他监护人改变家庭教育方式。

3. 完善社会治安体系建设

要加强监督管理,形成一套联防联治机制。一是党委政府各职能部门要依据职责制定相应的预防机制。未成年人犯罪问题是一个社会问题,单纯依靠惩罚手段不足以有效预防和控制未成年人犯罪,事前预防比事后惩罚更为重要,因此,必须推动各级党委和政府将未成年人违法犯罪预防工作纳入政府目标管理范畴,建立健全制度机制,切实作为社会治理的重要一环来抓。二是推动各相关职能部门明确责任。探索建立未成年人关爱教育机制和心理疏导机制,全面整合优质社会资源,发挥好未成年人违法犯罪预防和权益保护的双重职能。

4. 关注未成年人的心理健康

一是明确各级党委政府加强青少年学生心理健康的职责。确定多部门分工合作、卫生医疗教育体育融合、学校家庭社区协同,共同促进青少年心理健康。而教育矫治罪错未成年人的心理偏差,需要对其行为进行一定约束,对其心理进行更为专业和针对性的矫治。二是发现未成年人亮点的思路。不能简单采取"减少赤字"的思路,要解决未成年人目标感问题,使每一个未成年人都有机会、都有希望。如果总是用负面思维预防未成年人犯罪,往往会导致未成年人产生抵触情绪。三是将专门学校纳入教育序列和特殊教育体系。由于普通专门学校、管教学校、教养学校等法治类型专门学校的办学标准、教学方式、管理体制、经费来源、教育矫治的措施等,没有统一的模式,因此,为避免实践中管理的混乱,甚至出现办学理念的偏差,使得其异化为羁押未成年人的"少管所",建议利用职业教育转化罪错未成年人。

(二)健全预防未成年人违法犯罪工作机制,实施跨区域未成年人盗窃犯罪综合治理

1. 健全未成年人社会关爱体系

推动教育部门提请成立预防未成年人违法犯罪工作领导小组,作为政府议事协调机构,明确成员单位、职能定位、工作制度、督导考核等事项,统筹组织党委政法委、法院、检察院、公安、司法行政、文旅等部门共同开展预防未成年人违法犯罪工作。同时,根据《中华人民共和国家庭教育促进法》,社会组织要积极配合政府职能部门探索建立家庭教育指导服务工作机制,通过加强社会家长学校、家庭教育指导服务站建设,帮助未成年人的监护人树立正确

的家庭教育观,使问题未成年人的不良行为能够得到及时有效的干预和引导。

2. 干预制止未成年人不良行为

一是依法进行干预。“要加强综合干预力度,协调公安机关、市场监管部门开展对网吧、电竞酒店等场所的定期检查,减少不良环境的影响,补齐社会治理的‘短板’”,公安机关要结合日常警务工作,注重发现未成年人不良行为,依法进行干预。对未成年学生偷窃少量财物,或者有其他情节轻微的欺凌行为的,推动学校依法采取相应的管理教育措施。二是建立通报倒查机制。对接报校园内发生的涉未成年人案件,第一时间通报当地党委和政府及上级教育主管部门,倒逼学校从源头上做好教育管理工作。对办理的每一起未成年人违法犯罪案件进行倒查,重点检查学校主体责任是否落实、有关部门“四访五帮”是否到位、监护人责任是否落实、是否存在被教唆犯罪等问题,通过推送《公安办案提示函》督促各方责任落实。三是矫治教育严重不良行为。依法调查处理未成年人实施的严重不良行为,根据其悔过态度和行为情节轻重、危害后果,可以采取训诫、责令赔礼道歉等法定适当措施进行矫治教育。对拒不接受或者配合矫治教育措施,或者多次实施严重危害社会行为,且情节恶劣或造成严重后果的,经专门教育指导委员会评估同意,配合教育部门作出决定将其送入专门学校接受专门教育。

3. 落实未成年人犯罪前科消灭制度

一是全面封存内容。对于未成年人刑事案件程序中的材料,在诉讼终结前一律加密保存、不得公开。人民法院依法判决后,被判处五年有期徒刑以下刑罚以及免予刑事处罚的,相关部门应当主动将自己掌握的未成年人相关犯罪记录予以封存。对于共同犯罪案件,分案后未封存的成年人卷宗封皮应当标注“含犯罪记录封存信息”,并对相关信息采取必要保密措施。对于未成年人不予刑事处罚、不追究刑事责任、不起诉、采取刑事强制措施的记录,对涉罪未成年人进行社会调查、帮教考察、心理疏导、司法救助等工作的记录也应当依法封存。对于涉及未成年被害人的案件、涉及未成年人民事、行政、公益诉讼案件,也要注意对未成年人的信息予以保密。四是依据法律规定符合犯罪记录或者相关记录封存条件的,也应当予以封存。二是执行封存措施。要执行严格的保管制度,明确不履行该义务的法律责任。司法机关工作人员均负有在所负责的诉讼环节,告知知悉未成年人涉案信息的人员,有关未成年人隐私、信息保护规定的义务,以及规定不履行该义务的法律责任。未成年人犯罪记录封存后,非因法定情况,不得解封。三是严格查询程序。首先,明确查询主体。依法严格限制单位查询主体,没有国家规定的,有关单位查询未成年人犯罪记录应当不予许可。对于个人查询其本人犯罪记录的可以依法申请受理。其次,严格查询程序。非因法定事由、非经法定程序,不得向任何单位和个人提供未成年人涉罪记录。对于有关单位和个人查询关于未成年人犯罪记录的申请,认真审核申请理由、依据和目的,严格把关,及时答复。再次,明确出具证明的形式。对于经查询,确实存在应当封存的犯罪记录,应当出具统一格式的、与完全没有任何犯罪记录人员相同的《无犯罪记录证明》,并后附统一格式。第四,严格遵守保密义务。对于许可查询的,应当告知查询单位及相关人员严格按照查询目的和使用范围使用有关信息,不按规定使用所查询的记录或者违反规定泄露相关信息的,应当依法追究相关责任人员的法律责任。最后,规范查询出口。由公安机关、检察机关、审判机关、司法行政机关依职权分别提供犯罪记录查询服务。四是追究责任到位。明确信息不当泄漏的法律责任和人民检察院对犯罪记录封存工作的检察监督权。司法虽然后置,但是司法的作用应当前置。检察机关应当将未成年人犯罪记录封存和隐私、信息保护的全过程纳入检察监督范围之内,相关部门在收到纠正意见后要及时审查和反馈。

4. 完善公安、司法机关对有关未成年人监护问题的处理

公安机关在办理案件时,若发现未成年人无人照顾、身体受到伤害等问题,应当就近送至其他监护人、亲属、居(村)民委员会或者民政部门的未成年人保护中心,并履行书面交接程序;检察机关和审判机关在所办理的案件中发现上述问题时,应当将其转介到民政部门,向未成年人及其家庭提供干预、辅导和帮助。

(三)提高跨区域未成年人盗窃犯罪的成本,加强跨区域未成年人盗窃犯罪源头治理

1. 加大机会成本

一是加强家庭教育指导。联合开办“家长课堂”,以通俗易懂的方式对文化水平较低的监护人进行法治教育,对有不良行为、违法劣迹和犯罪前科的未成年人家庭定期提供教育指导服务,提升监护人正确科学教育未成年人的能力。二是深化法制宣传教育。

首先,要分类施教。要制定符合不同未成年人的“关爱”措施,加强其学习外的教管,切不可以成绩好坏搞“一刀切”。其次,要丰富教学课程。针对未成年人的心理和生理特性,开设法制宣讲、生理卫生、心理疏导等教育课程,增强其辨识能力。再次,建立健全法制副校长制度。最后是探索开展校园法治建设。创新法制教育形式,构建“视、网、声、端、屏”一体化融媒体格局,推动未成年人法制教育工作由灌输式向参与式转变。

2. 增加直接成本

一是压实监护人管教责任。要树立预防未成年人违法犯罪“大预防”的工作理念,把预防未成年人犯罪工作与各个领域的行政管理、行业管理、社会管理更加紧密结合起来。公安机关办理未成年人违法犯罪案件时,要求监护人必须到场,视情对其进行训诫教育,并与其签订责任书和管教协议,增强法律威慑力。二是落实教育部门控辍保学责任。督促学校做好“问题学生”教育,不得违反规定开除、变向开除或“逼退”学生。健全教育管理制度,打通家长、学校、社区(村委会)、派出所信息通报渠道,使各方及时全面掌握“问题学生”旷课及其他异常情况,防止其闲散社会、漏管失控。三是完善专门矫治教育体系。加快推进专门学校建设,优化校区设置,结合实际需要规划“警送生”和“校送生”教育场所,满足不同地区的矫治需求。探索将部分闲置戒毒监管场所改建为专门学校,并设立女性未成年违法犯罪人

员单独矫治场所。加强法院、检察院、公安、司法行政、教育等部门协作配合,共同做好涉未成年人案件侦查、起诉和审判等工作,最大限度缩短未成年违法犯罪人员在监管场所的羁押时间。

3. 减少惩罚成本

一是一般预防。根据《未成年人保护法》《义务教育法》《预防未成年人犯罪法》等,明确家庭、学校、社区、政府、媒体等在未成年人犯罪一般预防中所承担的责任。如加强校园安全防范,督促学校规范校园警务室建设,加强安保人员培训,推进"智慧校园"建设,切实落实"人防在岗、物防在用、技防在线"要求;对在校师生开展摸底排查,重点掌握不良行为学生动态,逐一开展风险评估,实行"一人一策"帮扶管控,防止不良行为学生流入社会,伙同社会人员实施违法犯罪。二是临界预防。构建对未成年人不良行为、危害行为的分级干预体系,包括需要干预的行为、干预对象、干预措施等:即针对具有不良行为的、具有治安违法行为的、具有触犯刑法行为但未达到刑事责任年龄的12周岁以上的未成年人,使用警察训诫,并转入专门学校;针对12周岁以下的未成年人,由于其具有很强的家庭依赖性,对其教育管束的最佳环境是家庭,最适宜由其父母进行,并由专业人员跟踪帮教,予以支持、监督。三是再犯预防。首先,完善对未成年人的教育矫治和跟踪帮教措施。包括完善和细化未成年人社区矫正制度、未成年人犯管教所的定位及其教育矫治措施以及其他替代性措施,构建促进未成年人回归社会的跟踪帮教机制和体系,压缩未成年人违法犯罪活动空间。其次,建立健全未成年人犯罪社区矫正机制。成立专门矫正机构,制定具体实施细则,根据未成年人的家庭背景、成长经历、个人特征等具体情况,采取结对帮教、心理矫治等方式进行个案矫正。再次,推动建立常态化帮扶工作机制。社区应当履行社区矫正职能,对于有犯罪前科或犯罪苗头的未成年人,应积极矫正,使这些边缘化未成年人走上正轨。积极开展助学、解困、致富等帮扶活动,组织工作技能和就业技能训练,扎实做好帮扶帮教工作。最后,坚持打击和预防并重。既不能因为犯罪嫌疑人是未成年人而把案件降格或直接不予办理,也不能就案办案。

(四)依法保护未成年人合法权益,强化跨区域未成年人盗窃犯罪系统治理

1. 净化未成年人网络环境

互联网是一个社会现象大平台,部分未成年人通过网络获得信息、交流信息,这会对其求知途径、价值观念、思维方式产生重要影响。依法加强教育类网站和网课、网络游戏、直播短视频及信息发布等重点平台和应用的安全监管,清理整治色情、毒品、暴力、恐怖等违法有害信息。

2. 关爱帮扶农村留守儿童和困境儿童

公安机关基层派出所要结合农村社区警务工作,积极预防、及时发现侵害未成年人合法权益的违法犯罪行为;要会同民政、卫健、妇联、残联等单位和基层组织,加强与留守儿童和困境儿童的见面联系,了解生活中存在的突出困难和问题,并积极推动解决;要督促外出务

工父母通过电话、网络视频等途径与留守儿童常联系、多见面,父母或受委托照护人失职未履行监护责任的,视情依法予以训诫。

3. 进一步强化社会环境综合整治

加强公安、检察、法院、司法行政等部门的协助配合,有效预防矫治未成年人跨区域盗窃犯罪。加强对打防未成年人跨区域盗窃违法犯罪工作的专题研究分析,坚持打防结合、以打促防,进一步整合刑侦、科信、技侦、网安等专业力量和资源手段,强化合成作战、综合研判、动态跟踪,不断提升打击涉未成年人跨区域盗窃违法犯罪的精准性、有效性。

4. 加强生活无着流浪乞讨未成年人救助

对未成年人流落街头的,及时采取有效保护措施,通知其父母或者其他监护人、所在寄宿制学校,必要时护送其返回住所、学校或者到救助保护机构接受救助。公安机关要结合巡逻、办案和社区警务工作,全面摸排流浪乞讨未成年人,并引导护送至救助保护机构接受救助措施。对于确实无法查找生父母或者其他监护人的,推动救助保护机构将其移交至儿童福利机构,并按照户籍管理有关法规政策规定为其办理户口登记手续。

网络儿童性剥削的治理现状与启示

周盛杰*

摘要:网络儿童性剥削是网络犯罪中的治理难题,也是我国遇到的新问题。我国对儿童性剥削还没有专门的刑法规定,域外国家对儿童性剥削治理起步较早,对我国构建治理体系具有一定借鉴意义。具体启示在于:将儿童性剥削纳入刑法专条规定;对持有和观看儿童性剥削制品的行为不应纳入刑法打击;由于网络犯罪具有跨国界、跨法域的特征,还应加强国际合作;以及从服务源头制止儿童性剥削制品传播。

关键词:儿童性剥削;儿童色情;治理现状

引　言

互联网技术的广泛运用一方面提供了方便快捷的信息传递途径,但另一方面网络犯罪问题也随之而生,网络色情信息传播呈现出指数倍增加的趋势,其中儿童性剥削材料泛滥危害尤为广泛且荼毒深远,治理网络儿童性剥削犯罪是当下国际社会犯罪治理关注的热点。

"N号房"事件将儿童性剥削犯罪手段暴露在公共视野之中,犯罪人通过网络视频房间传输儿童性剥削材料,并通过数字加密方式使犯罪更具有隐秘性以便逃脱侦察,该涉案会员人数达26万之多,受害人中有十多名未成年人,最小年纪仅11岁,可谓触目惊心。臭名昭著的"爱泼斯坦案"被逐渐解密,再一次将儿童性剥削的严重性和受众广泛性展现在大众视野之中,在最新的解密文件中,显示与该案相关的人数达到184人,其中包括多名政坛和商界知名人士。① 儿童性剥削的事件不仅发生在普通公众身边,更存在于上流社会之中,不仅发生在线下还发生在线上,且线上儿童性剥削传播面更广,影响力更大。我国近年来线上儿童性剥削事件也频有发生,据新京报报道,某儿童色情网站关闭一段时间后又"死而复生",

* 周盛杰(1993—),男,湖南双峰人,新疆大学法学院研究生,主要从事犯罪学研究。

① 参见冯亚仁、刘皓然、甄翔:《涉及多个权贵名流,凸显社会巨大鸿沟,"爱泼斯坦案"近千页文件公开》,载环球时报 https://world.huanqiu.com/article/4G2fNigCS98,访问日期:2024年1月9日。

注册会员超过百万人。[①] 我国网民众多,根据《中国互联网络发展状况统计报告》显示,2023年6月我国网民已经达到10.79亿,2021年我国未成年网民规模达1.91亿。[②] 我国网民基数与儿童基数远超韩国,治理难度和复杂度也高于韩国,治理网络儿童性剥削制品已成为我国网络犯罪的紧迫任务。

我国刑法目前还未将儿童性剥削制品与成人色情制品区别对待,导致对网络儿童性剥削治理缺乏针对性,对儿童性剥削制品的识别标准规定较为笼统和模糊。国外对儿童性剥削治理研究起步较早,本文从国外网络儿童色情规制现状出发,归纳总结国外优秀治理经验,以给予我国儿童性剥削治理一些启示。

一、儿童色情的称谓之纠污

在我国学界研究和社会媒体中,多以儿童色情指代儿童性剥削。[③] 但也有学者呼吁使用"儿童性剥削"以及"儿童性剥削制品"的表述代替"儿童色情"和"儿童色情制品"的提法。[④] 本文认为将儿童性剥削和儿童性剥削制品作为法律概念是较为准确的。

第一,使用儿童色情和儿童色情制品具有对儿童污名化的嫌疑。"色情"一词本意是指挑起或激发起性欲,以其内容主体的年龄为界限,分为成人色情和儿童色情。世界上部分国家认为成人色情是合法内容,如美国大多数州和欧洲一些国家(西班牙、德国),而儿童色情属于违法内容。如果长期以儿童色情作为大众悉知的词汇,便无形中将儿童贴上色情的标签,对儿童群体造成不良影响。特别是对于曾经受到性剥削的儿童而言,它体现的只有赤裸裸的虐待,这完全属于犯罪。[⑤] 儿童将长期生活在污名之下,这对本是受害者的儿童是不合适的。

第二,根据色情内容的露骨程度不同,研究人员将色情划分为"硬色情"和"软色情",[⑥]

---

① 参见陈丽媛:《"小天使"论坛内含大量儿童色情信息,注册会员过百万》,载新京报 https://www.bjnews.com.cn/edu/2019/04/03/563830.html,访问日期:2023年12月20日。

② 参见申佳平、吕骞:《我国未成年网民达1.91亿触网低龄化趋势明显》,载人民网 http://finance.people.com.cn/n1/2022/1130/c1004-32577705.html,访问日期:2023年12月20日。

③ 参见吴承栩、崔小倩:《网络儿童色情制品犯罪之刑法规制》,载《云南大学学报(法学版)》2014第5期,第28页;廖兴存:《法益保护原则视阈下儿童色情制品持有入罪论》,载《当代青年研究》2018第4期,第67页;牟糖醇:《域外网络儿童色情犯罪的规制状况及启示》,载《青少年学刊》2020第4期,第16页;何挺、孙若尘、陈静文:《网络儿童色情治理的问题与实践路径》,载《中国检察官》2022第11期,第6页。

④ 参见佟丽华:《韩国"N号房"事件对我国"社交网络儿童性剥削"问题的警示》,载《青少年犯罪问题》2020第3期,第3页。

⑤ 参见陈宁、黄胜:《网络儿童色情犯罪的刑法预防、识别与治理》,载《预防青少年犯罪研究》2023第6期,第21页。

⑥ 硬色情和软色情并非法律概念,2020年国家网信办组织的专项整治中以"软色情"信息专项整治为行动,明确"软色情"信息违背公序良俗,污染社会风气,尤其危害青少年身心健康。

"硬色情"即暴露私密器官激发性欲,而"软色情"中不会直接出现性器官和性行为,但可以使人联想从而激发性欲。目前"软色情"在何种程度下应纳入违法范畴还没有统一标准,但儿童"软色情"应纳入打击对象是目前治理儿童色情的普遍共识。传统观念下,色情制品通常仅包含"硬色情",并且我国现行法还有"淫秽"的概念,如《刑法》中传播淫秽物品罪、国家新闻出版署《关于认定淫秽物品及色情出版物的暂行规定》中规定淫秽出版物的特点,使用儿童色情概念对治理范围覆盖不周延,而使用儿童性剥削则可以涵盖儿童"硬色情""软色情"和"淫秽物品"的范围。

第三,儿童性剥削制品的制作过程本身就是对儿童的违法犯罪行为,制品的传播是对受害儿童的二次剥削和伤害,使用儿童色情制品会淡化制作、传播行为的恶劣性。国际社会中也呼吁使用儿童性剥削代替儿童色情,下文将统一以儿童性剥削指代儿童色情概念。

二、网络儿童性剥削频发现状

互联网传播儿童性剥削制品已经成为全球性问题。互联网科技蓬勃发展之前,儿童性剥削制品只能在特定的小团体中并且冒着极大风险进行线下传播,而今天任何人都可以在网络上匿名传播。① 色情制品的大规模传播可以称为21世纪的普遍现象,甚至已经渗透到智能设备存在的方方面面,智能手机、移动设备、智能电视机顶盒等一切可接收网络信息的设备都成为色情信息攻占的对象。在人类历史上,色情从未像今天这样广泛和流行。②

根据互联网观察基金会(Internet Watch Foundation,IWF)2022年的最新报告,2022年共收到375,230份评估需求,其中255,588份被认为含有儿童性剥削内容,在评估的网页中每隔两分钟就会显示一起儿童性剥削制品。③ 儿童性剥削制品在网络中的泛滥传播引起了新一轮治理难题,国际刑警组织的儿童性剥削数据库拥有超过430万张图片和视频,依靠该数据库帮助确认了全球35,000多名受害者的身份,平均每天有12名受害者产生。④ 美国国家失踪与受虐儿童中心(National Center for Missing & Exploited Children)2022年度报告指出:2022年儿童性剥削制品(持有、制作、传播)的数量达到31,901,234,而2021年为29,309,106,增长9%;通过网络引诱儿童进行性行为的案件数量为80,524,相较于2021年的44,155件,

---

① See Osipenko A. L, *Criminal law and other means of counteracting the circulation of materials with pornographic images of minors on the Internet*, Criminal law, vol. 1, 2007, p. 110.

② See Павленко Ирина Владимировна Егорова Валентина Сергеевна, "Детская порнография в сети Интернет: состояние проблемы и мировые тенденции противодействия ей", *Всероссийский криминологический журнал*, vol. 1, 2021, p. 135.

③ 参见IWF:《IWF Annual Report 2022》,载IWF网站https://www.iwf.org.uk/about-us/who-we-are/annual-report-2022/,访问日期:2024年1月10日。

④ 参见interpol:《International Child Sexual Exploitation database》,载interpol网https://www.interpol.int/en/Crimes/Crimes-against-children/International-Child-Sexual-Exploitation-database,访问日期:2024年1月10日。

增长了82%。① 近年来,我国将“隔空猥亵”纳入刑法处理,《未成年人检察工作白皮书(2022)》中显示,起诉“隔空猥亵”“线上联系、线下性侵”等犯罪占性侵未成年人犯罪总数的近六分之一。② 儿童受害者不仅数量在不断增加,而且年龄也越来越小,INHOPE(致力于识别儿童性剥削制品的非营利组织)的报告指出,每10名受害者中就有9名年龄在3至12岁之间,其中1%的受害者属于婴儿类别(0-2岁),包括年仅4个月大的婴儿。③

网络儿童性剥削制品是一项价值数十亿美元的业务,在任何特定时间都有大约750,000名潜在犯罪人在网络空间中徘徊,儿童的性图像永远留在网络空间中,对受害者造成持续折磨。④ 儿童性剥削制品在网络中通常会反复传播,甚至某些案件的受害者在案件发生数年后还发现有传播途径存在。

三、域外对网络儿童性剥削的治理手段

(一)对网络儿童性剥削的域外立法考察

1. 关于儿童的法律定义

美国是最早规制儿童性剥削制品的国家。1978年通过了专门应对儿童性剥削的联邦法律——《儿童性剥削防制法》(Child Sexual Exploitation Prevention Act),其中将儿童年龄定义为不满16岁;1984年美国国会制定了《儿童保护法》(Child Protection Act),将儿童年龄从16岁提升至18岁。美国37个州与联邦法律中规定的儿童年龄相同,也有部分州将儿童年龄限定在14岁、16岁或17岁以下。内布拉斯加州对儿童年龄的定义取决于儿童案件类型:制作儿童性剥削制品,儿童年龄限定为18岁以下;观看儿童性剥削制品,儿童年龄为16岁以下。

英国是西方第一个禁止下载和观看儿童色情的国家。1978年英国颁布《儿童保护法》(Protection of Children Act)将儿童年龄限定在16岁以下,而2004年对该法案进行修改,将儿童年龄提升至18岁以下。日本于1999年出台《儿童卖春、儿童色情处罚及儿童保护法》

---

① 参见NCMEC:《National Center for Missing & Exploited Children. CyberTipline 2022 Report》,载NCMEC网站https://www.missingkids.org/cybertiplinedata,访问日期:2024年1月10日。

② 参见中华人民共和国最高人民检察院:《未成年人检察工作白皮书(2022)》,载中华人民共和国最高人民检察院网站https://www.spp.gov.cn/spp/xwfbh/wsfbt/202306/t20230601_615967.shtml#2,访问日期:2024年1月10日。

③ 参见INHOPE:《INHOPE Annual Report 2022》载INHOPE网站https://inhope.org/EN/articles/inhope-annual-report-2022,访问日期:2024年1月10日。

④ 参见Nikoleta Lydaki Simantiri:《Online Child Sexual Abuse and Exploitation: Current Forms and Good Practice for Prevention and Protection》,载ECPAT网站https://ecpat-france.fr/www.ecpat-france/wp-content/uploads/2018/10/Revue-OCSE_ANG-min.pdf,访问日期:2024年1月10日;Deanna Davy, Regional Overview:《Regional Overview: Sexual Exploitation of Children in Southeast Asia》,载ECPAT网站https://ecpat.org/wp-content/uploads/2021/05/Regional-Overview_Southeast-Asia.pdf,访问日期:2024年1月10日。

规定儿童年龄为18岁以下。马来西亚在《2017年针对儿童的性犯罪法》(The Sexual Offences against Children Act 2017)中将儿童年龄规定为18岁以下。韩国在《青少年性保护法》中将儿童和少年定义为19岁以下。俄罗斯法律中并未规定儿童的概念,而统一使用未成年人的概念,未成年人是指18岁以下的人,并且俄罗斯刑法典规定,以14岁以下的未成年人为对象制作、销售性剥削制品应加重处罚。德国刑法将儿童性剥削制品分为青少年和儿童两类,青少年是指14至18岁的人,而儿童是指14岁以下的人,且量刑中对以儿童为对象的性剥削处罚要严厉于青少年。

联合国《儿童权利公约》《劳工组织第182号公约》以及《布达佩斯公约》和欧洲委员会《兰萨罗特岛公约》都将儿童定义为18岁以下。

2. 关于儿童性剥削制品的定义

美国对色情制品保持开放态度,认为色情是言论自由的表达形式,但对于以儿童为对象的色情制品则被认为不受宪法第一修正案保护。以儿童为对象的色情制品是指对儿童直露的性活动的任何视觉感知制品,包括任何照片、影片、录像、图片等或计算机绘制或计算机生成的图像或图片,不论其是通过电子、机械或其他手段制作或承载的。直露的性活动分为实际发生和虚拟发生两种,其中包括同性或异性之间的性交行为、肛交行为、口交行为,人与动物交配行为,还包括展示生殖器、乳房、肛门的行为。《美国法典》(18:2256)还规定虚拟生成的制品只要与儿童从事直露的性活动的图像相同或难以区分,或制品中以某些特征可以识别儿童正在进行直露的性活动也属于儿童性剥削制品。美国法的规定基本承袭《布达佩斯公约》中对儿童性剥削制品的规定。由于虚拟生成或假扮儿童制作的色情制品并未对儿童构成现实的性剥削,因此,考虑到宪法第一修正案对公民言论自由、表达自由的保护,便对该条款进行了限制,即不真正涉及儿童的儿童性剥削制品①应以是否逼真和极度真实为判断条件。

日本与美国对儿童性剥削制品定义最大的不同在于日本并不禁止不真正涉及儿童的儿童性剥削制品,例如漫画、电脑合成制品、假扮儿童等。日本将儿童性剥削制品定义为照片、电磁记录(通过电子、磁性或其他人类无法识别的方式制作,经计算机信息处理的记录)等通过视觉感知的下列描绘儿童外观的制品:描绘以儿童为一方的性交或类似性交的;描绘他人触摸儿童生殖器或儿童触摸他人生殖器等行为有关,从而刺激性欲的;儿童完全或部分未穿着衣服,突出暴露性部位(指生殖器或其周围部位、臀部或乳房),从而刺激性欲的。

德国将儿童性剥削制品限定得更为宽松,特别是2015年德国修改法律将儿童摆拍姿势纳入刑法打击范围。儿童性剥削制品通常是指:(1)儿童或青少年实施性行为,或在儿童或青少年面前实施性行为;(2)以不自然的、性挑逗的姿势描绘的完全或部分未穿衣服;(3)对

① 不真正涉及儿童的儿童性剥削制品是指成人假扮儿童或完全由电脑合成的色情制品。

儿童或青少年裸露的生殖器或臀部进行性挑逗的描绘。2008 年之前儿童纯粹的摆拍制品不属于刑法打击的范围,图片中必须以性行为为主题,例如手淫行为或性行为,仅让儿童摆出挑逗性姿势甚至裸体行为是不具有刑法可罚性的。之后联邦法院将具有性意味的摆拍姿势纳入刑法制裁,摆拍图像是指儿童以特别挑逗的姿势拍照,但不直接进行性行为的图像。2014 年埃达西事件(Edathy – Affäre)是扩大儿童性剥削制品范围的导火索,该事件中调查人员发现了大量儿童裸体照片,照片显示 9 至 14 岁的未穿衣服的男孩摆拍各种姿势,但没有性行为,当时拥有此类制品不属于犯罪。① 扩展儿童性剥削制品内容的修正案于 2015 年 1 月 27 日通过,将儿童摆拍姿势纳入儿童性剥削制品,并不要求强调显露生殖器区域。近年来,德国儿童性剥削制品的术语范围一直在扩大,从最初的"具有性行为"的图像到"不自然的强调性意味的姿势"的图像,再到如今"具有性刺激的摆拍姿势和生殖器、臀部特写镜头"的图像都可能受到刑事惩罚。除此之外,儿童模特穿着部分衣裤摆出模仿成人的性姿势也将属于犯罪范围。② 对于成人假扮儿童产生的性剥削制品而言,如果客观上该制品将对观看者产生儿童的印象,那么也属于儿童性剥削制品。对于电脑虚构生成的图像也有可能构成刑事犯罪,且德国刑法并未将文字作品排除在外,但公认的纯艺术表现形式,如动画电影、漫画、动画片,通常缺乏"贴近真实性",③即使是纯粹的文字表述,如小说,也通常缺乏真实性。因此,德国对电子合成的图片与美国相同,都以逼真和真实性作为判断依据。

俄罗斯对儿童性剥削制品的定义为含有任何带有未成年性目的的图像或描绘材料和物品,包括:(1)未成年人外露全部或部分生殖器的;(2)未成年人进行或模拟性行为或其他性行为的;(3)与未成年人进行性行为或在其参与下实施其他性行为的;(4)成年人冒充未成年人,进行或模拟性行为或其他性行为。但书规定,具有历史、艺术或文化价值,或根据俄罗斯联邦法律规定的程序用于科学或医学目的或教育活动的制品不属于性目的。其中材料的种类包括:幻灯片、印刷或手写刊物、照片、各种媒体上的计算机信息、图像、图形和其他作品;物品的种类包括雕塑、雕像、模型等。有学者认为,儿童性剥削制品必须带有性目的大大限缩了犯罪主体,例如犯罪人如果不是为了性目的,而是出于勒索、报复、羞辱未成年人或其

---

① 参见 Vera Kern/Jeanette Seiffert:《Chronologie:Der Fall Edathy und die Folgen》,载 DEUTSCHE Welle 网站 https://www.dw.com/de/chronologie – der – fall – edathy – und – die – folgen/a – 17438573,访问日期:2024 年 1 月 12 日。

② 参见 KANZLEI FÜR SEXUALSTRAFRECHT:《Posing – Bilder als Kinderpornografie, § 184b StGB strafbar?》,载 sexualstrafrecht 网站 https://www.sexualstrafrecht.hamburg/kinderpornografie/posing – aufnahmen/#:~:text = Posing – Bilder% 20als% 20kinderpornografisch% 20einzustufen% 20und, somit% 20als% 20Kinderpornografie% 20strafbar% 20sind,访问日期:2024 年 1 月 12 日。

③ 参见 Dr. Böttner:《Was its kinderpornografie》,载 Dr. Böttner 网站 https://www.rechtsanwalt – sexualstrafrecht.de/sexualstrafrecht/kinderpornografie/#outperformer1626264618617ebd6 – 8022,访问日期:2024 年 1 月 12 日。

亲属等目的,那么就不能成立本罪。① 并且定义过多强调了制品中应包含性行为和裸露生殖器,实际上限缩了打击面,对于儿童性剥削制品的认定最为紧缩。

韩国将儿童性剥削制品定义为以电影、录像、游戏、图像或视频的形式,通过计算机或其他传播媒介,描绘儿童和青少年,或可明确识别为儿童和青少年的表现形式,进行性交、使用身体部位或工具的伪性交的内容,如口交和肛交等;通过触摸或暴露身体的全部或部分,引起公众对性的羞耻或厌恶的内容;手淫行为的内容;从事其他性行为的内容。

3. 关于网络儿童性剥削制品的行为规制

国际上普遍将生产、发行、传播、进口、出口、提供、销售儿童性剥削制品的行为视为犯罪行为,而对持有儿童性剥削制品是否构成犯罪则是各国刑法的差别点。

《布达佩斯公约》中将持有行为规定为犯罪行为,认为持有行为刺激对儿童性剥削制品的需求,减少儿童性剥削制品的有效方法是对制作到持有整个链条的参与人都加以刑罚处罚。我国不是《布达佩斯公约》的签署国,但从预防刑法观出发,该条约的内容对我国立法具有一定的借鉴作用。

联合国网络犯罪条约(the U. N. Cybercrime Treaty)是由俄罗斯与白俄罗斯、柬埔寨、中国、伊朗、缅甸、尼加拉瓜、叙利亚和委内瑞拉共同发起的一项旨在打击网络犯罪的国际公约,该条约目前还在审议中。条约草案将有关网络儿童性剥削制品的犯罪行为划分为5类:(1)制作、提供或以其他方式销售、分销、传播、广播、展示、出版儿童性剥削制品;(2)为自己或他人索取或购买儿童性剥削制品;(3)持有儿童性剥削制品;(4)资助、协助或从儿童性剥削制品中获利的行为(如提供场所);(5)劝说、引诱、煽动、鼓励或胁迫儿童从而获取性剥削制品或从事网络性活动。②

美国、德国、英国、日本、韩国都加入了《布达佩斯公约》,③因此,在刑法中都规定了持有儿童性剥削制品属于犯罪。在持有型犯罪的量刑幅度方面,美国规定基础刑为罚款或十年以下监禁,或者二者并处,同时规定了两档加重情节。德国在2021年提高了对持有儿童性剥削制品的量刑幅度,从三年以下监禁或罚款变更为一年至五年监禁,2023年联邦司法部

---

① See ПАНТЮХИНА Инга Владимировна, “О ПОНЯТИИ МАТЕРИАЛОВИ ПРЕДМЕТОВ С ПОРНОГРАФИЧЕСКИМИ ИЗОБРАЖЕНИЯМИ НЕСОВЕРШЕННОЛЕТНИХ”. *Актуальные вопросы борьбы с преступлениями*, vol. 3, 2016, p7.

② 参见《Ad Hoc Committee to Elaborate a Comprehensive International Convention on Countering the Use of Information and Communications Technologies for Criminal Purposes》, 载 https://www.unodc.org/documents/Cybercrime/AdHocCommittee/6th_Session/DTC/DTC_rolling_text_01.09.2023_PM.pdf, 访问日期:2024年1月13日。

③ 参见 The Budapest Convention (ETS No. 185) and its Protocols:《COUNCIL OF EUROPE PORTAL》, 载 The Council of Europe in brief 网站 https://www.coe.int/en/web/cybercrime/the-budapest-convention, 访问日期:2024年1月13日。

公布了一项法案草案,意图将最低刑,从一年监禁降低为三个月监禁,同时保留最高刑,①而持有青少年(14 岁 - 18 岁)性剥削制品处以两年以下监禁。特别的是,德国法中持有性剥削制品被限定为真实或现实发生的,换而言之,持有模拟生成或成人假扮的儿童性剥削制品不属于该条款涵摄的范围。英国 1987 年《儿童保护法》中规定持有型犯罪的最高刑期为十年或处罚金,或者并处罚金,适用简易程序审理的案件最高刑期为六个月。俄罗斯刑法规定储存儿童性剥削制品将处以两年至八年有期徒刑,并剥夺担任某些公职和从事某些活动的权利。日本和韩国对持有儿童性剥削制品的处罚较轻,日本处一年以下有期徒刑或 100 万日元以下罚金,韩国仅规定一年以下有期徒刑。除英国外,其他国家对于持有型犯罪的处罚要轻于制作、销售、提供等行为。

(二)域外对网络儿童性剥削的预防手段

IWF 是英国和欧盟致力于删除儿童性剥削制品的非营利组织,该机构与 NSPCC(英国头部儿童慈善机构)以及年龄验证应用程序 Yoti 合作开发了儿童性图片删除工具,通过该工具可以支持儿童举报在线分享的色情图片或视频,并使他们能够删除该图片。IWF 通过对托管网站进行主动搜索和接收举报两种方式删除儿童性剥削制品。INHOPE 是以国际电话合作举报为基础的组织,截至 2023 年已经与 50 个国家建立了合作关系,开通了 54 条举报热线。CyberTipline 是美国国家失踪和受虐儿童中心(National Center for Missing&Exploited Children)设立的专门应对儿童性剥削制品的组织,通过网站举报和删除儿童性剥削制品来减少侵害儿童的可能。

(三)域外对网络儿童性剥削的侦破手段

英国和加拿大都有通过卧底警员的方式成功打击犯罪的经验。通常由警员假扮儿童性剥削制品的需求者,在网络论坛、聊天软件中找寻性剥削制品的提供人,后通过交易账户锁定犯罪嫌疑人并进行抓捕。

四、对我国网络儿童性剥削治理的启示

(一)完善国内法制保障

我国《未成年人保护法》第 52 条规定禁止制作、复制、发布、传播或者持有有关未成年人的淫秽色情物品和网络信息。目前我国刑法和治安管理处罚法仅对淫秽物品进行打击,但对色情物品,特别是以儿童为对象的色情物品并没有法律规定,还属于立法空白区域。刑法

---

① 参见《Gerechte Strafen für jeden Einzelfall》,载 Bundesministerium der Justiz 网站 https://www.bmj.de/SharedDocs/Pressemitteilungen/DE/2023/1117_184bStBG.html,访问日期:2024 年 1 月 13 日。

第364条和365条的第一档量刑情节的最高刑分别是两年以下有期徒刑和三年以下有期徒刑,因此,传播淫秽物品牟利罪和传播淫秽物品罪都属于轻罪。以浙江瑞安法院判决阮某、张某传播淫秽物品案为例,犯罪人在微信群中传播淫秽视频达451个,且群组中有50多人,最终判决拘役一个月十五日。将传播儿童性剥削制品放入传播淫秽物品罪进行处罚,这本身就是对儿童性剥削制品侵害法益的误解。传播淫秽物品罪侵害社会管理秩序,而传播儿童性剥削制品不仅侵害社会管理秩序,更严重侵害了儿童的身心健康。

本文认为应加大对儿童性剥削制品的处罚力度,衔接《未成年人保护法》中对未成年人淫秽色情物品和网络信息禁止性规定的处罚。域外立法普遍对儿童性剥削制品设立单独的条文进行规制,我国也应在刑法中设立规制儿童性剥削制品的专门法条,以解决目前处罚较轻,以及淫秽物品和色情物品概念不兼容的问题。

我国《刑法》第237条规定的猥亵儿童罪将儿童定义为不满14周岁的儿童,而对于14－18岁的未成年人进行的性剥削行为则不能适用该条文。如果适用强制猥亵罪则以违背被害人意愿为成立要件,隔空猥亵与现场猥亵的强制力通常不具有相当性,现场猥亵的“强制”通常是以暴力、胁迫等手段,使得对方在别无选择的情况下只能就范;而隔空猥亵中应结合行为性质与被害人的具体情况对行为是否具有强制力进行综合评价,①这无疑给打击儿童性剥削行为带来了不应有的困难。不少案件中,犯罪人以恋爱、检查身体、招生、选拔童星、利益引诱等谎言,②诱骗未成年人发裸照或拍摄性剥削视频。在不存在“强制”的情形下,对14－18岁未成年人的性剥削行为目前是无法可依的状态。鉴于此,应在刑法中借鉴域外立法经验,独立设置规制儿童性剥削行为的罪名,将儿童年龄扩大至18岁以下,弥补法律空白。

不少学者认为应将持有儿童性剥削制品纳入刑法打击范围,③但持有(观看)儿童性剥削制品的入罪还需谨慎。单从持有儿童性剥削制品本身而言,持有不会对儿童进行性剥削,也不能造成新法益的损害。有观点认为持有儿童色情制品因腐化社会风气、冲击传统道德

---

① 参见汤盛佳、周崇文、金华捷:《未成年人网络性侵害犯罪的惩治与预防》,载《上海法学研究》2020年20期,第72页。

② 参见袁野:《网络隔空猥亵儿童行为的刑法定性》,载《青少年犯罪问题》2019第4期,第13页。

③ 参见吴承栩、崔小倩:《网络儿童色情制品犯罪之刑法规制》,载《云南大学学报(法学版)》2014第5期,第30页;冯姣:《未成年人网络色情信息传播的法律规制》,载《中国青年社会科学》2018第4期,第140页;廖兴存:《法益保护原则视阈下儿童色情制品持有入罪论》,载《当代青年研究》2018第4期,第68页;李振宇:《增设持有儿童色情制品罪:法理根据与条文设计》,载《青少年犯罪问题》2023第4期,第88页;陈宁、黄胜:《网络儿童色情犯罪的刑法预防、识别与治理》,载《预防青少年犯罪研究》2023第6期,第19页;赵安晓宇、马忠红:《从一元走向多元:网络性侵儿童犯罪治理的英国经验与中国镜鉴》,载《当代青年研究》2023第6期,第50页。

而有必要予以处罚。① 但持有儿童性剥削制品是否走到了穿破道德底线,需要用刑法进行制裁的必要地步,还尚存疑问,且在目前刑法理论中没有找到充分的处罚依据。现有案例表明,不少儿童性剥削制品是由儿童自己制作,自己持有的,②如果因自己持有自己的"色情制品"而被处以刑罚,在情理上是不合适的。有学者认为可以将持有分为意图进行传播而持有和意图个人使用而持有两种,只应该处罚意图进行传播而持有的行为。③ 既然已经确定了持有的意图目的,即有可能成立传播儿童性剥削制品的未遂犯或帮助犯,没必要再单独设立持有型犯罪。域外对持有型犯罪量刑幅度的巨大差别,从侧面体现了对持有型犯罪入刑的观念差别和刑事政策考量。对我国而言,对持有儿童性剥削制品的行为可以考虑进行相关行政处罚设置,如责令删除、罚款、批评教育等,因为持有形态是对将来可能传播的一种潜在风险,并未达到需要刑罚进行严厉处罚的程度。

(二)加强国际治理合作

互联网犯罪常呈现出跨国界、跨法域的形态,网络儿童性剥削犯罪通过在境外设立服务器,使用加密数字货币交易来逃避打击,通过国家间建立儿童性剥削制品信息交流机制,可以提高犯罪打击效率和成功率。首先,在现有国际法基础上,推动刑事证据数据国际间流动合作,建立儿童性剥削制品数据库,通过数据库训练 AI 进行智能比对识别。其次,以国家牵头,建立多国参与的儿童性剥削制品举报平台,对举报信息分类汇总提交给相关发生国家,以各国执法力量处理各国事务可以避免国际司法和国际执法程序繁琐、路径复杂的问题。最后,构建儿童性剥削制品传播阻断机制,建立与 IWF 类似的互联网儿童性剥削制品删除国际组织,既要保存儿童性剥削制品司法证据,也要及时阻断二次传播。

(三)明确网络服务器提供商责任

儿童性剥削制品传播方式不仅通过熟知的社交软件传播,还通过犯罪人私自构建的网站、聊天软件、直播软件进行传播。合理设置上述软件、网站背后的网络服务器提供商责任是打击儿童性剥削制品的关键所在。首先,儿童性剥削制品必然会经过服务器,因此,在服务器中加入儿童性剥削制品识别系统将从源头上制止儿童性剥削制品的上网途径。在此方面,应加强网络服务器提供商对服务器数据检测的义务,建立提供商对服务器负责的治理模

---

① 参见廖兴存:《法益保护原则视阈下儿童色情制品持有入罪论》,载《当代青年研究》2018 第 4 期,第 70 页。

② 参见 Dana Nottingham:《THE COMPLICATED THREAT OF SELF – GENERATED CHILD SEXUAL ABUSE MATERIAL》,载 ILF 网站 https://www.innocentlivesfoundation.org/threat – of – sg – csam/,访问日期:2024 年 1 月 15 日。

③ 皇平平:《美国和日本儿童色情犯罪规制比较研究》,载《预防青少年犯罪研究》2023 第 6 期,第 99 页。

式。其次,由于服务器数据是保密信息,除了服务器提供商和服务器使用人外,他人无从知晓服务器数据内容。构建服务器提供商负责人制度和服务器使用人实名制有助于遏制儿童性剥削制品传播,使犯罪人不能再隐匿在网络的迷雾之下,克服了由于网络儿童性剥削隐秘性带来的侦察不便的难题。

未成年人犯罪治理现状检视与路径展开

——以《未成年人检察工作白皮书(2023)》为切入

高静文[*]

摘要:最高人民检察院于2024年5月31日发布了《未成年人检察工作白皮书(2023)》,报告显示虽然我国目前在未成年人犯罪治理的制度落实方面值得肯定,但当前形势仍不容乐观。在坚持"教育为主,惩罚为辅"的基本刑事政策的前提下,秉持预防为主,辅之以必要的刑罚报应的应对立场显得尤为重要。在如今的未成年人犯罪新形势下,应强化未成年人犯罪的源头治理即事前预防,同时完善应对低龄涉罪未成年的有关刑法规制、推进分级干预、优化轻罪未成年人刑罚处遇。

关键词:未成年犯罪;犯罪预防;刑罚报应;刑罚处遇

引　言

青少年犯罪作为国际社会所公认的三大公害之一,在全球范围内都是一个严峻的社会问题。从《刑法修正案(十一)》中对于刑事责任年龄的修改以及《预防未成年人犯罪法》与《未成年人保护法》的修订中可以看出,近年来我国在治理未成年人犯罪方面给予了充分的重视。但从最高人民检察院发布的《未成年人检察工作白皮书(2023)》(以下简称《白皮书》)中可以看出,虽然当前我国治理未成年人犯罪的举措有值得肯定的一面,但犯罪形势仍然不容乐观。只有对《白皮书》所披露的现状进行检视与反思,并规制合理有效的解决路径,才能真正将《白皮书》的效用落到实处。

一、未成年人犯罪的治理现状及其检视

《白皮书》的内容主要是未成年人"四大检察"业务开展的基本情况,即刑事、民事、行政、公益诉讼"四大检察"职责。刑事检察工作情况包括侵害未成年人犯罪情况与未成年人

---

* 高静文(2001—),女,山东泰安人,中国人民公安大学研究生,研究方向为刑法学。

犯罪情况，本文在此仅针对未成年人犯罪的具体内容展开阐述与分析。

（一）关于办理"批捕、起诉未成年人犯罪"案件的现状及其检视

《白皮书》披露，检察机关批捕、起诉未成年人犯罪在总体上呈现出上升趋势。2023 年，全国检察机关共批准逮捕未成年犯罪嫌疑人 26855 人，起诉 38954 人，同比分别上升 73.7%、40.7%。

从以上数据可以看出，我国当前未成年人犯罪上升数量比重过大，犯罪形势较为严峻。最高人民检察院于去年发布的《未成年人检察工作白皮书（2022）》中指出，2020 年至 2022 年未成年人犯罪数量总体呈现出上升趋势。为了遏制此现象，我国曾在此期间修订了《预防未成年人犯罪法》和《未成年人保护法》，并将其作为刑法的前置法，两法在未成年人犯罪预防方面发挥着关键性作用。在此次修订中，《预防未成年人犯罪法》在预防犯罪教育、对不良行为的干预等章节进行了增补与细化，《未成年人保护法》也增设了政府保护与网络保护的内容，以更好地保障未成年人身心健康发展、引导未成年人走向正确的道路。法律规范的不断修订体现了国家对于未成年人犯罪预防的重视。所以这两部前置法以及其他相关法律规定是否能够得到落实，关系到未成年人犯罪预防的前置防线是否筑牢的问题。但从《白皮书》披露的结果来看，我国针对未成年人的犯罪预防措施未能得到有效落实。

（二）关于办理"低龄未成年人犯罪"案件的现状及其检视

《白皮书》披露，2023 年，全国检察机关受理审查起诉 14 周岁至 16 周岁的未成年犯罪嫌疑人 10063 人，同比上升 15.5%。

根据我国刑法规定，能使低龄未成年人入刑的犯罪都是严重犯罪，这意味着现阶段的低龄未成年人相较于以往同一年龄阶段的未成年人具有主观恶意的可能性较大。造成如今低龄未成年人入刑数量不断上升的原因，除犯罪预防不到位等客观因素外，还有一重大原因是青少年相较于以往更为早熟。随着社会的不断发展，我国家庭生活水平、物质水平不断提高，未成年人身心发展速度相较于以往显著加快，认知能力和控制能力也强于以往。且在大数据时代，人们获取信息的方式更加多样化，这也拓宽了未成年人的认知面，提升了他们的认知能力，使得现如今未成年人的身心水平相较于以往更加成熟。近年来，低龄未成年人恶性暴力犯罪事件屡见报端，在社会上引起了巨大轰动，下调刑事责任年龄在舆论中呼声最高，有甚者甚至呼吁取消刑事责任年龄。与此同时，学界也引发了对于是否下调刑事责任年龄的热烈讨论。《刑法修正案（十一）》将最低刑事责任年龄下调，在一定程度上回应了此类呼声，也暂时结束了学界针对刑事责任年龄的争论。但是从《白皮书》所披露的未成年人犯罪低龄化的趋势，该举措似乎不能对当今的未成年人犯罪态势起到有效的规制。

（三）关于办理未成年人犯罪案件类型的现状及其检视

《白皮书》指出，2023 年全国检察机关受理审查起诉未成年人犯罪人数较多的罪名包

括:盗窃罪 29976 人、强奸罪 10232 人、聚众斗殴罪 9999 人、抢劫罪 8378 人、诈骗罪 7879 人、寻衅滋事罪 6223 人,六类犯罪人数共计占总数的 74.7%。由此可见,未成年犯罪类型相对集中,且多为暴力型犯罪。

这是因为未成年人群体具有特殊性,他们心智发育不成熟,认知和控制能力较差,更易因情绪冲动或群体影响实施犯罪。对于未成年人观念的形成以及行为习惯的养成来说,环境的影响无疑是巨大的。如果长期处在鱼龙混杂的社会环境,接触不良行为的风险也会增大。遗憾的是,我国司法实践中存在不区分未成年人罪犯与成年罪犯刑罚处遇的情形。当然,对罪行严重、情节恶劣的未成年犯判处刑罚、适当羁押有利于实现教育与预防的目的,也能在一定程度上抚慰受害人与社会公众的情绪。但大多数未成年犯多为一时冲动、没有法律意识的轻罪犯、偶犯以及初犯,其人身危险性明显小于成年罪犯,且矫正空间大。如果其刑罚处遇与成年罪犯无异,不仅容易造成交叉感染,还不利于实现未成年罪犯的再社会化。

(四)关于办理"附条件不起诉"案件的现状及其检视

《白皮书》指出,2023 年,对未成年犯罪嫌疑人适用附条件不起诉 31121 人,附条件不起诉率为 37.4%。人民检察院在作出附条件不起诉的决定以前,均听取了公安机关、被害人的意见。

最高人民检察院于 2023 年发布的《未成年人检察工作白皮书(2022)》指出,2020 年至 2022 年,检察机关对未成年犯罪嫌疑人适用附条件不起诉分别为 11376 人、19783 人、26161 人,附条件不起诉适用率分别为 20.87%、29.69%、36.1%。从不断升高的适用比例中可以看出,附条件不起诉制度在我国司法实践中得到了充分重视与落实。我国法律之所以设立附条件不起诉制度,既是为了顺应罪错未成年人的身心发展规律,使其顺利实现再社会化,也是"教育为主,惩罚为辅"的基本刑事政策和"教育、挽救、感化"方针在制度方面的具体适用。且随着我国轻罪时代的到来,对附条件不起诉制度的重视也契合了当今"从轻、从快、从宽"的轻罪治理理念。"随着犯罪预防理念融入轻罪治理,附条件不起诉制度也将成为中国式轻罪治理现代化下一步的着力点。"①由此可见,我国对于附条件不起诉制度适用的现状情形向好,值得肯定。

(五)关于适用"犯罪记录封存制度"的现状及检视

《白皮书》指出,2023 年,认真落实未成年人刑事案件诉讼程序和特殊保护制度,全国检察机关对符合条件的未成年人落实犯罪记录封存制度 49524 人,同比上升 49.98%。

由此可见,未成年人犯罪记录封存制度在我国得到了进一步落实,并在一定程度上减轻了少年罪犯身上的"标签效应"。但该项制度仍存在不完善、不彻底的缺陷,一是在诉讼的

① 余沁:《论轻罪治理视野下的附条件不起诉制度》,载《河北法学》2024 年第 8 期,第 154 页。

衔接过程中,对相关材料如何保密封存存在制度空白;二是与相关法律存在冲突。“虽然未成年人犯罪记录封存后,未成年人在入伍、就业时有免除犯罪记录报告的义务,但相关记录仍可能在个人档案、户籍信息或其他人事资料中显现。”①限制有前科的人群就业或剥夺其职业资格的相关规定存在于我国众多规范性文件中,例如“因犯罪受过刑事处罚的”人群,不能担任公务员、法官或检察官,且这种职业限制和剥夺是永久存在的。除公职外,有前科者还不得从事特定职业,比如“因故意受刑事处罚”的人群不能担任律师或公证人员。这些现状给犯罪未成年人带来了较为严重的附随后果,一旦身上有前科,便永久摆脱不了其影响。他们将会在升学、就业等方面遭遇歧视与排斥,严重影响其再社会化,长此以往还会严重打击其自尊与自信,甚至会诱发他们对社会的仇视,从而导致再犯。

通过上述分析,可以看出当前未成年人犯罪治理存在以下四点问题:第一,未成年人犯罪总体数量不断上升,犯罪预防措施不到位;第二,低龄未成年人犯罪群体不断扩大,当前针对低龄未成年人犯罪的规制路径有待完善;第三,罪错未成年人与成年罪犯刑罚处遇区分度小,易造成交叉感染;第四,刑罚影响延续性强,不利于罪错未成年人的再社会化。当然,目前的未成年人犯罪治理也有值得肯定的一面,即附条件不起诉制度和犯罪记录封存制度的适用向好,不仅尊重了未成年人的身心健康权益,也契合了当今轻罪化的时代背景。

二、未成年人犯罪治理的基本立场

“教育为主,惩罚为辅”是我国针对未成年人犯罪的基本刑事政策,也是未成年人犯罪治理中的基本应对立场。这里的“教育”指教育未成年罪犯迷途知返,重新融入社会,也即特殊预防的效果。应对未成年人犯罪,预防与报应二者缺一不可。

(一)犯罪预防是未成年人犯罪治理的基本面向

预防性思想根源于我国源远流长的中华文化。被誉为“大道之源,群经之首,设教之书”的《周易》中提到“君子以思患而豫防之”,即君子要常思祸患而事先做好预防;《黄帝内经》也提出了“治未病”的概念。“未雨绸缪”“居安思危”“防微杜渐”等耳熟能详的成语也无不体现我国古代思想对于预防的重视。在治国理政方面,范仲淹在《奏上时务书》中写到“防之于未萌,治之于未乱”,以此来劝诫皇帝要在事情未萌发之前就加以防范,在天下未动乱的时候就加以治理,才能实现天下安康。在治理犯罪方面,唐初宰相长孙无忌在《唐律疏议》中写道:“惩其未犯,防其未然。”由此可见,古人将预防性的思想强调在生活中的方方面面。

治理犯罪要以源头为核心,源头治理即源头预防。随着人类社会的不断现代化,“风险

---

① 那艳芳、李峰、张寒玉:《关于〈未成年人犯罪记录封存的实施办法〉解读》,载《人民检察》2022 年第 13 期,第 32 页。

社会”理论也逐渐兴起。该理论认为公共风险的特征之一就是“可预防性”。当代社会的风险泛指与某种物理现象、人类活动或者技术相关的损害可能性,是具有社会意义的风险,其中人类活动的损害可能性在社会层面就表现为对社会秩序的侵犯,即犯罪。“易言之,这些风险均具有可预防性,或者至少应当在某种程度上需要将风险控制在可接受的强度。犯罪预防措施在当今的社会中,不仅是可行的,也是紧急且必要的。”①

不仅犯罪预防有着不可忽视的重要性,且如前所述,相较于成人,未成年人主体的特殊性也更易使犯罪预防发挥充分效用。“随着青少年转变为成人,他们的认知控制和情绪控制系统变得完全成熟,我们就会看到他们自我调节的改善以及犯罪行为的逐渐停止。”②相对于成年人,未成年人心智不成熟,三观未建立,性格未发育稳定,或正处于相应的过渡期。无论是针对广义的社会上所有未成年人还是已经犯罪的未成年人,如果在此期间采取适当的预防措施,加以正确引导,便能帮助其树立正确的三观、形成健全的人格。另外,相对于成年人,未成年人所处的生活环境较为固定,便于家庭、学校、社区或其他社会组织进行预防教育和管理,且受到鱼龙混杂的社会环境影响较小,不良观念尚未根深蒂固,便于纠正不良行为。

(二)刑罚报应是治理未成年人犯罪的有效保证

诚如贝卡利亚所言:“刑罚的目的在于,阻止罪犯重新对良善公民造成损害,同时劝诫其他人不要重蹈覆辙。”③

我国古代也非常重视刑罚在治理犯罪中的作用。《诸葛亮文集》中写道“刑罚知其所加,则邪恶知其所畏”,即只有让邪恶之徒知道刑罚的严厉,他们才会心生畏惧,不敢为非作歹,突出了刑罚的威慑作用。贾谊在《治安策》中写道“固非贵礼义也,所上者刑罚也”,他认为刑罚是维护社会秩序的重要手段。对刑罚的重视在法家思想中表现得最为突出。法家认为犯罪的根本原因在于人有好荣恶辱、好利恶害的“利欲之心”,这是人的天性。因此,他们提出了“以刑去刑”的犯罪预防论,强调法律教育和刑罚手段的重要性,认为通过严刑峻法可以威慑潜在的犯罪分子,从而预防犯罪发生。

如今依据刑罚目的的不同,理论界主要存在三种观点,“即以黑格尔、康德为代表的报应主义;李斯特、菲利为代表的预防主义和前两者相结合的折中主义”。④ 报应主义强调刑罚施行的目的在于给犯罪人施加一定的痛苦,强调犯罪人要为自己的犯罪行为付出一定的代价,实质上就是一种复仇,认为这种复仇也能使公众不满的情绪得到宣泄;预防主义从刑罚

---

① 刘军:《预防性法律制度的理论阐释与体系构建》,载《法学论坛》2021 年第 6 期,第 95 页。

② [美]亚力克斯·皮盖惹:《犯罪学理论手册》,吴宗宪译,法律出版社 2020 年版,第 77 页。

③ [意]切萨雷·贝卡里亚:《论犯罪与刑罚》,黄风译,北京大学出版社 2014 年版,第 36 页。

④ 刘彦修:《预防刑法视阈下刑罚理论嬗变》,载《东北农业大学学报(社会科学版)》,2019 年第 6 期,第 42 页。

的正当性出发,认为刑罚的目的在于预防犯罪,如前文所述,又可分为广义和狭义的犯罪预防;“而折中主义认为刑罚的目的兼具报应和预防的效果,即既应回应已然之罪,又应前瞻未然之罪,故折中主义目前得到了大多数国家的推崇”。① 无论各国学者观点如何,刑罚作为对犯罪人犯罪行为的否定性法律评价,在治理犯罪中有着不可或缺的地位。

在我国,“惩罚为辅”的基本形势政策也确认了报应刑在治理未成年犯罪领域的重要性。“虽然青少年犯罪刑罚‘宽缓化’已成为当年世界各国普遍采用的做法”,②且我国在《未成年人保护法》中明确规定了最有利于未成年人的原则,但如果一味地对犯罪未成年人进行保护,只关注刑罚的教育和预防功能而忽略其报应功能,不仅不能保证刑罚预防功能的实现,而且难以抚慰被害人以及回应社会公众的呼声,不利于“教育为主,惩罚为辅”的刑事基本政策的落实,这也是对基本正义价值要求的背离。

三、未成年人犯罪的规制路径及其展开

在坚持“教育为主,惩罚为辅”的基本刑事政策的前提下,秉持预防为主,辅之以必要的刑罚报应的应对立场显得尤为重要。在如今未成年人犯罪新形势下,应强化未成年人犯罪的源头治理即犯罪预防,同时完善应对低龄未成年人犯罪的有关刑法规定、优化轻罪未成年人刑罚处遇。结合前文《白皮书》所反映的问题,笔者认为治理未成年人犯罪的应对立场应从以下五方面着手。

(一)落实未成年人犯罪预防有关规定

如前所述,虽然我国立法在《未成年人保护法》和《预防未成年人犯罪法》中,对有关犯罪预防的内容进行了增补与细化,但在具体措施方面仍存在制度空白。为有效遏制未成年人犯罪总体数量不断上升的态势,应将未成年人的犯罪预防真正落到实处,例如建立系统规范的家庭教育指导服务体系。“家庭功能异化或部分丧失,都有可能成为诱发未成年人犯罪的重要因素。”③问题家庭中的未成年人更容易出现情绪不稳定、自控能力弱、人际关系差、性格孤僻等问题,如果不加干预,很有可能演变成犯罪行为的前兆,因此,近来多将家庭功能视为预测未成年人犯罪的重要参考。虽然未成年人实施犯罪行为多是出于自己的选择,但家庭环境的影响也难辞其咎,所以家庭教育是否到位,关系到犯罪预防效果的实现。要建立系统规范的家庭教育指导服务体系,积极落实《家庭教育促进法》,提高未成年人监护人的素质以及教育能力,引导未成年人形成正确的价值观。对于不良少年或未成年罪犯的家庭,

---

① 李晓明、陈争尧:《“并合主义”刑罚观对我国刑法立法的推动——以〈刑法修正案(九)〉为视角》,载《政法论丛》2016 年第 2 期,第 103 页。

② 李琴:《美国青少年犯刑罚替代措施》,载《中国刑事法杂志》2012 年第 5 期,第 113 - 114 页。

③ 张远煌:《中国未成年人犯罪的犯罪学研究》,北京师范大学出版社 2012 年版,第 208 页。

如果公检法机关在办案中发现家庭教育存在缺失、父母失职等情况,应对家庭教育进行适当干预,可以提出责令接受家庭教育的指导,并对后续进展进行跟踪考察。

(二)引入恶意补足年龄制度

为应对犯罪低龄化的态势,应引入恶意补足年龄制度。恶意补足年龄制度兴起于英美法系国家,后逐渐被我国香港地区所引进。该制度以未成年人不具有刑事责任能力为前提,但若证明其有"恶意",即对犯罪行为的性质和危害结果有认识仍故意为之且达到一定程度,则视为其具有刑事责任能力。"学者们对于'恶意'内涵的理解虽有表述之分歧,但无实质之差异,核心内涵均为行为人具备实施该行为的控制能力和辨认能力,并实施该行为。"① 恶意补足年龄制度最早可以追溯到英国盎格鲁 - 撒克逊时期,有着悠久的历史,且丰富的国外经验为我国引入该制度提供了借鉴意义。

随着我国经济社会不断发展,未成年犯罪逐渐低龄化,类型逐渐多样化。本文认为,很有必要将恶意补足年龄制度作为应对未达到最低刑事责任年龄的未成年人犯罪的依据,即如果能证明未满十二周岁的未成年人对所实施的相关犯罪的入罪情节存在"恶意",则入罪。若引进该模式,一方面会使部分本来不会承担刑事责任的未成年人受到刑事追究,能够实现刑罚报应的目的,有效提高我国当前的未成年人犯罪治理效果;另一方面,与我国当前积极刑法观的刑事政策也相契合。引入恶意补足年龄制度能够改善"教育为主"所导致的对重罪罪错未成年人刑罚处罚过于轻缓化的局面,与宽严相济的基本立场相吻合,同时也是对公众普遍需求做出的积极回应,能够满足公众安全感,提高舆论反响效果。

(三)推进罪错未成年人分级干预

结合未成年人高发的犯罪类型和群体的特殊性,将罪错未成年人分级干预,不仅具有合理性,且与《白皮书》的呼吁相契合。《白皮书》通过列举浙江、江苏、山东等地检察机关实行分级干预的举措,对其表示了高度赞同。《预防未成年人犯罪法》第 41 条规定了有关矫正措施,同时结合第 6 条的保护主义原则,若将有关矫正措施与刑罚相结合,不仅能很大程度上优化大部分未成年人的刑罚处遇,还可以实现《预防未成年人犯罪法》和刑法在处遇措施方面的衔接。

对罪错未成年人适用的惩罚措施可以分为矫正性处分措施、社区性处分措施以及主刑。矫正性处分措施包括《预防未成年人犯罪法》第 41 条规定的训诫,责令赔礼道歉、赔偿损失,责令具结悔过等措施。社区矫正可以使其在不脱离社会的情况下,借助政府、社区、社会爱心人士以及亲人的帮助更好地适应社会、回归社会,实现再社会化。前两项惩罚措施主要应用于轻微罪、轻罪未成年罪犯,后者主要适用于罪行较为严重的罪犯。当然也应结合未成年

---

① 闫召华、赵俊禹:《"恶意补足年龄"规则的本土化建构》,载《北京警察学院学报》2024 年,第 10 页。

罪犯的性格与态度、家庭因素、心理测评等因素进行判断。无论是在社区进行矫正还是服监禁刑，有关部门都应当坚持"教育为主"的原则，积极教授文化知识并进行技能培训，定期对未成年罪犯进行心理疏导并考察其改造情况。矫正期或服刑期满前，应与有关部门做好对接工作，就其入学、就业等活动做出充分的再社会化支持。

(四)建立未成年人前科消灭制度

针对目前我国犯罪记录封存制度的缺陷，应建立未成年人前科消灭制度，即因犯罪受过刑事处罚的未成年人在具备一定条件时，经法定程序使其犯罪记录注销，不复存在的制度。前科一旦消灭，该罪犯从本质上就是"未犯罪人"。如前文所述，我国的犯罪记录封存制度虽然取得一定成效，但仍存在许多突出问题。正如康德所说，"刑罚只能是对犯罪行为所造成的危害进行报复的方法，此外不能有任何的其他的要求"。[①] 在有必要以刑罚回应未成年人犯罪的前提下，尽量消除刑罚所带来的不良后果，使未成年人如普通人一样接触社会而不是以前科身份回归社会，是犯罪预防的关键一环。我国《刑法》第 100 条规定的免除前科报告义务制度和《刑事诉讼法》第 286 条规定的犯罪记录封存制度都将适用条件限制在了犯罪时未满十八岁且被判处有期徒刑五年以下。既然在同等条件下未成年人没有报告的义务，封存又有何意义？不如将犯罪记录封存制度进一步更新为前科消灭制度，这样不仅能够弥补现存制度具有的缺陷，还能更好地实现罪错未成年人的再社会化以及犯罪预防。

---

① 刘源、吴波：《外国刑法学专题研究》，华东理工大学出版社 2013 年版，第 248 页。

下 篇

行刑衔接及其他

一、行刑衔接

轻罪治理背景下行刑反向衔接的定位、问题及展望

徐恺东　郭　进*

摘要:行刑反向衔接是在轻罪治理背景下提出来的一项重要机制,是宽严相济刑事政策的深化与补充,更是检察机关在新时代"枫桥经验"指引下,对轻罪治理手段的创新探索,旨在通过强化刑事司法与行政执法的衔接,促进非刑罚措施的有效运用,进而推动"治罪"与"治理"的深度融合。围绕行刑反向衔接推动轻罪治理基层实践中面临的理念认识、法律完善、机制建设等问题解决,有效实现刑事司法与行政执法的高效对接,为进一步推动完善轻罪治理体系提供理论和实践借鉴。

关键词:行刑反向衔接;行政处罚;轻罪治理;不起诉

近年来,随着经济社会的发展,我国犯罪结构也发生重大变化,轻罪案件的数量与占比持续增长。2024 年全国检察长会议上,应勇检察长提出要推动构建中国特色轻罪治理体系。2023 年 7 月,最高人民检察院在《关于推进行刑双向衔接和行政违法行为监督　构建检察监督与行政执法衔接制度的意见》中,进一步明确了行刑反向衔接工作的相关要求。行刑反向衔接不仅是少捕慎诉慎押等传统宽严相济刑事政策的深化与补充,更是检察机关在新时代"枫桥经验"指引下,对轻罪治理手段的创新探索,旨在通过强化刑事司法与行政执法的衔接,促进非刑罚性措施的有效运用,进而推动"治罪"与"治理"的深度融合。如何通过行刑反向衔接做好不起诉案件的"后半篇文章",助推轻罪治理体系建设,是当前基层检察机关面临的重要课题。

---

* 徐恺东(1984—),男,贵州毕节人,贵州省金沙县人民检察院党组书记、检察长,研究方向为行政检察、刑事司法。

郭进(1981—),男,贵州毕节人,贵州省金沙县人民检察院第四检察部主任,研究方向为行政检察。

一、定位:行刑反向衔接在轻罪治理中的几种功能

(一)消除追责盲区

刑法与行政法的评价体系绝大多数情况下属包含关系,一个行为触犯了刑法,往往也违反了行政法,一个行为在刑法上认定为不需要判处刑罚,并不意味着在行政法上也能够免予承担责任。相反,如果一个仅仅违反行政法的行为都要受到相应行政处罚,一个更为严重的触犯刑法的行为在检察机关的不起诉之后既不受刑事处罚也不受行政处罚,就会出现所谓的行为与后果"倒挂"现象,有失公平。行刑反向衔接充分发挥法律的教育、指引、评价作用,让行为人深刻吸取教训避免再犯,是轻罪治理的重要手段之一。通过行刑反向衔接,不仅有助于消除追责盲区,对于发现的违法行为及时予以评价和纠正,从而达到有效维护公平正义和法治秩序的目的。

(二)促进社会治理

轻罪治理是一项系统工程,需要各方力量的协同联动,少捕慎诉慎押作为重要方式之一,是"治罪"的基本途径,而不起诉决定后的行政处罚和行为人自我反省、自我革新,则是轻罪治理的有效手段。在反向衔接提出以前,鉴于各办案机关案多人少的矛盾,不起诉后的社会治理程序处于一种空白状态,在手段、方式、程序上没有标准,社会治理效果也大相径庭。行刑反向衔接作用发挥好了,对进一步促进法律知识的普及和法律意识的提高,增强全体公民对法律的遵守意识和敬畏意识将起了积极作用。通过行刑反向衔接,还可以透过个案审视案发原因,关注行政机关在法律宣传、服务水平、行政执法、预防违法等方面的问题,挖掘犯罪根源,通过检察意见推动行政机关承担起社会治理的责任,从而促进社会的和谐稳定,减少犯罪发生。

(三)深化法律监督

当前,轻罪治理面临诸多挑战,如部分案件"不诉了之"、行政责任落空、跟踪监督不足等,这些问题不仅割裂了刑法与行政法的统一实施,也违背了法秩序统一性原理。检察机关作为国家法律监督机关,法秩序统一性原理要求我们从维护整体法秩序出发,对个案进行精细化的司法判断,确保行政法与刑法在的统一适用。因此,我们必须进一步健全完善轻罪案件非刑罚措施的适用,严格执行不起诉后行刑反向衔接,以维护法秩序的统一,这不仅是对检察机关法律监督职能的延伸与定位,更是对司法精细化理念的贯彻与实践。

二、问题:在轻罪治理中推进行刑反向衔接的困难阻碍

行刑反向衔接作为轻罪治理的关键环节,其重要性日益凸显。然而,在基层检察实践

中,行刑反向衔接面临着诸多问题和挑战,主要表现在以下几个方面:

（一）理解认识问题

虽然从2018年修订的刑事诉讼法到2022年修订的行政处罚法均对不起诉后移送行政处罚的行刑反向衔接工作提出明确规定,但鉴于相关配套制度不健全,多年来该项工作处理局部探索阶段,致使许多行政机关、案件当事人、社会群众对此项制度的理解均存在不同程度偏差。比如,在J检察院开展行政反向衔接工作的初期,有80%的公安机关承办人会认为案件不起诉就算办结了,需要检察官详细介绍相关法律规定、说明不起诉后开展行政处罚的必要性,才能逐步消除承办人员对此产生的抵触心理。在案件当事人方面,按以往经验程序往往认为不起诉就是一种法律评价,如果再接受行政处理,难免有重复评价之嫌,与“一事不再罚”相违背。但相较于被提起公诉,当事人更愿意争取被不起诉,但90%以上的案件当事人不知道还有行刑反向衔接程序,主动提出愿意接受行刑反向衔接行政处罚争取不起诉的嫌疑人、辩护人根本没有。在行政检察工作方面,如何通过行刑反向衔接工作让当事人更深刻地认识到自己行为违法,坦然接受处罚并对自己日后行为起到教育、指引作用,如何达到推进轻罪治理的目的等方面还有很大的探索空间,这些问题,不是简单的一纸行政处罚检察意见就能解决的,这些存在冲突的地方,都需要逐步统一办案理念,增强当事人法律意识等,才能加以解决。

（二）法律适用问题

目前行刑反向衔接的法律依据主要有《中华人民共和国刑事诉讼法》第177条第3款“……对被不起诉人需要给予行政处罚、处分或者需要没收所得的,人民检察院应当提出检察意见,移送有关主管机关处理。有关主管机关应当将处理结果及时通知人民检察院”。《人民检察院刑事诉讼规则》第373条第2款“对被不起诉人需要给予行政处罚、政务处分或者其它处分的,经检察长批准,人民检察院应当提出检察意见,连同不起诉决定书一并移送有关主管机关处理,并要求有关主管机关及时通报处理情况。”《中华人民共和国行政处罚法》第27条“违法行为涉嫌犯罪的,行政机关应当及时将案件移送司法机关,依法追究刑事责任。对依法不需要追究刑事责任或者免予刑事处罚,但应当给予行政处罚的,司法机关应当及时将案件移送有关行政机关”。不难看出,当前行刑反向衔接在法律方面存在如下问题:

(1)案件适用范围不明确。目前行刑反向衔接的案件范围主要是检察机关不起诉案件,其它“依法不需要追究刑事责任或者免予刑事处罚”案件范围并未明确,如公安机关撤销刑事案件的行政违法案、人民法院判处缓刑或免予刑事处罚的案件等等,法律并未明确检察机关可以开展行刑反向衔接工作。目前J检察院行刑反向衔接案件100%为不起诉案件。在司法实践中可能存在两个同案犯情节较轻的在检察机关作不起诉后被行政处罚,情节较重的起诉到法院后被判处缓刑不用承担行政责任,出现行为后责任"倒挂"现象。

(2)与其他行政行为衔接问题。主要体现在行刑反向衔接与行政复议、行政诉讼之间衔接问题方面,如果行政机关接受检察机关检察意见作出行政处罚,被不起诉人对行政处罚不服申请行政复议,甚至提起行政诉讼,检察意见的性质如何认定,检察意见的权威如何保证,如何避免司法资源的浪费。

(3)检察意见的刚性问题。刑事诉讼法对有关主管机关应当将处理结果及时通知人民检察院,但行政机关的采纳情况、回复情况、不采纳不回复的责任后果等问题并未明确,导致检察意见的刚性不足,促进轻罪治理效果打折扣。如,J县检察院,行政机关对检察意见的回复采纳率达到100%,但这并不意味检察意见的落实过程就很顺利,毫无阻碍,这都与检察意见发出前、发出后的沟通密不可分。在检察意见的落实过程中,常常因检察意见刚性问题,在罚与不罚、重罚与轻罚等方面存在分歧,持不同意见,导致行刑反向衔接落实上效果不是很好。

(三)机制运行问题

2023年高检院出台《关于推进行刑双向衔接和行政违法行为监督　构建检察监督与行政执法衔接制度的意见》后,各级检察机关相继出台了相关问题解答和工作指引等文件,对相关问题进行细化和明确,但在基层检察机关开展具体工作当中,因规范性、指导性文件不多,加上对相关政策的理解差异,在基层操作层面往往存在一些问题,主要表现在以下几个方面。

(1)如何判断"行政处罚必要性"问题。如被不起诉人已经因本案受过到拘留、逮捕、指定居所监视居住等限制人身自由的强制措施的,是否可以再处罚款、警告、吊销执照等行政处罚。被不起诉人已经与被害人达成刑事和解或通过其它有效补救措施修复受损法益的,应当减轻或从轻处罚的比例是多少,这些问题是困扰办案人员的最大问题,也是各方意见存在分歧意见的主要因素。

(2)意见分歧的解决机制不健全。基层实践中刑事检察承办人员与行政检察承办人员产生不同分歧,以哪一方的意见为主,检察机关与行政机关对是否有处罚必要性的分歧,解决这些分歧目前均尚未有建有解决机制,致使在具体推进工作容易产生阻力。

(3)承办时限问题。行政检察部门应当从什么时候起开始介入了解案件,如果一定要等到不起诉决定作出之后,那么被不起诉人对行政处罚的接受程度就不一样。不起诉异议期一般有七日,是否一定要等待不起诉异议期过后才开展反向衔接工作。目前J检察院刑检部门移送反向衔接线索平均期限为3天,提出行政处罚检察意见的平日期限4天。行政处罚时限要在违法行为被发现的两年之内,刑事案件流程是否产生中断、中止效应,J检察院99%以上的案件不起诉日期均在行为发生的2年之内,均符合反向衔接条件。

(4)行政检察环节的案件审查问题。目前行政检察部门主要以书面审查为主,只有详细了解被不起诉人的作案动机、认罪悔罪态度、社会关系修复情况,才能对行政处罚的必要性进行更精准判断,行政检察承办人是否可以通过接触、谈话、走访等形式开展一定的调查取证工作未有定论,审查案件的亲历性问题值得关注。J检察院有85%的反向衔接案件开展提前介入审查,60%以上的案件行政检察承办人通过做笔录、听取意见等形式直接接触当事人。

(四)执行落实问题

(1)办案力量薄弱。行刑反向衔接工作由行政检察部门牵头,这项工作不仅需要对纷繁复杂的行政处罚法律法规有深入了解,需要熟悉各种办案程序,还需要具备对内对外的沟通协调能力,这对行政检察承办人员带来了不小挑战,行政检察部门又是相对薄弱部门,对办案人才的培养是摆在当前的重要问题。

(2)处理方式单一。行刑反向衔接如何更好推动轻治理目标实现,目前反向衔接中的主要在于行政处罚,形式较为单一,法律的教育、宣传、预防功能还应得到进一步加强,推动被不起诉人参加志愿服务、社区服务、环保服务等社会公益服务,推动调解、化解矛盾后续工作,推动相关行政机关改进服务填补制度漏洞等工作也应得到进一步加强,这些工作需要进一步明确,这样才能更好实现轻罪治理的目标。目前J检察院95%以上的行刑反向衔接检察意见为行政处罚类,仅有5%的案件提出社会治理检察建议,如针对无证驾驶摩托车的社会治理问题就是在行刑反向衔接案件中提出的。

(3)考评机制有待完善。目前,针对行刑反向衔接的效果评价,主要以行政机关对检察意见采纳率为主,而在依法促成不起诉过程当中,需要花费大量时间和精力去做刑事和解、矛盾调解等工作,这些工作的评价尚无标准。如果仅仅以检察意见的采纳来考量,难免会出现重案件数量轻案件质量,甚至出现“勾兑案”“注水案”等情况,导致行刑反向衔接工作形式化。

三、展望:行刑反向衔接在推动轻罪治理中的路径探索

(一)完善相关法律体系

一是要建立覆盖多种情形的行刑反向衔接法律体系。把行刑反向衔接从现在的检察机关不起诉,扩展到公安机关刑事撤案、法院判处缓刑或免予刑事处罚等情形,综合运用行政手段、刑事手段的相互补充协调功能,做到公正与效率兼顾,让绝大多轻微刑事案件当事人在非刑罚化处理中得到教育,进而学习法律、敬畏法律,用法律规范自己行为。二是要厘清行刑反向衔接在刑事司法与行政执法之间的法律定位。行刑反向衔接是司法精细化的产物,精准的法律定位将有助于这项制度得到各界的认可支持;行刑反向衔接的检察意见对促进行政执法改善、促进社会治理有积极作用,但不能代替行政机关的行政执法,行刑反向衔

接与行政复议、行政诉讼是独立关系,应充分发挥好其在轻罪治理中独立的理论实践价值。三是明确行刑反向衔接检察意见功能定位。建立检察意见的异议可以通过磋商、听证等方式进行解决。如果达不成一致意见或行政机关不履行检察意见内容,建议参考借鉴行政公益诉讼诉前检察建议,可以通过"诉的确认"提高行刑反向衔接检察意见在推动轻罪治理中的能动作用。四是完善行刑反向衔接与不起诉的转化程序。如果被不起诉人违背相关法律法规不愿意接受检察意见内容,影响法律公正性的,检察机关可依据认罪认罚从宽制度撤回不起诉决定。这一机制以确保相关法律程序能很好适应情势变化,更好实现轻罪治理目的。

(二)建立健全制度机制

一是建立行刑反向衔接提前介入机制。在刑事检察部门拟作不起诉决定之时,行政检察部门就提前介入案件,共同参与案件讨论、认罪认罚,听取犯罪嫌疑人意见建议,开展一定的调查核实工作,增强办案审查的亲历性,让拟不起诉人签署相关承诺,这不仅有助有以后的行刑反向衔接工作,也是行政检察部门客观综合评价行政处罚必要性的基础。二是建立行刑反向衔接协商机制。在作出不起诉之前,如果行为人主动申请开展行政反向衔接,在法律上也是一种从轻从宽的法定情节。让当事人参与到协商过程中来,既可全面深入了解评价当事人认罪悔罪态度,方便检察机关作出精准判断,也可对轻罪犯罪嫌疑人学习法律、认识法律、宣传法律、遵守法律产生潜移默化的影响,成为推动轻罪治理的积极力量。三是建立检察机关与行政机关的沟通协调机制。在检察意见发出之前,就案件情况充分与行政机关、案件当事人沟通,听取意见建议,进行充分释法说理和论证,如果达不成一致意见,可以通过公开听证、案件咨询等形式充分听取意见,对行政处罚的必要性、案件背后的社会问题治理等进行沟通协商。在检察意见发出之后,如果行政机关或当事人提出不同意见的,建议通过争议协调小组通过听证会等形式促进争议解决。针对行政机关无正当理由不履行检察意见内容的,检察机关可以通过行政检察建议方式督促行政机关依法履职。四是建立行政处罚前考察机制。行政处罚不是目的,让行为人认识并改变自己不当行为习惯,积极融入正常社会才是行刑反向衔接促进轻罪治理的目的,建议建立行政处罚前考察机制,在行政机关正式作出行政处罚之前,检察机关、行政机关应当充分听事当事人意见,如果当事人自愿接受公益法律宣传、公益劳动等,积极采取措施修复受损社会关系、积极挽回减小损失的,自愿接受一定时期考验的,可以暂缓推进行政处罚工作,待考验期满再根据最新情况作好行政处罚必要性判断。通过行为人的自我认识、自我改变,以行刑反向衔接促进犯罪预防,以更好实现轻罪治理的目的。

(三)强化落实和治理效果

一是强化法律政策宣传。行刑反向衔接和轻罪治理体系建设,均是近年来最高检提出的检察理念的落实,需要全社会的共同参与,基层检察院在办案中应进一步加大相关法律法规的宣传力度，通过一件件鲜活的案件来展现行刑反向衔接的法律依据、工作机制及社会成效，争取得到社会群众的认可与支持，进一步促进相关工作机制制度的健全完善，将法律监督促进社会治理工作推上一个新台阶。二是强化能力建设。制度落实的关键在于执行的人，行刑反向衔接促进轻罪治理是一项新的重要使命，对刑事检察、行政检察甚至行政机关的工作员均提出了新的要求，处理好相关工作不仅要精通刑法，更要精通行政法，两个部门法均有博大精深的法律体系和理论基础，要将相关法律法规融会贯通，需要进一步加强教育培训，加强复合人才的培养，通过岗位练兵等形式扩大人才储备基础，为相关工作的开展积累优质的人才资源。进一步探索轻罪治理指标评价体系，在系统总结轻罪治理成效基础上，从轻罪发案量、执法司法规范化水平、问题整改落实率、轻罪矛盾化解率等维度完善罪治理评价体系建设。三是强化社会治理。基于法律监督机关的角色定位，基层检察机关须从轻罪治理这个目的出发，依法能动履行好工作职责，做好行政处罚的必要性审查，确保公平公正、罚当其责，得到当事人及社会的支持认可。找准当事人错误认识根源，引导其学习法律遵守法律，鼓励帮助解决遇到问题，传递执法司法善意，促进和谐社会；通过深挖个案背后的普遍性问题，充分发挥检察建议在促进轻罪源头治理中的积极作用，督促相关单位齐抓共管、群防群治，共同营造良好的法治氛围，共同夯实掐早灭小、防患未然的社会基础。

行刑反向衔接实践探索的问题及对策

刘维玥　王　丹　尹鑫淼*

摘要：行刑反向衔接机制是检察机关深入贯彻习近平法治思想，依法精准履职，深化执法司法协作配合，推动法治政府建设的重要体现。本文针对当前我国行刑反向衔接实践探索中存在的缺乏统一的办案标准、检察人员业务能力有待提高、存在执行难的困扰、跟踪监督的标准缺乏明确性、内部外部案件移送均存在"数据壁垒"的问题，提出制定统一的办案规则、提升检察干警履职能力、加强内外部沟通协作，破解执行难题、明确检察机关后续跟踪监督的标准、深入推进数字检察战略，建立并完善行刑反向衔接信息平台等五个方面的完善建议，以期在今后的检察工作中强化检察机关内部协作、加强与行政执法机关衔接配合，提升法律监督质效。

关键词：行刑反向衔接；检察机关；行政执法机关；完善对策

一、行刑反向衔接的概述

（一）行刑反向衔接的概念

行刑反向衔接，是指对于刑事司法程序中不追究刑事责任或者免予刑事处罚但应当给予行政处罚的违法行为，移交具有相应管辖权的行政机关进行处理。相较于普通犯罪刑事检察部门牵头负责的正向衔接，行刑反向衔接工作由行政检察部门牵头负责。行刑反向衔接机制的顺利开展，有利于消除行政处罚"盲区"，纠正部分群众"不起诉"等于"不处罚"的错误观念，确保应罚尽罚，提升执法司法公信力，推进国家治理体系和治理能力现代化。

2019年12月施行的《人民检察院刑事诉讼规则》第373条第2款规定，"对被不起诉人

* 刘维玥（1975—），女，安徽淮南人，一级员额检察官，研究方向为行政检察。
王丹（1977—），女，安徽合肥人，一级员额检察官，研究方向为公益诉讼。
尹鑫淼（1989—），女，山东临沂人，三级检察官助理，研究方向为行政检察。

需要给予行政处罚、政务处分或者其他处分的,经检察长批准,人民检察院应当提出检察意见,连同不起诉决定书一并移送有关主管机关处理,并要求有关主管机关及时通报处理情况。"①2021 年《最高人民检察院关于推进行政执法与刑事司法衔接工作的规定》健全行政执法与刑事司法衔接工作机制。同年修订的《中华人民共和国行政处罚法》新增反向衔接条款。2023 年 7 月,最高检印发《关于推进行刑双向衔接和行政违法行为监督构建检察监督与行政执法衔接制度的意见》的出台促进检察机关不断加强检察监督与行政执法衔接工作,有效推动行刑反向衔接工作走深走实。

(二)不起诉行为的可罚性

当前,随着我国社会主要矛盾发生变化,受多种因素影响,刑事犯罪结构发生重大变化,轻微犯罪案件占比大幅上升。依据最高检发布的《刑事检察工作白皮书(2023)》,2023 年我国判处三年有期徒刑以下刑罚的轻罪案件人数占刑事案件总量人数的 82.3%。依据案件具体情况、相关证据等,检察机关可依职权作出不起诉处理,但并不意味着被不起诉人不再承担任何法律责任。刑事处罚与行政处罚虽处罚目的和承担责任的形式不同,但究其根本都是为了更好地促进和谐社会建设。"不刑"不等于"不罚",检察机关应运用其专业能力审核被不起诉人的违法行为是否具有行政可罚性。当确有行政处罚必要时,应根据罚责统一原则,改变以往不刑不罚、应罚未罚等问题,检察机关认为应当给予行政处罚的,应制发检察意见,依法移送有关行政机关处理。② 在不起诉案件行刑反向衔接工作中,检察机关充分发挥主导作用,依法制发检察意见书、对行政执法机关予以监督,实现司法监督与行政执法监督有效衔接,积极构建检察监督与行政执法双向衔接制度。

二、行刑反向衔接实践探索中存在的问题

(一)行刑反向衔接缺乏统一的办案标准

在行刑反向衔接案件办案过程中出现以下四个方面分歧:1. 对案件范围的认识不一致。有的检察机关认为行刑反向衔接只涉及相对不起诉案件。有的检察机关认为除此之外,公安机关不立案以及撤案的案件也属于行刑反向衔接的案件范围。2. 对是否需要处罚认识不一致。检察机关作出不起诉决定后,是否需要给予行政处罚、行政处罚内容等,司法实践中检察机关和行政执法机关存在意见不一的情况。与此同时,若案件需要异地行政执法机关予以行政处罚,检察机关如何实现跨区域行刑反向衔接工作,形成异地行政处罚工作协作配合也存在一定的难度。如交通肇事罪,行为人被相对不起诉后是否需要吊销驾驶证,不同区

---

① 许海波、周晓武、牛正浩:《刑事和解处结方式探微》,载《山东社会科学》2014 年第 6 期,第 137-141 页。

② 夏天:《首例!经信领域行刑反向衔接执法案》,载《上海法治报》2024 年 2 月 21 日,第 A02 版。

域检察机关之间认识不一致,导致执法不统一。异地行政执法机关行政处罚后,检察机关不能对案件及时跟踪监督。3. 对检察意见的内容认识不一致。有的行政执法机关认为检察意见应当明确、具体;有的行政执法机关认为检察意见应当引用到适用的法律规定即可,行政执法机关应当有自由裁量权。4. 对移交材料的认识不同。有的行政执法机关认为仅凭检察机关相对不起诉决定书即可,有的行政执法机关认为应当将刑事案件办案证据一并移送,由行政执法机关根据案件证据材料方可作出准确的行政处罚决定。

(二)检察人员业务能力有待提高

首先,在涉及是否应当进行行政处罚、行政处分等决策时,涉及各个执法部门和领域内众多复杂烦琐的法律法规问题。其次,行政处罚的种类包括限制人身自由、罚没财产以及限制生产经营活动等。[①] 检察人员仅凭借对刑事领域知识的了解难以准确判断是否应该对被不起诉人采取相应的行政处罚措施以及具体采取何种措施。此外,与行政部门之间协调配合度有待提高。根据刑事案件所侵害法益的不同,作出不起诉决定后需要制发检察意见的行政部门有所不同。在实践中,有些行政执法部门与检察机关没有建立常规、密切、有效地协作配合机制,例如联席会议制度、案件咨询制度以及信息共享机制等还没有充分启用和运转起来。

(三)行刑反向衔接存在执行难的问题

行刑反向衔接工作现实操作中存在执行难的问题。行政机关反馈虽然有两个月的办案期限,但是,仍旧无法对有些案件的被不起诉人作出行政处罚。例如,2023 年 7 月 17 日至 2024 年 8 月,A 省 H 市 X 区刑事检察部门共向行政检察部门移送线索 41 条,行政检察部门经过审查后向辖区公安分局、市场监督管理局、卫生健康委员会等部门共制发检察意见 31 份。目前,已对 17 名被不起诉人作出行政处罚,其中,就有 5 人因户籍地或者经常居住地在外省,超过 2 个月回函期才执行到位。公安分局向该 X 区检察院反馈的情况是由于检察机关在对犯罪嫌疑人作出相对不起诉决定时,没有告知被不起诉人其依然负有行政责任,后续将对其依法作出行政处罚,因此,导致外地被不起诉人解除刑事强制措施后,外出务工或者因不理解故意不配合后续的行政处罚。这种行刑反向衔接不及时,信息共享机制不完善,导致案件衔接滞后的情况,最终导致行政处罚执行难的问题。

(四)跟踪监督的标准缺乏明确性

行政检察部门在反向衔接监督机制运行过程中面临的一个重要问题即跟踪监督的标准

① 李冠豪、李密:《轻罪不起诉后行刑反向衔接机制的有效运行》,载《人民检察》2023 年第 20 期,第 82-83 页。

缺乏明确性。在反向衔接过程中,行政检察部门不仅需要提出检察意见,还需要承担后续行为的跟踪监督,以确保行政执法机关对检察意见的回复和处理情况得到落实。《关于推进行刑双向衔接和行政违法行为监督构建检察监督与行政执法衔接制度的意见》强调,行政检察部门需要加强对行政主管机关的回复和处理情况的跟踪督促,发现行政主管机关违法行使职权或者怠于履职的情况,就可以依法提出检察建议督促其纠正。① 然而,在实践中,对于怠于履职的判断相对容易,但对于如何认定违法行使职权,缺乏明确的标准。例如,在某些案件中,行政执法机关与检察机关对案件事实的认定可能存在分歧。行政执法机关可能会根据自己的认定结果,对认定的违法事实进行行政处罚。在这种情况下,检察机关能否以违法行使职权进行监督,就是一个亟待明确的问题。

(五)内部外部案件移送均存在"数据壁垒"

要推进行刑反向衔接"应移尽移",最基本的要件就是数据。实践中,行刑反向衔接案件线索移送情况并不乐观,内外部均存在"数据壁垒"的问题,行政检察部门获取行刑反向衔接数据来源有限。以笔者所在的基层检察院为例,2023 年 7 月 17 日以来,我院不起诉 51 件,66 人,截止 2024 年 8 月,刑事检察部门仅向行政检察部门移送 41 件,42 人。由于检察办案系统和公安办案系统数据不能互相衔接,检察院行政检察部门要想跟进监督公安机关的行刑反向衔接工作,只能通过积极主动参加联席会议、开展专项检察监督活动、调取并查阅纸质台账等传统方式发现线索,这导致难以即时、全面的充分发现案件线索。从以上分析可以看出来,内部外部案件线索移送均存在"数据壁垒"。

三、行刑反向衔接机制的完善对策

(一)制定行刑反向衔接统一的办案规则

一是完善行刑反向衔接相关法律法规。依据司法实践中出现的新情况、新问题,不断完善相应的法律法规,出台行刑反向衔接配套细则,加强行刑反向衔接法律、法规以及规范性文件的衔接和配套,形成完善的综合法规体系。特别是对行政执法机关权责范围、依据案件情况如何进行行政处罚、适用行政处罚类型予以明文规定。规范案件办理程序,明确反向衔接中证据转化情况,畅通异地行刑反向衔接案件办理流程,积极解决跨区域行刑反向衔接工作问题。

二是明确行刑反向衔接的范围。依据我国《刑事诉讼法》和《关于推进行刑双向衔接和行政违法行为监督 构建检察监督与行政执法衔接制度的意见》之规定,当前检察机关行刑反向衔接工作的职权范围仅限于不起诉案件。有学者认为行刑反向衔接不仅包含关联违法

① 张相军:《统筹推进行刑双向衔接与行政违法行为监督》,载《人民检察》2023 年第 11 期,第 47 页。

行为,还应涵盖损害公益的违法行为。[①] 本文赞同该观点,检察机关对不起诉案件进行全面审查,认为应当给予被不起诉人行政处罚的,通过制发检察意见的方式,消除追责盲区,有效解决"不起诉等于不处罚"的思想误区,改变以往行政机关不刑不罚、应罚未罚等问题,做好不起诉的'后半篇'文章。

三是审查行政处罚合法性和必要性。检察机关在拟不起诉时应当审查行政处罚合法性和必要性,重点审查不起诉行为对社会的危害性和违法性程度,对有必要通过行政处罚予以纠正的,通过信息共享、案件线索移送、制发检察意见书等方式及时将案件来龙去脉、检察机关意见告知行政执法机关,以行政处罚的方式降低同类行政违法行为的发生,明确行政处罚的必要性,强化检察意见的刚性,持续推进行刑反向衔接工作向纵深发展。

(二)提升检察干警履职能力

加强检察干警办理行刑反向衔接案件的履职能力培养,增强检察干警司法为民、为法治担当的责任意识。首先,开展各类学习活动,培养检察干警提高履职能力的自觉性和主动性。检察机关行刑反向衔接工作的顺利进行,需要检察干警拥有丰富的法律知识,不仅限于传统检察办案中遇到的法律问题,也应充分掌握行政执法类法律法规及专业知识。因此,检察机关可定期组织培训,邀请行政执法机关专家深入讲解《行政处罚法》《治安管理处罚法》等相关法律法规,也可采取案例分析、练兵、召开研讨会、学习行刑反向衔接典型案例等形式提升检察干警履职能力。其次,健全制度保障,合理分工。明确检察官办案权限,突出检察官办案主体地位,检察官在权限范围内依职权处理行刑反向衔接案件。检察机关内部可依据干警办案经验、知识储备等,合理进行人事分工,组建行政检察专业化、科技化办案队伍。最后,科学制定检察官考核评价体系。将行刑反向衔接工作纳入考核内容,设置相关考核指标,也可以入额、遴选等方式鼓励检察干警重视行刑反向衔接工作,推动行刑反向衔接工作健康有序开展。

(三)加强内外部沟通协作,破解执行难题

优化检察机关内部分工,深化行刑反向衔接内部贯通工作。建立检察机关各部门内部沟通协作机制和提前介入机制,利用检察业务应用系统2.0将案件线索资料移送,对案件审查、反向衔接流程、跟踪反馈结果等都作出明确规定。刑事检察部门作出不起诉决定后,及时将案件相关证据材料、不起诉决定书内容移交至行政检察部门,行政检察部门牵头负责后续反向衔接工作。刑事检察部门若认为案件可做不起诉决定,可及时与行政检察部门沟通,行政检察部门提前介入审查,实现行刑反向衔接闭环治理,构建一体履职工作格局。若遇到犯罪嫌疑人居住在外地等特殊情况时,就案件线索情况、基本案情、相关证据材料、案件移送

---

① 杨宽:《检察机关开展行刑反向衔接范围探讨》,载《中国检察官》2024年第11期,第65-68页。

时间等进行会商，及时推动内部一体协同履职，确保工作的质效。

加强与外部各行政执法机关之间协同联动，共同促进严格执法、公正司法。检察机关加强与行政执法机关、其它司法机关的联系，构建一体化监督工作格局。在办理涉及外地犯罪嫌疑人员案件时，诸如帮助信息网络犯罪活动罪、盗窃罪、掩饰隐瞒犯罪所得罪等，建议检察机关在作出相对不诉决定前及时与公安机关法制部门取得联系，在制作相对不诉决定书的同时将行刑反向相关文书一并制作，在嫌疑人到达检察机关签收相对不诉相关文书时办案民警在场，及时将被不起诉人带回警局进行行政处罚，让嫌疑人只跑一次就能解决问题，及时高效完成行刑反向工作。此外，司法机关、行政机关、律协等多部门可定期开展公益宣讲活动，在居民区、地铁口、商场等人流量较大的地方开展行刑反向衔接宣传活动，通过发放宣传单、举办公益讲座、制作公益广告、微电影等形式，多措并举做好行刑反向衔接普法宣传活动。

（四）明确检察机关后续跟踪监督的标准

明确检察机关后续跟踪监督标准，有利于有效落实行刑反向衔接监督机制。检察意见发出后，检察机关应依法能动进行后续跟踪监督履职。行政机关未依照规定期限回复、行使执法权时存在“明显不当”、违法履职等问题时，检察机关可制发检察建议进行后续跟踪监督。员额检察官可与检察官助理、书记员组成专项小组，对已制发的检察意见书进行跟进监督，时刻关注行政执法机关回复期限、行政处罚情况、当事人态度及后续表现等，对快到期但行政执法机关未及时回复的案件，检察机关专项小组可通过电话询问、与行政执法机关面对面沟通等形式，发出预警，督促行政执法机关及时高效履职尽责。若行政执法机关到期不答复、不处理或行政处罚不到位，可依职权启动行政违法行为监督程序监督纠正，也可将有关情况通报同级司法行政机关或者其上级机关，必要时可以报告同级党委、人大常委会。行刑反向衔接监督机制运行中，检察机关应充分尊重行政机关行政执法权，正确处理好检察机关与行政执法机关的关系。对司法实践中，存在的重难点问题、案件性质、法律适用等分歧，检察机关与行政执法机关妥善沟通、达成共识，形成行刑反向衔接工作合力。

（五）深入推进数字检察战略，建立并完善行刑反向衔接信息平台

检察机关应强化大数据战略思维，将数字技术应用于行刑反向衔接和行政违法行为监督工作，建立并完善行刑反向衔接信息平台，打破“数据壁垒”问题，以数字赋能打通监督堵点，在平台中开发行刑反向衔接线索来源提醒、行刑反向衔接案件移送及后续处理结果等板块。① 检察机关与行政执法机关将海量数据输入平台，通过数据的碰撞比对，将刑事检察部

① 刘星、陈孝翔、朱雅雯：《电信网络诈骗案件行刑衔接的困境与纾解》，载《武汉公安干部学院学报》2024 年第 2 期，第 43－47 页。

门做出不起诉决定的案件,被不起诉人未受行政处罚的信息等数据汇聚整合,自动推送至行政检察人员账号,由行政检察部门干警综合判断是否需要向行政执法机关提出检察意见。行政执法机关对违法行为人进行行政处罚后及时在行刑反向衔接信息平台中填写处罚决定并送达纸质文书,便于检察机关后续监督。

行刑反向衔接视角下高质效办理相对不起诉案件的实践路径

兰瑞齐*

摘要:司法实践中,检察机关在开展行刑反向衔接工作中存在诸如检察人员理念跟不上、检察意见不够精准、行政机关配合力度不高等困境。文章从转变司法理念、提高检察意见质量、构建大数据衔接机制以及探索更多检察方案等方面提出一些拙见,希冀从多维度多层次构建检府联动,形成优势互补、良性互动的局面,实现高质效办理相对不起诉行刑反向衔接案件,提升法律监督质效,更好实现公平正义。

关键词:行刑反向衔接;不起诉案件;高质效办案;公平正义

最高人民检察院检察长在为国家检察官学院2024年春季学期首批调训班次的学员授课时强调,善于从纷繁复杂的法律事实中准确把握实质法律关系,善于从具体法律条文中深刻领悟法治精神,善于在法理情的有机统一中实现公平正义,是"高质效办好每一个案件"的重要体现。高质效不止于"案件办结",而更加注重"后半篇文章"。行刑反向衔接机制,就是检察机关在司法办案中对犯罪嫌疑人作出不起诉决定后做到高质效办案和维护社会公平正义的重要方式和途径。当前司法实践中,在相对不起诉后更好实现公平正义具有重要的司法价值和实践意义,同时也面临一些实务难题,本文对此展开论述,进而探讨相对不起诉后如何更好更快实现公平正义的实践路径。

一、制度安排:行刑反向衔接是高质效办理相对不起诉案件的必然要求

从刑法规制到行政法管理,将刑事犯罪案件降格为行政违法案件,将犯罪行为降格为一般违法行为。解决了对被不起诉人宣布不起诉决定后,"治罪"方式和"治理"效果跳崖式终

---

* 兰瑞齐(1987—),男,贵州金沙人,贵州省毕节市金沙县人民检察院检察官助理,研究方向为行政法学、刑法学。

结的问题。“当检察机关作出不起诉决定时,意味着刑事追诉程序的终结或者中止,向主管机关提出检察意见则是转入其他责任追究程序的启动方式”①。

(一)行刑反向衔接的基本内涵

反向衔接,是相对于正向衔接而言的。首先,要从正向衔接说起。所为正向,就是行为从行政违法升格为刑事犯罪,从行政处罚上升到刑事判罚,是从轻到重的“上升”。反言之,行刑反向衔接,是从重到轻,从刑罚降格为行政处罚的“下降”。指检察机关在对犯罪嫌疑人作出相对不起诉决定后,对于需要被行政处罚的被不起诉人,向行政主管部门提出《检察意见》,由行政主管部门对被不起诉人作相应行政处罚的一系列衔接制度及运行机制。基础是刑事案件的犯罪情节轻微科处刑罚的不必性,以及行政违法情节严重而处以行罚的必要性,是刑事犯罪与行政违法、刑罚与行罚的桥梁纽带。

(二)行刑反向衔接的基本方式

根据刑诉法第 177 条第 3 款的规定,对被不起诉人需要给予行政处罚、处分或者需要没收其违法所得的,人民检察院应当提出检察意见,移送有关主管机关处理。可见,行刑反向衔接的对象是被不起诉人,开展工作的主体是人民检察院和有关行政主管部门,途径是提出检察意见,落实部门是行政主管部门,处理方式为行政处罚、处分或者没收违法所得。

(三)行刑反向衔接的必要性

刑事案件始于侦查机关立案侦查,终于检察机关作出不起诉决定或者审判机关作出生效判决。“行刑反向衔接机制避免对被不起诉人遗漏行政责任承担问题的出现,更有利于实现效率与公平在执法与司法环节的平衡”②。法律的强制作用是对犯罪人的行为的作用,是对犯罪人的负面评价,并对犯罪人的政治权利、财产权利及人身权利进行限制或剥夺。法律的教育作用是对一般人的作用,体现为引导合法、教育非法的意义。检察机关在作出不起诉决定后,如果没有相应的衔接措施,则不能体现法律的强制和教育作用,使司法流程空转,甚至出现“情节轻而处罚重、情节重而不处罚”的情况,在客观上鼓励了犯罪行为的蔓延。比如,盗窃罪的立案追诉标准为 1000 元,如行为人盗窃金额仅为 999 元时不能纳入司法程序以盗窃罪追究刑事责任,公安机关则以《治安管理处罚法》对其处以行政拘留十五日;如行为人盗窃金额为 1000 元时,检察机关反而以犯罪情节轻微作出相对不起诉处理,实际上行为人未被羁押。两相比较,金额小的被行政处罚,金额大的被不起诉,实际上造成“少偷不如多偷”的结果。

---

① 赵卿:《不起诉后检察意见的具体应用》,载《人民检察》2023 年第 3 期,第 74 – 75 页。

② 苏康健、李颖:《完善程序机制促进行刑反向衔接》,载《检察日报》2023 年 12 月 18 日,第 3 版。

二、现实困境：相对不起诉后行刑反向衔接机制运行中存在的问题

相对不起诉后通过行刑反向衔接机制对被不起诉人进行行政处罚，是一个与打击和惩治犯罪行为要求相契合，与构建中国特色的轻罪治理体系相契合，与高质效办好每一个案件的基本价值追求相契合的机制设计。体现了检察为民的司法理念，彰显了检察机关维护社会公平正义最后一道防线的司法价值。但在司法实务中，存在着检察人员的认识不精准、行政主管部门不配合、被不起诉人内心抵触和被害人不接受等系列问题，使行刑反向衔接工作难以高质效推进。

（一）检察人员对进行行政处罚的方式、程度、必要性认识不精准

“对犯罪嫌疑人作不起诉处理，并不意味着其不再承担任何法律责任，其可能需要依法承担相应的民事、行政法律责任”①。刑诉法第 177 条第 3 款，“对被不起诉人需要给予行政处罚、处分或者需要没收其违法所得的，人民检察院应当提出检察意见，移送有关主管机关处理”。

(1)该条文中的“需要”是个见仁见智的价值判断问题，主观性比较大。《最高人民检察院关于推进行政执法与刑事司法衔接工作的规定》第八条规定：“人民检察院决定不起诉的案件，应当同时审查是否需要对被不起诉人给予行政处罚”。就同一个被不起诉人是否需要进行处罚、处分或者需要没收违法所得，在实践中分管副检察长、员额检察官、检察官助理以及员额检察官之间都可能有不同的意见，难以形成统一认识，使检察意见“难产”。

(2)刑事检察部门对行政处罚法理解不透，对行政主管部门不清，对行政处罚方式不明。刑事检察部门作为主导审查主体，应当提出明确的给予行政处罚、行政处分的类型、事由及依据。无法提出具体进行行政处罚、处分的种类，给行政机关的意见不明确、具体。无法明确是由哪个行政主管部门办理，使检察意见送达无门。行政机关“无从下手”，也给行政机关不接受意见留下了“理由”。

(3)检察一体履职、融合履职的理念不深入、不牢固。刑事检察部门不起诉后，需要行政检察部门“接手”，需要检察一体、融合履职，并掌握相关业务，熟悉相关流程。刑事检察人员还存在“多一事不如少一事”“单打独斗”的思想，不愿“掺和”其他部门办案。造成刑事检察官和行政检察官之间案件线索流转难。

（二）行政主管部门不配合进行行政处罚

行政主管机关认为行政案件已经“升格”为刑事案件，需要进行刑事打击而不是行政处

① 高景峰、刘艺、柳慧敏：《行刑双向衔接的内在逻辑与有效运用》，载《人民检察》2023 年第 3 期，第 37－44 页。

罚。将案件线索移送公安机关就是其法定职责,更乐于移送线索而不愿做行政处罚,案件移送之后就与自身职责无关了,故而再次拿到检察意见时不想再"翻旧账"。

(1)公安机关是治安管理的行政主体,"程序倒流"使其努力白费。如,公安机关在办理故意伤害案件中已对违法行为人作出行政拘留,但当被害人的伤情达到轻伤程度时,就必须立刑事案件侦查,而检察机关作出不起诉决定后,又要对案件进行行政处理层面的"回炉再造"。公安机关认为,在侦办案件过程中已经大费周折进行矛盾纠纷化解,甚至为了违法行为人主动积极全面赔偿被害方损失,对违法行为人作出过类似于"赔钱结案""谅解不押"的承诺,检察机关又要求进行行政处罚,再次将"责任"回落到公安机关头上。若公安机关据此作出行政处罚,则属于"出尔反尔""说话不算话",若不作行政处罚,又不好向检察机关交代。故而对检察意见的回复率低,采纳率更低。

(2)其他行政主管部门的罚款太高,行政行为的合理性不好把控。行政处罚也应遵循比例原则,行政机关实施行政行为应兼顾行政目标的实现和适当性手段的选择、保障公共利益和相对人权益的均衡。但行政主管部门的罚款往往比刑事判决书中罚金的数额高得多,使得对被不起诉人作行政处罚在数额上的合理性不好把握。比如,农业农村行政主管部门对因非法捕捞水产品被不起诉的人、林业行政主管部门对滥伐林木、失火、危害珍贵、濒危野生动物的行为人及自然资源行政主管部门对盗窃矿产资源犯罪的行为人作出罚款决定,罚款数额都较大,被不起诉人(行政相对人)难以承受而不愿配合,行政主管部门为了回复检察机关,不得不以降档处理的方式解决"梗阻"。

(三)被不起诉人心里抵触不愿配合

对于犯罪人来说,检察机关宣布不起诉决定后,刑事流程就宣告终结。当被检察机关告知还要提出检察意见要求行政机关进行行政处罚时,往往表现出抗拒、疑惑和不服,认为"多此一举、没完没了,谅解了当没谅解,赔了像没赔"。如果赔偿是经检察机关调解后作出的,还表现出后悔的心态。究其原因,可以从以下几个方面分析:

(1)"花钱买刑、赔钱免灾"的思想。犯罪嫌疑人为了不被刑事判罚免除牢狱之灾,获得从宽处理的机会,积极与被害人协商,退还被害人损失。为了表现出诚恳的认罪悔罪态度,而作出相应让步,额外支付被害人赔偿金以求得被害人的一张谅解书,在取得谅解书后认为已案结事了、息事宁人了。

(2)主动赔偿与被动赔偿的金额差距较大。嫌疑人主动赔偿损失时,难免被"狮子大开口"。为了不被羁押,不得不尽量满足被害人或家属的要求,赔偿的金额远远超过被害人的实际损失费用。而案件即使被移送人民法院判决则仅需赔偿法定损失,两相比较差距较大,导致嫌疑人认为"不划算"。特别像故意伤害、交通肇事、盗窃等案件在移送人民法院后多被判处缓刑,附加判处罚金。尤其对于林业、农业农村、自然资源等行政主管部门的罚款远高于人民法院的罚金。

(3)程序"易道开展"一样影响其社会评价。检察机关宣布不起诉终结了刑事程序,发出检察意见则是行政处罚程序的开始,两种程序有本质的不同。但对于普通人来讲,行政处罚和刑事处罚都是被"关押",只是时间长短的问题,没有实质的区别,都会给嫌疑人的社会形象带来负面影响,故而抵触被行政处罚。

(四)被害人不接受仅进行行政处罚

被害人是犯罪后果的直接承受者,对如何处理犯罪嫌疑人应当有处置性权利。"对被害人赋予参与权和制约权,让被害人能够参与并直接有效地进行监督,是落实检察机关法律监督职能作用、维护司法公正的有效途径,也是检察机关践行为人民司法理念的具体体现"①。部分被害人对检察机关作出不起诉决定,及对被不起诉人进行行政处罚的意见持反对态度,要求将案件起诉至人民法院判处刑罚。从被害人的角度来看,其刑事诉讼权利贯穿于司法机关办案过程,并不因赔偿谅解而消灭。

(1)刑事谅解后追究犯罪人刑事责任的权利仍然存在。自古以来,"杀人偿命,欠债还钱"都被视为中华民族的"权利平衡法"。权利不因谅解而消亡。追究犯罪人刑事责任,是被害人的"自然权",体现为要求公权力介入以达到惩罚犯罪人目的的一种"求偿权"。这种"偿"的方式,不是仅体现物质利益,还包括精神利益,以及犯罪人被判处刑罚对被害人带来的心理"补偿"和对犯罪人进行人身限制等"对等损失"带来的权利平衡。

(2)被迫谅解导致被害人"表意失真"。相较于犯罪嫌疑人来说被害人处于弱势地位。犯罪发生后,犯罪嫌疑人或其家属掌握着是否赔偿、赔偿多少、赔偿时间的主动权,他们在犯罪嫌疑人可能被判处的刑罚和被害人提出的赔偿款之间作比较,看是否"划算"。若刑期不长而赔偿要价较高则拒绝协商赔偿事宜,反之则积极主动。同时提出"无谅解则不赔偿"的霸王条款作为协商处理的重要条件,协商前单方拟好协议内容,迫使希望挽回损失和弥补权益的被害人"就范"。

(3)被害人的"权益缺口"是否"补上"的主观性较强。以原物退还或以金钱代还能直接看出物质损失的恢复程度,得出是否补足的客观判断。但仅通过赔偿医疗费、营养费、误工补助费等方式不能看出受损人身权益的恢复程度,还与被害人受到的心理慰藉等主观感受有关,无法作出客观认定。

三、优化路径:多维度完善相对不起诉后行刑反向衔接工作

为更好担当起社会公平正义最后一道防线的责任,最高人民检察院检察长应勇指出:"要加强法律监督,坚持高质效办好每一个案件,努力实现办案质量、效率与公平正义的有机

① 常永栋:《认罪认罚从宽案件中被害人权利保障问题》,载《中国检察官》2023年第9期,第23-26页。

统一,既要通过履职办案实现公平正义,也要让公平正义更好更快实现,还要让人民群众真正、切实感受到公平正义,这应当成为新时代新征程检察工作的基本价值追求”。具体来讲,检察机关要转变司法理念、提高检察意见质量、构建大数据行刑反向衔接监督机制以及探索更多检察方案等方面着手,加强与行政主管部门的沟通协调,深化侦查监督与协作配合,增强释法说理能力,提升参与社会治理的水平,高质效办好每一个案件,更好更快实现公平正义。

(一)转变理念,让检察监督向相对不起诉后继续延伸

《中共中央关于加强新时代检察机关法律监督工作的意见》指出,进入新发展阶段,与人民群众在民主、法治、公平、正义、安全、环境等方面的新需求相比,法律执行和实施仍是亟需补齐的短板,检察机关法律监督职能作用发挥还不够充分。最高检党组提出,在实体上确保实现公平正义,在程序上让公平正义更好更快实现,在效果上让人民群众可感受、能感受、感受到公平正义。

(1)坚持“高质效办好每一个案件”的基本价值追求。“刑事检察工作必须以‘高质效办好每一个案件’为最高标准,更新司法理念,优化制度机制,抓好改革创新,努力为人民群众提供更多更优质检察产品,实现更高水平的公平正义”。①

(2)正确行使检察监督的“自由裁量权”。相对不起诉是检察办案的“自由裁量权”,是检察机关在审查证据并认定事实后,根据犯罪情节、犯罪嫌疑人的人身危害性和社会危险性等作出的处理决定。制发检察意见也是检察办案的“自由裁量权”,是对被不起人进行纵深监督的有效路径。

(3)牢固树立“以行政处罚实现刑罚处罚目的”的理念。理念是行动的先导。执法司法的目的不仅是依法严厉打击违法犯罪行为,更在于社会关系的恢复和社会矛盾的调和。行政处罚有诸多优势,如不把行为人推向社会对立面,不给违法人贴上犯罪标签,使行为人自愿“认罪伏法”,感受到法律的温度,回归社会可能性更大等,使行政处罚的治理效果好于刑事处罚。数据显示,除极个别危险驾驶被不起诉后再次醉驾外,绝大多数被不起诉后未再涉嫌犯罪。

(二)提质增效,使检察意见成为公平正义的践行者

检察意见的生命在于得到行政主管部门的执行。而生命力强弱由检察意见的合理性、准确性、可操作性等决定。只有高质量的检察意见,才能换来高标准的执行,才能取得高质量的维护社会公平正义的效果。

---

① 苗生明:《高质效办好每一个案件推动实现更高层次公平正义》,载《检察日报》2023年4月3日,第3版。

(1)完善法律法规及出台有关司法解释,是破解检察意见落实难题之匙。无法可依,可能是检察意见难以落实的根本原因。刑诉法第一百七十七条第三款作为检察机关提出检察意见的法律依据,也是行刑反向衔接在法律程序上的源头,使行政主管部门对被不起诉人作出行政处罚有了法律依据。但同时也存在一些问题,即行政处罚不可以直接依据刑诉法而作出,刑诉法不可以作为行政处罚的法律依据。如能在《治安管理处罚法》的处罚条文中增加一种违法情形,直接规定因犯罪情节轻微而被检察机关作出相对不起诉决定的,处以行政拘留十五日等,可使检察意见的落实有法可依。

(2)完善协同会商机制,使检察意见更加切合实际。建立健全行刑反向衔接协调会商机制,与侦查机关、行政主管部门形成统一共识。行政机关和司法机关从职能职责、功能定位、宪法地位、权力划分等方面存在先天不同,使检察意见"外行指导内行",甚至行政主管机关是谁都没有弄清楚,闹出"张冠李戴"的笑话,影响检察意见的权威性和公信力。建立检察机关与行政主管部门的行刑反向衔接会商机制,对拟提出检察意见的,与相应行政主管部门达成一致意见,就行政处罚方式等达成共识,使检察意见的落地之路畅通无阻,且提出的意见也是行政主管部门所喜闻乐见的,更能接受意见。

(3)用准用好"自由裁量权"。法律规定是认为需要进行行政处罚的才提出检察意见,对"需要"二字,检察人员应通过被不起诉人的人身危险性和社会危害性、犯罪事实、社会矛盾是否有效化解,最重要的是被不起诉人是否被羁押过,以及羁押时间的长短等进行判断。"比如,对于轻伤害等案件的被不起诉人,如果在不起诉前已被刑事拘留、逮捕的,或者当事人双方已经和解并承担了民事赔偿责任的,作出不起诉决定后,一般不再提出行政拘留的检察意见"。① 如羁押时间超过最长行政处罚期限的,则不宜再提出进行行政拘留的检察意见,可以考虑提出没收违法所得等检察意见。

(4)坚持穿透式、链条化的跟踪监督思维。"要牢固树立'全链条'监督意识,持续关注检察意见的落实情况,对于涉及其他行政主管部门作出后续处理的,要监督信息移送、情况通报,对于怠于履职或履职不到位的,应当作为监督线索进一步调查"。② 发出检察意见是开始,归根到底要通过落实才能体现其作用和意义。完善相应沟通协商、制约配合机制,打通相关主体心中的"堵点",使检察意见得到及时全面落实。

(三)数据赋能,构建大数据行刑反向衔接监督制约机制

"数字检察是推进检察工作现代化的重要引擎,也是高质效办好每一个案件的重要手

---

① 高景峰、刘艺、柳慧敏:《行刑双向衔接的内在逻辑与有效运用》,载《人民检察》2023 年第 3 期,第 37 - 44 页。

② 张婷、秦雯:《行刑衔接中需加强行政违法行为监督》,载《检察日报》2023 年 11 月 1 日,第 7 版。

段。要深入实施数字检察战略,构建业务主导、数据整合、技术支撑、重在应用的工作机制”。① 完善监督方式、提升监督质效、实现监督目标,是法律监督机关必须时更时新的永恒主旨。大数据时代,检察机关要主动掌握数字主动权,以数据赋能不起诉案件检察监督质效提升。

(1)数据精准,是数字检察监督之基。数据是开展大数据法律监督工作的前提和基础。一是深挖自身数据。将近三年来刑事检察部门作出不起诉的案件数、被不起诉人数以及提出检察意见数、获得采纳数或未获回复数进行全面提取,形成具有一定规模的“数据池”。二是拓展数据来源。通过技术措施或协调向行政主管部门调取收到检察意见数、落实意见数及不予回复数,充实数据类型,增强数据涵盖范围。三是增强数据甄别能力。对检察意见“大数据”按照处理结果进行归类汇总,进一步区分处理方式和不予采纳的情形,通过抓取、筛选、识别、提取获得精准有效的数据量。

(2)应用充分,是数字检察监督之要。数据对检察工作的意义要体现在充分运用上,要以数字检察助推检察意见制发、管理和落实上,促进社会问题溯源治理。一是提高对数字检察的认识。检察工作不能只靠数据,但充分利用数据是破解检察监督难题的途径之一。二是找到数据体现的异常点。将个案数据输入类案数据系统进行比对,发现移送线索、制发检察意见和采纳情况的异常数据后,开展案件回查、逐案梳理,促使各自部门切实正确履职。三是对提炼的数据运用得当。探索在市级或省级层面适时构建检察意见监督机制的大数据法律监督模型,用平台辅助办案,充分发挥智慧检务功能。

(3)制约有力,是数字检察监督之职。通过数字检察模式监督行政机关依法对被不起诉人作出相应行政处罚,不是你错我对的零和博弈,而是刑事司法与行政执法的融合施治,最终目的都是促进社会治理、维护公平正义。一是完善检察意见监督落实会商研究机制。刑事检察部门和行政检察部门之间,以及行政检察部门和行政机关之间要建立检察意见落实必要性会商机制,确保检察意见落实有力。二是建立检察意见监督落实数据库,实时掌握检察意见落实情况。对存量数据通过专项工作妥善处理,对增量数据进行必要控制,并逐案研判落实。三是将监督数据向党委、政府及上级检察机关通报汇报。争取同级党委、政府及上级检察机关的支持,对检察意见适当“提级”协调处理。

(四)方式拓展,公平正义的实现可以有更多“检察方案”

行刑反向衔接,是在不起诉后实现公平正义的基本途径。除行政主管部门进行行政处罚外,实现公平正义的途径可以是多样化的,达到“惩前毖后,治病救人”目的的方式可以进一步探索。对未被羁押的被不起诉人,如一刀切以行政拘留的方式进行处罚,无疑是对其贴

① 童建明:《高质效办好每一个案件持续推进习近平法治思想的检察实践》,载《人民检察》2023年第23期,第1-4页。

上“准罪犯”的标签,造成社会上存在更多的“前科人员”,增加社会对立面,不利于实现良好的社会效果。

(1)探索“以公代罚”的方式进行行政处罚。要求被不起诉人参与“公益活动”代替行政处罚,同时完善考核评价机制,并以考察报告作为是否进行行政处罚的参考依据。如对危险驾驶的被不起诉人,要求其到居住社区开展义务交通劝导员活动。

(2)开展“现身说法”宣传教育。要求被不起诉人到学校、村(社区)、企业、广场等人流聚集地开始普法宣传教育活动,结合其在活动中的表现,综合评判是否达到“惩罚”的目的,是否足以达到维护法律统一正确实施的效果。

(3)建立行政处罚减免机制。对于在刑事案件侦办过程中,有见义勇为、扶危救困、乐善好施等行为表现的,在作出不起诉决定后,按规定应提出行政处罚意见的,鉴于其行为表现,检察机关可不再提出检察意见。

轻罪行刑衔接问题的检视

王道元　孙任嫱*

摘要：我国轻罪在立法和司法上呈现出扩张趋势，轻罪治理成为社会治理中的一项重要工作。目前刑法和行政法的关系可以分为交叉重叠型、单纯行政违法型、单纯刑事犯罪型，实体上无法实现行刑有效衔接；同时还存在信息沟通障碍、移送制度障碍等程序性问题。应当积极探索行刑衔接的路径，在实体上完善刑法解释、适度扩张行政法的范围、完善立案追诉标准，在程序上完善信息共享平台、优化双向移送机制、构建移送监督机制，运用行政手段与刑事手段相结合，共同推进轻罪治理工作。

关键词：轻罪治理；行刑衔接；困境；路径

轻罪，顾名思义，犯罪行为较轻，通常存在罪与非罪、刑事与行政的界定问题，对于情节较轻的追究行政法上的责任，情节较重的追究刑法上的责任。谈到轻罪治理就不得不考虑行刑衔接问题，只有将行政手段与刑事手段相结合，才能实现轻罪治理政治效果、法律效果、社会效果的有机统一。

一、我国轻罪立法司法呈现扩张趋势

近十年来，我国刑法通过修正案的形式，新增"危险驾驶罪""代替考试罪""非法利用信息网络罪""帮助信息网络犯罪活动罪""高空抛物罪"等多个轻罪罪名。① 我国司法对轻罪案件的处理也呈现出积极入罪的态势，轻罪判决数量总体上呈上升趋势，轻罪的入罪率和起诉率大幅增长。据最高检《刑事检察工作白皮书(2023)》的统计数据显示，判处三年有期徒

---

* 王道元(1994—)，男，江苏南京人，南京市公安局特警(巡警)支队三级警长，研究方向为刑法学、行政法学。

孙任嫱(1994—)，女，江苏南京人，南京江北新区人民法院三级法官助理，研究方向为刑法学。

① 周光权：《论通过增设轻罪实现妥当的处罚——积极刑法立法观的再阐释》，载《比较法研究》2020年第6期，第40－53页。

刑以下刑罚的轻罪案件人数占比从1999年的54.4%上升至2023年的82.3%。[①] 法律具有滞后性,法律的规制总是慢于社会的发展,面对会出现各种新的问题,法律要不断进行调整,但法律作为规范人们行为的手段,要具有一定的稳定性,符合社会大众的预期,在一段时间内不能朝令夕改,只能进行一些微调,所以法律经常跟不上社会发展的步伐。在立法上无法及时调整,在司法上为了弥补这一缺陷,通过法律解释将以前实践中没有纳入刑法调整的行为解释为犯罪行为。如在公交车上抢夺方向盘的行为,在刑法修正案(十一)之前,没有妨害安全驾驶罪,实践中常以以危险方法危害公共安全罪处罚,该罪最低法定刑在3年以上,将抢夺方向盘的行为与放火、决水、爆炸等危害公共安全的行为作同等条件对比,如今看来显然不合适。但在当时情况下,为了回应社会的关注,只能通过刑法来提高违法的成本,打击类似的危害行为。

但是有的危害行为情节轻微,犯罪程度较低,行为人可能能够意识到非法性,但对严重到犯罪程度并没有太多的认识。如随着对电信网络诈骗犯罪打击力度的加强,"帮助信息网络犯罪活动罪"扩张趋势明显,一些涉世未深的大学生,只想赚取一些生活费,在犯罪分子的蒙骗、利诱下,将"两卡"交给他人使用,有的人能够意识到他人可能从事非法活动,自己的行为可能触犯法律,但很少有人能够意识到会直接触犯到最严厉的刑法。在我国,有过犯罪前科的人员,通常有众多不利影响。如构成累犯、再犯的量刑会更重;在入伍、就业时有前科报告义务;相关行业从业禁止;不良诚信记录影响贷款、投标等;影响考编制、入党等政审;同时还会株连到其近亲属,影响子女的政审等。[②]

将不少危害行为由刑法直接规定为犯罪,而在行政法上并没有相关的规定,使得轻罪类型的不合法行为要么直接适用刑法进行刑事处罚,要么直接无罪无法处罚,在构罪与不构罪之间缺少一定的缓冲地带,也就是行政法并不能承接不构成犯罪的不合法行为,无法通过行政手段施以惩戒。而犯罪的所带来的负面影响太多,对较轻的危害行为直接适用刑法,手段过于严厉,轻罪的打击范围过大,也不利于行为人的未来发展。[③] 因此可以通过一定的行政手段予以缓冲,督促其改正,若无法实现行为纠偏的作用,再动用刑罚的手段。

二、轻罪行刑衔接问题的检视

在各种行政法中,经常出现诸如"构成犯罪的,依法追究刑事责任"的表述,即行政违法的行为,具有严重社会危害性的,具备犯罪成立要件的,由刑法给予刑事处罚。但由于种种

---

① 中华人民共和国最高人民检察院:《刑事检察工作白皮书(2023)》,载最高人民检察院网 https://www.spp.gov.cn/xwfbh/wsfbh/202403/t20240309_648173.shtml,最后访问日期:2024年5月8日。

② 徐立、成功:《论轻罪时代前科制度的内在诟病及其应对》,载《河北法学》2023年第5期,第20-42页。

③ 樊崇义:《中国式刑事司法现代化下轻罪治理的理论与实践》,载《中国法律评论》2023年第4期,第191-201页。

原因,目前二者在衔接方面依然存在一些问题。

(一)行刑实体衔接问题

行政法和刑法在立法体系上的衔接是实现轻罪治理领域行刑衔接的重要保障。目前刑法和行政法的关系大致可以分为三种类型:交叉重叠型、单纯行政违法型、单纯刑事犯罪型。

1. 交叉重叠型

刑法有规定,行政法也有规定,二者存在交叉、重叠。情节轻微的构成行政违法,情节严重的构成刑事犯罪,其中的界限通常在于涉案金额大小、后果严重程度等。有的犯罪有明确的数额标准,可以通过具体数字进行衡量,而情节严重、后果严重等条件通常缺少客观的判断标准,需要司法办案人员进行价值判断,而每个人的理解有所不同,带有一定的主观倾向,使得类似的案件事实在实践中界定罪与非罪时存在偏差。《刑法》第 264 条规定了盗窃罪,《治安管理处罚法》第 49 条规定了盗窃的治安违法行为,达到盗窃罪立案追诉标准的追究刑事责任,没有达到的按照治安违法追究行政责任。若行为人由于饥饿多次在超市盗窃,每次盗窃一根火腿肠,是犯罪行为还是治安违法行为。根据刑法 264 条,多次盗窃没有数额要求,即使每次盗窃价值 1 元,也构成盗窃罪。但根据刑法第 13 条规定:“情节显著轻微危害不大的,不认为是犯罪。”多次盗窃总共只有几根火腿肠很难说有严重的社会危害性,笔者认为适用行政处罚更为妥当。①

再如《治安管理处罚法》第 50 条规定了阻碍国家机关工作人员依法执行职务的行为,《刑法》第 277 条规定了妨害公务罪。二者针对的都是阻碍依法进行的公务活动,但阻碍对象、行为方式、造成后果不同。阻碍执行职务行为的对象是国家机关工作人员;在行为方法或者手段上没有使用暴力和威胁;在行为后果上,阻碍执行职务行为没有造成严重的后果。而妨害公务罪的对象除了包括国家机关工作人员还包括人大代表和红十字会工作人员;行为方法或手段上,通常表现为使用了暴力、威胁手段,而当行为对象是国家安全机关、公安机关时,虽未使用暴力但造成严重后果的也可以适用;行为后果上,通常给国家机关及其工作人员造成了较严重的后果。其中暴力袭击正在依法执行职务的人民警察的按照第五款袭警罪定罪量刑。但是实践中,存在一些“软暴力”的方式,如围观群众在现场用怪异的语气不停复述警察的语言并向周围扩散,干扰到警察执法,这是否可以认定为“阻碍执法”;再如社会闲散人员在警察执法时摆场架势示威、聚众哄闹滋扰,干扰到警察正常执法工作,但并没有造成严重后果,行为人没有明显暴力和威胁的行为,这种“软暴力”的行为能否也认定为是暴力,在实践中很难准确界定是阻碍执行职务的治安违法行为,还是妨害公务罪的刑事犯罪行为。

---

① 徐清:《轻罪治理背景下“多次盗窃”犯罪的检察应对》,载《中国检察官》2023 年第 3 期,第 31 - 34 页。

交叉重叠型的行为认定难点在于行政违法与刑事犯罪的区分问题,如“情节严重”“数额较大”“造成严重后果”等术语的表述,缺乏详细的界定标准与之配套,造成实践中处理轻罪行为存在行政处罚与刑事处罚的混乱。

2. 单纯行政违法型

行政法规定为违法行为,但刑法没有对应的罪名。《治安管理处罚法》规定的行为,很多属于单纯的治安违法类型,或者经过评估不宜纳入刑法进行规制。如《治安管理处罚法》第 72 条规定了吸食、注射毒品的违法行为,但刑法并没有规定吸毒罪,所以无论吸毒多少次都是治安违法行为,不构成犯罪,虽然可以进行强制戒毒 3 个月至 6 个月,其限制自由的程度不亚于刑罚中的拘役,但这依然是行政措施而非刑罚手段。虽然吸毒行为无论情节多恶劣、造成影响多恶劣,都不构成犯罪,但若行为触犯到其他犯罪,可以按照相应犯罪处罚,如吸食、注射毒品必然涉及持有毒品,持有毒品达到一定数量的可以构成非法持有毒品罪。

有些类型的行为存在于同一条文中,违法行为有一定的可比性,但有的有刑法条文相对应,有的却没有。如《治安管理处罚法》第 42 条第 1 项规定威胁他人人身安全的行为,第 2 项规定侮辱、诽谤他人的行为。第 2 项对应刑法第 246 条的侮辱、诽谤罪,而第 1 项并没有刑法对应罪名。在实践中,威胁他人人身安全的行为所造成的影响并不亚于侮辱诽谤的行为,对受害人来说有的威胁人身安全行为造成的身心伤害更严重,但却不构成犯罪,无法追究更严重的刑事责任。

单纯的行政违法行为,刑法缺乏相应的规定,使得各种行政法中诸如“构成犯罪的,依法追究刑事责任”的条款无法落实,而仅仅依靠行政手段,有的不足以遏制住违法问题,可能会造成更严重的后果。

3. 单纯刑事犯罪型

刑法规定为犯罪,但行政法却没有规定。刑法规定为犯罪,但行政法却没有规定。例如《刑法》第 291 条之二规定了高空抛物罪,《民法典》明确了高空抛物造成侵权责任的问题,但在刑法和民法之间的行政法,目前施行的《治安管理处罚法》并没有将高空抛物纳入治安管理处罚的范围,其他行政法也没有明确的规定,使得高空抛物引发的法律责任不够连贯。正在修订的《治安管理处罚法(修订草案)》意图将高空抛物行为纳入行政处罚的范围,以形成民事责任、行政责任、刑事责任全方位的责任体系。刑法中有的犯罪入罪标准较高,而行政法缺位,导致处罚出现了漏洞。在劳教废除前,有地方针对缺乏法律依据的行为,通过劳教的方式进行惩治,暂且不论劳教的合法性,劳教确实堵塞了一些处罚上的漏洞,法律具有滞后性,行政法也是如此,劳教废除后缺乏配套合法的措施来堵塞这些漏洞。行政法条文不可能将社会上的所有违法行为面面俱到,如何堵塞由于法律的滞后性造成的法律漏洞值得深入探讨。

刑法中有的犯罪入罪标准较高,而行政法缺位,导致处罚出现了漏洞。在劳教废除前,有地方针对缺乏法律依据的行为,通过劳教的方式进行惩治,暂且不论劳教的合法性,劳教确实堵塞了一些处罚上的漏洞,法律具有滞后性,行政法也是如此,劳教废除后缺乏配套合法的措施来堵塞这些漏洞。行政法条文不可能将社会上的所有违法行为面面俱到,如何堵塞由于法律的滞后性造成的法律漏洞值得深入探讨。

《刑法》第37条规定对于犯罪情节轻微的可以免予刑事处罚,但可以交由主管部门予以行政处罚或者行政处分;《刑事诉讼法》第173条也规定了类似条款,对被不起诉人移送有关主管机关处理。但是单纯的刑事犯罪行为,没有行政法对情节较轻行为进行规制,使得上述的规定在实践中无法落实。

(二)行刑程序衔接问题

1. 行刑衔接的信息沟通不畅

信息沟通是行刑衔接机制运行的重要内容和关键所在。但目前不同执法部门之间仍然存在着信息壁垒,不少机关只在其主管领域内共享信息,对于涉及其他部门的交叉领域,通常持谨慎的态度,有限共享甚至不共享信息,使得行政机关、司法机关之间存在信息障碍,若行政机关不存在法定移送的情形,信息无法传到司法机关,司法机关也就无法开展后续刑事工作;同样,司法机关在对犯罪行为作出刑事处罚后,通常也不会再将其它不构成犯罪的行为与行政机关进行沟通。① 可以说信息沟通不畅是阻碍行刑程序衔接的重要原因。

2. 行刑衔接的移送制度不畅

行政执法与刑事司法都是在执行法律,法律对行政机关与司法机关之间的双向移送作出了概括性规定,但在实践中主要存在证据移送不畅、案件移送标准不清等问题。《刑事诉讼法》第54条规定行政机关收集的物证、书证等证据材料可以在刑事诉讼中作为证据使用,但行政案件与刑事案件的证据要求不一样,有的存在瑕疵的证据在行政案件中依然可以直接使用,但到刑事案件中则不能作为证据使用,也有的在行政执法阶段不需要收集的证据,由于没有及时固定导致证据灭失,造成刑事案件中证据缺失。② 如《道路交通安全法》在认定交通事故时,若一方当事人逃逸的,则认定其负全责,但若该交通事故造成人员伤亡,可能触犯刑法的交通肇事罪时,当事人是否负主要责任或同等责任将影响到案件的定性,此时就不能根据《道路交通安全法》的规定来认定行为人的刑事责任,若在行政执法中未及时固定证据,将对刑事案件后续办理造成很大的困难。另外有的行政机关对案件是否涉及刑事犯罪把握不准,并未将可能涉嫌犯罪的案件移交司法机关,造成刑事惩治上的疏漏,因此还需要明确案件的移送标准。而对于不构成犯罪,需要给予行政处罚的,即司法机关向行政机关反向移送的情况,在实践中非常少。

---

① 武晓雯:《行刑衔接机制的基本问题》,载《中外法学》2023年第3期,第803-822页。

② 李煜兴:《行刑衔接的规范阐释及其机制展开——以新《行政处罚法》行刑衔接条款为中心》,载《中国刑事法杂志》2022年第4期,第64-78页。

3. 行刑衔接的移送监督乏力

行刑衔接机制发挥效能在一定程度上依赖于外部的监督。行政执法具有相对终结性，大部分行政案件在行政机关作出行政处罚后就已经终结，不会再移送刑事司法机关，也就不会进入行刑衔接的程序。这使得存在不少"以罚代刑"的情况，有的行为已经构成犯罪，但行政机关只进行行政处罚，而不再追究其刑事责任。检察机关、监察机关等监督部门很难在第一时间知悉，对行政机关移送案件的情况无法进行有效监督。

三、轻罪行刑衔接路径探索

(一)加强轻罪行刑实体衔接

1. 完善刑法解释以明确刑法调整范围

首先，刑法解释必须有法可依，禁止类推解释，但允许有利于被告人的类推解释。刑法解释应当从刑法条文文字包含的含义出发，将条文放在整个刑法体系中进行解释，而类推解释超出了刑法体系的范围，也超出了国民的预测可能性，使得一些国民原本不认为是犯罪的行为却被解释为触犯刑法的犯罪行为，造成国民无所适从。但为了更好地限制国家刑罚权、保护国民的权利，允许一些有利于被告人的类推解释。

其次，允许适度的扩大解释。扩大解释也会超出刑法条文的字面含义，但扩张法条字面含义的目的是使其含义更加贴合立法的本意，还原法条的真实意图，扩大的结果一般也不会超出一般人的认知范围，如将"拖拉机"解释为"机动车"的一种，拖拉机与汽车等其他机动车在外观、功能、使用方法等方面存在很大的相似性，刑法不可能将所有的机动车类型都列举出来，所以将"拖拉机"解释为"机动车"符合立法的本意，符合刑法体系的要求，也不会超出国民的预测可能性。①

2. 扩张行政法以实现行刑立法衔接

社会是不断向前发展的，会出现各种各样的新事物，违法犯罪的形式也是如此，会出现各种新的违法犯罪类型，法律需要针对性地作出调整。如帮助信息网络犯罪活动罪是在网络犯罪频发的背景下，尤其是电信网络诈骗日益猖獗的形势下，通过刑法修正案(九)增设的，以打击为信息网络犯罪活动提供帮助的行为。但行政法并没有对此进行调整，《治安管理处罚法》中找不到与之对应的违法类型。

相比于轻罪立法的扩张，笔者更倾向于行政法的扩张。笔者认为行政法的规制范围应当大于刑法规制的范围，尤其是涵盖行政违法类型比较多的《治安管理处罚法》，应当尽可能包含社会中的各类违法行为。法律是道德标准的底线，而刑法是最严厉的法，是法律的底线。刑法与人们的日常活动应当存在一定的缓冲地带，即在合法行为与犯罪行为之间，存在

---

① 姜涛：《刑法解释的价值判断》，载《中国社会科学》2023年第7期，第138－160页。

违法行为这种缓冲,用于规制不合法但尚未达到要用刑法来规制的非法行为,行政法就可以实现这样的缓冲作用,通过行政处罚实现行为纠偏的目的,防止直接适用刑法而导致责任过重。① 因此笔者认为《治安管理处罚法》等行政法应当针对刑法中所有的罪名设置相对应的条款,未达到犯罪追诉标准的,通过行政法给予否定性评价,通过行政处罚的手段实现对违法行为的惩治。行政法中也可以设置一些兜底条款,主要针对不构成犯罪但具有一定社会危害性的行为,以防出现惩罚上的真空地带,同时也可以为后续的轻罪制度提供违法类型储备空间。如《治安管理处罚法》第 27 条的寻衅滋事行为,设置了"其他寻衅滋事行为"作为兜底条款,用以涵盖目前立法者尚未意料到的其他类型。《治安管理处罚法(修订草案)》第 46 条,增加了关于低空无人机、动力伞等规定,意图对涉无人机等新的违法类型进行规制。

法律的修改都是为了顺应时代的发展而作出的适应性调整,不断堵塞治理违法犯罪问题的漏洞,而行政法是解决轻罪出罪、免刑等后续工作中的一项重要内容,行政法的调整是行刑衔接立法层面的关键。刑法具有一定的谦抑性,无法对所有具有严重社会危害性的行为进行刑事惩处,对于刑法没有明文规定的或者暂时没有必要进行刑法评价的行为,行政法不能缺位,尤其是针对处在罪与非罪之间的某些行为,刑事处罚明显过重的,给予行政处罚正好合适。

3. 完善立案追诉标准以明确行刑衔接界限

要实现行政法与刑法的有效衔接,必须明确二者的界限,也就是要明确刑事案件的立案追诉标准,行为方式、结果等情节达到追诉标准的,追究刑事责任予以刑事处罚,未达到追诉标准的,根据行政法予以行政处罚。根据不同违法犯罪类型的特征,通过量化、细化的指标明确数额较大、情节严重等判断标准,完善犯罪的立案追诉标准,使刑法适用更具有可操作性。

(二)强化轻罪行刑程序衔接

1. 完善行刑衔接的信息共享平台

在科技信息化的时代下,信息共享平台是实现信息沟通最便捷的方式。早在 2014 年,珠海市就制定了全国首部规范"行刑衔接"工作的地方性法规②,并建立了由行政执法机关、公安机关、检察机关、法院等部门参与的行政执法与刑事司法衔接的信息共享平台,满足了相关案件的网上移送和受理的需要。之后全国各地也纷纷建立起"两法衔接"信息共享平

① 门中敬、陈方政:《补充设定行政处罚的范围扩张及其限制》,载《齐鲁学刊》2023 年第 3 期,第 75 - 87 页。

② 广东省人民检察院:《珠海市检察院推动该市在全国率先实现"两法衔接"工作地方立法》,载阳光检务网 http://www.gd.jcy.gov.cn/jcyw/zcjd/gzdt4/201504/t20150428_1589247.shtml,访问日期:2024 年 5 月 8 日。

台,如今该类型的信息共享平台在交通违法、知识产权侵权等领域得到有效应用。接下来还需继续完善信息共享平台,扩大主体参与范围,尽可能将涉及的行政司法机关全部纳入其中,扩大信息共享内容,及时更新相关数据,打破地域限制,争取发挥更大的作用。①

2. 优化行刑衔接的双向移送机制

行政机关和司法机关要达成共识,明确案件移送的标准、明确证据移送的范围、明确双向移送的程序等等。行政机关作为最先接触证据的一方,要在第一时间固定好证据,无论是否涉及刑事犯罪,都应当按照严格的标准收集证据,确保证据在移交司法机关后能够发挥证据的证明作用。行政机关对案件性质存在疑问的,可以请司法机关提前介入,也可以立足于信息共享机制将相关情况上报共享平台,便于司法机关及时发现涉嫌犯罪的线索。明确案件移送的程序,无论是行政机关向司法机关移送还是司法机关向行政机关移送,都应当按照规定的程序进行,受移送方不得以各种理由推脱、拒绝,对于案件存在争议的,行政机关和司法机关应当共同研判,必要时可以邀请专业人士提供专家咨询。②

3. 构建行刑衔接的移送监督机制

立足信息共享平台,检察机关、监察机关等监督部门可以进行网上监督,通过数据挖掘、分析研判、发现问题,对行政机关的案件移送情况进行监督,防止出现以罚代刑、有罪不究、滥用职权、渎职违纪等问题。同时可以发动社会大众对行政司法机关的监督,畅通信访举报渠道,构建行刑衔接监督机制。

---

① 鲁建武:《行刑双向衔接机制的推进与完善》,载《人民检察》2022 年第 9 期,第 5 – 8 页。

② 田宏杰:《合作共治:行政犯治理的路径选择》,载《法律科学(西北政法大学学报)》2022 年第 5 期,第 155 – 165 页。

关于我国行刑衔接机制若干问题的思考

吴兴亮　龙映　李书杰*

摘要:2024 年 7 月 18 日,党的二十届三中全会通过《中共中央关于进一步全面深化改革、推进中国式现代化的决定》,提出“完善行政处罚和刑事处罚双向衔接制度”的要求。自 2001 年国务院印发《关于整顿和规范市场经济秩序的决定》首次提出行刑衔接的概念至今,行刑衔接机制在我国已经走过了二十多年,期间我国不断加强行刑衔接机制建设,但其仍然存在立法进度相对迟缓、证据转换尚不明确、队伍素质还需提升、实践运行有待加强的问题,需要推进立法进度以夯实行刑双向衔接机制运行基础,明确转换标准以提升行刑双向衔接机制运行效率,加强队伍建设以提供行刑双向衔接机制运行保障,强化实践运行以确保行刑双向衔接机制运行质量,从而推动行刑衔接工作纵深发展,助力国家治理体系和治理能力现代化目标的实现。

关键字:行刑衔接;行政执法;刑事司法

行刑衔接包含行刑正向衔接和行刑反向衔接。行刑正向衔接是指行政执法机关将在行政执法过程中发现的达到刑事立案标准的案件,依法移送有关刑事司法机关予以刑事处理。行刑反向衔接是指刑事司法机关在刑事司法过程中对不予刑事处理但需行政处理的案件,依法移送有关行政执法机关予以行政处理。在我国犯罪结构呈现明显的轻罪化趋势的背景下,进一步完善行刑衔接机制,对保障人民群众合法权益和维护经济社会和谐稳定,助力国家治理体系和治理能力现代化目标的实现具有重要的现实意义。

---

* 吴兴亮(1982—),男,贵州遵义人,贵州省金沙县人民检察院党组成员、副检察长,研究方向为刑事诉讼法学。

龙映(1991—,女,贵州毕节人,贵州省金沙县人民检察院检察委员会专职委员,研究方向为刑事诉讼法学。

李书杰(1991—),男,贵州毕节人,贵州省金沙县人民检察院书记员,研究方向为刑事诉讼法学。

一、我国行刑衔接机制的建设现状

(一)整体性建设

2001 年 4 月,国务院印发了《关于整顿和规范市场经济秩序的决定》,提出“加强行政执法与刑事执法的衔接”的要求,行刑衔接的概念由此首次在我国产生。2001 年 7 月,国务院印发了《行政执法机关移送涉嫌犯罪案件的规定》,正式以行政法规的形式对行刑衔接进行了立法。2011 年 2 月,中共中央办公厅、国务院办公厅转发了国务院法制办等八部门联合制定的《关于加强行政执法与刑事司法衔接工作的意见》,该意见在规定行刑正向衔接以防止“以罚代刑”的同时,还作出了行刑反向衔接以防止“不刑不罚”的规定。此后,我国相继制定及修订了一系列的行政法规和部门规章,进一步对行刑衔接机制进行了完善。如 2020 年 8 月,国务院修订了《行政执法机关移送涉嫌犯罪案件的规定》;2021 年 6 月,最高人民检察院制定了《关于推进行政执法与刑事司法衔接工作的规定》。

(二)专门性建设

除整体性建设外,我国各国家行政主管部门还联合司法机关制定了一系列办法或意见,进行了专门性的行刑衔接机制建设,针对不同领域的案件,在程序和实体方面作出了详细的规定。如在生态环境领域,2017 年 1 月,环境保护部、公安部、最高人民检察院联合制定了《环境保护行政执法与刑事司法衔接工作办法》;在自然资源领域,2023 年 7 月,自然资源部、公安部联合制定了《关于加强协作配合强化自然资源领域行刑衔接工作的意见》。

(三)地方性建设

以上的整体性建设和专门性建设均系国家层面而言。在国家层面之下,我国各级地方及地方各部门也针对行刑衔接制定了一系列的地方性规章,进一步结合地方实际,细化案件移送标准、数据信息共享、证据材料移交、行政处罚落实等行刑衔接的操作要求。以贵州省为例,2022 年 6 月,贵州省高级人民法院等五家地方部门联合制定了《贵州省林草行政执法与刑事司法衔接工作暂行办法》;2023 年 11 月,中共毕节市委、毕节市人民政府联合制定了《关于深化行刑衔接强化行政执法检察监督的实施意见》;2023 年 8 月,大方县人民检察院会同十九家地方行政机关联合制定了《关于建立大方县行政执法与刑事司法双向衔接协作机制的意见(试行)》。

二、我国行刑衔接机制存在的问题

(一)立法进度相对迟缓

从我国行刑衔接机制的建设现状可以看出,目前我国“关于行刑衔接问题的规制大多通过行政法规,联合的部门规章,地方性政府规章以及较少的法律中涉及了行刑衔接的问题",①缺少一部专门性的法律来对行刑衔接机制的运行进行统筹和协调,行刑衔接立法还相对迟缓。一些领域的行刑衔接立法尚未开始,而一些领域的行刑衔接却多头立法。且目前的行刑衔接立法中,还存在规定内容相互冲突的情况。如:《行政执法机关移送涉嫌犯罪案件的规定》第八条规定公安机关应当自接受行政执法机关移送的涉嫌犯罪案件之日起3日内作出是否立案的决定,而《药品行政执法与刑事司法衔接工作办法》第十二条则对公安机关是否立案的时限作出了3日、10日、30日及60日四个档次的规定。

(二)证据转换尚不明确

行政执法证据是用以证明违法行为人违法行为的材料,而刑事司法证据则是用以证明犯罪嫌疑人犯罪行为的材料。从字面上理解,刑事司法证据的要求自然要比行政执法证据的要求高,而现实中也正是如此。如对于行政执法案件的证据,我国《行政处罚法》第四十六条规定必须经查证属实;而对于刑事司法案件的证据,我国《刑事诉讼法》除第五十条规定必须经查证属实外,还分别在第一百六十二条、第一百七十六条、第二百条规定必须达到确实、充分的标准。这就产生了行政执法证据与刑事司法证据在收集主体、程序要求、审查方式、证明对象、证明标准等方面的天然差异。在行刑正向衔接方面,虽然我国《刑事诉讼法》第五十四条规定了行政执法机关在行政执法过程中收集的物证、书证、视听资料、电子数据等证据材料可以转换为刑事司法证据适用,但该规定只明确了可以转换为刑事司法证据适用的行政执法证据类型,对何种情况下行政执法证据可以或不可以转换为刑事司法证据适用及将行政执法证据转换为刑事司法证据适用需要走何种程序则未加以规定。而在行刑反向衔接方面则更甚,对于刑事司法证据向行政执法证据的转换适用,我国现行法律体系中尚无明确规定,司法实践中一直默认为"当一个案件没有达到刑事证明标准时,就可能达到行政案件的证明标准。于是,虽然不能将行为当作犯罪处理,但完全可能当作行政违法处理",②于是将刑事司法证据直接转换为行政执法证据适用,但这实际上是缺少法律依据支撑的。

(三)队伍素质还需提升

行政执法队伍建设方面,抛开行政执法机关主观上不履行与刑事司法机关正向衔接职能的可能性不谈,行政执法机关向刑事司法机关的正向衔接还有一个重要前提,即对违法行为是否涉嫌构成犯罪进行准确判断。这对行政执法人员提出了较高的要求,需要熟悉我国《刑法》及司法解释的相关领域的条文。而我国《行政处罚法》第五十八条虽然规定了行政

---

① 参见王艺衡:《我国生态环境领域行刑双向衔接机制研究》,内蒙古大学2023年硕士论文,第8页。

② 武晓雯:《行刑衔接机制的基本问题》,载《中外法学》2023年第3期,第244-263页。

执法机关作出的部分行政处罚决定需经从事行政处罚决定法制审核的人员进行法制审核，且审核人员应当通过国家统一法律职业资格考试，但对从事行政执法的人员却没有作资格限制，行政执法机关因未能准确判断违法行为是否涉嫌构成犯罪而导致案件应移未移的漏洞并未完全堵塞。在刑事司法队伍建设方面也存在同样的问题。以检察机关为例，我国《刑事诉讼法》第一百七十七条规定了检察机关决定作相对不起诉处理的案件需制作检察意见开展行刑反向衔接工作的情形，但在司法实践中，因不同的刑法罪名对应的行政处罚涉及法律法规众多，检察机关刑事司法人员由于对相关法律法规了解不足，提出的行政处罚意见仅为"需要对某某给予行政处罚、行政处分或者没收违法所得，现移送你单位处理"，①未明确行政处罚的具体种类及幅度，以致行政执法机关作出行政处罚决定时可能存在一定的随意性。

(四)实践运行有待加强

首先是行刑正向衔接方面，《行政执法机关移送涉嫌犯罪案件的规定》第十六条中虽已对行政执法机关未履行行刑正向衔接职能的各种后果予以了明确，但由于行刑衔接工作没有明确的牵头机构来统筹协调，对行政执法机关的约束力有限，加之行政执法案件材料由行政执法机关留存，行政执法机关对于可能涉嫌构成犯罪的案件移与不移的选择空间较大。其次是行刑反向衔接方面，我国《行政处罚法》第二十七条规定："依法不需要追究刑事责任或者免予刑事处罚，但应当给予行政处罚的，司法机关应当及时将案件移送有关行政机关。"但在实践中，刑事司法机关移送后行政执法机关落实行政处罚的力度还需加强。再以检察机关作出相对不起诉决定后提出的检察意见为例，我国现行法律体系对行政执法机关落实检察机关检察意见的约束力有限，《关于推进行政执法与刑事司法衔接工作的规定》第十一条虽然明确检察机关对行政执法机关不按要求落实检察意见的情况"可以将有关情况书面通报同级司法行政执法机关，或者提请上级人民检察院通报其上级机关，必要时可以报告同级党委和人民代表大会常务委员会"，但通报或报告后当如何处理则缺乏进一步的规定，导致检察机关提出的检察意见难以落实。

三、我国行刑衔接机制的完善路径

(一)推进立法进度，夯实行刑衔接机制运行基础

首先是制定行刑衔接专门法律。鉴于目前我国尚无一部专门性的法律统筹和协调行刑衔接机制的运行，有必要在《行政执法机关移送涉嫌犯罪案件的规定》等行政法规的基础

① 刘斌、韩虎：《相对不起诉非刑罚责任衔接问题探析》，载《中国检察官》2023年第17期，第38－41页。

上,总结我国行刑衔接机制运行经验,根据实体与程序的要求,专门制定一部“行刑衔接法”,横向统筹行政执法与刑事司法职能,纵向协调行政执法与刑事司法程序,增强行刑衔接工作的权威性。其次是完善相关法律及司法解释条文关于行刑衔接的规定。结合实践经验和现实需求,对行政及刑事领域相关法律及司法解释进行梳理,通过修订、新增及废止的方式,对相关法律及司法解释条文予以完善。以例言之,如前所述,我国《刑事诉讼法》第五十四条已规定行政执法证据可转换为刑事司法证据适用,可将其作为参照,在我国《行政处罚法》中增设相应的条款,从法律上对刑事司法证据同样可以转换为行政执法证据适用予以明确。最后是审查行刑衔接部门性规章和地方性规章。一方面,根据上位优先、新法优先、特别优先的法律冲突适用原则,审查部门性规章和地方性规章与行政法规和法律及司法解释是否存在法语表述差异、规定内容冲突的情况;另一方面,结合工作职能和管辖权限,审查部门性规章之间、地方性规章之间、部门性规章与地方性规章之间是否存在相关领域立法空白或多头立法的情况。如存在表述差异、内容冲突、空白立法、多头立法等情况的,及时制定或修订部门性规章和地方性规章,确保法律适用的统一性。

(二)明确转换标准,提升行刑衔接机制运行效率

行政执法证据与刑事司法证据的有效转换,可以避免行政执法机关与刑事司法机关在案件办理过程中反复取证,提高行刑衔接机制运行的效率。而行政执法证据与刑事司法证据有效转换的关键前提,则是证据收集的全面性和规范性。刑事司法案件的取证除严格的程序规定外,还要求定案证据达到“排除合理怀疑”的标准,相对而言行政执法案件的取证要求则要低得多。而实践中,很多行政执法案件移送刑事司法机关后,由于证据不全面和不规范,刑事司法机关受理后不能直接转换适用,更严重者由于错过了最佳取证时机,部分证据已无法再取。对此,进一步完善和落实刑事司法机关提前介入制度和行政执法机关与刑事司法机关联合调查制度,加强行政执法案件取证的全面性和规范性是很有必要的。在确保证据质量的基础上,还需进一步明确行政执法证据与刑事司法证据转换适用的标准,从证据类型、转换前提、转换程序等方面对行政执法证据与刑事司法证据之间的转换适用予以明确,让行政执法证据与刑事司法证据之间的转换适用有据可依。

(三)加强队伍建设,提供行刑衔接机制运行保障

在行政执法队伍素质提升方面,首先是招录通过国家统一法律职业资格考试的人员作为行政执法人员,或要求在职行政执法人员通过国家统一法律职业资格考试,并明确在行政执法的过程中至少有一名行政执法人员取得国家统一法律职业资格证书。其次是加强行政执法机关法制审核部门的建设,在《行政处罚法》第五十八条的基础上,明确从事行政处罚决定法制审核的人员在审核行政执法机关作出的行政处罚决定是否合理的同时,还应审核违法行为人的违法行为是否涉嫌构成犯罪,如涉嫌构成犯罪的,按规定及时移送司法机关处

理。再次是定期对行政执法人员进行法律知识培训,重点培训相关领域的刑事法律条文及司法解释。在刑事司法队伍素质提升方面,首先是在刑事司法机关建立如检察机关行政检察部门的专业化机构,对于不予刑事打击处理但需要由相关行政执法机关进行行政处罚的案件,可先统一移送该机构进行审核,再由该机构统一移送对应的行政执法机关。其次是强化司法机关办案人员的培训,加强刑事司法人员对各罪名对应领域的相关行政法律法规的熟悉程度。同时建立严格的行刑衔接考核机制,通过法治督察、法律监督等方式,加强对行政执法人员与刑事司法人员的考核,发现行政执法及刑事司法过程中该移送不移送或者不按时移送处理的案件的情形的,严肃按照相关规定追责问责。

(四)强化实践运行,确保行刑衔接机制运行质量

首先是明确行刑衔接牵头单位。《关于加强行政执法与刑事司法衔接工作的意见》第九条提出了"各地要根据实际情况,确定行政执法与刑事司法衔接工作牵头单位。牵头单位要发挥综合协调作用,组织推动各项工作顺利发展"的要求,该规定中并未对以何单位来作为牵头单位作出要求,而是将权力下放到地方,让各地根据实际情况来确定。但实践中对该规定的落实并不乐观,很多地方并没有确定牵头单位,或已确定的因为工作职能等种种原因其作用发挥有限。对此,可结合地方党委政法委统筹辖区内政法工作的工作职能,从法律层面明确由各地方党委政法委作为牵头单位来统筹各地的行刑衔接工作。其次是建立行刑衔接信息共享平台。由党委政法委牵头组织各行政执法机关和刑事司法机关共同签订保密协议书,运用现代信息技术,整合各机关案件信息系统,建立一个集行政执法案件与刑事司法案件为一体的新平台,打破数据壁垒,实现行政执法与刑事司法的互通互联,压缩行政执法机关与刑事司法机关案件移送的自主选择空间。再次是发挥行刑衔接联席会议制度作用。由牵头单位定期组织各行政执法机关和刑事司法机关召开联席会议,互相通报各单位行刑衔接工作情况,共同解决工作推进中存在的困难和问题,进一步深化行政执法与刑事司法协作配合,形成行政执法与刑事司法的良性互动,推动行刑衔接工作纵深发展。最后是强化检察机关法律监督职能。作为我国《宪法》明确规定的国家法律监督机关的检察机关,要加强对行刑衔接工作的监督,创新监督方式及监督方法,充分利用数字技术等信息化手段,纵深推进融合一体监督落实,发现相关行政执法机关或刑事司法机关未履行行刑衔接职能的,可根据 2021 年 6 月中共中央印发的《关于加强新时代检察机关法律监督工作的意见》第十条规定,通过制发检察建议督促其落实,至于督促后仍然拒不落实的情况,可以探索由检察机关提起公益诉讼后经审判机关裁决的方式来强制落实。

二、其他问题

袭警罪对象的认定难题及其消解

龙梅而*

摘要：在司法实践中，袭警罪的对象认定还存在着对主体依法执行职务和资格认定的讨论。在对依法执行职务的讨论中，必须满足实体要件和程序要件均合法的要求。对于没有影响到行政相对人实体权利的轻微瑕疵执法行为，不影响该执法行为合法性的认定。其次，在对主体资格认定的讨论之中，袭警罪的袭击对象当然包括法定的人民警察并且可以涵摄与其联合执法的辅警，但并不涵摄学警和警用设备，如果在对警用设备的破坏过程之中发生了人民警察人身伤害的结果，根据袭警罪所保护的法益，可以认定为袭警罪。

关键词：依法执行职务；瑕疵执法行为；人民警察

人民警察因其职务上的特殊性，往往是站在处理社会矛盾，维护社会治安稳定的一线，其人身安全受到了极大的威胁。在轻刑化成为趋势的现在，《刑法修正案（十一）》依然增加了袭警罪，是对司法实践中频繁发生的暴力袭警行为的回应，维护了人民警察权益。自《刑法修正案（十一）》增设袭警罪以来，理论和实务界对袭警罪从构成要件及其司法适用方面有着诸多探讨。根据法条规定，袭警罪是指暴力袭击正在依法执行职务的人民警察。其中对"暴力"的研究，学术界基本达成共识，暴力是指直接作用于人身并且仅限于对人身产生伤害的硬暴力。但是实践中对于袭击对象依法执行职务的认定，特别是瑕疵执法行为对执法合法性的影响以及袭击对象能扩大解释到何种范围的问题仍然存在着争议。

一、袭警罪对象职务行为的认定标准：对于"依法执行职务"界限的划定

实践中，人民警察在执法过程中常常会受到当事人对于实体和程序合法的质疑，主要包括执法行为和所适用的程序是否合法，以及装备使用是否规范等问题。例如，在"刘某盗窃、袭警一案"中，刘某因多次实施盗窃行为，派出所民警吴某、周某及辅警高某对被告人刘某进

---

* 龙梅而（2000—），女，中国人民公安大学2023级硕士研究生，研究方向刑法学。

行抓捕时,被告人刘某抗拒抓捕,先朝民警吴某等人喷射辣椒水,后又持刀对抗民警的抓捕,造成民警吴某的手臂多次被划伤。检察机关以被告人刘某犯盗窃罪、袭警罪向人民法院提起公诉。本案辩护人指出三名出警人员均未向被告人出示过人民警察证或执法证,即便一人着警服,口头告知了警察身份,但未出示有效证件,被告人无法核实其三人的警察身份,不能确定三位执法人员是真正的警察,故本案行为对象身份存疑,执法程序违法,不能认定是依法执行职务。① 法律在设置袭警罪保护人民警察利益的同时,也应对人民警察的执法行为作出必要的实体和程序限制,尽可能地避免"过度执法现象"的出现,这样才更易于司法实践中袭警罪的认定。

对于人民警察依法执行职务的判断标准,学术界主要存在着实质说、形式说和折中说三种观点。实质说认为:警察执行职务在抽象的权限范围内,满足一般要求即为合法,对形式上是否合法不做要求。形式说强调:警察职务行为必须满足形式上的合法性,警察执行职务必须具有程序正当性。② 折中说认为:合法的职务行为应当兼备实质与形式上的合法。③ 实质说和形式说只看到了授权和程序上的合理性,忽略了彼此之间的平衡关系。实质说忽略了程序正义的重要性,程序上的不正义有可能导致案件匆忙结案,造成错案。而形式说忽略了授权的重要性,这样可能会导致警察在执法办案过程随意滥用权力,损害社会公民的权益。

笔者赞同折中说的观点,"依法执行职务"应当满足实体和程序合法的双重条件。人民警察在执法期间必须满足实体和程序合法,法律并不保护职务上的违法行为,如果有充分证据证明人民警察执行职务期间有实体权限不合法或者程序不正当,当事人可以从保护自己的合法利益出发进行自我保护,追究执法主体的相关责任。

一方面,"依法执行职务"应当符合实体合法条件。人民警察职务行为合法的实体条件可以从抽象的职务权限和具体的职务权限入手进行讨论。从抽象的职务权限出发,人民警察只能行使《中华人民共和国人民警察法》(以下简称为《人民警察法》)所规定的 14 项职权,倘若超出所规定的执法范围,人民警察便是越权,法律并不保护此种职务上的违法行为。以抽象的职务权限为基础,各警种的人民警察必须行使符合自身警种的具体职务权限。根据《人民警察法》,人民警察是指公安机关、国家安全机关、监狱、人民法院、人民检察院的人民警察。由此可知,人民警察的范围广且大,涉及多个政法机关,并不仅限于普通公众所知的"公安"警察。因此不同机关的人民警察必须行使与自己职权相对应的具体权限,不能够行使其他机关的职权或者在机关内部跨部门行使权力。

另一方面,"依法执行职务"应当符合程序合法条件。职务行为合法的程序条件是指人

① 参见江西省新余市中级人民法院(2024)赣 05 刑终 14 号。

② 参见周光权:《刑法各论(第四版)》,中国人民大学出版社 2016 年版,第 336 页。

③ 参见赵秉志:《扰乱公共秩序罪》,中国人民公安大学出版社 1999 年版,第 136 页。

民警察在执法办案过程中必须严格遵循法定规定程序办事。倘若根据案件的需要，在执法办案过程中需要适用简易程序的，那么应及时向当事人说明理由并且告知其具有陈述和申辩的权利。程序是否合法是影响执法行为认定的重要因素，也是当事人进行质疑的重要方面。例如，在刑事案件中，公安机关未向人民检察院和人民法院履行逮捕申请和批准程序，就对当事人进行逮捕的，搜查居民住所时未出具搜查令便进行搜查等行为很明显违反了法定程序要求，可以认定为违法行为，当事人可以依照法律规定维护自己的合法权益。同时，人民警察在面对越来越复杂的执法环境时，在执法行为上可能存在着瑕疵执法行为，瑕疵执法行为对人民警察职务合法性的认定也存在着一定影响。

二、袭警罪对象职务行为认定的实践难题分析

（一）关于瑕疵执法情形下职务行为合法性的认定

尽管近年来公安队伍一直在强化执法规范化建设，但不规范执法问题依然存在，进而可能引发普通民众与执法者对抗，甚至演变为袭警犯罪。① 在这种情况下，执法主体具有实体上的合法权限，但是具体的执法存在方法方式上的瑕疵，对此，是否依然可以认定人民警察职务行为的合法性，有必要进一步探讨。

在学术界，对于瑕疵执法的内涵和外延，并没有一个统一的界定。有的观点认为瑕疵执法指的是在公务执法权限范围内执法不规范的行为，主要体现在执法手段及执法态度上。② 还有的观点认为是人民警察在执法过程中存在执法的依据和权限，但是执法的程序以及方法存在着瑕疵。③ 综合两种观点，我们不难看出学术界对瑕疵执法行为的共同认识是行为人在职权范围内行使职权，具有法律上的授权和正当性，但是对于执法过程中的细节，例如程序、方法、执法态度方面存在着瑕疵。还有学者从行政法的角度出发认为应当区分违反的是任意性程序还是强制性程序，违反任意性程序的职务行为通常不会影响相对人权利的实现，可以视为轻微程序瑕疵，不影响职务行为合法性的认定，违反强制性程序的职务行为则会影响相对人的实体权利和切身利益，故应认定为违法行为。④ 瑕疵执法主要对职务行为是否具有程序合法性的判断具有影响。若认定瑕疵执法行为合法，就意味着侧重对职务行为的保护，若认定瑕疵执法行为非法，就意味着侧重对执法相对人权益的保障，这也揭示了

---

① 薛洁、周克稳：《瑕疵执法行为对袭警罪刑事责任的影响》，载《广西政法管理干部学院学报》2023年第38卷第4期，第122页。

② 王新环、朱克非、张京晶：《妨害公务案件实证分析》，载《国家检察官学院学报》2011年第19卷第3期，第122页。

③ 张开骏：《公务保护与人权保障平衡下的袭警罪教义学分析》，载《中外法学》2021年第33卷第6期，第1528页。

④ 参见王晓峰：《袭警罪中"暴力袭击正在依法执行职务的人民警察"的认定》，重庆市，西南大学2023年硕士学位论文。

公务保护与人权保障间的紧张关系。①

笔者认为,将警察的执法行为与行政法的程序分类结合起来具有一定的合理性,因为在司法实践中人民警察对公众所做出的绝大部分都是行政行为。并且瑕疵执法行为源于行政法上的概念,瑕疵执法又称为行政执法,是指行政主体在履行职责时所做出的不合法、不合理或不正确的行政行为。对于瑕疵执法行为应当根据执法行为的严重程度进行合法与非法的认定。在任意性程序中,行政机关行使自由裁量权时出现瑕疵,若不影响行政相对人的实体权利,那么可以被认定为可容忍的瑕疵进而可认定为合法。但在强制性程序中,如果行政主体违反了应当遵守且不能选择和变更的程序时,该行政行为已经不能称作瑕疵而应认定为违法行为。

从我国国情以及司法实践现状出发,我国正处于现代化,法治化进程中以及结合一线警察队伍执法现状和执法环境的复杂性,在认定人民警察职务行为合法性和瑕疵执法范围时,可稍微放宽把握尺度,适当地提高瑕疵执法的容忍度,只要没有违反必要且重要的程序条件,对于不影响当事人实体法律权利的轻微程序瑕疵那么就可以认定为合法职务行为,在法律规定的限度内执法。但也可以适当考虑执法主体的轻微瑕疵行为对执法行为合理性的影响,在定罪中适当予以考虑。

但瑕疵执法并不等同于过度执法,两者是不同的概念。从法律后果上看,瑕疵执法的法律后果在轻微瑕疵情况下可以被认定为有效,而过度执法直接无效。瑕疵执法是在大的合法过程中小范围的瑕疵,可以为法律所允许。但过度执法指的是人民警察超越法律范围,行使不该行使的权力,属于违法行为,严重时需要承担相应的刑事责任。当事人认为人民警察在行使职权的过程中出现了过度执法的行为,那么法律允许其进行自我权益的保护。瑕疵执法虽然在一定程度上可以为法律所接受,但随着我国警察队伍执法水平的不断建设,人民警察要在司法实践中不断提高自身执法水平,完善执法行为,应当及时纠正和尽量避免瑕疵执法行为的出现。

三、袭警罪对象身份资格认定的实践难题分析

袭警罪,顾名思义就是暴力袭击正在依法执行职务的人民警察。除了《人民警察法》规定的法定人民警察的范围之外,司法实践中还存在着辅警,学警以及警用设备是否可以扩大解释为本罪袭击对象的问题。以下章节将从袭警罪保护的法益出发对以上问题进行讨论,本罪的法益理论上有单一法益和复合法益两种学说。笔者赞同复合法益说的观点,袭警罪虽为新增罪名,但是其脱胎于妨害公务罪保护的法益,袭警罪所保护的法益需要更加细化并且具有双重性质。再者袭警罪本就是对社会实践中暴力袭击人民警察,使人民警察人身受

① 张开骏:《公务保护与人权保障平衡下的袭警罪教义学分析》,载《中外法学》2021年第33卷第6期,第1528页。

到极大伤害这一社会现象的法律回应,对于人民警察人身安全的保护应当被纳入袭警罪所保护的法益之中。

(一)"人民警察"是否可涵摄联合执法中的辅警

这里所说的辅警必须是与人民警察联合执法的辅警,倘若是辅警单独执法,这时辅警并无法律规定的执法权,辅警与人民警察并没有职务上和法益保护上的一体性,不能认定为袭警罪中的袭击对象。问题主要集中在与人民警察联合执法的辅警能否被称为袭警罪中的保护对象。

关于该问题,理论界主要存在两种观点,第一种观点是职务说,又称肯定说。该观点认为辅警虽不具有人民警察身份,但所执行的职务属于人民警察职责范围的,可以作为袭警罪的行为对象。① 在此基础上,有观点认为应当区分暴力袭击发生时辅警是否与人民警察共同执行职务,如果一同执行职务的那么可以作为袭警罪的行为对象,反之,则不能作为行为对象。② 第二种观点是身份说,又称否定说。该观点依据《人民警察法》以及《关于规范公安机关警务辅助人员管理工作的意见》,提出上述的法律和意见中人民警察身份仅限于具有行政编制的正式公务员,因而辅警并不能成为袭警罪的行为对象。③

笔者赞同第一种观点,认为辅警与人民警察共同执行职务时受到暴击袭击,那么可以被认定为袭警罪中保护的对象。将辅警扩大解释到袭警罪中的人民警察是具有合理性的。

从对刑法的解释入手进行讨论,否定说学者认为袭警罪的前提法是《人民警察法》,显然辅警不具有人民警察的身份,如果将辅警解释为人民警察,就超越了法律规定的范围,属于类推解释,违反罪刑法定原则。④ 但在解释刑法时,不能够仅限于文义解释还要贴合司法实践进行实质解释,合理运用各种解释方法,充分发挥该法律条文在司法实践中的指导作用。

一方面,辅警与人民警察在联合执法过程中形成了一个紧密的合作共同体。因为在处理警情的过程中,一般是由人民警察和辅警一同出警,两者所面临的执法风险,工作性质是一致的,辅警在人民警察的指导下开展工作,辅警与人民警察在执行职务期间成为执法共同体。两者在执法期间相互依靠,相互配合,共同完成执法任务,两者的行为具有延伸和交融性,具有一体性。因此,对于辅警的袭击实际上也是对执法联合体的袭击,从整体上侵犯了人民警察的执法权,也威胁到了人民警察的人身安全,进而触犯了袭警罪所包含的法益。"身份说"在理论上机械地、过分地将人民警察和辅警区分开,并没有考虑到在实践生活中

---

① 王展:《暴力袭警问题的刑法学思考》,载《刑法论丛》2019年第58卷第2期,第388页。

② 李翔:《袭警罪的立法评析与司法适用》,载《上海政法学院学报》2022年第1期,第105－118页。

③ 石魏:《暴力袭警的准确认定》,载《人民司法》2020年第11期,第48页。

④ 于宾:《妨害公务罪中暴力袭警条款的理解与适用》,载《中国检察官》2016年第24期,第20页。

人民警察和辅警具有人身依附性,法益上的连带性,弱化了对执法权整体的保护,不具有可采性。

另一方面,辅警参与警务执法活动能够保证警察任务的更好履行。基于我国一线警察队伍警力缺少的巨大压力以及执法环境的日益复杂性,辅警人员加入到人民警察队伍中辅助人民警察开展相关工作,能够补缺一线警察队伍人员紧缺的现状。辅警在参与警务执法活动中,和人民警察形成结构上的一体,甚至在面对突发情况时,灵活应变,彼此互相帮助,更加有利于在执法活动中顺利完成任务。倘若民警与辅警在执法期间受到了同样的暴力袭击,最后却区分成罪,那么会让民警和辅警同工同活却不同保护的现象加剧,不利于激发基层警务辅助人员工作的积极性以及责任感。此外,辅警与人民警察服装相同,只不过存在着警衔上的差异。辅警在与人民警察共同执法期间,大多数人民群众并不会对民警与辅警进行严格的区分,在他们眼里,辅警和正式人民警察并无太大区别,都代表着国家的形象,代表着国家的司法权威。

(二)"人民警察"是否可涵摄联合执法中的学警

与人民警察联合执法的辅警可以被涵摄到人民警察之中,那么学警是否也可以被认定为袭警罪中所保护的人民警察。学警是指就读于公安院校或者其他警察院校的公安专业的在校学生。目前我国现有的法律并未对学警的法律地位进行规定,《人民警察法》中对人民警察的描述并未涉及在校学生,而是单指具有执法权力的正式在编民警,并未对学警的法律地位做出具体的规定,只是曾在《人民警察法》(2016 年修订草案稿)中将其定义为"预备警官"。《刑法》以及相关的司法解释当中对人民警察的描述更多指的是正式在编人民警察或者具有学术争议的辅警,目光并未向警察院校的学生进行倾斜。在法律层面,学警并不被视为警察,他们没有独立的执法权,不能单独行使警察的职权。

在学术界,对于学警参与警务活动主要存在着两种观点。专业警务志愿说认为,学警以其主观能动性,自愿参与到警务工作地的警务活动之中,并对正式民警的警务活动进行协助。① 行政辅助说认为,学警在角色定位上应当属于警务辅助人员,其行为属于行政辅助行为,只能在警务工作地公安机关统一指挥和管理下协助人民警察开展警务工作。②

笔者并不赞同第一种观点,认为第二种观点部分合理,但也存在缺陷。对于第一种观点,学警参与警务活动绝大多数并非出于自愿,而是根据警察院校的强制性专业实习安排。同时,地方公安机关也极少因为个人学警的身份而允许其参与到警务实践活动之中。对于

---

① 王先俊:《专业警务志愿者活动的实证研究——以四川警察学院为例》,载《四川警察学院学报》2015 年第 27 卷第 5 期,第 44 页。

② 葛志山、孙坚:《学警参与警务工作的调查与思考——以江苏警官学院为样本》,载《江苏警官学院学报》2016 年第 31 卷第 3 期,第 99 页。

第二种观点,学警当然只能在公安机关统一领导下协助人民警察开展警务工作。但是对于学警的身份认定,笔者认为学警的身份定位应当是只能是“学生”。在学理上,行政辅助人员是指行政(执法)机关依法招用并履行行政执法辅助职责的人员。而学警是根据学校专业实习的安排而参加到警务执法活动之中,其身份定位留存于学校之中,是一名在外接触社会实践的学生,实习后依旧要返回学校完成学业计划,而非行政执法机关招聘的人员。

在身份认定上,学警并非行政辅助人员,这和与人民警察联合执法的辅警具有明显的差别。同时,学警在与人民警察联合执法的过程中,对人民警察具有较强的依附性,承担的任务也非常具有局限性。学警在校期间通过多种形式参与到基层警务活动之中,基层警务活动的复杂性以及范围的广泛性,使得学警不可能在短暂的时间内对警务执法活动完全掌握,只能是对警务执法活动有个程序上的了解,无法深入开展警务执法活动的专业性学习,并且学警通常会显示出工作经验不够丰富,专业知识储备不够深厚,运用法律处理案件能力较弱的短板。学警在跟随人民警察一同出警的过程之中,定位更多的是学习和熟悉案件处理过程,而不是立足于对案情的处理。再者,学警跟随人民警察参与警情处理的过程之中是有选择性的,对于简单的,易处理的,人民警察会选择带领学警,使其知晓基本的办案流程,进行进一步的学习。对于危险性高的、复杂的,人民警察不会选择让学警随同办案。综合以上分析,笔者认为,与人民警察联合执法的学警不能扩大解释为袭警罪中所保护的人民警察。

(三)警用装备是否可被扩大解释进“人民警察”

警械与武器是指人民警察在执行公务期间,为了更好地履行公务,制止违法犯罪活动以及保护自己安全随身携带的装备。警用设备通常是指公安人员办案场所所需要的物件,例如警车,警用电脑,执法记录仪等。在司法实践中,倘若袭击者只是对警械、武器等警用装备进行打砸抢,以此来宣泄自己的不良情绪,往往不会被认定为袭警罪。例如,2022 年山东一女子因与男友发生冲突,向男友家讨要说法,与男友家人发生纠纷。在其辖区派出所处置警情过程中,该女子拒不配合并且辱骂民警,民警遂强制传唤其到辖区派出所接受进一步处理。在派出所内,该女子态度十分恶劣,拒绝配合工作,但民警依旧耐心地与其沟通,可该女子仍旧无理取闹,辱骂民警,用脚踢办公桌椅、摔砸民警为其提供的奶茶、测温枪、办公电脑、执法记录仪等物品,严重影响了民警依法执行职务。该女子最终因阻碍民警执行职务被处以行政拘留八日的处罚。① 又如,2022 年 8 月,新疆某派出所民警处置酒后滋事警情,该公民在民警执法期间情绪激动,撕扯民警肩章及执法记录仪,损毁了警用设备,最后该公民被

---

① 中新网山东新闻:《济南长清一女子辱骂民警暴力阻碍民警执行职务被行拘》,载中新网 https://www.sd.chinanews.com.cn/2/2022/0301/82208.html,访问日期:2024 年 3 月 28 日。

处以行政拘留并处罚款。① 以上司法实践案例表示,公民单纯破坏警械,武器以及警用设备的行为,对物实施的暴力行为并没有直接作用于人民警察本身,未对民警的身体产生实质性伤害,一般不会被认定为袭警罪。但部分法院也将对物的暴力认定为对人民警察的暴力。如"田某某袭警案"中,被告人田某某将警车后挡风玻璃用镐刀挖碎,导致严某某左前臂外侧软组织擦伤,造成维修警车花费 1680 元,法院认为公诉机关指控被告人田某某犯袭警罪的事实清楚,构成袭警罪。②

笔者认为,袭警罪中袭击者所袭击的对象应当仅限于人而不是物,袭击对象并不包含单纯的警械、武器以及警用设备。但是,如果行为人在对物的袭击过程之中带有对人民警察人身的暴力,并且造成了人民警察人身受到伤害的结果,那么行为人的行为就可以被认定为袭警罪。从袭警罪所保护的法益以及袭警罪构成要件中的客观对象而言,袭警罪所保护的是人民警察的执法权以及人民警察人身安全,并不包含一些客观存在的物质。如果行为人出于情绪宣泄的目的,单纯的对警用装备进行打砸抢,只是使警用设备发生物理上的折损,没有使袭警罪所保护的法益产生严重的损害,那么就不应认定为袭警罪。但如果行为人对物的暴力过程中存在着对人民警察人身的暴力,侵犯了袭警罪所保护的法益,那么就可以将其行为认定为袭警罪。

通过以上分析可知,原则上,按照袭警罪所保护的法益以及袭警罪构成要件中的客观对象而言,袭警罪中袭击对象应当是人民警察人身,并不包含一些客观存在的物质。此外,从袭警罪所保护的法益出发,对于行为人在对物实施暴力的过程中使人民警察的人身受到伤害的,也可以认定为袭警罪。我们必须将单纯破坏警械,武器以及警用设备的行为和袭击人民警察人身的行为严格区分开,这样的认定才能使袭警罪更加清晰明了,两种违法行为才能得到准确的处罚。

---

① 中国日报:《新疆公安多措并举强力推动维护,民警执法权威工作》,载中国日报网 https://baijiahao.baidu. com/s? id=1753070323175197086&wfr=spider&for=pc,访问日期:2024 年 3 月 28 日。

② 参见贵州省六盘水市六枝特区人民法院(2021)黔 0203 刑初 162 号刑事判决书。

金融领域职务犯罪成因规论及治理研究

袁伟喆[*]

摘要:在高质量发展的时代背景下,我国金融领域职务犯罪率居高不下,廉洁风险突出。该类犯罪主要有三方面成因,部分金融行业的“关键少数”道德自守失位、新型“高智化”“隐蔽化”金融职务犯罪的出现及职际间恶意竞争。防范化解金融职务犯罪风险应当树立廉洁的金融从业生态并夯实从业人员的道德自守,建立健全党领导下的金融职务犯罪惩治机制,以宽严相济的惩治原则为根本遵循,多效并举实现金融领域的良法善治。

关键词:金融领域职务犯罪;惩治机制;宽严相济;良法善治

一、问题的提出

中国金融市场孕育于改革开放,起航于二十世纪九十年代,在高质量发展的时代蓝图下逐步成为我国建设高水平开放型经济体制的重要支撑。我国金融市场历经四十余年的创新发展,已然成为“当代经济的核心支柱”,并发挥着社会稳定器的质效,当前中国在全球金融产业上市公司数量排名第四,占总量的5%,金融产业总规模高居全球第二。不可否认我国金融产业持续向好、添能蓄势的总基调没有变,但同时也应当清晰地看到随着近年来金融市场的野蛮生长、从业主体的泛自主性增强、管制力度的趋弱,①致使金融行业面临着突出的廉洁风险,领域内职务犯罪发生率呈指数型增长趋势。如何防范化解金融风险特别是系统性金融风险的集成已然成为我国建设“金融强国”的重点工程。

根据《中国金融机构从业人员犯罪问题研究白皮书》,自2015年起至2022年,金融机构从业人员犯罪案件涉案金额在1亿元以上的案件占比高达6.73%,且犯罪行为的平均暴露周期由2015年的3.66年延长至2022年的5.69年,犯罪主体的串联属性进一步增强,即由

---

* 袁伟喆,男,华南理工大学法学院经济法学硕士研究生,研究方向为金融法学基础理论、金融领域职务犯罪治理。

① 参见刘远:《关于我国金融刑法立法模式的思考》,载《法商研究》2006年第2期,第36页。

单一主体犯罪转向上下游、体制内外、公职人员与非公职人员间的串联,这种推演无疑对新时代金融风险防控提出了新的挑战。习近平总书记强调“金融既有管理和分散风险的功能,又自带风险基因。防范金融风险,要抓住人、钱、制度三个关键,做到‘管住人、看住钱、扎牢制度防火墙’”。① 故而欲全方位、无死角实现惩治罪犯、维护金融秩序之效则必须将金融发展规律与我国法治建设的具体实际相结合,摆脱长期以来“一管就死、一放就乱”的治乱循环困局,在对策的预设与建构上不应仅停留在某一表层、某一侧面、某一瞬时做泛化讨论,正所谓任何法学问题都应当回归法学的底层逻辑与研究维度做系统研究,金融领域职务犯罪治理亦然如此。基于此,本文旨在运用“事实——规范”的分析框架系统论述金融领域职务犯罪成因及相关治理研究,试图在法理上厘清金融领域职务犯罪诱发之因,并积极寻求解决之果。

二、金融行业职务犯罪率高发的刑法哲学思考——功利主义与报应主义

“公正、谦抑、人道作为现代刑法价值的三大目标,是构成刑法的三个支点,也是刑法哲学始终贯彻的红线。”②意大利刑法学者加罗法洛曾指出:“为了获得犯罪这个概念我们必须改变方法,即我们必须放弃实施分析而进行情感分析。”此处的情感即指向道德感。面对金融行业领域职务犯罪率高发的时境,若想厘清犯罪发生的根本原因,则应当从法哲学角度进行理性思考,而非仅从简单的犯罪事实着手进行刑事制裁。一言以蔽之,金融领域职务犯罪刑罚价值观应当在罪刑法定主义与人权保障功能的基本框架之下完成总价值建构,而非被动的尾随刑事立法与刑事司法。其应当从金融机构从业人员犯罪新态势的证成中作描述与推导并最终反刍于打击金融职务犯罪的执法实践中去,从而根本上降低金融领域职务犯罪发生率、保持金融机构从业人员的廉洁性,在强化金融市场的秩序感的同时增强社会群体的反向认同,这既是该价值观之希冀所在,也是一道刑法学者之诉求。

“根据功利主义原则,犯罪是指一切基于可以产生或可能产生某种罪恶的理由而人们认为应当禁止的行为。”犯罪的存在会严重侵犯社会共同体成员中最大多数人的最大幸福,因而成为功利主义所排斥的对象。③ 根据边沁所提出的功利主义原则,违法者在实施非法行为之前会理性地权衡潜在收益与感知风险,使威慑成为理性之前提,通过威慑强化社会的道德界限。④ 边沁所倡导的刑罚观本质上仍是一种预防之刑,根本之目的在于未然之罪,通过刑罚的层次性、及时性与不可避免性达到心理强制的作用,并突出刑法的威慑功能从而减少

① 中共中央党史和文献研究院:《以金融高质量发展助力强国建设、民族复兴伟业》,载《人民日报》2024 年 4 月 15 日,第 5 版。

② 陈兴良:《论刑法哲学的价值内容和范畴体系》,载《法学研究》1992 年第 2 期,第 19 页。

③ 参见逄锦温:《边沁的功利主义刑罚观探析》,载《法学评论》1998 年第 6 期,第 106 页。

④ See David Shichor、John Heeren, Reflecting on Corporate Crime and Control: The Wells Fargo Banking Saga, *Journal of White Collar and Corporate Crime*, 2020, p. 97.

犯罪的发生。① 诚然,功利主义观所强调的一般预防理念的进步性与合理性值得肯定,其因前瞻未然而不像报应所谓的一样回顾已然为其首要优点,但是若将目光仅停留在威慑预防之上,过于强调对潜在罪过的遏制是否可达犯罪惩治最佳效益则值得深思。② 承继于康德的报应主义刑法思想,黑格尔认为刑罚的正义性应当从法的辩证关系中得以阐明,并强调犯罪人的意志自由对实现刑罚正义的必要作用,而非如边沁般在威吓所指向的不自由中寻求根据,刑罚的最终目的是从个别的主观正义到普遍的客观正义。③ 总体而言,边沁与黑格尔的刑罚观仍是以遏制犯罪发生为必要,依边沁所言,若一国刑法规制体系足够完备便可达至预防犯罪之目的,便可以较小恶的代价消除较大之恶,从而利用威慑性消除犯罪人的犯罪预期。从黑格尔刑法责任理论出发可得出刑事责任应当归结为行为人意志自由之结果,应当将责任与法的违反程度结合起来统一予以认定之观点,即通过道义与暴力的惩戒遏制犯罪行为的发生。④ 基于此,为抑制我国金融领域职务犯罪高发的境况,在回应二者刑罚理论分歧的基础上,还应当结合现有法律制度及各公权力监督主体职权定位予以展开。

肇始于 1997 年《刑法》,我国刑事立法始终保持对金融领域的持续投入,譬如对可能出现的金融安全隐患行为总是以刑法修正案的形式设置新的罪名或者扩大入罪范围,因时而动对新兴金融产品品种或者新型交易方式进行识别,刑事责任的承担也逐渐由传统的银行、保险、股票逐步拓展到期货、信托、基金等行业。⑤ 此外,党中央也反复强调金融工作在中国式现代化建设全局的核心作用,多次倡议要建设一支纯洁、专业、充满战斗力的金融队伍,多次表达对金融行业涉腐案件零容忍的钢铁态度,不断重拳出击并持续加大金融反腐力度。故而,无论从朴素的正义情感出发抑或是对法律惩戒的逆向束从,金融领域职务犯罪发生率理应呈现出阶段下降之态势。然事实并非如此,我国涉金融领域职务犯罪人数始终居高不下,据最高检发布数据显示,2021 年 1 月至 2023 年 7 月,全国检察机关依法提起公诉的金融领域职务犯罪案件高 652 人,⑥并且涉及中管干部、省管干部等高级金融官员的落马不在少数,"知法犯法"的现象屡禁不止。⑦ 可见,无论是边沁的功利主义刑罚观还是黑格尔的报应

---

① 参见杨彩霞:《功利刑法观的滥觞——边沁刑法思想评述》,载《中南大学学报(社会科学版)》2004 年第 1 期,第 35 页。

② 参见邱兴隆:《刑罚应该怎么样:一般预防的规诫》,载《政法论坛(中国政法大学学报)》2000 年第 2 期,第 63 页。

③ 陈兴良主编:《刑法的价值构造(第 3 版)》,中国人民大学出版社 2017 年版,第 65 页。

④ 参见王韬、吕端:《黑格尔对刑法中责任理论的贡献》,载《人民论坛》2014 年第 2 期,第 138 页。

⑤ 参见毛玲玲:《近年金融领域刑事司法状态的因果》,载《法学》2011 年第 6 期,第 40 页。

⑥ 参见最高检第三检察厅:《依法履职助力惩治金融腐败防范金融风险 最高检第三检察厅负责人披露金融领域职务犯罪特点》,载法治日报网,http://gdjr. gd. gov. cn/gdjr/jrzx/jryw/content/post_4240860. html,访问日期:2024 年 6 月 10 日。

⑦ 澎湃新闻:《金融反腐持续深入:今年以来至少 87 人被查,含 8 名中管干部》,载澎湃新闻网,https://baijiahao. baidu. com/s? id = 1782418890318727677&wfr = spide,访问日期:2024 年 6 月 10 日。

主义刑罚论似乎均未习得实质犯罪减缩之质效,反而呈现出二律背反下的矛盾冲突。故而分析我国金融行业职务犯罪率高发之原因并总结治理之策论在当下便显得尤为必要。

三、金融行业职务犯罪高发之归因

(一)金融业部分从业人员道德自守失位致使职务犯罪风险蔓延

所谓道德泛指金融从业人员之政治道德,其既是政治道德理念在政治道德实践中的具体体现、本质要求和行为准则,更是政治主体在政治生活中所应恪守之底线,也是政治道德主体应尽的责任与义务,是衡量其清廉从政、勤勉奉公之重要尺度。① 金融作为国民经济生"节拍器""传导仪"、社会总收支的"晴雨表",其重要作用不言而喻。相应地作为金融行业从业者自然恪守更高的政治道德素养,尤其是重要岗位的"关键少数"更是要扎牢自身权限之边界。然而部分金融系统中的"关键少数"在非法利益的诱惑下道德自守失位,甘愿被资本围猎、自觉成为"非法利益集团"的代言人。之所以强调"关键少数"政治道德自守之重要性,一方面,是因为若其所信仰的政治道德底线被轻易突破,其所污染的并非某笔金融业务、某个业务模块。正所谓"上梁不正下梁歪",在"关键少数"沦陷后在金融系统内部极易引发传导机制,其余金融机构从业人员受效仿心理作祟,必然有一部分在重新评估犯罪成本与收益的基础上背弃道德操守走向人民的对立面,最终由秩序捍卫者转为秩序破坏者,自此完成群体阶层的二次分化,破坏金融领域清朗生态。另一方面,在金融系统中上下级之间存在极强的人身依附关系。下级的"关键少数"往往得益于上级"关键少数"的一手提拔,在这张由人情输送所编织的利益关系网中,道德失守往往也呈现出牵一发而动全身之态势,面对调查彼此间成立攻守同盟、互相隐瞒犯罪事实已然成为常态。

通过对犯罪链条的倒追倒查不难发现,部分"关键少数"突破政治道德底线、攫取非法利益的过程并非一蹴而就的,其经历了由最初的被动利用行规漏洞到主动虚假以形式合法契约为表、以实质违法内容为实进行非法牟利的犯罪链条转化,最终坐实了"靠金融吃金融"。由于政治道德属于泛而化之概念并无具体的衡量标准与评价坐标,从初次道德失守到犯意滋生再到犯罪行为的呈现是一个较为漫长的周循,若及时发现并在早期予以介入完全可以达到"惩前毖后,治病救人"之目的。但由于金融领域职务犯罪案件区别于一般领域的贪腐案件,因其远离群众的时空生活并且在相关部门处置过程中又极易受到地方势力的干涉,从而使得某些犯罪行为最终仅被定性为金融领域内部问题而不予深究,一旦事情彻底暴露则往往已然陷入"病入膏肓、无药可救"的窘境。② 故而欲遏制金融机构从业人员犯罪之增量、降低其存量,在前端扎紧"政治道德"的篱笆是当务之急。

---

① 参见余卫国:《中华廉政文化的道德精髓和核心价值论析》,载《理论导刊》2023 年第 7 期,第 120 页。

② 参见曾康霖、刘楹、陈华芳:《道德风险与金融职务犯罪》,载《金融研究》2006 年第 5 期,第 20 页。

（二）金融职务犯罪基层化、隐蔽化趋势致使惩处打击困难

现阶段我国除国有商业银行、股份制银行的基层分支机构外，数量众多的城市商业银行、农村商业银行、信用社、村镇银行等成为基层金融机构的主力军，但近年来基层金融机构逐渐成为金融风险暴露的重灾区。据《中国金融稳定报告（2021）》指出，农村商业银行和村镇银行高风险机构高达393家，占全部高风险机构占比达93%，其中基层金融机构从业人员职务犯罪更是触发风险警报的直接要因。具言之，由于农村金融机构规模较小但职权设置较为集中，诸如信贷、会计、储蓄等管理资金的“实权岗位”已然成为职务犯罪的重灾区。并且农村金融机构中层领导尽管职级不高但其手中掌管资金流通权力较大，而与之相对的监管设置虚位致使这部分群体职务犯罪案发比相当之高。此外，在基层涉金融案件职务犯罪中的主犯欲逃避法律惩戒总是会通过各种渠道与形式腐蚀裹挟其同事甚至将“上级”拉下水，最终通过利益要挟将所有参与人员牢牢绑定在“非法利益攫取”这条战线中，严重破坏金融安全秩序。

与此同时，“犯罪隐蔽化”也是金融领域职务犯罪打击困难的另一要因。譬如在沈某某、郑某某涉金融职务犯罪贪污一案当中，二者通过在期货交易中增设交易环节的方式进而侵吞国有资产。具言之，二者利用职务便利在事先获知公司期货交易策略后，以借用的个人账户提前在有利价位买入或卖出与甲国有公司策略相同的期货产品进行埋单，采用与公司报单价格相同或接近、报单时间衔接紧凑以及公司大单覆盖等方式，与公司期货账户进行低买高卖或者高卖低买的相互交易从而取得巨额非法利益。不难发现，现阶段金融领域职务犯罪已然完成由直接利用职权公然牟取不正当利益的初级违法阶段向利用金融程序漏洞、以合法形式外观伪装实质违法内核等方式的高阶违法位阶转变，这无疑大大增加了规制难度。又如在桑某受贿、国有公司人员滥用职权、利用未公开信息交易一案中，桑某利用其担任总经理的身份，为相关公司或个人在企业融资等事项上提供帮助、为其他公司借壳上市过程中牵线搭桥并通过股权收益代持协议收取“好处费”、利用基金劣后级合伙人分配协议中的浮动收益分配规则，通过非法手段使得基金份额年化收益出现差别进而牟取不正当利益。① 总而言之，“金融高级职务犯罪分子”总是利用掌握的现行金融制度漏洞并通过层层伪装逃避惩处，一旦相关职能部门的金融知识储备稍有不足，则会在犯罪规制层面上显得力不从心。

（三）高强度下的职业竞争压力滋生犯罪土壤

财政部在《关于进一步加强国有金融企业财务管理的通知》中明确指出金融企业应当牢固树立过紧日子思想，以成本管控为核心，对非必要费用支出应减尽减。中央纪委国家监

---

① 参见吴晓璐：《最高检下发4件金融领域新型职务犯罪指导性案例　以投融资方式收受贿赂被判处无期徒刑》，载《证券日报》2023年8月23日，第2版。

委同步发布要破除“金融精英论”“唯金钱论”等错误思想,整治过分追求生活精致化、品味高端化的享乐主义和奢靡之风,这无疑对金融从业人员敲响了“警钟”。此外,我国金融行业正经历从高速无序扩张向高质量发展有序转型,身处其中的金融机构从业人员也面临着从未历经的竞业挑战与职场压力。据《2023 金融人才职业状态调研》披露,2023 年 3 至 5 月,金融业的整体招聘职位数呈下降趋势,并且行业内呈现出岗多人少的现象,有 28.5% 的基层员工表示薪资出现下降,另有 28.3% 和 24.3% 的受访者表示所在公司利润下滑以及部门发生裁员。部分金融机构从业者心态逐步发生微妙变化,当部分个体感知到自身即将面临裁员风险时便极有可能利用手中最后的权利“放手一搏”,剩下的另一部同样惶惶不可终日,甚至未雨绸缪为违法犯罪行为做前瞻准备并择机付诸实践。

在此背景下,大量金融机构从业人员被迫陷入“内卷”困局,悄然间陷入了恶意竞争的“职场陷阱”。譬如在林某某受贿罪、非国家工作人员受贿罪、违法发放贷款罪一案中,林某某在说服银行其他工作人员通过违法违规发放贷款时最常用的理由便是“这是我行的大客户,若不留住他,我行贷款指标/募股指标难以完成”。这并非个例,在法庭陈述阶段大量职务犯罪嫌疑人的表达中也多有“为了部门利益”“为了个人业绩在综合排名中有所突出”“为了某个重要的晋升机会”等类似表述。甚至部分金融领域职务犯罪人并未在不正当行为中直接谋求经济利益,其犯罪目的仅是抢夺所谓优质客源、维护自己所在部门的业绩形象。① 诚然,这种职际间的竞争压力并非我国金融行业之特色,美国金融机构也存在因过度鼓励冒险的企业文化进而滋生系列腐败的问题。同时,根据 KPMG 欺诈晴雨表所反映,英国涉欺诈指控的案件平均半年发生 160 余起,损失高达 6.36 亿元英镑,其中金融部门产生的欺诈行为位列第一。② 在这种高强度的职业竞争掣肘之下,一旦部分金融机构从业人员从事腐败的预期效用不小于他不从事腐败的预期效用,那么其从事腐败行为的可能性便极大地得到正向强化,在双向因果的闭合下最终完成从犯意滋生至犯罪实施的过渡转化,③从而为国家安全带来不可弥合之损失。

四、惩处金融领域职务犯罪之可为对策与经验

(一)树立廉洁的金融从业生态,夯实凝聚从业人员职业道德自守

金融领域贪腐案件从萌芽至演化最终走向暴露,是一个相对漫长且环节间层层嵌套的

① 参见韩李泽馨、谭瑶瑶:《金融领域职务犯罪重点难点问题研究》,载《检察风云》2023 年第 1 期,第 31 页。

② See Tomasic, R., The financial crisis and the haphazard pursuit of financial crime, *Journal of Financial Crime*, 2011, p. 26.

③ See Blackburn, Keith & Forgues – Puccio, Financial liberalization, bureaucratic corruption and economic development, *Journal of International Money and Finance*, 2010, p. 1338.

周循,如何实现源头预防、清源防治是未来来一段周期内金融领域反腐所亟须攻坚的一大课题。千里之堤,毁于蚁穴。廉洁的金融从业生态的建成归根结底仍是要从细节着手、从小处发力。具体到业务实操层面,金融机构要持续完善授权、转授权管理、信贷业务审查流程、财会基础管理创建等质控流程,责任精准量化到岗位、落位到个人。坚决避免双人临柜、离岗交接、一人多岗、相互替岗等违法操作,将不可控的廉洁风险降至可控范围内的最低,通过技术手段掌握金融机构的每一笔钱的流向,实现"精准摸底"。此外,管理层需持续优化经营业绩的评价机制,减轻金融机构间的不正当攀比与竞争,尤其是不可盲目"唯业绩论"。这便要求金融机构主管在下达经营指标时既要考虑到效率追求也要因时制宜、因地制宜,充分考量不同地区间经济结构之差异、不同省域地方间发展水平之分别,真正实现"关口前移、防范在线",将风险隐患在萌芽状态之时化解。① 总言之,廉洁金融从业生态的建成绝非一朝一夕,常态化监管一刻也不敢放松,对"重要岗位""重要环节""重要个人"的隐患防范与风险预判绝非仅是通过"喊喊口号"实现的,唯有依托于刚性与权威追责体系,方能确立有错必纠、有案必查、有责必究的良态责任导向。

理论上而言,经历过人生阶层攀登的高智商人群更应恪守内心职业道德并利用自身的精尖知识实现自我价值的最大化告成,然事与愿违。如上文所述,部分金融机构高智商人才已然偏离道德严守的法治化轨道,故而夯实金融人员职业道德自守便显得迫在眉睫。笔者认为应在现阶段金融职务犯罪综合治理过程中应引入和培育道德自省,尤其强化"守信激励"(正向)和"失信惩戒"(反面),这既是德治力量与法治精神的相互融合,也是"德法双治"理念在涉金融领域职务犯罪治理思路之展现。② 落实到实践中,金融机构应当始终将职业道德教育作为重点工作并长期予以贯彻与落实,以典型贪腐案例之惩处威慑为基开展对金融机构从业人员的教育警示,反刍引导从业人员树立正确执业观念,防止拜金主义、享乐主义、极端个人主义思想的滋生。此外,应当避免基层金融机构从业人员面临"干得多,赚得少"的窘境,严防因客观职业环境扭曲倒挤从业人员向犯罪的深渊滑落。③ 职业道德严守作为涉金融领域职务犯罪中观层面的治理措施,对其重塑与建设功在当代利在千秋。随着廉洁金融从业生态树立与职业道德的约束调节渐入人心,这种具有理论周延性与现实可行性的治理规策必将有效遏制涉金融领域职务犯罪的产发。

(二)建立健全党领导下的公共部门间涉金融职务犯罪惩治机制

有效治理金融机构从业人员犯罪,除完善道德自省与内控监督的软约束外,仍需进一步

① 参见厉立根:《金融领域犯职务犯罪成因及防治》,载《现代金融》2014 年第 4 期,第 51 页。

② 参见刘炯:《网络金融犯罪综合治理:制度愿景与实现路径》,载《南京大学学报(哲学·人文科学·社会科学)》2023 年第 5 期,第 81 页。

③ 参见魏二强:《金融职务犯罪的监管与预防》,载《山西政法管理干部学院》2014 年第 3 期,第 248 页。

建立健全党领导下的涉金融职务犯罪惩治机制,利用刑罚的威慑实现治理的最佳效能。其中又须以严明的党的政治纪律为核心、以权威的政治规矩为充实。综合国际惩治涉金融职务腐败经验,事实证明一套严密高效的职务犯罪惩治体系可极为高效地整合机关间的资源配置并在可调控的范围内完成信息的互联互通,实现涉金融职务犯罪的前端治理。如新加坡的反贪污调查局、香港的廉政公署便可根据实际需要深入到各金融机构指导反腐工作并帮助金融机构通过完善相关内控制度堵塞腐败漏洞,并且作为监管机构,其一旦在日常运营过程中发现贪贿线索,便会立刻启动法律程序开始刑事追责。通过刑罚的反向威慑与守法行为的正向激励,上述国家与地区在金融领域已然形成较为完善的督控追责体系与强大的自我纠错能力,极大程度上保有了长期来金融创新的成果,大为挫败了不收敛不收手的金融腐败分子。金融领域的良性循环秩序长期呈正向回归态势,相关有益做法与经验值得我们学习与借鉴。

随着金融领域职务犯罪形势愈加复杂,系列案件中的贪贿对象也已从传统的财物向"去物化"为特征的财产性利益转变,过程中部分金融机构从业人员异化其所掌握的专业金融知识,扭曲金融流通的良善循环,为非法利益的勾兑披上"合法"交易范式的外衣。但无论是作为职务犯罪调查的监察机关抑或是负责审查起诉的检察机关对于金融前沿知识的储备与长期从事一线金融工作的从业人员相比仍存一定局限。① 对此笔者认为,首先,为缓解金融知识紧张之局促,纪检监察机关与检察机关应当成立专门独立的金融领域反腐败惩处部门,统筹考虑、时刻研判金融领域贪腐情况最新动向,以防止疑难案件中因相关人员的客观能力不足致使关键证据固定缺失从而使得贪腐分子脱逃法律制裁。其次,监察机关与检察机关在办理涉金融职务犯罪案件时应当统一法律认识、协同一体办案。如监察机关在处理较为复杂的金融职务犯罪案件时可适时邀请检察机关提前介入案件处理,对相关案件的侦查、调查给予相应地帮助与指导,就争议焦点与情节认定达成初步共识从而控制金融风险与群体性事件发生的风险。最后,可构建金融领域专家智库,在处理疑难案件时及时抽调前沿领域专家参与至案件的调查起诉中来。日常也可通过与专家学者的合作及时更新监察人员与检察人员的金融知识储备、查缺补漏,为日趋严峻的金融反腐败斗争工作未雨绸缪。②

(三)坚持实事求是、宽严相济的刑事惩治原则

在信息技术普及与金融发展全球化的双维推动下,虚拟货币、电子商务、网络银行逐步向传统金融领域渗透,在极大丰富金融产品样态的同时也使得部分金融机构从业人员从中

① 参见张希靖、李聪明:《金融领域新型隐性职务犯罪案件的审查要点》,载《中国检察官》2024 年第 6 期,第 6 页。

② 参见邹川云、唐菠:《金融领域涉多罪名职务犯罪案件办案路径》,载《中国检察官》2021 年第 6 期,第 15 页。

嗅到所谓某种“机会”,从而利用网络弱关联特质并以其为媒介实施职务犯罪。[①] 而传统办案形式与处置思维难以应对以互联网为轴心所实施的高智能性金融职务犯罪,并且动态化的监管极易陷入“巡回式”“运动式”之误区,多方汇聚而来的潜在压力无形中又致使部分案件的惩处力度超过必要之限度,从而违背宽严相济的惩治原则。刑事立法的审慎性要求国家需保持刑法法益保护机能与人权保障机能的合理平衡,即既不能过度犯罪化也不能过度非犯罪化,应当时刻保持适度犯罪化的态势。具体到涉金融领域职务犯罪的审查与刑事制裁应当紧紧依托罪刑法定原则,对某个具体犯罪行为进行实质评价时,应该严格按照罪状中的定罪情节来进行判断。譬如在预期收益与现实收益的识别、正常市场投资与权钱交易行为的区分、公款私用中“私用”的把握等均应严格以法条规定为基,不得刻意为了惩处而惩处,肆意扩大刑事制裁之范围。[②]

同时,根据《关于促进互联网金融健康发展的指导意见》:“互联网金融作为新兴事物与新兴业态,要制定适度宽松的监管政策,为互联网金融创新留有空间与余地。”此外,《关于充分发挥检察职能依法保障和促进科技创新的意见》也明确指出:“在惩处涉金融领域职务犯罪时应当贯彻严相济的刑事政策,根据实践中不同情况予以切实认定,严格区分主观恶意犯罪行为与因主观认识不足过失造成的经济损失,对锐意创新探索的行为应当给予鼓励,同时要审慎划分科研人员合法的股权分红、知识产权收益、科技成果转化收益分配与贪污、受贿之间的分限。”足见之,无论是理论界还是一线实务界均对涉金融职务犯罪案件宽严相济的惩治原则持肯定态度。笔者认为,应当以此为纲紧紧扼住金融职务犯罪“命脉”,通过一段时间的治理完成金融管理由无序向有序的转变,最终在实现良法善治的基础上规范金融的整体运行。

---

① 参见王呈琛:《信息化时代网络金融职务型经济犯罪侦查取证研究》,载《山东警察学院学报》2017年第2期,第81页。

② 参见米铁男:《网络犯罪的形式评价问题研究》,载《东方法学》2017年第5期,第70页。

犯罪生涯持续中的犯罪专业化现象研究

——基于1051名“多进宫”罪犯的实证分析

苏鹏成 张 璇*

摘要:随着社会经济的快速发展,犯罪生涯持续中的犯罪专业化问题受到学术界关注。为验证犯罪专业化现象在中国服刑人员中是否存在,采用实证的方法分析了“多进宫”罪犯先前犯罪类型对本次犯罪的预测作用。结果显示,犯罪专业化现象在中国服刑人员中是存在的,且专业化程度由深到浅分别是:诈骗罪>毒品犯罪>盗窃罪>寻衅滋事罪>抢劫罪,上次犯罪比初次犯罪对本次犯罪的预测贡献更大,并从打击维度、预防维度、矫治维度提出了建议。

关键词:犯罪生涯;犯罪专业化;二元逻辑回归;实证

一、问题的提出

犯罪学是一门研究犯罪现象,找出规律,寻求犯罪原因和探索预防犯罪对策的学科。① 近年来,随着社会经济的快速发展,犯罪生涯持续中的犯罪专业化现象逐渐成为学术界关注的焦点。犯罪专业化是指有多次犯罪经历的罪犯在某段时间内或整个犯罪生涯中倾向于犯下同种或与其高度关联的犯罪类型的一种现象。② 这种现象不仅对社会治安构成严重威胁,而且对刑事司法系统提出了更高的要求。在国外,特别是欧美国家,犯罪专业化的现象已经引起了广泛的关注和深入的研究。在理论层面,美国社会学家罗伯特·默顿(Robert Merton)提出的劣势累积理论和赫希(Travis Hirschi)提出的社会控制理论为解释犯罪行为

---

* 苏鹏成(1986—),男,湖北荆门人,湖北省监狱管理局教育改造处二级主任科员,研究方向为犯罪学、罪犯改造学。

张璇(1991—),女,湖北武汉人,湖北省荆州监狱特警大队民警。

① 康树华:《论犯罪学性质及其理论体系》,载《法学杂志》1993年第4期,第6页。

② 陈大国、陈林铭、何扬冰:《犯罪专业化实证研究及其对教育改造工作的启示》,载《犯罪与改造研究》2024年第7期,第61页。

的持续提供了重要视角。技术方法层面,纽贝塔(Nieuwbeerta)等通过非参数回归模型分析荷兰犯罪分子数据,发现成年初期犯罪多样性增加,而中年后期则趋于专业化。① 奥斯古德(Osgood)和施雷克(Schreck)也引入了项目反应理论(IRT)来识别特定类型的犯罪专业化,为犯罪专业化研究提供了新的分析工具。② 德利西(DeLisi)等则使用二元逻辑回归模型来分析犯罪专业化,用先前犯罪类型预测当前犯罪类型,为理解犯罪专业化提供了崭新的工具和视角。③ 而在我国,犯罪专业化研究起步较晚,相关文献较为缺乏。主要聚焦于验证犯罪专业化是否存在。如:汪晓翔和刘仁文通过对 260 名在押犯人的实证研究,证实犯罪专业化现象确实存在,并指出盗窃、抢劫、故意伤害、强奸、诈骗和毒品犯罪六种类型尤为显著。④ 陈大国等也得出类似的结论,指出犯罪存在前科压缩现象,且特定罪名如抢夺、开设赌场等表现出较强的专业化效应。⑤ 尽管,现有研究对犯罪专业化现象的深入探讨作出了重要贡献,但仍有不足之处:一是研究的样本数量相对偏少,且集中于"二进宫"以上犯罪,无法区分到底是,初次犯罪对本次犯罪影响大?还是上一次犯罪对本次犯罪影响大?二是尽管运用过去的犯罪经历来预测当前的犯罪行为,是评估犯罪专业化程度的可行方法,然而,仅基于一次先前罪名便断定犯罪专业化存在,可能还不够周全和严谨。一般来说,同一罪犯犯同种或高度关联的犯罪类型至少 3 次以上,专业化存在的论断才相对可靠。三是在具体技术操作层面,现有研究在采用 SPSS 软件进行二元逻辑回归分析时,大多默认选取"输入"的变量选择方法,这种方法虽然简单,但却无法对变量进行逐步筛选或添加,排除自变量多重共线性的问题⑥,进而提供最佳的预测变量组合。

基于此,本研究选取具有"多进宫"⑦监狱服刑经历的 1051 名罪犯为样本,在 SPSS 中选择"向前:有条件"的变量选择方法,验证犯罪专业化是否存在,以期为预防和减少重新犯罪提出更为精准有效的建议。

---

① See Nieuwbeerta, Paul, et al. ,*A life - course analysis of offense specialization across age: Introducing a new method for studying individual specialization over the life course*, Crime & Delinquency, vol. 57, 2011, p. 3.

② See Osgood, D. Wayne, and Christopher J. Schreck, *A new method for studying the extent, stability, and predictors of individual specialization in violence*, Criminology, vol. 45, 2007, p. 273.

③ See DeLisi, Matt, et al. ,*The past is prologue: Criminal specialization continuity in the delinquent career*, Youth violence and juvenile justice, vol. 17, 2019, p. 335.

④ 汪晓翔、刘仁文:《犯罪专业化及其对累犯和再犯精准化量刑的启示——基于 260 名在押犯人犯罪生涯的实证研究》,载《社会科学研究》2022 年第 2 期,第 138 页。

⑤ 陈大国、陈林铭、何扬冰:《犯罪专业化实证研究及其对教育改造工作的启示》,载《犯罪与改造研究》2024 年第 7 期,第 63 页。

⑥ 鲁茂:《几种处理多重共线性方法的比较研究》,载《统计与决策》2007 年第 13 期,第 8 页。

⑦ "多进宫"是指至少具有 3 次以上监狱服刑经历的罪犯。

二、研究方法与设计

(一)研究方法

本研究在充分借鉴李光勇教授基于生命历程理论编制的《监狱重新犯罪人员回归社会调查问卷》基础上,①召集5名系统内实务专家,结合监狱实际,设计了《监狱服刑人员生命历程问卷》。问卷由六个部分组成,第一部分为基本信息,第二部分为14岁前早年成长时期经历,第三部分为初次犯罪时期经历,第四部分为上次监狱服刑时期经历,第五部分为本次被捕入狱前的社会经历,第六部分为本次监狱服刑时期经历,共163个题目。罪犯独立完成问卷预计需45分钟。为确保研究的代表性和科学性,全省28个监狱按照确定的8个方向课题(暴力型、侵财型、涉毒型、涉黑涉恶类、帮信类、死缓限制减刑类、老病残类、邪教类),采取分层随机抽样的方法,在本单位分别抽取不少于300人的初犯和重犯样本。在正式测评前,邀请了中南财经政法大学教授对评估员进行了专门的业务培训,评估员由各监狱从事心理矫治或危险性评估工作2年以上,具有心理学或统计学基础的民警担任。测评过程中,严格按照统一的指导语、统一的问卷、统一的标准、统一的环境(尽量安排在教学楼或安静、整洁、无干扰,有利于罪犯独立答题的环境)组织测评。测评结束后,各监狱评估员将原始问卷打包封存,在集中培训后,使用 EpiData 3.1 软件对数据进行统一编码和录入,最终汇总形成了1.3万余人、458个变量的标准化数据库。

(二)样本选取

本研究从标准化数据库中筛选出具有3次以上监狱服刑经历的1285人,剔除漏答项多、规律性作答的无效问卷和废卷后,形成1051人的样本,问卷有效率为81.8%。

(三)变量与测量

本研究采取德利西等提出的用先前犯罪预测当前犯罪的方法检验犯罪专业化,并进行了进一步的优化。一是在验证犯罪专业化时,将自变量"先前犯罪"区分"初次犯罪"和"上次犯罪",将控制变量"年龄"区分"初次犯罪的年龄"和"上次犯罪的年龄",以便比较二者对本次犯罪预测的影响大小。二是在 SPSS 中选择"向前:有条件"这种更为谨慎的逐步回归的变量选择方法,不仅检验了自变量的统计显著性,还解决了自变量之间可能存在的多重共线性问题。

---

① 参见李光勇:《刑满释放人员重新犯罪影响因素检验与预防对策实证研究》,中国法制出版社2018年版,第472页。

1.因变量

如表1所示,从抽取样本中选取本次犯罪排名前6的罪名作为因变量,分别是本次毒品犯罪、本次盗窃罪、本次寻衅滋事罪、本抢劫罪、本次故意伤害罪、本次诈骗罪。其中,毒品犯罪是指非法持有、走私、贩卖、运输、制造毒品,非法生产、买卖、运输制毒物品,以及容留他人、引诱、教唆、欺骗他人吸毒等罪名。6种罪名均以"0=否"和"1=是"编码,形成6组二分类变量。例如:本次毒品犯罪等于"1"表示在本次入狱罪名中有涉毒类犯罪行为,等于"0"表示在本次入狱罪名中没有涉毒类犯罪行为。此外,无论是本次犯罪还是先前犯罪,6种罪名之间重叠度很低,满足了二元逻辑回归对样本独立性的要求。例如,在本次犯罪中,463人次的毒品犯罪中同时犯有其他5项罪行的人数分别为寻衅滋事罪7人(1.5%)、故意伤害罪10人(2.2%)、诈骗罪2人(0.4%)、抢劫罪2人(0.4%)和盗窃罪8人(1.7%);同样,上次毒品犯罪的261人次中,犯有其他5种罪行的人数,分别为寻衅滋事罪0人、故意伤害罪3人(1.1%)、诈骗罪1人(0.3%)、抢劫罪2人(0.4%)和盗窃罪2人(0.4%)。这一结果表明个案之间几乎相互独立,不存在特殊关系。

表1 本次犯罪排名前六的罪名

初次罪名	人次	占比	上次罪名	人次	占比	本次罪名	人次	占比
初次毒品犯罪	120	13.70%	上次毒品犯罪	261	30.00%	本次毒品犯罪	463	52.40%
初次盗窃罪	341	39.10%	上次盗窃罪	324	37.20%	本次盗窃罪	240	27.20%
初次寻衅滋事罪	97	11.10%	上次寻衅滋事罪	90	10.30%	本次寻衅滋事罪	77	8.70%
初次抢劫罪	234	26.80%	上次抢劫罪	92	10.60%	本抢劫罪	74	8.40%
初次故意伤害罪	108	12.40%	上次故意伤害罪	107	12.30%	本次故意伤害罪	64	7.20%
初次诈骗罪	22	2.50%	上次诈骗罪	26	3.00%	本次诈骗罪	43	4.90%

2.自变量

选取与因变量对应的6个初次罪名和上次罪名为自变量,并采取相同的编码方式,以"0=否"和"1=是"编码,形成12组二分类变量。同时,根据现有研究,即:女性比男性更倾向于专业化,①且随着年龄的增长,罪犯的专业化趋势可能会增加,年长的罪犯比少年犯更有可能专业化,②引入性别、初次犯罪年龄和上次犯罪年龄3个经过验证的控制变量,以增加

① See Tumminello, Michele, et al., *The phenomenology of specialization of criminal suspects*, PLoS One, vol. 8, 2013, p. 1.

② See Fox, Bryanna Hahn, and David P. Farrington, *Behavioral consistency among serial burglars: Evaluating offense style specialization using three analytical approaches*, Crime & Delinquency, vol. 62, 2016, p. 1123.

统计分析的可信度。具体而言,性别按照"1 = 男""2 = 女"编码,样本中男性罪犯有 1018 名,女性罪犯有 33 名。年龄为连续型变量,具体分布情况如表 2 所示。

表 2　初次犯罪、上次犯罪和本次犯罪平均年龄情况

年龄	平均值	最大值	最小值	标准差
初次犯罪年龄	24	62	13	9
上次犯罪年龄	34	68	14	10
本次犯罪年龄	41	78	17	10

三、研究结果与讨论

在二元逻辑回归分析中,Omnibus 检验评估模型系数是对模型系数的综合检验,当 $P < 0.05$ 时表明模型有统计学意义。Hosmer – Lemeshow 检验判断模型拟合优度,$P > 0.05$ 时模型拟合较好。本研究中,6 次二元逻辑回归模型,全部符合上述统计检验标准。结果如表 3 和表 4 所示,通过选取"向前:有条件"的逐步回归方法对自变量进行筛选,排除多重共线性同时,留下的都是统计显著的自变量,呈现的是最佳拟合结果。

总体来看,先前犯罪(初次犯罪、上次犯罪)是本次犯罪强有力的预测因子,证实了犯罪专业化的存在。此外,还发现上次犯罪罪名比初次犯罪罪名对本次犯罪罪名预测的贡献更大①,这侧面印证了孔一和黄兴瑞教授提出的"近因优先原则"。② 具体而言:

表 3　关于本次毒品犯罪、盗窃罪和寻衅滋事罪二元逻辑回归模型

本次毒品犯罪			本次盗窃罪			本次寻衅滋事罪		
	B(S.E.)	OR		B(S.E.)	OR		B(S.E.)	OR
初次毒品犯罪	1.474(0.384)***	4.37	初次抢劫罪	0.893(0.252)***	2.44	初次寻衅滋事罪	0.811(0.336)*	2.25
上次寻衅滋事罪	–0.669(0.278)*	0.51	初次盗窃罪	1.084(0.232)***	2.96	初次故意伤害罪	1.167(0.296)***	3.21
上次诈骗罪	–1.563(0.638)**	0.21	上次故意伤害罪	–1.328(0.547)*	0.27	初次盗窃罪	–1.582(0.486)***	0.21

① 孔一、黄兴瑞:《刑释人员再犯风险评估量表(RRAI)研究》,载《中国刑事法杂志》2011 年第 10 期,第 101 页。

② 近因优先原则,是指对于处于不同生命历程阶段的有预测效力的同一因子,取离现时最近的状态作为预测因子。

续表

本次毒品犯罪			本次盗窃罪			本次寻衅滋事罪		
上次抢劫罪	0.684(0.24)***	1.98	上次盗窃罪	2.007(0.223)***	7.44	上次寻衅滋事罪	1.003(0.331)***	2.73
上次盗窃罪	-0.885(0.184)***	0.41	上次毒品犯罪	-2.324(0.537)***	0.10	上次毒品犯罪	-0.897(0.463)*	0.41
上次毒品犯罪	2.271(0.239)***	9.69	上次犯罪年龄	0.029(0.009)***	1.03	上次犯罪年龄	-0.051(0.016)***	0.95
常量	-0.576(0.123)***	0.56	常量	-3.486(0.374)***	0.03	常量	-1.065(0.495)*	0.35
假R方	0.403		假R方	0.482		假R方	0.238	

注:* 代表 $p<0.05$;** 代表 $p<0.01$;*** 代表 $p<0.001$

表4 关于本次诈骗罪、抢劫罪和故意伤害罪二元逻辑回归模型

本次诈骗罪			本次抢劫罪			本次故意伤害罪		
	B(S.E.)	OR		B(S.E.)	OR		B(S.E.)	OR
初次寻衅滋事罪	1.012(0.461)*	2.75	上次抢劫罪	1.079(0.364)***	2.94	初次故意伤害罪	0.92(0.319)***	2.51
初次故意伤害罪	1.094(0.422)**	2.99	上次盗窃罪	0.89(0.279)***	2.44	上次犯罪年龄	-0.052(0.015)**	0.95
初次诈骗罪	2.372(0.6)***	10.72	上次毒品犯罪	-1.043(0.5)*	0.35	常量	-1.264(0.466)*	0.28
上次诈骗罪	2.429(0.555)***	11.35	常量	-2.926(0.226)***	0.05	假R方	0.06	
上次毒品犯罪	-1.483(0.738)*	0.23	假R方	0.075				
常量	-3.67(0.245)*	0.03						
假R方	0.245							

注:* 代表 $p<0.05$;** 代表 $p<0.01$;*** 代表 $p<0.001$

(一)本次毒品犯罪的逻辑回归结果与讨论

初次毒品犯罪对本次毒品犯罪具有显著正向效应(OR=4.37,P<0.001),换言之,如果初次有毒品犯罪行为,则本次罪行仍为毒品犯罪的可能性会增加3.37倍。上次毒品犯罪对本次毒品犯罪也具有显著正向效应(OR=9.69,P<0.001),且影响程度更大,即:上次犯罪是毒品犯罪,则本次罪行仍为毒品犯罪的可能性会增加8.69倍。上次抢劫罪对本次毒品犯罪具有显著正向效应(OR=1.98,P<0.001),如果上次犯罪是抢劫罪,则本次罪行为毒品犯

罪的可能性会增加98%。上次寻衅滋事罪(OR = 0.51, P < 0.05)、上次诈骗罪(OR = 0.21, P < 0.05)和上次盗窃罪(OR = 0.41, P < 0.05)均对本次毒品犯罪具有显著负向效应,这意味着,如果上次犯罪是以上三种罪名,则本次犯罪行为是毒品犯罪的可能性会分别减少49%、79%、59%。

上述数据表明,毒品犯罪不仅存在专业化,还存在多样化形态,抢劫罪与毒品犯罪之间似乎存在某种微妙的联系,这种联系可能源自犯罪动机、资源获取渠道,或者是二者犯罪网络的交叉重叠。由于抢劫罪往往伴随着高风险、高收益的特点,犯罪分子在追求快速获取物质利益的过程中,可能会因为资金链断裂、逃避警方追捕,或是满足特定瘾君子群体的需求而转向毒品交易。这种转型不仅为犯罪分子提供了另一种非法收入来源,还可能加深其犯罪行为的复杂性,形成一个更为复杂的犯罪网络。此外,值得注意的是,寻衅滋事罪、诈骗罪和盗窃罪对毒品犯罪的负向影响,揭示了犯罪类型之间的某种排斥性或替代性。寻衅滋事罪往往源自个体对社会规范的漠视与挑衅,这种行为的背后可能隐藏着对现状的不满、自我认同的缺失,或是寻求刺激的心理需求。而毒品犯罪,作为一种更为隐蔽且危害深远的犯罪活动,参与者往往深陷其中,他们的世界被毒品所主导,对外界的挑衅行为可能显得相对麻木或无暇顾及,从而在某种程度上减少了与寻衅滋事行为的交集。再看诈骗罪,这一犯罪类型更多的是犯罪分子利用信息不对称或欺骗手段谋取不正当利益,他们往往具有更高的智商和狡猾的伎俩。相比之下,毒品犯罪虽然同样追求非法收益,但其运作方式更多依赖于毒品交易网络的建立与维护,以及对毒品市场的把控。这两种罪名在犯罪模式和执行策略上存在显著差异,使得诈骗者更倾向于选择风险更低的诈骗手段,而非涉足毒品这一高风险领域。至于盗窃罪与毒品犯罪之间的关系,虽然两者都涉及非法获取财物的行为,但在动机和行为方式上却存在显著差异。盗窃罪更多的是出于生存需求或贪婪心理,通过盗窃他人财物来满足自己的物质欲望,而毒品犯罪则往往伴随着更为复杂的动机,如个人成瘾、经济压力、犯罪团伙的操控等。在某些情况下,盗窃罪可能成为毒品犯罪分子筹集毒资的一种手段,但这种情况并非绝对。事实上,随着社会对毒品犯罪的打击力度加大,以及毒品交易风险的增加,一些原本可能涉足毒品犯罪的犯罪分子可能会选择更为直接且风险相对较低的盗窃行为,从而在一定程度上体现了不同犯罪类型之间的替代性。因此,有过上述三种犯罪记录的罪犯,在面临再次犯罪选择时,会倾向于避开毒品犯罪。

(二)本次盗窃罪的逻辑回归结果与讨论

初次盗窃罪对本次盗窃罪具有显著正向效应(OR = 2.96, P < 0.001),这意味着如果初次犯罪有盗窃行为,则本次犯盗窃罪的可能性会增加1.96倍。同样,上次盗窃罪对本次盗窃罪也具有显著正向效应(OR = 7.44, P < 0.001),且从OR值大小来看,明显比初次犯罪预测度更高,即如果上次犯罪是盗窃罪,则本次罪行仍为盗窃罪的可能性会增加6.44倍。此外,初次抢劫罪对本次盗窃罪具有显著正向效应(OR = 2.44, P < 0.001),即如果初次有抢劫

行为,则本次罪行仍为盗窃的可能性会增加1.44倍。上次故意伤害罪对本次盗窃罪具有显著负向效应($OR = 0.27, P < 0.05$),这表明,如果上次犯罪是故意伤害罪,则本次罪行为盗窃的可能性会降低到27%,即比没有故意伤害罪历史的犯人低了73%。而上次毒品犯罪对本次盗窃罪具有显著负向效应($OR = 0.10, P < 0.001$),意味着如果上次犯罪是毒品犯罪,则本次罪行为盗窃的可能性会降低到10%,即比没有毒品犯罪历史的犯人低了90%,这与前文分析一致,再次印证了毒品犯罪与盗窃罪之间的互斥性。上次犯罪年龄的OR值为1.03,表明犯罪年龄每增加1岁,则本次盗窃罪的概率会增加3%。

应当说,盗窃罪与毒品犯罪一样,同时具有专业化和多样化的特点,这与陈大国等学者研究结论一致,①认为盗窃罪有较高的犯罪指向性,且受到其他因素影响广泛,呈现出易发、多发的情形,被称为"犯罪之基"。此外,初次抢劫罪对本次盗窃罪的正向效应也值得注意。这表明,在某些情况下,抢劫罪与盗窃罪之间并非完全孤立,而是存在一定程度相互转化或并存的情况。这可能是由于部分犯罪分子发现抢劫行为风险较高,转而寻求更为隐蔽且风险较低的盗窃行为作为替代手段。

(三)本次寻衅滋事罪的逻辑回归结果与讨论

初次寻衅滋事罪对本次寻衅滋事罪具有显著正向效应($OR = 2.25, P < 0.05$),换言之,如果初次有寻衅滋事行为,则本次罪行仍为寻衅滋事的可能性会增加1.25倍。同样的,上次寻衅滋事罪对本次寻衅滋事罪也具有显著正向效应($OR = 2.73, P < 0.001$),如果上次犯罪是寻衅滋事罪,则本次罪行仍为寻衅滋事的可能性会增加1.73倍。初次故意伤害罪对本次寻衅滋事罪具有显著正向效应($OR = 3.21, P < 0.001$),这意味着如果初次有故意伤害行为,则本次罪行仍为寻衅滋事的可能性会增加2.21倍。初次盗窃罪($OR = 0.21, P < 0.001$)、上次毒品犯罪($OR = 0.41, P < 0.05$)对本次寻衅滋事罪具有显著负向效应,这表明,如果初次有盗窃行为或者上次是毒品犯罪,则本次罪行仍为寻衅滋事的可能性会分别降低79%和59%。上次犯罪年龄的OR值为0.95,表明犯罪年龄每增加1岁,则本次寻衅滋事罪的概率会减少5%。

可以看出,初次寻衅滋事罪和再次寻衅滋事罪均能显著正向预测本次寻衅滋事罪,证实了寻衅滋事罪专业化的存在。进一步的分析,盗窃罪对寻衅滋事罪具有显著负向效应,这可能反映了不同类型的犯罪行为在动机、手段和目标上的差异。与寻衅滋事不同,盗窃通常更侧重于物质利益的获取,而较少涉及对他人的直接挑衅。因此,有盗窃历史的个体可能更倾向于采取隐蔽和间接的方式来满足自己的需求,而非通过公开的挑衅行为。同时,毒品犯罪对寻衅滋事罪的负向效应也值得注意。这可能是因为毒品犯罪本身具有高风险性和隐蔽

---

① 陈大国、陈林铭、何扬冰:《犯罪专业化实证研究及其对教育改造工作的启示》,载《犯罪与改造研究》2024年第7期,第60页。

性,要求犯罪分子具备更高的自我控制能力和谋划能力,这可能使得有毒品犯罪历史的个体在面对冲突时更倾向于选取更为谨慎和理性的态度,而非冲动地采取挑衅行为。最后,犯罪年龄作为一个重要的影响因素,在盗窃罪和寻衅滋事罪中表现出截然不同的趋势。盗窃罪的概率随年龄增长而增加,呈正相关,这可能是随着年龄增长,犯罪分子的技能愈加的娴熟而专业,形成了"路径依赖",而寻衅滋事罪的概率随着年岁的增长而降低,呈负相关,这可能是犯罪分子随着年龄增长,心智慢慢成熟,自我控制能力变强所致。

(四)本次诈骗罪的逻辑回归结果与讨论

初次诈骗罪对本次诈骗罪具有显著正向效应($OR=10.72, P<0.001$),即如果初次有诈骗行为,则本次罪行再次为诈骗罪的可能性会增加9.72倍。同样,上次诈骗罪也对本次诈骗罪具有显著正向效应($OR=11.35, P<0.001$),即上次犯罪如果是诈骗罪,则本次是诈骗罪的可能性会增加10.35倍。仅以OR值的大小来看,诈骗罪是专业化程度最深的罪名,这可能与诈骗罪本身的特点紧密相关。诈骗行为往往需要精心策划、巧妙伪装以及高超的社交技巧,而这些技能并非一朝一夕能够掌握,需要长时间的实践和积累。且诈骗罪相对其他犯罪来说,看似"低风险",一旦成功,获利颇丰。同时,初次寻衅滋事罪($OR=2.75, P<0.05$)和初次故意伤害罪($OR=2.99, P<0.01$)都对本次诈骗罪具有显著正向效应,换言之,如果初次有寻衅滋事行为,则本次罪行转为诈骗罪的可能性会增加1.75倍;初次有故意伤害行为,转为诈骗罪的可能性会增加1.99倍,这可能与行为模式的延续、犯罪技能的积累,以及法律后果的考量有关。

此外,上次毒品犯罪对本次诈骗罪具有显著负向效应($OR=0.23, P<0.05$),与前文分析一致,这意味着,如果上次犯罪是毒品犯罪,则本次罪行转为诈骗罪的可能性会降低77%。这种负向效应可能源于两个方面原因。一方面,毒品犯罪往往伴随着更为严重的社会、心理和生理问题,如成瘾、精神健康状况恶化、社会排斥等,这些问题可能在一定程度上削弱了犯罪分子从事其他类型犯罪(如诈骗罪)的能力或意愿。例如,长期的药物依赖可能导致犯罪分子无法集中精力策划和执行复杂的诈骗计划;或是因毒品犯罪的"暴利"看不上诈骗的"小钱"等。另一方面,从法律和社会控制的角度来看,毒品犯罪的打击力度通常较大,一旦定罪,犯罪分子可能会面临更长的监禁期、更严格的监管措施以及更广泛的社会监督。这些严厉的制裁不仅直接限制了犯罪分子的自由活动空间,还通过心理威慑作用减少了他们再次犯罪的念头。

(五)本次抢劫罪的逻辑回归结果与讨论

上次抢劫罪对本次抢劫罪具有显著正向效应($OR=2.94, P<0.001$),即如果上次犯罪是抢劫罪,则本次罪行再次为抢劫罪的可能性会增加1.94倍。从OR值来看,抢劫罪的专业化程度相对其他罪名稍低,且初次抢劫罪名不显著,这可能是由于抢劫罪作为重罪,一旦

被抓获,通常面临更为严厉的法律制裁和较长的刑期,这种较长的刑期客观上限制了犯罪分子的犯罪机会。同时,抢劫罪对体力有较高要求,随着年龄的增长,犯罪分子的身体机能和体力会下降,这也限制了他们重复实施抢劫的能力,从而降低了抢劫罪的专业化程度。上次盗窃罪对本次抢劫罪具有显著正向效应(OR = 2.44, $P < 0.001$),这意味着如果上次犯罪是盗窃罪,则本次罪行转为抢劫罪的可能性会增加 1.44 倍。这与大众常识相符,二者作为侵财类犯罪,可能存在为谋财而犯罪手段升级的现象,即犯罪分子在入室盗窃实施过程中或者在逃离现场时,为了抗拒抓捕、毁灭罪证或者为了掩盖盗窃行为而使用暴力或者以暴力相威胁,则直接构成抢劫罪。

上次毒品犯罪对本次抢劫罪具有显著负向效应(OR = 0.35, $P < 0.05$),这表明,如果上次犯罪是毒品犯罪,则本次转为抢劫罪的可能性会降低65%。进一步的观察发现,毒品犯罪几乎与本次研究的其他罪名都成负相关,这可能是长期从事毒品犯罪的犯罪分子更倾向于在熟悉的领域内作案,减少因不熟悉其他犯罪手段而暴露的风险,且毒品交易往往涉及复杂的供应链、分销网络和客户关系,这些都需要时间和精力来维护。因此,对于这部分犯罪分子而言,转向抢劫这种高风险、低技术含量的犯罪类型,可能并不符合其利益最大化原则。需要特别说明的是,尽管毒品犯罪几乎与本次研究的所有其他罪名均成负相关,但这并不意味着毒品犯罪与所有其他类型犯罪都呈负相关。实际上,毒品犯罪往往与其他类型(有组织犯罪)存在密切的联系。例如,毒品交易可能需要通过暴力手段来保护地盘、解决争端或强迫交易等。

(六)本次故意伤害罪的逻辑回归结果与讨论

初次故意伤害罪对本次故意伤害罪具有显著正向效应(OR = 2.51, $P < 0.001$),即:如果初次有故意伤害行为,则本次罪行再次为故意伤害罪的可能性会增加 1.51 倍。故意伤害罪与抢劫罪一样,OR 值相对较低,且是唯一一个本次罪名与上次罪名没有显著相关的罪名,这可能是因为故意伤害罪虽然也属于暴力犯罪范畴,但其动机、目标及执行方式相较于抢劫罪更为复杂和多样。一方面,故意伤害罪的动机可能涵盖了个人恩怨、情感冲突、利益争夺等多种因素,这些因素在每次犯罪中可能各不相同,因此难以形成像抢劫罪那样因重复作案而提升的专业化程度。另一方面,故意伤害罪的法律后果虽然严重,但与抢劫罪相比,其直接的经济利益驱动力较弱。抢劫罪往往以获取财物为主要目的,一旦得手,可能会因利益驱使而再次作案。而故意伤害罪则更多是基于非经济因素,如报复、挑衅等,这些因素在得到满足或平息后,再次引发故意伤害的可能性相对较低。从数据上看,初次故意伤害罪对本次故意伤害罪具有显著正向效应,可能是由于犯罪分子在初次实施故意伤害行为后,缺乏有效的干预,未能妥善解决其根本动机和情绪管理问题,导致其在面临类似情境时,倾向于重复使用暴力作为应对手段。

四、研究结论与启示

(一)研究结论

本研究在德利西等学者研究方法的基础上,进行优化,验证了犯罪专业化的现象,深化了对犯罪专业化的认识,为有效预防和减少重新犯罪提供了实证支持。主要结论如下:

(1)犯罪专业化现象的存在具有普遍性。通过对 1051 名“三进宫”及以上罪犯的实证调查,证实了犯罪专业化现象在中国服刑人员中是存在的,这一结论与国外研究一致,表明犯罪专业化现象是一个跨越国界的普遍性社会问题。

(2)不同类型犯罪专业化程度具有差异性。一方面,从 OR 值的大小来看,不同犯罪类型的犯罪专业化程度由深到浅分别是:诈骗罪 > 毒品犯罪 > 盗窃罪 > 寻衅滋事罪 > 抢劫罪 > 故意伤害罪;另一方面,初次犯罪类型、上次犯罪类型对本次犯罪类型的预测有差异,上次犯罪类型比初次犯罪类型对本次犯罪的预测贡献更大。

(3)犯罪专业化与多样化具有共存性。某些犯罪类型,如诈骗罪和盗窃罪,同时表现出专业化和多样化的特征。

(二)研究启示

1. 打击维度:构建以数据为驱动的智能打击体系

犯罪专业化存在的普遍性和差异性表明,构建以数据为驱动的智能打击体系,是我们应对当前复杂多变犯罪形势的关键一步。首先,要强化数据采集与整合能力。包括但不限于警务系统内部的数据互通、跨部门的信息共享以及社会化大数据的引入。通过技术手段,实现海量数据的快速汇聚与深度挖掘,形成犯罪情报的“富矿”。这些情报将涵盖犯罪嫌疑人的身份信息、行为轨迹、社交关系、交易记录等多个维度,为精准打击提供坚实支撑。其次,依托先进的算法模型,对数据进行智能化分析与预测。利用机器学习、深度学习等先进技术,对犯罪数据进行深度剖析,发现其中的规律与趋势,进而预测犯罪可能发生的时间、地点,使我们能够提前谋划、突出重点,将有限的警力资源投放到最需要的地方,实现“打早打小、露头就打”。最后,通过部署高清摄像头、智能传感器等物联网设备,实现对重点区域、敏感场所的全天候、无死角监控,并结合人脸识别等人工智能技术,自动识别并预警异常行为,为快速响应提供支持。

2. 预防维度:构建全民共同参与的犯罪预防体系

预防犯罪不仅是执法部门的责任,也是全社会共同的责任。考虑到犯罪专业化的客观存在,立法机构和司法部门可充分通过精准量刑,[1]强化对特定类型犯罪的打击力度。如,

---

① 汪晓翔、刘仁文:《犯罪专业化及其对累犯和再犯精准化量刑的启示——基于 260 名在押犯人犯罪生涯的实证研究》,载《社会科学研究》2022 年第 2 期,第 146 页。

美国就基于性犯罪分子专业化的基本假设,颁布了性犯罪分子登记和通知(SORNA)法案。教育部门可加强全面法制教育,提高民众的法律意识和自我保护能力。根据安德森(Andresen)等人研究,①失业和低收入是导致犯罪专业化的重要因素,人社部门可开展更多的职业技能培训和就业援助活动,帮助更多的人就业创业,减少因贫而引发的犯罪。文化部门可通过文化教育和宣传,提升民众的道德素养和社会责任感,提高公众的法律意识和道德水平,营造尊法守法、崇德向善的社会氛围。社区组织应发挥基层基础作用,通过社区警务、社区服务等,提高民众的安全防范意识和能力。

3. 矫治维度:发展个性化和全过程的矫治体系

《监狱法》明确规定,"教育改造罪犯,实行因人施教、分类教育、以理服人的原则。"这要求矫治工作必须因人而异,制定个性化的矫治方案。针对犯罪专业化程度高的,如诈骗罪,可侧重于认罪悔罪教育,让其深刻反思诈骗行为对受害者和社会的伤害,同时引入财务管理等实用课程,培养其合法致富的能力与诚信为本的生活态度。针对暴力犯罪,如故意伤害与抢劫,则需要更为关注罪犯情绪管理与冲突解决技巧的培养,通过正念冥想、情绪管理等课程,帮助罪犯强化情绪认知,学会识别并控制自身情绪,减少暴力行为。此外,矫治工作不应局限于监狱服刑期间,还应延伸到罪犯出狱以后的社会适应和再社会化过程中,逐步建立起监狱改造、社区帮扶、家庭帮教、政府支持、社会接纳的全过程矫治体系,形成矫治合力,共同帮助罪犯顺利回归并融入社会,预防和减少重新犯罪的发生。

---

① See Andresen, Martin A., and Shannon J. Linning, *Unemployment, business cycles, and crime specialization: Canadian provinces*, 1981 – 2009." Australian & New Zealand Journal of Criminology, vol. 49, 2016, p. 332.

检察监督视域下看守所在押人员生命健康权保护

戴兴栋　罗　仪　李　剑*

摘要:加强新时代看守所监管执法活动检察监督,保障在押人员生命健康权、预防在押人员非正常死亡问题,是加强新时代检察机关法律监督工作的重要课题。当前,在押人员生命健康权的保障面临着现实和制度双重困境,刑事执行检察和监管执法监督工作有待改进。因此,应加强看守所在押人员健康管理、强化死亡事件检察监督、完善死亡事件调查处理法律法规,以有效保障看守所在押人员生命健康权,共同筑牢在押人员生命健康权的保障体系。

关键词:在押人员;生命健康权;检察监督;监管执法

一、看守所监管现状与生命健康权益保障探析

(一)监管环境革新:法治与人文并进

近年来,我国看守所在环境优化领域取得显著进展,彰显了法治深化与人权意识增强的积极成果。现代化监舍建设、医疗设备升级、膳食质量改善及文化教育、心理辅导服务的拓展,共同构建了更为人性化和文明的监管环境。然而,挑战依然严峻。部分老旧看守所面临硬件设施落后问题,特别是在通风、采光及卫生方面,亟须改善以维护在押人员身心健康。医疗资源的专业化不足,限制了应对突发医疗状况的能力。文化教育虽有所增加,但课程多样性与个性化尚待加强,以满足在押人员多元化学习需求。心理健康服务方面,资源分配不

---

* 戴兴栋(2000—),男,贵州毕节人,贵州省毕节市威宁县人民检察院综合业务部工作员,研究方向为诉讼法学与司法制度。

罗仪(1999—),男,贵州毕节人,贵州省毕节市威宁县人民检察院综合业务部工作员,研究方向为诉讼法学。

李剑(1988—),男,贵州毕节人,贵州省毕节市人民检察院法律政策研究室主任,研究方向为诉讼法学。

均,尤其是心理咨询师短缺,影响了对在押人员心理问题的及时干预。同时,内部管理的规范化虽取得进展,但外部监督机制的完善仍是长期任务,关乎监管透明度与公正性。为此,看守所环境优化需持续投入与创新,重点推进基础设施现代化、医疗专业化、教育个性化、心理服务全面化,并健全外部监督机制。目标是构建一个更加安全、健康、透明的监管体系,践行法治国家对人权保障的坚定承诺。

(二)看守所在押人员健康危机:疾病防控与医疗保障的双重挑战

在司法实践中在押人员面临的最大生命威胁源自疾病,由此强化疾病预防与控制措施,成为守护其基本生命健康权利的关键行动。然而,细致入微的调查进一步揭示,部分看守所在疾病防控领域存在着明显短板,具体问题涵盖:

1. 缺乏全面、规范的入所前身体检查

看守所医疗资源匮乏,包括设施简陋、设备不足及医护人员专业性不强,导致新入所嫌疑人难以获得全面健康检查,影响健康档案与用药史的建立,进而延误潜在疾病的诊断与治疗,侵害在押人员基本医疗权益。

对于符合取保候审条件者,若家庭或法定监护人因故无法承担担保责任,则可能阻碍其获得更高质量的医疗救治,被迫滞留看守所。取保候审机制虽旨在减轻羁押影响,但在实际操作中,医疗需求迫切的在押人员常因家庭支持缺失而面临医疗机会受限的困境。①

此现状凸显看守所医疗资源分配的紧迫性,并指出取保候审制度在保障医疗需求方面的局限性。因此,构建完善的医疗保障体系、优化取保候审适用条件,确保在押人员医疗需求得到及时有效满足,是当前亟须解决的重要议题。

2. 医疗资源短缺,应急响应机制薄弱

实践中,看守所因财政限制常面临医疗资源匮乏,尤其是医护人员数量不足与技能欠缺,难以满足在押人员健康需求。这导致治疗趋于保守,疾病易复发,影响在押人员生活质量和康复。监管人员医学知识匮乏,对急性病症反应迟钝,延误救治时机,增加死亡风险,凸显医疗应急机制与培训的不足。因此,亟需加大医疗资源投入,特别是医护人员队伍建设与专业培训,同时提升监管人员医学素养与应急能力,以降低医疗风险,确保在押人员获得及时有效救治,保障其基本健康权益,维护监管环境的健康与安全。

3. 看守所中的心理健康危机

心理健康与生理健康紧密相连,在看守所封闭高压环境下尤为显著。司法程序密集带来的不确定性加剧在押人员悲观绝望情绪,对其整体健康构成威胁。庭审与判决成为心理重压源,缺乏有效心理干预时,精神压力放大,情绪波动剧烈,增加心脑血管疾病风险及自杀

---

① 单佳:《社会治理视域下我国轻罪治理的目标、要求及实现路径》,载《河南警察学院学报》2024 年第 4 期,第 23 – 32 页。

倾向,构成安全隐患。

鉴于此,看守所心理健康管理至关重要且紧迫。心理健康不仅关乎在押人员福祉,更影响监管安全稳定。因此,需建立健全心理干预体系,提供专业心理咨询与健康教育,以缓解心理压力,促进身心康复,构建安全和谐的监管环境。

(三)监管执法趋向标准化但仍存盲区

全国看守所布局与运作现状映射区域经济发展不平衡,县级看守所数量众多,属地管理下设施与服务水平差异显著。部分看守所设施陈旧,技术装备落后,难以满足现代监管标准,尤其是监控系统存在明显缺陷,影响安全管理。① 尽管有引入先进监控联网系统的尝试,但系统稳定性不足,常因网络或设备故障导致监控资料缺失,阻碍案件调查,损害监管透明度与公正性。

此现状迫切要求加强看守所设施现代化,提升监控系统稳定性与可靠性,通过技术革新与设备更新完善监控体系,以保障监管安全、维护在押人员权益,并增强公众对司法公正的信心。此乃看守所管理现代化之必需,也是维护社会稳定、推进法治建设的关键举措。

(四)在押人员亡故调查规程显现漏洞

目前,关于在押人员死亡事件的调查机制面临着若干挑战与局限,主要集中在科学性、透明度及多元主体参与度的不足上,这些因素在某种程度上消减了看守所在维护在押人员生命健康权益方面的实效性与公信力。

1. 在押人员死亡原因探究体系需科学优化

根据《看守所在押人员死亡处理规定》,在押人员死亡分为正常死亡与非正常死亡两类,并分别由公安机关与检察机关主导调查与审查。但在实践中,此分类框架存在主观判断偏差及科学客观性不足的问题。

鉴于仅依赖初步现场勘察与医学评估难以准确判定死亡性质,必须通过详尽的尸检、毒理学分析及综合背景资料审查来科学界定死因。此外,当调查机构兼具事件参与者与裁决者双重身份时,可能引发公正性质疑,增加监管人员滥用职权的风险,威胁在押人员的生命健康权益。② 因此,优化初步认定机制,提高调查流程的科学性和客观性,并确保调查机构的独立与公正,对于加强在押人员权益保护至关重要。这需要确立严格的初步判断标准与流程,并引入第三方独立调查机构以提升调查结果的可信度,保障司法公正及在押人员的合法权益,推动法治社会建设。

---

① 柴晓宇:《人大监督监狱执法工作的路径探析》,载《人大研究》2021 年第 6 期,第 8-13 页。

② 巢永乐:《论监察机关国家赔偿责任的承担——以〈监察法〉第 67 条为视角》,载《贵州省党校学报》2020 年第 6 期,第 80-85 页。

2. 在押人员死亡事件调查:强化多方监督,保障公正透明

针对在押人员死亡事件的调查定论,现行法律框架下尚未确立统一的证据评估标准,导致调查成果的质量呈现出明显差异。一方面,某些案件的调查结论详尽周密,彰显了调查工作的严谨与公正;另一方面,却也不乏案例调查报告内容简略,说服力欠佳,难以完全服众。① 在当前处理看守所在押人员死亡事件的实践中,公安机关与检察机关往往过分依赖法医鉴定报告,视之为不容置疑的“科学裁决”。诚然,鉴定报告以其科学性与明确指向,在证据链中占据核心地位,但鉴于法律对“正常死亡”与“非正常死亡”的定义与法医学界定存在差异,加之鉴定过程中的主观判断成分,故而鉴定报告的重要性不容忽视,但亦不应成为评定监管人员责任的绝对尺度。

按照法律规定,死亡在押人员的亲属拥有质疑医疗鉴定结论的权利,有权请求重新鉴定或复核。然而,在司法操作层面,由家属异议引发的二次鉴定或复查流程相对罕见。部分死者家属由于信息获取渠道受限,对死因持有合理怀疑,甚至在缺乏确凿证据支撑的情况下,利用网络平台散播未经核实的信息,这种行为不仅加剧了对司法机构可信度的质疑,还可能侵蚀执法司法的权威性,对社会秩序与和谐稳定造成潜在冲击。

二、看守所在押人员生命健康权:检察监督机制的局限与优化需求

(一)立法待更新:检察监督介入规则不明晰

当前,我国法律体系中检察机关对看守所执法活动的监督机制存在局限性,主要表现为法规表述宽泛、滞后于时代需求,缺乏具体操作性强的指导细则,从而制约了检察机关监督效能的充分发挥,尤其是在维护在押人员生命健康权益方面。

针对在押人员死亡事件,自1990年《看守所条例》起,相关法规虽逐步细化处理流程,如《看守所条例实施办法(试行)》初步区分正常与非正常死亡调查程序,后续《人民检察院看守所检察办法》及《关于人民检察院对看守所实施法律监督若干问题的意见》等文件进一步规范了检察程序与家属权利,并明确了监督失职责任。《看守所在押人员死亡处理规定》首次法律层面界定死亡分类,而《人民检察院刑事诉讼规则》的修订则引入了巡回检察模式,强化了对非正常死亡的监督。

然而,现有机制下检察机关的监督工具仍显不足,双轨制监督模式(派驻检察与巡回检察)虽旨在全面覆盖,但公安机关通报死亡事件的程序模糊,检察机关介入调查的及时性受公安机关初步判断影响。看守所的封闭性导致证据获取依赖公安机关配合,合作障碍时有发生。此外,检察机关的监督权限多限于程序性建议,缺乏直接纠正权,限制了其监督效果

---

① 余智明:《法治国家视域下罪犯离监就医探析》,载《河南司法警官职业学院学报》2019年第4期,第15-20页。

的深度与广度。

(二)检察监督与在押人员生命健康权

人权保障是评价法治国家成熟水平的关键标尺之一,看守所在押人员的生命健康权等基本人权的保护状况,直接折射出一国法治体系构建的深度与广度。然而,由于在押环境的封闭属性及在押人员权利受限的实际情况,这一特殊群体的生命健康权益时常被边缘化。作为监督看守所执法活动的前沿哨所,驻所检察室的职能发挥直接关联着在押人员人权保障的实际成效。在实践中,公安机关初步定性的"正常死亡"案例远超"非正常死亡",在此情形下,检察机关拥有启动深入调查与否的裁量权,对初步认定为"正常死亡"的个案,具备重新评估并启动调查程序的主动权。维护在押人员的正当权益,既是检察机关依法履行监督职能的根本宗旨,亦是法治社会建设进程中的核心诉求。

当前,《中华人民共和国刑事诉讼法》已正式接纳无罪推定原则,但现实中,部分检察人员的传统观念依旧固化,维权意识尚需深化。在有罪判决比例较高的背景下,部分检察人员潜意识中将犯罪嫌疑人视为既定罪犯,这种预设立场导致对涉及在押人员生命权的死亡事件监督动力不足,进而影响了在押人员生命健康权益的全面保障。这一现象不仅违背了无罪推定原则的精神实质,也削弱了司法监督的公正性和权威性,不利于构建公平正义的法治环境。

(三)在押人员非正常死亡事件中的资源束缚与关系制约

检察机关依法监督监管场所,尽管已实现对看守所的全面派驻,但驻所检察室在履行监督职责、保障在押人员权益方面仍有不足,尤其在非正常死亡事件的主动发现与调查上表现乏力。此类事件通常需经死者家属越级申诉或网络舆论压力,才能促使上级机关介入调查揭示真相。

驻所检察人员虽提升了监督效率,但也面临"同化"风险。由于驻所检察室的资金与物资依赖看守所,在长期共事下,检察人员与监管人员间的关系可能过于密切,导致监督工作有所保留。即便法医会及时进行尸检,如无明显外伤,通常会接受公安机关的初步判断,使后者主导后续调查。检察机关虽审查公安机关提交的报告,但多限于程序合法性,鲜少质疑其结论。加之人力资源和技术条件限制,检察机关往往只针对显而易见的非正常死亡进行全面调查,而对于可能隐藏非正常死亡迹象的案例则缺乏深入探究,"派而不驻""驻而不察"的现象普遍存在。

(四)额制下驻所检察的人力困境与法医支持不足

自员额制改革实施以来,基层人民检察院的检察官数量显著精简,优质检察资源多集中于批捕、公诉等核心业务领域,而驻看守所检察机构却遭遇资源配置不足的挑战,表现为人员编制单薄,甚至出现将临近退休的检察官或合同制员工调派至驻所检察室的现象,导致派驻队伍的整体素质、责任意识及专业技能参差不齐。依据最高人民检察院的规定,驻所检察室应至少配备一名员额检察官,然而在实际操作中,许多基层检察院除了领导职位,大部分检察官被优先分配至刑事检察、民事行政执行、公益诉讼等关键部门,难以满足这一基本配置标准,从而加剧了派驻力量与看守所检察需求之间的差距。[①] 尤其在法医技术人才的配备上,人才匮乏直接影响了在押人员死亡案件的调查效率与质量,现场勘查、尸体解剖等环节高度依赖专业法医的技术支持。检察力量的短缺,不仅削弱了鉴定意见的客观性,更不利于在押人员生命健康权益的有效维护。

巡回检察制度通常由市级人民检察院的刑事执行检察部门牵头,辅以抽调基层检察院人员共同组建工作小组。在这种模式下,即便基层驻所检察室名义上符合人员配置要求,但由于上级检察机关频繁、长期的抽调,实际上导致了岗位空缺,使驻所检察室长期处于人力不足的困境。在人员紧缩与工作强度加大的双重压力下,派驻检察与巡回检察工作出现了人力投入的失衡,如何在这两者之间寻找恰当的平衡,成为当前提升在押人员死亡事件检察监督效能的普遍难题,也是保障在押人员生命健康权益亟待解决的核心议题。

三、构建看守所在押人员生命健康权保障机制的路径与策略

(一)优化健康管理机制,增强看守所对在押人员生命健康权的保护

1. 强化疾病防控措施

(1)强化入所健康筛查:严格执行入所人员健康检查制度,确保看守所配备专用体检区域及现代化检测设备,全面评估在押人员入所时的健康状况,为后续的健康管理提供坚实基础。

(2)完善健康档案管理:建立健全在押人员健康档案,特别关注慢性病患者及特殊病例,详细记录包括既往病史、入所体检详情、定期健康检查结果、疾病演变、用药情况、内外部治疗历程、与家属的沟通记录以及向办案机关申请变更强制措施的过程,指定专人持续跟踪健康动态,确保在紧急情况下能够迅速查阅,有效降低疾病相关死亡风险。

(3)建立病情通报机制:构建病情通报体系,看守所应定期向驻所检察室报告重点病患的医疗进展,明确记录与报告的职责,确保检察机关能够实时掌握情况,实施有效监督。

(4)实施心理干预措施:看守所应配备专业心理医师,或定期组织监管人员参加心理辅导培训,对新入所人员进行心理状态评估与情绪管理,特别是加强对有心理健康问题的在押人员的心理干预,预防因适应困难引发的健康恶化或悲剧事件。

(5)提升应急处置能力:加强看守所工作人员的培训,包括医务工作者与监管人员,涵盖

① 任萍、孙寅平:《看守所检察监督职能定位再思考》,载《中国检察官》2017 年第 15 期,第 63 - 65 页。

急救技能、紧急救治流程、死亡事件处理规范等内容,确保每位工作人员能够在紧急情况下迅速、准确地应对,有效减少意外死亡事件的发生。①

(6)深化医疗协作体系:与社会医疗机构建立紧密协作机制,探索远程医疗咨询、联合诊疗、医生驻点等创新模式,提升在押人员的医疗服务水平,确保其能够获得及时、高质量的医疗救治。

2. 优化对老弱病残在押人员的关怀机制

创建专门的老弱病残监区,对身体虚弱或患有疾病的在押人员实施专业化的管理,提供个性化的医疗照料与营养配餐,确保他们得到适宜的关心与支撑。增强与符合条件的在押人员家属的沟通互动,依法适时调整针对老弱病残群体的刑事强制措施,优先考虑采用取保候审等更人性化的手段,这一做法不仅保证了司法程序的顺利进行,更展现了司法体系的人文情怀与关怀理念。看守所应主动与办案机关搭建稳定的信息共享机制,定期报告在押人员的健康状况,对于患有重症的在押人员,在不影响公共安全的前提下,应主动向办案机关提议依法变更强制措施,或按程序申请保外就医,确保他们能够得到及时且专业的医疗救治,有效避免因救治不及时导致的在押人员死亡风险。

成立专业监区,集中照管健康状况不佳的在押人员,不仅显著提升了他们的生活与医疗条件,减轻了看守所医疗资源的压力,还提高了整体监管效能与质量。同时,加强与在押人员家属及办案机关的密切协作,体现了司法体系对人权尊严的尊重与保护,有助于营造更加公正、文明的司法环境。这种以人文本的管理方式,不仅有力地保障了在押人员的生命健康权,也是司法公正与人文关怀理念在实践层面的生动展现,为构建和谐稳定的法治社会打下了坚实的基础。

3. 提升看守所智能化水平:加速数字建设步伐

步入新时代,公众对于法治的理解与权利的觉醒正在不断深化,这一趋势为看守所的管理机制带来了史无前例的挑战,同时也孕育了创新与发展的契机。为了紧跟数字化时代的步伐,看守所必须主动拥抱科技革新,加快智慧监管体系的构建,强化信息技术基础设施,通过大数据分析精进监管成效和执法准则。

看守所需大幅提升视频监控系统的效能,确保对拘留室、公共空间、通道及审讯室等关键区域实现全覆盖、无盲区的视频监控。至关重要的是,应引入智能分析技术,自动监测并即时警报监控画面中的异常行为,比如在押人员间的冲突或是不当的身体惩罚,从而让监管人员能够迅速响应,及时制止潜在的暴力事件或其他违规行为,充分挖掘数字技术在监管环节的潜力,竭力保护在押人员的生命安全与健康权益,同时显著提升监管工作的专业度。

通过智能化监管手段的运用,看守所不仅能有效控制各类安全风险,还能推进监管活动

① 高一飞、张绍松:《中国看守所的医疗社会化改革》,载《云南大学学报》2014年第6期,第85-95页。

的透明性和规范化,为在押人员构建一个更为安全、公正的环境,体现法治社会的文明进程与人道主义关怀。这不仅是对当代科技力量的恰当运用,更是对法治精神和人权保护理念的深度实践,二者携手铸就法治社会的坚实根基,指引监管领域向着更公正、更高效的境界前行。

智慧监管的实施,不仅增强了看守所的安全管控能力,还促进了监管流程的透明公正与制度化,为在押人员打造了一个安全且公正的生存空间,深刻展现了法治社会的文明升华与人文关怀。这是对前沿科技的精准嵌合,亦是对法治信念与人权价值的执着坚守,共同书写法治社会文明进步的新篇章。

(二)检察监督升级:以死亡事件为重点,强化在押人员生命健康权益保障

1. 强化监督力量:明确角色定位与职责

(1)强化使命意识,全面执行派驻检察室的监督职责。作为法治的"前线卫士",派驻检察室需依托对看守所环境与人员的深刻洞察,依法自主行使检察职权,遵循公正与客观的标准,履行监督任务,确保"监督到位,定位清晰"。这一角色不仅倡导深度参与,更注重精准界定界限,达成既有力又适度的监督平衡。

(2)增强人权保护观念。在各监室内设立专属检察官通信箱,严格推行检察官接访机制,保证在押人员能够方便快捷地向检察官传达意见与需求,直接获取原始反馈信息。通过检察机关的纽带作用,全面掌握在押人员的身心健康状况及潜在安全问题,促使看守所恪守法律规范,切实维护在押人员的核心权益。

(3)深化数据驱动的法治监督模式。利用数字科技,提升检察监督效能,实现派驻检察室与看守所数据的无缝连接,对患有严重疾病者及高风险对象实施持续监控,系统自动检测并警示异常情形,突破传统监督方法的局限,全面提升确保在押人员生命安全的管理水平。此举措致力于建立一套更加体系化、智能化的监管框架,确保每一位在押人员的健康权利获得最充分的保障。

2. 提升专业素养,强化职务履行水平

(1)组建专业化在押人员死亡案件检察团队,提高监督与办案的精细化水平。该团队应由经验丰富的专职检察官领导,集结熟悉看守所日常运行的驻所检察人员、持有合法执业资格的法医专家,以及其他相关领域的检察精英,融合多方面专业优势,构建一支高效、精干的专案小组。定期组织专项技能培训,不断强化团队成员的专业素养与岗位执行力。

(2)将在押人员死亡案件的检察表现纳入业绩评价体系,强化考核激励机制。通过科学设定考核指标,鼓励检察人员积极投入在押人员死亡事件的审查与侦查工作,提升其职业热情和使命感。

(3)实施派驻检察人员周期性岗位轮换,创新队伍建设模式。这不仅拓宽了检察人员的职业成长空间,增强了团队整体活力,也有效避免了长期固定岗位可能引发的"同质化"问

题,确保监督活动的独立性和实效性。

(4)全面贯彻监督责任机制,完善追责体系,促使检察官勤勉尽责。对于因玩忽职守、失职行为造成在押人员重大伤亡事故的,务必依据相关规定严肃追究有关人员的法律责任,确保监督程序的严谨性和公平性。

3. 模式革新,提升监督效能与成果

革新看守所在押人员死亡事件管理方式,迈向"案件导向"新时代。传统"事务驱动"模式往往暴露出随意性和规范性不足的弊端,而"案件导向"模式则借助检察机关统一的业务应用平台,对线索收集、案件启动、审理决定等核心环节实行标准化治理,为看守所在押人员死亡事件的检察监督构建稳固的制度框架。优化案件综合评判体系,仅当事实证据确凿、法律适用准确时,方能在系统中正式结案;面对调查疑点重重或社会高度关切的案件,立即启动风险预估机制,提前规划应对方案,显著提升检察监督的实际成效。

深度融合巡回检察与驻所检察的特色优势,形成"1+1>2"的协同效应。运用大数据分析技术赋能巡回检察,通过深度解析海量信息,揭露在押人员死亡背后潜藏的违法违纪迹象,为巡回检察提供强有力的数据支撑。针对在押人员生命健康保障薄弱的关键领域,适时启动巡回检察,破解潜在的"同化"障碍,深化检察监督的触及范围和影响力,确保监督活动的权威性和执行力度。

(三)优化死亡事件调查法规,促进在押人员生命健康权益保障法制化进程

1. 死亡原因调查制度的改革与创新

在探讨看守所在押人员死因的真相时,若由检察机关担当领航者,它将作为一个超然于刑事侦查机构和监管单位的独立实体发挥作用。检察机关的参与,能够更高效地协调各类调查资源,确保死因鉴定的公正无偏。以德国为首的大陆法系国家,已成功构建了以检察官为中心的死因调查体系,实践效果显著。基于这一观察,本文提出以下建议:

我们提倡对现有关于看守所在押人员死亡事件处理的规章制度进行修订与优化,摒弃先前先裁定是否属自然死亡后才指定调查主体的传统做法。推荐由检察机关统一负责所有在押人员死亡事件的调查任务,无论死亡原因如何。① 一旦看守所内发生人员死亡事件,应即刻启动检察官介入程序,通过深入剖析死因,评估是否牵涉到相关人员的法律责任。

有必要对在押人员死亡事件的调查规程进行具体化,涵盖死亡通知的即时通报、调查程序的标准化、调查准则的明确设定等,确保整个调查流程的规范性和透明性。明确规定看守所应无条件配合检察机关开展死因调查的义务,建立对任何阻挠或不配合调查行为的严苛责任追究制度,以此保证调查工作的顺畅执行。

---

① 王月英、李群英:《试论看守所被监管人员人权》,载《北京人民警察学院学报》2012年第2期,第15-22页。

2. 推动建立死者家属在调查中的参与机制

在探讨看守所在押人员死因的真相时,若由检察机关担当领航者,它将作为一个超然于刑事侦查机构和监管单位的独立实体发挥作用。检察机关的参与,能够更高效地协调各类调查资源,确保死因鉴定的公正无偏。以德国为首的大陆法系国家,已成功构建了以检察官为中心的死因调查体系,实践效果显著。① 基于这一观察,本文提出以下建议:

我们提倡对现有关于看守所在押人员死亡事件处理的规章制度进行修订与优化,摒弃先前先裁定是否属自然死亡后才指定调查主体的传统做法。推荐由检察机关统一负责所有在押人员死亡事件的调查任务,无论死亡原因如何。一旦看守所内发生人员死亡事件,应即刻启动检察官介入程序,通过深入剖析死因,评估是否牵涉到相关人员的法律责任。

此外,有必要对在押人员死亡事件的调查规程进行具体化,涵盖死亡通知的即时通报、调查程序的标准化、调查准则的明确设定等,确保整个调查流程的规范性和透明性。明确规定看守所应无条件配合检察机关开展死因调查的义务,建立对任何阻挠或不配合调查行为的严苛责任追究制度,以此保证调查工作的顺畅执行。②

3. 探索死因公开审议机制

为了增强在押人员死亡事件调查处理的透明度,尤其是在那些重大、敏感且社会广泛关注的案件中,适时引入听证制度成为一种有效的解决方案。这包括邀请人大代表、政协委员、人民监督员等社会各界人士参与公开调查过程,对适用的法律条款、相关政策及自由裁量权的使用进行全面解释和说明。引入听证制度不仅为相关各方提供了自我辩护的机会,搭建了当事人与司法机关之间沟通与理解的桥梁,还有助于排除外界主观臆测和非理性因素的影响,确保调查过程及结论的公正性与权威性。此举促使相关部门在处理此类事件时,能够遵循公平、公正、合理及合法的原则,做出恰当的决策,从根本上预防和化解因在押人员死亡事件可能引发的社会矛盾与纠纷,维护社会的和谐稳定。

---

① 付盾、张义清:《检察语境下法律监督的范畴阐释与功能展开》,载《社会科学家》2023 年第 3 期,第 100 – 106 页。

② 陈在上:《国家治理现代化视域下刑事辩护实效机制研究》,载《铁道警察学院学报》2023 年第 2 期,第 41 – 48 页。

指定监视居住制度的实践审视及完善路径
——以实现"替代羁押"目的及人权保障为视角

李宜霖*

摘要:我国刑事诉讼法设立指定监视居住制度的根本目的是减少羁押的适用,使其成为"替代羁押"的替代性措施。但反观目前实践中对指定监视居住制度的适用,不仅未体现出羁押替代性,并且在事实上具有羁押化倾向,与其"替代羁押"的理论构想并未契合。另外,在惩罚犯罪与保障人权同样重要的大背景下,对刑事诉讼法第74、75条中适用条件的滥用,已经严重侵犯犯罪嫌疑人、被告人的基本人权及相关权利。基于该强制措施的根本立法目的,站在人权保障之视角,从明确指定监视居住适用条件并以缩小适用范围为目的、增强指定居所地点的透明度、严格执行标准及规范、落实人民检察院的监督职能、完善指定监视居住的救济制度五个方面探讨解决之道。

关键词:指定监视居住;替代羁押;人权保障

一、问题的提出

案例一:2022年7月20日,暴某瑞在被执行指定居所监视居住期间离世,时年33岁。十三天前,在本地有房的暴某瑞因涉嫌寻衅滋事罪在新乐市新乐宾馆被执行指定居所监视居住。与暴某瑞同天被带走的还有其父亲、叔叔、同村村民等八人,他们声称被监视居住期间,他们遭到了棒打、电击、恐吓等不同程度的刑讯逼供,并且不止一人在暴某瑞去世当晚听到了持续半小时的惨叫声。

案例二:2024年4月3日早上,邢某军在指居房间内非正常死亡。2023年12月15日,某旗检察院已经对涉网络赌博案的邢燕军作出了不批捕决定,但某旗公安将其从派出所带出后直接带到指定居所进行监视居住。邢某军死亡后,其家属并未在第一时间接到公安机

* 李宜霖(2001—),女,河南洛阳人,中国政法大学中欧法学院硕士研究生,研究方向为刑事法学。

关的通知,而是在当天傍晚通过各种途径打听到人已经死亡。对于死因系自缢的说法,家属认为存在大量疑点,但至今未得到公安局、检察院的任何回应。

以上两个案例中犯罪嫌疑人、被告人均在被执行指定监视居住期间的指定居所死亡,且死亡原因均未得到合理说明。

1979 年刑事诉讼法关于监视居住的规范中,未区分住所监视居住与指定居所监视居住,由于实践中监视居住的区域范围较大难以监管,因此监视居住很少被适用。[①] 1996 年修改后的刑事诉讼法为了发挥监视居住的作用,限定监视居住的地点为犯罪嫌疑人、被告人的"固定住处",并新增了执行范围更小的指定居所制度。该条规定在一定程度上削减了被监视居住人的人身自由,[②]存在"变相羁押"之嫌而受到争议。2012 年刑事诉讼法将监视居住强制措施改造为羁押替代措施,要求符合逮捕条件,且具备"人性需要"或是"办案需要"。[③]据此,指定监视居住作为监视居住的特殊情形被立法确认,旨在被赋予一定的办案功能,甚至被称为"第六种强制措施"。[④] 但 2012 年刑事诉讼法修改将指定居所监视居住折抵刑期,似乎暗示了对于这一"羁押措施"的认可。[⑤] 2018 年修改的刑事诉讼法第 74 条规定可以监视居住的情形,第 75 条规定了可以适用指定监视居住的情况。由此可知,指定监视居住的设立的初衷在于"人文关怀"或者"办案需要",其根本目的是"替代羁押"。

现行《刑事诉讼法》历经了三次修改,在正当程序的理念下,立法不仅加强了对国家公权力的制约和规范,还强化了对诉讼参与人个人权利的保护和尊重,指定监视居住措施的设置初衷和程序设计就是基于这种大的立法背景而产生的。然而,由于监视居住的非羁押性,根据比例原则,监视居住的法定适用程序要比逮捕低,自由度较大,[⑥]又因指定监视居住相比住处监视居住更易管理和执行,公安机关在适用时大多会选择羁押倾向更大的指定监视居住,其封闭性较强、管理上具有一定的强制性、对人身自由的限制极高,在实践中往往最终沦为"变向羁押"。上述两个案例就是实践中的鲜活反映,被非法指定监视居住并在指定监视居住期间遭受刑讯逼供的刑事案件不在少数,这无疑让各界开始重新审视该强制措施本身的目的能否实现以及其在实践中的适用是否侵犯人权。

---

① 参见张子培:《刑事诉讼法教程(修订本)》,群众出版社 1987 年版,第 143 页。

② 谢小剑:《从分散到集中:指定居所监视居住难题破解》,载《人民检察》2018 年第 6 期,第 55 页。

③ 参见郎胜:《中华人民共和国刑事诉讼法修改与适用》,新华出版社 2012 年版,第 157 页。

④ 左卫民:《指定监视居住的制度性思考》,载《法商研究》2012 年第 3 期,第 33 - 38 页。

⑤ 张建伟:《指定居所监视居住应回归非羁押属性》,载《上海法治报》2024 年 3 月 25 日,第 B1 版。

⑥ 刘卉:《我国指定居所监视居住制度的适用与完善》,载《铁道警察学院学报》2019 年第 4 期,第 91 - 96 页。

二、指定监视居住制度的实践审视

(一)指定监视居住制度之根本目的的未实现

监视居住制度设立之初的目的是减少羁押的适用,成为"羁押"替代性措施。换言之,监视居住应当在对犯罪嫌疑人、被告人限制程度比羁押更轻缓,以体现刑事诉讼法的人性关怀。但通过对实践的审视和分析会发现,该制度不仅未明确体现"羁押"替代性,甚至还具有羁押化倾向,在事实上形成"超羁押"状态。

首先,关于指定监视居住的场所,相关法律法规要求"不得在羁押场所、专门的办案场所执行";且应同时具备三个条件:满足正常的生活和休息条件;便于监视和管理;能够保证安全。有关数据显示,在 2018 年至 2019 年的 704 份判决中,具体载明指定居所监视居住场所的,仅有 186 份,其中,医院类(公安监管医院 73 次、康复科 23 次、医院 21 次)最多,有 117 次占比 62.9%;酒店类其次,有 29 次占比 15.59%。① 针对总占比大于 78% 的两类指定居所进行分析,医院类中适用率最高的公安监管医院由公安机关全程监管,几乎已异化成"羁押场所";酒店、宾馆作为社会流动场所,通常人流量较大且缺乏监视居住的必要设备条件,要想对其进行监视居住公安机关必定要对其进行严格的监管,也有异化成为"羁押场所"之嫌。

其次,关于指定监视居住的监管方式,现行刑事诉讼法规定,指定监视居住对犯罪嫌疑人的监控方式限于电子监控和通信监控,对其进行不定期检查而非 24 小时贴身监管。但在司法实践中,指定监视居住的监管方式并未严格按照刑事诉讼法的规定行使。办案人员认为,相较于具有滞后性的电子监控与人工监视,24 小时人工监视的效果最佳,能随时发现被监视居住人是否实施妨碍诉讼的行为并及时对该类行为予以制止。② 例如,由于多数指定居所监视居住场所并未安装专门的电子监控设备,相当部分公安机关采用的是"贴身监视"方式,③即"人盯人"监视,④人身自由限制程度已经几乎能与羁押等同。这样对犯罪嫌疑人的自由进行过大限制明显超越了法律规定,违法程序法定原则。

最后,从强制措施变更的情况来看,采取指定监视居住后转为羁押的比例高达 74.36%,可见指定居所监视居住更多的处于时间位序上的"过渡"定位,而非措施种类上的"替代"定位。其适用更多的可能是暂时存在不能羁押的原因,一旦原因消除,随即变更为羁押。⑤

总之,监视居住作为一种非羁押性强制执行措施,本就应当与羁押措施有着本质的不

---

① 蔡艺生:《公安机关适用指定居所监视居住实证研究——以 2018—2019 年 703 份判决书为主要分析样本》,载《中国人民公安大学学报》2020 年第 4 期,第 38 – 47 页。

② 张忠柱:《论我国羁押替代性措施的重构》,载《中国人民公安大学学报》2018 年第 4 期,第 115 页。

③ 参见罗孝宇:《公安机关适用指定居所监视居住措施实证研究》,西南政法大学 2015 年硕士论文。

④ 参见窦宪亮:《我国指定居所监视居住问题研究》,中国社会科学院研究生院 2013 年硕士论文。

⑤ 蔡艺生:《公安机关适用指定居所监视居住实证研究——以 2018—2019 年 703 份判决书为主要分析样本》,载《中国人民公安大学学报》2020 年第 4 期,第 44 页。

同,而不仅仅是在执行场所上有形式上的区别。换言之,指定监视居住的犯罪嫌疑人、被告人应当享有一定程度的人身自由,否则就是羁押措施。

(二)指定监视居住人权保障机制之缺位

诉讼保障是强制措施的初始功能,但若将此作为强制措施的唯一功能,无疑将认可办案机关可以无节制地对公民权利进行恣意的干预和限制,这不符合现代诉讼正当程序和保障人权的要求。因此,强制措施制度还有一项重要的功能就是人权保障,要求强制措施的制度设置必须体现对被追诉人人权的尊重和保护,体现追究犯罪与人权保障之间的兼顾和平衡。①

人身自由是人的基本权利,得到宪法的庄严承诺并予以保障。人身自由不是绝对的,在公共利益面前,例如为了证据保全、被追诉人的人身保全、社会安全等,可以对人身自由进行一定程度的限制或者剥夺。但是,不论是为了何种目的对人身自由加以限制或者剥夺,都应当由司法机关严格根据法律规定进行决定,决不能逾越法律的权限,侵犯让公民的基本权利。刑事诉讼法对监视居住的适用限定了五种情形,对指定监视居住的适用规定了两种情况及相关条件,应当在符合这些情形并满足适用条件时,才能适用指定监视居住制度。本文对实践中关于相关法条的适用进行审视并总结出以下现状。

1."监视居住"适用情形的滥用

有关数据显示,在2018年至2019年的704份判决统计中,至少46.67%的指定监视居住是基于"办案需要"而适用。② 一方面,从文义本身可以看出,实践中,公安机关适用指定监视居住的目的有近一半是为了办案便利、办案效率等办案原因,而非为了给予犯罪嫌疑人权利保障。另一方面,刑事诉讼法第74条规定可以监视居住的情形共有五个,相比其他四个情形,"因为案件的特殊情况或者办理案件的需要,采取监视居住措施更为适宜的",即"办案需要",这一情形明显在认定时具有很大的灵活性,没有具体、明确的认定标准,即没有明确规定"何为'特殊情况'"、办理案件对采用指定监视居住需要到什么程度"等。而恰恰是这一类似"兜底情形"的情形被大量适用,作为采取指定监视居住的原因,被适用比例在五个情形中高达近一半。由此可见,公安机关具有过分扩大指定监视居住适用边界之嫌,这无疑是在侵犯犯罪嫌疑人、被告人的人权,更何谈保护,因此指定监视居住的实施不符合作为羁押替代性措施的目的。

2."指定监视居住"适用理由模糊不清

由于指定监视居住的犯罪嫌疑人、被告人居住在被指定的居所中,不但易于管理,并且

① 卞建林:《我国刑事强制措施制度完善的初步思考》,载《上海法治报》2024年3月20日,第B3版。

② 蔡艺生:《公安机关适用指定居所监视居住实证研究——以2018—2019年703份判决书为主要分析样本》,载《中国人民公安大学学报》2020年第4期,第43页。

其不具有与羁押措施同等严格的相关实体与程序规范,这无疑是侦查机关的"最佳选择"。在实践中,侦查机关倾向于选择指定居所监视居住强制措施,因为这有利于突破侦查期限的难题或者为了获得口供。因此,侦查机关为了更多适用指定监视居住,在实践中存在并不满足适用条件的情况下就滥用该制度的行为。

根据刑事诉讼法的规定,只有犯罪嫌疑人在公安机关所在地无固定住所;或者犯罪嫌疑人涉嫌特定犯罪,在住处执行可能有碍侦查的情形下,才可以适用指定居所监视居住。有关数据显示,2018 年至 2019 年,适用指定居所监视居住的犯罪嫌疑人中,并没有涉嫌危害国家安全或恐怖活动犯罪两类特定犯罪的情况。因此可推断出,两年间所有被指定居所监视居住的犯罪嫌疑人都应是"在公安机关所在地无固定住所"的。但是,并不是所有判决书都详细载明适用指定居所监视居住的具体原因,其中 14. 14% 的指定居所监视居住可能存在适用理由不规范的情况。①

3. 对"本地无固定住所"恶意解释

由研究表面,部分公安机关扩大解释"本地无固定住所",②或者通过指定异地管辖,以达到"本地无固定住所"的适用条件,③侦查机关采取这一措施的随意性、任意性较大,其常常滥用无固定居所的条件,甚至故意制造嫌疑人或被告人无固定居所的条件,例如将案件转移至非嫌疑人、被告人常住地的地区管辖,侦查机关的目的就是想把此种犯罪嫌疑人列入无固定住处的适用条件来适用该制度。例如,在文首的案例二中,邢某军的户籍地是北京,经常居住地也是北京,其公司注册地在北京,公司在呼伦贝尔没有开展过业务,但呼伦贝尔市某旗公安要跨越 1500 多公里,将远在北京的游戏公司工作人员押回,并冻结公司和高管个人名下的银行账户,呼伦贝尔市某旗公安是否违反了管辖权规定,其目的又是什么,是不是"趋利性执法",均受到犯罪嫌疑人家属的质疑。

在指定监视居住的适用上,将本不需要被监视居住的犯罪嫌疑人、被告人通过扩大适用边界执行监视居住的强制措施,或者将本可以在自己的住处执行监视居住的犯罪嫌疑人、被告人扩大解释为"无固定居所",从而执行制定监视居住,这样的做法均是在恶意扩大指定监视居住的适用,而指定监视居住在实践中目前本就具有"变向羁押"的性质,这无疑是对犯罪嫌疑人、被告人基本人权及相关权利的侵犯。

三、指定监视居住制度实践困境的原因分析及完善路径

对于指定监视居住制度的未来走向,目前理论界存在这废除该制度和完善该制度的两

① 蔡艺生:《公安机关适用指定居所监视居住实证研究——以 2018—2019 年 703 份判决书为主要分析样本》,载《中国人民公安大学学报》2020 年第 4 期,第 41 页。

② 王朝亮:《公安机关决定指定居所监视居住执行中的违法违规行为及监督——以 T 市检察数据最多的 X 区为样本》,载《中国检察官》2018 年第 7 期,第 55 - 58 页。

③ 张智辉、洪流:《监视居住适用情况调研报告》,载《中国刑事法杂志》2016 年第 3 期,第 92 - 111 页。

种意见。以卞建林教授为代表的部分学者认为,由于指定监视居住制度并未发挥理论上预设的"替代羁押"作用,反而成为一种"准羁押",甚至是"超羁押手段",建议予以废除。①

另一部分学者如陈卫东教授认为,监视居住措施虽然在立法、司法等各方面存在一些问题,但不可否认其作为介于取保候审与羁押措施之间的一种羁押替代性措施的重要价值。因此,对"指居"除坚持"短用、少用、慎用"原则外,还应当予以完善,使"指居"在法治化轨道内运行。② 本文认为,虽然指定监视居住制度在实践中适用时存在诸多问题和难点,目前尚未达到"替代羁押"的良好效果,但是其作为羁押措施与非羁押措施的衔接手段仍然是非常必要的。并且本文认为该制度存在的适用困境也是存在解决可能性的,在解决并完善后指定监视居住制度能够发挥其"衔接"的关键作用。

(一)明确指定监视居住适用条件并以缩小适用范围为目的

实践中存在大量的滥用"监视居住""指定监视居住"适用条件的情况,说明在适用条件上存在过大的自由裁量权,需加以限制。

首先,针对实践中部分公安机关过多适用"兜底适用情形"——"办案需要型"监视居住、扩大解释适用条件等滥用指定监视居住的情况,本文认为,应当首先明确、细化监视居住的适用条件。其一,对于刑事诉讼法第 74 条中的情形(四),应通过立法明确如何界定案件的"特殊情况"以及"办案需要"。其二,明确刑事诉讼法第 75 条中指定监视居住适用条件——"无固定住所"的解释。

其次,基于指定监视居住目前存在的"准羁押"特性以及保护人权的基本原则,本文认为应该适当以缩小指定监视居住的适用范围为目的,即在解释其适用条件时,以缩小其适用范围为解释导向。例如,提高"特殊情况""办案需要"的认定标准,并且此类两种情况的认定需由上级机关批准,缩小本机关的自由裁量权。又如,对于"无固定住所"的解释应采取扩大解释,即不仅限于当事人本人在当地有固定住所,当事人的近亲属在当地有固定住所或者当事人的工作单位在当地,都应认定为其在当地有固定住所。

最后,刑事诉讼法第 74 条和第 75 条中"监视居住"和"指定监视居住"的适用条件被选择适用时,应该要求司法机关说明理由,被告人、犯罪嫌疑人及其亲属有异议的,可向上级机关复议。避免以滥用指定监视居住制度为目的而出现的适用理由模糊不清的情况。

(二)增强指定居所地点的透明度

指定居所地点的选择是指定监视居住制度的关键。根据上文所述,目前大部分监视居

---

① 卞建林:《我国刑事强制措施制度完善的初步思考》,载《上海法治报》2024 年 3 月 20 日,第 B3 版。

② 陈卫东:《正视指定居所监视居住实践中的滥权风险》,载《上海法治报》2023 年 12 月 8 日,第 B7 版。

所仍由公安人员进行看管,指定居所依然具有“羁押场所”的属性,有将执行场所“改造”为羁押场所的现象。更严峻的事实是,相较于被统一管理的看守所、拘留所等羁押场所,指定居所的地点在选择时没有明确统一的标准或规定,多为公安机关自行设定,有时犯罪嫌疑人、被告人家属根本不知道犯罪嫌疑人、被告人“身处何处”,导致本应更具有一定开放性、缓和性的监视居住场所甚至比看守所更加封闭、“神秘”、不透明,使被监视居住的犯罪嫌疑人无法保障自身权益。

因此,本文认为应当增强指定居所的地点的透明度,对指定居所的封闭程度和对指定居所的看管程度进行调整,具体调整限度可参照住处监视居住。这是由于指定监视居住是为了解决监视居住无法实施的个别困难或满足特定需要,而产生的在监视居住制度下的特殊制度,因此,指定居所的封闭程度和对指定居所的看管程度,应与被告人住所几乎等同。具体措施如下:

首先,应明确本辖区内的某些公共场所如医院、酒店为本辖区的统一指定居所,禁止指定在派出所、收容教育所、看守所监管专用病区等羁押、办公场所,并报省一级公安机关备案,各级公安机关不得在该范围以外的场所实施指定监视居住。其次,在该范围内选择监视居所时,对于其他“可以作为监视居住场所的地点”也不应任意选择,而是依照“就近原则”依次选择,避免在进行选择时出现权力滥用的可能性。

(三)严格执行标准及规范

相较于看守所、拘留所、监狱等长期发挥羁押职能、具有严格规范的羁押场所,指定监视居住反而没有相关规定去规范监管人员的执行,从而导致指定居所内监管人员刑讯逼供、虐待犯罪嫌疑人、被告人等行为发生的可能性。因此,应当严格规范执行的标准、界限,使监管人员的执行行为严格限定在法律框架内。

第一,关于指定监视居住的监管方式,应当严格依据刑事诉讼法的规定,监控方式限于电子监控和通信监控,以及不定期的检查。换言之,监管人员不能对犯罪嫌疑人、被告人实施长期、连续的“贴身监护”,羁押替代性措施的本质就是人身强制程度弱于羁押,如果监管措施的强制程度与羁押措施等同,则说明已经沦为“变相羁押”。为了更好地保障指定监视居住的监管方式的实施,应当给指定监视居住场所统一配备监控设备,并将其作为主要监控手段。为消减指定监视居住场所的封闭性,应严格执行讯问同步录音录像,并随案移送。其次,可以不定期进行检查,但应规范具体的检查频次,具体可根据犯罪嫌疑人、被告人的实际情况确定,但基于监视居住的非羁押性,本文认为检查的最大频次为一天一次。如果按照监视居住的规定采取这样较轻缓的监管方式不能保障办案安全,职能说明该案不适合指定监视居住,应该及时采取逮捕措施,而不是采取指定监视居住却变相羁押。

第二,要严格保证犯罪嫌疑人、被告人的正常生活休息条件,包括日常饮食、住宿、休息时间的基本保障,如连续讯问时间不得超过 6 小时,每 24 小时应至少保证 6 小时的休息时间。还需保障犯罪嫌疑人、被告人通讯、会见等一定程度的人身自由。这是因为监视居住不同于羁押,其仅限制而非剥夺人身自由,因此,应当落实刑事诉讼法第 77 条的规定,给予被指定居所监视居住的人一定的人身自由度,对于合理的暂离指定居所的请求,如果执行机关拒绝,应当明确说明理由。对于有特殊疾病的犯罪嫌疑人、被告人,应在进入指定监视居住场所时进行登记,在监视居住过程中对其进行必要的医疗保证,以免发生司法人员"坐视不管"导致的惨案。

第三,应该限制指定监视居住的适用时间。虽然刑事诉讼法规定了监视居住最长不得超过 6 个月。但由于在指定场所实施监视居住与在犯罪嫌疑人、被告人住处实施监视居住,对于犯罪嫌疑人、被告人的人身自由的限制程度仍存在一定差异,并且实践中已经出现频发的监管人员滥用权利侵犯被指定监视居住人的现象,因此,应当对指定监视居住的时间限制进行更细化的规定。可以借鉴 2014 年《全国检察机关在查办职务犯罪案件中严格规范使用指定居所监视居住措施的通知》的要求,其规定也符合实践现状,统计数据显示,50.7% 的犯罪嫌疑人适用期间在 15 天以下,25.21% 的犯罪嫌疑人在 60 天以上。①

(四)落实人民检察院的监督职能

为了更好地规范执行行为、严格执行程序以及充分保障人权,人民检察院作为专门的法律监督机关,应当依法履行对指定监视居住制度的监督职能。《人民检察院对指定居所监视居住实行监督的规定》第 2 条规定了人民检察院的监督职责,但是,并未规定公安机关适用指定监视居住决定书副本并没有规定送交检察院的期限,导致人民检察院无法及时获知关于指定监视居住的地点、原因等信息,无法开展监督工作。因此,完善指定监视居住的保障机制的首要举措在于建立信息沟通机制,要求公安机关实施指定监视居住后及时将有关情况通报人民检察院。

(五)完善指定监视居住的救济制度

有侵害就要有救济,救济权作为被侵害人保护自身权益的最后一道防线,应当被予以更严肃的重视。由于犯罪嫌疑人、被告人在指定监视居住期间本就属于被管控状态,在此期间受到侵害时证据将难以获取,说明在此期间犯罪嫌疑人、被告人本就处于弱势地位,因此更应当保障犯罪嫌疑人、被告人的救济制度,通过法律明确复议权利,扩宽复议渠道,保证复议效果。

首先,应当通过法律明确赋予犯罪嫌疑人、被告人复议的权利。凡是嫌疑人、被告人对被采取监视居住措施有异议的,可以向决定机关的上一级部门申请复议。另外,犯罪嫌疑被

---

① 谢小剑、朱春吉:《公安机关适用指定居所监视居住的实证研究——以 5955 个大数据样本为对象》,载《中国法律评论》2019 年第 6 期,第 74 – 87 页。

告人的亲属也可提出异议。在相关部门答复后,如果犯罪嫌疑人、被告人对复议结果不认可,可向上一级部门提出复核申请。

其次,应当扩宽复议渠道,为犯罪嫌疑人、被告人提供更多申诉平台。例如,犯罪嫌疑人、被告人的申诉机关不该限于执行机关,即公安机关的上一级公安机关,这是由于公安部门上下级之间本就属于领导关系,将申诉机关限于作出侵害行为机关的"上级领导",存在"上级领导"包庇"子女"的可能性,导致申诉无门的结果。因此,应当将申诉机关扩宽至决定机关的上一级机关,即公安机关、人民法院、人民检察院。尤其是本就具有监督职能的人民检察院,应当注重保障复议通道的畅通。

最后,为了保障犯罪嫌疑人、被告人的复议效果,应当在程序上严格规定复议机关的答复。例如,明确复议机关的答复期限;驳回复议申请的,应说明理由;给予犯罪嫌疑人、被告人对复议结果提出复核申请的"二次救济"权利。

四、结论

通过对指定监视居住制度实践中适用情况的审视,本文总结该制度适用的两大困境。一方面,通过审视指定监视居住的场所选择、监管方式以及强制措施变更的情况可以看出指定监视居住制度之根本目的未实现;另一方面,实践中存在"监视居住"适用情形的滥用、"指定监视居住"适用理由模糊不清、对"本地无固定住所"恶意解释的现象,这样不严格根据法律规定进行恶意扩大指定监视居住的适用,对犯罪嫌疑人、被告人基本人权及相关权利造成侵犯。

即使指定监视居住制度目前存在适用上的局限性,尚未达到"替代羁押"的良好效果,但本文认为其作为羁押措施与非羁押措施的衔接手段仍是具有必要性和重要意义的,应当积极解决和完善该制度存在的适用困境,发挥其"衔接"的关键作用。具体可以采取以下措施:

第一,针对实践中部分公安机关过多适用"兜底适用情形"、扩大解释适用条件等滥用指定监视居住的情况,应当明确适用条件中"特殊情况""办案需要"以及"无固定住所"的范围及解释,并在解释时以缩小其适用范围为导向,要求司法机关在选择适用条件时说明理由。

第二,由于目前部分指定居所具有"羁押场所"的属性,透明度低,被监视居住的犯罪嫌疑人无法保障自身权益。因此,应当增强指定居所的地点的透明度,明确能够成为指定居所的场所范围,并在此范围内依照统一的选择标准进行选择,对于指定居所可参照住处监视居住的封闭程度和看管程度进行调整。

第三,针对指定监视居住缺少关于规范监管人员的执行规范这一法律漏洞,为避免指定监视居住期间监管人员刑讯逼供、虐待犯罪嫌疑人、被告人等行为的发生,应当严格规范执行的标准、界限,使监管人员的执行行为严格限定在法律框架内。具体包括,严格依据刑事诉讼法的规定,将监控方式限于电子监控和通信监控,以及不定期的检查,禁止长期、连续的"贴身监护";严格保证犯罪嫌疑人、被告人的正常生活休息条件,包括日常饮食、住宿、休息时间的基本保障,对有特殊疾病的犯罪嫌疑人、被告人给予特殊保障;在刑事诉讼法规定的指定监视居住时间限制的基础上进行更细化的规定。

第四,为了更好地保障人民检察院依法履行对指定监视居住制度的监督职能应当完善指定监视居住的保障机制的首要举措在于建立信息沟通机制,要求公安机关实施指定监视居住后及时将有关情况通报人民检察院。

第五,为了保证犯罪嫌疑人、被告人的救济权,应当通过法律明确赋予犯罪嫌疑人、被告人复议的权利,扩宽复议渠道,为犯罪嫌疑人、被告人提供更多申诉平台,并在程序上严格规定复议机关的答复,以此守住被侵害人保护自身权益的最后一道防线。

总之,虽然指定监视居住制度目前在适用中存在诸多困境,但这仅是敲醒各界及时对该制度进行审视和完善的警钟,该制度本身的价值和功能不能被完全否认。并且指定监视居住制度存在的适用困境是存在解决可能性的,应当以回归"非羁押"属性为目的,以人权保障为视角,实现制度设立的根本目的,保障人权精神的应有之义。

论刑诉法中“认罪认罚”中的证据开示制度

哈　慧*

摘要:2019年10月,“两高三部”出台《关于适用认罪认罚从宽制度的指导意见》,明确规定鼓励人民检察院探索证据开示制度。此文件的出台,是证据开示制度在认罪认罚从宽制度背景之下的第一次尝试,说明了证据开示制度的价值所在。尽管在我国的司法实践中,有些地方检察院已经开始在认罪认罚案件中尝试进行证据开示,但是有关证据开示的主体、范围、时间和地点、监督与救济机制等方面缺乏具体和统一的规定。本文结合认罪认罚案件中运用证据开示的必要性、认罪认罚案件中运用证据开示的困境、我国认罪认罚案件中证据开示制度的构建、证据开示的救济和制裁措施四个方面的内容,着重探讨构建适用于认罪认罚案件的证据开示制度,以期进一步保障刑事司法加强人权保障,顺应我国刑事诉讼的发展方向。

关键词:认罪认罚;证据开示;制度构建

证据开示制度十九世纪开始于英国,此后受到各国重视。证据开示是指诉讼一方从另一方获得与案件有关的事实情况和其他信息,以保障控辩双方对证据知情权。一般认为,广义的证据开示包含英美法系国家的证据开示制度和大陆法系国家的阅卷制度,“我国的阅卷制度即为证据开示的一种”,其中前者作为狭义的证据开示在我国又被译为证据披露等。2019年10月11日,“两高三部”出台了《关于适用认罪认罚从宽制度的指导意见》(以下简称《指导意见》)明确了对于证据开示制度的探索,其中第29条规定“人民检察院可以针对案件具体情况,探索证据开示制度,保障犯罪嫌疑人的知情权和认罪认罚的真实性及自愿性”。该《指导意见》的出台为实务中适用认罪认罚从宽制度提供了制度指引,在诸多层面均做出了明确规定。该《指导意见》专门指出,鼓励人民检察院探索证据开示制度。2021年4月16日,最高检出台了《“十四五”时期检察工作发展规划》,进一步强调了检察机关应当

---

* 哈慧(1982—),女,内蒙古巴彦淖尔人,一级员额检察官,研究方向为刑事诉讼法学。

对证据开示制度进行探索，发挥检察机关在证据开示中的主动作用。

一、认罪认罚案件中运用证据开示的必要性

（一）控辩双方平等武装，保障犯罪嫌疑人辩护权的实现

阅卷权作为证据开示的一种表现形式，阅卷权通常在司法实践中也有一定的制约。检察机关在审查起诉环节中，办理认罪认罚的案件时，在认罪认罚案件中值班律师一般没有开示证据的认罪认罚协商，本质是模糊化的协商，犯罪嫌疑人至多是对量刑结果满意与否的协商；产生上述情况的原因是，值班律师不属于“辩护人”，尽管《指导意见》第 12 条赋予了值班律师查阅卷宗、了解案情的权利，但是该设置仍然无法达到与辩护律师相同的法律援助效果。此外，《指导意见》第 26 条规定，在审查起诉阶段，检察机关承担向犯罪嫌疑人充分释明的义务，然而应当释明的内容尚未明确。实践中值班律师自身的阅卷动力明显不足，也是造成未进行开示证据的原因，分析结果如下：第一，有时值班律师没有充分的阅卷时间，例如，速裁程序审理的案件，预留给律师行使阅卷权的时间很短，未等值班律师阅卷，案件就已经移送到法院。第二，值班律师不具备阅卷的现实必要。认罪认罚案件中值班律师的职能由“权利保障”变成为“程序见证”，在功能定位上，值班律师仅需在场，而无需发挥作用，阅卷与否对认罪认罚协商所产生结果影响不大。第三，值班律师没有阅卷的待遇激励。以我院值班律师的补贴为例，是以犯罪嫌疑人数为结算方式，例如：1 人/100 元，由检察院出具值班律师的费用，此种结算方式难以有效调动值班律师深度参与案件的积极性。

所以，证据开示，从辩方角度讲，属于辩方对指控内容的知情权的范畴；从检察官角度而言，属于将检方的证据向辩方有效举证质证过程。证据开示本质上属于庭审调查程序的前置，所以实践中大部分的证据开示活动都是在审查起诉阶段认罪认罚协商程序中或在诉前会议中开展。使其合法权益得以充分行使。在正式庭审前，通过证据的及时披露，能够使得犯罪嫌疑人对控方掌握的证据材料情况有一定的了解。从而方便犯罪嫌疑人及时调整辩护策略，进一步保障其辩护权得以充分行使。

证据开示制度的适用，可以让使辩护方在审查起诉环节中发现控方的证据中存在的瑕疵和漏洞，使得到了法庭庭审阶段辩论更具有针对性，同时辩护方也可发现控诉方证据中对被追诉人有利的部分，增加辩护的有效性，保障辩护权更好地实现。

（二）提高诉讼效率，保障调查程序的高效运行

通过证据开示，控辩双方及时掌握对方的证据情况，使得诉讼效率大大提高。减少庭审质证时间，证据开示过程中无异议的证据开示清单即可作为庭审举证清单提交法庭，进一步节省法庭调查时间。减少庭审辩论时间，对于控辩双方无异议点可以不在庭审中涉及，只辩论尚有疑义的争议焦点，进一步节省法庭辩论时间。

证据开示制度可以有效地避免公诉人错误指控,对于辩护方是掌握控方证据最重要和最宝贵的途径,在庭审中更具有针对性。对于法官而言,证据开示制度可以使庭审过程中更多是用在案件的争议焦点上,使庭审更加有序进行,从而减少司法资源的浪费,且对于查明被追诉人犯罪事实起着重要作用。

(三)查明案件犯罪事实,保障诉讼价值的实现

没有开示证据的认罪认罚协商,本质是模糊化的协商,犯罪嫌疑人无法得知定罪罪名的理由,至多是对量刑结果满意与否的协商;开示证据的认罪认罚协商,是精确化的量刑协商,辩方明确知悉犯罪事实、情节与罪名的理由同时明确双方实质性的争议焦点,并对无法协商一致的情形进行确认后提交给法官作为庭审的重点进行审查。查明案件犯罪事实是获得公正判决的前提,证据开示制度通过控辩双方有效的交换证据,促使更好的查明案件犯罪事实。

二、认罪认罚案件中运用证据开示的困境

通过对我国实践中探索运用证据开示制度的认罪认罚案件进行梳理,我们能轻易地发现在认罪认罚案件中运用证据开示制度存在以下问题:

(一)证据开示的范围不明确

首先,司法实践中有大部分认罪认罚案件并没有实行证据开示。我国现有的法律对于是否证据开示制度适用于所有认罪认罚案件,还是仅适用于某些种类的认罪认罚案件,即在何种情况下的认罪认罚案件应当采用证据开示制度,缺乏明确规定。

其次,针对已经对证据开示做出尝试的认罪认罚案件,各地做法缺乏统一标准。一般情况下,检察机关通过摘录案件审查报告中的书证、物证、鉴定意见等证据信息,将其汇总在一张表上以供辩护方查阅。并且不同的检察机关,选择开示证据的范围也各不相同,有的开示包含证人证言和同案犯供述,而有的则将该类证据排除在外,还有的仅开示与案件指控事实相关的证据。哪类证据应当被开示,哪类证据可以不用开示,是司法实务部门探索认罪认罚案件证据开示的主要完善方向。

(二)证据开示的程序性规定不明确

如前文所述,《指导意见》仅仅规定了检察机关可以针对案件具体情况,探索证据开示制度,保障犯罪嫌疑人的知情权和认罪认罚的真实性及自愿性,但是证据开示从什么时间阶段开始,又到什么时间阶段截止等,法律未作规定。

针对证据开示的方式,各地检察机关的做法也各不相同。在大多数情况下,检察机关往往不会直接将证据本身让对方查阅,而是选择以提交证据清单的形式披露证据信息,形成书

面的证据开示表，直接将该表副本交由辩护方查阅，或是直接由检察官口头表述证据信息。由于缺乏明确规定，各地证据开示的方式和程序无法统一。证据开示适用于何种案件？在何种阶段进行开示？控辩双方应当用何种方式开示证据？控辩双方具体应该开示何种证据？开示证据后，犯罪嫌疑人是否应立即决定选择认罪认罚程序？以上一系列程序性规定都亟需相关法律文件加以明确规定。

（三）证据开示的救济机制缺乏

无救济则无权利，证据开示的救济和制裁机制也尤为重要。救济机制的缺乏会导致证据开示制度成为一纸空文。一方面，当犯罪嫌疑人的合法权益因证据未开示而受到损害时，缺乏救济措施，可能会对其权益造成更大的损害；另一方面，制裁机制的缺乏会降低控辩双方对证据开示的重视程度，对是否选择进行证据开示也有较大的任意性，即使不按照法律规定披露案件证据也不会对其产生不利的后果。势必会导致某些检察机关会选择性地进行证据开示，对辩护方的权益造成损害。

三、我国认罪认罚案件中证据开示制度的构建

我国刑事诉讼认罪认罚从宽制度贯穿于整个刑事诉讼活动中，即在侦查阶段、审查起诉阶段、法院审理阶段全部适用；其次，在对所指控被追诉人罪名上也无任何限制，即刑法分则所对规定的罪名，均可适用认罪认罚制度；最后在对于可能判处被追诉人的刑罚上也是没有限制。在认罪认罚案件中实行证据开示，能够推动侦查程序从封闭走向公开，使被追诉人的知情权得以保障，从而提高其认罪认罚的积极性、自愿性和真实性。然而，目前我国对认罪认罚从宽案件中证据开示制度的主体、范围、程序、救济和制裁措施等方面仍缺乏具体规定。因此，笔者在结合我国认罪认罚司法实践的基础之上，对我国认罪认罚案件证据开示制度的构建提出下列看法。

（一）证据开示的主体

1. 检察机关依法具有开示证据的职责，应当履行主要开示义务

在认罪认罚案件中，检察机关应当承担主要的证据开示义务。伴随着对抗式司法向合作型司法模式的转变，检察机关的权力得到了进一步的扩张。在案件还未进入法院庭审前，检察官在被追诉人认罪认罚的情况下，主持召开控辩协商程序，对案件的处理结果有着较大程度的影响力。虽然裁判权是由法院掌握，但法官在行使裁判权时经常依赖于检察官在审查起诉环节中所获得的信息。大部分国家为了防范风险、保障辩护方的知情权、救济权等，会制定相应的规则和制度，从而达到限制检察机关对法院裁量权的影响，以保证被追诉方的诉讼权益。而《指导意见》中明确规定了证据开示的义务由检察机关承担，就是对于限制检察机关权力扩张的一种，扩大控诉方义务的考虑。

2. 认罪认罚案件中的证据开示不应是单向开示,应以双向开示为原则

认罪认罚案件中的证据开示,应当以双向开示为原则,即控辩双方均应在审查起诉环节中开示证据,只有这样才能最大程度地实现控辩双方对证明被追诉人的犯罪事实及定罪量刑证据获知的全面性,既保障被追诉人自愿认罪,防止产生刑事错案,也使检察机关的量刑建议更为精准。当然一味要求检察机关承担开示证据义务会提升辩护方在庭审中采用“证据突袭”的发生率,这样既影响诉讼效率,且也影响检察官对证据开示的积极性。笔者认为,双向开示并非对等开示,相较于检察机关而言,被追诉方的举证能力往往要弱,所以在证据开示的内容上可以相应缩小范围。因此,认罪认罚从宽制度保障辩护方权利和提升司法效率的双重价值追求,双向证据开示不可或缺。

(二)证据开示的范围

1. 控诉方全面开示有罪、无罪与罪轻证据

检察官通过审查报告中的证据摘录与证据分析内容形成证据开示清单向辩方“一次性开示”,交由辩方自行阅读。辩方确认无误后签署具结书及证据开示清单。如果控方开示的证据没有包含无罪或者罪轻的证据在内的全部证据,这是有悖于法律规定的。检察机关应当向被追诉方开示侦查、审查起诉阶段与案件有关的全部证据材料,既包括对于所指控的犯罪事实有罪的证据,也包括无罪、罪轻以及影响量刑的相关证据,例如认定自首、立功、累犯等法定量刑情节的证据,被害方存在足以影响量刑的过错证据等,以便被追诉方能够理性地参与到控辩协商过程中来。全面开示证据制度的意义在于充分保障被追诉方的知情权。但是需要注意的是,因证据涉及国家秘密、个人隐私等,基于对国家、公共利益、他人利益的考量,可以允许控方不向被追诉方开示。

《指导意见》明确“认罪”的概念为被追诉人如实供述自己的罪行,对指控的犯罪事实没有异议。“认罪”并不是要被追诉人自证有罪,作为履行开示义务的主体,被追诉方除应向控方开示《刑事诉讼法》规定的不在犯罪现场、未达到刑事责任年龄、属于依法不负刑事责任的精神病人等证据外,还应开示罪轻的证据。我国《刑事诉讼法》第 174 条第 2 款规定了犯罪嫌疑人认罪认罚后不需要签署具结书的几类情形,包括尚未完全丧失辨认或者控制自己行为能力的精神病人等,对于这些可能影响认罪认罚案件具体程序适用的证据,需要被追诉人主动及时向控方出示。

2. 辩护方证据开示具体包含以下内容

一是可以用于证明不应适用认罪认罚从宽程序的证据。该类证据主要包含两种情形,一种是犯罪嫌疑人本不用承担刑事责任,或者其行为根本不构成犯罪的证据。另一种是犯罪嫌疑人并不是依照其意愿,自愿认罪认罚,或者证明检察机关存在威逼、利诱等情况的证据。上述证据应当由辩护方提前进行证据开示,是因如果等案件进入正式庭审中,辩护方才将此类证据予以出示,会造成中断庭审进程,程序倒流,从而浪费司法资源的现象。二是能

够证明从轻、减轻犯罪嫌疑人刑罚的证据。该类证据大多属于对犯罪嫌疑人有利的证据，一定程度上影响法院对犯罪嫌疑人的定罪量刑。不仅包括辩护方收集到的其自首、立功、正当防卫、紧急避险等证据材料，还应包括其认罪伏法，积极退赔及得到被害方谅解书等证据内容。开示此类证据能使控诉方对犯罪嫌疑人的定罪量刑有一个更为准确的把握，从而提出精准的量刑建议，此类证据作为辩护方的“筹码”，能够更好地促进控辩双方协商，以为犯罪嫌疑人争取最有利的量刑结果。

（三）证据开示的程序

1. 明确证据开示的时间

司法实践中，证据开示通常是在审查起诉阶段进行。通常情况下，该阶段的时间跨度长达一个月。案情复杂的、重大的，时间跨度会更长。因此，规定证据开示在这一阶段仍然较为宽泛。对此，笔者建议，证据开示的启动时间应当在辩护方阅卷后，截止犯罪嫌疑人签署认罪认罚具结书五日之前进行。将证据开示的截止日期定在犯罪嫌疑人签署具结书前五天主要出于考虑犯罪嫌疑人签署认罪认罚具结书是其自愿认罪悔罪、选择认罪认罚程序的“最后一步”，而提升诉讼效率是认罪认罚从宽制度的设立初衷，为避免程序倒流，理应将证据开示放在签署认罪认罚具结书之前。

2. 细化证据开示方式，坚持依法公开的同时保障相关主体的合法权益

证据开示的范围应包括控方拟作为指控证据使用的所有证据，而辩方开示证据主要限于刑事诉讼法第 42 条规定的“三类证据”：不在犯罪现场、未达到刑事责任年龄、属于依法不负刑事责任的精神病人。需要注意的是，对于侦查、监察机关补充侦查、补充调查的证据和自行补充侦查的证据，也应当进行开示。

在控方证据开示中，以下几类证据应予重视：一是证人、被害人、被追诉人不一致的陈述。实践中，一些相对复杂、疑难的案件，侦查机关在为更全面的了解案情会对证人、被害人、被追诉人的询问（讯问）不止一次，在案件细节上会有不一致之处，而有些不一致之处，通常又构成辩护的基础。宣读这类证据时内容不仅要包括证明被追诉人有罪的证据内容，还要有无罪或者犯罪情节轻重的相关内容。二是非法证据应予以排除，非法证据的开示是对被追诉人在诉讼权利的保护，对辩护方也有较大的帮助。需要说明的是辩护方在提出非法证据排除申请的同时，还需要提供能够证明是非法取证证明材料，这是启动证据合法性调查程序的前提。

四、证据开示的救济和制裁措施

我国证据开示制度缺少相应的保障性措施，即使刑诉法规定了辩护人对三类特定证据的开示义务，却没有规定违反开始证据制度义务的法律后果。针对此，笔者认为可以通过以下几个方面加以治理。

(一)强化证据开示的监督机制

证据开示需要在法律的监督下有效运行。为保证证据开示程序的合法合规,在证据开示启动后,可以采用对整个证据开示的过程进行同步录音录像,进一步推动检察人员司法办案的合法化、规范化,增加检察工作的透明度,提升司法公信力。《指导意见》对于法院在认罪认罚案件中具备的审查和监督职能也做出了明确规定。其中,法院不仅应当审理查明犯罪嫌疑人主观上是否自愿认罪认罚,精神状态是否正常等,客观上还应当确认在证据开示过程中,检察机关是否履行告知义务、认罪认罚具结书的签订是否符合法律规定等。总之,要想确保证据开示制度在认罪认罚案件中的有效运行,离不开监督机制的设立和强化,以及充分发挥法院的审查监督作用。

(二)明确证据开示的救济和制裁措施

如果没有不利后果的保障,证据开示制度将无法有效运行。开示不当会影响庭审的正常流程,不仅会因程序回流造成巨大成本,更会因庭审中止浪费法庭审理时间,违背认罪认罚从宽制度的价值追求。因此,救济机制对控辩双方履行证据开示义务发挥着关键作用。为此,可以从法律上明确:“对于应当开示的证据而没有向对方开示的,在正式庭审中不得作为证据使用”。如果检察机关在审查起诉过程中没有进行证据开示,或者未取得对方当事人同意,超过法律规定的时限进行开示的,并且对犯罪嫌疑人认罪认罚造成一定影响的,则不承认认罪认罚具结书的法律效力。

构建科学的证据开示制度,既是实践探索的一项改革任务,也是理论研究的重大课题。在认罪认罚案件中运用好证据开示制度,是程序正当性的基本保障,也是刑事司法加强人权保障的体现,顺应了我国刑事诉讼的发展方向。

浅析我国刑事实物证据保管制度

王兴玉*

摘要：建立以证据为中心的刑事指控体系是推进以审判为核心的刑事诉讼制度的重要举措，旨在实现案件高质量、高效率办理的目标，并促进犯罪惩治与人权保障的统一。在构建以证据为中心的刑事指控体系中，关键在于确保证据的收集、审查、评估和运用的质量，这直接影响整个刑事诉讼程序的质量。相对于言词证据，刑事实物证据具有更高的证明力，因此刑事实物证据的保管至关重要，旨在确保在刑事案件中实物证据的连贯性和完整性。规范实物证据的保管不仅有助于确保司法公正，提高诉讼效率，也对司法实践具有重要意义。

关键词：证据保管；信息记录；实物证据

在2012年我国新修改的《刑事诉讼法》中，对于证据的规定进行了重大修改。相对于过去在案件事实查明中过度依赖口供证据的调查方法，修改后的诉讼法更加强调实物证据的运用。然而，在刑事实物证据保管方面，只有第134条提到了“妥善保管或者封存”，第234条则涉及了证据保管工作的指导原则、移交程序、结案后财物处理以及对司法工作人员违法行为的处罚。然而，对于刑事实物证据保管实际操作中的细节规定并未提及。2018年修订的《刑事诉讼法》第245条仍延续了这一规定，并未有增加。在我国的基本法律中提到证据保管的除了上述的《刑事诉讼法》外，就只有2013年《民事诉讼法》中的第六十六条①了，而其它相关的规定则是零散地存在于一些司法解释、公安部的相关规定以及行业标准中。以上所列举的四个层次的法规基本上已经涵盖了我国对于实物证据保管的规定，尽管我国在立法方面对于证据保管的规定已初步具备系统性，并且正在逐步完善和进步，但其中涉及的一些具体问题的规定仍然存在模糊性。因此，在具体的司法实践中，侦查人员和证据保管人

---

* 王兴玉(1990年—)，女，贵州毕节人，二级员额检察官，研究方向为刑事检察。

① 2013年《民事诉讼法》第六十六条：“人民法院收到当事人提交的证据材料，应当出具收据，写明证据名称、页数、份数、原件或者复印件以及收到时间等，并由经办人原签名或者盖章”。

员存在过大的“自由发挥”空间,这对于确保案件中证据的完整性并不利。观察国内外的许多冤案,可以发现导致冤案的一个重要原因是对实物证据保管不当。因此,完善刑事实物证据保管的相关制度变得越来越必要。实物证据在刑事案件中具有重要的价值和作用,它们可以提供直接的、客观的证明材料,对于案件的审理和判决具有重要影响。然而,如果实物证据在保管过程中遭到疏忽、损坏或篡改,将严重影响案件的公正性和司法公信力。

因此,需要建立健全的刑事实物证据保管制度,明确规定实物证据的收集、封存、保管和使用程序,确保其完整性和可信度。这包括明确责任人员的职责和义务,建立严格的监督机制,加强对证据保管环节的监督和管理,以防止滥用职权、篡改证据或其他不当行为的发生。此外,还应加强对侦查人员和证据保管人员的培训和教育,提高他们的法律意识和职业道德水平,增强他们对于证据保管重要性的认识,并提供必要的技术支持和设施,确保他们能够有效地履行证据保管的职责。通过完善刑事实物证据保管制度,可以有效地提升司法公正性和公信力,减少冤假错案的发生,维护社会公平正义和法治秩序。

一、我国刑事实物证据保管的概述

证据,是指可以用于证明案件事实的材料①。实物证据,是指以物的外部形态或者物的内容所表达的意思来证明案件情况的证据,即表现为一定实物的证据。② 综上所述,刑事实物证据保管就是指对在刑事诉讼中以物的外部形态或者物的内容所表达的意思来证明刑事案件事实的材料进行包装、保存、运输、管理的活动。③

实物证据并不是我国的法定的证据种类,它是相对于言词证据的一种概括性的概念。从我国 2012 年新修的《刑事诉讼法》可以看出,案件事实的查明越来越重视实物证据,并且相对于言词证据来说,实物证据对案件事实的认定有着更加令人信服的说服力,这是因为实物证据具有以下特性:

(一)实物证据具有客观性

实物证据的客观性相对于言词证据而言。言词证据主要由证人证言和被害人陈述构成,其来源具有主观性。尽管收集言词证据的工作人员会强调保证陈述的真实性,但人类是情感动物,所说的话往往会带有一定的偏见。更重要的是,有些证人可能与案件当事人有认识,甚至有人冒着犯罪风险提供虚假证词。相比之下,实物证据相对更加客观。它没有情绪,一旦形成,一般不会因其自身的因素而改变附着的信息。即使被无意或恶意破坏,它仍会留下被毁坏时的痕迹,依然可以作为实物证据用来证明案件事实。实物证据的客观性使

① 2012《刑事诉讼法》第四十八条。

② 参见宋世杰:《证据学新论》,中国检察出版社 2002 年版,第 429 页。

③ 参见张俊杰:《论刑事证据保管制度》,内蒙古大学 2017 年硕士论文。

其在刑事审判中具有重要价值。它们可以提供直接、可靠的信息,有助于还原案发现场的真实情况,为法庭提供客观的依据。与言词证据相比,实物证据更难以被篡改或捏造,更能够抵御人为因素的影响。然而,尽管实物证据具有客观性,但在保管和呈现过程中仍然可能受到一些因素的影响。例如,保管不当、污染、丢失或替换等问题都可能导致实物证据的完整性受损。因此,建立健全的刑事实物证据保管制度和严格的监督机制仍然非常重要,以确保实物证据的可靠性和可信度。总的来说,实物证据作为一种客观、可靠的证据形式,在刑事审判中具有重要作用。与言词证据相比,实物证据的客观性使其更具有说服力,能够提供更直接、更可信的证明材料,有助于确保案件的公正审判。

(二)实物证据具有相对稳定性

就如前文所说,言词证据的主要来源是证人以及被害人,而他们在对侦查人员讲述时也许会因为譬如心理因素、环境因素或者时间长短而遗漏、隐瞒、添加,因此言词证据最容易发生前后矛盾,或者是出现翻供等情况。实物证据往往是以物的外部形态或者物所表达的内容来表现其与案件事实之间的联系,而物的形体、状态、性质都相对比较稳定,只要案件发生,那么留在之上的信息就是客观的,它还能长久并稳定地存在下来。

实物证据在证明案件事实方面确实存在一定的局限性。与言词证据相比,实物证据只能间接地证明案件事实,它本身无法主动展示所记录的信息。人们需要借助科学技术手段和实践经验来解读实物证据,并理解其中蕴含的含义。

此外,除了视听资料之外的实物证据往往只能片面地反映案件事实,而无法像言词证据那样全面地展现案件事实的全貌。因此,在使用实物证据时,结合言词证据才能更好地发挥实物证据的作用,以综合的方式呈现案件的真实情况。为了确保案件事实的准确性和真实性,妥善保管刑事案件中的实物证据非常重要。只有通过严格的保管程序和监督机制,可以保证实物证据的完整性和可信度。这意味着需要建立健全的实物证据保管制度,明确责任人员的职责和义务,并加强对证据保管环节的监督和管理。

综上所述,在刑事审判中,实物证据的局限性需要被认识和克服。尽管实物证据无法直接展示信息,且有时只能片面反映案件事实,但通过与言词证据相结合,并通过科学技术手段和实践经验的解读,实物证据仍然具有重要的价值,可以为案件提供客观、可靠的证明材料。同时,妥善保管实物证据是确保案件事实准确性的关键步骤。

二、我国刑事实物证据保管制度的司法现状分析

在刑事案件中,从证据在案发现场被发现和提取之后到最终提交法庭,这个过程中涉及多人之手和多个场所之间的移转。正因为如此,确保实物证据在整个过程中不被毁损或失实是至关重要的。在证据的收集和移交过程中,可能存在一系列交接和移送环节。这涉及警察、鉴定人员、法医、检察官等多个参与者,以及不同的场所,例如案发现场、实验室、存储

设施和法院。在这个过程中,如果不妥善处理,证据可能会遭受损坏、丢失或被篡改的风险。

然而,需要注意的是,证据的保管期限并不仅限于法庭审理结束后。实际上,证据的保管期限可能会延长至结案后的相当长一段时间。这是因为在一些情况下,案件可能会进入上诉阶段,或者需要进行其他法律程序。在这段时间内,证据仍然需要妥善保管,以确保其完整性和可靠性。为了保护实物证据的完整性,需要建立健全的证据保管制度和监督机制。这包括确保证据在移交过程中的记录和追踪,制定严格的标准和程序,以确保证据的安全性和完整性。同时,需要提供适当的设施和条件来存储和保护证据,以防止损坏、丢失或篡改。结合以往案例可看出,侦查人员、证据保管人员在实际操作中一般会出现以下几种问题:

(一)法律规定不完善

现阶段我国出台的基本法律中,除了《刑事诉讼法》和《民事诉讼法》有零星的几个条文提及实物证据保管,而关于刑事实物证据保管的可以说是没有了,因为准确来说《刑事诉讼法》的是"查封、扣押、冻结的犯罪嫌疑人的财物及其孳息",与之相关的更多的是零散地存在于司法解释、公安部的相关规定以及行业标准当中,虽然总的来说已初具系统性,但在实际的刑事诉讼中这些规定只能给那些刑事证据保管人员一些笼统的指导性意见,而关于保管的具体操作则是更加模糊,使刑事证据保管人员不能做到有章可循,不能严格保证刑事实物证据保管的质量,使得因证据保管不善最终不能成功破案的情况频频发生。

(二)证据监管不严格

每一个案发现场总是会存在许多可能是犯罪嫌疑人遗留在现场的可能作为定案证据的物品或者是痕迹,若是没有一份严格的证据监管机制,那么就会出现一份证据有多人记录看管,相对的也许有的证据就会被大家同时忘记或者同一份证据由多人监管,造成证据遗漏以致影响案件的结果以及司法资源的浪费。在现场勘验的侦查人员往往都不止一位,并且部分侦查人员在同一时期也许参与了多个案子,这将会导致证据被毁损、丢失、与其他案件的证据相混肴甚至是被盗走。

(三)证据包装不规范

1. 证物包装的独立性

在侦查过程中,如果负责收集证据的人员没有严格地将有用的证据分开包装,而是将它们随意装在同一个容器中,可能导致案件的侦查结果出现两种情况。首先,可能无法抓到真正的犯罪嫌疑人,使得案件成为一起永远留在卷宗里未破的案件。其次,可能会抓错犯罪嫌疑人,导致案件成为一起冤案,真正的犯罪嫌疑人仍然逍遥法外。

在现代司法实践中,每当发现一个证据时,都应该将其安全且独立地包装。这是为了防止证据之间的交叉污染。然而,并非所有的侦查人员都会遵守这一原则,或者由于其他原因而在包装证据时犯下了没有分开包装的错误。正是因为这种行为,法院在审判过程中可能因为证据之间的污染风险而不采纳该证据,导致缺失了一项能够有力证明犯罪嫌疑人有罪的重要证据。因此,在侦查过程中,确保证据的安全和独立包装非常重要。这需要侦查人员严格遵守规定,确保每个证据都得到适当的包装和标识,以防止交叉污染。此外,应该加强对侦查人员的培训和监督,提高他们对证据保管的重视和意识,以减少因包装错误而导致的证据损坏或污染情况的发生。正确的证据包装和保管对于案件的侦查和审判至关重要。侦查人员应该意识到这一点,并严格遵守相关规定,确保每个证据都得到妥善的处理,以保证案件的公正和真实性。

2. 包装容器的密封性

包装容器的密封性对证据的证明价值是否还存在同样重要。包装容器的密封性在很大程度上可以证明所存放的证据在移送中途是否被人拆封、毁损、调换,密封完整的证据包装能够直接地证明证据是完好的。法官的职责就是进行公正的审判,因此,即使认为正在被审理的人很大程度上就是真正的犯罪嫌疑人,但还是要严格地履行法官的职责,以有效的证据结合法律作出公正的判决。在这一基础上,证据的包装的密封性就显得尤为重要了。

3. 标签标记的清晰性

在证据包装的外表上贴上标签并标记证据基本信息是证据保存中的一项微小的工作,但成败往往取决于细节,即使是毫不起眼的东西,它也许就会影响整个事件的发展进程。没有做到清晰的、与其他证据有明显区分的标志这一要求的教训在中国的司法实践中也是非常大的。在李某明的冤案严重就是因为侦查人员将案发后在李某明处提取的毛发与侦查人员在案发现场提取的毛发混淆了,最后将李某明的毛发送去检验,并将检验结果与李某明自己的血样比对,因而就造成了一场冤案的发生。① 因此,在证据保管中,在证据包装上作上清晰明显的、可与其他证据区分开来的标志是极其重要的,虽然仅是一个细微的动作,但对于整个案子的侦查以及对保障当事人的权益的作用却是非常大的。

(四)证据保存不规范

以 2004 年的湖南女教师黄某裸死一案为例,②这个案件一共进行了五次尸检,制作了六份死亡鉴定书,并且之后因侦查机关保管不善致使被害人的器官标本变质,因此而被焚烧销毁,以致当司法部法医鉴定中心准备重新鉴定时已经没有了可鉴定的标本。并且侦查人员在案件现场找到的可能带有被告人精液的内衣内裤也丢失了,正是因侦查机关没有妥善保管证据,最终法院在判决时判决被告人无罪。若是侦查机关在此案中能够将证据保管妥当,

① 参见何家弘:《迟到的正义——影响中国司法的十大冤案》,中国法制出版社 2014 年版,第 114 页。

② 搜狐新闻:《湘潭裸死女教师黄静案续:主要证据被莫名销毁》,载搜狐新闻网 http://news.sohu.com/2004/04/22/32/news219913260.shtml,最后访问日期:2024 年 9 月 6 日。

那么当司法部法医鉴定中心鉴定时也有标本可鉴定,也就能够得出一份有效的鉴定意见,最后的判决也会更有说服力。相同的情况在2007年发生的彭某是否实施了撞人侵权行为一案中也有体现,虽然这是一件民事侵权案件,但其中对于警方保管证据不当的行为也同样能说明警方对于证据保管方面还是存在很大的不足。在此案中,作为重要证据的派出所对彭宇的询问笔录原件被派出所丢失,而在法庭中所提交的只是原告之子自行用手机拍摄的该原始笔录的照片以及根据照片所誊写的材料,派出所丢失询问笔录原件并提交利害关系人所提供的照片作为证据这一行为让彭某一方及社会大众有所质疑。侦查机关未对证据妥善保管不仅影响了对犯罪嫌疑人的定罪量刑,还使得社会上的众人也开始质疑法律的权威。

证据是帮助法官辨明是非、查清案件事实、作出公正裁决的重要依据,根据《刑事诉讼法》第168条的规定可知,人民检察院能否提起公诉的依据之一就是由证据是否确实、充分。因此,若是由于证据保管不当而导致证据缺失,则人民检察院就无法提起公诉,无法使犯罪分子得到惩罚了。诉讼的结果也是由证据所决定,法官审理案件是证据结合法律而得出审理结果,不恰当的实物证据保管会导致原有的证据失去其证据价值,甚至于被篡改或者毁损,致使真正的犯罪分子逍遥法外,得不到法律的惩罚,更加严重的是或许会混淆视听,导致法官错判。

三、完善我国刑事实物证据保管制度的现实意义

(一)规范刑事实物证据保管人员的行为,保障刑事实物证据的完整性

从我国目前的实物证据保管制度来看,零散的规定给了侦查人员太大的"自由裁量权",在实际的证据保管的操作过程中,侦查人员没有一部完备的、系统的指导性规范,就容易使得刑事实物证据在整个保管过程中的某个环节发生改变、遗失或是被盗,因此,完善刑事实物证据保管制度有助于规范有关证据保管人员的行为。

司法实践中,证据最大的作用就是用于证明案件事实情况,想要用一项证据来证明案件,就要求该证据原件具有关联性,并且还要求该证据的真实性——该出示的证据就是出自案发现场的或者是从犯罪嫌疑人处获取的证据是同一个证据,即是该证据的性状和性质都没有发生改变。因此,要证明某一证据的有效性就要能够证明该证据的真实性和关联性。完善实物证据保管制度,可以在诉讼中及时有效地证明证据的关联性和真实性,使得证据在诉讼中发挥它的效力,帮助司法人员查清案件事实。

(二)保障诉讼效率,节约司法资源

健全的实物证据保管制度还能够节约承办这些案件机关的人力和财力资源。在诉讼过程中,与案件实物证据接触的人员可能需要在法庭上作证。然而,每个案件通常涉及不同机关和专业领域的人员,要求所有人都出庭作证可能会对诉讼效率产生负面影响。相对而言,

健全的实物证据保管制度通过各个环节的证据保管人员严格按照规定进行保管,并将证据的每个细节完整记录在案。这样,对于一些明确、无疑点的证据,在法庭上的诉讼参与人员就无需再次出庭作证,从而提高了诉讼效率,并避免对司法资源造成不必要的浪费。

四、完善我国刑事实物证据保管制度的建议

(一)制定专门的刑事实物证据保管的法律规范

在我国的法律规范中,关于实物证据保管的法律规定尚不完备和细致,相关规定零散地分布于各个基本法律、司法解释和部门规定中,或者仅涉及涉案财物保管的规定。目前我国的证据保管规定虽然具有示范和指导意义,但相对较为笼统,缺乏具体规定证据保管人员的操作原则、方法和标准。这导致证据保管人员在实施证据保管时具有较大的操作空间,证据保管的质量往往依赖于保管人员的职业素养和主观意愿。

因此,制定一部完备、系统的实物证据保管制度对于我国司法实践中的证据保管人员至关重要。这样的制度规定将为保管人员提供具体的操作指引,确保证据保管工作符合规范和标准。通过明确的规定,保管人员能够依法履行职责,保证证据的安全和完整性。因此,有必要对现有的证据保管规定进行整合和完善,确保规定具有可操作性和可执行性,为证据保管人员提供法律依据和操作指南。这样的制度将有助于提升证据保管的专业水平,并保障司法实践的公正性和效率。

在制定针对实物证据保管的规定时,应当全面考虑证据保管流程的各个阶段。这包括从侦查人员在案发现场发现并提取证据的具体操作步骤开始,一直延伸至审判结束后判决执行完毕的整个过程。在此期间,应当对涉及证据保管人员及其具体操作行为、保管场所、保管设备、证据移送时的记录,以及案后证据的处置等问题进行明确并具体地规定。

(二)建立具体的刑事实物证据保管的操作规范

有关刑事实物证据保管在实际操作中各个方面的建议,将结合上文所提到的刑事实物证据保管相关条文以及中国人民公安大学法学院副院长李玉华教授负责的课题"公安机关侦查人员合法取证指引"中关于设立统一的物证、书证保管中心的相关观点加以论述。

1. 证据收集阶段

本阶段包括了证据采集与包装,在证据被侦查人员发现后,侦查人员首先应当保护现场,其次才是安排人员对现场遗留的可能与案件有关的物品以及痕迹等提取。不论是证据的采集还是包装,都应该严格按照该实物证据的特性来提取,避免证据被损坏或者被污染。在此阶段对证物的保管就应该做到《公安机关刑事案件现场勘验检查规则》中第 10 条、52 条、57 条所提到的"早发现,早维护;分别提取,分开包装,统一编号;记录完整"。

(1)证据采集。依据《公安机关刑事案件现场勘验检查规则》第 10 条的规定,警方在接

到报案或者是发现犯罪后,应当尽早地到达犯罪现场,以免最先到达现场的其他人员无意或是有意地损毁、更改甚至是盗窃证据,因此负责勘察现场、收集证据的工作人员应早早地到达现场,保护现场证据不受破坏。并且侦查人员还应当具备较高的专业素养,在案发现场不仅要善于发现证据,而且在提取证据时也要运用专业手段,参照《规则》的第52条,提取时要适用清洁干净的工具,侦查人员也须穿上防护服,戴上手套、脚套、戴上口罩,一定要保证证据是在不会被破坏或是被污染的情况下提取,只有这样,才能在最大程度上保证证据的状态与原始状态一致。在该《规则》的第57条的表述中,在证据被安全地提取后侦查人员还应做好相关记录,且应尽量保证记录的全面性,为了能够区分证据,侦查人员在发现和采集证据是应由专门的人员立即为证据进行编号和设置标签。① 为以后能够更有效地证明所提取的证据的来源,不仅要在记录本上写明证据的名称、编号、数量、特征、来源并由现场的侦查人员、见证人或者是该证物的持有人签字或者盖章,侦查人员还应对证据的提取过程进行拍照,最好是进行录像。

(2)证据包装。侦查人员在包装证据时应做到"一物一包装"的原则,同一案件的证据要分开包装,不同案件的证据更是不能放在同一个包装里。安全、独立的包装是避免证据之间相互污染的一个有效的手段,对于如血液、尿液、毛发或是化学物质一类的特殊证据,应当分开包装,而包装的方式是用于防范证据不会再存储中发生变质并因此导致意图从证据中获得的证据流失。包装的容器也要根据证据的特性来选择,固体证据与液体证据使用的容器不同,具有腐蚀性的物质使用的容器与一般的证据所用的容器也不同,还有易挥发的,等等。

进行包装后包装容器的封存也是不容忽视的,这是能够证明证据在移送和存储期间容器中封存的证据是否被人打开,证据是否被破坏、调换或是污染的最好的证明。

2. 证据保存阶段

不同的证据适用的存储环境不同,因此,负责保管证据人员应当根据证据所适用的条件对证据分类保存。比如,血液、尸体一类容易腐败、变质的生物类证据,就要将它们放置于低温且湿度较低的场所,而且与这一类证据接触时的物品也要是干燥的;而像痕迹一类的证据,收集时不能破坏它原有的物理性状;录音录像一类的证据,则需将其放在干燥无尘并且没有磁场干扰的地方即可。

3. 证据运输阶段

证据的运输存在于证据保管的每一个阶段:从案发现场送到侦查部门、将证据送去鉴定、移送检察院起诉、移交法院,与保存阶段的要求差不多,证据的运输要求也因证据的形态、性质不同而不同。对易碎物品的运输要轻拿轻放而且采取防震措施,对易撒的液体类证据要正确放置,对于纸质的证据,在运输时就要注意好防水防潮防蛀;而对于比较大型或是

---

① 参见杜国栋:《论证据的完整性》,中国政法大学出版社2012年版,第192页。

因对环境有要求的证据,如尸体,则可以不必运输。

4. 证据管理阶段

在这一阶段的管理主要是针对上述的证据采集、包装、运输等阶段中的记录问题,笔者认为证据的管理自侦查人员提取到证据开始至案后证据的处置止。关于证据的信息的记录,主要包括对证据的发现和提取的人员、证据入库时的交接双方的人员、保管过程中与证据有接触的人员、接触时间和地点、对证据进行了什么样的行为以及在每个环节里证据的状态等情况的记录和描述,这些都是需要尽可能地全面地记录的,一份完整的记录不仅能在诉讼时证明证据的真实性和同一性,而且在发现差错时也能在相应的环节找到相关的信息查漏补缺并以此确定相关人员的责任。对于法院判决结案后证据,并非"报废"了的,即使在审判时认定事实有多么地清楚,证据有多么地充分,但只要是人难免犯错,因此,没有人敢保证他办理的案件是百分之百正确的,所以,为了保证司法的公正,为了保证当事人的权益,在结案后案件的证据仍然继续保存是很有必要的。继续保存已结案的证据,有利于当事人在翻案时能够以现有的证据为参考,找到现有证据存在的瑕疵,能够有针对性地找到能够证明自己的主张的证据。

有关证据保管的期限,从笔者查找的相关文献来看,对证据保管的期限可分为三种情况:第一,将卷宗材料与相关证据共同保管,期限则是与卷宗保管的期限相同,即定为永久、长期为 60 年、短期为 30 年三种;第二,对于判决已经生效的案件至少应继续保管 15 年,重大命案的证据则应当永久保存;第三,参照《公安机关物证鉴定规则》第 52 条所说的对鉴定材料保管期限的规定,可分为永久保管和 30 年两种。对于保管期限的上述三种情况,笔者个人认为第一种比较合适,从证据保存部门成本和效益的角度考虑,保存结案后的证据的期限可以参照卷宗保管期限,将保管证据的截止时间与卷宗保管的截止时间定为相同是可取的,①这样既保护了当事人的权益,也不损害保管部门的利益。

① 郭淼:《我国证据保管链制度的构建及其意义》,载《法制与社会》2017 年第 13 期,第 41 页。

警察防卫权的行使困境及突破路径

史向蓉*

摘要：梳理警察防卫权的性质争议，结合其自身特点，将警察防卫权定性为警察执法权的组成部分。不局限于传统研究仅聚焦警察防卫权法律概念模糊、配套规范实施困难、司法裁量摇摆等理论困境，结合具体执法场景和真实案例整理其在行使条件上所面临的实际难题。在此基础上，提出警察防卫权困境突破的关键在于以确定该法律概念的定位为前提继而构建完整的警察防卫权规范体系，包括建立有效的监督与救济机制，细化专门性现场处置规范等方面，以增强警察防卫权行使的合法性和实效性。

关键词：警察防卫权；正当防卫；警察职务防卫

一、引言

人民警察作为武装性质的国家治安行政力量与刑事司法执行力量，承担着维护国家安全与社会秩序、保护公民生命及财产安全、预防和打击违法犯罪等多项职责。以高度的专业素养和忠诚精神构筑了社会和谐稳定的坚固防线。① 职业的特殊职责与使命实现也伴随更多风险负荷，公安部相关数据显示，自新中国成立以来，全国公安机关已有超过 1.6 万名民警在执行公务时英勇牺牲，另有 30 多万名民警因公负伤，在强调依法履职、秉公用权的同时，应当为组成这支"和平年代牺牲最多、奉献最大队伍"的警察个人构建与执法环境危险程度更相适应的人身保护机制。② 2020 年《刑法修正案（十一）》增设袭警罪初步将警察人身安全进行独立地客体化，附着于刑法的规制机能一定程度上实现了对警察人身权益的事

* 史向蓉（2001—），女，中国人民公安大学刑法学专业 2023 级硕士研究生。

【基金项目】中国人民公安大学 2024 年度研究生科研创新项目"群体性事件中警察防卫权行使的实证研究"（2024yjsky019）

① 董邦俊、杜文帅：《警察暴力行为辨析》，载《江西警察学院学报》2015 年第 2 期，第 58 页。

② 徐翕明：《论警察职务防卫行为的本质》，载《行政与法》2021 年第 5 期，第 126 页。

后性、外部的保护，但对于执法现场警察个人可否即时自保仍缺乏明确的正当性依据。"警察防卫权"在我国缺乏完整定义，其概念与性质框架一直依赖公民正当防卫与公安执法权的相关内容拼凑，内含理念与精神散见于效力位阶较低的行政性文件之中。规范纬度的模糊使得学界关注点更多聚焦于"警察防卫权"本身在我国的基础定位，极少触及现实层面警察职务行使过程中防卫的启动条件与尺度范围等与执法工作及自我保卫实质息关领域，未能有效实现理论研究与实践应用的链接。

本文旨在跳脱仅从理论层面探讨警察防卫权性质的传统框架，将视角转入具体执法场景，结合实践案例对警察防卫权面临的行使困境及成因进行细致剖析，揭示警察在维护公共秩序与保障个人权利之间的微妙平衡以及在紧急状况下如何确保防卫权行使的正当性与合法性，对警察防卫权的一般性概念和性质进行重新审视与归纳，立足于理论与实务的平衡支点提出警察防卫权行使体系的具体建构路径。

二、警察防卫权的性质争议：价值纬度的法律取向差异

明确人民警察防卫权的性质是加强对警察防卫权保障的基础和前提。学界关于警察防卫权的性质界定存在分歧，大致有正当防卫说、职务行为说与二元说三种观点。正当防卫说主张对警察职务防卫行为的正当性评估应参照刑法中的正当防卫原则。在面对同样的不法侵害时，警察应享有与普通公民相同的防卫权。这一观点认为正当防卫作为法律赋予公民的合法自卫的权利，若将警察防卫排除在公民防卫范围，无异于剥夺了警察作为普通个体所享有的基本权利，进而将其置于更为不利的防卫境地。① 职务行为说强调警察所具备的国家执法机器之特殊身份，认为警察履职过程中所有外向活动均为职务性行为，其合法性的判定应严格遵循宪法、行政法等公法领域的规范框架。为预防公权力的不当膨胀，警察的防卫举措唯有在严格符合行政法律规定的前提下，方能被视为合法且正当的职务行为或法令行为。② 二元属性说认为警察职务防卫行为同时具备公权力行为和正当防卫的双重性质，试图在职务行为说与正当防卫说之间寻求平衡。该学说提出"分别处理"的方案，即根据防卫行为的具体情境，将其作为公权力的行使或正当防卫分别对待。其认为警察的防卫行为本质上具有二元性，涉及两类法律关系——《刑法》调整的防卫关系和《人民警察法》调整的职务关系。

笔者认为，职务行为说更能准确概括警察防卫权的性质。公民的正当防卫权某种程度上可以看作公权力向个人权利的让渡，在个人无法或者来不及寻求公力救济的情况下，允许在衡平个人权利与不法侵害的基础上以私力救济填补公权力暂时空缺的范畴。警察职务防卫中对不法分子进行的防卫更多体现的价值衡量更多为公共安全、秩序与不法侵害人利益

---

① 王钢：《警察防卫行为性质研究》，载《法学家》2019 年第 4 期，第 51 页。

② 熊琦：《人民警察法(修订草案稿)视野下警察职务防卫行为的本质与规范选择》，载《西南政法大学学报》2019 年第 2 期，第 130 页。

之间的抉择,是以舍弃不法侵害人的部分利益为代价实现社会整体利益的行为,非警察个人作为一名普通公民的公与私之说,而是一种特定的"公"权受侵害之说。警察职业群体是国家为维护社会稳定与安全而专门设定的秩序守护角色。在执行职务过程中,他们并非仅作为自然人存在,而是融合了行政执法力量的国家权力的象征,警察的依法履职行为应被视为国家行为的延伸。关于警察防卫权中"防御""自卫"带有警察个人人身权利保护旨意的部分,可以理解为,当警察代表国家执行公务时,一般公民权利会因义务的调整而受到限制或排除,这些让步于公共利益的个人权利部分可通过公权力赋予来填补,这就包括关乎警察个人生命权益保护的防卫权。① 因此,警察防卫权应在职务行为的警察权范畴理解,而不应与公民的正当防卫权混为一谈,两种理解具有不同的逻辑起点。

在此基础上,对于警察防卫权的概念进行归纳时,有学者认为警察防卫权是人民警察在执行职务过程中,为保护国家、公共利益,本人或他人的合法权益免受正在进行的不法侵害,而利用职业特有的强制手段或一般公民的通常自保措施,对不法侵害者进行反击的权利。②也有学者认为警察防卫权是指警察在履行法定职责时,面对正在发生的不法暴力侵害或面临高度可预见的伤亡威胁时,若不采取武力手段则无法解除威胁或阻止侵害,因此依法采取的旨在消除威胁或制止不法侵害的国家强制措施。③ 显然,不同学者对警察防卫权的界定方式在表述上有所不同,但在警察防卫的目的要求和发生场合等方面仅存在表述上的差异。分歧根源在于"警察防卫权"概念构成中"权"的指代对象到底是"权利"还是"权力",即对于警察防卫权概念的构建仍根植于对其性质的选择之上,以防卫行为说为定性基底,则认为警察防卫权剥离自公民权利体系,在正当防卫的概念上增添主体限定范围直接来定义警察防卫权;以职务行为说为定性基底,则在以更宏大的公权力为核心,认为警察防卫权存在于有强制性、行政性的警察执法权辐射范围之内。前文已述,笔者认为警察防卫具有一般防卫的形态特征,但是职务行为的定性更契合其本质属性,故,警察防卫权定义可归纳为:法律赋予人民警察在执行职务过程中,面对具有攻击性或严重危及人身安全、公共安全的不法侵害,不得已采取的以制止侵害为目的的反击行为的权力。

三、警察防卫权的行使困境

(一)适法困境

1. 法律概念归属不明

如前所述,警察防卫权存在概念归属上的争议。若依据《刑法》中的正当防卫条款,警

① 郭泽强:《权利与权力框架下的防卫权》,载《法学》2014 年第 11 期,第 67 页。

② 贾健、魏博:《警察防卫行使限度的理论重构》,载《广西警察学院学报》2021 年第 6 期,第 57 页。

③ 谯冉、白云鹏、李震宇:《中美警察使用武器裁量权比较研究》,载《中国人民公安大学学报(社会科学版)》2017 年第 6 期,第 111 页。

察防卫的合理性便源自普遍性的违法阻却事由，被纳入公民广泛的正当防卫权利体系之中的警察防卫权具有相当的任意性和不可剥夺性。通过正当防卫条款的合法化，警察的防卫行为也自然符合其他行政法的规范，这样可以避免同一行为在不同法律体系中产生合法与违法的冲突，从而确保法律秩序的统一与稳定。同时，这也防止了警察在执行任务时处于比普通公民更不利的地位。另一方面，若根据以《人民警察法》为代表的公法规范，警察防卫的正当性则来源于特殊违法阻却事由中的法令行为，具体行使需参考《人民警察法》及《人民警察使用警械和武器条例》中明确规定的警察可以使用警械和武器的情形，这要求警察的防卫行为必须符合比例原则，即在保障公民权利与打击犯罪、保护法益之间达到平衡。两种迥异的定性会引发一系列边际效应：在执法层面，作为私权的正当防卫权利作为公民的绝对权利，对限度的条件要求相对宽松，而公法规范中的比例原则和最小伤害原则却对警察防卫的必要限度做出了极严苛格的约束，这导致警察在实际防卫时面临两套不同的判断标准，由于担心超出必要限度而受到惩罚，警察的防卫行为往往趋于保守，这可能会影响公力救济的效果。①

2. 配套规范难以实操

武器的使用是警察防卫权有效行使的物理保障，目前对于人民警察武器使用的标准与限度集中规定在《人民警察使用警械和武器条例》之中，但相关规范在实际操作的可行性和紧急情况下的决策效率层面可能难达到理想效果。例如，条例中虽然允许警察“使用”枪支，但对于“使用”这一概念的具体定义和使用方法却未给出详尽说明。例如，“使用”是否仅限于开枪射击，还是也涵盖了鸣枪示警、佩戴展示枪支、瞄准威慑等行为，这些在相关法规中尚未明确界定。这种模糊性不仅增加了警察执行任务时的不确定性，使他们常困惑于武器使用与防卫的标准和界限，因而陷入“宁可被打死也不敢开枪”的境地。同时，尽管《条例》详细列举了警察可以使用武器的 15 种情形，旨在覆盖多数可能发生的状况，然而，这种过细的列举方式也存在一定的弊端。当警察面对正在进行的不法侵害时，即便是训练有素的人员，在紧张的本能反应下，可能难以迅速且全面地考虑所有相关细节。在这类紧急情况下，如果过分地关注细节可能会掣肘职务中的警察使其错过制止违法犯罪行为的最佳时机。另外《条例》第 12 条规定了警察武力使用的事后监督方式进行了规定，明确要求警察在使用武器造成犯罪分子或无辜者伤亡的应当“立即向当地公安机关或所属机关报告”但这样基于内部属性的事后监督制度往往会受到程序不公正的质疑，单一的调查评估逻辑也会遮蔽多元价值衡量。

3. 司法层面裁量摇摆

司法实践中，对于警察防卫案件的处理和裁量路径上存在很大的分歧。例如，在安庆火车枪击案中，醉酒的徐某在县火车站候车厅妨碍旅客通行，被执勤民警李某短暂控制。随

---

① 刘涛、黄涛：《人民警察防卫权问题研究》，载《榆林学院学报》2022 年第 5 期，第 37 页。

后,徐某情绪失控,追赶并袭击李某,试图抢夺其枪支。李某在多次口头警告无效后,开枪击毙了徐某。在此案件中,检察机关并未援引《刑法》中的正当防卫条款,而是将李某的行为认定为依法执行公务,认为其使用枪支的行为符合《人民警察使用警械和武器条例》的规定,从行政法律规范的角度确认了李某行为的合法性;而情节类似的谢某、杨某袭警案及郭永华袭警案中,法院审理时都直接依据《刑法》第20条作出正当防卫或防卫过当的认定。出现这种同案不同判局面的直接原因是法官在裁量时未形成统一的裁判依据适用标准,有时基于行政法律规范判断防卫行为的合法性,有时则援引正当防卫条款作为判断依据,这种裁判局面的混乱进一步加剧了警察在执法防卫中的困惑和无所适从。

(二)现实困境

1. 特殊执法场景中防卫对象难以确定

2008年7月。在普洱市孟连傣族拉祜族自治县发生一起恶性暴力事件,执行任务的公安民警被不明真相的500多名群众围攻、殴打,冲突过程中,民警被迫使用防暴枪自卫,2人被击中致死。不同于面对特定不法分子的执法场景中可以直接准确地确定不法侵害的实施者并进行反击,在集群类违法犯罪活动处置中,警察往往难以准确判断哪些人是主要的挑事者或潜在威胁。对共同犯罪进行正当防卫的对象条件实务中一般认为是针对直接实行犯,群体成员实行行为、帮助行为、教唆行为,甚至被裹挟行为交织缠绕,紧张事态下很难迅速将个别行为剥离认为其独立的危害性即可达到启动防卫的程度。这种不确定性导致警察在行使防卫权时面临困境:一方面,他们需要保护自身和公众的安全,防止事态进一步恶化;另一方面,他们也必须谨慎行事,以免误伤无辜或加剧矛盾。①

2. 形势研判的延迟性影响防卫适时介入

瓮安事件中,因对贵州省瓮安三中初二年级学生李淑芬死因鉴定结果不满,死者家属聚集到瓮安县政府和县公安局。在有关负责人接待过程中,一些人煽动不明真相的群众冲击县公安局,最终酿成严重打砸抢烧突发事件。事件在彻底暴力化之前经过了4个小时,在这过程中也有部分激进者因情绪失控对执法人员进行攻击面对家属和群众的聚集与情绪高涨,警方在初期的反应可能相对谨慎,试图通过沟通和解释来平息事态。然而,由于形势研判的复杂性,警方可能未能及时准确地判断出事态的严峻,从而导致了防卫介入的时机滞后。当部分激进者因情绪失控开始攻击执法人员时,警方在判断是否可以进行适当防卫时可能还需要进一步斟酌和研判。这种犹豫和延迟可能使得警方错过了最佳的防卫时机,导致事态进一步恶化。根据《人民警察使用警械和武器条例》相关规定,在暴力袭警案件中,警察使用枪械的前提必须是"危及人民警察生命安全的",即警察的生命正在遭受危害,或

---

① 钟春燕:《群体性事件中警察形象危机成因及公关处置对策探析》,载《经济师》2020年第10期,第80页。

者对方的攻击具有直接威胁。通常状况下，在面对单独的乃至团伙的不法分子，人民警察都有一定的时间、比较理性判断其安全受威胁的程度从而作出是否防卫的决定。但是群体性事件中由于对象的不确定性以至局势瞬息万变，“危及生命安全”的界点判断可能与实际情况存在时机上的错落。

3. 舆情发展的不可控性可能导致防卫起副作用

新疆和田非法聚集事件中，不法分子裹挟无辜妇女并顶在前面，把自己围在内圈，同时安排插入闹事队伍的人员进行摄像和传播，目的就是截取警察处置过程中反击的片段。对政府机关进行抹黑造谣。舆论的放大镜下，警察的任何行动都可能被无限解读和评判，任何细微瑕疵都可能被无限放大，成为质疑公权力公正性与合法性的靶心。公安执法的场景之中，警察时常或主动或被动地被参与者放置在对峙面上，此时警察作出的任何表征为攻击的行为都很可能进一步激化不明真相群众愤懑，使其将事件起源矛盾点转移到外向载体，警察的自保行为存在变相导致危害结果扩散的可能性。① 在执法过程中，警察的任何暴力行为无关乎适法与否都存在激化警民矛盾的高度可能，使得敌对集群力量进一步增强和扩大，以至不仅未有效起到维稳和自卫作用，反而加剧了风险。另一方面，一旦防卫行为被陈列在舆论场，即使是在合理限度内的反击行为也极易被舆论上升为政府不适行为，损害警察队伍的整体形象。这些顾虑和担忧无形中给警察群体施加了极大的形象危机压力，限制其在关键时刻行使防卫权以自卫。

四、困境突破路径的构建：以警察防卫权规范体系为核心

（一）适法困境的突破：以明确警察防卫权性质为起点

1. 明确警察防卫权的概念及归属

上文已述，关于警察防卫权司法上的裁量摇摆、以及学术定义上的纷争根源在于警察防卫权缺乏规范上的正当性依据，此法律概念的组成本身也是借用刑法和行政法两部门法中的专属概念拼凑而成。突破适法困境应当以警察防卫确权为起点。目前，学界主要存在三种警察防卫权的独立路径：一是将其作为一种新类型的违法性阻却事由与正当防卫、紧急避险等正当化事由地位并列；二是在正当防卫条款项下将其划定特殊防卫的事项；三是在《人民警察法》中单独增设警察防卫条款。笔者认为前两种方式的合理性值得商榷：首先，正当防卫在我国的刑法体系中经过多年的使用与解读，已经在公众认知中形成了较为固定的理解与共识。倘若将警察的防卫权也囊括进这一传统的概念范畴中，难免引发概念使用上的混淆与不明确。再者，刑法作为我国的基本法律之一，其中的每个概念的构建都是建立在对人民整体利益的周全考量之上，尤其免责条款处于刑法总则的章节体系之下，更要强调其具

---

① 王雪峰：《论聚众犯罪的特征——以群体性事件视角》，载《政法学刊》2014 年第 6 期，第 60 页。

有高度普适性与平等性,若为警察群体另设防卫条款,很难不动摇公众对"不允许任何人拥有超越法律的特权"这一原则的信念,引发社会对公权力过度扩张的恐慌。最后,上文已经论述过应当从"权力"角度理解警察防卫权的性质,那么在刑法中特别规定一项行政权力也严重与刑法的立法理念相违背。

笔者认为,宜将警察防卫的确权的相关内容纳入《人民警察法》范畴。《警察法》作为系统性规定警察职业群体的权利义务的法规,同时也具有效力位阶上的优越性,目前我国存在的体现警察防卫理念的几部规章,如《中华人民共和国人民警察使用警械和武器条例》,都是在《警察法》统筹的概念体系之下进行细化规定,基于行政法领域"法律保留"的立法原则,首先在《警察法》中确立警察防卫的正当地位,才能更顺利进行后续关于防卫中警用器械使用规范、限度条件的要求等内容的进一步明确。故,建议在《警察法》第二章节"职权"中,增加有关警察防卫权的内容,具体表述可做如下参考:在执行盘问、检查、拘留、逮捕或制止违法犯罪行为等职责过程中,人民警察若遭遇暴力抗拒执法、正当执法受阻,或遭受暴力袭击的情况,为维护国家安全、公共安全、公民以及人民警察自身的人身与财产安全,人民警察有权采取必要的防卫行为以制止不法侵害。在此基础上,同时明确职务防卫的条件,包括主体以解决辅警、学警是否有权进行职务防卫等争议性问题,以及防卫权的行使时间范围和行为限度等内容。

2. 完善有关保障权力行使配套规范

包括《条例》在内的法规及规章在划定武器警械的使用范围时,基于"控权"的基本方向,都倾向把比例原则和最小侵害原则作为首要考量。《条例》列举的警察可以使用武器的情形有十多种,尽可能地去覆盖了公安执法可能面临的风险情景,但这种机械列举式的授权法令一定程度上与群体性事件所需的灵活处置机制是矛盾的,最后一款兜底条款中的"其他情形"表述过于宽泛和抽象,虽然表面上似乎赋予了现场民警一定的自由裁量权,但实际上并未提供清晰的行动指南。目前我国警察在执法过程中可以采取的武力包括:武器、约束性警械、制服性警械、徒手武力以及口头警告,这几种武力选择伤害性悬殊,但是相互之间缺乏清晰有效的转换与衔接规范,尚未形成具有可操作性的使用武力等级规范指引,《警械和武器条例》中采用列举法涉及的 15 种可以使用武器的情形又过显机械僵化,缺乏对警察使用武力全过程的程序性控制。可以参考美国西雅图警察局根据嫌疑人的反抗层级划分警察可以使用的武力手段,根据嫌疑人抗拒行为分级对应不同强制力度的武力,比如被动抵抗型抗拒只能使用约束性警械以下武力,对严重攻击即攻击行为对警察或他人构成严重伤害或者致命威胁允许使用武器,而枪支作为强管制性特殊武器,可以以列举的方式规定允许使用的情形和前置性条件,如警告或鸣枪等。

3. 建立警察防卫权行使正当性监督机制

为确保权力的恰当执行并预防滥用,必须对每项设定的权力构建相应的监督机制。目前,关于监督机构的设置,基本是由公安机关内部机构负责,虽能提高监督效率,但可能引发公众对监督结果公正性的质疑。相较之下，作为法定监督机构，检察院更为适合承担这一职责。鉴于检察院与公安机关之间既有合作又存在制约的关系，由检察院负责监督能够更加有效地发挥作用。检察院在接到监督申请后，应组建专项调查组，按照规定程序对执法过程进行评估，并在必要时要求公安机关配合。通过这种执法与监督相分离的模式，不仅能够更好地确保公众对警察防卫权行使的认可，还能在保障警察依法行使防卫权和纠正权力滥用行为方面产生积极影响。①

另外，可以逐步探索推动警察防卫的评估从内部走向外部、从一元走向多元。在执法过程全记录的基础上，借助专业的第三方调查评估机构，用以补充甚至替代由警察所属单位率先进行调查的传统做法；同时，进一步扩大调查评估的面向对象，积极构建理性对话空间和多元评价机制，消解社会公众对单一评估结论的信任危机。另外事后监督的具体实施细节仍需进一步明确。例如，应该明确由哪个部门具体负责接收报告，以及接收报告后，哪个部门应及时开展现场勘验和深入调查。② 此外，还应规定报告的时间限制、内容要求以及后续处理流程，以确保防卫行为的合法性和透明性得到充分保障。建议在机关内部设立专门的部门，负责接收和处理警察防卫行为的报告。这些部门应按照既定程序对报告进行备案，开展现场勘验和调查，并系统地搜集和保存相关证据材料。这些材料在发生争议时将作为判断警察防卫行为合法性的重要依据，进而有效防止警察防卫权作为公权力的无序扩张。

（二）现实困境的突破：细化职务防卫条件

1. 对特殊类事件中防卫对象、时间条件可以作额外规定

前文已述，警察防卫权更宜被纳入公安执法权的范畴通过部门法规来规范，故通常情况下，基于行政权比例原则的限制以及警察执法“最小使用武力”的要求，警察防卫对象的确定应更较之公民的普通防卫应当更加严苛。但相较于一般执法场景，在集群违法犯罪处置过程中进行防卫的困境之一是其参与对象范围广泛、作用交织，难以迅速确定个别对象实施行为的危害性是否已经达到“严重危害警察人身安全”的程度，对于对象条件可以适当放宽，不局限于以公共安全专业执法角度来衡量该对象是否为可作为行政相对人，可以参照适用《最高人民法院、最高人民检察院、公安部关于依法适用正当防卫制度的指导意见》第7条关于防卫对象条件的规定：正当防卫必须针对不法侵害人进行。对于多人共同实施不法侵害的，既可以针对直接实施不法侵害的人进行防卫，也可以针对在现场共同实施不法侵害的人进行防卫。即群体性事件中警察职务防卫的对象可以不限于主要实行犯，一定条件下，允许对现场的其他帮助犯进行防卫。同理，对于形势研判的延迟性影响防卫适时介入这一现

---

① 梅放、张天石：《警察防卫权法律规制研究》，载《广西政法管理干部学院学报》2021年第4期，第115页。

② 王玉薇、陈潇骅：《警察防卫的适法困境与完善路径》，载《黑龙江社会科学》2023年第5期，第86页。

实困境,也可以参照适用一般防卫的时间条件来划定警察防卫的适时区间,对于不法侵害是否已经开始或者结束,立足警察在防卫时所处情境,结合社会公众的一般认知和警察职业风险分析能力,依法作出合乎情理的判断。

2. 以“最大保护原则”补充“最小使用武力原则”确定防卫限度

“最小使用武力原则”是指警察在执行公务时,遇到需要使用武力的情形,应尽可能选择最低程度的武力手段,以达到制止违法行为、保护公共安全的目的。这一原则强调警察在行使武力时,必须遵循合法、合理、必要和适度的原则,以减少警察执法过程中的暴力冲突,保护公众和警察的合法权益,同时也有助于提升警察执法的公信力和社会形象。但在警察防卫过程中若仍机械套用该原则,可能使警察个体陷入违反必要性原则或者构成裁量怠惰的两难境地,不契合警察职务防卫对“维稳”和“人权保障”的平衡追求。对于警察防卫限度合理与否的判断应当同时以“最大保护原则”为补充,该原则最早体现在《突发事件应对法》第十条:突发事件应对措施应当与突发事件可能造成的社会危害的性质、程度和范围相适应;有多种措施可供选择的,应当选择有利于最大程度地保护公民、法人和其他组织权益。即不局限于“最小使用武力原则”而是在比例原则的基础上,以利益最大化为价值导向和行动指南,兼顾了“规范”与“灵活”的双重蕴含,更加契合社会安全风险防控和有效实现的现实需求。

论刑事涉案执行中案外第三人的权利救济

张胜斌　燕　凤　阮　元*

摘要：在涉及刑事财产执行及其第三方权利保障的程序中，特别是针对与民事判决相关联的执行、受害人追缴与补偿，以及虽免刑但需对受害人进行补偿的案件，执行过程应明确将受害人置于执行方的核心地位，并深度融合民事强制执行框架下的第三方权益保护机制，确保程序的专业性与公正性。仅在特定情形，诸如被执行人潜逃或第三方对执行标的提出争议时，检察机关方可作为执行主体介入，采取必要的强制执行措施，以维护法律权威与当事人权益的均衡。

关键词：案外人异议；案外人异议之诉；排除执行请求；申请执行人

一、案外人权益救济程序的当事人构造

（一）罚没型涉财执行案件的当事人构造

罚金式财产执行以实现公法上的要求为目的，属于财产执行的一种分支，其主要特点是对"罚金、财产没收"和"没收与罪行有关的私人财产"的实施。这种强制措施由于缺少了与之直接内在利益有关的当事人，因此在对其进行强制执行时，往往会遇到当事人难以确定的困境。因缺乏清晰对应关系，在对执行标的行使可排除执行权的实体诉求时，其唯一的出路就是采取执行行为异议和随后的复议程序，而不是采取常规的案外人和执行异议程序。从执行行为和复议两个角度来考察案外人的排除执行申请，其实质是一种利用诉讼纠纷解决机制来回应与解决当事人权益要求的一种特别现象。①

---

* 张胜斌（1968—），男，贵州毕节人，贵州省毕节市威宁县人民检察院党组成员、副检察长，研究方向为刑法学。

燕凤（1985—），女，贵州毕节人，贵州省毕节市威宁县人民法院一级员额法官，研究方向为诉讼法学。

阮元（1989—），男，贵州毕节人，贵州省毕节市威宁县人民法院执行法官，研究方向为诉讼法学。

① 孟军、徐榕：《案外人参与刑事诉讼涉案财物审理：属性、模式与程序》，载《河南警察学院学报》2024年第3期，第66－72页。

为解决案外人因执行异议之诉而不能提起诉讼的弊端,司法实践中必须强化其自身权力介入,对其真实所有人进行全面、全面的考察。这一规定,既损害了对第三人合法权益的合法保障,又加重了执行法庭的复议压力,也加剧了双方的冲突与对抗。罚金式财产执行制度的主要目的在于保障公共利益,其实质是以国家名义向被告主张的公权利。在此基础上,检察机关在民事诉讼中的作用也不再局限于民事诉讼中,而是延伸到财产保全和执行等各个环节,并在法律上保持其在民事诉讼中的地位。① 由于检察人员具有客观公平的职责和司法监督的双重责任,因此,在执法程序中,必须对其进行严密的司法审查,以保证执法行为的正当化。在执行过程中,只要发现侵害了被执行人或者第三人的法定权益,就应当及时地提出纠正意见,不管这一措施对债权人的利益能否得到最后的实现都是一种坚定的保护。

(二)补偿型涉财执行案件的当事人构造

刑事附带民事诉讼的目的在于对"由于违法行为侵害了受害人的身体权益或者财产遭受了财产上的损害"进行赔偿。以实现私法上的债权清偿为目的的救济性财产执行,其本质上应当符合相应的民法原则。② 在被害人经法院判决后,在实施过程中,要求被告人承担民事赔偿的义务,必然要以被害人为其请求权。从刑事附带民事判决的实施中延伸出来的案外人权利保障程序,应当将案外人和受害人这两个相对的主体设定在该架构中。如果受损单位没有提出附带民事诉讼,而是通过检察机关的名义,获得了请求被告对其所遭受的国家或者集体的经济损害进行补偿的附带民事裁定,那么,从学理上讲,无论是检察机关还是直接受损的单位,还是对受损的国有资产负责的行政部门,都可以作为其可能的申请执行人,这更加突出了申请执行人身份确定的复杂性。

(三)混合型涉财执行案件的当事人构造

对于混合型金融资产执行案件,应当采取"没收式"与"赔偿式"相结合的方式,其核心问题就是在"行政行为"启动之前,法院有没有明确地确定"非法获利"或"赃款"的返还客体。③ 在已生效的刑事判决书文本中,或者在执行开始之前,法院另行发出的司法文书中,对违法所得、赃款、赃物进行了没收或上缴,则"追缴和责令退赔违法所得"和"处置随案移送的赃款赃物"的实施,应当按照罚没型涉财执行模式进行。若判决书中没有明确规定对涉案财产的处理方法,并且在实施之前,法庭并没有作出相关的规定,那么,鉴于财产很有可能

---

① 张善斌、翟宇翔:《论房屋强制执行中案外居住权人的保护》,载《河南社会科学》2024 年第 4 期,第 78 - 86 页。

② 丁瑶:《数字检察视域下虚假仲裁法律监督理论拓扑与路径构造》,载《河南社会科学》2024 年第 5 期,第 120 - 129 页。

③ 毋爱斌:《涉刑财产执行程序体系论》,载《求索》2024 年第 2 期,第 47 - 55 页。

被国家没收,因此,在执行过程中,应当遵循惩罚性赔偿的原则。① 在此情形下,检察机关需要充当申请执行人,督促法庭将违法所得或赃款全部执行完毕,然后通过司法途径对其进行最后的处置。

二、刑事涉财产执行中案外人权益救济存在的问题

(一)刑事涉案财物处置中案外人诉讼地位不明

在我国现行的司法制度中,对于当事人在执行案件中的身份问题,一直没有一个清晰、详细的立法。这一规定的不明确,使执行案件中的案外人在执行过程中遇到了一个很大的困难,不仅很难对自己的权利进行有效的保护,而且还经常陷入无力救济的尴尬局面。

1. 立法上未予明确

我国《刑事诉讼法》第108条对"第三人"的认定,事实上,"第三人"并非"诉讼主体",也不是"其他"主体,"第三人"在诉讼过程中的定位尚不明确。诉讼身份是一种特殊的制度安排,是一种特殊的制度安排,也是一种制度安排。在普通的刑事程序中,只有在与涉案财产相关的利益关系中,案外人才能得到非常少和完全的了解和参与的机会,这种权力结构并不能支持他切实保护自己的财产权益。这表明,在现行法律制度下,案外人对自己的实体产权的维护受到了明显的限制与挑战。

2. 实践中存在的问题

由于我国现行司法制度对案外人的诉讼身份缺乏明确的规定,致使其在民事诉讼中所扮演的角色也不尽明确。在以确定被告的刑事责任为中心的传统刑事诉讼模式下,案外人即便拥有了对其享有的权利,却常常处于边缘地位,很难受到应有的重视,从而导致了在执行犯罪案件中,执行人员很难参与到诉讼中来维护自己的权利。② 在现实生活中,有不少案外人在一审和二审期间没有得到及时的告知,而申请参加庭审,法院对此不予理睬,只在执行阶段发表意见。在此情形下,被执行申请人广泛地感受到了一种对自己的权益被司法机关所否定的不满意。

在我国的刑事财产处理实践中,对案外人权利提出的反对意见的比例较小,而且对该问题的介入也非常有限,这直接体现出我国刑法制度忽视了案外人的主体身份和权利。再者,如果在庭审中,案外人仍会遇到诉讼参与的阻碍,则很难在庭前处理阶段对当事人的权利进行有效的保护。总之,在对涉案财产的处置过程中,案外人的诉讼身份不明,这也是造成其无法切实参加诉讼,无法行使自己的权利的根源。这种状况迫切要求对我国现行的司法救济体系进行改革,以切实保障案外人的权利。

---

① 陈祥:《论财产保全错误损害赔偿的归责原则》,载《荆楚法学》2024年第2期,第57-67页。

② 刘会宇、徐挺、孔肇昕:《精准把握新型挪用公款犯罪案件的本质特征》,载《中国检察官》2024年第6期,第16-19页。

(二)刑事涉案财物处置中案外人知情权受限

由于其内在的封闭性,在没有得到公安或司法机构的及时通报之前,其当事人很难知道自己的财产已经被牵连。另外,在司法实践中,案外人对自己的财产如何处理和自己享有的权益也不甚清楚。我国现行立法中关于案外人的权利保障条款较少,只有寥寥数条,内容大体相同,表述较为概括。在实践中,特别是在普通的刑事诉讼中,对被诉人的权利进行了限制。在对涉案财产进行处置过程中,案外人的知情权受到限制,具体体现为:一是对其告知义务的具体内容不够清楚,使得在什么时候、什么时候该向被执行人进行通知;二是通知的内容不完整,致使执行人难以获得与其利益密切关联的全部必需资料;三是在通知期限、通知方法等方面存在缺陷,没有一个能够让案外人及时便捷地了解到有关情况的统一标准和行之有效的制度。① 上述三个方面的问题使得在处理刑事案件中,对案外人的知情权难以保障。

1. 告知义务不明确

在对涉案财产的处理中,有关机关是否能够正确地履行其对当事人的告知义务,是对其进行有效的救济。在现有的立法制度中,对财产保全和证据保全没有作出很好的区别,因为它是以查封、扣押和冻结为形式的,具有防止和举证两种作用。在刑事诉讼中,在刑事诉讼中,以"与案情有关"为基准,以"与案情有关"为基准,对该情形下的侦查人员应当负何种告知责任,造成了刑事诉讼中的告知义务存在着法律上的真空。

对于检察机关不尽到对第三人的告知责任,其效力如何,我国立法亦无明文规定,使其拘束力更趋弱化。一旦财产的所有权和使用权被分割开来,执行人很有可能始终不知道自己的权利正在受到侵犯,更无法对财产进行有效的处理,从而保护自身的权利。② 在此基础上,构建完善的执行异议之诉的司法救济制度,并在此基础上进一步完善执行异议程序中的告知义务和相关的法律责任。

2. 告知的时间及方式不完善

在执行程序中,通知期限和通知方法的缺失,是阻碍执行申请人权利行使的一个主要因素。即便是在立法上明示的权益,在实践中也很难完全保证,更不要说仅作出原则性说明而缺少具体操作指引的权利。第三人是否理解和参加有关其权益的事项,应视其告知的及时性、方式的周密性和实施的效力而定。

从时效角度来看,对被执行人财产处理情况的公告通常存在一定的滞后性,尤其是在正常的程序中,被执行人只有在庭审过程中才有机会参与,此时,其对财产的处理情况可以有

---

① 聂琪、潘艳:《论虚假商事仲裁的检察监督》,载《西南石油大学学报》2024 年第 2 期,第 86 - 96 页。

② 黄忠顺:《刑事涉财产执行中的案外人权益救济——以案外人权益救济程序的当事人构造为视角》,载《交大法学》2023 年第 6 期,第 49 - 62 页。

更充分的认识。这样的拖延使得执行申请人很难对其权利作出及时的反应和保护。

在通知方法方面,对于公安、检察院以及法院应当怎样将其告知被执行人的行为,目前尚无明确的时限,也无明确的通知方法指引。由于我国现行法律规定的缺失,致使第三人知晓权行使受到很大的制约。由于缺少明确的通知标准,使得案外人往往不能及时、有效地获得有关资料,进而阻碍了其对自己权利的保护。在此基础上,进一步细化告知期限,细化告知方式,是解决执行难的问题。

3. 告知内容的不全面

第三人的知情权应当充分涵盖财产的基本情况,包括财产的处理过程和进展情况,也包括当事人的各种权益。但现行的立法架构中,对除程序上的知情权以外,还应该告知第三人哪些事项,特别是侦查阶段的公安、检察部门应该向第三人披露哪些情况,目前还没有明确的立法规范。这就直接造成了实践中由于没有明确的法律根据而忽略了这一方面的通知。

由于公示的不完整,不但制约了案外人的权利,而且也阻碍了其切实参加诉讼。如果被执行人不能充分、及时地了解与其利害关系紧密的财产信息、处理进展和自己可以行使的权力,那么,其参加工作就会处于一种消极的状态,效率会大大降低,很难在危急关头保护自己的正当权利,还会错过最好的司法救助机会。为此,在我国现行法律制度中,应当进一步明确和细化案外人应当被告知的事项,以保障其知情权,促进其公平参与诉讼。①

(三)刑事涉案财物处置中案外人参与权虚化

1. 审前阶段无法参与

现有的庭前财产处置过程,是在警察与检察院的主导下进行的,涵盖了侦查阶段的财产控制、预处置和归还等环节,也包括那些没有走上公诉程序(如撤销和不起诉)的财产处置程序。但是,该系列诉讼一般忽略了第三方当事人的权利:

在审判前管控阶段,对涉案物品的强制措施设置具有一定的弹性,主要是根据主观和模糊的"关联性"准则,单独进行,没有给第三人提供正式的倾听和表示反对的渠道,实际上将其排斥于诉讼之外。

在前置处理阶段,依据《公安机关程序规定》第236条等有关法律,对于一些不易长期存放或储存的财产,经调查、公诉部门在一定条件下可以拍卖,但须经权利人的许可。然而,现行法律对征得当事人同意的途径以及对第三人利益的保护缺乏细致的认识,实践中,执行人难以干预,导致产权权属不明时受害。

在适用《中共中央办公厅　国务院办公厅关于进一步规范刑事诉讼涉案财物处置工作的意见》第六条及其有关规定的前提下,可以在审判之前将被没收的财产直接归还给被害

① 冯文生、郝晋琪:《婚内投资的股权如何排除执行——韩某诉上海垦丰公司等执行异议之诉案》,载《法律适用》2023年第11期,第127-137页。

人,而不需要第三方的参与,这样很容易造成错误的归还,也使得第三人很难表示异议,从而损害了自己的正当权益。如果没有走上起诉的程序,那么按照《刑事诉讼法》第 182 条的规定,调查部门和检方可以不经过法庭裁决就擅自处理财产,而且不需要重新审查,因此,在这个处理链条上,第三方仍然没有任何参与的可能。① 庭前财产处理各个阶段都存在着对执行标的权利保护的不足,突出了完善诉讼过程中保证诉讼过程公平、透明度和切实保护各方的正当权利的迫切需要。

2. 审判阶段难以参与

在一般的民事案件涉财产案件审理过程中,在诉讼程序中,第三人试图参与诉讼程序时遇到了许多困境。

审判参与制度的建设不够精致,不够健全。《法律解释》第 279 条规定,虽然我国立法规定了执行异议请求权,但在实践中,只有在法庭认为"必要"的情况下,案外人才有可能出现在法庭面前。但是,对于在何种情况下应当吸收案外人的意见以及判断"必要性"的判断准则等重要问题,我国立法对此缺乏足够的指引,这对于案外人能否切实地参加审判形成了极大的阻碍。另外,案外人的定义、参与庭审的身份地位、具体的诉讼权利、举证和质证的具体方法、需要符合的证明标准都没有明确的规定,这使得案外人就算侥幸得到了参与的机会,也只是一个象征性的参与,很难进行强有力的辩护,也很难对自己的权利进行有效的维护。

在诉讼程序中,案外人的参与受到了极大的限制。目前,在司法实务中,对于财产犯罪案件的审理仍然是以犯罪嫌疑人为中心,没有建立起一个相对独立的财产案件审理体系。在此模式下,判决以定罪和处罚作为中心,对被诉对象的权利进行了限制。虽然,这一现状折射出了我国传统的刑事司法观念和财产权利保护制度的不完善,但是,这并不意味着对案外人的权利进行合理的限定,也不能使其权利受到损害。

3. 执行阶段参与异化

实践表明,在执行程序中,案外人对财产权利的纠纷往往在执行过程中激化。在执行程序中,执行程序是案外人保护财产权益的最后一道屏障。然而,这种参照在现实中造成了"扭曲"案外人的权利,严重影响了其在实施过程中的实际参与效力。其具体问题如下:

案外人对执行标的异议制度的异化,从而使其无法参加正式的诉讼。在执行过程中,对于被执行人提起的能够排除强制执行的异议,应当适用《民事诉讼法》第 225 条的相关规定;而对于行政行为提出的反对意见,又被引入到了异议复审和复议的过程中。相反,在民事执行场景中,如果案外人对其进行了实体上的请求,应当依照《民事诉讼法》第 227 条的规定,将其转入异议和案外人异议的审理,从而更好地保护了案外人的合法权益。但是,在现有的刑事涉案财产执行过程中,由于采取的是移送立案制度,所以只有案外人和法院两个人参

① 参见孙洋洋:《第三人撤销之诉适格原告问题研究》,沈阳师范大学 2023 年硕士论文。

加,没有一个申请执行人的身份。① 这导致了一个不完整的诉讼结构,这也导致了案外人在执行过程中无法顺利地进行,从而导致了案外人无法通过诉讼程序对自己的权利进行有效的保护。

（四）案外人审前处置司法救济权缺失

目前,在审判前处理过程中,存在着对审判前处理结果的异议,对其进行救济的权利不足。从我国现行的法律规定来看,在审判前处理阶段,案外人可以采取的仅有的补救方法是:如果当事人对某一特定对象采取了相应的强制措施,则可以向原决定机关提出申诉或申诉,也可以向上级检察院提出申诉。我国《刑事诉讼法》第117条规定的“由上级部门自己处理”和“上级部门提起公诉”的补救措施因缺乏有效性而未能充分发挥其对案件的补救作用。要知道,作为刑事诉讼主体的警察、检察院本身就是刑事诉讼的起诉人,其本身并不具有应有的中立性质。它们分别对投诉和起诉进行了严格的审查,但却陷入了一种自检的体制矛盾之中,实践中的结果常常只是走个过场,对被执行人也没有什么可信度。这样一种高度行政化的补救方式,缺少了诉讼形式,不能为在财产监督过程中的第三人带来切实的救济。

（五）案外人独立上诉权未明确

如果第三人没有直接申诉的资格,那么当其实体财产受到了一次一审判决的损害时,仅仅依靠第二次审判难以保证公平。另外,特殊没收制度适用的领域十分狭小,实践中很少有人会采取这种制度。为此,在传统的刑事诉讼中,被普遍采用的“上诉”方式,使其难以充分行使自己的权利,从而使其承担更多的责任,甚至危及已经作出的司法裁判的公信力和公信力。

三、完善建议

（一）明确刑事涉案财物处置中案外人当事人诉讼地位

1. 明确案外人主体的范围

明确案外人的范围,是准确识别案外人、强化其诉讼主体资格的关键。在现有的法律体系中,《刑事诉讼法解释》在616条中扩大了对“其它利益主体”的定义,从对被扣押的资产宣称“所有权”的个体,扩大到了要求任意“权利”的自然人和法人。因此,必须在司法解释的层次上,对案外人的受案范围进行细化、细化,以保证法律的精确性与连贯性。

---

① 刘学在、罗晶:《论民事调查令制度的运行障碍及完善》,载《广西政法管理干部学院学报》2023年第5期,第77-86页。

(二)刑事涉案财物处置中案外人知情权的完善

1. 明确公安司法机关的告知义务

在刑事诉讼的复杂链条中,刑事涉案财物的处理扮演着至关重要的角色。这些财物不仅与案件的定罪和量刑息息相关,更是牵涉到了当事人及案外人的权益保障。因此,确保所有相关人员,包括但不限于被害人、证人、犯罪嫌疑人及其家属等,都能充分了解涉案财产的处理情况,成为一个不可忽视的议题。这一点,对于维护公正司法以及增强社会公众对司法程序透明度的信任至关重要。

为此,必须建立起一套完善的涉案财物处理通知制度。这个制度的核心在于明确各参与主体的告知职责,并确保这份责任能够得到忠实执行。具体而言,公安机关作为侦查阶段的主要执法机构,应当主动向当事人或其代理人通报涉案财物的扣押、查封、冻结等信息;检察机关则负责审查起诉阶段的法律监督工作,同时也应告知当事人有关财物的处理进展;而法院作为审判机关,在审理过程中有义务及时通知当事人或其代理人判决结果以及是否存在新的财物处理决定。

为保障制度的有效性,必须加强对这些机关告知责任的监管。这包括定期进行内部审计,确保他们履行职责的自觉性;引入第三方监督机制,如独立的法律顾问或者公民代表,来评估和监督告知行为的合法性和合规性;并且通过立法明确规定违反告知职责所应承担的法律后果,以此来强化制度的执行力。只有这样,才能真正做到让每一位利益相关者都能够享有知情权,从而推动刑事司法系统的健康发展。

2. 完善告知的时间及方式

在确立了“公—检—法”三大主体对第三人负有告知义务的基础上,对其进行详细的规定和规定,是保证第三人知晓权的又一重要环节。在庭审之前,尤其是在对物品进行强制措施的时候,检察部门应该根据具体案件的具体情形,对告知的时限进行适当的调整,以保证在不阻碍侦查的前提下,能够做到及时的通知。虽然提前通知在一些情形下会给调查工作造成一些不利的后果,但是在采用保全措施的时候,也不能笼统地抛弃预先通知,以免对第三人的了解进行不应有的忽视和侵害,而是采用一种合理区别处理的战略,兼顾各方因素。

3. 充实告知的具体内容

在审判前的筹备阶段,调查机关将权利和义务的说明书和相关的裁决通知书,或者是通过公布传递给第三人的信息,应该包括:第一,对财产采取了强制措施的细节,执行机构的基本情况,以及与财产相关的犯罪情况的概要。其次,对预审程序和即时判决的效果进行分析,确定所采取的措施、原因和相应的法制支持。其次,对第三人提出异议、申请变更强制措施、返还原物请求、刑事赔偿申请和申诉申诉等方面的法律权利进行了详尽的规定,并对其行使方式进行了详尽的规定。

在审理过程中,由法庭向第三人送达或公布起诉书的方式告知第三人,应当包含以下几点:第一,案情概述,如案情种类、基本事实、被告个人情况等。二是对涉案财产的具体情况,主要是对被没收财产的清单、有关文书、没收的根据和事实依据等内容。第三,在审理过程中,案外人享有发表意见、委托代理人、参加庭审、申请回避等各种权利,并明确规定其权利的行使方式、时间和地点,并说明迟了会产生的不良后果。四是法院作出判决后,对财产进行处理的详细情况,并告知当事人行使权利救济的方式和时限。

(三)完善案外人执行参与权

对此,笔者认为,对《民事诉讼法》中的案外人在执行程序中提起的其他诉讼请求,必须适用于我国现行的司法解释。这就说明,不论在什么情形下,只要是在执行过程中,对特定标的物行使实体权益的,都应当适用《民事诉讼法》的第227条,其后的审理过程应当包括对该财产进行形式上的审查和对第三人的起诉。只有这样,才能使案外人在诉讼中对自己的权利进行真正的干预,才能更好地保护自己的财产权利,保证自己的参与权利得以切实地实现。

(四)赋予案外人审前处置司法救济权

从以上分析可以看出,我国现行民事审判程序中,对案外人进行审判监督制度的缺失是导致其民事权利难以得到有效保护的根本原因。而对案外人的诉讼权利,在庭前处理的其他诉讼中则更为缺乏。为此,除了赋予案外人充分的司法救济权,让其有能力就审判前处理的判决提起上诉,还需要制订专门的执行规则,建立有利于执行该权利的诉讼制度。在此基础上,应在法律层面上给予案外人对庭前处分行为提出异议的法律补救权,包括对诉前处分行为的起诉请求权和诉前处分请求权。对此,应在已确定的审判审查范围之内,对执行异议者的诉讼救济权利进行细化设计。通过明确申请过程、听证机会、提交证据规则和申诉和复审方式,保证被执行方在公平、透明和高效的法律程序中保护自己的合法权利。

(五)赋予案外人独立上诉权

当前,对第三人能否享有独立诉权尚无明确规定。建立案外人的独立上诉权,不但蕴涵着深刻的意义,而且是其作为诉讼主体应当享有的一种基本权利的内核。首先,给予第三人提起诉讼的权力,即在对财产判决的裁决不满意时,可以向上级人民法院提起诉讼,从而为其财产权益的保护增加了一道保险。其次,通过对第三人提起上诉的权利,可以提高对财产裁决中可能存在的失误进行确认和纠正的可能性,以避免不当裁决对财产权利的侵害,进而保证审判的公正性和准确性。

(六)赋予案外人申请撤销权

在法律的征途上,案外人行使撤销权这一特殊的权利安排,宛如一束温暖而又坚定的阳光。它不仅仅是诉讼过程结束之后的一项补充性救济手段,更是一种对于被执行人财产处置过程中出现的不公正现象的一种法律回应和矫正。这种权利的行使,就像民法上第三人撤销权的功能那样,为那些未直接参与诉讼但却受到影响的第三方提供了一种有效的救济途径。设立这一制度的初衷,无疑是为了打造一个全面而深入的保护网。这个网络不仅要覆盖到执行过程中的每一个角落,还要确保每一项决策都能经得起推敲,每一项财产的转移和处置都符合公平正义的原则。这样的制度设计,旨在通过周密的法律规范和严格的程序控制,确保所有执行人合法权益得到充分保护,同时也保证了法院判决的权威和公信力。①

在执行程序中,案外人撤销权的行使,如同一座坚固的堡垒,保卫着执行人的利益免受侵害。当执行程序面临复杂的情况时,这种权利的存在成为一种坚实的后盾,使得执行活动更加透明、公正。同时,案外人撤销权的行使,还促进了法律关系中的平衡与和谐,避免了因信息不对称或其他因素造成的潜在不公。

因此,案外人撤销权的设立,是法律智慧和社会正义的结晶,它彰显了法律对个体权益的尊重和保护,也体现了法治精神在现代司法实践中的重要性。它不仅仅是一个简单的权利,而是一种系统性的解决方案,为实现法律的公平正义和维护社会秩序提供了有力支撑。

---

① 黄伯青:《论破解刑事涉财判项执行困境之程序重构》,载《法律适用》2023 年第 10 期,第 138 - 147 页。

电信网络诈骗犯罪侦查中犯罪财富调查模式的应用

刘　洋　曲艺奇*

摘要：我国传统的“反应式”电信网络犯罪侦查模式在各种新兴犯罪层出不穷的数据时代略显乏力，电信网络犯罪侦查的侧重点亟须由“下游应对”向“上游预防”延伸。犯罪财富调查作为一种依托“智慧新警务”而兴起的新型大数据侦查措施，可以更为科学精准地预测与打击电信网络犯罪。在分层分类视角下厘清犯罪财富调查的属性构造，依次为“报案前阶段的履行日常行政管理职责措施、立案前初查阶段的任意性侦查措施、立案后侦查阶段的强制性侦查措施”。构建犯罪财富调查的司法适用体系，亦应当以犯罪财富调查在不同阶段的属性为标准，分别构建相应的规范化运行机制。

关键词：电信网络犯罪；犯罪财富调查；大数据侦查；分层分类

引　言

近年来，我国广东地区公安部门依托“智慧新警务”，发挥科技作用，形成了一套行之有效的工作方法。例如在打击涉黑恶犯罪中，广州警方推动“犯罪财富调查”机制的实战运用，从犯罪团伙的财富流动去向，开展调查犯罪团伙的运作，尽早尽快地减少国家和群众的

---

* 刘洋（1998—），男，重庆人，烟台大学数字法治研究中心研究人员，法学硕士，主要从事刑事法学、网络犯罪研究。

曲艺奇，女（2000—），山东烟台人，中国人民公安大学硕士研究生，主要研究方向为刑事诉讼法学。

基金项目：本文系2023年度最高人民检察院检察应用理论研究课题“涉职务犯罪企业合规案件监检协作配合机制研究”（课题编号41）；2024年山东省社科规划研究一般项目“自动驾驶安全风险的刑法规制研究”（项目编号：24CFXJ13）；烟台大学2024年研究生科技创新基金项目“大数据侦查中个人信息保护的冲突与平衡”（项目编号：GGIFYTU2405）的阶段性研究成果。

财富损失,实现了打击成效与社会效果的双重成效。① 据介绍,广州警方提出的开展犯罪财富调查的创新举措被列入广州市层面的改革重点项目之一。犯罪财富调查制度的建立,其最终目的是追缴赃款赃物和斩断犯罪分子的资金链条,增加其犯罪成本、打击其犯罪动机,使犯罪分子不具备再犯能力。警方尽最大努力,为受害群众挽回经济损失,将打击犯罪和开展犯罪财富调查同步全面推进,切实保障人民群众财产权。② 当前学界对"犯罪财富调查"的研究较少,且多仅从功效、创新、优势维度对该制度本身进行肯定;③现有的一篇论证"犯罪财富调查"在打击电信网络犯罪中应用的文章也仅简单从公安机关建立资源共享工作协作机制、加强系统建设、科学设置考核指标角度一笔带过。④ 因此,对于司法实践中已经兴起的"犯罪财富调查"措施如何界定其概念、勘探其属性、规范其运行程序,系当前理论界亟需回答的时代拷问。基于上述问题,本文立足于当前司法实践现状,拟从立法与司法双重维度分别厘清"犯罪财富调查"的属性,规范其司法适用,以期在打击电信网络诈骗犯罪中能让该制度更好地发挥其应有功效。

一、数据时代电信网络诈骗犯罪侦查中犯罪财富调查应用必要性

电信网络诈骗这一新型犯罪形势随着经济发展形势变化而在数据时代日益严峻,网络电信诈骗分子常利用电话、短信与网络等方式,以虚假信息来设置骗局,以微信诈骗、电话欠费、虚假中奖、退税退款等诈骗手段,通过网络接触,诱使受害人转账。⑤ 电信网络诈骗本质上是诈骗的互联网形态,其特点是一种典型的非接触式犯罪(犯罪人与被害人不见面,甚至共同犯罪人都不见面),突破了传统犯罪的时空、地域、国别和法律限制,给侦查取证、定罪量刑、案件管辖等方面带来诸多法律难题。⑥

为进一步打击电信网络诈骗犯罪、妥善处理电信网络诈骗案件、保护被害人合法权益,系列反电信网络诈骗犯罪的专门侦查措施得到了推广,相关法律法规亦得到了制定与落实。例如,在案件的管辖方面,最高人民法院、最高人民检察院、公安部联合下发了《关于办理电

---

① 参见《扫黑除恶 广州进行时》,载广东省公安厅网站 http://gdga.gd.gov.cn/jwzx/jwyw/content/post_1090951.html,访问日期:2023 年 8 月 22 日。

② 参见《广州交出"年度平安答卷"创下广州公安史上年度破命案平均最快用时新纪录》,载广东省人民政府官网 https://www.gz.gov.cn/zwfw/zxfw/content/post_2853642.html,访问日期:2023 年 8 月 22 日。

③ 参见魏勇:《侦查工作中的制度创新:以犯罪财富调查为视角》,载《中国刑事警察》2020 年第 1 期,第 13-15 页。

④ 参见黄泽群、吴心怡:《犯罪财富调查在打击电信网络犯罪中的应用》,载《中国刑事警察》2019 年第 3 期,第 43 页。

⑤ 参见曾贞:《商业银行应对新型电信网络诈骗的警务合作模式与路径》,载《商业经济研究》2017 年第 11 期,第 168 页。

⑥ 参见黄河,张庆彬,刘涛:《破解打击电信网络诈骗犯罪的五大难题——〈关于办理电信网络诈骗等刑事案件适用法律若干问题的意见〉解读》,载《人民检察》2017 年第 11 期,第 32 页。

信网络诈骗等刑事案件适用法律若干问题的意见》，该规定结合电信网络诈骗犯罪的特点，并从“一般管辖、并案管辖、指定管辖”三个层级完整规定了侦查管辖体系。再者，在增强侦查研判能力方面，公安机关着重强化反诈中心建设。最后，在具体侦查方法层面，有学者主张将电信网络诈骗犯罪信息流侦查方法适用于电信网络诈骗犯罪案件的侦破中。该方法又由“注册信息追踪法、IP 信息分析法、交易数据关联法、设备信息关联法、勘查比对法”等具体规则构成。①

虽然我国当前在打击现有的电信网络诈骗犯罪中取得较好成效，但其本质上依旧属于传统的“反应式”侦查模式。“反应式”侦查模式的特点便是受制于犯罪的时空性，公安机关的侦查工作往往起步于犯罪发生之后，呈现出明显的回溯特征。在侦查工作渐趋繁重、技术性与程序性要求日益提升的当下，“反应式”侦查模式略显乏力，亟需更为科学精准的预测导引，犯罪控制中的“下游应对”急需向“上游预防”延伸。② 何况随着时代的进步、犯罪形态的升级、网络通信技术的发展，第三方支付平台迅速崛起，网络虚拟运营商成为诈骗犯罪的高发区。其先进的技术、便捷的使用方式及作案的隐蔽性让犯罪分子不再依靠传统人工柜台、ATM 机兑现，而是利用第三方支付平台进行诈骗、转移资金。这在技术层面进一步增加了破案的阻力，加大了侦破的难度。因此，原有的电信网络诈骗犯罪侦查措施在侦破基于各种数据技术实施的电信网络诈骗犯罪案件之时，略显乏力。处于大数据时代中的每个人、每件物品，都在现实世界留有印记，这些“印记”恰恰是侦查模式转型的基础要素，③而我国广东地区公安部门依托“智慧新警务”开创的犯罪财富调查机制恰好迎合上述侦查模式转型的基本要素。在电信网络诈骗领域适用犯罪财富调查措施，有利于将数据驱动思维主导下的侦查模式转变为以“情报导侦”和“数据挖掘”为主，倡导从“印记”中进行“无中生有”的预测防控。④ 这种转变会带来“数据导侦侦查模式、全景式侦查模式、犯罪预测型侦查模式”的产生，对侦破数据时代的电信网络诈骗犯罪案件具有积极的导向作用。

二、概念的证成：犯罪财富调查概念的诠释、区别、优势

“概念乃是解决法律问题必不可少的工具，没有限定严格的专门概念，我们便不能清楚

---

① 参见王晓伟：《电信网络诈骗犯罪信息流侦查方法探析》，载《人民论坛 · 学术前沿》2022 年第 15 期，第 94－95 页。

② 李国军：《论大数据驱动下的预测警务创新》，载《中国人民公安大学学报（社会科学版）》2015 年第 31 卷第 6 期，第 5 页。

③ 参见程科：《经济犯罪侦查中的大数据思维研究》，载《中国人民公安大学学报（社会科学版）》2018 年第 34 卷第 4 期，第 45 页。

④ 参见程科：《经济犯罪侦查中的大数据思维研究》，载《中国人民公安大学学报（社会科学版）》2018 年第 34 卷第 4 期，第 41 页。

和理性地思考法律问题。"①本部分将着重对犯罪财富调查的概念予以阐释,并通过对犯罪财富调查与其他侦查方式区别的考察、犯罪财富调查相较其他侦查方式的优势的论述,来实现该制度的系统证成。

(一)犯罪财富调查概念的诠释

关于犯罪财富调查的概念,当前观点众多。有观点从实务角度出发,认为"如何将犯罪分子财富与犯罪所得的犯罪财富进行鉴别、分析,需要采取专门的调查方法进行查证。在这种情形下,需要有与调查犯罪相关的手段,犯罪财富调查即是回应犯罪调查实践需求的产物。"②也即此类观点认为,犯罪财富调查制度是一种为鉴别、区分、分析"犯罪分子财富"与"犯罪所得的犯罪财富"的专门性调查方法。也有观点认为"犯罪财富调查作为智慧警务背景下产生的一种新型侦查理念和办案模式,对基于网络环境的洗钱罪及其上游犯罪的侦查起到重要作用。"③但通过梳理当前学术界已有文献,主流观点还是认为犯罪财富调查是对犯罪特定财物及其孳息展开调查所形成的复合概念。具体而言,是指"公安机关从受理刑事案件开始,在刑事诉讼过程中,以犯罪财富为脉络,深挖线索、收集证据、打击犯罪、追赃挽损等执法办案活动,包括刑事诉讼终(中)止后对犯罪财富情报线索留存、分析,视情开展新的调查活动。"④

(二)犯罪财富调查与其他侦查方式的区别

由此可知,犯罪财富调查并不简单等同于传统意义上的追赃。因为犯罪财富调查相较于其他传统侦查方式而言,区别之处在于其除了具有传统的追赃功效外,还可以通过大数据AI技术开展密切把握侦查情报、深挖线索、收集证据、制定侦查策略等侦查活动,甚至可以通过提前对被调查对象资金流进行监测的方式达到提前预防犯罪的效果。具体而言,区别大致有以下几点:第一,侦查情报的精确性不同。犯罪财富调查可以利用大数据分析和人工智能技术,更准确地分析和把握侦查情报。这意味着侦查人员可以更深入地了解嫌疑人的财务活动和关联方,有助于更精确地追踪犯罪线索。第二,线索挖掘的深度不同。犯罪财富调查背后蕴含的大数据技术可以协助侦查人员进一步深挖线索,揭示隐藏在复杂数据背后

---

① [美]博登海默:《法理学:法律哲学与法律方法》,邓正来译,中国政法大学出版社2017年版,第501页。

② 魏勇:《侦查工作中的制度创新:以犯罪财富调查为视角》,载《中国刑事警察》2020年第1期,第12页。

③ 李向玉、秦长森:《洗钱犯罪中犯罪财富调查司法适用:功效、困境与建构》,载《铁道警察学院学报》2021年第31卷第1期,第97页。

④ 黄泽群、吴心怡:《犯罪财富调查在打击电信网络犯罪中的应用》,载《中国刑事警察》2019年第3期,第40页。

]模式和关联。这可以加快犯罪财富线索的调查进展,并使其更有针对性。第三,证据的收集和分析功能不同。犯罪财富调查可以通过大数据分析来收集、整理和分析证据。这有助于构建更完整的证据链条,并为起诉提供更多的支持。第四,侦查策略的制定功效不同。犯罪财富调查依靠大数据和人工智能技术可以协助侦查人员制定更有效的侦查策略。通过对数据的分析,可以确定最有可能成功的行动方案,从而提高侦查破案的成功率。第五,预防犯罪的潜力不同。通过监测被调查对象的资金流动,犯罪财富调查还具有提前预防犯罪的潜力。当异常资金流动被检测到时,侦查机关可以提前采取系列措施,阻止犯罪行为的发生。总之,犯罪财富调查不仅仅是传统追赃的延伸,它更是一种利用大数据和人工智能技术来提高侦查的效率和准确性,以便更好地维护社会的安全和公正的现代化侦查方式。

(三)犯罪财富调查的应用优势

当前犯罪财富调查多适用于典型网络诈骗案件的侦破,且多由沿海地区警方适用,并取得了非凡的成效。基于犯罪财富调查的技术性,侦查部门既可以通过追踪资金链,确定犯罪行为与犯罪分子之间的联系,也可以通过切断资金链和没收犯罪所得及其收益,遏制电信网络诈骗犯罪蔓延。① 尤其是当犯罪分子企图通过网络隐匿、转移其犯罪所得时,警方通过犯罪财富调查的数据线索对比,都可以摸索出其犯罪的痕迹。以珠海市公安局为例,在其办理的"叶某为首的犯罪团伙网络电信诈骗案""首例利用苹果 APP 冒充境外信用卡持有人身份实施诈骗系列案""冒充医药专家实施电信网络诈骗案"中,警方利用犯罪财富调查手段紧紧抓住网络诈骗犯罪团伙的资金流,对涉案的每一笔资金进行追源,从千丝万缕的信息中将相关数据进行串联并深度分析研判,并对研判线索落地核查,最终厘清犯罪嫌疑人的犯罪事实。②

三、属性的厘清:分层分类视角下犯罪财富调查的属性构造

在对犯罪财富调查的相关概念、与其他侦查措施的区别以及其所具备的应用优势进行系统论述后,有必要追根溯源,对犯罪财富调查的属性予以厘清。

(一)当前学界观点的梳理与评述

由于犯罪财富调查属于一种依靠大数据技术兴起的新兴侦查措施,故当前还未将其纳入立法规定中。有学者主张并不一定非要将此种新兴的侦查措施与现有具体侦查措施强行

---

① 参见魏勇:《侦查工作中的制度创新:以犯罪财富调查为视角》,载《中国刑事警察》2020 年第 1 期,第 15 页。

② 参见黄泽群、吴心怡:《犯罪财富调查在打击电信网络犯罪中的应用》,载《中国刑事警察》2019 年第 3 期,第 41 - 42 页。

融合,可以将其视为一种新兴的强制性侦查措施予以创设。并认为此种以大数据技术为支撑的新兴侦查措施会广泛干预公民的隐私权与个人信息权,其属性当为强制性侦查措施。① 但笔者认为此种观点有待商榷,具体理由如下。首先,就国外理论而言,将侦查的原则分为"任意侦查的原则"与"强制措施法定主义、令状主义"。将强制侦查只限定在法律有规定的领域,并尽可能以任意侦查方式进行侦查,这就是所谓的"任意侦查原则"。强制侦查只有在符合法律规定的实体要件和程序要件,并且一般应当经法官事先批准后才能使用,此乃"强制措施法定主义、令状主义"。② 其次,虽然我国在立法层面未直接明确区分任意性侦查措施与强制性侦查措施,但如何强化对侦查权的控制是我国刑事司法改革的重要议题。③ 基于强制性侦查措施对国民权利侵害的本质特性,主流观点认为在公安机关正式立案之前一般不得对国民使用强制性侦查措施;除非属于现行犯或重大嫌疑分子需要先行拘留的情况。而为了预防经济领域犯罪,公安机关通常在立案之前乃至初查阶段就已经在利用犯罪财富调查对相关数据、信息进行不断分析、对比、挖掘。若此时还笼统地将犯罪财富调查定性为强制性侦查措施,无疑会违反上述侦查机关适用强制性侦查措施的限制性规定。最后,在部分学者对此亦持肯定态度的同时,其还发现在《"两高一部"电子数据证据规定》中并未区分强制与非强制侦查措施,这很有可能规避法律对强制侦查措施的限制性规定,从而威胁被追诉人的合法权利。更令人担心的是,因为现阶段立法层面并未对二者进行区分,追诉机关很可能在初查时就采取大数据强制侦查,从而违反刑事立案前禁止采取强制侦查措施的基本原则。④ 综上所述,此种将犯罪财富调查笼统定性为强制性侦查措施的观点因有违刑事立案前禁止采取强制性侦查措施的基本原则而有待商榷。

(二)分层分类视角下犯罪财富调查属性构造的厘清

既然当前既不能将犯罪财富调查融入现有法定侦查措施体系之中,也无法将其笼统地界定为一种新兴的强制性侦查措施,那么犯罪财富调查的属性归属应当何去何从?就国外而言,以日本为例,日本对侦查的种类持"三分法",分别是"任意侦查与强制侦查""新的侦查方法""国际侦查"。⑤ 借鉴此种分层分类的方法,结合我国公安机关的属性与特征,本文认为将犯罪财富调查的属性构造置于分层分类视角下予以厘清更为适宜。具体而言,首先,

---

① 参见卞建林、钱程:《大数据侦查的适用限度与程序规制》,载《贵州社会科学》2022 年第 3 期,第 78 页。

② 参见吴桐:《科技定位侦查的制度挑战与法律规制——以日本 GPS 侦查案为例的研究》,载《中国刑事法杂志》2020 年第 6 期,第 79 页。

③ 参见龙宗智、杨建广:《刑事诉讼法(第六版)》,高等教育出版社 2016 年版,第 223 - 227 页。

④ 参见龙宗智:《寻求有效取证与保证权利的平衡——评"两高一部"电子数据证据规定》,载《法学》2016 年第 11 期,第 7 - 8 页。

⑤ 参见[日]田口守一:《刑事诉讼法(第七版)》,张凌,于秀峰译,法律出版社 2019 年版,第 53 - 58 页。

由于公安机关兼具行政机关与刑事追诉机关的双重属性,其除了法定的侦查职能之外,还肩负着维护社会治安的行政管理使命。在报案之前的阶段中,公安机关利用犯罪财富调查手段对经济领域相关数据进行调查、对比、检测,能够起到维护治安、预防犯罪的整体社会效果。故应当将此阶段的犯罪财富调查界定为一种依职权进行的行政管理手段。其次,在报案到正式立案的初查阶段中,虽然警方已经有了一些线索,但毕竟当前仍未正式立案,也不满足"先行拘留"的要件,此时仍不得违反刑事立案前禁止采取强制侦查措施的基本原则。故在此阶段中,将犯罪财富调查界定为任意性侦查措施更为适宜。最后,在正式立案后的侦查阶段,犯罪财富调查对象愈发明确,对被调查对象相关信息的调查力度、干预程度上升。此时便可将犯罪财富调查界定为强制性侦查措施。

四、模式的应用:犯罪财富调查司法适用体系建构

基于当前犯罪财富调查司法适用体系建构的必要性,在厘清犯罪财富调查属性的基础上,应当分别建立相对应的规范化运行机制。

(一)犯罪财富调查司法适用体系建构的必要性

犯罪财富调查作为一种新兴的大数据侦查措施,可以精准地预防和打击网络经济犯罪,但当前学界对其研究不深,仅停留在对该技术的介绍以及其对打击经济犯罪的重要性方面,对其具体的司法适用规则并没有展开讨论。学界对于犯罪财富调查技术没有深入研究的主要原因有以下几个方面。第一,虽然犯罪财富调查对预防和打击财产犯罪具有十分重要的作用,但是该技术在实践中并没有得到广泛运用。犯罪财富调查技术的有效运用需要办案人员具备极强的专业能力,能够运用大数据技术及时有效地侦破网络经济犯罪。但是当前部分侦查人员并不具备运用大数据侦查犯罪的能力,并且侦查人员运用财富调查手段进行侦查时缺乏必要的监督制度,存在侵害当事人合法权益的风险。这就导致侦查机关无法广泛运用该犯罪财富调查技术侦破经济犯罪。第二,犯罪财富调查技术没有在立法上得到正式的承认。犯罪财富调查的概念、性质、适用等缺乏具体明确的法律规定,这就导致学界的争论也只能停留在对其概念、性质方面,无法继续深入研究具体适用的制度。犯罪财富调查的生命与价值不在于其本身内涵的创新,而在于依靠具体规则落实之后对司法实践的促进作用。因此,犯罪财富调查在实践中的广泛运用亟须制定一套规范化的司法适用规则。为构建一套体系化的司法适用规则,在分层分类视角下廓清犯罪财富调查的属性构造基础上,有必要针对不同阶段犯罪财富调查的不同属性特征,构建不同的基本运行架构。

(二)犯罪财富调查司法适用体系建构的具体展开

犯罪财富调查是一个过程性概念,在案件不同阶段,犯罪财富调查的性质不同。根据犯罪财富调查在不同阶段的不同属性制定相对应的适用规则,方可保证犯罪财富调查于电信

网络诈骗犯罪侦查中发挥出应有的作用。

1. 报案前的阶段:履行日常行政管理职责措施

"行政权与侦查权是一体警察权的两面",①为避免公安机关的权力过分扩张,应该明确这两种权力的界限。公安机关在接到报案之前,通过犯罪财富调查手段对经济领域相关数据的调查、对比、检测等旨在起到维护治安、预防犯罪的社会效果的行为属于公安机关依职权进行的行政管理手段,是公安机关日常履职行为,适用犯罪财富调查的条件没有严格的限制,不需要经过上级行政机关的批准。此阶段公安机关虽然可以自由决定是否适用犯罪财富调查手段,但是也需要对该技术的适用进行一定程度的限制。公安机关通过运用犯罪财富调查技术对公共领域的经济活动进行调查,发现正在进行的电信网络诈骗,预防可能要发生的经济犯罪。基于此阶段犯罪财富调查的性质,公安机关调查的对象应该是社会的普遍群体,不能具体到特定个体,并且公安机关在调查时获取的数据应该来源于公开平台已经展示的信息,其不能运用职权调查未公开的个人数据。为了加强对经济活动的监管,公安机关内部应该细化不同经济产业的行政监管主体,同时加强各主体之间沟通。各行政监管机关在调查时发现个人拥有的财富远超过其所能获得的最大限度,或者其账户存在异常的资金流动和交易的情况,可以提前收集可疑的案件线索,预防可能发生的财富犯罪。

2. 报案到立案间的初查阶段:任意性侦查措施

在公安机关在接到报案后、正式立案前的这一阶段,公安机关只是掌握了部分线索,其主要任务就是通过侦查收集更多的犯罪线索,并判断这些线索能否达到立案标准。在初查阶段中,公安机关还没有掌握犯罪证据,因此不能对犯罪嫌疑人和涉案财物采取强制性措施,只能适用任意性侦查措施进行侦查。公安机关在侦查过程中适用犯罪财富调查手段旨在提高诉讼效率,实现程序分流。为了实现效率的最大化,应该在公安机关内部设立专门的犯罪财富调查小组。该小组成员能够熟练地对大数据信息进行挖掘、分析和处理,及时发现犯罪线索,掌握犯罪证据。公安机关在接到报案之后,首先应该通过分析案情的复杂程度和涉案金额,判断是否应该适用犯罪财富调查措施对案件进行调查。若决定适用犯罪财富调查手段,应该由专业调查小组制定具体的适用方案。任意性侦查措施与强制性侦查措施的主要区别就在于:侦查人员在侦查过程中不得违背或干涉被侦查人员的意志,不能侵害被侦查人员的合法权益。因此在初查阶段,公安机关适用犯罪财富调查手段进行侦查时,不能违背或侵害被侦查人员的自由意志和合法权益,②且收集的信息和证据必须与案件具有关联性。确保被侦查人员的自由意志主要表现在:通过犯罪财富调查手段收集的案件材料不涉

① 刘方权:《"两面一体":公安行政权与侦查权关系研究——基于功能的分析》,载《法学论坛》2008年第4期,第82页。

② 参见吴桐:《侦查措施分类的逻辑转向与改革进路》,载《中国人民公安大学学报(社会科学版)》2020年第36卷第2期,第41页。

之个人敏感信息，不得侵犯其隐私权。因此，侦查机关可以适用犯罪财富调查手段对犯罪嫌疑人具体的资金流动进行分析，对海量的数据信息进行整合，最终获得证明犯罪嫌疑人犯罪事实的证据。但在初查阶段不能限制被调查对象以及相关涉案人员的人身自由，不得调查其未公开的隐私信息，不能对犯罪嫌疑人的财产采取扣押、冻结等强制性措施。此外，还应严格按照犯罪财富调查方案之"意定规则"进行展开调查工作。

3. 正式立案后的侦查阶段：强制性侦查措施

侦查机关在立案之前的初查阶段收集到的证据，只有达到立案标准时才会进入此阶段。一般案件的立案标准为：有犯罪事实发生，并且该犯罪事实的发生有一定的证据证明。但是电信网络诈骗案件作为一种新兴的网络犯罪，不受时间、地域的限制，在侦破此类案件时效率极为重要，因此对于电信网络诈骗案件的立案标准应该比一般案件更加宽松，只要收集的证据能够达到使侦查机关相信有犯罪事实存在即可。立案之后，侦查机关已经锁定犯罪嫌疑人，决定对其采取犯罪财富调查措施进行侦查的过程中，在发现其资金流动可疑时可以及时采取强制措施以减少损失，但应该严格遵守相关的规定。在犯罪财富调查实施的过程中，要设立专门的侦查部门。该部门组成人员应具备专业的财产分析能力，能够运用大数据分析技术发现犯罪人合法外衣下的非法流动的犯罪财富，通过财富分析，在嫌疑人混同的财产中找到属于违法犯罪所得的财产，并及时对该犯罪财富采取查封、扣押、冻结等手段，减少财产损失。由该专业团队制定专业的侦查方案，在具体侦查过程中应严格按照制定的犯罪财富调查方案进行，及时与银行、保险公司、信托公司等机构沟通，提高犯罪财富调查的效率。① 并且调查程序也要遵守合法性原则，侦查机关不得采取非法或者违背公序良俗的手段获取犯罪财富调查信息，若程序的运行违反合法原则，可能会导致收集的证据被法院通过非法排除规则排除，丧失证据能力与资格。通过犯罪财富调查手段发现犯罪嫌疑人实施电信诈骗或者存在犯罪的可能性时，可以及时对犯罪嫌疑人及其涉案财物采取强制措施，但是在采取强制措施时必须遵守严格的审批程序。

---

① 参见黄泽群、吴心怡：《犯罪财富调查在打击电信网络犯罪中的应用》，载《中国刑事警察》2019 年第 3 期，第 43 页。

后　记

转瞬2024年即将收官，北京市犯罪学研究会已经走过了四个年头。四年来，在全体会员的支持下，研究会从无到有逐步发展，为首都犯罪学的理论与实践发展作出一定的贡献。作为非营利性专业学术组织，学术活动是研究会的核心工作。为充分利用好研究会学术研究的平台，研究会一直在努力将《犯罪学研究》打造成犯罪学研究成果展示的品牌。为此，研究会每年伊始就在全国发起犯罪学领域征稿活动，其中第一次征稿共收稿30余篇，经专家评审遴选出18篇优秀论文于2021年7月编辑成《犯罪学研究（第一卷）》。由于时间仓促，第一卷论文集没能正式出版只是印刷成册作为内部资料提供给会员分享。2022年共收到论文50余篇，经过专家评审从中遴选出30篇优秀论文编辑成集，并委托中国出版集团研究出版社正式出版。鉴于第一卷没能正式出版，此卷命名为《犯罪学研究（第一辑）》。第一辑以年度发展综述开篇，回顾了一年多来研究会发展的历程，以及所举办的各类学术活动。30篇论文分为五个专题，分别为企业合规、金融犯罪、食药环知犯罪、网络犯罪和各科专论等。2023年，研究会共收到征文150余篇，遴选出58篇优秀论文入选《犯罪学研究（第二辑）》。经专家评审，评出一等奖5篇，二等奖11篇，三等奖21篇，优秀奖21篇。58篇论文分为六个专题，分别是环食药安全治理、涉人工智能大数据犯罪研究、网络电信犯罪研究、侵犯个人信息犯罪研究、检察理论研究、各科专论。2024年继续组织全国性征文，截止2024年7月31日，共收到论文220余篇，经过专家评审，评出一等奖6篇，二等奖12篇，三等奖22篇，优秀奖39篇，共79篇论文入选《犯罪学研究（第三辑）》，分为上中下三篇，上篇为轻罪治理研究，包括治理体系与路径、轻罪治理的程序视角、前科消灭与附随后果；中篇为各科专论，包括经济犯罪、网络与人工智能犯罪、食药环知犯罪、毒品犯罪、涉未成年人犯罪；下篇为行刑衔接及其他。

具体获奖名单如下：

一等奖（6篇）

赵思远　预防刑法观视野下轻罪出罪机制的优化

刘　洋　曲艺奇　电信网络诈骗犯罪侦破中犯罪财富调查模式的应用

赵学军　薛立刚　危害食品安全犯罪的样态分析与对策调整

任赖铁　“镜像式的他异性”论式之转鉴：对人工智能犯罪主体论的驳斥与其应然定位研究

曾　聪　从惩罚主义到修复主义：环境犯罪教义学的新展开

吴兴亮　邱　晶　李书杰　轻罪治理视域下相对不起诉之检视

二等奖(12 篇)

吕　玥　轻罪案件酌定不起诉扩张适用问题研究

崔梦也　民营企业内部腐败行为的刑事治理 ——兼评《刑法修正案(十二)》相关条文

刘　扬　涉虚拟货币网络金融犯罪中的证据难点与实务应对

李宜霖　制定监视居住制度的实践审视及完善路径

林俊龙　关于黑产设备犯罪的生态分析与治理对策研究

陆　杰　明广超　双层法益构造下妨害药品管理罪的司法认定

徐兴锦　刑事一体化视野下轻罪治理体系建构路径探究

杨杰辉　温望望　轻罪治理背景下微罪犯罪前科消灭制度路径刍议——基于帕森斯结构功能主义视角的分析

张唯佳　涉生成式人工智能教唆犯罪刑事归责研究

张步峰　石航硕　环境保护行刑衔接问题研究

孙艺佳　轻罪治理视域下前科消灭制度的构建

计金娣　张　琦　陈永贞　深度链接行为刑法规制的检察探索

三等奖(22 篇)

陈奕欣　负有照护职责人员性侵罪构成要件要素的解释 以本罪法益作为切入点

石会燕　论私募基金型非法集资犯罪治理

姚欣雅　正向刷单炒信行为的刑法定性

邹玉祥　外汇领域违法犯罪的治理困境与纾解方案

王东方　二元期权交易行为的刑事规制路径研究——基于 94 份刑事判决书的样态分析

王道元　孙任嫱 轻罪行刑衔接问题的检视

董史统　陈璜璜 刑法修正视角下侵犯商业秘密罪“情节严重”的认定

张洪滔　复合法益论下非法利用信息网络罪的司法适用

朱丽萍　吴珊珊　贾婷婷　检察机关轻罪治理现代化路径

刘思含　大数据赋能环境犯罪治理现代化的探索与展望

龙梅而　袭警罪对象的认定难题及其消解

韩　怡　非刑罚处罚探索经验对我国轻罪附条件不起诉制度构建的启示

兰瑞齐　行刑反向衔接视角下高质效办理相对不起诉案件的实践路径

周　剑　朱　磊　轻罪治理背景下逮捕社会危险性量化评估机制建设研究

王岳佳　背信损害上市公司利益罪的立法检视与司法适用

许钟灵　轻罪治理的刑法规范体系反思与建构

上海市徐汇区检察院课题组　轻罪治理背景下社会公益服务的实践与路径探索

袁伟喆　金融领域职务犯罪成因规论及治理研究

苏鹏成　张　璇　犯罪生涯持续中的犯罪专业化现象研究——基于1051名“多进宫”罪犯的实证分析(定)

刘　鹏　犯罪附随后果的适用隐忧与规范路径

魏　菜　张　黎　当代中国毒品滥用问题演进趋势研究——基于官方禁毒报告的词频分析和描述性统计分析

王国伟　陈帅锋　国内外新精神活性物质研究热点及趋势——基于Citespace可视化分析

优秀奖(39篇)

张佩如　轻罪治理背景下拘役刑罪犯回家常态化机制完善

刘文培　论洗钱罪扩张背景下“自掩隐”的入罪问题

张胜斌　阮　元　燕　凤　论刑事涉案执行中案外第三人的权利救济

禄　磊　邹　军　马　颖　论帮助信息网络犯罪活动罪的司法适用

周盛杰　网络儿童性剥削的治理现状与启示

张宇哲　申　蕾　柳　易　自媒体时代网络暴力司法困境及应对

海日古丽　轻罪时代背景下基层社会治理法治化问题探讨

王化宏　犯罪治理变革视角下轻罪治理体系的构造

梅贵友　张　雪　杨　波　毒品代购行为的定性研究

贾世柯　期待可能性司法适用之探析——以铁马冰河案为视角

戴兴栋　罗　仪　李　剑　检察监督视域下看守所在押人员生命健康权保护

段福刚　社会治理视阈下防范性侵未成年人犯罪的思考－－以重庆B区为例

熊启文　推进药品领域规范化执法的实践与思考

李海燕　轻罪治理视域下非羁押人员教育监管制度路径刍议——以W市L区检察院实践为分析样本

石润杰　限制解释下假冒注册商标罪的实行着手再界定

李丹妮　涉众型经济犯罪背景下被害人财产权益保护机制的优化研究

史向蓉　警察防卫权的行使困境及突破路径

洪　静　浅议中国式现代化轻罪治理前科消灭制度的构建

石帮成　龙　映　涉众型经济犯罪案件提起公诉后面临的疑难问题及对策思考

王兴玉　浅析我国刑事实物证据保管制度

宋伟　轻罪治理现代化视角下检察职能优化路径研究

高静文　未成年人犯罪治理现状检视与路径展开

程思溢　提供资金账户型洗钱的认定问题研究

陈梓煊　恢复性司法在环境犯罪中的适用

杨永建　寿晓明　刑法与经济法互动视角下网络平台中商业诋毁行为的法律规制

冯兴吾　张　阳　丁益　跨区域未成年人盗窃犯罪的特点、原因及其治理

吴兴亮　龙　映　李书杰　关于我国行刑衔接机制若干问题的思考

李长青　段博文　人工智能犯罪主体资格认定之探究

何青云　孙　伟　蒋思思　论现代化"枫桥式"基层轻罪治理的检察综合履职模式——以"汇心检察"为研究对象

哈　慧　认罪认罚制度下的"证据开示制度"

徐恺东　郭　进　行刑反向衔接在促进轻罪治理中的定位、问题及展望

田玉潇　李　梁　预防性环境犯罪立法体系：构建依据、问题检视与逻辑进路

李　东　欧文杰　贩卖麻醉药品、精神药品案件的司法认定

张春琴　刘　虹　郝　禹　轻罪治理下前科消灭制度的探索与构建

郑新怡　电影众筹投资案的刑法定性研究

孙圣淇　自洗钱入罪的司法适用难题及其争议厘定

王晓艺　社会团结视角下戒毒社会组织运行现状的反思与改造

韦　州　包　涵　倡导联盟框架视角下的美国早期毒品政策变迁

刘维玥　王　丹　尹鑫森　行刑反向衔接实践探索的问题及对策

本书的出版离不开各位会员的大力支持，离不开各会员单位的共同努力，离不开北京市法学会的大力支持。市法学会为了推动并促进北京市犯罪学研究会的学术研究工作，专门以"第三届新型犯罪治理理论与实践研讨会"研究课题的形式再次给予专项经费支持。需要特别提出感谢的是北京市金杜律师事务所、北京市盈科律师事务所、北京本同律师事务所和北京德和衡律师事务所等单位，不仅积极参加研究会举办的各项学术活动，还鼎力支持研究会年会的举办和本书的出版。而本书的出版离不开研究出版社张立明等编辑老师的辛苦工作，正是他们大力地推进，高质量出版了该书，为北京市犯罪学研究会和法学学术发展作出了奉献。